Ludwig Tieck

Leben – Werk – Wirkung

Herausgegeben von
Claudia Stockinger und Stefan Scherer

De Gruyter

Dieses Buch ist seitenidentisch mit der 2011 erschienenen gebundenen Ausgabe.

ISBN 978-3-11-046214-2

Library of Congress Cataloging-in-Publication Data

A CIP catalog record for this book has been applied for at the Library of Congress.

Bibliografische Information der Deutschen Nationalbibliothek

Die Deutsche Nationalbibliothek verzeichnet diese Publikation in der Deutschen Nationalbibliografie; detaillierte bibliografische Daten sind im Internet über http://dnb.dnb.de abrufbar.

© 2016 Walter de Gruyter GmbH, Berlin/Boston

Einbandabbildung: Porträt Ludwig Tieck (http://portrait.kaar.at)
Druck: CPI books GmbH, Leck
♾ Gedruckt auf säurefreiem Papier

Printed in Germany

www.degruyter.com

Inhaltsverzeichnis

Vorwort IX

Siglen XIII

1. TIECK IN SEINER ZEIT. ORTE – BEGEGNUNGEN –
   LITERARHISTORISCHE KONTEXTE 1

Zur Person (*Roger Paulin*) 3
Tieck in Berlin (*Roger Paulin*) 13
Poetik der Berliner Spätaufklärung (*Albert Meier*) 23
Wackenroder (*Wolfgang Nehring*) 36
Der Jenaer Kreis und die frühromantische Theorie (*Claudia Stockinger*) 50
Die Weimarer Klassik (*Kristina Hasenpflug*) 69
Autoren der mittleren Romantik (Brentano, Arnim, Hoffmann,
   Schütz, Fouqué) (*Roger Paulin*) 84
Wanderschaften und Freundeskreise (Wohnorte, Reisen, Ziebingen)
   (*Thomas Meißner*) 95
Dresden, Berlin und Potsdam (*Jochen Strobel*) 108
Das Junge Deutschland (*Wolfgang Bunzel*) 120
Tiecks Epochalität (Spätaufklärung, Frühromantik, Klassik,
   Spätromantik, Biedermeier/Vormärz, Frührealismus)
   (*Gustav Frank*) 131
Tieck und seine Verleger (*Philipp Böttcher*) 148
Der Briefschreiber (*Jochen Strobel*) 165
Der Vorleser (*Janet Boatin*) 177

2. TRADITIONEN UND ZEITGENÖSSISCHE DISKURSE 191

Antike-Rezeption (*Gilbert Heß*) 193
›Altdeutsche‹ Literatur (*Uwe Meves*) 207
Englische Dramatik (*Christian Sinn*) 219
Romanische Literatur des Mittelalters und der Frühen Neuzeit
   (Calderón, Cervantes, Dante, Ariost, Tasso, Camões)
   (*Antonie Magen*) 234

Italienisches und dänisches Theater des 18. Jahrhunderts
  (Gozzi, Goldoni, Holberg) (*Stefan Scherer*) 247
Orientalismus (*Andrea Polaschegg*) 261
Musik (*Christine Lubkoll*)..................................... 272
Bildende Kunst (*Helmut Pfotenhauer*) 284
Religion (*Daniel Lutz*).. 291
Philosophie (*Martin Götze*) 303
Tiecks Bibliothek (*Achim Hölter*).............................. 314

3. BEITRÄGE ZUR POETIK UND LITERATURKRITIK 323

Poetologische und kritische Schriften von 1792 bis 1803
  (*Jürgen Brummack*) 325
Kunsttheorie, Kunstgeschichte, Kunstbeschreibung, Kunstgespräche
  und poetisierte Kunst (*Helmut Pfotenhauer*) 342
Novellenpoetik (*Wolfgang Lukas / Madleen Podewski*) 353
Ironie bei Tieck und Solger (*Markus Ophälders*)................ 365
Tieck als Übersetzer (*Ruth Neubauer-Petzoldt*) 377
Der Literaturkritiker (*Steffen Martus*)........................ 389
Der Theaterkritiker (*Jochen Strobel*) 401
Der Dramaturg (*Peter Reinkemeier*) 408
Der Philologe (Sammeltätigkeit, Werkkonzepte, Herausgeberschaften)
  (*Antonie Magen*)... 424

4. DAS POETISCHE WERK 441

Schülerarbeiten (*Claudia Stockinger*) 443
Dramen und dramatische Bearbeitungen (*Stefan Scherer*)......... 458
Lyrik (*Stefan Scherer*) 476
Frühes Erzählen (Auftragsarbeiten, Kunstmärchen) (*Detlef Kremer*)..... 496
Frühe Romane: *William Lovell* und *Franz Sternbalds Wanderungen*
  (*Manfred Engel*)... 515
Literarische Geselligkeit: *Phantasus* (*Thomas Meißner*) 533
Dresdner Novellen (*Michael Neumann*) 551
Späte Prosa (*Detlef Kremer*) 568

5. WIRKUNG 587

Tieck im Urteil seiner Zeitgenossen (*Andreas Hirsch-Weber*) 589
Tieck und die Formierung der neueren Philologien (*Ralf Klausnitzer*)... 604
Tieck in der Literaturgeschichtsschreibung des 19. Jahrhundert
  (*Gerhard Kaiser*) 620

Gedichte, Novellen und Märchen Tiecks in Musik gesetzt
(*Walter Salmen*) 634
Tieck im Bildnis (*Bernhard Maaz*) 642
Tieck in der bildenden Kunst (Runge, Friedrich, Nazarener)
(*Martin Dönike*). 649
Wirkung auf dem Theater (*Nina Birkner*) 659
Tieck-Rezeption im öffentlichen Leben (*Marja Rauch*) 665
Die Tieck-Forschung des 20. und beginnenden 21. Jahrhunderts
(*Heidrun Markert*). 673

6. ZEITTAFEL: JOHANN LUDWIG TIECK (*Claudia Stockinger*) 687

7. ABBILDUNGEN 697

8. REGISTER 717
8.1   Werke, Herausgaben und Übersetzungen Tiecks. 717
8.2   Personen 721

Vorwort

1959 würdigte Arno Schmidt Ludwig Tieck mit dem Radioessay *Funfzehn oder: Wunderkind der Sinnlosigkeit*. Er wollte damit einen Dichter vor dem Vergessen retten, der von 1773 bis 1853 lebte und dessen Werk einen langen Zeitraum von über einem halben Jahrhundert umfaßte, einen Sprachvirtuosen und berühmten Vorleser, der die frühromantische Theorie in vielgestaltige Poesie übersetzte und dessen Spätwerk die literarische Romantik im beginnenden Realismus bewahrte. In die 1950er Jahre datiert auch die verstärkte literaturwissenschaftliche Forschung zu Tieck. Aber erst die Arbeiten der letzten 20 Jahre haben dafür gesorgt, daß Tieck den literaturgeschichtlichen Ort eines ›Autors der 2. Reihe‹ inzwischen verlassen hat. Der epochale Rang Tiecks für die Literatur um 1800, gleichberechtigt mit Schiller und Goethe, wird seitdem nicht nur in der jüngeren Forschung gesehen. Auch in der universitären Lehre zeichnet sich seit den 1990er Jahren eine verstärkte Aufmerksamkeit ab. Was dabei sowohl für die Forschung als auch für die Lehre bis heute fehlt, ist ein Gesamtüberblick über Leben und Werk Tiecks, über die Traditionen und Kontexte, in denen beides zu situieren ist, und nicht zuletzt über Tiecks Wirkung. Diese Lücke möchte vorliegendes Handbuch schließen.

Der außerordentlichen (auch internationalen) Bedeutung Tiecks nämlich steht eine unübersichtliche Editions- und Forschungslage gegenüber. Die in zahllose Einzelarbeiten zersplitterte Forschungslandschaft profilierte bislang kaum ein epochenübergreifendes Gesamtbild des Autors in seiner Zeit, das die Zweiteilung von Werk und Leben in die frühromantische Poesie und die spätere Novellenpraxis und Dramaturgie, kurzum in Romantik und Frührealismus integriert hätte. Bis heute orientiert sich die Tieck-Forschung an der bislang einzigen, äußerst verdienstvollen Gesamtdarstellung von Roger Paulin (1985). Die dort erstmals angedeutete Verknüpfung von historischen und systematischen Perspektiven wird in vorliegendem Handbuch in detaillierten Untersuchungen auf die in Tiecks Texten artikulierten epochalen Konstellationen (Spätaufklärung, Frühromantik, Klassik, Frührealismus, Polemik gegen den Vormärz) hin entfaltet. Seit Paulin ist die Tieck-Forschung zudem in weiteren methodischen Perspektiven entscheidend vorangekommen, so daß es längst nötig erscheint, die neueren, auch von den jüngeren Theoriedebatten beeindruckten Arbeiten mit einer umfassenden Erschließung und Kontextualisierung der älteren Forschung zu einem Gesamtbild zu bündeln.

Das literarische und philologisch-literarkritische Werk Tiecks ist für die Zeit ›um 1800‹ ebenso wie für die Epochensituation nach der ›Kunstperiode‹ bis in die Mitte des 19. Jahrhunderts hinein einzigartig – und zwar in mehrfacher Hinsicht: Tiecks poetisches Werk ist erstens äußerst umfangreich, es deckt sämtliche Gattungen ab, und es zeichnet sich dabei durch ein hohes Maß an experimenteller Vielfalt aus. Zweitens begründet Tiecks Werk die literarische Romantik und wirkt so gleichermaßen auf die Produktion deutschsprachiger wie europäischer romantischer Autoren ein: Tieck gilt als der wichtigste Vertreter und Bezugspunkt der *literarischen* Linie im ›doppelten Ursprung‹ der Romantik (Rudolf Haym / Christoph Brecht) neben der programmatisch-theoretischen Grundlegung durch Friedrich Schlegel und Novalis. Seine frühen Werke, die alle Spielarten der neuen poetischen Praxis umfassen, ja diese allererst konstituieren, werden zum zentralen Vorbild für die poetische Praxis der nachfolgenden Romantiker (Brentano, Arnim, Fouqué, E.T.A. Hoffmann, Eichendorff) und zahlloser anderer Autoren (man denke nur an Grabbe, Büchner, Poe oder Pirandello). Seine zum Teil zyklisch organisierte ›Stimmungslyrik‹ prägt die lyrische Produktion des Frührealismus (Heine, Mörike); ohne seine spätere Prosa ist die realistische (und darin auch historische) Novellistik des 19. Jahrhunderts nicht zu denken. Drittens schließlich bildet Tiecks Tätigkeit den zeitgenössischen Literatur- und Kulturbetrieb über einen langen Zeitraum hinweg ab: Tieck macht sich nicht nur als Dichter einen Namen, sondern v. a. auch als Sammler und Editor, als Philologe und Kulturhistoriker, als Literaturkritiker und Literarhistoriker, als Briefschreiber und Dramaturg.

Das Tieck-Handbuch gliedert sich auf der Basis dieser Befunde in fünf Abschnitte. Der erste Teil umfaßt Tieck in seiner Zeit, geht den Orten nach, an denen er sich aufgehalten hat, den Personen und Konstellationen, die für ihn wichtig geworden sind, den poetologischen und epochalen Kontexten, innerhalb derer seine Werke entstehen. Der zweite Teil behandelt die Traditionen der Arbeiten Tiecks: die Antike, die deutsche, romanische und englische Literatur vom Mittelalter bis zur Frühen Neuzeit, die jüngeren europäischen Theatertraditionen, der Orientalismus ›um 1800‹, schließlich die anderen Künste, die Philosophie und die Religion. Der dritte Teil widmet sich der im weiteren Sinn poetologischen Seite von Tiecks Werk (seinen Arbeiten zu Dichtungs- und Kunsttheorie, Literaturkritik und Philologie), der vierte Teil dann der poetischen Seite – zum einen im werkchronologischen Überblick (von den Schülerarbeiten bis hin zur späten Prosa), zum anderen in gattungssystematischer Hinsicht (zu den Dramen und zur Lyrik Tiecks). Der fünfte Teil rekonstruiert die Wirkung Tiecks von den zeitgenössischen Urteilen bis zur Tieck-Forschung des 21. Jahrhunderts. Die wissenschaftsgeschichtliche und öffentliche Bedeutung Tiecks wird hier ebenso untersucht wie Tiecks Wirkung auf die verschiedenen Künste (Musik, Bildende Kunst, Theater). Eine Zeittafel im Anhang soll den Leser bei der Lektüre der Einzelbeiträge unterstützen, indem sie v. a. werkbiographische Orientierung gibt. Die ausführliche Bibliographie der Primärtexte versammelt Briefe von und an Tieck, Einzelausgaben zu Lebzeiten, Werkausgaben, Publikationen aus dem Nachlaß u. a.; die umfassende Bibliographie der Sekundärliteratur (bis 2010) ist systematisch geordnet und soll eine gezielte thematische Suche ermöglichen (etwa nach Tiecks literarischen Beziehungen, nach bestimmten Motiven, nach einzelnen Werken).

Das Handbuch wäre ohne vielfältige Unterstützung – von Hilfskräften, Mitarbeitern, Kollegen und Freunden – nicht entstanden; ihnen allen haben wir zu danken. Den Beiträgern danken wir nicht nur für das vielfältige Wissen, das hier versammelt werden konnte, sondern auch für ihre Geduld. Vor allem danken wir Herrn Prof. Dr. Heiko Hartmann und Frau Dr. Manuela Gerlof, die das Projekt mit großem Interesse aufgenommen und es während seiner langjährigen Entstehung stets unverdrossen unterstützt haben.

Göttingen / Karlsruhe, im November 2010   Die Herausgeber

Eine vollständige, in regelmäßigen Abständen aktualisierte Bibliographie zu Ludwig Tieck ist abrufbar unter:

http://www.degruyter.com/books/9783110462142.

Siglen

Alt-Englisches Theater	Alt-Englisches Theater. Oder Supplemente zum Shakspear, übersetzt und hg. von Ludwig Tieck, 2 Bde., Berlin 1811.
Bibliotheca Tieckiana	Bibliotheca Tieckiana: Catalogue de la bibliothèque célèbre de M. Ludwig Tieck qui sera vendue à Berlin le 10. décembre 1849 et jours suivants par MM. A. Asher & Comp., Berlin 1849 (Reprint Niederwalluf bei Wiesbaden 1970).
BüS	Ludwig Tieck: Das Buch über Shakespeare. Handschriftliche Aufzeichnungen. Aus dem Nachlaß hg. von Henry Lüdeke, Halle a. d. S. 1920.
DKV	Ludwig Tieck: Schriften in zwölf Bänden, Bd. 1, hg. von Achim Hölter, Bd. 6, hg. von Manfred Frank, Bd. 7, hg. von Ruprecht Wimmer, Bd. 11 und 12, hg. von Uwe Schweikert, Frankfurt a. M. 1985–1995.
Günzel	König der Romantik. Das Leben des Dichters Ludwig Tieck in Briefen, Selbstzeugnissen und Berichten. Vorgestellt von Klaus Günzel, Berlin (Ost) 1981.
Holtei	Briefe an Ludwig Tieck, 4 Bde., ausgewählt und hg. von Karl von Holtei, Breslau 1864.
Kasack	Ludwig Tieck, hg. von Hermann Kasack und Alfred Mohrhenn, 2 Bde., Berlin 1943.
Köpke	Rudolf Köpke: Ludwig Tieck. Erinnerungen aus dem Leben des Dichters nach dessen mündlichen und schriftlichen Mitteilungen, erster und zweiter Teil, Leipzig 1855 (Reprint Darmstadt 1970).
Krisenjahre	Krisenjahre der Frühromantik. Briefe aus dem Schlegelkreis, 3 Bde., hg. von Josef Körner, Brünn/u. a. 1936–1958.
KS	Kritische Schriften. Zum erstenmale gesammelt und mit einer Vorrede hg. von Ludwig Tieck, Bd. 1–4, Leipzig 1848–1852 (Reprint Berlin/New York 1974).
Letters	Letters of Ludwig Tieck. Hitherto unpublished, 1792–1853, coll. and ed. by Edwin H. Zeydel, Percy

	Matenko and Robert Herndon Fife, New York/London 1937 (Reprint Millwood/New York 1973).
Lied der Niebelungen	Das Lied der Niebelungen. Ein Altdeutsches Episches Gedicht neu bearbeitet und hg. von Ludwig Tieck. Erstes Buch. Crimhilde und Brynnhilde. In fünf Gesängen. Erster Gesang. In: Germania. Neues Jahrbuch der Berlinischen Gesellschaft für deutsche Sprache und Alterthumskunde 10 (1853), S. 1–14.
Lovell	Ludwig Tieck: William Lovell, hg. von Walter Münz, Stuttgart 1986.
Minnelieder	Minnelieder aus dem Schwäbischen Zeitalter neu bearbeitet und herausgegeben von Ludewig Tieck. mit Kupfern, Berlin 1803 (Reprint Hildesheim 1966).
Novellenzeit	Aus Tiecks Novellenzeit. Briefwechsel zwischen Ludwig Tieck und F. A. Brockhaus, hg. von Heinrich Lüdeke von Möllendorf, Leipzig 1928.
NS	Ludwig Tieck's nachgelassene Schriften. Auswahl und Nachlese, hg. von Rudolf Köpke, 2 Bde., Leipzig 1855 (Reprint Berlin 1974).
Rother-Fragment	König Rother zieht einer Jungfrau die Schuhe an. Fragment aus einer alten Handschrift bearbeitet von Ludwig Tieck. In: Zeitung für Einsiedler 3–5 (1808), S. 22–36 (Reprint Darmstadt 1962).
S	Ludwig Tieck's Schriften, 28 Bde., Berlin 1828–1854 (Reprint Berlin 1966).
Schweikert	Ludwig Tieck, hg. von Uwe Schweikert, 3 Bde., München 1971.
Sternbald	Ludwig Tieck: Franz Sternbalds Wanderungen. Eine altdeutsche Geschichte. Studienausgabe, bibliographisch ergänzte Ausgabe, hg. von Alfred Anger, Stuttgart 1979.
Thalmann	Ludwig Tieck: Werke in vier Bänden, hg. von Marianne Thalmann, München 1963–1966.
Tieck-Schlegel	Ludwig Tieck und die Brüder Schlegel. Briefe. Auf der Grundlage der von Henry Lüdeke besorgten Edition neu hg. und kommentiert von Edgar Lohner, München 1972.
Tieck-Solger	Karl Wilhelm Ferdinand Solger: Nachgelassene Schriften und Briefwechsel, hg. von Ludwig Tieck und Friedrich von Raumer, 2 Bde., Leipzig 1826 (Reprint Heidelberg 1973).

Wackenroder	Wilhelm Heinrich Wackenroder: Sämtliche Werke und Briefe. Historisch-kritische Ausgabe, hg. von Silvio Vietta, Richard Littlejohns, 2 Bde., Heidelberg 1991.

1.
TIECK IN SEINER ZEIT

ORTE – BEGEGNUNGEN – LITERARHISTORISCHE KONTEXTE

Zur Person

Roger Paulin

Tieck war der langlebigste unter den führenden Romantikern, er hinterließ ein Œuvre, dessen Umfang, Breite und Facettenreichtum bis heute in seiner Fülle kaum erfaßt worden ist. Geboren 1773, hat er alle Umwälzungen und Erschütterungen der politischen Szene Europas als Lebenszeuge durchlebt – Französische Revolution, Napoleonische Kriege, Restauration, Juli-Revolution und die Revolutionen von 1848 – und auf sich einwirken lassen. Nach dem Erfolg seiner ›altdeutsch‹ orientierten Werke *Franz Sternbalds Wanderungen* (1798) und *Leben und Tod der heiligen Genoveva* (1800), als Hoffnung einer neuen Nationalliteratur gefeiert und nach Goethes Tod sogar als dessen Nachfolger inthronisiert, blieb seine kulturelle und literarische Ausrichtung dennoch international und komparativ. Er sah keinen Widerspruch zwischen seiner Begeisterung für Shakespeare und seinen Bemühungen um eher nationale Werte. Obwohl im Ausland bei weitem nicht so bekannt wie z. B. E. T. A. Hoffmann, gehört die außerdeutsche Rezeption Tiecks zu seinem Erscheinungsbild, und es ist gewiß kein Zufall, daß die wissenschaftliche Forschung um Tieck keine nationalen Grenzen kennt und daß jede Nation ihren ›eigenen‹ Tieck hat. Hinzu kommen die vielen europäischen Etappen seiner Wanderjahre: Als Mitglied der ohnehin reisefreudigen Romantikergeneration – und anders als Goethe – hat er die führenden Metropolen Europas besucht (Paris, London, Rom, Wien) und die großen Werke der bildenden Kunst dort, wo sie entstanden waren (Nürnberg, Italien, Niederlande), gesehen.

Die wenigsten seiner Zeitgenossen konnten die volle Bedeutung seiner Werke erahnen und beließen es bei Teilwürdigungen, etwa der Dramen oder der Novellen. Friedrich Hebbels Nachruf auf den ›König der Romantik‹ von 1853 (Hebbel 1904–1907, 11, S. 22–24), der neben den Dresdner Romanen und Novellen auch das ›romantische‹ Œuvre sowie seine Verdienste um Shakespeare und Kleist würdigt, blieb weitgehend ohne Echo oder ging über in das Bild eines eher ›improvisatorischen‹ (Haym 1961, S. 98), labilen, proteischen Wandlungskünstlers, das seine Rezeption bis tief in das 20. Jahrhundert hinein bestimmt hat (Tieck 1892, 1, S. 1; Tieck 1903, 1, S. VII; Tieck 1908, 1, S. XXIIIf.). Eine wissenschaftliche Edition, die alle Aspekte seines Schaffens faßt, ist nur in Ansätzen vorhanden.

Zugleich kann man sich des Eindrucks nicht erwehren, als täten sich in Tiecks Persönlichkeit und Lebensführung Widersprüche und Dichotomien auf, die nicht immer durch die harmonisierende Ausbalancierung, die er zeitlebens anstrebte, überwunden wurden. Die Lebenszeugnisse sind sich nämlich alle einig über seinen Charme, seine Gewandtheit, Liebenswürdigkeit, Gesprächskunst, weltmännische Haltung und ›grâce‹ (Minder 1936, S. 434–436), seine Empfänglichkeit für Stimmungswerte aller Art, seine Hörbereitschaft und seine freundschaftliche Hingabe an andere. Sie wissen aber auch von einem eher labilen Seelenleben zu berichten, von Stimmungsumbrüchen, von Säumnissen und Aufschüben, von egoistischer und parasitärer Existenz, dem Wechsel von frenetischem Schaffen und Trägheit, vom Blick in das Chaos und die Leere, die auf eine Neigung zum Manisch-Depressiven schließen lassen. Vor allem: Der in seinen Jugendjahren körperlich Aktive – man denke an das Theaterspiel als Schüler, an die Fußreisen in Franken mit Wackenroder – war seit seinem 26. Lebensjahr physisch gebrechlich oder krank. Er litt nicht etwa an der ›romantischen‹ Schwindsucht, die seinen Freund Novalis oder Keats dahingerafft hat, sondern an einer eher prosaischen Rheumakrankheit. Es ist zu bedenken, daß der Gichtkranke dennoch die freie Schriftstellerexistenz, die er schon seit etwa 1794 führte, mehr als weitere vierzig Jahre ausübte und lange Reisen sowie häufige Wohnungswechsel nicht scheute; daß er, als Repräsentant einer Generation, deren Ende sich schon mit Wackenroder, Novalis und Runge abzeichnete, der große Überlebenskünstler war, immer wieder zu Neuanregungen und -anfängen fähig. Eine zunehmende Skepsis gegen übermäßigen Enthusiasmus jeder Art bewahrte ihn – im Gegensatz zu Friedrich Schegel, Zacharias Werner oder Clemens Brentano – vor Konversion oder der Reintegration in kirchliche Hierarchien. Mit der einzigen Ausnahme der Dramaturgenstelle in Dresden (1825–1841), die ihn nie voll beschäftigte, konnte Tieck den Versuchungen eines besoldeten Amtes widerstehen (er hat Rufe an drei Universitäten abgelehnt). Ständig war er auf den schriftstellerischen Erwerb angewiesen, er mußte seine Waren zu Markte tragen, mit Verlagswesen, Verlegern und Buchhandel vertraut sein. Das ist indessen nur die eine Seite, mag sie auch zum Teil seine Wende zur gesellschaftsorientierten Novelle ab 1817 erklären. Die ›Epiphanien‹ (Rath 1996, S. 14f.) seiner Jugendjahre – der Blick ins Chaos und dessen Umkehrung ins Spiel, die fließenden Grenzen der Kunsterfahrung, die Theaterwelt, die ›Erzpoeten‹ Shakespeare, Cervantes als exemplarische Autoren transzendenter Werte – bestimmen nach wie vor das Werk, und es sind diese primär poetischen Prozesse und nicht in erster Linie die Theorie oder historisches Denken, die sein Œuvre tragen. Das Experimentelle und die Erfahrung mit der Poesie werden aber auch im Korpus der *Kritischen Schriften* festgehalten.

Lebensskizze

Tiecks Lebenskurve zeichnet sich weitgehend anders als diejenige seiner romantischen Zeitgenossen: Er bleibt dem freien Schriftstellertum, will sagen dem ›poetischen‹ Beruf, treu, ohne die Zufluchtnahme zu Amt und Staatsdienst, ohne die Einkehr in die Kirche und ohne die Erhärtung auf einst festgelegte Positionen. Die Struktur seines Lebens ist jedoch durch Anabasen und Wandlungen gekennzeichnet. Als Verfasser der *Romantischen Dichtungen* (1799–1800) verkörpert er die poetische Frühromantik; er überlebt sie und repräsentiert sie – im vollen Sinne des Wortes – dennoch weiterhin als Dichter und als gesellschaftliche Erscheinung.

Soziologisch gesehen ist seine Lebenskurve eine aufsteigende, vom Bürgertum bis zu der Berührung und Identifikation mit Adels- und sogar Hofkreisen. Er wurde in Berlin geboren, im Stadtteil Neukölln, Roßstraße 1. Er starb auch 1853 in Berlin, in seiner Wohnung Friedrichstraße 208. Von beiden Häusern ist heute keine Spur übrig. Das Geburtshaus wurde schon 1904 abgerissen. Dennoch wird man Tieck nie als Berliner oder gar preußischen Schriftsteller wie Kleist, Arnim oder Fouqué betrachten; so stand ihm etwa Theodor Fontane recht zwiespältig gegenüber (Fontane 1991, S. 145–149). Vielmehr prägen andere Landschaften und Städte, besonders Dresden, sein Erscheinungsbild. Wo immer er sich aufhielt, ob in Städten wie Berlin, Dresden oder im ›Musenhof‹ in Ziebingen/Madlitz, zogen ihn Urbanität und Geselligkeit als Lebensformen an.

Aus ›den unteren Schichten‹, wie manchmal behauptet wird (Günzel, S. 27), stammte der Sohn eines Berliner Seilermeisters nicht. Der Vater hatte den Schritt ins Bürgertum schon vollzogen; der Sohn kam auf das renommierte Berliner Friedrichswerdersche Gymnasium. Die dort geschlossenen Freundschaften mit Lehrern, vor allem mit Mitschülern, waren für seinen späteren Lebensweg von zentraler Bedeutung: Wilhelm Hensler verschaffte ihm Eintritt in die Berliner Theaterwelt und in führende gesellschaftliche und kulturelle Kreise; mit Wilhelm Heinrich Wackenroder verband ihn das Kunsterlebnis und seine emotionalen Werte; Wilhelm von Burgsdorff bewegte sich in Adels- und Salonkreisen und war derjenige, der die Tieck-Familie später in Ziebingen/Madlitz aufnehmen und mit Tieck Reisen (z. B. nach England und Frankreich 1817) unternehmen sollte. Tieck studierte zunächst in Halle und Göttingen, wo er sich der Literatur (Shakespeare), der Kunst und den ersten ernsthaften schriftstellerischen Versuchen widmete. Entscheidend war jedoch das Sommersemester 1793 in Erlangen mit Wackenroder, mit der Pfingstreise durch Franken und der Entdeckung von Kunst, Landschaft und Religion. Nach einem weiteren Semester in Göttingen kehrte Tieck 1794 nach Berlin zurück, wo er sehr schnell in literarischen Zirkeln bekannt wurde. Hier entstand das Korpus der zur Frühromantik zählenden Schriften, die *Straußfedern* für Friedrich Nicolai, die *Herzensergießungen* mit Wackenroder (1797, eigentlich Ende 1796) und, ihnen nahe verwandt, *Franz Sternbalds Wanderungen* (1798), der ›roman noir‹ *William Lovell* (1795/96) und die *Volksmährchen* (1797). Den ersten schriftstellerischen Ruhm kündigten die durchaus ironisch betitelten *Sämmtlichen Werke* (1799) an. In Berlin heiratete er Amalie Alberti; zwei Töchter, Dorothea (1799–1841) und Agnes (1802–1880) wurden geboren.

August Wilhelm und Friedrich Schlegel wurden auf den jungen Autor und Kritiker aufmerksam, boten ihm ihre Freundschaft an und forderten ihn auf, sich dem ›romantisch‹ betitelten Kreis in Jena anzuschließen. Die Tieck-Familie verbrachte ein halbes Jahr in Jena (1799–1800). Für Tieck war die enge Freundschaftsbeziehung zu Friedrich von Hardenberg (Novalis) das Entscheidende an Jena, weniger der Schlegel-Zirkel selbst. Tiecks Kunst- und Poesievorstellung wurde durch die beiden frühverstorbenen Freunde Wackenroder und besonders Novalis nachhaltig beeinflußt, ja Novalis wurde zunehmend zum Vorbild poetischer Lebenshaltung. Die *Romantischen Dichtungen* (1799/1800) waren der poetische Ertrag der letzten Berliner Zeit und der Jenaer Assoziation. Nach der Auflösung dieses Kreises und durch zunehmende Attacken und Gerüchte (weitgehend um seine vermeintliche Konversion zum Katholizismus) entmutigt, begann Tieck 1800 eine Wanderexistenz, deren Etappen zunächst wieder Berlin, dann Dresden, schließlich ab 1802 Ziebingen in der Neumark waren. In Dresden schloß er eine Freundschaft mit Philipp Otto Runge und verhalf dem jungen Künstler zu einem eigenen Stil. Wilhelm von Burgsdorff war es jedoch, der Tieck und seine Familie auf den Landgütern der Grafen Finckenstein in Ziebingen und Madlitz aufnahm. Hier begann auch die langjährige Liebesbeziehung zu Henriette von Finckenstein, die besonders ab 1819 zum Tieckschen Haushalt gehörte. Die ersten Ziebinger Jahre waren durch Unruhe und Unstetigkeit gekennzeichnet, vor allem durch die große Italienreise 1805/06 mit seinen Geschwistern Sophie und Friedrich und in Begleitung des Kunstmäzens Carl Friedrich von Rumohr sowie der Maler Johannes und Friedrich Riepenhausen. In Rom verkehrte er in führenden gesellschaftlichen (Wilhelm von Humboldt) und künstlerischen Kreisen. 1808 war er dann wieder in München und Wien unterwegs. In diesen Wander- und Krisenjahren widmete er sich zunehmend der altdeutschen Poesie: Seine *Minnelieder aus dem Schwäbischen Zeitalter* (1803) waren das erste Zeugnis. Diese Studien brachten ihn mit der jüngeren Romantikergeneration, der sogenannten ›Heidelberger Romantik‹ in Berührung (Achim von Arnim, Clemens und Bettina Brentano; siehe den Beitrag *Autoren der mittleren Romantik* in Kap. 1), die ihn in diesen Bemühungen unterstützt. Das Erscheinen der großen Sammlung *Phantasus* (1812–16) markiert die Überwindung seiner Lebens- und Schaffenskrise und die Festigung seiner schriftstellerischen Existenz. Die Freundschaft und Korrespondenz mit dem Berliner Akademiker Karl Wilhelm Ferdinand Solger (1780–1819) gibt davon Zeugnis.

1819 zogen Tieck, seine Familie und Henriette nach Dresden, wo sie bis 1841 am Alten Markt wohnten. Hier entfaltete Tieck eine rasche und vielseitige literarische Tätigkeit (Novellen, Romane, Editionen). Das Erscheinen seiner *Schriften* seit 1828 hat programmatischen Charakter und weist auf die Kontinuität von Früh- und Spätwerk hin. Von 1825 bis 1841 war er Dramaturg am Dresdner Hoftheater und hatte Anteil am Spielrepertoire und der Schauspielerausbildung. Seine berühmten Vorlesungen aus Werken der Weltliteratur machten ihn zum Anziehungspunkt für Dresden-Besucher. Ab 1832 erhielt er Zutritt zur erlesenen, aber privaten Hofkultur Dresdens (Prinz Johann von Sachsen, Carus, Baudissin). Mit diesen Manifestationen seines Ruhms ging allerdings ab 1835 eine despektierliche Kritik an seinem Werk und seinem Erscheinungsbild durch das ›Junge Deutschland‹ einher. 1841, nach dem Tod seiner Frau und seiner Tochter Dorothea, nahm er eine Einladung König Friedrich Wilhelms IV. von Preußen nach Berlin und Potsdam an, wo er als Vorleser und Theaterdirektor bei Hofe wirkte. In seinem Haus in der Friedrichstraße war er Zeuge der Straßenkämpfe im März 1848. Seine letzten Jahre in Berlin waren von Krankheit und Einsamkeit gekennzeichnet.

Tieck und seine Familie

Tiecks Vater, Johann Ludwig Tieck (gest. 1802), hatte sich nach langen Wanderjahren als Seilermeister in Berlin niedergelassen (Stadelmann/Fischer 1955). Durch Tüchtigkeit, Fleiß und Selbstbildung schaffte er den Aufstieg ins friderizianische Bürgertum und genoß die entsprechenden Privilegien. Tieck und seine Geschwister stammten, wie gesagt, nicht aus einfachen Verhältnissen; nicht einmal ihre Mutter, Anna Sophie, geb. Berukin (gest. 1802), die uneheliche Tochter eines Schmieds, die in einem Pfarrhaus in Jeserig in der Mark Brandenburg aufwuchs. Der Ehe entstammten drei Kinder: Johann Ludwig, Anne Sophie (1775–1833) (Brinker-Gabler 1986) und Christian Friedrich (1776–1851) (Maaz 1995). Ludwig und Friedrich erhielten die Erziehung von Bürgersöhnen (Gymnasium, Studium bzw. Künstlerausbildung). Sophie, als Mädchen (und als mittleres Kind) benachteiligt, war in ihren späteren schriftstellerischen Ambitionen eher auf sich selbst angewiesen. Tiecks Vater vereitelte Ludwigs Schauspielerpläne (Köpke 1, S. 130f.), bei zunehmender Selbständigkeit der Kinder jedoch spielten die Eltern eine untergeordnete bis geringe Rolle. Die ersten erhaltenen Briefe Ludwigs sind an Sophie und Wackenroder gerichtet; bis zu Sophies Eheschließung mit August

Ferdinand Bernhardi (1769–1820) entstand ein enges, nur zeitweise durch die Freundschaft mit Wackenroder unterbrochenes Verhältnis der Geschwister zueinander. Sophie wirkte anonym an den *Straußfedern* (1795–1798) mit, später unterstützte sie August Wilhelm Schlegel als Schriftstellerin. Die Bernhardische Ehe war unglücklich – von körperlichem Mißbrauch ist die Rede – und ging schon 1803/04 auseinander. Sophies Beziehung zu Karl Gregor von Knorring (1769–1837) führte 1807 zur Ehescheidung. Der Bernhardische Scheidungsprozeß – es ging um die Vormundschaftsrechte über die beiden Söhne Wilhelm und Felix Theodor – erschütterte die Freundes- und Bekanntenkreise und führte zum offenen Skandal. Primär um seine Schwester vor dem Zugriff ihres Mannes zu schützen, war Tieck fast zwei Jahre von Ziebingen abwesend, 1804–1806 und wieder 1808–1809. Die Familie verwickelte sich außerdem in dubiose Geldaffären. Alle drei Geschwister waren in Rom zusammen. 1811 zog Sophie mit Knorring nach Estland, wo sie 1833 starb. Tieck hat 1836 ihren letzten Roman *St. Evremond* mit einem Vorwort herausgegeben.

Friedrich Tieck erhielt eine Künstlerausbildung als Bildhauer im Atelier Sigismund Bettkobers, später bei Johann Christian Schadow, zuletzt bei Louis David in Paris. Obwohl an Talent Schadow und Christian Daniel Rauch sicher ebenbürtig, fehlten ihm deren Zielstrebigkeit und Gewandtheit. Seine enge Bindung zu den Geschwistern tat ein übriges, um seine Selbständigkeit zu verhindern. Seine Karriere zeichnet sich eher durch unterbrochene Ansätze und Labilität aus. Dennoch stammen von ihm bedeutende Porträtbüsten und -reliefs, u.a. von seinen Geschwistern, von Wackenroder, Brentano und Rahel Varnhagen. Ein Grund für Tieck, seine wertvolle Bibliothek 1849 versteigern zu lassen, war sein Wunsch, den Bruder vor dem Ruin zu bewahren. Allgemein kann gesagt werden, daß alle Tieck-Geschwister in verschiedener Weise an depressiven Störungen und Stimmungsschwankungen litten. Hinzu kam, daß die jüngeren im Schatten ihres berühmten Bruders standen.

Tieck heiratete 1798 Amalie Alberti (1769–1837). Sie stammte aus einer bekannten Hamburger Theologenfamilie (Jansen 1969, S. 18–95; Rudorff 1938, S. 75). Über die Albertische Verwandtschaft war Tieck mit Johann Friedrich Reichardt, später mit Henrich Steffens verschwägert. Eine Schwägerin war die Malerin Maria Alberti (1767–1812). Die Tiecksche Ehe war keine glückliche. Anders als Caroline und Dorothea Schlegel fühlte sich Amalie im Kreise der Romantiker nicht wohl (Caroline Schlegel war am Anfang besonders gehässig) und zog sich ins Familienleben zurück. Im Gegensatz zu ihrem Mann, der mit dem Katholizismus eher kokettierte, konvertierte sie vermutlich um 1802 in Dresden, zusammen mit fast allen anderen Alberti-Geschwistern. Die Töchter Dorothea und Agnes wurden katholisch erzogen. Tiecks Abwesenheit ab 1804 hat die Ehe sicher belastet, umso mehr aber das offene

Geheimnis seiner Beziehung zu Henriette von Finckenstein (1774–1847). In Dresden mußte Amalia sich mit einer Art von *ménage à trois* arrangieren.

Dagegen war Dorothea (1799–1841) eine Romantikertochter nach Tiecks Herzen (Letters, S. 163) und mit sehr guten Sprachkenntnissen, besonders des Englischen und Spanischen, ausgerüstet. Wie so viele literarisch begabte Frauen der Zeit wählte sie das eher selbstlose Metier des Übersetzens (Paulin 1998). Außerdem wurde sie in die Übersetzungsprojekte ihres Vaters als seine rechte Hand einbezogen. Sie fertigte eine sehr kompetente, zu ihren Lebzeiten nur teilweise veröffentlichte Übertragung der Shakespeareschen Sonette an (Jansohn 1992), außerdem die Versionen von Espinels *Marcos Obregón* und Cervantes' *Persiles y Sigismunda*, zu denen Tieck je ein Vorwort lieferte. Vor allem war sie der anonyme ›Übersetzer‹ (Shakspeare 1825–1833, 9, S. 417), der bei der sogenannten ›Schlegel-Tieck‹-Übersetzung von Shakespeare mitwirkte; sechs Dramen-Übertragungen stammen von ihr. Dorotheas katholische Frömmigkeit und ihre Innerlichkeit trennten sie von ihrem Vater, wie er war sie jedoch zu depressiven Seelenzuständen veranlagt.

Agnes, verheiratete Alberti (1802–1880), blieb zunächst im Schatten ihrer Mutter und Schwester. Nach deren Tod und dem Tod ihres Vaters war sie die Nachlaßverwalterin des Tieckschen Erbes. In dieser Rolle vernichtete sie viel verfängliches Material über die Familie und sorgte dafür, daß Rudolf Köpkes Biographie (1855) persönlich kompromittierende Themen über ihren Vater ausblendete. So gab es ein hartnäckiges, wohl von Caroline Schlegel in Umlauf gesetztes, aber letzten Endes nie beglaubigtes Gerücht, Agnes sei Burgsdorffs Tochter gewesen.

Zwei Neffen Tiecks haben es im 19. Jahrhundert zu einer gewissen Berühmtheit gebracht: der Diplomat und Militärhistoriker (Felix) Theodor von Bernhardi (1803–1887) und der Kunsthistoriker Gustav Friedrich Waagen (1794–1868). Tieck hat mit beiden korrespondiert. Theodor von Bernhardi hat Lebenserinnerungen hinterlassen (Bernhardi 1893); sein Bruder Wilhelm (1800–1878) hat den Artikel ›Tieck‹ für die *Allgemeine Deutsche Biographie* (Bernhardi 1894, S. 251–276) geliefert.

Tiecks Mentorentätigkeit

»Du nimmst an allem Theil« (Novalis 1960–1988, Bd. 4, S. 294). Diese Briefäußerung Friedrich von Hardenbergs enthält eine Kernaussage über einen Aspekt von Tiecks literarischem und kulturellem Wirken: seine Hörbereitschaft, seine (nicht immer) selbstlose Tätigkeit als Editor der Werke anderer, seine

Funktion als Anreger und Stimulans, als freundschaftlicher Berater der Jugend. Gerne hat er allerdings auch, besonders in seinen späteren Jahren, Vorworte für Werkausgaben geliefert, an denen er nicht beteiligt war und deren Autoren er kaum oder gar nicht kannte oder deren Wert er nicht hochschätzte (den Roman *St. Evremond* seiner Schwester Sophie beispielsweise). Seine Befürwortung Kleists und die Bemühungen um dessen Nachruhm gründeten sich nicht auf engere Bekanntschaft – Tieck und Kleist waren sich ein einziges Mal 1808 in Dresden flüchtig begegnet –, sondern hier auf ein sicheres Gefühl für literarische Größe. Die beiden großen, aber sehr verschiedenen Freundschaftsbeziehungen seiner jüngeren Jahre, mit Wackenroder und Novalis, divergieren in dem Punkt, daß er Wackenroder gegenüber eine stark bevormundende Rolle einnahm und dessen Kunstreligion sogar abwandelte. Bei Novalis hingegen, dem Tieck den Hinweis auf Jakob Böhme verdankte – »Es ist mir sehr lieb ihn durch Dich kennen gelernt zu haben« (ebd., S. 323) –, war er eher der Zuhörer und Resonanzboden, dem das Verständnis für wichtige Aspekte von Novalis' Werk, so für die philosophischen Fragmente, letztlich abging.

Auch Philipp Otto Runge, ohnehin ein Bewunderer von Tiecks *Sternbald*, wurde durch Tieck auf Jakob Böhme aufmerksam. Anders als Tieck jedoch erblickte er dort nicht Dichotomien, etwa zwischen Licht und Finsternis, sondern den ›Urgrund‹, durch den alle Widersprüche des Lebens und der Erscheinung – zwischen Leben und Tod beispielsweise – Teil eines einzigen göttlichen Prozesses werden. Durch die Begegnung mit der Symbolik Böhmes gelangte Runge zu der ihm eigentümlichen Landschafts- und Pflanzenmotivik. Für deren hieroglyphisch-hermetische Funktion hatte Tieck allerdings nur begrenztes Verständnis. Das von Tieck herausgegebene und von Runge illustrierte Werk *Minnelieder aus dem Schwäbischen Zeitalter* (1803) mit seiner Verherrlichung der deutschen poetischen Vergangenheit sowie Tiecks Vorlesung aus dem *Nibelungenlied* gaben indessen den ersten Anstoß zu Clemens Brentanos und Achim von Arnims großem Unternehmen *Des Knaben Wunderhorn* (1806–1808); zudem wollte Brentano Tieck nach Heidelberg holen und ihn für die Mitarbeit an diesem Projekt gewinnen. Persönliche Differenzen und letzten Endes verschiedene Vorstellungen von der Erneuerung der nationalen Poesie führten allerdings zur Abkühlung der freundschaftlichen Beziehung, wenngleich die Heidelberger Tieck in seinen weiteren Editionsvorhaben (*Nibelungenlied*, Ulrich von Lichtensteins *Frauendienst*, *Heldenbuch*) nach Kräften unterstützten.

Erst eigentlich in Dresden, als erfolgreicher Novellenautor, als Dramaturg und als Anziehungspunkt überhaupt, kann Tieck seine Mentorentätigkeit entfalten. Für Dichter der jüngeren Generation, die ihn in Dresden aufsuchen oder sich ihm brieflich nähern, ist er das große Vorbild (Adam Oehlenschläger, Willibald Alexis, Washington Irving sind nur drei Namen unter vielen). Wilhelm Müller, der ihm 1821 seine *Gedichte aus den hinterlassenen Papieren eines reisenden Waldhornisten* (darin *Die schöne Müllerin*) widmet, ist von Tiecks *Reisegedichten* besonders angezogen. Über Müller geht diese Anregung dann an Heinrich Heine weiter. In seinen eigenen Theaterplänen und der Anleitung von Schauspielern letzten Endes erfolglos, unterstützt Tieck Karl Immermann als Theaterregisseur in Düsseldorf. Immermann geht wie Tieck von der Lesung eines Theatertextes vor der Rollenverteilung aus. Sein Theaterrepertoire entspricht Tiecks Vorstellungen (Shakespeare, Calderón, sogar Tiecks *Ritter Blaubart*). Unter den Dramatikern, die sich an ihn wenden, erkennt Tieck Christian Dietrich Grabbes Talent an. Dessen *Scherz, Satire, Ironie und tiefere Bedeutung* läßt sich als eine Art Hommage an Tieck lesen. Tieck kann sich aber mit der episierenden Manier von Grabbes späteren Tragödien nicht anfreunden. Statt dessen unterstützt er das mittelmäßige Talent von Friedrich von Uechtritz (1800–1875) und versieht dessen schwaches, aber korrektes Blankvers-Trauerspiel *Alexander und Darius* (1827) mit einer Vorrede. Ähnliches gilt für die Erzählerin Adelheid Reinbold (Pseud. Franz Berthold) (1802–1839), die zum Freundeskreis gehört, deren Können er aber ebenfalls stark überschätzt.

Tieck nimmt an zwei großen Übersetzungsvorhaben in Dresden teil. Als Kenner Dantes gehört er zu Prinz Johanns (Philalethes) *Academia Dantesca*: Die Dante-Übersetzung des Prinzen wird dort vorgelesen und kommentiert. Die sogenannte ›Schlegel-Tiecksche‹ Shakespeare-Übersetzung wird unter Tiecks Leitung und Oberaufsicht weitgehend von Wolf von Baudissin (1798–1878) getragen, in einer untergeordneten Rolle von seiner Tochter Dorothea. Jeder Aspekt der Übersetzung wird in der ›Correctur‹ (Paulin 1985, S. 256) besprochen. Ähnliches gilt für die anderen von Dorothea für ihren Vater angefertigten Übertragungen.

In den Berliner Jahren sind es der Schriftsteller Eduard von Bülow (1803–1853) – Tieck hatte bereits für dessen *Novellenbuch* und Schröder-Edition je ein Vorwort geliefert – und der junge Historiker Rudolf Köpke (1813–1870), die im Vertrauensverhältnis zu ihm stehen und sich um seinen Nachlaß und Nachruhm bemühen. Köpke ist es, der Tiecks *Nachgelassene Schriften* (1855) herausgibt. Seine Tieck-Biographie im selben Jahr festigt seinen Ruf als historischer Schriftsteller.

LITERATUR

Bernhardi 1893: Bernhardi, Theodor: Aus dem Leben Theodor von Bernhardis, Bd. 1: Jugenderinnerungen, Leipzig 1893.
Bernhardi 1894: Bernhardi, Wilhelm: Johann Ludwig Tieck. In: Allgemeine Deutsche Biographie, Bd. 38, hg. von der Historischen Commission bei der königl. Akademie der Wissenschaften, Leipzig 1894 (Reprint Berlin 1971), S. 251–276.
Brinker-Gabler 1986: Brinker-Gabler, Gisela: Bernhardi, Sophie. In: Lexikon deutschsprachiger Schriftstellerinnen 1800–1945, hg. von Gisela Brinker-Gabler, Karola Lodwig und Angela Wöffen, München 1986, S. 31–32.
Fontane 1991: Fontane, Theodor: Ziebingen. Die Tieck-Zeit von 1809 bis 19. In: Wanderungen durch die Mark Brandenburg. Dörfer und Flecken im Lande Ruppin. Unbekannte und vergessene Geschichten aus der Mark Brandenburg, Bd. 6, hg. von Gotthardt Erler und Therese Erler, Berlin 1991, S. 145–149.
Haym 1961: Haym, Rudolf: Die romantische Schule. Ein Beitrag zur Geschichte des deutschen Geistes, Berlin 1870 (Reprint Darmstadt 1961).
Hebbel 1904–1907: Hebbel, Friedrich: Sämtliche Werke. Historisch-kritische Ausgabe, hg. von Richard Maria Werner, 28 Bde., Berlin 1904–1907.
Jansen 1969: Jansen, Heinz (Hg.): Briefe aus dem Stolberg- und Novalis-Kreis. Nebst Lebensbild und ungedruckten Briefen von Tiecks Schwägerin, der Malerin und Ordensoberin Maria Alberti, Münster 1932 (Reprint Münster 1969).
Jansohn 1992: Shakespeares Sonette in der Übersetzung Dorothea Tiecks, kritisch hg. von Christa Jansohn, Tübingen 1992.
Maaz 1995: Maaz, Bernhard: Christian Friedrich Tieck (1776–1851). Leben und Werk unter besonderer Berücksichtigung seines Bildnisschaffens, Berlin 1995.
Minder 1936: Minder, Robert: Un poète romantique allemand. Ludwig Tieck (1773–1853), Paris 1936.
Novalis 1960–1988: Novalis: Schriften. Die Werke Friedrich von Hardenbergs, hg. von Paul Kluckhohn und Richard Samuel/u.a., 5 Bde., Stuttgart/u.a. 1960–1988.
Paulin 1985: Paulin, Roger: Ludwig Tieck. A Literary Biography, Oxford 1985.
Paulin 1998: Paulin, Roger: Luise Gottsched und Dorothea Tieck. Vom Schicksal zweier Übersetzerinnen. In: Shakespeare-Jahrbuch 134 (1998), S. 108–122.
Rath 1996: Rath, Wolfgang: Ludwig Tieck. Das vergessene Genie. Studien zu seinem Erzählwerk, Paderborn/u.a. 1996.
Rudorff 1938. Rudorff, Ernst: Aus den Tagen der Romantik. Bildnis einer deutschen Familie, hg. von Elisabeth Rudorff, Leipzig 1938.
Shakspeare 1825–1833: Shakspeare's dramatische Werke. Uebersetzt von August Wilhelm von Schlegel, ergänzt und erläutert von Ludwig Tieck, Berlin 1825–1833.
Stadelmann/Fischer 1955: Stadelmann, Rudolf/Fischer, Wolfram: Johann Ludwig Tieck aus Berlin. Der Aufgeklärte. In: Die Bildungswelt des deutschen Handwerkers um 1800. Studien zur Soziologie des Kleinbürgers im Zeitalter Goethes, Berlin 1955, S. 139–143.
Tieck 1892: Tieck, Ludwig: Tiecks Werke, hg. von Gotthold Ludwig Klee, 3 Bde., Leipzig/Wien 1892.
Tieck 1903: Tieck, Ludwig: Ausgewählte Werke in vier Bänden, hg. von Georg Witkowski, Leipzig 1903.
Tieck 1908: Tieck, Ludwig: Werke. Auswahl in sechs Teilen, hg. von Eduard Berend, Berlin 1908.

Tieck in Berlin

Roger Paulin

Die Kulturmetropole Berlin mit ihren Institutionen städtischer Öffentlichkeit wie Schulen, Buchhandlungen, Theater und Oper war die Stätte von Tiecks Jugend und seiner ersten Mannesjahre (Seibert 1993, S. 148). In dieser Stadt entstand mit Tieck, Wackenroder und den Brüdern Schlegel die Frühromantik.

Die Vielfalt, die Experimentierfreude und den Pluralismus von Tiecks Berliner Frühwerken, von seinen Schülerversuchen bis hin zu den *Sämmtlichen Werken* (1799) und den *Romantischen Dichtungen* (1799/1800), verdankte er in erster Linie der eigenen Leseerfahrung (Goethe, Schiller, Ossian, Shakespeare, Cervantes). In den frühen fiktiven sowie kritischen Werken kann man auch Einflußspuren der Aufklärung deutscher, französischer und englischer Provenienz erblicken, die aus der Lektüre und dem Schulstoff hervorgingen. Der persönliche Kontakt mit der Berliner Spätaufklärung war jedoch entscheidend: Die Forschung ist sich heute darüber einig, daß aus dem Engagement und der Auseinandersetzung mit der Aufklärung essentielle Wesenszüge der Frühromantik hervorgingen und diese ohne jene Prozesse nicht vorstellbar wäre (siehe den Beitrag *Poetik der Berliner Spätaufklärung* in Kap. 1).

Friedrich Nicolai

Schon in der Figur Friedrich Gedikes (1754–1803), Rektor des Friedrichswerderschen Gymnasiums, trat Tieck ein Hauptvertreter der Berliner Aufklärung entgegen. Gedike gehörte wie Teller, Biester, Engel und Spalding zur exklusiven Berliner Mittwochsgesellschaft (1783–1798) (Möller 1974, S. 229f.). Ein weiteres Mitglied war der Berliner Verleger, Publizist und Schriftsteller Christoph Friedrich Nicolai (1735–1811). Eine Beziehung Tiecks zu Nicolai über Gedike ist denkbar: Nach Köpke (1, S. 175) geschah die Vermittlung jedoch erst 1794 durch einen Vertreter der Braunschweiger Aufklärung, den Professor und Shakespeare-Übersetzer Johann Joachim Eschenburg (1743–1820), der über Jahrzehnte mit Nicolai korrespondierte. Nicolai, einst der enge Freund

und Mitarbeiter Lessings, bis heute oft noch als Jesuitenriecher, Anti-Enthusiast, Anti-Kantianer und -Fichtianer verketzert, war immerhin mit seiner *Allgemeinen Deutschen Bibliothek* die bedeutendste Gestalt in der literarischen Welt Berlins, und niemand, der schriftstellerisch etwas werden wollte, kam leicht an ihm vorbei. Die Begegnung war für Tieck ein unerhörter Glücksfall, aber auch eine folgerichtige Entwicklungsstufe in seiner Herausbildung zum Schriftsteller. Nicolai war gerade dabei, seiner Verlegertätigkeit eine neue Richtung ins Triviale zu geben, indem er die von Johann Karl August Musäus (1735–1787) begonnene und von Johann Gottwerth Müller (von Itzehoe) (1742–1828) fortgesetzte Erzählsammlung *Straußfedern* verlegte. Für die Weiterführung dieses Projektes suchte Nicolai einen jungen Autor von Schreibtalent und Gewandtheit. Tieck, mit seiner Übung im Schnellschreiben, erprobt an den Stücken für Friedrich Eberhard Rambach und mit zwei fertigen, aber noch nicht veröffentlichten Romanen (*Abdallah*, *William Lovell*) ausgerüstet, kam Nicolai, der übrigens gut zahlte, sehr gelegen. Auch Sophie Tieck und Wackenroder beteiligten sich an dem Unternehmen. Die *Straußfedern* (1795–98) boten reichlich Gelegenheit zur Satire von literarischen Modekrankheiten, aber auch vom Nicolaischen ›Aufklärungsberlinismus‹ selbst (Košenina 2004). Alle bedeutenden Frühwerke Tiecks mit Ausnahme der Sammlungen *Herzensergießungen eines kunstliebenden Klosterbruders* und *Phantasien über die Kunst* sowie des Romans *Franz Sternbalds Wanderungen* erschienen unter Nicolais Impressum, also die frühen Romane, die *Volksmährchen* und die *Sturm*-Übersetzung – allerdings nicht beim Vater Friedrich Nicolai (Berlin und Stettin), sondern beim Sohn Carl August (Berlin und Leipzig). Sie sind alle in den *Sämmtlichen Werken* (1799) enthalten. Ohne die Fronarbeit in Nicolais Romanfabrik wäre Tiecks enorme schriftstellerische Produktion nicht so leicht an die Öffentlichkeit gelangt. Dem ohnehin skeptischen Nicolai war die Richtung von Tiecks frühromantischem Werk und seine Assoziation mit den Brüdern Schlegel nicht entgangen: Er rügte die »Zirkelchen von eingebildeten Leuten«, deren literarischer Sitz »überall, und daher nirgend« sei (Nicolai 1799, S. 175). 1799 sah sich Nicolai in *Prinz Zerbino* als ›Nestor‹ persifliert; im selben Jahr wurde ihm *Die verkehrte Welt* endgültig zu viel, das Werk wurde nicht in die *Straußfedern* aufgenommen, und die Beziehung zu Nicolai, Vater und Sohn, nahm ein Ende.

Johann Friedrich Reichardt

Auch der königliche Kapellmeister Johann Friedrich Reichardt (1752–1814) (Salmen 2004, S. 297–309; Hölter 2003, S. 405–430) gehörte zur Welt der Berliner Spätaufklärung, allerdings nicht zu der strengen rationalistischen Richtung Nicolais, wenngleich Nicolais Interesse an der Musikkultur die beiden Männer eine Zeitlang freundschaftlich miteinander verband (Salmen 2002, S. 45f.). Reichardt war eine Generation jünger als Nicolai und von Klopstock, dem Sturm und Drang (Hamann, Lenz, Lavater, Herder) und Kant geprägt worden. Der Kontakt Tiecks zu Reichardt war in den Jahren 1788–1791 besonders intensiv, als Reichardt noch als Kapellmeister tätig war, und später, als er das romantisch gelegene Gut Giebichenstein bei Halle kaufte und ab 1794 als Salinendirektor amtierte.

In das Reichardtsche Haus in der Friedrichstraße wurde Tieck zuerst 1788 durch seinen Klassenkameraden Wilhelm Hensler eingeführt. Hensler war Reichardts Stiefsohn; seine Mutter Johanna, geb. Alberti (1755–1827), hatte Reichardt 1783 geheiratet. Es war für beide die zweite Ehe. Johanna Alberti war ihrerseits die älteste Schwester von Amalia Alberti, Tiecks Frau. Dadurch wurde Reichardt Tiecks ›Schwippschwager‹ (Rudorff 1938, S. 75). Seine Frau hatte Tieck im Reichardtschen Haus kennengelernt.

Tieck hat die Assoziation mit Reichardt seine »künstlerischen Lehrjahre« genannt (Köpke 1, S. 77) und das Haus selbst als »Kunstschule« (ebd. S. 86) bezeichnet. Für den Schüler standen die Liebhaberaufführungen im Vordergrund, die als Ventil für Tiecks Theaterleidenschaft dienten und die ihn unter Reichardts wachsamem Auge in die Schauspieltechnik einführten. Sie ermöglichten ihm auch den Theaterbesuch und die Bekanntschaft mit Schauspielern. Tieck orientierte sich an Reichardts eigener Kunstbegeisterung für den jungen Goethe und Schiller beispielsweise oder auch für Shakespeare. Reichardt hatte 1787 die Begleitmusik (Ouvertüre, Chöre, Hexenszenen, Tänze) zu Bürgers *Macbeth*-Version komponiert (Salmen 2002, S. 281f.). Tieck brachte Shakespeare allerdings ein rigoroseres Textverständnis entgegen als Reichardt und seine Apperzeption, die eher durch Stimmungswerte getragen war. Vermutlich hat Reichardt Tieck dem großen Shakespeare-Kenner Johann Joachim Eschenburg empfohlen. Eschenburg war das Vorbild für Tiecks eigene Übersetzung von Shakespeares *Sturm* (1796). Reichardt hat zudem Tiecks Rezeption der Werke Johann Georg Hamanns maßgeblich beeinflußt (Kemper 1993, S. 45–51). Auch Tiecks Ossian-Begeisterung, in den *Iwona*- und *Congal*-Dichtungen hörbar, dürfte durch den Ossian-Enthusiasten Reichardt angeregt worden sein (Schmidt 2003, 2, S. 790). Tieck hat indessen nicht alle Abgötter Reichardts gleichermaßen verehrt: Klopstock lehnte er vehement ab (Hölter 2001, S. 35–85); das Verständnis für Kant fehlte ihm letzten Endes auch. Im Gegensatz zu Reichardt erblickte er schließlich in Mozart den Gipfel der Musikkunst.

Reichardts politische Ansichten – seine Anerkennung der Französischen Revolution, 1792 durch einen Besuch in Paris bekräftigt (Salmen 2002, S. 72f.) –, die schließlich zum Verlust seines Kapellmeisteramts in Berlin führen sollten, waren gewiß der Auslöser für Tiecks jugendlichen revolutionären (eigentlich mehr anti-despotischen) Eifer, der in den frühen Briefen an seine Schwester Sophie und an Wackenroder vernehmbar ist sowie im Dramenfragment *Der Gefangene* (1790). Zu den weiteren Konsequenzen von Reichardts politischem Radikalismus gehörten die Entfremdung von Goethe und Schiller: Tieck lieferte 1796 für Reichardts *Deutschland* eine anonyme *Horen*-Besprechung bzw. -Ergänzung und geriet damit – bewußt oder unbewußt – in die Anti-Weimar-Richtung dieser Zeitschrift (Rüter 1976, S. 204–211).

Vor allem verdankte Tieck Reichardt seinen Sinn für Musik, nicht so sehr für das Technische, das er nicht wirklich verstand, sondern für musikalische Stimmung. Die für den *Sternbald*-Roman so charakteristische Verbindung von Natur und Musik, im Waldhornklang verkörpert, geht auf Tiecks Erlebnis von Hausmusikkonzerten in Reichardts Garten in Giebichenstein zurück. Es ist kein Zufall, daß die beiden Werke Tiecks, die von Stimmungsgehalten getragen werden, *Franz Sternbalds Wanderungen* und *Leben und Tod der heiligen Genoveva*, in Giebichenstein konzipiert wurden. Reichardt hat zehn frühromantische Gedichte Tiecks vertont (Salmen 2004, S. 303–309; siehe den Beitrag *Gedichte, Novellen und Märchen Tiecks in Musik gesetzt* in Kap. 5). Mit seinem Sinn für die Gefühlswerte der Kunst und seiner Überzeugung von der Gleichberechtigung von Poesie und Musik im musikalischen Kunstwerk hat Reichardt diesen Gedichten neue Stimmungsmomente abgewinnen können.

Reichardts Bühnenmusik zu *Macbeth* war für Tieck insofern von Bedeutung, als sie seinem Sinn für das Schaurige und Dämonische in Shakespeares Stück entsprach. Eine bemerkenswerte Passage in den *Phantasien über die Kunst* (Wackenroder 1, S. 245) bezeugt, wie durch musikalische Einwirkung die Gestalten »bestimmtere Umrisse, furchtbare Bildungen« annahmen, so daß die weiteren Szenen des Dramas wie eine Antiklimax wirkten (Salmen 2004, S. 299f.). Hier muß allerdings festgehalten werden, daß gerade die Hexen-Szenen in Bürgers Bearbeitung nach Reichardts Vorlage zu den gelungensten Passagen in dieser Übersetzung zählen. Dabei ist auch der Kontext in Tiecks *Phantasien über die Kunst* (›Symphonien‹) zu berücksichtigen. Dennoch verdient diese Passage besondere Aufmerksamkeit, weil Tiecks bisherige Aufzeichnungen zu *Macbeth*, die im *Buch über Shakespeare* und *Über Shakspeare's Behandlung des Wunderbaren* enthalten sind, den Charakter Macbeths in den Vordergrund schieben und das Schrecklich-Gräßliche der Hexen als angemessene Begleiterscheinung zu dessen Härte und Roheit interpretieren (DKV 1, S. 717). Tiecks *Sturm*-Bearbeitung geht insofern auf die Anregung Reichardts zurück, als *The Tempest* das musikalischste aller Shakespeareschen Dramen ist und die Musik dort, wie der Begleitessay *Über Shakspeare's Behandlung des Wunderbaren* darlegt, als ›Kunstgriff‹ des Wunderbaren fungiert. Tiecks relative Texttreue – verglichen etwa mit Bürger, weniger aber mit Eschenburg oder Schlegel – trennt ihn indessen von Gotters und Einsiedels Singspiel *Die Gei-*

sterinsel (1798), zu der auch Reichardt die Musik geliefert hat (Salmen 2002, S. 267–270). Zu Tiecks Eingriffen gehört bezeichnenderweise die Umänderung von Shakespeares opernhaftem Schluß.

Eine Kooperation zwischen Reichardt und Tieck – etwa in der Gozzi-Adaptation *Das Ungeheuer und der verzauberte Wald* (1800) – kam jedoch nicht zustande. *Das Ungeheuer* hat zuviel von der Ironie und Stimmungsbrechung von Tiecks Märchenkomödien, um als gelungenes Opernlibretto gelten zu können. Die Vorrede spricht von Selbstaufhebung und -vernichtung, von dem Wegfall der Grenzen zwischen Musik und Text (Schweikert 1, S. 180–182). Hier wurden auch die Grenzen zwischen Tieck und Reichardt erkennbar.

Karl Philipp Moritz

Dem Berliner Akademiker, Professor und Ästhetiker Karl Philipp Moritz (1756–1793) kommt für den Berliner Tieck eine besondere Bedeutung zu. Moritz ist eine wichtige Vermittlergestalt, die den Berliner Rationalismus, die Spätempfindsamkeit und die Hamann- und Kant-Verehrung verbindet. Er bereitet einen Geschmackskanon vor, der auf frühromantische Positionen vorausdeutet (Hubert 1971, S. 3). Die Verbindung zu Moritz, der Anfang 1789 aus Italien zurückgekehrt war, stellte sich über Reichardt her. Der Kontakt zu Moritz und seine Wirkung auf den jungen Tieck gingen gewiß weit über das von Köpke Mitgeteilte hinaus (Köpke 1, S. 88–90): Vielmehr kann man davon ausgehen, daß Tieck mit allen Hauptschriften von Moritz vertraut war, insbesondere mit *Über die bildende Nachahmung des Schönen* (1788); auch das *Magazin zur Erfahrungsseelenkunde* (1783–1793) und *Anton Reiser* befanden sich in Tiecks Bibliothek. Wenn Wackenroder in seinem Brief von Ende 1792 seinen Freund einen »Zwillingsbruder« von Moritz nannte (Wackenroder 2, S. 97), so läßt dies auf engen persönlichen Kontakt mit Moritz und sogar auf eine Art Identifikation mit ihm schließen (Kemper 1993, S. 51). Für Wackenroder befremdend – er verdankte Moritz sicher mehr als Tieck – war jedoch Tiecks Antwortbrief vom 28. Dezember 1792 aus Halle, der eine schroffe und vehemente Lossage von Moritz zum Inhalt hatte.

Köpke betont, daß Moritz' Wirkungsort, die Berliner Akademie der Künste, Tieck und Wackenroder die erste Gelegenheit zur direkten Anschauung von Kunstwerken geboten habe (Köpke 1, S. 88). Hier konnte allerdings noch nicht die Rede sein von einem Kunsterlebnis wie später in Süddeutschland. Wichtiger waren die Erkenntnisse, die Moritz' ästhetische Schriften vermittelten, insbesondere seine Akademie-Vorlesungen über Altertümer und Kunstgeschichte. Tieck besuchte wahrscheinlich mit Wackenroder die ersten vier Vorlesungen von März 1789 bis Anfang 1792 (Kemper 1993, S. 58–60) und konnte sich dort über »Geschmack oder die Empfindungsfähigkeit für das Schöne«, »Mythologie und Alterthümer«, »Beschreibung der hiesigen Königlichen Bildergallerie« und »Grundsätze des Geschmacks« ausgiebig informieren. Hier wurde nicht nur nützliches Wissen vermittelt, wichtiger waren Moritz' Konzept der organischen Komposition und sein Plädoyer für die Autonomie des Kunstwerks (ebd., S. 63). Tiecks Schroffheit in seinem Brief an Wackenroder erklärt sich teilweise daraus, daß er in Göttingen zur ersten Selbständigkeit in ästhetischen Fragen gelangt war: Das Essayfragment *Über das Erhabene*, das sich stellenweise auf Moritz bezieht, sollte über das von Moritz Vermittelte hinausgehen. Noch wichtiger war jedoch die Komposition des Romans *William Lovell*, dessen Entstehung in diese Zeit fiel und der sich die empirische psychologische Wissenschaft zunutze gemacht hatte. Etwas von der Stimmung des Romans, der Identifikation mit den Gemütsschwankungen des Protagonisten, die aber letzten Endes als eine Selbstkritik des Autors verstanden werden muß, ist in Tiecks Brief an Wackenroder vernehmbar:

> [...] ein Mensch, der beständig über sich selbst brütet und nachdenckt, der immer tiefer in das verworrene Gewebe seines Herzens schaut, der muß dort auf so wundervolle so seltsame Erscheinungen treffen, daß er nach und nach an sich verzweifelt [...]. Dies ist ein grosser Schade, das Studium der Psychologie, wenn es zu weit getrieben wird, der Mensch verliehrt alle Kraft zu handeln, aller Enthusiasmus wird in ihm erstickt, er verliehrt sich in trägen Speculationen [...]. Ich sage mich nochmals von ihm [Moritz] loß; meine Empfindungsart gränzt nahe an die seinige, aber nicht *meine Art zu denken*, d. h. meine Empfindungen anzuwenden. (Wackenroder 2, S. 114f.)

Etwas von der Radikalität dieser Abkehr von Moritz ist noch in Tiecks Vorbericht zu der revidierten Ausgabe von *William Lovell* (1828) zu hören, hier etwa in der Auseinandersetzung mit seinem jugendlichen Selbst, ohne daß allerdings Moritz erwähnt wird. Die Thematik von Tiecks Roman zeigt nämlich mehrere Parallelen mit Moritz' *Anton Reiser* auf: das Spiel von Phantasie und Wirklichkeit, die Topoi der Desillusionierung und die Selbststilisierung des Helden (Hubert 1971, S. 56–70). Auch Moritz' Roman *Andreas Hartknopf* (1786) weist mehrere thematische Berührungspunkte auf: Einsamkeit, Naturstimmung und Topoi der Vergänglichkeit.

August Ferdinand Bernhardi

Der Pädagoge, Sprachwissenschaftler und Schriftsteller August Ferdinand Bernhardi (1769–1820), ein Schüler Friedrich August Wolfs, war seit 1791 Lehrer am Friedrichswerderschen Gymnasium. Bald verband ihn eine enge Freundschaft mit Tieck und Wackenroder; später gehörte er dem Berliner

Kreis an, zu dem alle drei Tieck-Geschwister zählten. 1799 heiratete er Sophie Tieck und wurde damit Tiecks Schwager. Die Auflösung dieser Ehe in den Jahren nach 1803 und die endgültige Scheidung 1807 führten zum totalen Bruch auch der Beziehung zu Tieck. 1827 wies Tieck mit Entrüstung das Ansinnen eines jungen Schriftstellers zurück, Bernhardis Schriften mitsamt seinem Briefwechsel zu edieren (Schweikert 3, S. 209).

Trotz dieser unglücklichen Rolle Bernhardis in der Tieckschen Familienchronik (die einzig erhaltenen Korrespondenzen stammen von Tiecks Seite) ist es sicher richtig, ihn als eine der »Zentralgestalten« der Berliner Romantik (Klin 1966, S. 43) anzusehen; nicht nur aufgrund seines Verhältnisses zu Tieck, sondern als Mitarbeiter der Brüder Schlegel, besonders August Wilhelms. Der Kontakt Tiecks zu den Brüdern war teilweise über Bernhardis Vermittlung erfolgt, bald lernte er auch Varnhagen und Chamisso kennen. Darüber hinaus hat Bernhardi als Rezensent einschlägige Werke der Frühromantik positiv besprochen: das *Athenaeum* selbst (zu dem er und Sophie auch beigetragen haben) sowie A. W. Schlegels Satire *Ehrenpforte und Triumphbogen für den Theater-Präsidenten von Kotzebue* und das Schauspiel *Ion*, Tiecks *Romantische Dichtungen* sowie den Tieck-Schlegelschen *Musen-Almanach für das Jahr 1802*. Dadurch hat er deren kritische Rezeption erheblich gefördert. In diesem Rezensionswirken konnte er seine kritische Trennschärfe und Beobachtungsgabe sowie seine Fundiertheit in den pädagogischen und philologischen Wissenschaften zur Geltung bringen. Ein Hang zu Ironie, Spott und Sarkasmus war im persönlichen Umgang ebenso spürbar wie in seinen schriftstellerischen Versuchen. Tieck und Wackenroder (vgl. Wackenroder 2, S. 63f.) waren mit Bernhardi bis 1798 eng befreundet. Mit seinem Kollegen Friedrich Eberhard Rambach unterstützte er Tiecks frühes literarisches Talent. Über Bernhardi erfolgte vielleicht auch der Kontakt zu Nicolai Jr. (Köpke 1, S. 199). Bernhardis kritische Besprechungen von Iffland, Kotzebue, Merkel usw. in Rambachs *Archiv der Zeit* wurden durch Tiecks spöttische Rezension *Die neuesten Musenalmanache* (1796) ergänzt.

Die enge Kooperation mit Bernhardi hatte für Tieck jedoch eine weniger erfreuliche Seite: Bernhardi neigte dazu, Werke seines jungen Freundes als seine eigenen auszugeben. Tatsächlich hat er Tiecks Idylle *Almansur* 1798 in den eigenen Roman *Nesseln* (erschienen unter dem Pseudonym Falkenhain) eingerückt. Nach Köpke hat er ebenso die Erzählung *Die Sühne* (später *Die Versöhnung*) und das kleine Drama *Der Abschied* als eigene Werke deklariert (Köpke 1, S. 227). Eine geistige Verwandtschaft behauptete er für *Abdallah* und *Die verkehrte Welt*. *Die verkehrte Welt* veröffentlichte Bernhardi im zweiten Teil seiner *Bambocciaden* (1799) mit dem Vermerk: »Die *verkehrte Welt* habe ich mit meinem Freunde *Tiek* in fröhlichen Stunden entworfen, doch hat er den größten Theil davon ausgearbeitet« (Bernhardi 1797–1800, 1, S. III).

Diese Grenzstreitigkeiten sowie die naheliegende Vermutung, Bernhardis Erzählung *Sechs Stunden aus Finks Leben* (ebd., S. 137–200), die Geschichte eines jungen Wirrkopfs, sei auf Tieck gemünzt, haben das Verhältnis der beiden zueinander belastet.

Auf der anderen Seite ebnete Bernhardis Rezension von Tiecks Trauerspiel *Leben und Tod der heiligen Genoveva*, im Rahmen seiner Besprechung der *Romantischen Dichtungen* (Bernhardi 1800), den Weg für das Verständnis dieses lyrischen Großdramas. Die bewußte Künstlichkeit des Silbenmaßes und seiner Variationen wird als unbedingtes Postulat des romantischen Legendenstoffs charakterisiert: Sie bewirke eine Einheit von Darstellung und Form. In seiner Rezension des Tieck-Schlegelschen *Musenalmanachs für das Jahr 1802* (Bernhardi 1802) äußert sich Bernhardi positiv über Tiecks Gedicht *Die Zeichen im Walde* und den Gedicht-Zyklus *Lebens-Elemente*, vielleicht positiver, als es diese Lyrik eigentlich verdient.

Geselligkeit und Salons

Mit zwei bedeutenden Ausnahmen hatte Tieck Zugang zu den führenden kulturellen, literarischen und geselligen Kreisen Berlins der 1790er Jahre. Kein Entrée hatte er zu den exklusiven Adelssalons und zur ›Mittwochsgesellschaft‹, von hohen Staatsbeamten und Gelehrten – und nur von Männern – frequentiert, die von 1783 bis 1798 zusammentraf (Scholtz 1987, S. 167). Der erste Kontakt zu einer Geselligkeit großen Stils dürfte wohl im Hause Reichardts (Salmen 2002, S. 68f.) erfolgt sein. Nur in den Friedrichsstädter Häusern jüdischer Familien waren allerdings Gesellschaften und Soirees möglich, wo sich Bürger und Adlige, Juden und Nicht-Juden, Männer und Frauen zum geselligen Austausch treffen konnten (Seibert 1987, S. 164f.). Im Hause Rahel Levins (der späteren Rahel Varnhagen 1771–1833), in der sogenannten ›Dachstube‹ in der Jägerstraße 54, war Tieck seit 1794 Gast. Auch später blieb er Rahel freundschaftlich verbunden. In diesem ›Ersten‹ Salon Rahels waren »Diplomaten, Militärs, Gelehrte und Künstler« anzutreffen (Varnhagen 1983, 1, S. 19), unter ihnen der schwedische Diplomat und Freund Tiecks Karl Gustav von Brinkmann, Wilhelm von Burgsdorff, Alexander Graf Finckenstein, beide Brüder Humboldt, Prinz Louis Ferdinand von Preußen, der Schauspieler Friedrich Fleck, Friedrich Schlegel und Dorothea Veit. Auch Tiecks Bruder Friedrich wurde dort gern gesehen; er hatte 1796 ein Medaillon Rahels angefertigt (Maaz 1995, S. 257). Bei Henriette Herz (1764–1847) in der Friedrichstraße war bis 1793 Karl Philipp Moritz ein bevorzugter Gast, auch Ramler, Reichardt, später Sophie Tieck sowie die bei Rahel Eingeladenen. In beiden Salons wurde der Goethe-Kult besonders gepflegt. Das Haus des Bankiers Simon Veit (1754–1819) war insofern von Bedeutung, als Tieck dort Dorothea Veit, später Friedrich Schlegels Frau, sowie Friedrich Schlegel selbst kennenlernte (Köpke 1, S. 193–195). Daß zur Berliner Geselligkeit nicht nur Brillanz und witzige Unterhaltung gehörten, sondern auch gelegentlich Plattheit und Schönrednerei, bezeugen Tiecks *Straußfedern*-Satiren *Die gelehrte Gesellschaft* (sowie ein gleichnamiges Stück in Bernhardis *Bambocciaden*) und *Die Theegesellschaft*.

Als ein Mikrokosmos der geselligen Kultur Berlins und deren Offenheit sind ferner zwei kleinere Zirkel von Bedeutung. Bei Rahel hatte Tieck den großen Schauspieler Johann Friedrich Ferdinand Fleck (1757–1801) kennengelernt, der in allen seinen späteren Äußerungen zu Theater und Schauspielkunst als Muster für Natürlichkeit und Grazie schlechthin steht – im Gegensatz zu dem in Berlin sonst so gefeierten Iffland. Zu einem gemeinsamen Erbsenessen traf Tieck sich jeden Donnerstag mittag in der Invalidenstraße (ebd., S. 194) mit Fleck, dem Bildhauer Johann Gottfried Schadow, in dessen Atelier Friedrich Tieck ab 1794 zeitweilig arbeitete, und dem Komponisten Karl Friedrich Zelter (1758–1832), später Direktor der Berliner Singschule. Eher unter Altersgenossen und unter seinesgleichen befand er sich in einem anderen Kreis, den er nach Köpke (ebd., S. 197) um sich gesammelt hatte: Dazu gehörten sein Bruder Friedrich, seine Schwester Sophie, Wackenroder, Bernhardi, der Arzt Abraham Herz Bing (1769–1835), ein Bekannter von Wilhelm von Humboldt und Henriette Herz, und der Musikdirektor am Königlichen Theater und Kapellmeister des Prinzen Heinrich Carl Bernhard Wessely (1768–1826), der wie Bing aus altjüdischem Berliner Haus stammte. Wessely hatte die Begleitmusik zu Tiecks *Sturm*-Bearbeitung komponiert (DKV 1, S. 684) und im übrigen den englischen Moderoman *Das Schloß Montford* übersetzt, den Carl August Nicolai fälschlicherweise in Tiecks *Sämmtliche Werke* aufgenommen hatte (Köpke 1, S. 214; Wackenroder 2, S. 634f.).

LITERATUR

Bernhardi 1797–1800: Bernhardi, August Ferdinand: Bambocciaden, 3 Teile, Berlin 1797–1800.
Bernhardi 1800: Bernhardi, August Ferdinand [Rez.]: Romantische Dichtungen von Ludwig Tieck, zweiter Teil Jena, bei Friedrich Frommann 1800. In: Berlinisches Archiv der Zeit und ihres Geschmacks 1800, Bd. 1, S. 457–471.
Bernhardi 1802: Bernhardi, August Ferdinand [Rez.]: Musenalmanach für das Jahr 1802. Herausgegeben von A. W. Schlegel und L. Tieck. Tübingen Cotta 1802. In: Kynosarges. Eine Quartal-Schrift 1 (1802), S. 121–153.
Hölter 2001: Hölter, Achim: Frühe Romantik – frühe Komparatistik. Gesammelte Aufsätze zu Ludwig Tieck, Frankfurt a. M./u. a. 2001.

Hölter 2003: Hölter, Achim: Die kreative Beziehung Reichardts zu Ludwig Tieck. In: Johann Friedrich Reichardt und die Literatur. Komponieren, Korrespondieren, Publizieren, hg. von Walter Salmen, Hildesheim/u. a. 2003, S. 405–430.

Hubert 1971: Hubert, Ulrich: Karl Philipp Moritz und die Anfänge der Romantik. Tieck, Wackenroder, Jean Paul, Friedrich und August Wilhelm Schlegel, Frankfurt a. M. 1971.

Kemper 1993: Kemper, Dirk: Sprache der Dichtung. Wilhelm Heinrich Wackenroder im Kontext der Spätaufklärung, Stuttgart/Weimar 1993.

Klin 1966: Klin, Eugen: August Ferdinand Bernhardi als Kritiker und Literaturtheoretiker, Bonn 1966.

Košenina 2004: Košenina, Alexander: *Denkwürdige Geschichtschronik der Schildbürger* oder Tiecks Abrechnung mit der Berliner Aufklärung. In: »lasst uns, da es uns vergönnt ist, vernünftig seyn! –«. Ludwig Tieck (1773–1853), hg. vom Institut für Deutsche Literatur der Humboldt-Universität zu Berlin, unter Mitarbeit von Heidrun Markert, Bern/u. a. 2004, S. 45–58.

Maaz 1995: Maaz, Bernhard: Christian Friedrich Tieck (1776–1851). Leben und Werk unter besonderer Berücksichtigung seines Bildnisschaffens, Berlin 1995.

Möller 1974: Möller, Horst: Aufklärung in Preußen. Der Verleger, Publizist und Geschichtsschreiber Friedrich Nicolai, Berlin 1974.

Nicolai 1799: Nicolai, Friedrich: Vertraute Briefe von Adelheid B** an ihre Freundinn Julie S**, Berlin/Stettin 1799.

Rudorff 1938: Rudorff Ernst: Aus den Tagen der Romantik. Bildnis einer deutschen Familie, hg. von Elisabeth Rudorff, Leipzig 1938.

Rüter 1976: Rüter, Hubert: Eine Horen-Rezension Ludwig Tiecks. In: Zeitschrift für deutsche Philologie 95 (1976), S. 204–211.

Salmen 2002: Salmen, Walter: Johann Friedrich Reichardt. Komponist, Schriftsteller, Kapellmeister und Verwaltungsbeamter der Goethezeit, 2., erweiterte und ergänzte Auflage, Hildesheim/u. a. 2002 (^{1}1963).

Salmen 2004: Salmen, Walter: Tieck und die Familie Reichardt. Zur Wirkung »romantischer Dichtung« auf deren Musik und Musizieren. In: »lasst uns, da es uns vergönnt ist, vernünftig seyn! –«. Ludwig Tieck (1773–1853), hg. vom Institut für Deutsche Literatur der Humboldt-Universität zu Berlin, unter Mitarbeit von Heidrun Markert, Bern/u. a. 2004, S. 297–309.

Seibert 1987: Seibert, Peter: Der Salon als Formation im Literaturbetrieb zur Zeit Rahel Levin Varnhagens. In: Rahel Levin Varnhagen. Die Wiederentdeckung einer Schriftstellerin, hg. von Barbara Hahn und Ursula Isselstein, Göttingen 1987, S. 164–172.

Schmidt 2003: Wolf Gerhard Schmidt: »Homer des Nordens« und »Mutter der Romantik«. James Macphersons *Ossian* und seine Rezeption in der deutschsprachigen Literatur, 4 Bde., Berlin/New York 2003.

Scholtz 1987: Scholtz, Harald (Hg.): Friedrich Gedike: Über Berlin. Briefe ›von einem Fremden‹ in der Berlinischen Monatsschrift 1783–1785, hg. von H. S., Berlin 1987.

Seibert 1993: Seibert, Peter: Der literarische Salon. Literatur und Geselligkeit zwischen Aufklärung und Vormärz, Stuttgart/Weimar 1993.

Varnhagen 1983: Varnhagen, Rahel: Rahel-Bibliothek. Gesammelte Werke, hg. von Konrad Feilchenfeldt, Uwe Schweikert und Rahel E. Steiner, 10 Bde., München 1983.

Poetik der Berliner Spätaufklärung

Albert Meier

Am Friedrichswerderschen Gymnasium, einer unter Friedrich Gedikes (1754–1803) Rektorat philanthropisch ausgerichteten Reformschule (vgl. Schmitt/Tosch 2007), hat Ludwig Tieck von den pädagogischen Fortschritten der europäischen Aufklärung profitiert: »Tieck absolviert nicht mehr die alte Lateinschule [...]. Er besucht ein Schulmodell, das didaktisch hochentwickelt ist [...]« (Rath 1996, S. 28). Ribbat erklärt Tiecks frühe Ausrichtung »auf Shakespeare [...] statt auf klassische Autoren« wesentlich durch »Impulse der Schule« (Ribbat 1978, S. 19). Der autobiographische Rückblick der *Vorrede zur zweiten Auflage* des *William Lovell* (1813) läßt dennoch kaum ein gutes Haar an den Rahmenbedingungen seiner intellektuellen Sozialisation:

> Die erste Jugend des Verfassers fällt in jene Jahre, als nicht nur in Deutschland, sondern im größten Theil der kultivirten Welt der Sinn für das Schöne, Hohe und Geheimnißvolle entschlummert, oder erstorben schien. Eine seichte Aufklärungssucht hatte sich der Herrschaft bemächtigt, und das Heilige als einen leeren Traum darzustellen versucht; Gleichgültigkeit gegen Religion nannte man Denkfreiheit, gegen das Vaterland, (welches freilich zu verschwinden drohte) Kosmopolitismus. Ein seichtes populäres Gespräch sollte die Stelle der Philosophie vertreten [...]. Winkelmann, Hamann, das Edelste im Lessing, Jakobi, ja selbst Göthe's frischer Morgen (nach kurzer, lärmender Begeisterung) waren wie in einem betäubenden Taumel von Zerstreuung vernachlässigt. (S 6, S. 3f.)

Bereits den frühen Briefroman *William Lovell* (1795/96) scheint Tieck als Angriff auf die »herrschenden Ansichten« (S 6, S. 5) verstanden zu haben: »Hier wird die optimistische Fortschrittsgläubigkeit der Aufklärung radikal in Frage gestellt, Skeptizismus, Welt- und Menschenverachtung bis hin zum Nihilismus führen die Regie« (Košenina 2004, S. 589). Im *Vorbericht zur zweiten Lieferung* der *Schriften* ist er 1828 noch konkreter auf die persönlichen Erfahrungen mit der Spätaufklärung eingegangen:

> Was wir mit dem Worte Aufklärung bezeichnen, im schlimmen oder tadelnden Sinn, war von Berlin aus vorzüglich verbreitet worden, jene Seichtigkeit, die ohne Sinn für Tiefe und Geheimniß alles, was sie nicht fassen konnte und wollte, vor den Richterstuhl des sogenannten gesunden Menschenverstandes zog. Wenn diese

> Aufklärung in der That manchen Mißbrauch rügte, manchen im Finstern schleichenden Aberglauben anklagte und der Verachtung Preis gab, so setzte sie sich doch auch bald in Verfolgung um, und verschmähte nicht inquisitorische Bösartigkeit und Verketzerung. Die Religion, die christliche vorzüglich, war überhaupt der Stein, an welchen sich fast alle aufgeklärten Schriftsteller jener Tage stießen und ärgerten. (S 6, S. XXXI–XXXIII)

Das sind ähnliche Monita wie in August Wilhelm Schlegels Berliner Vorlesungen *Ueber Litteratur, Kunst und Geist des Zeitalters* (Schlegel 1803–1805). Den Aufklärern wird namentlich die Einseitigkeit vorgehalten, mit der sie nur das Rationale als vernünftig anerkennen und nichts gelten lassen, was sich ihm entzieht (insbesondere nicht die Einbildungskraft). Ihr Kampf gegen Schwärmerei und Vorurteile habe daher ein besonders prekäres Vorurteil übersehen: die eigene Schwärmerei für den Absolutheitsanspruch der Logik bzw. die Illusion einer ausschließlichen Gültigkeit des Verstandes, neben dem die Phantasie ihr Recht verliert. Tiecks Beschreibung des Theaters zu Schilda ist in diesem Sinn als Karikatur der Berliner Aufklärungspoetik zu begreifen:

> Die Schildbürger waren eine so edelmüthige Nation, daß sie ihre Schaubühne zu nichts Anderm brauchen wollten, als nur zu einem Anhange des Lazareths, um sich darin zu bessern. Sie sahen ein, daß sie viele Fehler an sich hatten, und deshalb gingen sie in's Theater, um sich davon zu reinigen. Das Schauspiel war also nicht etwa nur ein Spiel der Phantasie, oder ein Ort, wo man die Zeit mit angenehmen Possen hinbrachte, sondern eine wahre Schule der Sitten. (S 9, S. 54)

Die Berliner Geisteswelt der 1780er und 1790er Jahre ist allerdings nicht auf das überkommene Nützlichkeitsaxiom des Verlegers Friedrich Nicolai oder den Kampf der *Berlinischen Monatsschrift* gegen den Aberglauben beschränkt. Eine Alternative zur Berliner Spätaufklärung in ihrer strikt rationalistischen Variante hat Tieck schon ab 1788 bei seiner »Identifikationsfigur« (Rath 1996, S. 51), dem Königlichen Kapellmeister Johann Friedrich Reichardt, kennengelernt: »Reichardts Haus, in dem Tieck ständig verkehrte, war ein Zentrum der Goethe-Verehrung« (Ribbat 1978, S. 17; vgl. dazu insgesamt Hölter 2003; siehe den Beitrag *Tieck in Berlin* in Kap. 1). In Reichardts Salon ist der Gymnasiast namentlich mit Karl Philipp Moritz bekannt geworden, der bis 1786 im Geist des spätaufklärerischen Mainstream publiziert hatte (vgl. Košenina 2003 und 2006), nach seiner Rückkehr aus Italien (1788) aber in öffentlichen Vorträgen die neue, klassisch-romantische Autonomie-Ästhetik propagierte (vgl. Pauly 1999; siehe den Beitrag *Kunsttheorie* in Kap. 3).

Spätaufklärung in Berlin

›Spätaufklärung‹ läßt sich als »eine vielgestaltige dominante Strömung der deutschen Literatur (Dichtung, Publizistik) etwa von 1770/75 bis gegen 1820« definieren, »die im Unterschied zur vorherigen Aufklärungsliteratur wesentlich von reformerisch-sozialpraktischen aufklärerischen Belangen ausging« (Albrecht 1997, S. VII). Dieses spezifische Interesse an der Empirie, das die pädagogischen Reform-Experimente der Philanthropen Johann Bernhard Basedow oder Joachim Heinrich Campe motiviert hat und auf eine Aufwertung der Realien gegenüber der Gelehrsamkeit hinausläuft, führt unter Betonung herkömmlicher ›Kampfideen‹ (vgl. Hinske 1990, S. 80–84) den Leitgedanken der europäischen Aufklärung fort: den Glauben an die Perfektibilität des Menschen, der das Leben in der Gemeinschaft immer besser zu ordnen vermag, indem er sich kraft seiner Vernunft von tradierten Irrtümern befreit. Kunst und Literatur dienen dabei als wichtige Instrumente zur Beförderung der Glückseligkeit und legitimieren sich vorzüglich durch den gesellschaftlichen Nutzen, alles Falsche (Vorurteile, Schwärmerei) zu entlarven und das Richtige (gesunder Menschenverstand, humanitäre Praxis) zu befördern. Für die Dichtung folgt daraus eine Bevorzugung des satirischen, weil kritischen Schreibens, das zwangsläufig auf Lebensnähe bzw. Wirklichkeitskonformität verpflichtet ist.

Während sich die Berliner Spätaufklärer um Nicolai besonders der Kritik an allen Formen des Aberglaubens widmen, gewinnt in den 1780er Jahren die Frage nach der Bedeutung des Körpers für den Geist bzw. der Sinnlichkeit für die Sittlichkeit an Gewicht, d. h. es kommt zu einer intensivierten Beschäftigung mit dem cartesianischen Grundproblem des Verhältnisses von *res cogitans* und *res extensa* (Herder 1774; Schiller 1780). Als Spezifikum der spätaufklärerischen Anthropologie ergibt sich daraus ein gesteigertes Interesse an Schwärmerei, Wahnsinn und überhaupt allen Formen sozialer Abweichung, das der zeitgenössischen Literatur die Themen vorgibt und die modische Nachfrage nach Fallgeschichten von Kriminellen oder Wahnsinnigen begründet. Demgegenüber hat die entscheidende philosophische Innovation der 1780er Jahre – Immanuel Kants *kopernikanische Wende* zur Transzendentalphilosophie – unter den Spätaufklärern nie Fuß fassen können. Die Selbstkritik und Selbstbeschränkung der reinen Vernunft bleibt den Vertretern des gesunden Menschenverstandes fremd, denen es weiterhin um eine »unspekulative lebenspraktische Moral- und Sozialphilosophie« geht (Möller 1986, S. 38).

Das Distinktionsmerkmal der Berliner Spätaufklärung ergibt sich in diesem Zusammenhang aus ihrer Verwurzelung in der französischen Skepsis, die in der Folge von Voltaires Berufung nach Berlin (1750–1752) zu einer ungewöhnlichen Präsenz französischen Denkens in Preußen geführt hatte. Unter den Berliner Intellektuellen stand namentlich Friedrich Nicolai für diese französisch ausgerichtete Tradition des Räsonierens, dessen Freiheit allerdings unter Friedrich Wilhelm II. und seinem Kultusminister Johann Christoph von Wöllner erheblich beschnitten wurde (vgl. insbesondere das ›Wöllnersche Religionsedikt‹ vom 9. Juli 1788, das u. a. eine strenge Pressezensur einführte), wodurch der herkömmlichen Orthodoxie-Kritik à la Voltaire eine oppositionelle Note zuwuchs.

Als bloßer Abklatsch – »Es sind die Epigonen der Aufklärung, unter denen der junge Tieck zu leiden hatte und die allerdings in Berlin ihre Hochburg hatten« (Görte 1926, S. 8) – wäre die Berliner Spätaufklärung jedenfalls unterschätzt: Friedrich Nicolai und Moses Mendelssohn, Lessings Freunde seit 1754, setzen in ihrer 1783 gegründeten *Mittwochsgesellschaft* (Mitgliederliste bei Hinske 1977, S. XXIV) das hochaufklärerische Ideal einer »freyen Untersuchung der Wahrheit von allerley Art« (Nicolai 1807, S. 27) in Geselligkeit um; die zur *Mittwochsgesellschaft* gehörenden Johann Erich Biester und Friedrich Gedike geben 1783–1796 mit der *Berlinischen Monatsschrift* das »Zentralorgan der Berliner Aufklärung« (Košenina 2004, S. 45f.) heraus; der eng, wenngleich undogmatisch mit Nicolai und Mendelssohn, Biester und Gedike in Verbindung stehende Karl Philipp Moritz veröffentlicht neben seinen pädagogischen und moralphilosophischen Gelegenheitsschriften – insbesondere dem *Versuch einer kleinen praktischen Kinderlogik* (1785) und den *Denkwürdigkeiten, aufgezeichnet zur Beförderung des Edlen und Schönen* (1786, vgl. Meier 2000, S. 87–104) – im *Magazin zur Erfahrungsseelenkunde* (1783–1793) eine ebenso breit wie offen angelegte Materialiensammlung zu allen psychologischen Merkwürdigkeiten, bevor er nach seiner Bekanntschaft mit Goethe in Rom (1786–1788) die kunstphilosophischen Grundlinien der Weimarer Klassik ausarbeitet. Aber auch in die ›altdeutsche‹, d. h. mittelhochdeutsche Literatur (siehe den Beitrag ›Altdeutsche‹ Literatur in Kap. 2) scheint Tieck in Berlin eingeführt worden zu sein, und zwar durch den Berliner Prediger Erduin Julius Koch:

> [...] Erduin Julius Koch, der Berliner Prediger und Sammler, hatte ein starkes Interesse an der Sprache und Literatur des Mittelalters in ihm [Wackenroder] geweckt; zum Ärger des Freundes [Tieck] wußte Wackenroder bereits mehr über den Minnesang als Tieck und verhehlte es nicht. Friedrich Gilly, Architekt und Sohn von Schinkels Lehrer, war sein Freund geworden; Gilly gehörte zu den ersten, die für die Gotik eintraten. (Paulin 1988, S. 34)

Tiecks Satiren für und wider die Aufklärung

Tiecks Frühwerk ist im Grundton satirisch geprägt und folgt zunächst dem Muster Friedrich Nicolais (Albrecht 1997, S. 258–261). Dessen Romane haben mit dem Kantianismus (Nicolai 1794, 1798; zu Nicolais Kontroverse mit Fichte vgl. Albrecht 1997, S. 279–291) zugleich den frühromantischen Genie-Kult (Nicolai 1799) attackiert und stehen ästhetisch-poetologisch für den Verzicht auf jeden »hohen Flug der Einbildungskraft« zugunsten von »Begegnisse[n]«, »wie sie in dem ordentlichen Laufe der Welt täglich vorgehen« (Nicolai 1991, S. 7). Für Tieck ist Nicolai zunächst als Verleger von Bedeutung gewesen (siehe den Beitrag *Tieck und seine Verleger* in Kap. 1). Mit seinen 1794–1799 erschienenen Beiträgen zu Nicolais populärer *Straußfedern*-Serie bleibt der junge Tieck einerseits den Vorgaben der Spätaufklärung treu und geht – in *Fermer der Geniale* (1796) und *Ulrich der Empfindsame* (1796) – satirisch mit der Literatur *à la mode* um (siehe den Beitrag *Frühes Erzählen* in Kap. 4): »Wie Ulrich, der sein ganzes Leben und Schicksal als Theaterstück begreift, lebt Fermer nur auf einer zweiten Ebene, der des literarischen Zitats« (Antoine 2001, S. 193). Die satirische Stoßrichtung wird weniger durch Fermers Verhalten als durch den Erzählerkommentar vorgegeben: »Er hielt die ganze Rede Karl Moor's, und bemerkte in seiner Wuth nicht, daß sie nicht ganz auf seinen Zustand passe; wer wird auch in der Leidenschaft auf solche Kleinigkeiten Rücksicht nehmen?« (S 15, S. 190) In traditioneller Erzählweise zeigt der Erzähler das Fehlverhalten karikierter Typen und verweist dadurch *ex negativo* auf die Normalität als das Bessere:

> Die Protagonisten irren wie in einem Labyrinth durch Konstellationen, die sie nicht aufzulösen vermögen. Der aufklärerische Schluß ist, daß sie ihr Seelenleben in Beziehung zu den äußeren Umständen setzen und analysieren müßten, um so zu Problemlösungen zu gelangen. (Antoine 2001, S. 196)

Daß Tieck aber schon in den *Straußfedern* gelegentlich an den Grenzen der Aufklärung schreibt, zeigt sich etwa an der Erzählung *Die Freunde* (1797), die mit der rhetorischen Schlußfrage »Und träumen wir nicht alle?« (Schweikert 1, S. 89) ein zentrales Motiv der Romantik aufruft (vgl. Ribbat 1978, S. 33–36). Auch *Peter Lebrecht. Eine Geschichte ohne Abentheuerlichkeiten* (1795/96), die Tieck zufolge »die mittlere Bildung vieler Menschen, die leichte Aufklärung, den mäßigen Spas und die sanfte Satire« aussprach (S 11, S. XXXIV), geht in ihrer ironischen Trivialität über das Konventionelle hinaus und erlaubt sich selbstreferentielle Abschweifungen, die allerdings weniger auf Friedrich Schlegels Idee einer Transzendentalpoesie voraus- als auf Erzählstrategien bei Miguel de Cervantes und Laurence Sterne zurückverweisen.

Um 1797 verlagert Tieck jedoch die Stoßrichtung seiner Satiren von der unvernünftigen Schwärmerei auf die borniere Vernunftgläubigkeit. Die Gründe dieser Umorientierung sind bislang ungeklärt. Möglicherweise steht sie im Zusammenhang mit der Publikation von Goethes und Schillers *Xenien* im *Musen-Almanach für das Jahr 1797*, die gerade Friedrich Nicolai vielfach der Lächerlichkeit preisgaben. Zugleich ist an Anregungen von seiten Friedrich Schlegels zu denken, der »im Juli 1797 als fünfundzwanzigjähriger, schon lancierter Schriftsteller« (Paulin 1988, S. 77) nach Berlin kam und in den Salons von Rahel Varnhagen und Dorothea Veit (geb. Brendel Mendelssohn) mit Tieck bekannt wurde. Für die Bedeutung Friedrich Schlegels spricht insbesondere, daß Tiecks Satiren auf Aufklärung und Aufklärer das konventionelle Mittel der Karikatur im Modus frühromantischer Ironie überhöhen und – als ›Arabesken‹ (vgl. Gruber 2004, S. 62) – in transzendentalpoetischer Absicht wiederholt den »steten Wechsel von Selbstschöpfung und Selbstvernichtung« (Schlegel 1967; *Athenäums*-Fragment Nr. 51, S. 172f.) praktizieren.

Zuvor hat sich der junge Tieck offenbar noch gut mit der Aufklärungspoetik arrangieren können, der alles Wunderbare grundsätzlich suspekt war. Die *Vorrede* zur langen Erzählung *Abdallah* (1791–1793 entstanden, 1795 publiziert) steht jedenfalls für einen Kompromiß zwischen den Ansprüchen der Poesie und denen der Vernunft, dem auch Nicolai hätte zustimmen können:

> Der Hang zum Wunderbaren liegt so tief in der Seele des Menschen, daß keine Aufklärung oder Freigeisterei die Eindrücke schwächen wird, die der große Dichter auf uns macht, wenn er Wesen aus jenen furchtbaren Regionen unsrer Phantasie vorüberführt [...]. Freilich ist nicht zu leugnen, daß seit einiger Zeit der Hang zum Wunderbaren von vielen Schriftstellern, der Menge zu gefallen, gemißbraucht werde; unsre Erzählungen sinken nach und nach wieder zu den albernsten Ammenmärchen hinab, man behandelt die Lesewelt wie Kinder, die desto mehr Unterhaltung finden, je unwahrscheinlicher und unzusammenhängender die grotesken Erdichtungen sind. (DKV 1, S. 255)

Entscheidend für Tiecks Verhältnis zur Aufklärung bleibt immer die Frage nach der Toleranz für Phantasie bzw. Dichtung, die nicht der Botmäßigkeit des Alltagsverstandes unterstellt werden dürfen, wie das im Fluchtpunkt der Aufklärungskritik an allen Formen von Schwärmerei bzw. Aberglauben liegt. Dementsprechend erzählt seine *Denkwürdige Geschichtschronik der Schildbürger* (1797) den aufklärerischen Mißbrauch der Kunst in Gestalt einer Parabel: Die »nichtsthuende, leichte, gewandte Landstreicherin *Poesie*« ist zum Besten der Moral zwar nicht zum Spinnen oder zur Fabrikarbeit geschickt worden, muß aber alles, »was von Moralität da herum liege, mit in den Blumenkorb legen« und darf »sich nicht unterstehen, eine Rose zu verschenken, ohne auch zugleich ein Stückchen Moral mit abzubrechen«. Die »Poesie tanzt nun nicht mehr, sie hat schwere Last zu tragen und ist in der Ferne nicht von den alten Semmelweibern zu unterscheiden, die mit ihrem Korbe von einem Dorfe zum andern wandern« (S 9, S. 91f.). In Opposition zu dieser Degradierung der Dichtung hat Tieck schon 1793 am Beispiel Shakespeares das Wunderbare verteidigt und für eine poetische Freiheit plädiert, über der die Leser »die Regeln der Aesthetik, mit allen Begriffen unsers aufgeklärteren Jahrhunderts vergessen« und sich lieber »ganz dem schönen Wahnsinn des Dichters überlassen« (KS 1, S. 37; siehe den Beitrag *Poetologische und kritische Schriften von 1792 bis 1803* in Kap. 3).

Diese Frontstellung zwischen der Öffnung des Dichtens für das Wunderbare und ihrer Bindung an die Alltagsprosa ist seit den frühen 1790er Jahren weitgehend deckungsgleich mit der Frage nach der Einschätzung Goethes, der als Inbegriff einer echten, weil nicht mehr auf die Vernunft verpflichteten Poesie gerade in Berlin umstritten war und Tieck zufolge vor allem die Generationen spaltete (vgl. dazu auch S 11, S. LXI):

> In Berlin schieden sich diejenigen, die sich ein Urtheil zutrauten, offenbar in zwei Partheien. Die, die sich für die Besseren hielten, und denen ich mich jugendlich zuversichtlich von 1794 an ebenfalls anschloß, verkündigten, erläuterten und priesen diesen großen Geist und fühlten sich mehr oder minder von ihm begeistert. Man kannte sich an diesem Vereinigungspunkt wieder, und Freundschaft und Wohlwollen verband rasch die ähnlich Denkenden. Doch war diese neue und schwärmende Kirche die unterdrückte. Fast alle ältern Männer strebten ihr entgegen. (S 6, S. XXXIIIf.)

Friedrich Nicolai bildete nicht zuletzt als Herausgeber der *Allgemeinen Deutschen Bibliothek* (1765–1805), des dominierenden Rezensionsorgans, den Inbegriff der Berliner Spätaufklärung (vgl. Schmidt-Biggemann 1983) und so die prominenteste Zielscheibe von Klassikern und Romantikern, die *unisono* den »gemeinen Verstand« verspotteten, der sich zum »philosophischen Verstand« nicht aufzuschwingen vermag (vgl. Schillers Fabel *Der Fuchs und der Kranich*, die ›An F. Nicolai‹ adressiert ist; Schiller 1943, S. 290). Der einer »seichten Aufklärung« (Schlegel 1967, S. 110) verhaftete Nicolai figuriert in Goethe/Schillers *Xenien* (1797) daher als »Leerkopf« (Xenion Nr. 189; Schiller 1943, S. 332) und »plumper Geselle« (Xenion Nr. 197; ebd., S. 333). Tiecks Aufklärungssatiren, die immer auf Nicolai Bezug nehmen, stimmen in ihren Kategorien mit den *Xenien* überein und variieren stereotyp die Karikatur-Motive der Langweiligkeit, Überlebtheit und poetischen Ahnungslosigkeit. So parodiert das Lustspiel *Ein Schurke über den andern, oder die Fuchsprelle* (1798), eine Adaptation von Ben Jonsons *Volpone* (Erstdruck 1607), in der Figur des ›reisenden Gelehrten‹ Murner die Pedanterie von Nicolais zwölfbändiger *Beschreibung einer Reise durch Deutschland und die Schweiz, im Jahre 1781. Nebst Bemerkungen über Gelehrsamkeit, Industrie, Religion und Sitten* (1783–1796). Auch Nestors Ankündigung in *Prinz Zerbino*, eine »Reisebeschreibung drucken zu lassen, und zwar ohne allen Witz« (S 10, S. 373), zielt auf Friedrich Nicolai.

Solange Tieck nur, wie etwa im Lustspiel *Die Theegesellschaft* (1796) oder im Roman *Peter Lebrecht* (1795/96), »auf dem Boden der Aufklärung Kritik an ihr« übte (Albrecht 1997, S. 258f.), ist die Zusammenarbeit mit Nicolai ungestört geblieben. Erst dessen Kritik an Tiecks Lustspiel *Die verkehrte Welt* (1799), die der Aufklärer als Werk einer »Einbildungskraft ohne Plan und Zusammenhang« (Nicolai an Tieck, 19. Dezember 1797; Holtei 3, S. 59) wahrnahm, statt das transzendentalpoetische Ironie-Konzept à la Friedrich Schlegel zu begreifen, brachte den Bruch des Autors mit seinem Verleger (vgl. die Überblicksdarstellung bei Antoine 2001, S. 219–230), was um 1800 »zu einem von persönlichen Attacken nicht freien Schlagabtausch« (ebd., S. 226) führte:

> Im Alter findet Tieck zu einer wenn auch eingeschränkten Würdigung von Nicolais Person und Handlung. Er ist zwar weiterhin für den Romantiker der Inbegriff des Prosaischen und Beschränkten, aber seine Geradlinigkeit und sein Einsatzwille werden anerkannt und dem Treiben moderner angemaßter Literaturbeherrscher positiv entgegengesetzt. (Ebd., S. 229)

Vor seinen »ausdrücklichsten Nicolai-Satiren« (ebd., S. 226) in *Das jüngste Gericht* und *Der neue Hercules am Scheidewege* (beide 1800) hat Tieck den (spät) aufklärerischen Literaturbegriff schon im Lustspiel *Prinz Zerbino oder die Reise nach dem guten Geschmack* (1799 erschienen) explizit kritisiert und zugleich die Weltverbesserungsabsichten Nicolais karikiert:

> Tieck parodiert in den beiden Figuren Nestor und Polykomikus (einem Zauberer) Nicolais Lebenshaltung und sein Verhältnis zum Publikum. Nestor beurteilt alles nach Maßgabe des gesunden Menschenverstandes und eines planen Nützlichkeitsdenkens, weshalb er die Poesie für ›Schnurrpfeifereien‹ zum Zeitvertreib hält. Polykomikus wiederum beherrscht und verblendet, ja manipuliert die breite Masse, bringt ihr entgegen seinen Beteuerungen weder Nutzen noch sonst etwas Gutes. (Albrecht 1997, S. 260)

Tieck hat allerdings bestritten, »im Polykomikus, oder Nestor, wie manche Leser wohl geglaubt haben, *Nicolai*, oder irgend ein Individuum bestimmt« porträtiert zu haben: »Diese Masken, der Stallmeister und ähnliche, sollten in komischer Figur mehr die allgemeine Gesinnung jener Zeit vortragen« (S 6, S. XXXVIIIf.).

Aberglauben und Poesie

Die von Tiecks Lehrer Friedrich Gedike und dem Königlichen Bibliothekar Johann Erich Biester herausgegebene *Berlinische Monatsschrift*, an der neben Friedrich Nicolai und Moses Mendelssohn u. a. Immanuel Kant und Karl Philipp Moritz beteiligt waren, hat sich der *Vorrede* zufolge »Eifer für die Wahrheit« und »Liebe zur Verbreitung nützlicher Aufklärung und zur Verbannung verderblicher Irrthümer« (Hinske 1977, S. 3) auf die Fahnen geschrieben. Tiecks Invektiven gegen die Berliner Aufklärung – im Erstdruck von *Das jüngste Gericht* (in: Poetisches Journal. Erster Jahrgang. Erstes Stück, hg. von Ludwig Tieck, Jena 1800, S. 221–246) wird Friedrich Gedike noch beim Namen genannt (vgl. S. 245), während der Nachdruck in den *Schriften* nur noch Nicolai explizit anspricht – sind vielfach auch auf die *Berlinische Monatsschrift* bezogen, deren Kampf gegen den Aberglauben zugleich dem Wunderbaren den Boden entzog. Beispielhaft hierfür ist schon im ersten Heft (1783) Johann August Eberhards Beitrag *Über den Ursprung der Fabel von der weißen Frau* (vgl. Wübben 2003, S. 194–199), wo versucht wird, für diesen in vielen Gegenden verbreiteten Geisterglauben exemplarisch eine rationale Erklärung zu liefern:

> Wie ist also dieses Mährchen entstanden? Ich glaube nicht anders, als so wie der Wahn entstanden ist: daß es eine üble Vorbedeutung sei, *wenn einem Reisenden ein Hase über den Weg läuft*. Es ist nicht gut, hat man gesagt, daß der Hase über den Weg läuft; es ist besser, wenn er gebraten in der Schüssel liegt. Diesen Ursprung hat man vergessen [...]. (Hinske 1977, S. 14)

Tiecks *Peter Lebrecht* (S 14, S. 210) spielt explizit auf dieses Beispiel an. Die Trivialität solcher Entlarvungsversuche hat Tieck in seiner Distanzierung von der poetisch unbedarften Aufklärerei bestärkt und motiviert z. B. den Spott in *Das jüngste Gericht* (vgl. Hölter 1989, S. 16); einen enttrivialisierenden Gegenentwurf bietet insbesondere *Der getreue Eckart und der Tannenhäuser* (1799), wo eine Art Ursprungsmythos der Tannhäuser-Sage erfunden wird.

Eine ganz andere Einstellung zum Wunderbaren wie zur Schwärmerei, damit zur Einbildungskraft überhaupt, verkörpert Karl Philipp Moritz' *Magazin zur Erfahrungsseelenkunde* (1783–1793), auch wenn daran z. T. dieselben Autoren beteiligt waren (zum *Magazin* vgl. Meier 2000, S. 104–118). Während es der *Berlinischen Monatsschrift* darauf ankam, die Phantasie unter vernünftiger Kontrolle zu halten, zielte das in Tiecks Bibliothek nachweisbare (vgl. Hubert 1971, S. 52) *Magazin zur Erfahrungsseelenkunde* unter Moritz' Herausgeberschaft auf einen vorurteilsfreien Umgang mit den Nachtseiten der Vernunft. Tiecks Nachbemerkung zur *Straußfedern*-Erzählung *Die beiden merkwürdigsten Tage aus Siegmunds Leben* erwähnt, »daß er diese eigentlich in Karl Philipp Moritz' *Magazin zur Erfahrungsseelenkunde* einschalten wollte« (Antoine 2001, S. 196). Insbesondere hinsichtlich der Frage, ob es ›Ahndungen‹ gibt und höhere Mächte auf übernatürlichem Weg mit Menschen kommunizieren, bleibt Moritz offen und widerspricht nach seiner Rückkehr aus Italien dem rigorosen Interimsherausgeber Karl Friedrich Pockels (1757–1814): ›Ich würde über *Ahndungen* mich nicht in einem so entscheidenden Tone erklärt haben« (Moritz 1783–1793, 7.3, S. 3). Auch wenn Moritz betont, daß »am Ende sich alles natürlich erklären lassen« (ebd., S. 4) müsse, verweigert er vorschnelle Entzauberungen, damit das »fernere Nachdenken über die Natur unsers Wesens« nicht zugleich »mit der Poesie und den schönen Künsten auf immer verbannt« werde (ebd., S. 10): »Es giebt eine Sucht, viele Dinge leicht erklärlich zu finden, eben so wie es eine Sucht giebt, viele Dinge unerklärlich zu finden – und man fällt sehr leicht von einem Extrem aufs andere« (ebd., S. 4). Mit seiner Definition der »Seelenkrankheit« als »Mangel der *verhältnißmäßigen Uebereinstimmung* aller Seelenfähigkeiten« (ebd., 1.1, S. 33) hat Moritz ebenso wie mit seinen Hinweisen auf eine »Semiotik des Alltags [...], die zwischen echten und angeeigneten Empfindungsäußerungen unterscheiden muß« (Stockinger 2005, S. 19), schon für Tiecks *Straußfedern*-Beiträge Motive vorgegeben und ein differenziertes Erzählen an der Grenze von Vernünftigkeit und Wahnsinn ermöglicht: »Die Protagonisten von Tiecks *Straußfedern*-Beiträgen sind *per definitionem* ›seelenkrank‹. Sie leben in einer einseitig von der Phantasie beherrschten Welt; ihre Psyche befindet sich im Ungleichgewicht« (ebd., S. 26).

Auch Moritz' zweite Zeitschrift, die 1786 erschienenen *Denkwürdigkeiten, aufgezeichnet zur Beförderung des Edlen und Schönen*, steht für ein Denken, das mit der Vernünftigkeit der Berliner Aufklärung nur noch in Teilen zu vereinbaren ist, Tiecks Schreiben aber wesentliche Anregungen geliefert hat. So sehr Moritz einerseits am Fortschrittsglauben bzw. am Vertrauen auf eine historische »Vervollkommnung unsers Wesens« (Moritz 1786, unpaginierte Vorrede) festhält, so sehr erscheint ihm die Gegenwart doch als defizient. Moritz' zentrale Frage lautet: »Ist der einzelne Mensch etwas oder nichts?« (ebd., S. 137). Der Zweck menschlichen Lebens wird folglich darin gesehen, daß jeder »*das Einzelne mit beständiger Rücksicht auf das Ganze, und das Ganze mit beständiger Rücksicht auf das Einzelne betrachten*« lernt (ebd., S. 201f.). Inwiefern die moralphilosophischen Aufsätze in Moritz' *Denkwürdigkeiten* von »Interesse für Tiecks Bildungsgeschichte« (Stockinger 2005, S. 12) sind, hat Claudia Stockinger aufgezeigt. Sie erläutert, daß manche *Straußfedern*-Erzählungen von Moritz' »Aufklärungskonzept« zehren, »das Erkenntnisfortschritt an Defiziterfahrungen knüpft und auf diese Weise die Überwindung von Widerständen zur eigentlichen Triebfeder jeglicher Aktivität erklärt« (ebd., S. 13). Möglicherweise durch Ludwig Heinrich Jakob (1759–1827) angeregt, bei dem Tieck eine alternative Psychologie kennengelernt hat (Rath 1996, S. 56 und 134f.), distanziert sich Tieck jedoch schon 1792 von Moritz, als dessen »Zwillingsbruder« (Wackenroder 2, S. 123) ihn Wackenroder zuvor bezeichnet hat: »Er ist ein Narr, – das ist zwar sehr kurz, aber auch wenig genug gesagt. Ich sage mich jezt in aller Aehnlichkeit von ihm los« (ebd., S. 108).

Frühromantik vs. Spätaufklärung in Berlin

Zwischen 1797 und 1800 stehen in Tiecks Erzählungen und Dramen satirische Angriffe auf das aufklärerische Denken im Vordergrund, die den »Umschlag von Vernunftpragmatismus in Narrheit« thematisieren und »Diskrepanzen zwischen ideellen Ansprüchen und praktischem Wirken der (Berliner) Spätaufklärung erkennbar werden« lassen (Albrecht 1997, S. 259). Stereotyp wird dabei Friedrich Nicolai als Inbegriff »nüchterner Poesie« exponiert, wie sie »damals jene berlinische Zeit charakterisirte« (S 11, S. XI). Tiecks Kritik trifft allerdings weniger die erkenntnistheoretischen, ethischen oder politischen Konzepte des Rationalismus als vielmehr dessen ›naturalistische‹ Poetik (vgl. Schillers einschlägige ›Kriegserklärung‹ in der Vorrede zur *Braut von Messina*, 1803), die er als illegitime Beschränkung der dichterischen Freiheit versteht.

Die Berliner Spätaufklärer dienen jedoch nicht bloß als Stofflieferanten für Tiecks aufklärungskritischen Witz, sondern haben zumindest vor 1797 sein Schreiben auch positiv beeinflußt (und ihm insbesondere die anthropologischen Rahmenbedingungen vorgegeben). Daß explizite Angriffe auf Nicolai oder Gedike nach 1800 keine Rolle mehr spielen, läßt vermuten, daß Tieck den Aufklärungsberolinismus von diesem Zeitpunkt an nicht mehr als Gegner ernst nimmt, zumal er auf die verlegerische Unterstützung durch Friedrich Nicolai oder dessen Sohn Carl August (gest. 1799) längst verzichten kann. Im Kreis der Frühromantiker um Friedrich Schlegel und Novalis, wo das Wunderbare als Charakteristikum aller Poesie unumstritten ist und eine fundamentale Ironie den Ton angibt, hat sich die Auseinandersetzung mit dem überholten Nützlichkeitskonzept ohnehin erübrigt.

LITERATUR

Albrecht 1997: Albrecht, Wolfgang: Das Angenehme und das Nützliche. Fallstudien zur literarischen Spätaufklärung in Deutschland, Tübingen 1997.
Antoine 2001: Antoine, Annette: Literarische Unternehmungen der Spätaufklärung. Der Verleger Friedrich Nicolai, die Straußfedern und ihre Autoren, Bd. 1, Würzburg 2001.
Görte 1926: Görte, Erna: Der junge Tieck und die Aufklärung, Berlin 1926 (Reprint Nendeln/Liechtenstein 1967).
Gruber 2004: Gruber, Bettina: Schicksal versus Kontingenz. Subjektpositionen im frühen Werk Ludwig Tiecks. In: »lasst uns, da es uns vergönnt ist, vernünftig seyn! –«. Ludwig Tieck (1773–1853), hg. vom Institut für Deutsche Literatur der Humboldt-Universität zu Berlin, unter Mitarbeit von Heidrun Markert, Bern/u. a. 2004, S. 59–70.
Herder 1774: Herder, Johann Gottfried: Übers Erkennen und Empfinden in der menschlichen Seele, o. O. 1774.
Hinske 1977: Hinske, Norbert (Hg.): Was ist Aufklärung? Beiträge aus der Berlinischen Monatsschrift. In Zusammenarbeit mit Michael Albrecht ausgewählt, eingeleitet und mit Anmerkungen versehen von Norbert Hinske, 2., um ein Nachwort vermehrte Auflage, Darmstadt 1977.
Hinske 1990: Hinske, Norbert: Die tragenden Grundideen der deutschen Aufklärung. Versuch einer Typologie. In: Aufklärung und Haskala in jüdischer und nichtjüdischer Sicht, hg. von Karlfried Gründer und Nathan Rotenstreich, Heidelberg 1990, S. 67–100.
Hölter 1989: Hölter, Achim: Ludwig Tieck. Literaturgeschichte als Poesie, Heidelberg 1989.
Hölter 2003: Hölter, Achim: Die kreative Beziehung Reichardts zu Ludwig Tieck. In: Johann Friedrich Reichardt und die Literatur. Komponieren, Korrespondieren, Publizieren, hg. von Walter Salmen, Hildesheim/u. a. 2003, S. 405–430.
Hubert 1971: Hubert, Ulrich: Karl Philipp Moritz und die Anfänge der Romantik. Tieck - Wackenroder - Jean Paul - Friedrich und August Wilhelm Schlegel, Frankfurt a. M. 1971.
Košenina 2003: Košenina, Alexander: Pfropfreiser der Moral in allen Gattungen der Literatur. Karl Philipp Moritz' *Beiträge zur Philosophie des Lebens* und die Anfänge der Lebensphilosophie. In: Berliner Aufklärung. Kulturwissenschaftliche Studien, Bd. 2, hg. von Ursula Goldenbaum und A. K., Hannover 2003, S. 99–124.
Košenina 2004: Košenina, Alexander: *Denkwürdige Geschichtschronik der Schildbürger* oder Tiecks Abrechnung mit der Berliner Aufklärung. In: »lasst uns, da es uns vergönnt ist, vernünftig seyn! –«. Ludwig Tieck (1773–1853), hg. vom Institut für Deutsche Literatur der Humboldt-Universität zu Berlin, unter Mitarbeit von Heidrun Markert, Bern/u. a. 2004, S. 45–58.
Košenina 2006: Košenina, Alexander: Karl Philipp Moritz. Literarische Experimente auf dem Weg zum psychologischen Roman, Göttingen 2006.
Meier 2000: Meier, Albert: Karl Philipp Moritz, Stuttgart 2000.
Möller 1986: Möller, Horst: Vernunft und Kritik. Deutsche Aufklärung im 17. und 18. Jahrhundert, Frankfurt a. M. 1986.
Moritz 1783–1793: Moritz, Carl Philipp (Hg.): Gnothi sauton oder Magazin zur Erfahrungsseelenkunde als ein Lesebuch für Gelehrte und Ungelehrte, 10 Bde., Berlin 1783–1793 (Reprint Lindau i. B. 1979).
Moritz 1786: Moritz, Carl Philipp (Hg.): Denkwürdigkeiten aufgezeichnet zur Beförderung des Edlen und Schönen, Erstes Vierteljahr, Berlin 1786.
Nicolai 1794: Nicolai, Friedrich: Geschichte eines dicken Mannes, worin drey Heurathen und drey Körbe nebst viel Liebe, Berlin/Stettin 1794.
Nicolai 1798: Nicolai, Friedrich: Leben und Meinungen Sempronius Gundibert's eines deutschen Philosophen. Nebst zwey Urkunden der neuesten deutschen Philosophie, Berlin/Stettin 1798.
Nicolai 1799: Nicolai, Friedrich: Vertraute Briefe von Adelheid B. an ihre Freundin Julie S., Berlin/Stettin 1799.

Nicolai 1807: Nicolai, Friedrich: Gedächtnißschrift auf Dr. Wilhelm Abraham Teller, Berlin/ Stettin 1807.
Nicolai 1991: Nicolai, Friedrich: Das Leben und die Meinungen des Herrn Magister Sebaldus Nothanker. Kritische Ausgabe, hg. von Bernd Witte, Stuttgart 1991.
Paulin 1988: Paulin, Roger: Ludwig Tieck. Eine literarische Biographie, München 1988.
Pauly 1999: Pauly, Yvonne: Aufgehoben im Blick. Antike und Moderne bei Karl Philipp Moritz. In: Berliner Aufklärung. Kulturwissenschaftliche Studien, Bd. 1, hg. von Ursula Goldenbaum und Alexander Košenina, Hannover 1999, S. 195–219.
Rath 1996: Rath, Wolfgang: Ludwig Tieck: Das vergessene Genie. Studien zu seinem Erzählwerk, Paderborn/u. a. 1996.
Ribbat 1978: Ribbat, Ernst: Ludwig Tieck. Studien zur Konzeption und Praxis romantischer Poesie, Kronberg i. Ts. 1978.
Schiller 1780: Schiller, Friedrich: Versuch über den Zusammenhang der thierischen Natur des Menschen mit seiner geistigen, Stuttgart 1780.
Schiller 1943: Schiller, Friedrich: Schillers Werke. Nationalausgabe, Bd. 1: Gedichte in der Reihenfolge ihres Erscheinens 1776–1799, hg. von Julius Petersen und Friedrich Beißner, Weimar 1943 (Reprint Leipzig 1956).
Schlegel 1803–1805: Schlegel, August Wilhelm: Ueber Litteratur, Kunst und Geist des Zeitalters. Einige Vorlesungen in Berlin, zu Ende des J. 1802, gehalten von A. W. Schlegel. In: Europa. Eine Zeitschrift, hg. von Friedrich Schlegel, Bd. 2, Frankfurt a. M. 1803–1805, S. 3–95 (Reprint Stuttgart 1963).
Schlegel 1967: Schlegel, Friedrich: Kritische Ausgabe, Bd. 2: Charakteristiken und Kritiken I (1796–1801), hg. und eingeleitet von Hans Eichner, Paderborn/u. a. 1967.
Schmidt-Biggemann 1983: Schmidt-Biggemann, Wilhelm: Nicolai oder vom Altern der Wahrheit. In: Friedrich Nicolai 1733–1811. Essays zum 250. Geburtstag, hg. von Bernhard Fabian, Berlin 1983, S. 181–256.
Schmitt/Tosch 2007: Schmitt, Hanno/Tosch, Frank (Hg.): Friedrich Gedike und das moderne Gymnasium. Historische Zugänge und aktuelle Perspektiven, Berlin 2007.
Stockinger 2005: Stockinger, Claudia: Pathognomisches Erzählen im Kontext der Erfahrungsseelenkunde. Tiecks Beiträge zu Nicolais *Straußfedern*. In: Die Prosa Ludwig Tiecks, hg. von Detlef Kremer, Bielefeld 2005, S. 11–34.
Wübben 2003: Wübben, Yvonne: Von ›Geistersehern‹ und ›Proselyten‹. Zum politischen Kontext einer Kontroverse in der *Berlinischen Monatsschrift* (1783–1789). In: Berliner Aufklärung. Kulturwissenschaftliche Studien, Bd. 2, hg. von Ursula Goldenbaum und Alexander Košenina, Hannover 2003, S. 189–220.

Wackenroder

Wolfgang Nehring

Freundschaft und Literatur

Die Verbindung von Tieck und Wackenroder stellt das erste literarisch produktive romantische Freundschaftsbündnis dar und bezeichnet den Beginn der Frühromantik bzw. – wenn man den Begriff Frühromantik für die Jenaer Gruppe reservieren will – einer Vor- oder Frühestromantik. Tiecks poetisches Schaffen geht in der Praxis den ästhetischen Theorien der Schlegels in vieler Hinsicht voraus, und Wackenroders Gedanken zur Kunst sind die ersten Dokumente einer romantischen Ästhetik.

Die beiden jungen Leute waren seit ihrer gemeinsamen Schulzeit am renommierten Friedrichswerderschen Gymnasium in Berlin eng befreundet. In der Freundschaft suchten sie, wie in der Zeit von Aufklärung und Empfindsamkeit üblich, vertrauten Gedankenaustausch und intimes wechselseitiges Verstehen. Tieck und Wackenroder hatten einen weiten Interessenkreis und nahmen schon als Schüler am geistigen Leben der Epoche teil. Wackenroder studierte Musik bei dem Musiker Karl Fasch, beide hörten neben der Schule ästhetische Vorlesungen bei Karl Philipp Moritz und beide, besonders aber Tieck, verkehrten im Haus des revolutionsbegeisterten Kapellmeisters Johann Friedrich Reichardt. Dabei waren die Charaktere der Freunde sehr verschieden. Tieck besaß vom Elternhaus her mehr persönliche Freiheit und folgte couragiert und unternehmungslustig seinen Neigungen; Wackenroder, der ohne Rücksicht auf seine künstlerischen Ambitionen von seinem Vater zum Studium der Jurisprudenz bestimmt wurde, vermochte nicht, sich dem Zwang der väterlichen Autorität zu entziehen. Wenn Tieck sich jedoch in gefährliche geistige Abenteuer oder düstere Gemütszustände verlor, war ihm der solidere Wackenroder eine zuverlässige Hilfe.

Der Trennung der Freunde während des ersten Jahres nach Abschluß des Gymnasiums – Tieck studierte an den Universitäten von Halle und Göttingen, Wackenroder sollte sich zunächst im Elternhaus auf das Studium vorbereiten – verdanken wir einen anregenden frühromantischen Briefwechsel. Im folgenden Jahr 1793 gingen die Freunde zusammen an die Universität Erlangen, und das Erlebnis des süddeutschen Kulturraums (Benz 1937), besonders der Stadt Nürnberg mit ihrer reichen kulturellen Tradition, die Begegnung mit der katholischen Welt Bambergs sowie schließlich der Eindruck der bedeutenden Kunstsammlung im Schloß Pommersfelden wurden zu Ursprungserlebnissen ihrer gemeinsamen Werke: der Sammlungen *Herzensergießungen eines kunstliebenden Klosterbruders* (1796/97) und *Phantasien über die Kunst* (1799) sowie des gemeinsam geplanten Romans *Franz Sternbalds Wanderungen* (1798). Die Erlanger Erinnerungen wurden vertieft durch die Lehren des Göttinger Kunsthistorikers Fiorillo, dessen Vorlesungen die Freunde in den beiden folgenden Semestern hörten (siehe den Beitrag *Kunsttheorie* in Kap. 3). Im Jahre 1796 offenbarte Wackenroder dem überraschten Tieck das Produkt seiner Meditationen über die Kunst – poetische Gedanken und Künstlererzählungen, die er in aller Stille aufgezeichnet hatte. Tieck war sofort derart fasziniert, daß er das eine oder andere Stück in demselben Stil verfaßte, es Wackenroders Sammlung hinzufügte und das Ganze sogleich anonym zum Druck beförderte. Der Name des fiktiven Sprechers bzw. Autors (des kunstliebenden Klosterbruders) soll auf den Kapellmeister Reichardt zurückgehen (Köpke 1, S. 221), ist aber in Wackenroders und Tiecks Aufsätzen vorgegeben. Die *Phantasien über die Kunst* enthalten Wackenroders nachgelassene Betrachtungen sowie eine größere Anzahl von Texten, die Tieck verfaßte.

Die Erforschung dieser Kunstschriften ist überwiegend von seiten Wackenroders erfolgt. Das liegt einerseits daran, daß Wackenroder der eigentliche Initiator des Projekts war – wenn nicht der Publikation, so jedenfalls der Ideen. Mit Recht stehen die *Herzensergießungen* und die *Phantasien*, obwohl sie zwei Autoren haben, in der historisch-kritischen Wackenroder-Ausgabe. Ein anderer Grund ist der, daß Wackenroder bereits mit 24 Jahren gestorben ist. Die *Herzensergießungen* waren ohne Hinweis auf den oder die Verfasser erschienen (sie wurden gelegentlich Goethe zugeschrieben); die *Phantasien* wurden nach Wackenroders Tod von Tieck veröffentlicht und blieben trotz der Aufklärung über die doppelte Urheberschaft weitgehend mit dessen Namen verbunden. So galt es in der modernen Forschung, Wackenroder zu rehabilitieren, seine Leistung, seinen Stellenwert erst einmal sichtbar zu machen. Daß die Revision manchmal auf Kosten von Tieck ging, daß seine Bedeutung, die zunächst überschätzt worden war, nun oft zu gering eingeschätzt wurde, daß alles Problematische des ›Klosterbrudrisirens‹ (Goethe 1985–1998, 6.2, S. 537; vgl. Kemper 1993b) Tiecks Beiträgen angelastet wurde, ist nicht zu übersehen. Tieck ist alt geworden und hat ein großes Gesamtwerk hinterlassen. Im Rahmen der Tieck-Forschung scheint das schmale gemeinsame Werk mit Wackenroder manchmal »nicht mehr als eine Marginalglosse« zu sein (Bollacher 1983, S. 138). Die Tieck-Forscher konnten dieses Gebiet getrost den Anhängern Wackenroders überlassen.

Briefwechsel und Reisebriefe

Der Briefwechsel zwischen Tieck und Wackenroder ist im wesentlichen auf das Jahr 1792/93 beschränkt, als Tieck zum Studium aufbrach und Wakkenroder in Berlin bleiben mußte. Die Briefe sind, wie aus der Darstellung Richard Littlejohns' im zweiten Band der historisch-kritischen Wackenroder-Ausgabe hervorgeht (Wackenroder 2, S. 453–458; ähnlich bereits Littlejohns 1987, S. 9–18) durch verschiedene Nachlaßbetreuer und Editoren unsorgfältig verwaltet worden und deswegen unvollständig erhalten. Wiederentdeckungen sind nicht ausgeschlossen. Nach Fertigstellung der kritischen Ausgabe ist ein weiterer Brief Wackenroders an Tieck aufgefunden worden (Vietta 1993, S. 169–182).

Wackenroder ist der gewissenhaftere Briefpartner, der häufiger schreibt und schneller antwortet. Tieck erlebt mehr und scheint besonders im Göttinger Semester vielfältig beschäftigt gewesen zu sein. Aber beide versichern einander, wie sehr sie unter der Abwesenheit des anderen leiden, wie sehr sie auf Nachricht warten und wie sehr sie auf das tiefere Verstehen durch den Freund angewiesen sind. Die Sprache der Briefschreiber ist empfindsam, jedoch nicht moralisch empfindsam wie in der Frühphase der Empfindsamkeit, wo nach Gerhard Sauder Tugend mit Empfindsamkeit identifiziert wird (Sauder 1983, S. 89), sondern gefühlsträchtig bis zur Sentimentalität – Goethes *Werther* näher als Gellert oder Lessing. Tränen um den anderen werden vergossen, Liebeserklärungen abgegeben, zärtliche Gefühle beschworen und zärtliche oder feurige Küsse versendet, besonders von Wackenroder, aber auch von dem ›vereinsamten‹ Tieck, der kläglich schreibt: »Ich finde gewiß keinen Menschen wieder, der mich so ganz versteht, wie Du« (Wackenroder 2, S. 22). Der Ton ist vom Freundschaftskult der Epoche geprägt, aber die beiden sprechen nicht nur in der Diktion der Zeit, sondern sie fühlen auch danach und scheinen an ihre Worte zu glauben. Wackenroder ist »entzückt« (ebd., S. 28), daß Tieck ihn noch mehr liebt, als er erwartet hat; zugleich meint er klar zu erkennen, wenn eine Aussage des Freundes gelegentlich routiniert oder unecht wirkt. Er will genau zwischen Empfindung und Empfindelei unterscheiden und versichert, daß alles Affektierte ihm ein Greuel sei. Der Briefwechsel dokumentiert anschaulich, wie die frühe Romantik aus der Empfindsamkeit hervorgeht.

Die Freundschafts- und Liebesversicherungen machen die beiden nicht blind für die Schwächen des anderen. Wackenroder tadelt Tiecks Neigung zum Exzeß angesichts der Lektüre des berüchtigten Trivial- und Schauerromans *Der Genius* von Carl Grosse. Tieck erzählt dies Erlebnis selbstzufrieden und stilisiert sich zum potentiellen Mörder: »Ich war auf einige Sekunden wirklich wahnsinnig« (ebd., S. 49). Wackenroder beklagt die wahnsinnige Selbstzerstörung des Freundes. Bei anderer Gelegenheit kritisiert er Tiecks flüchtiges und nachlässiges Schreiben oder empört sich, wenn der bewunderte Seelenfreund sich eine ganze Nacht lang dem trivialen Kartenspiel hingibt. Umgekehrt läßt Tieck den peniblen Wackenroder spüren, daß seine ernsthafte »Theorie des Umgangs« (ebd., S. 98) das Verhältnis zu den Menschen unnötig kompliziere und ihn einfach nicht interessiere. Die beiden sind auch strenge Richter ihrer frühen Werke. Tieck ist der Produktivere und muß sich mehr gefallen lassen. Seine Erzählungen *Adalbert und Emma* und *Roßtrapp* werden als fehlerhaft verworfen. Das wertherhafte Trauerspiel *Der Abschied* findet dagegen Zustimmung. Wackenroders Gedicht *Verzweiflung* scheint so dunkel, daß Tieck es gründlich mißversteht und vergeblich darüber spekuliert. Tiecks Shakespeare-Gedanken machen großen Eindruck auf Wackenroder, und obwohl er die neue Hochschätzung des Erhabenen gegenüber dem Empfindsamen nicht teilt, versucht er dennoch über seinen Lehrer und Förderer, den Altertumsforscher Erduin Koch, einen Verleger für die Ideen des Freundes zu finden.

Einen besonderen Reiz des Briefwechsels machen die zahlreichen Kommentare über Literatur und Theater der Epoche aus. Goethe wird uneingeschränkt bewundert, obwohl die beiden mit seinem neuesten Produkt, dem *Groß-Cophta*, offensichtlich wenig anfangen können. Nach einer erneuten Lektüre des *Werther* schreibt Tieck: »Göthe ist ein Gott« (ebd., S. 116). Schillers *Räuber* und *Kabale und Liebe* stehen in Berlin regelmäßig auf dem Spielplan und machen in Ifflands Inszenierungen einen starken Effekt. In seiner Begeisterung für *Die Räuber* möchte der gleiche Tieck, der eben noch Wakkenroder vor der Schwärmerei gewarnt hat, »vor Schillern hinfallen und ihn anbeten« (ebd., S. 104). Aber auch Iffland und Kotzebue und viele andere, die heute vergessen sind, werden teils mit emotionaler Anteilnahme, teils mit dem Sachverstand von Kennern beurteilt. Kotzebues *Menschenhaß und Reue*, das die beiden früher beeindruckt hat, wird neuerdings kritisch geprüft; erste Ansätze einer romantischen Kritik sind hier erkennbar.

Bei Tieck finden sich seit seiner Harzreise im Juli 1892 im Briefwechsel auch frühe romantische Naturbilder, bei Wackenroder Musikeindrücke, die Berglingers Gefühle in den *Herzensergießungen* vorwegnehmen. Von großem Interesse sind die gegen Ende des Briefwechsels zunehmenden politischen Kommentare, vor allem die Stellungnahmen zur Französischen Revolution, da diese typisch für die Generation der jungen Literaten erscheinen. Tieck, der mit Wilhelm von Burgsdorff und Wilhelm Hensler, zwei begeisterten Revolutionsanhängern, befreundet ist, behauptet, er würde am liebsten für die Revolution kämpfen und sterben: »O, wenn ich itzt ein Franzose wäre! Dann wollte ich nicht hier sitzen [...] es muß doch ein groß Gefühl sein, [...] Sklaven in die Flucht zu schlagen und auch zu *fallen,* was ist ein Leben ohne Freiheit?« (Ebd., S. 114) Wie fundiert dieses Pathos ist, bleibt offen. Köpkes Biographie tendiert dazu, die revolutionären Gefühle zu verkleinern oder zu verschweigen.

Auffällig ist, daß auch die Hinrichtung des französischen Königs den Enthusiasten nicht irre macht und er sich nur um die Wirkung auf Wackenroder sorgt, da er dessen »weiches Herz« (ebd., S. 133) kenne. Wackenroder versichert zunächst, daß er ebenso wie Tieck über die Revolution denke, nur eben kein Held sei und in keinem Fall zu den Waffen greifen würde. Er ist Realist genug, sein kriegerisches Potential gering einzuschätzen, und erklärt darüber hinaus, er denke »sehr wenig über diese Sachen nach«; denn sein oberstes Interesse sei die »Kunstschönheit«. Das Politische und Kriegerische, heißt es abschließend »ist mir etwas zu fern« (ebd., S. 118f.). Dennoch versichert auch er bei Gelegenheit der »Hinrichtung des Königs von Frankreich«, daß diese ihn nicht »zurückgeschreckt« habe. Über die Sache, die Revolution, denke er wie früher, über die »rechten Mittel« erlaube er sich kein Urteil (ebd., S. 136f.). Mit Manfred Frank aus diesen Kommentaren zu schließen, daß Wackenroder »zeitlebens [...] ein glühender Anhänger der Französischen Revolution« war (Frank 1997, S. 153), trifft wohl noch weniger zu als im Falle Tiecks. Wie die Jenaer Romantiker sorgen sich die beiden bei aller Sympathie für die französischen Ereignisse mehr um ästhetische Revolutionen als um politische.

Wackenroders Reiseberichte an die Eltern aus dem Erlanger Studiensemester sind wichtig, weil sie die Welt beschreiben, aus der seine Kunstschriften hervorgingen. Nürnberg, das in den beiden Aufsätzen über Dürer in den *Herzensergießungen* und den *Phantasien über die Kunst* als Ort vaterländischer Kunst verehrt wird, erschien dem Studenten aus der preußischen Hauptstadt mit seinen »krummen« Gassen (Wackenroder 2, S. 188) und altmodischen Häusern zunächst geradezu »antik« (ebd., S. 180) und im Verfall begriffen. Aber schon gegen Ende des ersten Besuchs, nachdem er zahlreiche Privatbibliotheken und Kunstsammlungen besichtigt hatte, wandelte sich das Bild und die Stadt wurde – wohl ohne kritischen Nebensinn – »romantisch« (ebd., S. 188). Die ersten Reisen nach Nürnberg und Bamberg machte Wackenroder ohne Tieck. Aber offensichtlich hat er ihm seine Eindrücke mitgeteilt, denn sein Erlebnis im Bamberger Dom, als er, der eben noch kritisch nüchtern dem Hochamt gefolgt war, im Angesicht der Hostie mit den katholischen Gläubigen auf die Knie sank, findet eine deutliche Parallele in dem *Brief eines jungen deutschen Malers in Rom an seinen Freund in Nürnberg* aus den *Herzensergießungen*, der aller Wahrscheinlichkeit nach von Tieck stammt. Der *Brief* des Malers verbindet Wackenroders religiöse Überwältigung mit dem Erlebnis der italienischen Kunst sowie einer Liebesgeschichte und stilisiert die Erfahrung zu einer realen Konversion.

Eine besondere Stellung hat die Pfingstreise, die Wackenroder und Tieck vom 17. bis zum 28. Mai 1793 ins Bayreuther Land unternahmen, weil sie in zweifacher Form überliefert ist: zum einen durch den Bericht Wackenroders an seine Eltern, zum anderen in einem ausführlichen Brief Tiecks an den Freund

und späteren Schwager August Ferdinand Bernhardi sowie an die Schwester Sophie Tieck. Der grundverschiedene Ton ist einerseits durch die Persönlichkeiten der beiden Schreibenden, andererseits durch Rücksichtnahme auf die Empfänger zu erklären. Wackenroder schreibt nüchtern, sachlich, informativ im Stil eines Handbuchs. Wir erfahren viel über Städte, Dörfer, Landschaften; wir lesen, wie er in ein Bergwerk einfährt (die erste Beschreibung des Bergbaus aus der Zeit der Romantik); wir sehen ihn in Marmorbrüchen und Tropfsteinhöhlen. Der Bericht ist keineswegs langweilig, aber alles Abenteuerliche, Gefährliche oder einfach Vergnügliche wird ausgespart oder höchstens gestreift. So verschweigt er den Eltern, daß die Freunde geritten sind (im nächsten Brief gesteht er die Wahrheit, macht aber aus den Pferden geradezu Lämmer), daß sie sich bei einer Bergbesteigung in Wäldern und Sümpfen verirrt haben und von ihrem Führer im Stich gelassen wurden. Tieck dagegen renommiert mit den Abenteuern und mit seiner Keckheit. Er macht sich über den schlechten Reiter Wackenroder lustig und übertreibt mit Genuß. Interessant ist, wie die Freunde von sich selbst und von einander sprechen. Wackenroder, der die Reise vorbereitet und finanziert zu haben scheint, redet gewöhnlich in der Wir-Form, ohne die individuellen Erfahrungen wichtig zu nehmen. Tieck spricht meist in der Ich-Form, und in einer längeren Passage vergleicht er seine Persönlichkeit mit der Wackenroders. Er hebt das eigene soziale Talent hervor. Menschen schließen sich an ihn an, weil er sich »so natürlich als möglich« gibt und »bloßer Mensch« sein will. Wackenroder habe dagegen »etwas Verschlossenes«, »sehr altes«, und seine »Solidität« sei »nicht aus Erfahrung entstanden«. Tieck sieht darin »Erhebung über die Menschheit«, die zur »schrecklichen Intoleranz« führen könne (ebd., S. 263). Dieses Porträt Wackenroders in einem Brief an Bernhardi und Sophie Tieck, die mit dem Beschriebenen nahe vertraut sind, erscheint weder sehr freundschaftlich, noch entspricht es dem idealen Bild vom Wesen Wackenroders, also der »Wackenroder-Legende« von dem frommen und kindlichen Gemüt des Verstorbenen (Littlejohns 1987, S. 9), die Tieck nach dem Tod des Freundes geschaffen hat. Ist es deshalb gerechtfertigt, Tiecks enge Freundschaft für Wackenroder in Frage zu stellen? Man darf sich von gelegentlichen Gereiztheiten und Widersprüchen nicht beirren lassen. Sie gehören zu den normalen Verhaltensmustern, auch und gerade unter Freunden und Bekannten. Vielmehr sollte jedenfalls zählen, daß Tieck um Wackenroders willen nach Erlangen gegangen ist und daß die beiden gemeinsam bedeutende Werke hervorgebracht haben.

Herzensergießungen eines kunstliebenden Klosterbruders und *Phantasien über die Kunst*

Die Titel der beiden Bände verweisen auf die Empfindsamkeit und Romantik. Das überströmende Herz gehört in den Kontext des Gefühlskults; die Phantasie ist Kennwort der Romantik. Mit dieser Erklärung soll kein prinzipieller Unterschied zwischen den beiden Sammlungen konstatiert werden, soll nicht suggeriert werden, daß die *Phantasien* moderner sind als die *Herzensergießungen*. Beide gehen aus demselben Geist, denselben Empfindungen, denselben Quellen hervor. Die Titel verweisen auf den epochalen Zusammenhang der verschiedenen Strömungen, auf Verflechtungen und Entwicklungen am Ausgang des Jahrhunderts.

Wir haben die Bedeutung der süddeutschen Kunsterlebnisse Wackenroders und Tiecks für die gemeinsamen Schriften erwähnt sowie die kunsthistorischen Vorlesungen Johann Fiorillos. Darüber hinaus hat man auf Parallelen zu den verschiedenen ästhetischen Positionen des 18. Jahrhunderts hingewiesen, unter anderem zu Karl Philipp Moritz (Schrimpf 1964, Kemper 1993a), Winckelmann (Littlejohns 1987, Vietta 1993/94), Goethe (Kemper 1993b), Hamann (Walzel 1921) und anderen. Die wichtigste Quelle für die italienischen Maler-Porträts der Renaissance, die den Hauptteil der *Herzensergießungen* ausmachen, ist die Malerchronik des Giorgio Vasari aus dem 16. Jahrhundert, auf die sich der Klosterbruder selbst mehrfach beruft (siehe den Beitrag *Kunsttheorie* in Kap. 3). Die Dürer-Studien der beiden Sammlungen sind besonders der Darstellung Joachim von Sandrarts im 17. Jahrhundert verpflichtet. Es ist falsch, wenn Heinrich Heine in seiner *Romantischen Schule* Tieck und »einen gewissen Wackenroder« für die Regression zu den »naiven, rohen Anfängen der Kunst«, zur christlich-katholischen Kunst des Mittelalters verantwortlich macht, noch falscher, wenn er hinzufügt, »von Raffael wollte man nichts wissen«: Kein Künstler wird in den *Herzensergießungen* und den *Phantasien* inniger verehrt als Raffael. Offensichtlich hat Heine die Positionen des späten Friedrich Schlegel und der Nazarener Tieck und Wackenroder zugeschrieben und den Ton einer angenommenen Naivität in der Kunstbetrachtung mit der Propagierung »roher Anfänge« verwechselt (Heine 1979, S. 139).

Die Schlichtheit und Naivität des Tons ist eine bewußte Strategie der Autoren, um sich von der zeitgenössischen Kunstkritik zu distanzieren. Doch die »geübte Einfalt« darf nicht für »bare Münze« genommen werden (Schulz 1983, S. 254). Schon der Name Tiecks, den Heine weitgehend für die Werke verantwortlich macht, hätte davor warnen müssen, das Naive und Altertümliche des Diskurses beim Wort zu nehmen; denn Tieck ist alles andere als ein naiver Dichter. Daß der Verfasser von *Abdallah* und von *William Lovell*, der

Straußfedern und der raffinierten Märchenkomödien fast gleichzeitig schlichte und kunstfromme Erzählungen sowie Meditationen schreiben konnte, demonstriert nur eine bewundernswerte Versatilität. Tieck ist der Urheber der Einleitung zu den *Herzensergießungen,* des kurzen Texts *An den Leser dieser Blätter,* in dem die Klosterbruder-Fiktion und das Ziel der ganzen Schrift genau exponiert werden: sowohl die Spontaneität und die daraus resultierende scheinbare Anspruchslosigkeit des Schreibens als auch der Gegensatz zu aller rationalen, wägenden und messenden Kunstbetrachtung. Die großen Maler, von denen der Klosterbruder spricht, sind nicht nur Maler, sondern »gebenedeite Kunstheilige«, denen man nicht »gottlos« kritisch begegnet, sondern mit Ehrfurcht und Liebe. Statt aufgeklärter Kunstkritik soll Kunst-Enthusiasmus propagiert werden. Der Inhalt der *Herzensergießungen* und der *Phantasien* besteht nicht primär aus Kunstgeschichte oder Kunsttheorie, sondern aus poetischen Kunstbetrachtungen. Wackenroder mag ein junger »Gelehrter« (Littlejohns 1987, S. 25) gewesen sein, aber seine »Systemfeindlichkeit« (Pikulik 2000, S. 274) weist ihn primär als Kunstliebhaber aus, als Verehrer, der selbst den Vorwurf des Dilettantismus nicht scheute. Deshalb verzichten die beiden Autoren auf eine gelehrte Sprache und vermeiden ein technisches Vokabular, das nur dem Fachmann oder dem Kunstkenner verständlich ist. Sie schreiben für den unverbildeten, empfindenden Menschen. Dies mit einem »programmatischen Anachronismus« oder mit »Unzeitgemäßheit« gleichzusetzen (Peter 1997, S. 131), scheint ein unglückliches Mißverständnis.

Lange Zeit hat sich die Forschung mit der Frage beschäftigt, welche Teile in den *Herzensergießungen* und den *Phantasien* Tieck und welche Wackenroder zuzuschreiben sind. Tiecks eigene Zeugnisse sind widersprüchlich. Während er in einer Nachschrift zum ersten Teil von *Franz Sternbalds Wanderungen* (1798) fünf Stücke der *Herzensergießungen* für sich beanspruchte, wurden zwei davon 1814 in seine Sammlung von Wackenroders Werken aufgenommen. Von besonderer Bedeutung ist die Änderung bei dem oben erwähnten Brief über die römische Konversion, dem einzigen Dokument eines spezifischen Katholizismus in den *Herzensergießungen*. Die moderne Forschung vertraut überwiegend der ursprünglichen Zuweisung (Bollacher 1983) und macht Tieck für alles Katholische in der Sammlung verantwortlich (Vietta 1993/94, Kemper 1993a/b). Ähnliche Unsicherheiten gibt es in den *Phantasien*. Der Beitrag *Ein Brief Joseph Berglingers,* der radikal Berglingers eigene Kunstauffassung in Frage stellt, galt aufgrund von Tiecks Einleitung zu den *Phantasien* für ein Werk Tiecks. Allerdings veröffentlichte er dieses 1814 unter den Beiträgen Wackenroders. Die Forschung ließ sich lange nicht von der veränderten Zuweisung überzeugen, bis Richard Alewyn 1944 für Wackenroders Autorschaft plädierte und ein weniger esoterisches Wackenroder-Verständnis forderte (vgl. Alewyn 1944). Trotz der Einwände Kohlschmidts (Kohlschmidt 1955) ist die heutige

Forschung überwiegend Alewyns Argumenten gefolgt und weist Berglingers Brief Wackenroder zu.

Offensichtlich sind die Beiträge Tiecks und Wackenroders inhaltlich und sprachlich oft geradezu ununterscheidbar. Die beiden Freunde waren intim mit den Gedanken und Werken des anderen vertraut. Deswegen konnten Motive und sprachliche Wendungen von einem zum anderen wandern. In der Nachschrift zu *Sternbald* stellt Tieck fest: Die meisten der Gespräche »betrafen die Kunst; wir waren in unseren Empfindungen einig und wurden nicht müde, unsere Gedanken darüber gegenseitig zu wiederholen«. Es besteht kein Grund, diese Aussage zu bezweifeln. Und Tieck fährt fort: »Mein Freund suchte in diesem Buch *unsre* Gedanken und seine innige Kunstliebe niederzulegen« (Sternbald, S. 191). Tieck nimmt also ausdrücklich für sich in Anspruch, an den Ideen des Werks beteiligt gewesen zu sein. Es liegt nahe, auf Verfasserspekulationen zu verzichten »und den Begriff Gemeinschaftswerk ernst zu nehmen« (Nehring 1983, S. 147).

Die *Herzensergießungen* enthalten 17 Beiträge über die Malerei und nur einen – *Das merkwürdige musikalische Leben des Tonkünstlers Joseph Berglinger* – über die Musik. In den *Phantasien* finden sich zehn Stücke über die bildende Kunst und neun über die Musik. Die Poesie, oberster Begriff der romantischen Epoche, erscheint zwar als Medium der Darstellung (verschiedene Teile sind in Versen geschrieben), aber noch nicht als ihr eigentlicher Gegenstand wie bald bei Novalis. Die Arbeiten über die bildende Kunst haben im wesentlichen einen harmonischen Charakter. Das harmonische Gemüt des vom Welttreiben entfernten Klosterbruders bestimmt ihren Ton. Die musikalischen Erzählungen und Aufsätze dagegen, die alle mit dem Namen Berglinger verbunden sind, sprechen nicht nur von dem himmlischen Wesen der Tonkunst, sondern zugleich von dem Leiden des Künstlers unter den Menschen und von den Zweifeln an dem eigenen Ideal. Man hat den Klosterbruder und Berglinger treffend als »perspektivisch-komplementäre Rollenfiguren« bezeichnet (Hertrich 1988, S. 135). Trotz dieser Unterschiede sind Malerei und Musik nicht verschiedene oder gar gegensätzliche Prinzipien. Beide stehen nicht für sich als separate Künste, sondern beide repräsentieren die Kunst selbst und ihr Janusgesicht. In mehreren Beiträgen erscheint die Musik als höchste der Künste durch ihre dunkle, geheimnisvolle Sprache, die unmittelbar auf die Seele wirkt; zugleich reicht kein Künstler an den ›göttlichen Raffael‹ heran. Die Malerei ist offensichtlich Ursprungserfahrung des neuen Kunsterlebens, die Musik seine letzte Konsequenz.

Wie entsteht Kunst nach Meinung der Autoren, die an begrifflichen Festlegungen nicht interessiert sind? In den Künstlerporträts Wackenroders und Tiecks erfahren wir so gut wie nichts über die technischen und mechanischen Seiten der Malerei. Als ein Kunstschüler Raffael nach dem Geheimnis seiner

Manier fragt, wird er auf das Geheimnis selbst verwiesen. Raffael erklärt, er könne über seine Kunst keine Rechenschaft geben; er denke »an den Gegenstand« der Darstellung, nicht »daran, wie ich ihn vorstellen soll« (Wackenroder 1, S. 69). In *Raffaels Erscheinung* gelingt die Vollendung einer Madonna durch Inspiration, durch »göttliche Eingebung« oder, wie der Klosterbruder noch deutlicher sagt, durch »unmittelbaren göttlichen Beystand« (ebd., S. 58). Daraus geht hervor: Nicht nur der Kunstbetrachter ist zu ehrfurchtsvoller Begegnung mit der Kunst angehalten, sondern der Künstler selbst bedarf vor allem der Frömmigkeit und Begeisterung, um sein Werk hervorzubringen. Die Ästhetik der Rezeption ist zugleich die der Produktion. Oder anders gesagt: Kunst ist weniger ein ästhetisches als ein psychologisches Phänomen. Sie hat es primär mit Empfindungen zu tun.

Künstler werden bei Wackenroder und Tieck nicht kritisch beurteilt und miteinander verglichen. In der Betrachtung *Einige Worte über Allgemeinheit, Toleranz und Menschenliebe in der Kunst* heißt es ausdrücklich, daß vor Gott die verschiedensten Formen der Kunst gleichberechtigt sind. Dennoch stehen offensichtlich dem Klosterbruder und seinem Autor drei Namen am nächsten: Raffael, Dürer und Berglinger. Raffaels »himmlische Schönheit« (ebd., S. 96) macht den Betrachter gleichsam stumm. Man betont gern, daß Wackenroder zu der Zeit, da er seine Meditationen und Anekdoten schrieb, noch kein Originalgemälde Raffaels gesehen hatte; denn die Pommersfelder Madonna, die er für ein Werk Raffaels hielt, wurde diesem irrtümlich zugeschrieben. Für Wackenroders Verehrung ist dieser Irrtum irrelevant, denn sein Eindruck, seine tiefe Bewegung, wird dadurch nicht verringert. An Dürer rühmt der Klosterbruder das unmittelbar Menschliche und Charakteristische. Dürer erscheint nicht so idealisch wie Raffael, aber in seiner irdischen Kunst und Kunstfrömmigkeit diesem so eng verbunden, daß der Klosterbruder die beiden als ein Freundespaar imaginiert. Berglinger schließlich wird als realer Freund des Klosterbruders eingeführt, an dessen Schicksal der Pater innigen Anteil nimmt. Berglinger ist kein Kunstheiliger der Vergangenheit, sondern ein zeitgenössischer Künstler; in seiner Biographie sind die sozialen und geistigen Probleme der Kunst der Gegenwart abgespiegelt. Es ist kein Wunder, daß die Berglinger-Geschichte mit den Jahren die größte Resonanz gefunden hat und heute als wichtigstes Stück gilt.

Berglinger leidet einerseits unter dem bürgerlichen Vorurteil gegen die Kunst, andererseits unter der gesellschaftlich-aristokratischen Kunstpraxis. Der bürgerliche Vater verurteilt die Musikliebe des Sohnes als unnützen Müßiggang. Die Künste sind ihm nichts anderes als »Dienerinnen ausgelassener Begierden und Leidenschaften, und Schmeichlerinnen der vornehmen Welt« (ebd., S. 134). Unter dem Gewicht dieser zugleich psychologischen, sozialen und moralischen Einwände gegen die Kunst wird der Kunstenthusiasmus des

Sohnes auf leidenden Genuß reduziert. Als Joseph dennoch zum Musiker, zum Kapellmeister am bischöflichen Hof avanciert, muß er erkennen, wie wenig die Kunstpraxis seinem hohen Gefühl entspricht, daß die Musik, die für ihn die höchste menschliche Möglichkeit darstellt, am Hof nur der oberflächlichen Unterhaltung dient und willkürlich manipuliert wird. »Die Empfindung und der Sinn für Kunst sind aus der Mode gekommen«, klagt er (ebd., S. 140), ohne zu realisieren, daß er sich gegen die ganze europäische Kunsttradition, gegen die überlieferte Funktion der Kunst am Hof empört. Das Fühlen bei der Aufnahme oder dem Ausüben von Musik ist etwas Neues gegen Ende des 18. Jahrhunderts – nicht etwas Altes, Verlorengegangenes.

Das Psychologische und Empfindsame macht aber noch nicht das höchste Wesen der Kunst aus. Darüber steht, die Kunstgefühle geistlich durchwaltend, das Religiöse. Von der Vorrede der *Herzensergießungen* bis zur letzten Betrachtung bestimmen religiöse Bilder und Begriffe die Rede. Die Maler sind »Kunstheilige«, denen Verehrung gebührt; Kunstkritik gilt, wie wir gesehen haben, als »gottlos«: Raffaels Werke heißen »himmlisch« und »göttlich«, und in Tiecks Beitrag *Raffaels Bildnis* in den *Phantasien* wird der Künstler geradezu mit Gott gleichgesetzt:

> dann rufe ich Deinen Namen Rafael aus, wie den eines Schutzgeistes, nach Dir schreye ich dann um Hülfe, und milder Sonnenschein verbreitet sich über die dunkle Erde [...]. Du schickst ein Heer von Engelsgestalten in mein empörtes Gemüt, und alle Wellen legen sich wieder zur Ruhe nieder. (Ebd., S. 170f.)

So weit versteigt sich Wackenroder in den *Herzensergießungen* noch nicht. In den Malerlegenden wächst die Kunst aus dem frommen Gemüt, sie ist von Gott eingegeben, aber wird noch nicht selbst sakralisiert. In dem Beitrag *Von zwei wunderbaren Sprachen und deren geheimnisvoller Kraft* korrespondiert die Kunst zwar mit der Sprache Gottes, der Natur, aber sie bleibt »die höchste *menschliche* Vollendung« (ebd., S. 99). Erst in der Berglinger-Biographie wird die Kunst gleichsam zur Religion. Die Musikandacht hat etwas Transzendentes. Sie macht aus Josephs Seele »ein Spiel der Töne [...] als wenn sie losgebunden vom Körper wäre [...] oder auch als wäre sein Körper mit zur Seele geworden.« Und ebenso kann die Musik die moralische Funktion der Religion übernehmen: »Soviel ist gewiß, daß er sich, wenn die Musik geendigt war, und er aus der Kirche herausging, reiner und edler geworden vorkam« (ebd., S. 133).

Daß die Religiosität von Wackenroders Schriften trotz Klosterbruder, Kunstheiligen und inniger Marienverehrung nicht kirchlich-katholisch ist, sollte auf der Hand liegen. »Entscheidend neu bei Wackenroder ist«, wie Pikulik feststellt, »daß die Kunst ihre Funktion unabhängig von der Kirche ausübt, ja gewissermaßen selbst die neue Kirche ist« (Pikulik 2000, S. 276). Tieck ist zwar dem Religiös-Katholischen näher gekommen, aber auch er hat sich später von dem Neukatholizismus Schlegels und anderer distanziert (siehe den Beitrag *Religion* in Kap. 2). Ob sein Held Sternbald dem Beispiel des »jungen deutschen Mahlers« (Wackenroder 1, S. 113) in dem Konversionsbrief gefolgt wäre, muß unentschieden bleiben. Im *Berglinger* haben wir es mit säkularisierter Religion zu tun: Musik wird zum Religionsersatz.

Der Anspruch der Kunst, als höchste menschliche Möglichkeit mit religiöser Bedeutung zu gelten, bleibt bei Wackenroder und Tieck nicht unangefochten. In der Lebensgeschichte Berglingers geht der Held daran zugrunde, daß er seinen »ätherischen Enthusiasmus« nicht mit dem »Elend der Welt«, den sozialen Anforderungen des Lebens ausgleichen kann. Im *Brief Joseph Berglingers* aus den *Phantasien* zweifelt er an der Berechtigung der Kunst und quält sich mit der Furcht, er könnte abergläubisch einem »Götzen« dienen. Angesichts des Leidens der Menschheit schämt er sich seines frivolen Selbstgenusses. Kunst und soziale Wirklichkeit scheinen abgrundtief getrennt. Zwar entspringt der Brief »der Angst einer zweifelvollen Stunde« (ebd., S. 224) und darf nicht als abschließendes Urteil über die Kunst gelesen werden, aber die Verbindung von höchstem Anspruch der Kunst und radikaler Kunstskepsis ist einmalig in der Romantik.

Wirkung

Die Rezensionen der beiden Veröffentlichungen waren im wesentlichen positiv (vgl. Wackenroder 1, Kommentar, S. 412–437). Wichtig ist die Besprechung August Wilhelm Schlegels, die das Religiös-Christliche akzeptiert und poetisch rechtfertigt, aber bereits eine katholisierende Rezeption voraussieht. Diese zeigt sich später besonders in Friedrich Schlegels *Europa* und bei den von ihm inspirierten römisch-deutschen Nazarenern. Wenn Goethe 1805 von dem »klosterbrudrisirenden, sternbaldisirenden Unwesen« spricht, so hat er, wie Kemper überzeugend aufgezeigt hat (Kemper 1993b), weniger die *Herzensergießungen* und die *Phantasien über die Kunst* vor Augen als den Neukatholizismus, für den er Tiecks poetische Werke und Friedrich Schlegels Schriften verantwortlich macht und der den Bestrebungen seiner eigenen Kunstzeitschrift, der *Propyläen*, zuwider läuft. Die neukatholische Bewegung hat »die Rezeption Wackenroders in ihren Sog« hineingezogen (Vietta 1994, S. 152).

Auffällig ist, daß die frühen Rezensionen der *Herzensergießungen* das wichtigste oder jedenfalls modernste Stück, die Lebensgeschichte Joseph Berglingers, nur am Rande erwähnen. Dabei hat gerade dieser Beitrag in die Zukunft gewirkt. E. T. A. Hoffmanns Kapellmeister Kreisler ist ohne Berglinger kaum denkbar. Über Hoffmann wirkt der Musikenthusiasmus weiter auf Schopenhauer und Richard Wagner. Bayreuth wird zu einer Kultstätte der Kunst, in der die Musik Wagners als eine Art Religionsersatz zelebriert wird. Berglingers Zweifel an der Kunst nehmen die Kritik am Ästhetizismus vorweg, die zu Beginn des 20. Jahrhunderts bei Thomas und Heinrich Mann sowie bei Hugo von Hofmannsthal zu finden sein wird. Nicht so sehr durch die Kunstfrömmigkeit der Malerlegenden als vielmehr durch die Probleme Berglingers lebt der Geist Wackenroders und Tiecks im 20. und 21. Jahrhundert weiter.

Literatur

Alewyn 1944: Alewyn, Richard: Wackenroders Anteil. In: Germanic Review 19 (1944), S. 48–58.
Benz 1937: Benz, Richard: Die deutsche Romantik. Geschichte einer geistigen Bewegung, Leipzig ³1937.
Bollacher 1983: Bollacher, Martin: Wackenroder und die Kunstauffassung der frühen Romantik, Darmstadt 1983.
Frank 1997: Frank, Manfred: Wie reaktionär war eigentlich die Frühromantik? (Elemente zur Aufstörung der Meinungsbildung). In: Athenäum 7 (1997), S. 141–166.
Goethe 1985–1998: Goethe, Johann Wolfgang: Sämtliche Werke nach Epochen seines Schaffens, 21 Bde., hg. von Karl Richter in Zusammenarbeit mit Herbert Göpfert u. a., München 1985–1998.
Heine 1979: Heine, Heinrich: Historisch-kritische Gesamtausgabe der Werke, Bd. 8.1: Romantische Schule. Text, hg. von Manfred Windfuhr, Hamburg 1979.
Hertrich 1988: Hertrich, Elmar: Wer war Wackenroder? Gedanken zur Forschungslage. In: Aurora 48 (1988), S. 131–148.
Kemper 1993a: Kemper, Dirk: Sprache der Dichtung. Wilhelm Heinrich Wackenroder im Kontext der Spätaufklärung, Stuttgart 1993.
Kemper 1993b: Kemper, Dirk: Goethe, Wackenroder und das »klosterbrudrisirende und sternbaldisirende Unwesen«. In: Jahrbuch des Freien Deutschen Hochstifts (1993), S. 148–168.
Kohlschmidt 1965: Kohlschmidt, Werner: Bemerkungen zu Wackenroders und Tiecks Anteil an den *Phantasien über die Kunst*. In: Philologia deutsch. Festschrift zum 70. Geburtstag von Walter Henzen, hg. von Werner Kohlschmidt und Paul Zinsli, Bern 1965, S. 89–99.
Littlejohns 1987: Littlejohns, Richard: Wackenroder-Studien. Gesammelte Aufsätze zur Biographie und Rezeption des Romantikers, Frankfurt a. M. 1987.
Nehring 1983: Nehring, Wolfgang: Nachwort zu Wackenroder/Tieck: Phantasien über die Kunst, hg. von W. N., Stuttgart ²1983, S. 142–158.
Peter 1997: Peter, Klaus: Nürnbergs krumme Gassen. Zum Deutschlandbild bei Wackenroder, Tieck und Richard Wagner. In: Aurora 57 (1997), S. 129–147.
Pikulik 2000: Pikulik, Lothar: Frühromantik. Epoche – Werke – Wirkung, München ²2000.
Sauder 1983: Sauder, Gerhard: Empfindsamkeit und Frühromantik. In: Die literarische Frühromantik, hg. von Silvio Vietta, Göttingen 1983, S. 85–111.
Schrimpf 1964: Schrimpf, Hans Joachim: W. H. Wackenroder und K. Ph. Moritz. Ein Beitrag zur frühromantischen Selbstkritik. In: Zeitschrift für deutsche Philologie 83 (1964), S. 385–409.
Schulz 1983: Schulz, Gerhard: Die Deutsche Literatur zwischen Französischer Revolution und Restauration. Erster Teil: Das Zeitalter der Französischen Revolution 1789–1806, München 1983.

Vietta 1993: Vietta, Silvio: Ein unbekannter Brief Wilhelm Heinrich Wackenroders. In: Jahrbuch des Freien Deutschen Hochstifts (1993), S. 169–182.
Vietta 1994: Vietta, Silvio: Vom Renaissance-Ideal zur deutschen Ideologie: Wilhelm Heinrich Wackenroder und seine Rezeptionsgeschichte. In: Romantik und Renaissance, hg. von Silvio Vietta, Stuttgart 1994, S. 140–162.
Walzel 1921: Walzel, Oskar: Einleitung zu Wilhelm Heinrich Wackenroder/Ludwig Tieck: Herzensergießungen eines kunstliebenden Klosterbruders, Leipzig 1921, S. 7–48.

Der Jenaer Kreis und die frühromantische Theorie
Claudia Stockinger

Die zweifache Entstehung der Romantik: Poesie und Kritik

In den letzten Jahren des ausgehenden 18. Jahrhunderts gehörte Jena zu den zentralen Orten des geistigen Lebens in Deutschland. Die Universität, in der um 1800 u. a. die Philosophen Johann Gottlieb Fichte, Georg Wilhelm Friedrich Hegel und Friedrich Wilhelm Schelling, die Philologen August Wilhelm und Friedrich Schlegel, der Jurist Paul Johann Anselm Ritter von Feuerbach, der Theologe Johann Jakob Griesbach, der Mediziner Christoph Wilhelm Hufeland und der Dichter Friedrich Schiller (als Historiker) lehrten, ist dafür ebenso verantwortlich wie die Nähe zu Weimar. Der persönliche Kontakt zu Johann Wolfgang von Goethe erschien gerade jener jungen Generation attraktiv, die später als ›romantische Schule‹ in die Literaturgeschichte eingegangen ist (Haym 1870). Die Vorhut bildeten August Wilhelm Schlegel und seine Frau Caroline, die unmittelbar nach ihrer Eheschließung im Juli 1796 nach Jena zogen. Ihre Hinterhof-Wohnung »unweit der Ecke Leutrastraße / Brüderstraße« entwickelte sich schließlich zum »Zentrum der Jenaer Romantik« (Ziolkowski 2006, S. 100), zu einer Anlaufstelle für Friedrich Schlegel und seine Lebensgefährtin Dorothea (die Tochter Moses Mendelssohns, die Friedrich in Berlin als Ehefrau des Bankiers Veit kennengelernt hatte und die er 1804 in Paris heiratete), für den Dichter und Bergbauingenieur Novalis (Friedrich Freiherr von Hardenberg), der oft aus dem nahe gelegenen Weißenfels herüber kam, für den Philosophen Friedrich Schelling (dem August Wilhelms Ehefrau Caroline in Jena den Hof machte, man heiratete 1803), den norwegischen Naturforscher und Dichter Henrich Steffens (dessen spätere Erinnerungen *Was ich erlebte* ein lebendiges Bild der gemeinsamen Zeit schildern) – und v. a. für Tieck, der im Juli 1799 zwei Wochen bei den Schlegels in der Hinterhof-Wohnung verbrachte und der am 17. Oktober 1799 mit seiner Frau Amalie, geb. Alberti, und der gemeinsamen Tochter Dorothea ganz nach Jena zog. Die Tiecks nahmen eine eigene Wohnung außerhalb der Stadtmauern, in der Fischergasse (Ziolkowski 2006, S. 129), verkehrten aber – zumindest in den ersten Monaten – nahezu täglich bei den Familien Schlegel im Hinterhof.

Im Rückblick scheint sich Ludwig Tieck gern an die gemeinsame Zeit, insbesondere mit August Wilhelm Schlegel, zu erinnern. Er widmet diesem 1828 den fünften Band seiner *Schriften*, der den zweiten Teil der Sammlung *Phantasus* enthält. In der Widmungsvorrede *An W. v. Schlegel in Bonn* erklärt er »[j]ene schöne Zeit in Jena« zu einer »der glänzendsten und heitersten Perioden« seines Lebens: »Du und Dein Bruder Friedrich, – Schelling mit uns, wir alle jung und aufstrebend, Novalis-Hardenberg, der oft zu uns herüber kam: diese Geister und ihre vielfältigen Plane, unsre Aussichten in das Leben, Poesie und Philosophie bildeten gleichsam ununterbrochen ein Fest von Witz, Laune und Philosophie« (S 5, S. Vf.).

Wie viel auch immer diese nachträgliche Sicht auf die Dinge mit der Realität zu tun haben mag – daß Tieck und seine Familie Jena bereits im Juni 1800 endgültig wieder verlassen (Paulin 1988, S. 117), ist nicht zuletzt auf die Spannungen zwischen den Familien zurückzuführen –, diese Verklärung ist dennoch in zweierlei Hinsicht aufschlußreich: Zum einen setzt er selbst einige namentlich genannte Vertreter der um 1800 jüngeren Generation und sich selbst als zusammengehörige Gruppe, die zumindest in der Erinnerung bis in die ausgehenden 1820er Jahre fortbesteht: »Andenken und Liebe sind aber bei mir niemals erloschen« (S 5, S. V). Zum anderen verweist er implizit auf die eigene Rolle in dieser Gruppe: Tieck versteht sich als deren Dichter, er ist zuständig für die Poesie. Er widme, so schreibt er, August Wilhelm Schlegel deshalb »dieses Buch, weil es jene Dichtungen enthält, die Du zuerst mit hellem Auge bemerktest«. Noch bevor man sich persönlich kennengelernt hatte, war Schlegel in Rezensionen auf den noch unbekannten Autor Tieck aufmerksam geworden und hatte ihn gefeiert: »Dein feiner, vielseitig gebildeter Geist machte zuerst auf diese Compositionen aufmerksam, Du nahmst sie gegen Unbill und Verkehrtheit in Schutz« (S 5, S. V). Der erste Schritt zur Gruppenbildung war damit getan.

Mit Tieck auf der einen Seite und den Brüdern Schlegel auf der anderen kommen in Jena jene Vertreter einer ›literarischen Generation‹ zusammen, die je eigenständig und gemeinsam für die Entstehung einer neuen Richtung in Literatur und Literaturtheorie verantwortlich zeichnen. Der »doppelte Ursprung« (Brecht 1993, S. 2) der Romantik vollzieht sich auf den Ebenen der Poesie (Tieck) und der Kritik (August Wilhelm und v. a. Friedrich Schlegel); ›Jena‹ ist hierfür zu einem Symbol geworden. Tiecks Bedeutung für die Bildung, den Bestand und die Nachwirkung der Jenaer Arbeits- und Lebensgemeinschaft wurde noch bis weit ins 20. Jahrhundert stark unterschätzt. Ernst Ribbat führt dies u. a. darauf zurück, daß sich – durch die im Gefolge von Rudolf Hayms Romantik-Studien diskutierte These von der zweifachen Entstehung der Romantik – die Beschäftigung mit ›romantischer Kritik und Theorie‹ und die Beschäftigung mit ›romantischer Poesie‹ zeitweilig »stark voneinander isoliert haben« (Ribbat 1979, v. a. S. 60–63, zit. S. 61). Das daraus resultierende Übergewicht der »philosophischen Romantikdeutung« habe zur Abwertung der ›Praktiker‹ (darunter auch Tiecks) entscheidend beigetragen (Ribbat 1978, v. a. S. 3–9, zit. S. 6). Erst in jüngeren Arbeiten, jetzt aber massiv, wird diese vereinseitigende Perspektive korrigiert (neben Ribbat u. a. Frank 1990, Brecht 1993, Steiner 1994, Menninghaus 1995, Scherer 2003).

Inwiefern ist es gerechtfertigt, von einer ›literarischen Generation‹ zu sprechen? Ralf Klausnitzers Bestimmung des Begriffs ›Generation‹ umfaßt eine Reihe von Parametern: Es handelt sich um eine »*Altersgemeinschaft*«, die ähnliche Erfahrungen in einem geteilten »*historisch-soziale[n] Lebensraum*« sammelt (Klausnitzer 2004, S. 138) und auf dieser Grundlage »*gemeinsame*[ ] und *aufeinander bezogene*[ ] *Orientierungs- und Handlungsmuster*[ ]« ausbildet. Im Rahmen dieser Gemeinsamkeiten macht die Generation auf verschiedene Weise auf sich aufmerksam: »durch Manifeste, Anthologien und Zeitschriften«, v. a. aber durch »*Gruppenbildungen*« (ebd., S. 139f.). Als ihre zentrale Epochenerfahrung rekonstruieren die ersten Romantiker die Phänomene von Ordnungsverlust und Haltlosigkeit. Insbesondere die Auseinandersetzung mit der Französischen Revolution wurde hierfür in Anschlag gebracht, die für Fichte, Tieck, Wackenroder, Novalis oder die Brüder Schlegel zu einem politischen Erweckungserlebnis wurde und die Friedrich Schlegel neben Fichtes Wissenschaftslehre und Goethes *Wilhelm Meister* zu den maßgeblichen Tendenzen der Epoche erklärte (216. *Athenäums*-Fragment; Schlegel 1967, S. 198). Darauf bezogen sind »[l]iterarische Generationen« »Autorengruppen«, die »in Bezug auf ein ästhetisches Ideal« übereinstimmen und »gruppenspezifische[] Habitusformen« ausprägen, außerdem »Ähnlichkeiten in präferierten Gattungen, Themen und Motiven« sowie in der »Art der Sprachverwendung« (Klausnitzer 2004, S. 142f.).

Für Außenstehende ist das dabei entstehende Programm nicht notwendig verständlich. Vielmehr befördert es die Gruppenbildungsprozesse und stabilisiert das Zusammengehörigkeitsgefühl, wenn die der Gruppe eigene Selbstdarstellung ihre Exklusivität gerade in Abgrenzung zu zwar vorherrschenden, vor allem aber abweichenden Positionen ausstellt. Die romantische Generation konstituiert sich polemisch – gegen eine von ihr gezielt mißverstandene Aufklärung, deren Forderungen nach Klarheit in der Botschaft und Zielgerichtetheit in der Darstellung sie in Forderungen nach ›chaotischer Willkür‹ und ›Einheit der Gegensätze‹ verkehrt. Positiv formuliert machten die Romantiker dadurch die negativen Epochenerfahrungen ihrer Generation produktiv: Sie entwarfen das Konzept einer zukunftsoffenen Poesie, die als »progressive Universalpoesie« (116. *Athenäums*-Fragment; Schlegel 1967, S. 182) zum einen Vergangenheit und Gegenwart, zum anderen Leben und Kunst in Übereinstimmung bringen sollte, ohne den Zustand eines auf Unendlichkeit angelegten Projekts (›Sehnsucht‹) aufgeben zu müssen.

Ein zentrales Forum der Jenaer Gruppenbildung stellte dabei die von den Brüdern Schlegel initiierte und maßgeblich bestimmte Zeitschrift *Athenäum* dar. Sie wurde gezielt als streitbares Organ entworfen: Friedrich Schlegel wollte sich und seinen Bruder mit diesem Unternehmen als »große Autorität in der Kritik« einen Namen machen, um »nach 5–10 Jahren kritische Dictatoren Deutschlands zu seyn« (an August Wilhelm Schlegel, 31. Oktober 1797; Schlegel 1985, S. 31). In einem 1800 darin veröffentlichten Essay *Über die Unverständlichkeit* reagiert Friedrich Schlegel auf das Unverständnis der ›aufgeklärten‹ Umwelt, v. a. auf die harsche Kritik und die vielen Mißverständnisse, denen sich die Zeitschrift von seiten »scharfsinniger Kunstrichter« (Schlegel 1967, S. 366) ausgesetzt sah. Schlegels Ausführungen machen explizit, daß es sich bei den Beiträgern zum *Athenäum* und bei deren Sympathisanten (z. B. bei Tieck, der selbst nie etwas in der Zeitschrift veröffentlicht, gerade in der Jenaer Zeit die Entstehung nicht weniger Stücke aber begleitet hat) tatsächlich um eine Gruppe oder Partei (»Faktion«) handelte. Zu den maßgeblichen Merkmalen eines erfolgreichen Bildungsprozesses gehört es demnach, daß diese »Faktion« eigene Gesetze entworfen und eine eigene Sprache (»Dialekt«) entwickelt habe:

> Ich lasse demnach alle Ironie fahren und erkläre gerade heraus, das Wort [Tendenz, C. S.] bedeute in dem Dialekt der *Fragmente*, alles sei nur noch Tendenz, das Zeitalter sei das Zeitalter der Tendenzen. Ob ich nun der Meinung sei, alle diese Tendenzen würden durch mich selbst in Richtigkeit und zum Beschluß gebracht werden, oder vielleicht durch meinen Bruder oder durch Tieck, oder durch sonst einen von unsrer Faktion, oder […] erst am jüngsten Tage, oder niemals; das bleibt der Weisheit des Lesers […] anheim gestellt. (Schlegel 1967, S. 367)

Annäherungen

Erste Begegnungen Tiecks mit Friedrich Schlegel haben im Spätsommer oder Herbst 1797 im Haus des Bankiers Veit in Berlin stattgefunden (Zeydel 1928, S. 16–18). Daraufhin schaute der jüngere der Schlegel-Brüder bei Tieck immer wieder einmal in dessen Wohnung beim Rosenthaler Tor vorbei (Ziolkowski 2006, S. 16) und vermittelte den brieflichen Kontakt zwischen Tieck und seinem Bruder August Wilhelm. Persönlich getroffen haben sich diese beiden allerdings erstmals im Frühjahr 1798 (Zeydel 1928, S. 29). Der ältere Schlegel-Bruder war durch Rezensionen in der Jenaer *Allgemeinen Literatur-Zeitung* mit wichtigen Werken Tiecks (wie *Ritter Baubart* und *Der gestiefelte Kater*) vertraut, ohne deren Autor selbst schon als jenen Übersetzer von Shakespeares *Sturm* zu identifizieren, den er ebenfalls rezensiert hatte (Tieck-Schlegel, S. 10; Paulin 1987, S. 40f.). Wenn Henrich Steffens beiden Schlegel-Brüdern attestiert, »die Ersten« gewesen zu sein, »die auf das reiche und durchaus selbständige Talent dieses Dichters aufmerksam machten« (Steffens 1841, S. 125), billigt er Friedrich Schlegel eine Position zu, die diesem in den Monaten der ersten Annäherung noch gar nicht zukam.

Friedrich Schlegels Verhältnis zu Tieck ist in der Forschung umstritten. In Briefen finden sich gehässige Bemerkungen über den jugendlichen Schwärmer Tieck, die Zeydel ausführlich zitiert (allerdings nicht um Tieck, sondern um Friedrich Schlegel vorzuführen; Zeydel 1928, S. 31–33). Über alle Schwierigkeiten hinweg habe sich aber, so Paulin, mit Friedrich Schlegel bis nach 1803 eine »echte Freundschaft« ›entwickelt‹ (Paulin 1987, S. 40). Wie geht das zusammen?

Eine näherungsweise Rekonstruktion des Verhältnisses gelingt über den Briefwechsel zwischen Tieck und den Brüdern Schlegel, den zuerst Henry Lüdeke (1930) und dann kommentiert Edgar Lohner (1972) herausgegeben haben. Bereits im ersten überlieferten Brief Schlegels an Tieck Ende 1797 wird deutlich, daß Friedrich Schlegels Interesse an Tieck (den er insbesondere als Autor des *William Lovell* bewunderte) überaus groß war. Von Beginn an bestand Schlegel auf der Exklusivität einer Beziehung zu Tieck, die keinen Dritten oder ein Salongespräch duldet. Zugleich wird in diesem Brief deutlich, daß Schlegel den Dichter Tieck mit der ›Poesie‹ identifizierte; das Interesse an der Persönlichkeit Tiecks bzw. an seinem Privatleben trat dahinter zurück. Den »häuslichen Cirkel« Tiecks, schreibt Friedrich, könne er zwar nur selten besuchen (»wenn ich auch jetzt nicht so oft da seyn kann, als ich wünschte«), von ihrer beider Verhältnis her sei dies aber durchaus gerechtfertigt. Denn: »Mein Interesse *an Ihnen oder an der Poesie* [Hervorhebung, C. S.] ist zu ernst. So etwas zerstreut sich gleich, wenn mehrere da sind. Ich bin in solchen Angelegenheiten sehr für die Zweysprach« (Friedrich Schlegel an Tieck, Anfang November [?] 1797; Tieck-Schlegel, S. 19).

Seinem Bruder gegenüber betont Friedrich, Tieck sei jetzt »recht oft bey mir und interessiert mich sehr, ungeachtet er immer aussieht, als ob er fröre und an Geist und Leib gleich mager ist«. Diese Formulierung spielt auf zwei Defizite an, die Friedrich an Tieck beobachten zu können glaubt: zum einen auf fehlende Erfahrung »im kritischen Fache« (»Ich erwarte manches Gute von ihm zur Charakteristik des individuellen Tons der verschiedenen Shakespeareschen Stücke: aber auch weiter nichts«) (Friedrich an August Wilhelm Schlegel, 31. Oktober 1797; Schlegel 1985, S. 33); zum anderen auf die Unfähigkeit, sich als Dichter auf die Bedingungen des Buchmarkts einzulassen, die Tieck immer wieder an den Rand des finanziellen Ruins trieb. Am 1. Dezember 1797 schreibt Friedrich Schlegel an seinen Bruder: »Er ist recht kindlich ungeschickt und unschuldig im merkantilischen Theil der Schriftstellerey«. Er möchte Tieck in dieser Frage helfen, um durch »bessere Bezahlung zu langsamern, gründlichern und bessern Arbeiten« zu führen, und bittet August Wilhelm, sich für Tieck bei Göschen zu verwenden, damit dieser von seinem Verleger Nicolai loskomme, und zwar mit einem Werk »Romantische und Dramatische Darstellungen«. Geld geliehen hat er ihm allerdings nicht: »Bedenke und betreibe es wo möglich und recht bald. Er gestand mir sogar heute morgen, dass er in Verlegenheit sey und frug mich, ob ich ihm nicht auch acht Tage Geld borgen könne; womit er freylich bey mir an den unrechten Mann kam« (ebd., S. 48f.).

Die Zusammenarbeit zwischen Tieck und Göschen kam nicht zustande, ob sie ernsthaft vorbereitet worden war, ist fraglich. In erster Linie mögen derartige Angebote die Funktion gehabt haben, den Autor des *William Lovell* an sich zu binden. Tieck aber ließ sich von den beiden selbst ernannten »Dictatoren« der literarischen Kritik (s. o.) nicht unter Druck setzen. Zwar forderten beide Schlegel Tieck wiederholt dazu auf, die versprochenen kritischen Arbeiten über Shakespeare und Cervantes für die Zeitschrift *Athenäum* abzuliefern (»Sie glauben nicht, wie sehr ich es wünsche, Sie auch einmal über die Poesie poetisiren zu hören, und im *Athenäum* nicht bloß über Sie, sondern auch Sie selbst zu lesen. Ich setze Ihnen das Ende des August als letzten Termin«, so Friedrich Schlegel am 27. Juli 1798 an Tieck; Tieck-Schlegel, S. 31); Tieck lieferte jedoch nie. Das mag mit Tiecks »Faulheit« zu begründen sein, die Friedrich Schlegel am 28. November 1797 an August Wilhelm beklagt (Schlegel 1985, S. 43). Gegebenenfalls hätte sich Tieck kooperativer gezeigt, hätte er gewußt, daß ihm Friedrich Schlegel auch darin ein ziemliches Potenzial zubilligte: »Daß er nach einer kurzen Uebung in der Kritik ungefähr eben so viel leisten wird, als in der Poesie, ist mir nicht unwahrscheinlich« (ebd., S. 46).

Tiecks Verweigerungshaltung mag aber auch damit zusammen hängen, daß dieser keineswegs bereit war, sich von den beiden Schlegels in eine Schüler-Rolle drängen und folglich regelrecht ausbilden zu lassen. August Wilhelm Schlegel etwa begründete am 30. November 1798 sein hartnäckiges Drängen auf eine Rezension Tiecks damit, ihm die »Gelegenheit zu einer Rezensirübung« (Tieck-Schlegel, S. 35) anbieten zu wollen. Dagegen belegt bereits einer der ersten Briefe Tiecks an August Wilhelm Schlegel am 23. Dezember 1797, daß sich Tieck in der Beschäftigung mit Shakespeare eigenständig ein kritisches Urteilsvermögen angeeignet hatte, dessen Kriterien zugleich den Kern der frühromantischen Theorie bezeichnen sollten. Er bittet August Wilhelm Schlegel um ein ›aufrichtiges‹ Urteil den eigenen Arbeiten gegenüber. Zwar nennt er sich in diesem Zusammenhang »wenn keinen gelehrigen, doch einen solchen Schüler«, »der sich alle Mühe geben wird, Sie zu verstehn«. Im unmittelbaren Anschluß an diese Formulierung zeigt er aber, daß er die Kriterien romantischer Kritik bereits jetzt in Werk und Existenz verkörpert: Im Fokus seines Lebensprojekts steht die Kunst als ein universalpoetischer Entwurf, der an die Stelle der Religion tritt und für den ›Anbetung‹ bzw. ›Verehrung‹ die einzig angemessene Rezeptionshaltung ist: »[I]ch verehre die Kunst, ja ich kann sagen, ich bete sie an, es ist die Gottheit, an die ich glaube« (Tieck-Schlegel, S. 25). Als eigentlich angemessene Form der Kritik wiederum bietet Tieck vorsichtig, aber bestimmt die Poesie selbst an: »Die Briefe [bezogen auf Tiecks Shakespeare-Studien, C. S.] werden in einen etwas wilden poetischen Ton hineingerathen, aber vielleicht läßt sich die Poesie manchmal durch Poesie erklären« (ebd.). Den hohen und exklusiven Anspruch an eine Kunst als Lebensprojekt, die eigentlich nur durch Kunst selbst kritisiert werden kann, behandeln Tieck (u. a. *An den Leser dieser Blätter*) und Wackenroder (u. a. *Zwey Gemähldeschilderungen*) schon in ihren *Herzensergießungen* (Wackenroder 1, S. 53f., 82–85). Sie verarbeiten darin ästhetische Grundannahmen von Karl Philipp Moritz, von dessen Berliner Ästhetik-Vorlesungen sie dabei profitierten (Meier 2008, S. 88, 90). August Wilhelm und Friedrich Schlegels Konzepte benötigten sie dafür nicht – in der Frage nach der Beschaffenheit der Kunstkritik sollten dann auch Friedrich Schlegel etwa in *Über Goethes Meister* 1798 und August Wilhelm in *Die Gemählde* 1799 zu entsprechenden Ergebnissen kommen.

Daß Friedrich Schlegel ihn für die vergleichsweise schwächere Figur gehalten hat, ist sich Tieck bewußt, auch wenn die meisten der abschätzigen Äußerungen Friedrichs in Briefen an Dritte zu finden sind, also nicht unbedingt direkt zu Tieck gelangten. »Mit Tieck spricht man sich so einen Winter hindurch sehr gründlich zu Ende«, schreibt Schlegel etwa an Rahel von Varnhagen (Tieck-Schlegel, S. 11). Es wird ihn nicht wenig gekränkt haben, in Tieck jemanden zu finden, der sich keineswegs vereinnahmen ließ, sondern der sich seine Unabhängigkeit bewahrte. Dennoch beurteilte Tieck auch dieses Verhältnis im Nachhinein positiv, ohne es zu verklären. Vielmehr streicht eine briefliche Äußerung an Friedrich von Raumer (am 16. September 1824) Friedrich Schlegels Arroganz heraus:

> Unser Verständnis war von frühen Jahren nur eine Annäherung zu einander. Er sah damals auf mich gutmütig herab und ehrte mit fast ausschließender Liebe mein Talent; aber mich eigentlich zu verstehen, hielt er doch nicht der Mühe wert, und wenn ich einmal den Ansatz nahm, ihn verstehen zu wollen, so verwandelte sich Spinozismus, Fichtianism, Platonism und wie es Namen haben mochte, in Geheimnistuerei und ich wurde freundlich, ironisch abgewiesen, wie der Meister vom Stuhle etwa den Schüler des ersten Grades von sich schickt. [...] Und doch würde ich es beschwören, daß dieser exzentrische Geist nur wenige Menschen mehr liebte als mich, daß er noch wenigern nur so viel vertraut. (zit. nach Körner 1931, S. 370f.)

Auffällig ist, daß die Brüder Schlegel einerseits in Tieck v. a. den Dichter schätzen: August Wilhelm zeigt sich sehr angetan von Tiecks *Prinz Zerbino* (an Tieck am 30. November 1798; Tieck-Schlegel, S. 35) und schreibt am 7. Dezember 1798 über zwei Lieder in Tiecks *Sternbald*: »So etwas gemacht zu haben, dafür verkaufte ich schier ein Stück von meiner Seligkeit« (Tieck-Schlegel, S. 36). Auch äußert er sich sehr positiv über Tiecks *Volksmährchen*; *Der blonde Eckbert* und die Lieder könnten gar von Goethe sein (an Tieck am 11. Dezember 1797; Tieck-Schlegel, S. 22f.). Andererseits ist es Tieck selbst, der diese Rollenverteilung vornimmt, in der er sich den Part des Dichters zuschreibt: »Ich [...] bin in allen kritischen Sachen, die ich schreibe, immer noch so verlegen und ängstlich, das Dichten ist viel leichter«, heißt es im November 1798 an August Wilhelm Schlegel (Tieck-Schlegel, S. 32). Als solcher aber traut er sich ohne Scheu harte und dezidierte kritische Urteile zu, gibt sich also in der Praxis der im Brief geäußerten Kritik *als* eigentlicher Kritiker (der nur ein Dichter sein kann) zu erkennen. Über Schillers *Wallensteins Lager* nämlich heißt es in demselben Schreiben: »[E]r will wie Göthe klingen, und es geräth ihm kaum wie dem Hans Sachs, er ist statt unprächtig gemein und roh: es ist eine entkräftete Poesie« (Tieck-Schlegel, S. 34).

Auch Friedrich Schlegel ist von Beginn an von Tiecks 1798 erschienenem Roman *Franz Sternbalds Wanderungen* sehr angetan; die Größe zur offenen und ehrlichen Bewunderung des Autors geht ihm zu diesem Zeitpunkt aber noch gänzlich ab: »Mich interessirt ausser dem Meister und Fr. Richter kein andrer deutscher Roman so. Aber Tieck soll es nicht wissen«, schreibt er seinem Bruder August Wilhelm am 29. September 1798 (Schlegel 1985, S. 174). Ebenfalls an seinen Bruder nennt er den Roman im April 1799 »ein göttliches Buch [...]. Es ist der erste Roman seit Cervantes der romantisch ist, und darüber weit über Meister« (ebd., S. 260). Bald aber machte er seine heimliche Bewunderung öffentlich. In einem elegischen Distichon, *Herkules Musagetes*, mit dem Friedrich Schlegel 1801 einen Aufsatz über Lessing beschließt, rückt er eine poetische Laudatio auf Tieck ein: »Anmut gab Dir der Gott und den Tiefsinn künstlicher Dichtung, / Tieck, erfindsamer Freund. Werke verkünden Dich laut, / Und wohl schiene bestochen mein Lob, als rühmt' ich den Bruder, / Der im gediegenen Styl kunstreich die Farben vermischt« (Schlegel 1967, S. 417). Und 1803 nennt er in seiner Zeitschrift *Europa* Tiecks *Genoveva* »eine göttliche Erscheinung« (Schlegel 1803, 1, S. 57). Die gemeinsame Jenaer Zeit lag da schon hinter Tieck und den Schlegels. Die Phase der Gruppenbildung ist abgeschlossen. Jetzt konnte man sich zueinander bekennen, ohne noch auf persönlichen ausgiebigen Kontakt angewiesen zu sein, v. a. aber ohne Gefahr zu laufen, die eigene Position in der Gruppe dadurch zu gefährden oder zu schwächen.

Sympoesie: das »Bündniß der Geister«

Für die zweifache Entstehung der Romantik in Poesie und Kritik lassen sich noch weitere Beispiele anführen, die eine Engführung von Theorie und Praxis erlauben. Insbesondere die Nähe von Tiecks Darstellungsverfahren und Friedrich Schlegels Ironie-Begriff ist hier hervorzuheben: »Als Friedrich Schlegel in der Zeitschrift *Athenäum* seine Idee der romantischen Ironie entwickelt [...], zog er als Analogie die Illusionsbrechung im Drama des Aristophanes heran und nennt Tieck als moderne Erfüllung dieser Manifestation des Romantischen« (Paulin 1988, S. 67). Um Schlegels Bestimmung der Ironie als einer »permanente[n] Parekbase« (Schlegel 1963, S. 85 [668]) anschaulich zu machen, ist der Blick auf eine Passage aus Tiecks *Sternbald* hilfreich, in der eine Figur namens Rudolph eine Geschichte erzählt, in die eine weitere Geschichte eingebettet ist. Hellsichtig fordert eine Figur namens Vansen, die im Roman den Part der ›aufgeklärten‹ Literaturkritik an Tiecks Roman vorwegnimmt, »daß in dieser Historie sich nicht wieder eine neue entspinnt, denn das könnte sonst bis ins Unendliche fortgesezt werden« (S 16, S. 146). Schlegel selbst attestiert im 418. *Athenäums*-Fragment *Franz Sternbald* den »Sinn für Ironie«: »Auch hier ist alles klar und transparent, und der romantische Geist scheint angenehm über sich selbst zu fantasieren« (Schlegel 1967, S. 245). Darüber hinaus gehen Tiecks Komödien mit Schlegels Komödienbegriff konform (vgl. A. W. Schlegels Rez. von *Der gestiefelte Kater* in der Jenaer *Allgemeinen Literatur-Zeitung*, 1797; Schlegel 1847, S. 136–146), ohne daß hier von einer zeitlichen und inhaltlichen Abhängigkeit Tiecks ausgegangen werden müßte (Paulin 1987, S. 35).

Nachdem man sich, wie ausgeführt, 1797 und 1798 persönlich kennengelernt hat, nähern sich auch die Familien einander an, und man beginnt, gemeinsame Projekte zu entwerfen. August Wilhelm Schlegel regt am 30. November 1798 an, einen »Spaß-Almanach« ins Auge zu fassen, und er läßt Tieck von seiner Frau Caroline grüßen, die sich »schönstens« für die Zusendung des »alten *Phantasus*« bedanke, »der ihr unendlich viel Vergnügen gemacht hat« (Tieck-Schlegel, S. 35). Die private und die konzeptionelle Ebene sind für die einsetzende Gruppenbildung entscheidend. Daß diese sich auch im Fall des Jenaer Kreises zum einen in Gemeinschaft, zum anderen polemisch (also via Abgrenzung gegenüber anderen Gruppen) vollzog, machen die »Erinnerungen« Henrich Steffens deutlich. Im Rückblick (v)erklärt Steffens diesen Kreis zu einer »geistige[n] Bewegung«, »an welcher ich selbst Theil zu nehmen berufen war, ja die mich hergezogen hatte, noch ehe ich sie erkannte« (Steffens 1841, S. 49); er hielt sich zwischen Sommer 1798 und Frühjahr 1799 in Jena auf. Sein eigener »stille[r] Monolog« habe sich dadurch in ein »lebhaftes Gespräch verwandelt«, so Steffens. Alle Beteiligten waren der Meinung,

»ein gemeinsames Werk zu treiben, und es entstand ein Bündniß der Geister, welches im höchsten Grade bedeutend wirken mußte« (ebd., S. 85, 123). Er hatte fast täglichen Umgang mit den Mitgliedern des Kreises, zu denen neben den einleitend bereits genannten noch der Redakteur der Jenaer *Allgemeinen Literatur-Zeitung*, Justizrat Hufeland, sowie der Verleger und Buchhändler Frommann gehörten. Entscheidend ist nun, daß der Kreis dem literarischen und literaturkritischen Umfeld den Krieg erklärte:

> In diesem Kreise unterhielt man sich fast ausschließlich von literarischen Gegenständen, von Streitigkeiten der Schriftsteller, von den Verhältnissen zu den Gegnern, und ich fand mich plötzlich, obgleich ich mich noch nicht als Schriftsteller hervorwagte, auf den Kampfplatz versetzt, und sah wohl ein, daß ich früher oder später in den öffentlichen Streit verwickelt werden müßte. (Ebd., S. 82)

Die literarische Welt nahm die Herausforderungen an (vgl. z.B. Schmitz 1992), aber nicht nur diese: Auch das etablierte akademische Jena hatte seine Schwierigkeit mit der neuen Generation, genauer mit den jüngeren Kollegen: »Aber eine bald stillere, bald lautere Opposition der älteren Lehrer gegen Fichte, Schelling und A. W. Schlegel gestaltete sich dennoch durch die Majorität der älteren Professoren« (Steffens 1841, S. 121). Man identifizierte sich also über gemeinsame Gegnerschaften, und man identifizierte sich über positive Bezugsgrößen: Ein geheimer Dreh- und Angelpunkt des Kreises (und seiner Bildung) war Goethe (siehe den Beitrag *Die Weimarer Klassik* in Kap. 1). Von Goethe nicht beachtet zu werden, kommt dabei einer Katastrophe gleich, Goethes Aufmerksamkeit zu gewinnen, führt notwendig in die Euphorie (Beispiele bei Steffens; ebd. S. 93–103).

Das von Steffens benannte »Bündniß der Geister« bildete den Kern des frühromantischen Programms, mit dem sich die Zeitschrift *Athenäum* 1798 in die literarische Welt einführte. Sie ziele, so heißt es in der »Vorerinnerung«, auf »möglichste[ ] Allgemeinheit« in der Anlage; das geeignete Mittel hierfür aber sei »eine Verbrüderung der Kenntnisse und Fertigkeiten, um welche sich ein jeder von uns an seinem Theile bewirbt« (Schlegel/Schlegel 1798, o. S.). ›Brüderlichkeit‹ wird so als neues soziales Konzept entworfen. Die kooperative Autorschaft setzt dabei ganz auf Offenheit in der Meinungsäußerung: »Bey dieser leitet uns der gemeinschaftliche Grundsatz, was uns für Wahrheit gilt, niemals aus Rücksichten nur halb zu sagen« (ebd.). So vielfältig die Stimmen und Verantwortlichkeiten, so vielgestaltig sind auch die Darstellungsformen und Themen. So gesehen, propagiert das *Athenäum* eine Form des ›progressiven Universaljournalismus‹. Eine einheitliche, eindimensionale, geschlossene Darstellung würde der unübersehbaren Vielfalt des Darzustellenden nicht gerecht:

> In der Einkleidung werden Abhandlungen mit Briefen, Gesprächen, rhapsodischen Betrachtungen und aphoristischen Bruchstücken wechseln, wie in dem Inhalte besondre Urtheile mit allgemeinen Untersuchungen, Theorie mit geschichtlicher Darstellung, Ansichten der vielseitigen Strebungen unsers Volks und Zeitalters mit Blicken auf das Ausland und die Vergangenheit, vorzüglich auf das klassische Alterthum. (Ebd.)

Im Mittelpunkt aber stehen »Kunst und Philosophie«: »Was in keiner Beziehung auf Kunst und Philosophie, beyde in ihrem ganzen Umfange genommen, steht, bleibt ausgeschlossen [...]« (ebd.).

Entsprechend kann es gar nicht darum gehen, einmütige Urteile zu veröffentlichen oder widersprüchliche Positionen um jeden Preis zu vermeiden – im Gegenteil. Widerspruch und Streit sind nicht nur in der Abgrenzung nach außen produktiv; sie gehören zum positiven Selbstverständnis des Kreises selbst: »Wir theilen viele Meynungen mit einander; aber wir gehn nicht darauf aus, jeder die Meynungen des andern zu den seinigen zu machen. [...] es können folglich sehr oft abweichende Urtheile in dem Fortgange dieser Zeitschrift vorkommen« (ebd.). Man ist sich insbesondere darin einig, daß man sich (auch unter Brüdern) nicht einig zu sein braucht, um an demselben Projekt mitzuarbeiten. Die Pointe dieses Konzepts liegt in der Forderung nach ›uneiniger Einigkeit‹, nach einer ›geistigen‹ Einheit, die den Zustand einer faktisch ohnehin uneinigen Literaturkritik nicht einfach vertuscht (Napierala 2007, S. 127).

Für diese Einheit in der Vielheit hat Friedrich Schlegel den Begriffen der »Symphilosophie« sowie der »Sympoesie« in Anschlag gebracht. Es verbindet sich damit das Versprechen auf Innovation, also die Vorstellung, durch gemeinschaftliches Arbeiten lasse sich etwas ganz Neues entwickeln (125. *Athenäums*-Fragment; Schlegel 1967, S. 185). Und es verbindet sich damit das Versprechen auf die existenzielle Qualität des gemeinschaftlichen Arbeitens, also die Vorstellung, daraus ergebe sich ein Lebensprojekt (Schlegel/Schlegel 1798, S. 75) – wie dieses dann versuchsweise in Jena gestartet wurde. Daß dabei Widersprüchliches positiv gesetzt wird, heißt schließlich vor allem: Man rechnet von vornherein mit Unfertigem oder sogar falschen Ergebnissen. Das Imperfekte wird zu einem hohen Wert erklärt; das Fragment gilt als angemessene Darstellungsform des aufs Unendliche hin avisierten Ganzen. Mit anderen Worten: Romantischer Fragmentarismus und das Konzept der Symphilosophie/Sympoesie gehören zusammen. Das romantische Fragment gilt (neben den Gesprächen) als *die* Form des unfertigen, progressiven und verzeitlichten Denkens (Porombka 2008). Daß das Projekt ›Jenaer Kreis‹ nach nur wenigen Jahren faktisch gescheitert war, stellt die Anlage oder das Programm dieses Kreises selbst also keineswegs in Frage.

Zusammenleben in Jena

Mit Umzugsplänen nach Jena trug sich Tieck schon im Frühjahr 1799, wie er an A. W. Schlegel schrieb (Tieck-Schlegel, S. 39); im Oktober setzte er – nach einem Kurzaufenthalt im Juli – diese Pläne dann in die Tat um. Er blieb bis zum 20. Juni 1800 (Ziolkowski 2006, S. 203), wohnte also zu genau jenem Zeitraum in Jena, der »gemeinhin als der Höhepunkt des sog. ›Jenaer Kreises‹ (Sept. 1799-April 1800) bezeichnet wird« (Paulin 1987, S. 52). »[D]ie ganze Kirche« sei jetzt in ihrem »Zimmer« »versammelt«, schreibt Dorothea Veit – allerdings nach Tiecks Abreise – an Schleiermacher am 22. August 1800 (Schleiermacher 1994, S. 221). Von Beginn seines Aufenthaltes an aber ist Tieck ein fester Bestandteil der Gruppe; von August Wilhelm Schlegel wird er schon in einem Brief vom 16. August 1799 als solcher behandelt. Tiecks jüngste poetische Produktion (an dieser Stelle ist konkret der erste Band der *Romantischen Dichtungen* gemeint) erhält hier die Funktion, die soeben erschienene neueste Nummer des *Athenäum* in ihrem Kampf gegen den »schlechten Geschmack« der Berliner Aufklärung zu unterstützen. Diese habe »schon viel Zetermordio dagegen erhoben«, wie es heißt (Tieck-Schlegel, S. 41) – die Bildung der Gruppe vollzieht sich am wirkungsvollsten über die Abgrenzung nach außen. Darüber hinaus sind persönliche Freundschaften hilfreich. Bei seinem Besuch im Sommer 1799 hatte Tieck Novalis im Jenaer Hinterhaus der Schlegels kennengelernt; Novalis selbst war ihm brieflich zuvor schon als begeisterter Leser der *Volksmährchen* angekündigt worden (ebd., S. 32).

Gestaltete sich das Verhältnis zu den Schlegels nicht immer einfach, so verband Tieck mit Novalis umgehend eine herzliche Freundschaft. Man duzte sich sofort (Paulin 1988, S. 97), und Novalis betonte wiederholt die epochale Bedeutung der Begegnung mit Tieck für sein eigenes Leben: »Deine Bekanntschaft hebt ein neues Buch in meinem Leben an [...] – Noch hat mich keiner so leise und doch so überall angeregt wie Du. Jedes Wort von Dir versteh ich ganz« (Novalis an Tieck, 6. August 1799; Novalis 1975, S. 293f.). Er lernte die Schriften Jakob Böhmes über Tieck kennen und dankte diesem dafür mit einem eigenen Gedicht *An Tieck* (Novalis 1802; vgl. dazu Novalis 1975, S. 322f.; Schulz 1984). Diese Übereinstimmung wird in der Jenaer Lebens- und Arbeitsgemeinschaft der Schlegels nicht ohne Irritation beobachtet und kommentiert – Dorothea Veit teilte Schleiermacher mit, Novalis sei »so in Tieck, mit Tieck, für Tieck, daß er für nichts andres Raum findet [...]«(zit. nach Paulin 1988, S. 99); ihr Lebensgefährte Friedrich reagierte eifersüchtig auf die neuen Busenfreunde (vgl. ebd.).

Aufschlußreich für die Jenaer Deutung des Verhältnisses von Tieck und Novalis ist ein Bericht des Tieck-Biographen Rudolf Köpke, der die erste Begegnung der beiden schildert. Genauer taucht er diese ins Licht einer (spät-)

romantischen Szenerie mit Sommernacht, Vollmond und magischen Naturräumen, die dann wiederum als Inspirationsquelle für die poetische Produktivkraft Tiecks zu dienen hat. Bei Köpke heißt es:

> Es war ein schöner Abend, als die Freunde [...] zum ersten Male vereint waren. [...] In bewegten Gesprächen hatten sie die Herzen gegeneinander aufgeschlossen, geprüft und erkannt; die Schranken des alltäglichen Lebens fielen, und beim Klange der Gläser tranken sie Brüderschaft. Mitternacht war herangekommen; die Freunde traten hinaus in die Sommernacht. Wieder ruhte der Vollmond, des Dichters alter Freund seit den Tagen der Kindheit, magisch und glanzvoll auf den Höhen um Jena. Sie erstiegen den Hausberg, und eilten weiter über die Hügel. Endlich begleiteten sie Novalis nach Hause; der Morgen war nicht mehr fern. Als man Abschied nahm, sagte Tieck: ›Jetzt werde ich den *Getreuen Eckart* vollenden‹. [...] Tieck löste sein Wort. In den Morgenstunden vollendete er die Erzählung, und noch an demselben Tage theilte er sie den Freunden mit. (Köpke 1, S. 248)

Daß die Produktionen, wie hier berichtet, umgehend dem gesamten Kreis zur Kenntnis gegeben werden, gehörte zu dessen spezifischen Geselligkeitsformen. Man traf sich regelmäßig zum Mittagessen, und abends las man sich gegenseitig vor, aus bevorzugt den eigenen, aber auch aus den Schriften anderer: Von Tieck ist etwa der Vortrag des Gedichts *Die Zeichen im Walde* überliefert. Am 14. November brachte er den Freunden den ersten Teil seines im Umfeld des Kreislebens geschriebenen Dramas *Leben und Tod der heiligen Genoveva* (Erstausgabe 1800) zu Gehör, am 5. und 6. Dezember 1799 las er es dann komplett vor, und zwar in Anwesenheit Goethes. »Gar wohl erinnere ich mich, theuerster Mann, der guten Abendstunden, in welchen Sie mir die neuentstandene Genoveva vorlasen«, schreibt Goethe am 9. September 1829 an Tieck. Er habe sich davon so sehr fesseln lassen, »daß ich die nah ertönende Thurmglocke überhörte und Mitternacht unvermuthet herbeikam« (Holtei 1, S. 241f.). Zugespitzt formuliert: Der legendäre Vorleser Tieck (siehe den Beitrag *Der Vorleser* in Kap. 1) wird in diesen Monaten geboren – wenngleich sich August Wilhelm Schlegel von Tiecks Lesekünsten (noch) wenig begeistert zeigte (Köpke 1, S. 257). Auch die anderen Mitglieder trugen ihre in sympoetischer Inspiration geschaffenen Werke vor: Novalis stellte den Essay *Die Christenheit oder Europa* zur Diskussion (Ziolkowski 2006, S. 134f., 151f.), Brentano die satirische Abhandlung »Die Naturgeschichte des Philisters«, die er später als *Der Philister vor, in und nach der Geschichte* veröffentlichen sollte (ebd., S. 179f.). Henrich Steffens wurde aufgefordert, Goethes *Faust*-Fragment zum Besten zu geben, und da die gedruckte Ausgabe nicht aufzufinden war, »recitirte« er »den ersten Monolog« einfach »aus dem Kopfe« (Steffens 1841, S. 94). Auch berichtet er davon, »Tieck's Zerbino« sei »bogenweise« vom Verlag herübergeschickt worden »und ward aus den Aushängebogen vorgelesen« (ebd., S. 129).

Tiecks *Romantische Dichtungen* entstehen in diesen Jenaer Monaten und erscheinen 1799 und 1800 bei o. g. Verleger Frommann, darüber hinaus 1800 das *Poetische Journal* und die *Don Quijote*-Übersetzung (die 1799 positiv in der Zeitschrift *Athenäum* rezensiert wurde; Schlegel 1967, S. 281–283). Tieck setzte sich im Kreis für Calderón ein; er und A. W. Schlegel beschäftigten sich gemeinsam mit der spanischen Poesie, man dichtete »mit- und nebeneinander«, z. B. Sonette (Köpke 1, S. 252). Das Verhältnis zu Fichte blieb kühl, insbesondere über die Bedeutung Jakob Böhmes konnte man sich nicht einigen: »Die Gespräche über Jakob Böhme wollten zu keinem Frieden führen. Tieck blieb dabei stehen, daß er ein Prophet, Fichte, daß er ein verworrener Träumer sei« (ebd., S. 253).

Auch sonst kam es zu Spannungen: Tieck hatte Schwierigkeiten mit Friedrichs Lebensgefährtin Dorothea (»Tieck konnte nicht verhehlen, daß sie ihm in ihrer männlichen, oft unschönen Weise widerlich sei«; ebd., S. 255), er lehnte Dorotheas Roman *Florentin* ebenso ab wie *Lucinde* von Friedrich Schlegel. Hat Köpke Recht, dann war v. a. Friedrichs Neigung zum Monologisieren Tieck zuwider (ebd., S. 255). Ob die Gespräche und Diskussionen des Jenaer Kreises immer zur Klärung von Sachverhalten beigetragen haben, darf bezweifelt werden – und wird auch schon von Teilnehmern des Kreises selbst in Frage gestellt. Dorothea Veits diesbezügliche Bemerkung an Schleiermacher erweckt den Eindruck, man habe es hier streckenweise mit einer Art Gespräch des Gesprächs, mit einem Gespräch um des Gesprächs willen, zu tun gehabt. Sie berichtet am 15. November 1799 davon, Novalis meine, Tieck sei ganz und gar seiner Meinung, und kommentiert: »[I]ch will aber wetten was einer will, sie verstehen sich selbst nicht, und einander nicht« (Schleiermacher 1992, S. 237). Einigkeit besteht jedenfalls stets über die gemeinsamen Gegner – die dann auch, wie Caroline Schlegel an ihre Tochter aus erster Ehe berichtet, gemeinsam bekämpft werden:

> Ich werde Dir ein Sonnet auf den [Garlieb, C. S.] Merkel schicken, der in Berlin geklatscht hat, der Herzog habe den Schlegels wegen des Athenäum Verweise geben lassen usw. Da haben sich Wilhelm und Tiek letz Abends hingesetzt und ihn mit einem verruchten Sonnet beschenkt. Es war ein Fest mit anzusehen, wie beyder braune Augen gegeneinander Funken sprühten und mit welcher ausgelassenen Lustigkeit diese gerechte malice begangen wurde. Die Veit und ich lagen fast auf der Erde dabey. (Caroline Schlegel an Auguste, 28. Oktober 1799; Schmidt 1913, S. 572f.)

Caroline äußert sich aber immer wieder auch abfällig über Tieck, v. a. über Tiecks Frau Amalie (z. B. ebd.), ein für Tieck unerträglicher Zustand, über den er sich in einem Brief an seine Schwester Sophie Luft verschafft. Am 6. Dezember 1799 nennt er das vermeintliche Hinterhof-Idyll der Schlegels in Jena »eine Einzige Schweinewirthschaft« (Klee 1897, S. 212). Er bezieht sich dabei

v. a. auf die unkonventionellen Lebensformen, die dort gepflegt werden, nicht nur ist Dorothea (die sich, so Tieck, »wie die Bestie« benehme) ja noch mit dem Berliner Bankier Veit verheiratet, auch darüber hinaus geht einiges kreuz und quer: »Sonst macht Schelling der Schlegel die Cour [Caroline Schlegel, die Frau August Wilhelms, C. S.], daß es der ganzen Stadt einen Scandal giebt, die Veit dem Wilh. S. und so alles durcheinander, und die Weiber würden sich freuen, wenn wir mit darinn hineingingen« (ebd., S. 213). Daß Tiecks *Genoveva* mit ihrer Feier der unbeirrbaren ehelichen Treue »ein Gegenbeispiel zu den familiären Wirren im Hinterhofhaus geben wollte«, gibt Ziolkowski zu bedenken (Ziolkowski 2006, S. 171) – die hohe Wertschätzung gerade dieses Dramas als eines Musterbeispiels romantischer Universalpoesie, auf das Friedrich Schlegel sogar selbst ein Sonett verfaßte (*An Ludwig Tieck*, 1801; Schlegel 1962, S. 303f.), läßt sich so allerdings kaum plausibilisieren.

Darüber hinaus berichtet Tieck von zunehmenden »Zänkereien« (an Sophie, 6. Dezember 1799; Klee 1897, S. 213). Als Schuldige hierfür macht er Caroline Schlegel aus, von der auch andere – wohlwollende Quellen wie etwa Steffens – berichten, sie sei eine sehr bestimmende und schwierige Persönlichkeit gewesen (Steffens 1841, S. 113). Wilhelm, so Tieck weiter, sei zu gutmütig, um sich durchzusetzen. Vielmehr verliere er sich in Auseinandersetzungen mit Merkel oder Kotzebue, was so »unausstehlich« sei, »daß ich oft ganz stumm bin« (an Sophie, 6. Dezember 1799; Klee 1897, S. 213) – das lustige Sonette-Dichten, von dem Caroline berichtet hatte, nimmt sich in dieser Perspektive ganz anders aus. Offensichtlich wollte Caroline ihrer Tochter den Kreis möglichst interessant, Tieck seiner Schwester das Zusammenleben möglichst abschreckend darstellen.

Mit Friedrich kommt Tieck nach eigenen Angaben weniger gut zurecht als in Berlin. Dieser sei weniger ›liebenswürdig‹. Tiecks Widerstände gegen Schlegels Lebensgefährtin (»[d]ie Veit ist unbeschreiblich brutal: [...] Lucinde in einer Brechpotenz«; ebd., S. 213) mögen die Begegnungen zwischen beiden nicht unbedingt entspannt haben. Tieck zeigt sich hier nicht zuletzt mit seiner Frau solidarisch, die bei den Damen Schlegel einen schweren Stand hatte. Unabhängig davon belegen Äußerungen von anderen Besuchern, daß Tieck mit seinem negativen Bild des Jenaer Haushalts schon Ende des Jahres 1799 nicht allein stand. Caroline Tischbein, die Tochter des Dessauer Porträtmalers Tischbein, berichtet nach einem Besuch: »Im Schlegelschen Haus in Jena gab's dagegen Poesie genug, aber keine Ordnung. Diese Wirtschaft überstieg jede mögliche Unordnung und wurde mir so widerlich, daß ich dadurch erst die Notwendigkeit einer besseren Einrichtung schätzen lernte« (zit. nach Kleßmann 1992, S. 292).

In der Folge zogen sich die Tiecks mehr und mehr zurück. Auch aufgrund einer hier erstmals einsetzenden längeren Krankheit ist Tieck weniger mobil und verläßt das Haus in der Fischergasse nur selten. Dorothea Veit bezeichnet die Tiecks jetzt als »die outlaws« in der »Despoten Republik«, mit letzteren sind die Brüder Schlegel gemeint (Dorothea an Schleiermacher, 10. März 1800; Schleiermacher 1992, S. 418). Die Wohngemeinschaft Schlegel blieb zunehmend unter sich. »Wir sehn fast niemand außer uns«, so Caroline Schlegel am 27. Dezember 1799 an Gries. Sie machten nur gelegentlich »eine Völkerwanderung« zum bettlägrigen Tieck, der »seit 3 Wochen an Rheumatismen« leide (Schmidt 1913, S. 588).

Hinzu kommt Tiecks schwierige finanzielle Lage. Nicht zuletzt um dieser zu begegnen, versuchen die Schlegels auch in Jena wiederholt, Tieck zu verschiedenen Arbeiten zu überreden, über Shakespeare etwa oder über Böhme. Allerdings mußte es Tieck fremd bleiben, die poetische Produktion ökonomischem Zweckdenken zu unterwerfen. Anders gesagt: Er will sich dazu gar nicht erst befähigen. Für Tieck sind »Geldwert und kunstreligiöse Erlösungsutopie […] prinzipiell inkommensurabel« (Mix 2004, S. 249). Am liebsten würde er, wie er August Wilhelm Schlegel am 27. August 1800 gesteht, »das Geld abschaffen«. »Es drückt mich beständig, daß ich dafür arbeite, und ich mag auch so vernünftig mit mir darüber sprechen, wie ich will« (Tieck-Schlegel, S. 44). August Wilhelms Spott auf den Schnorrer Tieck konnte da nicht ausbleiben. In einem – allerdings anonymen – Gedicht mit dem Titel *Der Apostel* heißt es: »Ird'sche Seelen mögen sorgen / Wie sie Schulden zahlen wollen […] / Doch kein Frommer denkt an Morgen. / Hat er nicht, so kann er borgen« (Körner 1923, S. 272; siehe den Beitrag *Tieck und seine Verleger* in Kap. 1).

Resümee

In der gemeinsamen Zeit in Jena haben Tieck, die Brüder Schlegel und weitere Mitglieder des Kreises wie Novalis oder Fichte miteinander an der Ausbildung dessen gearbeitet, was bis heute als Kern des frühromantischen Programms gilt. Mit einer Formulierung August Wilhelm Schlegels (als »Inhumanus«) in *Ein schön kurzweilig Fastnachtsspiel vom alten und neuen Jahrhundert* handelte es sich bei diesem Kreis um »Leute […], die mit Paradoxen / So gröblich um sich schlagen wie Ochsen« (Schlegel/Tieck 1802, S. 275). Diese »Leute« waren davon überzeugt, den Anbruch einer neuen Epoche des Denkens, Dichtens und Handelns mitzuerleben und zu gestalten, in deren Fokus das Projekt einer universalen Poesie steht (vgl. dazu etwa auch Steffens 1841, S. 59f.). Bei allen persönlichen Problemen im Einzelnen haben alle voneinander profitiert, insbesondere hat die Koalition der Schlegels mit Tieck im ausgehenden 18. Jahrhundert zu Theoriebildung und literarischer Praxis der Romantik entscheidend beigetragen.

Tiecks frühe romantische Produktionen (*William Lovell, Der gestiefelte Kater* oder *Franz Sternbalds Wanderungen*) und die ersten kritischen Arbeiten der Schlegels entstehen unabhängig voneinander (Paulin 1987, S. 41). An Tiecks Dichtungen lernte der anfängliche skeptische Friedrich Schlegel, daß nicht nur die Kritik (als Poesie), sondern auch die Poesie (als höhere Form der Kritik) das Programm ausbildet bzw. profiliert. Daß Tieck für die Kritik im engeren Sinn verloren sei, spielt deshalb eine zunehmend geringere Rolle im Verhältnis, wie dieses sich etwa in den Briefwechseln spiegelt. Mit Tieck gewannen die Brüder Schlegel so einen »Dichter zum Freunde, auf dessen Werken [...] sie erst ihre Theorien der romantischen Dichtung aufbauen konnten« (Zeydel 1928, S. 39). Man partizipierte wechselseitig am je anderen Zugriff auf Kunsttheorie und Poesie. In Tiecks *Sternbald* verhandelte Positionen gehen etwa in Beiträge des *Athenäum* oder in Schlegels Nachfolge-Zeitschrift *Europa* ein (Paulin 1987, S. 46). Tiecks Universaldrama *Kaiser Octavianus*, das bald nach den gemeinsamen Monaten in Jena entstanden ist, läßt sich als direkte Umsetzung von frühromantischer Theorie in Poesie beschreiben (Stockinger 2000, S. 25–77). Die finale Apotheose des christlich-mittelalterlichen Europa wird hier zum Sinnbild der *einen* Poesie, in der sich die Menschheit über Zeiten und Räume hinweg miteinander verbindet und die »in sich selbst von den frühesten Zeiten bis in die fernste Zukunft [...] ein unzertrennliches Ganze ausmacht« (Minnelieder, S. II).

LITERATUR

Brecht 1993: Brecht, Christoph: Die gefährliche Rede. Sprachreflexion und Erzählstruktur in der Prosa Ludwig Tiecks, Tübingen 1993.
Frank 1990: Frank, Manfred: Das Problem ›Zeit‹ in der deutschen Romantik. Zeitbewußtsein und Bewußtsein von Zeitlichkeit in der Frühromantischen Philosophie und in Tiecks Dichtung, 2., überarbeitete Auflage, Paderborn/u.a. 1990.
Haym 1870: Haym, Rudolf: Die romantische Schule. Ein Beitrag zur Geschichte des deutschen Geistes, Berlin 1870 (Reprint Darmstadt 1961).
Klausnitzer 2004: Klausnitzer, Ralf: Was sind literarische Generationen? In: ders.: Literaturwissenschaft. Begriffe – Verfahren –Arbeitstechniken, Berlin/New York 2004, S. 135–154.
Klee 1897: Klee, Gotthold: Ein Brief Ludwig Tiecks aus Jena vom 6. Dezember 1799. In: Euphorion, 3. Ergänzungsheft (1897), S. 211–215.
Kleßmann 1992: Kleßmann, Eckart: »Ich war kühn, aber nicht frevelhaft«. Das Leben der Caroline Schlegel-Schelling, Bergisch Gladbach 1992.
Körner 1923: Körner, Josef: Romantiker unter sich. Ein Spottgedicht A. W. Schlegels auf L. Tieck. In: Die Literatur 26 (1923), S. 271–273.
Körner 1931: Körner, Joseph: Ludwig Tieck und die Brüder Schlegel. Briefe mit Einleitung und Anmerkungen herausgegeben von H. Lüdeke, Frankfurt a. M. 1930 [Rezension]. In: Zeitschrift für deutsche Philologie 56 (1931), S. 367–383.

Meier 2008: Meier, Albert: Klassik – Romantik. Unter Mitarbeit von Stephanie Düsterhöft, Stuttgart 2008.
Menninghaus 1995: Menninghaus, Winfried: Lob des Unsinns. Über Kant, Tieck und Blaubart, Frankfurt a. M. 1995.
Mix 2004: Mix, York-Gothart: Kunstreligion und Geld. Ludwig Tieck, die Brüder Schlegel und die Konkurrenz auf dem literarischen Markt um 1800. In: »lasst uns, da es uns vergönnt ist, vernünftig seyn! –«. Ludwig Tieck (1773–1853), hg. vom Institut für Deutsche Literatur der Humboldt-Universität zu Berlin, unter Mitarbeit von Heidrun Markert, Bern/u. a. 2004, S. 241–258.
Napierala 2007: Napierala, Mark: Archive der Kritik. Die Allgemeine Literatur-Zeitung und das Athenaeum, Heidelberg 2007.
Novalis 1802: Novalis: An Tieck. In: Musen-Almanach für das Jahr 1802, hg. von A. W. Schlegel und L. Tieck, Tübingen 1802 (Reprint Heidelberg 1967), S. 35–38.
Novalis 1975: Novalis: Schriften. Die Werke Friedrich von Hardenbergs. Historisch-Kritische Ausgabe in vier Bänden und einem Begleitband, Bd. 4: Tagebücher, Briefwechsel, zeitgenössische Zeugnisse, hg. von Richard Samuel, zweite, nach den Handschriften ergänzte, erweiterte und verbesserte Auflage, Darmstadt 1975.
Paulin 1987: Paulin, Roger: Ludwig Tieck, Stuttgart 1987.
Paulin 1988: Paulin, Roger: Ludwig Tieck. Eine literarische Biographie, München 1988.
Porombka 2008: Porombka, Stephan: Intensiv extensiv kollektiv kreativ. Das Projekt der Romantik und die Romantik der Projekte. In: Kollektive in den Künsten, hg. von Hajo Kurzenberger, Hanns-Josef Ortheil und Matthias Rebstock, Hildesheim 2008, S. 113–130.
Ribbat 1978: Ribbat, Ernst: Ludwig Tieck. Studien zur Konzeption und Praxis romantischer Poesie, Kronberg i. Ts. 1978.
Ribbat 1979: Ribbat, Ernst: Poesie und Polemik. Zur Entstehungsgeschichte der romantischen Schule und zur Literatursatire Ludwig Tiecks. In: Romantik. Ein literaturwissenschaftliches Studienbuch, hg. von E. R., Königstein i. Ts. 1979, S. 58–79.
Scherer 2003: Scherer, Stefan: Witzige Spielgemälde. Tieck und das Drama der Romantik, Berlin/New York 2003.
Schlegel 1803: Schlegel, Friedrich (Hg.): Europa. Eine Zeitschrift. Erster Band, Frankfurt a. M. 1803 (Reprint Stuttgart 1963, mit einem Nachwort zur Neuausgabe von Ernst Behler).
Schlegel 1847: Schlegel, August Wilhelm: Sämmtliche Werke, Bd. 11: Recensionen, hg. von Eduard Böcking, Leipzig 1847.
Schlegel 1962: Schlegel, Friedrich: Kritische Ausgabe, Bd. 5: Dichtungen, hg. und eingeleitet von Hans Eichner, Paderborn/u. a. 1962.
Schlegel 1963: Schlegel, Friedrich: Kritische Ausgabe, Bd. 18: Philosophische Lehrjahre 1796–1806 nebst philosophischen Manuskripten aus den Jahren 1796–1828, hg. von Ernst Behler, Paderborn/u. a. 1963.
Schlegel 1967: Schlegel, Friedrich: Kritische Ausgabe, Bd. 2: Charakteristiken und Kritiken I (1796–1801), hg. und eingeleitet von Hans Eichner, Paderborn/u. a. 1967.
Schlegel 1985: Schlegel, Friedrich: Kritische Ausgabe, Bd. 24: Briefe von und an Friedrich und Dorothea Schlegel. Die Periode des Athenäums 25. Juli 1797-Ende August 1799, hg. von Raymond Immerwahr, Paderborn/u. a. 1985.
Schlegel/Schlegel 1798: Schlegel, August Wilhelm/Schlegel, Friedrich (Hg.): Athenaeum. Eine Zeitschrift. Ersten Bandes Erstes Stück, Berlin 1798 (Reprint Darmstadt 1992).
Schlegel/Tieck 1802: Schlegel, A.[ugust] W.[ilhelm]/Tieck, L.[udwig] (Hg.): Musen-Almanach für das Jahr 1802, Tübingen 1802 (Reprint Heidelberg 1967, mit einem Nachwort von Gerhard vom Hofe).
Schleiermacher 1992: Schleiermacher, Friedrich: Kritische Gesamtausgabe, Abt. 5, Bd. 3: Briefwechsel 1799–1800, hg. von Hermann Fischer, Andreas Arndt und Wolfgang Virmond, Berlin/New York 1992.
Schleiermacher 1994: Schleiermacher, Friedrich: Kritische Gesamtausgabe, Abt. 5, Bd. 4: Briefwechsel 1800, hg. von Hermann Fischer, Andreas Arndt und Wolfgang Virmond, Berlin/New York 1994.

Schmidt 1913: Schmidt, Erich (Hg.): Caroline. Briefe aus der Frühromantik, Bd. 1, Leipzig 1913.
Schmitz 1992: Schmitz, Rainer (Hg.): Die ästhetische Prügeley. Streitschriften der antiromantischen Bewegung, Göttingen 1992.
Schulz 1984: Schulz, Gerhard: »Potenzierte Poesie«. Zu Friedrich von Hardenbergs Gedicht *An Tieck*. In: Gedichte und Interpretationen, Bd. 3: Klassik und Romantik, hg. von Wulf Segebrecht, Stuttgart 1984, S. 243–255.
Steffens 1841: Steffens, Henrich: Was ich erlebte. Aus der Erinnerung niedergeschrieben. Vierter Band, Breslau 1841.
Steiner 1994: Steiner, Uwe C.: Die Verzeitlichung romantischer Schrift(t)räume – Tiecks Einspruch gegen Novalis. In: Athenäum. Jahrbuch für Romantik 4 (1994), S. 311–347.
Stockinger 2000: Stockinger, Claudia: Das dramatische Werk Friedrich de la Motte Fouqués. Ein Beitrag zur Geschichte des romantischen Dramas, Tübingen 2000.
Zeydel 1928: Zeydel, Edwin H.: Die ersten Beziehungen Ludwig Tiecks zu den Brüdern Schlegel. In: The Journal of English and Germanic Philology 27 (1928), S. 16–41.
Ziolkowski 2006: Ziolkowski, Theodore: Vorboten der Moderne. Eine Kulturgeschichte der Frühromantik, Stuttgart 2006.

Die Weimarer Klassik

Kristina Hasenpflug

Ludwig Tieck hatte zu den beiden Protagonisten der Weimarer Klassik, Johann Wolfgang Goethe und Friedrich Schiller, ein je eigenes Verhältnis. Er betrachtete die beiden Dichter weniger als Alliierte im Programm des klassischen Kunstideals, sondern schätzte sie als eigenständige Künstlerpersönlichkeiten. Bereits in dem der Aufklärung verpflichteten Elternhaus im spätfriderizianischen Berlin lernte Tieck die frühen Werke Goethes und Schillers kennen. Als Schüler hörte er Vorlesungen des Goethe-Verehrers Karl Philipp Moritz und verkehrte im Hause Johann Friedrich Reichardts, wo Goethe-Lieder gesungen wurden und ein Liebhabertheater Goethes Stücke aufführte.

Auf die eigene dichterische Produktion des jungen Tieck hatten besonders die Dramen Schillers großen Einfluß. So ist das Prosawerk *Abdallah* (1791) unter dem Eindruck von Schillers Drama *Die Räuber* entstanden, und bei der Bearbeitung des zweiten Teils von Rambachs *Thaten und Feinheiten renomirter Kraft- und Kniffgenies* (*Mathias Klostermayer oder der Bayersche Hiesel*, 1791) bezieht sich Tieck auf Schillers Erzählung *Verbrecher aus Infamie* (1786) (siehe den Beitrag *Schülerarbeiten* in Kap. 4). Als die berühmte Reise von 1793 Tieck und Wackenroder nach Jena führte, war es wohl eine große Enttäuschung, daß beide Schiller nicht antrafen und ihren Besuch auch nicht wiederholen konnten. Noch im selben Jahr schickte Tieck Schiller in der Hoffnung auf eine Übernahme in die Zeitschrift *Thalia* einen ersten kritischen Versuch über Shakespeares *Sturm*, jedoch ebenfalls ohne den gewünschten Erfolg (Köpke 1, S. 31f., 75–87, 88–90, 114, 120, 156, 174). Erst in den *Musenalmanach für das Jahr 1797* nahm Schiller vier Gedichte Tiecks auf.

Goethe – Tiecks dichterisches Idol

Nach dem Studium und der Rückkehr nach Berlin verkehrte Tieck in den literarischen Salons von Dorothea Veit, Rahel Levin und Henriette Herz, die Zentren des erstarkenden Goethe-Kults bildeten (Köpke 1, S. 192f.). Im Hause der Veits knüpfte Tieck erste Kontakte zu den Brüdern Schlegel, die in ihm einen jungen Autor erkannten, der mit ihren Literaturtheorien übereinstimmte und dessen Talent sie zu fördern suchten. Möglicherweise hatten auch die Schlegels – die Goethe zwar verehrten, aber nicht unbedingt zu den Bewunderern Schillers zählten, ja dessen Arbeiten bisweilen verlachten (Buchwald 1923, S. 126f.) – einen entschiedenen Anteil daran, daß Tieck seine ganze Wertschätzung Goethe zuwandte.

> Gegenwärtig haben wir nun endlich das so oft gepriesene goldene Zeitalter der deutschen Literatur überstanden, und einem großen Künstler, Goethe, war es vorbehalten, mit einem neuen Frühlingshauche die erstorbene Welt zu beseelen und den Glauben an Poesie und Schönheit wieder herzustellen,

schreibt Ludwig Tieck in seiner Vorrede zum 1800 nur in einer einzigen Ausgabe erschienenen *Poetischen Journal* (Tieck 1800, S. 6). Goethe als Erwecker einer ganzen Generation von Dichtern – damit ist die herausragende Stellung knapp umrissen, die Goethe für Tieck trotz aller Kritik, die Tieck in intensiver, jahrzehntelanger Auseinandersetzung später durchaus äußern wird, innehatte.

August Wilhelm Schlegel, der seit 1796 als Mitarbeiter der Jenaer *Allgemeinen Literatur-Zeitung* und der *Horen* sowie als Herausgeber des *Athenäums* in regem Austausch mit Weimar stand, ermutigte Tieck im Jahr 1798, an Goethe sein jüngstes Werk, *Franz Sternbalds Wanderungen*, zu schicken. Tieck folgte Schlegels Rat und bekundete in seinem Begleitbrief an Goethe seine große Bewunderung sowie die Hoffnung, in einem persönlichen Gespräch zu erfahren, »ob und wie ich auf der Bahn fort gehen sollte, die ich vielleicht zu leichtsinnig und voreilig betreten habe«. Er trug seinem Vorbild in diesem Brief gleichsam ein Meister-Schüler-Verhältnis an und Goethe ging in seiner Antwort wohlwollend darauf ein (Schüddekopf/Walzel 1898, S. 291).

Im Juli 1799 besuchte Tieck August Wilhelm Schlegel in Jena und hatte in dieser Zeit auch Gelegenheit, die Weimarer Klassiker persönlich kennenzulernen. Tiecks Biograph Köpke notierte über die erste Begegnung mit Schiller, daß die Atmosphäre kühl und reserviert gewesen sei und sich das Verhältnis auch bei späteren Treffen nicht gebessert habe (Köpke 1, S. 257f.). Auch ist kein Briefwechsel zwischen Tieck und Schiller überliefert; wahrscheinlich ließ die distanzierte persönliche Beziehung die beiden auf brieflichen Austausch verzichten. Die kritische Auseinandersetzung mit dem literarischen Werk des anderen ist hingegen sowohl von Tieck als auch von Schiller in Briefen an Dritte dokumentiert.

Im Sommer 1799 wurde Tieck dann gemeinsam mit August Wilhelm Schlegel und Novalis von Goethe in Weimar empfangen. Von Tieck liegt kein Zeugnis dieser ersten Begegnung vor, Goethe beschrieb das junge Talent als »recht leidliche Natur« (Goethe-WA IV, 14, S. 135). Im Laufe jenes Jahres, mit dem Einzug Tiecks ins Romantikerhaus in Jena (siehe den Beitrag *Der*

Jenaer Kreis und die frühromantische Theorie in Kap. 1), intensivierte sich der Kontakt; nach Auflösung des Jenaer Kreises bis wenige Jahre vor Goethes Tod wurde er jedoch nur noch lose gehalten. Die persönliche Beziehung zwischen Tieck und Goethe war nicht sehr intensiv, das Verhältnis war eher von der nachdrücklichen intellektuellen Beschäftigung Tiecks mit dem Dichter und Kunstkritiker sowie mit dem Dramatiker und Theatermacher Goethe geprägt. Die oben erwähnte Übersendung von *Franz Sternbalds Wanderungen* war daher weniger wichtig im Sinne einer persönlichen Annäherung als vielmehr im Sinne eines Anstoßes zur geistigen Auseinandersetzung.

Romantische gegen klassizistische Kunstauffassung

Auch wenn Goethe *Franz Sternbalds Wanderungen* an Schiller mit den Worten schickte, »[d]en vortrefflichen Sternbald lege ich bey, es ist unglaublich wie leer das artige Gefäß ist«, galt seine Kritik in erster Linie den darin vertretenen Ansichten zur bildenden Kunst und weniger dessen literarischer Qualität (Goethe-WA IV, 13, S. 267). So schrieb er auch an Tieck wenige Wochen nach Erhalt des Künstlerromans: »Mit Freund Sternbald bin ich so wie mit dem Klosterbruder in allgemeiner Übereinstimmung, so wie wegen des besonderen im Gegensatz. Jener lenkt ja wohl wie mich einige Stellen vermuthen lassen zu jenem Ziele zurück, das ich für des Künstlers letztes halte« (Schüddekopf/Walzel 1898, S. 291). Entsprechend kritisierte er in seinen Randnotizen zum *Sternbald*-Roman, die als Vorarbeiten zu einer für die *Propyläen* geplanten, aber nie ausgeführten Rezension anzusehen sind, Sternbalds Gedanken über Malerei im Sechsten Kapitel des Ersten Buches als »[f]alsches Preisen der Natur im Gegensatz mit dem Idealen« (Goethe-WA I, 47, S. 362). Seine Kritik galt wohl auch der in *Sternbald* Lukas von Leiden zugeschriebenen Äußerung, »diese Antiken verstehen wir nicht mehr, unser Fach ist die wahre Nordische Natur«, denn sie steht im größten Gegensatz zu Goethes klassizistischem, in zahlreichen Beiträgen zu den *Propyläen* ausgeführtem Kunstideal (S 16, S. 96; siehe die Beiträge *Bildende Kunst* in Kap. 2 und *Kunsttheorie* in Kap. 3). Mit Schiller fand die Auseinandersetzung über Kunst mit unversöhnlichem Ende statt. Im Spätsommer 1801 hielten sich Tieck und Schiller gleichzeitig in Dresden auf, wo es zur letzten persönlichen Begegnung kam. Die berühmte Gemäldegalerie der Stadt bot ihnen Anlaß, sich über bildende Kunst zu unterhalten. Schiller schätzte, ganz im Weimarer Sinne, die Malerei geringer als die Plastik, wogegen Tieck scharf argumentierte, ohne jedoch Schillers Meinung beeinflussen zu können (Köpke 1, S. 258).

Die von Tieck in *Sternbald*, aber auch in den *Herzensergießungen* und in den *Phantasien über die Kunst* ausgearbeitete Kunstauffassung blieb nicht folgenlos, sondern prägte eine ganze Künstlergeneration (Paulin 1978, S. 35). Im Jahr 1808 beschäftigte sich der Landshuter Professor für klassische Philologie Georg Anton Friedrich Ast mit diesem und weiteren Aspekten der Beziehung von Literatur und Kunst in einer Reihe von Aphorismen in der *Zeitschrift für Wissenschaft und Kunst*. Darin vergleicht er Goethes Dichtungen mit »der heidnischen Plastik«, mit romantischer Malerei dagegen die Texte von Novalis und Tieck, die er als »esoterische, wahrhaft geistige und religiöse« Werke vorzieht (Ast 1808, S. 52). Goethe reagierte im Erscheinungsjahr der Aphorismen herablassend auf Asts Ansichten (Herwig 1969–1972, 2, S. 298f., Nr. 2663; S. 299f., Nr. 2666), nahm aber 1817 den Aufsatz *Neu-deutsche religiös-patriotische Kunst* von Johann Heinrich Meyer in *Über Kunst und Alterthum* auf. Dort werden Tiecks Kunstansichten scharf kritisiert; und darüber hinaus wird seinen Werken großer Einfluß auf die Kunstpraxis abgesprochen (Goethe-WA I, 49.1, S. 33–36). Zwar hatte Tieck zu diesem Zeitpunkt seine Kunstansichten schon lange revidiert, da er aber damit bislang noch nicht an die Öffentlichkeit getreten war, erschienen Meyers Attacken gerechtfertigt. Vorerst distanzierte sich Tieck 1804 im Privaten von der Kunstreligion des Klosterbruders in einem Brief an Philipp Otto Runge (Runge 1840–1841, Bd. 2, S. 263). Zehn Jahre später schrieb er anläßlich der Neuausgabe der *Phantasien über die Kunst* den katholisierenden Beitrag *Brief eines jungen deutschen Mahlers*, den er 1798 im Ersten Teil des *Sternbald* noch für sich reklamiert hatte, nun Wackenroder zu. Das kann auch als Absage an die neukatholische Bewegung verstanden werden, der Tieck aufgrund seiner Werke und Beiträge von verschiedenen Seiten zugerechnet wurde (Wackenroder 1, S. 342).

Tieck selbst räumte den Einfluß seiner Werke, besonders der dramatischen Heiligenlegende *Leben und Tod der heiligen Genoveva*, auf den erstarkenden Katholizismus und die Nazarenerbewegung im 1829 publizierten Vorbericht zur dritten Lieferung seiner *Schriften* ein und befürwortete in diesem Text eine undogmatische Betrachtungsweise der Kunst (S 11, S. LXVI–LXIX). Bereits in seinen Anfang der 1820er Jahre entstandenen Novellen formulierte Tieck Plädoyers für eine ideologiefreie Behandlung der Kunst, aber auch für eine undogmatische Haltung auf sozial-ethischem Gebiet. Diese Tendenz blieb Goethe nicht verborgen, und er besprach die Novelle *Die Verlobung* sehr wohlwollend in *Über Kunst und Altertum*, auch wenn er sich am Ende der Rezension nicht enthalten konnte zu schreiben, Tieck habe »auch gegen sich selbst eine schöne Pflicht erfüllt, denn er konnte sich wohl sagen: Tunc tua res agitur, paries dum proximus ardet« (Goethe-WA I, 41.2, S. 84; korrekt »Nam tua...«: ›Auch dich betrifft es, wenn die Wand des Nachbarn brennt‹).

Vom Zauber erlöst

Tiecks wachsende Distanz zur Kunstreligion in den *Herzensergießungen* und in *Sternbald* ist aber keinesfalls gleichzusetzen mit einer Annäherung an das klassische Kunstideal Goethes. 1816 schrieb er unter dem Eindruck der Lektüre von Goethes *Italienischer Reise* an einen Freund:

> Wie mir Göthes kleines Buch über den Rhein im vorigen Jahr missfallen hat, so hat mich sein Italien angezogen und mir äußerst wohlgethan. Nicht, daß ich seiner Meinung imer wäre, daß ich dieselben Dinge zum Theil nicht ganz anders gesehn hätte, sondern diese Erscheinung hat mich nun endlich nach vielen Jahren von dem Zauber erlöst (ich kann es nicht anders nennen) in welchem ich mich zu Göthe verhielt [...]. Jezt erst ist meine Liebe und Verehrung zu ihm eine freie, indem ich ganz bestimmt sehe, wo wir uns trennen und trennen müssen. (Tieck and Solger 1933, S. 315)

Tieck kritisierte in diesem Brief Goethes Antiken-Begeisterung als ›kleinstädtisch‹ und als Flucht vor der als unbefriedigend empfundenen Wirklichkeit in eine illusorische Vergangenheit, die ihm den Sinn für die kulturellen Leistungen der eigenen Zeit und des eigenen Landes verschließe. Die bislang ungeteilte Bewunderung für Goethe, die er sich selbst attestierte, wich also einem differenzierten Bild des Dichters, das Trennendes, aber auch Gemeinsames beinhaltete.

Shakespeare

Eine Gemeinsamkeit, die Goethe und Tieck teilten, war die Liebe zu Shakespeare. Tieck verfaßte seine erste überlieferte, kritische Auseinandersetzung, *Über Shakspeare's Behandlung des Wunderbaren* (1793), bereits im Alter von 20 Jahren, und sein Interesse an dem englischen Dramatiker blieb sein Leben lang wach (siehe die Beiträge *Poetologische und kritische Schriften von 1792 bis 1803* in Kap. 3 und *Englische Dramatik* in Kap. 2). Dabei interessierten ihn an Shakespeare und seinen Werken im Laufe der Jahre die unterschiedlichsten Aspekte, was den nie wirklich aufgegebenen Plan, eine universelle Shakespeare-Monographie zu verfassen, immer wieder scheitern ließ. Das postum von Henry Lüdecke herausgegebene *Buch über Shakespeare* (Halle 1920) versammelt daher einige Bruchstücke, die zwar einen thematischen, aber keinen systematischen Zusammenhang aufweisen. Beachtenswert ist, daß Tiecks Shakespeare-Studien mehrfach und unter verschiedenen Blickwinkeln die Auseinandersetzung mit Goethe einschließen. In dem wohl um 1800 entstandenen Fragment *Ueber Manier* zeichnete Tieck den wahren Künstler als einen, der weniger dem traditionellen Vorbild als der Originalität verpflichtet ist. Unter den Dramatikern gesteht er diese Qualität nur Shakespeare und Goethe zu.

Allerdings erhob Tieck in mehreren Texten Shakespeare zum unerreichten Vorbild für Goethe. In der frühen kritischen Arbeit *Shakspeare's Behandlung des Wunderbaren* (1793) charakterisierte Tieck den Engländer als einen Dichter, der sich nicht an den Dramen der Antike orientiert habe, »selbst wenn er sie gekannt hätte« (KS 1, S. 38). Er habe die Regeln des Dramas für sein Werk vielmehr psychologisch, durch Beobachtung und Menschenkenntnis erschlossen und so eine überzeitliche Wirkung seiner Schauspiele erzielt. Tieck schätzte neben dieser Eigenständigkeit auch das Nationalgefühl als Voraussetzung für dichterische Qualität, welche Shakespeare zum Dichter seiner Nation erhebe. In dieser Rolle setzte ihm Tieck in der Novelle *Dichterleben* ein literarisches Denkmal. Goethes Qualitäten als ›Nationaldichter‹ beurteilte Tieck gerade in Texten widersprüchlich, die sich in dieser Frage auch mit Shakespeare beschäftigen. Während er den englischen Dramatiker im Gegensatz zum Weimarer Dichterfürsten in der poetisch-kritischen Abhandlung *Goethe und seine Zeit* zum wahren Nationaldichter erhebt, befindet Tieck in der Vorrede zu Heinrich von Kleists Schriften wiederum, Goethe trete immer als deutscher Dichter auf, wie auch Shakespeare immer als englischer Dichter erscheine (Tieck 1821, S. III–LXXVIII, LXVII). Interessant ist, daß er im Vergleich mit Goethe Schiller das Prädikat eines Nationaldichters verliehen hat. In den Erinnerungen Köpkes heißt es: »Wenn er [Schiller] soviel populärer geworden ist als Goethe, so hat dies darin seinen Grund, daß er ein echt deutscher Dichter ist. Es ist ein rein deutscher Zug, daß er immer auf große und tiefe Gedanken ausgeht und ihren Ausdruck anstrebt« (Köpke 2, S. 197).

Die gemeinsame Liebe zu dem englischen Dichter bedeutete aber nicht, daß sich Tieck und Goethe immer über die Charakterisierung von dessen Werken einig gewesen wären. So teilte Tieck beispielsweise nicht die in Goethes Aufsatz *Shakespeare und kein Ende!* (1815) vertretene Ansicht, daß die Theaterstücke Shakespeares nicht in voller Länge auf die Bühne gebracht werden könnten (Goethe-WA I, 41.1, S. 70). Goethe empfahl dort die kürzenden Bearbeitungen Friedrich Ludwig Schröders, eines erfahrenen Schauspielers und Regisseurs, der ihn zu Beginn seiner Weimarer Theaterintendanz beraten hatte und dessen Züge er der Figur des Serlo in *Wilhelm Meister* verlieh. Die Stücke seien eher zum Lesen als zur Aufführung geeignet, schrieb Goethe: »Er läßt geschehen, was sich leicht imaginieren läßt, ja was besser imaginiert als gesehen wird. [...] Alle solche Dinge gehen bei'm Lesen leicht und gehörig an uns vorbei, da sie bei der Vorstellung lasten und störend, ja widerlich erscheinen« (Goethe-WA I, 41.1, S. 54). Dem widerspricht Tieck in seiner 1826 erschienenen umfangreichen Essaysammlung *Dramaturgische Blätter*, in der er an verschiedenen Stellen dafür plädiert, die Inszenierung der Stücke nahe am Text zu halten (vgl. z. B. den Essay *Bemerkung über einige Charaktere im Hamlet*, in: Tieck 1826, Bd. 2, S. 58–123). Goethe revidierte daraufhin sein 1815 gefälltes Urteil über die Aufführbarkeit der Shakespeareschen Stücke in der 1826 verfaßten Rezension der *Dramaturgischen Blätter* und stimmte nun Tieck in der Verteidigung der »Einheit, Untheilbarkeit« und »Unantastbarkeit Shakespeare's« zu (Goethe-WA I, 40, S. 179).

Weimarer Bühnenklassizismus

Den Einfluß der Weimarer Klassik auf die zeitgenössische Bühnenpraxis hat Tieck an verschiedenen Stellen kritisch bewertet. Implizit kommt dies im Aufsatz *Ueber das Tempo, in welchem auf der Bühne gesprochen werden soll* zum Ausdruck, in dem Tieck die Entwicklung hin zum Sprechtheater beklagte – in seiner falschen Tendenz zur Deklamation im Unterschied zu einer Inszenierung, die im sprachlichen Ausdruck der Schauspieler den Stükken gerecht werde. Explizit brachte er diesen Mißstand im Zusammenhang mit der Weimarer Bühne beispielsweise im Aufsatz *Das deutsche Drama* (KS 4, S. 153) oder in der Novelle *Der Wassermensch* zur Sprache. Hier urteilte Tieck, Goethes und Schillers »Mono- oder Melodramen gehörten gewiß nicht dem guten Geschmack an, oder dem wahren Theater« (S 21, S. 12f.; zur Auffassung, daß Tieck zu seinem Aufsatz *Das deutsche Drama* durch Solgers Kritik von Schillers *Braut von Messina* angeregt worden sei, vgl. Bunzel 1996, S. 201/Anm. 21).

Vor allem im Essay *Das deutsche Drama* setzte sich Tieck mit der Rolle Goethes und Schillers als Vorbild für das zeitgenössische Theater und die Bühnenpraxis auseinander und kam zu dem Schluß, daß

> die beiden Genien, die unsere Literatur und Bühne auf immerdar selbständig machen konnten und sollten, leztere durch Beispiel und Lehre wiederum zum Schwanken brachten, nachdem sie sie gestüzt hatten: Goethe, indem es ihm nicht gelang, die Theaterwirkung zu finden; und Schiller, indem er für Publikum und Schauspieler das Herausheben und Isoliren lyrischer und oratorischer Theile rechtfertigte und jene Formen und Ueberzeugungen, die schon einheimisch geworden waren, in Vergessenheit brachte; sowie Goethe durch seine Lehre vom Ideal, die freilich auch oft noch mißverstanden wurde, und ebenfalls das, was deutsch, eigenthümlich, volksmäßig sein sollte, verdunkelt hat. (KS 4, S. 210)

Goethes Theaterstücken sprach Tieck vor allem die gelungene dramatische Umsetzung des Stoffes ab: »Dieser sonderbare Mangel, bei dem Ueberflusse jedes anderen Talentes [...], hat wol hauptsächlich mit dazu beigetragen, daß unser deutsches Theater keinen sicheren Grund hat legen können« (ebd., S. 198). Dagegen attestierte er Schiller »eine Fülle ächten dramatischen Talentes, jenes theatralischen Instinktes« (ebd., S. 203), bemängelte aber die oft unwahrscheinlich wirkende und meist schwach motivierte Handlung seiner Dramen sowie die widersprüchlich angelegten Charaktere (vgl. ebd., S. 208).

Goethes episches Werk

Nach der ausführlichen Analyse der Dramen Goethes kam Tieck in *Goethe und seine Zeit* zu folgendem Schluß:

> Wenn Goethe alles mehr auf eine unsichtbare, als eine wirkliche Bühne bezieht, wenn es ihm wichtiger ist, die Stimmungen des Gemüthes, dessen Verirrungen und die Gefühle des Herzens [...] zu zeichnen, als eine eigentliche Handlung darzustellen, [...] so ist er [...] weit mehr erzählender Roman- oder Novellendichter, als dramatischer. (KS 2, S. 208f.)

Tieck war also der Auffassung, das Drama lebe von der Handlung, während die psychologische Entfaltung eines Charakters der Epik vorbehalten sei (siehe den Beitrag *Der Dramaturg* in Kap. 3). Daß Goethe diese Ansicht nicht teilte, läßt sich nicht allein aus seinen Theaterstücken ableiten, sondern findet sich ebenfalls in *Wilhelm Meister* wieder (Goethe-WA I, 22, S. 177f.). Wenn Tieck auch nicht Goethes dramatisches Talent sah, so zollte er ihm als Roman- und vor allem als Novellendichter höchstes Lob. Er gibt in einer Vorrede zu seinen *Schriften* eine kurze Abhandlung über die Novelle und bezeichnet Boccaccio, Cervantes und Goethe als »die Muster in dieser Gattung« (S 11, S. LXXXV).

Goethe und seine Widersacher

Nicht nur in kritischen Auseinandersetzungen wie in *Goethe und seine Zeit* und in den *Dramaturgischen Blättern* äußerte sich Tieck öffentlich über Goethe. Nach seinem Umzug vom ländlichen Ziebingen nach Dresden 1819 trat er mehrfach zum Lob Goethes vor das literarisch interessierte Publikum. In Dresden wurde das literarische Leben stark vom Dresdner Liederkreis bestimmt, dem neben anderen Karl August Böttiger angehörte. Der klassische Philologe und Archäologe, der von 1791 bis 1804 in Weimar gelebt hatte, wurde wegen seines intriganten Verhaltens von Goethe und Schiller mit dem Spottnamen *Magister Ubique* bedacht. Tieck hatte Böttiger wegen seiner Bewunderung für den von Tieck selbst negativ beurteilten Schauspieler und Dramatiker August Wilhelm Iffland schon in der Literatursatire *Der gestiefelte Kater* in der Figur des *Bötticher* karikiert. In Dresden zeichnete er in der Novelle *Die Vogelscheuche* ein groteskes Bild des Liederkreises, der Goethes Werke als unmoralisch bewertete, und läßt Böttiger dort unter dem Weimarer Spitznamen *Ubique* auftreten (DKV 11, S. 415).

Um seiner Wertschätzung Goethes Ausdruck verleihen zu können, boten Tieck in Dresden die Mitarbeit an der Dresdner Abendzeitung als auch am Theater ein ebenso einflußreiches Forum, daneben aber auch sein Haus am Altmarkt, wo in dem programmatisch mit einer Goethe-Büste von Christian Daniel Rauch geschmückten Salon die berühmten Leseabende stattfanden (d'Anger, S. 95; Schüddekopf/Walzel 1898, S. 311; siehe den Beitrag *Der Vorleser* in Kap. 1). Den Anfang der Ehrenbezeugungen machte eine Rede, die Tieck spontan 1820 an Goethes Geburtstag im Hause des Schriftstellers Friedrich Laun (eigentlich Friedrich August Schulze) vor Mitgliedern des Liederkreises hielt (Krüger 1904, S. 183). 1829 dichtete er einen *Prolog zur Aufführung von Göthe's Faust an Göthe's Geburtstage*, der am 27. August 1829 in Dresden gegeben wurde (Tieck 1841, S. 582–586). Nach Goethes Tod verfaßte er den *Epilog zum Andenken Göthes*, der nach der Aufführung von *Iphigenie* am 29. März 1832 gesprochen wurde.

Auch im privaten Austausch suchte Tieck Goethe gegen ungerechtfertigte Angriffe zu verteidigen. So schrieb er 1828 nach der Lektüre der nationalistischen und dezidiert antifranzösischen Abhandlung *Die deutsche Literatur*, die Goethe an mehreren Stellen diskreditierte (Menzel 1836, 4, S. 8f., 44–49, 97f.), ihrem Verfasser Wolfgang Menzel am 29. Juni 1828:

> Ihr Zorn gegen Göthe hat mir mehr, wie einmal [...] wehe gethan, und so schmeichelhaft und ehrenvoll wie der Aufsatz über meine Bemühungen erscheinen mochte, so gab ihm doch der Contrast, in welchen ich zu Göthe gestellt wurde, eine recht herbe Bitterkeit, so daß ich mich dessen nicht rein erfreuen konnte. (Meiner/Schmidt 1908, S. 265)

Als 1837 in einem Artikel der *Jenaischen Allgemeinen Literatur-Zeitung* mit dem Titel *Goethe und seine Widersacher* Tieck zu diesen Gegnern gezählt wurde, versuchten auch Freunde, ihn zu rehabilitieren (Letters, S. 453). Aber nicht nur durch die Gegner Goethes wurde er ungerechtfertigter Weise vereinnahmt, auch aus den eigenen Reihen wurde Tieck in Konkurrenz zum hochgeschätzten Dichter gesetzt. Bereits August Wilhelm Schlegel schrieb ihm 1797:

> In dem *blonden Eckbert* fand ich ganz die Erzählweise Göthe's in seinem *Mährchen*, im *Wilhelm Meister* u.s.w. Sie haben sich diesen reizenden Überfluß bey gleicher Klarheit und Mäßigung auf eine Art angeeignet, die nicht bloß ein tiefes und glückliches Studium, sondern ursprüngliche Verwandtschaft der Geister verräth. (Lohner 1972, S. 22)

Ähnliche Beurteilungen sind auch von Johann Gottlieb Fichte und Friedrich von Raumer, einem Freund der späten Jahre, überliefert (Fehling 1925, S. 217f.; Zeydel/Masche/Matenko 1967, S. 53). Goethe selbst blieb das Urteil

Schlegels nicht verborgen, ja er machte diesen und dessen Bruder Friedrich aus diesem Grund für Mißklänge in seiner Beziehung zu Tieck verantwortlich. »Als nämlich die Schlegel anfingen bedeutend zu werden, war ich ihnen zu mächtig«, berichtete er Eckermann am 30. März 1824,

> und um mich zu balanciren, mußten sie sich nach einem Talent umsehen, das sie mir entgegenstellten. Ein solches fanden sie in Tieck, und damit er mir gegenüber in den Augen des Publicums genugsam bedeutend erscheine, so mußten sie mehr aus ihm machen, als er war. Dieses schadete unserem Verhältniß; denn Tieck kam dadurch zu mir, ohne es sich bewußt zu werden, in eine schiefe Stellung. Tieck ist ein Talent von hoher Bedeutung [...]; allein wenn man ihn über ihn selbst erheben und mir gleichstellen will, so ist man im Irrthum. (Houben 1925, S. 85)

Tieck selbst hat solche Ambitionen nie gehegt; er war immer bestrebt, zumal in der Öffentlichkeit, die literarische Autorität Goethes anzuerkennen und zu ehren.

Herausgeber und Kritiker

Das Bemühen Tiecks um das Bewahren und Verstehen von Literatur war bekanntlich nicht auf die Werke Shakespeares und Goethes beschränkt. Nicht nur mit Übersetzungen aus dem Spanischen und dem Englischen, auch als Vermittler mittelhochdeutscher und zeitgenössischer Literatur machte er sich einen Namen (siehe die Beiträge *Romanische Literatur des Mittelalters und der Frühen Neuzeit* und ›*Altdeutsche*‹ *Literatur* in Kap. 2 und *Tieck als Übersetzer* in Kap. 3). In diesem vielseitigen Engagement finden sich verschiedene Berührungspunkte mit den Weimarer Klassikern. Tieck schätzte besonders Schiller als Kritiker und Herausgeber. So schrieb er in der Vorrede zur neuen Ausgabe von Schnabels *Insel Felsenburg* (1828), die Literaturkritik in Deutschland habe in den vergangenen Jahrzehnten eine neue Blüte erfahren: »Neben andern ausgezeichneten Namen glänzen hier vorzüglich die von Lessing, Schiller, Wilhelm und Friedrich Schlegel, so wie Solger« (Tieck 1828, S. XXIX). Bereits der gemeinsam mit August Wilhelm Schlegel ab Ende der 1790er Jahre projektierte Almanach hatte Schillers anspruchsvolles Programm des zwischen 1796 und 1800 erschienenen *Musenalmanachs* zum Vorbild (vgl. Hofe 1967). Das Vorhaben der Jüngeren zielte auf eine Art Mustersammlung romantischer Dichtung. Ihre Idee realisierten die Romantiker aber erst, als bekannt wurde, daß Schillers Almanach eingestellt werde; zu groß war wohl die Scheu vor der übermächtigen Konkurrenz. Auch schien damit die Möglichkeit realistischer, die großen Weimarer als Autoren gewinnen zu können. Cotta, bei dem der neue Almanach erscheinen sollte, wünschte sich ein Titelkupfer; August Wilhelm Schlegel schlug vor, ein Portrait Goethes auszuwählen, welches Tieck beschaffen sollte. Doch der Almanach erschien ohne das Frontispiz. Möglicherweise war auch dies dem mangelnden Engagement Tiecks geschuldet, der die Arbeit an diesem Projekt hauptsächlich den Schlegels überließ.

Vielfältige Berührungspunkte der Editionstätigkeit Tiecks finden sich vorzüglich mit Goethe. Dieser hatte – neben anderen – die Begeisterung für Shakespeare, die Anerkennung des Volksliedes als Kulturgut und die Rezeption und Bewahrung mittelalterlicher Literatur der jüngeren Romantikergeneration vermittelt und verfolgte wiederum deren philologische Arbeiten mit großer Aufmerksamkeit. Beispielsweise in der Korrespondenz mit August Wilhelm Schlegel thematisierte Goethe mehrfach die Shakespeare- und Cervantes-Übertragungen Tiecks. Goethes Wertschätzung der Shakespeare-Studien Tiecks wurde bereits dargestellt. Positiv besprach er auch die von Tieck herausgegebenen *Nachgelassenen Schriften und Briefwechsel* Solgers (Goethe-WA I, 41.2, S. 269–271). Verschiedene Verbindungen zu Goethe lassen sich auch im Fall der von Tieck veranstalteten Ausgaben der Werke von Novalis, Maler Müller (eigentl. Friedrich Müller), Heinrich von Kleist und Jakob Michael Reinhold Lenz ziehen (siehe den Beitrag *Der Philologe* in Kap. 3). Roger Paulin deutet diese Editionen sogar als Versuch, einen literarischen Kanon gegen den späten Goethe zu stiften (Paulin 1987, S. 106f.).

Für die postume Edition der *Schriften* von Novalis, die zu Lebzeiten Tiecks insgesamt fünfmal, z. T. mit Ergänzungen und überarbeiteten Vorreden, aufgelegt wurden, zeichnen zwar Friedrich Schlegel und Ludwig Tieck gemeinsam verantwortlich; die eigentliche Redaktion der Texte lag jedoch in den Händen Tiecks (Samuel 1973, S. 11). Vor allem die Auswahl und Gestalt der Goethe betreffenden Texte weichen auffällig vom Handschriftenbefund ab und verzerren das Goethe-Bild von Novalis. So wurden zunächst die *Blüthenstaub*-Fragmente, die Goethes literarischen Rang rückhaltlos hervorheben und die bereits zu Lebzeiten von Novalis veröffentlicht waren, nicht in die *Schriften* aufgenommen. Auch der 1798 entstandene Essay zu Goethe wurde so gekürzt, daß die Anerkennung der Leistungen Goethes als Naturwissenschaftlers durch Novalis nicht mehr erkennbar ist. Daneben wurden Goethe betreffende Aufzeichnungen zu vier Fragmenten umgearbeitet. Beispielsweise wird im ersten Fragment die in den handschriftlichen Notizen von Novalis durchaus hörbare, aber erst im Laufe der Zeit sich steigernde Kritik an *Wilhelm Meister* zugespitzt und potenziert (Mähl 1967, S. 174–183). Die Beweggründe Tiecks für dieses Vorgehen sind ungeklärt, doch im Ergebnis haben die *Schriften* das postum negativ gefärbte Goethe-Bild von Novalis den Lesern vermittelt und wohl auch Goethe zu seiner ablehnenden Haltung gegenüber Novalis veranlaßt (Perels 1999, S. 88). Erst in dem 1846 gemeinsam mit Eduard von Bülow edierten dritten Teil der *Schriften* wurden mehrere Fragmente aufgenommen, die Goethe positiv bewerten.

Über die Herausgabe der Werke des Malers und Sturm-und-Drang-Autors Friedrich Müller (alias Maler Müller) und zu Plagiatsvorwürfen im Zusammenhang mit dessen *Genoveva*-Drama äußerte sich Tieck ausführlich in der Vorrede zum ersten Band seiner *Schriften* (S 1, S. XXVI–XXXVI): Aufmerksam wurde Tieck im Jahr 1797 auf den Autor, dessen Drama *Golo und Genoveva* ihm während eines Hamburgaufenthalts in Manuskriptform angetragen wurde. Doch zu mehr als einer ersten flüchtigen Lektüre hatte Tieck damals keine Muße. Als er dem Stoff später im Volksbuch wieder begegnete, entschloß er sich zur eigenen Bearbeitung. Eineinhalb Jahre nach Vollendung seines eigenen Trauerspiels *Leben und Tod der heiligen Genoveva* reiste Tieck erneut nach Hamburg, wo er sich nun intensiver mit Müllers Drama, aber auch mit weiteren Werken des Autors vertraut machte. Besonders die Idyllen waren wohl eine Entdeckung; sie werden in der Sammlung *Phantasus* zu den »schönsten Poesien« gezählt (DKV 6, S. 348). Da er seine eigene Bearbeitung des Genoveva-Stoffs im Jahr zuvor erfolgreich veröffentlicht hatte, räumte er der Version Müllers Erfolgschancen bei der Leserschaft ein. Doch seine Versuche, die Druckgenehmigung des in Rom lebenden Verfassers einzuholen, scheiterten. Erst während seines eigenen Romaufenthalts im Jahr 1805 erhielt er die Erlaubnis.

Goethe hatte den 1778 nach Rom zu Studienzwecken gereisten Maler Müller unterstützt. Von den Arbeiten Müllers enttäuscht, stellte Goethe seine Förderung jedoch ein, was ihm wiederum Müller übel nahm. Tieck waren diese Differenzen bekannt. Er konnte wohl davon ausgehen, daß Goethe dem Editionsprojekt kritisch gegenüberstehen würde, dennoch hielt er an seinen Plänen fest. Daß die Ausgabe erst 1811 erscheinen konnte, lag an verschiedenen äußeren wie persönlichen Gründen (Zybura 1994, S. 163–170). Die Edition in drei Bänden entstand jetzt unter maßgeblicher Mitarbeit von Johann Philipp Le Pique und Friedrich Batt ohne Nennung der Herausgeber unter dem Titel *Mahler Müller‹s Werke* (Heidelberg 1811). Daß Tieck die Edition trotzdem realisierte, zeugt von seinem großen Interesse an ihrem Gegenstand.

Dies galt auch für den Druck von *Heinrich von Kleists hinterlassenen Schriften*, die Tieck 1821 mit einer Vorrede herausgab. Auch Goethe hatte versucht, den jungen Kleist zu fördern: Er würdigt *Amphitryon*, ohne das Stück uneingeschränkt zu loben (Goethe-WA III, 3, S. 239f.). Im März 1808 brachte er trotz einiger Vorbehalte Kleists Komödie *Der zerbrochne Krug* auf die Weimarer Bühne, doch die Aufführung fiel durch. Den Ausschlag für Goethes endgültige Ablehnung des jüngeren Autors gab das Drama *Penthesilea* (Goethe-WA IV, 20, S. 15f.). Auf Goethes abweisende Kritik antwortete Kleist mit zwei spöttischen Epigrammen mit den Titeln *Herr von Goethe* und *Das frühreife Genie*

(Kleist 1961, S. 20, 23), woraufhin Kleist dem Weimarer Klassiker als zerrissen und hypochondrisch galt (Herwig 1969–1972, 2, S. 600f., Nr. 3338; 3.2, S. 158, Nr. 6010). Ebenso attestierte Tieck Kleist »tiefe Disharmonie« (KS 2, S. 22); er zählte ihn aber zu »den echtesten deutschen Dichtern« und bezeichnete *Prinz von Homburg* als eines »der trefflichsten und zugleich nationalsten Dramen« (Köpke 1, S. 201) der Deutschen. Eine Edition der Werke Kleists bot also vielfältiges Potential für Konflikte mit Goethe, welche Tieck wohl gerne vermeiden wollte; obwohl die Vorarbeiten bereits 1818 abgeschlossen waren, erschien die Ausgabe erst 1821 (Zybura 1994, S. 172f.). Währenddessen hatte Tieck mit einem Besuch in Weimar 1817 und der von zahlreichen Bescheidenheitstopoi begleiteten Übersendung eines Shakespeare-Aufsatzes zwei Jahre später (Schüddekopf/Walzel 1898, S. 297–299) erfolgreich versucht, das seit Jahren abgekühlte Verhältnis zu Goethe wiederzubeleben. Als die Ausgabe dann erschien, ließ Tieck in der Vorrede im Zusammenhang mit der Besprechung von *Der zerbrochne Krug* Rücksicht auf Goethe walten: Nachdem Tieck das Stück zunächst »meisterhaft« nennt, räumt er ein, er »habe immer gezweifelt, ob dieses Lustspiel für das Theater geeignet sei«; dabei führt er als Beispiel den mißlungenen Versuch auf der Weimarer Bühne an (KS 2, S. 36f.).

Die Beziehung der Lenz-Ausgabe von 1828 zu Goethe ist allein schon wegen der mit dem Titel *Goethe und seine Zeit* versehenen Vorrede evident. Die dort erkennbare Präferenz der Sturm-und-Drang-Periode Goethes korrespondiert auch mit der hinter dem Projekt der Lenz-Ausgabe stehenden Idee: Tieck plante lange eine ins 19. Jahrhundert reichende Fortsetzung seiner Dramensammlung *Deutsches Theater*, doch der »Plan kam nicht zur Ausführung«, wie er schreibt, »und ich machte später, um doch Einiges in dieser Sache zu thun, die Schriften unsers merkwürdigen und unglücklichen Lenz bekannt« (KS 1, S. XII). Da er den Sturm und Drang als eine für die Entfaltung der nationalen deutschen Literatur, besonders des Dramas wichtige Epoche betrachtete (Köpke 2, S. 198), hätte wohl die Fortsetzung der Sammlung einen Schwerpunkt bei den Dramen dieser Zeit gehabt. Als Fragment dieses Vorhabens belegt die Lenz-Edition gewissermaßen Tiecks Wertschätzung der Sturm und Drang-Literatur als »ein Spiegel des deutschen Geistes« (Köpke 2, S. 198) und entspricht in diesem Punkt der Vorrede *Goethe und seine Zeit*.

Viele Jahre nach Schillers Tod veranlaßte der soeben erschienene Briefwechsel von Goethe und Schiller Tieck, sich nochmals mit dem Zweigestirn der Weimarer Klassik auseinanderzusetzen. Sein Eindruck war enttäuschend: »Was Sie mir über Göthes und Schillers Briefwechsel schrieben«, berichtet er Raumer 1829

> muß ich bestätigen. Es macht keinen erfreulichen Eindruck, und dass man so hinter die Coulissen blicken darf, schadet besonders Schillern. Sich Recensionen bestellen, die Cotta bezahlt, eifersüchtig sein auf andre Journale, hinhorchen, wo

dieser und jener irgend was gegen die theuren Herren verlauten lassen, ist wahrhaft zum Erbarmen. (Zeydel/Matenko 1930, S. 35f.)

In seinen letzten Lebensjahren äußerte Tieck gegenüber Köpke, es wäre seiner Meinung nach »besser gewesen, Schiller und Goethe hätten sich niemals kennen gelernt. Sie haben sich gegenseitig in ihrer Entwicklung gehindert und gehemmt« (Köpke 2, S. 194). Und weiter: »Wie wunderbar ist nicht Goethe's Entwicklung! Shakespeare ganz entgegengesetzt, aber wie bei Schiller sind seine ersten Werke zugleich auch seine vollendetsten« (Köpke 2, S. 187).

Als neunzehnjähriger konnte Tieck nach der Lektüre von *Die Leiden des jungen Werthers* noch enthusiastisch äußern: »Goethe ist ein Gott« (Wackenroder 1, S. 116). Doch im Laufe der lebenslangen und intensiven Auseinandersetzung bemerkte er in Goethes späteren Arbeiten »Schwächen [...], die die Nachwelt gewiß erkennen wird.« Und gereift kommt er zum Schluß:

> Und warum sollte er sie nicht haben? Ihre Erkenntnis kann ihn uns menschlich nur näher bringen und verständlicher machen. In seinen Schriften wird darum früher oder später eine Scheidung eintreten müssen; nicht Alles kann gleich gut und bedeutend sein, und kann von der Nachwelt übernommen werden. (Köpke 2, S. 192)

LITERATUR

Ast 1808: Ast, Anton Friedrich: Aphorismen. In: Zeitschrift für Wissenschaft und Kunst 1 (1808), H. 1, S. 47–60.
Buchwald 1923: Buchwald, Reinhard (Hg.): Carolines Leben in Briefen, Leipzig 1923.
Bunzel 1996: Bunzel, Wolfgang: Tradition und Erneuerung. Tiecks Versuch einer literarischen Positionsbestimmung zwischen Weimarer Klassik und Jungem Deutschland am Beispiel seiner »Tendenznovelle« *Der Wassermensch*. In: Ludwig Tieck, Literaturprogramm und Lebensinszenierung im Kontext seiner Zeit, hg. von Walter Schmitz, Tübingen 1996, S. 193–216.
d'Anger: Souvenirs de David d'Angers sur ses contemporains, extraits de ses carnets de notes autographes par le docteur Léon Cerf, Paris o. J.
Fehling 1925: Fehling, Maria (Hg.): Briefe an Cotta. Das Zeitalter Goethes und Napoleons 1794–1815, Stuttgart/Berlin 1925.
Goethe-WA: Goethe, Johann Wolfgang: Werke, 146 Bde. (in 4 Abteilungen), hg. im Auftrag der Großherzogin Sophie von Sachsen, Weimar 1887–1919 (Reprint München 1987/1990).
Herwig 1969–1972: Herwig, Wolfgang (Hg.): Goethes Gespräche, 5 Bde., Zürich/Stuttgart 1969–1972.
Hofe 1967: Hofe, Gerhard vom: Nachwort. In: Musenalmanach für das Jahr 1802, hg. von A. W. Schlegel und L. Tieck, Tübingen 1802 (Reprint Heidelberg 1967), S. I–XLI.
Houben 1925: Houben, H. H. (Hg.): Gespräche mit Goethe in den letzten Jahren seines Lebens. Von Johann Peter Eckermann, Leipzig 1925.
Kleist 1961: Kleist, Heinrich von: Sämtliche Werke und Briefe, hg. von Helmut Sembdner, Bd. 1, München ²1961.

Krüger 1904: Krüger, Hermann Anders: Pseudoromantik. Friedrich Kind und der Dresdner Liederkreis, Leipzig 1904.
Lohner 1972: Lohner, Edgar (Hg.): Ludwig Tieck und die Brüder Schlegel. Briefe, München 1972.
Mähl 1967: Mähl, Hans-Joachim: Goethes Urteil über Novalis. In: Jahrbuch des Freien Deutschen Hochstifts (1967), S. 130–270.
Meiner/Schmidt 1908: Meiner, Heinrich/Schmidt, Erich (Hg.): Briefe an Wolfgang Menzel, Berlin 1908.
Menzel 1836: Menzel, Wolfgang: Die deutsche Literatur, 2. vermehrte Auflage, Stuttgart 1836.
Paulin 1978: Paulin, Roger: Die Textillustrationen der Riepenhausens zu Tiecks *Genoveva*. Wirkungen der bildenden Kunst auf die Rezeption eines Werkes romantischer Literatur. In: Aurora 38 (1978), S. 32–53.
Paulin 1987: Paulin, Roger: Ludwig Tieck, Stuttgart 1987.
Perels 1999: Perels, Christoph: Legende zu Exponat Nr. 140. In: Ein Dichter hatte uns alle geweckt. Goethe und die literarische Romantik. Katalog zur Ausstellung im Frankfurter Goethe-Museum 19. Juni–31. Juli 1999, hg. von Christoph Perels, Frankfurt a. M. 1999, S. 88.
Runge 1840–1841: Runge, Philipp Otto: Hinterlassene Schriften von Philipp Otto Runge, herausgegeben von dessen ältestem Bruder, 2 Bde., Hamburg 1840–1841.
Samuel 1973: Samuel, Richard: Zur Geschichte des Nachlasses von Novalis, Hildesheim 1973.
Schüddekopf/Walzel 1898: Schüddekopf, Carl/Walzel, Oskar (Hg.): Goethe und die Romantik. Briefe mit Erläuterungen, 1. Theil, Weimar 1898.
Tieck 1800: Tieck, Ludwig: Vorrede. In: ders. (Hg.): Poetisches Journal, 1. Jg., 1. Stück, Jena 1800, S. 1–10.
Tieck 1802: Novalis: Schriften, hg. von Friedrich Schlegel und Ludwig Tieck, 2 Bde., Berlin 1802.
Tieck 1821: Vorrede. In: Heinrich von Kleist. Hinterlassene Schriften, hg. von Ludwig Tieck, Berlin 1821, S. III–LXXVIII.
Tieck 1826: Tieck, Ludwig: Dramaturgische Blätter, 2 Bde., Breslau 1826.
Tieck 1828: Tieck, Ludwig: Vorrede. In: Gottfried Schnabel: Die Insel Felsenburg oder wunderliche Fata einiger Seefahrer. Eine Geschichte aus dem Anfange des achtzehnten Jahrhunderts, hg. von Ludwig Tieck, Bd. 1, Breslau 1828, S. V–LIII.
Tieck 1841: Tieck, Ludwig: Gedichte. Neue Ausgabe, Berlin 1841.
Tieck and Solger 1933: Tieck and Solger: The complete Correspondence, hg. von Percy Matenko, New York/Berlin 1933.
Zeydel/Matenko 1930: Zeydel, Edwin H./Matenko, Percy: Unpublished Letters of Ludwig Tieck to Friedrich von Raumer. In: Germanic Review 5 (1930), S. 19–37.
Zeydel/Masche/Matenko 1967: Zeydel, Edwin H./Masche, Bertha M./Matenko, Percy: Letters to and from Ludwig Tieck and his circle. Unpublished letters from the period of german romanticism, including the unpublished correspondence of Sophie and Ludwig Tieck, Chapel Hill 1967.
Zybura 1994: Zybura, Marek: Ludwig Tieck als Übersetzer und Herausgeber. Zur frühromantischen Idee einer »deutschen Weltliteratur«, Heidelberg 1994.

Autoren der mittleren Romantik
(Brentano, Arnim, Hoffmann, Schütz, Fouqué)

Roger Paulin

Als die Autoren der mittleren, also der Heidelberger und Berliner Romantik ihre ersten schriftstellerischen Versuche machten, war Tieck, ohnehin durch den Altersvorsprung begünstigt, schon ein etablierter Dichter und der große, bewunderte Poet überhaupt. Dieser Rolle als Vorbild und Mentor stand Tieck mit gemischten Gefühlen gegenüber, und über einzelne Dichter selbst äußerte er sich, besonders nach der Wiedererlangung seiner dichterischen Kraft in der Sammlung *Phantasus* (1812/16), zunehmend kühl bis ablehnend. Die poetischen Werke dieser jüngeren Dichtergeneration, besonders Arnims und Fouqués, nahm er jedoch zur Kenntnis, und sie sind in seiner Privatbibliothek gut vertreten.

Clemens Brentano

Clemens Brentano trat 1799–1813 an wichtigen Wendepunkten von Tiecks Wanderexistenz auf und war zeitweilig bemüht, dem älteren Dichter zu neuen Lebens- und Schaffensimpulsen zu verhelfen. Seine eigene unstete und krisenträchtige Lebensführung wirkte dem jedoch weitgehend entgegen. Brentano lernte Tieck 1799 als Jenaer Student und Anhänger des romantischen Schlegel-Kreises kennen. Er ließ schon 1800 in seinen Erstlingsroman *Godwi* (1800–1802) ein einhelliges Lob auf Tieck einfließen sowie ein eher ironisches auf das Drama *Leben und Tod der heiligen Genoveva* (Brentano 1975ff., 16, S. 564f., S. 233f.) Auch sein erster dramatischer Versuch, die Kotzebue-Parodie *Gustav Wasa* (1800), zeigte deutliche Spuren von Tiecks Märchenkomödien und brachte Brentano den Spott von Dorothea Veit ein: »[...] er hat eine Farce geschrieben, *Gustav Wasa*, worin er glaubt der Tieck des Tiecks zu seyn« (Meisner/Schmidt 1913, S. 79). Tieck, über diese dubiose Huldigung wenig erfreut, verspottete Brentano als ›Bewunderer‹ in seiner Farce *Der neue Hercules am Scheidewege* im *Poetischen Journal* (1800).

Auch Brentanos Schauspiel aus der Zeit des *Godwi*, *Cecilie* (Brentano 1975ff., 12, S. 227–338), zeigt überdeutliche Spuren von *Genoveva*. Brentano hatte in Tieck den Dramatiker im Sinne, als er ihn Ende 1801 – allerdings ohne Erfolg – für die Stelle des Theaterdirektors in seiner Heimatstadt Frankfurt am Main vorschlug, »ein Theater von Grund aus nach eignen Ideen unter ihrer [sic!] Leitung« (ebd., 29, S. 411). Die freundschaftlichen Beziehungen, durch ein Treffen in Weimar im Sommer 1803 verstärkt, dauerten dennoch an: »Er ist mein recht guter lieber Freund geworden« (ebd., 31, S. 141), wobei Brentano hier das Menschliche betonte und sich eher abfällig über Tiecks neuestes Werk *Kaiser Octavianus* äußerte. 1804 versuchte Brentano, durch die Lektüre der *Minnelieder aus dem Schwäbischen Zeitalter* (1803) angeregt, mit Hilfe seines Schwagers Karl Friedrich von Savigny und Friedrich Creuzers Tieck an die neuorganisierte Universität Heidelberg als Professor für Ästhetik zu holen. Tieck, dem letzten Endes eher der poetische Beruf am Herzen lag, lehnte ab. Brentano und Arnim hegten indessen Pläne für eine eigene Volksliedersammlung. Gegen Ende 1804 besuchten beide Tieck in Ziebingen, wo dieser aus einer Bearbeitung des *Nibelungenlieds* vorlas: Brentano schrieb an Arnim: »[...] vielleicht gesellt sich Tieck auch zu uns und dirigirt das Ganze, wozu er durch die Herausgabe der Minnelieder den Grund gelegt hat« (ebd., S. 305). Am *Wunderhorn*-Projekt nahm Tieck allerdings nicht teil. Brentano vermittelte jedoch den Kontakt zu dem Heidelberger Verlagshaus Mohr und Zimmer, bei dem später Tiecks Edition der Werke Maler Müllers erschien. Obwohl er Tieck nach Kräften unterstützte, registrierte Brentano nach wie vor eine Abnahme von Tiecks poetischen Kräften und rügte *Kaiser Octavianus* als »ein recht schlechtes Produckt eheu« (ebd., S. 345). Im Hinblick auf sein eigenes – nie vollständig ausgeführtes – Volksbuchprojekt lehnte Brentano Tiecks Behandlung von Volksbuchstoffen in seinem frühromantischem Werk ab und erklärte sie für ungeeignet. Tieck seinerseits äußerte sich über die *Wunderhorn*-Sammlung abfällig. In Landshut und München 1808/09 kam es schließlich zum Streit zwischen den beiden.

Der schwer gichtkranke Tieck wurde im Winter 1808/09 in München von Brentanos Schwester Bettina gepflegt, obwohl das Verhältnis zu Tieck durch Sophie Bernhardis Gegenwart und überhaupt durch die peinliche Savignysche Geldaffäre erschwert wurde. Tieck hatte nämlich von dem Brentano-Schwager Savigny, jetzt Professor in Landshut, eine Geldanleihe zugunsten seiner Schwester Sophie aufgenommen und war säumig in der Rückzahlung gewesen. Durch diese Geldangelegenheit standen die Tiecks bei dem ganzen Brentano-Savignyschen Clan (später einschließlich Arnims und der Grimms) in Verruf. Fast dreißig Jahre später zeichnete Bettina in *Goethes Briefwechsel mit einem Kinde* (1835) das Bild des kränklichen »Dulders« Tieck gegenüber dem Zeus ähnelnden Goethe (Arnim 1986–2004, 2, S. 235).

Tieck und Brentano trafen sich 1813 in Prag wieder, aber das Verhältnis war getrübt. Für Brentano war Tiecks poetisches Urteil »ungemein festgerannt und steifstellig« (Brentano 1975ff., 33, S. 20). Tieck verstieg sich 1818 in einem Brief an Solger zu einer boshaften Bemerkung: »Sollte nicht aus uraltem Affen-Incest Generationen wie die Brentanos und manche ähnliche in die Welt gesprungen sein?« (Tieck-Solger, S. 437) – Zeichen seiner pauschalen Ablehnung der ganzen dichtenden jüngeren Generation. Dennoch kann man in Brentanos ›historisch-romantischem Drama‹ *Die Gründung Prags* (1815) die letzte Entfaltung des romantischen universalpoetischen Großdramas erblicken, das in Tiecks *Genoveva* und *Kaiser Octavianus* seine erste Prägung erhalten hatte.

Achim von Arnim

Tieck war inzwischen über die Auswirkungen seiner dramatischen Erstlinge weniger erfreut. Solger gegenüber hatte er das harte Urteil ausgesprochen über »Marie Stuart, die Jungfrau v. Orleans, vollends die Wernerschen Thorheiten, und das Heer jener katholischen Dichter, die nicht wissen, was sie wollen« und die »durch die Genov. erregt worden« seien (ebd., S. 334f.). Hiermit qualifizierte Tieck implizit auch das gewagteste romantische Experiment mit der dramatischen Großform ab: Arnims Doppeldrama *Halle und Jerusalem* (1811). Dieses Drama, die Erneuerung eines barocken Trauerspiels, berührte sich mit Tieck – bei aller grundsätzlichen Verschiedenheit – nicht nur durch seine Formenvielfalt und mythologische Ausrichtung. Es war auch Teil der Regeneration und Restauration der älteren deutschen Literatur, für die Tiecks *Minnelieder aus dem Schwäbischen Zeitalter* den ersten Anstoß gegeben hatten.

Tiecks Einfluß auf Arnim war nachhaltiger als der auf Brentano: Für Arnim blieb Tieck trotz aller Vorbehalte und Entfremdungen nach wie vor der große romantische Dichter und das poetische Vorbild. Die Herkunft verband sie: Beide waren Berliner, wenn auch aus sehr verschiedenen Verhältnissen. Beide besuchten Berliner Gymnasien, wo sich Adel (im Falle Tiecks Burgsdorff) und Bürgertum berührten. Beide studierten an der Landesuniversität Halle und auch auswärts in Göttingen. Beide erfuhren das entscheidende Kunsterlebnis in Süddeutschland, Tieck in Erlangen und Arnim in Heidelberg. Arnim lernte Tieck 1799 bei Reichardt im ›Giebichensteiner Dichterparadies‹ kennen, dem Entstehungsort von *Franz Sternbalds Wanderungen*; dieser Roman war auch seine letzte Lektüre (Paulin 2001, S. 171). Das erste längere Treffen fand jedoch erst Ende 1801 in Dresden statt, und Arnim brachte gleich darauf seine »Passion für Tieck« zum Ausdruck (Arnim 2000ff., 31, S. 31). Bezeichnenderweise fällt in Arnims großem Bekenntnisbrief an Brentano vom 9. Juli

1802, seiner »Lebensaussicht« (ebd., S. 57), Tieck eine entscheidende Rolle zu – ganz im Gegensatz zum »kalten Reif der Schlegelschen Kritik« (ebd., S. 58). Der Hinweis dort auf Jakob Böhme verbindet Arnim mit Tieck. Über Pläne für eine poetische und musikalische Volksbildung heißt es:

> So wie Tieck sehr glücklich kühn und in grossem Sinne den Weg einschlug die sogenannte gebildete Welt zu bilden,[...] so wollen wir im umgekehrten Wege die unter jenen höheren Ständen verlauteten und verhallten Töne der Poesie dem Volke zu führen, Göthe soll ihm so lieb werden wie der Keiser Octavianus es uns geworden. (Ebd., S. 59)

Man erblickt hier den Keim des *Wunderhorn*-Projekts, im Grunde auch aller Umdichtungen der alten Stoffe von *Ariels Offenbarungen* (1804) an. Auch Arnims *Erzählungen von Schauspielen*, 1803 in Friedrich Schlegels *Europa* veröffentlicht, berühren sich mit Tiecks *Briefen über W. Shakspeare* im *Poetischen Journal* (1800) insofern, als sich beide Dichter nach neuen Theatermodellen umsahen. Brentanos Brief an Arnim vom 6. Februar 1803 hatte diese verschiedenen Bestrebungen formuliert:

> Wir sammlen uns eine himmlische Bibliotheck aus allen Ländern, das ächte poetische zusammen, alle Volksbücher, und Lieder, unsre alten guten Romane und Gedichte laßen wir wieder drukken, wir stellen uns an die Spizze eines Theaters, das wir aus dem Grunde selbst erschaffen. (Brentano 1975ff., 31, S. 39)

Dennoch stand Arnim dem Tieckschen Vorbild recht zwiespältig gegenüber. Mitte April 1804 schrieb er an Brentano: »Tieck hat aus den Volksbüchern vornehme Bücher gemacht, ich möchte vornehme Bücher zu Volksbüchern machen« (Arnim 2000ff., 31, S. 363); und im Oktober heißt es: »Tieks Octavian steigt mir nicht in der alten Pracht, sondern in die alte Breite« (ebd., S. 388f.). Bei all dieser Kritik verbrachten Arnim und Brentano dennoch im November-Dezember 1804 vierzehn gemeinsame Tage in Ziebingen, besprachen mit Tieck ihren *Wunderhorn*-Plan und waren begeisterte Zuhörer, als Tieck aus seiner *Nibelungenlied*-Bearbeitung vorlas. Hier faßte Arnim auch den Entschluß, das deutsche Barockdrama neu herauszugeben: 1805 hatte er sich auf eine Adaptation von Gryphius' *Cardenio und Celinde* (1653) beschränkt, die Basis für *Halle und Jerusalem*. Hier zeichneten sich wiederum erhebliche Unterschiede zu Tiecks Praxis ab: Während Tieck keine Scheu hatte, alte autorenlose Volksbuchtexte wie *Genoveva* oder *Octavianus* im Sinne des romantischen Poesieverständnisses neu zu dichten, beschränkte er sich bei poetischen Denkmälern (Minnesang, *Heldenbuch*, *Ulrich von Lichtenstein*) auf die Modernisierung durch Übertragung ins Neuhochdeutsche. Wo Arnim in seiner Erzählsammlung *Der Wintergarten* altes Erzählgut umformte und neu kontextualisierte, in *Halle und Jerusalem* das Original fast bis zur Unkenntlichkeit veränderte, arbeitete Tieck in seinen Texteditionen eher im Sinne des antiquarischen Verständnisses der Zeit (Büsching, Gräter, von der Hagen; siehe die Beiträge ›Altdeutsche‹ Literatur in Kap. 2 und *Tieck und die Formierung der neueren Philologien* in Kap. 5). Auch wenn Tiecks Bemühungen den exakten Ansprüchen der Brüder Grimm nicht genügten, äußerten diese sich dennoch positiver über ihn als über Arnims Vorstellungen von poetischer Erneuerung.

Trotz methodischer Differenzen trafen sich 1808 alte und neue Romantik in Arnims *Zeitung für Einsiedler*, in der Arnim das einzige zu Tiecks Lebzeiten gedruckte Fragment von dessen *Heldenbuch* (*König Rother*) veröffentlichte, mit dem Hinweis »von der Meisterhand unsres verehrten Freundes Tieck« (Arnim/Brentano 1808, S. 22). 1817, als Tieck zu keiner positiven Äußerung über Arnim mehr fähig war, brachte Arnim eine wohlwollende Besprechung von Tiecks *Deutschem Theater* (»das vorliegende Buch eines hochgeehrten Freundes«, Arnim 1989–1994, 6, S. 631). Zwar wollte Arnim über das von Tieck Geleistete hinausgehen, vor allem auf dem Gebiet des frühneuhochdeutschen Dramas, auch wollte er das Höfische am Barocktheater mehr hervorheben als Tieck; seinen alten Vorstellungen von einem »Theater nach eignen Ideen« entsprechend und dabei noch als praktizierender Dramatiker hoffte Arnim jedoch, daß diese alten Dramen über Privatbühnen zur Theateraufführung gelangen würden. Für Tieck dagegen waren sie in erster Linie literarische Texte, die ihren Platz in einer historischen Kontinuitätslinie der deutschen Poesie einnahmen.

Hinter dieser scheinbaren Annäherung auf dem Gebiet der altdeutschen Literatur taten sich dennoch Differenzen zwischen Tieck und der Heidelberger Romantik auf. Privat war Brentano mit der »Knüttelei« von *König Rother* gar nicht zufrieden (Steig 1894, S. 251). Arnim mußte erfahren, wie wenig Tieck ihn schätzte, und sprach abfällig vom »alten Jenenser Tieckioschlegel« (ebd., S. 263). Den *Frauendienst* nahm er trotzdem positiv auf, weil dieser Text seiner von den Brüdern Grimm als abwegig abgetanen Vorstellung von Minnesang als nicht allein höfischer Erscheinung entsprach. *Phantasus* lehnte er als Sammlung ab, wenngleich ihm einzelne Teile – vor allem *Die Elfen, Der Pokal, Liebeszauber* – zusagten. »Die breite Theorie als Einleitung« stehe jedoch im Widerspruch zu den »schönen, unschuldig erfundnen Geschichten« (zit. nach Paulin 2001, S. 178). Vor allem störte Arnim Tiecks Bezug auf die eigene Entwicklung, die – bei allem Festhalten an romantischen Grundpositionen – vieles für Arnim noch Essentielle als überwundene Stufe darstellte (Böhme, Calderón). Tiecks Verfahrensweise in *Phantasus* war derjenigen Arnims in seiner *Novellensammlung* von 1812 schroff entgegengesetzt: Arnim integrierte Erzählung, Anekdote und Theorie in den poetischen Text. Dennoch ist festzuhalten, daß Tieck und Arnim in diesen Sammlungen und in ihren späteren Taschenbuchnovellen – die ein bedeutendes Korpus schon vor E. T. A. Hoffmanns Erzählungen darstellen – einander nahe standen und daß sich beide bei sehr verschiedener Methodik ähnlicher Stoffe bedienten: Phantastisches, Historisches, Artistisches wird hier bearbeitet. Tiecks *Phantasus*-Erzählung *Liebeszauber* und Arnims *Die Majoratsherren* sind die bekanntesten Beispiele, wenngleich bei Tieck der Zeitbezug von Arnims Novelle völlig fehlt und der Leser vor einer offenen Frage in der Begründung des Geschehens steht.

Über Arnims Generation – »die neue Deutschheit, die neue Fouqués-manie, [...] Arnim und Brent« (Tieck-Solger, S. 211) – äußerte sich Tieck Solger gegenüber recht ungnädig und traf dabei Arnim mit einer unverdienten Härte. Er spielte 1814 mit dem Gedanken, *Prinz Zerbino* um einige ›moderne Modetorheiten‹ – »Einfälle über die Arnimsche Poesie« u. a. – zu ergänzen (ebd., S. 106). Zum einen stülpte er Arnim einfach sein Zerrbild von Brentano über, zum anderen lehnte er die jüngere politische Romantik pauschal ab und differenzierte nicht zwischen Fouqué, Görres und Arnim. In der Publikation seines Briefwechsels mit Solger im Jahre 1826 wurden solche Passagen chiffriert wiedergegeben, aber es war nicht schwer herauszufinden, wer gemeint war.

E. T. A. Hoffmann

Kein Dichter der mittleren Romantik hat Tieck so respektiert und verehrt wie E. T. A. Hoffmann. Die beiden trafen sich 1814–1819 anläßlich von Tiecks Besuchen in Berlin. Hier wurde Tieck über Hoffmann in jüngere Berliner Dichterzirkel eingeführt: Er traf dort Franz Horn, Chamisso, Fouqué, Contessa, Hitzig und Bernhardi. Doch blieb der Kontakt eher gesellschaftlich. Tieck wurde nie Mitglied von Hoffmanns ›Seraphinenorden‹. Vor allem bewahrte er eine innere Distanz gegenüber dieser dichtenden Generation, wie sein Briefwechsel mit Solger und die dort gefällten harten Urteile bezeugen.

Trotz grundsätzlicher Unterschiede in ihrer späteren bürgerlichen Existenz zeigten sich dennoch in ihrer Jugend einige Parallelen zwischen Tieck und Hoffmann: eine schwärmerische Jugendfreundschaft (Wackenroder bzw. Hippel), die elektrisierende Lektüre von Grosses Schauerroman *Der Genius* und das Erlebnis der Dresdner Galerie. Der erste romantische Dichter, den Hoffmann kennenlernte, war allerdings Zacharias Werner (1804 in Warschau), aber die Bekanntschaft mit Tiecks Werken datiert auch in diese Zeit. Am 26. September 1805 schrieb er an Hippel: »Hast Du schon Sternbalds Wanderungen von Tiek gelesen? – *In casu quod non* – lies so bald als möglich dies wahre Künstlerbuch« (Schnapp 1967–1969, 1, S. 196). An Hoffmanns Schriften kann man die genauen Kenntnisse von Tiecks frühen sowie mittleren Werken registrieren, v. a. *Der gestiefelte Kater, Prinz Zerbino, Die verkehrte Welt, Der Runenberg* bis hin zu *Phantasus* (Jost 1921, S. 10–19). Themen oder

Elemente aus Tiecks (wie aus Wackenroders) Werken sind ebenfalls unschwer zu erkennen: die Künstlergestalt (Berglinger, Sternbald), Mechanismus-Bilder (*William Lovell*), das Unterirdische (*Der Runenberg*), Musikbeschreibungen (*Herzensergießungen, Phantasien*), selbst Hoffmanns serapiontisches Prinzip, das Umschlagen in eine höhere Erkenntnis, ist letzten Endes in *Der blonde Eckbert* präfiguriert (Rath 1996, S. 165–168). So war für Hoffmann bei seinen Plänen für *Die Serapionsbrüder* der Rückgriff auf die Rahmenform des *Phantasus* selbstverständlich, und diese Parallele wird im Vorwort zum Werk explizit hergestellt (Hoffmann 1985–2004, 4, S. 11). Im Rahmengespräch wird *Liebeszauber* mit Shakespeare verglichen (ebd., S. 928), in *Die Brautwahl* werden Shakespeare, Goethe, Tieck und Jean Paul in einem Atemzug erwähnt (ebd., S. 978). Man kann sogar behaupten, daß diese namentlichen Huldigungen beim später europaweit gefeierten Hoffmann auch zur Rezeption Tiecks beigetragen haben; oder genauer, daß vieles Eigentümliche Tiecks durch Hoffmann sowohl intensiviert als auch popularisiert wurde. Tieck war sich dessen bewußt: »So hat der gewiß nicht vollendete Hoffmann bei den Franzosen eine neue Literatur erregt«, heißt es in der späten Novelle *Das alte Buch und die Reise in's Blaue hinein* (1834) (S 14, S. 103). Es fällt jedoch auf, daß Tieck die einmalige Gräßlichkeit von *Liebeszauber* nie wiederholt hat und daß seine berühmte ›Novellenwende‹ ab 1817, die mit *Die Gemälde* (1821) einsetzte und die zunehmend das Wunderbare im Alltag in den Vordergrund rückte, ungefähr chronologisch mit Hoffmanns Abkehr vom Serapiontischen und mit seiner Hinwendung zu einer Art Detailrealismus (*Des Vetters Eckfenster*) koinzidierte (Schröder 1970, S. 32).

Tiecks Urteil über Hoffmann fiel bei aller Anerkennung letzten Endes zwiespältig aus. In dem einzigen erhaltenen Brief Hoffmanns an Tieck vom 19. August 1820 schreibt er:

> Ach! – nur zu sehr fühle ich das, was Sie über die Tendenz, über die ganze (hin und her wohl verfehlte) Art meiner schriftstellerischen Versuche sagen. Mögen Sie aber meiner übrigen Verhältnisse *qua* KammerGerichtsRath etc etc etc gedenken? – Doch freilich, in der Kunst gelten dergleichen Ausreden ganz und gar nichts. (Schnapp 1967–1969, 2, S. 268)

Der Brief sagt nichts aus über die genaue Art von Tiecks Kritik, enthält aber eine Bitte um Verständnis für Hoffmanns bürgerliche Verhältnisse in der Berliner ›Demagogenzeit‹. Der Brief ist dennoch ein Zeugnis für Hoffmanns Ehrerbietung, gleichzeitig vielleicht auch, zumindest zwischen den Zeilen, für Tiecks Achtung. Eine direkte Stellungnahme zu Hoffmann, fast zwanzig Jahre später (Letters, S. 487), überrascht in ihrer Milde, hatte Tieck doch inzwischen die »Poesie des Teufels« (Raumer 1861, Bd. 1, S. 376) und »das Blutige, Gräßliche, Atroce« (Letters, S. 413) bei anderen zeitgenössischen Schriftstellern verurteilt:

Ich denke gern jener früheren Jahre und muß solche Existenz wie *Hoffmann* nur innig beklagen, den ich in jenen Jahren alltäglich sah, und dessen Gaben so ohne Nutzen und Einfluß verschwunden sind. Freilich war er mehr Literat als Mahler, und wußte eben viel und schrieb gut. Wie viel hätte er nützen können, und gerade in Opposition gegen die damalige *Weimarische* Lehre, die jezt freilich auch schon ganz vergessen ist. (Letters, S. 487f.)

Hier ist kein Zweifel an Hoffmanns Talent zu erkennen, an seiner ›Existenz‹ schon eher (Tieck besaß Hitzigs *Leben Hoffmanns* von 1823). Der Gedanke, Hoffmann als Verbündeten gegen die Dominanz von Weimar einzuspannen, steht in deutlichem Kontrast zu seinen sonstigen Urteilen über seine jüngeren romantischen Zeitgenossen, geht aber letzten Endes an Hoffmanns Eigenleistung und Größe vorbei.

Wilhelm von Schütz

Zu dem romantischen Dramatiker und Literaten Wilhelm von Schütz (1776–1847) hatte Tieck engere persönliche Beziehungen, die fast drei Jahrzehnte bestanden. Schütz besuchte wie Tieck das Friedrichswerdersche Gymnasium unter Gedikes Leitung. Nach dem Studium hatte er Kontakt zur Berliner Romantik, zu Tieck und den Brüdern Schlegel; eines von Tiecks Freundschaftssonetten im *Poetischen Journal* (1800) heißt *An S–z* (Tieck 1800, S. 489). A. W. Schlegel und Tieck nahmen in ihren *Musenalmanach für das Jahr 1802* vier Romanzen von Schütz auf. In Berlin lernte Schütz Solger kennen; von größerer Bedeutung war aber erst einmal seine Freundschaft mit A. W. Schlegel, der Schütz' Versdrama *Lacrimas* (1803) herausgab und diesen damit in die antiromantischen Kampagnen von Kotzebue und Garlieb Merkel einbezog. Schütz' Versuch, in der Bernhardischen Scheidungsaffäre den Vermittler zu spielen, entfremdete ihn eine Zeitlang von Tieck, doch waren beide ab 1809 und besonders ab 1814 in engem Kontakt. Schütz heiratete nämlich Barnime, die Schwester Henriettes von Finckenstein, erhielt das Adelsdiplom, wurde Landrat in Beeskow-Storkow, zog dann ganz nach Ziebingen und wurde Mitglied von Tiecks engem Kreis. Dies hinderte Tieck nicht daran, den Duzfreund, inzwischen Autor der Trimeter-Tragödie *Niobe* (1807), und dessen extrem gräzisierenden Stil in *Leben und Thaten des kleinen Thomas, genannt Däumchen* zu parodieren. Später, 1832, spielte er in der Novelle *Die Ahnenprobe* auf seine Standeserhebung an. Schütz stand mit Friedrich Schlegel, Fouqué und Loeben in Verbindung und lieferte Beiträge zu deren Journalen und Almanachen. 1818 waren Schütz und Tieck in Friedrich Försters Almanach *Die Sängerfahrt* mit je einem Beitrag vertreten (*Der Raub der Proserpina, Das Donauweib*). Besonders wichtig waren seine von Tieck nirgends anerkannten Bemühungen um

Heinrich von Kleist. Über Kleists Cousine Marie von Kleist, auch über Ernst von Pfuel, erhielt Schütz wichtige Lebenszeugnisse Kleists (Sembdner 1974, S. 199–205), die Tieck literarisch umformte. Auch waren Abschriften von *Die Hermannsschlacht* und *Prinz Friedrich von Homburg* durch seine Hand gegangen. Schütz rezensierte *Heinrich von Kleist's hinterlassene Schriften* zweimal; die längere Besprechung, in *Hermes* erschienen, ist ein bedeutender Beitrag zur Rezeption von Tiecks Edition und von Kleist selbst (ebd., S. 227–242). 1820 zog Schütz nach Dresden und wurde Mitglied von Theodor Winklers ›Liederkreis‹.

Friedrich de la Motte Fouqué

Am offensichtlichsten wurde Tiecks Abneigung gegenüber der jüngeren Generation, letzten Endes auch seine Ungerechtigkeit, am Fall Fouqués. Der junge Lieutenant wird schon 1802 in einem Brief A. W. Schlegels an Tieck »ein großer Verehrer von dir« genannt (Tieck-Schlegel, S. 126). Er hatte Tieck im gleichen Jahr in Dresden kennengelernt, erfuhr aber gleichzeitig, »Tiek habe über mich als damals angehenden Dichter hart, ja wegwerfend geurtheilt« (Sembdner 1958, S. 109). Hier bezieht sich Fouqué auf eine Vorstufe zu seinem ersten bedeutenden Werk, der Trilogie *Der Held des Nordens* (1810), *Der gehörnte Siegfried in der Schmiede*, die 1805 in Friedrich Schlegels *Europa* erschien. Fouqué erfuhr indessen eine Zeitlang die Gunst beider Brüder Schlegel, bewegte sich aber sonst in literarischen und gesellschaftlichen Kreisen, die Tieck persönlich nicht sympathisch waren (u. a. Bernhardi, Loeben, die Voß-Söhne). Im Briefwechsel mit Solger, worin Tieck seine Ablehnung aller Manifestationen von übereiferndem Patriotismus kundtut (vgl. Solgers eigenen Aufsatz *Über patriotischen Enthusiasmus*), trifft Fouqué das Prädikat von der »neuen Deutschheit«, der neuen »Fouqués-manie« (Tieck-Solger, S. 211). Das sind allerdings private Äußerungen. In Berlin begegneten sie sich wieder ab 1816. Fouqué schrieb: »[...] wir stehen seit dieser Zeit in um so freundlicherem Verhältniß« (Sembdner 1958, S. 109). Tieck nutzte indessen Fouqués persönliche Kenntnisse über Heinrich von Kleist für sein Bemühen um dessen Nachruhm. Mit ziemlicher Sicherheit war es Fouqué, der Tieck auf die Handschrift von *Prinz Friedrich von Homburg* hinwies, ohne daß er jedoch in Tiecks Editionspläne eingeweiht wurde. Tiecks spätes Urteil über Fouqué in einer Äußerung an Köpke galt einem Dichter, der keine kritische Distanz zum eigenen Œuvre bewahre, dessen Werk nur noch in Wiederholungsmustern bestehe und der sich in vielem überlebt habe: »Fouqué verliebte sich in seine Helden, und verwechselte sich am Ende mit ihnen. Ihm fehlte es an aller Ironie und jedem Ersatze dafür, und darum endete er als Caricatur« (Köpke 2, S. 239f.).

Mochte Fouqués frühe sowie spätere Vorliebe für mittelalterliche Stoffe, Mythen und Legenden, vaterländisch-historische Sujets und ihre religiöse Überhöhung Tieck zu diesem Urteil veranlaßt haben, so hat er dabei wohl geradezu bewußt übersehen, daß er selbst in vielerlei Hinsicht Fouqué den Weg gewiesen und ihm als Vorbild gedient hat. Ganz sicher ist, daß Tiecks Beispiel Fouqué zur Bearbeitung des Nibelungenstoffs und von Sagenquellen angespornt hatte und daß beide Dichter – der eine als Editor, der andere als poetischer Erneuerer – somit zu den bedeutendsten romantischen Rezipienten des *Nibelungslieds* gehören (Schmidt 2000, S. 25–31). Ebenso gewiß ist, daß Fouqué, der dem romantischen Konzept vom universalpoetischen Großdrama und seiner Gestaltung nie untreu wurde, an Tiecks Realisation eines Universalschauspiels in *Kaiser Octavianus* anknüpfte (Stockinger 2000, S. 27f.). Damit trug auch Fouqué zum romantischen Verständnis von Historie und Poesie bei.

LITERATUR

Arnim 1989–1994: Arnim, Achim von: Werke in sechs Bänden, hg. von Roswitha Burwick/u. a., Frankfurt a. M. 1989–1994.

Arnim 2000ff.: Arnim, Ludwig Achim von: Werke und Briefwechsel. Historisch-kritische Ausgabe in Zusammenarbeit mit der Stiftung Weimarer Klassik, hg. von Roswitha Burwick/u. a., Tübingen 2000ff.

Arnim 1986–2004: Arnim, Bettina von: Werke und Briefe in vier Bänden, hg. von Walter Schmitz und Sibylle von Steinsdorff, Frankfurt a. M. 1986–2004.

Arnim/Brentano 1808: Arnim, Achim von/Brentano, Clemens: König Rother zieht einer Jungfrau die Schuhe an. Fragment aus einer alten Handschrift, bearbeitet von Ludwig Tieck. In: Zeitung für Einsiedler 1808, H. 3 (Reprint Darmstadt 1962), S. 22–24.

Brentano 1975ff.: Brentano, Clemens: Sämtliche Werke und Briefe. Historisch-kritische Ausgabe veranstaltet vom Freien Deutschen Hochstift, hg. von Jürgen Behrens/u. a., Stuttgart 1975ff.

Hoffmann 1985–2004: Hoffmann, E. T. A.: Sämtliche Werke in sechs Bänden, hg. von Hartmut Steinecke und Wulf Segebrecht, Frankfurt a. M. 1985–2004.

Jost 1921: Jost, Walter: Von Ludwig Tieck zu E. T. A. Hoffmann. Studien zur Entwicklungsgeschichte des romantischen Subjektivismus, Frankfurt a. M. 1921 (Reprint Darmstadt 1969).

Meisner/Schmidt 1913: Meisner, Heinrich/Schmidt, Erich: Briefe von Dorothea Schlegel an Friedrich Schleiermacher. In: Mitteilungen aus dem Literaturarchive in Berlin N. F. 7 (1913), S. 1–134.

Paulin 2001: Paulin, Roger: Arnim und Tieck. In: Arnim und die Berliner Romantik. Kunst, Literatur und Politik. Berliner Kolloquium der Internationalen Arnim-Gesellschaft, hg. von Walter Pape, Tübingen 2001, S. 171–179.

Rath 1996: Rath, Wolfgang: Ludwig Tieck. Das vergessene Genie. Studien zu seinem Erzählwerk, Paderborn/u. a. 1996.

Raumer 1861: Raumer, Friedrich von: Lebenserinnerungen und Briefwechsel, 2 Bde., Leipzig 1861.

Schmidt 2000: Schmidt, Wolf Gerhard: Friedrich de la Motte Fouqués Trilogie *Der Held des Nordens*. Studien zu Stoff, Struktur und Rezeption, St. Ingbert 2000.

Schnapp 1967–1969: Schnapp, Friedrich (Hg.): Hoffmanns Briefwechsel, 3 Bde., München 1967–1969.

Schröder 1970: Schröder, Rolf: Novelle und Novellentheorie in der frühen Biedermeierzeit, Tübingen 1970.

Sembdner 1958: Sembdner, Helmut: Fouqués unbekanntes Wirken für Heinrich von Kleist. In: Jahrbuch der deutschen Schiller-Gesellschaft 2 (1958), S. 83–113.

Sembdner 1974: Sembdner, Helmut: Schütz-Lacrimas. Das Leben des Romantikerfreundes, Poeten und Literaturkritikers Wilhelm von Schütz (1776–1847), Berlin 1974.

Steig 1894: Steig, Reinhold/Grimm, Herman: Achim von Arnim und die ihm nahe standen, Bd. 1: Achim von Arnim und Clemens Brentano, hg. von Reinhold Steig, Stuttgart 1894.

Stockinger 2000: Stockinger, Claudia: Das dramatische Werk Friedrich de la Motte Fouqués. Ein Beitrag zur Geschichte des romantischen Dramas, Tübingen 2000.

Tieck 1800: Tieck, Ludwig: Poetisches Journal, hg. von Ludwig Tieck, Jena 1800.

Wanderschaften und Freundeskreise
(Wohnorte, Reisen, Ziebingen)

Thomas Meißner

Nahezu zwei Jahrzehnte lang, von 1802 bis 1819, lebte Tieck zusammen mit seiner Familie in Ziebingen bei seinem Jugendfreund Wilhelm von Burgsdorff. Dies ist der am wenigsten bekannte Zeitraum seiner Biographie, der sich vermeintlich wie eine übergroße Auszeit zwischen die produktiven Jahre in Berlin und Jena und die zwei Jahrzehnte des kontinuierlichen Dresdner Schaffens schiebt. Zu begutachten ist eine Phase der Krise und Unruhe, die Tieck zeitweise mehr auf Wanderschaft denn zu Hause sieht, aber auch eine Phase des Innewerdens und Sammelns, des Überarbeitens und Edierens. Mit einem Wandel mancher ästhetischer Positionen geht eine Umstrukturierung des Freundes- und Bekanntenkreises einher, während sich die Blütezeit der Frühromantik zu einem wehmütig beschworenen, aber unwiderruflich vergangenen Erinnerungsbild verflüchtigt.

Ziebingen / Madlitz

Ziebingen liegt südöstlich von Frankfurt a. d. Oder im heutigen Polen – eine schon zu Tiecks Zeiten eher abseitige Lage. An einen dauerhaften Aufenthalt dachte Tieck zunächst keineswegs, als er im Oktober 1802 die Einladung Wilhelm von Burgsdorffs dorthin annahm, wie das Briefmaterial zeigt (vgl. Tiecks Briefe an seine Schwester Sophie vom 15. Oktober 1802 und vom Januar 1803; Tieck-Schlegel, S. 122, 127). Burgsdorff war ein Jahr zuvor von seiner Kavalierstour, die ihn unter anderem mit den Humboldts und Tiecks Bruder Friedrich nach Paris geführt hatte, zurückgekehrt und hatte in Berlin und Dresden den Kontakt zum Schul- und Studienfreund wieder aufgenommen (vgl. Cohn 1907; Burgsdorff 1907). Seine Eltern besaßen in Ziebingen ein großes Landgut, das Platz genug für Tiecks kleine Familie bot. Enger Kontakt bestand zu dem nahen Gut Madlitz westlich der Oder, das der verwandten Familie von Finckenstein gehörte (vgl. Joachim/Klinkenborg 1920/21; Finckenstein/Wimmer/Wallwitz 1998 und Bruyn 1999). Tatsächlich war es wohl eher sie, die Tiecks langjährigen Aufenthalt zu einem gehörigen Teil finanzierte, wurde Ziebingen doch seit 1802 von den Finckensteins mitverwaltet und ging 1807 per Kaufvertrag ganz in deren Besitz über, ohne daß dies das Wohnrecht der Burgsdorffs tangiert hätte (vgl. Joachim/Klinkenborg 1920/21, 2, S. 175–180).

Die Zentralfigur im Hintergrund war Graf Friedrich Ludwig Karl Finck von Finckenstein (1745–1818), ein hoch gebildeter Adliger, der sich seit seinem frühen Ausscheiden aus dem Staatsdienst im Jahr 1779 ganz seinem Landgut und seiner Familie widmete. Er betätigte sich selbst literarisch und förderte die Pflege altitalienischer Kirchenmusik in seinem häuslichen Kreis. Auch legte er, ausgehend von gartentheoretischen und ästhetischen Überlegungen (vgl. Niedermeier/Wimmer 1997, S. 67–112; Finckenstein/Wimmer/Wallwitz 1998, S. 31–166), einen heute wieder weitgehend rekonstruierten und zugänglichen Landschaftsgarten nach englischem Vorbild an (vgl. Wimmer 1996), der die Besucher tief beeindruckt und Tieck u. a. zu gartentheoretischen Reflexionen in der Sammlung *Phantasus* angeregt hat (vgl. Unger 1991; Meißner 2007, S. 36–45). Auch wenn der Graf literarisch eher noch der Aufklärungsliteratur anhing (vgl. Joachim/Klinkenborg 1920/21, 1, S. 284), hat er reges Interesse an Tiecks editorischen Projekten gezeigt (Tieck widmete ihm unter anderem ein Exemplar seiner *Minnelieder*; vgl. Matenko 1930; DKV 7, S. 522), während seine jüngeren Söhne zu ihrer Studienzeit regelrechte Tieck- bzw. Romantikschwärmer gewesen zu sein scheinen, jedenfalls die jüngste Literatur begeistert aufgenommen haben (vgl. Strobel 2001/2002).

Wichtiger für Tieck wurden jedoch, zumindest wenn man seinen späteren Kommentaren glauben darf, die drei älteren Töchter Henriette, Karoline und Barnime (vgl. etwa seinen geschönten Rückblick in der Novelle *Eine Sommerreise* von 1834, der die Existenz weiterer Geschwister unterschlägt; S 23, S. 9). Karl, den ältesten Sohn des Grafen, kannte er wohl schon aus Berlin von seinen Besuchen bei Rahel Levin, mit der jener eine unstandesgemäße, nur halbherzig betriebene Liebesbeziehung unterhielt (vgl. Bruyn 1985). Während Tieck mit Henriette eine enge Verbindung einging, worauf noch zurückzukommen ist, fühlten sich auch ihre Schwestern zu Künstlern hingezogen – Karoline zu dem Architekten Hans Christian Genelli, der lange Jahre in Madlitz lebte (vgl. Ebert 1976), und die früh verstorbene Barnime schließlich zu dem Dichter Wilhelm von Schütz, dem als einzigem eine tatsächliche Eheverbindung gelang (vgl. Sembdner 1974, S. 61ff.). Weitere Geschwister lebten mit im Haus und sorgten für ein reges Treiben.

Den ältesten Töchtern widmete Tieck auch in verschlüsselter Form seine *Gedichte über die Musik* (vgl. DKV 7, S. 138), die schon kurz nach seiner Ankunft in Ziebingen entstanden sind und Zeugnis ablegen von dem tiefen

Eindruck, den die auch von anderen Zeitgenossen gerühmte Musikpflege im Hause Finckenstein auf ihn ausgeübt hat – intime Gedichte, deren rasche Publikation er zunächst ängstlich verhinderte (vgl. August Wilhelm Schlegels Brief an Tieck vom 28. Mai 1803 und Tiecks Brief an Friedrich Schlegel vom 16. Dezember 1803; Tieck-Schlegel, S. 130, 145), um sie dann in kommentierter Form seinem *Phantasus* beizugeben, dessen musikgeschichtliche und -ästhetische Reflexionen deutlich den Einfluß der Madlitzer Zeit verraten (vgl. Meißner 2007, S. 51–55).

Tiecks Stellung in dem adlig-ländlichen Kreis (vgl. Richter/Strobel 2001, S. 119–128) ist anhand der überlieferten Dokumente schwer zu bestimmen. Fand er anfangs wohl ungetrübt bewundernde Aufnahme, so scheinen sich die Verhältnisse im Laufe der Jahre verkompliziert zu haben. Das Scheidungsdrama um seine Schwester Sophie, seine Beziehung zu Henriette, vielleicht auch seine finanzielle Abhängigkeit führten dazu, daß er zumindest bei Teilen des Madlitzer Kreises nicht mehr gern gesehen war (vgl. Tiecks gehässigen Brief an August Wilhelm Schlegel vom 13. Juni 1808, in dem er sich bitter über einige Mitglieder der Madlitzer Gesellschaft beklagt; Tieck-Schlegel, S. 164–166; vgl. auch seinen ›Abrechnungsbrief‹ bezüglich der Ziebinger Jahre an Solger vom 22. September 1819; Matenko 1933, S. 569f.). Im zweiten Ziebinger Jahrzehnt lebte er meist zurückgezogen in Ziebingen, pflegte engen Umgang mit Schütz, Burgsdorff und dem Pastor Kadach, der häufig zu Gast war (Tieck widmete diesem noch 1828 den 8. Band seiner *Schriften*), und wohnte nun auch in unmittelbarer Nähe zu Henriette (eine Fundgrube zu den äußeren Gegebenheiten in Ziebingen sind diverse Briefe Tiecks, u. a. an Solger; vgl. auch das im Jahr 1815 kurzzeitig von ihm geführte Arbeitstagebuch; Schweikert 3, S. 258ff.; ebenso Sembdner 1974). Der gute Kontakt zum Grafen bestand aber nach wie vor.

Lernte der Großstädter Tieck in Ziebingen adlige Geselligkeitsformen kennen, die ihn phasenweise sicherlich stark beeindruckt haben (seine sog. märkischen Novellen der ersten Dresdner Jahre atmen dieses Ambiente), so lebte er doch auch abseits literarischer und kultureller Zentren, die er in anderen Lebensphasen stets bevorzugte. Daß dies der eigenen Arbeit eher abträglich war, zumal er sich in diesen Jahren v. a. editorisch bzw. philologisch betätigte, liegt auf der Hand und wurde von ihm selbst betont (vgl. etwa seinen Brief an Friedrich Heinrich von der Hagen vom 25. März 1808; Letters, S. 114). Durch häufige Buchbestellungen, etwa bei seinem Berliner Verleger Reimer (vgl. zu dessen »Versorgungssystem« Reimer 1999, S. 297ff.), versuchte er die abseitige Lage v. a. in den Jahren nach 1810 auszugleichen, wie er sich in dieser Zeit überhaupt häufiger in Berlin aufhielt.

Er pflegte nun mit dem Philosophen Karl Wilhelm Solger und dem Historiker Friedrich von Raumer engen Kontakt, während er in den ersten Jahren noch Besuche von jüngeren Romantikern wie Arnim und Brentano erhalten hatte. Solger und Raumer traten in gewisser Weise an die Stelle der Brüder Schlegel, mit denen sich der Kontakt schnell lockerte und teilweise – entgegen etwa der 1812 veröffentlichten Widmung des *Phantasus*, die eine scheinbar ungebrochene Gemeinsamkeit beschwört (vgl. DKV 6, S. 9f.) – ganz zum Erliegen kam. Tiecks ohnehin distanziertes Verhältnis zum Großteil der jüngeren Romantiker verstärkte sich in den Jahren nach 1810 noch weiter (vgl. Meißner 2007, S. 265ff.; siehe den Beitrag *Autoren der mittleren Romantik* in Kap. 1).

Solger, den Tieck 1808 in Berlin kennengelernt hat, wird in den Jahren nach 1811 zu Tiecks wichtigstem Freund und Korrespondenzpartner und besucht Tieck mehrfach vor Ort. Der umfangreiche Briefwechsel (vgl. Hölter 2001) stellt die bedeutendste Quelle zu Tiecks zweitem Ziebinger Jahrzehnt dar, das damit besser als das erste dokumentiert ist. Tieck bespricht mit ihm ausführlich seine Editions- und Revisionspläne bezüglich seines eigenen Werks, kündigt neue Werke und Werkpläne an, läßt sich über die literarischen Bestrebungen und ästhetischen Positionen seiner Zeitgenossen in häufig unverblümter Form aus und huldigt immer wieder Solgers Gedanken und Schriften. Wie groß der Einfluß dieses ersten und einzigen Philosophen, mit dem der latent theoriefeindliche Tieck engen Umgang pflegte, auf seine Anschauungen und sein späteres Werk (etwa des Solgerschen Ironiebegriffs auf Tiecks Novellentheorie und -praxis) tatsächlich war, ist in der Forschung indes umstritten (einen starken Einfluß Solgers postuliert etwa Manfred Frank in mehreren Arbeiten; vgl. Frank 1990 oder sein Nachwort zu DKV 6; zu einer grundsätzlichen Kritik vgl. Bong 2000).

Henriette von Finckenstein

Henriette von Finckenstein (1774–1847) fristete lange Zeit, nicht zuletzt aufgrund der übergroßen Diskretion von Tiecks erstem Biographen Rudolf Köpke und der Eingriffe von Tiecks Tochter Agnes in seinen Nachlaß, ein Schattendasein in der Tieck-Biographik. Tatsächlich war sie aber eine der Zentralfiguren in Tiecks Leben, wich sie doch dem Dichter seit der ersten Begegnung im Jahre 1802 nicht mehr von der Seite: Sie bezog im zweiten Ziebinger Jahrzehnt ihren Wohnsitz ganz in seiner Nähe und begleitete Tieck 1819 nach Dresden und zwei Jahrzehnte später schließlich nach Berlin. Rätselhaft und verschwommen bleiben die Beziehung der beiden sowie die Gestalt Henriettes indes bis heute, da es wenige authentische Dokumente, dafür um so mehr zeitgenössische Gerüchte und Klatschereien gibt.

Tieck scheint sich unmittelbar nach seiner Ankunft in Ziebingen leidenschaftlich in Henriette verliebt zu haben, die seine Gefühle offensichtlich erwiderte. Sein Familienstand – er reiste mit Frau und Kind an – wie Henriettes adlige Herkunft schlossen eine legitimierte, öffentliche Verbindung wohl von vornherein aus. Ob Tieck je versucht hat, eine solche herbeizuführen, ist ungewiß, jedenfalls gibt es keine entsprechenden Dokumente. Die Beziehung war anfänglich geheim, wie aus dem einzig erhaltenen, leidenschaftlichen Liebesbrief aus dem Jahr 1806 hervorgeht (vgl. Letters, S. 92–94), den Josef Körner als solchen identifizierte (vgl. Körner 1938). Spätestens im zweiten Ziebinger Jahrzehnt mußte Henriettes wie Tiecks Familie indes die enge emotionale Bindung der beiden klar gewesen sein, wie auch immer man sich dies in der (Lebens-)Praxis vorzustellen hat. In Dresden fehlte es entsprechend nicht an anzüglichen Bemerkungen über diese *ménage à trois* (vgl. Günzel, S. 361f., 373f.), unter der Tiecks Tochter Dorothea nachweislich gelitten hat (vgl. ihre Briefe an Friedrich von Uechtritz vom 15. Dezember 1832 und v.a. vom 7. Januar 1839; Uechtritz 1884, S. 169, 218f.). Noch ungewisser bleibt die Rolle von Tiecks Frau Amalie in dieser Konstellation, von der sich Tieck nie getrennt hat. Ob sie sich während Tiecks langjähriger Abwesenheiten gleichsam revanchiert hat und ihre zweite Tochter Agnes entsprechend Burgsdorff zum Vater hat, wie inzwischen vielfach angenommen wird (sie wäre dann 1806 geboren und nicht, wie zumeist angegeben, 1802), ist aus den Quellen kaum mehr eindeutig zu erhellen (weiterführende Hinweise bei Meißner 2007, S. 47f.).

Welcher Anteil dieser intrikaten Konstellation an Tiecks Krisenstimmung und Unrast in den Jahren nach 1802 zukommt, ist schwer zu bestimmen. Voreiligen biographistischen Spekulationen, die Tiecks dichterisch-ästhetischen Wandel monokausal mit dem »Henrietten-Erlebnis« erklären wollen (vgl. Körner 1938, S. 366; Thalmann 1976, S. 70–73), ist jedenfalls eine klare Absage zu erteilen. Skeptisch sollte man auch den zeitgenössischen Gerüchten über weitere Liebesaffären Tiecks in diesen Jahren begegnen (vgl. Günzel, S. 284f.), denn nach allem, was man weiß, sollte man ihm seine Ernsthaftigkeit in bezug auf Henriette nicht in Abrede stellen. War sie auch sicherlich nicht der (alleinige) Grund für die oft langjährigen Reisen im ersten Ziebinger Jahrzehnt, so war die Beziehung zu ihr doch entscheidend für den (über-) langen, durchaus werkhemmenden Aufenthalt in der ländlichen Einsamkeit. Erst mit dem Tod ihres Vaters und der Regelung der komplizierten Erbfrage (vgl. dazu Tiecks Brief an Solger vom 17. Dezember 1818; Matenko 1933, S. 494) konnte sie offensichtlich frei über sich bestimmen und mit Tieck nach Dresden ziehen, der dazu, ausnahmsweise freizügig, gegenüber Solger am 22. September 1819 bekannt hat:

> Soviel müssen Sie doch wohl gesehn haben, daß es nur die innigste Freundschaft und gegenseitiges höchstes Vertrauen zur Gräfinn H[enriette] war, was mich in Zib. festhielt [...]. Seit sie durch des Vaters Tod frei ist, kam es mir abgeschmackt vor, in dieser Einsamkeit zu verweilen, und meine Freundinn hätte dort nur Ver-

druß, Krankheit, wohl Tod gefunden, in einer Familie, wo keiner ihr Wesen versteht. (Matenko 1933, S. 569)

Diese deutliche Aussage kann zugleich davor bewahren, die Ziebinger Jahre als ländliche Idylle einzuschätzen, waren sie doch durchgehend von Spannungen und Zwängen bestimmt, wenngleich sich diese nur noch ansatzweise rekonstruieren lassen.

Reisen im ersten Ziebinger Jahrzehnt
(Süddeutschland, Dresden, München, Rom, Wien)

Tieck unternimmt im ersten Ziebinger Jahrzehnt drei größere Reisen, die sich z. T. über mehrere Jahre erstrecken. 1803 erkundet er mit seinem Freund und Gönner Wilhelm von Burgsdorff Süddeutschland, 1804–1806 reist er in Begleitung seiner Geschwister über München nach Rom und 1808–1810 schließlich findet man den erneut rastlosen Dichter in Wien und München wieder, wo es zum nie wieder behobenen Bruch mit seiner Schwester Sophie kommt. Diesen sachlichen Fakten steht ein Wust an Gerüchten und Spekulationen im zeitgenössischen Briefmaterial gegenüber, die den in diesen Jahren zumindest nach außen hin unproduktiven Dichter zunehmend zum Gegenstand oftmals peinlicher Affären und Skandale werden lassen, die sich aus den Quellen nicht immer lückenlos aufklären lassen.

Die Süddeutschlandreise im Sommer 1803 hatte nicht zuletzt den Zweck, die längst literarisch fruchtbar gewordene Pfingstreise mit Wackenroder aus dem Jahr 1793 noch einmal nachzuvollziehen. Das hierzu fragmentarisch erhaltene Reisetagebuch Tiecks (vgl. Matenko 1937) zeigt, daß sich die alten enthusiastischen Gefühle nicht wieder einstellen wollten, wenngleich auch diese Reise mehr als dreißig Jahre später von Tieck literarisch aufgegriffen und stilisiert wurde (*Eine Sommerreise*, 1833). Neben der Erkundung von bedeutenden Städten und Landschaften führte die Reise aber auch zu anregenden neuen Kontakten wie zu dem Pastor Johann Philipp Le Pique in Erlangen oder zu dem Heidelberger Professor Karl Philipp Kayser, der diesen sowie spätere Aufenthalte Tiecks in seinem Tagebuch dokumentiert hat (vgl. Schneider 1923, S. 39ff., 69ff., 90). Nicht das geringste Ergebnis dieser Reise ist zudem, daß Tieck – wie schon in Ziebingen – erfährt, ein trotz bescheidener Verkaufserlöse inzwischen bekannter und geachteter Dichter zu sein, was sich nicht unwesentlich auf sein Selbstbild ausgewirkt haben dürfte: Aus dem anfänglich gegenüber den Brüdern Schlegel oder Goethe geradezu demütig auftretenden Dichter wird unversehens ein selbstbewußter Autor, der sich ab dieser Zeit in seinen Briefen als literarische Autorität inszeniert und fast sämtliche ästhetisch-literarische Bekundungen seiner Zeitgenossen von oben herab behandelt.

Die beiden folgenden langjährigen Abwesenheiten von Ziebingen stehen vor allem im Zeichen von Tiecks Beziehung zu seiner Schwester Sophie. Deren Ehe mit Tiecks früherem Lehrer und Freund August Ferdinand Bernhardi war gescheitert und hatte einen langjährigen Scheidungskrieg zur Folge, der sich vornehmlich um das Sorgerecht für die beiden Söhne drehte (vgl. Haberstok 2001, S. 93–123; zu den wichtigsten Dokumenten vgl. Krisenjahre). Sophie nahm diese kurzerhand auf ihren Reisen mit sich und ersuchte an den verschiedensten Orten um Hilfe und ›Asyl‹, während Bernhardi alle juristischen Hebel in Bewegung setzte, seine Söhne zurückzubekommen. Damit verbunden war eine unappetitliche Schlammschlacht um Vergehungen und Verfehlungen der Ehepartner, die alle Beteiligten inklusive Tieck in wenig schmeichelhaftem Licht zeigt. Daß diese Auseinandersetzung polarisierte und ehemalige Freundes- und Dichterkreise sprengte, mußte Tieck auf seinen Reisen wiederholt erleben. Sein hochfahrender Ton und seine verletzenden Äußerungen in vielen Briefen dieser Jahre sind nicht zuletzt Ausdruck der Angespanntheit und Gereiztheit infolge dieser über Jahre andauernden Konstellation.

Zu diesen Streitigkeiten kamen schmerzhafte Krankheitsattacken hinzu, die Tieck auf beiden Reisen für mehrere Monate ans Bett fesselten. In wenigen Jahren wird dadurch aus Tieck jener frühzeitig alt gewordene, gichtgebeugte Dichter, wie ihn die Berichte der Zeitgenossen so zahlreich schildern. Sicherten ihm diese Krankheitsattacken phasenweise auch das Mitleid eher kritischer Zeitgenossen, so setzten dem Tiecks pekuniäre Notlagen und Schulden enge Grenzen. Zwar ist Tiecks mangelndes finanzielles Geschick ein Grundzug seiner ganzen Biographie, doch war das Mißverhältnis zwischen fehlenden Einnahmen und großzügigen Ausgaben nie größer als in diesen Jahren.

Gleichwohl gelang es dem geselligen Tieck fast stets, ein Netzwerk von Bekanntschaften und Freunden an den jeweiligen Aufenthaltsorten zu knüpfen (zu Details vgl. Paulin 1988 und die dortigen Quellenhinweise). Die wichtigste Bezugsperson des ersten Münchner Aufenthalts im Jahr 1805 war der Kunsthistoriker Carl Friedrich von Rumohr, der Tieck zusammen mit seinem Bruder Friedrich und den Malerbrüdern Riepenhausen im Juli nach Rom begleitete (vgl. Rumohr 2003, S. 85ff.). Mit beiden kam es indes später auch aufgrund finanzieller Streitfragen zu Zerwürfnissen, die zumindest im Fall der Brüder Riepenhausen von Dauer waren. In Rom verkehrte Tieck im Kreis um den preußischen Gesandten Wilhelm von Humboldt, um dessen Protektion sich Sophie bemühte, betrieb umfangreiche Handschriftenstudien in der vatikanischen Bibliothek (vgl. Päsler 1996) und lernte schließlich den in Deutschland nahezu vergessenen Dichter Maler Müller kennen, dessen Werke Tieck 1810 zusammen mit Le Pique trotz des inzwischen vorgefallenen Bruchs herausgab (vgl. Trainer 1980; siehe den Beitrag *Der Philologe* in Kap. 3). Eine literarische Verarbeitung der Italienreise und des Romaufenthalts leisten die *Reisegedichte eines Kranken* und *Rückkehr des Genesenden*, die Tieck allerdings für eineinhalb Jahrzehnte unpubliziert ließ.

Die fortgesetzten Sorgen um seine Schwester Sophie führten dazu, daß sich Tieck bereits zwei Jahre nach seiner Rückkehr aus Italien erneut für mehrere Jahre von seiner Familie entfernte. Im Herbst 1808 traf er die aus Rom Zurückgekehrte in Wien wieder und frischte die Beziehung zu Friedrich und Dorothea Schlegel auf, ohne daß sich das alte Einvernehmen noch einmal herstellen wollte, wie die gegenseitigen kritischen Urteile in diversen Briefen belegen. Bekanntschaft schloß Tieck mit den Brüdern Heinrich und Matthäus von Collin, die sich um eine Anstellung Tiecks am Burgtheater bemühten – einer von vielen Versuchen dieser Jahre, Tieck eine feste Stelle zu verschaffen, die allesamt scheiterten.

In München, wohin er Ende 1808 zog, erneuerte er den Kontakt zu Rumohr, Schelling und dessen Frau Caroline und pflegte Beziehungen zum Kreis um Brentano und Savigny. Freundschaftlich verkehrte er mit Friedrich Heinrich Jacobi und kam auch in Kontakt mit dem Kreis um Kronprinz Ludwig, für den Tiecks Bruder Friedrich Aufträge ausführte. Die Münchner Bibliothek nutzte Tieck zur Fortsetzung seiner Mittelalterstudien. Allerdings steht Tiecks zweiter Münchner Aufenthalt vor allem im Zeichen zahlreicher, zumeist finanzieller Peinlichkeiten, die Bettina Brentano und v.a. Caroline Schlegel-Schelling als kritisch-bissige Beobachter und Kommentatoren festgehalten haben (Dokumentauswahl bei Günzel, S. 282ff.) – Peinlichkeiten, die Tieck einen guten Teil seiner Reputation und viele der anfänglichen Freundschaften gekostet haben (vgl. exemplarisch zu Savigny Schweikert 1971, S. 324ff.). Endlich klärte sich nun auch die schwebende Scheidungsfrage seiner Schwester, indem Bernhardi persönlich erschien, um seine ihm gerichtlich zugesprochenen Söhne mitzunehmen: Er überließ Sophie auf deren Bitten hin schließlich den jüngeren Sohn Felix Theodor. Nach dem abrupten, wohl bewußt herbeigeführten Bruch mit den Geschwistern (vgl. Krisenjahre 2, S. 171f.), der im Falle Friedrichs für Jahre anhielt und im Falle Sophies von Dauer war, kehrte Tieck schließlich nach einem Kuraufenthalt in Baden-Baden im Herbst 1810 zu seiner Familie zurück, die er zwischenzeitlich gänzlich ohne Nachricht gelassen zu haben scheint (vgl. Betz/Straub 1986/87, 2, S. 107, 123, 130 und 162).

Neben diesen größeren Reisen weilte Tieck in jenem rastlosen Dezennium wiederholt in Dresden und Berlin. Wichtig waren hier u.a. der Kontakt zu Philipp Otto Runge, der Tieck 1803 auch in Ziebingen besuchte, zu Adam Müller und Heinrich von Kleist in Dresden 1808 und schließlich zu Friedrich Heinrich von der Hagen, dem Pionier hinsichtlich der Edition mittelalterlicher deutscher Literatur, der all die Werke zupackend realisierte, die bei Tieck im Projektstadium verblieben.

Krisenjahre

Nahezu das gesamte erste Ziebinger Jahrzehnt Tiecks steht unverkennbar im Zeichen einer Krise (vgl. ausführlicher Meißner 2007, S. 56–68). Zur biographischen und weltanschaulichen Unsicherheit gesellt sich eine manifeste Schreibkrise, die den produktivsten Dichter der Frühromantik für Jahre verstummen ließ. Wie in keinem anderen Lebensabschnitt wurden zahlreiche Werke Tiecks nicht abgeschlossen (z. B. die Dramenprojekte *Das Donauweib, Melusine, Magelone*) bzw. nicht publiziert (*Alma*-Gedichte, *Reisegedichte, Der neue Don Carlos*); den vielen angekündigten Projekten (u. a. *Nibelungenlied, Heldenbuch*) stehen folglich ernüchternde Realitäten gegenüber. Allerdings verschieben sich in diesen Jahren auch die Schwerpunkte des Schriftstellers Tieck von rein literarischen Produkten hin zu editorischen bzw. literarhistorischen Arbeiten (Überblick bei Zybura 1994; siehe die Beiträge ›Altdeutsche‹ *Literatur* in Kap. 2 und *Tieck und die Formierung der neueren Philologien* in Kap. 5); er unternimmt aufwendige Studien, deren Umfang sich auch im zweiten Ziebinger Jahrzehnt nicht an den tatsächlich publizierten Arbeiten ablesen läßt (vgl. exemplarisch Hölter 1986/87).

Tiecks Krisenstimmung in jenen Jahren, die sich schon vor der Ankunft in Ziebingen ankündigt (vgl. etwa Tiecks Brief an Friedrich Schlegel von Mitte März 1801; Tieck-Schlegel, S. 56–58), hat ihren berühmtesten Ausdruck in dem Brief an Friedrich Schlegel vom 16. Dezember 1803 gefunden (ebd., S. 137–147). Erwägt er hier die Flucht in die Religiosität als Ausweg – und daß damit explizit die katholische Religion gemeint ist, legen andere Dokumente nahe (vgl. Paulin 1987, S. 59f.; Paulin 1988, S. 123–126; Frank 1997, S. 151–157; Meißner 2007, S. 277–280) –, so stellt er die Krise gegenüber Solger im Rückblick, jede eigene zeitweilige Konversionstendenz strikt ableugnend, als existentielle Verunsicherung durch eine Übersättigung an mystischem Schrifttum, speziell an dem Werk Jakob Böhmes, dar; eine Krise, aus der er sich nach einigen Jahren selbst befreit habe und die er sich nun mit Hilfe der Philosophie seines Freundes erklären könne (vgl. Tiecks Brief an Solger vom 24. März 1817, Matenko 1933, S. 359–364; zur Interpretation vgl. DKV 6, Kommentar, S. 1174ff.). Die geradezu verwirrende Fülle an krisenrelevanten Faktoren – Zerfall des Frühromantikerkreises und Tod von Novalis, Schreibkrise, ästhetische Umorientierung, Henriette von Finckenstein, Scheidungsdrama um Sophie, Krankheitsattacken, Böhme-Lektüre etc. – schließt ein monokausales Erklärungsmodell aber aus und erschwert die schlüssige

Deutung jener unruhigen Jahre. Ein Blick auf das Schicksal der anderen Frühromantiker zeigt zudem, daß Tiecks Krise nicht singulär, sondern gleichsam der epochale Regelfall ist (vgl. Krisenjahre 1, S. IX–XXIV).

Reisen im zweiten Ziebinger Jahrzehnt (Prag, London, Paris)

Das zweite Ziebinger Jahrzehnt verbringt Tieck größtenteils arbeitsreich in der ländlichen Einsamkeit. Nur zwei größere Reisen führen ihn, neben kürzeren Aufenthalten v. a. in Berlin, für längere Zeit aus Ziebingen fort: Im Sommer 1813 flieht er vor den Kriegswirren nach Prag, und 1817 begibt er sich mit Wilhelm von Burgsdorff auf eine Reise nach England.

In Prag trifft Tieck unter den deutschen Emigranten einige alte Bekannte wie Clemens Brentano wieder. Intensiven Kontakt pflegt er, anknüpfend an seine frühe Berliner Zeit, zu Rahel Varnhagen. Dürften seine Arbeiten in dieser Zeit auch weitgehend brachliegen, so nutzte er den Aufenthalt doch zu einer ausgiebigen Inspektion des Prager Theaters. In seiner Begleitung befindet sich neben den Burgsdorffs nun auch Henriette von Finckenstein, während Tiecks eigene Familie mutmaßlich in Schlesien Zuflucht findet (vgl. Paulin 1988, S. 332f.).

Von Mai bis September 1817 bereist Tieck mit Burgsdorff nach einer minuziös festgelegten Route England, wobei die Hin- und Rückreise wichtige Stationen und Begegnungen vorsieht (u. a. Görres in Koblenz, Begegnung mit der altniederländischen Malerei in der Rheingegend und in Belgien, Abstecher in Weimar; vgl. zu den einzelnen Stationen das Reisetagebuch Burgsdorffs: Cohn 1910). Tiecks vorrangiges Interesse gilt in London wie auch während des sich anschließenden zweiwöchigen Pariser Aufenthalts dem Theater und den Bibliotheken. Er möchte sich vor Ort ein Bild über den Kenntnisstand der Engländer zu Shakespeare machen und wichtige Materialien einsehen und kopieren, um sein lange geplantes Buch über Shakespeare endlich realisieren zu können. Trotz anregender Kontakte – u. a. zu Coleridge (vgl. Griggs 1955) und Henry Crabb Robinson, der in seinem Tagebuch den Umgang mit Tieck vermerkt (vgl. Marquardt 1967, S. 51ff.) – fällt Tiecks Bilanz eher ernüchternd aus (vgl. etwa seinen Brief an Solger vom 26. Juli 1817; Matenko 1933, S. 372f.). Seine zahlreichen Theaterbesuche hat Tieck in der 1826 publizierten Schrift *Über das englische Theater, zum Teil aus Briefen vom Jahre 1817* verarbeitet (KS 4, S. 315–368; vgl. prinzipiell auch Zeydel 1931, S. 48–92). Erneut macht er in England sowie auf seinen zahlreichen Stationen in Deutschland die Erfahrung, ein bekannter und geachteter Dichter zu sein, eine Erfahrung, die in deutlicher Diskrepanz zu seiner Ziebinger Einsamkeit und Isolation steht.

Bilanz

Die poetisch-literarische Bilanz der Ziebinger Jahre fällt, gemessen an der Anzahl der Publikationen, durchwachsen aus. Bleiben die intensiven Mittelalterstudien des ersten Ziebinger Jahrzehnts mit Ausnahme der wegweisenden *Minnelieder*-Edition (1803) und der Veröffentlichung von Ulrich von Lichtensteins *Frauendienst* (1812) ohne angemessenen Ertrag, so gelingt Tieck im zweiten Jahrzehnt die Herausgabe der reich mit Vorworten versehenen Sammelwerke *Alt-Englisches Theater* (1811) und *Deutsches Theater* (1817). Das Hauptwerk jener Jahre ist aber zweifellos das nach drei Bänden versandete monumentale *Phantasus*-Projekt (1812/16), in dessen Umfeld Tieck nahezu sein gesamtes früheres Werk kritisch sichtet, was zu revidierten Ausgaben des Romans *William Lovell* (1813/14), des *Genoveva*-Dramas (1820) sowie zu einer erweiterten Novalis-Ausgabe (1815, nun mit der Novalis-Biographie Tiecks) und zu einer Wackenroder-Ausgabe führt (*Phantasien über die Kunst, von einem kunstliebenden Klosterbruder*, 1814). Ein Blick in das von Tieck im Jahre 1815 geführte Arbeitstagebuch (vgl. Schweikert 3, S. 258ff.) zeigt indes exemplarisch, wie viele Arbeiten nach wie vor Fragment geblieben sind. Erst in Dresden findet Tieck zu kontinuierlichem, nun auch wieder in erster Linie erzählerischem Schreiben zurück, wobei ersichtlich wird, wie weit er sich während seiner Ziebinger Jahre von seinen frühromantischen Überzeugungen entfernt hat.

LITERATUR

Betz/Straub 1986/87: Betz, Otto/Straub, Veronika (Hg.): Bettine und Arnim. Briefe der Freundschaft und Liebe, 2 Bde., Frankfurt a.M. 1986/87.
Bong 2000: Bong, Jörg: Texttaumel. Poetologische Inversionen von ›Spätaufklärung‹ und ›Frühromantik‹ bei Ludwig Tieck, Heidelberg 2000.
Bruyn 1985: Bruyn, Günter de (Hg.): Rahels erste Liebe. Rahel Levin und Karl Graf von Finckenstein in ihren Briefen, Berlin 1985.
Bruyn 1999: Bruyn, Günter de: Die Finckensteins. Eine Familie im Dienste Preußens, Berlin 1999.
Burgsdorff 1907: Burgsdorff, Wilhelm von: Briefe an Brinkmann, Henriette v. Finckenstein, Wilhelm v. Humboldt, Rahel, Friedrich Tieck, Ludwig Tieck und Wiesel, hg. von Alfons Fedor Cohn, Berlin 1907 (Reprint Nendeln 1968).
Cohn 1907: Cohn, Alfons Fedor: Wilhelm von Burgsdorff. In: Euphorion 14 (1907), S. 533–565.
Cohn 1910: Cohn, Alfons Fedor: Ludwig Tiecks Reise nach London und Paris im Jahre 1817. Aus Wilhelm von Burgsdorffs Tagebuch. In: Zeitschrift für Bücherfreunde. Neue Serie 1 (1910), H. 10, S. 343–364.
Ebert 1976: Ebert, Hans: Über Hans Christian Genelli und seine Beziehungen zum Berliner Kultur- und Geistesleben um 1800. Zum 150. Todestag des Architekten und Gelehrten. In: Staatliche Museen zu Berlin. Forschungen und Berichte 17 (1976), S. 175–188.

Finckenstein/Wimmer/Wallwitz 1998: Finckenstein, Melanie/Wimmer, Clemens Alexander/Wallwitz, Georg: So ist die Anmuth gestaltet. Graf Friedrich Ludwig Karl Finck von Finckenstein und sein Madlitz, Berlin 1998.
Frank 1997: Frank, Manfred: Wie reaktionär war eigentlich die Frühromantik? (Elemente zur Aufstörung der Meinungsbildung). In: Athenäum 7 (1997), S. 141–166.
Frank 1990: Frank, Manfred: Das Problem ›Zeit‹ in der deutschen Romantik. Zeitbewußtsein und Bewußtsein von Zeitlichkeit in der frühromantischen Philosophie und in Tiecks Dichtung, 2., überarbeitete Auflage, Paderborn/u.a. 1990.
Griggs 1955: Griggs, Earl Leslie: Ludwig Tieck and Samuel Taylor Coleridge. In: Journal of English and Germanic Philology 54 (1955), No. 2, S. 262–268.
Haberstok 2001: Haberstok, Monika: Sophie Tieck – Leben und Werk. Schreiben zwischen Rebellion und Resignation, München 2001.
Hölter 1986/87: Hölter, Achim: Ludwig Tiecks Klopstock-Bild und seine Kritik der Messiade. Edition und Kommentar. Erster Teil. In: Jahrbuch des Freien Deutschen Hochstifts (1986), S. 187–215; und: ders.: Ludwig Tiecks Klopstock-Bild und seine Kritik der Messiade. Edition und Kommentar. Zweiter Teil. In: Jahrbuch des Freien Deutschen Hochstifts (1987), S. 194–227.
Hölter 2001: Hölter, Achim: Liebe und Haß in Ludwig Tiecks Ästhetik. Aus der Confektgegend seines Briefwechsels mit Solger. In: ders.: Frühe Romantik – frühe Komparatistik. Gesammelte Aufsätze zu Ludwig Tieck, Frankfurt a.M./u.a. 2001, S. 215–230.
Joachim/Klinkenborg 1920/21: Joachim, Erich/Klinkenborg, Melle: Familien-Geschichte des Gräflich Finck von Finckensteinschen Geschlechts, 2 Bde., Berlin 1920/21.
Körner 1938: Körner, Josef: Geheimnis um Ludwig Tieck. In: Der kleine Bund 19 (1938), 30. Oktober, S. 353–354, und 6. November, S. 365–368.
Marquardt 1967: Marquardt, Hertha (Hg.): Henry Crabb Robinson und seine deutschen Freunde. Brücke zwischen England und Deutschland im Zeitalter der Romantik. Nach Briefen, Tagebüchern und anderen Aufzeichnungen, Bd. 2: 1811–1867, Göttingen 1967.
Matenko 1930: Matenko, Percy: An unpublished Ludwig Tieck Poem. In: Germanic Review 5 (1930), H. 2, S. 180–182.
Matenko 1933: Matenko, Percy (Hg.): Tieck and Solger. The Complete Correspondence, New York/Berlin 1933.
Matenko 1937: Matenko, Percy: Tieck's Diary Fragment of 1803 and his Novelle *Eine Sommerreise*. In: Journal of English and Germanic Philology 36 (1937), No. 1, S. 83–102.
Meißner 2007: Meißner, Thomas: Erinnerte Romantik. Ludwig Tiecks *Phantasus*, Würzburg 2007.
Niedermeier/Wimmer 1997: Niedermeier, Michael/Wimmer, Clemens Alexander (Hg.): Leopold von Reichenbach: Der schöne Garten (1788). Friedrich Ludwig Karl von Finckenstein: Der Frühlingstag im Garten (1811/12). Zwei Garten-Lehrgedichte aus der Mark Brandenburg, Berlin 1997.
Päsler 1996: Päsler, Ralf G.: »Nachrichten von altdeutschen Gedichten«. Anmerkungen zu Ludwig Tiecks Handschriftenstudien in der Bibliotheca Vaticana. In: E. T. A.-Hoffmann-Jahrbuch 4 (1996), S. 69–90.
Paulin 1987: Paulin, Roger: Ludwig Tieck, Stuttgart 1987.
Paulin 1988: Paulin, Roger: Ludwig Tieck. Eine literarische Biographie, München 1988.
Reimer 1999: Reimer, Doris: Passion & Kalkül. Der Verleger Georg Andreas Reimer (1776–1842), Berlin/New York 1999.
Richter/Strobel 2001: Richter, Eckhard/Strobel, Jochen: Der »König der Romantik« und der Adel. Ludwig Tieck in Dresden. In: Der Schritt in die Moderne. Sächsischer Adel zwischen 1763 und 1918, hg. von Silke Marburg und Josef Matzerath, Köln/u.a. 2001, S. 115–168.
Rumohr 2003: Rumohr, Carl Friedrich von: Sämtliche Werke, Bd. 12: Drey Reisen nach Italien. Erinnerungen. Mit einer Einleitung hg. von Enrica Yvonne Dilk, Leipzig 1832 (Reprint Hildesheim 2003).
Schneider 1923: Schneider, Franz (Hg.): Aus gärender Zeit. Tagebuchblätter des Heidelberger Professors Karl Philipp Kayser aus den Jahren 1793 bis 1827, Karlsruhe 1923.

Schweikert 1971: Schweikert, Uwe: Korrespondenzen Ludwig Tiecks und seiner Geschwister. 68 unveröffentlichte Briefe. In: Jahrbuch des Freien Deutschen Hochstifts (1971), S. 311–429.
Sembdner 1974: Sembdner, Helmut: Schütz-Lacrimas. Das Leben des Romantikerfreundes, Poeten und Literaturkritikers Wilhelm von Schütz (1776–1847). Mit unbekannten Briefen und Kleist-Rezensionen, Berlin 1974.
Strobel 2001/2002: Strobel, Jochen: Romantik und »Adeligkeit«. Ludwig Tieck und die Rezeption der Frühromantik in Briefen von Alexander und Heinrich Graf von Finckenstein (1801-03). In: Internationales Jahrbuch der Bettina-von-Arnim-Gesellschaft 13/14 (2001/2002), S. 37–63.
Thalmann 1976: Thalmann, Marianne: Hundert Jahre Tieck Forschung. In: dies.: Romantik in kritischer Perspektive. Zehn Studien, hg. von Jack D. Zipes, Heidelberg 1976, S. 63–75.
Trainer 1980: Trainer, James: Anatomy of a Debt. Friedrich »Maler« Müller and the Tiecks. With unpublished Correspondence. In: Oxford German Studies 11 (1980), S. 146–177.
Uechtritz 1884: Uechtritz, Friedrich von: Erinnerungen an Friedrich von Uechtritz und seine Zeit in Briefen von ihm und an ihn, mit einem Vorwort von Heinrich von Sybel, Leipzig 1884.
Unger 1991: Unger, Thorsten: »Romantisierte Welt« als ästhetische Überwindung des Gartens. Überlegungen zum Gartenmotiv in den Rahmengesprächen von Ludwig Tiecks *Phantasus*. In: Journal of English and Germanic Philology 90 (1991), No. 4, S. 467–490.
Wimmer 1996: Wimmer, Clemens Alexander: Alt-Madlitz. Die Erforschung und Wiederherstellung des Landschaftsparks. In: Brandenburgische Denkmalpflege 5 (1996), S. 39–48.
Zeydel 1931: Zeydel, Edwin H.: Ludwig Tieck and England. A study in the literary Relations of Germany and England during the early nineteenth Century, Princeton 1931.
Zybura 1994: Zybura, Marek: Ludwig Tieck als Übersetzer und Herausgeber. Zur frühromantischen Idee einer »deutschen Weltliteratur«, Heidelberg 1994.

Dresden, Berlin und Potsdam

Jochen Strobel

Dresden als Kunststadt – Romantik in Dresden

Tiecks Aufenthalte in Dresden sind voraussetzungsreich, insofern die sächsische Residenzstadt längst vor Tiecks Ankunft zu einer Stadt der Romantik geworden war. Die Gründung der Dresdner Kunstakademie 1764 kann als wichtiges Datum auf dem Weg dahin betrachtet werden. Hier lehrte etwa Bernardo Bellotto (Canaletto), der als Maler von Dresden-Veduten bis heute berühmt ist. In Dresden waren Anton Graff, Johann Christian Klengel und Adrian Zingg tätig, 1798 traf Caspar David Friedrich ein. Es entstand zwar keine romantische Schule in Dresden, aber eine »lose und wechselnde Bündelung philosophischer, historischer, naturwissenschaftlicher und ästhetischer Auffassungen und künstlerischer Ergebnisse« unter entscheidender Beteiligung von Malern (Jäckel 1990, S. 26). Als Kunststadt war Dresden nicht nur Arbeitsstätte von Künstlern, sondern selbst »Stadtkunstwerk« (Schmitz 1997, S. 140).

August Wilhelm Schlegels Dialog *Die Gemählde*, der im *Athenaeum* erschien, konstituierte die Kunstkritik der Jenaer Romantik. Vorausgegangen waren Dresden-Besuche der Brüder Schlegel, Caroline Schlegels, Johann Diederich Gries', Schellings und Novalis' im Jahr 1798. Mit dieser »Italienreise en miniature« (Müller 1996, S. 167) bestätigten die Frühromantiker den Charakter Dresdens als deutscher Hauptstadt der bildenden Künste, wo man sowohl die Kunst der Antike (in Gestalt der aus dem Nachlaß von Anton Raphael Mengs erworbenen Abgußsammlung) studieren konnte als auch die Malerei der italienischen Renaissance, allen voran Bilder Correggios und Raffaels *Sixtinische Madonna*. Damit erwies sich Dresden als realer Ort der in Wackenroders und Tiecks *Herzensergießungen eines kunstliebenden Klosterbruders* entwickelten Kunstreligion. Und so kommt es in dem fiktiven Dresdner Galeriegespräch Schlegels nicht nur zu Gemäldebeschreibungen, es wird nicht allein eine Sprache der Kritik der Malerei entwickelt; vielmehr werden auch genuin romantische Ideen wie die der Annäherung und Mischung der Künste von den Protagonisten erörtert.

Inzwischen war Dresden eine Stadt des katholischen Ritus in protestantischem Umfeld geworden, ein idealer Nährboden für die nach 1800 einsetzende romantische Konversionswelle: Der Wettiner Kurfürst August der Starke (1670–1733) war 1697 zum Katholizismus konvertiert, um die polnische Krone erwerben zu können. Friedrich und Dorothea Schlegels Dresden-Aufenthalt ging 1802 der gemeinsamen Konversion voran. Und in Dresden trat Tiecks Frau Amalie mit der Tochter Dorothea zur katholischen Kirche über – nicht jedoch Ludwig Tieck selbst, dem immer wieder Kryptokatholizismus unterstellt wurde (siehe den Beitrag *Religion* in Kap. 2).

Tiecks erster Aufenthalt in Dresden 1801/02

Dresden eignete sich demnach als Zufluchtsort jenseits von Berlin und Jena. Der erste Umzug nach Dresden markiert zugleich eine erste Lebenswende, die auf den Tod des Freundes Novalis und das Zerbrechen des Jenaer symphilosophischen Projekts mittelbar folgte (siehe den Beitrag *Der Jenaer Kreis und die frühromantische Theorie* in Kap. 1). In der Dresdner Zeit hatte Tieck nach einem Jahrzehnt explosiver Produktivität mit einer handfesten Schaffenskrise zu kämpfen. Hinzu kam etwa das Mißlingen des Plans, Dramaturg am Frankfurter Theater zu werden. Die Neigung der Romantiker zum unabgeschlossenen und unabschließbaren Werk erreichte bei Tieck nun einen Höhepunkt:

> Auf die hochgehende Strömung der ersten zehn Jahre schien die Ebbe einzutreten. Zwar regten ihn Freunde und manche Ereignisse vorübergehend an. Aber meistens blieb es bei Entwürfen, es waren Ansätze und Versuche ohne Abschluß, ohne Lust, ohne Vertrauen. (Köpke 1, S. 294)

In Dresden entstand allerdings das 1804 publizierte Universaldrama *Kaiser Octavianus*, das Summe und Abschluß der frühromantischen Schaffensperiode darstellte (siehe den Beitrag *Dramen und dramatische Bearbeitungen* in Kap. 4).

Der erste Dresdner Aufenthalt ist für die weitere Entwicklung der Romantik kennzeichnend, denn an die Stelle der ehemaligen ›Keimzelle‹ Jena treten nun, teils nacheinander, mehrere urbane Zentren: neben Heidelberg, Berlin, Stuttgart oder München eben auch Dresden. Es gibt keine festen Kreise mehr, sondern wechselnde Konstellationen, Freundschaften und Arbeitsgemeinschaften. In Dresden begegnete Tieck vor allem Malern, etwa dem Klassizisten Ferdinand Hartmann, Professor an der Sächsischen Akademie der Künste und wenige Jahre später Urheber der Titelvignette von Heinrich von Kleists und Adam Müllers Zeitschrift *Phöbus*. Dort kam es auch zum Austausch mit Philipp Otto Runge, den Tieck mit der Mystik Jakob Böhmes vertraut machte und der sich vom Klassizismus der ›Weimarischen Kunstfreunde‹ um Goethe und Johann Heinrich Meyer zu entfernen begann. Die Bekanntschaft Tiecks mit Caspar David Friedrich ist für diese Zeit nicht belegt, aber wahrscheinlich. Von Fall zu Fall hatte Tieck kaum Berührungsängste vor weniger esoterisch denkenden Autoren der Dresdner Szene: Damals schon lernte er den Unterhaltungsschriftsteller Friedrich Laun (Pseudonym für Friedrich August Schulze) kennen, mit Johann August Apel zusammen nachmaliger Erfolgsautor des *Gespensterbuchs*. Noch 1843 gab Tieck Launs Werke heraus.

Schon kurz nach 1800 war Tieck als Vorleser gefragt, wie etwa ein Brief von Alexander von Finckenstein, einem Sohn seines künftigen Ziebinger Gastgebers Friedrich Ludwig Karl von Finckenstein, zeigt (siehe den Beitrag *Der Vorleser* in Kap. 1). Zusammen mit seinem Bruder absolvierte Finckenstein offenbar das damalige Dresdner Kulturprogramm zur Gänze, neben der Tieckschen Lesung auch die Galerie und die Antikensammlung:

> Den Abend waren wir bei H. Tiek, der uns ein Lustspiel, den Geschäftigen, von [Ludvig Holberg] vorlaß. Er laß es so, daß wir ob wir gleich vorher sehr müde waren, und das Stück sehr lang war, alle Schläfrigkeit verloren, und fast keinen Augenblick aus dem Lachen kamen. Heute Vormittag haben wir noch zu guter Letzt die Bildergallerie besucht, und werden, heute gegen Abend die Gipsabgüsse bey Fackelschein sehen wovon Ich mir sehr viel verspreche. (Zit. nach Strobel 2001/02, S. 44)

Tiecks Dresdner Aufenthalt 1819–1842

Nach dem Tod des Grafen Finckenstein 1818 war die neugewonnene finanzielle Unabhängigkeit der Gefährtin Tiecks, der Finckenstein-Tochter Henriette, wohl der wichtigste Faktor für den neuerlichen Umzug nach Dresden. Doch reichte deren Erbe nicht für den Lebensunterhalt der Großfamilie. Pläne, in Berlin oder München eine Professur anzunehmen, zerschlugen sich (siehe den Beitrag *Tieck und die Formierung der neueren Philologien* in Kap. 5). Tieck verschaffte sich bald nach seiner Ankunft in Dresden eine zusätzliche Einnahmequelle, die ihn, bei oberflächlicher Betrachtung, wie schon in den 1790er Jahren zu einem der ersten freien Schriftsteller machte: Er bediente mit zahlreichen Novellen das lukrative Taschenbuch-Segment des zeitgenössischen Literaturmarktes. Zeitweilig war er der prominenteste Autor der *Urania*, des Flaggschiffs des Leipziger Verlegers Brockhaus (siehe den Beitrag *Tieck und seine Verleger* in Kap. 1). Seit 1825 war Tieck zudem besoldeter Dramaturg am Dresdner Hoftheater.

Köpke belegt den erneuten, nun über zwei Jahrzehnte währenden Dresdner Aufenthalt wiederum mit den Attributen der Lebenswende, nun aber zum Besseren hin:

> Es kehrte ihm die Erinnerung früherer Jahre zurück, die er hier verlebt hatte, wo trübe Schwermuth ihn gefangen hielt, und die heitere, freundliche Natur ihre Kraft für ihn verloren hatte. Jetzt sah er die Welt mit andern Augen an. Er war ruhiger, er erwartete weniger, und fand mehr. Die bekannten und doch neuen Gegenstände bewegten ihn. Diese Gärten und Weingelände, dieser Strom mit seinen Bergen, Alles rollte sich wie ein altes, lange nicht gesehenes, und darum doppelt frisches Bild vor ihm auf. Dazu die Galerie mit ihren Meisterwerken, die sich auch jetzt noch, nach [Aufenthalten in] Italien und England, in altem Glanze behaupteten, die Bibliothek, das Theater, freundschaftlicher Umgang; Alles gestaltete sich günstig. (Köpke 1, S. 383)

Die Standortvorteile listet Tieck in einem werbenden Brief an seinen Bruder Friedrich vom 22. November 1819 auf; alle ökonomischen, sozialen und ästhetischen Vorzüge Dresdens sprechen gleichzeitig gegen Berlin: »[D]ie Gallerien, die schöne Natur, die größere Einsamkeit hier und doch mehr Freunde, als in Berlin: auch kannst Du 800 rt. hier wenigstens so viel als 1200 in Berlin rechnen« (Letters, S. 180).

Ab 1825 war Tieck mit einem Gehalt von zunächst 600, dann 800 Talern pro Jahr, verbunden mit der Ernennung zum Hofrat, als Dramaturg am Dresdner Hoftheater tätig (siehe den Beitrag *Der Dramaturg* in Kap. 3). Zwar konnte er nun über den Spielplan in seinem Sinn mitbestimmen und brachte Calderón, Lope de Vega, Goethe, Kleist und natürlich Shakespeare auf die Dresdner Bühne. Gegen den populären Geschmack der Zeit kam er aber nicht an, ja er hatte zunehmend Schwierigkeiten, sich gegen den Einfluß von Befürwortern dieses Geschmacks zu behaupten – so etwa gegen den des Theatersekretärs und gleichberechtigten Dramaturgen Karl Gottfried Theodor Winkler. Tieck zog sich ab 1836 wieder partiell aus der Theaterarbeit zurück.

Als Bürgerlichem blieb ihm der sächsische Hof verschlossen, und doch lud ihn der gebildete Kronprinz Johann (1801–1873, König seit 1854) in die 1832 gegründete *Academia Dantesca* ein: Unter dem Pseudonym Philalethes erarbeitete Johann die bis dahin wohl beste Übersetzung von Dantes *Göttlicher Komödie* ins Deutsche, auf deren Entstehungsprozeß die gelehrten Dilettanten von Tieck bis Carus und Baudissin Einfluß nehmen durften. August Wilhelm Schlegel hatte in Vorlesungen und als Übersetzer das Werk Dantes in den von ihm definierten romantischen Kanon eingegliedert.

Dresdner Kreise

Neu für Tieck war der Öffentlichkeitscharakter seiner Person, der sich bald bis zur Verehrung steigerte:

> Jeder Ort hat seinen Heiligen; wie man in Dresden bey Ihnen schwört [...], so in Weimar bey Goethe, aber wie es Ihnen dort geht, so auch diesem großen Manne hier; man rafft Fäserchen auf, zaselt sie umher und schmückt sich damit, aber das Ganze, das eigentliche, innerste Wesen wird nicht verstanden, oder neben aller Bewunderung her noch gar misdeutet. (Holtei 2, S. 321f.)

Dies schrieb Ernst von der Malsburg (1786–1824), der als Übersetzer Calderóns und Lope de Vegas zentrale Interessen Tiecks teilte und Mitglied seines Freundeskreises in den ersten Dresdner Jahren war.

Inmitten der biederen, vorwiegend marktkonformen Dresdner Literaten war Tieck immer noch eine auf der Höhe der Zeit agierende Ausnahmeerscheinung:

> Die literarischen Kreise, welche hier herrschten, und mit denen eine Berührung nicht ausbleiben konnte, waren ganz anderer Natur; sie stammten zum Theil noch aus jenen Zeiten, die längst für abgethan galten. [...] Sie stimmten darin überein, nicht entschiedene Anhänger der romantischen Schule zu sein. Nach Bildung und Neigung gehörten sie vielmehr der alten Aufklärung an, doch je nach Umständen ließen sie sich auch in dem neuen Tone vernehmen. (Köpke 2, S. 14f.)

Damit hätte sich die Frontstellung, die Tieck seit seinem Ausscheiden aus Friedrich Nicolais Schreibfabrik, seit den Auseinandersetzungen mit Garlieb Merkel und Johann Daniel Falk vertraut war, in Dresden eigentlich wiederholen müssen – allerdings waren die Dresdner Literatenkreise eben nicht in gleichem Maße wie die Spätaufklärer auf Konfrontation, sondern auf Integration bedacht; überdies hatte Tieck seinerseits einen viel zu hohen Marktwert, um noch so leicht angreifbar zu sein wie zwei Jahrzehnte zuvor. Dieses symbolische Kapital erhöhte er als Novellenautor und Gastgeber, als Editor und Dramaturg.

Der Mediziner, Maler und Schriftsteller Carl Gustav Carus zählte zu Tiecks engeren Freunden ebenso wie Ida von Lüttichau (1798–1856), die einflußreiche Gattin des Dresdner Theaterintendanten Wolf Adolf August von Lüttichau (1788–1863). Tiecks adeliger ›Hofstaat‹ wurde von seinen beiden wichtigsten Dresdner Weggefährten gebildet: Wolf Graf von Baudissin (1789–1878) und Eduard von Bülow (1803–1853). Baudissin übersetzte zahlreiche Werke aus dem Mittelhochdeutschen, dem Italienischen und dem Englischen, vor allem vollendete er unter Tiecks Leitung und in Zusammenarbeit mit dessen Tochter Dorothea die durch August Wilhelm Schlegel begonnene Shakespeare-Übersetzung. Bülow war Übersetzer u. a. aus dem Italienischen und selbst Novellen-Autor und Novellen-Herausgeber; er unterstützte Tieck bei Editionsprojekten und verfaßte die erste Kleist-Biographie.

Auf vertrautem Fuß stand Tieck mit den Malern Johann Christian Clausen Dahl (1788–1857), Ernst Ferdinand Oehme (1797–1855), dem Kunstsammler, Kunsthistoriker und Begründer des Sächsischen Kunstvereins Johann Gottlob von Quandt (1787–1859), dessen Mitglied Tieck zeitweilig war. Bekannt war Tieck mit dem Begründer der Dresdner *Abend-Zeitung*, dem Theater- und Akademiesekretär, Übersetzer und Komödienautor Karl Gottfried Theodor Winkler (1775–1856), der unter dem Pseudonym Theodor Hell firmierte und für dessen Zeitung er regelmäßig Theaterkritiken schrieb, desgleichen mit der Autorin Helmina von Chézy (1783–1856). Kritisch distanzierend, wenngleich durch Briefe gut dokumentiert, dürfte sich die Beziehung zu dem Altertumswissenschaftler und Journalisten Karl August Böttiger (1760–1835) entwickelt haben. Zu Tiecks Bekanntenkreis zählten auch der Komponist Carl Maria von Weber (1786–1826), der Autor Friedrich Kind (1768–1843), der Lehrer und Petrarca-Übersetzer Karl Förster (1784–1841) sowie der Jugendfreund Eichendorffs und Novalis-Epigone Otto Heinrich Graf von Loeben (1786–1825). Der »Liederkreis« um Winkler-Hell, Weber, Kind, Böttiger und andere »markiert in der Geschichte der ›Kulturstadt‹ den Übergang von der ›romantischen‹ Geselligkeitsutopie zur biedermeierlichen Kultur der Geselligkeit als einer sozialen Praxis« (Schmitz 1997, S. 155; vgl. Känner 2009).

Lang wäre die Liste der prominenten Besucher Tiecks, die exemplarisch für die persönlichen Verflechtungen innerhalb einer europäischen Romantik stehen, aber auch für den Austausch mit konkurrierenden künstlerischen Strömungen der Zeit: Jean Paul ist zu nennen, Franz Grillparzer, Friedrich Rückert, der Tieck sehr ergebene Karl Leberecht Immermann, David Friedrich Strauß, aus Dänemark Hans Christian Andersen, aus den USA James Fenimore Cooper und Washington Irving, aus Frankreich der Romancier Prosper-Claude de Barante und der Übersetzer Jean-Jacques Ampère, aus Rußland Wassili Andrejewitsch Shukowski und Wilhelm Küchelbecker. Die persönliche Bekanntschaft Tiecks suchten auch, nicht zu ihrem Vorteil, Christian Dietrich Grabbe oder Friedrich Hebbel.

Tiecks Dresdner Vorlesungen

Der Dresdner Tieck wurde über die Grenzen Deutschlands hinaus mit seinen literarischen Lesungen bekannt. Inszenierung und Ablauf dieser fast ausnahmslos in Tiecks Privathaus am Altmarkt (nahe der Kreuzkirche und wenige hundert Meter vom Schloß entfernt) abgehaltenen, darum aber keineswegs bloß ›privaten‹ Veranstaltungen scheinen sich wiederholt zu haben. Der häufige Besucher Carl Gustav Carus betont drei einander sich ergänzende Merkmale der Lesungen, die auf deren Ritualcharakter verweisen: »die Individualität des Lesenden«, mithin das Charisma, die Spezifik der im Zentrum stehenden Persönlichkeit, »[z]weitens ein gewisser bei diesen Lesungen eingeführter Cultus« (Carus 1845, S. 205), also ein Set von wohl implizit bleibenden, aber wiederkehrenden Handlungsweisen der Protagonisten, die ein Ganzes bildeten; schließlich »die Wahl des Vorzutragenden« (ebd., S. 206), also ein ›romantischer Kanon‹, der in Gestalt der Leserituale proklamiert und bekräftigt wurde.

Unter den regelmäßig Teilnehmenden befanden sich auffallend viele Adelige. Neben zahlreichen durchreisenden Fremden, für die ein Besuch bei Tieck wohl als ›Bildungserlebnis‹ gelten konnte, gab es eine sich regelmäßig und bevorzugt einfindende »literarische Camarilla des Hauses« (Scherer 1839, S. 14), einen engeren Kreis um Tieck. Es fällt auf, daß von 14 hierzu gehörenden Personen 11 adelig waren, darunter die Dichter Otto Graf Loeben und Ernst von der Malsburg, Ida von Lüttichau, der (nobilitierte) Kunstsammler Johann Gottlob von Quandt sowie die Übersetzer Wolf Graf Baudissin und Eduard von Bülow. Tiecks Freundin, die Gräfin Henriette von Finckenstein, trat als Zeremonienmeisterin auf, als »Hüterin eines gewissen feierlichen Kultus« (Beutel 1913, S. 66), wozu die Vorstellung neuer Gäste gehörte wie auch die Überwachung der Stille während der Lesehandlung. Es trat »feierliche Stille« oder »weihevolle Ruhe« während der »fesselnd[en]« Lesung ein (Friesen 1871, S. 33). Die Einrichtung des ›Gesellschaftszimmers‹ war auf den Hausherrn hin ausgerichtet. Auch in dessen Abwesenheit mußten neben den hohen Bücherschränken vor allem mehrere »Büsten der Heroen deutscher Dichtkunst« (Scherer 1839, S. 10) auffallen – darunter Ludwig Tiecks eigene Kolossalbüste, die Pierre-Jean David d'Angers im Herbst 1834 modelliert hatte (Abb. 5). Die Plazierung der Marmorbüste konnte kein Zufall sein: David d'Angers hatte 1829 eine vergleichbare Goethe-Büste geschaffen. Das Bestreben Tiecks und seines Kreises, den Verfasser von *Franz Sternbalds Wanderungen* als Nachfolger Goethes und damit als führenden deutschen Nationalautor zu inthronisieren, war nach Goethes Tod 1832 deutlich erkennbar. Ein ›thronender‹ Tieck ist auch auf Christian Vogel von Vogelsteins berühmtem Dresdner Gemälde zu erkennen, das den Modell sitzenden Tieck neben dem Bildhauer und dem Maler zeigt (Abb. 6). Analog dazu wird wiederholt der ›Thron‹ des Vorlesers beschrieben.

Für Tiecks Lesetechnik war, wie generell bezeugt wird, die »Beherrschung der Affekte, Zurückhaltung in den Stilmitteln« charakteristisch (Weithase 1940, S. 208). Im Gegensatz zu virtuosenhaftem Pathos, das etwa beim Vorlesen von Dramen die einzelnen Rollen hätte herausarbeiten müssen, im Gegensatz zu einem Vorlesestil also, den Goethe pflegte, las Tieck Dramen antitheatralisch. Er lenkte damit die Aufmerksamkeit weg von den einzelnen

Rollen des Dramas und von der Aktion auf der Bühne und hin auf den Dramentext als Ganzes, daneben aber auch auf die eine Person des Lesenden, die angesichts der Passivität der Zuhörer den Raum dominierte. Auch Tieck selbst war, wie sein Biograph Rudolf Köpke berichtet, der »Eindruck des Ganzen« wichtig; er wollte als Vorleser »über dem Ganzen« stehen (Köpke 2, S. 179). Köpke berichtet weiter, seine dramatischen Vorlesungen erst hätten Tieck in Dresden »zur öffentlichen Person« und zum »Mittelpunkt der Geselligkeit« gemacht, nicht sein dichterischer Ruhm (Köpke 2, S. 67) oder Tiecks literarische Produktion jener Jahre. Seine Taschenbuchnovellen fanden zwar mutmaßlich ein breites Publikum, aber eher selten interessierte Rezensenten. Das Ritual des Vorlesens scheint vielmehr eine sich wechselseitig stützende Wirkung dreier Komponenten erzielt zu haben: Die gelebte ›Gemeinschaft‹ dürfte das Prestige des Lesenden wie der Zuhörer erhöht und den vorgetragenen Kanon bestätigt haben.

In einem 1831 entstandenen Abriß *Die geschichtliche Entwicklung der neueren Bühne* äußert sich Tieck befriedigt über eine Tendenz der neuesten Zeit, die Poesie »wieder mit Kirche und wirklichem Leben zu einigen« (KS 2, S. 316). Doch konnte dies, wie der Autor selbst vorführte, wohl nur im Bereich travestierter Sakralität geschehen, die sich im Ritual stets von neuem einstellte. Die adeligen Gäste Tiecks bewahrten aber mittels der Teilnahme an einer Institution, die im Grunde dem seit dem 18. Jahrhundert sich ausdifferenzierenden Literaturbetrieb zugehörig war, die Ehre ihres Standes, wenngleich ebenfalls nur in travestierter Gestalt: Die Formen erleichterten es den Adeligen, sich in Tiecks Nähe zu bewegen.

Tiecks ›Hof‹ bildete implizit eine konkurrierende Einrichtung zum höfischen Leben in Dresden, das für die Gegenwartsliteratur kaum aufgeschlossen war. Tieck setzte das Goethesche Modell des ›Dichterfürsten‹ auf seine Weise fort und stellte inmitten der Residenzstadt Dresden dem ›Musenhof‹ des als Literaten dilettierenden Prinzen Johann, also einer Verwissenschaftlichung und Verbürgerlichung des Hofes, eine höfisierende Variante des bürgerlichen Literaturbetriebs an die Seite.

Die hierarchische, ständische Struktur von Tiecks Institution kann man sich anhand eines Vergleichs mit dem romantischen Salon um 1800 wie auch mit dem ›Kreis‹ der Jenaer Frühromantik vergegenwärtigen. ›Romantische‹ Geselligkeit hatte programmatisch ständischer Privilegierung eine Absage erteilt; ›Bildung‹ diente als Voraussetzung für eine Elitebildung neuen Typs. Hatte die Jenaer ›Gruppe‹, der auch Tieck angehört hatte, mit einer weitgehenden, theoretisch von Gleichrangigkeit bestimmten Rollendifferenzierung gearbeitet, waren die Berliner Salons um die Jahrhundertwende ein geselliger Ort jenseits der Schranken des Standes, des Geschlechts und der Religion gewesen, ein Egalität heischender Gegenentwurf zum steifen höfischen Zeremoniell, so tritt bei Ludwig Tieck in Dresden ein Elitenkompromiß *en miniature* zutage, der in seinen Handlungsmomenten kaum mehr an den Salon erinnert.

Tiecks später Wechsel nach Berlin 1841/42

Tieck war in Berlin nie zum Fremden geworden. Ähnlich wie Goethe sich mit Karl Friedrich Zelter einen energischen Parteigänger in der preußischen Hauptstadt hielt, so hatte auch Tieck in den Jahrzehnten der Abwesenheit bedeutende Briefpartner als Informanten und Fürsprecher, vor allem den Philosophen Karl Wilhelm Ferdinand Solger und, nach dessen Tod 1819, den Historiker Friedrich von Raumer. Zum 60. Geburtstag 1833 hatten ihm seine Berliner Verehrer eine Feierstunde gewidmet: Der Schauspieler und Rezitator Karl von Holtei zählte zur Festgemeinde, der als Autor historischer Romane im 19. Jahrhundert sehr geschätzte Willibald Alexis, die Bildhauer Christian Daniel Rauch und Friedrich Tieck sowie Friedrich von Raumer.

König Friedrich Wilhelm IV. (1795–1861, König seit 1840), der schon als Kronprinz den staatstragenden Ritterromantiker Friedrich de la Motte Fouqué zu seinen Lieblingsschriftstellern zählte, galt als ›Romantiker auf dem Hohenzollernthron‹, war aber zugleich »sowohl ein Sohn seiner Zeit als auch Preußens erster *moderner* König, ein Mann, der daranging, monarchische Einrichtungen umzugestalten und zu modernisieren, indem er unter anderem eine monarchische Tradition in Preußen überhaupt erst erfand und einführte« (Barclay 1995, S. 88). Neben Ludwig I. und Maximilian II. von Bayern dem Typus des »Kulturkönigtums« (vgl. Kroll 1990) des 19. Jahrhunderts zuzuordnen, berief er u. a. die Brüder Grimm, Schelling, Peter von Cornelius, Felix Mendelssohn Bartholdy und Giacomo Meyerbeer nach Berlin. Ein erster Höhepunkt seiner politischen Repräsentationspraxis war eine Huldigung der Stände vor dem Berliner Stadtschloß am 15. Oktober 1840. Franz Krüger hat diese Szene in einem monumentalen Gemälde festgehalten; auf der Ehrentribüne im rechten Vordergrund ist neben den Brüdern Grimm und Alexander von Humboldt auch Ludwig Tieck zu erkennen – eine nachträgliche Stilisierung übrigens, denn Tieck folgte dem Ruf des Königs erst im Jahr darauf.

Das zu erwartende Gehalt des preußischen Königs verstand Tieck als Mäzenatentum, das ihm, dem auf dem literarischen Markt mit Spitzenhonoraren gut ausgestatteten Autor, ein sorgenfreies Alter ermöglichte, ihn in der Wahl seiner Gegenstände erst eigentlich zum freien Schriftsteller machte:

> Sie wissen, durch die Gnade des Königs erhalte ich eine jährliche Pension von Tausend Thalern, dazu, wenn ich nach Potsdam komme, 100 Frd. Reisegeld, jährlich, das macht mit den 800 Thal. die ich in Dresden erhalte, über 2300 Thal. […] Meine literarischen Arbeiten werden mir so reichlich honorirt, wie wohl nur

den wenigsten Autoren in Deutschland, so daß ich durch die Gnade Sr. Majestät sorgenfrei meine lezten Jahre verleben, und noch einige mühsamen literarischen Arbeiten vollenden kann. (Letters, S. 456f.)

Für diese Freiheit also – zusammen mit der gewohnten Gastfreundschaft zum Tee oder zu Abendeinladungen nach eigener Schätzung alles in allem mit einem Bedarf von 4000 Talern jährlich verbunden – zahlte Tieck den hohen Preis, sich nach Wünschen seines Königs richten zu müssen. Diese konnte er vor seiner Abreise kaum einschätzen, zumal er befürchten mußte, das sächsische Gehalt zu verlieren, falls er in Dresden nicht mehr »beim Theater helfen und wirken« könnte (ebd., S. 459).

Vorleser und Dramaturg am königlichen Hof in Potsdam. Die letzten Jahre

Vermittelt durch Raumer und Alexander von Humboldt, begab sich Tieck, zunächst vorübergehend, 1841 nach Berlin. Am 6. August wurde für ihn, im Beisein u. a. von Henrich Steffens, Jacob Grimm und August Wilhelm Schlegel, ein Festbankett veranstaltet. Vor dem König in Potsdam las Tieck Sophokles' *Antigone* in der Übersetzung Johann Jakob Christian Donners vor, bald darauf kam es im Potsdamer Neuen Palais zu einer ersten modernen Wiederaufführung der Tragödie unter Tiecks Regie und mit Musik von Felix Mendelssohn.

Nach diesem Probelauf zog Tieck im folgenden Jahr endgültig von Dresden nach Berlin um, mit dem Titel des Geheimen Hofrates versehen und mit der Mitgliedschaft im Orden *Pour le mérite* bedacht. Zwischen 1842 und 1850 verbrachte er jeweils den Sommer in einer Wohnung im Park von Sanssouci und blieb dort für den König stets verfügbar, im Winter lebte er in Berlin in der Friedrichstraße. Aus dem Theaterengagement in Potsdam zog er sich nach 1845 zurück, doch war er bis kurz vor seinem Lebensende beratend tätig.

Zwar setzte er auch in Berlin die Tradition der Vorleseabende fort, konnte aber inmitten der Literaturszene des Vormärz um Autoren wie Adolf Glaßbrenner nicht mehr von seinem Dresdner Nimbus zehren: »Es gab hier eine Art von Republikanismus der Geister, der keine Herrschaft eines Geistes anerkannte« (Köpke 2, S. 115). Öffentliches Auftreten beschränkte sich nun ausgerechnet auf den Hof des preußischen Königs. 1848 schrieb Tieck: »In Berlin und hier [in Potsdam, J. S.] lebe ich viel einsamer, als in Dresden: In P. sehe ich eigentlich nur den König und den Hof, selten andre Menschen, in B. nur eigentlich die ziemlich zahlreichen Verwandten« (Letters, S. 562).

Seit 1850 konnte er krankheitsbedingt Potsdam nicht mehr aufsuchen, hatte sich also, wie er Friedrich Wilhelm IV. in seinem letzten Brief am 15.

Oktober 1852 gestand, nun endgültig dem königlichen Mäzenatentum ohne eigentliche Gegenleistung anheimgegeben:

> Freilich tröstet mich wieder die Gnade meines wohlwollenden und huldreichen Königes, daß derselbe mich durch Seine hohe Güte über die Sorgen und den Kummer unsers Lebens so völlig erhoben hat, daß ich die letzten Wochen oder Monate meines dürftigen, schmerzvollen Lebens ruhig erwarten kann. (Ebd., S. 476)

Tieck publizierte nach 1840 keinen neuen Erzähltext mehr, blieb aber auch in Berlin als Herausgeber fremder und eigener Werke tätig. Bis zum Ende seines Lebens betrieb Tieck, nach dem Vorbild Goethes, seine editorischen Vorhaben ›letzter Hand‹, ohne daß er doch seinen Berliner Verleger Reimer zu einer neuen Gesamtausgabe bewegen konnte. Zumindest die *Gesammelten Novellen* erschienen 1852–1854 noch einmal separat und als Bestandteil der schon 1828 begonnenen *Schriften*. Konnten die *Kritischen Schriften*, u. a. mit den als *Dramaturgische Blätter* neu aufgelegten Theaterkritiken, noch zu Lebzeiten erscheinen (siehe den Beitrag *Der Theaterkritiker* in Kap. 3), so publizierte Rudolf Köpke eine Auswahl literarischer und kritischer Texte aus dem Nachlaß 1855.

Goethe hatte seinen Briefwechsel mit Schiller selbst ediert und die Publikation der Korrespondenz mit dem Berliner Freund Zelter immerhin noch in die Wege geleitet. Tieck hingegen gelang es nicht mehr, eine Briefausgabe zu realisieren. Aus finanziellen Gründen hatte er seine etwa 16000 Bände zählende Bibliothek längst dem Verleger Brockhaus verpfändet, der großzügig Verzicht leistete, als es 1849 zu einer Versteigerung der Bücher zugunsten Tiecks kam (siehe den Beitrag *Tiecks Bibliothek* in Kap. 2). Der preußische König kaufte vor allem manche der seltenen spanischen Bücher aus Tiecks Sammlung auf; sie konnten langfristig für die Berliner Staatsbibliothek gerettet werden. Viele andere, darunter wertvolle frühe Shakespeare-Ausgaben, gelangten in die Wiener Hofbibliothek oder in die British Library. Doch bezeugt der 1850–1852 mit dem Braunschweiger Buchhändler Eduard Leibrock geführte, bislang unedierte Briefwechsel, daß Tieck sehr rasch eine neue Sammlung mit Rara aus Spanien aufbaute.

Die wichtigsten Mitarbeiter der späten Jahre waren der Historiker Rudolf Köpke und der vom König alimentierte Sekretär Karl Hellmuth Dammas. Köpke trat nicht nur als Editor auf, sondern hielt auch Tiecks Erinnerungen in zwei Bänden fest, nach dem Vorbild Johann Peter Eckermanns in einer ›Er-Erzählung‹, an deren Autorisation von Fall zu Fall Zweifel geäußert werden dürfen. Köpkes *Erinnerungen aus dem Leben Ludwig Tiecks* sind trotz allem, neben den Briefen, eine der wesentlichen biographischen Quellen, getrübt vermutlich durch die Entstehung in dem von einer Atmosphäre politischer

Reaktion beherrschten nachrevolutionären Preußen, die Köpke Tiecks konservative Seiten besonders betonen ließ. Dammas' Handschrift taucht in Tiecks Nachlaß nicht nur auf Briefabschriften auf, sondern auch in vielen diktierten Originalbriefen.

Tieck, der bis in die zweite Jahrhunderthälfte hinein aktiv war, scheint Zeuge des Überlebens der Romantik zu sein; doch war ein breiteres Publikumsinteresse längst ohnehin auf seine Novellenproduktion im kurzlebigen Medium des Taschenbuchs beschränkt. Die weitere Entwicklung der deutschen Literatur des Vormärz, an deren Anfang u. a. Heines Abrechnung *Die romantische Schule* steht (siehe die Beiträge *Das Junge Deutschland* in Kap. 1 und *Tieck im Urteil seiner Zeitgenossen* in Kap. 5), deutet darauf hin, daß Tiecks Zeit spätestens seit seinem Wechsel nach Berlin vorüber war.

LITERATUR

Barclay 1995: Barclay, David E.: Anarchie und guter Wille. Friedrich Wilhelm IV. und die preußische Monarchie, Berlin 1995.
Beutel 1913: Beutel, Georg: Tiecks Vorlesungen in Dresden. In: Dresdner Geschichtsblätter 22 (1913), H. 4, S. 57–68.
Carus 1845: Carus, Carl Gustav: Zur Geschichte von Tieck's Vorlesungen. In: Historisches Taschenbuch N. F. 6 (1845), S. 195–238.
Friesen 1871: Friesen, Hermann Freiherr von: Ludwig Tieck. Erinnerungen eines alten Freundes aus den Jahren 1825–1842, Wien 1871.
Jäckel 1990: Jäckel, Günter: Einleitung. Stadt der Erinnerung. In: Dresden zur Goethezeit. Die Elbestadt von 1760 bis 1815, hg. von G. J., Berlin ²1990, S. 7–35.
Känner 2009: Känner, Andreas: »Jeder Ort hat seinen Heiligen…«. Gruppenbildung um Ludwig Tieck in Dresden – Inszenierung und Selbstinszenierung eines Autors, Dresden 2009.
Kroll 1990: Kroll, Frank-Lothar: Friedrich Wilhelm IV. und das Staatsdenken der deutschen Romantik, Berlin 1990.
Müller 1996: Müller, Lothar: Nachwort. In: August Wilhelm Schlegel: Die Gemählde. Gespräch, hg. von L. M., Amsterdam/Dresden 1996, S. 165–196.
Paulin 1988: Paulin, Roger: Ludwig Tieck. Eine literarische Biographie, München 1988.
Scherer 1839: Scherer, G.: Ein Abend bei Ludwig Tieck. In: Europa. Chronik der gebildeten Welt 4 (1839), S. 8–18.
Schmitz 1997: Schmitz, Walter: Romantik in Dresden. In: Literatur, Kunst und Musik. 2. Bayrisch-sächsischer Germanistenkongreß 13.–15. Oktober 1994 in Dresden, hg. von der Akademie für Lehrerfortbildung Dillingen in Zusammenarbeit mit dem Deutschen Germanistenverband, Fachgruppe der Deutschlehrerinnen und Deutschlehrer. Landesverbände Sachsen und Bayern, o. O. 1997, S. 139–158.
Strobel 2001/2002: Strobel, Jochen: Romantik und ›Adeligkeit‹. Ludwig Tieck und die Rezeption der Frühromantik in Briefen von Alexander und Heinrich von Finckenstein (1801-03). In: Internationales Jahrbuch der Bettina-von-Arnim-Gesellschaft 13/14 (2001/2002), S. 37–63.
Weithase 1940: Weithase, Irmgard: Die Geschichte der deutschen Vortragskunst im 19. Jahrhundert, Weimar 1940.

Das Junge Deutschland

Wolfgang Bunzel

Tiecks Auseinandersetzung mit dem Jungen Deutschland ist Teil eines umfassenden Selbstvergewisserungsprozesses, der dazu diente, den eigenen ästhetischen Standort neu zu bestimmen. Diese Verortung war durch jenen Bruch im Schaffen des Autors nötig geworden, der sein literarisches Œuvre in zwei distinkte Phasen trennt. Als Anfang der 1820er Jahre die zweite Etappe der Werkproduktion einsetzte, hatten sich sowohl die politischen als auch die ästhetischen Rahmenbedingungen seines Schreibens fundamental verändert. Der Wiener Kongreß (1814/15) und die Karlsbader Beschlüsse (1819) können als symbolische Markierungen der damit verbundenen Zäsur angesehen werden. Ästhetische Kommunikation fand nun im Kontext gesellschaftlicher Restauration statt. Konkrete Auswirkungen hatten allerdings weniger die mittlerweile installierten staatlichen Lenkungsmaßnahmen, welche die Literatur verschärftem äußeren Druck aussetzten (zu nennen wären hier etwa die rigiden Zensurrichtlinien oder die staatliche Verfolgung von Liberalen und Burschenschaftlern, die bedenkenlos als Demagogen verunglimpft wurden). Wesentlich schwerer wiegt, daß der Geschichtsverlauf den ästhetischen Utopien der Frühromantik ein unwiderrufliches Ende bereitet hatte.

Gleichwohl behielt die Diskursformation Romantik auch in den 1820er Jahren weiterhin ihre ästhetische Monopolstellung. Und gerade diese war es, die einer Ausbreitung epigonaler Tendenzen Vorschub leistete. Tieck nahm die angedeuteten Veränderungen aufmerksam wahr und reagierte darauf, indem er die Literatur zum zentralen Reflexionsmedium für die Problemkonstellationen der Gegenwart machte. Entscheidend erleichtert wurde das solchermaßen ins Werk gesetzte Unternehmen literarischer Zeitdiagnose durch die fortan konsequent betriebene Nutzung der Erzählprosa, gestatteten die Ausdrucksmuster in diesem Gattungsfeld doch eine Einbeziehung tagesaktueller Themenbereiche und ermöglichten eine differenzierte Auseinandersetzung damit in narrativer Form (siehe die Beiträge *Novellenpoetik* in Kap. 3 und *Dresdner Novellen* in Kap. 4).

Genau betrachtet betreibt Tieck eine historisch breitflächige Auseinandersetzung, die insgesamt drei Generationen der jüngeren und jüngsten Literaturgeschichte umfaßt: die Generation der Vorläufer und Wegbahner in Spätauf-

klärung und Klassik, seine eigenen (früh)romantischen Autorenkollegen und die Nachfolgegeneration, die sich wiederum in die Gruppe der jüngeren Romantiker (siehe den Beitrag *Autoren der mittleren Romantik* in Kap. 1) und die Schriftsteller des Jungen Deutschland verzweigt. Die im Spätwerk der 1820er und 1830er Jahre betriebene Selbstverortung fächert sich deshalb in vier Teilbereiche auf:
1. die kritische Überprüfung ästhetischer Konzepte der deutschen Klassik,
2. die Evaluation frühromantischer Postulate im Hinblick auf ihre Gültigkeit unter veränderten historischen Bedingungen,
3. die Abgrenzung von Degenerationsformen der Romantik und
4. die Distanzierung von ästhetischen Modellen operativer Literatur, wie sie die jungdeutschen Autoren entwickelten.

Der z. T. sehr polemisch geführte Streit mit dem Jungen Deutschland ist also Teil einer komplexen Suchbewegung und eingebettet in ein großangelegtes Projekt der Selbstvergewisserung, das auf eine grundlegende Revision des eigenen ästhetischen Standorts abzielt.

In den 1820er Jahren überwiegt zunächst eine eher allgemein gehaltene und nicht personenbezogene Auseinandersetzung mit Fehlformen menschlichen Verhaltens. Eine breitere geschichtliche Perspektivierung erfährt diese Auseinandersetzung in der Novelle *Die Wundersüchtigen* (1830), in der erörtert wird, was als »ächte Aufklärung« (S 23, S. 174) gelten darf, und in der im Gegenzug dazu Praktiken wie der tierische Magnetismus – ein Phänomen, das ja in der Literatur der Romantik eine bedeutende Rolle spielt – als »Nekromantik« (ebd., S. 179) und damit als Ausdrucksformen einer entstellten Romantik gedeutet werden. Die ersten direkten Bezüge zur zeitgenössischen Gegenwart finden sich dann in der umfangreichen historischen Novelle *Der Hexen-Sabbath* (1831), die im übrigen die Thematik des Aberglaubens aufgreift und ästhetische mit sozialer Devianz überblendet. Tieck siedelt hier das Geschehen in der Mitte des 15. Jahrhunderts an, die er – gestützt auf historische Quellen – als Zeit voller Gegensätze schildert, in der »sich die Parteien immer schärfer« (Tieck 1988b, S. 6) gegenüber stehen. Die Frühe Neuzeit ist dabei – wie später in *Vittoria Accorombona* die Renaissance – durch einen merkwürdigen Widerspruch charakterisiert, nämlich durch das Vorhandensein politischer und religiöser Konflikte bei gleichzeitiger Blüte von Kunst und Wissenschaft, wobei das Überhandnehmen der ersteren schließlich die Kultur des Spätmittelalters endgültig zerstört. Die Zerrissenheit der Zeit und das daraus resultierende Ende einer kulturellen Gipfelphase spiegeln überdeutlich Tiecks eigene Gegenwart mit ihren politischen Unruhen (Julirevolution in Frankreich, Novemberaufstand in Polen) und ihren zunehmenden konfessionellen Spannungen. Ziel des Textes ist es denn auch vorzuführen, »in welcher merkwürdigen Krisis sich unsere Zeit befindet« (ebd., S. 39).

Wie so oft bei Tieck findet die eigentliche ästhetische Auseinandersetzung, die in der Novelle geführt wird, auf intertextueller Ebene statt. Es sind vor allem zwei Erscheinungsweisen der jüngeren Literaturgeschichte, zu denen er Bezüge herstellt. Da wäre zum einen die emphatische Autonomieästhetik der deutschen Klassik. Die heitere Geselligkeit im Hause von Catharina Denisel, die in dieser Form nur möglich ist, weil alle sozialen und gesellschaftlichen Streitigkeiten ausgeklammert werden, zitiert neben Boccaccios *Decamerone* mehr oder minder direkt Goethes *Unterhaltungen deutscher Ausgewanderten* (1795), die bekanntlich zuerst in Schillers Zeitschrift *Die Horen* zum Abdruck kamen – einem Organ, das sich zum Ziel setzte, alle Themen zu vermeiden, die »sich auf Staatsreligion und politische Verfassung« beziehen, und das lediglich »der *schönen* Welt zum Unterricht und zur Bildung und der *gelehrten* zu einer freien Forschung der Wahrheit und zu einem fruchtbaren Austausch der Ideen« (Schiller 1993, S. 867) dienen sollte. Der *Hexen-Sabbath* ist also nicht nur eine historische Fallstudie über die Entstehung und Folgen von Fanatismus bzw. die Analyse einer »Massenpsychose« (Gneuss 1971, S. 35), sondern auch eine Parabel auf die Uneinlösbarkeit autonomieästhetischer Kunst-Utopien. Erzählt wird mithin nur bedingt »vom dunklen Schicksal edler Menschen in schrecklicher Zeit« (Hienger 1955, S. 170), vielmehr führt der Text in erster Linie deren illusionäre Verblendung vor.

Zum anderen skizziert die Novelle mit Hilfe der Figur des Malers Labitte die Umrisse einer Ästhetik des Häßlichen. Labitte selbst wird von Tieck als Typus des zurückgezogenen romantischen Eigenbrötlers geschildert, der nur in seiner Phantasiewelt lebt. Während er selbst im Zuge einer Exploration der Imagination das Häßliche als Inversion des Schönen entdeckt, sieht er sich mit Nachahmern konfrontiert, die sich bloß wegen des Reizeffekts dem »Abgeschmackten, Aberwitzigen« (Tieck 1988b, S. 29) zuwenden. Labitte begreift sich deshalb, jede Verantwortung für die Folgen seines Tuns ablehnend, als »Märtyrer seiner Originalität« und prophezeit für die Zukunft einen »Überfluß« an häßlichen Bildern: »Viel schlechtere Sachen werden nach meinem Tode Aufsehen und Verwunderung erregen« (ebd., S. 30). Da *Der Hexen-Sabbath* zahlreiche figurale und thematische Parallelen zu Victor Hugos *Notre Dame de Paris* (1831) aufweist, wo gleichfalls ein Geistlicher eine Frau »aus Eifersucht der Inquisition« (Tieck 1988a, S. 256) ausliefert, liegt es nahe, die Passagen über das ästhetisch Häßliche als Reflex auf die französische Romantik zu deuten, welche das Anliegen romantischer Kunst ins Fratzenhafte verzerrt.

Direkt fortgeführt wird der Diskurs über das Häßliche in *Das alte Buch und die Reise in's Blaue hinein* (1834). Hier entwirft Tieck nicht nur ansatzweise eine Genealogie der Poesie, er betreibt auch eine Auseinandersetzung mit den jüngeren Vertretern der Romantik. E. T. A. »Hoffmann, Fouqué und Ähnliche« werden dabei als Autoren charakterisiert, welche die Impulse der Frühromantik aufgegriffen und in »nachahmender Uebertreibung« (DKV 11, S. 819) fortgeführt haben. Tieck reflektiert in diesem Zusammenhang auf sein eigenes Frühwerk, nennt er doch »den gestiefelten Kater, Zerbino, getreuen Eckart, blonden Eckbert, die verkehrte Welt« (ebd., S. 819) als Anregung gebende Werke. Was auf den ersten Blick wie dreistes Eigenlob erscheinen mag, erweist sich indes als durchaus selbstkritisch gemeintes Eingeständnis einer Mitverantwortung an der späteren Entwicklung der Literatur. Schon am 26. August 1813 hatte Tieck anläßlich einiger Texte Fouqués an Friedrich Schlegel geschrieben: »Ich habe überhaupt keine Freude an allen den Sachen, die wir veranlaßt haben« (Tieck-Schlegel S. 175). In *Das alte Buch und die Reise in's Blaue hinein* nun geht er soweit, den Begriff des Romantischen selbst zu dekonstruieren, indem er ihn unter Zuhilfenahme einer historisch bewußt unzutreffenden, phonetischen Etymologie auf die Tätigkeit eines »*rohen Mantschens*« zurückführt und die Frage aufwirft: »[...] ihr Romantiker, ihr echten Romantischen seid also die Vorbilder und begeisternden Muster jener Schamlosen, die das Laster, die Verwesung, das Scheusal und die Werke der Finsternis singen?« (DKV 11, S. 850f.). Bei näherem Hinsehen zeigt sich allerdings, daß im Grunde ein Akt gewaltsamer Usurpation stattgefunden hat, daß nämlich »jene chaotischen Gnomen und wüsten Zwerge sich dieser Armen bemächtigt haben, von denen jetzt die große, französische Nation elektrisiert wird« (ebd., S. 851). So erscheinen die Schauerromantik eines E. T. A. Hoffmann, der nebenbei immerhin »als echter Deutscher« (ebd., S. 850) gewürdigt wird, und die Ritterromantik eines Fouqué als karikierende Entstellungen echter romantischer Poesie.

Der Umstand nun, daß Frankreich das Land ist, in dem die Vertreter einer solchen ›schwarzen Romantik‹ vorrangig rezipiert und nachgeahmt werden, während im Gegenzug die jüngste Generation deutscher Autoren sich stark an den dortigen Entwicklungen orientiert, ermöglicht es Tieck, seine Kritik auszuweiten und eine Brücke von den Nachahmern der Romantik zu den politisch engagierten Schriftstellern des Jungen Deutschland zu schlagen. Allegorisch zusammengefaßt werden alle diese ästhetischen ›Entartungen‹ der Gegenwart in der proteischen, die Zeiten überdauernden Märchenfigur des gnomenhaften Kobolds Hannes. Als Inkarnation des Häßlichen und Bösen schlechthin steht sie für das Gegenprinzip der Poesie, das historisch in ganz unterschiedlichen Erscheinungsweisen Gestalt annehmen kann. Namentlich erwähnt werden dabei nicht nur E. T. A. Hoffmann (der zum Zeitpunkt des Erscheinens von *Das alte Buch* längst tot war), sondern auch die noch lebenden und literarisch tätigen Schriftsteller Victor Hugo, Honoré de Balzac, Charles Nodier, Ludwig Börne und Heinrich Heine. Neben Hugo standen insbesondere die beiden Letztgenannten im Zentrum der Attacken.

Heine, Börne und ihre jungdeutschen Kollegen, die ja implizit mitgemeint waren – schließlich hatte Heine in *Zur Geschichte der neueren schönen Literatur in Deutschland* (1833) Heinrich Laube, Karl Gutzkow, Ludolf Wienbarg und Gustav Schlesier als »Schriftsteller des heutigen jungen Deutschlands« (Heine 1976, 3, S. 468) namentlich ausdrücklich lobend erwähnt –, faßten diese Angriffe zu Recht als offene Kriegserklärung auf und überzogen Tieck in der Folgezeit mit einer in dieser Form kaum je dagewesenen Polemik (vgl. Kiel 1922). Zwar war auch in den Jahren zuvor schon vereinzelt Kritik an der Person Tiecks laut geworden, die Form einer Kampagne nahm sie allerdings erst ab 1834 an. Die meisten Stellungnahmen waren dabei publizistischer Art, lediglich Heine und Börne replizierten auch in literarischer Form. So konzipierte Börne mit *Des alten Buches zweiter Teil. Eine Käsnovelle (Käsemärchen)* (1835) eine Parodie auf Tiecks »Mährchen-Novelle«, von der sich im Nachlaß allerdings nur die Vorrede erhalten hat. Und Heine rückte in seine Schrift *Elementargeister* (1837) ein u. a. gegen Tieck gerichtetes satirisches Gedicht ein. Weitere Invektiven finden sich im Aufsatz *Shakespeares Mädchen und Frauen* (1838) sowie in der »Denkschrift« über *Ludwig Börne* (1840). Zuvor hatte Heine in der erweiterten Fassung seiner Literaturgeschichte der jüngsten Zeit, die Ende 1835 unter dem Titel *Die romantische Schule* herauskam, schon Teile seiner ursprünglich positiven Charakteristik Tiecks gestrichen.

Den Höhepunkt der Auseinandersetzungen zwischen Tieck und den Jungdeutschen markiert eindeutig das Jahr 1835, aus dem allein drei Texte Tiecks mit anti-jungdeutscher Tendenz stammen. Die ersten beiden enthält Band 1 der *Gesammelten Novellen*. Bereits im »Vorwort« kommt Tieck auf die »sonderbare Freigeisterei in Betreff der wichtigsten [sozialen, religiösen und künstlerischen, W. B.] Gegenstände und Verhältnisse« (DKV 11, S. 1092) zu sprechen, die seit einiger Zeit in den öffentlichen Debatten zu beobachten sei. Bei dieser Gelegenheit attackiert er auch die operative, vornehmlich auf außerliterarische Wirkung berechnete Ästhetik der jüngsten Autorengeneration, die zu einer ›Feuilletonisierung‹ der Belletristik führen werde: »[D]er Poet, der sich dermalen in der freien grünen Landschaft ergeht, soll eingefangen und auch in der Meinungs-Fabrik als haspelnder, zwirnender, rühriger und stets tätiger Knecht zum besten des allgemeinen Wohles angestellt werden« (ebd., S. 1093). Die Metaphorik, derer Tieck sich hier bedient, rekurriert direkt auf *Das alte Buch und die Reise in's Blaue hinein*, wo der verwachsene Gnom Hannes am Schluß Aufseher einer »Arsenikspinnerei« wird, in der »die recht boshaft giftigen neuerfundenen Libelle und sogenannten Scharteken gewirkt werden« (ebd., S. 827). Die Vorrede zu den *Gesammelten Novellen* steht allerdings vor allem insofern »im Kontext von Tiecks Auseinandersetzungen mit dem Jungen Deutschland«, als sie sich »explizit gegen Theodor Mundt« (ebd., S. 1397) und seinen jüngst erschienenen Roman *Madonna. Unterhaltungen mit einer Heiligen* (1835) richtet. Der Angegriffene erkannte dies sofort und bezog sich in einer Feuilletonnotiz für die Zeitschrift *Literarischer Zodiacus* darauf (vgl. Mundt 1835, S. 299).

Sehr viel vehementer attackierte Tieck seine Widersacher dann aber in der ersten Novelle seiner Textsammlung: *Der Wassermensch* führt mit der Gestalt des jugendlichen Hitzkopfs Florheim die Figur eines unbedachten, zum Fanatismus neigenden politischen Schwärmers vor. Da »Kunst und Wissenschaft« für ihn nur unnützer Zeitvertreib sind und »den Menschen [...] zum Kampfe, der uns allen bevorsteht, unfähig machen« (DKV 11, S. 864), sollten diese am besten abgeschafft werden. Eine Existenzberechtigung behielten sie einzig dann, wenn sie der politischen Bewußtseinsbildung dienen:

> [M]an sollte nie ein Konzert geben, in dem man nicht zu Anfang oder zu Ende die Marseillaise mit voller Instrumental-Musik und vielstimmigem Gesang aufführte, damit die Menschen daran erinnert würden, was denn eigentlich die Hauptsache sei. So [...] müßte kein Buch gedruckt werden, in welchem man nicht die Köpfe und Bildnisse der vorzüglichsten Freiheitshelden anträfe: kein Kochbuch, kein mathematisches, geographisches, philosophisches, oder wie sie nur immer Namen haben mögen, dürfte existieren, wo nicht die Bildnisse von Mirabeau, Washington, Franklin, Kosciusko, aber auch von dem verkannten Danton und Robespierre uns hie und da, unten, oben, entgegen leuchteten: damit der Mensch in allem Treiben und Tun erinnert würde, was ihm obliegt. (Ebd., S. 874f.)

In ästhetischer Hinsicht laufen Florheims Forderungen auf eine rigorose Vereinnahmung der Kunst hinaus, die diese ihres Eigenrechtes beraubt. Und da er weder ein Gefühl für Poesie noch Takt im sozialen Umgang besitzt, schließt er sich durch sein ebenso ignorantes wie unhöfliches Verhalten aus der Gesellschaft seiner näheren Bekannten aus. Tieck nimmt in seiner Novelle eine massive Form der Sympathielenkung vor. Indem er seiner Figur Florheim Äußerungen in den Mund legt, die ein offenkundiger Beleg für Borniertheit sind, disqualifiziert sich diese selbst. Gleichwohl geht gerade die streckenweise mit relativ plumpen satirischen Mitteln operierende Novelle *Der Wassermensch* nicht in ihrer polemischen Funktion auf. Vielmehr sind die Koordinaten, zwischen denen das Problemfeld des Textes aufgespannt wird, äußerst weit gesteckt. Tieck rechnet beileibe nicht nur mit den politischen und ästhetischen Überzeugungen des Jungen Deutschland ab, sondern fragt ganz grundsätzlich danach, wo die kunstfeindlichen Tendenzen der Vormärz-Gegenwart eigentlich ihren Ursprung haben. Dabei ergibt sich der erschreckende Befund, daß letztlich bereits »Goethes und Schillers Bühnenklassizismus [...] der Wegbereiter für eine verhängnisvolle Entfremdung« von den Erfordernissen des Theaters gewesen ist:

> Im Geiste der Antike wurde eine Dramatik geschaffen, die den Grundsätzen lebendiger Bühnenkunst widerstrebt; sie lenkte schließlich die weitere Entwicklung der Schauspielkunst in eine falsche Richtung. Tieck demonstriert hier, wohin ein engstirniger Klassizismus führen kann, bewirkte doch das von Goethe und Schiller praktizierte Festhalten an überholten und nur für ihre Zeit gültig

gewesenen ästhetischen Normen eine Art Selbstaushöhlung der Literatur. (Bunzel 1997, S. 201f.)

Dogmatischer Umgang mit dem Hergebrachten erweist sich damit als ebenso falsche Reaktionsweise wie jene traditionsverkennende und latent bilderstürmerische Neuerungssucht, welche die jüngste Generation an den Tag legt. Wie sich zeigt, ist die Auseinandersetzung mit dem Jungen Deutschland in *Der Wassermensch* eingebettet in eine komplexe, vornehmlich mit den Mitteln der Intertextualität betriebene Selbstverortung vor dem Hintergrund der neueren Literaturgeschichte.

In der Aussage kaum weniger polemisch, in der Struktur aber diffiziler und in der Sprachgebung deutlich kontrollierter verfährt Tieck in einem weiteren Text des Jahres 1835, der Novelle *Eigensinn und Laune*. Hier sind es vornehmlich die vom Sensualismus der Saint-Simonisten abgeleiteten und auf die plakative Formel von der ›Emanzipation des Fleisches‹ gebrachten Postulate einer Neugestaltung des Verhältnisses zwischen den Geschlechtern, mit denen er ins Gericht geht. Anhand der Figur der »von ihrem reichen, aber allzu nachgiebigen Vater verzogenen, so koketten wie capriciösen Emmeline«, die aus Leichtsinn und Übermut »die Werbung des [ihr ergebenen, W. B.] Freundes Ferdinand um ihre Hand ausschlägt, sich wahllos anderen Männern hingibt, gesellschaftlich immer tiefer sinkt« (Gebhardt 2003, S. 30), bis sie schließlich als Bordellbesitzerin mit organisierter Unzucht ihren Lebensunterhalt verdient, führt Tieck die Folgen unbedingten weiblichen Selbstverwirklichungsstrebens in aller Drastik vor. Sein Text stellt fraglos eine Reaktion auf das Erscheinen von Karl Gutzkows Skandalroman *Wally, die Zweiflerin* (1835) dar, ist aber zugleich eine Auseinandersetzung mit der Person Bettine von Arnims, die vor allem deshalb ins Blickfeld geriet, weil sie als plakative Vorbildgestalt der Jungdeutschen fungierte. Der Titel der Novelle jedenfalls zitiert eine Äußerung Bettines aus ihrer im Frühjahr 1835 erschienenen, zum Teil fingierten Edition *Goethe's Briefwechsel mit einem Kinde* (vgl. Steinsdorff 1997, S. 230). Gerade der Bezug auf ihre Person zeigt, daß Tieck abermals den Blick über das Junge Deutschland hinaus auf die literarische Tradition richtet; schließlich ist die junge Bettine, mit der er zwischenzeitlich gut bekannt war, ganz wesentlich von der Romantik geprägt worden. Somit führt er in *Eigensinn und Laune* nicht zuletzt »die Irrung einer exaltiert emanzipatorischen ›Romantik‹« (Arnim 1992, S. 923) vor und stellt auf diese Weise rückwirkend die vor allem in Friedrich Schlegels Roman *Lucinde* entworfene, frühromantische Neukonstellierung der Gender-Ordnung in Frage. Zudem finden sich darin deutlich obrigkeitskritische Züge, nimmt die Novelle doch recht unverhüllt »den despotischen Metternichschen Polizeistaat [...] aufs Korn« (Sammons 2000, S. 351). Nicht zufällig verwahrt sich Tieck in einem zeitgleich zum

Erscheinen des Textes geschriebenen Brief an seinen Verleger Brockhaus vom 14. November 1835 entschieden dagegen, »ein blödsinnger *Tory*« zu sein und etwas »gegen die ächte Freiheit« und »gegen den Liberalismus« (Schweikert 2, S. 29) zu haben.

Auffällig ist, daß nach dem im Dezember 1835 erfolgten Verbotsbeschluß des Bundestages gegen das Junge Deutschland weitere Attacken Tiecks fast völlig unterbleiben. Gegen Personen gerichtete Polemik verschwindet gänzlich, und der Ton der Auseinandersetzung insgesamt verliert viel von seiner bisherigen Schärfe. Tieck stellte seine Angriffe offensichtlich deshalb ein, weil er zum einen die existentielle Bedrohung erkannte, die diese drakonische Maßnahme für viele der Betroffenen bedeutete, und weil er zum anderen nicht zur Riege der starrköpfigen patriotischen Eiferer um Wolfgang Menzel gerechnet werden wollte, der das Verbot durch seine publizistischen Denunziationen entscheidend befördert hatte. Dieser versuchte nun Tieck als Gegenfigur aufzubauen und dachte ihm dabei die Rolle eines »Vermittlers zwischen Vergangenheit und Gegenwart« (Tieck 1984, S. 646) zu. Im *Jungen Tischlermeister* (1836) fehlt denn auch der bissige satirische Gestus, der die Novellen *Der Wassermensch* ebenso wie *Eigensinn und Laune* kennzeichnet, völlig. Statt dessen ist die Auseinandersetzung gänzlich in einen kunstvollen intertextuellen Dialog überführt. So spielt Tieck mit der moralisch bedenklichen Episode zwischen Leonhard und Kunigunde erkennbar auf Gutzkows *Wally* an. Nicht zufällig stellt Elsheim, dem Leonhard seine Erlebnisse berichtet, eine Parallele zu »Sigune [...] im Titurel« (DKV 11, S. 398) her. Eben die Sigune/Tschionatulander-Konstellation aber ist es, die den eigentlichen Höhepunkt der *Wally* darstellt. Der provozierenden Szene in Gutzkows Roman, die dadurch gekennzeichnet ist, daß Wally sich in der Hochzeitsnacht ihrem ehemaligen Geliebten Cäsar nackt zeigt, stellt Tieck freilich eine des erotischen Verzichts gegenüber. Entsprechend berichtet Leonhard seinem Freund Elsheim von Kunigunde:

> In einer unserer schönen Stunden gestand sie mir, daß ich sie nur einmal im Leben gekränkt habe, an jedem Nachmittag, da sie von dem Ruchlosen erlöst, sie mir ihre ganze Liebe angeboten, und ich diese süßeste Vereinigung, um das Schicksal nicht heraus zu fordern, verschmäht hatte. (Ebd., S. 398)

Im Text selbst antwortet Tieck also auf Gutzkows Roman, indem er eine Alternativkonstellation entwirft. Selbst im »Vorwort« des *Jungen Tischlermeisters* nimmt er auf seine jungen Autorenkollegen in wenngleich herablassender, so doch reichlich versöhnlicher Weise Bezug:

> Wenn die jüngere ungestüme Welt mich jetzt so oft aufruft und schilt, ich soll lernen, erfahren, mitgehen, verstehen und fassen, und ich werfe einmal Blicke in diese Produkte meiner neusten und frischesten Zeitgenossen, so kann ich mich des Lächelns nicht erwehren, weil so viele dieser neuen großen Entdeckungen

und Wahrheiten schon längst in meinen Schriften, zum Teil den frühesten, stehen. (Ebd., S. 12)

Die frühere bissige Abgrenzung ist hier einer nachsichtigen Ironie gewichen, die Gemeinsamkeiten herausstreicht und die Jüngeren zu Nachfolgern zu erklären bestrebt ist (vgl. hierzu auch Köpke 2, S. 79). Als deutlichstes Waffenstillstands-, ja Versöhnungssignal kann in diesem Zusammenhang die Novelle *Die Glocke von Aragon* (1839) gelten, in der Tieck die Hauptfiguren von *Der Wassermensch* noch einmal auftreten läßt. Mit der Rückkehr Florheims aus Paris und der Wiedereingliederung in den sozialen Verbund seiner Heimatstadt ereignet sich die regelrechte Rehabilitierung einer Gestalt, die zuvor als Karikatur eines zum politischen Fanatismus und zur ästhetischen Bilderstürmerei neigenden Jungdeutschen gezeichnet worden ist. Florheim erkennt seine Verblendung und ist willens, sich wieder in den geselligen Kreis der Freunde und Bekannten zu reintegrieren. Von diesen wird er vorbehaltlos aufgenommen. Er bewährt sich nun selbst durch die Erzählung einer Novelle, die nicht nur seine sozial-kommunikativen Fähigkeiten, sondern auch seine wiedergewonnene Hochschätzung der Literatur und Kunst belegt. Indem er die (Selbst-)Ausgrenzung als temporäre zeigt, signalisiert Tieck unmißverständlich, daß es keine unüberbrückbaren Gräben zwischen den Parteien gibt, selbst ein Ideologe wie Florheim nicht verloren ist und in die Gemeinschaft zurückfinden kann. Für seine Verblendung hat er mit dem Verlust des geliebten Mädchens an seinen Konkurrenten freilich einen hohen Preis zu zahlen.

In *Vittoria Accorombona* (1840) schließlich greift Tieck mit der Emanzipation der Frau und der Stellung der Geschlechter zueinander zwei zentrale Themenfelder des Jungen Deutschland auf und erörtert sie unvoreingenommen und ohne jede Polemik. Wenn die Titelfigur am Ende ermordet wird, dann ist dies nicht eine gerechte Strafe für einen unziemlichen Lebenswandel, sondern zeigt nur, daß »das Schicksal und die Umstände, die Verhältnisse des Menschen [...] immer mächtiger, als der Mensch selber« (DKV 12, S. 574) sind. Problematisch ist nicht Vittorias Autonomiebestreben, als verhängnisvoll wirkt sich vielmehr aus, daß sie sich Illusionen über dessen Verwirklichungschancen hingibt und den Handlungsradius, den ihr Geschlecht und soziale Stellung ermöglichen, maßlos überschätzt. Auf diese Weise wird sie – anders als Emmeline – als tragische Heldin gezeigt, deren Schicksal beklagenswert ist. Im Gegensatz zu *Eigensinn und Laune* konzipiert Tieck *Vittoria Accorombona* also nur sehr bedingt als Warnerzählung, betreibt er letztlich doch eine großangelegte Rehabilitierung seiner Protagonistin, indem er sie – John Websters verzeichnende Darstellung als »Venetian Curtizan« in *The White Devil* (1612) korrigierend – als bedeutende und ernstzunehmende Dichterin zeigt.

Noch der letzte abgeschlossene Text des Autors, *Waldeinsamkeit* (1840), betreibt zeitdiagnostische Selbstverortung unter Bezugnahme auf die jüngste Generation. Obwohl das auf *Der blonde Eckbert* rückverweisende Selbstzitat im Titel der Novelle indiziert, daß es Tieck zentral darum geht, die historischen und ästhetischen Veränderungen zu reflektieren, die sich im Lauf eines knappen halben Jahrhunderts ereignet haben, geschieht die evaluierende Retrospektion doch mit einem Seitenblick auf seine aktuellen literarisch-philosophischen Widersacher. Die Junghegelianer Arnold Ruge und Theodor Echtermeyer hatten nämlich im Rahmen ihrer Artikelreihe *Der Protestantismus und die Romantik* erst jüngst einen »Katechismus« romantischer Grundüberzeugungen zusammengestellt und dabei als elften Glaubensartikel benannt: »Ein ächter Romantiker [...] verachtet die Park- und Gartenkunst und liebt den Naturwuchs der ›Waldeinsamkeit‹« (Ruge/Echtermeyer 1840, Sp. 445f.).

Im Zusammenhang betrachtet, erweist sich Tiecks Auseinandersetzung mit dem Jungen Deutschland als wesentlich komplexer als bislang angenommen. Sie umgreift ein recht weites Spektrum von Ausdrucksformen. Darunter finden sich expositorische Schriften in Form von Paratexten, Novellen mit deutlich satirischer Ausrichtung, aber auch Erzählungen und Romane ohne jede polemische Zuspitzung (siehe den Beitrag *Späte Prosa* in Kap. 4). Nur auf publizistische Stellungnahmen verzichtet Tieck völlig. Statt dessen ist er sichtlich bestrebt, den Dialog im Rahmen der Literatur zu führen. Mit den Mitteln der Intertextualität erweitert er dabei den Anspielungshorizont und öffnet einen Verweisraum, der zur gesamten literarischen Tradition hin offen ist. Auf diese Weise wird die Auseinandersetzung mit dem Jungen Deutschland zum funktionalen Element der Adjustierung eigenen Schreibens unter sich verändernden historischen Rahmenbedingungen und steht so im Kontext jener umfassend angelegten Selbstverortung, welche die literarische Produktion des späten Tieck insgesamt charakterisiert.

Literatur

Arnim 1992: Arnim, Bettine von: Werke und Briefe in vier Bänden, hg. von Walter Schmitz und Sibylle von Steinsdorff, Bd. 2: Goethe's Briefwechsel mit einem Kinde, Frankfurt a. M. 1992.
Bunzel 1997: Bunzel, Wolfgang: Tradition und Erneuerung. Tiecks Versuch einer Standortbestimmung zwischen Weimarer Klassik und Jungem Deutschland am Beispiel seiner »Tendenznovelle« *Der Wassermensch*. In: Ludwig Tieck. Literaturprogramm und Lebensinszenierung im Kontext seiner Zeit, hg. von Walter Schmitz, Tübingen 1997, S. 193–216.
Gebhardt 2003: Gebhardt, Armin: Karl Gutzkow. Journalist und Gelegenheitsdichter, Marburg 2003.
Gneuss 1971: Gneuss, Christian: Der späte Tieck als Zeitkritiker, Düsseldorf 1971.

Heine 1976: Heine, Heinrich: Sämtliche Schriften, hg. von Klaus Briegleb, 12 Bde., München/Wien 1976.

Hienger 1955: Hienger, Jörg: Romantik und Realismus im Spätwerk Ludwig Tiecks, phil. Diss. Köln 1955.

Kiel 1922: Kiel, Hanna: Ludwig Tieck und das Junge Deutschland, phil. Diss. München 1922.

Ruge/Echtermeyer 1840: Ruge, Arnold/Echtermeyer, Theodor: Der Protestantismus und die Romantik. In: Hallische Jahrbücher für deutsche Wissenschaft und Kunst 3 (1840), Nr. 56, Sp. 445f.

Sammons 2000: Sammons, Jeffrey L.: Der Streit zwischen Ludwig Tieck und dem Jungen Deutschland. Verpaßte Möglichkeiten in einem Dialog der Tauben. In: Resonanzen. Festschrift für Hans Joachim Kreutzer zum 65. Geburtstag, hg. von Sabine Doering, Waltraud Maierhofer und Peter Philipp Riedl, Würzburg 2000, S. 343–352.

Schiller 1993: Schiller, Friedrich: Sämtliche Werke, Auf Grund der Originaldrucke hg. von Gerhard Fricke und Herbert G. Göpfert, 5 Bde., Bd. 5: Erzählungen, theoretische Schriften, 9., durchgesehene Auflage, Darmstadt 1993.

Steinsdorff 1997: Steinsdorff, Sibylle von: »thöricht und unsittlich« oder »die Dummheiten der Bettina«. Ludwig Tieck und Bettine von Arnim. In: Ludwig Tieck. Literaturprogramm und Lebensinszenierung im Kontext seiner Zeit, hg. von Walter Schmitz, Tübingen 1997, S. 217–233.

Tieck 1984: Tieck, Ludwig: Die Vogelscheuche/Das alte Buch und Die Reise ins Blaue hinein. Mit einem Nachwort von Ulrich Wergin, Frankfurt a.M. ³1984.

Tieck 1988a: Tieck, Ludwig: Der Hexen-Sabbat, hg. und mit einem Nachwort versehen von Achim Hölter, Frankfurt a.M. 1988.

Tieck 1988b: Tieck, Ludwig: Der Hexensabbat. Novelle. Mit einem Anhang: Aus den Memoiren des Jacques du Clercq, hg. von Walter Münz, Stuttgart 1988.

Tiecks Epochalität
(Spätaufklärung, Frühromantik, Klassik, Spätromantik, Biedermeier/Vormärz, Frührealismus)

Gustav Frank

›König der Romantik‹ oder ›Chamäleon der Literaturgeschichte‹?

Ludwig Tiecks Epochalität gründet einerseits in seinem Epoche machenden Auftreten am Beginn der Romantik. Sie zeigt sich andererseits in der epochalen Prägung seines Œuvres *durch* Goethezeit und Biedermeier/Vormärz. Ihrer genaueren Bestimmung stehen zwei generelle Schwierigkeiten entgegen:
- Die Schwierigkeit *mit* Tieck: Er enttäuscht eine Kontinuitätserwartung aus einem seit der Goethezeit wirksamen Konzept der Autonomieästhetik, indem er an mehreren Umbrüchen im literarhistorischen Prozeß Teil hat. Weil also bei Tieck ein offensichtlicher Bruch Werkganzes und Autorpersona durchzieht, stellt er ein Problem für denjenigen Teil der Literaturwissenschaft dar, der in den Kategorien Autor, Œuvre und Kanon denkt.
- Die Schwierigkeit *für* Tieck: Es fehlt an einem überzeugenden Epochenmodell für die Zeit zwischen den 1790er und 1840er Jahren, in denen Tiecks Œuvre entsteht, so daß es ebenfalls nicht überzeugend gelingen kann, seinen Ort darin zu bestimmen.

In Folge beider Schwierigkeiten wird die Frage nach Tiecks Epochalität entweder nicht mit genügendem Nachdruck gestellt, oder sie wird stillschweigend umgangen. Pragmatisch hat man sein Werk auf Epochen verteilt und den Spezialisten für Romantik oder Biedermeier/Vormärz die jeweiligen Teile überlassen. Tiecks Epochalität war und ist deshalb Prüfstein für das Arbeiten der Literaturgeschichte.

Dabei scheint es auf den ersten Blick leicht möglich, Tiecks Verhältnis zu epochalen Signaturen zu bestimmen: Er ist mit der Entstehung der Romantik aufs engste verwoben und bis in sein Spätwerk, ja sein letztes poetisches Werk *Waldeinsamkeit* (1840), auf diese Konstellation um 1800 bezogen. Wahrgenommen wird er deshalb im Gefolge von Hebbels Nachruf als ›König der Romantik‹. Damit gilt er als wenn auch ›vergessenes Genie‹ (vgl.

Rath 1996) der ›Kunstperiode‹ (Heinrich Heine) und kann unter die »letzten Ritter der Romantik« (Schultz 1995) im Vormärz eingereiht werden. Doch Tiecks literarische Produktion über fünf Jahrzehnte ist nicht nur umfangreich, sondern ebenso vielgestaltig. Ohne seine Gedichte (mit eigenen Bänden) und den letzten Roman *Vittoria Accorombona* (1840) zu berücksichtigen, füllt diese zeitgenössisch 28 Bände *Schriften*, vier Bände *Kritischer* und zwei Bände *Nachgelassener Schriften* (S, KS, NS). Sie wird daher mit so vielen und vielschichtigen Epochentiteln wie Spätaufklärung, Klassik, Früh- und Spätromantik, Biedermeier, Vormärz und (Früh-)Realismus, außerdem mit Sturm und Drang (Tieck als Herausgeber der *Gesammelten Schriften von J. M. R. Lenz*, Berlin: Reimer 1828) und Jungem Deutschland in Verbindung gebracht. Aus diesen vielen Anschlüssen erwächst die Schwierigkeit, jedes dieser so unterschiedlichen Werke dennoch als genuin romantisch auszuweisen. Wenn umgekehrt alle Tieckschen Schriften als romantische gelten sollen, ist die Konsequenz ein unscharfer Begriff von Romantik.

Die Ambivalenz bei Lesern und Interpreten rührt daher, diese Vielseitigkeit Tiecks mit dem Wunsch nach Kanonisierung in Einklang zu bringen. Kanonisierung als Wertungsprozeß hat deshalb zur Abwertung und zum Ausschluß von Werk(teil)en geführt, die sich nicht einfach dem Romantiker zuordnen lassen. Insbesondere für das seit den 1980er Jahren von der Forschung überhaupt erst entdeckte Spätwerk (nach Gneuss 1971 Mühl 1983, Schwering 1985, Pöschel 1994, Hagestedt 1997) gilt, daß »Tiecks Novellistik rezeptionsgeschichtlich sowohl von der Romantik wie vom Realismus her in Mißkredit geraten mußte« (Brecht 1993, S. 177). Denn für die Dresdner Novellen lassen ästhetische Wertungskriterien weder der Kunstperiode (Autonomieästhetik) noch des programmatischen Realismus (Selbstbegrenzung der Umweltreferenz) eine Zuordnung zu. Die Minderwertung trifft jedoch auch schon Teile des Frühwerks, die in zweckhaften Zusammenhängen der Berliner Aufklärung entstehen.

Zur Rettung von Tieck als kanonischem Autor werden dann einerseits die mindergewerteten Anteile am Œuvre oder Einzelwerk als Überschreibungen durch die beginnende Professionalisierung des Schriftstellerberufs gedeutet und auf Tiecks Lohn- und Brotschreiberei zurückgeführt. Damit stehen insbesondere das früheste Werk, aber auch die für Taschenbücher und Almanache geschriebenen Novellen des Spätwerks unter dem Verdikt einer Fremdbestimmung durch den Markt. Andererseits wird auch die Hochwertung Tiecks durch eine Überbetonung ausgewählter Aspekte erkauft. Soweit Tieck nämlich vor allem mit der Poetologie der Frühromantik identifiziert wird (siehe den Beitrag *Poetologische und kritische Schriften von 1792 bis 1803* in Kap. 3), läßt sich in seinen ins Extreme getriebenen Verfahren der Selbstreflexion des Kunstwerks, insbesondere in seiner Spiel-im-Spiel-Dramatik und im Universalschauspiel, eine Vorläuferschaft zur Moderne (vgl. Scherer 2004a, S. 133) erkennen. Sogar eine Korrespondenz mit Verfahren der Dekonstruktion kultureller Ordnungen, der Sprache und des Sinns wurde entdeckt, die eine poststrukturalistisch informierte Forschung dann aufzuspüren vermag (Brecht 1993, S. 244, 250).

Besteht die Schwierigkeit bei der Interpretation von Tieck als Romantiker darin, *gleichzeitige* Werke vor allem der zweiten Hälfte der 1790er Jahre – den aufklärungsnahen Briefroman *William Lovell* und den romantischen Künstlerroman *Franz Sternbalds Wanderungen* – zu integrieren, so dreht es sich beim Spätwerk darum, die durch eine *zeitliche Differenz* zwischen Abschluß der Sammlung *Phantasus* (1816) und Anlaufen der Novellenproduktion getrennten Œuvre-Teile aufeinander zu beziehen. Vor allem diese zweite Diskontinuität wird von der Forschung kaum thematisiert.

Schwierigkeiten mit dieser Diskontinuität kennzeichnen auch Tiecks eigene Vorbemerkungen zu seinen Werken und Werkausgaben. Die darin vorgetragenen Ansätze zu einer Autobiographieerzählung, die selbst goethezeitlichen Mustern verpflichtet ist, drängen auf Kohärenz in der Vielfalt. Die Sammlung *Phantasus* (ED 1812–1816) folgt bei diesem Bemühen dem optimistischen Modus der romantisch-idealistischen Dialektik, welche den Polylog widersprechender Stimmen zur Synthese zu führen hofft. Auf andere Weise führen die Äußerungen Tiecks diese Integration für die spätesten Werke wie *Der junge Tischlermeister* (1836) und *Vittoria Accorombona* (1840) aus, weil sie den Entstehungsprozeß auf 1795 und sogar 1792 zurückdatieren wollen. Die einfache Gegenprobe, diese Werke im Kontext der Literaturproduktion der 1790er Jahre zu lesen, offenbart sofort die epochale Unmöglichkeit nicht im Blick auf die Stoffindung, wohl aber hinsichtlich der konkreten Gestaltung in diesem historischen Moment der 1830er Jahre.

Wer den Epochenbruch ablehnen zu müssen meint, weil er einen groben Schnitt auch durch die Autorpersona Tieck impliziert, dem bleibt der Umkehrschluß auf »die Einheit seines Werks« (DKV 12, Kommentar, S. 1098) und die mehrheitlich vertretene These von der langen Fortdauer der Romantik. Wer Diskontinuität dagegen bejaht, dem kann Tieck »als ein Chamäleon der Literaturgeschichte« (Brecht 1993, S. 248) erscheinen; und seine subversive »Stellung an den Rändern der literaturgeschichtlichen Ordnungen [kann] verstanden werden – als eine Position am Rande der *Literatur*« (ebd., S. 247).

Ungleichgewicht der Romantik- und der Biedermeier-/ Vormärzforschung

Das Ungleichgewicht zwischen der institutionell stark verankerten Romantikforschung und der randständigen Erforschung von Biedermeier und Vormärz gehört mit zu den Ursachen für Tiecks ungeklärte Epochalität. Dieses Ungleichgewicht wird noch gesteigert, seit sich die Romantik- mit der Moderneforschung zur Arbeit an den beiden prominentesten Perioden der deutschen Literaturgeschichte verbindet (Oesterle 1977/1998). Gerade wenn Romantik um 1800 mit der Moderne der Avantgarden um 1900 zu einer Makroepoche Moderne zusammengedacht wird (vgl. Vietta/Kemper 1998), entfallen Bemühungen um die als gegenläufig oder provinziell erscheinenden Phasen Biedermeier/Vormärz und Realismus.

Erschwerend kommt hinzu, daß sich die Forschung für die Periode »zwischen Goethezeit und Realismus« (1820/30–1850, Titzmann 2002) noch nicht einmal auf eine Bezeichnung einigen kann. Noch die jüngsten Epochenkonstrukte beruhen darauf, bestimmte Autoren- und Werkgruppen als insignifikant oder marginal auszuscheiden, statt der gesamten literarischen Landschaft von den kommerziell erfolgreichen Texten über die politisch-ideologisch radikalen zu den literarisch ambitionierten Schriftstellern gerecht zu werden. Weder die Fraktion der Vormärz-Forscher, die neuerdings einen starken Bezug zur Poetologie der Frühromantik geltend macht (Bunzel/Stein/Vaßen 2003), noch Sengle in dem Autorenporträts gewidmeten abschließenden Band seiner dreibändigen Studie zur Biedermeierzeit finden Platz für Tieck. Den »literarhistorische[n] Ort des alten Tieck« (Sengle 1971, S. 246) auf zwei Seiten abzuhandeln, widerspricht seiner Präsenz sowohl als Autor wie als Gegenstand von Rezensionen und Debatten in den Medien der 1820er und 1830er Jahre eklatant (Frank 2000; siehe die Beiträge *Das Junge Deutschland* in Kap. 1 und *Tieck im Urteil seiner Zeitgenossen* in Kap. 5).

Die Frage nach Tiecks Epochalität ist weder nur autobiographisch vorgeprägt, noch geht sie allein von der Forschung aus. Der Epochendiskurs spielt eine bedeutende Rolle, weil er von den Zeitgenossen selbst spätestens durch die Attacken von Menzel und Tieck auf Goethe (1828) vehement und zugleich von allen Generationen um 1830 angestoßen wird, wie Heines wiederholte Rede vom ›Ende der Kunstperiode‹ und der ›romantischen Schule‹ belegt (Köster 1984, Rosenberg 1999). Dabei wird einerseits der Anspruch auf Deutungsmacht über die Gegenwart erhoben, der sich auch in Tiecks sog. Tendenznovellen wie *Der Wassermensch* (1835) oder *Eigensinn und Laune* (1835) niederschlägt. Andererseits prägt das Formenrepertoire der Kunstperiode (Meyer-Sickendiek 2001, dagegen Haupt 2002, S. 456ff) noch die Literatur aller Lager (Oesterle 2003). Bei Tieck tritt es mit ausdrücklichem Hinweis auf modellhafte Romantisierungsindikatoren (*Das alte Buch und die Reise in's Blaue hinein, Waldeinsamkeit*) sowie Genrebezeichnungen (›Mährchen-Novelle‹, ›Gespenster-Geschichte‹) gehäuft seit 1835 auf (vgl. Lukas 2002).

Epochensignaturen 1790–1840

Da Epochen Konstrukte über einer Menge von Daten sind, läßt sich die Epochalität Tiecks nur vor einem offengelegten Periodisierungsvorschlag diskutieren. Auf breitere Zustimmung darf vielleicht eine Phaseneinteilung hoffen, die Tiecks Produktion vor dem Hintergrund dreier Epochen und des *interepochalen* Wandels zwischen ihnen diskutiert: Goethezeit (ca. 1770–1820/30), Biedermeier/Vormärz (Synonyme für die Phase zwischen Goethezeit und Realismus, ca. 1820/30–1850) und Realismus (seit ca. 1850). Davon zu unterscheiden ist Tiecks Anteil am *intraepochalen* Wandel, sein Verhältnis zu gleichzeitigen oder aufeinanderfolgenden Strömungen innerhalb der Epochen, in denen sein Œuvre entsteht.

Signifikant für die Literaturproduktion im Jahrzehnt vor den napoleonischen Kriegen ist die komplexe *Überlagerung und Konkurrenz* unterschiedlicher Ausprägungen von Literatur: Einem quantitativen Maximum an (auch Spitzen-)Texten steht dabei die Gleichzeitigkeit von literarischen Strömungen (Spätaufklärung, Klassik, Romantik) und literarischen Einzelleistungen (Hölderlin, Kleist, Jean Paul) zur Seite. Die Romantik ist eine nicht-dominante Strömung unter den ebenso nicht-dominanten Alternativen. Wie ihre Konkurrenten reagiert die Romantik auf denselben Stand spätaufklärerischen Wissens, (er)findet dafür jedoch eine eigene Position und eigene Verfahrensweisen der Literatur, welche als die bessere Lösung für dieselben Problemlagen entworfen werden.

Signifikant für die Texte im Biedermeier/Vormärz ist ihre *Heterogenität und Ideologisierung*. Hierbei handelt es sich um einander schnell ablösende Reaktionen auf den Zerfall des Idealismus als Denk- und Wissensordnung sowie des Literatursystems Goethezeit (Frank 1998). Es ist dieser Zerfall, der als gemeinsame Problematik allen Lösungsversuchen erkennbar zugrunde liegt. Die ungelöst hinterlassenen ideologischen Fragen (so der Widerspruch Autonomie/Heteronomie) treiben jetzt neuartige Lösungsansätze hervor, die veränderte Textmodelle und Anthropologien (vgl. Hoffmann 2002) ausbilden. Weil es sowohl um die diskursive und literarische Verhandlung dieses Zerfalls als auch um das Aushandeln neuer Ordnungen geht, überlagert die Erprobung neuartiger Verfahren die Auflösung literarischer Muster.

Keiner von Tiecks literarischen Texten entsteht während des Realismus. Dennoch werden späte Werke wie *Vittoria Accorombona* (1840, 2. Aufl. 1841, Übersetzung ins Englische und Französische) sowohl für die These einer Kontinuität der Romantik (DKV 12, Kommentar, S. 1327) als auch für die These eines entstehenden Realismus in Anspruch genommen (Kremer 2003, S. 155). Deshalb bliebe zu klären, was mit der Rede von (früh)realistischen Anteilen in Tiecks Werk (Kucher 1996) überhaupt gemeint sein kann.

Gleichzeitigkeiten um 1800

Nach 1795 gehört die Polemik gegen den Exponenten der Berliner Aufklärung zum guten Ton aller neueren Richtungen. Friedrich Nicolai, sozialisiert im aufklärerischen Geist der 1750er und 1760er Jahre, steht für eine überkommene Unterordnung der Literatur unter den philosophischen Diskurs als dessen Applikation (Schmidt-Biggemann 1983). So kann er Gegenstand direkter Angriffe des Idealismus durch Fichte wie der Klassik in Goethe und Schillers *Xenien* von 1797 werden, Gegenstand aber auch von verdeckten Satiren Tiecks in Nicolais eigener *Straußfedern*-Reihe.

Tieck nimmt an diesen Auseinandersetzungen nicht nur mit den *Straußfedern*-Arbeiten (1795–1798) teil, die parodistisch eine Zurückweisung von ›verspäteten‹ Normen der mittleren Aufklärung vortragen (Košenina 2004). Er drängt in *William Lovell* (1795/95) auch weit über das hinaus, was Kant 1783 mit seiner Beantwortung der Frage ›Was ist Aufklärung?‹ noch zulassen wollte. Indem er an Skeptizismus, Materialismus und Nihilismus anknüpft, spielt Tieck in seinem Briefroman die seit der Empfindsamkeit radikalisierten Positionen der westeuropäischen Aufklärung durch (anders Heilmann 1992, Kristiansen 1994 und Kremer 2007), was für den Titelhelden – wie schon in Schillers für die Geheimbundmacht modellbildendem *Geisterseher* (1787) – zu Selbstverlust und Untergang führt. Nicht nur der Nicolaische *common sense*-Optimismus scheint Tieck im Revolutionszeitalter unhaltbar, sondern auch die in Lovells Solipsismus radikalisierte Selbstausgrenzung, die an das elitäre Sturm-und-Drang-Subjekt anknüpft, erweist sich als nicht tragfähig genug, um eine stabile Biographie zu begründen (vgl. Borgards 1998).

Eine weitere Probe auf alternative Text- und Biographiemodelle macht Tiecks Roman *Franz Sternbalds Wanderungen* (1798). Dessen Titelfigur wird von der Erzählstimme geführt und repräsentiert sich nicht mehr wie Lovell im Briefpolylog selbst. Sternbald balanciert in der Mitte zwischen Kontrastfiguren der totalen Statik und extremen Dynamik den Widerspruch zwischen Fremdbestimmung, Selbstbestimmung und Selbstverlust aus. Dies gelingt jedoch nur, weil Tieck den Text in einer Apotheose der Sinnlichkeit und Kunst sein

Ziel finden, dagegen eine Reihe von angelegten Familienbindungen, allesamt Heteronomieindikatoren, durch Abbrechen des Textes ungeklärt läßt.

Die Autonomie der Kunst erreicht ihren ersten Höhepunkt in den raffinierten, radikal selbstbezüglichen literarischen Verfahren von Tiecks Komödien. Souveränes Verfügen über das dramatische Repertoire der Antike und der Neuzeit sowie kritische Kenntnisnahme all der Wege und Abwege der Gegenwartsdramatik zeichnen diese Stücke ebenso aus wie die Integration der Institution Literaturkritik und deren Umformung zur intratextuellen Poetik. Auf dieser Basis gelingt es, die Möglichkeiten von Literatur analytisch aufzuschließen: durch das Stück im Stück, das Theater auf dem Theater, durch die zum Selbstbewußtsein ihrer Fiktionalität und Gemachtheit kommenden Spiel-Figuren auf der intradramatischen Bühne und die zum Bewußtsein ihrer möglichen Artifizialität und Gemachtheit drängenden Publikumsfiguren vor dieser Bühne. So kann dem Publikum des Stücks ein Publikum im Stück vorgesetzt, also im Theater vorgespielt werden, wie Theater zu spielen und zu rezipieren sei.

Dennoch wird etwa in *Der gestiefelte Kater* (1797) aller romantischen Verfahrensautonomie zum Trotz – sie manifestiert sich im unendlichen Regreß der Ineinanderfaltung von Wirklichkeit in Fiktion, so daß letztlich auch der Status des Publikums im Theater in Frage steht – das *Stück* im Stück nicht zum belanglosen Spielmaterial degradiert. Das Problem des autonomen Subjekts, das im eingelegten Stück dargestellt wird, bleibt selbst semantisch intrikat und ungelöst. In *Der gestiefelte Kater* erprobt Tieck eine märchen- und fabelhafte Abspaltung subjektbedrohender Aspekte: Politische Mißstände, soziale Heteronomie und darauf reagierende Devianz, wie sie Tieck schon seit der Mitarbeit an Rambachs *Mathias Klostermayer oder der Bayersche Hiesel* (1791) geläufig waren (vgl. Rambach/Tieck 2005), werden an Nebenfiguren in sozialkritischen Nebenszenen delegiert. Die niederen Geltungs- und Sexualtriebe sowie das Aufstiegsbegehren und die Rationalität als schieres Machtkalkül des nachgeborenen und zu kurz gekommenen Bauernsohns Gottlieb werden gänzlich in sein Erbstück, den titelgebenden Kater, verbannt. Dieser kümmert sich mit aufrechtem Gang stellvertretend darum, seinen Herrn sozial und erotisch durchzusetzen.

Gottliebs Geschichte belegt die Präsenz einer spätaufklärerischen Anthropologie und ihre Verträglichkeit mit romantischen Texturen und zeugt damit von der semantischen Anreicherung durch literarische Verdichtung (vgl. Bong 2000). Schließlich dokumentiert sie, wie intraepochaler Wandel durch einander widersprechende Anforderungen an eine epochale Formation angetrieben wird. Tiecks romantische Lösung für Systemprobleme der Spätaufklärung besteht zum einen in einer strikten, sowohl textinternen als auch generischen Verteilung der Quellen und Textvorgaben für unlösbare Konflikte, welche die

Forschung unter verschiedenen Kategorien immer wieder zu beschreiben versucht hat: Märchen und Novelle (Maillard 1993), Autonomie und Anthropomorphismus (Brandl 1995), Harmonisierung und Empirie (Osinski 2002), Öffnung und Schließung (Althaus 2005). Sie besteht zum anderen darin, durch das Kunstwerk den durch Differenzierung, Öffnung und Kontingenz aufgerissenen Sinnhorizont noch einmal einvernehmlich zu schließen. Die aufklärerische Prämisse der ›Einen Vernunft‹ ist durch das romantische Vertrauen in die ›Eine Poesie‹ ersetzt (Minnelieder, S. I), welche jetzt die Integration der auseinanderstrebenden Sinneserfahrungen zum Sinn zu leisten hat.

An Tiecks romantischer Universaldramatik lassen sich am besten Leistung und Problematik seiner Literatur und ihrer textinternen Poetologie ablesen: Aus der unhaltbaren Überdehnung der Leistungsfähigkeit des romantischen Textes entsteht der Antrieb zu weitreichenden Verschiebungen in Tiecks Spätwerk. Tiecks Autonomieverständnis umfaßt nicht nur Verfahrenssouveränität, die über die Gesamtheit der historischen literarischen Mittel gebietet. Tiecks romantische Textualität erstreckt Autonomie so weit, daß sie sich nicht nur Tradition und Kritik einverleibt, sondern auch Urheber und Öffentlichkeit als textproduzierte Größen mit in den Text hineinnimmt und ihn solcherart schließt und immunisiert. Diese starke Behauptung literarischer Autonomie hat sich in der Rezeption und schließlich auch in Tiecks Selbstverständnis nur für die *Verfahrenshoheit* als überzeugend erwiesen. Weder angesichts der Widersprüche des präsentierten *Wissens vom Menschen* noch angesichts der *marktförmigen Öffentlichkeit* läßt sich dieser Autonomieanspruch durchhalten. Mit diesen beiden unbewältigten Aspekten – den Aporien in der aufgeklärten Anthropologie einerseits, die sich aus der schwierigen Versöhnung von Kausalem und Normativem (Kondylis 1981) ergeben; der Marktförmigkeit von Literatur andererseits – wird sich Tieck dann seit den 1820er Jahren in seinen Novellen und Romanen zunehmend auseinandersetzen.

Epigonalität als Epochenbruch um 1830

Obwohl Tieck bis zur letzten Novelle *Waldeinsamkeit* (1840) an die literarischen Verfahrensweisen um 1800 anschließt, wird er *kein* Spätromantiker (Osinski 2002): Weder reiht er sich ein unter die politisch Aktiven, noch bekennt er sich zu deren Zielen. Tieck beharrt vielmehr darauf, daß nur eine in ihren Verfahren autonome Literatur sich jederzeit auf das »Leben in seinen mannigfaltigen Verhältnissen« (S 6, S. XXXV), auf die gesellschaftliche und politische Welt beobachtend beziehen und so eine soziale Funktion ausüben kann. Das ruft die Kritik der Spätromantik hervor, die sich einem konservativ-konfessionellen Bekenntniszwang unterordnet, ja die Polemik Eichendorffs,

Tieck verrate die Romantik (Schulz 1995). Das trägt ihm aber auch die Häme der liberalen und radikalen Schriftsteller der neuen Generation ein, die eine den Zwecken untergeordnete Prosa statt autonomer Poesie von ihm verlangt (Heine: *Die romantische Schule*, *Der Tannhäuser*). Im Unterschied dazu setzt Tieck auch in der Dresdner Zeit auf literarische Verfahrenshoheit und Eigengesetzlichkeit: Sogar diejenigen Novellen, denen nachgesagt wird, sie könnten sich selbst der kritisierten Tendenz zur ›Tendenz‹ nicht entziehen, reflektieren divergierende Poetiken (vgl. Bunzel 1997). Dabei hat die Auseinandersetzung eher noch an Komplexität gewonnen: Gerade *Der Wassermensch* polemisiert nicht nur gegen die jungdeutsche Ideenpoesie. Er nimmt, über deren Schillerverehrung verknüpft, zugleich mit der Wiedereinspeisung von Schillers Ballade *Der Taucher* in den philologisch-historischen wie geselligen Diskurs auch eine soziale Öffnung der geschlossenen und anti-dilettantischen Poetik der Klassik vor.

Die Veränderungen lassen sich am leichtesten an den Verschiebungen im Gattungsgefüge ablesen, die sich bei Tieck abzeichnen: Die Erzählprosa mittlerer Länge – ob sie sich Novelle, »Mährchennovelle« (*Die Vogelscheue*, *Das alte Buch und die Reise in's Blaue hinein*), »Novelle in sieben Abschnitten« (der Zweispänner *Der junge Tischlermeister*) oder »Roman in fünf Büchern« (der Zweispänner *Vittoria Accorombona*) nennt – verdrängt die Gattungsvielfalt und die Gattungsintegration, die Tieck noch in *Phantasus* zelebriert. Damit wandelt sich die literarische Semantik gravierend: Obwohl unübersehbar auf die *Ideologie* um 1800 bezogen, werden romantische *Texturen* nur noch zitiert und dann bewußt verabschiedet (Lukas 2001). Insofern die Novellen ihr Profil noch aus dieser Auseinandersetzung gewinnen, durch die sie der älteren Forschung zufolge romantischen Texten zum Verwechseln ähneln, ist ihre Textstrategie als *Epigonalität* (vgl. Frank 1998, Fauser 1999, Meyer-Sickendiek 2001, Haupt 2002, Scherer 2004b) zu beschreiben. Diese gestaltet den *Prozeß* der Veränderung, indem sie ihn vorführt und mit Alternativen anreichert, mit denen experimentiert wird. Diese epigonale Form der Wiederholung, die nicht länger der Reproduktion durch Anpassung, sondern der Verwandlung dient, bezeichnet den Moment des Auseinanderbrechens des sehr flexiblen und dynamischen Symbolsystems Goethezeit in den 1820er Jahren. Nach 1830 zerfällt die Literatur in mindestens drei gegensätzliche »Funktionszusammenhänge« (Köster 1984, S. 29), deren Vertreter einander bekämpfen: den traditionalen, den oppositionellen und den unliterarischen mit Tieck, Gutzkow und Gotthelf als ihren jeweiligen Modellautoren.

»Anti-Romantik«

Ein Riß geht durch Tiecks Erfahrungswelt und sein Œuvre, der nicht ausschließlich von den politischen und sozialen Kontexten induziert ist. Er wird an der inneren Literaturentwicklung selbst erfahren und äußert sich als »Anti-Romantik« (Scherer 2005). Diese setzt früh ein, während die optimistische Kritik und Theorie der anderen Romantiker Tiecks weit skeptischere Praxis noch derart überwölben, daß Widersprüche dialektisch aufgehoben erscheinen können. Im literarischen Werk werden diese Widersprüche jedoch anschaulich und erweisen sich hartnäckig als unauflösbar (Weimar 1968, S. 80). Deshalb lehnt Tieck schon die Nachahmer seiner Verfahrensweisen um 1800 ab, deshalb wird er auch nicht zu einem jener Spätromantiker, die das transzendentale Kunstwerk durch einen Sprung ins Politische in Dienst nehmen. Anders als diese erfährt Tieck den epochalen Bruch als Teil seiner eigenen Existenz, als ein *Sich-selbst-historisch-werden*, das ihm sein Frühwerk entfremdet und ein ungebrochenes Selbstverständnis als Autorpersona einerseits so unmöglich wie andererseits zum Desiderat macht.

Mit seinen ersten Novellen und der Veröffentlichung seiner unbearbeiteten *Reisegedichte* (1823) steht Tieck an der Spitze von tektonischen Verschiebungen der Literatur als Sozial- wie als Symbolsystem. Er befindet sich auf der Höhe der Zeit mit den Jüngeren, zunächst mit dem Salon der Rahel Levin, deren Bruder Ludwig Robert und Heine, dann Alexis, schließlich Immermann, der sich im Widmungsbrief des vierten Buchs seines *Münchhausen* (1839) als Schüler Tiecks bekennt. Schließlich ist er auch für die Jüngsten eine genau gelesene Autorität (Sammons 2000, Rosenberg 2003), wie das Beispiel Gutzkow als zunächst aufgeschlossener Kritiker zeigt, der sich dann zutiefst mißverstanden und gekränkt fühlt (Gutzkow 1835): Die Sigunen-Szene in *Wally, die Zweiflerin* ist undenkbar ohne die Wiederbelebung der mittelhochdeutschen Dichtung durch Tieck – undenkbar aber auch ohne die Binnenerzählung *Die wilde Engländerin* in Tiecks *Zauberschloß* (1829).

Von der »Unmöglichkeit des Redens über Sexualität« und »gegen das Verschweigen des Analen« (Brecht 1993, S. 148, 164)

Doch kann von einer »Umkehrung des Romantischen zum Realistischen« (so Rath 1996, S. 302ff. am Beispiel von *Die Gemälde*) gerade nicht gesprochen werden. Vielmehr weist der Realismus als epochale Formation nach 1850 wie die Romantik um 1800 eine epochen*unspezifische* Orientierung am mimetischen Illusionismus in je epochen*spezifischen* Verfahren auf. Realismus konstituiert sich im Gegensatz zur Romantik, die mittels illusionistischer Verfahren auch den *Ausgriff* auf das Wunderbare in ihrer Phantastik plausibilisieren konnte, durch *Ausgrenzung* von umfangreichen Teilen zeitgenössischer Realität: neben den sozio-ökonomischen und wissenschaftlichen Tatsachen auch grenzüberschreitende poetische Freiheiten. Damit übt er Kritik an vorgängigen Werten und Normen, für die Tieck steht, zum Zweck der *Abgrenzung* von Goethezeit *und* Vormärz.

In den letzten 25 Jahren sind insbesondere die Erzählgrammatik und die differenzierte literarische Anthropologie von Tiecks Spätwerk rekonstruiert worden. Vor allem Brecht plädiert »gegen die systematische Verharmlosung [...] seine[r] Novellen als Exempla einer bloß unterhaltenden [...] Gesellschafts-Literatur« wie auch schon »gegen die Vereinnahmung Ludwig Tiecks durch eine philosophisch-ästhetisch verstandene Romantik« um 1800 (Brecht 1993, S. 120). Die Dresdner Novellen spannen das durchaus variable Netz einer neuen Anthropologie aus, die in Auseinandersetzung mit konkurrierenden Vorschlägen all die Leerstellen befriedigend auszufüllen versucht, welche das goethezeitliche Lebenslaufmodell im Erzählen der männlichen Adoleszenzkrise (Böhme 1981) ausgespart hatte. Desillusioniert wird das Modell der Bildung in *Der Junge Tischlermeister* (1836; siehe den Beitrag *Späte Prosa* in Kap. 4) durch seine Fortschreibung über den Zeitpunkt der ersten Partner- und Berufswahl hinaus in ausdrücklicher Abgrenzung vom *Lehrjahre-*Modell Goethes. Eingeholt werden so die sozio-ökonomischen und familiären Machtverhältnisse und die psychischen Voraussetzungen der Figuren. Ebenso werden die Dynamiken der Geschlechterverhältnisse in der Ehe thematisiert, insbesondere die weibliche Seite derselben, sowie der entstehende Diskurs der Sexualität. Darüber hinaus wird die Semiotik der öffentlich-politischen und privaten Welt – so in *Des Lebens Überfluß* (1838) – entfaltet und letztere in ihrer ganzen Vielschichtigkeit und – insbesondere in der Teilgruppe der historischen Novellen wie *Aufruhr in den Cevennen* (1826), *Hexen-Sabbath* (1831) und *Vittoria Accorombona* – in ihrer ganzen Härte mit einem vom Realismus dann wiederum abgelehnten Verismus gezeigt. Letzterer widerspricht auch dem goethezeitlichen Regulativ der empirischen Begrenzung, nur das Schöne darzustellen. Tieck läßt sich dabei auf die Erfahrungen der ›großen Stadt‹ (*Der Jahrmarkt*), extremer sozialer und ökonomischer Mobilität (*Weihnacht-Abend*), zerstörerischer innerer und äußerer Natur (*Der Alte vom Berge*, 1828), der Sexualität (*Das Zauberschloß*), der psychischen Abweichung und der Gewalt an den Rändern von Gesellschaft und Geschichte ein. Angesichts dieser neuen Herausforderungen wird Bildung als ein so voraussetzungsreiches wie unzureichendes Konzept des Ausgleichs von Fremd- und Selbstbestimmung entlarvt. Tieck arbeitet daran, dieses Konzept durch andere, Individualität und Vergesellschaftung sicherstellende und soziale und ideologische Konflikte ausgleichende Modelle zu ersetzen.

Transepochaler Einheitsbezug: Professionalisierung

Die Steuergröße Markt löst zunehmend die Einbindungen in die Gemeinschaft der Gelehrten und in die mäzenatischen Zusammenhänge sowie die materielle Absicherung der Schriftstellerexistenz durch Amt oder Beruf ab. Der Markt verordnet weder eine bestimmte Semantik noch eine bestimmte Form. Er fragt diese nach, wenn sie angeboten werden, oder eben nicht, und diese Nachfrage ist komplex motiviert. Als sein Professionalisierungsschicksal erfährt Tieck den Übergang von der personal auf Immediatkommunikation mit Auftraggeber, Mäzen und Lesern gestützten Kunst hin zu einer Literatur, die anonyme Konsumenten adressiert und die ein Verleger/Buchhändler vertreibt (Jäger 1995, Mix 2005). Insofern die Freistellung vom Markt noch weit ins 19. Jahrhundert reicht (erst 1868 verliert etwa Paul Heyse endgültig den Status des Hofdichters, ein anderes Beispiel ist Friedrich Wilhelm Ritter von Hackländer) und diese Tieck in seiner Ziebinger Zeit (bis 1817) ebenfalls noch zugute kommt, bleibt beständig die Umstellung und die jeweilige Feinjustierung der eigenen Position zu bewältigen.

Nachdem sich die Autonomie der literarischen Aussagesysteme gegenüber vorgängigen, letztgültigen theologischen, philosophischen oder wissenschaftlichen Diskursen an der Wende zur Goethezeit um 1770 durchgesetzt hat, geht die Diskussion und Bewertung der Literatur zunehmend auf das Literatursystem selbst über. Aus äußerer Norm wird innere Debatte. Es bildet sich eine die Produktion aufmerksam begleitende Kritik heraus, die von dieser wiederum auf poesieaffine Rede verpflichtet wird (siehe den Beitrag *Der Literaturkritiker* in Kap. 3). Auch dadurch wandert die Selbstreflexion in die Texte ein, die jetzt nicht mehr nur Literatur sind, sondern mehr und mehr auch mitteilen oder vorführen, wie diese beschaffen zu sein habe und rezipiert werde. Die Kommunikation der Literaturverhältnisse geschieht also nicht länger nur in den Verleger- und Autorenbriefwechseln und nicht mehr nur in der Literaturkritik als intrasystemischem Begleitdiskurs, sondern zunehmend in den literarischen Texten selbst.

In seinem Anteil an *Der Bayersche Hiesel* (1791) leistet es sich Tieck, den Coup einer Parodie und Zurückweisung der Spaltung in hohe und niedere Literatur in einen Text zu verpacken, der selbst als eine nicht-autonome Produktion für den Markt gilt, die dem Jahrmarkt, der Ballade, dem Bänkelsang und dem niederen Gegenstand nahe steht. Damit plädiert er für eine Literatur, die ihre Autonomie nicht nur gegenüber diskursiven Bestimmungen erweist, sondern auch gegenüber dem Markt ausstellt: Er demonstriert dies dadurch, daß er nicht nur über den Formenbestand virtuos verfügt, sondern mit ihm auch nach Belieben schaltet, ihn kritisiert und neuartig arrangiert. Diese literaturinterne Kritik beweist sich zudem als literaturaffin, weil sie nicht mehr nach außerliterarischen Kriterien wertet, sondern die unterschiedlichen Textverfahren nachvollzieht. Markt ist in diesem Stadium der Autonomwerdung des Literatursystems nicht mehr nur außerhalb, also im Sozialsystem Literatur auszumachen, das die Institutionen und Rahmenbedingungen der Texte bestimmt, sondern in der Literatur selbst: Er wird notwendig Gegenstand der Beobachtung und Einschätzung, weil sich die Autonomie immer als relative vor dem Markt bestätigen muß. Gleichzeitig mit dem *Sternbald*-Roman verhandeln *Straußfedern*-Produktionen wie *Die gelehrte Gesellschaft* (1796) und *Ein Roman in Briefen* (1797) ausdrücklich, daß nach dem »Scheitern aufgeklärte[r] Geselligkeitsformationen« die Marktförmigkeit von Literatur nicht länger ausschließlich »als Verlustrechnung geführt werden kann« (Seibert 2005, S. 282).

In den *Reisegedichten eines Kranken* (Adam 2000) zeichnet Tieck ironisch die Kommerzialisierung der Lesegesellschaften der Aufklärung nach (*Der Taubenmarkt*, DKV 7, S. 187f.), die in der Leihbibliothek kulminieren wird. Im anschließenden Zyklus *Rückkehr des Genesenden* folgt auf *Der Charlatan* das Gedicht *Gemälde-Handel* (DKV 7, S. 243f.), das erstmals die Bedeutung des Sammelns als Anhäufung von Tauschwerten verdeutlicht und in der ersten Dresdner Novelle *Die Gemälde* wiederum die Grundlage für Spekulation, Betrug, aber auch Konsolidierung von Bürgerlichkeit durch (kulturelles) Erbe abgeben wird.

Im Biedermeier/Vormärz wird Kunst offenbar ein Geschäft und dies mehrheitlich beklagt – in der Hauff-Clauren-Kontroverse ebenso wie bei Eichendorff (*Viel Lärmen um nichts*). Im Gegenzug rückt die Feinjustierung der literarischen Verfahren und Semantiken zum Hauptthema auf. Der Markt determiniert diese zwar (noch) nicht, dennoch entscheidet er bereits über ihren Erfolg oder Mißerfolg. Mit Erfolg verträgt sich sowohl ein zur Schau gestellter antikapitalistischer »Wertkonservatismus« (Köster 2002) als auch eine Kultur skandalöser Kontroversen, mit denen Heine und die Jungdeutschen erfolgreich um die Publikumsgunst werben. Im Vergleich mit den Konkurrenten in den 1830er Jahren, die mit ähnlichen poetischen Verfahren und Semantiken (Alexis) oder mit andersartigen Verfahren der Zweckprosa und gegensätzlichen Semantiken (Gutzkow) arbeiten, erweist sich Tiecks Erfolg insbesondere mit seinen Beiträgen für Brockhaus' *Urania* jedoch als stabil (Frank 2000).

Literatur

Adam 2000: Adam, Wolfgang: *Kleine Begebenheiten* aus Italien. Ludwig Tiecks *Reisegedichte*. In: Texte, Bilder, Kontexte. Interdisziplinäre Beiträge zu Literatur, Kunst und Ästhetik der Neuzeit, hg. von Ernst Rohmer, Werner Wilhelm Schnabel und Gunther Witting, Heidelberg 2000, S. 119–147.

Althaus 2005: Althaus, Thomas: Doppelte Erscheinung. Zwei Konzepte der Erzählprosa des frühen Tieck, zwei notwendige Denkweisen um 1800 und zwei Lektüren von Tiecks Märchennovelle *Der Runenberg*. In: Die Prosa Ludwig Tiecks, hg. von Detlef Kremer, Bielefeld 2005, S. 95–114.

Böhme 1981: Böhme, Hartmut: Romantische Adoleszenzkrisen. Zur Psychodynamik der Venuskult-Novellen von Tieck, Eichendorff und E. T. A. Hoffmann. In: Literatur und Psychoanalyse, hg. von Klaus Bohnen, Sven-Aage Jørgensen und Friedrich Schmöe, Kopenhagen/München 1981, S. 133–176.

Bong 2000: Bong, Jörg: Texttaumel. Poetologische Inversionen von ›Spätaufklärung‹ und ›Frühromantik‹ bei Ludwig Tieck, Heidelberg 2000.

Borgards 1998: Borgards, Roland: Die Schrift, das Rätsel, der Mensch. Ludwig Tiecks *William Lovell*. In: Athenäum 8 (1998), S. 231–252.

Brandl 1995: Brandl, Edmund: Emanzipation gegen Anthropomorphismus. Der literarisch bedingte Wandel der goethezeitlichen Bildungsgeschichte, Frankfurt a. M. 1995.

Brecht 1993: Brecht, Christoph: Die gefährliche Rede. Sprachreflexion und Erzählstruktur in der Prosa Ludwig Tiecks, Tübingen 1993.

Bunzel 1997: Bunzel, Wolfgang: Tradition und Erneuerung. Tiecks Versuch einer Standortbestimmung zwischen Weimarer Klassik und Jungem Deutschland am Beispiel der »Tendenznovelle« *Der Wassermensch*. In: Ludwig Tieck. Literaturprogramm und Lebensinszenierung im Kontext seiner Zeit, hg. von Walter Schmitz, Tübingen 1997, S. 193–216.

Bunzel/Stein/Vaßen 2003: Bunzel, Wolfgang/Stein, Peter/Vaßen, Florian: ›Romantik‹ und ›Vormärz‹ als rivalisierende Diskursformationen der ersten Hälfte des 19. Jahrhunderts. In: Romantik und Vormärz. Zur Archäologie literarischer Kommunikation in der ersten Hälfte des 19. Jahrhunderts, hg. von W. B., P. S. und F. V., Bielefeld 2003, S. 9–46.

Fauser 1999: Fauser, Markus: Intertextualität als Poetik des Epigonalen. Immermann-Studien, München 1999.

Frank 1998: Frank, Gustav: Krise und Experiment. Komplexe Erzähltexte im literarischen Umbruch des 19. Jahrhunderts, Wiesbaden 1998.

Frank 2000: Frank, Gustav: Chancen und Gefahren eines Literatursystems im Wandel: Willibald Alexis' literarische Optionen 1830–1840. In: Willibald Alexis (1798–1871). Ein Autor des Vor- und Nachmärz, hg. von Wolfgang Beutin und Peter Stein, Bielefeld 2000, S. 29–54.

Gneuss 1971: Gneuss, Christian: Der späte Tieck als Zeitkritiker, Düsseldorf 1971.

Gutzkow 1835: Gutzkow, Karl: Der Hofrath Tieck. In: Phönix. Literatur-Blatt Nr. 3 (21. Januar 1835), S. 69–71.

Hagestedt 1997: Hagestedt, Lutz: Ähnlichkeit und Differenz. Aspekte der Realitätskonzeption in Ludwig Tiecks späten Romanen und Novellen, München 1997.

Haupt 2002: Haupt, Sabine: »Es kehret alles wieder«. Zur Poetik literarischer Wiederholungen in der deutschen Romantik und Restaurationszeit: Tieck, Hoffmann, Eichendorff, Würzburg 2002.

Heilmann 1992: Heilmann, Markus: Die Krise der Aufklärung als Krise des Erzählens. Tiecks *William Lovell* und der europäische Briefroman, Stuttgart 1992.

Hoffmann 2002: Hoffmann, Volker: Der Konflikt zwischen anthropologischer Extremisierung und Harmonisierung in der Literatur vor und nach 1848. In: Zwischen Goethezeit und Realismus. Wandel und Spezifik in der Phase des Biedermeier, hg. von Michael Titzmann, Tübingen 2002, S. 377–391.

Jäger 1995: Jäger, Georg: Keine Kulturtheorie ohne Geldtheorie. Grundlegung einer Theorie des Buchverlags. In: Empirische Literatur- und Medienforschung. Beobachtet aus Anlaß des 10jährigen Bestehens des LUMIS-Instituts 1994, hg. von Siegfried J. Schmidt, Siegen 1995, S. 24–40.

Köster 1984: Köster, Udo: Literatur und Gesellschaft in Deutschland. 1830–1848. Die Dichtung am Ende der Kunstperiode, Stuttgart 1984.

Köster 2002: Köster, Udo: Marktorientierung und Wertkonservatismus. In: Zwischen Goethezeit und Realismus. Wandel und Spezifik in der Phase des Biedermeier, hg. von Michael Titzmann, Tübingen 2002, S. 215–236.

Kondylis 1981: Kondylis, Panajotis: Die Aufklärung im Rahmen des neuzeitlichen Rationalismus, Stuttgart 1981.

Košenina 2004: Košenina, Alexander: »Denkwürdige Geschichtschronik der Schildbürger« oder Tiecks Abrechnung mit der Berliner Aufklärung. In: Ludwig Tieck (1773–1853). »lasst uns, da es uns vergönnt ist, vernünftig seyn! –«, hg. vom Institut für Deutsche Literatur der Humboldt-Universität zu Berlin, unter Mitarbeit von Heidrun Markert, Bern/u.a. 2004, S. 45–58.

Kremer 2003: Kremer, Detlef: Romantik. 2., überarbeitete und aktualisierte Auflage, Stuttgart/Weimar 2003.

Kremer 2007: Kremer, Detlef: Skeptische Fragmente. Über den Zusammenhang von Skepsis und Fragment in der Spätaufklärung. In: Kleine Prosa. Theorie und Geschichte eines Textfeldes im Literatursystem der Moderne, hg. von Thomas Althaus, Wolfgang Bunzel und Dirk Göttsche, Tübingen 2007, S. 45–54.

Kristiansen 1994: Kristiansen, Børge: Überlegungen zur Dekonstruktion der Aufklärung in Ludwig Tiecks Roman *Die Geschichte des Herrn William Lovell*. In: Aufklärung als Problem und Aufgabe, hg. von Klaus Bohnen und Per Øhrgaard, München/Kopenhagen 1994, S. 235–256.

Kucher 1996: Kucher, Primus-Heinz: »Der Rausch ist auch oft nüchterner als wir uns gestehen möchten«. Zwischen Romantik und Früh-Realismus. Ludwig Tiecks Romannovelle *Der Junge Tischlermeister*. In: Studia theodisca 3 (1996), S. 127–141.

Lukas 2001: Lukas, Wolfgang: Abschied von der Romantik. Inszenierungen des Epochenwandels bei Tieck, Eichendorff und Büchner. In: Recherches Germaniques 31 (2001), S. 49–83.

Lukas 2002: Lukas, Wolfgang: ›Entzauberter Liebeszauber‹. Transformationen eines romantischen Erzählmodells an der Schwelle zum Realismus. In: Weltentwürfe in Literatur und Medien. Phantastische Wirklichkeiten – realistische Imaginationen. Festschrift für Marianne Wünsch, hg. von Hans Krah und Claus-Michael Ort, Kiel 2002, S. 137–166.

Maillard 1993: Maillard, Christine: Gespaltene Welt, integrierte Welt: Ludwig Tieck. Zur Problematik der Individuation in den Märchen und in der Novelle *Waldeinsamkeit* (1841). In: Recherches Germaniques 23 (1993), S. 63–91.

Meyer-Sickendiek 2001: Meyer-Sickendiek, Burkhard: Die Ästhetik der Epigonalität. Theorie und Praxis wiederholenden Schreibens im 19. Jahrhundert: Immermann – Keller – Stifter – Nietzsche, Tübingen/Basel 2001.

Mühl 1983: Mühl, Beate: Romantik und früher Realismus (Tieck – Immermann), Frankfurt a.M. 1983.

Mix 2005: Mix, York-Gothart: Schreiben, lesen und gelesen werden. Zur Kulturökonomie des literarischen Feldes (1770–1800). In: Geselligkeit und Bibliothek. Lesekultur im 18. Jahrhundert, hg. von Wolfgang Adam und Markus Fauser in Zusammenarbeit mit Ute Pott, Göttingen 2005, S. 283–309.

Oesterle 1977: Oesterle, Ingrid: Der »glückliche Anstoß« ästhetischer Revolution und die Anstößigkeit politischer Revolution. Ein Denk- und Belegversuch zum Zusammenhang von politischer Formveränderung und kultureller Revolution im *Studium*-Aufsatz Friedrich Schlegels. In: Zur Modernität der Romantik, hg. von Dieter Bänsch, Stuttgart 1977, S. 167–216.

Oesterle 1998: Oesterle, Ingrid: Innovation und Selbstüberbietung. Temporalität der ästhetischen Moderne. In: Ästhetische Moderne in Europa. Grundzüge und Problemzusammenhänge seit der Romantik, hg. von Silvio Vietta und Dirk Kemper, München 1998, S. 151–178.

Oesterle 2003: Oesterle, Günter: Zum Spannungsverhältnis von Poesie und Publizistik unter dem Vorzeichen der Temporalisierung. In: Romantik und Vormärz. Zur Archäologie literarischer Kommunikation in der ersten Hälfte des 19. Jahrhunderts, hg. von Wolfgang Bunzel, Peter Stein und Florian Vaßen, Bielefeld 2003, S. 199–211.

Osinski 2002: Osinski, Jutta: Katholische Restauration und ›Biedermeier‹: Ästhetik, Religion und Politik in spätromantischen Harmoniemodellen. Sieben Thesen. In: Zwischen Goethezeit und Realismus. Wandel und Spezifik in der Phase des Biedermeier, hg. von Michael Titzmann, Tübingen 2002, S. 183–195.

Pöschel 1994: Pöschel, Burkhard: »Im Mittelpunkt der wunderbarsten Ereignisse«. Versuche über die literarische Auseinandersetzung mit der gesellschaftlichen Moderne im erzählerischen Spätwerk von Ludwig Tieck, Bielefeld 1994.

Rambach/Tieck 2005: [Friedrich Eberhart Rambach/]Ludwig Tieck: Mathias Klostermayer oder der Bayersche Hiesel, hg. von Heiner Boehnke und Hans Sarkowicz, Frankfurt a. M. 2005.

Rath 1996: Rath, Wolfgang: Ludwig Tieck. Das vergessene Genie. Studien zu seinem Erzählwerk, Paderborn/u. a. 1996.

Rosenberg 1999: Rosenberg, Rainer: Eine ›neue Literatur‹ am ›Ende der Kunst‹. In: Vormärz und Klassik, hg. von Lothar Ehrlich, Hartmut Steinecke und Michael Vogt, Bielefeld 1999, S. 155–161.

Rosenberg 2003: Rosenberg, Rainer: Das Junge Deutschland – die dritte ›romantische‹ Generation? In: Romantik und Vormärz. Zur Archäologie literarischer Kommunikation in der ersten Hälfte des 19. Jahrhunderts, hg. von Wolfgang Bunzel, Peter Stein und Florian Vaßen, Bielefeld 2003, S. 49–65.

Sammons 2000: Sammons, Jeffrey L.: Der Streit zwischen Ludwig Tieck und dem Jungen Deutschland: Verpaßte Möglichkeiten in einem Dialog der Tauben. In: Resonanzen. Festschrift für Hans Joachim Kreutzer zum 65. Geburtstag, hg. von Sabine Döring, Waltraud Maierhofer und Peter Philipp Riedl, Würzburg 2000, S. 343–352.

Scherer 2004a: Scherer, Stefan: Nach 1800. Von der Literaturkomödie zum frührealistischen Universalschauspiel. In: »lasst uns, da es uns vergönnt ist, vernünftig seyn! –«. Ludwig Tieck (1773–1853), hg. vom Institut für Deutsche Literatur der Humboldt-Universität zu Berlin, unter Mitarbeit von Heidrun Markert, Bern/u. a. 2004, S. 129–147.

Scherer 2004b: Scherer, Stefan: Naive Re-Flexion. Romantische Texturen, erzählte Theatralität und maskiertes Rollensprechen im *Maler Nolten* (Epigonalität und Modernität eines ›Schwellentexts‹ in der ›Schwellenepoche‹ 1830–1850). In: Eduard Mörike. Ästhetik und Geselligkeit, hg. von Wolfgang Braungart und Ralf Simon, Tübingen 2004, S. 5–30.

Scherer 2005: Scherer, Stefan: Anti-Romantik (Tieck, Storm, Liliencron). In: Lyrik im 19. Jahrhundert. Gattungspoetik als Reflexionsmedium der Kultur, hg. von Steffen Martus, S. S. und Claudia Stockinger, Bern/u. a. 2005, S. 205–236.

Schmidt-Biggemann 1983: Schmidt-Biggemann, Wilhelm: Nicolai oder vom Altern der Wahrheit. In: Friedrich Nicolai 1733–1811. Essays zum 250. Geburtstag, hg. von Bernhard Fabian, Berlin 1983, S. 198–256.

Schultz 1995: Schultz, Hartwig: Die letzten Ritter der Romantik im Vormärz. Ludwig Tieck, Joseph von Eichendorff und Bettine von Arnim. In: Philosophie und Literatur im Vormärz: der Streit um die Romantik 1820–1854, hg. von Walter Jaeschke, Hamburg 1995, S. 153–172.

Seibert 2005: Seibert, Peter: Tiecks *Ein Roman in Briefen* und *Die gelehrte Gesellschaft*: Literarisch imaginierte Gesellligkeit. In: Geselligkeit und Bibliothek. Lesekultur im 18. Jahrhundert, hg. von Wolfgang Adam und Markus Fauser in Zusammenarbeit mit Ute Pott, Göttingen 2005, S. 269–282.

Sengle 1971: Sengle, Friedrich Sengle: Biedermeierzeit. Deutsche Literatur im Spannungsfeld zwischen Restauration und Revolution 1815–1848, Bd. 1, München 1971.

Schwering 1985: Schwering, Markus: Epochenwandel im spätromantischen Roman. Untersuchungen zu Eichendorff, Tieck und Immermann, Köln/Wien 1985.
Titzmann 2002: Titzmann, Michael (Hg.): Zwischen Goethezeit und Realismus. Wandel und Spezifik in der Phase des Biedermeier, Tübingen 2002.
Vietta/Kemper 1998: Vietta, Silvio/Kemper, Dirk (Hg.): Ästhetische Moderne in Europa. Grundzüge und Problemzusammenhänge seit der Romantik, München 1998.
Weimar 1968: Weimar, Klaus: Versuch über Voraussetzung und Entstehung der Romantik, Tübingen 1968.

Tieck und seine Verleger

Philipp Böttcher

Ludwig Tieck stand mit nahezu allen namhaften Verlegern seiner Zeit in Kontakt. Kontinuierliche Geschäftsbeziehungen über Jahrzehnte hinweg unterhielt er jedoch nur mit seinen drei wichtigsten Verlegern Brockhaus, Reimer und Josef Max. Während die ersten Verlagskontakte überwiegend auf Auftragsarbeiten beruhten und deshalb als Sonderfall betrachtet werden müssen, kommt Johann Friedrich Unger und vor allem Friedrich Frommann, der in den Jahren 1797–1804 Tiecks Verleger war, gesonderte Bedeutung zu. Zwischen den Auftragsarbeiten für Nicolai und der sich intensivierenden Geschäftsbeziehung zum späteren Hauptverleger Reimer bot gerade Frommann als Verleger der Übergangszeit Tieck in vollem Umfang die Möglichkeit, seine poetologischen Anschauungen sowie seine romantische Kunstauffassung zu artikulieren und sich von seinen früheren Arbeiten abzugrenzen. War überdies noch Johann Friedrich Cotta, kraft seines Prestiges und seiner finanziellen Mittel, für Tieck bis zuletzt ein Geschäftspartner von hoher Attraktivität, so bleibt in Bezug auf die anderen Verlagskontakte (v. a. Hilscher, Göschen, Dieterich, Voß & Leo, Mohr & Zimmer, Vieweg) festzustellen, daß sie meist nur auf einzelne Projekte, Anfragen oder bloße Absichtserklärungen von seiten Tiecks beschränkt blieben. Dieser verfuhr im Umgang mit Verlegern nicht selten ganz pragmatisch nach Gelegenheit sowie nach eigenem Vorteil und war in Verlegerkreisen wegen seiner Unzuverlässigkeit und Vorschußbitten bald berüchtigt.

»Wenn wir doch das Geld abschaffen könnten! Es drückt mich beständig, daß ich dafür arbeite, und ich mag auch so vernünftig mit mir darüber sprechen, wie ich will«, klagt Ludwig Tieck, wie stets auf der Suche nach einem »verfluchten Buchhändler« (Tieck-Schlegel, S. 44), am 27. August 1800 gegenüber August Wilhelm Schlegel. Und ein Jahr später heißt es in einem Brief an Friedrich Frommann:

> Es scheint mir, als würde ich nie den Verdrüßlichkeiten entnommen werden, die sich von einem Jahr zum andern zu mir mit hinüber schleppen, ich meine die armseligste aller Verlegenheiten, die des Geldes, das sich vielleicht dadurch an mir rächt, weil ich es immer so von Herzen verachtet habe. (Schweikert 1, S. 238)

Verachtet hat Tieck, der zeit seines Lebens in Finanznöten steckte, das Geld nie. Er hat es jedoch bisweilen mit einer bewundernswerten Ruhe mißachtet und mit einem ebensolchen Geschick darum verhandelt oder auch ohne direkte Gegenleistung danach verlangt. Freunde und Verleger konnten ›ein Lied davon singen‹ und taten dies auch, wie z. B. Caroline Schlegel-Schelling, die den berüchtigten Spottvers auf das »Pumpgenie« (Schmidt 1988, S. 182) zitiert: »Wie ein blinder Passagier / Fahr ich auf des Lebens Posten, / Einer Freundschaft ohne Kosten / Rühmt sich keiner je mit mir« (Caroline Schlegel-Schelling an Pauline Gotter, 1. März 1809; Schmidt 1913, 2, S. 545). Tieck lebte für die Literatur, aber es gelang ihm manchmal nur schwer, auch von ihr zu leben. Nicht selten mußten neue Werke oder geplante bzw. lediglich angekündigte Projekte für den Autor zunächst jenen Zweck erfüllen, welchen Friedrich Schlegel dem Mitstreiter unterstellte, wenn er bemerkte: »Ein künftiges Buch bedeutet bei ihm meistens nur gegenwärtiges Geld« (Krisenjahre 1, S. 406).

Daß Kunst und Poesie mit der Wandlung der feudal-ständischen Gesellschaft hin zu einer bürgerlichen, mit dem strukturellen Umbau des Literatursystems um 1800 und der damit einhergehenden Etablierung einer bürgerlichen Öffentlichkeit sowie der Expansion des modernen bürgerlichen Buchmarktes zu »Manufakturwaren« (Schweikert 3, S. 12) geworden waren, hatte Tieck bereits früh erkannt, wie seine Einleitung zum *Poetischen Journal* zeigt. In Reaktion darauf proklamierten die frühromantischen Schriftsteller gerade in der Zeit, in der sich die Professionalisierung des Autors durchsetzte, die Autonomie und Eigengesetzlichkeit der Kunst. Dieses Paradoxon verweist auf die geänderten Bedingungen, unter denen ein Autor schreiben mußte, der sich nicht von vornherein auf geerbtes Vermögen oder eine gut bezahlte Festanstellung verlassen konnte.

Die Zunahme des Lesepublikums, die vollständige Integration des Autors in den literarischen Markt und veränderte Lesegewohnheiten boten zwar theoretisch die Möglichkeit einer ›freien‹ Schriftstellerexistenz, tatsächlich war aber meist ein Hauptberuf nötig, um die Existenz sicherzustellen. Die Autoren waren nicht mehr, wie zuvor, von höfischen Mäzenen abhängig, sondern von Buchhändlern und Verlegern. Folglich wurden sie häufig auch von ökonomischen Motiven geleitet und gingen bei der Vermarktung ihrer literarischen Arbeiten strategisch vor. Dabei standen sie gegenüber der bürgerlichen Gesellschaft und den Resten der traditionellen Gelehrtenschicht durch ihre Tätigkeit sowie den Erhalt von Honoraren noch lange unter einem Legitimationszwang, der sich auch in der rechtlichen Unsicherheit widerspiegelt, innerhalb derer sich die Beziehung eines Autors zu seinem Verleger lange befand. Erst das *Allgemeine Landrecht für die Preußischen Staaten* von 1794 markierte faktisch das Ende der Regel vom ewigen Verlagsrecht des Erstverlegers und fixierte erstmals das Recht des Autors auf fortgesetzte Teilhabe am Ertrag seiner Werke. Indem der Verfasser fortan einzelne Ausgaben frei verhandeln konnte und Rechtsansprüche auf ein Neuauflagenhonorar hatte, ergaben sich für ihn ganz neue Möglichkeiten der ökonomischen Verwertung seiner Werke (vgl. Steiner 1998, S. 52–55). Damit gewannen jedoch auch die immer komplexer werdenden Verlagsverträge an Bedeutung, deren Wirksamkeit Tieck im Fall Reimers unterschätzen und bereuen sollte (Schweikert 1, S. 346).

Mit Blick auf all diese Problematiken darf man Ludwig Tieck mit einigem Recht als »Prototyp des freien Schriftstellers« (Wergin 1988, S. 200) bezeichnen. Vor allem sein Briefwechsel mit seinen zahlreichen Verlegern, die allein ca. 20 Prozent von Tiecks Briefüberlieferung ausmachen (siehe den Beitrag *Der Briefschreiber* in Kap. 1), geben in ihrem Geschäftston Einblick in die Nöte, Zwänge und Strategien eines Menschen, der schon als Schüler beschlossen hatte, nichts anderes als Berufsschriftsteller zu werden, der dieses Ziel – im Gegensatz zu den meisten anderen zeitgenössischen Autoren von Rang – auch erreichte und der diese Existenz, von seiner kaum auskömmlichen Tätigkeit als Dramaturg einmal abgesehen, konsequent durchhielt. Wie sehr Tiecks Verabsolutierung der Literatur manchmal drohte, ihn gleichsam zum »Gefangenen im System der Literatur« (Ribbat 1997, S. 12) zu machen, zeigt u.a. seine Bindung an den Verleger Friedrich Nicolai, dessen Kontakt zu Tieck im folgenden als eines von drei Beispielen für Tiecks Verhältnis zu seinen Verlegern skizziert werden soll.

Friedrich Nicolai und sein Sohn Carl August

Wann und auf welche Weise Tieck Nicolai, zu dem er von 1794 bis 1803 in Kontakt stand, kennenlernte, kann nicht genau bestimmt werden (für einen kurzen Überblick über die verschiedenen Versionen vgl. Antoine 2001, S. 186). Entscheidend für das Verhältnis der beiden waren jedoch vor allem die Jahre 1795 bis 1799, in denen die Zusammenarbeit mit Tiecks Herausgeberschaft des vierten Bandes der *Straußfedern* beginnen und mit einer öffentlichen Abrechnung (mit dem Prozess Tiecks gegen Nicolai um die unautorisierte Ausgabe seiner ›Sämtlichen Werke‹) enden sollte.

Wie zuvor die Werke für August Ferdinand Bernhardi und Friedrich Eberhard Rambach waren auch die Werke für Nicolai zunächst Auftragsarbeiten, die dem Broterwerb dienten. Für den älteren Nicolai, der dem jungen Tieck gegenüber bisweilen sehr autoritär und gar schulmeisterlich auftrat, war dieser zunächst nur ein gewöhnlicher, wenn auch talentierter Auftragsschriftsteller, dem er selbst »in ganzen Wäschekörben« (Köpke 1, S. 78) französische Unterhaltungszeitschriften zur Überarbeitung schickte und den er seinem Sohn zur Erprobung von dessen verlegerischen Fertigkeiten übergab. Daß Tieck bei Nicolai keine herausgehobene Stellung innehatte, drückte sich auch in seinem Honorar aus. Erhielt Johann Karl August Musäus noch ein Bogenhonorar von fünf Talern, so bezahlte Nicolai Tiecks Vorgänger Johann Gottwerth Müller bereits sechs Reichstaler, Tieck jedoch wieder nur fünf (Antoine 2001, S. 187). Dies entsprach sowohl in etwa dem durchschnittlichen Einkommen eines Schriftstellers um 1800 als auch dem Bogenhonorar, welches Nicolai seinen Autoren im Normalfall zahlte, und es stellte für einen unbekannten Autor alles andere als eine geringe Summe dar (vgl. Tietzel 1995, S. 144; Steiner 1998, S. 138f.).

Carl August Nicolai wiederum, von dem Tiecks Werke in den nächsten Jahren hauptsächlich verlegt werden sollten, verlangte von Tieck möglichst hohe Produktion zu einem möglichst geringen Lohn. Insbesondere die geforderten Übersetzungen minderwertiger französischer und englischer Erzählungen behagten Tieck nicht und wurden von ihm nur unter Mithilfe seiner Schwester und deren Ehegatten als »manufakturierte Gemeinschaftsproduktion« (Rath 1996, S. 160) geleistet. Wohlwollender gegenüber Tieck zeigte sich der alte Nicolai, der schon früh die topischen Wendungen kennengelernt hatte, die Tiecks gesamte Verlagskorrespondenzen durchziehen sollten, ganz gleich ob der Verleger nun Reimer, Max oder Zimmer hieß. Neben den Bitten um Vorschüsse und den Beteuerungen, dieselben seien zum letzten Mal ausgesprochen worden, sind hier besonders Entschuldigungen wegen zu spät gelieferter Manuskripte zu nennen. Nicolai gab dem Ansinnen seines Nachwuchsautors in der Regel großzügig nach und zahlte auch für Dichtungen, von denen er noch keine Seite erhalten hatte. Diese Praxis setzte sich später bei anderen Verlegern Tiecks fort, und manch einer, wie der Göttinger Verleger Johann Christian Dieterich im Falle des *Nibelungenliedes*, erhielt das versprochene Werk trotz des gezahlten Vorschusses nie. Einem weiteren Verleger bot Tieck sogar ein Werk an, für das er bereits von anderer Hand einen Vorschuß erhalten hatte (vgl. Segebrecht 1987, S. 223).

Die Förderung Nicolais erhielt Tieck hingegen nicht ohne Grund. Schon früh wurde sein Talent erkannt, und so durfte er statt der Überarbeitungen fremder Stoffe bald auch eigene Erzählungen in den *Straußfedern* veröffentlichen. Mit *Peter Lebrecht* entstand 1795 das erste größere Werk, und sowohl Vater als auch Sohn Nicolai zeigten sich von diesem »Schwank« (Schweikert 1, S. 71) gleichermaßen angetan. Tieck selbst distanzierte sich später von diesen »Jugendsünden« (ebd., S. 269) und »Buchhändlerbestellungen« (ebd., S. 176).

Die Chance, nun auch über die *Straußfedern* hinaus zu publizieren, nutzte Tieck eifrig, allerdings nicht lange in dem Sinne, in welchem es Nicolai, der sich als sein Mentor verstanden wissen wollte, gerne gesehen hätte. Tieck ließ sich weder als bloßes Instrument des Aufklärers Nicolai in das Konzept der *Straußfedern* einbinden, noch erfüllte er dessen programmatische Forderungen in seinen selbständigen Schriften. Vielmehr emanzipierte Tieck sich zunehmend von den Interessen seines Verlegers und persiflierte selbstbewußt nicht nur das aufklärerische Selbstverständnis, sondern auch den gesamten literarischen Markt, dessen Strukturen sowie Funktionsweisen er erkannte und bediente, jedoch zugleich unterlief. Zunehmend subvertierte er das poetologische Programm der Aufklärung (siehe den Beitrag *Poetik der Berliner Spätaufklärung* in Kap. 1), indem er z. B. die Vorreden als Ort aufklärerischer Poetik zweckentfremdete und dabei das Verhältnis von Autor und Leser ironisierte. Daß der Satiriker Tieck auch jene Hand attackierte, die ihn nährte, schien ebendiese zunächst nicht einmal zu stören. Die frühen polemischen Spitzen gegen die Aufklärung fanden noch die Billigung des in dieser Hinsicht durchaus toleranten Nicolai, weil die aufklärerischen Satiren zunächst im Dienst der Aufklärung standen. Empfindlich reagierte er jedoch, als bei Tieck ein eigenes poetologisches Konzept erkennbar wurde, mit welchem er den Leser aus dem aufklärerischen Blick verlor und statt dessen frühromantische Literatursujets in die *Straußfedern* einführte (vgl. Antoine 2001, S. 204–212).

Als Tieck Nicolai Ende 1796 eine Bearbeitung von Christian Weises Drama *Die verkehrte Welt* anbot, zeigte sich dieser nicht abgeneigt und wollte lediglich Anspielungen auf Preußen und Berlin unterlassen wissen. Nach Erhalt des Manuskripts ein Jahr später lehnte er das Werk, dessen beide Teile er (zur Belustigung Tiecks) zunächst für zwei verschiedene Stücke gehalten hatte, allerdings ab. Gründe dafür waren nicht nur die befürchteten Schwierigkeiten mit der Zensur, sondern auch, daß Tiecks schriftstellerisches Selbstbewußtsein und das sich entwickelnde poetologische Konzept nicht mehr mit dem Dichtungsverständnis Nicolais zu vereinbaren waren. Die programmatischen Differenzen zwischen Autor und Verleger waren von Werk zu Werk offenkundiger geworden. Spätestens als Nicolais Sohn Carl August ankündigte, für die *Volksmährchen* nicht den vereinbarten Betrag von fünf Talern pro Bogen zu zahlen, da es sich hierbei um Bearbeitungen und nicht um Originale handle (Letters, S. 21), erkannte Tieck, daß er, wollte er sich Verdienst und Autonomie zumindest zu einem geringen Grad sichern, strategischer würde vorgehen müssen. Ende 1797 nahm er Kontakt mit den Verlegern Voß, Unger, Vieweg und Frommann auf. Unterstützung bei der sich sehr schwierig gestaltenden Suche nach neuen Verlegern erhielt er von Wackenroder, der einige anonym erscheinende Jugendwerke an den Verleger Langhoff vermittelte, aber auch von Friedrich Schlegel, der erkannt haben wollte, daß Tieck »recht kindlich ungeschickt und unschuldig im merkantilischen Theil der Schriftstellerey« (Schweikert 1, S. 161) sei, und der auch die Misere von Tiecks Lohnschreiberei genau analysierte. Diese bestand nicht allein in der Preispolitik der Verleger, die zwischen ca. 8000 untereinander konkurrierenden freien Schriftstellern um 1795

(Wittmann 1999, S. 160) genügend Auswahl hatten, sondern auch darin, daß nur eine »bessere Bezahlung« Tieck »zu langsamern, gründlichern und bessern Arbeiten bringen würde [...]« (Schweikert 1, S. 161).

An August Wilhelm Schlegel schrieb Tieck am 12. Dezember 1797: »Von dem jungen Nicolai möcht' ich mich gern trennen, es ist gar nichts mit ihm anzufangen, da er außer dem angeerbten Eigennutze noch eine originelle Verrücktheit hat, die ihn unausstehlich macht« (ebd., S. 217). Mit Beendigung der Zusammenarbeit bei den *Straußfedern* 1798 wurden einige von Tiecks Werken von Carl August Nicolai in einer unautorisierten Ausgabe mit dem durchaus spöttisch zu verstehenden Titel *Ludwig Tieck's sämmtliche Werke* zum Sonderpreis veräußert (vgl. ebd., S. 334–338; Günzel, S. 173ff.; Paulin 1988, S. 76). Seinem Unmut gegenüber Nicolai machte Tieck, der bisher als Autor fast immer anonym geblieben war und dem jetzt sogar die erwähnten Übersetzungen aus anderer Hand zugeschrieben wurden, öffentlich Luft und prozessierte erfolgreich gegen die unrechtmäßige Ausgabe. Der Prozeß Tiecks gegen Nicolai fand nur wenige Jahre nach den in Kraft getretenen Bestimmungen des Preußischen Landrechts, gegen die Friedrich Nicolai an vorderster Front stritt, und nach dem Prozeß um die Gesamtausgabe Wielands statt. Dessen Fall endete mit dem Urteil, daß er den Verleger der Gesamtausgabe frei wählen konnte und nicht an die Einzelverträge seines bisherigen Verlags gebunden war. Genauso wie die Causa Wieland war auch Tiecks Fall exemplarisch für diese rechtliche Umbruchphase im Autor-Verleger-Verhältnis.

Was an Auseinandersetzungen auf diesen Eklat folgte, waren Positionsbestimmungen von Spätaufklärern und Frühromantikern, die um die Definitionshoheit auf dem literarischen Feld kämpften. Und obwohl sowohl Tieck als auch Nicolai aufs äußerste darin verwickelt waren und sich in gegenseitigen Angriffen ergingen, brach der Kontakt zueinander offenbar bis 1803 nicht ab (vgl. Holtei 3, S. 62). Noch damals hatte Tieck etwas für Nicolai in Arbeit, und im privaten Briefverkehr war nichts von der scharfen Polemik zu vernehmen, die zuvor öffentlich gegeneinander geäußert worden war, was wiederum die Abhängigkeitsverhältnisse auf dem literarischen Markt widerspiegelt, welche Tiecks Beziehung zu Nicolai bis zuletzt bestimmten.

Ohne Aussagen über die literarische Qualität zu machen, muß konstatiert werden, daß Tiecks Zusammenarbeit mit Nicolai außerordentlich produktiv war. Zu den *Straußfedern* trug Tieck, der als Herausgeber anonym blieb, weitaus mehr bei als seine Vorgänger Musäus und Müller. Allein 16 Erzählungen aus den *Straußfedern* nahm Tieck später in seine *Schriften* auf und bekannte sich damit zu seiner Verfasserschaft. Darüber, wieviele der elf übrigen Erzählungen demnach nicht von Tieck stammen, herrscht in der Forschung Uneinigkeit (vgl. Antoine 2001, S. 190f.). Einig hingegen ist man sich inzwischen dahingehend, daß die *Straußfedern* für den jungen Autor eine wichtige Schule sowohl in bezug auf die Arbeitsweise als auch hinsichtlich des Stil- und Themenrepertoires waren und daß die *Straußfedern* durch Tiecks selbständige sowie neuartige Gestaltung zum Spiegelbild des Umbruchs im Literatursystem wurden. Sie waren zugleich seine Lehrzeit, was den Umgang mit Verlegern betrifft. Die Erfahrungen Tiecks mit Nicolai und seinem Sohn bestimmten sein Verhalten gegenüber allen weiteren Verlegern. Nicht zuletzt durch seine beginnende, öffentlichkeitswirksame und provokante Emanzipationspoetik machte er weiter auf sich aufmerksam und verschaffte sich einen Marktwert für die neuen Vorhaben. Provokation und Unruhe waren zwar stets gute Marktstrategien, und Tieck lernte früh, diese zu beherrschen. Aber nicht immer erwies sich dies auf der Suche nach Verlegern als förderlich (vgl. Schweikert 1, S. 224). So scheute Tieck sich nicht, als er für *Die verkehrte Welt* keinen Verleger fand, wieder mit Rambach und Bernhardi Kontakt aufzunehmen.

Für Tiecks neue Pläne brachte die unrechtmäßige Gesamtausgabe Nicolais sogar einen Vorteil. Denn nachdem die Auftragsarbeiten, als Gesamtausgabe gebunden, der Geschichte übergeben wurden, war der öffentliche Blick frei für das Kommende. Und auch die Autonomiepostulate, die Tieck in der Folgezeit im Kanon mit den Brüdern Schlegel artikulierte, dienten paradoxerweise nicht nur dazu, einander im Kampf der Künstlerrollen und Kunstkonzeptionen auch die ökonomisch günstigsten Feldpositionen zu sichern (siehe den Beitrag *Der Jenaer Kreis und die frühromantische Theorie* in Kap. 1). Vielmehr läßt sich Tiecks Negation des Ökonomischen vor allem als eine Reaktion auf bestehende wirtschaftliche Abhängigkeitsverhältnisse verstehen. Mit dem Anspruch, fortan ›reine‹ und ›wahre‹ Dichtung zu schaffen, wurde das Autonomiebekenntnis nicht nur zum Instrument, um vermeintliche Mißachter desselben als Manufakturschriftsteller zu brandmarken und sich die Benennungsmacht im Streit konkurrierender Literaturprogramme zu sichern. Vielmehr ging es dabei auch darum, die eigenen Gelegenheits- und Auftragsarbeiten historisch werden zu lassen und im literarischen Feld Anerkennung zu gewinnen. Das neue dichterische Selbstverständnis drückte sich zudem in Tiecks Honorarforderungen aus, die jetzt häufiger bei zwei oder gar drei Friedrichsdor (das entspricht ca. 10 bzw. 15 Reichstalern) lagen (vgl. ebd., S. 238; Schweikert 2, S. 346; Schweikert 3, S. 10). Das Paradoxon, daß das Werk sich selbst als autonom setzt, jedoch auf wirtschaftlichen und juristischen Faktoren basiert, tritt u.a. bei dem zusammen mit August Wilhelm Schlegel herausgegebenen *Musen-Almanach für das Jahr 1802* deutlich zutage. Aussagen über die Eigengesetzlichkeit des Kunstwerks und betontes Desinteresse am Ökonomischen gehen einher mit ausgeprägten marktstrategischen und wirtschaftlichen Überlegungen, die auch die Wahl des Verlegers mit einschlossen, der nicht zufällig derjenige Schillers war, dessen *Musen-Almanach* übertroffen werden sollte (vgl. Mix 2004, S. 244). Der umtriebige Tieck, der versuchte, alle Bereiche des Literaturbetriebs für sich nutzbar zu machen, verweigerte sich dem nach ökonomischen Gesetzen funktionierenden literarischen Markt nicht etwa, sondern gestaltete ihn wesentlich mit.

Als Tieck nach dem Bruch mit Nicolai auf der Suche nach neuen Verlegern war, fiel seine durch Fichte vermittelte Wahl nicht zuletzt deshalb auf Cotta, weil er so gegenüber Frommann eine bessere Verhandlungsposition erhielt und höhere Honorare verlangen konnte. Darüber hinaus versprach Cotta als einflußreichster Verleger und nicht zuletzt als Verleger Goethes und Schillers Aufmerksamkeit. Tieck erhoffte sich sogar, »des Handelns entledigt« (Schweikert 3, S. 155) zu sein und eine dauerhafte Bindung, inklusive Festgehalt, mit Cotta eingehen zu können. Dieser aber schlug seine Offerte vom 27. Dezember 1800 aus und gewährte ihm statt dessen zunächst nur einen Vorschuß von 100 Talern für *Frauendienst*. Daß Tieck Cotta das versprochene Werk erst mit elf Jahren Verspätung lieferte und wie bei allen anderen Verlegern stets mehr über geplante als über fertige Manuskripte verfügte, hat dazu beigetragen, daß es nie zu einer intensiven Geschäftsbeziehung zwischen Tieck und Cotta kam.

Georg Andreas Reimer und sein Sohn Georg Ernst

Der Wunsch, nur an einen einzigen Verleger gebunden zu sein, wurde 1804 auch gegenüber Georg Andreas Reimer geäußert (Schweikert 2, S. 279), der intensiv um Tieck geworben hatte und der es als Tiecks wichtigster Verleger zusammen mit seinem Sohn auf eine über fünfzigjährige Geschäftsbeziehung bringen sollte. Ähnliche Briefe an Brockhaus und Max folgten (Novellenzeit, S. 127; Schweikert 2, S. 50).

Der Kontakt zu Reimer, der die von Tieck und Friedrich Schlegel besorgte Novalis-Ausgabe verlegte, wurde 1802 über letzteren hergestellt. Direkt nach der Novalis-Edition erbat sich Tieck für *Die Könige des Grals* einen ersten Vorschuß von Reimer. Das Buch blieb nur eines von vielen Werken, die nie verwirklicht und vielleicht allein zum Zweck des Forderns von Vorschüssen erdacht wurden. Die mit einer Auflage von 500 Exemplaren zunächst zögerlich begonnene zweibändige Novalis-Edition verkaufte sich im Gegensatz zu den *Minneliedern* (1803) und dem *Alt-Englischen Theater* (1811) so gut, daß schon 1805 eine neue Auflage folgte. Von 1812 bis 1816 unternahm Tieck bei Reimer mit dem *Phantasus* den schon länger gehegten Plan, seine älteren Arbeiten als Sammelwerk herauszugeben und sie den veränderten Umständen anzupassen. Die Auflage von 1270 Exemplaren und das Bogenhonorar von zehn Talern (insgesamt 1000 Taler), welches Tieck für das Werk erhielt, entsprechen in etwa dem, was ein erfolgreicher Autor im ersten Drittel des 19. Jahrhunderts durchschnittlich erwarten konnte (vgl. Reimer 1999, S. 250; Steiner 1998,

S. 138). Tiecks Honorare bei Reimer sollten sich noch steigern. Von wenigen Ausnahmen abgesehen (vgl. Reimer 1999, S. 331), verdiente Tieck bei Reimer überdurchschnittlich gut. Das Jahreseinkommen eines Pfarrers oder Gymnasialprofessors (in Weimar 1820: 600–700 Taler; Eberhardt 1951, S. 24) erreichte Tieck bereits mit zwei Novellen. Um als freier Schriftsteller einen sicheren bürgerlichen Lebensstandard in einer Stadt wahren zu können, war jedoch mindestens die doppelte Summe nötig, zumal das Einkommen nicht regelmäßig war und für den Beruf unbedingt notwendige Reisen wie auch Bücher ihn zu beträchtlichen Ausgaben zwangen (vgl. Tietzel 1995, S. 143–149).

Aus der Geschäftsbeziehung zum Verleger wurde bald ein freundschaftliches Verhältnis. Die Herzlichkeit, die Tieck den Verlegern Max oder Brockhaus entgegenbrachte, erreichte die Bindung zu Reimer jedoch nur kurze Zeit. Die immer wieder auftretenden Mißstimmungen, die mehrfach fast ein Ende der Zusammenarbeit nach sich zogen, lassen sich nicht allein mit Tiecks Unzuverlässigkeit erklären. Es war Reimer, der Tieck geschickt an sich band und ihn durch sein geschäftliches Vorgehen zum Schreiben zwang. Schon zu Anfang ihrer Verbindung zahlte Reimer bei Vorschüssen immer etwas mehr, als Tieck an fälligen Honoraren hätte fordern können, und sicherte sich so gezielt stets das nächste Werk des Schuldners. Tiecks Ruf als Schuldenmacher ist bei aller Richtigkeit nicht zuletzt auch ein Produkt von Reimers ungenauer, zeitlich verspäteter und zum Teil mit fingierten Einträgen operierender Buchführung, wie Reimer und Cram anhand des Hauptbuchs des Verlegers gezeigt haben (vgl. Reimer 1999, S. 345–361; Cram 2004). Reimer trug Honorare nur sehr unregelmäßig und zum Teil mit vielen Jahren Verspätung ein. Indes ist der Verleger mit den für Tiecks Arbeiten notwendigen Vorleistungen, die er gegenüber dem nicht immer verläßlichen, aber produktiven und somit lukrativen Autor erbrachte, nie ein hohes Risiko eingegangen. Die undurchsichtige Verrechnungspraxis Reimers erregte auch Tiecks Mißtrauen, der in Verlagsgeschäften zwar ein wenig unbedarft, aber im Gegensatz zu seinen etwas koketten Selbsteinschätzungen durchaus geschickt war. So forderte er von Reimer im Oktober 1817 eine Abrechnung, die dieser ignorierte. Statt dessen beantwortete er Tiecks nächste Geldforderung mit einer erhöhten Summe (Cram 2004, S. 183). Auch als der briefliche Kontakt zu Reimer in den Jahren 1818–1828 abbrach, flossen weiter Gelder an Tieck, welcher in diesen Jahren seine Verbindung zu dem Breslauer Verleger Josef Max und zu der Verlegerfamilie Brockhaus intensivierte, die zusammen mit Reimer um den Autor in Konkurrenz standen. Diesen Umstand versuchte Tieck für sich zu nutzen und bot beispielsweise Josef Max, zu dem er von 1822 bis 1842 Kontakt hatte, bei Bewilligung eines Vorschusses an, die Arbeiten für andere Verleger an das Ende seines Arbeitsplans zu stellen. Der ständige Verkehr mit mehreren Verlegern gab Tieck zwar die Möglichkeit, bei Bedarf zügig an einen Vorschuß zu gelangen, aber unabhängiger machte ihn diese Praxis nicht – was insbesondere dann deutlich wurde, als er sich im Zuge der Herausgabe seines Gesamtwerks um dessen Vollständigkeit bemühte. So besaß z. B. der Verleger Paul Gottlob Hilscher die Rechte an den *Gedichten* und Max die an den *Gesammelten Novellen* (14 Bde., 1835–1842), die beide erst später von Reimer erworben wurden. Deshalb achtete Tieck fortan bei Verträgen über neue Werke stets darauf, daß sie nach möglichst kurzer Zeit in seine Gesamtausgabe übernommen wurden. Reimer sicherte sich im Vertrag über die Gesamtausgabe (Schweikert 1, S. 328) das Recht, nach einer Frist von fünf Jahren alle bei anderen Verlegern erschienenen Werke für die *Schriften* nutzen zu dürfen.

Die Idee zu einer Gesamtausgabe seiner Schriften entstand aus der Korrespondenz mit Brockhaus. Mit ebendiesem und mit Cotta, welcher später auch für die *Kritischen Schriften* als Verleger im Gespräch war, hatte Tieck über die Werkausgabe verhandelt. Sie wurde schließlich bei dem zunächst nur zögerlich interessierten Reimer verlegt, weil dieser – fürchtend, für seine Vorschüsse keinen Gegenwert mehr zu erhalten – sich gegen Übernahmeversuche wehrte und verlangte, daß der Verleger des Gesamtwerkes ihm auch alle Ausgaben von Tiecks Einzelwerken abkaufen müßte (vgl. Novellenzeit, S. 23). Der Vertrag über die Gesamtausgabe vom 28. Mai 1827, die bereits im November 1824 mündlich fixiert wurde, macht deutlich, zu welchen Mitteln Reimer zu greifen entschlossen war, um Tieck zur rechtzeitigen Abgabe der Manuskripte zu bewegen. Tieck band sich mit dem Vertrag nicht nur über seine Lebenszeit hinaus an Reimer, sondern verpflichtete sich, bei Nichteinhaltung der verabredeten Termine hohe Konventionalstrafen von 100 Talern für jede Lieferung pro Monat Verspätung zu zahlen (im Vertrag vereinbart sind vier Lieferungen von jeweils fünf Bänden). Dadurch beabsichtigte Reimer vermutlich auch, das hohe Honorar zu reduzieren, welches Tieck für seine *Schriften* erhalten hatte. Dieser stellte sich, im Hochgefühl, einmal Gläubiger zu sein, sogleich selbst Wechsel auf die von Reimer erworbene Weidmannsche Buchhandlung aus (Cram 2004, S. 187). Wirkungsvoller als derlei Strafen war bei Tieck jedoch die im Vertrag über die Shakespeare-Übersetzung vereinbarte Praxis. Darin wurde Tieck eine Nachzahlung von 1500 Talern bei termingerechter Lieferung versprochen. Das Honorar der Gesamtausgabe betrug 10000 Taler, von denen Reimer 2000 zur Tilgung von Tiecks Schulden abzog. 10000 Taler entsprechen nach heutiger Kaufkraft ungefähr 250000 € (vgl. Wittmann 1999, S. 182). Zum Vergleich: Jean Paul, der auch ansonsten höhere Auflagen und Honorare erreichte als Tieck, wurden 1825 für die 60 Bände seiner Gesamtausgabe von Reimer 35000 Taler zugesichert, Goethe hingegen erhielt 1805 von Cotta ebenfalls 10000 für 13 Bände. Für seinen Briefwechsel mit Schiller forderte er dann 1827 von Cotta 8000 Taler. Gesamtausgaben waren in dieser Zeit für Autor und Verleger in der Regel ökonomisch vielversprechende

Projekte, insbesondere da sich der Buchhandel seit dem Ende der Befreiungskriege wieder im Aufschwung befand. Sie versprachen für den Autor nicht nur eine sichere Einnahmequelle, sondern auch Prestige.

Etwa gleichzeitig mit der Werkausgabe schlossen Tieck und Reimer einen Vertrag über den eigens für Tieck konzipierten Almanach *Novellenkranz* ab, dem Passagen aus dem Hauptwerk vorangestellt wurden, um den Leser auf die Bedeutung des Autors aufmerksam zu machen. Statt der geplanten sechs erschienen durch die Versäumnisse Tiecks nur vier Bände. Seinem Unmut über Tiecks Unzuverlässigkeit, über dessen Geldforderungen und Verhandlungen mit anderen Verlegern machte Reimer am 15. November 1829 in einem Brief an die Gräfin Finckenstein Luft (vgl. Reimer 1999, Briefkopierbuch Reimers Anhang C, S. 22–25 [CD-ROM]). Spätestens von da an wird der Ton zwischen Tieck und Reimer zwar deutlich rauher, gleichwohl blieb Tiecks Gesamthonorar von 7000 Talern für die Taschenbücher damit noch immer beachtlich. Bei einem Gesamtumfang von 105 Bogen, mit dem Tieck unter den jeweiligen Vorgaben blieb, ergab sich so ein exorbitant hohes Bogenhonorar von 66,6 Talern. Für die Verwertung der Beiträge in der Gesamtausgabe erhielt Tieck noch eine zusätzliche Summe (Reimer 1999, S. 343).

Das einst vom Autor geschmähte Medium Taschenbuch wurde von Tieck ab 1820 vor allem für die Novellenproduktion genutzt (Paulin 1998; siehe den Beitrag *Dresdner Novellen* in Kap. 4) – wenn die Gelegenheit sich bot und dies opportun war, indes auch für poetische, kritische oder fragmentarisch gebliebene Schriften. Tieck nutzte die Wende auf dem Buch- und Zeitschriftenmarkt nach dem Sieg über Napoleon und dem damit einhergehenden wirtschaftlichen Aufschwung und lokalisierte die Novellen später kaum zufällig in Nähe zu den *Straußfedern*-Beiträgen. Denn Novellen und Taschenbücher brachten nicht nur sicheres Geld, sondern erreichten auch ein größeres Lesepublikum, das durch deren regelmäßiges Erscheinen für einen längeren Zeitraum gewonnen wurde. Das Taschenbuch war also keinesfalls als Ersatz für das herkömmliche Buch gedacht, sondern als »Instrument der Marktaufteilung (über die zeitlich gestaffelte Produktdifferenzierung) und der Markterweiterung (über sinkende Preise)« (Tietzel 1995, S. 51). Schließlich blieb auch die Möglichkeit erhalten, die Taschenbuchbeiträge in Sammel- oder Sonderausgaben wiederzuverwerten. Die Novellen bildeten so in ihrer ökonomischen Attraktivität erst die Voraussetzung dafür, daß Tieck bei seinen Verlegern auch weniger gewinnträchtige Projekte durchsetzen konnte.

Tieck, der Max inzwischen nach Belieben und Brockhaus regelmäßig belieferte, wünschte spätestens ab 1838, sich »ganz von Reimer frei zu machen« (Novellenzeit, S. 127), weil der Verleger die Werkpolitik des Autors immer zögerlicher unterstützte. »[D]enn er ist viel zu eigensinnig und hat meinen wahren Vortheil niemals im Auge gehabt« (Schweikert 2, S. 39), schrieb Tieck über Reimer am 17. Juni 1839 an Max, und er begann aktiv, einen Verlagswechsel zu Brockhaus oder Cotta zu betreiben, mußte jedoch bald einsehen, daß er vertraglich an Reimer gebunden war (Novellenzeit, S. 150). Als »gar zu ängstlich, mehr noch, als Ihr seliger Herr Vater« (Schweikert 3, S. 143) bezeichnete Tieck Georg Ernst Reimer, der 1842 nach dem Tod des Vaters das Verlagsgeschäft übernahm. Im Gegensatz zu seinem Vater war er in der Buchführung korrekt und leistete Zahlungen immer nur für ein konkretes Werk. Die *Schriften* veröffentlichte er weiter in unregelmäßiger Folge und nahm auch die Novellen mit auf. Tieck agierte aber viel zu unentschlossen und ließ sich weder zu Einzelausgaben seiner Werke noch zu einer Ausgabe letzter Hand bewegen, weil die Gesamtausgabe offenbar schlechten Absatz fand (vgl. Letters, S. 506). Bedeutete das Verhältnis zu Reimer für den jungen Autor zunächst eine gesicherte Existenz, so empfand Tieck es später als sein »schlimmes Schicksal« (Schweikert 1, S. 346), sich so früh an Reimer gebunden zu haben, so daß er abermals versuchte, sich stärker an Brockhaus anzuschließen.

Friedrich Arnold Brockhaus und sein Sohn Heinrich

Tiecks Korrespondenz zu Friedrich Arnold und Heinrich Brockhaus ist mit fast 300 Dokumenten der umfangreichste erhaltene Verlagsbriefwechsel. Der Kontakt Tiecks zu F. A. Brockhaus, der mit einem Brief desselben vom 3. Juni 1820 begann, wurde über Amadeus Wendt und Adolf Wagner hergestellt. Die schnell sich einstellende Vertrautheit war wohl vor allem dem gemeinsamen Interesse an Shakespeare und dem englischen Theater im allgemeinen zuzuschreiben. Vater und Sohn lernten auch bald, Tieck richtig einzuschätzen, und durchschauten seine Versuche, die Konkurrenzsituation unter den Verlegern für sich zu nutzen. Sie erwiesen sich zudem als vergleichsweise erfolgreich im Einfordern von Arbeiten.

Tiecks Plan zu einer in dieser Zeit ökonomisch vielversprechenden Gesamtausgabe wurde von Brockhaus zunächst unterstützt, der im Mai 1823 an Tieck schrieb: »Was Wieland, Göthen, Schillern und den Herderschen Erben Recht gewesen und geworden, müsse es auch Ihnen seyn« (Novellenzeit, S. 31). Der Verleger akzeptierte auch Tiecks Honorarforderung über 10000 Taler, wohlwissend, daß er diese aufgrund von Tiecks Bindung an Reimer wahrscheinlich nicht werde zahlen müssen. Denn Tiecks erste Versuche, Brockhaus als Verleger für die Gesamtausgabe zu gewinnen, beantwortete dieser nur mit einem grundsätzlichen Einverständnis, sofern sich Tieck dafür von Reimer zu trennen bereit wäre. Als Tieck jedoch auf eine deutliche Entscheidung drängte, verwies der todkranke F. A. Brockhaus u. a. auf die Terminverpflichtungen, die Autor und Verleger mit einem solchen Projekt eingehen würden und setzte hinzu, daß es Tieck in diesen Dingen an Zuverlässigkeit mangle. »Am 20. August 1823 starb Friedrich Arnold Brockhaus in Leipzig. Unter den Beileidsbekundungen, die der Familie von allen Seiten zuströmten, ist keine von Tieck erhalten« (ebd., S. 36).

Tiecks Briefwechsel mit Heinrich Brockhaus befaßt sich insbesondere mit den Novellen, die seit 1826 regelmäßig in dem Taschenbuch *Urania* erschienen. Daß Tieck bei Brockhaus keine ähnlich herausgehobene Stellung wie bei Reimer innehatte, gab ihm aus seiner Sicht in besonderer Weise Anlaß zur Klage. Tatsächlich erhielt er bei Brockhaus ein auch für Taschenbücher außerordentlich hohes Bogenhonorar von zehn Louisdor (ebd., S. 64). Zwar wurde ein Schriftsteller wie Heinrich Clauren, welchem Tieck in Bezahlung und Anstellung gern gleichgekommen wäre (ebd., S. 41), mit 15 Louisdor honoriert, aber auch E. T. A. Hoffmann, der bei den Taschenbuch-Verlegern inzwischen sehr gefragt war, erhielt 1821 »nur« acht Friedrichsdor (ca. 40 Reichstaler) (Klessmann 1987, S. 214). Schlimmer als der Umstand hingegen, daß die *Urania* bei größerem Format kleiner gedruckt war als vergleichbare Taschenbücher und damit der Bogenpreis für den Autor niedriger ausfiel, erwiesen sich für Tieck die Längenvorgaben, welche der Verleger für die Novellen machte, zumal diese für Leopold Schefer und andere von Tieck wenig geschätzte Autoren nicht galten (vgl. Novellenzeit, S. 135). Er empfand diese als »barbarisch« (ebd., S. 134), und im Bewußtsein, daß sie Einfluß auf die literarische Qualität hätten, weil »man nicht auf Linie und Seite die Materie bestimmen kann« (ebd., S. 84), verhandelte er um jeden Bogen mehr und verlangte schließlich für alles, was mehr als neun Bogen in Anspruch nahm, kein zusätzliches Honorar. Außerdem bemerkte er, daß die Novellen kürzer ausfielen, wenn er mehr Zeit zur sorgfältigeren Arbeit hätte (vgl. ebd., S. 74). Aber Brockhaus, stets froh, die versprochenen Novellen überhaupt termingerecht zu erhalten, erinnerte Tieck an deren Zweck: »Sie haben Recht in dem, was Sie wider zu große Kürze anführen, aber ich auch in dem, was dagegen spricht. Ein Buchhändler, der mit Modeartikeln verkehren muß, darf nicht viel gegen den Geschmack des Publikums tun, wenn er ihn auch beklagt« (ebd., S. 101). Tieck blieb hartnäckig und bot Brockhaus nach dessen Ankündigung, das Taschenbuch *Urania* werde sich wandeln, *Vittoria Accorombona* sofort als »etwas größere Novelle« (ebd., S. 119) an, die schließlich aber (für ein Honorar von 6 Friedrichsdor pro Druckbogen á 16 Seiten) bei Max in Breslau erschien (Letters, S. 382).

Von Tiecks vier großen werkpolitisch bedeutenden Projekten der letzten Jahre, eine Ausgabe letzter Hand, die Herausgabe seiner Briefe, seiner Memoiren und seiner *Kritischen Schriften*, wurden nur letztere verwirklicht. Max verzichtete gegen eine Entschädigung auf seine Rechte an den *Dramaturgischen Blättern*, und Tieck erhielt für die *Kritischen Schriften* infolge der Krise des Buchhandels 1848 lediglich 50 Friedrichsdor, wobei seine geschickten Versuche, das Honorar doch noch zu erhöhen, von Brockhaus ein weiteres Mal gelassen zurückgewiesen wurden (vgl. Novellenzeit, S. 182, 189–190). Die *Kritischen Schriften* waren in den literarisch und ökonomisch sich wandelnden Zeiten ebenso wie der Kauf von Tiecks Bibliothek, die dieser 1849 zum Unmut seines Verlegers ein zweites Mal veräußerte (siehe den Beitrag *Tiecks Bibliothek* in Kap. 2), auch ein Freundschaftsdienst von Brockhaus für den ›König der Romantik‹, welcher fürchtete, daß alles, was er nicht selbst bearbeitete, nach seinem Tod in schlechten Ausgaben auf den Markt kommen würde.

Die Verlagskorrespondenzen als Spiegel der Werkpolitik Tiecks

Diese Angst vor fehlerhaften Ausgaben und unautorisierten Nachdrucken motivierte Tieck, sich mit ungeheurem Nachdruck um die Entstehung sowie später vor allem um die Vervollständigung seiner Schriften zu bemühen. Dadurch gewann für Tieck nicht nur die Frage an Bedeutung, welchem Verleger er das nächste Werk anbieten sollte. Vielmehr ging es ihm dabei immer auch um die Frage, nach welcher Frist dieses in die Gesamtausgabe, deren Vervollständigung ja von wirtschaftlichen wie rechtlichen Faktoren abhängig war, eingegliedert werden konnte. Die Verlagsbriefwechsel geben Zeugnis davon, wie neben Honorarverhandlungen und Vorschußbitten – die sich allerdings bei anderen zeitgenössischen Autoren in ähnlicher Weise finden lassen – immer mehr ein Bestreben erkennbar wird, das eigene Werk zu sammeln, zu ordnen und damit für die Nachwelt zu interpretieren. Insbesondere in den letzten zehn Jahren seines Lebens forcierte Tieck die Verwirklichung jener werkpolitisch bedeutsamen Projekte, von denen ihm eine Ausgabe letzter Hand besonders am Herzen lag. Am 9. September 1846 schreibt er an Reimer: »Alt genug bin ich, um bald zu sterben; ich möchte d[ie]se letzten Zeiten nutzen, um mir und meinen Erben, auch der Nachwelt eine würdige Abschrift meines Geistes zu geben« (Schweikert 1, S. 345). Fast sechs Jahre und viele Überzeugungsversuche später führt er weiter aus: »[...] ich glaubte damit meine Autorität und möglichen Einfluß auf mein Zeitalter begründen zu können« (ebd., S. 349). Und in dem letzten Brief an Reimer vom 13. März 1853 motiviert er die gewünschte Auswahl: »[I]ch habe den lebhaftesten Wunsch, daß meine Nachwelt die Sachen bewahren möge, die ich selber für die besten meiner Thätigkeit halte« (ebd., S. 352). Zu der von Tieck so sehr gewünschten Ausgabe sollte es nicht mehr kommen. Lediglich die *Kritischen Schriften* konnten gegenüber den unvollständigen *Schriften* als Korrektiv wirken und so das Bild seines Lebenswerks weiter vervollständigen.

Tiecks Werkpolitik erstreckte sich dennoch nicht nur auf die Gesamtausgaben im letzten Drittel seines Lebens, sondern schon früh auch auf Fragen der Materialität seiner Werke. Die Furcht selbst vor geringsten Druckfehlern begleitete sein gesamtes Schaffen und die ständigen Bitten um einen »guten, etwas strengen Correktor, der auch die kleinen Schreibfehler, nicht bloß Druckfehler, verbessert« (Novellenzeit, S. 108), sowie um »größte Aufmerksamkeit« (ebd., S. 34) ziehen sich leitmotivisch durch die Verlagskorrespondenzen. Tieck entwarf »seine Werkpolitik auch im Kontext protophilologischer Einstellungen« (Martus 2007, S. 372). Seine Philologie selektionsloser Aufmerksamkeit operierte vor dem Hintergrund der ›progressiven Universalpoesie‹ nicht nur mit dem Blick des Literaten, sondern auch mit dem des Übersetzers, Herausgebers, Literarhistorikers, Ökonomen, Rezensenten und sogar des Lesers. Letztere beiden waren auch im Zuge der Herausbildung kritischer Kommunikation ausschlaggebend dafür, daß Tieck großen Wert auf die Materialität und die Druckgestaltung eines Textes legte. Nicht allein kleinste Druck- oder Orthographiefehler müßten »den Leser zu sehr anfassen« (Schweikert 1, S. 264). Gleiches galt auch für die Ungerschen Lettern, die Tieck nicht gefielen (vgl. Letters, S. 68). Die genau bedachte Wahl der Schriftart, z. B. im Fall der *Minnelieder* (vgl. Hasenpflug 2002, S. 327–330.), ist nur ein Hinweis darauf, daß Tieck Werkpolitik vor allem auch als Medienpolitik verstand.

In welche Richtung Werk und Leser über die Materialität des Werkes gelenkt werden sollten, zeigt sein Vertrag mit Hilscher über seine Gedichte vom 21. Dezember 1820, in dem vereinbart wurde, daß »als Maßstab in Hinsicht des Druckes die Gedichte von Göthe, bei Cotta« (zit. nach Reimer 1999, S. 345) herangezogen werden sollten. Weil die formvollendete Materialität des Textes Tiecks Ansicht nach zugleich mit dessen Qualität und Wirkung korrelierte, dienten Kupferstiche als verkaufsfördernde Faktoren nicht bloß dazu, mit der Verbindung von Schrift und Bild ein größeres Publikum anzusprechen. Die von ihm zum Teil detailliert veranlaßte Druckgestaltung evoziert auch bestimmte Formen von Aufmerksamkeit, und die Gesamtausgaben rufen schon allein kraft ihrer materiellen Einheit Gedankenfiguren von Abgeschlossenheit und Überzeitlichkeit hervor. Nicht zufällig gab Tieck dem Verleger Frommann im Fall seines programmatischen Dramas *Kaiser Octavianus* genaueste Druckanweisungen und wünschte einen möglichst eleganten, mit einem Kupferstich ausgestatteten Druck (vgl. Letters, S. 29–30, 34).

Auch über die Publikationsform und die Anordnung von Texten in Sammelwerken betrieb Tieck Werkpolitik, wie er mit der Sammlung *Phantasus* unter Beweis stellte. Indem die unterschiedlichen Werke dort über die Rahmenerzählung zu einer Einheit verknüpft wurden, wurde das eigene Werk erstmals systematisiert und damit interpretiert. Ähnliche Mechanismen werden bei der Gesamtausgabe herangezogen: Die Sammlung der Werke zu einer Einheit eliminiert Kontingenz und ersetzt diese im Sinne eines Reifungsprozesses durch Notwendigkeit, wodurch das Werk eine Zusammengehörigkeit erhält, »die es nach Art und Ursprung durchaus nicht besitzt« (Paulin 1988, S. 267). Durch die willkürliche Eingliederung der *Straußfedern*-Beiträge in das Gesamtwerk wird deren spezifischer Charakter aufgelöst.

Was Tieck als Herausgeber an anderen erprobt hatte, wandte er bei den Gesamtausgaben auf sein eigenes Werk an. Spricht in den Vorreden der willkürlich angeordneten *Schriften*, die mit *Kaiser Octavianus* als Inbegriff seiner romantischen Kunstauffassung beginnen, noch lediglich der Dichter, so ergreift in den Vorreden zu den *Kritischen Schriften*, von denen die ersten beiden Bände chronologisch geordnet sind, der Literarhistoriker das Wort und informiert als erster professioneller Interpret des eigenen Werks u. a. über Entstehungsbedingungen und literaturgeschichtliche Zusammenhänge (siehe den Beitrag *Der Literaturkritiker* in Kap. 3).

Durch die Zusammenstellung des autonom sich setzenden Werks wurde mit der veränderten Einstellung des Autors zu seinem durch die Historisierung anders perspektivierten Jugendwerk auch der Umstand marginalisiert, daß viele Texte Tiecks in ihrer Entstehung der Notwendigkeit des Broterwerbs geschuldet waren und Verlagsvorgaben wie Marktgesetze das Erscheinen und die Gestalt verantworteten. Ebendies wurde Tieck, der sich zwecks Verbesserungen sowie Überarbeitungen immer wieder um Neuauflagen seiner Werke bemühte, z. B. im Fall von *Die Minnelieder* bewußt. Er verlangte nur vier Jahre nach Erscheinen der Erstauflage nach einer zweiten Ausgabe, mußte aber deshalb mit seiner Forderung scheitern, weil sich das Buch, das noch im Verlagskatalog 1861 als lieferbar geführt wurde, miserabel verkaufte. Von den 600 Exemplaren hatte Reimer nach drei Jahren nur 250 veräußert (Reimer 1999, S. 315). Dabei nahm Tieck gerade bei diesem Werk die philologische Aufmerksamkeit im Bestreben um ein größeres Publikum gezielt zurück, wie er auch bei dem Frommann versprochenen *Heldenbuch* bereit war, zugunsten eines geringeren Verkaufspreises und damit eines größeren Leserkreises von den üblichen Honorar- und Druckgestaltungsvorgaben abzurücken (vgl. Letters, S. 37). Als eines von vielen Beispielen wurden die *Minnelieder* nicht in die keinesfalls vollständigen *Schriften* aufgenommen, so daß von einer Identität von Autorschaft und Werkherrschaft bei Tieck einmal mehr nicht die Rede sein kann.

LITERATUR

Antoine 2001: Antoine, Annette: Der Nachwuchsautor Tieck in Nicolais Verlag. In: dies.: Literarische Unternehmungen der Spätaufklärung. Der Verleger Friedrich Nicolai, die *Straußfedern* und ihre Autoren, Teil 1, Würzburg 2001, S. 186–234.
Cram 2004: Cram, Kurt-Georg: *Des Lebens Überfluß* und die buchhalterische Akkuratesse. Die Beziehungen des Dichters Ludwig Tieck zu seinem Verleger Georg Andreas Rei-

mer im Spiegel des Kontobuches. In: Archiv für Geschichte des Buchwesens 58 (2004), S. 171–195.

Eberhardt 1951: Eberhardt, Hans: Goethes Umwelt. Forschungen zur gesellschaftlichen Struktur Thüringens, Weimar 1951.

Hasenpflug 2002: Hasenpflug, Kristina: »Denn es giebt doch nur Eine Poesie ...«. Tiecks *Minnelieder* – ein romantisches Literaturprogramm. In: Edition und Übersetzung. Zur wissenschaftlichen Dokumentation des interkulturellen Texttransfers, hg. von Bodo Plachta und Winfried Woesler, Tübingen 2002, S. 323–340.

Klessmann 1987: Klessmann, Eckart: E. T. A. Hoffmann. In: Genie und Geld. Vom Auskommen deutscher Schriftsteller, hg. von Karl Corino, mit 34 Portraitzeichnungen von Peter Anders, Nördlingen 1987, S. 208–217.

Martus 2007: Martus, Steffen: Werkpolitik. Zur Literaturgeschichte kritischer Kommunikation vom 17. bis ins 20. Jahrhundert. Mit Studien zu Klopstock, Tieck, Goethe und George, Berlin/New York 2007.

Mix 2004: Mix, York-Gothart: Kunstreligion und Geld. Ludwig Tieck, die Brüder Schlegel und die Konkurrenz auf dem literarischen Markt um 1800. In: »lasst uns, da es uns vergönnt ist, vernünftig seyn! –«. Ludwig Tieck (1773–1853), hg. vom Institut für Deutsche Literatur der Humboldt-Universität zu Berlin, unter Mitarbeit von Heidrun Markert, Bern/u.a. 2004, S. 241–258.

Paulin 1988: Paulin, Roger: Ludwig Tieck. Eine literarische Biographie, München 1988.

Paulin 1998: Paulin, Roger: Ludwig Tieck und die Musenalmanache und Taschenbücher. Modellfall oder Ausnahme? In: Literarische Leitmedien. Almanach und Taschenbuch im kulturwissenschaftlichen Kontext, hg. von Paul Gerhard Klussmann und York-Gothart Mix, Wiesbaden 1998, S. 133–145.

Rath 1996: Rath, Wolfgang: Ludwig Tieck. Das vergessene Genie. Studien zu seinem Erzählwerk, Paderborn/u.a. 1996.

Reimer 1999: Reimer, Doris: Passion & Kalkül. Der Verleger Georg Andreas Reimer (1776–1842), Berlin/New York 1999.

Ribbat 1997: Ribbat, Ernst: Sprachverwirrung und universelle Poesie. Ludwig Tiecks Absolutierung der Literatur. In: Ludwig Tieck. Literaturprogramm und Lebensinszenierung im Kontext seiner Zeit, hg. von Walter Schmitz, Tübingen 1997, S. 1–16.

Schmidt 1988: Schmidt, Arno: ›Funfzehn‹. Vom Wunderkind der Sinnlosigkeit. In: ders.: Das essayistische Werk zur deutschen Literatur in 4 Bänden. Sämtliche Nachtprogramme und Aufsätze, Bd. 2: Johannes von Müller. Karl Philipp Moritz. August Heinrich Julius Lafontaine. Wilhelm Friedrich von Meyern. Ludwig Tieck, Zürich 1988, S. 139–186.

Schmidt 1913: Schmidt, Erich (Hg.): Caroline. Briefe aus der Frühromantik, 2 Bde., Leipzig 1913.

Segebrecht 1987: Segebrecht, Wulf: Ludwig Tieck. In: Genie und Geld. Vom Auskommen deutscher Schriftsteller, hg. von Karl Corino, mit 34 Portraitzeichnungen von Peter Anders, Nördlingen 1987, S. 218–230.

Steiner 1998: Steiner, Harald: Das Autorenhonorar. Seine Entwicklungsgeschichte vom 17. bis 19. Jahrhundert, Wiesbaden 1998.

Tietzel 1995: Tietzel, Manfred: Literaturökonomik, Tübingen 1995.

Wergin 1988: Wergin, Ulrich: Symbolbildung als Konstitution von Erfahrung. Die Debatte über den nichtprofessionellen Schriftsteller in der Literatur der Goethe-Zeit und ihre poetologische Bedeutung. In: Polyperspektivik der literarischen Moderne. Studien zur Theorie, Geschichte und Wirkung der Literatur. Karl Robert Mandelkow gewidmet, hg. von Jörg Schönert und Harro Segeberg, Frankfurt a.M./u.a. 1988, S. 194–238.

Wittmann 1999: Wittmann, Reinhard: Geschichte des deutschen Buchhandels, 2., durchgesehene und erweiterte Auflage, München 1999 (^{1}1991).

Der Briefschreiber

Jochen Strobel

Überblick

Tiecks Briefwechsel hat für die erste Hälfte des 19. Jahrhunderts exemplarische Qualität: Er thematisiert die ästhetischen wie politischen Transformationen vom Idealismus zum Historismus und Materialismus, von der Französischen Revolution bis zur reaktionären Nachmärz-Ära in Berlin und partizipiert an den gängigen Diskursen (von ›Nation‹ bis ›Körper‹ und ›Geschlecht‹). Er läßt kaum einen wichtigen Namen der Zeit vermissen, sei es als Briefpartner, sei es als Erwähnung im Text. Tiecks Briefe sind Teil eines Lebenswerks, das nach dem Impuls einer in der literarischen Öffentlichkeit programmatisch verfochtenen Romantik vor allem der apologetischen Kanonisierung und Historisierung dieses von ihm selbst mitgeprägten ›Romantischen‹ gilt. Seine Bemühungen um die Erneuerung des zeitgenössischen Theaters sind vielleicht weniger an seinen *Dramaturgischen Blättern* abzulesen als an den Korrespondenzen mit zahlreichen Schauspielern, Regisseuren, Dramenautoren und Liebhabern.

Neben dem im traditionelleren Sinn literarischen, editorischen und publizistischen Werk Tiecks und dem geselligen Mittlertum des Vorlesens ist die Briefkommunikation die dritte Säule von Tiecks Praxis einer ästhetischen Existenz unter romantischem Vorzeichen, und zwar im Sinn von markt- und öffentlichkeitsbewußten Positionierungen eines literarischen Praktikers.

Im Rahmen eines Forschungsprojekts wurden insgesamt über 2800 Briefe von und an Tieck ermittelt (hinzu kommen einige hundert erschlossene), davon liegen 2250 als Handschriften vor, verteilt auf weltweit 100 Standorte; zahlreiche sind ungedruckt. Nur selten liegen rekonstruierbare, fortgesetzte briefliche Dialoge vor, sei es, weil Überlieferungslücken bestehen oder weil der phlegmatische Briefsteller Tieck eine Korrespondenz nicht pflegte. Datierungen der Herausgeber, aber auch mancher Bibliothekare und Archivare sind nicht selten unzuverlässig – dies alles zeugt von problematischen Voraussetzungen für eine Beschäftigung mit Tiecks Briefen. Viele der bislang identifizierten etwa 450 Korrespondenten schlagen mit nur ein bis zwei Briefen zu Buche.

Wichtigste Briefpartner

Zwei der bedeutendsten Korrespondenzen Tiecks setzen etwa gleichzeitig ein: Sofort nach der Abreise aus Berlin in Richtung Halle meldet sich der Student Tieck bei seiner Familie, vor allem bei der Schwester Sophie (116 gewechselte Briefe) und bei seinem Freund Wilhelm Heinrich Wackenroder (31 gewechselte Briefe). Die Korrespondenz mit Wackenroder gilt seit der Wiederentdeckung von dessen Werk durch Friedrich von der Leyen als der prototypische romantische Freundschaftsbriefwechsel; für Roger Paulin ist sie »ein außerordentliches Zeugnis jünglingshafter platonischer Liebe [...], in der Sprache der Empfindsamkeit gehalten, wie sie mehr als eine Generation lang gültiger Ausdruck war« (Paulin 1988, S. 27; siehe den Beitrag *Wackenroder* in Kap. 1). Der auf beiden Seiten immer wieder durchbrechende, auf seiten Tiecks auch häufig selbstironisch karikierte empfindsame Gestus geht auf das 18. Jahrhundert zurück. Das eigentlich Romantische dieser Korrespondenz besteht in der anempfindenden kritischen Haltung gegenüber gelesenen Texten und Theatererlebnissen, dies vor dem Hintergrund erster eigener literarischer Produktivität sowie der ersten Kontakte, die Tieck schon in Berlin geknüpft hatte (Friedrich Eberhard Rambach, August Ferdinand Bernhardi). Der in ein privates und zugleich geschäftliches Netzwerk eingebaute Briefwechsel verrät literaturkritische, literatur- und kunsthistorische sowie produktionsästhetische Interessen. Dies alles macht ihn, abgesehen von der schon traditionellen Freundschaftsgeste, innovativ: Man tauscht sich über die mittelalterliche Literatur, über Shakespeare und Goethe aus, über das ›Rührende‹, das ›Erhabene‹ und über das ›Allegorische‹, über das Berliner Theater und über die eigene poetische Produktion. Proben liegen bei, Gedichte sind in die Briefe integriert.

An der fast lebenslang, aber diskontinuierlich geführten Korrespondenz mit dem Bruder Friedrich (124 gewechselte Briefe) sind vor allem die kunsthistorisch aufschlußreichen, fast ausschließlich unedierten Briefe interessant. Ludwig Tieck informiert seinerseits seinen Bruder über den Stand seiner Arbeiten und über familiäre Probleme. Gleiches gilt für die Briefe an Sophie, die in Tiecks Studentenzeit zunächst empfindsam getönt sind. Sophies oft impulsive, oft melancholische Gegenbriefe machen mit einer Frau bekannt, deren Emanzipation als Autorin die Umstände der Zeit und ihres Lebens stets im Weg standen.

Mit den Brüdern Schlegel (mehr als 100 gewechselte Briefe) tauscht Tieck vor allem Arbeitsnotizen aus, etwa Übersetzungsfragen und Konjekturen zu Shakespeare. Es geht darum, auf dem literarischen Markt an Einfluß zu gewinnen und einen romantischen Kanon zu definieren; die Vereinbarungen hierzu werden brieflich getroffen. Den Briefdialog zwischen Tieck und Solger (104 gewechselte Briefe) hat Achim Hölter als Kreuzungspunkt eines philosophischen und eines poetischen Diskurses bezeichnet (vgl. Hölter 2002).

Solgers dialogische Philosophie versteht Tieck als theoretische Rechtfertigung der eigenen poetischen Praxis. Solger war in Tiecks späten Ziebinger Jahren zwischen 1811 und 1819 der primäre Ansprechpartner für ästhetische und literaturgeschichtliche Fragen sowie zahlreiche Werkpläne (siehe die Beiträge *Wanderschaften und Freundeskreise* in Kap. 1 und *Ironie bei Tieck und Solger* in Kap. 3). Eine ähnliche Rolle spielte nach Solgers Tod der gemeinsame Freund, der Historiker Friedrich von Raumer (169 gewechselte Briefe): In der bis zu Tiecks Übersiedlung nach Berlin geführten Korrespondenz übernehmen die Historie und Diskussionen über das Verhältnis von Literatur und Geschichte (und Politik) die vormalige Funktion der Philosophie. Solger und Raumer waren insgesamt drei Jahrzehnte lang Tiecks Gewährsmänner in seiner Heimatstadt Berlin. Vor allem der bis heute sehr lückenhaft edierte und fast gänzlich unkommentierte Briefwechsel Tiecks mit Raumer gestattet spannende Einblicke in das Berliner Geistesleben der Restaurationszeit in den späten Regierungsjahren Friedrich Wilhelms III. (vgl. Raumer 1861).

Es gibt kaum Briefe Tiecks an seine Familie; vor allem aus der Zeit seiner ›Kunstreise‹ im Jahr 1825 datieren einige Briefe an Frau und Töchter. Literarische Freundschaft und Zusammenarbeit dokumentieren Korrespondenzen mit Novalis, Karl Friedrich von Rumohr, Achim von Arnim und Clemens Brentano, mit dem Mediävisten Friedrich Heinrich von der Hagen, mit Schillers Freund Christian Gottfried Körner, mit Sulpiz Boisserée, Helmina von Chézy, Wilhelm Müller, Rahel und Karl August Varnhagen von Ense, mit den Dresdner Rivalen Karl August Böttiger und Theodor Winkler. Literarische Schüler Tiecks waren Willibald Alexis, Karl von Holtei, Ernst von der Malsburg, Karl Leberecht Immermann und, mit Einschränkungen, Heinrich Laube sowie seine Dresdner Mitarbeiter Wolf Graf von Baudissin und Eduard von Bülow. Ehrfurchtsvoll wenden sich die Nachwuchsautoren Christian Dietrich Grabbe, Friedrich Hebbel und Gustav Freytag an Tieck – und erfahren kaum die ihnen zustehende Anerkennung. Unter den Schauspieler-Korrespondenzen ragen diejenigen mit Eduard, Emil und Karl Devrient heraus; aus der Sphäre des Theaters sind der Dresdner Intendant Wolf Adolf August von Lüttichau, der Berliner Intendant Theodor von Küstner sowie Franz von Dingelstedt zu nennen. Wissenschaften und Künste repräsentieren neben vielen anderen Alexander von Humboldt, Carl Gustav Carus, Felix Mendelssohn Bartholdy, Barthold Hinrich Niebuhr, Philipp Otto Runge oder Friedrich Schleiermacher. Die größten Namen unter den deutschsprachigen Autoren dürften die Goethes und Jean Pauls sein – in beiden Fällen handelt es sich um eine distanzierte, durch die Modalitäten von Höflichkeitsbesuchen bzw. Büchersendungen bestimmte Korrespondenz (19 bzw. 11 gewechselte Briefe). Seit den 1810er Jahren kamen internationale Kollegen hinzu: George Ticknor, Henry Crabb Robinson, Adam Oehlenschläger, Hans Christian Andersen, Bernhard von Beskow und Samuel Taylor Coleridge. Tiecks Lektüreinteressen belegen zahlreiche Briefe an Bibliothekare (z. B. den Dresdner Karl von Falkenstein) und Buchhändler (wie den Berliner Adolf Asher).

Verlagskorrespondenzen machen mit gut 20% einen nicht geringen Teil der Briefüberlieferung aus; darunter sind relativ umfangreiche Korpora, vor allem die 300 mit Brockhaus getauschten Briefe (vgl. Novellenzeit). Daneben sind vor allem zu nennen: Reimer, Max, Cotta, Wilmanns, Zimmer, Voß & Leo, Göschen, Vieweg, Nicolai, Frommann, Unger, Dieterich und Perthes. Da Verlegerbriefe selbst so gut wie überhaupt nicht vorhanden sind und nur noch aus Kopierbüchern und Abschriften in den Verlagsarchiven (Reimer, Brockhaus) rekonstruiert werden können, läßt sich schließen, daß Tieck diese Briefe selbst nicht für tradierenswert hielt (oder aber daß seine Tochter und Erbin Agnes Alberti diese nach seinem Tod ebenso vernichtete wie mutmaßlich fast alles Briefliche, was auf Tiecks Beziehung zu Henriette von Finckenstein hätte hindeuten können).

Für die Dresdner Zeit (1819–1841) gilt: Jedes Billett, jeder Bittbrief junger Autoren und in der Regel auch die Verlegerkorrespondenz beruhen auf dem etablierten Bild von Tieck als *dem* romantischen Autor, ob es im einzelnen um Theateraktivitäten, um die kritische Bewertung von eingesandten Texten oder um die Vermarktung eigener Texte und Projekte geht. Ein Autographensammler wie der französische Schauspieler und Bibliothekar Alexandre Vattemare stellte sich darauf ein: Er besuchte neben Goethe und Ludwig I. von Bayern auch Tieck, um von diesem Briefe für sein Autographenalbum zu erbitten, die allerdings des ›natürlichen‹ Schreibanlasses wie auch der üblichen Funktionalität gänzlich entbehren (Kalisch 1868).

Materialität

Tiecks Handschrift macht es auch dem routinierten Leser oft nicht leicht. Außer bei offiziellen Schreiben, etwa an König Friedrich Wilhelm IV. von Preußen oder an Goethe, dürfte Tieck, der Briefe oft mit der entschuldigenden Bemerkung »in Eil« abschließt, weniger an die Bequemlichkeit seines Adressaten als an die ihm verlorengehende Zeit gedacht haben. Der Auftakt von August Wilhelm Schlegels Brief an Ludwig Tieck vom 7. Dezember 1798 mag als Beleg genügen: »Daß muß wahr seyn, Tieck, Sie schreiben eine unchristliche Hand, und ich will einmal sehen ob ich es Ihnen gleich thun kann« (Tieck-Schlegel, S. 36). Tieck dürfte eher ungern korrespondiert haben; sehr lange Briefe sind nur wenige erhalten, geradezu schwelgerische Korrespondenzen hat er über längere Zeiträume nicht geführt. Eine topische Klage seiner Briefpartner zielt auf das Ausbleiben seiner Antworten.

Die Unleserlichkeit und die Unregelmäßigkeit des Schriftbildes sind sicher auch auf Tiecks Krankheitsschübe zurückzuführen. Seit 1850 diktierte er fast alle Briefe seinem Sekretär Karl Hellmuth Dammas, den er in den letzten Lebensjahren auch bat, die von seinen Korrespondenten leihweise angeforderten Briefe für eine geplante Edition abzuschreiben. Doch Dammas' Abschriften – viele liegen heute in der Biblioteka Jagiellońska in Krakau – sind fehler- und lückenhaft; auch er kam mit der Handschrift Tiecks nicht gut zurecht. In den letzten Jahren erfolgt nur noch Tiecks Unterschrift eigenhändig, Ausnahmen sind die jährlichen Geburtstagsbriefe an seinen Gönner und Landesherrn Friedrich Wilhelm IV. Diese Briefe bilden auch hinsichtlich der Topographie der Handschrift eine Ausnahme: Tieck benutzt großformatige Bogen, die er verschwenderisch beschreibt, d.h. auf denen er viel Leerraum läßt und auch in der Regel nur die erste von vier Seiten verwendet. Üblich ist in Tiecks Korrespondenz ein Format von etwa 19x23 cm, wobei der vierseitige Papierbogen implizit die Quantität des Briefs vorgibt: Viele Briefe enden auf Seite 4; einen zweiten Bogen zu beginnen hätte sich wohl oft als zu kostspielig erwiesen. Muster der Ökonomisierung der Handschriftentopographie sind vor allem die frühen Briefe des Studenten Tieck: oft halbierte, kleinformatige Bögen, die eng und zudem zweispaltig beschrieben sind. Um Porto zu sparen, legte Tieck wohl häufig Briefe an seine Berliner Adressaten in einen Brief ein, dessen Adressat dann die Einlagen weiterreichen mußte. Dies war in Zeiten hoher Portokosten ein durchaus üblicher, im übrigen kommunikationsfördernder Modus des Briefverkehrs: Der Adressat des umschließenden Briefs wird zum persönlichen Boten der einliegenden.

Nicht nur die verwendeten Papiere verändern sich von Lebensepoche zu Lebensepoche (am Ende gebraucht Tieck besonders gern großformatiges, sehr weißes, holzfreies Papier), auch die Handschrift altert mit dem Autor: Arbeitet der junge Tieck mit einer besonders kleinen Handschrift, vielen Verschleifungen und Kürzeln (z.B. Suspensionsschlinge und Suspensionshäkchen), welche die Lesbarkeit noch einmal erschweren, wird die Schrift des älteren größer, reicher an Ornamentalem, dabei aber auch oft, von der Eile diktiert, unregelmäßiger.

Aus der Dresdner und der Berliner Zeit sind zahlreiche Billetts erhalten, die Zeugnis einer Kurzkorrespondenz zwischen dem Gastgeber und seinen Besuchern sind, die also Verabredungen zum Theaterbesuch und ähnliches enthalten, ohne konkrete Orts- und Datumsangaben zu nennen (»Mittwoch abend«). Die Schreiber entschieden sich vielfach für kleinformatige, farbige Papiere; angesichts der Geringfügigkeit der Inhalte liegt hier also die Betonung auf der Materialität des Briefs, auf seinem Repräsentanzwert für den Absender.

In seiner Materialität ist der Brief sofort als Alltagsobjekt erkennbar, dem man trotz eines im 18. und 19. Jahrhundert offenbar durchweg vorhandenen

Sammlerinteresses nicht die Sorgfalt angedeihen ließ wie etwa der Reinschrift eines Manuskripts. Die Handschriften enthalten immer wieder Benutzerspuren und ›erzählen‹ ihre Geschichte: Die ehemals gebundenen, nun am Falz, an den ehemaligen Klebestellen oft schadhaften Briefe an Tieck sind nicht selten mit Notizen, Numerierungen, Datierungen und auch Schwärzungen von Karl von Holteis Hand versehen. Vielfach haben sich neben den Adressaten (Empfängervermerke finden sich vor allem auf Geschäftsbriefen) auch zwischenzeitliche Autographenbesitzer eigenhändig verewigt. Bis weit ins 20. Jahrhundert hinein kümmerten sich zudem Bibliothekare und Archivare wenig darum, ob sie mit ihren Beschriftungen etwa den Text des Schreibers noch schwerer lesbar machten als er es ohnehin schon war. Das Verfahren der bedeutendsten Besitzerin von Tiecks Briefen, der damaligen Kgl. Sächsischen Bibliothek, Briefe in dicke Bände einzubinden, führte nicht nur zu Beschneidungen und zu schwerer Lesbarkeit am Falz in der Nähe der Bindung, sondern schädigte auf oft unabsehbare Weise die nun stark beanspruchten Autographen: Alle Benutzer, die sich in den letzten hundert Jahren auch nur für einen einzelnen Brief interessierten, erhielten dicke Bände, in denen sie nach Herzenslust blättern konnten. Zwar verwendete man zu Tiecks Zeiten noch nicht durchsäuertes Briefpapier, doch sind manche sehr glatte, fast durchsichtige Papiere mittlerweile brüchig geworden und häufig aufgrund der Überlagerung der Schrift durch die Tinte auf der jeweiligen Rückseite Brieftexte seitenweise kaum mehr entzifferbar. Mit Bleistift geschriebene Briefe, meist kurze Billetts, sind heute ebenfalls kaum mehr lesbar, aber auch manche Tinten sind inzwischen sehr verblaßt, zum geringeren Teil aus Gründen, die das Briefeschreiben selbst betreffen, vor allem aber, weil sie im Laufe der Jahrzehnte überbeansprucht wurden. Zu den beim Öffnen des versiegelten Briefes oftmals zwangsläufig entstehenden Löchern im Papier und damit Textverlusten kommen also noch Folgen unsachgemäßer Bestandssicherung und typische Spuren des Sammlerwesens, etwa eine aus der Handschrift ausgeschnittene Unterschrift Tiecks, die *à part* teuer verkauft werden konnte (vgl. Zeydel 1937, S. 64). Das Disparate der Überlieferungslage erweist sich beispielsweise daran, daß bei mehreren zerrissenen Handschriften ›Anfang‹ und ›Ende‹ jeweils in verschiedenen Institutionen abgelegt sind; an je unterschiedlichen Orten befinden sich Ausfertigung und Entwurf, Brief und Regest.

Kommunikationsverhalten des Briefschreibers Tieck

Tiecks Briefpraxis kann zunächst auf einen doppelten Nenner gebracht werden: Aufschub und Gedächtnis bzw. ›Verzeitlichung‹ bedeutet hier das Konstruieren eines *eigenen* Zeitrasters, das im Privatbrief auch durchaus seinen Ort hat. Bereits kurz nach Ende der Jenaer Frühromantik werden Tiecks Briefe zum Ort eines ›Romantik-Gedächtnisses‹; am intensivsten trifft dies auf den Solger-Briefwechsel zu. Damit wird ›Jena‹ als Lebensabschnitt und mythisches ›Ereignis‹ romantisierender Praxis (siehe den Beitrag *Der Jenaer Kreis und die frühromantische Theorie* in Kap. 1) in eine zu überhöhende, auratisierte Vergangenheit gerückt. Nicht-identische Wiederholung als erneute Evokation von einst als beglückend oder auch prekär Erlebtem – so könnte man Tiecks Briefwechsel mit Solger nämlich *auch* bezeichnen, insofern er als diesmal *epistolarer* Versuch der romantischen Symphilosophie intendiert ist. Dieses Wiederholen bleibt ein in der Praxis allerdings nie ganz eingelöstes Versprechen; schon die Artikulation in der durch Distanzsignale bestimmten Textsorte Brief schließt das an Geselligkeit gebundene Romantisieren gleich wieder aus. Über seine Neigung zur verzögerten Reaktion (die nicht nur die Briefpraxis betrifft) schreibt Tieck am 9. Mai 1819 an Solger: »Warum habe ich nicht längst und recht weitläuftig geschrieben? Weil ich ein schlechter Mensch bin, der niemals Ordnung lernen wird, und dem das Laster des Aufschiebens (besonders wenn mir so unwohl ist, wie bisher) längst in Blut und Seele verwachsen ist« (Matenko 1933, S. 541).

Auf thematischer Ebene heißt dies: Es werden, bisweilen unter Überschreitung des Liefertermins, Texte geplant und angekündigt; daneben geht es natürlich auch um versprochene Lektüren, geplante Besuche und Einladungen, um Geldforderungen und -rückzahlungen. Es läßt sich dabei verfolgen, wie Tieck, gebunden an Zwänge des Literaturmarktes wie an die selbstgewählten Rollen des romantischen Kommunikators *ex post*, des Theatermanns und Vorlesers, weit entfernt von einer *Kontinuität* jener Repräsentanz ist, welche die Briefdiktate und das Briefarchiv Goethes kennzeichnen, sondern vielmehr unter Produktions- wie Legitimationszwang auf verschiedenen Ebenen steht, wie er Verhandlungen mit zahlreichen Verlegern führen, Adepten und Debütanten beschwichtigen oder kritisieren und Theatergeschäfte regeln muß und wie er dabei immer wieder sich selbst und sein Werk – *ankündigt*. Jenes Stück epistolarer Autobiographie, das sich der späte Goethe editorisch (Schiller) und schreibend-dialogisch (Zelter) erarbeitete, findet sich bei Tieck nur in Ansätzen, und das einzige zu Lebzeiten erschienene Exempel blieb der Briefwechsel mit Solger.

Dem heutigen Leser erschließen sich Tiecks Briefe in ihrer zeitlichen Dimension oft als Abfolge von Skizze und Palimpsest: Auf eine Ankündigung und einen Entwurf erfolgt eine Korrektur, gleichsam ein Überschreiben des Briefs durch einen neuen. Die Notwendigkeit des Korrespondierens ergibt sich vielfach geradezu aus einer solchen Überschreibungssituation, nachdem Prognosen nicht eingetroffen und Manuskripte nicht vollendet worden sind.

Im Einklang mit der Kommunikationsstrategie des Aufschubs steht Tiecks biographisches Leitmotiv der Krankheit, die ihn zeitlebens existentiell bedrohte, zugleich aber, gerade im Briefkontext, als Faktor des Zeitmanagements eingesetzt werden konnte. Mit einiger Verachtung schreibt Tieck dem Dresdner Vielschreiber Theodor Winkler-Hell am 23. Mai 1823: »Weltmenschen, wie Sie, sind gewiß gesund« (Zeydel 1937, S. 255). Briefe (und die Post) strukturieren Zeit, bedrohen aber (z. B. mit ihren Posttagen) die zeitliche Unabhängigkeit des kreativ Tätigen. Die sich im Falle Tiecks in die Briefhandschriften eingravierende Krankheit, die gichtische Erstarrung, ist unhintergehbares Attest des Aufschubs und Korrelat einer Kontingenz, die neben Leiden auch Freiräume schafft. Während der an der Brief-Antwort-Abfolge und am Zeitkorsett der Posttage geknüpfte Brief-Normalbetrieb dem Leben und Arbeiten ein Ordnungsmuster aufprägt, ist Tiecks Korrespondenz auf diese Weise auch ein gleitender Ausstieg aus solchen Festlegungen. Der ›unordentliche‹ Tieck, der seinen Briefen nicht selten Werkstattberichte beigibt, reserviert die seiner Auffassung von Poesie nahekommenden Kontingenzen für sich; vielleicht sind seine so nüchternen Briefe gerade deswegen die eigentlich romantischen. Die Widrigkeiten von Körper und Ökonomie, Krankheit und Geldmangel sind als Feinde moderner (*auch* brieflich sich manifestierender) Regularitäten Residuen des Inkalkulablen. Die in den Briefen Tiecks ganz seltenen erzählten Momente der Epiphanie wären dann geheime Fluchtpunkte seines epistolaren Schreibens, nicht die ihm aufgezwungenen Post- und Abgabetermine.

Tiecks Schreibstrategien werden erst durch die zunehmende editorische Erschließung deutlicher erkennbar, soweit es eben die lückenhafte Überlieferung erlaubt: Tieck neigte offenbar dazu, nach längeren Pausen plötzlich mehrere Briefe auf einmal zu schreiben, in denen er den je nach Adressat variabel ausgerichteten Anlaß mit adressatenbezogener phatischer Kommunikation zu verbinden wußte (vgl. Littlejohns 1987, S. 175). Wie sich der junge Tieck mit seinen Briefen an Nicolai oder Goethe symbolisches Kapital zu erwerben suchte, wandten sich Jahrzehnte später dann Jüngere in derselben Hoffnung an Tieck. Aus dem Jahr 1807 sind lediglich elf Briefe Tiecks bekannt, davon schrieb er allein am 20. Dezember sechs, welche die gerade aktuellen, zum Jahreswechsel wohl dezidiert zu verfolgenden Publikationsprojekte betreffen.

Themen, Sprache, Autorschaft

Der durch Karl Heinz Bohrer postulierte romantische Brief als Zeugnis der Erfindung ästhetischer Subjektivität ist bei Tieck nicht zu finden (vgl. Bohrer 1987). Seine Briefe teilen häufig Arbeitsberichte, Entwürfe und Arbeitspläne mit. Ein großer Teil der Korrespondenz ist geschäftlicher Art, vor allem der mit Verlegern. Viele hundert Briefe sind auch bei ›Gelegenheit‹ abgesandte Lebenszeichen, sie genügen dem wichtigen phatischen Moment der Briefkommunikation. Zeittypische Schreibanlässe gibt es auch bei Tieck: Zahlreiche Empfehlungsschreiben sind darunter, als deren Bote der Günstling selbst agierte. So ist ein rekurrentes Thema seit Gellerts Zeiten die Selbstreferentialität des Briefverkehrs, etwa schon zwischen Tieck und Wackenroder aus avancierter medientheoretischer Sicht (vgl. Schmitz/Strobel 2002b).

Zu Tiecks Werkstattberichten, gerichtet an Freunde (Solger, Raumer) und Verleger, treten Schreiben, die die berufliche Absicherung bezwecken, welche Tieck immer wieder betrieben hat. Auch hier ist von Skizze und Palimpsest zu sprechen, bleibt Tieck, dessen Lebensproblem die (Un-)Vereinbarkeit von ökonomischer Absicherung und möglichst freier Autorschaft war, doch selten bei einem einmal gefaßten Plan. Die Wandlungen des Briefschreibers spiegeln die Wandelbarkeit des Autors wider: Nicht nur war dieser in der Lage, sich gebotenen Modeerscheinungen des literarischen Marktes (z. B. Novellen) anzupassen, sondern je nach Gelegenheit brachte Tieck ältere Texte in neuen Fassungen und ›Formaten‹ heraus, teils stark überarbeitet. Tiecks Geldnöte sind ein durchgehendes Thema seiner Briefe, auch die zahllosen Bitten um Anleihe und Vorschuß gehören zur Positionierung des nach Möglichkeit unabhängig arbeitenden freien Autors, genauso wie das kalkuliert dilatorische Verhalten gegenüber den Verlegern (siehe den Beitrag *Tieck und seine Verleger* in Kap. 1).

Von der Sprache der meisten Briefe Tiecks wird man kaum ästhetischen Genuß erwarten dürfen. Viele seiner Jugendbriefe sind elliptisch und apodiktisch, darunter auch der Briefwechsel mit den Brüdern Schlegel, der als philologischer Kommentar in Kurzform häufig kleinteilige, im Stil nüchterner Aufzählung dargebotene Fakten enthält. Zum Werkstattcharakter vieler früher Briefe fügt sich die Einlage kürzerer Gedichte, vor allem in Briefen an Wackenroder. Während in den Briefen an Solger und Raumer ein räsonierender, teils auch essayistischer Duktus herrscht, dominieren quantitativ sachliche Mitteilungen, am Rande durch persönliche Anmerkungen ergänzt.

Eher selten sind ausführliche Reisebriefe; der umfangreichste ist auch der berühmteste und der längste erhaltene Brief Tiecks überhaupt: Es handelt sich um den (fragmentarisch überlieferten) Ende Juli oder Anfang August 1793 entstandenen Brief an August Ferdinand Bernhardi und die Schwester Sophie, der von der mit Wackenroder unternommenen Pfingstreise ins Fichtelgebirge berichtet (vgl. Wackenroder 2, S. 253–283).

Zwar lassen sich Briefe generell als ›Narrative‹ lesen (vgl. Strobel 2007), doch weist selbst Tiecks Briefœuvre im engeren Sinn erzählende Passagen auf. Dazu gehören zwei berühmt gewordene Szenen, welche die Genese von Tiecks Autorschaft zum Gegenstand haben. Im Brief an Wackenroder vom 12. Juni 1792 über die nächtliche Lektüre von Carl Grosses Geheimbundroman *Der Genius* entwirft der junge Tieck die Geburt des Genies aus dem phantasmatischen Selbstgenuß an der Schwelle zum Wahnsinn und zur (die romantische Poesie ja wesentlich tragenden) Ich-Dissoziation (vgl. Wackenroder 2, S. 47ff.). Pendant hierzu ist ein als Verklärung empfundenes Naturerlebnis: Kurz vor seinem Tod 1853 erinnert sich Tieck im Schreiben an seine Dresdner Freundin Ida von Lüttichau an einen ähnlichen, aber positiv erlebten epiphanischen Augenblick eines Sonnenaufgangs (Fiebiger 1937, S. 42).

Die Textsorte Brief hatte sich seit der empfindsamen Wende Mitte des 18. Jahrhunderts einer doppelten Funktionalität von Intimität und Publikationsrelevanz geöffnet. Nicht nur geht aus Äußerungen Solgers hervor, Tieck und er hätten einen ›authentischen‹ und doch zu veröffentlichenden Briefwechsel geplant; es ist zu vermuten, daß angesichts der längst zur Normalität gewordenen Veröffentlichung von Briefen auch das konsequente ›Ausschreiben‹ des faktischen Briefwechsels von vornherein Öffentlichkeit mitbedachte.

Überlieferungs- und Editionsgeschichte

Jede Rede von Tiecks Briefen hat auf deren komplizierte Überlieferungs- und Editionsgeschichte einzugehen, von der sie notwendig abhängt. Unter den bedeutenden Autoren der deutschsprachigen Romantik ist Ludwig Tieck derjenige, dessen Texte und dessen Briefe bis heute am unzuverlässigsten ediert sind. Tieck hatte stets selbst empfangene Briefe sowie Briefe aus Korrespondenzen Dritter gesammelt und gegen Ende seines Lebens den dann nicht mehr ausgeführten Plan gefaßt, eine Auswahl daraus zu veröffentlichen. Erste Verluste dürften durch eine der ›Pietät‹ geschuldete Vernichtungsaktion der Tochter und Erbin Agnes Alberti eingetreten sein. Ein Jahrzehnt nach Tiecks Tod übergab diese den Briefnachlaß Tiecks Vertrautem Karl von Holtei (vgl. Littlejohns 1987). 1864 erschienen in vier Bänden die von Holtei gesammelten und herausgegebenen *Briefe an Ludwig Tieck*, das kuriose Resultat des philologischen Unternehmens eines Autographensammlers und auf lange Zeit hin die Standardedition, wenn es um Briefe an Tieck geht (vgl. Holtei 1864; Littlejohns 1987; Strobel 2005). Holteis Edition liegt in der Konsequenz vielfältiger, teils einander widersprechender Praktiken des Sammelns ebenso, wie solche Praktiken den Autographen selbst eingeschrieben sind. So wurden für Holteis Zwecke die von Tiecks Buchbinder gefertigten Bände aufgetrennt, wobei erheblicher Textverlust jeweils am Falz entstand, was aber für das Autographenkorpus heute noch charakteristisch, ja geradezu ein Erkennungszeichen ist. Ähnliches gilt für Streichungen und Umstellungen Holteis, dessen Handschrift mancherorts erkennbar ist; auch sie diente freilich mitunter der Beglaubigung eines angeblich an Tieck gerichteten Briefs (vgl. Strobel 2005).

Die Ausgabe verdoppelt die Wirkungsweise einer Autographensammlung oder auch eines Museums, das seine Exponate nicht historisch ordnet und differenziert: Sie konstituiert eine ›Epoche‹ als diffuses Tableau. Der gewählte Editionstyp, also die mediale Inszenierung der Briefsammlung Tiecks, bestimmt die weitere, um 1860 bereits sehr prekäre Rezeption Tiecks und der Romantik überhaupt mit. Holteis Ausgabe steht an einer Epochenschwelle: Der Zeitgenosse Tiecks, für den die Sammelobjekte und damit ihre Ära noch ein Stück physischer Präsenz besaßen, ediert Briefe mit mancherlei narrativem Beiwerk als Summenbildung. Für die nachgeborene Generation – dies belegen Rezensionen zur Genüge – sind diese Briefe historisch geworden. Die weitere Überlieferungsgeschichte erschwert bis heute editorische Bemühungen: Der von Holtei verkaufte Briefnachlaß Tiecks wurde immer weiter zerstreut; zahlreiche Briefe landeten auf dem Autographenmarkt, viele sind bis heute in privater Hand und für die Forschung mutmaßlich verloren.

Die von Tieck selbst verfaßten Briefe erfuhren erst im beginnenden 20. Jahrhundert einige editorische Aufmerksamkeit, als die Korrespondenzen mit Goethe, Wackenroder, Brockhaus und den Brüdern Schlegel erschienen. 1937 gab Edwin H. Zeydel eine erste Sammeledition unpublizierter Briefe Tiecks heraus. Zwar billige Zeydel dem Brief aus editorischer Sicht eine ähnliche Dignität zu wie dem Werk, doch kennt seine Ausgabe nur Rudimente eines philologischen Apparats, nämlich statt eines Stellenkommentars nicht immer zuverlässige Einleitungen zu jedem Brief. Die in den USA gefertigte Edition – der als Literat durchaus international denkende Tieck war lange Zeit eine Domäne der Auslandsgermanistik – verdankt sich der medientechnischen Innovation der Zeit: Ohne Photographien und Photokopien hätte sie nicht entstehen können (vgl. Zeydel 1937, S. VIII).

Obgleich mittlerweile in Einzelfällen auch heutigen Standards genügende Editionen von Briefen Tiecks vorliegen (vgl. Wackenroder 2), ist eine kritische Gesamtausgabe der Briefe seit langem ein dringendes Desiderat. Als Vorarbeit liegt seit 2002 das von Walter Schmitz und Jochen Strobel erarbeitete Repertorium der Briefwechsel Ludwig Tiecks vor, das die bis dahin ermittelten 2800 Briefe nach vielerlei Verzeichnungskategorien erschließt (vgl. Schmitz/Strobel 2002a). Mit erheblichen Verlusten ist zu rechnen; wir dürften heute weit weniger als die Hälfte der von Tieck gewechselten Briefe kennen. Auch in der Zukunft sind noch Funde denkbar.

Literatur

Bohrer 1987: Bohrer, Karl Heinz: Der romantische Brief. Die Entstehung ästhetischer Subjektivität, München/Wien 1987.

Fiebiger 1937: Fiebiger, Otto (Hg.): Ludwig Tieck und Ida von Lüttichau in ihren Briefen, Dresden 1937.

Hölter 2001: Hölter, Achim: Liebe und Haß in Ludwig Tiecks Ästhetik. Aus der »Confektgegend« seines Briefwechsels mit Solger. In: ders.: Frühe Romantik – frühe Komparatistik. Gesammelte Aufsätze zu Ludwig Tieck, Frankfurt a. M./u. a. 2001, S. 215–238.

Kalisch 1868: Kalisch, Ludwig: Ein merkwürdiges Künstlerleben. In: Die Gartenlaube 27 (1868), S. 464–467.

Littlejohns 1987: Littlejohns, Richard: Die Briefsammlung Ludwig Tiecks. Zur Entstehung eines literaturgeschichtlichen Problems. In: Aurora 47 (1987), S. 159–175.

Matenko, Percy (Hg.): Tieck and Solger. The complete Correspondence, New York/Berlin 1933.

Paulin 1988: Paulin, Roger: Ludwig Tieck. Eine literarische Biographie, München 1988.

Raumer 1861: Raumer, Friedrich von: Lebenserinnerungen und Briefwechsel, 2 Bde., Leipzig 1861.

Schmitz/Strobel 2002a: Schmitz, Walter/Strobel, Jochen: Repertorium der Briefwechsel Ludwig Tiecks, Dresden 2002.

Schmitz/Strobel 2002b: Schmitz, Walter/Strobel, Jochen: Teleskop und Briefverkehr. Ein ungedruckter Brief Ludwig Tiecks an Wilhelm Heinrich Wackenroder. In: Aurora 62 (2002), S. 127–142.

Strobel 2004: Strobel, Jochen: Aufschub und Gedächtnis in Ludwig Tiecks Briefen. In: »lasst uns, da es uns vergönnt ist, vernünftig seyn! –« Ludwig Tieck (1773–1853), hg. vom Institut für deutsche Literatur der Humboldt-Universität zu Berlin, unter Mitarbeit von Heidrun Markert, Bern/u. a. 2004, S. 311–329.

Strobel 2005: Strobel, Jochen: Briefedition als Sammler-Philologie. Karl von Holtei und die *Briefe an Ludwig Tieck* (1864). In: Die Prosa Ludwig Tiecks, hg. von Detlef Kremer, Bielefeld 2005, S. 171–193.

Strobel 2007: Strobel, Jochen: Brief. In: Handbuch Literaturwissenschaft, hg. von Thomas Anz, Bd. 2, Stuttgart/Weimar 2007, S. 166–174.

Der Vorleser

Janet Boatin

»Fühlte er sich ganz kräftig, so konnte er wol zwei fünfactige Dramen, eine Tragödie und ein Lustspiel ohne größere Pause oder merkliche Ermattung hintereinander lesen« (Köpke 2, S. 69). Beschreibungen der Zeitzeugen lassen Tiecks außergewöhnliche Begabung zum Vorlesen erahnen. Prominente des öffentlichen Lebens, der bürgerlich-akademischen und aristokratischen Elite sowie ausländische Zuhörer/innen aus Rußland, den Vereinigten Staaten, Dänemark, Schweden, Frankreich und England, die zum Teil kein Deutsch verstanden, nahmen an seinen Rezitationsabenden teil. Wenngleich Tieck seine Lesungen am preußischen Hof in Berlin fortsetzte, so gelten als Höhepunkt seiner Vorlesekunst die 1820er Jahre in Dresden (siehe den Beitrag *Dresden, Berlin und Potsdam* in Kap. 1). Tiecks Vorleseabende können als zivilgesellschaftliche Versammlungsform, als bürgerliches *meet & greet* im ersten Drittel des 19. Jahrhunderts verstanden werden; sie fügen sich somit in die zeitgenössische Geselligkeitskultur ein (Dann 1981; Hoffmann 2003; Peter 1999; Schneider 2004; Seibert 1993).

Das Spezifische an Tiecks Lesungen ist die Kommunikationssituation: Die Kultivierung des Dialogs, die Salons, Lesekränzchen und Lesegesellschaften funktional auszeichnete, stand bei Tiecks Veranstaltungen im Hintergrund. Es gab weder ein Statut, wie es Lesegesellschaften neben ihrem ideellen Gleichheitsprinzip konstituierte, noch konkurrierte das Vorlesen mit anderen Unterhaltungsformen wie Scharade, Kartenspiel oder Tableaus, die in Salons und Lesekränzchen gespielt wurden. Tiecks Lesungen waren ein auf den dichterischen Vorleser konzentriertes, mit Caroline Schlegel gesprochen, »exquisites Spectacle« (Schmidt 1913, 2, S. 536) der auditiv-optischen Perzeption. Ihnen wohnt ein wegweisendes Repertoire an Symboliken für eine Veranstaltungsform inne, das sich strukturell in Inszenierungen von Autorenlesungen der jüngeren Popkulturszene wiederfindet.

Eine Analyse von Tiecks Vorleserrolle ist auf überlieferte Ohren- und Augenzeugenberichte angewiesen (Bauer 1871; Carus 1845; Förster 1846; Friesen 1871; Genast 1862; Hahn 1863; Holtei; Immermann 1973; Köpke; Remy 1879; Scherer 1839; Schmidt 1856; Stern 1880; Sternberg 1861). Die Quellen, die einen Abend bei Tieck schildern, haben entweder subjektiv dokumentarischen Charakter, denn es handelt sich um Auszüge aus Briefen und Autobiographien, oder sind Erinnerungen an ein mehrere Jahre zurückliegendes Hörerlebnis. Für eine verbindliche Rekonstruktion von Tiecks Leseabenden ist die Filterproblematik dieser Textgattungen zu berücksichtigen. Angesichts dessen wird der folgende kulturgeschichtliche Ansatz nur darstellen können, was den historischen Akteuren während der Lesung aufgefallen ist, was sie deuteten und für erinnerungswürdig hielten. Es wird also um Zuschreibungen gehen.

Das Phänomen ›Tieck als Vorleser‹ soll aus drei Perspektiven fokussiert werden. Erstens wird das Vorlesen als Ritual interpretiert, das sich am kulturellen Raum des zeitgenössischen Theaters orientiert. Zweitens wird Tiecks Vorlesepraxis als Disziplinierung von Körpern – sowohl jener der Zuhörer als auch von Tiecks eigenem Körper – gedeutet. Aus einer Synthese der theatralischen Inszenierung und dem Stellenwert von Körperlichkeit in Tiecks Lesungen begründet sich die dritte Perspektive, die sich mit dem in den überlieferten Quellen vertretenen, zentralen Begründungsschema für Tiecks außergewöhnliches Rezitationstalent beschäftigt: der Verlebendigung der Dramen vor dem inneren Auge der Zuhörer im oder genauer durch den Akt des Vorlesens. Diese drei Zugänge konturieren ein Bild von der vielfältigen Diskursivierung von Tieck als Vorleser.

Tiecks theatrales Lesen: Raum und Ritual des Zuhörens

Über die Frequenz der Lesungen sind sich die Quellenaussagen nicht einig: Mal ist von einer zwei- bis dreimal wöchentlichen, mal von einer allabendlichen Institution die Rede. Einvernehmlich wird in den Quellen der Sonnabend als fester Termin für Tiecks Einladung erwähnt. Der ritualisierte Ablauf der Lesung begann gegen sechs Uhr, nachdem die Gäste in Tiecks Gesellschaftszimmer empfangen und untereinander vorgestellt worden waren, da sich die personelle Zusammensetzung des Publikums mit Ausnahme des beständigen Freundeskreises von Abend zu Abend änderte. Danach wurde Tee serviert.

Tieck saß auf einem Armsessel, der inmitten des Raums stand, und eröffnete die Lesung gegen sieben Uhr. Vor ihm war ein Tisch mit Wachskerzen als beleuchtetes Lesepult, um ihn herum die Gäste auf Stühlen und Sofas plaziert. Als Ehre galt es, wenn die Wahl des literarischen Textes (zumeist eines Dramas, zuweilen aber auch eines Märchens oder einer Novelle) einem Gast überlassen wurde. Tieck las beispielsweise Sophokles, Euripides, Aristophanes, Shakespeare, Goethe, Schiller, Lessing, Immermann, Calderón, Lope de Vega,

Iffland oder Holberg. Auch aus dem eigenen Œuvre trug Tieck vor, z. B. aus den Dramen *Der gestiefelte Kater, Fortunat, Kaiser Octavianus, Der Blaubart* oder *Leben und Tod der heiligen Genoveva*. Eingangs nannte der Vorleser entweder nur den Titel oder leitete mit einigen Worten in das Stück ein, bevor das dramatische Personal vorgestellt wurde:

> Schon bei dem Vorlesen des Personals wußte er mit Virtuosität in jeden Namen den charakterisirenden Ton und das Tempo zu legen, in welchen er später die Person las, und so im Verlauf seines Vortrags nicht nöthig hatte, die Namen wieder anzuführen. (Genast 1862, S. 184)

Die Namen der Dramenfiguren mußten demnach kein zweites Mal genannt werden, da Tieck das figurale Stimmprofil und Sprechtempo durchgängig beizubehalten verstand. Er las ohne Pausen zwischen den Akten.

Ein Gerücht besagt, daß Frauen das Stricken und Männern das Rauchen während der Lesungen verboten gewesen sei. Daß den Quellen zufolge tatsächlich weder geraucht noch gestrickt wurde, gibt zwar keine Auskunft darüber, ob sich die Rezipienten anderweitig beschäftigt haben. Das Gerücht unterstützte jedoch den spezifischen Charakter der Veranstaltung, indem es nach außen distinktiv und nach innen regulativ wirkte. Denn einerseits grenzten sich Tiecks Rezitationen auf diese Art von anderen zeitgenössischen Salons und Dichterlesungen ab, in denen das Rauchen von Zigarren gerade als gemeinschaftsbildender, männlicher Habitus fungierte; andererseits wurde der Eindruck verstärkt, daß in diesem wohlinszenierten Kontext das ästhetische Erlebnis des Textes im Mittelpunkt stehe und keine Ablenkung geduldet werde. Die Zuhörer mußten während der Lesung schweigen. Das kontemplative Moment in dieser Verhaltensvorgabe betraf weniger die visuelle Aufmerksamkeit als vielmehr die Konzentration auf das Gehörte. Die Ohren, nicht so sehr die Augen, sollten auf das Hörmaterial und den Vorleser gebannt sein. Nichts, so scheint es, sollte das Empathieerlebnis zwischen Vorleser, Text und Zuhörer in der synästhetischen Wahrnehmung stören. Selbst nach der Lesung galt Sachorientierung als höchste Maxime: Man unterhielt sich in anschließenden Diskussionen über das vorgetragene Stück (Carus 1845, S. 224).

Tieck schuf durch seine deklamatorisch geübte Stimme eine Wortkulisse, die sich vor dem Zuhörer auftat und in der sich dieser selbständig bewegen sollte. Die ästhetische Vermittlung vollzog sich somit über eine kognitive Verinnerlichung, die mit der historischen Entwicklung des kulturellen Raums Theater verglichen werden kann. Die Beschreibungen von Tiecks Vorleseritual stehen in einem diskursiven Zusammenhang mit den seit den 1790er Jahren geführten Debatten über Präsenz und Präsentation auf der Theaterbühne einerseits und dem Regelcode im bürgerlichen Theater andererseits (Rothe 2005). Schweigend sollte sich das Publikum – im Theater wie bei den Lesungen – auf diese Hörbühne einlassen; es sollte nicht auf eine pompös dekorierte Kulisse, sondern auf die Textaussage konzentriert sein.

Diese das Rezeptionsverhalten lenkende Strategie versagt bekanntermaßen in *Der Gestiefelte Kater* (1797), indem dort die Fiktionsebenen in der Spiel-im-Spiel-Struktur komödiantisch oszillieren. Im Stück geht es zum einen um das Märchen vom klugen Kater Hinze, der sich insofern als wertvollste Hinterlassenschaft eines Vaters an seine drei Söhne herausstellt, als er seinem Erben, dem jüngsten Bauernsohn Gottlieb, gegen ein Paar handgefertigter Stiefel zu sozialem und materiellem Aufstieg sowie zu einer ebenso schönen wie geistvollen Prinzessin verhilft. Es handelt zum anderen davon, daß dieses Märchen vor einem Publikum aufgeführt wird, das sich mehr für die Dekoration und Maske als für die Handlung interessiert. Obwohl der Theatergraben als Grenzmarkierung zwischen fiktiver Wirklichkeit (im »Parterre«) und fiktiver Handlung auf der Bühne installiert ist, unterbrechen die auf ihr aufklärerisches Bildungskonzept pochenden »Kunstrichter« Fischer, Müller, Schlosser und Böttiger einerseits, Wiesener und sein Nachbar andererseits nicht nur das Stück durch Zwischenrufe und Gespräche untereinander. Sie verleihen ihrer Unzufriedenheit mit dem Thema (DKV 6, S. 496), der Figurenanlage (DKV 6, S. 510), Konzeption (DKV 6, S. 513) und dem Urheber des Stücks sogar dadurch Ausdruck, daß sie den Dichter im Epilog »mit verdorbenen Birnen und Äpfeln und zusammengerolltem Papier« (DKV 6, S. 563) bewerfen.

Tieck hat mit diesem Märchenlustspiel gerade am zeitgenössischen Theaterpublikum Kritik geübt, das im Personenverzeichnis erst an letzter Stelle genannt wird. Dessen Erwartungshorizont an literarische Texte und an das Verhalten als Konsument im Theaterbetrieb werden ironisiert. Das Verhältnis zwischen aktiven Zuschauern, die in das Geschehen auf und hinter der Bühne eingreifen, und einem passiven Dichter, der dem Druck der Rezipienten machtlos ausgesetzt ist, diente Tieck zwar als Komödienstoff, stellte jedoch das Gegenteil dessen dar, was er bei seinen Lesungen etablieren wollte: einen aktiven Dichter vor einem schweigenden Publikum. Um diesen Verhaltenskodex durchzusetzen, hatte sich, folgt man den Quellen, unter den Gastgebern eine eindeutige Aufgabenverteilung ergeben. Während Tieck las, achtete Gräfin Finckenstein auf die Einhaltung der Hausregeln. In Sternbergs Worten fungierte sie als »Hauspolizei«:

> Die ankommenden Fremden mußten ihr vorgestellt werden, sie vermittelte alsdann die Bekanntschaft mit Tieck, wenn sie diesem völlig unbekannt waren, und somit hatte der Besuch sein Recht, den Abend dort zuzubringen. Waren die Gäste, wie es fast immer stattfand, Tieck schon von früher bekannt, so brachte er sie zur Gräfin und stellte sie dieser vor. Die Gräfin äußerte dann in der Form des Gesprächs die bei der Vorlesung waltenden Gesetze, und wenn dagegen gehandelt wurde, winkte sie, hustete auch wohl und gab sonstige Zeichen, daß Stille und Ruhe herrschten. (Sternberg 1861, S. 116)

Erst als Tieck das Stück *Der gestiefelte Kater* zwanzig Jahre nach Erscheinen des Textes vor seiner zu schweigender Aufnahme disziplinierten Zuhörerschaft vorlas, wurde das progressive Moment an der Konzeption des Lustspiels spürbar. Denn erst in der Vorlesung wurde – auf das antiillusionistische Theater des 20. Jahrhunderts vorausdeutend – ein reales Publikum in den Text miteinbezogen, direkt angesprochen und bei eventuellem Fehlverhalten zurechtgewiesen.

Eine Parallele zwischen Theater und Autorenlesung läßt sich des weiteren an der Raumgestaltung nachzeichnen. Die Lesungen fanden in Tiecks Gesellschaftszimmer statt, das mit Teppich ausgelegt und anscheinend dunkel tapeziert war. Es hatte hohe Decken und war so groß, daß etwa dreißig Gäste Platz fanden. Der Raum wurde von einer Bücherschrankwand »mit auserlesene[r] Bibliothek mit Dichterbüsten auf den Simsen« (Scherer 1839, S. 11f.) und drei, zum Dresdner Altmarkt ausgerichteten Fenstern gerahmt, die auch im Sommer geschlossen blieben. Die dunkelhölzerne Bestuhlung war den Quellenaussagen zufolge bequem. Mehrheitlich wird die dezente Illumination des Salons hervorgehoben, schließlich dienten als Lichtquellen lediglich Kerzen oder eine Astrallampe auf dem Tisch des Vorlesers. Während der Raum also im Verlauf der Vorlesung abgedunkelt wurde, verfügte nur der Vorleser über adäquates Leselicht. Demzufolge herrschte ein atmosphärisches Halbdunkel, »welches gewissen Zwecken vorteilhafter ist, als die glänzendste Beleuchtung« (Scherer 1839, S. 12).

Die Beschreibung eines regelmäßigen Zuhörers, wie er das Lesezimmer bei Tiecks Lesung von Shakespeares *King Lear* wahrgenommen hatte, macht die Analogie zum Theaterraum noch eindrücklicher:

> Durch Sturm, Regen und Finsternis komme ich zurück von Tieck, wo der Lear vorgelesen wurde. Ein solches Lesen [...] hat seine besondern Vorzüge, und zumal heute fand ich Alles so zusammenstimmend: wenig Menschen, nicht zu helle Erleuchtung; draußen, wie im Lear selbst, arges Regenwetter, zwiefach niedergießend, aus Dachrinnen und Traufen, deren Wasser vom Winde trübselig gegen das Fenster geworfen wurde, nur zuweilen vom dumpfen Rollen der Wagen übertönt. So etwas hallt dann eine Zeit lang nach und nöthigt, eben weil es die ganze Seele ergreift, nicht blos zu einer gewissen Stimmung, sondern zugleich zu gewissen Betrachtungen. Man will auch das innere Wölbungsprincip eines solchen ungeheuern Gebäudes erfahren und das Bestreben, die eigentliche Entwicklungsgeschichte eines Werkes dieser Art zu ergründen, kann zu den weitesten Gedankenzügen veranlassen. (Carus 1845, S. 209)

Die geschlossenen Fenster werden hier als ein wirkmächtiger Teil der Raumkulisse interpretiert, da sie als gläserner Durchbruch in die Außenwelt den kathartischen Eindruck des vorgelesenen Dramas verstärken. Als seien die Fenster ein (er)öffnender Zugang zur Fiktion, wirkt die durchlässige Relation zwischen regnerischer Witterung in der Wirklichkeit und fiktiver Handlung des rezitierten Textes auf diesen Zuhörer nicht nur emotional, »die ganze Seele« ergreifend. Sie leitet auch einen kognitiven Vermittlungsprozeß ein, indem sie den Zuhörer zu »gewissen Betrachtungen« oder, anders formuliert, zu Reflexionen über die Bedeutungen des literarischen Textes führt. Raum, Text und (natürlicher) Klang gehen in dieser Deutung eine intermediale Verbindung ein und lassen eine akustische Topographie des literarischen Textes entstehen.

Die Übereinstimmungen von Tiecks Lesungen mit dem Vergleichsrahmen Theater sollen keineswegs in einer These münden, die nur den einseitigen Einfluß des zeitgenössischen Theaterwesens auf die untersuchte Vorlesepraxis bedenkt. Tieck hat nicht etwa nur im Kleinen die theatralen Codes imitiert. Seine Lesungen haben vielmehr an etwas Großem partizipiert: an der Etablierung einer neuen Theaterform ab 1800. Das theatrale Ritual in Form der Interaktion zwischen Schauspieler/Vorleser, Text und Publikum/Zuhörer wurde in seinen Lesungen immer wieder aufs Neue eingeübt, bestätigt und somit soziokulturell gefestigt.

Körperlesung. Tiecks Disziplinierung des Körpers

Bei Tiecks Abendveranstaltungen kam darüber hinaus einem spürbar Realem eine zentrale Bedeutung zu: Die Lesungen erforderten körperliche Ausdauer sowohl von den Zuhörern als auch von Tieck. Auf der einen Seite ließ sich das Publikum mit dem Besuch von Tiecks Leseabenden auf ein ästhetisches Erlebnis ein, das zugleich einer nicht zu unterschätzenden physischen Belastung entsprach. Es wurden Besucher beobachtet, die während der stundenlangen Rezitationen ohne längere Unterbrechungen einschliefen. Und selbst Tiecks Freunde und die täglichen Gäste gestanden, daß es »eine Aufgabe [darstellte], drei Stunden lang mäuschenstill zu sitzen« (Genast 1862, S. 186) und daß dafür mentale wie physische Kondition und Durchhaltevermögen gefragt waren.

Die Voraussetzungen der Rezeption von Tiecks Lesungen wurden zur Sommerzeit noch dahingehend erschwert, daß der Schriftsteller nur bei geschlossenem Fenster zu lesen pflegte. Bei »der großen Hitze«, so klagte beispielsweise Grillparzer nach einem Tieckschen Abendkreis, wurde »das Ganze zuletzt in hohem Grade ermüdend, und ich hatte Mühe die Augen offen zu behalten« (Grillparzer 1826, S. 231). Unter diesen Grundbedingungen mehrstündiger Konzentration bei geringer Frischluftzufuhr möchte ich der Vorlesepraxis einerseits eine disziplinierende Qualität zuschreiben, die auf die Rezipientenkörper einwirkte.

Andererseits disziplinierte Tieck ebenso seinen eigenen Körper, an dem sich bereits früh eine Krankheit abzeichnete: Sein Rückgrat krümmte sich aufgrund eines von der zeitgenössischen Medizin als Gicht diagnostizierten Leidens. In vielen Äußerungen wird diese Krankheit in Verbindung mit Tiecks Talent zum Vorlesen gesetzt. Es verwundert nicht, daß Tieck selbst das Lesen als therapeutische Maßnahme verstand, als »[s]eine Leibesbewegung«, »da [ihm] die Gicht das Ausgehen nicht gestattet[e]« (zit. nach Weller 1939, S. 47). Die Orthopädie etablierte sich als medizinische Disziplin um 1800 gerade über die Dominanz in Diskursen, in denen das Leseverhalten der historischen Akteure verhandelt wurde. Die zu dieser Zeit viel verbreitete Textgattung der Lesepropädeutiken zeugt davon, daß in den Debatten über die *Lesewut* das Lektüreverhalten als neues Feld für Medizin, Psychologie und Pädagogik entdeckt worden war. Was, wie und wo, ohne Haltungs- und moralischen Schaden zu nehmen, gelesen werden sollte, konnte vom Arzt empfohlen oder in Lesepropädeutiken nachgesehen werden (Schott 1998, S. 274ff.).

Darüber hinaus wurde Tiecks Körper von seinen Besuchern beobachtet, sie betrieben ihrerseits eine Art *Körperlesung*. Dies wird nicht nur durch zahlreiche Kommentare über seinen Kleidungsstil gestützt, sondern auch durch Darstellungen vom ersten persönlichen Kontakt mit dem Schriftsteller, die durch eine deutlich körperfixierte Wahrnehmung geprägt sind:

> [E]ine schöne Ruine. Entsetzlichstes aller Leiden, abscheuliche Gicht, welche Macht ist dir gegeben über den menschlichen Körper. In welche kleine, ausgerenkte, schiefe, viereckige Figur hast du den Mann verwandelt, dessen Jugend sich der herrlichsten Gestaltung erfreute, wie hinabgedrückt hast du das stolze Haupt, welches vormals hohe Gedanken zum Himmel emporrichtet! (Scherer 1839, S. 13)

Die Normativität der körperlesenden Rezipienten hat ihren stärksten Ausdruck nicht in Worten, sondern im Bild gefunden. Alexander von Sternberg fertigte eine Zeichnung von *Tieck als Vorleser* an, die 1861 in der Zeitschrift *Die Gartenlaube* veröffentlicht wurde (Sternberg 1861, S. 117). Sie ist insofern aussagekräftiger als manch schriftliche Überlieferung, als in ihr die Verschmelzung von Körper (Kinesis), Wahrnehmung (Aisthesis) und Sprache (Semiosis) abgebildet ist (Abb. 1).

Die Zeichnung spiegelt in ihrer kompositorischen Aufteilung die Zentriertheit des ›Events‹ auf den Autor wider, der von seinen mehr oder weniger konzentrierten Gästen umrahmt wird und, an seinem Lesepult sitzend, vorliest. Die Abbildung zeigt aber auch deutlich die gebeugte, fast buckelartige Haltung der zentralen Figur auf ihrem Armstuhl und ein Fußkissen, das dem kurzbeinigen Vorleser zu einer komfortableren Sitzhaltung verhelfen soll. Die haltungskorrigierende Funktion des Fußkissens verweist symbolisch darauf, daß Tieck aus Sicht des Zeichners Sternberg etwas zu kompensieren hatte – seien es lange Beine oder ein gerader, kräftiger Rücken. »Tieck's eigenthümlicher Körperbau«, schließt Sternberg in *Die Gartenlaube*, »trieb ihn dazu, diese Virtuosität [seiner Vorlesepraxis, J. B.] soweit als möglich auszubilden« (ebd., S. 117).

Tiecks Artikulationsorgane – die Lunge, die Stimmbänder, die Zunge und der Mund – wurden am nachhaltigsten durch Training diszipliniert. Tieck hatte eine spezielle Atemtechnik verfeinert, mittels derer die Rezipienten das Luftholen des Sprechers im Redefluß nicht wahrnahmen und die deshalb für das Vorlesen, wie Köpke aus einer Unterhaltung mit Tieck wiedergibt, einen hohen Stellenwert einnahm:

> Auf das Athemholen kommt viel an, und vor allem darauf, daß man es an der rechten Stelle thue. Nothwendig ist es durch die Nase Athem zu holen, das bewahrt die Kehle vor zu starker Luftzuströmung, die bei der Erhitzung des Lesens leicht erkältend wirken kann. Die Stimme wird dann rauh und verliert an Kraft und Ausdauer. Dagegen kann richtige Uebung für die Stärkung und Erweiterung des Organs sehr viel thun. (Köpke 2, S. 178)

Auch das Stimmenverstellen verlangte außergewöhnliche Fertigkeiten, in unterschiedlichen Höhen, Tiefen und Tempi zu sprechen. Dazu mußte Tieck sowohl die Stimmbänder sprecherzieherisch als auch Zunge und Mund in ihrer Beweglichkeit geschult haben. Er begleitete seine vorlesende Stimme mit wenig Gestik, betonte statt dessen seine Mimik, die den Blick der Zuhörer auf das Gesicht lenkte. »Schauspielern, denen daran läge, ein dramatisches Gedicht als Ganzes, wie es der Dichter empfand, hinzustellen«, riet Immermann den Besuch von Tiecks Lesungen, »so dürfte manches, was als unausführbar zurückgewiesen wird, bald den ausführbaren Tand verdrängen« (Immermann 1973, S. 120).

Schauspieler gehörten nicht allein zu den visuell lernenden Stammgästen bei den Lesungen, sondern ließen sich auch in ihrem Rollenstudium beraten (Genast 1862, S. 182–184). Als Schauspieltrainer war Tiecks Augenmerk

> auf die ›Fähigkeit des Sprechens‹ gerichtet. Er suchte angehende Künstler vor der Gefahr der Uebereilung der Rede, der Vernachlässigung in der Ausbildung der einzelnen Laute und Töne und der daraus entstehenden Neigung, die Stimme unnöthig zu erheben, wodurch die Mannigfaltigkeit des Ausdrucks wesentlich verliert, zu bewahren. (Remy 1879, S. 669)

Nach Heinrich Laube (1872) wurde die Sozialisation von Tiecks eigener Sprechweise zu einem Distinktionsmerkmal in der Konfrontation von ästhetisch-literarischen Strömungen zwischen Weimar und Dresden:

> Seine Sorgfalt für das Sprechen unterschied sich gründlich von der in Weimar gelehrten und geübten Sprechweise. Er haßte die singende Deklamation, er verlangte streng, daß die Rede einfach und angemessen, klar, aber charakteristisch aus dem dramatischen Grunde emporwachse. Nicht losgelöst wie etwas Selbständiges hat sie dahinzufliegen in gleichmäßiger Kadenz, nein, dem Sinne genau entsprechend hat sie zu wandeln. (Kasack 2, S. 263)

Tiecks Materialität der Stimme

Das angebliche Rauch- und Strickverbot bei den Lesungen korreliert mit einer körpergeschichtlichen Entwicklung des bürgerlichen Leseverhaltens seit dem letzten Drittel des 18. Jahrhunderts, nämlich der Immobilisierung der Lektüre (Schön 1987, S. 71–86). Einerseits wurde in diesem Zeitraum der Körper beim Leseakt neu programmiert. Der Leser wandelte sich von einem stehenden zu einem sitzenden Rezipienten, dessen Wahrnehmungsorgane in philosophisch-ästhetischen Diskursen um die mediale Führungsrolle kämpften: Zuerst übernahmen die Augen die Monopolstellung als Rezeptionsorgan im stillen, einsamen Lektüreprozeß (Utz 1990), dann wurde das »*Ohr der erste Lehrmeister der Sprache*«, wie es in Herders *Abhandlung über den Ursprung der Sprache* (1772) heißt (Herder 1985, S. 734). In Tiecks Lesungen zeichnet sich das Aktionsspektrum sowohl des Vorlesers als auch seiner Rezipienten durch Immobilität aus. Andererseits ging diese reduzierte Mobilität des Lesers im Verlauf der Körpergeschichte des 18. und frühen 19. Jahrhunderts mit einer Betonung der symbolischen Interaktion einher, in der sich der Leser aktiv mit dem Text auseinandersetzen und ihn individuell verstehen sollte (Adam/Fauser 2005, S. 25).

Genau hier setzt Tiecks Poetik des Vorlesens und Zuhörens an, die in Gestalt der sieben dialogischen Vorleser in der *Phantasus*-Rahmenhandlung deutlich zum Ausdruck kommt. In seiner Funktion als Vorleser verlagerte Tieck die Bedeutung vom disziplinierten Rezipientenkörper auf das Textkorpus. Das geschah mittels einer Emphatisierung der Materialität von Tiecks Stimme. Ihre spezifische Kraft bestand den Aussagen zufolge darin, eine zwar gemeinsam erfahrene, doch individuell gespürte Wirkung zu entfalten: die Verlebendigung des Dramas durch den Akt des Vorlesens.

Caroline Schlegel hielt in einem Brief fest, daß sich Tieck während seiner Dramenlesungen »in Einer Person zu einem vollständigen Theater auf und zusammen thut« (Tgahrt 1984, S. 107). Er setzte den Text also über seine Stimme in Szene – wie eine vokale *mise en scène*. Sein Trauerspiel *Leben und Tod der heiligen Genoveva* konzipierte er, wie Ludwig Stockinger mit dem Verweis auf das Vorwort des Dramas von 1828 plausibilisiert hat, als Lesedrama, das »eine vom Leser zu imaginierende Bühne« bildet (Stockinger 2000, S. 99). Die Quellenaussagen bestätigen diesen Anspruch auf den auditiv wahrgenommenen und optisch imaginierten Erlebnischarakter des Textes. Obgleich es sich bei der Beschreibung der Zuhörer/innen, ihnen sei bei der Lesung »ein Spiel [...] vor die Augen [ge]treten« (Thalmann 2, S. 362), nicht zwangsläufig um die Wiedergabe individueller Erfahrungen, sondern vielmehr um eine intersubjektiv vorgeprägte Erzählform handeln kann – z. B. dafür, daß es ein unterhaltender Abend war –, ist die Wiederholung dieses narrativen Versatzstücks ein interessanter Befund. Schließlich korrespondiert das überlieferte Erzählmuster der Zuhörer mit Tiecks rezeptionstheoretischem Konzept, das die »Lektüre als angemessene Wahrnehmungsform einer szenischen Illusion [vorsah], die die ›unbegreiflich schnelle Beweglichkeit der Imagination‹ vollziehen soll« (Scherer 2003, S. 113).

Aus dem Konnex von Tiecks durchdringender Stimme und aus dem Raumgefühl während der Lesung resultierten, wie bereits zitiert, sowohl die »gewissen Betrachtungen« (Carus 1845, S. 209) als auch die Ansicht, daß diese Inszenierung »gewissen Zwecken vorteilhafter« gewesen sei (Scherer 1839, S. 12). Dieser Zusammenhang evozierte aber auch folgende Empfindungen: »Das Lesepult ward aufgestellt, man sammelte sich mit einer gewissen Andacht, und bald nach sechs Uhr begann die Vorlesung« (Köpke 2, S. 69). Oder: »Er nimmt das Buch zur Hand und beginnt zu lesen: eine feierliche Andacht, die nicht die leiseste Störung duldet, herrscht während der ganzen Vorlesung«(Beutel 1913, S. 67). Religiöse Konnotationen legen viele Quellen nahe. Hält man sich Sternbergs Zeichnung erneut vor Augen, bietet sich in diesem Kontext neben der Körperfixierung noch eine andere Lesart des Bildes an. Das Zimmer scheint in seiner Tiefendimension erleuchtet, obwohl keine Lichtquelle außer das durch die Fenster dringende Tageslicht auszumachen ist, das am Schattenwurf des Vorlesers erkennbar ist. Die halbkreisförmige Erleuchtungssymbolik über dem Türbogen unterstützt bildlich, was die Zeitgenossen als andächtige Atmosphäre beschrieben haben. Den Empfindungen zufolge schuf Tieck bei seinen Lesungen einen sakralen Raum.

Der sakrale Duktus dürfte durch den Vortrag des oft gelesenen *Genoveva*-Dramas noch verstärkt worden sein. Der Monolog des mit Schwert und Palmenzweig geschmückten Heiligen Bonifatius, der in der »Wildnis zu den Friesen/ [...] den Tod der Märtyrer« (Thalmann 2, S. 361) gestorben war, eröffnet das Trauerspiel im dramatischen Prolog in einer »Kapelle schwach erleuchtet«, um die Geschichte Genovevas anzukündigen. Die Erscheinung des toten Märtyrers ist ein Fiktionsmarker, der dem (Theater- und Lesungs-)Publikum vermittelt, daß im folgenden keine Glaubens-, sondern ästhetische Sätze Erlösung versprechen (siehe den Beitrag *Religion* in Kap. 2). Seine »schöne Stimme« (ebd., S. 366) eilt dem Hofmeister – der sich Siegfrieds Auftrag, während seiner kriegsbedingten Abwesenheit »[s]eines teuern Weibes Hüter« zu sein (ebd., S. 372), etwas zu sehr zu Herzen nimmt – bei seinem ersten Auftritt voraus. In Tiecks Texten werden Figuren, die Konflikte auslösen, oft zuerst eher gehört als gesehen: In Berthas Binnenerzählung in *Der blonde Eckbert* z. B. erfolgt die erste Identifikation der wunderlichen Frau auch über »ein leises Husten« (DKV 6, S. 131) und ihren Gesang. Der Hofmeister Golo ist es, der die schwanger von Siegfried zurückgelassene Genoveva zuerst im Stillen liebt, nach ihrer Abwehr seiner Liebesavancen jedoch zu hassen beginnt.

Daß die »märtyrologische Wahrheit [von] der Fähigkeit [abhängt], körperliche Schmerzen ertragen zu können« (Borgards 2005, S. 198), mußte nicht nur der Heilige Bonifatius im Drama erfahren. Bevor Genovevas Martyrium beginnt, erhält sie als Gegenbild zur beschriebenen Heiligenikonographie in der Kapelle ihr Porträt, das sie zum »Angedenken für [ihr] Alter« (Thalmann 2, S. 432) in Auftrag gegeben hatte und das von körperlicher Unversehrtheit zeugt. Der liebesenttäuschte Golo sperrt sie trotz streng rhythmisierter Beteuerung ihrer Unschuld im Briefsonett an Siegfried als angebliche Ehebrecherin in den Kerker (Runge 1997, S. 192), wo sie ihren Sohn Schmerzenreich gebiert. Daraufhin entkommt sie zwar ihrer Hinrichtung, muß jedoch sieben Jahre im Wald verborgen leben und stirbt schließlich, kurz nachdem Siegfried Frau, Kind und Wahrheit im Wald wiederentdeckt hat.

Körperlichkeit ist im Drama wie in Tiecks Lesungen zwar von zentraler Bedeutung, aber für das ästhetische Verständnis tritt der Körper der Figuren und Zuhörer in den Hintergrund. Lediglich das Gehör sollte als Kanal geöffnet bleiben. So hört Genoveva z. B. in ihrem nacherzählten Traum vor der Erscheinung Christi ein brausendes »Meer vor [ihren] Ohren« (Thalmann 2, S. 421). In den Poetiken der Frühromantiker verkörpern dergleichen natürlich-mystische Geräuschkulissen sowohl die Omnipräsenz eines Sinnzusammenhangs, den die Figuren oft nur im Traum oder gar im Tod erschließen können, als auch die Sehnsucht nach dem Geheimnis, das sich den Menschen in Literatur, Kunst und Religion vermittelt. Das Zuhören bei Tiecks Lesung resultierte demzufolge aus einer wirkungsästhetischen Erwägung: Wenn Tieck *Leben und Tod der heiligen Genoveva* vorlas, trat er als Vermittler des heiligästhetischen Worts auf seine akustische Bühne der Romantik.

LITERATUR

Adam/Fauser 2005: Adam, Wolfgang/Fauser, Markus in Zusammenarbeit mit Ute Pott (Hg.): Geselligkeit und Bibliothek. Lesekultur im 18. Jahrhundert, Göttingen 2005.
Bauer 1871: Bauer, Karoline: Aus meinem Bühnenleben. Erinnerungen, hg. von Arnold Wellmer, Berlin 1871.
Beutel 1913: Beutel, Georg: Tiecks Vorlesungen in Dresden. In: Dresdner Geschichtsblätter 22 (1913), H. 4, S. 57–68.
Borgards 2005: Borgards, Roland: Romantische Märtyrer. Tiecks *Genoveva* und Hoffmanns *Serapion*. In: Romantische Religiosität, hg. von Alexander von Bormann, Würzburg 2005 S. 185–203.
Carus 1845: Carus, Carl Gustav: Ludwig Tieck. Zur Geschichte seiner Vorlesungen in Dresden. In: Historisches Taschenbuch 6 (1845), S. 193–238.
Dann 1981: Dann, Otto (Hg.): Lesegesellschaften und bürgerliche Emanzipation. Ein europäischer Vergleich, München 1981.

Förster 1846: Förster, Luise (Hg.): Biographische und literarische Skizzen aus dem Leben und der Zeit Karl Förster's, Dresden 1846.
Friesen 1871: Friesen, Hermann Freiherr von: Ludwig Tieck. Erinnerungen eines alten Freundes aus den Jahren 1825–1842, 2 Bde., Bd. 1, Wien 1871, S. 33–46.
Genast 1862: Genast, Eduard: Aus dem Tagebuche eines alten Schauspielers, 4 Theile, Zweiter Theil, Leipzig 1862, S. 181–186.
Grillparzer 1826: Grillparzer, Franz: Tagebuch auf der Reise nach Deutschland. 21. August-Anfang Oktober 1826. In: ders.: Grillparzers Werke, 42 Bde. in 3 Abt., hg. von August Sauer, Abt. 2, Bd. 8: Tagebücher und literarische Skizzenhefte II. 1822 bis Mitte 1830, Wien/Leipzig 1916, S. 219–244.
Hahn 1863: Hahn, R. E.: Ein Abend bei Ludwig Tieck. In: Ueber Land und Meer. Allgemeine Illustrirte Zeitung 29 (1863), S. 451–453.
Herder 1985: Herder, Johann Gottfried: Werke. In zehn Bänden, hg. von Martin Bollacher, Bd. 1: Frühe Schriften 1764–1772, hg. von Ulrich Gaier, Frankfurt a. M. 1985.
Hoffmann 2003: Hoffmann, Stefan-Ludwig: Geselligkeit und Demokratie. Vereine und zivile Gesellschaft im transnationalen Vergleich 1750–1914, Göttingen 2003.
Immermann 1973: Immermann, Karl: Reisejournal in 3 Büchern. Zweites Buch. Briefe. In: ders.: Werke in fünf Bänden, hg. von Benno von Wiese, Bd. 4: Autobiographische Schriften, Frankfurt a. M. 1973, S. 61–148.
Peter 1999: Peter, Emanuel: Geselligkeiten. Literatur, Gruppenbildung und kultureller Wandel im 18. Jahrhundert, Tübingen 1999.
Remy 1879: Remy, Max: Ludwig Tieck als Vorleser und seine Nachfolger. In: Mehr Licht! (1879), Nr. 42, S. 668–671; Nr. 43, S. 686–688.
Rothe 2005: Rothe, Matthias: Lesen und Zuschauen im 18. Jahrhundert. Die Erzeugung und Aufhebung von Abwesenheit, Würzburg 2005.
Runge 1997: Runge, Anita: Brief, Traum, Zauberspiegel. Erinnerung und Täuschung in Genoveva-Bearbeitungen des 18. und 19. Jahrhunderts. In: Wechsel der Orte. Studien zum Wandel des literarischen Geschichtsbewußtseins. Festschrift für Anke Bennholdt-Thomsen, hg. von Irmela von der Lühe und Anita Runge unter Mitarbeit von Regina Nörtemann, Cettina Rapisarda und Herta Schwarz, Göttingen 1997, S. 186–197.
Scherer 1839: Scherer, G.: Ein Abend bei Ludwig Tieck. In: Europa. Chronik der gebildeten Welt 4 (1839), S. 8–18.
Scherer 2003: Scherer, Stefan: Witzige Spielgemälde. Tieck und das Drama der Romantik, Berlin/New York 2003.
Schmidt 1856: Schmidt, Heinrich: Erinnerungen eines weimarischen Veteranen aus dem geselligen, literarischen und Theater-Leben, Leipzig 1856.
Schmidt 1913: Schmidt, Erich (Hg.): Caroline. Briefe aus der Frühromantik, 2 Bde., Leipzig 1913.
Schneider 2004: Schneider, Jost: Sozialgeschichte des Lesens. Zur historischen Entwicklung und sozialen Differenzierung der literarischen Kommunikation in Deutschland, Berlin 2004.
Schön 1987: Schön, Erich: Der Verlust der Sinnlichkeit oder Die Verwandlung des Lesers. Mentalitätswandel um 1800, Stuttgart 1987.
Schott 1998: Schott, Heinz (Hg.): Der sympathetische Arzt. Texte zur Medizin im 18. Jahrhundert, München 1998.
Seibert 1993: Seibert, Peter: Der literarische Salon. Literatur und Geselligkeit zwischen Aufklärung und Vormärz, Stuttgart 1993.
Stern 1880: Stern, Adolf: Ludwig Tieck in Dresden [1873]. In: ders.: Zur Literatur der Gegenwart. Bilder und Studien, Leipzig 1880, S. 1–44.
Sternberg 1861: Sternberg, A. von: Tieck's Vorlese-Abende in Dresden. In: Die Gartenlaube 9 (1861), S. 116f.
Stockinger 2000: Stockinger, Ludwig: Ludwig Tiecks *Leben und Tod der heiligen Genoveva*. Konzept und Struktur im Kontext des frühromantischen Diskurses. In: Das romantische

Drama. Produktive Synthese zwischen Tradition und Innovation, hg. von Uwe Japp, Stefan Scherer und Claudia Stockinger, Tübingen 2000, S. 89–118.
Tgahrt 1984: Tgahrt, Reinhard (Hg.): Dichter lesen, Bd. 1: Von Gellert bis Liliencron, Marbach a. N. 1984.
Utz 1990: Utz, Peter: Das Auge und das Ohr im Text. Literarische Sinneswahrnehmung in der Goethezeit, München 1990.
Weller 1939: Weller, Maximilian: Ludwig Tieck (1773–1853). In: ders.: Die fünf großen Dramenvorleser. Zur Stilkunde und Kulturgeschichte des deutschen Dichtungsvortrags von 1800–1880, Würzburg-Aumühle 1939, S. 28–77.

2. TRADITIONEN UND ZEITGENÖSSISCHE DISKURSE

Antike-Rezeption

Gilbert Heß

Ludwig Tiecks Verhältnis zur Antike steht meist im Schatten seiner sehr viel stärker präsenten Mittelalter- und Shakespeare-Rezeption. Die genuin romantische Kunstauffassung der poetischen Aneignung, des Reflektierens und Dichtens über Poesie, zu deren Gründervätern Tieck zählt, wird üblicherweise in Abgrenzung zur antike-zentrierten Klassik interpretiert. Trotz der offenkundigen Einflüsse griechischer und römischer Literatur auf das Œuvre des Dichters, trotz des erstaunlichen Anteils antiker Textausgaben sämtlicher Genera und Gattungen in dessen erster Bibliothek (Cohn 1970) und trotz der zahlreichen literaturkritischen Äußerungen zu griechischen und römischen Autoren und Werken findet diese Facette deshalb bislang kaum Beachtung. Dies äußert sich nicht zuletzt in einer völlig unzureichenden Erforschung: Tiecks Einstellungen zur Antike – seine Rezeptionsweisen, Reflexionen und Adaptationsvorgänge – sind allenfalls ansatzweise untersucht. Dies überrascht um so mehr, als bereits zeitgenössische Zuschreibungen Tieck in unmittelbarer Nachfolge der attischen Dichtung sahen, so A. W. Schlegels Rezension zu *Der gestiefelte Kater* von 1797 (Schlegel 1847, S. 136–146), ironisch gewendet bei Heine (1979, S. 172). Somit wird die aktive Auseinandersetzung mit der Antike als hervorstechendes Merkmal Tiecks konstatiert (Immermann 1972, S. 656f.). Neben Hölters grundlegenden Arbeiten stellt Nottelmann-Feils Dissertation die einzige bislang zu diesem Komplex erschienene Monographie dar. Allerdings ist sie von erstaunlicher methodischer Unschärfe gekennzeichnet. Im folgenden kann nur ein erster Überblick über ein Thema gegeben werden, das eines der großen Desiderate der Tieck-Forschung darstellt (Hölter 2003, S. 105).

Ausbildung des Antike-Paradigmas

In seiner Schul- und Studienzeit fiel Tieck, der schon vor der Einschulung lesen konnte, durch breite Lektürekenntnisse klassischer wie moderner Texte auf. Bereits während des Besuchs der Französischen (Grund-)Schule in der Berliner Grünstraße erhielt er durch einen Hauslehrer Griechisch-Unterricht

(Köpke 1, S. 23f.) und lernte später neben modernen Sprachen Latein (ebd., S. 24f., S. 122, S. 59–61). Seine Griechisch-Kenntnisse befähigten ihn bereits in früher Kindheit dazu, Homers *Odyssee* in der Ursprache zu lesen (ebd., S. 38). So wie die Lektüre antiker Texte – u. a. Plutarch (ebd., S. 23f.), Sophokles und Aischylos (vgl. DVK 1, Kommentar, S. 802) – weisen die erstaunlich formsichere Schulübersetzung von Vergils *Erster Ekloge* aus dem Jahr 1790 (ediert bei Hölter 1989, S. 453–455) und zwei verschollene (Teil?-)Übersetzungen der *Odyssee* in Prosa und Hexametern (Köpke 1, S. 38) darauf hin, daß die klassische Antike gemäß dem reformpädagogischen (wenngleich nicht neuhumanistischen) Bildungskonzept Friedrich Gedikes am Friedrichswerderschen Gymnasium mit den Kernfächern Griechisch, Latein, Deutsch und Mathematik (Scholz 1965, S. 170f.) einen nicht unwesentlichen Teil seiner Ausbildung bestimmte. Die Übersetzung von C. Middletons *Life of Cicero* für seinen Lehrer G. K. F. Seidel (Hölter 1989, S. 172) dürfte u. a. das Sachwissen über antike Geschichte befördert haben. Das große Interesse des Schülers an Themen des klassischen Altertums dokumentieren der Besuch der Vorlesungen *Über Alterthümer und Kunstgeschichte* von Karl Philipp Moritz an der Akademie der Wissenschaften (gemeinsam mit Wackenroder, Köpke 1, S. 90) ebenso wie eine von Köpke kolportierte Anekdote, Tieck habe seine eigenständige Interpretation von Aischylos' *Der gefesselte Prometheus* in der Schule vehement verteidigt (Köpke 1, S. 52f.).

Während seines Theologie-Studiums in Halle wurde Tieck bei Friedrich August Wolf – einem der Mitbegründer der Altphilologie in Deutschland (Hültenschmidt 1985), dessen Vorlesung über die *Litteraturae Romanae historia* er hörte (zur Mitschrift Tiecks vgl. Hölter 1987a, S. 126–134) – mit den historischen Grundlagen des europäischen Dramas vertraut gemacht. Wenngleich das vom einsemestrigen Aufenthalt in Erlangen unterbrochene Studium in Göttingen (November 1793 bis Herbst 1794) vorrangig im Zeichen der Kunstgeschichte und der endgültigen Hinwendung zu Shakespeare stand, hörte er Christian Gottlob Heynes Vorlesungen zur Literaturgeschichte und erhielt eine Einladung in dessen Privatkolleg, wo die Texte von Horaz analysiert wurden. Die für Heyne typische Verknüpfung von Altphilologie und Realienkunde (Graepler/Migl 2007) übte jedoch kaum Einfluß aus (Köpke 1, S. 147). Vielmehr bildete sich in dieser Zeit ein auf ästhetische Fragen konzentriertes, literaturfixiertes Antiken-Verständnis aus, das auf produktive Adaptation und die Transformation im eigenen Werk ausgerichtet ist. Obwohl sich darin bereits eine innere Distanz zu der im Entstehen begriffenen Philologie als Wissenschaft andeutet, die letztlich dann auch zum Abbruch des Studiums führte, zeigt u. a. Tiecks extensiver Zitatgebrauch in den frühen Schriften (so im Fragment *Soll der Mahler seine Gegenstände lieber aus dem erzählenden oder dramatischen Dichter nehmen?*, ediert bei Hölter 1985, S. 508–513;

DKV 1, Kommentar, S. 1177–1181) wie auch die offensive Verteidigung der Altphilologie in Prosa und Theatersatire (vgl. z. B. *Ulrich der Empfindsame*, S 15, S. 130; *Herr von Fuchs*, S 12, S. 82) eine intellektuelle Orientierung am Gelehrtenstand. Hingegen markieren wissenschaftssatirische Äußerungen und unverhohlener Gelehrtenspott, die das gesamte Werk durchziehen (Košenina 2003, S. 119–121; S. 285–289), eine wissenschaftskritisch-poetische Auffassung in der Antike-Rezeption.

Dennoch sind auch die philologisch-methodischen Anregungen, die Tieck aus dem universitären Studium erhielt, nicht zu unterschätzen: So wurden ihm anhand der Vorlesungen zur Altertumskunde der Zusammenhang von Kultur, Literatur und Autor sowie die Wechselbeziehungen der antiken Mittelmeervölker vermittelt, wie sie für sein Modell des christlichen Europa wegweisend sind. Die Disposition der Vorlesungen Wolfs und Heynes dürfte ebenso wie die bereits während der Schulzeit erfolgende Lektüre der griechisch-römischen Historiographie (Köpke 1, S. 54) sein besonders in den *Kritischen Schriften* erkennbares Gespür für inhaltlich-chronologische Ordnungsprinzipien gefördert haben. So läßt sich das u. a. an den Arbeiten zu Shakespeare oder an den zahlreichen Hinweisen auf Homer erkennbare Prinzip, eine Person zentral zu setzen und als Epochenrepräsentanz für synoptische Chronologien zu verwenden, aus Wolfs Zentrierung der römischen Literaturgeschichte um Vergil erklären (Hölter 1989, S. 133–147). Neben persönlichen Vorlieben dürfte auch die Schulung an der antiken Historiographie, insbesondere an Plutarch, die zahlreichen Parallelisierungen von Lebensläufen in den theoretischen Schriften erklären. Dichterkataloge, wie z. B. der später im »Garten der Poesie« des *Prinz Zerbino* in Szene gesetzte romantische Dichterkanon (S 10, S. 271–283), sind nicht zuletzt auf solche Prägungen zurückzuführen (Hölter 1989, S. 200–204).

Adaptationen

Die Antike-Rezeption steht für Tieck grundsätzlich ganz im Zeichen einer Inspirationsquelle für die eigene Kreativität:

> Aber dennoch glaube ich, daß nur derjenige wieder eine volle und wahrhaft befriedigende Lust an den großen Hervorbringungen der Vorzeit empfinden kann, in dem das eigene Talent dadurch zum Bewußtsein kommt. Der Stachel eigener Productivität ist es doch wol, was unsern Enthusiasmus wach erhält, und so ist immer das Selbstschaffen nur die Gewähr und der Beweis für das Verständniß. (Tieck an Raumer, Ziebingen, 21. Dezember 1817; Raumer 1861, 2, S. 78)

Das Selbstverständnis von Tiecks Erzählen konkretisiert sich stets in der Auseinandersetzung mit Werken vorangegangener antiker, mittelalterlicher und moderner Epochen, wobei seine frühen Schriften noch von einer klassizistisch inspirierten Form der Antike-Rezeption beeinflußt sind: Klassikerbelege, mit deren Hilfe die eigene Belesenheit demonstriert werden soll, und normative Exempel zur Absicherung eigener Thesen spiegeln im Frühwerk ein zeittypisches, »überindividuelles Phänomen« des späten 18. und beginnenden 19. Jahrhunderts wider (Fauser 1997, S. 217). Während Tieck bis in die 1790er Jahre vielfach Kataloge von Autoren benennt, um in die Antike zurückreichende Traditionen zu markieren, verweist er später lediglich auf ein oder zwei Autoren, um die jeweils wesentlichen Traditionslinien anzudeuten, wobei er sich insgesamt auf einen relativ engen, allgemein bekannten Kanon zitierfähiger Autoren beschränkt (Hölter 1989, S. 87–93). Nur selten fungieren fiktionale Expertenfiguren als Mittel zur Entfaltung eines Antiken-Panoramas (z. B. *Der Aufruhr in den Cevennen*, S 26, S. 300; *Der Gelehrte*, S 22, S. 11). Auch die poetischen Maßstäbe, die aus der Häufigkeit von Zitationen abgeleitet werden können, entsprechen in der Jugendzeit noch weitgehend dem Zeitgeschmack, während sich später im Laufe des eigenen Schaffens eine eher historische Betrachtungsweise entwickelt. Antike Dichtungstheorien rezipiert Tieck jedoch zögerlich: Erst in den 1820er Jahren beruft er sich zur Absicherung der in seiner Literaturkritik erkennbaren Poetologie z. B. auf die *Ars poetica* von Horaz (Hölter 1989, S. 80).

Die Präferenz bei der Rezeption antiker Texte liegt seit der Schulzeit auf der griechischen Dichtung mit Homer als Fundament. Dieser Vorrang wird neben den zahlreichen Zitationen, Anspielungen und ausdrücklichen Vergleichen zwischen Homer und Vergil, bei denen stets die Inferiorität des letzteren behauptet wird (z. B. *Über das Erhabene*, DKV 1, S. 646; *Tod des Dichters*, S 19, S. 453f.), insbesondere aus Briefen an seinen Neffen Gustav Friedrich Waagen deutlich. Denn hier empfiehlt Tieck neben den Werken von Cervantes, Shakespeare und Goethe ausdrücklich die Lektüre antiker Schriftsteller. Analog dem Modell der antiken Kunstgeschichte nach Winckelmann wird den römischen Schriftstellern hierbei lediglich der Status einer Kopie, wenn nicht gar einer »Übertragung und Verderbung griechischer Vorbilder« zugestanden (Tieck an Waagen, Ziebingen, 4. Februar 1815; Holtei 4, S. 159f.). Daraus läßt sich die höher stehende griechische Kultur erschließen:

> Lies ja auch griechische Autoren, Plutarch, wenn Du schon so weit bist, den Thucydides, und neben dem Homer den Sophocles. [...] Alles, was ich hier gesagt habe, kann sich überhaupt kaum auf die Römer beziehn [...], denn genau zu sprechen, haben sie wohl keine Dichtkunst, wie keine Kunst besessen. [...] Wie mögen die Verse der griechischen Lyriker anders ausgesehen haben, als wir sie beim Horaz wiederfinden? Da, wo wir ihm auf der Spur sind, sehn wir den Unterschied gar zu deutlich. Der originellste Dichter der Römer ist nach meiner Meinung Ovid, nur ist er oft gering und klein. [...] kannst Du zum Aeschylos und Sophokles gelangen, so studire sie, und auch nachher den Pindar. Euripides

ist eine höchst merkwürdige Zerbrechung griechischer Kunstvollendung und mir darum sehr lieb und wahr, weil er manche große Erscheinung der Neuern erklären hilft. Gegenüber die großen Prosaiker Herodot, Thukydides und dann Plato, Aristoteles, welche Namen! [...] Überhaupt, lieber, mache Dich nur mit frischem Muth an die Griechen, und ich bin fest überzeugt, daß sie Dir einleuchten und Dich begeistern werden, ohne daß deshalb Deiner zärtlichen Liebe für die Neuern Eintrag geschieht. (Ebd., S. 160f.; ähnlich auch KS 2, S. 200)

Rein quantitativ läßt sich diese Bevorzugung der griechischen Antike im Gesamtwerk anhand der Zitationen und Äußerungen zu Aischylos, Sophokles und Euripides, zu Aristophanes, Homer, Pindar und Lukian sowie zu Platon, Aristoteles und Epikur ersehen. Ihnen steht ein deutlich geringerer Anteil an Verweisen auf Vergil, Ovid, Horaz und Juvenal gegenüber (Nottelmann-Feil 1996, S. 23–157).

Wenngleich er mit dieser Vorliebe für die attisch-hellenische Dichtung Friedrich Schlegels ästhetischen Grundauffassungen nahe steht (Brück 1981, S. 281–328), distanziert sich Tieck ausdrücklich von dessen Graekomanie-Konzept: »Griechen. Hatten keine unbedingte Kunst, wie Schlegel beweisen will« (NS 2, S. 127). Seine kritisch-distanzierte Haltung gegenüber dem Philhellenismus, den er als »[u]nnützes Streben nach Griechheit in unseren Tagen« (ebd.) bezeichnet, findet später im Kontext des griechischen Freiheitskampfes ihren Ausdruck in der Karikatur hellenischer Eiferer, wie z. B. in der Figur des Termheim in *Eine Sommerreise* (S 23, S. 52–56; Heß/Agazzi/Décultot 2009).

Bevorzugter Schriftsteller innerhalb der lateinischen Literatur ist Ovid (Nottelmann-Feil 1996, S. 137–150). Das 1790 verfaßte, möglicherweise als Melodram gedachte Versdrama *Niobe* (ediert bei Hölter 1987b) orientiert sich zwar weitgehend an der vermutlichen Vorlage, Ovids *Metamorphosen* VI, V. 146–312 (ebd., S. 280), deutet aber in der individuellen metrischen Gestaltung bereits den Willen zu kreativem Experimentieren an (Scherer 2003, S. 225). Diese Form der Kombination unterschiedlicher antiker Versmaße und Strophenformen wird dann später, z. B. im 1804 veröffentlichten Drama *Kaiser Octavianus*, extensiv realisiert. Zugleich integriert Tieck in *Niobe* Anspielungen auf andere Mythen (Aphrodite und Adonis) und gestaltet den ursprünglich ortsgebundenen Mythos in eine Pflanzen-Aitiologie um, die sich im Leitmotiv der Trauerweide konkretisiert (Hölter 1987a, S. 133f.). Darin deutet sich die später zunehmende Tendenz einer Transformation der vorgegebenen Themen, Stoffe und Schreibweisen an. Der Mythologie entnommene oder auf antiken Allegorisierungen basierende Stoffvorgaben werden dabei häufig, wie z. B. das Eteokles- und Polyneikes-Motiv in *Der Runenberg*, nur indirekt anzitiert. Es bleibt dem romantischen Dichtungsverständnis gemäß mit weiteren Motivsträngen anderer Traditionslinien verbunden, ohne daß diesen Vorgaben eine handlungsmotivierende Funktion zukäme. Auch den – möglicherweise nur indirekt durch den Romantiker-Kreis um die Brüder Schlegel vermittelten – Modellen für Personenkonstellationen wie der gegenseitigen Abhängigkeit von Göttern (z. B. in *Die verkehrte Welt*, DKV 6, S. 643f.) oder der auf Heraklit verweisenden Reziprozität von Tod und Leben (z. B. in *Der Hexen-Sabbath*, S 20, S. 103f.) kommt eher eine punktuell motivische Funktion zu.

Nachhaltige Wirkung entfalteten die Inszenierungen attischer Dramen, die Tieck als künstlerisch Hauptverantwortlicher im Auftrag des preußischen Königs Friedrich Wilhelm IV. in den 1840er Jahren leitete (Boetius 2005, S. 49–232) und die im Zentrum von dessen Projekt einer »klassisch-romantische[n] Kulturerneuerung« im Rahmen eines preußischen Humanismus standen (Brunkhorst 2001, S. 191). Wenngleich die Inszenierungen von *Antigone, Medea, Oedipus auf Kolonos* und *Hippolytos*, die programmatisch mit Aufführungen der zeitgleich inszenierten Dramen Shakespeares in Beziehung standen, ein teils sehr positives, insgesamt aber geteiltes Echo fanden, markieren sie eine epochale Wende der Antike-Rezeption auf dem Theater (Flashar 1991, S. 66): Erstmals wurde hier der Versuch unternommen, attische Dramen nach dem ungekürzten Originaltext in Übersetzung und auf einer den antiken Gegebenheiten entsprechenden Bühne zu präsentieren. Insbesondere Tiecks von zahlreichen Intrigen behindertes Bemühen um eine adäquate metrische Textfassung (Zybura 1994) – um die Etablierung der bei den Leseabenden erprobten natürlichen Sprechweise, um die adäquate Darstellung des Chors und um die Rekonstruktion der attischen Bühnengestaltung, wie sie im fiktionalen Rahmen bereits in *Der junge Tischlermeister* (DKV 11, S. 270f.) formuliert worden war – zeugen von dem Bemühen einer verantwortungsvollen Rekonstruktion der antiken Aufführungspraxis, wie sie sich erst mit erheblichem zeitlichem Abstand in der deutschen Theaterpraxis etablieren sollte (Boethius 2005, S. 262–302; Nottelmann-Feil 1996, S. 226–334; siehe den Beitrag *Der Dramaturg* in Kap. 3).

Transformationen

Die während des Studiums entstandenen Abhandlungen *Soll der Mahler seine Gegenstände lieber aus dem erzählenden oder dramatischen Dichter nehmen?* (Hölter 1985; DKV 1, Kommentar, S. 1177–1181) und *Über das Erhabene* (DKV 1, S. 637–651) lassen bereits die in den theoretischen Schriften durchgängig praktizierte Methode erkennen, ästhetische Modelle unterschiedlicher Epochen analogisierend in ein Konzept künstlerischer Produktion zu überführen. Aus dem Traktat *peri hypsous*, der fälschlicherweise dem Philosophen Dionysios Longinos († 273 n. Chr.) zugeschrieben wurde, entwickelt Tieck einerseits das für sein Kunstverständnis zentrale Konzept der Erhabenheit (siehe den Beitrag *Poetologische und kritische Schriften von 1792 bis 1803* in Kap. 3). Zugleich geht er andererseits über die in der Vorlage vorgegebenen Grundsätze deutlich hinaus, indem er die vermeintlichen Argumente Longins in seinem Fragment gebliebenen Aufsatz *Über das Erhabene* – dem einzigen Text, der sich mit einer antiken Poetologie theoretisch auseinandersetzt – psychologisiert und um den Genie-Begriff erweitert. Das Erhabenheits-Konzept wird dadurch auf seine Wirkung hin untersucht und zugleich durch seine Ausrichtung auf die romantische Vorstellung vom Natur-Erhabenen für die konkrete poetische Praxis operationalisierbar.

Insbesondere in der attischen Tragödie sieht Tieck eine Kombination lyrischer, dramatischer und epischer Momente »musterhaft« verwirklicht (KS 2, S. 193), so wie sie dann auch den formalen Bedingungen des romantischen Dramas entsprechen. Bereits frühe dramatische Versuche wie das um 1789 entstandene Melodram *Jason und Medea* (ediert von Halley 1959, S. 1–10) zeichnen sich durch einen den attischen Tragikern, insbesondere dem Werk des Euripides entlehnten analytischen Aufbau aus, der gezielt als Ausdrucksmittel des affektbezogenen, weniger auf Handlung ausgerichteten Melodramas eingesetzt wird. Mit der melodramatischen Form war in diesem Fall zugleich der Versuch einer »bewußtvollen experimentierenden Nachahmung« antiker Dramenformen verbunden: »Man wollte nun die Pausen der Deklamation mit Musik anfüllen, nach Art und Weise, um sich das griechische Theater zu vergegenwärtigen«, so Tieck in *Der Wassermensch* (DKV 11, S. 862). Der Chor des attischen Dramas repräsentiert, wie Tieck andernorts feststellt, zugleich das Volk und garantiert damit die Einheit von Theater, Bühne und Handlung (NS 2, S. 128). Die unterschiedlichen Bearbeitungsstufen des Dramas *Karl von Berneck* zeigen hingegen, wie der anfängliche Plan einer analytischen, an Sophokles orientierten Handlungsführung (*Orest in Ritterzeiten*, DKV 1, Kommentar, S. 1044–1066) schließlich in einen synthetischen Aufbau überführt werden konnte, so daß der letztlich zu einem Einzelmotiv zusammengestutzte Mythos als Substrat in den vierten Akt der Endfassung (DKV 1, S. 514–518) einging (Nottelmann-Feil 1996, S. 33–38).

Ludwig Tiecks Komödienbegriff, der auf weitgehender Form- und Regellosigkeit der Handlung basiert, läßt nicht nur eine Affinität zum Ironiebegriff der Brüder Schlegel erkennen (Strohschneider-Kohrs 1977, S. 333–336). Vielmehr steht er damit – wie bereits Zeitgenossen konstatierten (s. o., S. 193) – in einer Traditionslinie, die sich auf Aristophanes gründet. Zwar ist die Verschachtelung der unterschiedlichen Handlungsebenen, die Verwechslung von Rolle, Schauspieler und Publikum, die dadurch bewirkte Illusionsbrechung sowie die Konstruktion einer Spiel-im-Spiel-Handlung in den Grundzügen bereits in den *Thesmophoriazusen* (*Die Frauen am Thesmophorienfest*) erkennbar. Die Vermittlung muß aber nicht notwendigerweise durch eine unmittelbare Aristophanes-Rezeption erfolgt sein, zumal Tieck mit diesem Konzept wohl erst nach dem Entstehen seiner Komödien in Berührung kam und ihm der bisweilen boshafte Witz der aristophanischen Satire nach eigenem Bekunden fremd war (Petzoldt 2000). Auch wenn eher von einer indirekten Rezeption über Shakespeare, Ben Jonson u. a. ausgegangen werden muß (Paulin 1987, S. 35), korrespondiert die Verquickung der unterschiedlichen Spielebenen in *Der gestiefelte Kater* exakt mit der vom antiken Komödiendichter vorgegebenen formalen Abfolge von Akten und Zwischenakten, wobei den Akten vorwiegend die Spielhandlung vorbehalten ist, während die Zwischenakte ausschließlich den Kommentaren der Zuschauer dienen. Tieck, der im *Phantasus*-Gespräch nach dem ›Völligen Schluß‹ explizit auf die Ironie bei Aristophanes hinweist (DKV 6, S. 564f.) und die in dessen Komödie *Die Frösche* an den asemantischen Lautfolgen erkennbare »Freisetzung des Unsinns« reaktiviert, indem er konkurrierende Modelle der Sinnkonstitution generiert (Stockhammer 1994, S. 580, 584), übernimmt hier jedoch nicht nur die strukturelle Abfolge von Epeisodion und Stasimon des antiken Theaters, sondern weist dem Publikum in den Zwischenakten eine den Stasima bei Aristophanes analoge Rolle zu (Japp 1999, S. 32). In ähnlicher Weise lassen sich auch in *Die Verkehrte Welt* – z. B. in den zahlreichen Anspielungen auf das anwesende Publikum, auf Details aus dem Theaterleben und in der Inszenierung der Bühnenmaschinerie als handlungsmotivierendem Faktor – Parallelen zum Werk des attischen Dichters erkennen.

Die wohl um 1790 erschienenen, in der Nachfolge Johann Gottfried Herders stehenden *Paramythien* (DKV 1, S. 30–36) lassen – trotz deutlicher Abhängigkeit von der Fabel- und Idylltradition (Paulin 1975, S. 110–124) – Tiecks Experimentierfreude mit antiken Mythen und ihren Einfluß auf das romantische Mythologie-Konzept erkennen: Während Texte wie *Der Mondschein* (DKV 1, S. 30f.) und *Luna* (ebd., S. 35f.) die vorgegebenen Mythen der tröstenden Artemis bzw. der Trennung von Luna und Phoebus mit dichterischen Mitteln ausgestalten, werden in *Die Rose* (ebd., S. 34f.) durch die Versinnbildlichung der Rose zum Liebessymbol und stärker noch in der Vers-Paramythie *Die Leier* (ebd., S. 32f.), in der die Entstehung der Dichtung mythisch begründet wird, vorgegebene Mythen poetisch allegorisiert. Insbesondere *Der Verstand und die Phantasie* (DKV 1, S. 27–29) läßt in der mythischen Verbindung von Einbildungs- und Denkvermögen die für die spätere Romantik konstitutive Verbindung von Mythologie und Poesie erkennen, wobei die von Herder vorgegebene, moralisch-lehrhafte Komponente hinter der Mythologisierung der Natur zurücktritt (DKV 1, S. 839; siehe den Beitrag *Schülerarbeiten* in Kap. 1).

Die in der Romantik erfolgende Ablösung vom Paradigma der Klassik erscheint bei Tieck als Möglichkeit, die antike Kultur als eine überraschend vielfältige Welt zu erkennen, sie nach eigener Anschauung zu beurteilen, mit anderen Epochen und Kulturen zu vergleichen und so dem eigenen Werk anzuverwandeln (Nottelman-Feil 1996, S. 16). Der normative Wert der Klassik bleibt dabei grundsätzlich bestehen (vgl. z. B. KS 2, S. 322; S 18, S. 68). Ein wesentliches Merkmal der theoretischen und poetischen Schriften bildet hierbei der Vergleich und die Engführung unterschiedlicher Epochen, wie z. B. die zahlreichen Fälle der topischen Analogiebildung zwischen den homerischen Epen und dem Nibelungenlied zeigen (z. B. DKV 6, S. 86). Zugleich fließen altertumskundliche Informationen unmittelbar in das dichterische und theoretische Werk ein. So appliziert Tieck detaillierte Angaben des Archäologen Karl Otfried Müller zur attischen Bühne und zum tragischen Kostüm (vgl. Müller an Tieck, Göttingen, 12. April 1821; Müller 1950, S. 36f.) durch eine ahistorische Bezugsetzung unmittelbar auf die altenglische Bühne Shakespeares (vgl. z. B. Müller an Schorn, 27. Oktober 1819; Müller 1910, S. 299). Erst in den 1840er Jahren werden diese Erkenntnisse am Potsdamer Theater dann auch auf die Inszenierungen antiker Stücke angewendet. Diese Methode der Spiegelung der Antike in der eigenen Gegenwart mündet in ein Konzept ein, das letztlich die Chronologie durchbricht, indem es Überzeitliches aus konkreten Kontexten abstrahiert und synkretistisch auf aktuelle Verhältnisse überträgt. Die Nivellierung der Zeiten ermöglicht es nicht nur, Vorläufer der Moderne in früheren Epochen zu erkennen, sondern zugleich auch das romantische Dichtungskonzept selbst in der Antike zu verankern:

> Warum sollte man ein dichterisches Wunderwerk wie die *Odyssee*, mit seinem unerschöpflichen Reichtum des Lebens, nicht romantisch nennen dürfen? Wenn ein Dichter heutiges Tages die *Odyssee* schriebe, ich bin überzeugt, man würde sie ein romantisches Gedicht nennen. Oder wenn Euripides in manchen seiner Tragödien die Gewalt der Leidenschaft so ergreifend schildert, und immer nach neuen Formen derselben sucht, so sollte das nicht romantisch sein? Dasselbe kann man auch von Aeschylos sagen. (Köpke 2, S. 237)

Euripides' Werk, in dem sich u. a. »Waldgefühl und Einsamkeit« Ausdruck verschaffen, erscheint in diesem Licht als »von dem Morgenroth einer ahndungsvollen Romantik übergossen« (DKV 12, S. 978). Die Lektüre der griechischen Epik erweist sich, wie insbesondere aus dem Briefwechsel mit den Brüdern Schlegel ersichtlich wird, als Quelle romantischer Inspiration:

> Ich habe den *Homer* und manches von den Alten wieder gelesen, und ich kann sagen, daß ich nun erst weiß, nicht, was es vielleicht an sich, aber wenigstens gewiß, was sie mir sollen. [...] es ist nichts Vergangenes, nichts Damaliges, es ist noch so, und muß sein. Ich kann es dir nicht ausdrücken, wie mir Alles bedeutend, alles was Geschichte giebt und Poesie, so wie alle Natur, und alles in mir, sieht mich aus einem einzigen tiefen Auge an, voller Liebe, aber schreckvoller Bedeutung. (Tieck an Friedrich Schlegel, Mitte März 1801; Schweikert 3, S. 156f.)

Dem steht jedoch eine gewisse Distanz zu den Monumenten der Antike gegenüber, die Tieck in seinen *Reisegedichten* (DKV 7, S. 164–262, hier S. 170–252) erkennen läßt. In Aufzeichnungen, die während seiner Italienreise 1805/06 entstanden, vollzieht er inhaltlich wie formal eine bewußte Abgrenzung zur empathischen Antiken-Begeisterung: Statt des Distichons, das Goethe als klassisches Versmaß für seine Römischen Elegien verwendet, wählt er freie Verse, also eine prosanahe Sprache (siehe den Beitrag *Lyrik* in Kap. 4). Angesichts einer deutlichen Fokussierung auf das Mittelalter und das Studium altdeutscher und italienischer Literatur geraten die antiken Monumente und Ruinen tendenziell eher beiläufig in den Blick. Vielmehr stilisiert er die Reise als einen Selbstfindungsprozeß, der das Individuum in der Fremde genesen und die Heimat erkennen läßt: »Und ich mußte nach Rom gehen, / Um erst recht stockdeutsch zu werden« (DKV 7, S. 208). Die bewußte Marginalisierung des Antiken-Diskurses dient hier letztlich der »Projektion der eigenen Persönlichkeit, die in der Rolle des Dichters ihre wahre Identität findet« (Adam 2000, S. 133).

Einer christlichen Deutung der Antike, wie sie andere Romantiker vollziehen, enthält sich Tieck in den theoretischen wie poetischen Schriften jedoch weitgehend (vgl. aber die Aussagen zu Sophokles bei Köpke 2, S. 211f.). Vielmehr thematisiert er in *Der Aufruhr in den Cevennen* anhand der Figur des Hofmeisters, der einen späteren Priester erzieht und mit dem falschen – weil heidnischen – »Glauben an die Antike« in die Irre leitet (S 26, S. 299–301), in aller Schärfe den Konflikt zwischen heidnischer Antike und christlich-romantischem Rezeptionshintergrund.

Funktionen und Funktionalisierungen

Die satirische Typisierung von Figuren stützt Tieck häufig durch Verweis auf deren Rezeptionsverhalten. So dient die stakkatoartige Auflistung antiker Autoren der (Selbst-) Entlarvung ignoranter oder geschwätziger Figuren, wie z. B. des Ritters Sir Johann Dohle in der Ben-Jonson-Übersetzung *Epicoene* (S 12, S. 192f.). Der Pedant ist u. a. daran erkennbar, daß er über die intime Kenntnis der Schriften Martials verfügt (S 22, S. 20), während die törichte Geliebte Quintilian nur deshalb verehrt, weil ihr Liebhaber sich mit dem römischen Rhetoriker beschäftigt (S 22, S. 42). Daneben werden auf der Figurenebene häufig humoristische Effekte erzielt, indem verkürzte Zitate in neue, unpassende Kontexte integriert werden oder die Namen antiker Autoren lediglich als Indikatoren einer falsch interpretierten Lehrmeinung dienen. Die zahlreichen Figurationen antiker Gottheiten als unschwer dechiffrierbare zeitgenössische Literaten› so z. B. Apoll als Goethe (u. a. in *Die verkehrte Welt*; siehe

Pestalozzi 1964, S. 119–121) oder Merkur als Wieland (NS 1, S. 127–142), können in gleicher Weise der Huldigung wie der polemischen Auseinandersetzung dienen.

Besondere Virulenz erhalten Antiken-Verweise jedoch, wenn sie auf struktureller Ebene und im Bereich der Handlungsführung instrumentalisiert werden. So entfaltet sich das satirisch-polemische Potential im Prolog zu *Anti-Faust oder Geschichte eines dummen Teufels* von 1801 (NS 1, S. 127–142) durch die Transformation des in Aristophanes' *Fröschen* präfigurierten Dichterstreits zwischen Euripides und Aischylos im Hades in eine Höllenszenerie der Gegenwart. Tieck reagiert mit diesem Stück auf Wielands Lob von Johann Daniel Falk als »Aristophanes *redivivus*«, indem er die Höllenqualen des Aristophanes inszeniert: von den Schatten geplagt und im Feuer sitzend, muß er »alle Späße« des neuen Aristophanes »ausschwitzen« (ebd., S. 132). Der als Seelenbegleiter im Hades fungierende Merkur – für den Zuschauer als Figuration Christoph Martin Wielands, des Herausgebers der gleichnamigen literarisch-kulturellen Zeitschrift erkennbar – wird von Bötticher, einer unverkennbaren Karikatur des Mitherausgebers Karl August Böttiger, unterstützt, der selbst die als Plagegeister agierenden mittelmäßigen Autoren in den Druck befördert.

Während hier die griechische Komödie der intendierten Literatursatire ihre polemische Schärfe verleiht, greift Tieck in der *Schicksalsnovelle vom jungen Wolfgang und der alten Philistria* (KS 2, S. 278–284) das Grundmodell des Ausgleichs aus den *Eumeniden* von Aischylos auf (Meier 1988, S. 124–133), um die scheinbar unvereinbaren Gegensätze unterschiedlicher Kunstauffassungen im Modus der Mythologie zu versöhnen: Nachdem der junge, im Handlungsverlauf als Goethe erkennbare Wolfgang durch den Mord an seiner Mutter Philistria und deren Liebhaber Herrn von Spießbürger den Tod des Vaters gerächt und dadurch die »verwelkte« Kunst wieder hergestellt hat, wird er von den Erinnyen geplagt. Erst die Gerichtsverhandlung im Olymp stellt für die Zukunft Goethes Versöhnung mit den zu Eumeniden gewandelten Plagegeistern in Aussicht, die durch die Fürsprache der Pallas Athene, welche die Stimmengleichheit der Richter außer Kraft setzt, garantiert wird. Tieck travestiert hier die *Eumeniden* von Aischylos, um Goethes Werke ebenso wie deren Rezeption durch das Changieren zwischen Ironie und übergeordneter Gerechtigkeit auf eine »juridische Objektivität« und »vorsichtig-huldigende Kritik« hin zu öffnen (Hölter 1997, S. 27f.).

Wenn in *Die verkehrte Welt* (DKV 6, S. 567–659) mit der Usurpation des von Apoll besetzten Musenbergs durch Scaramuz, den Vertreter der seichten Aufklärung, eine Inversion der literarischen Wertehierarchie erfolgt, wie sie die antike Tradition gewährleistet, so wird dadurch nur scheinbar gegen die Geltungsmacht der Antike revoltiert. Die Indienstnahme und Umkehrung der mythischen Tradition dient hier vielmehr letztlich der Bekräftigung der überlieferten Geschmacksmaßstäbe:

> Wenn man von allen Seiten sündigt, so ist die Wahrscheinlichkeit, daß die unsichtbare Wahrheit aus der Verfinsterung treten, und sich wieder sichtbar zeigen werde. Auch Mißverstand dient am Ende dem Verständnis, und mögen zuweilen Larven und gespenstische Wunder unten im Nebel des Musenberges schwärmen, so bleibt Apollo in lichten Regionen doch stets der heitre Gott. (Tiecks Vorwort zu den *Gesammelten Novellen* 1835; Schweikert 2, S. 34)

Das durch die antike Überlieferung vorgegebene Konzept des Musenbergs erweist sich damit als derart konstant, daß gerade seine Infragestellung ihre unumstößliche Gültigkeit erweist (Hölter 1997, S. 24f.). Die scheinbare Destruktion des Antiken-Paradigmas dient somit letztlich dem Nachweis seiner grundsätzlichen Gültigkeit.

Tiecks Antiken-Rezeption weist vielfache Brechungen und Verwerfungen auf. Möglicherweise ließe sich eine chronologische Abfolge der Wandlungen im Umgang mit der Antike konstatieren, die mit den Lebensphasen korrespondiert: Einer Phase der adaptiven Rezeption in der Jugend folgte demnach eine Lebensphase, in der antike Einflüsse transformiert und mit anderen Traditionslinien im Sinne der romantischen Universalpoesie im eigenen Werk synkretistisch verschmolzen wurden, bevor die Arbeit als Dramaturg in der nachromantischen Phase wieder einen stärker rezeptiven, um Werktreue bemühten Umgang bedingt hätte. Ein solch einsträngiges Modell erklärt dieses komplexe Phänomen jedoch nur unzureichend und wird der Vielschichtigkeit des Dichters, die sein Schreiben und Denken ebenso wie auch seinen Umgang mit der Antike in jeder Lebensphase bestimmt hat, nicht gerecht.

Literatur

Adam 2000: Adam, Wolfgang: *Kleine Begebenheiten* aus Italien. Ludwig Tiecks *Reisegedichte*. In: Texte, Bilder, Kontexte. Interdisziplinäre Beiträge zu Literatur, Kunst und Ästhetik der Neuzeit, hg. von Ernst Rohmer, Werner Wilhelm Schnabel und Gunther Witting, Heidelberg 2000, S. 119–147.
Boetius 2005: Boetius, Susanne: Die Wiedergeburt der griechischen Tragödie auf der Bühne des 19. Jahrhunderts. Bühnenfassungen mit Schauspielmusik, Tübingen 2005.
Brück 1981: Brück, Martin: Antikerezeption und frühromantischer Poesiebegriff. Studien zur »Graekomanie« Friedrich Schlegels und ihrer Vorgeschichte seit J. J. Winckelmann, phil. Diss. Konstanz 1981.
Brunkhorst 2001: Brunkhorst, Martin: Preußischer Humanismus. Sophokles, Shakespeare und Tieck. In: Renaissance Humanism – Modern Humanism(s). Festschrift for Claus Uhlig, hg. von Walter Göbel und Bianca Ross, Heidelberg 2001, S. 189–204.

Cohn 1970: Cohn, Albert: Catalogue de la bibliothèque célèbre de M. Ludwig Tieck qui sera vendue à Berlin le 10. décembre 1849 et jours suivants par MM. A. Asher et Comp, Berlin 1849 (Reprint Niederwalluf bei Wiesbaden 1970).
Fauser 1997: Fauser, Markus: Imaginäre Subjektivität. Das Leben nach der Literatur in den Briefen Immermanns. In: Epigonentum und Originalität. Immermann und seine Zeit – Immermann und die Folgen, hg. von Peter Hasubek, Frankfurt a.M./u.a. 1997, S. 211–234.
Flashar 1991: Flashar, Hellmut: Inszenierung der Antike. Das griechische Drama auf der Bühne der Neuzeit 1585–1990, München 1991.
Graepler/Migl 2007: Graepler, Daniel/Migl, Joachim (Hg.): Das Studium des schönen Altertums. Christian Gottlob Heyne und die Entstehung der klassischen Archäologie (Ausstellung in der Paulinerkirche Göttingen 11. Februar–15. April 2007), Göttingen 2007.
Halley 1959: Halley, Albert Browning (Hg.): Five dramas of Ludwig Tieck hitherto unpublished. A critical edition [2. Teil], phil. Diss. Cincinnati 1959.
Heine 1979: Heine, Heinrich: Die romantische Schule. In: ders.: Historisch-kritische Gesamtausgabe der Werke, 16 Bde., Bd. 8.1: Zur Geschichte der Religion und Philosophie in Deutschland. Die romantische Schule. Text, hg. von Manfred Windfuhr, Hamburg 1979, S. 121–244.
Heß/Agazzi/Décultot 2009: Heß, Gilbert/Agazzi, Elena/Décultot, Elisabeth (Hg.): Graecomania. Der europäische Philhellenismus, Berlin 2009.
Hölter 1985: Hölter, Achim: Ein ungedruckter Aufsatz Ludwig Tiecks zur Beziehung von Literatur und bildender Kunst. In: Zeitschrift für deutsche Philologie 104 (1985), H. 4, S. 506–520.
Hölter 1987a: Hölter, Achim: Der Romantiker als Student. Zur Identität von zwei Tieck-Handschriften. In: Deutsche Vierteljahrsschrift für Literaturwissenschaft und Geistesgeschichte 61 (1987), H. 1, S. 125–150.
Hölter 1987b: Hölter, Achim: Ludwig Tieck und der Niobe-Stoff. Ein ungedrucktes Drama aus dem Nachlaß. In: Euphorion 81 (1987), H. 3, S. 262–285.
Hölter 1989: Hölter, Achim: Ludwig Tieck. Literaturgeschichte als Poesie, Heidelberg 1989.
Hölter 1997: Hölter, Achim: Apoll und die Göttin der Poesie. Urteilsinstanzen in der literarischen Tradition und ihre Aktualisierung bei Ludwig Tieck. In: Ludwig Tieck. Literaturprogramm und Lebensinszenierung im Kontext seiner Zeit, hg. von Walter Schmitz, Tübingen 1997, S. 17–41.
Hölter 2003: Hölter, Achim: Ludwig Tieck. Ein kurzer Forschungsbericht seit 1985. In: Athenäum 13 (2003), S. 93–129.
Hültenschmidt 1985: Hültenschmidt, Erika: Wissenschaftshistoriographie und soziologische Theorie. F. A. Wolf und die Entstehung der modernen Philologie und Sprachwissenschaft. In: Epochenschwellen und Epochenstrukturen im Diskurs der Literatur- und Sprachhistorie, hg. von Hans Ulrich Gumbrecht und Ursula Link-Heer, Frankfurt a.M. 1985, S. 341–356.
Immermann 1972: Immermann, Karl Leberecht: Münchhausen. Eine Geschichte in Arabesken. In: ders.: Werke in 5 Bänden, Bd. 3, hg. von Benno von Wiese, Frankfurt a.M. 1972.
Japp 1999: Japp, Uwe: Die Komödie der Romantik. Typologie und Überblick, Tübingen 1999.
Košenina 2003: Košenina, Alexander: Der gelehrte Narr. Gelehrtensatire seit der Aufklärung, Göttingen 2003.
Meier 1988: Meier, Christian: Die politische Kunst der griechischen Tragödie, München 1988.
Müller 1910: Müller, Carl Otfried: Briefwechsel zwischen Karl Otfried Müller und Ludwig Schorn, hg. von Siegfried Reiter. In: Neue Jahrbücher XXVII (1910), 2. Abteilung, H. 6, S. 292–408.
Müller 1950: Müller, Carl Otfried: Briefe aus einem Gelehrtenleben 1797–1840, 2 Bde., hg. von Siegfried Reiter, Reprint Berlin (Ost) 1950.

Nottelmann-Feil 1996: Nottelmann-Feil, Mara: Ludwig Tiecks Rezeption der Antike. Literarische Kritik und Reflexion griechischer und römischer Dichtung im theoretischen und poetischen Werk Tiecks, Frankfurt a. M./u. a. 1996.

Paulin 1975: Paulin, Roger: The early Ludwig Tieck and the Idyllic Tradition. In: The Modern Language Review 70 (1975), S. 110–124.

Paulin 1987: Paulin, Roger: Ludwig Tieck, Stuttgart 1987.

Pestalozzi 1964: Pestalozzi, Karl: Ludwig Tieck. *Die verkehrte Welt*. Ein historisches Schauspiel in fünf Aufzügen. Text und Materialen zur Interpretation, Berlin 1964.

Petzoldt 2000: Petzoldt, Ruth: Albernheit mit Hintersinn. Intertextuelle Spiele in Ludwig Tiecks romantischen Komödien, Würzburg 2000.

Raumer 1861: Raumer, Friedrich von: Lebenserinnerungen und Briefwechsel. Zwei Theile, Leipzig 1861.

Scherer 2003: Scherer, Stefan: Witzige Spielgemälde. Tieck und das Drama der Romantik, Berlin/New York 2003.

Schlegel 1847: Schlegel, August Wilhelm: Rezension zu Ludwig Tieck: *Der gestiefelte Kater*. In: ders: Sämmtliche Werke in 12 Bdn., Bd. 11: Vermischte und kritische Schriften, Bd. 5: Recensionen, Leipzig 1847, S. 136–146.

Scholz 1965: Scholz, Harald: Friedrich Gedike (1754–1803). Ein Wegbereiter der preußischen Reform des Bildungswesens. In: Jahrbuch für die Geschichte Mittel- und Ostdeutschlands 13/14 (1965), S. 128–181.

Stockhammer 1994: Stockhammer, Robert: Der lustige Literaturkritiker auf der Bühne (und im Publikum). Freisetzung des Un-Sinns in Aristophanes' *Die Frösche* und Tiecks *Der gestiefelte Kater*. In: Die lustige Person auf der Bühne. Gesammelte Vorträge des Salzburger Symposions 1993, Bd. 2, hg. von Peter Csobádi u. a., Anif/Salzburg 1994, S. 577–587.

Strohschneider-Kohrs 1977: Strohschneider-Kohrs, Ingrid: Die romantische Ironie in Theorie und Gestaltung, 2., durchgesehene und erweiterte Auflage, Tübingen 1977.

Zybura 1994: Zybura, Marek: Ludwig Tieck als Dramaturg am Dresdner Hoftheater. Mit einem Anhang bisher ungedruckter Dokumente zur Anstellung und Entlassung Ludwig Tiecks als Dramaturg am Dresdner Hoftheater. In: Wirkendes Wort 44 (1994), H. 2, S. 220–246.

›Altdeutsche‹ Literatur

Uwe Meves

Tiecks Hinwendung zur altdeutschen Dichtung

Der Begriff ›altdeutsche‹ Literatur wird um 1800 für den Gesamtbereich der deutschen Literatur von den Anfängen bis zur Barockzeit verwendet. Welche Kenntnis der mittelalterlichen Literatur Ludwig Tieck (grundlegend Brinker-Gabler 1980) vor der Jahrhundertwende tatsächlich besaß, ist nur schwer zu fassen. Als er Ende 1792 seinen Freund Wilhelm Heinrich Wackenroder warnte, sich »zu sehr in die *Poesie* des Mittelalters« zu vertiefen, und ihm gegenüber die zeitübliche Kritik an der »erstaunliche[n] Einförmigkeit« der Minnesänger (Wackenroder 2, S. 107) vorbrachte, hielt dieser Anfang 1793 entgegen: »Du kennst übrigens sehr wenig v. d. altdeutschen Lit. wenn Du blos die Minnesinger kennst« (ebd., S. 118). Tiecks Einstellung zur altdeutschen Kunst und Literatur erfuhr eine entscheidende Wandlung durch den gemeinsamen Studienaufenthalt mit Wackenroder im Sommersemester 1793 an der Universität Erlangen, durch die von dort aus unternommenen Reisen nach Nürnberg, Bamberg, zum Schloß Pommersfelden und in das Fichtelgebirge sowie durch die Teilhabe an Wackenroders Bibliotheksrecherchen für dessen Berliner Lehrer Erduin Julius Koch (vgl. ebd., S. 622–628). Auf diese Weise machten die Freunde in Nürnberg u.a. Bekanntschaft mit dem Hans-Sachs-Herausgeber Johann Heinrich Häßlein und Georg Wolfgang Panzer, dem Herausgeber der *Annalen der älteren deutschen Litteratur*, in dessen Bibliothek Tieck den Straßburger Druck (1577) des *Dietrich von Bern* vorfand, von dem er eine Abschrift in Auftrag gab.

Die erste produktive Phase Tiecks im Aneignungsprozeß der nationalen literarischen Tradition setzt um 1795 mit seiner Aufwertung der »verkannten und verschmähten Volksbücher« (S 11, S. XLI) ein und gilt der Literatur der Reformationszeit und des Barock. Die 1797 veröffentlichten *Heymons Kinder*, *Magelone* und *Geschichtschronik der Schildbürger* stellen keine »Neuausgaben« (Brinker-Gabler 1980, S. 73) in Vergessenheit geratener Volksbücher dar – auf die Tieck auch bei seinen Dramatisierungen *Leben und Tod der heiligen Genoveva* (1800), *Kaiser Octavianus* (1804) und *Fortunat* (1816) zurückgriff –, sondern sind unterschiedliche Typen einer Neubearbeitung (Zybura 1994, S. 124), die »die Grenzen des für das gebildete Publikum geltenden Literaturbegriffs provokativ« überschreiten sollte (Ribbat 1978, S. 157). Tieck rezipierte zudem u. a. die Werke von Hans Sachs, Jakob Böhme, Christian Weise sowie Christian Reuter und bot in seiner Erzählung *Tagebuch* (1798) erstmals Auszüge aus Hans Michael Moscheroschs *Gesichte Philanders von Sittewald* und aus dem *Simplizissimus*.

Während des Aufenthalts in Jena von Oktober 1799 bis Juni 1800, also am Höhepunkt des Jenaer Kreises, empfing Tieck insbesondere durch seine Freundschaft mit August Wilhelm Schlegel nachhaltige Impulse, sich dem Studium der deutschen Literatur des Mittelalters zuzuwenden. Mit der eingehenden Lektüre mittelalterlicher Poesie war ihm A. W. Schlegel bei der Vorbereitung auf sein Collegium über die *Geschichte der deutschen Dichtkunst* im Wintersemester 1798/99 vorausgegangen, aus dem sich dessen Plan einer Nachdichtung des *Tristan* entwickelte (Höltenschmidt 2000, S. 22–34).

Erfüllt von einer »rechte[n] Sehnsucht nach dem *Tristan*« (Tieck-Schlegel, S. 93), erbat sich Tieck im September 1801 A. W. Schlegels *Tristan*-Bearbeitung. Im Dezember lieh er sich aus der Dresdner Bibliothek den Frankfurter *Heldenbuch*-Druck von 1560 (mit *Ortnit*, *Wolfdietrich*, *Rosengarten* und *Laurin*), den ersten Band von Christoph Heinrich Myllers *Sammlung deutscher Gedichte* (u. a. mit dem *Nibelungenlied*, Heinrichs von Veldeke *Eneas*-Roman, Wolframs von Eschenbach *Parzival*, Hartmanns von Aue *Der arme Heinrich*) und den *Parzival*-Druck von 1477 aus. Und schon im Frühjahr 1802 versuchte er den Verleger Frommann für seine weit ausgreifenden Vorhaben zu gewinnen: An eine die nordische Mythologie einbeziehende »neue Bearbeitung u. Umdichtung« des *Nibelungenliedes*, das dann in dieser Umgestaltung – also nicht in seiner überlieferten Form – »vielleicht eine Art von Ilias und Odyssee werden« (Schweikert 2, S. 276) könne, soll sich »eine neue Bearbeitung der deutschen Heldenbücher« anschließen. »Diese beiden Sachen müssen einen dauerhaften Grund auf viele Jahre legen, das Publikum zur Poesie erziehn, und man wird alsdann erst wissen, was die Deutsche Poesie ist«. Zudem zeigte er sich entschlossen, »das Gedicht von den Pflegern des Graals« (*Parzival* und *Titurel*) »in zweien in sich zusammenhängenden Gedichten neu zu bearbeiten« (ebd., S. 289).

Die *Minnelieder aus dem Schwäbischen Zeitalter* (1803)

Mit der Übersiedlung nach Ziebingen (Oktober 1802) vertiefte sich Tieck aber zunächst in seine Minnesänger-Studien anhand von A. W. Schlegels Exemplar der *Sammlung von Minnesingern* (1758–1759) Bodmers und Breitingers. Obwohl Tieck die Minnelieder offenbar mehrfach umschrieb, hatte er die Bearbeitung nach wenigen Monaten des neuen Jahres abgeschlossen. Im Oktober 1803 schickte er dem Verleger Reimer die Vorrede nach, so daß kurz darauf die *Minnelieder aus dem Schwäbischen Zeitalter neu bearbeitet und herausgegeben von Ludewig Tieck* (Nachdruck Wien 1820) erscheinen konnten. Die von Tieck in einem Brief von Ende Januar 1804 an A. W. Schlegel als »Skizze zu einem Aufsatz über die Deutsche Poesie« (Tieck-Schlegel, S. 148) bezeichnete dreißigseitige Vorrede stellt sein Vorhaben in einen weit ausgreifenden literaturgeschichtlichen Zusammenhang, der zugleich sein romantisches Literaturprogramm (siehe den Beitrag *Poetologische und kritische Schriften von 1792 bis 1803* in Kap. 3) verkündete. Zentrale Aspekte bilden seine mit Friedrich Schlegel gemeinsame Konzeption der »Einen Poesie« (vgl. Minnelieder, S. I, II), die Verknüpfung von Kunst- und Geschichtsphilosophie, das Neben- und Miteinander unhistorischer Mittelalterverherrlichung und historischer sowie literaturgeschichtlicher Situierung (Bedeutung des Ritterstandes, des Hofes) der »Blüthenzeit der Romantischen Poesie« (ebd., S. VIII), die Verbindungslinien zu den Höhepunkten der Weltliteratur und die Darstellung seines Bearbeitungsverfahrens. In der Forschung gilt die Vorrede mit guten Gründen (vgl. Hasenpflug 2002; Koller 1992, S. 83–96; Preisler 1992, S. 164–190; Scherer 2012) als eine von Tiecks »bedeutendsten Leistungen überhaupt« (Paulin 1982, S. 143).

Über die Vorrede hatten sich bereits u. a. Clemens Brentano und A. W. Schlegel wie auch Jacob Grimm voller Anerkennung geäußert, ohne jedoch mit Tiecks Modernisierungsverfahren einverstanden zu sein, das dieser mit dem geringen Interesse begründete, das die vorangegangenen Versuche der Erneuerung altdeutscher Dichtungen bei dem deutschen Publikum gefunden hätten. Eine der Ursachen dafür sah Tieck darin, daß die »bisherigen Proben [...] meist zu sehr modernisiert und verändert« waren (Minnelieder, S. XXV). Die fehlende Breitenwirkung lag seiner Meinung nach zudem in der Gestaltung der Ausgaben selbst begründet. Da das Studium der bisher publizierten Gedichte »mit Mühe verbunden und das völlige Verständniß dem Ungelehrten fast unmöglich ist« (ebd., S. V), zielten seine Bemühungen, »etwas mehr Theilnahme für diese Gedichte zu erregen«, von vornherein auf Erneuerungen. Nicht den Gelehrten, sondern den »Freunden der Poesie« waren Tiecks *Minnelieder* zugedacht (ebd., S. XXV).

An der Auswahl der 220 Lieder (von 72 Autoren) und ihrer Bearbeitung wird ersichtlich, daß und wie Tieck das Vergangene bewußt in Hinblick auf sein Mittelalter-Bild entwarf. So beschränkte er sich auf die Minnelieder und klammerte die Spruchdichtung wegen ihrer Zeitbezüge und ihres didaktischen Inhalts weitgehend aus: »Ich habe alles weggelassen, was nur den Gelehrten interessieren kann, alles was sich auf die Geschichte der Zeit bezieht, und ich habe lieber einigemal den Nahmen von Städten und Ländern unterdrückt, um das Gedicht allgemeiner zu machen« (ebd., S. XXV). Tieck schied von vornherein die Aspekte aus, die auf politisch-gesellschaftliche Konflikte, auf eine Disharmonie zwischen Kaiser und Papst sowie zwischen Dichter und Auftraggeber hinweisen konnten.

Das wichtigste Prinzip seiner Erneuerung bestand für ihn darin, »nichts an dem eigentlichen Charakter der Gedichte und ihrer Sprache zu verändern« (ebd., S. XXVI), die sich ungebunden und ganz frei, »alle Wendungen, Teutologien und Abkürzungen« erlaube (ebd., S. XII). Ganz offensichtlich dient hier die unterstellte Ungebundenheit der Sprache dazu, Tiecks eigene poetische Prinzipien zu begründen und zu rechtfertigen. Der Zusammenhang mit seinem Konzept einer musikalischen Stimmungspoesie tritt besonders in den Ausführungen über das Wesen des Reims hervor, in dem »die Seele des Gedichtes« (ebd., S. XIV) schwebe. Um »keine Form des Verses« (ebd., S. XXVI) zu verletzen, ließ er »manche der alten Worte so [...], wie sie ursprünglich gebraucht waren« (ebd., S. XXVII). Die Inhaltsseite tritt gegenüber der Bewahrung der lautlichen, formalen und ästhetischen Elemente zurück. Den eigentlichen Charakter der Sprache nicht zu verändern, hätte eine Ausgabe der ›Originale‹ erforderlich gemacht, denn in »der neuern Sprache verliehren alle diese Gedichte zu viel« (ebd., S. XXVII). Das von Tieck intendierte Publikum war aber mit der Wiedergabe der ›Originale‹ nicht zu gewinnen, wie die weitgehende Wirkungslosigkeit früherer Textausgaben demonstriert hatte. Sein Bearbeitungsverfahren zielte daher auf eine behutsame Annäherung der mittelhochdeutschen an die neuhochdeutsche Sprache und bezog die Forderung ein, daß die Leser dem Herausgeber »auf halbem Wege entgegenkommen sollen, so wie er ihnen halb entgegengeht« (ebd., S. XXVII). Der in den zeitgenössischen Rezensionen erhobene »Wunsch nach einer weitergehenden Erneuerung der alten Sprache« (Brinker-Gabler 1980, S. 161) verweist jedoch darauf, daß Tiecks Verfahren offenbar das angestrebte Publikum überforderte.

Das unvollendete *Nibelungenlied*-Projekt

Nach Abschluß der *Minnelieder* befaßte sich Tieck wieder verstärkt mit seinem *Heldenbuch*-Projekt und der Bearbeitung des in der *Minnelieder*-Vorrede als »ein wahres Epos [...], ein vollendetes Gedicht vom grösten Umfange« (Minnelieder, S. VI) gerühmten *Nibelungenliedes*. Am 16. Dezember 1803 teilte er F. Schlegel mit, daß er nach »vielfältigem und zum Theil mühseligen Studium über die *Nibelungen*« nun auch seine »Ausarbeitung vorgenommen« habe und »schon ziemlich weit darinn vorgerückt« sei, allerdings seine ursprüngliche Idee, »alle Mythen der *Edda* hineinzuflechten«, aufgegeben habe, letztlich aus der Erkenntnis, daß er mit seinen »Studien darüber niemals zu Ende kommen würde« (Tieck-Schlegel, S. 143). In demselben Brief entwarf er den – dann von ihm nicht weiterverfolgten – Plan einer gemeinsamen Arbeit mit F. und A. W. Schlegel zum *Nibelungenlied*, zu der er einen Aufsatz über »die historische Wahrheit« im *Nibelungenlied* und zusammen mit ihnen »gemeinschaftliche Noten [...] über einzelne Stellen und die Sprache des Gedichtes« liefern könnte (ebd., S. 144). Für Tiecks Vorgehensweise ist seine Nachricht an den Verleger Reimer bezeichnend, er »nehme es mit der Ueberarbeitung genau, so wie mit den Zusätzen und Abweichungen, manches wird noch oft geändert werden« (Schweikert 2, S. 280). Im Januar 1805 lieh er in München die Handschrift D des *Nibelungenliedes* aus, verglich den Text mit dem Myllerschen Druck (Tiecks Exemplar befindet sich in der British Library: Signatur C. 182. b.1; vgl. Hewett-Thayer 1934, S. 12 f.) und verzeichnete Varianten sowie fehlende Verse. Bei seiner Rückkehr aus Rom, nach intensiven Handschriftenstudien in der Bibliotheca Vaticana 1805/06, reiste er im Sommer 1806 »bloß wegen des Manuskriptes der Nibelungen« (Handschrift B) über St. Gallen, »um auch dort die Varianten und fehlende oder hinzugefügte Verse genau zu bemerken« (Schweikert 2, S. 285). Tieck kommt das Verdienst zu, »als erster aus dem romantischen Kreis auf die Handschriften« selbst zurückgegriffen zu haben (Brinker-Gabler 1980, S. 85). Krankheit, Reisen und andere Arbeiten schoben die Ausarbeitung hinaus. Als im Herbst 1807 von der Hagens *Nibelungen*-Bearbeitung erschien, verlor der Verleger Dieterich das buchhändlerische Interesse an Tiecks Projekt, schickte ihm das unvollständig gebliebene Manuskript zurück und forderte die Rückzahlung seines Vorschusses. Obwohl ihm von der Hagen zuvorgekommen war, hielt Tieck sein Vorhaben nicht für überflüssig, sah sogar die Möglichkeit, seinen »Plan noch mehr zu erweitern« (Schweikert 2, S. 281) und das Manuskript nach ein- bis zweijähriger Pause zu veröffentlichen. Er führte es zwar auf seinen Reisen mit, las daraus vor und überarbeitete es, doch gelangte das Werk zu seinen Lebzeiten nicht zur Veröffentlichung. Wenige Wochen vor seinem Tod übergab er seine *Nibelungenlied*-Bearbeitungen von der Hagen, der davon noch in Tiecks Todesjahr den ersten, 109 Strophen umfassenden Gesang des ersten Buches veröffentlichte (ein erhalten gebliebener Entwurf untergliedert das Werk in fünf, aus einzelnen Gesängen bestehende Bücher: Lied der Nibelungen). Tiecks *Nibelungenlied*-Bearbeitungen gelten als verschollen. Die letzte Nachricht liefert der Auktionskatalog der Büchersammlung von der Hagens (1857): »Nibelungen, bearb. v. Ludw. Tieck in dess. Orig. HS. 3 Bde. in fol. 59, 25, 24 Bl., 1 Bd. in kl. 4 69 Bl.« (zit. nach Brinker-Gabler 1980, S. 216).

Die Anfänge des *Heldenbuch*-Plans und die Bearbeitung des *König Rother* (1807)

Seit dem Frühjahr 1802 hatte Tieck ebenfalls den Plan einer Bearbeitung der deutschen *Heldenbücher* verfolgt. Im Juli 1803, nach Fertigstellung der *Minnelieder*-Bearbeitung, wandte er sich *Dietrich von Bern* zu (vermutlich der bereits erwähnten Abschrift des Straßburger Drucks von 1577). Sein Rom-Aufenthalt rückte dieses Projekt dann in den Vordergrund. Wichtigstes Ergebnis seines Studiums der deutschen Handschriften der Bibliotheca Vaticana (vor Weihnachten 1805 bis etwa Ostern 1806) bildet ein 274 Seiten umfassendes, in 47 Nummern untergliedertes Manuskript mit Abschriften, Textauszügen, Zusammenfassungen und gelegentlich kurzen philologischen Bemerkungen (vgl. Päsler 1996; Brinker-Gabler 1980, S. 86). Vollständig abgeschrieben sind *König Rother* und *Die Rabenschlacht*. Tieck überließ diese Abschriften 1808 von der Hagen zur Veröffentlichung und darf so als der eigentliche Wiederentdecker von *König Rother* bezeichnet werden. Der Abschriftenband spielte nicht nur eine wichtige Rolle für Tiecks *Heldenbuch*-Vorhaben, sondern auch für seine – nicht realisierte – Absicht, ein Buch über die Geschichte der deutschen Poesie des Mittelalters zu verfassen, das zugleich die Anzeige »der deutschen Werke im Vatikan, mit Charakteristiken u. zweckmässigen Auszügen und Probestellen enthalten sollte« (Tieck an Büsching, 24. Dezember 1810; zit. nach Päsler 1996, S. 76). Im Herbst 1807 – die erste öffentliche Ankündigung seiner *Heldenbuch*-Bearbeitung war bereits im Frühjahr erfolgt – schickte Tieck dem von Brentano gewonnenen Verleger Zimmer die vollständige Bearbeitung von *König Rother*. Er sollte den ersten Teil des *Heldenbuchs* bilden, für das ursprünglich dreizehn, zuletzt fünf Dichtungen vorgesehen waren. Das Bemühen Arnims, durch eine Veröffentlichung einer Episode aus *König Rother* in seiner *Zeitung für Einsiedler* (Rother-Fragment) Tieck zur Übersendung der angekündigten Manuskripte zu bewegen, zeitigte nicht die erhoffte Wirkung; sie sollte das einzige zu Tiecks Lebzeiten veröffentlichte Textzeugnis seines *Heldenbuch*-Projekts bleiben.

Lediglich bei der Übersendung des Manuskripts im Oktober 1807 äußerte sich Tieck zu seinem Vorgehen bei der Modernisierung von *König Rother*: »Die Eigenthümlichkeit dieses wunderbaren Gedichtes liegt auch in Kleinigkeiten, ich habe es unserer Sprache so nahe als möglich zu bringen gesucht, ohne das Gepräge des Alterthums zu verwischen« (Schweikert 2, S. 293). Das in der Vorrede der *Minnelieder* beschriebene Verfahren der sprachlichen Bearbeitung zeigt sich im wesentlichen auch bei *König Rother* (vgl. Tieck 1979, S. XXVI–XXXVIII). Die enge Anlehnung an die Vorlage, das Beibehalten veralteter oder in ihrer Bedeutung geänderter Wörter und der Wortstellung, geschieht in Hinblick auf die Bewahrung der Form und des Reims der mittelhochdeutschen Dichtung. Umstellungen innerhalb der Verszeile nahm Tieck jedoch vor, wenn er damit einen reinen Reim, Assonanz oder zumindest ungefähre Lautähnlichkeit erreichen konnte. Seinem Ziel, dem Leser den Zugang zu der altdeutschen Dichtung zu erleichtern, kommt die äußere formale Gestaltung von *König Rother* entgegen. Der besseren Les- und Überschaubarkeit dienen die Einführung der Groß- und Kleinschreibung und der Interpunktion wie die Wiedergabe des in der Pergamenthandschrift fortlaufend geschriebenen Textes in Verszeilen und die Gliederung des Werks in zwei Teile. Der erste Teil (V. 1–2714) umfaßt Rothers Brautwerbung und die Gewinnung der byzantinischen Prinzessin, der zweite Teil (V. 1–1314) ihre Rückentführung nach Konstantinopel und abermalige Gewinnung. Die in der Handschrift folgenden gut 400 Verse sind weggelassen, d. h. die von Tieck intendierte breite Leserschaft sollte nichts erfahren über die Rückkehr Rothers und seiner Frau, über die Geburt des Thronfolgers Pippin, die Sicherung des Besitzstandes der Gefolgsleute durch Pippin, die Moniage Rothers und seiner Frau als *tugint aller erin*. Die Aussparung der politisch-geschichtlichen Thematik unterstreicht die schon im ersten Teil zu beobachtende Vermeidung entsprechender Bezüge. Tieck überträgt damit das bei den *Minneliedern* angewandte Verfahren auf *König Rother*, »Anspielungen auf die damalige Geschichte« (Minnelieder, S. V) zu übergehen, alles wegzulassen, »was nur den Gelehrten interessiren kann, alles was sich auf die Geschichte der Zeit bezieht« (ebd., S. XXV). Das ermöglichte ihm, das Bild einer harmonischen »Blüthe« (ebd., S. VI) im 12./13. Jahrhundert zu entwerfen, zu dem etwa der Aufstandsversuch Herzog Hademars von Dießen in *König Rother* nicht paßte. In der Unterdrückung zeitgeschichtlicher und lehrhafter Momente, der Vermeidung von Wiederholungen, der Kürzung von Beschreibungen und der Beseitigung von Unklarheiten, in der Konzentration auf Handlung, Geschehen, Abenteuer wird Tiecks Bestreben faßbar, *König Rother* dem von ihm intendierten Publikum eingängiger und anziehender darzubieten.

Ulrichs von Lichtenstein *Frauendienst* – eine Erstveröffentlichung (1812)

Während seines zweiten Aufenthalts in München (Ende 1808 bis Sommer 1810) befaßte sich Tieck wieder mit Ulrichs von Lichtenstein *Frauendienst*, dessen einzige, in der Königlichen Bibliothek aufbewahrte Handschrift er dort schon einmal Anfang 1805 entliehen hatte. Am 15. Dezember 1809 schrieb er dem Verleger Cotta, bei dem er mit diesem Vorhaben eine alte Publikationsschuld abzutragen versuchte:

> Ich bin jetzt damit beschäftigt, ein merkwürdiges poetisches Manuskript aus dem Mittelalter zu bearbeiten und herauszugeben, es ist die Lebens- und Liebes-Geschichte des Ulrich von Lichtenstein; meine Absicht ist, es so einzurichten, daß nicht bloß der gelehrtere, sondern jedweder Leser lesen und verstehen kann. (Schweikert 2, S. 306)

Nach gut einem Jahr reichte Tieck das Manuskript bei Cotta ein, der es, da die versprochene historische Einleitung noch ausstand, vorerst liegenließ. Am 16. Dezember 1811 sicherte er Cotta erneut die Vorrede zu und warb für die Drucklegung:

> Ich verspreche mir für dieses Buch viele teilnehmende Leser, da unter allen vorhandenen Gedichten und Schriften des Mittelalters nichts Aehnliches sich findet, das Ganze auch für sich selbst durch seine Naivität, durch die Schilderung seltsamer Sitten und Verhältnisse anziehend und reizend ist, und uns vielleicht kein anderes Buch solchen unmittelbaren Blick in das Leben des reicheren Ritterstandes vergönnt. (Ebd., S. 307)

Da die in diesem Brief »binnen Monatsfrist« zugesagte Vorrede auch in den folgenden Monaten ausblieb, veröffentlichte Cotta im Herbst 1812 Tiecks Bearbeitung von *Frauendienst* (Nachdruck Wien 1818) ohne Vorrede, so daß der Leser ohne die von Tieck beabsichtigten Informationen über »die Merkwürdigkeit des Buchs« und »über die damalige Zeit und einige der auftretenden historischen Figuren« sowie die Art seiner Bearbeitung blieb (ebd.).

Tieck erreichte mit *Frauendienst* sein Ziel, bisher unveröffentlichte altdeutsche Dichtungen erstmals bekannt zu machen. Auf seiner Bearbeitung beruhte bis zum Erscheinen der Textausgabe Karl Lachmanns im Jahr 1841 die Kenntnis dieser Dichtung. Die erzählenden, in Strophen abgefaßten Partien sind von Tieck in Prosa aufgelöst, der Text insgesamt durch Kürzungen von Nebenhandlungen und Vermeiden von Wiederholungen gestrafft, womit er dem gewünschten breiten Publikum entgegenzukommen gedachte. Darin stimmen seine Bearbeitungen von *König Rother* und *Frauendienst* überein, bei dem Tieck ja gerade die (kultur-)historischen Bezüge vermitteln wollte. Die Besprechungen in angesehenen Rezensionsorganen beklagten mehrfach den Mangel an Erläuterungen, das Fehlen von Angaben zur Handschrift, zum Dichter und seiner Zeit oder beanstandeten das die Lektüre störende Beibehalten veralteter und unverständlicher Wörter. In einem Fall lehnten sie die sprachliche Bearbeitung des Originals generell ab. Insgesamt ist jedoch im Vergleich zur *Minnelieder*-Bearbeitung »das Fehlen jeglicher Polemik« (Brinker-Gabler 1980, S. 185) in den Rezensionen bemerkenswert, die *Frauendienst* insbesondere wegen seines (kultur-)historischen Informationswerts würdigen.

Fortsetzung und Aufgabe des *Heldenbuch*-Plans

1810 schlug Tieck seinem mit einem eigenen *Heldenbuch*-Projekt befaßten Freund und Konkurrenten von der Hagen die gemeinsame Herausgabe des *Heldenbuchs* vor, dessen Gedichte er »recht eigentlich *populär*« machen, »sie allen Classen von Lesern in die Hände« geben wollte, »wo möglich den Kindern« (Schweikert 2, S. 297). Die Einbeziehung von der Hagens trug aber letztlich nur zur Verzögerung seines Vorhabens bei (vgl. Grunewald 1988, S. 123–129). Erst als mit der bevorstehenden Rückkehr der Handschriften aus der Vaticana (1815/1816) die Gefahr auftauchte, erneut mit seinem Vorhaben das Nachsehen zu haben wie 1807 durch von der Hagens *Nibelungenlied*-Erneuerung, übersandte er 1816 der Buchhandlung Mohr und Zimmer das zweite Manuskript, die Bearbeitung der *Rabenschlacht* (hg. von Päsler 1991). Tieck legte in diesem Brief bereits die Gestaltung des Drucks fest, schlug in Hinblick auf von der Hagens *Heldenbuch* von 1811 eine Änderung des Titels in *Alt-deutsche Gedichte* vor, versprach »binnen kurtzem die Fortsetzung und Vollendung des Buches, nebst einer ziemlich weitläuftigen Vorrede« und bot zudem als möglichen zweiten Teil der *Alt-deutschen Gedichte* ein Buch mit seinen »vornehmlich in Rom« zusammengetragenen »Auszüge[n] und kritische[n] Beobachtungen« zur alten deutschen Poesie an (Schweikert 2, S. 301f.). Offensichtlich stellte Tieck in dieser Zeit noch seine Bearbeitung von *Dietrich und seine Gesellen* (bisher unveröffentlicht) fertig. In seinem Nachlaß befinden sich zudem unvollständige Bearbeitungen von *Zwerg Laurin* und *Dietrichs Flucht* (Brinker-Gabler 1980, S. 207f., 212–214). Als von der Hagen schließlich 1818 seine Bearbeitung des *Ortnit* übersandte, hatte sich Tieck bereits wieder verstärkt anderen Arbeiten zugewandt.

Ausblick auf Tiecks *Deutsches Theater* (1817)

Seit Herbst 1816 arbeitete Tieck mit Nachdruck an einer Sammlung der »merkwürdigsten Schauspiele [...], von denen viele jetzt wohl ganz vergessen, oder nicht beachtet seyn dürften, weswegen er sie durch eine Edition der Originaltexte »den Freunden der Bühne«, »dem gebildeten Freunde des Theaters« (Deutsches Theater 1, S. IV) wieder zugänglich machen wollte. Ursprünglich auf sechs Teile hin konzipiert, blieb es bei den 1817 erschienenen beiden Bänden, die Texte von Hans Rosenplüt, Hans Sachs, Jakob Ayrer, den englischen Komödianten (Bd. 1) und von Martin Opitz, Andreas Gryphius, Daniel Casper Lohenstein sowie *Comoedia. Von Fortunato* (Bd. 2) enthalten. Mit seinem *Deutschen Theater* publizierte Tieck »die erste bedeutende moderne Sammlung älterer Dramentexte aus dem 16. und 17. Jahrhundert« (Paulin 1982, S. 145). Bemerkenswert sind zudem die beiden Vorreden, in denen Tieck eine »an den Prämissen der Nationalität, Volkstümlichkeit und Originalität« (Preisler 1992, S. 204) ausgerichtete, in den europäischen Zusammenhang eingebettete Geschichte des deutschen Dramas und Theaters entwirft. Ausgangspunkt bildet die Funktionsbestimmung des modernen europäischen Theaters als »das gemeinsame Band«, als »Mittelpunkt des Lebens« für die Nation, als Nationalbühne (Deutsches Theater 1, S. V). Die übergreifende Fragestellung nach dem, »was denn deutsch und national auf unsrer Bühne seyn könne« (ebd., S. XXXI) – und wovon dann Anregungen auf das gegenwärtige deutsche Theater ausgehen könnten –, fundiert die Periodisierung wie auch die Bewertung der einzelnen, nicht zu ihrem Vorteil am Vorbild Shakespeare gemessenen deutschen Autoren. Nur bei Hans Sachs sah Tieck Ansätze zu einer nationalen Literaturtradition, die aber ohne Wirkung auf die weitere, durch das Fehlen einer Nationalbühne geprägte Entwicklung in Deutschland blieben.

Tiecks Beitrag zur älteren Germanistik

Tiecks erste Dresdner Zeit (1801/02) markiert den Beginn seiner intensiven, sich über etwa 15 Jahre erstreckenden Beschäftigung mit der altdeutschen Literatur, die dazu beitrug, ihm einen Platz auch in der Geschichte der Germanistik zu sichern. Er lieh sich Textausgaben aus Bibliotheken und von Freunden aus, zog Erkundigungen über Handschriften ein, bereiste Bibliotheken, schrieb Handschriften ab, verglich und beschrieb sie und stellte sie gegebenenfalls, wie im Fall von *König Rother* von der Hagen, für die Veröffentlichung zur Verfügung. Er projektierte ein zusammenfassendes Werk über altdeutsche Handschriften, plante und führte mehrere Bearbeitungen mittelhochdeutscher Dichtungen aus. Nur mit Ulrichs von Lichtenstein *Frauendienst* konnte er sein Ziel, zugleich mit seiner Bearbeitung eine Erstveröffentlichung der Dichtung vorzulegen, in die Tat umsetzen. Er skizzierte Programme und entwarf Einleitungen zu den Werken (Vorrede der *Minnelieder*), wollte eine Geschichte der altdeutschen Poesie und schließlich eine Geschichte der Poesie überhaupt schreiben. Die Verwirklichung der editorischen Projekte und all der anderen Pläne blieb allerdings bescheiden. Verschiedene Faktoren trugen dazu bei. Eine gewichtige Rolle spielte die Arbeitsweise Tiecks, der es nicht vermochte, seine zudem oft von Krankheiten und melancholischen Depressionen gelähmte Arbeitskraft auf einen einzigen Gegenstand zu konzentrieren. Verschiedene Vorhaben gingen nebeneinander her, die im Verlauf der Arbeit nur allzu leicht in immer größere und damit nicht mehr zu bewältigende Dimensionen erweitert wurden. Im Falle seiner groß angelegten *Nibelungen*- und *Heldenbuch*-Projekte wirkte sich zudem der Publikationseifer und die Konkurrenz seines Freundes von der Hagen ungünstig aus, dessen Name zugleich auf die Anfänge der in dieser Zeit einsetzenden Konstituierung des Fachs deutsche Sprache und Literatur als akademische Disziplin an den Universitäten verweist. Zählte Tieck im ersten Jahrzehnt des 19. Jahrhunderts noch zu den Kapazitäten im Bereich der altdeutschen Dichtung, so wurde er auf diesem Gebiet in den folgenden Jahren schnell von anderen überflügelt. Tieck strebte freilich keine Professur an einer Universität an (siehe den Beitrag *Tieck und die Formierung der neueren Philologien* in Kap. 5) und hatte seine Bearbeitungen nicht für die Gelehrten bzw. die Wissenschaft bestimmt. Vielmehr wollte er der altdeutschen Dichtung, in die er seine Poesievorstellungen hineinprojizierte, ein größeres Publikum erschließen, wozu sich allerdings sein Bearbeitungsverfahren als wenig förderlich erwies. In seinen eigenen poetischen Werken blieb, auch nach der Aufgabe seiner altdeutschen Pläne, die mittelalterliche deutsche Literatur gegenwärtig.

Literatur

Bodmer/Breitinger 1758/1759: Bodmer, Johann Jakob/Breitinger, Johann Jakob (Hg.): Sammlung von Minnesingern aus dem schwaebischen Zeitpuncte CXL Dichter enthaltend; durch Ruedger Manessen, weiland des Rathes der uralten Zyrich. Aus der Handschrift der Königlich französischen Bibliotheck herausgegeben, 2 Theile, Zyrich 1758/1759.
Brinker-Gabler 1980: Brinker-Gabler, Gisela: Poetisch-wissenschaftliche Mittelalter-Rezeption. Ludwig Tiecks Erneuerung altdeutscher Literatur, Göppingen 1980.
Grunewald 1988: Grunewald, Eckhard: Friedrich Heinrich von der Hagen 1780–1856. Ein Beitrag zur Frühgeschichte der Germanistik, Berlin/New York 1988.
Hasenpflug 2002: Hasenpflug, Kristina: »Denn es giebt doch nur Eine Poesie ...«. Tiecks *Minnelieder* – ein romantisches Literaturprogramm. In: Edition und Übersetzung. Zur wissenschaftlichen Dokumentation des interkulturellen Texttransfers. Beiträge der Internationalen Fachtagung der Arbeitsgemeinschaft für Germanistische Edition, 8. bis 11. März 2000, hg. von Bodo Plachta und Winfried Woesler, Tübingen 2002, S. 323–340.
Hewett-Thayer 1934: Hewett-Thayer, Harvey W.: Tieck's Marginalia in the British Museum. In: Germanic Review 9 (1934), S. 9–17.
Höltenschmidt 2000: Höltenschmidt, Edith: Die Mittelalter-Rezeption der Brüder Schlegel, Paderborn/u. a. 2000.
Koller 1992: Koller, Angelika: Minnesang-Rezeption um 1800. Falldarstellungen zu den Romantikern und ihren Zeitgenossen und Exkurse zu ausgewählten Sachfragen, Frankfurt a. M. 1992.
Päsler 1991: Päsler, Ralf G.: Ludwig Tiecks Ravennaschlacht-Bearbeitung. Edition, Entstehungsgeschichte, Bearbeitungskriterien und literarhistorischer Hintergrund, Magisterarbeit Oldenburg 1991.
Päsler 1996: Päsler, Ralf G.: »Nachrichten von altdeutschen Gedichten«. Anmerkungen zu Ludwig Tiecks Handschriftenstudien in der Bibliotheca Vaticana. In: E. T. A.-Hoffmann-Jahrbuch 4 (1996), S. 69–90.

Paulin 1982: Paulin, Roger: Ludwig Tiecks Essayistik. In: Jahrbuch für Internationale Germanistik XIV (1982), H. 1, S. 126–156.
Preisler 1992: Preisler, Horst L.: Gesellige Kritik. Ludwig Tiecks kritische, essayistische und literarhistorische Schriften, Stuttgart 1992.
Ribbat 1978: Ribbat, Ernst: Ludwig Tieck. Studien zur Konzeption und Praxis romantischer Poesie, Kronberg i. Ts. 1978.
Scherer 2012: Scherer, Stefan: Populäre Künstlichkeit. Tiecks *Minnelieder*-Anthologie im Kontext der Popularisierungsdebatte um 1800. In: Rezeptionskulturen. Fünf Jahrhunderte literarischer Mittelalterrezeption zwischen Kanon und Populärkultur, hg. von Mathias Herweg und Stefan Keppler-Tasaki, Berlin/Boston 2012, S. 89–111.
Tieck 1979: Tieck, Ludwig: Alt-Deutsche Epische Gedichte. Großentheils zum erstenmahl aus Handschriften bekannt gemacht und bearbeitet von Ludwig Tieck. I: *König Rother*, hg. von Uwe Meves, Göppingen 1979.
Zybura 1994: Zybura, Marek: Ludwig Tieck als Übersetzer und Herausgeber. Zur frühromantischen Idee einer »deutschen Weltliteratur«, Heidelberg 1994.

Englische Dramatik

Christian Sinn

Tieck beschäftigte sich in seinem Studium der englischen Dramatik nicht nur mit Shakespeare, sondern auch mit Robert Greene, Christopher Marlowe, Thomas Dekker, Thomas Heywood, Ben Jonson, John Marston, John Fletcher, John Webster, Francis Beaumont, Philipp Massinger, William Rowley, John Ford, James Shirley, John Dryden und Richard B. Sheridan. Da nach Paulin (1987, S. 96) bereits für Shakespeare gilt, daß dieser »für Tiecks Schaffensjahre von 1790 bis 1840 die gleichsam ›seismographische Begleitung‹, zwischen 1810 und 1820 beinahe ausschließlicher Gegenstand literarischer Bemühungen« war, scheint es geboten, durch eine Zeittafel einen ersten Überblick über Tiecks lebenslange und wegen ihrer Vielschichtigkeit schwer darstellbare Beschäftigung mit der englischen Dramatik unter besonderer Berücksichtigung Shakespeares zu dokumentieren. Abschließend soll dann nach einer Skizze nur der wichtigsten Texte und Kontexte Tiecks ein kurzer Ausblick auf gegenwärtige Deutungsaspekte eröffnet werden.

Zeittafel

1779
Der junge Tieck darf angeblich das Berliner Nationaltheater, d. h. ein deutschsprachiges Theater, im Alter von sechs Jahren besuchen, auf dem auch Shakespeare gespielt wurde.

um 1788
Private Aufführungen von Shakespeare-Dramen im Haus seines Schulfreundes Wilhelm Hensler. Erste Lektüre Shakespeares: *Hamlet* in Eschenburgs Übersetzung (Köpke 1, S. 23f.).

1789
Das zugleich früheste und letzte Zeugnis der Beschäftigung Tiecks mit der englischen Dramatik stellt ein auf R. B. Sheridans *The Rivals* zurückgehender

eigener, fragmentarisch und von Tieck selbst unbetitelt gebliebener Versuch dar. Die eigentliche Übersetzung Sheridans erfolgte erst 1850, blieb aber unveröffentlicht und wohl auch unvollendet; es befinden sich hierzu noch Manuskripte im Nachlaß. Zeitgleich entsteht nach Shakespeare *Die Sommernacht* (erst 1851 gedruckt).

1790
Alla-Moddin, Drama (gedruckt 1798), Shakespeares *Measure for Measure* ist Vorbild.

1791
Abdallah, Erzählung (vollendet 1793). Das dem Text vorangestellte Shakespeare-Motto aus *A Midsummernights Dream* (V, 1) wird zum poetologischen Leitprogramm: »The poet's eye, in a fine frenzy rolling, / Doth glance from heaven to earth, from earth to heaven; / And, as imagination bodies forth / The forms of things unknown, the poet's pen / Turns them to shapes, and gives to airy nothing / A local habitation, and a name.« Die Figur Abdallah verdankt sich *Richard II.* (vgl. *Abdallah* III/2; S 8, S. 164–167), der Text zitiert fortlaufend Shakespeare.

1792
In den Essay-Fragmenten *Über das Erhabene* und *Soll der Maler seine Gegenstände lieber aus dem erzählenden oder dramatischen Dichter nehmen?* wird Shakespeare als Beispiel für das Erhabene herangezogen.

1793
Aufsätze: *Die Kupferstiche nach der Shakspeare-Gallerie* (veröffentlicht 1795) und *Über Shakspeare's Behandlung des Wunderbaren* (später als Vorrede zu *Der Sturm* beigefügt); der erste von vielen Entwürfen zum nie vollendeten *Buch über Shakespeare* (BüS); Bearbeitung von Ben Jonsons *Volpone* als *Ein Schurke über den andern oder die Fuchsprelle. Ein Lustspiel in drey Aufzügen* (seit 1792, 1798 publiziert); Prosa-Übersetzung und Bearbeitung von Shakespeares *The Tempest* (vollendet 1794, 1796 publiziert).

1794
Versuch einer Versübersetzung von Shakespeares *The Tempest* (Fragment).

1795
Karl von Berneck, Drama (entstanden seit 1793, veröffentlicht 1797); diese Umarbeitung von *Orest in Ritterzeiten* (1793) stellt die Heldenzeit Shakespearescher Dramen dar.

1796
Prinz Zerbino, Drama (vollendet 1798, veröffentlicht 1799); der erste Entwurf zu *Der junge Tischlermeister* (erst 1836 vollendet) als implizite Darstellung Shakespeares; *William Lovell* mit Shakespeare-Motto am Anfang.

1797
Briefe über Shakspeare (Fragment); zweiter Entwurf zum BüS; *Der gestiefelte Kater*, Drama; Teilübersetzungen einiger elisabethanischer Dramen, u. a. *The Woman-Hater* (1607) von Beaumont und Fletcher und Jonsons *Every Man in his Humor* (1598).

1800
Poetisches Journal, S. 259–458: Hierin erscheint eine bereits zwei Jahre vorher geplante, nun in aller Eile angefertigte Übersetzung *Epicoene oder das stumme Mädchen. Ein Lustspiel des Ben Jonson*; in S 12, S. 155–354, als *Epicoene oder Das stille Frauenzimmer* abgedruckt; Dritter Entwurf zum BüS; Vorschlag A. W. Schlegels an Tieck, *Love's Labour's Lost* zu übersetzen; noch 1809 war Tieck damit nicht fertig, die Edition erfolgte erst 1919 durch Henry Lüdeke.

1807
Übersetzung von Shakespeares *Love's labours lost* (bis 1809; Fragment).

1809
Beschäftigung mit elisabethanischen Dramen.

1811
Beginn der Ausarbeitung von *Der junge Tischlermeister*; Herausgabe und Übersetzung der ersten Sammlung elisabethanischer Dramen: *Alt-Englisches Theater. Oder Supplemente zum Shakspear*; Vierter Entwurf zum BüS.

1815
Übersetzung elisabethanischer Dramen, die später als zweite Sammlung elisabethanischer Dramen unter dem Titel *Vier Schauspiele von Shakspeare* erst 1836 veröffentlicht werden. Arbeit am BüS.

1816/17
Beschäftigung mit John Ford: »Ford war in Zeichnung der Leidenschaft glücklich« (KS 1, S. 304).

1817
Englandaufenthalt, Studium von Manuskripten elisabethanischer Dichter im British Museum; Theaterbesuche, Ausflüge nach Kenilworth, Cambridge, Oxford, Stratford; *Briefe über das englische Theater* (erschienen 1826).

1818
Studien über Shakespeare und das altenglische Theater.

1819
Arbeit an *Der junge Tischlermeister*; Plan, A. W. Schlegels Shakespeare-Übersetzung fortzuführen.

1820
Arbeit am BüS; in den 1820er Jahren beginnt auch das Projekt einer Shakespeare-Novelle, die in vollständiger Form erst 1853 (vgl. S 18) als Folge von drei bereits zuvor publizierten einzelnen Teilen erschien, nämlich als *Das Fest zu Kenilworth* (1828), *Dichterleben I* (1825) und *Dichterleben II* (1830).

1823
Gemeinsam mit Dorothea wird die dritte Sammlung elisabethanischer Dramen (2 Bde.) übersetzt und herausgegeben: *Shakspeare's Vorschule*, Bd. 1.

1824
November: Abschluß des Vertrags mit Reimer über die Fortführung von A. W. Schlegels Shakespeare-Übersetzung.

1825
Einsatz für Shakespeare am Dresdner Hoftheater; mit Dorothea und Graf Baudissin bis 1833 Fortführung der Shakespeare-Übersetzung Schlegels; *Dichterleben I*, erschienen in der Zeitschrift *Urania*, charakterisiert Shakespeare und seine Zeit.

1826
Dramaturgische Blätter, Bd. 2: Hierin drei Shakespeare-Aufsätze. Kritik der Dresdner Aufführung von *Romeo und Julia* in einem Brief an Friedrich von Raumer (KS 3, S. 171ff.).

1828
Das Fest zu Kenelworth, Legende um die Geschichte des elfjährigen Shakespeare.

1829
Shakspeare's Vorschule, Bd. 2 wird herausgegeben. Die Übersetzung stammt von Baudissin, der dritte Band erschien erst durch Bolte 1893–1895 in drei Teilen. Der geplante vierte Band wurde nie publiziert.

1830
Dichterleben II.

1833
Abschluß der Shakespeare-Übersetzung.

1834
Das alte Buch und die Reise in's Blaue hinein; Shakespeares Oberon und Titania treten hier als Eltern der Poesie auf.

1836
Der junge Tischlermeister beendigt; *Vier Schauspiele von Shakspeare* werden herausgegeben, die aber nicht von Shakespeare selbst stammen.

1838
Des Lebens Überfluß, Novelle, die nicht nur von Shakespeare-Zitaten durchsetzt und stark an den Komödien Shakespeares orientiert ist, sondern auch sich selbst anhand von »Umrissen der Shakspearschen Stücke« (DKV 12, S. 199) reflektiert. Von Moritz Retzsch war 1828 mit Erläuterungen von Karl August Böttiger *Gallerie zu Shakspeare's dramatischen Werken. In Umrissen* erschienen.

1843
Inszenierung des *Sommernachtstraums* mit der Bühnenmusik von Mendelssohn am 14. Oktober.

1844
Inszenierung von *Der gestiefelte Kater*.

1847
Shakspeare's Vorschule, Bd. 3. Das Buch erscheint aber nie, da Tieck die Vorrede hierzu nicht lieferte.

1848
John Ford's Dramatische Werke. Nach dem Versmaße des Originals übersetzt und mit erklärenden Noten versehen von Dr. M. Wiener. Erster Band: *Das*

gebrochene Herz. Trauerspiel in fünf Akten. Mit einem Vorworte von Ludwig Tieck. Verlegt von M. Simion in Berlin 1848.

1850
Ungedruckte und wohl unvollendete Übersetzung von Sheridans *The Rivals.*

1851
Erstdruck von *Die Sommernacht.*

Skizze der wichtigsten Texte und Kontexte Tiecks: *Die Sommernacht* (1789)

Es handelt sich weniger um eine Bearbeitung oder gar Übersetzung von Shakespeares *Midsummernight's Dream* als vielmehr um den anspruchsvollen Versuch, durch die Darstellung Shakespeares den Ursprung jeglicher Poesie zu inszenieren (siehe die Beiträge *Schülerarbeiten* und *Dramen und dramatische Bearbeitungen* in Kap. 4): »Shakespeare ist hier nur ein Name, die andern nennen ihn anders und so ist es völlig gleichgültig, was ein jeder als Mittelpunkt seiner Existenz zu setzen glaubt« (KS 1, S. 141). Zwar kann man *Die Sommernacht* stilistisch gesehen »sehr konventionell« (Lüdecke 1922, S. 312) nennen. Tieck wendet aber Shakespeare auch auf sich selbst an: Die Elfen selbst inspirieren jenen Shakespeare, der erst später von ihnen schreiben wird, und erst durch die Versöhnung Oberons und Titanias wird Shakespeare zum Dichter aller Dichtungen (vgl. DKV 1, Kommentar, S. 819–831).

Göttinger Universitätsjahre (1792–1794): Jonson, Shakespeare, Webster

Göttingen kommt für Tiecks Beschäftigung mit der englischen Dramatik nicht zuletzt durch die hervorragende Ausstattung der Universitätsbibliothek und der fachlichen Kompetenz der Bibliothekare die wohl wichtigste Bedeutung zu (Gillies 1937, S. 207; Fabian 1977). Bereits am 30. November 1792 schrieb Tieck an Wackenroder:

> Ich lebe und webe jetzt im Shakespeare, ich habe ihn noch nie so fleißig als itzt studiert, in acht Tagen habe ich mir den ganzen Sturm abgeschrieben und trage nun eine Menge Lesarten und Bemerkungen zusammen [...] die Übersetzung [von Eschenburg, C. S.] gibt einem wirklich gar keine rechte Idee von Shakespeare (Wackenroder 1910, 2, S. 113).

Tiecks freier Bühnenbearbeitung von Shakespeares *The Tempest* (1611) folgte 1794 eine fragmentarische Übersetzung (Lüdeke 1921).

In Göttingen lernte Tieck auch John Websters Tragödie *The White Devil, or, the Tragedy of Paulo Giordano Vrsini, Duke of Brachiano, With the Life, and Death of Vittoria Corombona, the famous Venetian Curtizan*, London 1612 im 6. Band von Robert Dodsleys *A select collection of old plays* (1744 u. ö.) kennen. So steht noch die späte Novelle *Vittoria Accorombona* (1840) nicht nur unmittelbar im Kontext der Shakespeare-Darstellung von *Der junge Tischlermeister*, auch die wichtigste literarische Quelle ist der englischen Dramatik geschuldet: »Webster hat einige gute Sachen geschrieben, gehört aber zu denen, deren Werth einige neuere Engländer viel zu sehr überschätzt haben. Er ist fast immer krampfhaft und liebt die Uebertreibung« (KS 1, S. 303).

In Göttingen beschäftigte sich Tieck neben Shakespeare und Webster auch noch mit Beaumont, Fletcher und Jonson. So entstand 1792/93 nicht nur eine Bearbeitung von Ben Jonsons *Volpone* (1605/1692), sondern »in den Jahren 1793, bis bald nach 1817« hat Tieck »das gesamte Dichtwerk Ben Jonsons, insbesondere aber seine Dramen, nicht weniger als dreimal systematisch durchgearbeitet« (Fischer 1926, S. 130). Überdeckt wird die immense Bedeutung Jonsons für Tieck weniger durch Tiecks späteren Vorwurf, bei Jonson handle es sich nur um einen trockenen Allegoriker (S 11, S. XXIVf.), und durch den Vorwurf der Gelehrsamkeit, durch die in seinen Komödien »die äußere Schranke des Verstandes in jeder Zeile so sichtbar [ist], daß alle inneren Kräfte des Gedichtes, so übermütig sie sich auch erheben mögen, vom Buchstaben bedrückt und halb ohnmächtig werden« (KS 3, S. 184). Entscheidender war die sehr wechselhafte deutsche Jonson-Rezeption. So war Jonson noch zu Anfang der zweiten Hälfte des 18. Jahrhunderts in Deutschland durch prominente Texte wie Lessings *17. Literaturbrief* (1759) oder Gerstenbergs *Briefe über Merckwürdigkeiten der Litteratur* (1766/67) durchaus bekannt, und Tieck selbst belegt dies im Vorbericht zur dritten Lieferung seiner Schriften (S 11, S. XVIII–XXIX; vgl. Köpke 1, S. 151) durch eine ausführliche Darstellung. Doch nach der Französischen Revolution wurde Jonson im signifikanten Unterschied zu fast allen anderen Autoren der englischen Dramatik nicht mehr aufgeführt. Der Zynismus und der politische Anspruch seiner Satiren wurden, exemplarisch in Tiecks Übersetzung von Jonsons *Epicoene* (1609/10), zwischen 1798–1800 zur harmlosen Gesellschaftskomödie. In praktischer Hinsicht aber nutzte Jonson Tieck mehr als Shakespeare: Ohne Jonsons Komödien sind weder Tiecks Literatursatiren, sein fragmentarisch gebliebener *Anti-Faust* (1800; vgl. Jonsons *The Devil is an Ass* [1616/1692]) noch *Die Theegesellschaft* (1796; vgl. Jonsons *The Alchemist* [1610/1692]) denkbar, auch steht *Der Gestiefelte Kater* (1797) im Kontext von Jonsons *Volpone* (Zeydel 1936, S. 228). Insgesamt gesehen bildet Jonson bei Tieck als *poeta doctus* die Gegenfigur zu Shakespeare, dem von Gelehrsamkeit angeblich freien Genie. Jonson ist »durchaus ein indirekter Commentar« zu Shakespeare, doch »um für diesen [Shakespeare] recht eigentlich etwas zu leisten, müßte jemand [d. h. Tieck selbst, C. S.] die hauptsächlichsten Lustspiele des Ben Jonson, die sich auf sechs oder sieben belaufen, übersetzen« (Tieck 1800, S. 470). Notwendig wird diese Übersetzung Jonsons indes als Konkurrenzunternehmen zu der bereits begonnenen Übersetzung von Dramen Shakespeares durch A. W. Schlegel, der nach den Dramen des Jahres 1797 *Sommernachtstraum*, *Romeo und Julia*, *Julius Cäsar*, *Was ihr wollt* und *Der Sturm* (1798) *Hamlet* in Angriff nahm.

Die Kritik der Wissenschaft durch das Wunderbare

Der Titel *Über Shakspeare's Behandlung des Wunderbaren* (1793/94) ist irreführend, denn Shakespeare behandelt nach Tieck das Wunderbare nicht nur, er ist mit dem Wunderbaren selbst gleichzusetzen. Hatten Johann Jacob Breitingers *Critische Dichtkunst* (1740) und Johann Jacob Bodmers *Critische Abhandlung von dem Wunderbaren in der Poesie, und dessen Verbindung mit dem Wahrscheinlichen* (1740) in der zweiten Hälfte des 18. Jahrhunderts eine große Diskussion um die Rationalität des Wunderbaren eröffnet, die von Wieland, Lessing, J. A. Schlegel u. a. geführt wurde, so versteht Tieck das Wunderbare als Stil und Schreibweise eines ästhetischen Wirkungsprinzips. Das Wunderbare besteht im Wechsel zwischen semantisch nicht kohärenten Bereichen, irritiert daher und kann die Phantasie aktivieren (Ribbat 1978, S. 78; Frank 1989, S. 381–383; siehe den Beitrag *Poetologische und kritische Schriften von 1792 bis 1803* in Kap. 3). So unternimmt Tieck den Versuch, »gleichsam Mittel und Wege anzugeben, wie der Dichter die Illusion für übernatürliche Wesen, Magie, Geistererscheinungen u. dgl. erlangen könne« (KS 1, S. VIII).

Die Relevanz von Göttingens akademischer Tradition für Tiecks Shakespeare-Rezeption wird gerade dort bemerkbar, wo sich der junge Tieck in seinen Essay-Fragmenten *Über das Erhabene* (DKV 1, S. 637–651, Kommentar, S. 1137–1170), *Soll der Maler seine Gegenstände lieber aus dem erzählenden oder dramatischen Dichter nehmen?* (Hölter 1985; DKV 1, S. 1177–1184) und später dann in den *Briefen über Shakspeare* (1800) (KS 1, S. 133–184) von ihr mit dem Argument absetzt, Shakespeare lasse sich analytisch nicht fassen (KS 1, S. 140).

Ebenfalls in Göttingen entstand ein bereits 1793 geplanter und dann 1794 schriftlich fixierter, aber mittlerweile verschollener Entwurf zum BüS (Schweikert 2, S. 118–145). Zwar wurde 1920 durch Henry Lüdeke eine Rekonstruktion unternommen, insgesamt aber gilt das Urteil Paulins:

Das Buch über Shakespeare, trotz Henry Lüdekes verdienstvoller Zusammenstellung der verschiedenen Nachlaßfragmente über Shakespeare, ist nicht nur ein ungeschriebenes Werk, sondern selbst als Vorhaben Tiecks [...] fast eine Fiktion; denn seine Arbeitsweise war von wechselndem Interesse geleitet, und er besaß nicht die Systematik, die für die Ausführung erforderlich gewesen wäre. (Paulin 1987, S. 97)

Auch reichen die drei wesentlichen Entwürfe Tiecks nur bis zur Jahrhundertwende, und nach 1820 scheint er nicht mehr an seinem Projekt weitergearbeitet zu haben.

»Vater der Anglistik« oder »a burst of midsummer madness«?

Bereits 1797 entwickelte Tieck jene problematische Theorie, an der er bis zu seinem Lebensende festhielt und die ihm zu dem wissenschaftlich zweifelhaften Ruhm verhalf, einerseits als »Vater der Anglistik« (Lüdeke 1922, S. 185) zu gelten, andererseits laut Tucker Brooke (1908, S. VIII) durch »a burst of midsummer madness« bestimmt gewesen zu sein, als er die apokryphen Stücke aus dem Umkreis Shakespeares diesem selbst zuschrieb und einen ersten Teil dieser Stücke als *Alt-Englisches Theater. Oder Supplemente zum Shakspear* 1811 veröffentlichte (Tieck-Schlegel, S. 28).

Tieck getrieben von seiner fixen Idee, »to ascribe virtually everything of doubtful origin to Shakespeare« (Trainer 1959, S. 373), wurde dazu verführt, die Beweislast für die Echtheit der apokryphen Texte auf das geplante BüS zu verschieben (vgl. Alt-Englisches Theater, S. XVI). Dieses Buch wurde indes nicht nur nie fertiggestellt, Tieck imaginierte auch in seiner Sammlung die zukünftige deutsche Geschichte im Medium vergangener englischer Geschichte, wenn er nur das aufnahm,

> was das Gepräge des echt Nationalen und Englischen trägt; darum schließen sich von selbst Beaumont und Fletcher aus, die gerade diejenigen waren, welche das alte englische Theater verdarben und zerstörten, so wie Ben Jonson, der vom Standpuncte der Römer ausgehen und auf seine Weise die englische Bühne revolutionieren wollte. (Alt-Englisches Theater, S. XVI)

»Das Gepräge des echt Nationalen und Englischen«, das angeblich nur Shakespeare zukommen soll, aber dokumentieren folgende Texte: *Johann von Engelland, Georg Green, der Flurschütz von Wakefield, Perikles, Fürst von Tyrus, Lokrine, Der lustige Teufel von Edmonton* und *Das alte Schauspiel von König Lear und seinen Töchtern*.

Der Englandaufenthalt 1817 führte Tieck dann zwar zu wichtigen Texten der englischen Dramatik und ihrer Transkription. Nicht zuletzt aber aufgrund der Tatsache, daß sein gelehrtes Schriftenglisch dem faktisch benötigten mündlichen Englisch im Alltag nicht entsprach, gewann Tieck nur den Eindruck, daß es sich bei dem gegenwärtigen England nicht mehr um das England Shakespeares handeln könne (vgl. Cohn 1907 und 1910).

Bewußte Fälschungen

Die zweite seiner Sammlungen elisabethanischer Dramen unter der Autorschaft Shakespeares erschien erst 20 Jahre nach ihrer Ankündigung und unter Tiecks Namen als Übersetzer mit dem Titel *Vier Schauspiele von Shakspear* 1836. Die neue Sammlung enthielt: *Eduard der Dritte, Leben und Tod des Thomas Cromwell, Sir John Oldcastle* und *Der Londoner verlorne Sohn.* Alle vier Übersetzungen stammen indes nicht von Tieck, sondern von Wolf Heinrich Graf Baudissin. Dabei war sich auch Baudissin selbst durchaus darüber im klaren, daß Shakespeare die betreffenden Texte nicht geschrieben hatte: Eine Notiz vom 9. Januar 1836 deutet darauf hin, daß Tieck wider besseres Wissen Baudissin die Texte übersetzen ließ, um sie dann unter seinem eigenen Namen und der Zuschreibung der Autorschaft Shakespeares zu veröffentlichen (Goldmann 1981, S. 135f.).

Die dritte der Sammlungen elisabethanischer Dramen, *Shakspear's Vorschule* (1823/29), blieb unvollendet, obwohl sie als vorläufiger Ersatz des nur versprochenen BüS dienen sollte (Schweikert 2, S. 321). Bereits 1817 geplant, verschleppte sich wie in vielen anderen Tieckschen Projekten die Veröffentlichung der ursprünglich auf vier Bände geplanten *Vorschule,* deren erster Band 1823 erschien. Die Sammlung enthielt die Texte: *Die wunderbare Sage vom Pater Baco, Schauspiel von Robert Green, Arden von Feversham, eine Tragödie* und *Die Hexen in Lancashire, von Thomas Heywood.* Unter gleichem Titel erschien der zweite Band 1829 mit den Texten: *Die schöne Emma, ein Schauspiel, Der Tyrann, oder die Jungfrauentragödie, ein Trauerspiel von Massinger* und *Die Geburt des Merlin, oder das Kind hat seinen Vater gefunden, ein Schauspiel von W. Shakespeare und W. Rowley.*

Shakspeare's dramatische Werke (1825–1833; 1839–1840)

Aus verschiedenen Gründen trat A. W. Schlegel Ende 1819 die Fortsetzung seiner lange schon abgebrochenen Shakespeare-Edition an Tieck ab (Körner 1930, 1, S. 361). Doch wie Schlegel übernahm sich auch Tieck mit diesem Projekt. Erst 1825 und 1826 wurde ein Teil der bereits von Schlegel übersetzten Stücke veröffentlicht. Ab November 1829 arbeitete er mit Baudissin und Dorothea zusammen (Langermann 1935, S. 109). Tiecks Mitarbeit kann jedoch nicht auf die Rolle als eines nur sprachlichen Beraters reduziert werden (wie Freytag 1888, S. 112–156, behauptete, vgl. dagegen Lüdeke 1922, S. 236–237). Wesentlich ist vor allem das Faktum, daß Tieck mit dem dritten Band (1830) die Edition mit Rückbezug auf die vorangegangenen Bände konsequent kritisch kommentiert. Hier findet sich all das, was er in seinen angekündigten Shakespeare-Projekten, so v. a. mit dem BüS nur versprochen hatte: Entstehungs- und Gattungsgeschichte, Quellenangaben, editionskritische und poetologische Reflexionen. Nach dem dritten Band mit Baudissins *Heinrich VIII* und *Viel Lärmen um nichts* und Schlegels *Richard III* und *Sommernachtstraum* erschienen 1831–1833 die restlichen Bände:

> Das Unternehmen hatte raschen Fortgang: im Verlauf von drittehalb Jahren wurden von meiner Mitarbeiterin [Dorothea] Macbeth, Cymb[e]line, die [beiden] Veroneser, Coriolanus, Timon von Athen und das Wintermärchen, von mir [Baudissin] die noch übrigen dreizehn Stücke übersetzt [d. h. *Julius Cäsar, Antonius und Kleopatra, Maß für Maß, Titus Andronicus, Hamlet, Der Widerspenstigen Zähmung, Die Komödie der Irrungen, Ende gut alles gut, Troilus und Cressida, Die lustigen Weiber von Windsor, Othello, König Lear, Liebes Leid und Lust, Romeo und Julia*; C. S.]. (Zit. nach Langermann 1935, S. 108)

Tieck selbst beschränkte sich nicht nur auf die redaktionelle Tätigkeit; er korrigierte auch in metrischer (vgl. KS 3, S. 157) und dramaturgischer Hinsicht Schlegels Text, dessen Endredaktion bis hin zur Variantenwahl Schlegel seiner Frau überlassen hatte. Schlegel zeigte sich jedoch mit der durchaus behutsamen Korrektur Tiecks nicht einverstanden (Schlegel 1846/47, 7, S. 282; Körner 1930, 1, S. 418). Daraufhin stellte Tieck in der zweiten Ausgabe von *Shakspeare's dramatischen Werken* (1839–1840) die alten Lesarten zum größten Teil wieder her. Schlegel wiederum verglich zwar die Beseitigung der Änderung, übernahm dann aber mit Angabe seines Namens stillschweigend den weitaus größten Teil von Tieck (Lüdeke 1922, S. 232).

Ausblicke: Spiel im Spiel

Tiecks besondere Verehrung von Shakespeare beschränkte sich nicht nur auf seine Tätigkeit als Übersetzer und Herausgeber, sie war auch keineswegs (wie in der Forschung häufiger behauptet) eher praktisch-dramaturgischer als vielmehr theoretischer Natur. Zwar setzte sich Tieck explizit von den programmatischen Theorietexten seiner Epoche ab, dieses Faktum rechtfertigt aber nicht, das Klischee vom theoriefremden Dichter zu reproduzieren. Denn Tiecks theoretisches Interesse an der englischen Dramatik artikuliert sich gerade in jenen fiktionalen Texten, in denen die Grenze von Fiktion und Nicht-Fiktion unterlaufen wird. Werkgeschichtlich betrachtet läßt sich dieses Interesse nicht auf bestimmte Textsorten beschränken: *Der gestiefelte Kater* (1797) und die auf ihn folgenden theaterhistorischen Schriften sind neben dem lebenslangen und bezeichnenderweise unvollendet gebliebenen Projekt des BüS hierfür ebenso Beleg wie die späteren Texte, z.B. *Das altenglische Theater* (1811–1828), *Die Anfänge des deutschen Theaters* (1817) und *Die geschichtliche Entwickelung der neueren Bühne* (1831). Shakespeare profiliert sich in der für Tieck bestimmenden Tradition des Spiels im Spiel durch die Tatsache, daß Täuschung im Sinne von Illusion hier nicht mehr wie »beim Aristophanes nur sehr Nebensache« gewesen sei (NS 2, S. 141). Vielmehr gilt zunächst einmal über Shakespeare hinaus allgemein für das »Theater der Neuen« die Tatsache einer Theatralisierung von öffentlichen Festen, wie sie nicht Aristophanes, sondern die englische Tradition bestimmte (vgl. Paulin 1987, S. 35):

> Alle jene Feste [der beginnenden Frühen Neuzeit] hatten mehr oder minder einen dramatischen Charakter. Je festlicher, je heiterer eine Anstalt eingerichtet werden soll, um viele zugleich anzuregen und zu erfreuen, um so dramatischer wird sie von selbst, um so mehr nimmt sie den Charakter eines Schauspiels an. (KS 1, S. 246)

Die *masque*

Signifikant wird Shakespeare jedoch erst durch den gattungspoetischen Bezug auf die *masque*, »diese Art, die Dichtkunst durch Mythologie und Legende, Allegorie und Witz mit den wichtigen Vorfällen des Lebens zu verbinden« (Tieck 1825–1833, 4, S. 321). Historisch wesentlich konkreter als lediglich der Hinweis auf das Spiel im Spiel und das Theater der Neuen ist die *masque*, da in ihr höfische Huldigungsrituale reinszeniert werden. In Differenz zu anderen Formen des Spiels im Spiel wird dadurch die konkrete Praktik einer Kultur der Macht als Macht der Kultur, nämlich der Macht einer historisch determinierten theatralischen Kultur kenntlich. Shakespeares theoretische Relevanz für Tieck begründet sich gerade durch diese Historizität: Der für Hoffeste entworfene diskursive und intermediale Mix aus Pantomime, Gesang, Huldigungen, Reden, Glückwünschen und Tänzen erfüllt sich erst durch die aktive Teilnahme der Geehrten. Daraus folgt freilich keine Transgression der Grenze zwischen Fiktion und Nicht-Fiktion im Sinne moderner *performance*: Adlige als Schauspieler sind nur dort denkbar, wo sowohl eine Grenze zum Nicht-Adel gewährleistet ist als auch eine Demaskierung erfolgt, durch die sich der wahre Adel im Ablegen der Maske des Schauspielers zeigt. Aus eben diesem Grunde auch gibt es zwar die *anti-masque* des Volkes, die die *masque* des Adels parodiert und kritisiert, aber die Grenze selbst zwischen *masque* und *anti-masque* ist apriorische Bedingung für beide Formen, durch die sie sich erst konstituieren.

Jonson und Shakespeare

Da auch Shakespeare diese Differenz voraussetzt, Tieck aber gerade in dramaturgischer Hinsicht an der Transgression der Grenze zwischen Bühne und Wirklichkeit interessiert ist, darf die Relevanz von Zeitgenossen Shakespeares wie Francis Beaumont und Ben Jonson nicht unterschätzt werden. So koinzidieren der Anfang von Tiecks *Der gestiefelte Kater* mit Beaumonts *The Knight of the Burning Pestle* (1613) in der Selbstnegation beider dramatischen Literatursatiren, indem gleich zu Beginn Figuren auftreten, die das Hauptstück kritisieren.

Durch die über Shakespeare hinausgehende Rezeption des englischen Theaters kommt es bei Tieck zu einer Verdopplung der Spiel-Struktur (vgl. Landfester 1997): Das Binnenspiel ist wie Shakespeare an den subtilen ontologischen Differenzen von Spiel und Wirklichkeit interessiert, kommuniziert dieses Interesse aber im Kontext der sozialen Differenz von Bühne und Lebenswelt, nicht zuletzt um wie Jonson die Ignoranz lebensweltlicher Orientierung aufzubrechen. Andererseits grenzt sich die neben Beaumont auch bei Jonsons *Bartholomew Fair* (1614) einsetzende Diskussion der eigenen Aufführungssituation und Performanz aber auch explizit von Shakespeare ab (z. B. Jonson 1991, S. 12), so daß sich ein dritter, für Tieck signifikanter Aspekt ankündigt, der auch durch die *Kritischen Schriften* belegt ist: »Ben Jonson war nun auch der erste, der die bisher unschuldige und reine Freude der Dichter wie des Publikums störte, indem er sie zu erhöhen strebte« (KS 1, S. 268). Dieser Satz steht zwar im Kontext der Rehabilitation Shakespeares gegenüber dem scharfen Ton in Jonsons Theaterkritik, er mißbilligt aber keineswegs Jonsons Bruch mit der Illusion, erzeugte dieser doch das neue Spielpotential, das Tieck nun gleichsam gegen sich selbst wendet.

Ohne Vaterland kein Dichter, ohne Dichter kein Vaterland

In seiner Überschreitung der Grenze zwischen Bühne und Welt dramatisiert Tieck die Geschichte des Theaters so, daß er das Vergangene als Ursprung der eigenen Moderne konstruiert. Die Schwierigkeiten eines wissenschaftlichen Zugangs zu Tieck gründen in dessen Versuch, eine Kontinuität zu stiften, von der Tieck in *Briefe über Shakspeare* selbst weiß, daß sie verlorengegangen ist:

> Ehemals war es genug, einen einzelnen Menschen, eine Staatseinrichtung satirisch zu behandeln, und selbst der verwegene Aristophanes, der weder Götter noch Menschen schont, ist nicht darauf gefallen, sein ganzes Zeitalter komisch zu präsentieren [...]. (KS 1, S. 155)

Die für die Moderne konstitutive Form der Selbstparodie fixiert Tieck nicht nur durch das Zeitalter Shakespeares (z.B. in KS 1, S. 152). Er nimmt auch Shakespeares *Hamlet* zur Deskription und Analyse der eigenen Vorgeschichte (z.B. in KS 1, S. 155). So erhält Shakespeare die Funktion einer vergangenen prophetischen Instanz, deren Voraussagen sich nun in der eigenen Gegenwart Tiecks historisch und literarisch gesehen erfüllen, Shakespeare wird »zum kritischen Maßstab, vor allem in dem, was das Verhältnis eines Dichters zu Vaterland und Geschichte betrifft« (Paulin 1972, S. 131). Methodisch gesehen läßt sich der Zirkel zwischen Literatur und Geschichte/Vaterland bei Tieck nicht auflösen, so daß es ohne Vaterland keinen Dichter, aber auch ohne Dichter kein Vaterland gibt. Doch so unaufhebbar dieser Zirkel ist: Weder die Frage nach dem ontologischen oder sozialen Status des Spiels im Spiel noch die Differenz zwischen Jonson u.a. und Shakespeare ist letztlich entscheidend, sondern die durch die Reflexion auf die englische Dramatik möglich gewordene Kritik des zeitgenössischen Illusionstheaters. Bereits in *Shakspeare's Behandlung des Wunderbaren* unterscheidet Tieck zwischen mindestens zwei Arten von Illusion: der schlechten Praxis des Illusionstheaters und jener Phantasie, die der Dichter »so spannt, daß wir die Regeln der Aesthetik, mit allen Begriffen unsers aufgeklärten Jahrhunderts vergessen« (KS 1, S. 37).

Literatur

Brooke 1908: Brooke, C. F. Tucker: The Shakespeare Apocrypha. Being a collection of 14 plays, which have been ascribed to Shakespeare, with introduction, notes and bibliography, Oxford 1908.

Fabian 1977: Fabian, Bernhard: Göttingen als Forschungsbibliothek im 18. Jahrhundert. Plädoyer für eine neue Bibliotheksgeschichte. In: Öffentliche und private Bibliotheken im 17. und 18. Jahrhundert. Raritätenkammern, Forschungsinstrumente oder Bildungsstätten?, hg. von Paul Raabe, Bremen/Wolfenbüttel 1977, S. 209–239.

Fischer 1926: Fischer, Walter: Zu Ludwig Tiecks elisabethanischen Studien. Tieck als Ben Johnson-Philologe. In: Jahrbuch der deutschen Shakespeare-Gesellschaft 62 (1926), S. 98–131.

Frank 1989: Frank, Manfred: Einführung in die frühromantische Ästhetik. Vorlesungen, Frankfurt a.M. 1989.

Freytag 1888: Freytag, Gustav: Gesammelte Aufsätze, 2 Bde., Bd. 2: Aufsätze zur Geschichte, Literatur und Kunst, Leipzig/Berlin ²1888.

Gillies 1937: Gillies, Alexander: Ludwig Tieck's English Studies at the University of Göttingen, 1792–1794. In: Journal of English and Germanic Philology 36 (1937), No. 2, S. 206–223.

Goldmann 1981: Goldmann, Bernd: Wolf Heinrich Graf Baudissin. Leben und Werk eines großen Übersetzers, Hildesheim 1981.
Jonson 1991: Jonson, Ben: Bartholomew Fair, ed. by George Richard Hibbard, London/u. a. 1991.
Körner 1930: Körner, Josef (Hg.): Briefe von und an August Wilhelm Schlegel, 2 Bde., Zürich 1930.
Landfester 1997: Landfester, Ulrike: »... die Zeit selbst ist thöricht geworden...«. Ludwig Tiecks Komödie *Der gestiefelte Kater* (1797) in der Tradition des »Spiel im Spiel«-Dramas. In: Ludwig Tieck. Literaturprogramm und Lebensinszenierung im Kontext seiner Zeit, hg. von Walter Schmitz, Tübingen 1997, S. 101–133.
Langermann 1935: Langermann, H. von: Ein Brief des Grafen Wolf Baudissin über die Vollendung des Schlegel Tieckschen Shakespeare-Übersetzung. In: Shakespeare-Jahrbuch 71 (1935), S. 107–109.
Lüdeke 1921: Lüdeke, Henry: Ludwig Tieck's erste Shakespeare-Übersetzung (1794). In: Jahrbuch der deutschen Shakespeare-Gesellschaft 57 (1921), S. 54–64.
Lüdeke 1922: Lüdeke, Henry: Ludwig Tieck und das alte englische Theater. Ein Beitrag zur Geschichte der Romantik, Frankfurt a. M. 1922 (Reprint Hildesheim 1975).
Paulin 1972: Paulin, Roger: »Ohne Vaterland kein Dichter«. Bemerkungen über historisches Bewußtsein und Dichtergestalt beim späten Tieck. In: Literaturwissenschaftliches Jahrbuch im Auftrag der Görres-Gesellschaft 13 (1972), S. 125–150.
Paulin 1987: Paulin, Roger: Ludwig Tieck, Stuttgart 1987.
Ribbat 1978: Ribbat, Ernst: Ludwig Tieck. Studien zur Konzeption und Praxis romantischer Poesie, Kronberg i. Ts. 1978.
Schlegel 1846/47: Schlegel, August Wilhelm: August Wilhelm von Schlegel's sämmtliche Werke, 12 Bde., hg. von Eduard Böcking, Leipzig 1846/47.
Tieck 1800: Tieck, Ludwig (Hg.): Poetisches Journal, Jena 1800.
Tieck 1825–1833: Tieck, Ludwig (Hg.): Shakspeare's dramatische Werke. Übersetzt von August Wilhelm Schlegel, ergänzt und erläutert von Ludwig Tieck, 9 Theile, Berlin 1825–1833.
Trainer 1959: Trainer, James: Some unpublished Shakespeare Notes of Ludwig Tieck. In: Modern Language Review 54 (1959), S. 368–377.
Wackenroder 1910: Wackenroder, Wilhelm Heinrich: Werke und Briefe, 2 Bde., hg von Friedrich von der Leyen, Jena 1910.
Zeydel 1936: Zeydel, Edwin H.: Ludwig Tieck as a Translator of English. In: Publications of the Modern Language Association of America 51 (1936), S. 221–242.

Romanische Literatur des Mittelalters und der Frühen Neuzeit
(Calderón, Cervantes, Dante, Ariost, Tasso, Camões)

Antonie Magen

Biographische Voraussetzungen: Italien in Berlin und Spanien in Göttingen

Schon früh, bereits während seiner Berliner Schuljahre, kam Tieck mit dem romanischen Kulturkreis in Berührung. In dieser Zeit waren es vor allem die italienische Sprache und Literatur, für die er sich interessierte und deren Studium er mit einigem Aufwand betrieb. Seit Ende der 1780er Jahre erhielt er von dem in Berlin stationierten italienischen Soldaten Daschieri Sprachunterricht (Köpke 1, S. 61). Die dort erworbenen Kenntnisse setzte er für die Lektüre von Tasso und Dante ein (ebd.; Friederich 1950, S. 458), die nachhaltige Spuren hinterließ: Die 1827 verfaßte Rezension zu einer Aufführung von Goethes *Torquato Tasso* auf dem Dresdner Hoftheater ist eine Hommage an den Titelhelden, aber auch eine Huldigung an Ariost (KS 4, S. 256), mit dem sich Tieck ebenfalls beschäftigte. In dem im selben Jahr erschienenen Aufsatz *Der spanische Dichter Vicente Espinel* wird Ariost als der »große[ ] Dichter« (KS 2, S. 70) bezeichnet. Eine erste Annäherung an die spanische Literatur fand ebenfalls bereits in jenen Jahren statt, wenngleich nicht auf dieselbe unmittelbare Weise wie die Rezeption der italienischen Literatur. Die spanische Sprache beherrschte Tieck zu diesem Zeitpunkt noch nicht, er las aber Cervantes Roman *Don Quijote* in der 1775–1777 publizierten Übersetzung von Bertuch (Köpke 1, S. 44; Zybura 1994, S. 179; vgl. auch Lussky 1928, S. 1082 und Brüggemann 1958, S. 45).

Die systematische Beschäftigung mit der spanischen Sprache und Literatur, deren Kenntnis in dieser Zeit in Deutschland fast vollständig erloschen war (Dieze 1769, S. 2r–2v; Brüggemann 1964, S. 140), begann mit dem Studium in Göttingen, das Tieck Ende 1792 aufnahm (vgl. Brüggemann 1958, S. 50f.; Brüggemann 1964, S. 169; Zybura 1994, S. 178). Göttingen war in jenen Jahren ein Zentrum der Hispanistik, wo sich eine Studentengeneration früher bereits die Brüder Schlegel mit der spanischen Sprache und Literatur vertraut gemacht hatten (Brüggemann 1958, S. 50f.). An der Universität lehrte der Philosophieprofessor Johann Andreas Dieze (vgl. auch ebd., S. 6), der sich auf dem Gebiet der spanischen Sprach- und Literaturwissenschaft einen Namen gemacht hatte und als Bibliothekar an der Universitätsbibliothek tätig war, die aufgrund seiner Initiative eine beachtliche Sammlung von spanischer Literatur besaß (Gillies 1938, S. 396f.). Tieck nutzte diese Sammlung während seines Studiums und auch danach (ebd., S. 400), weil sie grundlegende Werke zur spanischen Literaturgeschichte enthielt, wie den spanischen Teil der *Geschichte der Poesie und Beredsamkeit seit dem Ende des dreyzehnten Jahrhunderts* von Friedrich August Bouterwek (erschienen zwischen 1801 und 1804; vgl. Brüggemann 1964, S. 155). Durch dieses Werk lernte Tieck auch die portugiesische Literatur, insbesondere Camões, kennen (KS 2, S. 81; vgl. hierzu auch Martins/Garraio 2000, S. 26–31). Ebenfalls hispanophil war der Theologieprofessor Thomas Christian Tychsen. Bevor dieser sich 1784 in Göttingen niederließ, bereiste er Spanien, verfolgte dort philologische sowie bibliographische Interessen (Gillies 1938, S. 397, außerdem Brüggemann 1964, S. 164 und Kern 1967, S. 209) und brachte ausgezeichnete Spanischkenntnisse mit. Er war es, der Tieck seit Januar 1793, wahrscheinlich im Rahmen eines privaten Zirkels, die Grundlagen der spanischen Sprache vermittelte. Später setzte ihm Tieck in der Novelle *Das Zauberschloß* ein literarisches Denkmal (Gillies 1938, S. 396, 400). Ein Schwerpunkt von Tychsens Interesse war das spanische Drama (ebd., S. 398). Diese Vorliebe vermittelte er seinem Schüler Tieck, der sich in der spanischen Literatur neben dem Epiker Cervantes vor allem mit dem Dramatiker Calderón auseinandersetzte (vgl. Brüggemann 1958, S. 148). Vertieft und erweitert hat Tieck seine Spanischstudien während des Sommers 1793, den er teilweise in Nürnberg verbrachte. Hier machte er die Bekanntschaft des Gelehrten Christoph Gottlieb von Murr, der sich ebenfalls auf der Höhe der zeitgenössischen Hispanistik befand und mit spanischen Gelehrten korrespondierte (Gillies 1938, S. 399; außerdem Brüggemann 1964, S. 156). Nachdem Tieck im Herbst 1793 nach Göttingen zurückgekehrt war, nahm er dort seine Spanischstudien wieder auf (Gillies 1938, S. 399). Er besuchte erneut den Zirkel von Tychsen und benutzte intensiv die Bestände der Bibliothek (ebd., S. 399f.). Es ist bekannt, daß die Gruppe um Tychsen in den Jahren 1793/94 die *Coleccion de las obras sueltas assi en prosa, en como en verso* und die *Comedias* von Lope de Vega sowie die *Comedias y entremeses* und *Novelas Exemplares* von Cervantes studiert hat (ebd., S. 400).

Wenige Jahre später, inzwischen in Jena ansässig, beschäftigte sich Tieck vor allem mit *Don Quijote*, den er auf Vermittlung von August Wilhelm Schlegel (Brüggemann 1958, S. 50f.) 1799 neu zu übersetzen begann (S 1, S. XX-

VIII, vgl. auch Lussky 1928, S. 1082–1084; die Pläne für eine Neuübersetzung reichen bis in die Jahre 1797/98: Brüggemann 1958, S. 50f.; Brüggemann 1964, S. 169; Kern 1967, S. 209f.; zur *Don Quijote*-Übersetzung siehe den Beitrag *Tieck als Übersetzer* in Kap. 3). Bereits im selben Jahr waren der erste und zweite Band der Übertragung abgeschlossen und im Verlag von Johann Friedrich Unger in Berlin erschienen. Der dritte Teil folgte im darauffolgenden Jahr, der vierte und letzte Band 1801. Diese neue Übersetzung des spanischen Romans wurde von den Zeitgenossen hochgeschätzt, weil sie nicht, wie die früheren Übertragungen, »die Poesie vernichtet, [und den] organische[n] Bau auf[hebt]« (Schelling 1907, S. 327; Brüggemann 1958, S. 63). Friedrich Schlegel lobte die Übersetzung, weil sie

> keineswegs im einzelnen ängstlich treu [ist], obgleich sie es in Rücksicht auf das Kolorit des Ganzen auf das gewissenhafteste zu sein strebt. Daher ist in den Gedichten der Nachbildung des Sylbenmaßes, welches bei Cervantes immer so bedeutsam ist, lieber etwas von der Genauigkeit des Sinns aufgeopfert. (Schlegel 1967, S. 281f.; vgl. auch Brüggemann 1958, S. 64)

Gerade diese sprachliche Qualität war es, welche den spanischen Roman auch im Deutschen lesenswert und einem breiteren Publikum bekannt machte. Daß Tiecks Übersetzung die deutschsprachige Cervantes-Rezeption entscheidend prägt, zeigt eine Äußerung Heines, der noch 1835 in der *Romantischen Schule* Tieck als den maßgeblichen *Don Quijote*-Übersetzer würdigte (Heine 1979, S. 184; Brüggemann 1958, S. 232).

Durch die Arbeit an *Don Quijote* angeregt, vertiefte Tieck in dieser Zeit seine Beschäftigung mit der spanischen Literatur und setzte sich – nach eigener Aussage – intensiv mit Lope und wohl seit 1797 oder 1798 (Kern 1967, S. 209) mit Calderón auseinander (S 1, S. XXVIII). Letzteren erschloß er sich vor allem im Austausch mit August Wilhelm Schlegel, der *Die Andacht zum Kreuze* und *Über allen Zauber Liebe* in jenen Jahren übersetzte. Beide Übertragungen erschienen 1803 in der Sammlung *Spanisches Theater* und wurden von Tieck am 7. Juni 1803 in der *Zeitung für die elegante Welt* rezensiert (vgl. Lüdeke 1930, S. 128; Hardy 1965, S. 46; Kern 1967, S. 212). In die Zeit Ende 1801 fällt auch der (nicht realisierte) Plan, weitere Theaterstücke aus dem Spanischen wie etwa Cervantes *Numancia* zu übersetzen und in einem Periodikum zu veröffentlichen (Lüdeke 1930, S. 111). Was Tieck außerdem an romanischer Literatur studiert hat, kann nicht mit Sicherheit gesagt werden (Brüggemann 1964, S. 200; Kern 1967, S. 212). Fest steht jedoch, daß er sich einen Überblick über die zeitgenössische Forschung erarbeitet hat, den er weit über die Göttinger Studien- und Nachstudienzeit hinaus immer auf dem aktuellen Stand gehalten hat (zum umfangreichen Bestand an romanischer Literatur in Tiecks Privatbibliothek siehe den Beitrag *Tiecks Bibliothek* in

Kap. 2). Auskunft hierüber gibt der 1827 entstandene Aufsatz über den spanischen Dichter Vincente Espinel, aus dem hervorgeht, daß Tieck die wissenschaftliche Diskussion um Calderóns Dramen im Detail verfolgt und kritisch bewertet hat (KS 2, S. 59–92, hier S. 80f., 82f., 90).

Neben der wissenschaftlichen Rezeption und Bearbeitung der spanischen Literatur sind es in den Jahren um die Jahrhundertwende vor allem kleinere essayistische Texte mit literarhistorischem Charakter, in denen sich Tieck mit spanischen und in geringerem Maß auch mit italienischen Autoren beschäftigt (Friederich 1950, S. 458; Stopp 1992, S. 163). In diesen Abhandlungen werden Cervantes und Calderón nicht als philologischer Gegenstand verstanden, sondern spielen vielmehr eine wichtige poetologische Rolle. Genaugenommen dienen sie Tieck zur Begründung der Romantik aus der romanischen Literatur. Anders gesagt: Parallel zur *Don Quijote*-Übersetzung und der damit verbundenen Interpretation des Romans entwickeln sich daraus Selbstbewußtsein und Wesensbestimmung des romantischen Künstlers (Brüggemann 1958, S. 50f.). Dafür haben neben Shakespeare hauptsächlich die spanischen und die italienischen Dichter vor allem des 16. und 17. Jahrhunderts Pate gestanden. Tieck würdigt sie als Teil der europäischen Volksdichtung, die der klassischen Antike entgegensteht und die als »italienische[ ], spanische[ ], deutsche[ ], englische[ ] und nordische[ ] Poesie« dazu beiträgt, »das Alterthum [ ] in seinen Verhältnissen« besser zu fassen (KS 1, S. 189). Innerhalb dieser kontrastierenden Wirkung wird die europäische Volksdichtung historisch verortet: Am Anfang steht die französische Literatur, die Tasso und Ariost beeinflußt (KS 2, S. 383); diese markieren den Beginn der klassischen italienischen Literatur (KS 1, S. 192) und sind ihrerseits Vorbild für die deutschsprachige mittelalterliche Dichtung. Wichtiger als dieses historische Verständnis ist aber der Umstand, daß Tieck Dante, Ariost und Tasso, vor allem aber Calderón und Cervantes nicht als individuelle, historische Künstler verhandelt, sondern in ihnen den Inbegriff eines bestimmten Künstlertypus, nämlich die ideale Verkörperung des romantischen Künstlers sieht (Brüggemann 1958, S. 47).

Die Geburt der Romantik aus dem Begriff der romanischen Literatur

Anfänglich war Tiecks Zuwendung zur romanischen Literatur des Spätmittelalters in erster Linie eine Distanzierung von der Spätaufklärung, wie sie vor allem von Friedrich Nicolai vertreten wurde (Lussky 1928, S. 1085). Darüber hinaus beinhaltete sie aber auch die Forderung, die volkssprachige Dichtung des 13./14., vor allem aber des 16./17. Jahrhunderts genauso ernst zu nehmen wie die Dichtung der klassischen Antike. Die Etablierung von Dante, Ariost, Tasso, Camões, Cervantes und Calderón als kanonische Dichter diente Tieck vorderhand zum besseren Verständnis der klassischen antiken Literatur. Im Gegensatz zur griechischen Tragödie verfügen die »trunkenen Italiäner«, Calderón, die »Spanischen Poeten« und Cervantes (S 6, S. XVIII–XX) über »wunderbare[ ] Erscheinungen« (ebd., S. XIII). Damit sind sie für Tieck zu einer Art poetischem Erweckungserlebnis geworden, aus dem sich seine frühromantische Auffassung einer Kunstreligion entwickelt (ebd., S. XVIII–XX, vgl. auch Lussky 1928, S. 1089; Kern 1967, S. 352). Im Vergleich mit der klassischen Antike sind sie qualitativ etwas anderes, ein Gegenprogramm, das durch seine Andersartigkeit zwar zum Verständnis der Antike beitragen kann, das aber letztendlich einen künstlerischen Gegenentwurf zur klassischen Literatur darstellt (vgl. Brüggemann 1958, S. 49) – ein Gegenprogramm auch insofern, als im Spanischen das Arabische mitgemeint ist (Brüggemann 1958, S. 134) und damit besondere ästhetische Formen wie beispielsweise die Arabeske verbunden werden (vgl. Brüggemann 1964, S. 174f.), die in ihrer Heterogenität der klassischen Strenge entgegenstehen. In diesem Zusammenhang bekommen Cervantes und Calderón besondere Bedeutung. Noch im Vorbericht zum ersten Band der *Schriften* von 1828 weist Tieck auf sie hin: Es ist Calderón, der die Dichtung um 1800 in die entscheidende neue Richtung lenkte, die als romantisch bezeichnet werden kann (S 1, S. XXXVIIIf.). *Don Quijote* bezeichnet Tieck sogar als den ersten modernen Roman (KS 2, S. 380), welcher der Gipfel der spanischen Epik sei, der bis zum gegenwärtigen Zeitpunkt noch nicht übertroffen wurde (ebd., S. 380f.). Damit wird *Don Quijote* als ein Roman aufgefaßt, der einen neuen, romantischen Mythos begründet (Brüggemann 1958, S. 312). Inhaltlich werden die »wunderbaren Erscheinungen« aufgeführt (S VI, S. XIII), die in Tiecks Interpretation das wichtigste Element des Romans sind: In *Don Quijote* werden durch die Phantasie der Hauptfigur die »Hütten in Paläste, Windmühlen in Riesen, und Aufwärter in Zauberer« (KS 1, S. 49) verwandelt. In Don Quijote und Sancho Pansa wird das Verhältnis von Idealismus und Realismus personifiziert (Lussky 1928, S. 1085; Metz 2006, S. 28). Auch Ariost und Tasso werden als Beispiele für Dichter herangezogen, in deren Werk, wenn auch in geringerem Umfang, die Kategorie des Wunderbaren anzutreffen ist (KS 1, S. 64). Damit kommt diesen Autoren, vor allem aber Cervantes, bei dem das »Wunderbare« am deutlichsten ausgeprägt sei, das Verdienst zu, »Poesie und Leben, selbst im Bewußtsein ihrer Disharmonie, wieder zu verknüpfen« (ebd., S. 207).

Damit ist aber nichts weniger als die berühmte Forderung von Novalis, der Tiecks Tätigkeit als Cervantes-Übersetzer mit Anteilnahme verfolgte (Brüggemann 1958, S. 181), nach der Romantisierung der Welt eingelöst (vgl. Novalis 1981, S. 545). Darüber hinaus wird mit der Fähigkeit, Disharmonisches zu verbinden, eine weitere Forderung der Jenaer Frühromantik jener Jahre erfüllt: diejenige nach der progressiven Universalpoesie und Sympoesie bzw. Symphilosophie, die Friedrich Schlegel in den *Äthenäums*-Fragmenten 116 bzw. 125 formuliert hatte (Schlegel 1967, S. 182 und 185; vgl. auch Brüggemann 1958, S. 56 und S. 66, Brüggemann 1964, S. 142f.; siehe den Beitrag *Der Jenaer Kreis und die frühromantische Theorie* in Kap. 1). Es kann daher nicht verwundern, daß Tieck Cervantes und Dante als Inbegriff derjenigen Künstler interpretiert, die ein ganzheitliches Kunstwerk zu schaffen imstande sind (KS 1, S. 150). Aus demselben Grund betont er auch, daß Calderóns Dramen katholische Kunstwerke sind, die noch nicht der nachreformatorischen Fragmentierung unterliegen und deren Pendant im bildnerischen Bereich Raphaels Madonnen sind (S 11, S. LXXI; vgl. auch Kern 1967, S. 219, 221; Kern 1968, S. 363; Behler 1981, S. 439). Konkret heißt das, daß Tieck in Calderóns Dramen ebenso wie in *Don Quijote* die romantische Forderung nach Gattungsverschmelzung umgesetzt gesehen hat (S 1, S. XXVIIIf.; vgl. auch Kern 1967, S. 206f.; Hardy 1965, S. 46f.). Auf diese Weise ist *Don Quijote* zum Prototyp des romantischen Romans geworden, in dem die Mischung aller Formen durch in die Haupthandlung eingelegte Novellen und Lieder praktiziert wird (Lussky 1928, S. 1090).

Damit sind in Tiecks Denken das volkssprachliche Element (romanisch), das gattungsästhetische Element (Roman) und das künstlerische Selbstverständnis (romantisch) in einen engen begrifflichen Zusammenhang gerückt, der seine Wurzeln zwar schon im ausgehenden 17. Jahrhundert hat (Brüggemann 1964, S. 165), der aber, nicht unmaßgeblich von Tieck selbst gelenkt, vor allem in der Zeit um 1800 in der Diskussion steht (vgl. auch Hardy 1965, S. 44). August Wilhelm Schlegel, einer der wichtigsten Gesprächspartner in der Zeit der Cervantes-Übersetzung, faßt in seinen Vorlesungen diese Verknüpfung folgendermaßen zusammen:

> Denn Romanisch, Romance, nannte man die neuen aus der Vermischung des Lateinischen mit der Sprache der Eroberer entstandenen Dialekte; daher Romane, die darin geschriebene Dichtung, woher denn romanisch abgeleitet ist, und ist der Charakter dieser Poesie Verschmelzung des altdeutschen mit dem späteren, d. h. christlich gewordenen Römischen, so werden auch ihre Elemente schon durch den Namen angedeutet. (Zit. nach Brüggemann 1958, S. 130)

Eine Parallele zwischen den volkssprachlichen mittelalterlichen Dichtern und dem Künstler der Gegenwart sieht Tieck nicht zuletzt auch in dem Umstand, daß beide Zeitgenossen einer Umbruchzeit sind, die sich unter anderem durch mannigfaltige Erneuerungsbestrebungen in Kunst und Poesie auszeichnet (KS 1, S. 152f.). Aus diesem Grund experimentiert Tieck selbst in seiner eigenen poetischen Praxis mit denjenigen künstlerischen Verfahrensweisen, die er bei den italienischen und spanischen Volksdichtern des Mittelalters entdeckt hatte. Dabei sind es wiederum vor allem die Romane und Dramen, die in der Zeit um 1800 entstehen, in der Tieck nicht nur die *Don Quijote*-Übersetzung anfertigt, sondern sich auch mit den *Autos sacramentales* von Calderón beschäftigt (Lüdeke 1930, S. 64; Kern 1967, S. 213) und – im Austausch mit Friedrich Schlegel – Camões studiert (Kern 1967, S. 211, S. 124, 128). In diesen Texten erprobt Tieck die inhaltlichen und vor allem technischen Errungenschaften aus der romanischen Dichtung: in *William Lovell*, den er 1793 beginnt und dessen Konzeption damit in die Zeit der Übersiedlung nach Göttingen und der dort aufgenommenen spanischen Sprach- und Literaturstudien fällt (Brüggemann 1958, S. 165); in *Der Junge Tischlermeister*, für dessen Entwurf von 1795 Tieck unmittelbar von Cervantes inspiriert wurde (ebd., S. 165f.; Metz 2006, S. 29); in *Franz Sternbalds Wanderungen* (1798), während dessen Niederschrift sich Tieck mit Dante auseinandersetzte (Osols-Wehden 1991, S. 27); in den Dramen *Prinz Zerbino* (1799), in dem Dante, Cervantes und Ariost als Figuren die Bühne betreten; und in den Dramen *Leben und Tod der heiligen Genoveva* (1800) und *Kaiser Octavianus* (1804; vgl. Brüggemann 1964, S. 173; Kern 1967, S. 211).

Poetische Verarbeitung

Da sich die Beschäftigung mit der romanischen Literatur hauptsächlich in der Konstituierung eines romantischen künstlerischen Selbstverständnisses niederschlägt, ist es nicht verwunderlich, daß sich auch die inhaltlichen Entlehnungen vor allem aus der spanischen und italienischen Dichtung in Tiecks eigener poetischer Produktion in erster Linie in der Ausgestaltung der Künstlerthematik ausdrücken. Das ist vor allem in den Romanen *William Lovell* und *Franz Sternbalds Wanderungen* der Fall. In *William Lovell* ist es Ariost, der ganz unmittelbar als der Lieblingsdichter des moralisch fragwürdigen Titelhelden auftritt (Osols-Wehden 1998, S. 146). In *Franz Sternbalds Wanderungen* liegt die Kategorie des Wunderbaren sowohl der romantischen Dichtung als auch der Dichtung Ariosts zugrunde (ebd., S. 149). Darüber hinaus greift Tieck in beiden Romanen Elemente des *Don Quijote* auf. So gestaltet er den Schwärmer William Lovell nach dem Vorbild des Don Quijote, der, genau wie jener, »über dem Lesen der Bücher, durch das Erlebnis der Literatur den Boden der Wirklichkeit verliert« (Brüggemann 1958, S. 148). Ferner werden in beiden Romanen das mangelnde Vertrauen in die Dinge wie sie sind, die idealistische Liebe und der Kunstenthusiasmus in Kombination mit romantischer Ironie thematisiert – alles drei Inhalte, die Tieck ebenfalls in *Don Quijote* gestaltet sieht (Lussky 1928, S. 1092).

Neben Ariost und Cervantes haben auch Calderón, insbesondere dessen Drama *Die Andacht zum Kreuze*, und Dante inhaltliche Spuren in *Franz Sternbalds Wanderungen* hinterlassen. Sieht man davon ab, daß Tieck bei Calderón vor allem das Verhältnis des Menschen zum Irdisch-Bösen und zum Himmlischen geformt sieht (Kern 1967, S. 265), sind die Übernahmen von Calderón in *Franz Sternbalds Wanderungen* vielleicht sogar substantieller als die mehr allgemeinen aus *Don Quijote*: Die Entführung der Nonne durch Ludoviko klingt an die Beziehung Eusebios an Julia an (ebd., S. 223). Außerdem finden sich im Umkreis der Entführungsgeschichte weitere spanische Motive wie beispielsweise die Begegnung Sternbalds mit einem Moritatensänger, der Bilder von den Geschicken eines Wanderers in algerischer Gefangenschaft zeigt – ein geläufiges Thema in der spanischen Literatur des 16. und 17. Jahrhunderts (ebd., S. 224). Außerdem übernimmt Tieck das Motiv der Ahnung, ein wesentliches Element der romantischen Dichtung (ebd., S. 305–332), daneben das Motiv des Kontrastes (ebd., S. 332–351) von Calderón.

Unspezifischer hingegen bleiben die Dante-Reminiszenzen in *Franz Sternbalds Wanderungen*: Es wird in diesem Roman eine »danteske Stimmung« erzeugt, die nicht zuletzt durch das Grundmuster der Heilsgeschichte zustande kommt, die Anklänge an die *Göttliche Komödie* erkennen läßt (Osols-Wehden 1991, S. 25). Überdies werden Erinnerungen an Dante immer dann wach, wenn es im Text um die Liebesgeschichte geht, die Sternbald durchlebt (ebd., S. 30). So sind diese Liebesgeschichte und die damit einhergehende Entwicklung des Helden in groben Zügen derjenigen in Dantes *Vita Nuova* nachgebildet: Aus dieser übernimmt Tieck die frühe Liebesbegegnung und Initiation (Osols-Wehden 1998, S. 48–68), die Wiederbegegnung mit der mystischen Geliebten (ebd., S. 69–79), ihren Tod und ihre Verklärung (ebd., S. 80–84), das Liebeszwischenspiel zwischen Begehren und Vernunft (ebd., S. 85–88), die Läuterung und Erfüllung (ebd., S. 89–102), gewisse Paradiesvorstellungen (ebd., S. 102–111) sowie die Vorstellung eines universalen Zusammenhangs zwischen Religion, Kunst und Liebe (ebd., S. 112–117).

Das bleiben aber letztendlich vage Anklänge (vgl. Osols-Wehden 1991 S. 25f.), die auf eine grundsätzliche Schwierigkeit von Tiecks poetischer Adaptation der spanischen und italienischen Vorlagen hinweisen: Er übernimmt keine Szenen und wörtlichen Zitate direkt von seinen Vorbildern, sondern bearbeitet das Vorgefundene frei (Kern 1967, S. 214). Deutlicher als die inhaltlichen Übernahmen sind deshalb auch die verfahrenstechnischen Entlehnungen aus der romanischen Literatur, die Tieck in seiner eigenen poetischen Produktion verwendet und die ihn auch im Bereich der poetischen Formen zum Initiator für die romantische (Dramen-)Dichtung machen (Hardy 1965, S. 58). Sie werden nicht zuletzt in den poetischen Texten selbst diskutiert und mit einem Hinweis auf ihre Herkunft aus der romanischen Dichtung versehen. So findet sich in den Kunstgesprächen in *Franz Sternbalds Wanderungen*, in denen es um die Allegorie geht, ein direkter Hinweis auf Dante (Stopp 1992, S. 166; Osols-Wehden 1991, S. 25, 27; Hölter 2001, S. 182f.). Ein weiterer, wenn auch indirekter formaler Rückgriff auf Dante ist darin zu sehen, daß sich *Franz Sternbalds Wanderungen* stilistisch an August Wilhelm Schlegels romantischer Paraphrase von *Vita Nuova* in dessen Dante-Essay orientiert (Osols-Wehden 1998, S. 12). Ebenfalls diskutiert werden hier die raschen, bunten Szenenfolgen, die als künstlerisches Prinzip von Rudolph vertreten werden und die auf die *Andacht zum Kreuz* zurückzuführen sind (Kern 1967, S. 227).

Ganz offensichtlich umgesetzt werden die technischen Errungenschaften der spanischen und italienischen Literatur aber vor allem in den Dramen *Leben und Tod der heiligen Genoveva*, mit dessen Stoff sich Tieck schon in *Franz Sternbalds Wanderungen* beschäftigt hatte (Kern 1967, S. 225f.), und *Kaiser Octavianus*. Im *Genoveva*-Drama wird der Tod als eine allegorische Figur eingesetzt; in *Kaiser Octavianus* werden gleich mehrere allegorische Figuren auf die Bühne gebracht (Brüggemann 1964, S. 174). Tieck experimentiert hier mit der allegorischen Darstellungsart, die er sowohl als Hauptmerkmal der romantischen (S 1, S. XXXVIIIf.) als auch der Kunst Calderóns (S 11, S. XXIV) ansah (Brüggemann 1964, S. 174). Dieses Verfahren zeigt vor allem auch der Umstand, daß sich in *Kaiser Octavianus* keine einzige Figur findet, die direkt aus Calderóns Werk stammt. Vielmehr zieht Tieck in seinen Gestalten dasjenige zusammen, was aus seiner Sicht an Calderóns Gestalten typisch ist (Bértrand 1914, S. 32f.). Damit setzt er aber nicht zuletzt diejenige allegorische Verfahrensweise um, die er an Calderón ausdrücklich bewundert (Kern 1967, S. 265). Neben *Kaiser Octavianus* ist *Leben und Tod der heiligen Genoveva* dasjenige Werk, das in seiner Grundidee am stärksten von Calderón beeinflußt ist (vgl. Scherer 2003, S. 351–363). Auf diesen geht das Verfahren zurück, volkstümlich-christliche Legenden zu dramatisieren (Bértrand 1914, S. 33f.; Brüggemann 1964, S. 170–172; außerdem Hardy 1965, S. 48f.; Kern 1967, S. 204).

Wie Tieck von der spanischen Dichtung tatsächlich auf formal-technischer Ebene im einzelnen beeinflußt wurde, zeigt abermals die Einleitung zum ersten Band der *Schriften* von 1828, in der er von seiner Calderón-Lektüre und der gleichzeitigen Entdeckung des *Genoveva*-Stoffes berichtet: »Diese mir neue Art, künstliche Versmaße, lyrische Ergüsse in das Drama einzuführen, schien mir für gewisse Gegenstände trefflich« (S 1, S. 129). Vor allem das Stichwort »künstliche Versmaße« ist für die poetische Praxis in den Universaldramen *Leben und Tod der heiligen Genoveva* und *Kaiser Octavianus* von Bedeutung. Seitdem Herder spanische Romanzen ins Deutsche übersetzt hatte, etabliert sich für die Wiedergabe dieses Versmaßes der vierhebige Trochäus (Hardy 1965, S. 55f.; Staub 1970, S. 49). Diese sogenannten »spanischen Trochäen« (ebd. 1970, S. 49) hatte auch A. W. Schlegel für seine Calderón-Übersetzungen im

Spanischen Theater wohl auf Anregung Tiecks hin (Kern 1967, S. 207) verwendet (Hardy 1965, S. 55f.); seitdem waren sie dem deutschen Ohr vor allem als Metrum der Dichtung Calderóns vertraut (siehe den Beitrag *Lyrik* in Kap. 4). Auf eine weitere metrische Eigenart der spanischen Dichtung kommt Tieck ebenfalls in der Vorrede zum ersten Band der Werkausgabe zu sprechen. Die Rede ist von der Assonanz, über die Tieck rückblickend auf die Zeit um 1800 folgendes berichtet:

> Man hatte damals zuerst die Assonanz versucht, die nachher viele Widersacher gefunden hat. Will man den Calderon treu übersetzen, (wie man doch wohl muß, wenn man ihn überall deutsch haben will) so kann man diese spanische Tonart nicht entbehren. In wie fern sie deutsch werden kann, ist der Zeit anheim gegeben. Der seltsame Zauber dieses Klanges, der neben dem Reime ahnungsreich schwebt, gefiel meinem Ohr so sehr, daß ich im Octavian ihn in allen Lauten sprechen ließ. Es schien mir gut, fast alle Versmaaße, die ich kannte, ertönen zu lassen, bis zu der Mundart und dem Humor des Hans Sachs hinan [...]. (S 1, S. XXXIX)

In der Zeit zwischen 1793 und 1818 (Staub 1970, S. 60) entsteht dann auch eine Reihe von Romanzen, zum Teil als eingelegte Gedichte für *Kaiser Octavianus* gedacht (*Begeisterung, Das Wasser, Die Rose* und *Die Lilie*), zum Teil als unabhängige Texte, für die sich nicht etwa stoffliche Vorbilder im Spanischen finden (ebd., S. 61), sondern in denen Tieck die spanischen Assonanzen ins Deutsche überträgt. Zu nennen sind in diesem Zusammenhang vor allem *Die Zeichen im Walde* und *Der Zornige* (beide erschienen zuerst im *Musenalmanach für 1802*). In *Die Zeichen im Walde* vollführt Tieck das Kunststück, die u/e-Assonanzen durch 114 Strophen zu halten, was ihn aber auch dazu zwingt, Wortformungen und archaisierende Wendungen zu gebrauchen (ebd., S. 51). In *Der Zornige* gelingt es ihm nicht immer, die Assonanzen korrekt zu behandeln, weshalb sich August Wilhelm Schlegel gezwungen sah, ihn auf diesen Mangel aufmerksam zu machen (ebd., S. 52). Weitere Überlegung verdient auch der Umstand, daß Tieck in der Vorrede seiner *Schriften* von 1828 darauf hinweist, daß er »fast alle Versmaaße«, die er kannte, ertönen ließ (S 1, S. 39), was nicht zuletzt zur Folge hatte, daß er in *Kaiser Octavianus* weitere Versmaße verwendete, die ihm aus der romanischen, in diesem Fall aus der italienischen Literatur vertraut waren: so u.a. die Terzine, die er hauptsächlich aus der Dichtung Dantes, vor allem aus der *Göttlichen Komödie* kannte (KS 1, S. 206; vgl. auch Hölter 2001, S. 177f.). Im Trauerspiel *Leben und Tod der heiligen Genoveva* werden zwei Dialoge zwischen einem Geist und einem Menschen in Terzinen gestaltet, wodurch auch inhaltlich auf Dantes Gespräche mit den Seelen im Jenseits verwiesen wird (Osols-Wehden 1998, S. 14f.). Dieser Effekt macht nicht zuletzt die Poesie musikalisch, vermischt damit wiederum einzelne Kunstgattungen und erfüllt so die romantische Universalpoesie (KS 1, S. 209).

Nach dem Universallustspiel *Kaiser Octavianus* tritt die Bedeutung von Calderón und Cervantes für Tiecks poetische Produktion zurück. Nach 1800 äußert sich Tieck nur noch selten und nebenbei über die spanischen Dichter (Kern 1967, S. 280): 1811 taucht Calderón noch einmal *en passant* und gleichsam rückblickend in der Sammlung *Phantasus* auf, ohne daß sich an der Interpretation des spanischen Dichters etwas ändern würde. Ab 1821 nimmt Tieck eine eher kritische Haltung zum spanischen Drama ein (ebd., S. 286), um sich 1828 im Zuge der Werkausgabe wieder rückblickend neutral zu äußern (ebd., S. 287). Nachwehen der Cervantes-Rezeption fallen in die 1830er Jahre: In dieser Zeit tat sich Tiecks Tochter Dorothea, unterstützt durch ihren Vater, als Cervantes-Übersetzerin hervor (Zybura 1994, S. 197).

Biographische Nachklänge: Italien und Portugal in Dresden

Bedingt durch den spanischen Schwerpunkt an der Universität Göttingen, spielte die Rezeption italienischer und portugiesischer Schriftsteller in den Jahren zwischen 1793 und 1803 eine vergleichsweise untergeordnete Rolle. In den literaturhistorischen Schriften werden Dante, zu dem Tieck ein durchaus ambivalentes Verhältnis unterhielt (Köpke 2, S. 213), und Ariost hin und wieder erwähnt (Stopp 1992, S. 163), dies aber deutlich seltener als die Spanier. Noch rarer sind Hinweise auf die portugiesische Literatur. Werden italienische und portugiesische Schriftsteller dann doch einmal angeführt, erscheinen sie noch weniger als Cervantes und Calderón als individuelle, historische Dichter. Vielmehr bezeichnen auch sie einen bestimmten künstlerischen Prototyp.

Das änderte sich auch nicht durch den Italienaufenthalt Tiecks, der in die Jahre 1805/06 fällt. Obwohl Tieck zu diesem Zeitpunkt bereits gut in die italienische Literatur und Geschichte eingelesen war (Stopp 1992, S. 164), hinterließ diese Reise keine sichtbaren Spuren in seinem Werk. Erst in der Dresdner Zeit nahmen Dante und Camões in Tiecks Bewußtsein eine prominentere Stellung ein: Zwischen 1828 und 1840 (ebd., S. 176) gehörte Tieck dem literarischen Kreis an, der sich um Johann von Sachsen gebildet hatte. Dieser hatte unter dem Pseudonym Philaletes die *Göttliche Komödie* übersetzt und kommentiert (ebd., S. 163; Hölter 2001, S. 178). Es ist bekannt, daß Tieck in diesem Kreis das italienische Original vorlas (Friederich 1950, S. 461; Stopp 1992, S. 163f.). Das ist nicht zuletzt der Grund dafür, daß in den 1830er Jahren Dante auch in der poetischen Produktion eine Rolle spielte: 1834 veröffentlichte Tieck die Novelle *Eine Sommerreise*, in der in einem fiktionalen Briefwechsel rückblickend Ereignisse von 1803 reflektiert werden und eine Auseinandersetzung mit Dante stattfindet (Stopp 1992, S. 173). *Vittoria Accorombona* (1840) ist als späte Frucht der Beschäftigung mit der italienischen

Literatur zu sehen (ebd., S. 165; Hölter 2001, S. 173f.). In diesem Roman setzt Tieck wiederum das Versmaß der *Göttlichen Komödie*, die Terzine, ein, in dem die Heldin auf ihren zukünftigen Tod hinweist (Osols-Wehden 1998, S. 14f.). Die Beschäftigung mit Camões findet sogar erst 1843 in der Novelle *Tod des Dichters* ihren literarischen Niederschlag (Wilmsmeier 1913; Pratas 1973, S. 486–488; Martins 2000). Wie schon der Titel sagt, handelt es sich wiederum um eine Künstlernovelle

Literatur

Behler 1981: Behler, Ernst: The Reception of Calderón among the German Romanticists. In: Studies in Romanticism 20 (1981), S. 437–460.
Bertrand 1914: Bertrand, Jean-Jacques Achille: L. Tieck et le théâtre espagnol, phil. Diss. Paris 1914.
Brüggemann 1958: Brüggemann, Werner: Cervantes und die Figur des Don Quijote in der Kunstanschauung und Dichtung der deutschen Romantik, Münster 1958.
Brüggemann 1964: Brüggemann, Werner: Spanisches Theater und deutsche Romantik, Bd. 1, Münster 1964.
Dieze 1769: [Vorrede des Uebersetzers zu:] Don Luis Joseph Velasquez Geschichte der spanischen Dichtkunst. Aus dem Spanischen übersetzt und mit Anmerkungen erläutert von Johann Andreas Dieze, Göttingen 1769, S. 2r–6v.
Friederich 1950: Friederich, Werner Paul: Dante's Fame abroad 1350–1850. The Influence of Dante Alighieri on the Poets and Scholars of Spain, France, England, Germany, Switzerland and the United States. A Survey of the present State of Scholarship, Rom 1950.
Gillies 1938: Gillies, A.: Ludwig Tieck's Initiation into Spanish Studies. In: Modern Language Review 33 (1938), S. 396–401.
Hardy 1965: Hardy, Swana L.: Goethe, Calderon und die romantische Theorie des Dramas, Heidelberg 1965.
Heine 1979: Heine, Heinrich: Historisch-kritische Gesamtausgabe der Werke, 16 Bde., Bd. 8/1: Zur Geschichte der Religion und Philosophie in Deutschland. Die romantische Schule. Text, hg. von Manfred Windfuhr, Hamburg 1979.
Hölter 2001: Hölter, Achim: Religiosität und mystische Sprache in der Dante-Lektüre Ludwig Tiecks. Zum romantischen Verständnis von Mehrdeutigkeit. In: ders.: Frühe Romantik – frühe Komparatistik. Gesammelte Aufsätze zu Ludwig Tieck, Frankfurt a. M./u. a. 2001. S. 71–188.
Kern 1967: Kern, Hanspeter: Ludwig Tiecks Calderonismus. In: Spanische Forschungen der Görresgesellschaft 23 (1967), S. 189–356.
Kern 1968: Kern, Hanspeter: Calderon und Tiecks Weltbild. In: Spanische Forschungen der Görresgesellschaft 24 (1968), S. 337–396.
Lüdeke 1930: Lüdeke, H. (Hg.): Ludwig Tieck und die Brüder Schlegel. Briefe mit Einleitung und Anmerkungen, Frankfurt a. M. 1930.
Lussky 1928: Lussky, Alfred-Edwin: Cervantes and Tieck's Idealism. In: Publications of the Modern Language Association of America 43 (1928), S. 1082–1097.
Martins 2000: Martins, Catarina: Camões como paradigma do artista na novela *Tod des Dichters* de Ludwig Tieck. In: Maria Manuela Gouveia Delille (Red.): Camões na Alemanha. A figura do poeta em obras de Ludwig Tieck e Günter Eich, Coimbra 2000, S. 45–185.
Martins/Garraio 2000: Martins, Catarina/Garraio, Júlia: Momentos da recepção de Camões na literature de expressão alemã (séculos XIX e XX). In: Maria Manuela Gouveia Delille

(Red.): Camões na Alemanha. A figura do poeta em obras de Ludwig Tieck e Günter Eich, Coimbra 2000, S. 15–44.

Metz 2006: Metz, Jens: Der Einfluss des Miguel de Cervantes Saavedra auf die deutsche Romantik am Beispiel Ludwig Tiecks. In: Hispanorama (2006), H. 111, S. 27–33.

Novalis 1981: Novalis: Schriften. Die Werke Friedrich von Hardenbergs, 4 Bde., Bd. 2: Das philosophische Werk 1, hg. von Richard Samuel, 3., nach den Handschriften, ergänzte, erweiterte und verbesserte Auflage, Stuttgart/u. a. 1981.

Osols-Wehden 1991: Osols-Wehden, Irmgard: Dante im Tempel der deutschen Kunst. Eine Betrachtung zur Dante-Rezeption in der frühromantischen Dichtung. In: Deutsches Dante-Jahrbuch 66 (1991), S. 25–42.

Osols-Wehden 1998: Osols-Wehden, Irmgard: Pilgerfahrt und Narrenreise. Der Einfluß der Dichtungen Dantes und Ariosts auf den frühromantischen Roman in Deutschland, Hildesheim 1998.

Pratas 1973: Pratas, Maria: Camões na Alemanha. In: Brotéria 97 (1973), S. 476–492.

Schelling 1907: Schelling, F. W. J. von: Werke. Auswahl in drei Bänden, hg. von Otto Weiß, Bd. 3: Schriften zur Philosophie der Kunst und zur Freiheitslehre, Leipzig 1907.

Scherer 2003: Scherer, Stefan: Witzige Spielgemälde. Tieck und das Drama der Romantik, Berlin/New York 2003.

Schlegel 1967: Schlegel, Friedrich: Kritische Ausgabe, Bd. 2: Charakteristiken und Kritiken I (1796–1801), hg. und eingeleitet von Hans Eichner, Paderborn/u. a. 1967.

Staub 1970: Staub, Margret: Die spanische Romanze in der Dichtung der deutschen Romantik mit besonderer Berücksichtigung des Romanzenwerkes von Tieck, Brentano und Heine. Untersuchungen zur vergleichenden Literaturgeschichte, phil. Diss. Hamburg 1970.

Stopp 1992: Stopp, Elisabeth: Ludwig Tieck and Dante. In: dies.: German Romantics in Context. Selected Essays 1971–86, hg. von Peter Hutchinson/u. a., London 1992, S. 163–187.

Wilmsmeier 1913: Wilmsmeier, Wilhelm: Camoens in der deutschen Dichtung des 19. Jahrhunderts. Ein Beitrag zum Künstler-Drama, Erfurt 1913.

Zybura 1994: Zybura, Marek: Ludwig Tieck als Vermittler der spanischen Dichtung in Deutschland. In: Zeszyty Naukowe Wyższej Szkoły Pedagogicznej w Rzeszowie. Ser. Filologiczna. Zesz. 13. Historia Literatury (1994), No. 2, S. 177–202.

Italienisches und dänisches Theater des 18. Jahrhunderts (Gozzi, Goldoni, Holberg)

Stefan Scherer

Tiecks Auseinandersetzung mit der jüngeren italienischen Literatur des 18. Jahrhunderts läuft in erster Linie über die Namen Gozzi und Goldoni (zur Rolle der klassisch-humanistischen Dichtung siehe den Beitrag *Romanische Literatur des Mittelalters und der Frühen Neuzeit* in Kap. 2).

> Goldoni ist die einzige positive Ausnahme unter den allgemein geringgeschätzten Dramatikern Italiens, ja die verstreuten Nachlaßskizzen [...] zu zweitrangigen Theaterautoren legen den Schluß nahe, daß Tieck die italienische Bühne nur wegen des kulturhistorisch engen Zusammenhangs mit der spanischen beschäftigt. (Hölter 1989, S. 64)

Im Bereich der dänischen Literatur äußert sich Tieck neben vereinzelten Hinweisen auf den Zeitgenossen Adam Oehlenschläger (vgl. Schweikert 1, S. 351; 2, S. 31f., 39, 189, 245) v. a. über den Komödienautor Ludvig Holberg, den Oehlenschläger herausgab und den Tieck selbst zu übersetzen plante (ebd., S. 95; Hölter 1989, S. 173).

Gozzi ist für Tieck relevant, weil ihn die Emanzipation des Wunderbaren im Drama gegenüber der klassizistischen *vraisemblance* fasziniert. Neben Shakespeare geht die Idee, Märchenstoffe aus Perraults *Contes de Fées* in neuartigen Märchendramen zu gestalten (Brodnitz 1912, Kober 1925), auf Gozzis *fiabe teatrali* (1761–1765) in der Tradition der *commedia dell'arte* zurück (dazu Feldmann 1971, S. 47–55; Winter 2007, S. 143–168). Holberg wiederum ist Begründer des neuzeitlichen dänischen Theaters, der in der Tradition der römischen Komödie Molière und die italienische Maskenkomödie mit derbkomischem Realismus in einer teils bäuerlichen, teils bürgerlichen Sphäre verbindet. Er wirkte damit auf das deutsche Theater des 18. und frühen 19. Jahrhunderts, u. a. auch auf Lessing, nachdem Gottsched drei Stücke (in der Übersetzung von Georg August Detharding) in seine *Deutsche Schaubühne* (1740–1745) aufgenommen hatte. Das ist durchaus überraschend, weil die *commedia dell'arte* von Gottsched ja eigentlich verworfen wird. Aspekte wie die moralische Funktion der Belehrung und Verbesserung, die konkrete Lokalisierung der Komödienhandlung und schließlich das satirische Lächerlichmachen von Fehlern in den Komödien Holbergs entsprechen indes durchaus der Poetik Gottscheds (Hinck 1965, S. 199). Daraus ergibt sich der bemerkenswerte Befund, daß Holberg sowohl für die Aufklärung als auch für die Romantik interessant war (vgl. ebd., S. 199f.). Tieck ist von ihm fasziniert, weil er eine europäische Spiel-im-Spiel-Dramatik jenseits der modellbildenden englischen Dramatik zur Zeit Shakespeares vertritt (siehe den Beitrag *Dramen und dramatische Bearbeitungen* in Kap. 4). Holberg wirkte dabei v. a. mit seiner Komödie *Ulysses in Ithacia* von 1725 für die szenische Selbstreflexion in *Der gestiefelte Kater* anregend.

Die poetologische Auseinandersetzung Tiecks mit Gozzi, Goldoni und Holberg bleibt allerdings durchaus partikular. Zu Gozzi äußert er sich erstmals in seinem Begleittext zur *Tempest*-Bearbeitung (siehe den Beitrag *Tieck als Übersetzer* in Kap. 3) *Über Shakspeare's Behandlung des Wunderbaren*, in dem es um die Frage geht, durch welche poetischen Verfahren das Wunderbare im Drama illusionistisch plausibel gemacht werden kann (siehe den Beitrag *Poetologische und kritische Schriften von 1792 bis 1803* in Kap. 3). Von einer mit Shakespeare vergleichbaren Bedeutung Gozzis für Tieck, die Kober (1925) unterstellt, kann allerdings auch in diesem Zusammenhang nicht die Rede sein (Feldmann 1971, S. 4).

Gozzi und die Romantik

Neben Shakespeare und Calderón feiern die Romantiker Gozzi als dritten großen Vertreter romantischer Poesie (Hinck 1965, S. 388–394). Verselbständigt hat sich dieses Urteil in der Forschung bei Marelli (1968), die den Einfluß auf Tieck überschätzt, weil sie dramatische Verfahren Gozzis in die Komödien Tiecks »hineininterpretiert« (Feldmann 1971, S. 10). Derartige Kurzschlüsse gehen auch darauf zurück, daß die spezifischen Differenzen zwischen dem phantastischen Effekttheater Gozzis und Tiecks romantischen Dramen für eine ›imaginäre Bühne‹ der poetischen Einbildungskraft nicht gesehen werden. Genau diese Differenz begründet Tiecks grundsätzliche Vorbehalte gegen Gozzi.

Gozzis Sammlung *fiabe teatrali* gestaltet Märchenstoffe (u. a. *Die Liebe zu den drei Pomeranzen* oder *Das blaue Ungeheuer*) in einer witzigen Märchendramatisierung, die Persiflage, Literaturkritik, Dichterfehde und volkstümliche Zauberkomödie mit stark pantomimischen bzw. körpersprachlichen Anteilen vereint (DKV 6, Kommentar, S. 1345). Hatte Goldoni die *commedia dell'arte* durch die Charakterkomödie nach französischem Muster überformt, verwirft Gozzi als dessen Antipode (vgl. Feldmann 1971, S. 39–46; Winter 2007, S. 39–47) diese aufgeklärt-rationalistische Konzeption, weil er übernatürliche

Elemente und das Geheimnisvolle in der Komödie retten will. Aus diesem Grund sprechen sich auch die Brüder Schlegel für Gozzi aus, so etwa in der in Wien gehaltenen 14. Vorlesung zur *Geschichte der alten und neuen Literatur* von Friedrich Schlegel (1812) (vgl. DKV 6, Kommentar, S. 1345). Während sich die Brüder Schlegel eingehender auf Gozzi einlassen, äußert sich bei Tieck »ein nur en passant eingestandenes Faible für ihn« (Hölter 1989, S. 64).

Tiecks Äußerungen zu Gozzi und Goldoni

Eindeutig negativ fällt Tiecks Urteil über Gozzi in *Über Shakspeare's Behandlung des Wunderbaren* aus, während er später seine Kritik abmildert und in den *fiabe* »geistreiche[] Versuche« des europäischen Theaters erkennt (KS 4, S. 193). In der Shakespeare-Abhandlung von 1793 kritisiert er die rein theatralisch angelegten »dramatischen Mißgeburten« Gozzis scharf und stellt diese den Komödien Goldonis gegenüber:

> Die Einführung des Wunderbaren in seine Schauspiele, war eines der Mittel, wodurch Gozzi seinen talentvollen Vorgänger Goldoni vom Italienischen Theater zu verbannen suchte. Das Unregelmäßige seiner Stücke gab einigen reisenden Engländern Gelegenheit, ihm den Namen eines Italienischen Shakspeare zu geben. Diese beiden Dichter sind sich aber durchaus unähnlich, sowohl was die Darstellung der Charaktere und Leidenschaften, als auch die ganze Anlage ihrer Stücke betrifft. Gozzi hat keinen andern Plan, als zu unterhalten, und Lachen zu erregen; der größte Teil seiner Schauspiele ist nur Farce, er dramatisiert irgend ein orientalisches Märchen, besetzt einen Teil der Rollen mit komischen Personen, und fügt das Wunderbare hinzu, um seine Komposition noch bizarrer und grotesker zu machen. [...] In der Art, wie Gozzi das Wunderbare in seinen Stücken benutzt, zeigt es sich vorzüglich, wie wenig er neben Shakespeare genannt zu werden verdient, denn bei ihm ist es nur ein Spielwerk für die Augen des Zuschauers, der durch Verwandlungen oft genug überrascht wird. (DKV 1, S. 706f.)

Die verlachkomischen Stücke Goldonis mit bürgerlichen Themen ohne allen wunderbaren Apparat, die Gozzi so entschieden bekämpfte, stehen dagegen für Tieck »in jeder Rücksicht unendlich über den seinigen« (ebd., S. 707). Um 1796–1799, zur Zeit der einschlägigen romantischen Komödien, finden sich keine direkten Bemerkungen Tiecks über Gozzi, auch wenn die harte Verurteilung in der Shakespeare-Abhandlung wohl auch vor dem Hintergrund der Würdigungen durch die Brüder Schlegel abgemildert erscheint. Diesen Schluß läßt zumindest die Aufnahme Gozzis in den ›Garten der Poesie‹ im 5. Akt der Universalkomödie *Prinz Zerbino* zu, in dem mit Dante, Petrarca, Ariost, Tasso, Cervantes, Hans Sachs und Sophokles die weltliterarischen Vorbilder romantischer Poesie versammelt werden (vgl. S 10, S. 276). Von Gozzis »Manier« spricht Tieck in den Rahmengesprächen des *Phantasus* (DKV 6,

S. 393). Diese besteht für ihn im »Nebeneinander von Märchenpathos und Maskenburleske, die in ihrer Übertreibung auf das ›Bizarre‹ und Groteske‹ zielen« (Feldmann 1971, S. 117). Formal wird die Verwandtschaft der *fiabe* mit dem romantischen Drama am deutlichsten in der »Verbindung von Ernst und Scherz, Poesie und Prosa, Hohem und Niederem« (ebd., S. 101; hier auch der Hinweis auf A. W. Schlegels Vergleich mit Shakespeare und Calderón). Tieck erkennt in dieser Manier aber kaum eine tiefere Bedeutung, weshalb er die *fiabe* im Grunde genommen ablehnt, selbst wenn er für *Ritter Blaubart* das »Humoristische und Bizarre« der Gestaltung betont (S 1, S. VII). Auch im Opernlibretto *Das Ungeheuer und der verzauberte Wald* habe er »das Grelle und Phantastische« (S 11, S. 150) gesucht, so daß die ›groteske‹ und ›bizarre‹ Darstellung in diesem Fall durchaus anerkannt wird. Positive Urteile dieser Art bleiben insgesamt aber »doch sehr spärlich und zurückhaltend« (Feldmann 1971, S. 117).

Auch später fallen die Würdigungen verhalten aus. In der *Schriften*-Fassung des *Phantasus* von 1828 nennt Clara Gozzis *fiabe* »anmutig und von großer Wirkung« und stellt sich dabei die Frage, warum »dieser Dichter nie nachgeahmt worden« sei (S 5, S. 6). Im Anschluß daran liest Lothar sein Stück *Der Blaubart* vor, verbunden mit dem ausdrücklichen Hinweis, daß dieser »Versuch, ein Kindermärchen dramatisch zu bearbeiten, [...] doch keine Nachahmung seiner [Gozzis] Manier zu nennen ist« (ebd., S. 6; DKV 6, S. 393). Im Kern zielt auch dieser Befund auf das von Tieck verworfene Effekttheater. In späteren *Phantasus*-Gesprächen gesteht Lothar, daß seine Vorliebe »kleinen Winkeltruppen« gelte, »die Künstler ohne großen Ruf« auf die Bühne bringen. Eine Vorstellung

> war eine jener grellen, populären, die für mich und das Volk immer Reiz behalten. Die ernsthaften Rollen, die großen Herrn und Fürsten wurden schlecht und steif extemporisiert und nur der Narr war unvergleichlich, wodurch das Stück ein wahres großes Weltgemälde wurde, und sich von selbst poetisch ironisierte. (DKV 6, S. 663)

Das ist aber schon eine romantische Interpretation, die der Darstellungslogik der *fiabe* tatsächlich kaum mehr entspricht. In späteren Schriften wie *Das deutsche Drama* (in *Dramaturgische Blätter*, 1825/26) verlagert sich der Akzent auf die Frage nach dem Nationaltheater (vgl. Feldmann 1971, S. 118):

> Gozzi machte den Versuch, das Maskenspiel und die Kunst des Improvisirens in Märchen oder Schauspielen, die er wieder den Spaniern nachbildete, zum Nationaltheater zu erheben und Goldoni und dessen kleinliche Schilderungen zu verdrängen, aber mit dem Absterben der Truppe Sacchi sind auch seine geistreichen Versuche in Italien für immer gestorben, und der deutsche Leser muß sich gestehen, daß Gozzi's Polemik gegen Goldoni eine einseitige und unbillige ist, da

dieser überdies mannichfaltiger und reicher in seinem Gemälden sich zeigt, als Gozzi, der mehr blendet als befriedigt. (KS 4, S. 193f.)

Auch hier besteht also der Vorbehalt gegenüber der unpoetischen Drastik. »Gozzi weiß in seinem Pedantismus für das, was er die ältere bessere Zeit nennt, mit Grazie und Kühnheit das Possierliche zu vereinigen« (S 1, S. XIII). Goldoni hingegen wird von Tieck attestiert, daß es ihm gelungen sei,

> sich der Nation gewissermaßen zu bemächtigen, indem er durch eine große Anzahl von Komödien in allen Theilen Italiens sich großen Beifall erwarb. Er ist wol der einzige Dramatiker der Italiener, der eine Seite des Nationalcharakters, die Passivität, Schwäche, das kleinliche Leben und die armen Leidenschaften mit Beobachtung und Geist aufgefaßt, und sie mit etwas dünnem, aber oft anmuthigem Witze hingestellt hat. So ungleich seine Komödien sind, so müssen doch die meisten zu den ergötzlichen Produkten gerechnet werden. (KS 4, S 193)

Die Italiener seien folglich »nur in ihren extemporisirten Maskenlustspielen national zu nennen« (*Das altenglische Theater*; KS 1, S. 219). Auch Gozzis Leitidee habe darin bestanden, auf der Grundlage der *commedia dell'arte* ein literarisches Nationaltheater zu schaffen. Darin sei er allerdings gescheitert:

> Nur den Engländern und Spaniern ist es gelungen, ein wahres nationales Theater zu erschaffen. [...] Goldoni wurde nachher allgemein beliebt, indem er von den Sitten und dem Wesen des Volkes mit großer Wahrheit einen kleinen beschränkten Theil auffaßte und darstellte; wie wenig Gozzi trotz seines Talents und augenblicklichen Beifalls national gewesen, beweist, daß er schon jetzt in seinem Vaterlande vergessen ist. (Ebd.)

Dennoch kommt auch Gozzi für Tieck neben Goldoni in seinem Entwurf eines Berliner ›Volkstheaters‹ in Frage:

> Goldoni, etwas verkürzt und gut gespielt, würde für Deutschland von neuem, sowie es noch immer für Italien ist, ein Schatz von Charakteren sein und mannichfaltige Unterhaltung anbieten. Was hinderte, selbst die Märchen und Masken des Gozzi zu versuchen? (KS 4, S. 169f.)

Gozzi-Rezeption in den frühen Dramen

Für Tieck ist Gozzi im Rahmen seiner Aneignung fremder Dramenformen für die deutsche Literatur im europäischen Horizont interessant, weil er damit die Kritik an der provinziellen Beschränktheit der Berliner Aufklärung verstärken kann (Ribbat 1978, S. 122). Schon in seinen ersten Schülerdramen arbeitet er die frühen Gozzi-Lektüren in Experimente ein, die Dramenmuster unterschiedlicher Herkunft miteinander kombinieren (zur Wirkung Gozzis auf den

Schüler Tieck Rusack 1930, S. 117–138; Marelli 1968, S. 59–65). Hier spielt Tiecks Orientbegeisterung um 1790 hinein (siehe den Beitrag *Orientalismus* in Kap. 2), weil auch die *fiabe* in »phantastischen Ländern eines klischeehaften Orients« angesiedelt sind (Feldmann 1971, S. 47).

Elemente der *fiabe teatrali* integriert Tieck erstmals im kurzen fünfaktigen Prosa-›Zauberspiel‹ *König Braddock* (1790), das die von Shakespeare herrührende Technik der Kontrastierung tragischer und komischer Szenen forciert, indem Motive von Gozzi, Shakespeares *Macbeth* (schauriger Tanz der bösen Göttinnen in II/2) und Schillers *Die Räuber* fast wörtlich ›kopiert‹ werden (vgl. Hemmer 1910, S. 259–281, hier S. 278). Nach detaillierten Motiv- und Stellenvergleichen – neben der Phantastik der göttlichen Sphären gehört besonders die Probe in der Erlangung des goldenen Zweigs zu den typischen Motiven der *fiabe* – konstatiert Hemmer eine Ansammlung von »Reminiszenzen« aus Lektüreeindrücken (ebd., S. 280). Es handelt sich dabei weniger um die Anverwandlung bestimmter Dramen Gozzis als um das versatzstückhafte Aufgreifen typischer Motive, ohne daß die von Tieck später so benannte ›Gozzische Manier‹ als durchgängig komische Relativierung einer erhabenen Handlung durch burleske Masken bereits durchgehalten wäre. Daß diese Manier nicht strukturbildend ist, sieht man in *König Braddock* allein daran, daß eine durchgehend burleske Parallelhandlung fehlt und darüber hinaus auch hohe Personen Prosa in der Manier des literarischen Sturm und Drang sprechen. Im Grunde genommen geht es eher um die Nachahmung einer shakespearisierenden Kontrasttechnik, die sich u. a. in einer komischen Bürger-Szene im Berliner Dialekt nach dem Vorbild *Richard III.* niederschlägt: »Ich dächte, wir verzögen uns, det könnte da scharf gehn, und wi möchten wat abkriegen« (Halley 1959, S. 149). In solchen Dialektpassagen kann man insofern einen Bezug auf Gozzi sehen, als auch die Masken dialektal gefärbt sprechen (Marelli 1968, S. 59).

Auf jeden Fall aber kompiliert Tieck bereits früh diverse dramatische Traditionen: Im ›Feenmärchen‹ *Das Reh* (1790) kombiniert er die *fiabe* mit Märchendramen Shakespeares. Der Rekurs auf Gozzi wird nun in der Dramenstruktur selbst deutlich (vgl. Scherer 2003, S. 233–239), während in *König Braddock* sowohl eine Intrige als auch die selbstreflexive Ironisierung der Figurenrede noch fehlten. In seinen romantischen Komödien wird Tieck die Drastik der Effekte aus Gegensätzen zurücknehmen, mittels derer er noch in *Das Reh* die erheblichen Differenzen zwischen Shakespeares Poesie und Gozzis Theatralik bedenkenlos überspielt. Greift man seine Kriterien in *Über Shakspeare's Behandlung des Wunderbaren* auf, dann ist *Das Reh* eben noch »*zu wunderbar*«, um den Rezipienten als vertraut, d. h. ›illudierend wahrscheinlich geworden‹ zu erscheinen (DKV 1, S. 705).

So äußert sich in diesem Feen- und Märchendrama zwar bereits die spezifisch romantische »Willkür der Darstellung«, die August Wilhelm Schlegels 16. ›Wiener Vorlesung‹ der *fiabe* attestiert (Schlegel 1966, S. 248). Wie diese ist aber auch *Das Reh* ein Stück »auf den Effekt« und »von kecker Anlage, noch mehr phantastisch als romantisch«, denn »alle Striche der Darstellung sind derb und handfest«, so daß »das Gewicht seiner Masken [...] das luftige Gewebe zum Boden herunter« zieht (ebd.). Auch bei Tieck dient dem »abenteuerlichen Wunderbaren der Feenmärchen [...] die ebenso stark aufgetragene Wunderlichkeit der Maskenrollen vortrefflich zum Gegensatz«, so daß in den ernsten wie den scherzhaften Teilen die Darstellung »gleich weit über die natürliche Wahrheit« hinausgeht (ebd.; vgl. auch Feldmann 1971, S. 102f.). Die »prosaischen, meistens aus dem Stegreif spielenden Masken« bilden so »ganz von selbst die Ironie des poetischen Teils« (Schlegel 1966, S. 248). Die Ironie fungiere deshalb als »ein in die Darstellung selbst hineingelegtes mehr oder weniger leise angedeutetes Eingeständnis ihrer übertreibenden Einseitigkeit in dem Anteil der Phantasie und Empfindung« (ebd., S. 248f.; vgl. auch Hinck 1965, S. 390). Sie unterscheidet sich darin aber gerade von der romantischen Ironie, die alle Gegensätze wie selbstverständlich ineinander blendet und wechselseitig relativiert.

Tiecks Feenstück *Das Reh* demonstriert damit zwar eine weitere Entfaltungsstufe der experimentellen Kontrasttechnik. Noch aber bleiben die ›stark aufgetragenen‹ Sphären unterschiedlicher Herkunft sichtlich getrennt, so daß es von all seinen Dramen der Manier Gozzis tatsächlich am nächsten kommt: Der Schauer-Bereich beschränkt sich auf Ephebe, die idyllische Sphäre auf die Elfenwelt, die pathetisch-erhabene vorwiegend auf Prospero, die empfindsame Ebene auf Fernando und Amanda, die listig-intrigante schließlich auf Printane neben der komisch und zugleich versöhnend intrigierenden Handlung der Masken. Die Aufzählung dieser getrennten Bereiche zeigt allerdings auch an, daß die für Gozzi typische Dreiteilung in Geisterwelt, Märchenwelt und Masken (vgl. Marelli 1968, S. 61f.) bereits poetisch vervielfältigt worden ist.

In *Ritter Blaubart* schreibt Tieck die eigene Experimentaldramatik in der Linie variabler Kontaminationen der *fiabe* mit der Märchendramatik Shakespeares nun auch samt Stimmungslyrik und selbstbezüglichen Wortspielen fort. In launiger Manier greift er hier die Märchenvorlage Perraults auf und bestückt deren Dramatisierung residual mit Gozzi-Elementen, wenn auch bereits sehr viel sparsamer und weniger drastisch eingesetzt als noch im früheren Feenmärchen *Das Reh*. Mit Gozzis Phantastik hat diese Transformation nur im allgemeinen Sinn von Märchendramatik etwas gemein, ohne die Herkunft damit aber gänzlich zu verleugnen (vgl. Feldmann 1971, S. 126). Unterstellte sich *Das Reh* einer drastischen Phantastik, die ihre positiven Heldenfiguren wie in der *fiabe* zur Konfliktlösung mittels Bewährungsproben in exotische Länder und Sphären schickte, beschränkt sich das Wunderbare in *Ritter Blaubart* allein auf jene von allen Beteiligten beargwöhnte Merkwürdigkeit des blauen Bartes.

In den parabatischen Theaterkomödien (siehe den Beitrag *Dramen und dramatische Bearbeitungen* in Kap. 4) tritt die Bedeutung Gozzis zunehmend zurück. Tiecks erste selbständige dramatische Satire *Hanswurst als Emigrant* verbindet in der Manier Gozzis Elemente des *théâtre italien* mit der possenhaften Typenkomödie in der Tradition Lessings, um mit der Verspottung empfindsamer Liebesrhetorik durch eine teils parodistisch, teils selbstbezüglich eingesetzte Figurenrede (auch im Wechsel zwischen Prosa und metrischer Varianz) das rührende Familiendrama Ifflands und Kotzebues in eine ›närrisch-spaßige‹ Klamotte zu verwandeln. Gozzinah ist neben den italienischen Typen (Ubaldo, Montano) u. a., daß Hanswurst als hochverdienter adliger Würdenträger agiert. In der Theaterkomödie *Die verkehrte Welt* vervielfältigen sich die Bezugnahmen derart, daß Gozzi nur noch neben zahlreichen anderen Verweisen u. a. auf Christian Weise, Cervantes, Fletcher und die *commedia dell'arte* hineinspielt (DKV 6, Kommentar, S. 1418f.). In diesem Stück verschmilzt die parabatische Variante der romantischen Komödie mit der Zerstreuungsdramaturgie in *Ritter Blaubart* und der Phantastik Gozzis zu einer »phantastischen Spielkomödie« (Behrmann 1985, S. 179). Mit der empfindsamen Liebesepisode zwischen Laura (gespielt von Emilie, gespielt von Melpomene) und Fernando (gespielt vom ›jungen Menschen‹, gespielt vom ›Fremden‹) zitiert Tieck zudem das eigene frühe Märchendrama *Das Reh*.

Schließlich greift das vieraktige ›musikalische Märchen‹ *Das Ungeheuer und der verzauberte Wald*, 1797/98 während der Entstehung von *Die verkehrte Welt* und *Prinz Zerbino* als Opernlibretto konzipiert, noch einmal den phantastischen Gozzi-Stoff aus *Das blaue Ungeheuer* auf, den Tieck im frühen Märchenstück *Das Reh* zum Melodrama mit komischen Einlagen umfunktionierte. Daß diese Wiederholung beabsichtigt war, zeigt Tiecks Hinweis auf die in »manchen Zügen ähnliche Arbeit unter meinen Papieren« (S 11, S. LIV). Explizit betont er jetzt für seine Märchenoper, daß ihm bei »einigen Figuren [...] die Gebilde Gozzi's [...] vorgeschwebt« hätten (ebd., S. LV). »Wenn Sie diese [Opern und Singspiele mit unwahrscheinlicher Handlung] auf der einen, und den Gozzi auf der andern Seite im Gesicht behalten«, schreibt er in seiner ›Vorrede‹ zum Libretto, »so werden Sie vielleicht finden, daß ich zwischen beiden den Mittelweg gesucht und eine praktische Darstellung meiner Theorie über die komische Oper habe hervorbringen wollen« (S 11, S. 148f.).

Für Tieck stellt die komische Märchenoper eine Form dar, Albernheit mit theatralischen Mitteln zu befördern: »[S]ogenannte poetische Ideen«, so Trappola, dürfe ein »vernünftiger Mensch wohl singen, aber niemals sprechen«

(S 11, S. 153); gesungen werde, so Sebastiano, »in den sogenannten Opern, weil dort der Menschenverstand augenscheinlich mangelt« (S 11, S. 156). Die Annäherung der Märchenkomödie an die Oper legitimiert demnach eine Form der szenischen Unsinnspoesie, die sich hier in der Variante des nichtfiktionsironischen Illusionstheaters als Synthese von Gozzis Lustspiel mit Mozarts Singspiel darstellt (Paulin 1987, S. 48f.).

Die Handlung vom durch bösen Zauber bedrohten Reich aus *Das blaue Ungeheuer* bleibt hier mit allen phantastischen Elementen in Form unverhüllter Theatermachinationen mehr oder weniger beibehalten: Die machtgierige Königin Climene, zweite Gattin des Königs, läßt ihren Stiefsohn durch die böse Zauberin Oriana in ein Ungeheuer verwandeln, um diesen durch dessen Bruder Aldrovan, der das Reich von der Not befreien soll, zu eliminieren. Vermittelnde Funktion kommt wiederum den lustigen Personen aus den *fiabe* zu: den Dienern Rondino und Trappola und den Ministern Sebastiano und Samieli, die jetzt aber im Namen der Vernunft sprechen und gerade so zu lächerlichen Narren mutieren. Gerettet wird der Staat schließlich durch den guten Vertreter des Feenreichs Elfino (zur Handlung auf der Basis der Vorlage Gozzis vgl. Feldmann 1971, S. 134–137).

Die nochmalige Anverwandlung des phantastischen Gozzi-Stoffs versteht sich in erster Linie als Versuch, den »schneidende[n] Widerspruch des Gesanges und der Rede« aufzuheben, indem beide Darbietungsweisen »musikalisch dem Ganzen« dienen sollen, und zwar im Sinne der Darstellung einer »dämmernde[n] Traumwelt von lustigen und phantastischen Gestalten, in Begebenheiten, die sich von selbst auseinander wickeln« (S 11, S. 149). Im Gegensatz zum melo- und damit affektdramatischen Schülerdrama *Das Reh* gibt sich *Das Ungeheuer und der verzauberte Wald* so tatsächlich als praktische Umsetzung der eigenen Poetologie in der frühen Shakespeare-Abhandlung zu erkennen, wenn hier das Wunderbare durch die Musik wahrscheinlich gemacht wird. »[S]chärfere[] Charaktere« werden vermieden und die drastische Handlung zu einer »allgemeiner gehaltenen« Darstellung abgemildert, die »weder an Komödie noch Tragödie streifen« soll. Das »Grelle und Phantastische« ist in »feinere Gesinnungen« und »zartere Verhältnisse« so zurückgenommen, daß durch die Musik-Begleitung ein »Schauspiel« möglich werde, »das sich unaufhörlich selber widerspricht, ohne sich zu vernichten« (ebd., S. 149f.). Alle Unwahrscheinlichkeiten und Inkonsequenzen der Handlung, alle phantastischen Begebenheiten und grotesk-komischen Situationen wie das aberwitzige Buchstabenwürfelspiel des Orakels und seiner Prophetenschüler – Parodie auf die Schicksalssemantik des Melodramas und Persiflage auf die Aleatorik der frühromantischen *ars combinatoria* von Buchstaben zur Freisetzung von Geist (ebd. S. 210ff.) – können sich vermittels Musik und alberner Laune wie selbstverständlich ereignen. Das überraschende Opernfinale mit der Befreiung des

Reichs ganz ohne komödienanzeigende matrimoniale Perspektive – »O herrliches Glück! / O herrliches, wunderherrliches Glück!« (ebd., S. 268) – vermeidet jeden moralisch-didaktischen Einschlag, den noch *Das Reh* als konstitutives Element der *fiabe* zitierte.

Im Spektrum von Tiecks frühromantischen Dramen markiert das »musikalische Märchen in vier Aufzügen« (Paratext) als poetische Oper (Scherer 2003, S. 326–332) den Gegenpol zu *Ritter Blaubart*: Vermeidet diese Märchenkomödie das Wunderbare, um Widersprüche und Gegensätze als Varianten figureninterner Komplexität auszuagieren (vgl. ebd., S. 272–291), bleibt *Das Ungeheuer* bei der äußerlichen Wirkung des Effekttheaters, um dieses zu poetisieren. Die Differenz zwischen Absonderlichem und Gewöhnlichem wird hier nivelliert, indem die Darstellung zwischen Musik und Literatur oszilliert, dies auch in der Doppelung von realem Erklingen und lyrisierender Sprache im Zeichen romantischer Stimmungspoesie (siehe den Beitrag *Lyrik* in Kap. 4). So wird das Modell phantastischer Effektdramatik samt strikter Trennung der Sphären (alternierend zwischen Pathos und Komik) in der Nähe von Gozzis *fiabe* zwar generell gewahrt (vgl. Feldmann 1971, S. 136). Die Verselbständigung musikalischer wie literarischer Laune aber verabschiedet den noch moralischen Impuls der *fiabe* und verwandelt die Darstellung in ein intentionsloses poetisches Spiel.

Durch diese Systemreferenzen auf Gozzi und auf Tiecks eigene frühe Kontamination der *fiabe* mit dem musikalischen Märchendrama, in das er Shakespeares *Sturm* verwandelt hatte (vgl. Scherer 2003, S. 263–266), wird die ironische Relativierung *sämtlicher* Ebenen kenntlich: der pathetischen Empfindsamkeit wie der gespenstischen Sphäre des bösen Zaubers und schließlich sogar der burlesken Ebene. Sie wird vollzogen als Parodie auf die melodramatische Affekt- und Stimmungsdramatik auf der einen, als Belustigung über die versagende Evokationskraft von Zaubersprüchen und als Verspottung reiner Aufgeklärtheit bei den lustigen Personen auf der anderen Seite. Gerade weil *Das Ungeheuer* so gozzinah ausfällt und in der Trennung der Sphären erkennbar der Handlung in *Das Reh* folgt, wird die ironische Abmilderung der Kontrasttechnik im schwebenden Äthergeist parallelistischer Klangpoesie und heiterer Albernheit so gut erkennbar. Obwohl Theatralität mit Hilfe der ganzen Maschinenkunst bis zur offenen Verwandlung des Theaters »in einen prächtigen, unabsehlichen Feenpallast [!] mit wunderbarer Architektur« im Finale (S 11, S. 268) gewahrt bleibt, inszeniert Tieck den Bühnenzauber letztlich als Theatralitätsironie mit Affinitäten zur Theaterkomödie *Die verkehrte Welt*. Operngemäß ist den Figuren ein fiktionsironisches Rollenbewußtsein allerdings versagt. Die ironische Inszenierung des Bühnenapparats mit pompös wunderbarem Opernschluß betreibt demnach weniger drastische Effektdramatik als ein literarisches Spiel mit ihren theatralen Versatzstücken: u. a. eben mit der von Tieck selbst einst fortgeschriebenen Modeerscheinung des Melodramas. Die Nähe zur frühromantischen Poetik begründet sich folglich aus der *poetischen* Komisierung der Oper. Daraus entsteht eine ebenso literarische wie musikalische Märchenkomödie, in der das Wunderbare selbst ironisch behandelt wird. Darin besteht der entscheidende Unterschied zur aufklärerischen Musikdramaturgie, die Tieck in *Der gestiefelte Kater* dazu brachte, Mozarts *Zauberflöte* zu verspotten. Auch in seiner Märchenoper experimentiert Tieck neben aller metrischen Vielfalt mit komischen Formen des literarischen Parallelismus bis hin zur Veralberung der Unsinnspoesie selbst (vgl. S 11, S. 188). Dies indiziert die ernst-pathetische wie komische Poetizität seines Opernlibrettos. Trotz seiner gesteigerten opernhaften Theatralität nähert es sich als »unverbindliches ästhetisches Spiel« damit tatsächlich dem romantischen Drama an (Feldmann 1971, S. 140).

Gewirkt hat dieses – im Blick auf die zeitgenössische Opernästhetik ungewöhnliche – Experiment einer komischen Literarisierung der Oper nach einem Gozzi-Stoff auf E. T. A. Hoffmanns einzigen Lustspielversuch *Prinzessin Blandina* (Scherer 2009) und Brentanos Singspiel *Die lustigen Musikanten* (Scherer 2003, S. 511). Hoffmann kontaminiert seine Gozzi-Adaptation mit den satirischen Theaterkomödien Tiecks, weil er in Tieck den kongenialen Nachfolger Gozzis sieht – nicht ganz triftig, wie gesehen, denn gerade Tieck verwirft die opernhafte Effektdramatik Gozzis als unpoetisch, zumal sie eben tatsächlich klassizistisch begründet ist und damit lehrhaft-moralische Ziele verfolgt. Von Tiecks *Ungeheuer* geht eine Linie von Veroperungen der *fiabe* aus, die bis zu Richard Wagners *Die Feen* reicht (Feldmann 1971, S. 140f.).

Im Grunde genommen ist Gozzi also nur in den frühen Schülerdramen und in der poetischen Oper *Das Ungeheuer und der verzauberte Wald* strukturell relevant, während die *fiabe* in *Ritter Blaubart* und in *Der gestiefelte Kater* allenfalls motivisch hineinspielen. Auch die Perrault-Dramatisierung *Leben und Tod des kleinen Rothkäppchens* weicht davon ab, wie das Rahmengespräch in *Phantasus* explizit festhält: Gozzi habe seine »Gegenstände« »pathetischer genommen; unmöglich war die Aufgabe dieser Kinder-Erzählung auf diesem Wege zu lösen, und dennoch endigt sie tragischer, als eines der Gozzischen Märchen« (DKV 6, S. 392). In *Rothkäppchen* fällt die »Parodie der Tragödie« tatsächlich »mit der Tragödie selbst zusammen«, wie Anton den Gegensatz zu den ebensowenig erhabenen, aber ›pathetischer genommenen‹ und dennoch eben völlig untragisch endenden Märchendramen Gozzis ganz richtig betont (DKV 6, S. 392; vgl. Scherer 2003, S. 402–407). Auch der für *Prinz Zerbino* geltend gemachte Bezug auf Gozzis *Liebe zu den drei Pomeranzen* (Marelli 1968, S. 129–159; Catholy 1982, S. 225f.) bleibt partikular, selbst wenn dieses Lustspiel die Kontrasttechnik Gozzis formal beibehält, um sie in ein davon aber gänzlich verschiedenes Amalgam permanenter Verkehrungen zu transformieren. Im ›Garten der Poesie‹ darf Gozzi bezeichnenderweise nur einen einzigen Satz äußern: »Dieser [der Aufklärer Nestor] wäre eine gute Maske« (S 10, S. 276). Elemente, die auf Gozzis Phantastik zurückgeführt werden können, sind darüber hinaus etwa Jeremias' Verwandlungen in Tiere (Eule, Affe) (S 10, S. 108–111).

Insgesamt spielt Gozzi in den meisten romantischen Komödien Tiecks keine besondere Rolle. »Ohne Gozzi nachahmen zu wollen«, schreibt Tieck im Vorbericht seiner *Schriften* zu *Der Blaubart*, »hatte mich die Freude an seinen Fabeln veranlaßt, auf andere Weise und in deutscher Art ein phantastisches Mährchen für die Bühne zu bearbeiten« (S 1, S. VII). Wichtiger sind die stofflichen Bezugnahmen auf die Märchenerzählungen Perraults, durch die um 1795/96 die ersten genuin romantischen Werke *Ritter Blaubart* und *Die sieben Weiber des Blaubart* entstehen (Scherer 2012). Nach 1800 sind in Tiecks Dramen keine Gozzi-Spuren mehr zu finden.

Holberg

Den dänischen Komödienautor liest Tieck neben Cervantes' *Don Quijote* nach eigenem Bekunden bereits als Schüler 1785 (DKV 12, Kommentar, S. 1052; Hölter 1989, S. 15), offenbar in der Sammlung *Die dänische Schaubühne* von 1755 (DKV 6, Kommentar, S. 1377). Von der Freude an den Späßen Holbergs und Cervantes' berichtet er Köpke (Köpke 1, S. 44; Schweikert 1, S. 17). Im romantischen Archiv *Phantasus* wird Holberg vor der Theaterkomödie *Der gestiefelte Kater* erwähnt, wobei hier auch die Verbindung seiner Komödien mit dem italienischen Theater anklingt:

> Heut sollten uns die Herren etwas recht Lustiges, Seltsames vortragen, dergleichen Zeug, wie ich immer mit Wohlgefallen in Gherardis Italienischem Theater gelesen habe, das in seinen Possen die ganze Welt nach meiner Meinung anmutig parodiert. Eben so, sagte Theodor, ist mir der Ulysses von Ithaka von Holberg erschienen. (DKV 6, S. 489; zur Farcensammlung Gherardis als Vorlagen für die *fiabe* vgl. Feldmann 1971, S. 64f.)

Neben *Melampe* war Holbergs *Ulysees von Ithacia* (1725) als Ausnahmestück in dessen Komödienwerk (vgl. Klotz 1996, S. 41–62, hier S. 41) eine von Tieck wiederholt gerühmte und empfohlene Inspiration für seine fiktionsironischen Einfälle auf dem Theater: Im Vorbericht seiner *Schriften* rechnet er Holberg neben Beaumont/Fletcher, Ben Jonson oder Shakespeare zu den Autoren, von denen er gelernt habe, wie »die Bühne mit sich selber Scherz treiben« könne (S 1, S. VIII). Als Drama der szenisch reflektierten Illusionsdurchbrechung auf der einen, des theatralischen Spiels mit den Verstößen gegen die drei Einheiten auf der anderen Seite hat Tieck *Ulysses von Ithacia* nachweislich 1799 in Jena vorgelesen (Hölter 1989, S. 204). Die groteske Parodie auf ›Haupt- und Staatsaktionen‹ beeindruckte ihn offenbar gerade wegen der Selbstthematisierung von Theatralität: dort etwa, wo die eigentliche Hauptfigur, der Diener Kilian (Klotz 1966, S. 43–45), die einjährige Zwischenzeit seiner Reise als Diener des Ulysses dem Zuschauer dadurch nahezubringen versucht, daß er sich den ein Jahr langen (Theater-)Bart des Ulysses ans Kinn klebt; er selbst habe keine Zeit gehabt, sich einen Bart wachsen zu lassen. Schlichte Theaterkonventionen machen sich als theatralische Mittel der Illusionierung kenntlich: »Ein Jahr läuft doch mächtig schnell«, meint Kilian, »[i]ch möchte schwören, es hat nicht länger als eine halbe Stunde gedauert« (I/14; Holberg 1943, S. 230). Im Unterschied zu den Komödien der Romantik ist Holbergs ›Radikaldramatik‹ jedoch auch in ihren theaterreflexiven Aspekten rein theatralisch konzipiert (Klotz 1996, S. 19–62) und unterscheidet sich darin von der »poetischen Satire« in *Der gestiefelte Kater* (Brummack 1979, S. 60; zur Rolle Holbergs für dieses Stück vgl. Beyer 1960, S. 160–164; siehe den Beitrag *Dresden, Berlin und Potsdam* in Kap. 1).

Später äußerte sich Tieck nur gelegentlich über Holberg: Im Vergleich mit Aristophanes seien »[d]ie berühmten und oft musterhaften neuen Komödiendichter, wie Ben Jonson, Moliere und Holberg« nur »eine schwächere Abschattung des großen Griechen« (KS 2, S. 322). In seiner Rezension zu Holbergs *Der Zinngießer* am 14. März 1823 (Schweikert 2, S. 161) spricht Tieck vom »ehrlichen, treuherzigen Holberg« (KS 3, S. 98): »Ist Goldoni's Witz leichter, und schwebt für das Auge der Meisten eine feinere Ironie über seinen Spielen, so ist Holberg dafür humoristischer, mannichfaltiger, und beherrscht das wahre, hohe Komische, welches man [...] das Niedrige zu nennen pflegt« (ebd.).

Schließlich widmet Tieck dem dänischen Komödienautor 1807 einen *Epilog zum Geschäftigen von Holberg, der mit einigen Änderungen im Kreise einer edlen Familie war aufgeführt worden* (DKV 7, S. 402–405). Er bringt hier Figuren des Stücks mit ihrem Dichter zusammen, auch wenn insgesamt das Okkasionelle dominiert (Hölter 1989, S. 349). Holberg äußert seine Glückwünsche für eine Familienfeier, nachdem er seine poetischen Prinzipien umrissen hat: »Ein grober Ernst, der sich Vernunft und Weisheit nannte, / Und jeden Scherz und Witz auf Meilen weit verbannte: / Dies alles schien mir wert im Spiegel aufzufassen, / Ein Denkmal heitern Sinns der spätern Welt zu lassen« (DKV 7, S. 404). Leitwörter wie »Lust, Freude, Heiterkeit« und das letzte Wort »Liebe« (ebd., S. 404f.) deuten darauf hin, daß sich in Holbergs Rede Elemente von Tiecks eigener Poetologie artikulieren. Vorher hatten Charaktere seiner Komödie in einzelnen Beobachtungen ein z. T. kritisches Bild des Dramatikers gegeben. Da schließlich auch die Rezeptionsgeschichte Holbergs einbezogen wird, indem Kotzebues Dramen in der Nachfolge Holbergs Erwähnung finden (ebd., Kommentar, S. 728), »darf man den Epilog noch als Derivat der Dichter-Selbstbeschreibungen im *Zerbino* betrachten« (Hölter 1989, S. 350).

LITERATUR

Behrmann 1985: Behrmann, Alfred: Wiederherstellung der Komödie aus dem Theater. Zu Tiecks ›historischem Schauspiel‹ *Die verkehrte Welt*. In: Euphorion 79 (1985), S. 139–181.
Beyer 1960: Beyer, Hans Georg: Ludwig Tiecks Theatersatire *Der gestiefelte Kater* und ihre Stellung in der Literatur- und Theatergeschichte, phil. Diss. Stuttgart 1960.
Brodnitz 1912: Brodnitz, Käthe: Die vier Märchenkomödien von Ludwig Tieck, phil. Diss. Erlangen 1912.
Brummack 1979: Brummack, Jürgen: Satirische Dichtung. Studien zu Friedrich Schlegel, Tieck, Jean Paul und Heine, München 1979.
Catholy 1982: Catholy, Eckehard: Das Lustspiel in der Romantik. In: ders.: Das deutsche Lustspiel. Von der Aufklärung bis zur Romantik, Stuttgart/u.a. 1982, S. 183–285.
Feldmann 1971: Feldmann, Helmut: Die Fiabe Carlo Gozzis. Die Entstehung einer Gattung und ihre Transposition in das System der deutschen Romantik, Köln/Wien 1971.
Halley 1959: Halley, Albert Browning (Hg.): Five Dramas of Ludwig Tieck. Hitherto Unpublished. A Critical Edition [2. Teil], phil. Diss. Cincinnati 1959 [Editionsteil durchgehend paginiert].
Hemmer 1910: Hemmer, Heinrich: Die Anfänge L. Tiecks und seiner dämonisch-schauerlichen Dichtung, Berlin 1910.
Hinck 1965: Hinck, Walter: Das deutsche Lustspiel des 17. und 18. Jahrhunderts und die italienische Komödie. Commedia dell'arte und Théâtre Italien, Stuttgart 1965.
Hölter 1989: Hölter, Achim: Ludwig Tieck. Literaturgeschichte als Poesie, Heidelberg 1989.
Holberg 1943: Holberg, Ludwig: Komödien, übertragen von Hans und Agathe Holtorf, Bd. 1, Wedel in Holstein 1943.
Klotz 1996: Klotz, Volker: Radikaldramatik. Szenische Vor-Avantgarde: Von Holberg zu Nestroy, von Kleist zu Grabbe, Bielefeld 1996.
Kober 1925: Kober, Margarete: Ludwig Tieck. In: Das deutsche Märchendrama, Frankfurt a.M. 1925 (Reprint Hildesheim 1973), S. 32–52.
Marelli 1968: Marelli, Adriana: Ludwig Tiecks frühe Märchenspiele und die Gozzische Manier. Eine vergleichende Studie, phil. Diss. Köln 1968.
Paulin 1987: Paulin, Roger: Ludwig Tieck, Stuttgart 1987.
Ribbat 1978: Ribbat, Ernst: Ludwig Tieck. Studien zur Komposition und Praxis romantischer Poesie, Kronberg i. Ts. 1978.
Rusack 1930: Rusack, Hedwig Hoffmann: Gozzi in Germany. A Survey of the Rise and Decline of the Gozzi Vogue in Germany and Austria. With especial Reference to the German Romanticists, phil. Diss. New York 1930.
Schlegel 1966: Schlegel, August Wilhelm: Vorlesungen über dramatische Kunst und Literatur. Erster Teil. In: ders.: Kritische Schriften und Briefe, Bd. 5, hg. von Edgar Lohner, Stuttgart/u.a. 1966.
Scherer 2003: Scherer, Stefan: Witzige Spielgemälde. Tieck und das Drama der Romantik, Berlin/New York 2003.
Scherer 2009: Scherer, Stefan: *Prinzessin Blandina*. In: E. T. A. Hoffmann. Leben – Werk – Wirkung, hg. von Detlef Kremer, Berlin/New York 2009, S. 137–143.
Scherer 2012: Scherer, Stefan: Ursprung der Romantik. *Blaubart*-Konstellationen bei Tieck. In: Fabula. Zeitschrift für Erzählforschung/Journal of Folktales Studies/Revue d'Etudes sur le Conte Populaire 53 (2012), H. 3/4, S. 205–222.
Winter 2007: Winter, Susanne: Von illusionärer Wirklichkeit und wahrer Illusion. Zu Carlo Gozzis *Fiabe teatrali*, Frankfurt a.M. 2007.

Orientalismus

Andrea Polaschegg

Tiecks literarischer Orientalismus zeichnet sich durch vier literatur- und kulturgeschichtlich signifikante Charakteristika aus: Erstens ist er vornehmlich ein Phänomen des Frühwerks, zweitens bleibt er in seinen ästhetischen Formen der aufklärerischen Tradition verpflichtet und läßt alle Merkmale des philologischen oder mythopoetischen Orientalismus um 1800 vermissen, drittens ist der Orientalismus in Tiecks Werk deutlich vom Exotismus rousseauistischer Provenienz geschieden, und viertens nehmen seine späteren Texte teils kalkuliert anachronistische Orientalia in Dienst, um eine ›altdeutsche‹ Atmosphäre zu schaffen.

Orientalismus, Frühwerk und Dilettantismusverdacht

Die frühesten literarischen Versuche Tiecks sind von orientalischen Schauplätzen kaum zu trennen. Zwischen 1789 und 1795 entstanden neben dem bis heute unveröffentlichten türkischen Trauerspiel *Roxane* (1789/90) allein drei orientalistische Erzählungen: *Almansur* (1790), *Abdallah* (1791–1793) und *Die Brüder* (1795), die von 1795 bis 1798 in umgekehrter entstehungsgeschichtlicher Reihenfolge publiziert wurden. Ebenso konsequent wie Tiecks Hinwendung zu morgenländischen Gefilden in den ersten Jahren seiner literarischen Tätigkeit erfolgte auch seine spätere Abkehr vom Orient. In den nach 1795 entstandenen Texten wurde das Morgenland allein als Bestandteil der bearbeiteten Volksbücher literarisch fruchtbar gemacht und stieg nie mehr zum alleinigen Schauplatz von Tiecks Dramen oder Erzählungen auf.

Bereits mit dieser engen werkgeschichtlichen Verbindung von Orientalismus und Frühwerk weist sich Tieck als repräsentativer Vertreter des literarischen Systems um 1800 aus. Schließlich läßt sich von Goethe über Günderrode und Heine bis Lenau und Freiligrath die Tendenz deutscher Jungliteraten zu orientalischen Sujets beobachten. Der von Tieck anfangs so bewunderte Karl Philipp Moritz wertete es in seinem Roman *Anton Reiser* sogar als Indiz für literarischen Dilettantismus, wenn junge Dichter ihren Stoff [...] aus dem Entfernten und Unbekannten nehmen; wenn sie [...] morgenländische Vorstellungsarten und dergleichen bearbeiten, wo alles von den Szenen des gewöhnlichen nächsten Lebens der Menschen ganz verschieden ist; und wo also auch der Stoff schon von selber poetisch wird. (Moritz 1994, S. 358)

In diesem Dilettantismusverdacht mag einer der Gründe für Tiecks spätere Abstinenz von orientalistischen Genres liegen. Auch die ältere Forschung, die Tiecks frühen Orientalismus als klischeehaft und kitschig betrachtet hat (Staiger 1976, S. 326; Gundolf 1976, S. 203), scheint diesen Vorbehalt zu teilen. In jedem Fall aber war der Schritt eines literarischen Anfängers ins Morgenland um 1800 ein kleiner und das Angebot an Vorbildern groß. Denn das 18. Jahrhundert hatte mit der »morgenländischen Erzählung« in aufklärerischer Tradition (Balke 1965, S. 838f.) sowie mit einer breiten orientalisierenden Märchenproduktion in Nachfolge der *Tausendundeinen Nacht* bereits zwei Traditionslinien des literarischen Orientalismus geschaffen, an die der junge Tieck anschloß.

Topischer Orient: *Almansur* und *Die Brüder*

Die – eingebettet in den Roman *Nesseln* von August Ferdinand Bernhardi – 1798 erstmalig publizierte Erzählung *Almansur*, die Tieck später mit dem Untertitel *Ein Idyll. 1790* versah und im Rahmen seiner Schriften als eigenständigen Text publizierte (S 8, S. 259–278; siehe den Beitrag *Schülerarbeiten* in Kap. 4), legt von ihrer poetischen Herkunft aus dem erzählerischen Orientalismus des 18. Jahrhunderts beredtes Zeugnis ab: Wie in Wielands *Das Gesicht des Mirza* (1754), in Johann Gottlob Benjamin Pfeils *Versuch in moralischen Erzählungen* (1757) oder August Jakob Liebeskinds *Palmblättern* (1786–1800) wird der morgenländische Schauplatz dabei ausschließlich durch die in der zeitgenössischen Literatur bereits klassischen Namen der Protagonisten (»Almansur«, »Roxane«, »Abdallah« und »Nadir«), durch wenige geo- und topographische Marker (»Bagdad«, »Palme« und »Arabiens Steppen«) sowie ein minimales Arsenal kultureller Topoi (»Houris«, »Mahomet«, »Milch und Datteln«) aufgerufen. Die Gestaltung des Handlungsraums folgt topologischen Regeln (Bosse 1997, S. 46–49) und entwirft den Orient als semantischen Raum, der von historischer und kulturräumlicher Spezifik gleichermaßen unberührt bleibt, wobei Tieck zunächst den tradierten Topos der orientalischen Weisheit aktualisiert: Die Begegnung des von der Welt enttäuschten Almansur mit dem greisen Einsiedler Abdallah in der idyllischen Wildnis bei Bagdad und ihre Gespräche über das Für und Wider der Weltflucht stehen in direkter Nachfolge der morgenländischen Erzählungen des empfindsam aufgeklärten 18. Jahrhunderts mit ihren omnipräsenten weisen Derwischen und lehrhaften Unterhaltungen, die Tieck allerdings kompositorisch erweitert: Mit dem eingeschalteten Märchen *Nadir*, in dem sich vor den Augen des misanthropen Titelhelden eine einsame Hütte in einen prächtigen, von Allegorien des menschlichen Glücks bevölkerten Palast verwandelt, greift er auf Motivik und Komposition der *Tausendundeinen Nacht* zurück und damit seiner eigenen Märchenproduktion vor. Hier realisiert Tieck den Orient als Ort des literarisch plausiblen Wunderbaren, wie er durch die französische Feenmärchen-Tradition bereits fest etabliert war. Indem er diesen allerdings auf den Handlungsraum der Binnenerzählung beschränkt, sind in *Almansur* das Morgenland der Weisheit und der Orient des Wunderbaren auf zwei unterschiedlichen Erzählebenen angesiedelt, denen Tieck überdies einander widersprechende Lehren zuweist (Bosse 1997, S. 48f.): Während der Protagonist im Märchen von der zauberischen Bewohnerin des allegorischen Palasts zur Rückkehr in die Gesellschaft aufgefordert wird, sieht sich der Titelheld der Rahmenerzählung vom Eremiten zur Teilhabe an seinem weltabgewandten Idyll eingeladen.

Dem in kompositorischer und didaktischer Hinsicht verdoppelten Orientalismus in *Almansur* folgen mit *Die Brüder* und *Abdallah* zwei weitere, in sich konsistentere Spielarten des Sujets: Mit der 1795 in den *Straußfedern* publizierten Erzählung *Die Brüder* bewegt sich Tieck im Gattungsfeld der moralischen Erzählung morgenländischer Herkunft, wie sie J. G. B. Pfeil 1755 in Deutschland etabliert hatte (Pfeil 2006, S. 89f.). In einem erneut topischen Handlungsraum um Bagdad ereignet sich die wechselvolle Geschichte des ungleichen Brüderpaares Omar und Machmud, die sich zu einer Parabel der Bruder- und Nächstenliebe fügt. Von figuralen Repräsentanten orientalischer Weisheit frei, nimmt die Erzählung selbst die Stelle der moralischen Instanz ein, wobei das Wunderbare nun als integraler Bestandteil der morgenländischen Erzählwelt erscheint. Es tritt in Gestalt des islamischen Engels Asrael auf, der Tieck wahrscheinlich aus Antoine Gallands französischer Übersetzung der *Tausendundeinen Nacht* (1704–1717) vertraut war. Asrael erscheint dem sittlich tief gesunkenen und verarmten Omar nach dessen altruistischem Bußakt auf einem Berg und will ihn »in die Wohnungen der Seligen« führen. Der junge Mann folgt der »Lichtgestalt [...] auf den rothen Strahlen durch die Wolken«, um dann allerdings »unten am Fuße des steilen Felsen mit zerschmetterten Armen« zu erwachen (S 8, S. 255f.). Zwar verläßt Tieck mit dieser figurierten Selbstmordphantasie den pädagogisch-sittlichen Rahmen der moralischen Erzählung. Doch der Auftritt visionär-supranaturaler Elemente wie des orientalisierten Engels sind bereits bei Pfeil und auch im möglichen Vorbild *Almansurs*, in Voltaires *Zadig oder Das Schicksal* (DKV 1, Kommentar, S. 993), ein konstitutives Element des moralisch-morgenländischen Genres, das Tieck mit seiner umfangreichsten Erzählung *Abdallah* (ebd., S. 253–447) schließlich in radikaler Weise konterkariert.

Schauerroman mit barockem Orientalismus: *Abdallah*

Das ebenfalls 1795 anonym erschienene, von Gewalt, Spuk, Wahnsinn und Weltekel durchzogene ›Nachtstück‹ (ebd., Kommentar, S. 976) *Abdallah* erhebt die Grenzüberschreitung ebenso zum ästhetischen Prinzip wie zum zentralen Thema. Daß den Zeitgenossen ein morgenländischer Schauplatz auch für Überbietungsprojekte dieser Art unmittelbar kommensurabel gewesen ist, belegen sowohl Tiecks legitimierender Vorbericht zur Aufnahme des *Abdallah* in seine Schriften (S 6, S. V–IX), als auch seine Korrespondenz mit Wackenroder (Wackenroder 2, S. 132–136). Denn weder Wackenroder noch Tieck erwähnen bei ihrer Auseinandersetzung mit der Erzählung die Verlegung des Geschehens ins Morgenland, weil sich das offenbar von selbst verstand. Und auch der anonyme Rezensent der Jenaischer *Allgemeinen Zeitung* vom 23. Mai 1797 zeigt sich angesichts des morgenländischen Schauplatzes keineswegs überrascht, sondern gibt sich gelangweilt vom erneuten Versuch eines Autors, »durch schwarze Einwirkungen eines geheimen Bundes, durch magische Wunder, durch gehäufte Schreckensszenen« den Leser zu beeindrucken. Funktion und Effekt des Orientalismus bringt er dabei auf die Formel: »Das orientalische Kostume hilft zwar diesen, nur so oft wiederholten Dingen einigermaßen ein neues Ansehn geben, allein es stellt auch alles gigantischer dar, und verleitet den Vf. zu Uebertreibungen« (DKV 1, Kommentar, S. 985). Tatsächlich überträgt Tieck in seinem *Abdallah* das in Märchen und moralischer Erzählung etablierte morgenländische Sujet auf das Feld des Schauerromans, der in Deutschland keine eigene orientalistische Tradition besaß.

Die Erzählung präsentiert einen großzügiger in Szene gesetzten Orient. Sie ist in der »Tartarei« angesiedelt, die vom Tyrannen Ali geknechtet wird, ohne daß damit automatisch der Topos von »›Asien‹ als Heimat der ›Tyrannei‹« aufgerufen würde (Bosse 1997, S. 49). Sie verbindet thematisch die Problematik des Tyrannenmords mit einem Generationskonflikt und der Frage nach Grenzen und Möglichkeiten der Erkenntnis, taucht das Ganze aber ins düstere Zwielicht des Schauerlich-Apokalyptischen: Während der Vater Abdallahs sich gegen den Tyrannen Ali verschwört und dessen gewaltsamen Sturz plant, verliebt sich sein Sohn unsterblich in die Tochter des Herrschers. In einer ebenso begehbaren wie alptraumhaften Zukunftsvision wird Abdallah von seinem vermeintlich väterlichen Freund Omar mit der Aussicht konfrontiert, sein Liebesglück um den Preis des Vatermords zu erringen. Doch erscheint dem Jüngling der Greis Nadir und überreicht ihm beschriebene Palmblätter, die Omar als ein ehedem menschliches Wesen ausweisen, das im Streben nach unbegrenzter Erkenntnis einen Pakt mit dem luziferischen Mondal eingegangen sei, der als inkarnierte Vernichtung »zwischen den Klippen des Atlas« (DKV 1, S. 335) wohne. Seiner beeideten Absage an die Menschlichkeit schließlich doch untreu geworden, sei Omar von Mondal gemartert und nur unter der Bedingung von der Folter befreit worden, daß er einen Jüngling zum Vatermord treibe. Trotz der rhetorischen und traumtheatralen Rettungsversuche des weisen Nadir hält Abdallah an Omar fest, dessen Plan endlich gelingt: Abdallah verrät den Vater, der vom Tyrannen hingerichtet wird, während die dadurch erworbene Sultanstochter sich mit Grausen von ihrem vormals Geliebten abwendet. Dem im Wahnsinn rasenden Abdallah erscheint in der finalen Vision der Erzählung schließlich die Leiche seines Vaters und erschlägt ihn.

Trotz der Hypertrophie der erzählten Ereignisse und einem Überbietungsprinzip, das Metaphorik und Handlungsführung des Textes gleichermaßen bestimmt, gilt es zum Verständnis des Tieckschen Orientalismus davon zunächst abzusehen. Denn so wie der Aufbau der Erzählung und ihre Einteilung in drei Akte mit je zehn Szenen von einer Tragödienkomposition zeugen (ebd., Kommentar, S. 1002), steht auch die Inszenierung seines Morgenlandes weniger in schauerliterarischer als in bühnenästhetischer Tradition: Der Osten in *Abdallah* erscheint als narrative Transformation des Orients aus dem barocken Trauerspiel sowie von Opern des 18. Jahrhunderts aus der Feder eines Hasse, Händel oder Graun. Tieck setzt ihn mit Hilfe von Kostüm, Dekoration und konventionalisierten morgenländischen Kulturtechniken ins alterisierte Bild, wobei dieser Orient durchweg innerhalb der Grenzen des zeitgenössisch Vertrauten bleibt: Tieck läßt seinen tyrannischen Sultan Ali im Harem erzogen sein und motiviert auf diese Weise dessen Unfähigkeit zur »hohen Empfindung« der Liebe (DKV 1, S. 258); die Sultanstochter Zulma empfängt ihren geliebten Abdallah im von Wohlgerüchen durchzogenen und mit Springbrunnen ausgestatteten Garten und damit in einem paradigmatisch orientalischen Handlungsraum; die Liebenden kommunizieren in der spätestens seit Herders *Hohelied*-Übersetzung (1778) und Musäus' *Melechsala* (1786) allgemein bekannten morgenländischen Blumenzeichensprache, wobei sich das Paar Geheimbotschaften in Gestalt semiotisierter Blumenarrangements schickt (ebd., S. 386); Versprechen werden mit Schwüren »beim Grabe des Propheten« (ebd., S. 289) bekräftigt; beim ersten Anblick der Sultanstochter glaubt der verliebte Abdallah, »die schönste der Hauris zu sehen« (ebd., S. 295), was den Lesern einen hohen orientalischen Wiedererkennungswert garantiert. Mit diesen kulturellen Markern eindeutig als morgenländisch ausgewiesen, entfaltet sich Tiecks Orient also gleichwohl als vertrauter Handlungsraum (Bosse 1997, S. 56) und als analog zum Abendland strukturierte Parallelkultur. Eben dies ermöglicht Lesarten, die etwa den Vatermord Abdallahs als Auseinandersetzung Tiecks mit den politischen Zuständen in Frankreich deuten (Kern 1977, S. 22f.) oder die von den Protagonisten gegeneinander verhandelten Philosopheme als spielerische Auseinandersetzung mit Kant (Ziegner 1987, S. 56–61).

Tieck thematisiert den Orient also nicht, stellt ihn strenggenommen nicht einmal dar, sondern nutzt ihn als fernen Spiegel zur Inszenierung eigenkultureller Konflikte. Damit schreibt er zum einen die Gesetzmäßigkeiten des bühnenästhetischen Orientalismus in die Erzählliteratur hinein fort, der das Morgenland durchweg als das vertraute Andere und nicht als rätselhaft Fremdes künstlerisch realisiert, und schließt andererseits an die Erzählverfahren der morgenländischen Staatsromane Wielands oder Hallers an, in denen der fürstliche Orient stets als Reflexionsmedium der eigenen politischen Ordnung diente. Diese doppelte orientalistische Tradition verbindet Tieck in *Abdallah* mit dem besagten Genre des Schauerromans, das in William Beckfords *Vathek* (1786) seinen damals prominentesten morgenländischen Vertreter hatte. Hölters Vermutung, Tieck habe sich von dieser Erzählung anregen lassen, ist angesichts der weitreichenden thematischen, figurativen und motivischen Parallelen mehr als plausibel (DKV 1, Kommentar, S. 994–996): Erkenntnissucht und Teufelspakt des Kalifen Vathek, die antipodische Figuration eines magischen Verführers und eines guten Dschinn, die um das Schicksal des Helden konkurrieren, sowie eine visionäre Unterwelt legen Beckfords Erzählung tatsächlich als modellhafte Vorlage Tiecks nahe. Doch besonders im Vergleich mit *Vathek* zeichnet sich die orientalistische Dimension um so deutlicher ab, die Tieck in seiner Erzählung gerade *nicht* realisiert: Denn während Beckfords Kalif nicht zuletzt von seinen unstillbaren Begierden in die Fänge des Bösen getrieben wird und eine allen Sinnen huldigende Palastanlage besitzt, bleibt der in der englischen Literatur und französischen Malerei um 1800 prominente Topos orientalischer Sinnlichkeit aus Tiecks *Abdallah* ausgeklammert. Den Tyrannen Ali zeichnet allein Menschenverachtung aus, Omar hat sich von der Menschlichkeit aus entfesseltem Erkenntniswillen losgesagt, und Abdallahs Liebe zu Zulma wird nur deshalb zum Movens seines Untergangs, weil sie seinem erkenntnisübersättigten Geist als einziger Antrieb erscheint.

Man mag Köpkes Einschätzung folgen, daß Tieck in seinem hypertrophen Schauerstück den Orient als Schauplatz von Grenzüberschreitungen nutzt, die das aufgeklärte Deutschland in fiktiv-heimatlichen Gefilden nicht akzeptiert hätte (Köpke 1, S. 113). Doch zum literarisch eingehegten Austragungsort sinnlicher Lust wird sein Morgenland nicht. Vielmehr dient es der Überbietungsästhetik Tiecks als etablierter Ereignisraum des Wunderbaren sowie als literarisch konventionalisierte Heimat von Zauberern und Geistern. Dabei folgt die katastrophische Psychodynamik des Helden einer Affektlogik, die sich deutlich von der barocken Bühne herschreibt: Figuren wie Chach Abas aus Gryphius' *Catharina von Georgien* oder die Sultane aus Lohensteins türkischen

Trauerspielen haben hier Pate gestanden. Und wenn Tieck schließlich 1817 in seiner Sammlung *Deutsches Theater* Lohensteins *Ibrahim Bassa* wiederabdruckt (Deutsches Theater 2, S. 273–344), dann läßt sich das durchaus als Fortsetzung seines frühen literarischen Orientalismuskonzepts mit editorischen Mitteln lesen.

Exotismus statt Orientalismus: *Alla-Moddin*

Trotz seiner bühnenästhetischen Tendenzen ist der Orientalismus des jungen Autors letztlich im Feld des Erzählerischen geblieben. Zwar hatte Tieck sich noch vor seinen morgenländischen Erzählungen an einem türkischen Trauerspiel versucht, es aber nicht vollendet. Der barocken Gattungskonvention entsprechend, stellte er dabei eine historisch-höfische Figur in den Mittelpunkt, die dem deutschen Lesepublikum aus Oper, Lust- und Schauspiel der Zeit wohlbekannt war: Mit *Roxane* wählte Tieck die aufgrund ihres politischen Einflusses und ihrer Mordintrigen legendäre Gattin des osmanischen Sultans Süleyman I. zur Titelheldin. Die Handlung des Stücks (Zeydel 1928, S. 106) läßt keine Rückschlüsse auf die Gründe dafür zu, daß Tieck seine Bearbeitung dieses populären Stoffs weder zur Publikation noch zum Abschluß brachte. Fest steht einzig, daß er den dramatischen Orientalismus nach der *Roxane* nicht weiterverfolgt hat; am allerwenigsten in seinem 1798 publizierten Schauspiel *Alla-Moddin*, das in der Forschung aus unklaren Gründen als orientalistisches verhandelt wird (Hamm-Ehsani 2004).

Dabei hat Tieck den rousseauistisch eingefärbten Exotismus seines in Manila spielenden Dreiakters *Alla-Moddin* sehr klar vom Orientalismus der *Roxane* und der morgenländischen Erzählungen geschieden. Angeregt von Gottlob Nathanael Fischers 1790 in der *Deutschen Monatsschrift* erschienenem Aufsatz *Der König der Suluh-Inseln*, der vom Leben und der Gefangennahme des besagten Königs durch die spanischen Besatzer der Philippinen berichtet (DKV 1, Kommentar, S. 874–878), weist Tieck sein Stück figurativ und thematisch der Südsee zu, die als naturräumliche Heimat des *homme sauvage* konzipiert wird. Die Bewohner der Suhlu-Inseln leben im Einklang mit der »gütigen Natur« (ebd., S. 127), praktizieren eine natürliche Religion ohne Institutionen oder Gesetze (ebd., S. 71f.), kennen Falschheit und Hinterlist ebensowenig wie das Schießpulver und kämpfen mit Pfeil und Bogen (ebd., S. 108). Damit schreibt Tieck eine literarische Tradition fort, die sich in der Nachfolge von Friedrich Wilhelm Zachariäs *Tayti, oder Die glückliche Insel* (1777) herausgebildet hatte. Und wie hier bestimmt auch in Tiecks Schauspiel der figurative Kontrast des ›edlen Wilden‹ mit dem zivilisatorisch verdorbenen Europäer sowohl die dramatische Komposition als auch die Dialoge. Doch gerade indem Alla-Moddin als Vertreter eines rousseauistisch imaginierten Naturvolks auf der Tieckschen Bühne agiert, weist er sich als eindeutig nicht-orientalisch aus: Schließlich fungiert Tiecks literarischer Orient durchweg als dem Abendland analoge Zivilisation, also als andere Kultur, aber niemals als das Andere der Kultur. In den Augen Tiecks wäre somit ein Morgenländer für die Rolle des *homme sauvage* ebenso ungeeignet gewesen wie ein Europäer. Mit dieser kategorialen Trennung zwischen Orientalismus und Exotismus, zwischen morgenländischem Zivilisationsraum und dem Naturraum der Südsee, folgt Tieck den Regeln der Imagination, wie sie in Deutschland bis weit ins 19. Jahrhundert hinein galten (Polaschegg 2005, S. 63–287).

Der fehlende Orientalismus

Nach 1795 findet das Morgenland nur mehr durch die Hintertür (spät)mittelalterlicher Volksbücher Eingang in Tiecks literarisches Werk, wobei man *Die wundersame Liebesgeschichte der schönen Magelone* (1797) als Übergangstext zur orientalistischen Abstinenz lesen kann. Zwar stammt bereits dieser Stoff aus einem ›Volksbuch‹, namentlich dem Roman *Histoire des deux vrais et parfaits amans Pierre de Provence et la belle Maguelonne Fille du roy de Naples* von 1535 (DKV 6, Kommentar, S. 1310). Doch es ist nicht auszuschließen, daß die Stoffanteile aus *Tausendundeiner Nacht* (ebd., S. 1312) ihm in Tiecks Augen einen besonderen Reiz verliehen. Und indem der Autor schließlich, angeregt durch Lope de Vegas Komödienbearbeitung *Los tres diamantes* (1609), die französische Romanhandlung durch die Liebesgeschichte zwischen der Sultanstochter Sulima und Peter von Provence erweitert, betritt er noch einmal den orientalistischen Erzählkontext seiner Zeit: Im fiktiven Handlungsraum des morgenländischen Prinzessinnengartens, den sein zweifach verliebter Ritter aus Treue zu Magelone schließlich flieht, schafft Tieck einen moralischen und stilistischen Gegenentwurf zu Johann August Musäus' ironisch-frivolem »Volksmährchen« *Melechsala* (1786), das die berühmte interkulturelle Bigamie des Grafen von Gleichen in einem eben solchen Garten beginnen läßt (Musäus 1961, S. 657–744).

Mit der *Magelone* aber verabschiedet sich Tieck endgültig vom literarischen Orientalismus. Wo fortan Morgenländisches überhaupt noch zum Tragen kommt, da steht es im Dienst seines ›altdeutschen‹ Projekts. Augenfällig wird das im Lustspiel *Kaiser Octavianus* (1804), das Tieck als poetische Realisation seines poetologischen Programms verstanden wissen wollte (S 1, S. XXXVII–XLI). Allegorisch-antinaturalistisch wie Raum und Zeit des Stücks insgesamt, sind auch die morgenländischen Schauplätze und Figuren kalkuliert anachronistisch in Szene gesetzt: Palästina wird als Heiliges Land durch einen »Tempel« verräumlicht (ebd., S. 165ff.), die Heiden werden vom »Sultan von Babylon« regiert (ebd., S. 215ff.), während der einfache Mann aus dem Christenvolk das Morgenland (»Der Orient muß ein närrsches Ding sein. Hat man da ordentliche Fleischbänke und eine Metzgergilde?«, ebd., S. 157) als türkisch bevölkert weiß. Noch deutlicher zeigt sich Tiecks Strategie, ein dezidiert unzeitgemäßes Orientbild zur Evokation einer mittelalterlich-poetischen Sphäre zu nutzen, in seiner Darstellung des Islam. In überdeutlichem Widerspruch zum Wissensstand seiner Zeit stellt Tieck nämlich die heidnischen Kontrahenten des christlichen Heeres als Polytheisten dar und läßt sie den Propheten Mohammed, vom Sultan »Machmud« genannt, als eigenständigen Gott verehren – und dies sogar in Form einer goldenen Statue (ebd., S. 298). Durch diese ausgeprägte Differenz zwischen dem orientalistischen Wissenshorizont seiner zeitgenössischen Leser und dem fiktiv-mittelalterlichen des Dramas verwandelt Tieck das gesamte Lustspiel in ein Stück aus der ›altdeutschen‹ Welt. Und eben darin unterscheidet sich der literarische Orient in *Kaiser Octavianus* vom Morgenland der um 1800 so prominenten Neokreuzzugsepik etwa aus der Feder Friedrich de la Motte Fouqués, wo allein der Schauplatz ein mittelalterlicher ist, nicht aber – wie bei Tieck – das vom Text implizierte orientalistische Wissen.

Tiecks Morgenland nach 1795 weist sich somit als Effekt des ›altdeutschen‹ Projekts aus und verliert seine eigenständige poetische Funktion. Damit aber zieht sich der ›König der Romantik‹ just in dem Moment aus den morgenländischen Gefilden zurück, als eine neue Form des Orientalismus in die deutsche Literatur und Wissenschaft Einzug hält und auch in Tiecks Umfeld eine enorme Textproduktion anstößt. Ausgerechnet der um 1800 in enger Wechselwirkung zwischen Poesie und Gelehrsamkeit entstehende historisierte, mythologisierte und philologisierte Orientalismus, an dem Johann Gottfried Herder und die Brüder Schlegel ebenso mitarbeiteten wie Joseph Görres, Friedrich Rückert und Johann Wolfgang Goethe (Polaschegg 2005, S. 143–200), kann den philologisch und historisch interessierten Tieck nicht locken. Daß sich die orientalistische Abstinenz dieses Autors dabei nicht aus mangelnder Kenntnis erklärt, zeigt schon ein Blick in seine Bibliothek: Hier finden sich sowohl zahlreiche indologische Studien neben einschlägigen frühorientalistischen Arbeiten, als auch die neuesten Übersetzungen indischer, persischer, arabischer und osmanischer Dichtung (Bibliotheca Tieckiana, S. 95ff.). Um so mehr deutet die Konsequenz, mit der sich Tieck seit seinen Jugendjahren vom literarischen Orientalismus fernhielt, auf eine Programmatik hin. Zwar ließ er im ersten Stück seines *Poetischen Journals* Friedrich Majers Beitrag *Ueber die mythologischen Dichtungen der Indier* (Tieck 1800, 1, S. 165–216) erscheinen. Zugleich aber quittierte er die orientalistischen Kommunikationsangebote der Schlegels entweder mit Schweigen oder gar mit Philippica wie in seinem Brief vom 16. Dezember 1803 an Friedrich, zu denen er mit den Worten Schwung holt:

> Du bist nun ganz im Studium der Orientalischen Herrlichkeiten und ich hoffe, daß du uns bald recht viele Aufschlüße und recht viele Schönheiten mittheilen wirst. Ich glaube immer mehr, daß der Orient und der Norden sehr genau zusammenhängen und sich gegenseitig erklären, auch die ganze alte und neue Zeit erläutern. Nur glaube ich giebt es zum Verständniß für das Herz nur Einen Mittelpunkt, welchen du bis jetzt wohl nicht anerkennen willst, und dieses sind die Offenbarungen des Christenthums. (Tieck-Schlegel, S. 144)

Womöglich bezog sich Tiecks Skepsis also gar nicht auf den neuen Orientalismus selbst, sondern auf eine dahinter vermutete Weltanschauung. Nicht weniger plausibel als ein solcher diskurspolitischer Hintergrund für seine Flucht aus dem literarischen Osten wäre allerdings ein ästhetischer. Denn es ist nicht auszuschließen, daß Tiecks bühnenästhetischer Orientalismus aufgeklärt-barocker Provenienz seine poetische Transformation in ein historisch-philologisches oder mythopoetisches Paradigma schlicht verweigert hat. Noch aber ist die auffällige morgenländische Leere im Werk des etablierten Autors Tieck kaum angemessen erforscht worden. Die Gründe für seine orientalistische Abstinenz zu finden, verspräche Aufschluß über mehr als nur ein werkgeschichtliches Rätsel.

Literatur

Balke 1965: Balke, Diethelm: Orient und Orientalische Literaturen. In: Reallexikon der deutschen Literaturgeschichte. Begründet von Paul Merker und Wolfgang Stammler, hg. von Werner Kohlschmidt und Wolfgang Mohr, Bd. 2, Berlin ²1965, S. 816–869.
Bosse 1997: Bosse, Anke: Orientalismus im Frühwerk Ludwig Tiecks. In: Ludwig Tieck. Literaturprogramm und Lebensinszenierung im Kontext seiner Zeit, hg. von Walter Schmitz, Tübingen 1997, S. 43–62.
Gundolf 1976: Gundolf, Friedrich: Ludwig Tieck. In: Ludwig Tieck, hg. von Wulf Segebrecht, Darmstadt 1976, S. 191–265.
Hamm-Ehsani 2004: Hamm-Ehsani, Karin: Ex Oriente Lux. Cosmopolitics of Orientalism in Ludwig Tieck's Play *Alla-Moddin*. In: Acta Germanica 32 (2004), S. 27–40.
Kern 1977: Kern, Johannes P.: Ludwig Tieck. Dichter einer Krise, Heidelberg 1977.
Moritz 1994: Moritz, Karl Philipp: Anton Reiser. Ein psychologischer Roman. Mit den Titelkupfern der Erstausgabe, hg., erläutert und mit einem Nachwort versehen von Ernst-Peter Wieckenberg, München ²1994.
Musäus 1961: Musäus, J. K. A.: Volksmärchen der Deutschen, vollständige Ausgabe, nach dem Text der Erstausgabe von 1782–86, München 1961.
Pfeil 2006: Pfeil, Johann Gottlob Benjamin: Versuch in moralischen Erzählungen. Ausgewählt und mit einem Nachwort hg. von Alexander Košenina, St. Ingbert 2006.
Polaschegg 2005: Polaschegg, Andrea: Der andere Orientalismus. Regeln deutsch-morgenländischer Imagination im 19. Jahrhundert, Berlin/New York 2005.

Staiger 1976: Staiger, Emil: Ludwig Tieck und der Ursprung der deutschen Romantik. In: Ludwig Tieck, hg. von Wulf Segebrecht, Darmstadt 1976, S. 322–351.
Tieck 1800: Tieck, Ludwig (Hg.): Poetisches Journal, 2 Bde., Jena 1800 (Reprint Nendeln 1991).
Zeydel 1928: Zeydel, Edwin H.: *Das Reh* – ein Jugendwerk Ludwig Tiecks. In: Euphorion 29 (1928), S. 93–108.
Ziegner 1987: Ziegner, Thomas Günther: Ludwig Tieck. Studien zur Geselligkeitsproblematik. Die soziologisch-pädagogische Kategorie der Geselligkeit als einheitsstiftender Faktor in Werk und Leben des Dichters, Frankfurt a. M./u. a. 1987.

Musik

Christine Lubkoll

Verbindungen zur Musik, im Sinne einer konstruktiven Auseinandersetzung mit der Tonkunst als Zeichensystem und Ausdrucksform, lassen sich im Werk Ludwig Tiecks auf drei Ebenen ausmachen. Erstens finden sich, über das Werk verstreut, musikästhetische Reflexionen: namentlich in den der Musik gewidmeten Aufsätzen der in Zusammenarbeit mit Wilhelm Heinrich Wackenroder entstandenen *Phantasien über die Kunst* (1799), in denen zentrale Fragen des zeitgenössischen Musikdiskurses diskutiert und wegweisend weitergeführt werden (Dahlhaus 1978), dann in den 1802 entstandenen *Gedichten über die Musik* sowie in den Rahmengesprächen der Sammlung *Phantasus* (1812/16), in die ein Großteil der Gedichte aufgenommen wurde. Zweitens erprobt Tieck im Rahmen seines lyrischen Werks das gattungspoetologische Konzept einer Musikalisierung der Sprache: Die Tendenz einer zunehmenden Materialisierung und Entsemantisierung der poetischen Ausdruckskunst im Sinne reiner Klanglichkeit wurde von der Forschung zu Recht als »Wortmusik« bezeichnet (Bormann 1987; siehe den Beitrag *Lyrik* in Kap. 4). Drittens schließlich sind auch auf der Ebene der Makrostruktur seiner Texte Parallelen zur musikalischen Kompositionskunst festzustellen, etwa in Form von Wiederholungen, Variationen, zyklischen Anordnungen etc. (Albert 2002).

Mit der Musik kam Ludwig Tieck bereits in seinen Berliner Jugendjahren in Berührung. Im Hause des königlichen Musikdirektors Johann Friedrich Reichardt, der nicht nur das Berliner Kulturleben, sondern durch seine Kompositionen und Schriften auch die empfindsame Musikästhetik des späten 18. Jahrhunderts insgesamt maßgeblich beeinflußt hat, wurde Tieck mit der Tonkunst vertraut gemacht. Er lernte – ohne selbst musikausübend zu sein – Grundprinzipien der Komposition kennen, vor allem aber jene musikalischen Vorbilder, die sich später auch in seinen eigenen musikbezogenen Reflexionen niederschlugen: von der ›alten Kirchenmusik‹ Palestrinas oder Pergolesis über Händel und Graun bis hin zu den Singspielen Reichardts und Mozarts und den Haydnschen Symphonien (vgl. Paulin 1987, S. 14; Salmen 2004; Wackenroder 1, S. 374ff.). Reichardt war es im übrigen auch, der als Ideengeber für den Titel *Herzensergießungen eines kunstliebenden Klosterbru-*

ders deren empfindsam-gefühlsästhetische Grundausrichtung maßgeblich mitbeeinflußte (ebd., S. 287f.). In Berlin hörte Tieck außerdem Vorlesungen von Karl Philipp Moritz, der mit seiner Autonomieästhetik und darüber hinaus namentlich auch in seinem Roman *Andreas Hartknopf* der romantischen ›Idee der absoluten Musik‹ den Weg bahnte (Dahlhaus 1978, S. 66). Während seiner Göttinger Studienzeit schließlich studierte Tieck, zusammen mit Wackenroder, bei dem Musikwissenschaftler Johann Nikolaus Forkel, dessen Vorstellung von einer ›Grammatik‹ und ›Rhetorik‹ der Musik allerdings bei den Freunden auf vehemente Ablehnung stieß (in Wackenroders *Berglinger*-Novelle wurde Forkel mit der polemischen Rede vom »Käfig der Kunstgrammatik« ein literarisches Denkmal gesetzt; Wackenroder 1, S. 139).

Welchen Rang insgesamt die Musik im Denken Ludwig Tiecks, im Rahmen seiner vergleichenden Betrachtungen der Künste ebenso wie in seinen ästhetischen und poetologischen Reflexionen, einnimmt, ist in der Forschung umstritten. Während die einen das Interesse für die Tonkunst eher als untergeordnet betrachten und die Auseinandersetzung mit der Literatur als Medium – namentlich in den Shakespeare-Studien – für vorrangig halten (Vietta 1997), wird Tieck andererseits zu einem Vorreiter des literarisch-musikästhetischen Diskurses um 1800 erklärt. Dabei spielt die Ausrichtung an der empfindsamen Gefühls- und Ausdrucksästhetik ebenso eine Rolle (Naumann 1990) wie die zunehmend abstrakte Reflexion über die Musik als autonomes Zeichensystem (Dahlhaus 1978).

Musikästhetische Reflexionen: *Phantasien über die Kunst* und *Phantasus*

In den von Ludwig Tieck und Wilhelm Heinrich Wackenroder gemeinschaftlich verfaßten *Phantasien über die Kunst* (1799), die wie die *Herzensergießungen eines kunstliebenden Klosterbruders* (1797, eigentlich Ende 1796) vorwiegend Aufsätze zur Malerei versammeln, findet sich am Ende ein »Anhang einiger musikalischer Aufsätze von Joseph Berglinger« (Wackenroder 1, S. 199–252). Von diesen dem Protagonisten aus Wackenroders *Berglinger*-Novelle fiktiv zugeschriebenen Texten stammen die ersten sechs von Wackenroder selbst, die Abschnitte VII (*Unmusikalische Toleranz*), VIII (*Die Töne*) und IX (*Symphonien*) sowie daran anschließend *Der Traum. Eine Allegorie* werden Tieck zugeschrieben (ebd., S. 368–372).

Insgesamt kann festgestellt werden, daß Tiecks Musikreflexionen von durchaus widersprüchlichen Prämissen ausgehen. Sind sie einerseits noch ganz geprägt von der empfindsamen Ausdrucks- und Wirkungsästhetik des späten 18. Jahrhunderts, so finden sich andererseits an manchen Stellen bereits Ansätze eines romantischen Autonomiepostulats: »Tieck schwankt [...] zwischen einer instrumentellen Charakteristik der Musik als Medium und dem Anerkennen ihrer substantiell eigenen Form« (Naumann 1990, S. 89).

Im Aufsatz *Unmusikalische Toleranz* wird vor allem der wirkungsästhetische Aspekt hervorgehoben: Musik erscheint als Medium der Offenbarung des Himmlischen. In Anlehnung an neuplatonische Metaphorik wird ihre Kraft, wie schon in der *Berglinger*-Novelle, mit »Lichtstrahlen« verglichen, die das Herz ergreifen (Wackenroder 1, S. 229; vgl. ebd., S. 132); mit ihrer »Engelsgegenwart« tritt sie unmittelbar »in die Seele, und haucht himmlischen Othem aus« (ebd., S. 229). Die Unmittelbarkeit und absolute Gegenwärtigkeit des musikalischen Eindrucks entzieht sich jedoch zugleich der sprachlichen Beschreibung: »Welche Worte aber soll ich fassen und ergreifen, um die Kraft kund zu machen, die die himmlische Musik mit ihren vollen Tönen, mit ihren liebreizenden Anklängen über unser Herz erzeigt?« (ebd., S. 229). Der hier aus dem empfindsamen Diskurs aufgegriffene Unsagbarkeitstopos bereitet zugleich, allen von Tieck angestrengten Semantisierungsversuchen zum Trotz, den Boden für eine Verortung der Musik in einem ›Jenseits‹ des referentiellen Sprachsystems.

Im anschließenden Aufsatz *Töne* wird daher die Musik als »das Allerunbegreiflichste, das wunderbar-Seltsamste, das geheimnißvollste Räthsel« bezeichnet (ebd., S. 234) und zudem im Vorgriff auf die romantische Zeichenreflexion und Ästhetik als autonomes System charakterisiert – in ausdrücklicher Entgegensetzung zu dem noch von Rousseau emphatisch verfochtenen Postulat der musikalischen Nachahmung:

> Ja diese Töne, die die Kunst auf wunderbare Weise entdeckt hat [...] sind von einer durchaus verschiedenen Natur, sie ahmen nicht nach, sie verschönern nicht, *sondern sie sind eine abgesonderte Welt für sich selbst.* (Ebd., S. 236; Hervorh. C. L.)

In seinem Aufsatz über *Symphonien* greift Tieck diese Stoßrichtung auf und behandelt namentlich die Instrumentalmusik als eine »rein-poetische Welt« (ebd., S. 244), weshalb Carl Dahlhaus ihn zu einem ersten Vertreter einer romantischen »Metaphysik« der Instrumentalmusik erhob (Dahlhaus 1978, S. 62ff.):

> Diese Symphonien können ein so buntes, mannigfaltiges, verworrenes und schön entwickeltes Drama darstellen, wie es uns der Dichter nimmermehr geben kann; denn sie enthüllen in räthselhafter Sprache das Räthselhafteste, sie hängen von keinen Gesetzen der Wahrscheinlichkeit ab, sie brauchen sich an keine Geschichte und an keinen Charakter zu schließen, *sie bleiben in ihrer rein-poetischen Welt.* (Wackenroder 1, S. 244; Hervorh. C. L.)

Gerade diese – zeichentheoretisch paradoxe – ›Idee der absoluten Musik‹ (Dahlhaus) ist es aber auch, die Tieck dazu bringt, die Tonkunst wiederum mit der religiösen Offenbarung zu verbinden. Im gleichen Aufsatz *Symphonien* bezeichnet er die Musik, »die dunkelste von allen Künsten«, als »das letzte Geheimnis des Glaubens, die Mystik, die durchaus geoffenbarte Religion« (ebd., S. 241). Zur Begründung wird die romantische Vision einer Einheit von Erkenntnis und Anschauung jenseits jeder differentiellen Versprachlichung angeführt: »Es geschieht hier, daß man Gedanken ohne jenen mühsamen Umweg der Worte denkt, hier ist Gefühl, Phantasie und Kraft des Denkens eins« (ebd., S. 241).

Die von der Forschung konstatierte ›Janusköpfigkeit‹ der Argumentation (Schneider 1998, S. 164f.), die doppelte Bestimmung der Musik als Medium und als autonomes Zeichenspiel, beruht nicht zuletzt darauf, daß Tieck viel weniger auf eine rein musikästhetische Reflexion als vielmehr auf die poetologische Anverwandlung musikalischer Prinzipien im Felde literarischer Ausdrucksmöglichkeiten abzielt. Dies geht auch aus den Gesprächen über Musik hervor, wie sie in der Rahmenhandlung der Sammlung *Phantasus* geführt werden. Hier bildet eine Bemerkung über Strukturparallelen zwischen Dichtung und Tonkunst – das Modell von »Thema und Variationen« (DKV 6, S. 929) – den Ausgangspunkt für eine Bewertung der Musik, wobei kulturkritisch unterschieden wird zwischen einerseits einer ursprünglichen Ausprägung dieser »heilig genannten Kunst«, etwa repräsentiert durch die »Bachischen Werke« bzw. überhaupt durch »gründliche Instrumentalmusik« (ebd., S. 931), und andererseits der neuesten Verbreitung eines oberflächlichen Musikgeschmacks. Die Rede ist von »leere[r] Mode und Kränklichkeit« (ebd., S. 930), von »verderblichste[r] Weichlichkeit« (ebd., S. 931), ja von einer »liederlichen und obszönen Musik« (ebd., S. 931), wobei hier als Referenzpunkt die Opern Spontinis genannt werden. Die so ins Werk gesetzte diskursive Entgegensetzung von alter und neuer, von »heilige[r]« und »ruchlos[er]« Musik (ebd.) ermöglicht es schließlich, das Paradigma des abstrakten Kompositionsprinzips (»Instrumentalmusik«) mit der Vorstellung von religiöser Offenbarung kurzzuschließen (»heilig«). Beide Dimensionen kommen dort im Werk Tiecks zum Tragen, wo auf Musik angespielt wird. Damit positioniert sich Tieck deutlich zwischen den musikästhetischen Paradigmen des 18. Jahrhunderts und der romantischen Musikspekulation (Lubkoll 1995; Müller 1989; Naumann 1990). Aus dem empfindsamen Diskurs übernimmt er die Ausdrucks- und Gefühlsästhetik, außerdem die Verbindung von Musik und Religion. Die in der empfindsamen Musikdiskussion wirksame Dichotomisierung von Gesang und Instrumentalmusik, (Natur-)Melodie und Harmonie, Sprache des Herzens und künstlichem mathematischem Kalkül überwindet er jedoch zugunsten einer grundsätzlichen Zeichenreflexion des Musikalischen. Die Mystifizierung der Instrumentalmusik als einer selbstreferentiellen, ganzheitlichen Artikulationsform wird dabei paradoxerweise zusammengeschlossen mit einer Glorifizierung des Gesangs als einer Form der geoffenbarten Religion; beiden gemeinsam ist ihre Ansiedlung letztlich in einem Jenseits der Sprache, ihre Auffassung als Medium des Unsagbaren.

Musik und Religion, Musik als Medium:
Gedichte über die Musik

Direkt im Anschluß an das Musikgespräch in der Sammlung *Phantasus* finden sich Tiecks Sonette *Die heilige Cäcilie*, die dem 1802 entstandenen Zyklus *Gedichte über die Musik* entstammen. Diese Gedichte wurden erstmals in der Gedichtausgabe von 1821 gesammelt veröffentlicht; ein Teil von ihnen fand bereits 1812/16 Eingang in den *Phantasus*, allerdings auf die drei Bände verstreut, und in der zweiten Fassung von 1828 kam es zu Umstellungen und Streichungen (vgl. DKV 7, S. 635ff.).

In den Sonetten *Die heilige Cäcilie* – das Motiv der Schutzpatronin der Musik findet sich bereits in Wackenroders *Berglinger*-Novelle und in zahlreichen Musikerzählungen der Zeit (Lubkoll 1995) – wird der Akzent vor allem auf die Musik als Medium der geoffenbarten Religion gesetzt. Angesichts der schon zuvor im *Phantasus*-Gespräch entwickelten Oppositionsbildung von ›heiliger‹ und ›profaner‹ Musik, die im ersten Sonett aufgegriffen wird, spricht nun im zweiten Sonett die heilige Cäcilie selbst und mahnt zur Besinnung auf die sakrale Dimension ihrer Kunst:

> Ihr sollt auch Gott, der euch erschaffen, loben,
> Den Kirchendienst soll meine Orgel weihen,
> Den Glauben stärken mit allmächt'gen Tönen. (DKV 6, S. 933; DKV 7, S. 141)

Das Motiv der musikalisch-religiösen Offenbarung wird in den folgenden Gedichten, die einigen Komponisten alter (Kirchen-)Musik gewidmet sind, erneut weitergeführt: *Marcello* (ebd., S. 141f.), *Pergolese* (ebd., S. 143), *Palestrina Marcello Pergolese* (ebd., S. 147). Auch hier oszilliert die Musikbeschreibung zwischen empfindsamer Ausdrucksästhetik und abstrakter Strukturreflexion: Einerseits erscheint die Tonkunst immer wieder als eine ›Sprache des Herzens‹: »[...] da klingt mit Engelflügeln / Entbunden und gefunden / der Wohllaut, zitternd, aus des Herzens Wunden« (*Marcello*, ebd., S. 142); oder: »Ich kann in Tönen sagen, wie ich liebe« (*Pergolese*, ebd., S. 143). Andererseits ist es das polyphone Modell der »allmächt'gen Töne« (*Die heilige Cäcilie*, ebd., S. 141), immer wieder verdeutlicht am überwältigenden Klang der Orgel und am »rauschende[n] Getümmel« süßer Lieder (*Pergolese*, ebd., S. 144), das als Garant einer unmittelbaren Glaubenserfahrung herangezogen wird. Interessant erscheint in diesem Zusammenhang auch der Umgang mit der im Musikdiskurs des 18. Jahrhunderts herausgebildeten Dichotomie von Gesang und Instrumentalmusik (vgl. Lubkoll 1995): Im Sonett *Die heilige Cäcilie* wird diese zwar vordergründig aufgenommen:

> Wie könnt ihr Erz und armes Holz so plagen
> Euch selber quälend? Daß kein Herz erglühet
> Im liebenden Gesang zum Himmel blühet,
> Aus tiefsten Nächten zu den heitern Tagen? (DKV 7, S. 140f.)

Diese Referenz an die empfindsame Priorisierung des Gesangs wird aber in den Gedichten über die Musik insgesamt überdeckt durch die Insistenz auf die allgemeine Funktion aller Musik als Dolmetscherin einer göttlichen Botschaft. So wird auch die Musik selbst als eine Art Sprachrohr eingeführt, etwa mit Gedichttiteln wie *Die Musik spricht* (ebd., S. 138f.) oder *Die Musik beschließt* (ebd., S. 147). Dies betrifft ebenfalls solche Gedichte, die eher eine weltliche Sphäre im Blick haben (»Liebe denkt in süßen Tönen«, *Glosse*, ebd., S. 152) oder auch eine Art ›Naturmusik‹ aufrufen (»Wie Chorgesang rauscht hier das Baumgedränge«, *Garten*, ebd., S. 148). Auffällig ist immer wieder die poetologische Engführung von Sprache und Musik, so in *Die Musik spricht*, wo die biblische Setzung zu Beginn (»Am Anfang war das Wort«, ebd., S. 138) in die Selbstrede der Musik übergeführt wird: »Vernimm, wie meine heil'gen Töne rufen« (ebd., S. 139).

Die Kongruenz von poetischer Rede und musikalischer Ausdruckskunst wird in einem zentralen Text der *Gedichte über die Musik* auch über die formale Gestaltung inszeniert: *Stabat mater* (ebd., S. 144–147). Schon in Wakkenroders *Berglinger*-Novelle hatte der Protagonist die Textstruktur der Messe *Stabat mater* formal und rhythmisch aufgenommen und in einer eigenen Gedichtproduktion nachempfunden (Wackenroder 1, S. 136f.). In Tiecks *Stabat Mater*-Gedicht wiederholt sich nicht nur diese rhythmische Angleichung an die Vorlage, sondern die Musikalisierung wird auch auf der Ebene der Klanglichkeit der Sprache, namentlich der Reimstruktur, vorangetrieben.

»Eine abgesonderte Welt für sich selbst«: Tiecks »Wortmusik«

Zu Recht wurde in der Forschung von einer Art »Wortmusik« im Werk Tiecks gesprochen (Bormann 1987). Im Gedicht *Stabat mater* wird diese durch ungewöhnlich lange Reim-Reihen (bis zu sechs gleichlautende Endreime nacheinander), zahlreiche Parallelismen, Anaphern, Alliterationen und Assonanzen ins Werk gesetzt.

> [...] Menschen, seht hier eure Wonnen,
> Ausgelöscht sind eure Sonnen,
> Ausgetrocknet alle Bronnen.
> Aber habt ihr euch besonnen,
> Daß euch dadurch Heil gewonnen?
> Daß mein Herz am Kreuzesschafte,
> Milder Jesus, ewig hafte,
> Bis es liebend ganz verbronnen!
> Ja es soll in mir zerbrechen!
> Klagen, Weinen, holdes Lachen,
> Ihr müßt jetzt das Ende machen:
> So wie kleine Kindlein sprechen,
> Plötzlich aus den Tränen brechen;
> Ist es Schuld wohl und Verbrechen,
> Wenn sie in den Tränen lachen?
> Wunden, seid wie süße Blumen,
> Seufzer, aus den Heiligtumen
> Steigt empor wie süße Düfte,
> Wallet in die Himmelslüfte:
> Sehnen,
> Tränen,
> Holdseligkeiten,
> Himmlische Freuden,
> Wie sie süß und hell verbreiten
> Durch mein Herz die Herrlichkeiten!
> Nichts soll mich im Tode scheiden,
> Jesu Christ, von deinen Leiden! [...]. (DKV 7, S. 145f.)

Auffällig ist hier – neben der vorherrschenden Orientierung am vierhebigen Trochäus des *Stabat mater*-Textes (»Stabat Mater dolorosa / Juxta crucem lacrymosa«) – die immer wieder einbrechende rhythmische Freizügigkeit. Hierin und in der durch die dominierende Klanglichkeit einsetzenden Tendenz zu einer Verselbständigung der Form gegenüber dem Inhalt hat man die Modernität von Tiecks Lyrik erkannt: Alexander von Bormann spricht in diesem Zusammenhang von »Entsemantisierung, Nichtreferentialität oder Selbstbezüglichkeit der Tieckschen Verskunst« (Bormann 1987, S. 202).

Eine musikalische Poetik findet sich insbesondere auch in den Gedichttexten des Romans *Franz Sternbalds Wanderungen* (1798), von dem Johann Wolfgang Goethe meinte, mindestens der erste Teil solle eher »musikalische Wanderungen« heißen, und zwar »wegen der vielen musikalischen Empfindungen und Anregungen« (zit. nach Sternbald, Kommentar, S. 506). So findet sich etwa im berühmten *Mondscheinlied* (ebd., S. 241ff.) eine Verschmelzung von inhaltlicher Synthetisierung und rhythmisch-klanglicher Dichte, die den Gehalt der lyrischen Rede hinter die Form zurücktreten läßt (vgl. Albert 2002, S. 46; Frank 1989, S. 422–428).

[...] Kommen die Sterne und schwinden wieder,
Blicken winkend und flüchtig nieder,
Wohnt im Wald die Dunkelheit,
Dehnt sich Finster weit und breit.

Hinterm Wasser wie flimmende Flammen,
Berggipfel, oben mit Gold beschienen,
Neigend rauschend und ernst die grünen
Gebüsche, die blinkenden Häupter zusammen. (Sternbald, S. 242).

Musikalische Romanpoetik: *Franz Sternbalds Wanderungen*

Aber nicht nur auf der Ebene der Mikrostruktur der Texte finden sich Elemente einer Musikalisierung der dichterischen Sprache. Auch die Makrostruktur von *Franz Sternbalds Wanderungen* ist von musikalischen Vorstellungen bestimmt, und zwar sowohl inhaltlich als auch strukturell. Hier kann – wie in den musikästhetischen Äußerungen Tiecks – ebenfalls festgestellt werden, daß empfindsamer Musikdiskurs und romantische Formspekulation einander wechselseitig durchdringen. Barbara Naumann vertritt in ihrer überzeugenden Studie die These, »daß Tieck hier eine neue, irritierende Form der musikalischen Poetik des Romans versucht« habe, die den Autor als Modernen ausweise (Naumann 1990, S. 90). Zum einen erscheint die vielfach eingestreute Lyrik im Roman als ein »Netz musikalischer Augenblicke« (ebd.), das den empfindsamen Gehalt jenseits einer konkreten sprachlichen Erfassung evoziert und tradiert:

> »Stets geboren aus Situationen der gesteigerten Empfindung, lösen die Lieder und Gedichte im ›Sternbald‹ auf der Ebene ihrer rhythmischen Struktur und lautlichen Modulationsfähigkeit ein Darstellungsproblem Tiecks [...], nämlich in der Sprache zu einer nicht-verbalen Darstellung der komplexen Gefühlsdimensionen unter musikalischen Voraussetzungen zu gelangen«. (Ebd., S. 93)

Zum anderen wurde in der lockeren Folge von Episoden, eingeschobenen Erzählungen, Liedern und Gedichten, Kunstbetrachtungen, Landschaftsschilderungen und Beschreibungen (musikalischer) Empfindungen ein musikalisches ›Textprinzip‹ gesehen. Claudia Albert spricht von einem »endlose[n] Verweisungsspiel« (Albert 2002, S. 40), nach dem von Tieck favorisierten Prinzip von ›Thema und Variationen‹ (vgl. auch Naumann 1990, S. 91f.).

Schließlich ist auf die Funktionalisierung des Musikalischen als eines polyphonen Moments, als Form der romantischen Vielstimmigkeit und Polyperspektivität, hinzuweisen. Die Protagonisten treten immer wieder in einen musikalisierten Dialog miteinander ein, besonders deutlich etwa in dem nach »den seltsamen Arten der spanischen Poesie« (Sternbald, S. 237) gebauten

Wechselgesang zwischen Rudolf und Franz, in dem der jeweils letzte Vers einer Versrede vom Partner im ersten Vers seiner Antwort-Rede – gleich einer enharmonischen Verwechslung – aufgegriffen und in eine neue Richtung geführt wird:

> Rudolf fing an:
> »Wer hat den lieben Frühling aufgeschlagen
>   Gleich wie ein Zelt
>   In blühender Welt?
> Die Wolken sich nun abwärts jagen;
>   Das Tal voll Sonne,
>   Der Wald mit Wonne
>   Und Lied durchklungen: –
> Der Liebe ist das schöne Werk gelungen.«
>
> F r a n z
> »Der Liebe ist das schöne Werk gelungen.
>   Der Winter kalt
>   Entwich ihr bald,
> Holdsel'ge Macht hat ihn bezwungen.
>   Die Blumen süße,
>   Der Quell, die Flüsse,
>   Befreit von Banden,
> Sind aus des Winters hartem Schlaf erstanden.«
>
> R u d o l f
> »Sind aus des Winters hartem Schlaf erstanden
>   Der Wechselsang,
>   Der Echoklang,
> Die sich durch Waldgezweige fanden.
>   Die Nachtigallen –
>   Gesänge schallen,
>   Die Lindendüfte
> Liebkosen liebevoll die Frühlingslüfte [...]«. (Ebd., S. 237f.)

Der Wechselgesang – die Wechselrede als romantisches Prinzip der wechselseitigen Spiegelung, der Reihenbildung, Potenzierung und Inszenierung von Polyperspektivität – bestimmt über *Franz Sternbalds Wanderungen* hinaus zahlreiche Texte Tiecks. In der Novelle *Musikalische Leiden und Freuden* etwa liefert das polyphone Erzählmodell ein breites Spektrum verschiedener Wahrnehmungs- und Erlebnisweisen des Musikalischen, die sich wechselseitig relativieren, aber auch konturieren. Im Schauspiel *Die verkehrte Welt* wird die polyphone Struktur als poetologisches Modell gleich zu Beginn exponiert, und zwar in Form eines musikalischen Kommentars, einer in Sprache komponierten »Symphonie«.

Musik und romantische Ironie: *Die verkehrte Welt*

Musikalische Einlagen bestimmen insgesamt die Struktur des ›historischen Schauspiels‹ *Die verkehrte Welt*, dessen Erstfassung (1798) Tieck für die Sammlung *Phantasus* (1812/16) erheblich überarbeitete, namentlich in den musikalischen Passagen (vgl. DKV 6, Kommentar, S. 1419ff.). Das Stück beginnt mit der als eine Art ›Ouvertüre‹ in Szene gesetzten »Symphonie« (ebd., S. 561–571); außerdem finden sich nach jedem Akt musikalische Zwischenspiele (»Orchester«, S. 583; »Musik«, S. 600f.; »Musik«, S. 622f.; »Musik«, S. 647f.), mit Ausnahme des fünften Aktes, der als pervertierter ›Prolog‹ endet (»verkehrte Welt«).

Die »Symphonie« zu Beginn des Stückes präsentiert – als Struktur – das musikalische Artikulationsmodell der Polyphonie; verschiedene (abstrakt benannte) Stimmen treten auf, und zwar zum einen Instrumente (etwa: »Violino primo solo«), zum anderen personifizierte kompositorische Bezeichnungen (z. B. »ANDANTE«, »CRESCENDO«, »FORTISSIME«). Damit wird eine synchrone Redevielfalt in einen linearen Text integriert.

Aber nicht nur auf der formalen Ebene, sondern auch inhaltlich wird die Attraktivität des Musikalischen für den poetischen Text bzw. die wechselseitige Durchdringung beider Medien und die jeweilige Indienstnahme ihrer Vorzüge thematisiert, ja proklamiert:

> VIOLINO PRIMO SOLO
> Wie? Es wäre nicht erlaubt und möglich, in Tönen zu denken und in Worten und Gedanken zu musizieren? O wie schlecht wäre es dann mit uns Künstlern bestellt! Wie arme Sprache, wie ärmere Musik! Denkt ihr nicht so manche Gedanken so fein und geistig, daß diese sich in Verzweiflung in Musik hineinretten, um nur Ruhe endlich zu finden? Wie oft, daß ein zergrübelter Tag nur ein Summen und Brummen zurück läßt, das sich erst später wieder zur Melodie belebt? Was redet uns in Tönen oft so licht und überzeugend an? Ach ihr lieben Leute, (die Zuhörer mein ich) das meiste in der Welt grenzt weit mehr an einander, als ihr es meint, darum seid billig, seid nachsichtig und nicht gleich vor den Kopf geschlagen, wenn ihr einmal einen paradoxen Satz antrefft; denn vielleicht ist, was euch so unbehaglich verwundert, nur das Gefühl, daß ihr dem Magnetberg nahe kommt, der in euch alle eisernen Fugen und Klammern los zieht: das Schiff, welches euch trägt, zerbricht freilich, aber hofft, vertraut, ihr kommt an Land, wo ihr kein Eisen weiter braucht. (Ebd., S. 569)

Wichtig ist nicht nur die (einseitige) poetologische Anverwandlung musikalischer Ausdrucksmöglichkeiten in der Sprache, sondern vor allem das Modell eines komplementären Zusammenwirkens beider Künste bzw. ihrer Grundprinzipien. In *Die verkehrte Welt* wird die wechselseitige Befruchtung von Musik und Text allerdings zuallererst auch in das im Schauspiel wirksame Ironiekonzept eingebunden, das wiederum im Zeichen der romantischen Ästhetik steht.

Gleich zu Beginn spricht es das »ANDANTE AUS A-DUR« geradezu programmatisch aus:

> Will man sich ergötzen, so kömmt es nicht sowohl darauf an, auf welche Art es geschieht, als vielmehr darauf, daß man sich in der Tat ergötzt. Der Ernst sucht endlich den Scherz, und wieder ermüdet der Scherz, und sucht den Ernst, doch beobachtet man sich genau, trägt man in beides zu viel Absicht und Vorsatz hinein, so ist es gar leicht um den wahren Ernst, so wie um die wahre Lustigkeit geschehen. (Ebd., S. 567)

Nach diesem Anstimmen des Themas, der Proklamation einer permanenten Wechselstruktur, erklingt im Folgenden nicht lediglich eine »wortgewaltige Symphonie« (Bormann 1987, S. 194), sondern vielmehr – auf verschiedene Stimmen verteilt – eine das Prinzip des ironischen Wechselspiels selbst realisierende Strukturreflexion über die Musik. Da geht es zunächst, gewissermaßen als Kontrapunkt zum Modell der ironischen Spiegelung, um das polyphone Ideal der Simultaneität der Zeichen:

> PIANO
>
> Gehören aber wohl dergleichen Betrachtungen in eine Symphonie? Warum soll es denn so gesetzt anfangen? Ei nein! wahrhaftig nein, ich will lieber sogleich alle Instrumente durcheinander klingen lassen! (Ebd., S. 567)

Sodann wird das »Getümmel« der Töne, das »lauteste Gedränge« im Fortissime (ebd., S. 568) mit dem Erhabenen analogisiert (»da orgelts tief, wie Donner im Gebirg; da rauscht es, tobt es, wie ein Wassersturz, der verzweifelt, sich vernichten wollend, über die nackten Klippen stürzt«, ebd., S. 568). Manfred Frank weist – mit Blick auf die Gattungsbezeichnung »Bambocciade« – allerdings zurecht darauf hin, daß das Erhabene hier »grotesk-parodistisch« zum »Niedrigen und Gemeinen« herabgestimmt werde (ebd., Kommentar, S. 1413). Schließlich wird der Musik als Zeitkunst eine synthetisierende Kraft zugesprochen: Zwar repräsentiert sie – durch das permanente ›Davoneilen‹ der Töne – den »Untergang« (ebd., S. 568); zugleich jedoch ermöglicht sie, als Medium der Erinnerung, doch eine Erfahrung umfassender Gleichzeitigkeit:

> TEMPO PRIMO
>
> Doch die Erinnrung bleibt, und sie wird wieder Gegenwart: muß ich doch diese auch beleben und mit meinem Bewußtsein durchdringen, darum kann ich das was War und Ist und sein Wird in Einem Zauber binden. (Ebd., S. 568)

Eine solche (musikalische) Rede in ›paradoxen Sätzen‹, wie sie in der Folge auch der schon zitierte Part der »VIOLINO PRIMO SOLO« anstimmt (ebd., S. 569), inszeniert nicht nur das Prinzip der romantischen Ironie als eines unaufhörlichen dynamischen Verweisspiels, sondern wirft auch ein treffendes Licht auf die Tiecksche Musikreflexion insgesamt: »in Tönen zu denken und in Worten und Gedanken zu musizieren« (ebd., S. 569) – in dieser Verschmelzung und Verdichtung erscheinen Musik und Poesie gleichermaßen als Medium und als losgelöstes Formprinzip, als Mittler von Gefühlen und Offenbarungen ebenso wie als absolutes Zeichenmodell. Das Schwanken Tiecks zwischen empfindsamer Ausdrucksästhetik und autonomem Kunstideal läßt sich so weniger – wie in der Forschung konstatiert – als Widerspruch oder Ambivalenz denn vielmehr als ein Grundprinzip der Vielstimmigkeit und ›Gleichzeitigkeit des Ungleichzeitigen‹ verstehen. Tieck erblickt es in der Musik und versucht, es struktural und funktional für die Dichtung fruchtbar zu machen. Und selbst dieses Programm wird in der »Symphonie« der Komödie *Die verkehrte Welt* noch ironisch gewendet:

PIZZICATO MIT ACCOMPAGNEMENT DER VIOLINEN
Die paradoxen Sätze sind übrigens für verständige Leute weit seltener, als man denken sollte. Die verständigen Leute sind aber noch viel seltener. (Ebd., S. 569)

Literatur

Albert 2002: Albert, Claudia: Tönende Bilderschrift. »Musik« in der deutschen und französischen Erzählprosa des 18. und 19. Jahrhunderts, Heidelberg 2002.
Bormann 1987: Bormann, Alexander von: Der Töne Licht. Zum frühromantischen Programm der Wortmusik. In: Die Aktualität der Frühromantik, hg. von Ernst Behler und Jochen Hörisch, Paderborn/u.a. 1987, S. 191–207.
Dahlhaus 1978: Dahlhaus, Carl: Die Idee der absoluten Musik, Kassel/München 1978.
Frank 1989: Frank, Manfred: Einführung in die frühromantische Ästhetik. Vorlesungen, Frankfurt a.M. 1989.
Lubkoll 1995: Lubkoll, Christine: Mythos Musik. Poetische Entwürfe des Musikalischen in der Literatur um 1800, Freiburg i. Br. 1995.
Müller 1989: Müller, Ruth E.: Erzählte Töne. Studien zur Musikästhetik im späten 18. Jahrhundert, Stuttgart 1989.
Naumann 1990: Naumann, Barbara: Musikalisches Ideen-Instrument. Das Musikalische in Poetik und Sprachtheorie der Frühromantik, Stuttgart 1990.
Paulin 1987: Paulin, Roger: Ludwig Tieck, Stuttgart 1987.
Salmen 2004: Salmen, Walter: Tieck und die Familie Reichardt. Zur Wirkung »romantischer Dichtung« auf deren Musik und Musizieren. In: »lasst uns, da es uns vergönnt ist, vernünftig seyn! –«. Ludwig Tieck (1773–1853), hg. vom Institut für Deutsche Literatur der Humboldt-Universität zu Berlin, unter Mitarbeit von Heidrun Markert, Bern/u.a. 2004, S. 297–309.
Schneider 1998: Schneider, Jost: Autonomie, Heteronomie und Literarizität in den *Herzensergießungen eines kunstliebenden Klosterbruders* und den *Phantasien über die Kunst*. In: Zeitschrift für deutsche Philologie 117 (1998), H. 2, S. 161–172.
Vietta 1997: Vietta, Silvio: Zur Differenz zwischen Tiecks und Wackenroders Kunsttheorie. In: Ludwig Tieck. Literaturprogramm und Lebensinszenierung im Kontext seiner Zeit, hg. von Walter Schmitz, Tübingen 1997, S. 87–99.

Bildende Kunst

Helmut Pfotenhauer

Tieck und Wackenroder studieren im Sommersemester 1793 in Erlangen und unternehmen Ausflüge in die fränkische Umgebung: nach Nürnberg, Bamberg, Bayreuth, in die fränkische Schweiz mit ihren Burgruinen, ins Fichtelgebirge und nach Pommersfelden, um in Schloß Weißenstein die damals berühmte Galerie der Schönborn zu besuchen. Während Tiecks Reiseberichte, brieflich an seine Schwester Sophie abgefaßt (Wackenroder 2, S. 155ff.), eher spärlich und nüchtern ausgefallen sind und auf bildende Kunst so gut wie nicht eingehen (ebd., S. 245ff.), sind diejenigen Wackenroders an seine Eltern ergiebiger und sollen daher kurz referiert werden, denn sie berichten von gemeinsamen Kunsterfahrungen.

Am 22., 23. und 24. Juni 1793 schreibt Wackenroder über den Besuch in Nürnberg, einer Stadt, wie er noch keine gesehen habe. Er schwärmt vom gotischen Prunk der Kirchen (ebd., S. 180ff.) und von den alten, abenteuerlich aussehenden Bürgerhäusern, die sehr weit entfernt vom modernen Geschmack seien. Man sei ganz ins Altertum versetzt und erwarte immer, einem Ritter oder Mönch oder Bürger in alter Tracht zu begegnen. Wackenroder nennt dies »romantisch« (ebd., S. 188). Besucht werden Antiquare wie Christoph Gottlieb von Murr und Johann Friedrich Frauenholz, der den Freunden u. a. Blätter von Albrecht Dürer zeigt, etwa die Leidensgeschichte Christi (*Große Passion*) oder die Apokalypse. Im Rathaus werden noch zwei der vier Apostel Dürers bewundert (ebd., S. 222f.; weitere Bilder Dürers, die damals in Nürnberg zu sehen waren und die Tieck und Wackenroder gesehen haben, sind aufgezählt bei Lippuner 1965, S. 100f.). Wackenroder resümiert die Begeisterung der Freunde: Selbst Raffael solle eingestanden haben, daß Dürer ihn übertroffen haben würde, wäre er nach Italien gekommen und hätte er das Schöne nach den Antiken studiert (Wackenroder 2, S. 186). Dem Klassizismus der Renaissance, insbesondere Raffael, den man ja auch von Winkkelmann bis Goethe über alles schätzte, tritt also eine altdeutsche Variante der Kunst um 1500 an die Seite: Dürer neben (und nicht unter) Raffael, die nicht-klassizistische neben der an den antiken Statuen orientierten Kunst. Mit den *Herzensergießungen eines kunstliebenden Klosterbruders* von 1796/97 und dem *Ehrengedächtniß unsers ehrwürdigen Ahnherrn Albrecht Dürers* von 1797, worin die programmatischen Konsequenzen der Nürnberger Erfahrungen von 1793 gezogen werden, ist ein neues Geschmacksparadigma eingeführt. Denn Dürer war zwar in den Jahrzehnten zuvor schon gelegentlich wiederentdeckt worden: als Kronzeuge gegen die zeitgenössische Kunst, als Repräsentant des Altdeutschen, so in Goethes Abhandlung *Von deutscher Baukunst* von 1772, die dem Baumeister des Straßburger Münster gewidmet ist (Goethe 1973, S. 37; vgl. den Kommentar zur Rezeptionsgeschichte Dürers bei Goethe, S. 745f.). Aber als gleichberechtigt neben der italienischen Renaissance wurde er nicht wahrgenommen. Tieck fertigte wenige Monate nach dem Nürnberger Erlebnis 1793/94 die Mitschrift eines Kollegs des Göttinger kunsthistorischen Lehrers Fiorillo an (Hölter 2001), in dem Dürer noch eindeutig kritisch gegenüber den Italienern, insbesondere Raffael, beurteilt wird.

In Pommersfelden sehen die Freunde nach Angaben Wackenroders weitere Bilder Dürers: eine Kreuzigung, die heute (auch für damals) nicht mehr nachweisbar ist (Wackenroder 2, S. 242; vgl. Kommentar, S. 608f.), und kleine Figuren, denen allerdings eine harte, unrichtige Zeichnung und wenig Ausdruck attestiert werden. Das gängige Geschmacksurteil schlägt hier noch durch. Später, in den *Herzensergießungen*, wird dies ausdrücklich revidiert: Das angeblich Steife und Trockene wird als eine alltagsnahe, menschenliebende Direktheit verstanden, die der Einfachheit Raffaels gleichkomme (Wackenroder 1, S. 94f.).

Raffael erscheint damit ebenfalls in einem neuen Licht. In Pommersfelden glaubte man, in einer Madonna mit Jesuskind, der sogenannten ›Pommersfeldener Madonna‹, einen Raffael sehen zu können. Heute wissen wir, daß das Bild nicht von Raffael, sondern aus der Schule des Antwerpener Malers Joos van Cleve stammt. Wackenroder schreibt über diese Madonna, deutlich an Winckelmanns klassizistischer Programmschrift *Gedancken über die Nachahmung der Griechischen Wercke in der Mahlerey und Bildhauer-Kunst* von 1755 orientiert (Wackenroder 2, Kommentar, S. 610), von der griechischen Idealschönheit dieser Muttergottes (ebd., S. 243), von der seligen Ruhe, von der Beherrschtheit der Gesichtszüge bei aller Tiefe des Gefühls. Aber dann wird dies ins Menschlich-Empfindsame umgedeutet: Der Blick sei mild und lieblich, der Mund sprechend vor Rührung. Und schließlich sei in ihr auch etwas von »Ahndung« (ebd., S. 243) künftiger höherer Dinge. Das Klassizistisch-Übermenschliche, das Dürerisch-Menschliche und das Romantisch-Verweisende gehen eine merkwürdige Mischung ein, die Zeugnis einer Umwertung auch Raffaels selbst ist.

Tieck äußert sich ganz ähnlich in einem Brief an seine Schwester Sophie vom Mai 1793 über die ›Pommersfeldener Madonna‹:

> Am Himmelsfahrttage (der hier ein Feiertag ist), ritt ich mit W.[ackenroder] nach Pommersfelde [...]. Dort ist ein prächtiges Schloß und eine der größten und schönsten Gemäldegallerien in Deutschland, ich habe mich dort außerordentlich gefreut, ich habe auch ein Original von Raphael gesehen, es war göttlich, so ein schönes Ideal und doch so individuell, so einzig, so charakteristisch alle Züge, die höchste Ruhe der reinsten Schönheit und doch Sprache und Geist und jeder Muskel der Madonna u[nd] ihres lieben Kindes; zeige diese Stelle dem Künstler [wohl der Bruder Friedrich, H. P.], er kann sie dir vielleicht erklären, wenn du sie (was ich nicht glaube) nicht ganz verstehen solltest. (Zit. nach Markert 2004, S. 354)

Winckelmann hatte als Inbild der Renaissance Raffaels Dresdner Madonna, die sogenannte »sixtinische«, im Auge (Winckelmann 1995, S. 34f.). Sie war ihm Vorbild für Größe, Ruhe und Stille, wie die Alten sie in den Bildnissen ihrer Gottheiten herrschen ließen. Tieck und Wackenroder besuchten 1796 die Dresdner Galerie, um dasselbe Gemälde, aber nun schon mit anderen Augen, zu betrachten. Hinzu tritt die Inspektion eines Malers, der für Tieck immer wichtiger werden sollte: Correggio (Nabbe 1977; gegen Nabbes Behauptung, die erste Dresdner Begegnung mit Correggio habe 1799/1800 stattgefunden, vgl. Paulin 1988, S. 71f.). Schon der Künstlerbiograph Vasari, den Tieck und Wackenroder über Fiorillo kennengelernt hatten, war voll des Lobes über den lombardischen Maler. Niemand wisse die Farbe besser zu behandeln und mit größerem Reiz die Weichheit des Fleisches wiederzugeben. Allerdings beklagte er, daß er sich nicht in Rom in die Obhut Raffaels begeben habe. Für die Klassizisten – Anton Raphael Mengs, Goethe, Johann Heinrich Meyer – ist Correggio der Meister des Kolorits, des Helldunkels, des Lichts (Osterkamp 1991, S. 103ff., 388ff.). Eine mit Raffael vergleichbare Wertschätzung erreichte er, der nicht wie dieser an den Antiken orientiert war und mit seinen Raumillusionen und Bewegungseffekten eher auf das Barock hindeutet, jedoch nicht. Anders bei Tieck: Im *Sternbald*-Roman von 1798 läßt der Autor seinen Helden von der Sinnlichkeit und Lebenswärme schwärmen, die vom unvergleichlichen Kolorit hervorgerufen werde (Sternbald, II. Teil, 2. Buch, 3. Kapitel). Tieck selbst hat das Sinnlich-Heitere der religiösen und mythologischen Darstellungen Correggios im Gegensatz zu den meisten Zeitgenossen gleichwertig neben oder später sogar über Raffael gesehen (Nabbe 1977, S. 164).

Im Frühjahr 1801 zieht Tieck ganz nach Dresden und hat nun Gelegenheit, sich Correggio dort noch mehr einzuprägen. Nach vielen weiteren Stationen kehrt Tieck 1819 nach Dresden zurück. Vorher konnte er anläßlich der Rückreise aus Italien 1806 in Parma seinen Lieblingsmaler (vgl. Tieck an Friedrich Schlegel, 4. September 1806; zitiert in ebd., S. 157) in der Lombardei selbst kennenlernen. Dort nahm er die Deckenfresken in San Giovanni Evangelista, die Verherrlichung Christi und die Himmelfahrt Mariens in der Kathedrale in Augenschein. In den *Reisegedichten eines Kranken* (*Rückkehr eines Genesenden*) gibt er davon Zeugnis. Aber noch in der Jahrzehnte später entstandenen Rezension des Dramas *Correggio* von Adam Gottlob Oehlenschläger (1827) (Mecklenburg 1970) läßt er die in ein Gespräch über das Drama und seinen Maler vertieften Figuren bekunden, daß die Dresdner Staffelei-Bilder viel höher als die Fresken in Parma stünden; gemeint sind u. a. *Die Nacht, Die Madonna des heiligen Georg* und *Die Madonna des heiligen Sebastian; Die büßende Magdalena* bzw. *Katherina*, auf die sich die Diskussion zu Anfang der Rezension bezieht (KS 4, S. 280ff.).

In der ersten Dresdner Zeit lernt Tieck Philipp Otto Runge kennen und bekommt durch ihn auch eine Anschauung von zeitgenössischer Kunst – noch dazu eine, die von ihm selbst, insbesondere durch seinen *Sternbald*-Roman, beeinflußt war (Feilchenfeldt 1977; siehe den Beitrag *Tieck in der bildenden Kunst* in Kap. 5). Diese hat Tieck aber weit weniger beeindruckt als die Kunst um 1500. Runge war 1801/02 als Klassizist mit einem antik-mythologisierenden Beitrag zu den Preisausschreiben der Weimarer Kunstfreunde (Goethe und Johann Heinrich Meyer) gescheitert und wandte sich, nicht zuletzt eben unter dem Eindruck von *Franz Sternbalds Wanderungen*, einem allegorischen, aufs Höhere, Übersinnliche und Göttliche abhebenden Stil zu. 1803 besuchte Runge Tieck in Ziebingen, wohin dieser von Dresden aus inzwischen gezogen war, und legte ihm die Zeichnungen zu den *Tageszeiten* vor (vgl. Paulin 1988, S. 135ff.). Tieck hat darin wohl nicht die Erfüllung seiner künstlerischen Absichten gesehen. Er blieb reserviert gegenüber der romantischen Rezeptionsgeschichte seiner frühen romantischen Werke. Runge illustrierte dann Tiecks Ausgabe der *Minnelieder aus dem Schwäbischen Zeitalter* (1803). Tieck war aber mehr an der literarhistorischen Bedeutung der Texte als an der Symbolkunst der Vignetten interessiert, die eher hermetisch als illustrativ genannt werden kann.

Jahrzehnte später, in der Novelle *Eine Sommerreise* (1833), die sich auf das Jahr 1803 erinnernd zurückbezieht, kommt Tieck noch einmal auf Runge zu sprechen. Tiefsinnig wird er da von einer der Figuren genannt (S 23, S. 17ff.). Er habe die phantastisch spielende Arabeske – gemeint ist Runges mit Bedeutungen aufgeladener Ornamentalstil – zu einem philosophischen und religiösen Kunstausdruck erhoben. Besonders in den Randzeichnungen, etwa jener *Tageszeiten*, die Tieck selbst vorgelegen hatten, werde aber aus Symbol und Allegorie leicht eine bloß willkürliche Bezeichnung, eine Hieroglyphe. Denn die Aloe etwa mit ihrem bitteren Saft oder der Rittersporn könnten nicht leicht abstrakte Seelenzustände wie Leiden, Tapferkeit oder Mut andeuten. Auch wenn man die Figurenrede einer viele Jahre später geschriebenen Novelle nicht umstandslos mit Tiecks Meinung in der ersten Dresdner Zeit gleichsetzen darf, zeigt diese Bemerkung doch wohl eine andauernde Skepsis gegenüber bildkünstlerischen Zeitströmungen, die sich auf das berufen, was Tieck vor 1800 literarisch entworfen hatte. Nicht zufällig wird in der Novelle schließlich Correggio ins Feld geführt – als Zeuge dafür, wie Tiefsinn und Sinnlichkeit zwanglos zusammengebracht werden können.

Auch von Caspar David Friedrich ist in *Eine Sommerreise* die Rede. Er habe die religiöse Stimmung und Aufreizung, die die deutsche Welt nun zu beherrschen scheine, durch feinsinnige landschaftliche Entwürfe in feierlicher Wehmut anzudeuten gesucht. Betont wird, daß Friedrich versucht habe, diese Landschaften nicht ins Unbestimmte verschwimmen zu lassen. Manches bleibe aber dunkel, und die neue Kunst finde nicht nur Bewunderer, sondern begreiflicherweise auch viele Gegner. Eine persönliche Begegnung Tiecks mit Friedrich ist nicht belegt (Paulin 1988, S. 135f.), und in die späteren Debatten um den Maler (vgl. den sog. Ramdohr-Streit um Landschaftsmalerei und den *Tetschener Altar* von 1808 oder die Stellungnahmen von Brentano und Kleist zu Friedrichs Seelandschaft *Der Mönch am Meer*, 1810) hat Tieck nicht eingegriffen (Paulin 1983).

Anläßlich der Italienreise von 1805/06 hatte Tieck wieder Gelegenheit, sich intensiv mit der Anschauung bildender Kunst zu beschäftigen. Die Reise wurde mit Carl Friedrich von Ruhmohr, dem Kunsthistoriker und Fiorillo-Schüler, den Brüdern Franz und Johannes von Riepenhausen (vor allem als Kupferstecher und Illustratoren bekannt) und dem Bildhauer und Bruder Ludwigs, Friedrich Tieck, unternommen (siehe den Beitrag *Kunsttheorie* in Kap. 3). Die Riepenhausen sollten 1806 Tiecks Drama *Leben und Tod der heiligen Genoveva* von 1800 illustrieren (siehe den Beitrag *Tieck in der bildenden Kunst* in Kap. 5). Tieck war aber kein Freund ihrer sentimentalisierenden Auslegung (Paulin 1978). Er wandte sich in Italien, besonders in Rom, auch den klassizistisch ausgerichteten Künstlern wie dem Bildhauer Bertel Thorvaldsen oder den Malern Gottlieb Schick, einem Schüler Jacques-Louis Davids, daneben Johann Christian Reinhardt, dem Freund Schillers, oder Joseph Anton Koch, dem Meister heroischer Landschaften zu (Paulin 1988, S. 152ff.) – ohne allerdings ästhetisch Partei zu ergreifen.

Tieck hatte hier nun Gelegenheit, das klassische Bildungsprogramm zu absolvieren, das seinen Höhepunkt im Vatikan hatte, in den Statuen des Belvedere-Hofes und den Stanzen des Raffael. Soweit die *Reisegedichte eines Kranken* und die *Rückkehr des Genesenden*, Tiecks literarischer Reisebericht, darüber Auskunft geben, hat dies aber eine eher marginale Rolle gespielt. Im Abschnitt *Der Vatikan* ist nur von »Rafaels hohen Werken« und der »Himmelsschrift der Säle« die Rede (DKV 7, S. 195f.), von den Ikonen der Antike nicht. Beim *Abschied von Rom* gedenkt Tieck noch einmal der »göttlichen Dichtungen« Raffaels in der Sistina, der Logen des Vatikan, der Farnesina-Fresken und des Annibale Caracci im Palazzo Farnese (ebd., S. 229f.). Was die Zeitgenossen anlangt, so wird von Schick ausdrücklich dessen *Apoll unter den Hirten* lobend hervorgehoben. An Rom und Umgebung interessieren aber offenbar mehr die

Sitten und Gebräuche der Bewohner, die Parks und Landschaften und vor allem, wie man aus anderen Quellen weiß, die Bibliotheken, in denen Tieck mittelalterliche deutsche Handschriften studierte (Paulin 1988, S. 155).

Der Höhepunkt der Reise in bezug auf bildende Kunst liegt jedoch unverkennbar außerhalb Roms, und zwar in der Begegnung mit den Werken Correggios in Parma (DKV 7, S. 248f.) – auch wenn diese später gegenüber den Dresdner Bildern relativiert werden. Seit Jahren schon, so der lyrische Kunstfreund, habe er davon geträumt. Nun, wo er in den zwei Tempeln Correggios (der Kathedrale und San Giovanni Evangelista) stehe, die der Künstler mit Pracht und tiefem Sinn geschmückt habe, fehle ihm als Betrachter beinahe die Fassungskraft.

Von einer Bevorzugung der Werke und Meister, die historisch vor dem römischen Raffael und Correggio liegen, und einer Vorliebe für religiöse, allegorische Gegenstände, wie sie Johann Heinrich Meyer in einem Nachgang der klassisch-romantischen Kunstfehde (*Neudeutsche religios-patriotische Kunst*) den *Europa*-Aufsätzen Friedrich Schlegels und der vom jungen Tieck vertretenen romantischen Mode noch 1817 vorwarf (Goethe 1974, S. 66ff.), kann jedenfalls keine Rede sein. Ebenfalls 1817, anläßlich einer Reise nach England und Frankreich, hatte Tieck erneut Gelegenheit, sich mit altdeutscher bzw. altniederländischer Kunst vertraut zu machen. In Köln sieht er den Torso des Domes und die Wallraffsche Sammlung rheinischer Gemälde (Paulin 1988, S. 184), in Aachen Gemälde von Memling, in Brügge van Eyck. Auf der Rückreise inspiziert er die berühmte Sammlung der Brüder Boisserée in Heidelberg. Im ersten Jahrzehnt des Jahrhunderts hatten die Brüder Melchior und Sulpiz Boisserée, noch in Köln, aus ehemaligem kirchlichem Besitz eine bedeutende Kollektion altdeutscher und altniederländischer Kunst mit Bildern u.a. von Memling und van Eyck zusammengetragen (sie befinden sich heute in der alten Pinakothek in München). Auch Goethe konnte sich ihrem Reiz nicht entziehen. Er besuchte sie ab 1811 wiederholt und berichtete 1816 über sie in seiner Schrift *Über Kunst und Altertum in den Rhein- und Main-Gegenden* (Osterkamp 1991, S. 229ff.). Tieck seinerseits war so beeindruckt, daß er diese Kunstschätze nach brieflichen Äußerungen zeitweise noch über Raffael und Correggio stellte (Paulin 1988, S. 188, 334). Das Leben, so sagte er nach dem Bericht eines Bekannten, sei lebenswert, wenn man die Bilder dieser Sammlung betrachten könne. Zur großen literarischen Herausforderung wie in den 1790er Jahren die Kunst Dürers oder Lukas van Leydens wird diese Wieder- oder Neu-Entdeckung altdeutscher und altniederländischer Kunst für Tieck nun aber nicht mehr.

Die Erzählung *Eine Sommerreise* bezieht sich auf eine Reise, die Tieck mit seinem Freund Burgsdorff im Juni und Juli 1803 von Dresden aus nach Franken unternommen hatte. Bereits diese Reise war eine Reminiszenz. Die Novelle, drei Jahrzehnte später (1834) publiziert, ist eine literarisch verarbeitete

Erinnerung an das damals schon Nostalgische. Hier sind es drei Freunde, die u. a. Nürnberg besuchen, Dürers Grab auf dem Johannisfriedhof sowie den Kunsthändler und Antiquar Frauenholz (S 23, S. 61). Sie gelangen auch nach Pommersfelden und besichtigen die dortige Galerie (ebd., S. 62f.). Hervorgehoben wird noch einmal die schöne Madonna von Raffael. Das Bild habe einen wundersamen Ausdruck, aber in dem großartigen Stil zeige sich zugleich etwas wie moderne Sentimentalität (ebd., S. 63). Tieck läßt mit der Jugenderinnerung die modernen kunstreligiösen Projektionen zur Sprache kommen, die vor 1800 am Werke waren. Sie sind ihm, wie die Begeisterung für das Altdeutsche, längst historisch geworden.

LITERATUR

Feilchenfeldt 1977: Feilchenfeldt, Konrad: Runge und die Dichter. In: Jahrbuch der Deutschen Schiller-Gesellschaft 21 (1977), S. 297–326.

Goethe 1973: Goethe, Johann Wolfgang: Berliner Ausgabe, 22 Bde., hg. von Siegfried Seidel, Bd. 19: Kunsttheoretische Schriften und Übersetzungen I, Berlin/Weimar 1973.

Goethe 1974: Goethe, Johann Wolfgang: Berliner Ausgabe, 22 Bde., hg. von Siegfried Seidel, Bd. 20: Kunsttheoretische Schriften und Übersetzungen II, Berlin/Weimar 1974.

Hölter 2001: Hölter, Achim: Der Romantiker als Student. Zur Identität von zwei Tieck-Handschriften. In: ders.: Frühe Romantik – frühe Komparatistik. Gesammelte Aufsätze zu Ludwig Tieck, Frankfurt a.M./u.a. 2001, S. 87–113.

Lippuner 1965: Lippuner, Heinz: Wackenroder, Tieck und die bildende Kunst. Grundlegung der romantischen Ästhetik, Zürich 1965.

Markert 2004: Markert, Heidrun: »Schakspear, W[ackenroder] u[nd] die Natur umher machen mich sehr glücklich«. Zwei ungedruckte Briefe Ludwig Tiecks aus der Entstehungszeit der Romantik. In: »lasst uns, da es uns vergönnt ist, vernünftig seyn! –«. Ludwig Tieck (1773–1853), hg. vom Institut für Deutsche Literatur der Humboldt-Universität zu Berlin, unter Mitarbeit von H. M., Bern/u.a. 2004, S. 331–356.

Mecklenburg 1970: Mecklenburg, Carl Gregor zu: Correggio in der deutschen Kunstanschauung in der Zeit von 1750–1850. Mit besonderer Berücksichtigung der Frühromantik, Baden Baden/u.a. 1970.

Nabbe 1977: Nabbe, Hildegard: Ludwig Tiecks Verhältnis zu Correggio. In: Seminar 13 (1977), H. 3, S. 154–169.

Osterkamp 1991: Osterkamp, Ernst: Im Buchstabenbilde. Studien zum Verfahren Goethescher Bildbeschreibungen, Stuttgart 1991.

Paulin 1978: Paulin, Roger: Die Textillustration der Riepenhausens zu Tiecks *Genoveva*. Wirkungen der bildenden Kunst auf die Rezeption eines Werkes romantischer Literatur. In: Aurora 38 (1978), S. 32–53.

Paulin 1983: Paulin, Roger: Tiecks Empfindungen vor Caspar David Friedrichs Landschaft. In: Aurora 43 (1983), S. 151–159.

Paulin 1988: Paulin, Roger: Ludwig Tieck. Eine literarische Biographie, München 1988.

Winckelmann 1995: Winckelmann, Johann Joachim: *Gedancken über die Wercke der Griechen in der Mahlerey und Bildhauer-Kunst*. In: Bibliothek der Kunstliteratur, 4 Bde., Bd. 2: Frühklassizismus. Position und Opposition: Winckelmann, Mengs, Heinse, hg. von Helmut Pfotenhauer, Markus Bernauer und Norbert Miller unter Mitarbeit von Thomas Franke, Frankfurt a.M. 1995, S. 9–50.

Religion

Daniel Lutz

Problematik der Einordnung

Tiecks Religiosität und sein Verhältnis zum Christentum zu bestimmen, halten bereits seine Zeitgenossen Eichendorff und Heine für problematisch. Ihre jeweiligen Einordnungen von Tiecks Religionsverständnis sehen zwar die prinzipielle Schwierigkeit, in dieser Hinsicht einen gemeinsamen Nenner zu finden, entledigen sich des Problems aber dadurch, daß sie es auf Tiecks Charakter abwälzen. So lautet der konsternierte Befund des dezidiert katholischen Eichendorff in seiner Schrift *Über die ethische und religiöse Bedeutung der neueren romantischen Poesie in Deutschland* (1847): »Nirgends [...] entdecken wir bei Tieck eine konfessionelle Entschiedenheit; seine eigentliche Herzensmeinung entschlüpft uns jederzeit in einem dramatischen Kampfe der entgegengesetztesten Ansichten« (Eichendorff 1990, S. 143). Heines *Romantische Schule* (1835) bewertet dagegen die vermeintliche Abkehr Tiecks vom ›Katholizismus‹ seiner frühromantischen Zeit als positiv. Gleichwohl kommt der zum Protestantismus konvertierte Heine nicht umhin, die auch von ihm konstatierte Wandlungsfähigkeit Tiecks ebenfalls als Charakterschwäche zu beklagen: »[E]in zages Wesen, etwas Unbestimmtes, Unsicheres, eine gewisse Schwächlichkeit, ist nicht bloß jetzt, sondern war von jeher an ihm bemerkbar« (Heine 1979, S. 183). Der polemisch artikulierte Vorwurf der Unbestimmtheit ist insofern bemerkenswert, als ein dogmatisch begründetes Christentum bereits im Laufe des 18. Jahrhunderts seine selbstverständliche Position verlor. Die Hinwendung zu einem subjektiv ausgerichteten Religionsverständnis im Sinne einer eigenwilligen, im persönlichen Gefühl begründeten Glaubensausrichtung ist in der gebildeten Gesellschaft um 1800 keineswegs mehr ungewöhnlich. Symptomatisch für diesen Prozeß ist ein um 1790 – also zu Beginn von Tiecks schriftstellerischer Karriere – in der Philosophie wirksam werdender Begriff der Religiosität, der »für die Verlagerung des Glaubens an Gott (und die damit verbundene Moral) in die subjektiv innerliche Selbstgewißheit« steht (Müller 2004, S. 174). Tiecks Interesse ist dementsprechend weniger auf die institutionellen oder theologischen Diskussionen von Religion ausgerichtet als vielmehr auf die stets prekären Formen, Möglichkeiten und Zugänge zu einer innerlich begründeten Religiosität.

Tieck beginnt zwar 1792 in Halle mit dem Studium der Theologie, das Fach dient jedoch nur als offizieller Rahmen für eigenständige Literaturstudien (DKV 1, Kommentar S. 803). Literatur bildet für ihn ein Verarbeitungsmedium, dessen Vorzug darin besteht, die Vieldeutigkeit religiöser Erfahrungen und Weltdeutungen darstellen zu können, ohne sich ihnen letztlich anschließen zu müssen. Während Religion eine Interpretation der Welt beabsichtigt, zielt Literatur vorrangig auf die Darstellung von Weltdeutungen ab (Auerochs 2002). Das sich durchsetzende Konzept literarischer Autonomie ermöglicht dem protestantischen Tieck so die Zuwendung zum Katholizismus als einem ästhetischen Phänomen. Gleichwohl setzt die eindeutige Distanzierung Tiecks gegenüber jeder Art von katholisierender und orthodoxer Tendenz der Romantik erst ab 1810 ein (Meißner 2007, S. 63). Tiecks frühromantisches Werk bis zu *Kaiser Octavianus* (1804) ist daher von der Spannung zwischen der Selbstorganisation des Poetischen und einer Revitalisierung religiöser Konzepte bestimmt. Der Akzent verschiebt sich in der Folgezeit, spätestens mit der Sammlung *Phantasus* ab 1812, auf die explizite und diskursiv strukturierte Verhandlung religiöser Themen im literarischen Medium, insbesondere in der Novellenprosa der Dresdner Zeit. Dennoch bleibt die poetische Unabhängigkeit als Basis für das Verhältnis zur Religion von Anfang an bestimmend, wie Tieck im *Vorbericht zur dritten Lieferung* seiner *Schriften* von 1829 formuliert:

> Der Dichter ist zum Glück frei, und braucht sich als solcher um [...] theologischen und politischen Streit und Widerstreit nicht zu kümmern. Sonderbar ist es, wenn man ihm anmuthen will, daß seine Phantasieen, wie Laune und Eingebung ihn regiert, nicht den Göttern des Olymp huldigen soll [...]. Dieselbe Beschränktheit ist es, den großen Gestalten und glänzenden Erscheinungen, die die katholische Form des Christenthums in Cultus, Legende, Wundersage, Poesie, Mahlerei, Musik und Architektur entfaltet und erschaffen hat, das Auge verschließen, oder gar dem Dichter verbieten zu wollen, sich dieses Reiches zu bemächtigen. (S 11, S. LXVIIIf.)

In der Abwehr von Beschränkungen verbindet sich bei Tieck ein religionskritischer Impuls, der sich durch die spielerische Adaptation und Integration verschiedener religiöser Muster ins Literarische äußert, mit dem ernsthaften Interesse an religiösen Erscheinungsformen. Gilt eine heilige Poesie bei Klopstock noch als ein Unterfangen absoluter Ernsthaftigkeit, kann eine autonome Literatur die »*Heiligkeit schöner Spiele*« in der »*Freiheit der darstellenden Kunst*« realisieren, wie sie Friedrich Schlegel (1979, S. 275) in der griechischen Antike vorgebildet sieht. Unter dem Primat der künstlerischen Unabhängigkeit von außerästhetischen Zweckbestimmungen wird bei Tieck Religion nicht in erster Linie aus weltanschaulichen Gründen literarisiert, sondern weil sie – vor allem in ihrer katholischen Variante – poetisch interessant ist (vgl. Werber 1992, S. 201–217).

Harzerlebnis

Als *das* Initialmoment von Tiecks mystisch-religiöser Erfahrung gilt das sogenannte Harzerlebnis. Kurz vor seinem Tod im Jahr 1853 teilt Tieck in seinem letzten Brief an Ida von Lüttichau das Ereignis mit, das ihm über 60 Jahre zuvor, im Juni 1792, auf seiner Reise durch den Harz widerfahren sein soll. Nach zwei schlaflosen Nächten erlebte er auf einem Hügel in der Umgebung von Hettstedt bei Eisleben einen Sonnenaufgang als Vision:

> Aber wo Worte hernehmen, um das nur matt zu schildern, das Wunder, die Erscheinung, welches mir begegnete, und meine Seele, meinen innern Menschen, alle meine Kräfte verwandelte und einem unsichtbaren, einem göttlich großen Unnennbaren entgegen riß und führte. (Fiebiger 1937, S. 42)

Neben das briefliche Zeugnis tritt als weiteres Dokument die Biographie Köpkes, die im Vergleich zum Brief »eine teilweise banalisierende und vereindeutigende Version des Ereignisses« (Meißner 2007, S. 246) liefert: Köpkes Ausführungen verbuchen das Geschehen ausdrücklich als Gotteserscheinung, während Tiecks Brief sich, in der Umschreibung einer numinosen Größe, einer Substantialisierung oder Personalisierung bewußt enthält (vgl. Köpke 1, S. 143). Die Einschätzung der überragenden lebens- und werkbestimmenden Bedeutung des Harzerlebnisses ist, in Übernahme der Sicht Köpkes, auch in die Forschung eingegangen (vgl. Kern 1977, Rath 1996). Angesichts der problematischen Quellenlage muß die Bedeutung des Harzerlebnisses für Tiecks Leben jedoch deutlich eingeschränkt und neu akzentuiert werden: Anstatt den Aspekt der Glaubensgewißheit in einem mystischen Ereignis hervorzuheben, ist nach Tiecks brieflichem Zeugnis vielmehr die Punktualität eines Erlebnisses zu betonen, dessen Plötzlichkeit auch ein verstörendes Potential in sich trägt, insofern der Gewißheit keine dauerhafte Präsenz beschieden ist (vgl. Meißner 2007, S. 249ff.).

Begegnung mit dem Katholizismus

Konkretere Auswirkungen auf Tiecks literarische Produktion um 1800 sind dagegen in der Begegnung mit der katholischen Lebenswelt zu beobachten. Von einer Reise, die ihn 1793 zusammen mit Wackenroder von Berlin nach Erlangen führte, berichtete Tieck seiner Schwester Sophie:

> Wir gingen in ein [!] andre kathol. Kirche, wo eben der Gottesdienst (ein abscheuliches Wort!) geschlossen ward, es erregte sonderbare Empfindungen, eine Menge armsee/liger zu sehn, die aus Gewohnheit, aus Meinung (mir fehlen Worte, selbst blinder Instinkt ist hier wirklich noch zu viel) nach Maschinenart ihren Körper und Glieder wie am Drath zu leeren Cerimonien zogen, u doch scheint es mir wieder so schwer ganz genau die Gränze zwischen der bedeutungslosen und bedeutenden Ceremonie zu finden, – die kathol. hat wirklich so viel schönes, seelenerhebendes, – sie könnte auch auf gebildete Geister noch immer viel wirken, – aber izt schlägt sie (wie unsre ganze Religion) alle Seelenkräfte, alle Erhabenheit nieder, gewöhnt zur Knechtschaft und ist die hassenswürdige Dienerinn des Despotismus unsrer Verfassungen, durch sie ist die Menschheit mit gesuncken, statt daß sie sich durch *das* grosse Ideal der reinen Christusmoral hat erheben sollen. (Wackenroder 2, S. 251)

Die Briefstelle dokumentiert unübersehbar die ambivalente Haltung Tiecks gegenüber der positiven Religion beider christlicher Konfessionen. Die Vorbehalte gegenüber dem bloß äußerlichen Vollzug eines religiösen Rituals fallen damit zusammen, daß sich der Lutheraner Tieck durch die katholische Liturgie affizieren läßt. Die Hoffnung, auf die Gebildeten zu wirken, weist bereits auf Schleiermachers *Über die Religion. Reden an die Gebildeten unter ihren Verächtern* (1799) und die darin enthaltene Idee einer Kunstreligion voraus. Die aufklärerische Auffassung von Christus als Vorbild einer natürlichen Moral ist zwar typisch für den jungen Tieck, der in seinem 1790/91 entstandenen Drama *Alla-Moddin* scharfe Kritik am Jesuitenorden artikuliert (siehe den Beitrag *Schülerarbeiten* in Kap. 4), markiert aber zugleich die Voraussetzung für ein neues Religionsverständnis unter Umgehung der Amtskirche. Die Notwendigkeit einer Neuausrichtung resultiert geradezu aus der mangelnden Integrationskraft der kirchlichen Institutionen unter den Bedingungen der Moderne. So erweist sich selbst der Papst in *Der getreue Eckart und der Tannenhäuser* (1799) nicht in der Lage, den Tannenhäuser vor den Versuchungen des Venusbergs zu bewahren (vgl. Ribbat 1978, S. 144–149).

Frühromantische Produktion im Zeichen der Kunstreligion

Die kunstreligiöse Auffassung der Frühromantik ist durch die Vorstellung bestimmt, daß sich in Kunstwerken Göttliches offenbart. Die Kunst wird durch ihren Offenbarungscharakter gegenüber der positiven Religion privilegiert, und sie wird dadurch als Grundlage einer neuen Form von Religiosität ins Spiel gebracht, statt wie bisher nur eine der Religion dienende Funktion zu übernehmen. Eine besondere Stellung nimmt hierbei die Musik ein, die in Tiecks Beiträgen zu den *Phantasien über die Kunst* (1799) ihre höchste Apotheose erfährt. Im Anschluß an die in Johann Gottfried Herders *Abhandlung über den Ursprung der Sprache* (1778) beschriebene Wirkungsmacht der Töne wird Musik zur überwältigenden Empfindung, die sich einer begrifflichen Erfaßbarkeit entzieht (siehe den Beitrag *Musik* in Kap. 2). Die »Musik als dunklere und feinere Sprache« (Wackenroder 1, S. 238) wird in den *Symphonien* über die Wortsprache gestellt: »Denn die Tonkunst ist gewiß das letzte Geheimniß des Glaubens, die Mystik, die durchaus geoffenbarte Religion« (ebd., S. 241). In der Instrumentalmusik artikuliert sich »eine Kommunikation, die nicht mehr auf Verständnis, sondern auf dem ›Unsagbaren‹ beruht« (Müller 2004, S. 190). Trotz des sich hier andeutenden Versuchs, Kunst an die Stelle von Religion zu setzen, bleibt die Kunstreligion – zumal in ihrer Ausprägung durch Tieck und Wackenroder – gleichwohl auf das bestehende überkonfessionelle Christentum angewiesen. Religiöse Neuausrichtung und Orientierung an der christlichen Tradition sind voneinander abhängig:

> In Kunstreligion kommen zwei einander im Grunde widerstreitende Motive zusammen: ihr pantheistisch-religionskritischer Zug [...] sucht die Freiheit von den Zwängen der positiven Offenbarungsreligion. Der ernsthafte Wunsch nach einer neuen Religion hingegen wird sich notwendig – und zwar vor allem strukturell – an dem orientieren, was als geglaubte und gelebte Religion in der Gegenwart vorliegt; er wird in der einen oder anderen Weise das Christentum als Muster nehmen. (Auerochs 2006, S. 366)

Grundsätzlich macht sich dieser Widerstreit auch bei Tieck geltend, sein religiöses Denken bleibt jedoch theistischen Vorstellungen verpflichtet (Honecker 1936), sieht Gott also nicht pantheistisch in der Natur aufgehen, sondern betont gerade die qualitative Differenz Gottes von der Welt. Erst von dieser Unterscheidung aus läßt sich die »Interaktion von Gott und der von ihm geschaffenen Welt, von göttlicher Person und einzelnem Mensch« (Weßler 2005, S. 219) denken, deren Möglichkeit und Problematik Tiecks Werk so ausführlich umkreist.

Herzensergießungen eines kunstliebenden Klosterbruders

Aus der Reaktivierung der christlichen Tradition ergibt sich das frühromantische Problem, wie eine aufgeklärte Leserschaft an religiöse Inhalte angeschlossen werden kann, die bei dieser möglicherweise auf Ablehnung stoßen. Anders als im provokanten Gestus F. Schlegels, in der umwerbenden ›Rede‹ Schleiermachers oder in der enthusiastischen Variante von Novalis' *Europa*-Schrift sucht Tiecks Ansatz diese Differenz einzuebnen, indem er einen wunderbar-andächtigen Ton poetisch erzeugt. In den 1797 (eigentlich Ende 1796) erschienenen *Herzensergießungen eines kunstliebenden Klosterbruders* lösen Tieck und Wackenroder das Problem durch die Vermittlungsfigur des Klosterbruders, über die auf suggestive Weise eine bewundernde Rezeptionshaltung gegenüber der katholischen Renaissancekunst mit einer liberal-aufgeklärten Anschauung kombiniert wird (Auerochs 2006, S. 482ff.). Tiecks *Genoveva*-Drama von 1800 verlegt sich dann vollends auf eine Effektpoesie, in der die Zeit des alten Glaubens in der sprachlichen Intensität reinszeniert wird (Scherer 2003, S. 344–363).

Im Unterschied zu Wackenroder lassen sich bei Tiecks Beiträgen zu den *Herzensergießungen eines kunstliebenden Klosterbruders* eindeutigere Tendenzen zum Katholizismus feststellen (Vietta 1997). Daraus auf Tiecks Gesinnung zu schließen, würde jedoch zwei wichtige Aspekte verkennen: Erstens die Diversifizierung seiner literarischen Produktion, die – zeitgleich neben den Dichtungen im Zeichen der Kunstreligion – mit den Beiträgen zu Nicolais *Straußfedern* Texte aufweist, welche »als eine Form der praktizierten Spätaufklärung« (Stockinger 2005, S. 12) die Problematik des Schwärmertums und die Gefährdungen durch eine gesteigerte Empfindsamkeit thematisieren; und zweitens das Interesse für die sinnlich-ästhetischen Aspekte des Katholizismus bei gleichzeitiger Geringschätzung der Kirche als Institution und Verkünderin der Wahrheit. Die von Tieck im *Brief eines jungen deutschen Mahlers in Rom an seinen Freund in Nürnberg* (zur Autorschaft vgl. Wackenroder 1, Kommentar, S. 342ff.) literarisch inszenierte Konversion zum katholischen Glauben im Rahmen der *Herzensergießungen* ist entsprechend stark von der Einwirkung der Musik und der Überwältigung durch den sakralen Raum geprägt. Für Tieck, der trotz anderslautender Gerüchte nie zum Katholizismus konvertierte (vgl. Paulin 1988, S. 123ff., 156, 187; siehe den Beitrag *Wanderschaften und Freundeskreise* in Kap. 1), können christliche Rituale wie die katholische Liturgie »zu Medien für die Erfahrung der Realpräsenz des Absoluten in ekstatischen Grenzerlebnissen werden« (Stockinger 2000, S. 101).

Franz Sternbalds Wanderungen

Der Roman *Franz Sternbalds Wanderungen* (1798) verhandelt die ambivalente Ausrichtung von Kunstreligion zwischen einer der Religion dienenden Kunst und einer an die Stelle der Religion tretenden Kunst. Eine Keimzelle dieser Darstellung liegt bereits mit dem *Brief eines jungen deutschen Mahlers in Rom* in den *Herzensergießungen* vor (siehe den Beitrag *Frühe Romane* in Kap. 4). Neben anderen Elementen des Romans ist dort schon der Ausgang des Protagonisten aus dem Nürnberg Albrecht Dürers und die Begegnung mit der katholischen Welt in Italien enthalten. Statt der konfessionellen Entscheidung in Form der Konversion initiiert der Fragment gebliebene Roman jedoch die doppelte Suche nach künstlerischer und persönlicher Identität. Neben der Fortschreibung der christlich fundierten Kunstdeutung in Anknüpfung an die *Herzensergießungen* findet nun auch eine Überschreitung des religiös bestimmten Rahmens durch die Integration miteinander konkurrierender Kunstdeutungen statt. Trotz der am Ende des Romanfragments vollzogenen Rückkehr zur religionsdienenden Funktion der Kunst werden sinnliche, subjektive und phantastische Kunstauffassungen keineswegs verabschiedet, sondern bleiben in ihrer Pluralität erhalten (Japp 2005). Mit der Erweiterung des Kunstbegriffs geht die Ausweitung der Erkenntnisfähigkeit eines göttlich Allgemeinen in Natur und Gesellschaft einher. Dabei verweisen Phänomene der bedeutungsvollen Rätselhaftigkeit auf eine göttliche Instanz, wie etwa im sympathetischen Naturerlebnis Sternbalds auf dem Weg zu einem Eremiten:

> Die Hieroglyphe, die das Höchste, die Gott bezeichnet, liegt da vor mir in tätiger Wirksamkeit, in Arbeit, sich selber aufzulösen und auszusprechen, ich fühle die Bewegung, das Rätsel im Begriff zu schwinden – und fühle meine Menschheit. – Die höchste Kunst kann sich nur selbst erklären, sie ist ein Gesang, deren Inhalt nur sie selbst zu sein vermag. (Sternbald, S. 250)

Das an dieser Stelle aufgerufene religiöse Konzept einer »Metaphysik des Hieroglyphischen« beschreibt eine »komplexe Struktur [...] der Unbestimmbarkeit des konkreten Gehalts bei gleichzeitig unmittelbarer Gewißheit der Existenz des göttlichen Allgemeinen« (Stiening 1999, S. 132). In der Hieroglyphe realisiert sich Gott in einer Symbolschrift, die jedoch prinzipiell von der Welt getrennt ist und letztlich unerkennbar bleibt. Tiecks Begriffsverwendung des Hieroglyphischen läßt sich auf Johann Georg Hamann zurückführen, der sich in seiner Abhandlung *Aesthetica in nuce* (1762) »gegen jede ›schriftgelehrte‹, auf Eindeutigkeit ausgerichtete, abstrakt-begriffliche Festschreibung und mithin Zerstörung dieser Symbolschrift gewandt« hat (Tiedemann 1978, S. 139).

Leben und Tod der heiligen Genoveva

Das Drama *Leben und Tod der heiligen Genoveva* (1800) wurde in der Rezeption, insbesondere im 19. Jahrhundert (vgl. Haym 1870, S. 479), als Beleg für die Hinwendung der Romantik zu einer katholisch-konservativen Haltung gelesen und daraus deren Entgegensetzung zur Weimarer Klassik abgeleitet. Schon die Diskussion um die protonazarenischen Illustrationen durch die Brüder Riepenhausen von 1806 (siehe den Beitrag *Tieck in der bildenden Kunst* in Kap. 5) exponiert das Drama als exemplarischen Fall frommer Kunstgesinnung (Paulin 1978), dessen Bedeutung für »das Heer jener katholischen Dichter, die nicht wissen was sie wollen« (Tieck-Solger I, S. 501), Tieck Anfang 1817 in einem Brief an Solger hervorhebt. Das Legendendrama verbindet verschiedene Entwicklungslinien von Tiecks bisherigem Werk mit Konzepten im Kreis der Jenaer Frühromantik (siehe den Beitrag *Der Jenaer Kreis und die frühromantische Theorie* in Kap. 1). Dazu gehört die Fortführung der in *Die verkehrte Welt* und in *Prinz Zerbino* entwickelten szenischen Universalpoesie unter Auslassung satirischer Elemente (siehe den Beitrag *Dramen und dramatische Bearbeitungen* in Kap. 4), die Übertragung der religiösen Kunstandacht aus *Herzensergießungen* und *Phantasien über die Kunst* auf die dramatische Engführung von Real- und Heilsgeschichte zur *restitutio in integrum*, der Einfluß der zur Entstehungszeit von *Genoveva* im Jenaer Kreis geführten Debatten über Religion und Geschichte, insbesondere von Schleiermachers Reden *Über die Religion* und Novalis' *Die Christenheit oder Europa* sowie nicht zuletzt die seit Mitte der 1790er Jahre betriebene Reaktivierung ›altdeutscher‹ Literatur und Volksbuchdichtung (Scherer 2003, S. 347f.; siehe den Beitrag ›*Altdeutsche*‹ *Literatur* in Kap. 2). Im motivischen Bereich wird das Drama *Genoveva* stark von Calderóns christlichem Trauerspiel *Die Andacht zum Kreuz* beeinflußt: »Fels und Wald, die einsame Natur, die Gefühle der Andacht, die Wunder der Legende« (S 1, S. XXIX) gehen auf das spanische Vorbild zurück, dessen allegorische Poetik sich auch in *Franz Sternbalds Wanderungen* und in *Kaiser Octavianus* wirksam zeigt (vgl. Kern 1967; siehe den Beitrag *Romanische Literatur des Mittelalters und der Frühen Neuzeit* in Kap. 2). Für Tiecks religiöse Entwicklung ist vor allem das Verhältnis zu Novalis' *Europa*-Essay von Bedeutung, insofern sich hierin Tiecks Distanzierung von einer geschichtsphilosophisch begründeten Revitalisierung des Christentums zeigt. Während das in *Genoveva* vermittelte Traditionsverhältnis, das die Rückbindung an »die Kunde aus der alten Zeit, / Als noch die Tugend galt, die Religion« (S 2, S. 4) betont, auf Novalis' Konzept rückführbar bleibt (vgl. Stockinger 2000), rückt Tieck nach dem Tod des Freundes ostentativ von dessen Ausführungen in *Christenheit oder Europa* ab, indem er den Abdruck des vollständigen Aufsatzes wiederholt verhindert.

Religiöser Fanatismus als Thema der Dresdner Novellen

Nach Uwe Schweikert verhandelt Tieck »nach 1830 das Thema des Übersinnlichen in zahlreichen Novellen [...]. Die Frage, die Tieck dabei in immer neuer Gestalt umkreist, gilt der Unterscheidung des echten vom falschen Wunder« (DKV 11, Kommentar S. 1208). Der Kampf um die Deutungshoheit wunderbarer Fähigkeiten in Form prophetischer Gaben bestimmt jedoch bereits den Fragment gebliebenen historischen Roman *Der Aufruhr in den Cevennen* von 1826. Vor dem Hintergrund der Hugenottenverfolgung nach der Revokation des Edikts von Nantes durch Ludwig XIV. tritt im Roman das spezifisch modern gefaßte Phänomen des Fanatismus hervor (S 26, S. 97f.). Die im Jahr 1703 situierte Handlung geht den Spielarten religiösen Eifers zwischen der häretischen Bewegung der Camisarden und dem obrigkeitstreuen katholischen Glauben nach. Die Schlüsselrolle des affektgeladenen Konfliktes zwischen den Parteien nimmt Edmund von Beauvais ein, der sich vom leidenschaftlichen Anhänger des Katholizismus zum aktiven Kämpfer der aufständischen Camisarden wandelt. Tieck, der in seiner Interpretation des Christentums zweifellos ein Anhänger der »Milde des Johannes« gegenüber dem »Eifer des Elias« ist (S 26, S. 213; vgl. Weidner 2006), transformiert das historische Geschehen so, daß der besondere subjektive Zugang und Vollzug der Glaubensgewißheit die chronistische Detailtreue überlagert. Das irritierende Nebeneinander von seherischen Fähigkeiten, die teilweise durch den Text beglaubigt werden (S 26, S. 175, 214ff.), von sich widersprechenden Propheten und von Ansätzen einer ›natürlichen‹ Erklärung des Wunderbaren entziehen sich einer vereindeutigenden Perspektive. Vielmehr begründet gerade das unorthodoxe Offenhalten des Erfahrungsraums für scheinbar Unerklärliches und Unvertrautes die Verwandtschaft von Religion und Kunst: »Der Dichter, der Künstler weiß von Stimmungen zu sagen, die dem Laien als Aberwitz oder Wunder erscheinen müssen« (S 26, S. 292). Allerdings bleibt auch stets die Gefahr der Wundersucht prominent, so daß in *Aufruhr in den Cevennen* das Ausbalancieren von Entzückung und Ehrfurcht postuliert wird. Es ist ein Denken, das intensive Erregungszustände als Form religiöser Erfahrung gelten läßt, nachdem allerdings »die Wahrheit nur auf der Gränze, auf dem Uebergangspunkte dieses Affektes liegt« (S 26, S. 81). Anders gesagt: »Enthusiasmus und Inspiration sind nur als Schwellenphänomene unbedenklich und bergen bei längerer Dauer die Gefahr geistiger Zerrüttung in sich« (Münz 1988, S. 319). Die wiederholte Warnung vor religiösem Fanatismus in den Dresdner Novellen ist in Tiecks Fortschrittsskepsis begründet, die den Rückfall in überwunden geglaubte Zustände jederzeit für möglich hält. Demonstriert wird diese Einsicht an der spätmittelalterlichen Welt in *Hexen-Sabbath* (1831): Der gesellschaftliche Kreis um Catharina Denisel sieht den Klerus bereits im Niedergang und glaubt sich dem Einflußbereich der Inquisition entzogen, bevor diese mit aller Härte ihre Macht ausspielt. Auf Tiecks Gegenwart ist demgegenüber die negativ besetzte Darstellung des frömmlerischen Pietismus in *Die Verlobung* (1822) zu beziehen. Gerade in dieser antiorthodoxen Novelle wird mit der »Resignation« (S 17, S. 128) jene ausgleichende Haltung als Remedium gegen religiöse Verblendung empfohlen, die als Tiecks letztes Wort in Fragen der Religion gilt (vgl. Köpke 2, S. 249–256).

Mystische Erfahrungsmodelle

Mystische Erfahrungsmodelle sind als werkübergreifendes Phänomen bei Tieck zu verzeichnen. Einen großen Bestand an mystischen Schriften notiert der Auktionskatalog seiner Bibliothek (Bibliotheca Tieckiana, S. 325-358). Ausgehend von der Lektüre und Beschäftigung mit der Gedankenwelt Jakob Böhmes ab 1798 sind mystische Erfahrungen ein ständig wiederkehrendes Thema in Tiecks Texten (siehe den Beitrag *Philosophie* in Kap. 2). Böhme bleibt als Referenzpunkt etwa in *Der Runenberg* bis zur letzten Novelle *Waldeinsamkeit* (1840) präsent, wenngleich die am meisten ausgeprägte Rezeption und Verarbeitung in die Zeit zwischen 1799 und 1803 fällt (vgl. Lüer 1997, S. 34-46). Böhmes Werk, dessen Ausgangspunkt in mehreren Visionen liegt, bildet eine Theosophie aus, in der sich alchemistische, astrologische und kabbalistische Einflüsse zu einer spekulativen Deutung der Genesis formieren. Nach Tiecks Selbstdarstellung in seinem Brief an Solger vom 24. März 1817 vollzog sich die Anverwandlung und Profanierung der Mystik Böhmes (Rath 1996) höchst problematisch. Das Einlassen auf Böhmes Werk löste eine Krise aus, durch die Tieck seine schriftstellerische Produktion bedroht sah (Tieck-Solger 1, S. 540). Erst indem er sich gegen Böhmes System abgrenzte, gelangte Tieck zu einer differenzierten Position gegenüber dem mystischen Denken.

Eine späte Auseinandersetzung mit mystischen Ereignissen liegt in den beiden Novellen *Schutzgeist* und *Abendgespräche* vor. Die gleichzeitige Entstehung im Jahr 1838 legt es nahe, die beiden ›Gespenstergeschichten‹ »als die gegensätzlichen Versionen von Tiecks ambivalenter Haltung dem Geisterglauben gegenüber zu lesen und zu interpretieren« (DKV 12, Kommentar S. 1213). Während *Schutzgeist* eine übernatürliche Vision bestätigt, wird die Spukgeschichte in *Abendgespräche* als Aberglaube entlarvt. Die Novellen stehen damit in einem ähnlichen Verhältnis zueinander wie die *Straußfedern*-Erzählungen *Der Fremde* und *Der Psycholog*. Im Unterschied zum spätaufklärerischen Frühwerk zeichnen sich die späten Novellen durch ihre dialogische Struktur aus, die ausführlichen Erörterungen über Glaubensausrichtung, Wundererscheinungen und Offenbarungsgeschehen Raum bieten. Dies führt in *Abendgespräche* sogar zur Verarbeitung von Tiecks eigenen okkulten Erlebnissen (vgl. DKV 12, Kommentar S. 1200-1214). Infolge der diskursiven Anlage wird der Weg zu innerer Klarheit des Glaubens immer wieder als krisenhaftes Geschehen dargestellt. Exemplarisch hierfür ist die in *Schutzgeist* eingelagerte Erzählung über den Prediger Johannes Tauler (vgl. DKV 12, Kommentar S. 1181-1199). Tieck, der Tauler bereits wie Böhme um 1800 rezipiert hatte, illustriert an der Entwicklung des Mystikers aus dem 14. Jahrhundert, wie langwierig Läuterungsprozesse sein und welche Schwierigkeiten sich bei der Vermittlung religiöser Erfahrungen ergeben können. Die moderne Wendung dieser Problematik in *Schutzgeist* vollzieht sich im Anschluß des Wunderbaren an das »Unbewußtsein« (DKV 12, S. 364). Unentscheidbar bleibt demnach, wie Tieck 1841 gegenüber Justinus Kerner äußert, »was bei den Seelenstimmungen, die meist die Erscheinungen veranlassen, *äußerlich*, oder sozusagen *wirklich* sei, oder was nur eine scheinbar nach außen geworfene Metapher oder Spektrum und Vision unserer schaffenden Phantasie ist« (Schweikert 2, S. 68f.).

Literatur

Auerochs 2002: Auerochs, Bernd: Literatur und Religion. In: Religion in Geschichte und Gegenwart. Handwörterbuch für Theologie und Religionswissenschaft, 4., völlig neu bearbeitete Auflage, hg. von Hans Dieter Betz/u. a., Bd. 5: L–M, Tübingen 2002, S. 391–403.

Auerochs 2006: Auerochs, Bernd: Die Entstehung der Kunstreligion, Göttingen 2006.

Eichendorff 1990: Eichendorff, Joseph von: Über die ethische und religiöse Bedeutung der neueren romantischen Poesie in Deutschland. In: ders.: Werke in sechs Bänden, Bd. 6: Schriften zur Literaturgeschichte, hg. von Hartwig Schultz, Frankfurt a. M. 1990, S. 61–280.

Fiebiger 1937: Fiebiger, Otto (Hg.): Ludwig Tieck und Ida von Lüttichau in ihren Briefen, Dresden 1937.

Haym 1870: Haym, Rudolf: Die romantische Schule. Ein Beitrag zur Geschichte des deutschen Geistes, Berlin 1870.

Heine 1979: Heine, Heinrich: Die romantische Schule. In: ders.: Historisch-kritische Gesamtausgabe der Werke, Bd. 8/1: Zur Geschichte der Religion und Philosophie in Deutschland. Die romantische Schule. Text, hg. von Manfred Windfuhr, Hamburg 1979, S. 121–243.

Honecker 1936: Honecker, Martin: Die Wesenszüge der deutschen Romantik in philosophischer Sicht. In: Philosophisches Jahrbuch der Görres-Gesellschaft 49 (1936), S. 199–222.

Japp 2005: Japp, Uwe: Der Weg des Künstlers und die Vielfalt der Kunst in *Franz Sternbalds Wanderungen*. In: Die Prosa Ludwig Tiecks, hg. von Detlef Kremer, Bielefeld 2005, S. 35–52.

Kern 1967: Kern, Hanspeter: Ludwig Tiecks Calderonismus. In: Gesammelte Aufsätze zur Kulturgeschichte Spaniens, Bd. 23, hg. von Johannes Vincke, Münster 1967, S. 189–356.

Kern 1977: Kern, Johannes P.: Ludwig Tieck: Dichter einer Krise, Heidelberg 1977.

Lüer 1997: Lüer, Edwin: Aurum und Aurora. Ludwig Tiecks *Runenberg* und Jakob Böhme, Heidelberg 1997.

Meißner 2007: Meißner, Thomas: Erinnerte Romantik. Ludwig Tiecks *Phantasus*, Würzburg 2007.

Müller 2004: Müller, Ernst: Ästhetische Religiosität und Kunstreligion. In den Philosophien von der Aufklärung bis zum Ausgang des deutschen Idealismus, Berlin 2004.

Münz 1988: Münz, Walter: Nachwort. In: Ludwig Tieck: Der Hexensabbat. Novelle, hg. von W. M., Stuttgart 1988, S. 301–335.

Paulin 1978: Paulin, Roger: Die Textillustrationen der Riepenhausens zu Tiecks *Genoveva*. Wirkungen der bildenden Kunst auf die Rezeption eines Werkes der romantischen Literatur. In: Aurora 38 (1978), S. 32–53.

Paulin 1988: Paulin, Roger: Ludwig Tieck. Eine literarische Biographie, München 1988.

Rath 1996: Rath, Wolfgang: Ludwig Tieck: Das vergessene Genie. Studien zu seinem Erzählwerk, Paderborn/u. a. 1996.

Ribbat 1978: Ribbat, Ernst: Ludwig Tieck. Studien zur Konzeption und Praxis romantischer Poesie, Kronberg i. Ts. 1978.

Scherer 2003: Scherer, Stefan: Witzige Spielgemälde. Tieck und das Drama der Romantik, Berlin/New York 2003.
Schlegel 1979: Schlegel, Friedrich: Über das Studium der Griechischen Poesie. In: ders.: Kritische Friedrich-Schlegel-Ausgabe, Bd. 1: Studien des klassischen Altertums, hg. von Ernst Behler, Paderborn/u. a. 1979, S. 217–367.
Stiening 1999: Stiening, Gideon: Die Metaphysik des Hieroglyphischen. Zur Begründungsstruktur religiöser Ästhetik in Ludwig Tiecks Roman *Franz Sternbalds Wanderungen*. In: Jahrbuch des Freien Deutschen Hochstifts 1999, S. 121–163.
Stockinger 2000: Stockinger, Ludwig: Ludwig Tiecks *Leben und Tod der heiligen Genoveva*. Konzept und Struktur im Kontext des frühromantischen Diskurses. In: Das romantische Drama. Produktive Synthese zwischen Tradition und Innovation, hg. von Uwe Japp, Stefan Scherer und Claudia Stockinger, Tübingen 2000, S. 89–118.
Stockinger 2005: Stockinger, Claudia: Pathognomisches Erzählen im Kontext der Erfahrungsseelenkunde. Tiecks Beiträge zu Nicolais *Straußfedern*. In: Die Prosa Ludwig Tiecks, hg. von Detlef Kremer, Bielefeld 2005, S. 11–34.
Tiedemann 1978: Tiedemann, Rüdiger von: Fabels Reich. Zur Tradition und zum Programm romantischer Dichtungstheorie, Berlin/New York 1978.
Vietta 1997: Vietta, Silvio: Zur Differenz zwischen Tiecks und Wackenroders Kunsttheorie. In: Ludwig Tieck. Literaturprogramm und Lebensinszenierung im Kontext seiner Zeit, hg. von Walter Schmitz, Tübingen 1997, S. 87–99.
Weidner 2006: Weidner, Daniel: Geist, Wort, Liebe. Das Johannesevangelium um 1800. In: Das Buch der Bücher – gelesen. Lesarten der Bibel in den Wissenschaften und Künsten, hg. von Steffen Martus und Andrea Polaschegg, Bern/u. a. 2006, S. 435–470.
Werber 1992: Werber, Niels: Literatur als System. Zur Ausdifferenzierung literarischer Kommunikation, Opladen 1992.
Weßler 2005: Weßler, Heinz Werner: Theismus – Religionswissenschaftlich. In: Religion in Geschichte und Gegenwart. Handwörterbuch für Theologie und Religionswissenschaft, 4., völlig neu bearbeitete Auflage, hg. von Hans Dieter Betz/u. a., Bd. 8: T-Z, Tübingen 2005, S. 218–219.

Philosophie

Martin Götze

Einleitung

Ludwig Tieck hat mehrfach auf sein Desinteresse an spekulativen, ja überhaupt an theoretischen Problemstellungen hingewiesen. Daß es sich dabei um den Ausdruck einer konstanten, zudem charakterlich begründeten Lebensmaxime handelt, macht folgende von Rudolf Köpke notierte Äußerung deutlich:

> Alles Reflectiren und Raisonniren hat meiner Natur stets fern gelegen. Ich habe die Dinge immer aus dem Ganzen, aus dem Gefühl und der Begeisterung heraus, aufzufassen und anzuschauen gesucht. Diese Anforderungen haben bei mir mit dem Alter nicht abgenommen, sondern sich gesteigert. Es ist dies meine *Individualität*. (Köpke 2, S. 169)

Entsprechend ist das Wort von der Philosophieferne Tiecks ein Topos, der die Forschung seit ihren Anfängen begleitet. Indirekt bestätigt wird diese Einschätzung durch einen aktuellen Handbuch-Artikel zur philosophischen Romantik: Er verzeichnet den Namen Tieck lediglich einmal, und zwar im Zusammenhang der Freundschaft des Autors mit Karl Wilhelm Ferdinand Solger (Dierkes 2003, S. 464). Ablesen läßt sich die Marginalität der Frage nach Tiecks Beziehungen zur Philosophie auch am unlängst publizierten Forschungsbericht Achim Hölters, der keine jüngeren Arbeiten zum Thema erwähnt (Hölter 2003).

Es ist jedoch nicht unmöglich, Tieck der philosophischen Konstellation seiner Epoche zuzuordnen. Denn Tiecks literarische Praxis und ihre Programmatik korrespondieren durchaus mit philosophisch motivierten Theoremen der frühromantischen Ästhetik. Das betrifft vor allem Überlegungen Friedrich Schlegels und Novalis', derjenigen Autoren also, mit denen Tieck während der Formationsphase der Jenaer Frühromantik persönlich im engsten Austausch stand (siehe den Beitrag *Der Jenaer Kreis und die frühromantische Theorie* in Kap. 1). Zudem ist die Auseinandersetzung Tiecks mit zwei Denkern über sporadische Referenzen hinaus nachweisbar. Dies bezieht sich zum einen auf den barocken Mystiker Jakob Böhme, zum anderen auf das bereits angesprochene Verhältnis zu Solger. Nicht zu vernachlässigen ist außerdem die Suche nach philosophischen Reflexen innerhalb des poetischen Werks, was hier vor allem anhand einer Betrachtung des Romans *William Lovell* geschehen soll (siehe den Beitrag *Frühe Romane* in Kap. 4).

William Lovell als philosophischer Roman

Eine wichtige Tendenz frühromantischen Denkens richtet sich auf die Kategorie der *Totalität*. Diese evoziert ein utopisch-zeitkritisches Gegenbild dessen, was Hegel in seiner Analyse des Zeitalters als »Entzweiung« und eigentlichen »Quell des Bedürfnisses der Philosophie« bezeichnet (Hegel 1986, S. 20). Gemeint ist damit das Auseinandertreten des Subjektiven und Objektiven, jener Antagonismus im modernen Bewußtsein, der in Dichotomien wie Vernunft und Sinnlichkeit, Freiheit und Notwendigkeit oder Mensch und Natur gefaßt werden kann. Entzweiung ist vor allem als Folge rationaler Metaphysik- und Religionskritik zu denken. Das Totalitätskonzept der Romantik wurzelt somit in den Problemstellungen der Aufklärungsphilosophie. Dieser Zusammenhang läßt sich auch für Tieck und seine intellektuelle Herkunft aus dem Umfeld der Berliner Spätaufklärung reklamieren (siehe den Beitrag *Poetik der Berliner Spätaufklärung* in Kap. 1). So versucht Tieck in der Vorrede zur zweiten Ausgabe des Briefromans *William Lovell* sein erstes großes Prosawerk rückblickend als Ausdruck einer umfassenden Zeitkritik zu profilieren. Als historische Folie für die Entstehung des Buchs wird die »seichte Aufklärungssucht« genannt, welche »das Heilige« als einen »leeren Traum« zu entzaubern, das sinnstiftende Integrationspotential von Kunst und Religion zu entmächtigen und »allen Zusammenhalt im Menschen [zu] vernichten« suche. Die Absicht des Romans habe darin bestanden, dieser »Gegenparthei ein Gemälde ihrer eignen Verwirrung und ihres Seelenuebermutes hinzustellen« (S 6, S. 4f.).

Tatsächlich ist *William Lovell* (1795/96) dasjenige Werk, welches aufgrund seines Reflexionsgehalts unter Tiecks Produktionen einer philosophischen Dichtung am nächsten kommt, insofern in ihm die Krisensymptome des entzweiten Bewußtseins verhandelt werden. Für Tiecks kritischen Impetus ist es bezeichnend, daß die von verschiedenen Romanfiguren evozierten Hauptströmungen europäischer Aufklärung, nämlich Rationalismus und Empirismus, bereits in depravierten Spätformen dargestellt werden. So erscheint insbesondere in den Briefen Rosas wie auch des Protagonisten William Lovell der sich auf die Evidenz des *cogito* berufende rationalistische Ansatz in der Zuspitzung des erkenntnistheoretischen und praktischen Solipsismus. Das Subjektive entbindet sich auf diese Weise als hedonistisch-egoistisches Ich, das sich sowohl der moralischen Indifferenz als auch seinen entfesselten Phantasien hingibt. Zugleich degeneriert das Empirische entweder zum bloßen Schein, dem das Individuum gleichgültig gegenübersteht, oder aber es verhärtet sich im plötzlichen Umschlag zur Determinante des Ich im Sinne des Materialismus und Fatalismus. Vor allem der Titelheld zeigt sich in seinen redundanten Räsonnements von alternierenden Empfindungen bestimmt: Lovell wird nicht allein vom Ekel der Kontingenz oder aber von euphorischen Bezeugungen subjektiver Entbundenheit geschüttelt; ihn drückt ebenso der Alptraum absoluter Determination, wie er in der durchgängigen Puppen- und Marionettenmetaphorik aufscheint.

Angesichts dieser aporetischen Grundstruktur hat die Forschung den philosophischen Problemgehalt des *William Lovell* unter dem Aspekt des »Nihilismus« diskutiert (Falkenberg 1956; Arendt 1972; Gössl 1987). Hervorgetreten sind dabei auch Versuche, die nihilistisch anmutenden Partien des Romans vor dem Hintergrund seiner Entstehungszeit mit dem spekulativen Idealismus in Verbindung zu bringen (Pikulik 1983; Rath 1996). Problematisch ist jedoch die solchen Ansätzen zugrundeliegende Annahme, bei der Transzendentalphilosophie Kants und Fichtes handle es sich um eine Spielart des ›Subjektivismus‹. Die innovative Deutung des *Lovell* durch Manfred Frank überführt hingegen das Nihilismus-Problem in eine existentiell-phänomenologische Analyse des Selbstbewußtseins (Frank 1990). Folgt man diesem produktiven Ansatz, so wird an Tiecks Figuren insbesondere die Zeiterfahrung als Symptom für den prinzipiellen Seinsmangel einer Subjektivität augenfällig, die nur von der Leere der gleichermaßen trennenden wie beziehenden Reflexion erfüllt bleibt. Das Personal des Romans besitzt in der Tat ein dezidiertes Zeitbewußtsein, und zwar im Sinne eines verfremdeten Zeitempfindens, wie es sich beispielsweise als Langeweile (Schwarz 1993) oder auch als Zerfaserung der Sukzessivität zeitlicher Erfahrung in isolierte Momente artikuliert. In denselben Kontext gehört, daß Tiecks Figuren durch ein eigentümliches Bewußtsein der Vorläufigkeit und jederzeit möglichen Widerrufbarkeit ihrer eigenen Projekte bestimmt sind. Im introspektiven, von den Briefschreibern obsessiv verfolgten Verfahren permanenter Selbstbefragung erweist sich die Negativität der Reflexion. Diese legt offen, daß das Subjekt nichts anderes als Freiheit ist, der vorausgesetzte feste Charakter aber lediglich eine Konstruktion, die sich ebenso wieder ironisch-skeptisch als bloßer Schein vernichten läßt.

Tieck hat im Entstehungszeitraum des Romans wohl weder Kant noch Fichte systematisch studiert. In Köpkes Bericht wird schon der Hallenser Student Tieck in geistiger Indifferenz zum dort herrschenden Kantianismus dargestellt: »Seine Genossen, die fast alle Kantisch philosophirten, fanden die Hartnäckigkeit, mit welcher er sich diesen Lehren verschloß, unverzeihlich, und ließen es an manchen Angriffen und Verspottungen nicht fehlen« (Köpke 1, S. 134). Und noch sehr viel später äußert Tieck gegenüber Solger, er habe Fichte (neben Schelling) zwar gelesen, aber für zu »leicht, nicht tief genug« befunden (Matenko 1933, S. 362). Das läßt eher auf eine Kenntnisnahme denn auf eine genaue Lektüre schließen. Hinsichtlich der Frage nach möglichen philosophischen Einflüssen gilt es außerdem zu beachten, daß sich an der narrativen Ordnung des Romans bereits Tiecks Strategie einer konsequenten »Literarisierung der Literatur« (Scherer 2003, S. 148) bemerkbar macht. Der Diskurs über die Gefährdung des ›Schwärmers‹, der den Abgrund des Weltekels und der Misanthropie erfährt, weil sich sein verabsolutierter Enthusiasmus an keinem Gegenstand befriedigen kann, zeigt nämlich deutlich die Anbindung des Romans an bekannte Topoi der Empfindsamkeit. Trotz einiger Ansätze (Brüggemann 1909; Rath 1996) ist in diesem Zusammenhang die Affinität Tiecks zu Friedrich Heinrich Jacobis philosophischen Romanen *Allwill* (1775) und *Woldemar* (1779) noch nicht annähernd ausgelotet.

Kunstreligion, Mystik und Naturphilosophie

Im Zuge seiner Zusammenarbeit mit Wilhelm Heinrich Wackenroder, welche in den *Herzensergießungen eines kunstliebenden Klosterbruders* (1797) und den *Phantasien über die Kunst* (1799) ihren Niederschlag findet, läßt Tieck die philosophischen Experimente des *Lovell* hinter sich und gewinnt einen spekulativen Kunstbegriff, der zentrale Überlegungen des Jenaer Kreises vorwegnimmt. Der zuvor problematisierte Enthusiasmus erscheint jetzt im Rückgriff auf das antike Konzept vom *poeta vates* als metaphysisch inspirierte Begeisterung, die den Künstler zur Offenbarung des Göttlichen in der Kunst befähigt. Zeigte sich die Einbildungskraft im Falle William Lovells noch in der Gestalt krankhaft ›erhitzter‹ Phantasie, so wird sie nun zum Medium göttlicher Inspiration, zum Mitteilungsorgan des Unbedingten im Bedingten. Als Modus unmittelbarer Erfahrung des Göttlichen korrespondiert mit dem Enthusiasmus bzw. der Phantasie das religiöse Empfinden, welches aufgrund der gemeinsamen Herkunft aus Offenbarung und höherer Einsicht im Kunstprodukt seinen adäquaten Ausdruck erhält. Aus diesen Akzentverschiebungen ergibt sich eine Nähe zur philosophischen Ästhetik der Frühromantik: Mit der durch Tieck und Wackenroder demonstrierten Engführung von Kunst und Religion übereinkommend (siehe den Beitrag *Religion* in Kap. 2), feiert auch das frühromantische Konzept des ›Romantisierens‹ (Novalis) die Phantasie als Offenbarungsorgan der Gottheit und die Poesie als ästhetisches Medium der Religion. Entscheidend anders ist hier jedoch der spekulative Kontext dieser Überlegungen: Gewährsmänner der sakralisierten Kunstauffassung sind hier nicht, wie in den *Herzensergießungen*, die Künstler-Genies Raphael und Dürer, sondern Plotin, Spinoza und Schelling. Verständlich wird dies angesichts der

Tatsache, daß es der Jenaer Gruppe auf die naturphilosophische Begründung einer ›Neuen Mythologie‹ ankam. Bei Tieck und Wackenroder hingegen wird der Anspruch reflexiver Zugriffsweisen auf die ästhetische Tätigkeit im Namen unmittelbarer Begeisterung abgewehrt.

Konkreter läßt sich Tiecks Anschluß an die frühromantische Konfiguration eines ästhetischen, zudem naturphilosophisch-pantheistisch aufgeladenen Religionsbegriffs anhand seiner intensiven Rezeption Jakob Böhmes (1575–1624) aufweisen. Auch im poetischen Werk hinterläßt die Böhme-Lektüre ihre Spuren – ein Umstand, für den die Märchennovelle *Der Runenberg* (1804) als klassisches Beispiel gilt (Lüer 1997). Motiviert wird diese Auseinandersetzung durch Tiecks Sympathie mit dem Begriff der Mystik, unter den die Philosophiegeschichte Böhme gemeinhin subsumiert. ›Mystik‹ ist im Sprachgebrauch Tiecks ein Synonym für Unmittelbarkeit und selbstevidente Erfahrung. Die Präferenz für Böhme liegt ganz auf der Linie seiner Vorliebe für Formen des unmittelbaren Zugriffs auf die Wahrheit. Im Insistieren auf Unmittelbarkeit, welches durch leitmotivische Termini wie ›Ahndung‹, ›Gefühl‹ oder ›Glaube‹ angezeigt wird, muß der eigentliche Grundzug von Tiecks Verhältnis zur Philosophie gesehen werden:

> Gar manche Leser würden mich als unphilosophischen Kopf schnell aburtheilen, wenn ich gestände, daß mir nie um das Denken als solches zu thun gewesen ist [...], alle Untersuchungen, aller Gedanken und Ideen-Gang soll mir tiefe Vorurtheile bestätigen, d. h. doch nur mit andren Worten den Glauben und die unauslöschliche Liebe. (Matenko 1933, S. 167)

In der mystischen Schau, welche das Absolute in den Tiefen des individuellen Gemüts aufzufinden sucht, verschmelzen zumeist die Differenzen zwischen Mensch und Gott, Individuum und Universum. Akzentuiert wird dadurch nicht allein die Tendenz des Mystischen auf Einheit, sondern ebenso die Innerweltlichkeit des göttlichen Prinzips, von dem alle Wesen und Dinge berührt sind. Die Aktualisierung Böhmes durch die Romantik ist insofern auf der Folie einer Evolution des Idealismus im Anschluß an Fichte zu betrachten. Denn Böhmes Offenbarungsdenken besitzt gewisse Ähnlichkeit mit Schellings Identitätsphilosophie, welche Natur und Subjektivität als Stufenfolgen eines in dialektisch-prozessualer Weise sich darstellenden Absoluten begreift. Aus dieser Warte haben Friedrich Schlegel und Novalis die theosophisch-pantheistischen Tendenzen Böhmes wahrgenommen. Tieck, der während seines Jenaer Aufenthalts vor allem Novalis für Böhme interessieren kann (Mayer 1999), gesteht dagegen lakonisch: »Mit *Schelling* habe ich mich [...] über die Wahlverwandtschaft unserer Richtungen eigentlich nicht zu verständigen vermocht« (Köpke 2, S. 175). Auf die vermutlichen Gründe dieser Verständigungsprobleme deutet Köpkes Bericht über Tiecks erste Eindrücke seiner Böhme-Lektüre:

> Auch dies war ein System, aber ein ganz anderes, als was man sonst so zu nennen pflegte. Es war kein künstlich aufgeführtes Gebäude von Paragraphen, in denen zuletzt nur beschränkte Geister zu Hause waren; es schien die Welt selbst zu sein. Hier verschwanden alle Gegensätze zwischen Glauben und Wissen, Verstand und Phantasie, es war alles in allem Eins, ein ungetheiltes Ganze, in dem Gottes Geist lebte und athmete. Von hier aus glaubte er das Christenthum, die Natur, die Philosophie zu verstehen. (Köpke 1, S. 239f.)

Ins Auge fällt die Kontrastierung Böhmes mit dem pejorativ aufgefaßten philosophischen Paragraphenwesen, das Tieck gerade an den Systemdenkern Kant, Fichte, aber auch Schelling abgeschreckt hat. Bezeichnend ist in dieser Hinsicht der von Köpke überlieferte Streit mit Fichte über die Einschätzung Böhmes, insofern er den Gegensatz zwischen Dichter und systematischem Denker schlaglichtartig beleuchtet: Ist Böhme für Tieck nicht weniger als ein »Prophet«, so für Fichte »ein verworrener Träumer« (Köpke 1, S. 253), der klares Denken von schöner Bildsprache nicht zu trennen wisse. Tieck fesselt indes gerade die Vermischung von spekulativem Denken und poetischer Begeisterung, so daß er das Werk des Mystikers vor allem als ästhetisches Gebilde und Ausdruck religiöser Intuition auffassen kann. Besondere Beachtung findet dabei der Umstand, daß Böhme Gott in Analogie zum poetischen Geist denkt: Das sprechende, aushauchende Schöpferwort umfängt Natur und Kreatur als das Gesprochene (Bonheim 1992).

Böhmes Brückenschlag zwischen Naturphilosophie und Sprachspekulation ist für die Frühromantik von nachweislicher Bedeutung (Kremer 2003). In der späten Schrift *Von der Geburt und Bezeichnung aller Wesen* (1622) verkündet Böhme, Gottes weltstiftendes Wort habe sogenannte ›Signaturen‹ in der Schöpfung hinterlassen, Spuren des Geistes, in denen dieser selbst noch anwesend sei. Die richtige Entzifferung dieser Spuren könne den Menschen befähigen, die nur stumm scheinende Natur zum Sprechen zu bringen. Im Rekurs auf diese mystische Sprachauffassung etabliert sich für die Bezeichnung des verborgenen Sinns der Natur der Begriff der ›Hieroglyphe‹. An exponierter Stelle erscheint die Rede von der Natur als Hieroglyphe bereits in den *Herzensergießungen*, nämlich in dem von Wackenroder verfaßten Abschnitt *Von zwey wunderbaren Sprachen*. Dem Ästhetischen wird hier ein der Natur vergleichbarer metaphysischer Stellenwert zugesprochen. Denn in Analogie zur hieroglyphischen Natur verweist ebenso die allegorisch-vieldeutige Kunst auf das Göttliche. Spuren derselben Auffassung zeigen die Kunstgespräche in Tiecks Roman *Franz Sternbalds Wanderungen* (1798), der auch in dieser Hinsicht die mit Wackenroder erarbeitete Konzeption fortführt (Stiening 1999): Die Hieroglyphe sei es, »die das Höchste, die Gott bezeichnet«, und in diesem Sinne kann sich dem Menschen durch Naturanschauung »die Ahndung der Gottheit« eröffnen (S 16, S. 274).

Tieck, Solger und die ironische Philosophie der Romantik

Tiecks Verhältnis zu den Denkern seiner Zeit bleibt vornehmlich ein Verhältnis der Distanz. Hiervon auszunehmen ist einmal der norwegische Naturphilosoph und Mineraloge Henrich Steffens (1773–1845), der bei Fichte und Schelling studierte und im romantischen Kreis verkehrte (Paul 1973). Mit ihm hat Tieck im Sommer 1801 häufig Umgang. Steffens ist nicht nur Anhänger von Tiecks Dichtungen, sondern beeinflußt vermutlich auch die Ausarbeitung des *Runenbergs* (Huesmann 1929). Die zweite, für Tiecks intellektuelle Biographie wesentlich bedeutendere Ausnahme bildet seine Freundschaft zu Karl Wilhelm Ferdinand Solger (1780–1819), dem er zum ersten Mal 1808 in Berlin begegnet. In Solger findet Tieck einen Denker aus dem Umfeld des Idealismus, der das mündliche Gespräch und die literarische Form des Dialogs dem Begriffsgerüst des Systemdenkens vorzieht und darüber hinaus der mystischen Zugangsweise Raum gewährt, indem er Topoi frühidealistischer Bewußtseinstheorie an das Konzept religiöser Gewißheit anschließt. »Ich glaube fast«, so Tieck euphorisch, »Sie sind berufen, jene für unmöglich geachtete Brücke aus der wahren Philosophie in die ächte Mystik hinüber zu schlagen« (Matenko 1933, S. 204). Verständlich wird diese Einschätzung auf der Folie des Solgerschen Ansatzes: Letzterer begreift das Selbstbewußtsein, die kulturellen Ausdrucksformen menschlichen Geistes, aber ebenso Natur und Geschichte, als Spielarten der ›Offenbarung‹ Gottes.

Wichtiger noch als dieser holistische Theismus ist für Tieck die Auseinandersetzung mit Solgers ästhetischen Grundsätzen. Folgt man den emphatischen Bekenntnissen des Autors, so verdankt Tieck dem Philosophen ein tieferes Verständnis nicht nur des Wesens der Kunst überhaupt, sondern auch des Charakters seiner eigenen poetischen Produktion. Insbesondere begeistert sich Tieck für Solgers kunstphilosophischen Dialog *Erwin* (1815): »Dies Werk muß Epoche machen, und ich wünsche es nur recht bald gedruckt zu sehn, um es recht von allen Seiten zu studiren« (Matenko 1933, S. 144). Analog zu Philosophie und Religion versteht Solger unter Kunst eine Form der Beziehung des relativen Daseins auf das absolute Sein Gottes, nämlich die Offenbarung der Gottheit in der Gestalt des schönen Scheins. Hier bringt Solger eine für sein Denken typische Dialektik in Anschlag: Die Einschränkung der göttlichen Wirklichkeit in den Schein und dessen gleichzeitige Negation, welche ihrerseits die Negativität des Endlichen vernichtet, zeigt sich im Ästhetischen als *Ironie*:

> Diesen Mittelpunkt der Kunst nun [...] nennen wir, in sofern er in der Aufhebung der Idee durch sich selbst besteht, die *künstlerische Ironie*. Sie macht das Wesen der Kunst, die innere Bedeutung derselben aus; denn sie ist die Verfassung des Gemüthes, worin wir erkennen, daß unsere Wirklichkeit nicht sein würde, wenn

sie nicht Offenbarung der Idee wäre, daß aber eben darum mit dieser Wirklichkeit auch die Idee etwas Nichtiges wird und untergeht. (Solger 1829, S. 241f.)

Der Ironiebegriff wird als Herzstück der Solgerschen Ästhetik angesehen (Heller 1928; Grunert 1960; Decher 1994; siehe den Beitrag *Ironie bei Tieck und Solger* in Kap. 3). Im Selbstverständigungsprozeß Tiecks, der Solgers Kunstauffassung adaptiert, kommt ihm eine tragende Rolle zu. Dies führt noch einmal auf die Frage nach Tiecks Beziehungen zur Frühromantik, da unter ›Ironie‹ auch ein zentrales Motiv frühromantischer Philosophie und Poetik zu verstehen ist. In dieser Sache zeichnen sich zwei Grundsatzpositionen der Forschung ab: Manfred Frank assimiliert die wenigen programmatischen Äußerungen Tiecks sowie den Problemgehalt seiner Werke ganz an die philosophischen Überlegungen Friedrich Schlegels und Novalis'. Solgers Exposition des Ironiegedankens, die gleichfalls aus frühromantischer Perspektive interpretiert wird, erhält dabei die Funktion, Tiecks zuvor nicht geleistete philosophische Selbstvergewisserung angeregt zu haben (Frank 1989; Frank 1990). Dem stehen Arbeiten von Autoren gegenüber, welche Tiecks theoretische Indifferenz zum Anlaß nehmen, seine poetische Praxis unter gezielter Vermeidung des Ironiebegriffs als Zeichen seiner Singularität zu profilieren (Brecht 1993; Menninghaus 1995; Bong 2000). Gerade aber die von frühromantischer Poetik geforderten ironischen Darstellungsformen stehen in Affinität zu Tiecks literarischer Verfahrensweise, insofern sich letztere ebenfalls an Verfremdungsprinzipien orientiert und illusionszerstörende Reflexions- und Spiegelungsstrukturen hervorbringt.

Dagegen ist es in der Tat nicht unproblematisch, den von Solger entlehnten Ironiebegriff bruchlos in ein Verhältnis zur philosophischen Herkunft und Begründung der Ironie bei Schlegel und Novalis zu setzen. Diese Autoren machen im Rekurs auf Fichtes Unterscheidung zwischen dem luziden Selbstbewußtsein und seiner höchsten Bedingung, dem eigentlichen Bewußtseinsgrund, eine Aporie der Reflexion namhaft. Letztere besteht darin, daß die reflexiven Operationen des Unterscheidens und Beziehens die Verfassung des höchsten Prinzips im Sinne einer relationsfreien Identität notwendig verfehlen. Das frühromantische Ironiekonzept basiert daher auf der Idee, die relationalen Darstellungsmittel der Sprache in einer Weise zu gebrauchen, die gerade das Nichtdarstellbare augenfällig machen soll (Götze 2001). Auch Solgers Definition artikuliert ein Bewußtsein der Unangemessenheit der Darstellung gegenüber dem darzustellenden Absoluten: Die göttliche Idee, das Unendliche, vernichtet sich im Kunstwerk insofern, als dieses wie alle Ausdrucksformen endlich ist. Die Ironie der ästhetischen Darstellung besteht deshalb darin, daß in ihr das Dargestellte und im weiteren Sinne ›Wirkliche‹ selbst als dasjenige kenntlich wird, was nicht das eigentlich Gemeinte ist. Solger macht allerdings nicht den frühromantischen Topos von der *Überbietung* philosophischer Reflexion durch Kunst geltend, mithin spricht er dem Ästhetischen keineswegs eine kompensatorische Funktion zu. Vielmehr ist ihm die Kunst – *neben* Philosophie und Religion – Teil eines Systems der Offenbarungsweisen Gottes. Für Friedrich Schlegel hingegen avanciert das ›allegorische‹ Verfahren ästhetischer Ironie zur angemessenen Antwort auf das Problem der Repräsentation des Absoluten für das Bewußtsein: »Das Höchste kann man eben weil es unaussprechlich ist, nur allegorisch sagen« (Schlegel 1967, S. 324).

Eine andere Schwierigkeit des Unterfangens, Tiecks Vorstellung von Ironie in den Diskurs frühromantischer Subjekttheorie einzurücken, besteht darin, daß Tiecks einschlägige Äußerungen zwar Solgers Definition anklingen lassen, aber in einem rein poetologischen Kontext stehen. Bestätigt wird dabei Solgers Auffassung, die ›höhere‹ Ironie müsse in produktionsästhetischer Perspektive als das entscheidende Moment der Genese des Kunstwerks aus dem Geist des künstlerischen Bewußtseins gelten. Zugleich aber ironisiert Tieck in gewisser Weise den Ironiebegriff, indem er ausdrücklich auf dessen Polyvalenz verweist. Man kann hierin eine filigrane Distanzierung von allzu rigider philosophischer Fixierung entdecken: »Es ist unendlich schwer den Begriff der *Ironie* in einer bestimmten Formel auszusprechen. [...] Es ist das Göttlich-Menschliche in der Poesie. Wer dieses als tiefste Ueberzeugung in sich trägt und erlebt hat, bedarf der noch einer Definition?« (Köpke 2, S. 238).

Eine Gemeinsamkeit der Frühromantik mit Solger besteht in der Zuordnung der (im romantischen Sprachgebrauch nicht scharf unterschiedenen) Kategorien ›Symbol‹ und ›Allegorie‹ zum Phänomen der Ironie. Es handelt sich demnach um diejenigen Verfahrensweisen ästhetischer Darstellung, die Ironie im Kunstwerk erzeugen. Die in Solgers letzten Briefen erwogene Verbindung der Ironie nicht nur mit Allegorie und Symbol, sondern auch mit Mystik, findet Tiecks Zustimmung. Sei Mystik, schreibt Solger, »das innere Leben«, so handle es sich bei Allegorie und Symbol um »dessen Gestaltungen«. Zudem sei Mystik, »wenn sie nach der Wirklichkeit hinschaut, die Mutter der Ironie, wenn nach der ewigen Welt, das Kind der Begeisterung oder Inspiration« (Matenko 1933, S. 486). Das dürfte der Position des Dichters nahekommen: Bedeutet Mystik für Tieck eine sowohl holistische als auch vorbegriffliche Erkenntnis der innigen Zugehörigkeit des Menschen und der Natur zu Gott, so ist ihm die Allegorie als wesentliche Eigenschaft des Kunstwerks die ästhetische Form mystischer Wesensschau. Der hieroglyphische Charakter der Natur im Sinne einer Offenbarung göttlichen Seins findet sein ästhetisches Pendant im allegorisch-ironischen Charakter der Poesie. Die im *Sternbald* vorgetragene Verknüpfung des allegorischen Prinzips mit der Bruchstückhaftigkeit menschlicher Erkenntnis entspricht der frühromantischen Philosophie. Die Kunstanschauung gewährt mittels Allegorie dort eine Totalität, wo dem diskursiven Begreifen des Individuums keine Einheit gegeben ist:

> Alle Kunst ist allegorisch [...]. Was kann der Mensch darstellen, einzig und für sich bestehend, abgesondert und ewig geschieden von der übrigen Welt, wie wir die Gegenstände vor uns sehn? [...] wir fügen zusammen, wir suchen dem Einzelnen einen allgemeinen Sinn aufzuheften, und so entsteht die Allegorie. Das Wort bezeichnet nichts anders als die wahrhafte Poesie, die das Hohe und Edle sucht, und es nur auf diesem Wege finden kann. (S 16, S. 282)

Hinter solchen Verlautbarungen verbirgt sich zwar keine dezidiert theoretische Einstellung; man kann aber darin doch eine unwillkürliche Übereinstimmung mit der von Friedrich Schlegel und Novalis geleisteten Idealismus-Kritik ausmachen. Auch Tiecks Verhältnis zur Philosophie, das nach dem Tode Solgers keine nennenswerten Veränderungen mehr erfährt, ist durch eine prinzipielle Grundsatz- bzw. Systemskepsis geprägt. So teilt er mit den Autoren der Jenaer Gruppe die Zurückweisung jeglichen Anspruchs auf absolutes Wissen. Zwar eröffnet die ästhetische Anschauung einen Ausblick auf Totalität; zu negieren ist aber der aus der Aufklärung stammende Imperativ eines vollständigen Begreifens des Ich und der Welt:

> Einer der widerstrebendsten Gedanken ist für mich der des Zusammenhanges. Sind wir denn wirklich im Stande ihn überall zu erkennen? Ist es nicht frömmer, menschlich edler und aufrichtiger, einfach zu bekennen, daß wir ihn nicht überall wahrzunehmen vermögen, daß unsere Erkenntniß sich nur auf Einzelnes bezieht [...]? (Köpke 2, S. 250)

LITERATUR

Arendt 1972: Arendt, Dieter: Der ›poetische Nihilismus‹ in der Romantik. Studien zum Verhältnis von Dichtung und Wirklichkeit in der Frühromantik, 2 Bde., Tübingen 1972.
Bong 2000: Bong, Jörg: Texttaumel. Poetologische Inversionen von ›Spätaufklärung‹ und ›Frühromantik‹ bei Ludwig Tieck, Heidelberg 2000.
Bonheim 1992: Bonheim, Günther: Zeichendeutung und Natursprache. Ein Versuch über Jacob Böhme, Würzburg 1992.
Brecht 1993: Brecht, Christoph: Die gefährliche Rede. Sprachreflexion und Erzählstruktur in der Prosa Ludwig Tiecks, Tübingen 1993.
Brüggemann 1909: Brüggemann, Fritz: Die Ironie als entwicklungsgeschichtliches Moment. Ein Beitrag zur Vorgeschichte der deutschen Romantik, Jena 1909 (Reprint Darmstadt 1976).
Decher 1994: Decher, Friedhelm: Die Ästhetik K. W. F. Solgers, Heidelberg 1994.
Dierkes 2003: Dierkes, Hans: Philosophie der Romantik. In: Romantik-Handbuch, hg. von Helmut Schanze, 2. durchgesehene und aktualisierte Auflage, Stuttgart 2003, S. 429–478.
Falkenberg 1956: Falkenberg, Hans-Geert: Strukturen des Nihilismus im Frühwerk Ludwig Tiecks, phil. Diss. Göttingen 1956.
Frank 1989: Frank, Manfred: Einführung in die frühromantische Ästhetik, Frankfurt a. M. 1989.

Frank 1990: Frank, Manfred: Das Problem ›Zeit‹ in der deutschen Romantik. Zeitbewußtsein und Bewußtsein von Zeitlichkeit in der frühromantischen Philosophie und in Tiecks Dichtung, 2. überarbeitete Auflage, Paderborn/u. a. 1990.
Gössl 1987: Gössl, Sybille: Materialismus und Nihilismus. Studien zum deutschen Roman der Spätaufklärung, Würzburg 1987.
Götze 2001: Götze, Martin: Ironie und absolute Darstellung. Philosophie und Poetik in der Frühromantik, Paderborn/u. a. 2001.
Grunert 1960: Grunert, Bernhard: Solgers Lehre vom Schönen in ihrem Verhältnis zur Kunstlehre der Aufklärung und der Romantik, phil. Diss. Marburg 1960.
Hegel 1986: Hegel, Georg Wilhelm Friedrich: Werke. Auf der Grundlage der Werke von 1832–1845 neu edierte Ausgabe. Redaktion Eva Moldenhauer und Karl Markus Michel, Frankfurt a. M. 1986.
Heller 1928: Heller, Josef: Solgers Philosophie der ironischen Dialektik. Ein Beitrag zur Geschichte der romantischen und spekulativ-idealistischen Philosophie, Berlin 1928.
Hölter 2003: Hölter, Achim: Ludwig Tieck. Ein kurzer Forschungsbericht seit 1985. In: Athenäum. Jahrbuch für Romantik 13 (2003), S. 93–129.
Huesmann 1929: Huesmann, Else: Henrich Steffens in seinen Beziehungen zur deutschen Frühromantik unter besonderer Berücksichtigung seiner Naturphilosophie, Kiel 1929.
Kremer 2003: Kremer, Detlef: Romantik, 2. überarbeitete und aktualisierte Auflage, Stuttgart/Weimar 2003.
Lüer 1997: Lüer, Edwin: Aurum und Aurora. Ludwig Tiecks *Runenberg* und Jakob Böhme, Heidelberg 1997.
Matenko, Percy (Hg.): Tieck and Solger. The complete Correspondence, New York/Berlin 1933.
Mayer 1999: Mayer, Paola: Jena Romanticism and its Appropriation of Jakob Böhme. Theosophy – Hagiography – Literature, Montreal/u. a. 1999.
Menninghaus 1995: Menninghaus, Winfried: Lob des Unsinns. Über Kant, Tieck und Blaubart, Frankfurt a. M. 1995.
Paul 1973: Paul, Fritz: Henrich Steffens. Naturphilosophie und Universalromantik, München 1973.
Pikulik 1983: Pikulik, Lothar: Die Frühromantik in Deutschland als Ende und Anfang. Über Tiecks *William Lovell* und Friedrich Schlegels Fragmente. In: Die literarische Frühromantik, hg. von Silvio Vietta, Göttingen 1983, S. 112–128.
Rath 1996: Rath, Wolfgang: Ludwig Tieck. Das vergessene Genie. Studien zu seinem Erzählwerk, Paderborn/u. a. 1996.
Scherer 2003: Scherer, Stefan: Witzige Spielgemälde. Tieck und das Drama der Romantik, Berlin/New York 2003.
Schlegel 1967: Schlegel, Friedrich: Kritische Friedrich-Schlegel-Ausgabe, 35 Bde., Bd. 2: Charakteristiken und Kritiken I, hg. von Ernst Behler, Paderborn/u. a. 1967.
Schwarz 1993: Schwarz, Christopher: Langeweile und Identität. Eine Studie zur Entstehung und Krise des romantischen Selbstgefühls, Heidelberg 1993.
Solger 1829: Solger, Karl Wilhelm Ferdinand: Vorlesungen über Ästhetik, hg. von Karl Wilhelm Ludwig Heyse, Leipzig 1829 (Reprint Darmstadt 1980).
Stiening 1999: Stiening, Gideon: Die Metaphysik des Hieroglyphischen. Zur Begründungsstruktur religiöser Ästhetik in Ludwig Tiecks Roman *Franz Sternbalds Wanderungen*. In: Jahrbuch des Freien Deutschen Hochstifts (1999), S. 121–163.

Tiecks Bibliothek

Achim Hölter

Tieck als Buchbesitzer und Büchersammler

Ludwig Tieck war gegen Ende seines Lebens einer der berühmtesten Bibliophilen des 19. Jahrhunderts (Bogeng 1922, 3, S. 193; umfassend Hölter 1989, S. 94–110). Dies ist um so bemerkenswerter, als er weder Erbe einer nennenswerten Büchersammlung noch vermögend war. Zwar besaß Tiecks Vater einen »kleine[n] Hausschatz« an Büchern (Köpke 1, S. 7), doch sind nur wenige Titel und keine genauen Drucke überliefert. Auch wäre der Buchbesitz eines Seilermeisters etwa mit J. C. Goethes Bibliothek (Götting 1953) nicht vergleichbar, die man schon wegen ihrer Wirkung auf den Sohn rekonstruiert. Das intertextuelle Archiv des jungen Tieck hingegen wird man eher in den Büchersammlungen seiner Lehrer und Freunde am Friedrichswerderschen Gymnasium sowie in den öffentlichen Berliner Bibliotheken suchen, besonders der Königlichen. Wann Tieck damit begann, Bücher zu erwerben, zu ordnen und seine Sammlung systematisch zu komplettieren, ist nicht belegt. Man darf aber vermuten, daß die um die Jahrhundertwende einsetzende Beschäftigung mit mittelalterlicher Dichtung erstmals den physischen Besitz von Manuskripten und frühen Drucken erforderlich machte. Insbesondere die Freundschaft mit materiell besser gestellten Dichterkollegen wie Clemens Brentano wird den Ehrgeiz des Bücherjägers angeregt haben. Hinzu kommt wohl die schlagartige Überschwemmung des Kunst- und Büchermarkts durch die Säkularisation.

Bereits die Studiensemester 1792–1794 und vor allem das Vorbild der Göttinger Universitätsbibliothek sowie ein Besuch in Wolfenbüttel werden Tieck Idealbilder von Bibliotheken vermittelt haben, die für die gelehrte Seite seines Schaffens den Rahmen abgaben. Zweifellos erwarb er dann 1805/06 in Italien oder auch 1817 in England Drucke, die in Deutschland nur schwer zu erhalten waren. Insofern darf man davon ausgehen, daß bereits in jener Phase nach 1802, als seine dichterische Produktion allmählich stockte und seine Gelehrsamkeit sich auf einen europäischen Horizont hin ausdehnte, nicht zuletzt 1805/06 in der Biblioteca Vaticana und in St. Gallen, der Grundstock für eine beachtliche Bibliothek gelegt war, die während der zahlreichen Reisen auch in

Ziebingen verwahrt gewesen sein muß. Bei der Übersiedlung 1819 nach Dresden, wo er 1812 hätte Oberbibliothekar werden können (Köpke 2, S. 29), wird die Familie in der Wohnung am Altmarkt mehrere Zimmer als Raumbedarf einkalkuliert haben. In jener Zeit häufen sich z. B. Dorotheas Hinweise auf des Vaters regelmäßige und umfangreiche Käufe bei Auktionen; die Hauptmasse wurde also sicher in den 1820er und 1830er Jahren erworben. Zusätzlich zu den zeitweise beachtlichen Einkünften aus den Novellenveröffentlichungen steuerte Henriette von Finckenstein Mittel für Tiecks Büchersucht bei. Überdies ließ er sich von seinen Verlegern in Verrechnung von Honoraren oder als Zugaben mit Neuerscheinungen versorgen; auch Widmungsexemplare und Tauschgeschäfte mit der Dresdner Bibliothek trugen zum Anwachsen der Bibliothek bei. Dennoch: Trotz aller Briefzeugnisse, Buchbestellungen oder anderer Erwähnungen sind nur für einen Bruchteil die Provenienzen zu klären. Dabei konnten diese prominent sein: 1823 etwa ersteigerte Tieck einiges aus J. J. Eschenburgs Besitz (Novellenzeit, S. 28f.), im Folgejahr erhielt er fast 100 spanische Bücher aus E. v. d. Malsburgs Sammlung. Nach dem Tod Amalies und Dorotheas zog Tieck mitsamt seiner Bibliothek, die in Dresden zahllose Besucher bei den halbprivaten Leseabenden hatten bewundern können, zunächst in die Dresdner Amalienstraße 15 – sechs Tage dauerte der Büchertransport –, dann nach Berlin. Dort kam es Ende 1849 zu der berühmten Versteigerung der Sammlung, die in der Forschung auf etwa 16000 Bände geschätzt wird (Köpke 2, S. 133).

Tieck liebte Bücher und Privatbibliotheken. Man könne, schrieb er am 14. August 1836 an Wilhelm Konrad Hallwachs, etwas ausleihen, »aber recht nothwendige Bücher muß der Gelehrte eigens besitzen. Ich nun gar, da ich von Collektaneen und Auszügen nicht viel halte, sondern in den Büchern selbst meine Bemerkungen oder den Widerspruch anmerke, oder was mir am wichtigsten ist« (Schweikert 2, S. 142). Insbesondere faszinierten ihn Auktionskataloge, welche er wie Literatur las (vgl. Schweikert 3, S. 267, 270). Diesen Zauber fiktionalisierte er in Novellen wie *Der Gelehrte* (vgl. S 22, S. 13: »Welche Menge von Büchern, rief sie, wie entzückt, aus.«) oder *Des Lebens Überfluß*, in der Heinrich erzählt:

> In meiner frühen Jugend war es meine Leidenschaft gewesen, bei Bücherauktionen zugegen zu sein, und wenn es mir auch fast immer unmöglich fiel, jene Werke, die ich liebte, zu erstehen, so hatte ich doch meine Freude daran, sie ausgeboten zu hören und mir die Möglichkeit zu denken, daß sie in meinen Besitz gelangen könnten. Die Kataloge der Auktionen konnte ich wie meine Lieblingsdichter lesen [...]. (DKV 12, S. 221)

Tiecks Bibliothek war erkennbar die eines komparatistisch orientierten Philologen und Literaturhistorikers. Sie enthielt, neben zeitgenössischer deutscher Literatur, Geschenken von Tiecks Freunden und Bewunderern und natürlich

Belegexemplaren seiner eigenen Werke, schwerpunkthaft deutsche Literatur der Frühen Neuzeit, englische Dichtung mit einem markanten Zentrum bei Shakespeare und seinen Nachfolgern sowie insbesondere eine auf Vollständigkeit angelegte Sammlung von Originaldrucken spanischer Dramen des 17. Jahrhunderts: Denn sichere Erkenntnisse versprach sich der Philologe Tieck nur davon, buchstäblich Hunderte Texte gleichen Typs zu lesen: »Ohngefähr alles in allem giebt es 3500 gedruckte alte Stücke; ihrer habe ich bis jetzt 1200, fehlen mir ohngefähr 2300« (Hewett-Thayer 1934, S. 15). Des weiteren spiegelt sich Tiecks besonderes Interesse an einzelnen Autoren wie etwa Dante, Boccaccio, Cervantes in der Anzahl der Drucke. Auch literarhistorische Werke gehören in für jene Zeit bemerkenswertem Umfang dazu. Neben der schönen Literatur sind vor allem die Gebiete Geschichte und Kunst breit vertreten. Hier verspricht seine Bibliothek den unmittelbarsten Aufschluß für die Kommentararbeit an den Dresdner Novellen.

Die Versteigerung 1849/50 und die Zusammensetzung der Bibliothek

Zahlreiche Dichter- und Germanistenbibliotheken (Folter 1975, zu Tieck S. 194f.) sind mindestens indirekt überliefert dank der Kataloge, die – meist nach dem Tod des Besitzers – für die jeweilige Auktion erstellt wurden. Auch Tieck gab seine Bücher im Alter von 76 Jahren zur Versteigerung frei. Wenngleich als Motive dafür baustatische Bedenken des Vermieters der Wohnung Friedrichstraße 208 und vor allem akute Geldnot von Tiecks Bruder angeführt werden, verursacht durch eine Heirats- und Scheidungsaffäre, dürfte der eigentliche Auslöser für die Trennung von seinen Büchern im Jahr nach der Märzrevolution im psychisch-gesundheitlichen Bereich gelegen haben. Am 25. Februar 1849 verkaufte Tieck diese an den Berliner Auktionator Adolf Asher für den Pauschalpreis von 7000 Talern bei einer Anzahlung von 2000 Talern. Es bleibt letztlich rätselhaft, warum er das juristische Risiko dieses Handels einging, denn zu jenem Zeitpunkt gehörte ihm die Bibliothek längst nicht mehr: Am 8. Juni 1839 hatte er sie dem Verleger Heinrich Brockhaus für die Verzinsung von 6000 Talern in Form einer jährlichen Rente von 300 Talern verkauft, wobei ihm bis zu seinem Tod der Nießbrauch der Bücher garantiert wurde. Als Brockhaus, von dritter Seite informiert, seitens des Auktionators den Kauf bestätigt fand, war er nur durch Intervention von Tiecks Freund Friedrich von Raumer dazu bereit, einen Skandal zu vermeiden, indem er die Bibliothek am 14. April 1849 formell an Tieck zurückverkaufte (Verträge bei Hölter 1989, S. 398–409), so daß es bei der Auktion bleiben konnte, die am 30. November 1849 im *Börsenblatt* angekündigt wurde. Bereits 1848 hatte der Antiquar Albert Cohn, der, ähnlich wie A. Graf von Schack, G. Ticknor und viele Zeitgenossen, auch wissenschaftlich von der Sammlung profitierte, damit begonnen, Tiecks Bibliothek zu sichten und einen Auktionskatalog vorzubereiten, der unter dem Titel *Catalogue de la bibliothèque célèbre de M. Ludwig Tieck qui sera vendue à Berlin le 10. décembre 1849 et jours suivants par MM. A. Asher & Comp.* (= BT) erschien. Diese seltene Quelle wurde aufgrund ihrer Bedeutung 1970 mit einem kurzen Vorwort von Erich Carlsohn unter dem Titel *Bibliotheca Tieckiana* als Reprint produziert, in dem das Original-Deckblatt sowie der Umschlag mit der wichtigen Abkürzungsliste fehlen. Nur durch diese erschließt sich jedoch der eigentliche Nutzen des Katalogs, in dem Exemplare mit auffälligen Marginalien durch * markiert werden. Von Belang ist auch der nicht immer zuverlässige Hinweis »n. r.« (= »non rogné«), wodurch nicht beschnittene, also unbenutzte Exemplare bezeichnet sind, während umgekehrt und in besonderen Fällen auf den Rang von Tiecks handschriftlichen Anmerkungen eingegangen wird. Der Katalog ist nach dem Standard der Zeit sorgfältig gearbeitet, immerhin nicht mehr in Formatgruppen unterteilt, für heutige Bedürfnisse dennoch problematisch, ging es Asher doch weniger darum, Tiecks Bibliothek als organische Einheit abzubilden, sondern die hauptsächlich nachgefragten Sachgebiete für potentielle Kunden aufzufächern. So enthält der Katalog nacheinander die Rubriken A. »Langue et literatur« (sic!) mit den Gruppen deutsche, englische, asiatische, spanische und portugiesische, französische, griechische, niederländische, italienische, lateinische, skandinavische, slawische Literatur, B. »Histoire« mit allgemeiner Geschichte, Biographien, Geographie und Reiseliteratur. Unter C. folgen als eigenständige Abteilung »Histoire litéraire [sic] et bibliographie« mit 264 Nummern sowie D. Theaterliteratur. Unter E. »Miscellanées« ist dann alles Übrige zusammengefaßt. Insgesamt enthält das Verzeichnis 7930 Nummern, die zum Teil aus mehr- oder vielbändigen Werken bestehen. Wenn am Ende der deutschen Literatur (BT 1603–1619) sowie unter BT 7856–7930 noch »livres omis« aufgeführt sind, legt dies den Schluß nahe, daß Asher auf vollständiger Ablieferung aller Bücher, auch aktuell benutzter oder erworbener, bestand. Über diese Geschäftsverbindung muß auch die Fiorillo-Mitschrift (ÖNB Wien, Ms. 12.821) mitveräußert worden sein (Hölter 2001, S. 96f.). Die Einteilung der Bücher in Sachgruppen macht eine Benutzung zu Forschungszwecken schwierig, da Werke eines Autors getrennt werden; zudem enthält der Katalog eine große Abteilung Amerika-Literatur (BT 4382–4648), die nicht aus Tiecks Besitz stammt. Für eine präzise Erarbeitung intertextueller Beziehungen oder als Quellenrepertorium kann der Katalog auch aufgrund mangelnder Detailbeschreibungen nur bedingt verwendet werden.

Nachdem die Versteigerung aus Rücksicht auf den russischen Sammler S. Sobolewskij auf den 18. Dezember 1849 verschoben worden war, begann

Asher mit der spanischen Literatur, um noch vor Weihnachten auf die Sektion Geschichte überzugehen. Die Auktion endete am 10. Januar 1850. Über ihren Verlauf informieren ausführlich die Berichte des Beauftragten der Wiener Hofbibliothek, Ferdinand Joseph Wolf, an seinen Vorgesetzten Eligius Franz Joseph Frh. von Münch-Bellinghausen (Dichtername: Friedrich Halm; die Wiener Archivakte ÖNB Wien, HB 208, 222 und 249/1849 sowie HB 51/1850; daraus die Korrespondenz bei Hölter 1989, S. 409–423). Bezeichnenderweise wurden beide auch durch genaue Kenntnis von Tiecks Spanien-Sammlung zu Koryphäen der sich formierenden Hispanistik; immerhin war Wolf viermal (19. und 22. Dezember 1849, 6. und 9. Januar 1850) bei Tieck eingeladen.

Ashers Geschäftspraxis sorgte für einen Skandal, da er Teile des Angebots bereits en bloc verkauft hatte. Davon profitierte in erster Linie die Bibliothek des British Museum, deren Kustos Antonio Panizzi (vgl. Weimerskirch 1977) sich insbesondere für die deutsche Dichtung (Werke Goethes bzw. Tiecks) und für Zimelien der englischen Literatur ein Vorkaufsrecht gesichert hatte, weshalb knapp ein Zehntel der offerierten Lose ohne Versteigerung nach London gingen. Asher überschlug diese Nummern kurzerhand als fehlend und ließ die deutsche, skandinavische und niederländische Literatur (bis BT 1620) ganz aus.

Nicht alle großen europäischen Bibliotheken schickten Emissäre: Paris, Leipzig und Wolfenbüttel beteiligten sich offenbar nicht, auch aus Dresden wurden wohl keine Bücher erworben. Hingegen kauften die Bibliotheken aus Göttingen, Halle a. d. S. und München (Hölter 1989, S. 424) jeweils einige Dutzend. Nach London dürfte das größte Kontingent aus Wien ersteigert worden sein, wobei Wolf ebenfalls unter der Hand Vorabgeschäfte mit dem Auktionator abschloß. Der Königlichen Bibliothek Berlin wurden von 344 Titeln, auf die sie steigerte, nur 125 zugeschlagen. Nicht versteigerte Restbestände bot Asher zu Festpreisen erneut an (*Catalogue d'une collection précieuse...*, 1850), auch muß mit Remittenden aus der Auktion gerechnet werden. Nicht nur dadurch komplizieren sich die Verhältnisse: Im Vorfeld der Auktion hatte König Friedrich Wilhelm IV. bereits einige spanische Dramen von Asher zurückgekauft und Tieck als Weihnachtsgeschenk restituiert. Tieck selbst bereute die Zerstreuung seiner Sammlung, die um so bedauerlicher war, als Brockhaus 1844 notiert hatte: »Was ich einmal mit der Tieck-Bibliothek mache, wenn sie mir früher oder später zufällt, weiß ich selbst noch nicht; wahrscheinlich geht sie als eine Stiftung von mir an eine öffentliche Anstalt über« (Novellenzeit, S. 153). In einem raschen Impuls begann er eine zweite Bibliothek aufzubauen. Es ist schwer nachzuvollziehen, mit welchen Mitteln, in welchem Umfang und aus welchen Quellen der greise Dichter in nur zwei Jahren erneut eine umfangreiche Kollektion erwerben konnte. Am 19. Mai 1852 wiederholte sich die Szene: Tieck verkaufte seine zweite Bibliothek an einen Freund, den schlesischen Grafen Yorck von Wartenburg, wiederum für 6000 Taler und wiederum unter der Bedingung, daß die Bücher erst nach seinem Tod geschlossen in dessen Besitz übergingen, ausgenommen die vom König zurückgekauften Hispanica, die an die Berliner Bibliothek fielen. In seinem letzten Lebensjahr ließ Tieck das Vorhandene und die Neuzugänge bereits von seinem Sekretär Dammas katalogisieren und von seinem Diener Glaser mit dem Yorckschen Stempel versehen.

Das Schicksal der Bibliothek

Die komplexe Geschichte von Tiecks berühmter Büchersammlung hat dazu geführt, daß diese heute in zahlreiche Richtungen, wenn auch nicht spurlos, zerstreut ist. Für literaturwissenschaftliche Recherchen maßgeblich ist praktisch nur der im ersten Katalog 1849 nachgewiesene Bestand, da Tieck nach der Auktion kaum noch literarisch aktiv war. Befinden sich größere Korpora also in den zentralen wissenschaftlichen Bibliotheken von London, Wien, Berlin, Göttingen, München, Halle, so fehlen Recherchen zu potentiellen weiteren Großankäufen. Da seit dem Zweiten Weltkrieg das Archiv der Firma Asher verloren ist, existieren keine Kundenbelege. Wie hoch der Anteil der Bücher ist, die, *en gros* oder einzeln, in private Hände übergingen, ist schwer zu beziffern. Einzelexemplare aus Tiecks Besitz begegnen gelegentlich im Handel (z. B. BT 995) oder in Bibliotheken (LB Stuttgart). Erschwert wird die Lokalisierung durch die Kriegsverluste bzw. nach Krakau gelangte Auslagerungen der Berliner Bibliothek, die 1850 Serien von Miscellanbänden Tieckscher Provenienz in der Signaturengruppe Xk 1-Xk 7300 einkatalogisierte: »Ein Theil der Tieckschen Bibliothek, besonders Spanisches Drama, 1546 Originaldrucke in 110 Bänden.« Unklar ist, wieviele Bücher aus Tiecks Altbesitz zu jener Sammlung gehörten, die nach seinem Tod 1853 in das schlesische Schloß Klein-Oels überstellt wurden, wo Joachim Ringelnatz (Ringelnatz 1966, S. 241) 1911 als Bibliothekar mit ihnen befaßt war. Tatsache ist, daß die Fideikommiß-Bibliothek, 150000 Bände zählend, bei der Eroberung Schlesiens Ende des Zweiten Weltkriegs unterging. Während Paul Graf Yorck von Wartenburg (1902–2002) 90 Bände aus Tiecks Besitz nach Westdeutschland retten konnte, müßte der Verbleib Yorckscher Bücher – inzwischen sind Teilbestände nachgewiesen in den Universitätsbibliotheken Lódz, Breslau und Warschau, der Nationalbibliothek Warschau und der Stadtbibliothek St. Petersburg – erst präzise ermittelt werden, außerdem, ob und aus welcher Tieckschen Sammlung sie stammen.

Die genannten Forschungsansätze zu den Marginalien in elisabethanischer Literatur zeigen bereits beispielhaft, wie die Rekonstruktion von Tiecks Bibliothek seine Praxis als Shakespeare-Forscher zu beleuchten hilft. Zeydel (Zeydel

1931, S. 227–256) erstellte nur die alphabetische Liste des englischen Teilgebietes, doch war schon der frühen Tieck-Forschung klar, daß Tiecks Bibliothek als Arbeitsinstrument und Zeugnis der Genese der germanistischen Mediävistik, mehr aber noch der Anglistik und vor allem der Hispanistik hohen Rang besaß (siehe die Beiträge *Englische Dramatik* und *Romanische Literatur des Mittelalters und der Frühen Neuzeit* in Kap. 2 sowie *Tieck und die Formierung der neueren Philologien* in Kap. 5). H. Hewett-Thayer (1934 und 1935) und W. Fischer (1926, S. 120f.) gaben die Marginalien in englischen Büchern der British Library auszugsweise wieder; ausführlich erforschte diese dann E. Neu (1987). In London existieren also wichtige Handexemplare wie Solgers *Erwin* (BT 1340) mit Anstreichungen, Avellanedas falscher *Don Quixote* (BT 2503) und Spensers *Faerie Queene* (BT 2292) mit bibliographischen Notizen. Sidneys *Arcadia* (BT 2264) aber hat Tieck mit zahlreichen Unterstreichungen und Randbemerkungen versehen, ebenso *All the workes* (1630) von John Taylor (BT 2306), in die er eintrug: »Wie oft ich es durchgesehn und wie zu verschiedenen Zeiten können die geschriebenen Anmerkungen bezeugen, die alle von mir herrühren. Seit 1811 ist dieses Buch in meinem Besitz. L. Tieck.« Daneben sollten andere Standorte (z. B. ÖNB Wien: Shakespeare BT 2145) nicht in Vergessenheit geraten.

Zahlreiche literarhistorische Einzelnotizen im Nachlaß wird man im direkten Zusammenhang mit der Lektüre bestimmter Titel sehen müssen, zumal anzunehmen ist, daß Tieck mit wachsendem Bücherbesitz (und während der Ziebinger Aufenthalte aus Mangel an Gelegenheit) seltener von öffentlichen Bibliotheken Gebrauch machte. Mindestens für die Pionierleistung, die seine Sammlung von Drucken aus dem *Siglo de oro* darstellte, wäre eine Rekonstruktion seiner Bibliothek ein wichtiger Beitrag. Die Desiderate bestehen darin, Tiecks Gesamtbestände nach heutigen Katalogisierungsstandards zu erfassen, alle Daten über Tiecks Erwerb oder Gebrauch zuzuordnen und die Exemplare zu lokalisieren und auszuwerten. Damit wäre eine der bedeutendsten Dichterbibliotheken der Literaturgeschichte zumindest virtuell wiederhergestellt.

Literatur

Bogeng 1922: Bogeng, G. A. E.: Die grossen Bibliophilen. Geschichte der Büchersammler und ihrer Sammlungen, 3 Bde., Leipzig 1922.

Fischer 1926: Fischer, Walther: Zu Ludwig Tiecks elisabethanischen Studien. Tieck als Ben Jonson-Philologe. In: Jahrbuch der deutschen Shakespeare-Gesellschaft 62 (1926), S. 98–131.

Folter 1975: Folter, Roland: Deutsche Dichter- und Germanistenbibliotheken. Eine kritische Bibliographie ihrer Kataloge, Stuttgart 1975.

Götting 1953: Götting, Franz: Die Bibliothek von Goethes Vater. In: Nassauische Annalen 64 (1953), S. 23–69.
Hewett-Thayer 1934: Hewett-Thayer, Harvey W.: Tieck's Marginalia in the British Museum. In: The Germanic Review 9 (1934), S. 9–17.
Hewett-Thayer 1935: Hewett-Thayer, Harvey W.: Tieck and the Elizabethan Drama. His Marginalia. In: Journal of English and Germanic Philology 34 (1935), S. 377–407.
Hölter 1989: Hölter, Achim: Ludwig Tieck. Literaturgeschichte als Poesie, Heidelberg 1989.
Hölter 2001: Hölter, Achim: Der Romantiker als Student. Zur Identität von zwei Tieck-Handschriften. In: ders.: Frühe Romantik – frühe Komparatistik. Gesammelte Aufsätze zu Ludwig Tieck, Frankfurt a. M. 2001, S. 87–113.
Neu 1987: Neu, Elisabeth: Tieck's Marginalia on the Elizabethan Drama. The holdings in the British Library, phil. Diss. Cambridge 1987.
Ringelnatz 1966: Ringelnatz, Joachim: Mein Leben bis zum Kriege, Reinbek b. Hamburg 1966.
Weimerskirch, Philip John: Antonio Panizzi's acquisitions policies for the library of the British Museum, phil. Diss. (Library Science) Columbia University 1977.
Zeydel 1931: Zeydel, Edwin Hermann: Ludwig Tieck and England. A Study in the Literary Relations of Germany and England During the Early Nineteenth Century, Princeton 1931.

3.
Beiträge zur Poetik und Literaturkritik

Poetologische und kritische Schriften von 1792 bis 1803

Jürgen Brummack

Während die frühsten von Tiecks kritischen Schriften noch der Wirkungsästhetik des 18. Jahrhunderts verpflichtet sind, ist dieser Ansatz seit 1796 so gründlich aufgegeben, daß man von einer Wende sprechen kann: der Wende von der Aufklärung zur Romantik. Allerdings relativiert sich der Gegensatz, wenn man die Texte im Zusammenhang des Œuvres sieht, und es treten Züge im Profil des Autors hervor, die ihn von den Epochengenossen auch unterscheiden.

Tieck hat eine solche Betrachtungsweise selbst nahegelegt, indem er die Publikationen des Anfängers in die Sammlung der *Kritischen Schriften* aufgenommen hat, damit die »wohlwollenden Leser« sich überzeugen könnten, wie er »von Jugend auf einem und demselben Ziele zugestrebt habe« (KS 1, S. VII). Aus dieser Sammlung sind hier zu behandeln: *Die Kupferstiche nach der Shakspeare-Galerie in London, Shakspeare's Behandlung des Wunderbaren, Die neuesten Musenalmanache und Taschenbücher, Briefe über Shakspeare* und *Die altdeutschen Minnelieder*. Für den Wiederabdruck sind diese Texte zwar leicht bearbeitet worden, die poetologische Substanz ist davon aber in keinem Fall berührt. Da in einigen Fällen jedoch der ursprüngliche Publikationszusammenhang gehaltlich relevant ist, gründet sich die folgende Darstellung auf den Text der Erstdrucke (mit zusätzlichem Verweis auf die *Kritischen Schriften*).

Ebenfalls zu beachten sind die *Einleitung* zum *Poetischen Journal*, Tiecks Beiträge zu den *Herzensergießungen eines kunstliebenden Klosterbruders* und den *Phantasien über die Kunst* (die hier nur gestreift werden können) sowie einige Nachlaßtexte: nämlich die 1855 von Köpke in den *Nachgelassenen Schriften* edierten *Bemerkungen über Parteilichkeit, Dummheit und Bosheit*, das 1920 von Lüdeke publizierte umfangreiche Konvolut von Shakespeare-Studien (BüS, durch das Köpkes Mitteilungen in NS 2, S. 94–158, überholt werden), das 1935 von Zeydel zugänglich gemachte Aufsatzfragment *Über das Erhabene* und schließlich der 1985 von Hölter edierte kleine Aufsatz *Soll der Maler seine Gegenstände lieber aus dem erzählenden oder dramatischen Dichter nehmen?* Damit ist das Korpus bezeichnet. Eine numerierte Zusammenstellung findet man am Schluß dieses Beitrags vor dem Literaturverzeichnis mit Angabe der Siglen. Über die ästhetische Orientierung Tiecks im ganzen sowie über Struktur und Bestand seiner kritischen Schriften unterrichten Ribbat (1978, S. 73–95), Paulin (1982), Hölter (1989, S. 167–194) sowie auch, im Rahmen seiner Fragestellung, Martus (2007, S. 385–394).

Die poetologischen Schriften der Studienzeit (Nr. 1–5)

Den thematisch recht vielfältigen Schriften der frühsten Zeit ist gemeinsam, daß sie mit den kunsttheoretischen Ansätzen eines Mendelssohn, Lessing, Bodmer zwar noch verbunden sind, über den Horizont von deren Epoche aber schon hinausweisen, weil sie deren Denkgrundlagen verloren haben und auf eine andere Zeiterfahrung reagieren.

Der fragmentarische Aufsatz *Über das Erhabene* (Nr. 1) ist 1792, vielleicht auch erst 1793 in Halle oder Göttingen geschrieben. Dem Briefwechsel mit Wackenroder, sofern er das Thema berührt (vgl. Tiecks Briefe an Wackenroder, 10. Mai und 29. Mai 1792; Wackenroder an Tieck, 11. Mai 1792), ist zu entnehmen, daß das Erhabene zu den von den Freunden schon in der Schulzeit diskutierten ästhetischen Fragen gehört. Die maßgebende Ausgabe ist DKV 1. Sie verbessert gegenüber Zeydels Edition den Text, erschließt ihn durch Kommentierung und informiert zuverlässig über Entstehung und Quellen. Tieck hat, wie er selbst angibt, die unter dem Namen Longins gehende Schrift *Vom Erhabenen* in der zweisprachigen Ausgabe von Carl Heinrich Heineke (1737) und in der Übersetzung Johann Georg Schlossers (1781) gelesen und, wie am Text zu verifizieren, auch die Abhandlungen der Übersetzer studiert (Titelnachweis DKV 1, Kommentar, S. 1142f.). Heineke war in seinem Besitz (Bibliotheka Tieckiana, 3320f.), ebenso Henry Homes *Elements of Criticism* (ebd., 7424f.) und Sulzers *Allgemeine Theorie der schönen Künste* (ebd., 7769), die er beide erwähnt. Gewichtiger ist Mendelssohn, dessen *Rhapsodie* und dessen Schrift *Über das Erhabene und Naive in den schönen Wissenschaften* Tieck mit Sicherheit früh gekannt hat (BüS, S. 76, Z. 25–31, mit der Anmerkung des Herausgebers), wohl in der Fassung der zweiten Auflage der *Philosophischen Schriften* von 1771 (Bibliotheka Tieckiana, 7531). Von Burke, den er nicht nennt, aber gelesen haben dürfte (vgl. ebd., 7224), findet sich im Text vielleicht eine Spur, von Kant dagegen nicht (anders Preisler 1992, S. 52f.). Auch Carl Grosses (Autor des Romans *Der Genius*) Schrift *Über das Erhabene* (1788, anonym) sowie die ältere Begriffsgeschichte seit Boileau scheinen Tieck nicht vertraut gewesen zu sein. Er ist also nicht ganz auf der Höhe der Diskussion und seine Quellenbasis eher schmal. Auf dieser Basis setzt er durchaus selbständig an.

Vergleichbar mit Mendelssohn in den Briefen *Über die Empfindungen* eröffnet Tieck die Argumentation mit den verbreiteten Bedenken gegen die »Anatomie der Schönheit« (DKV 1, S. 637) und benutzt deren Widerlegung, um das Thema zu exponieren. Dichter und Kritiker haben in Wahrheit »einerlei Zweck« (DKV 1, S. 637): Sie erklären die Empfindungen, der eine darstellend, der andere zergliedernd. Da der Dichter, um wirken zu können, das hinter dem Schleier der alltäglichen Welt Verborgene aufdecken muß, gerät er in ein Spannungsverhältnis zu dem »schalen Zeitalter« (DKV 1, S. 639), das die Kunst zum nutzlosen Spielwerk hat verkommen lassen. Ebenso der Erforscher des Erhabenen in einer Epoche, der wegen der politischen Gängelung der Kunst der Sinn für das Große und Erhabene abhanden gekommen ist. Tieck adaptiert also, wie viele von dessen Auslegern seit Boileau (vgl. Heininger 2001), die Zeitkritik bei Pseudo-Longin (§ 44) und verschärft sie. Briefe aus der Entstehungszeit machen das Erhabene gegen die »affectirte Empfindsamkeit« Berlins (Wackenroder 2, S. 26, Z. 21) und die Verkleinerungssucht des Zeitalters (ebd., S. 44, Z. 21–30) geltend und stellen einen Zusammenhang mit dem Republikanismus her (ebd., S. 255, Z. 26–29).

Zur Bestimmung des Begriffs führt Tieck die Unterscheidung von Ideen (im Sinne von Vorstellungen) und Gedanken ein und setzt das Erhabene in ein systematisches Verhältnis zum Schrecklichen und zum Schönen: »Eine Menge *klarer Gefühle* ist das Wesen des *Schönen*, viele *dunkle Gefühle* der Charakter des *Schrecklichen* und *Gedanken* das Zeichen des *Erhabenen*« (DKV 1, S. 641, Z. 21–24). Als Hintergrund ist, wenn auch verschwommen, die Stufung der Erkenntnis wahrnehmbar, die von Leibniz 1684 in den *Meditationes de cognitione, veritate et ideis* vorgetragen worden und dann bis hin zu Mendelssohn und Herder grundlegend geblieben war. Dunkel heißt bei Leibniz die Erkenntnis, wenn sie nicht ausreicht, ein Phänomen wiederzuerkennen und von andern zu unterscheiden, klar dagegen, wenn sie zu dieser Unterscheidung taugt, deutlich schließlich, wenn auch die durch Analyse gewonnenen unterscheidenden Merkmale angegeben werden können. Der Bereich des Schönen ist die klare, die durch die Fülle der Empfindungen ausgezeichnete sinnliche Erkenntnis. So hatte Baumgarten es bestimmt, dem Mendelssohn folgt. Diese Tradition behält hier ihren Erläuterungswert, obwohl die Erkenntnisqualität bei Tieck verloren gegangen ist (»Gefühle«), derentwegen das Kunstschöne als Nachahmung der Schönheit des Universums hatte gelten können. Das Verhältnis von Ideen und Gedanken ist dem des Klaren und des Deutlichen vergleichbar. Da beim Erhabenen an Ich-Übersteigung hin zum Selbst gedacht ist, kommen ihm zwei Momente zu. Es wird erstens »sogleich« mit Freude wahrgenommen, weil es als »Widerschein von meinem eignen Selbst« (DKV 1, S. 641, Z. 25) erscheint (formuliert in Anlehnung an Schlosser). Zu seiner Aneignung jedoch gehört, zweitens, Arbeit, weil immer neue Gedanken zu entdecken sind, und in dieser Bemühung besteht der Genuß des Erhabenen; es ist anstrengender als das Schöne. Die Verbindung des Schrecklichen mit dem Dunklen kann durch Edmund Burke angeregt sein (*Philosophische Untersuchung über den Ursprung unserer Ideen vom Erhabenen und Schönen* II, 2–3; IV, 14–16), der dann aber verändert wäre (»viele dunkle Gefühle«). Anders als Burke trennt Tieck das Schreckliche vom Erhabenen, anders als Mendelssohn will er nur ein Erhabenes der Ideen, nicht auch eines des Ausdrucks anerkennen (DKV 1, S. 640, Z. 35–37). Die bloß skizzierte Schlußpassage über die Funktion der Leidenschaften und ihrer drei Stufen (DKV 1, S. 648–651; vgl. BüS, S. 19–22, 118) ist textimmanent kaum ganz aufzuhellen.

Der kleine Aufsatz ist der Forschung schon vor der Publikation vorgestellt (Regener 1903, S. 20–22, ohne viel Verständnis; Minder 1936, S. 306–308) und danach zunehmend in die Auslegung des Früh- und Gesamtwerks einbezogen worden. Paulin (1987, S. 20f.) und mit ihm Hölter (DKV 1, Kommentar, S. 1148) sehen durch ihn einen Neuansatz nach der Schulzeit markiert, der zu *Abdallah* (siehe die Beiträge *Orientalismus* in Kap. 2 und *Schülerarbeiten* in Kap. 4) und *William Lovell* führt (siehe den Beitrag *Frühe Romane* in Kap. 4). Hubert (1968, S. 53f.) liest ihn als psychologisches Dichtungsprogramm im Anschluß an Karl Philipp Moritz, übergeht das Erhabene allerdings ganz, während Bong (2000, S. 44–58), der maßgebenden Einfluß Burkes behauptet, ihm und dem frühen Essay über das Wunderbare eine durch die idealistische Ästhetik der Romantik dann zwar abgewertete, aber bereits auf die Moderne verweisende Ästhetik des Schreckens entnimmt und Rath (1996, Register) ihn für eine anspruchsvolle Deutung des Gesamtwerks unter dem Stichwort Abkehr vom Erhabenen nutzt. In die Begriffsgeschichte eingereiht wird der Essay von Viëtor (1952), Heininger (2001) wie auch von Preisler (1992, S. 46–56), der Tiecks unabschließbaren Prozeß der Gedankenentdeckung mit der inexponiblen ästhetischen Idee bei Kant (*Kritik der Urteilskraft*, § 49) in Beziehung bringen will.

Die übrigen Frühschriften haben ähnlichen Übergangscharakter. Das Fragment *Soll der Maler seine Gegenstände lieber aus dem erzählenden oder dramatischen Dichter nehmen?* (Nr. 2) greift eine von Ramdohr formulierte Fragestellung auf, gegen dessen Kunstauffassung Tieck sich in der Vorrede zu den *Herzensergießungen* scharf abgrenzen wird. Es will untersuchen, ob aus strukturellen Gründen nicht eigentlich das Drama einen reicheren Vorrat von malerischen Sujets biete als das Epos, stellt die Vorzüge des Dramas heraus, bricht vor der kritischen Prüfung, auf die es abgesehen war, jedoch ab. – In dem etwas späteren Aufsatz *Über die Kupferstiche nach der Shakspearschen Galerie in London* (Nr. 3) wird das Thema wieder aufgegriffen, nun aber um eine historische und hermeneutische Dimension erweitert. Das Denkmal, das man Shakespeare mit einer Gemäldegalerie nach Szenen seiner Dramen hat setzen wollen, verfehlt seinen Anspruch nicht nur wegen der im Wesen der beiden Künste liegenden Schwierigkeiten und Grenzen, sondern auch wegen des Zustands der zeitgenössischen Malerei (vgl. »in unsrer Zeit«, DKV 1, S. 656, Z. 26; KS 1, S. 7) und des ungenügenden Shakespeare-Verständnisses, das sich immer wieder nachweisen läßt. Erstmals deutet sich der Gedanke an, Shakespeare zum Maß für die Gegenwart zu machen. – Der frühe Kommentar zu Shakespeare (Nr. 5; BüS, S. 1–364) enthält neben philologischen und literarhistorischen Bemerkungen auch eine Reihe von für Tiecks eigene Produktion aufschlußreichen poetologischen Aussagen (vgl. Register und Lüdeke 1922, S. 53–91). So hat Manfred Frank die wiederholten Hinweise auf das Phlegma, das Shakespeares komischen Charakteren eigne, bei der Deutung von Tiecks Schauspielen benutzen können (Frank 1990, S. 300ff.). Die Abhandlung *Über Shakspeare's Behandlung des Wunderbaren* (Nr. 4) ist mit ihrem Ansatz und mit einzelnen Partien hier vorgebildet (BüS, S. 27–31; S. 178f.; auch S. 297, Z. 8–12 sowie S. 57, Z. 5–22; S. 61, Z. 7–22).

Auch dieser Aufsatz ist wirkungsästhetisch gedacht, und er ist, obwohl man gewisse Anregungen (Lady Montague) und Affinitäten (Pockels) nachweisen kann (DKV 1, Kommentar, S. 1225–1232), ganz selbständig. Er will zeigen, wie Shakespeare, indem er immer mit sicherem Blick die Wirkungseinheit im Auge hat, über alle an Regeln orientierte Kritik erhaben sei, und untersucht zu diesem Zweck seinen Gebrauch des Wunderbaren. Dieser ist in den Formen des Dramas durchaus verschieden. In *Der Sturm* und *Ein Sommernachtstraum* ist das Wunderbare Selbstzweck. Der Dichter will den Zuschauer in eine Traumwelt versetzen und bedient sich, um ihn dort zu halten, überwiegend der gleichen Mittel wie der Traum, den er für seine Zwecke wahrscheinlich studiert hat (DKV 1, S. 691, Z. 17–29; KS 1, S. 43). So wird der Zuschauer auf wenige Stunden in die Verrückung des Don Quijote versetzt (DKV 1, S. 697, Z. 4–26; KS 1, S. 49; BüS, S. 179, Z. 8–11). In der Tragödie ist das Wunderbare dagegen Funktion ihres Wirkungszwecks, Furcht und Mitleid zu erregen. Es dient dazu, das Furchtbare zu verstärken. Darum muß es uns hier ferner und unheimlicher sein als in den Märchenstücken, gehörig vorbereitet, zum Charakter des Helden passend und pflegt im übrigen eine natürliche Erklärung zuzulassen.

Tiecks Traumbegriff ist enger und ganz anders akzentuiert als derjenige Herders im Shakespeare-Aufsatz, wo er die eigene Zeit und Räumlichkeit der vom Dichter geschaffenen Welt meint (und also für Komödie und Tragödie gleichermaßen gilt). Vergleicht man mit dem Wunderbaren in der Poetik des 18. Jahrhunderts, so fällt die Begrenzung auf das Kunsttechnische auf (vgl. Stamm 1973, S. 20–24). In Breitingers *Critischer Dichtkunst* (Zürich 1740, 1, Abschnitt 6) ist das Wunderbare an die Wahrheit gebunden. Es befördert mit seinem Abweichungscharakter die Aufmerksamkeit und »verheisset unserer

Wissens-Begirde eine wichtige und nahmhafte Vermehrung« (ebd., S. 142). Und die damit verbundene Durchdringung des Scheins der Falschheit ist es, die das ästhetische Vergnügen begründet. Bei Tieck ist diese Wahrheitsbindung aufgegeben, ohne daß bereits ein Phantasie- oder Poesie-Begriff entfaltet würde, der an die Stelle treten könnte. Die Täuschung des Zuschauers, das Spiel der Phantasie, der Schwindel der Seele erscheinen als Selbstzweck. Da zu diesem die Ausschaltung der »Regeln der Ästhetik, mit allen Begriffen unsers aufgeklärteren Jahrhunderts« (DKV 1, S. 685, Z. 20f.; KS 1, S. 37), die Einschläferung des richtenden Verstandes (DKV 1, S. 686, Z. 8f.; KS 1, S. 38), die Verwirrung der Urteilskraft (DKV 1, S. 704, Z. 4; KS 1, 57) gehören, ist er mit einer gewissen Abwertung des Zeitalters und des Alltags verbunden, dem der Zuschauer auf kurze Zeit enthoben wird. Das bleibt aber implizit. Und auch die Abgrenzung gegen Gozzis Kunst, die nicht mehr biete als Unterhaltung und Augenlust (DKV 1, S. 706, Z. 25–707, Z. 13; KS 1, S. 60), bleibt knapp und begriffslos.

August Wilhelm Schlegel hat deshalb monieren können, Tieck lege zu viel Gewicht auf das Prinzip der Täuschung, das, als vom ästhetischen Schein unterschieden, gar nicht in das Gebiet der Kunst gehöre (*Allgemeine Literatur-Zeitung*, 10. März 1797, Nr. 78, Sp. 619–622; nachgedruckt in DKV 1, Kommentar, S. 1219–1224, hier S. 1223). Tieck hat den Essay sogleich als eine stümperhafte Anfängerarbeit preisgegeben, die »eigentlich viel härter« hätte beurteilt werden müssen (an Schlegel, 23. Dezember 1797; Lohner 1972, S. 26). Später hat er die Rezension denn auch bei der Bearbeitung des Textes für die *Kritischen Schriften* berücksichtigt (vgl. die Variante zu DKV 1, S. 705, Z. 34f.), seine Betrachtungsweise angesichts des verbreiteten Ungeschicks aber als »nicht ganz überflüssig« verteidigt (KS 1, S. VIII). Schon die Zeitgenossen Willibald Alexis (vgl. DKV 1, Kommentar, S. 1233f.), Friedrich Hebbel (DKV 1, Kommentar, S. 1233) und Hermann Hettner (1959), später z. B. Paulin (1982, S. 132), rechnen den Aufsatz zu den ganz wichtigen unter den kritischen Arbeiten Tiecks. In der Begriffsgeschichte des Wunderbaren gliedert Stahl (1975, S. 211–214) ihn unter dem Stichwort ›Psychologisierung der Dichtungskritik‹ in die Spätaufklärung ein, während Barck (2005, S. 759) ihn der Frühromantik zuordnet, dabei Tiecks Grenzziehung zwischen Schauspiel und Tragödie verwischend. Die neuere Tieck-Literatur hat vielfach versucht, den Text für die Werkdeutung fruchtbar zu machen, indem sie ihn als Vorankündigung späterer Werkstrukturen und fast wie eine romantische Programmschrift liest. So sieht schon Minder (1936, S. 308f.) in der Beschreibung von Shakespeares Verfahrensweisen das romantische und das nachromantische Wunderbare Ludwig Tiecks antizipiert. Ribbat findet »implizit die Dimensionen eines zukünftigen romantischen Poesiebegriffs« umschrieben (Ribbat 1978, S. 77). Wesollek, der einen Vorgriff auf das ›Romantisieren‹

des Novalis bemerken will, integriert den doppelten Gebrauch des Wunderbaren in seine Darstellung von Tiecks Lebensthema (Wesollek 1984, S. 81–86). Blinn erkennt ein Plädoyer für die »Autonomie des Phantastischen« (Blinn 1988, S. 46). Scherer (2003, S. 106–111) sieht die »Begründung einer neuartigen, nicht-repräsentationistischen Illusion im Drama«, mit der die Schrift grundlegend sei für die Entstehung der Romantik. Das alles kann legitim und produktiv sein. Ganz wird man poetologische und poetische Texte aber nie zur Deckung bringen, da sie jeweils ihre Eigengesetzlichkeit haben. Wenn die hermeneutische Engführung den in Ansatz und Argumentationsgang der kritischen Schriften liegenden Widerstand umgeht, wird sie zum hermeneutischen Kurzschluß.

Übergang von Aufklärung zu Romantik

Die frühen kritischen Schriften sind also, um zusammenzufassen, durch eine gewisse Distanz zum Zeitalter, durch das Studium Shakespeares und anderer frühneuzeitlicher Autoren sowie durch ein psychologisch-anthropologisches Interesse verbunden. Soweit Termini und Fragestellungen der ästhetischen Diskussion des 18. Jahrhunderts aufgenommen werden, bleiben sie ohne ontologische und erkenntnisphilosophische Fundierung. In diese Lücke tritt bei Tieck dann nicht (wie bei Novalis und den Brüdern Schlegel) der Anschluß an die nachkantische Philosophie, sondern die Poesie, die Kunst, und zwar primär im Akt der Selbstbegründung. So macht Tieck seit 1795 (*Hanswurst als Emigrant*) mit literarhistorischem und poetologischem Bewußtsein den Hanswurst zu einer Chiffre seiner Autorschaft. Und so läßt er, nicht nur in den Literaturkomödien, poetologische Termini in der Weise Eingang ins dichterische Werk finden, daß Begriff und Textstruktur sich wechselseitig bestimmen. Dabei werden einerseits poetologische Begriffe verabschiedet, fundiert, in den unabschließbaren Deutungsprozeß hineingezogen. Andererseits wird auf diese Weise die selbstgeschaffene dichterische Welt den Ansprüchen der zur Norm erhobenen Konvention entzogen und in ihrer kritisch-utopischen Dimension sichtbar gemacht. Tiecks eigenster Beitrag zur Poetologie ist performativ.

Dem Glauben an die heilige Kunst und der Einsicht in die Inkommensurabilität des individuellen Werks entsprechen, wie bei Wackenroder, eine Skepsis gegenüber dem Begriff und die Ablehnung von Regel und System. Am differenziertesten hat Tieck sich wohl in der kleinen Selbstverständigung *Ueber Consequenz in Urtheilen von Geschmackssachen* (BüS, S. 396–398) darüber ausgesprochen. Bezeichnend ist die Ankündigung, er werde im *Poetischen Journal* seine Gedanken über Kunst und Poesie »mehr darstellend als räsonnirend« entwickeln und »vornehmlich an die Werke der anerkannt grösten Dichter der Neuern anknüpfen« (Romantische Dichtungen II, Jena 1800, »Ankündigung«). Grundsätzliche poetologische Aussagen fehlen zwar nicht, sie sind aber immer an die Erörterung eines begrenzten Gegenstandes in Rezension, Polemik, Vorwort gebunden, der dem Begriff die Anschauung liefert. Die Einheit der Poesie (Einleitung Poetisches Journal, S. 8; Minnelieder, S. I–III; KS 1, S. 187–190) und der geschichtliche Zusammenhang der neueren Literatur sind dabei überall vorausgesetzt, und es ist immer die Frage nach der Kunst als zugleich geschichtlicher und unbedingter gestellt.

Für die Jahre 1796–1803 kann man einen Typus der polemischen Rezension, in der die poetologische Aussage in scharfer, epochenbildender Abgrenzung vorgetragen wird, und einen Typus romantischer Poetologie mit Tendenz zur poetischen Darstellung unterscheiden.

Polemik und Gruppenbildung (Nr. 6–8)

An den drei Texten ist zu verfolgen, wie die Entstehung eines romantischen Gruppenbewußtseins mit wachsendem Epochen- und Literaturbewußtsein einhergeht (siehe den Beitrag *Der Jenaer Kreis und die frühromantische Theorie* in Kap. 1). Substantielle poetologische Aussagen mit allgemeinem Anspruch finden sich zur Lyrik und zur Satire, deren innerer Zusammenhang schlagend deutlich wird, wenn man die *Worte über Billigkeit, Mäßigkeit und Toleranz* in den *Phantasien über die Kunst* liest: Die Würde der Kunst verlangt nach einer Scheidung der Geister. Über das Verhältnis von Kritik und Polemik in der Frühromantik unterrichtet Schulte-Sasse (1971, S. 113–116 und 1985, S. 81–83).

Die Sammelrezension im *Berlinischen Archiv der Zeit und ihres Geschmacks* 1796 (Nr. 6) ist in vier numerierte Briefe unterteilt, von denen der zweite und der vierte einer ausführlichen und grundsätzlichen Kritik der Gedichte Schmidts von Werneuchen gewidmet sind (Friedrich Wilhelm August Schmidt 1764–1838). Sie ist folgenreich geworden, hat Goethes Gedicht *Musen und Grazien in der Mark* (erschienen in Schillers *Musen-Almanach* für 1797) angeregt, auf das Tieck in seiner neuerlichen Erörterung des Gegenstands bereits verweist (Musenalmanache 1798, S. 326–329; KS 1, S. 122–125), und hat bei August Wilhelm Schlegel eine sehr spöttische Nachfolge gefunden (*Allgemeine Literaturzeitung*, 15. Dezember 1798, Nr. 382; *Athenäum*, Bd. 3, Berlin 1800, S. 153–164). Damit war eine Partei auf den Plan getreten, die in einer Epoche maßbloser Trivialität mit Berufung auf Goethe »die Morgendämmerung des Kunstsinns« (Musenalmanache 1798, S. 310; KS 1, S. 107) verkündete (dazu Ribbat 1979). Fontane hat den Gegensatz der beiden Dichterschulen im 15. Kapitel von *Vor dem Sturm* (1878) dargestellt.

Schmidts ländliche Idyllen werden als Muster einer verfehlten Nachahmung der Natur betrachtet (vgl. Preisler 1992, S. 61–65). Wie in einem Mißverständnis von Werthers Maxime im Brief vom 26. Mai hat der Pfarrer von Werneuchen sich vorgenommen, »die Natur getreu und ohne Verschönerung zu kopiren« (Musenalmanache 1796, S. 220; KS 1, S. 81), was nicht einmal möglich und jedenfalls nicht poetisch ist. Denn da das lyrische Gedicht seine Einheit nicht aus dem Gegenstand, sondern aus »Einer Hauptempfindung« hat, kann Naturlyrik nicht beschreibend sein wollen. Sie muß vielmehr jene Stimmung atmen, in der uns

> Bäume und Blumen wie belebte und befreundete Wesen erscheinen. [...] Nicht die grünen Stauden und Gewächse entzücken uns, sondern die geheimen Ahndungen, die aus ihnen gleichsam heraufsteigen und uns begrüßen. Dann entdeckt der Mensch neue und wunderbare Beziehungen zwischen sich und der Natur. (Musenalmanache 1796, S. 221; KS 1, S. 82)

Kluge hat in einem wichtigen Aufsatz (1969) Tiecks Lyrik-Theorie bis zum Jahr 1803 in Abgrenzung gegen Schiller und Novalis und mit Bezug auf Tiecks Lyrik (im Anschluß an Böckmann 1954 gedeutet) unter den Leitbegriffen Stimmung und Musikalisierung zusammenhängend dargestellt. Für den Aspekt der Musikalisierung kann er sich zunächst auf die Würdigung der Verskunst August Wilhelm Schlegels berufen (Musenalmanache 1798, S. 311–313; KS 1, S. 108–110). Ein in Wahl und Beherrschung des Versmaßes wirkender poetischer Instinkt bringt hier ein unerklärliches Zusammenklingen von »Gedanke und Empfindung in jedem Momente« hervor. Dabei waltet »ein strenger Gehorsam gegen ein inneres Gesetz, das bis dahin noch nicht ausgesprochen ist.« Bloßer Formalismus und subjektive Willkür sind also fern. Das »wunderbare Verschlingen der Strophen durch die Reime« in der Aneignung der romanischen Formenwelt (hier der Terzinen des Dante) versetzt uns »in eine ferne Zeit« und in ein eigengesetzliches Kunstreich, das dem Deutschen jetzt erst eröffnet wird. Die *Vorrede* zu den *Minneliedern aus dem Schwäbischen Zeitalter* wird es, mit erweitertem Blick, »ein heiliges unbekanntes Land« nennen, »dem alle Gedichte als Bürger und Einwohner zugehören« (Minnelieder, S. 1f.; KS 1, S. 187).

Von demselben Kunstverständnis ist Tiecks Urteil über die Satire geleitet. Es findet sich vor allem in den Schriften gegen den »Herrn Satiriker Falk« (Musenalmanache 1798, S. 329–336; KS 1, S. 125–132; NS 2, S. 47–61), der für Tieck »in jeder Rücksicht unter seinem Zeitalter« steht (KS 1, S. 127). Johannes Daniel Falk (1768–1826), Verfasser eines *Taschenbuchs für Freunde des Scherzes und der Satire*, ist nämlich nur ein ›bedingter Satiriker‹, noch dazu ein schlechter. Er betreibt die Satire weiterhin als ein Fach und begreift nicht, daß in einem Zeitalter, »in welchem der Künstler mehr als sonst zum Bewußtsein seiner selbst gekommen ist« (NS 2, S. 43), die Satire als Gattung – ebenso wie die äsopische Fabel (Musenalmanache 1798, S. 321–324; KS 1, S. 118–120) – literarisch tot ist. So bleibt er konventionshörig und partikular, ein Knecht des falschen Bestehenden. Nimmermehr kann er »auf die Zeit wirken, oder sie noch weniger erschaffen« (NS 2, S. 50) wie der ›unbedingte Satiriker‹, der sich mit seinem zweckfreien Witz »in einer selbstgeschaffenen Welt bewegt« (ebd., S. 49) und »die ganze Welt gleichsam mit einer neuen Sonne« beleuchtet (ebd., S. 48). Beispiele sind Aristophanes, Cervantes und auch Swift. Wer ihnen heute nachfolgen will, muß sie freilich überbieten, er muß suchen, »sein ganzes Zeitalter komisch zu präsentiren« (Briefe, S. 48; KS 1, S. 155) und auf das Unbedingte, auf eine erneuerte Welt hin zu überschreiten. Mit besonderer Emphase wird über das Zeitalter im Zeichen von Niedergang, Krisis und Erneuerung im dritten der *Briefe über Shakspeare* gesprochen (Briefe, S. 45–50; KS 1, S. 153–156). Brummack (1979, S. 70–76) hat sich für den Begriff einer poetischen Satire auf diese Passage gestützt.

Mit dem Totalitätsanspruch ist ein Maßstab für die persönliche Satire gesetzt. Sie ist notwendig und legitim, wenn die Namen, die sie nennt, »die uralte Abgeschmacktheit« bezeichnen, die »so alt wie die Sündflut ist« (NS 2, S. 87), und »die Verworrenheit eines Zeitalters [...] in welchem dergleichen Absurditäten möglich sind« (Einleitung Poetisches Journal, S. 9). Sie ist irrelevant, wenn sie – wie bei Falk – ohne Verallgemeinerungskraft bleibt (Musenalmanache 1798, S. 333f.; KS 1, S. 129f.). Und sie wird zum Pasquill, wenn sie den Gegner verleumderisch anschwärzt, um ihn in seiner bürgerlichen Existenz zu beeinträchtigen (NS 2, S. 70–88). Das entspricht August Ferdinand Bernhardis Unterscheidung von Pasquill als »Satire auf die Privatverhältnisse einer Person« und persönlicher Satire als »Satire auf die öffentlichen Verhältnisse eines Individuums« im zwölften Kapitel seiner *Nesseln* (Nesseln. Von Falkenhain, Berlin 1798, S. 64–82; hier S. 73; zu diesem Buch Haym 1870, S. 867–869), die Tieck natürlich gekannt hat (vgl. S 6, S. IX). Bernhardi aber bezieht sich auf den *Xenien*-Streit, der somit auch bei der in Tiecks Polemik gegen Falk und Beck gewonnenen Begriffsklärung mit im Hintergrund steht. In die Konfiguration der Romantiker und ihrer Widersacher, die zum Anlaß für die Theoriebildung wird, ist in jedem Fall Goethe aufgenommen.

Romantische Poetologie (Nr. 9–11)

Die Arbeiten der Jahre 1800 und 1803 stehen im Wechselverhältnis zu den gleichzeitigen Schriften der Freunde und berühren sich in Thematik, Prämissen und gewissen Parteiworten so eng etwa mit Friedrich Schlegels *Gespräch über die Poesie*, mit August Wilhelm Schlegels Vorlesungen *Über Literatur,*

Kunst und Geist des Zeitalters (im zweiten Band der *Europa*), mit Schleiermachers *Reden über die Religion*, mit Novalis' *Heinrich von Ofterdingen* (Klingsohrs Märchen) sowie *Die Christenheit oder Europa* und auch mit Bernhardis *Sprachlehre*, daß ein eindringenderes Verstehen die Kenntnis dieser Werke braucht. Erst recht gilt das für ihre nächsten Kontexte: das *Poetische Journal* und die *Minnelieder aus dem Schwäbischen Zeitalter*.

Die *Briefe über Shakspeare* waren seit längerem angekündigt, konnten in der vorliegenden Form aber erst um 1800 entstehen. Sie lassen die Lektüre Schleiermachers und Böhmes (*Morgenröte im Aufgang*; vgl. Bibliotheca Tieckiana, 7195f.) erkennen und stehen im ersten Heft des *Poetischen Journals* in einer Folge von Texten (*Einleitung, Die neue Zeit, Der neue Hercules am Scheidewege*), die das neue Jahrhundert im Zeichen der Zeitenwende sehen. *Einleitung* und *Briefe* kokettieren damit, daß sie als kritische Schriften zugleich poetisch sind. Sie haben aber auch eine poetologische Dimension.

Der Verfasser der *Briefe* (insgesamt acht; die Teil-Überschriften der Fassung der *Kritischen Schriften* sind irreführend) hat Shakespeare zum Mittelpunkt seiner geistigen Existenz gemacht, setzt sich über ihn zu Welt und Geschichte ins Verhältnis und benutzt ihn hier, um sein Urteil über die Gegenwart und ihr Theater zu begründen. Shakespeares Werk wird nur in wenigen Einzelheiten berührt. Zum Verständnis ist es hilfreich, drei Begriffe von Natur zu unterscheiden. Erstens: Natur als Landschaft. Der Briefschreiber zieht sich mit seinem Shakespeare aufs Land zurück, um Abstand zu den Geschäften und Gewohnheiten zu gewinnen (erster Brief, in dem der Anfang von Goethes *Werther* aufgerufen wird). Dies Naturerlebnis steht aber nur als Vorbereitung für (zweitens) die Natur als Universum, als Weltprozeß, der gleichermaßen in Natur und Kunst, eigentlich in jedem Ding erfahren werden kann, wenn es im Zusammenhang des Universums betrachtet wird (zweiter Brief). Diese kolossale, große Natur (Briefe, S. 464f.; KS 1, S. 180) steht (drittens) jener Natürlichkeit gegenüber, die Diderot und Lessing zur Richtschnur des Dramas gemacht haben und die bei ihren Epigonen zur Bestätigung der gerade gängigen Konventionen heruntergekommen ist (siebter Brief).

Die Überlegenheit der älteren Theaterform wird an drei Beispielen demonstriert. Erstens mit zwei Referaten aus einer deutschen Theaterpraxis, an der die Entwicklung seit Gottsched vorbeigegangen ist (vierter und fünfter Brief: ein Schauer- und ein Marionettenstück). Anders als das dominierende Theater und als alle Literatur im Banne der Aufklärung vermögen diese alten Schauspiele »den Zusammenhang des Lebens« zu erfassen (Briefe, S. 69; KS 1, S. 169), und wer das deutsche Theater erneuern will, wird auf sie zurückgreifen müssen. Zweitens an der Frage der Theater-Dekoration (sechster Brief und Briefe, S. 66f.; KS 1, S. 167), die für das ältere Theater nur von geringem Belang ist, weil es der Phantasie des Publikums einen Spielraum lassen will. Drittens an dem Usus der Shakespeare-Zeit, weibliche Rollen mit jungen Männern zu besetzen, was den Vorzug hat, Spielbewußtsein und Kunstwahrnehmung beim Publikum zu befördern (siebter Brief). Die fragmentarische Schrift läßt also mit eher abseitigem Material in der Konstellation von Gegenwart und Vergangenheit die Umrisse eines Schauspiels der Zukunft erscheinen, das mehr für die Phantasie als fürs Auge gedacht ist, das als Werk und nicht als Gelegenheit für Virtuosentum wirken will und das darauf zielt, »die Natur und ihren Geist zu offenbaren« und »sich dem Centrum aller Poesie und Wahrheit zu nähern« (Briefe, S. 68; KS 1, S. 168): trotz der Berufung auf voraufklärerische und subliterarische Traditionen ein sehr literarisches Theater, das die Körperlichkeit des Schauspielers eigentlich nicht braucht. Die ansatzweise in den *Briefen* erkennbare Werk- und Geschichtshermeneutik sowie die Auffassung des Fortschreitens in der Geschichte (das den einzelnen ergreift und überschreitet, statt ihm als Podest zu dienen, von dem herab er urteilt) stehen zu dem poetischen Gehalt in genauer Korrespondenz und haben den gleichen polemischen Duktus.

In den *Minneliedern aus dem Schwäbischen Zeitalter* sind solche Abgrenzungen nicht mehr nötig. Das Unternehmen ist von dem Bewußtsein getragen, daß die Liebe zur Poesie neu erwacht ist und das Verstehen ihrer historischen Ausprägungen eine neue Weite und Tiefe erreicht hat, wofür die Erschließung der altdeutschen Minnelieder selbst ein Beispiel gibt. Die berühmte *Vorrede* verbindet mit einer Charakterisierung und historischen Verortung dieser Gedichte eine Wesensbestimmung des Reims als des Formprinzips der neueren Poesie, und nur in dieser Hinsicht ist sie hier zu behandeln.

Die Natur des Reims zeigt sich nirgends so vollständig wie in seiner Ursprungsepoche (mit der die quantitierende Prosodie der Alten endet). Es ist die »Liebe zum Ton und Klang«, ist »das Bestreben die Poesie in Musik, in etwas Bestimmt-Unbestimmtes zu verwandeln«, was den Reim hat entstehen lassen. Ein gereimtes Gedicht ist »ein eng verbundenes Ganze« von Klangbeziehungen, »von Fragen und Antworten, von Symmetrie, freundlichem Widerhall und einem zarten Schwung und Tanz mannigfaltiger Laute«, die »sich gleichsam in Liebe vermählen« (Minnelieder, S. XIIIf.; KS 1, S. 199). In dem Abschnitt *Die Töne* der *Phantasien über die Kunst* (II 8) schreibt Tieck der Instrumentalmusik die Kraft zu, den Hörer aus dem Gedankenbann »der gewöhnlichen Sprache« zu lösen und ihm das weltjenseitige »Wesen, das er selbst ist«, erahnbar zu machen. Entsprechend kann man die Annäherung an das »Ideal einer rein musikalischen Zusammensetzung« (Minnelieder, S. XII; KS 1, S. 199) als den in der Wortsprache selbst vollzogenen Aufbruch in »schön're Lande« deuten, der die trügerische Sicherheit der Begriffssprache am Ufer zurückläßt:

> Bleibe Dir nur selbst gewogen,
> Von den Tönen fortgezogen,
> Wirst Du schön're Lande sehn:
> Sprache hat Dich nur betrogen,
> Der Gedanke Dich belogen,
> Bleibe hier am Ufer stehn. (Wackenroder 1, S. 239)

Das läuft auf eine Deutung der Lyrik als Spannungsfeld von Klang und Begriff, von Versbau und Satzbau hinaus, in welchem die Klangseite zum Verweis auf das – als Grund alles Seins und Bedeutens – unbenennbare Andere wird, dem der Mensch »in seinem hiesigen Leben nie ganz nahe kommen wird« (Wackenroder 1, S. 238, Z. 27), sich in der Liebe aber zuwenden kann. Die Liebe ist somit gleichsam das erste Thema der romantischen Lyrik (was thematische Vielfalt natürlich nicht ausschließt; siehe den Beitrag *Lyrik* in Kap. 4). Wenn er die zeitgeschichtlichen Bezüge außer acht läßt, ist Tieck folglich nur konsequent.

Es ist wohl zu einfach, umstandslos von einer Rückprojektion seiner Gedichtform in die Geschichte zu sprechen (Schulz 1983, S. 620f.; Kremer 2001, S. 277), zumal Tieck die Minnelieder in ihrer Mannigfaltigkeit charakterisiert und sich bei den Zeitgenossen verwandte Konzepte finden. Man vergleiche nur die Reimtheorien der Romantiker (zur Information Ehrenfeld 1897). August Wilhelm Schlegel führt in seinen *Berliner Vorlesungen* den Reim auf »das romantische Prinzip« zurück, »welches das entgegengesetzte des plastischen [d. h. klassischen] Isolirens ist. Allgemeines Verschmelzen, hinüber und herüber ziehen, Aussichten ins Unendliche« (Vorlesungen über Ästhetik I, hg. von Ernst Behler, 1989, S. 439, Z. 1–3). Im sechsten Buch von Bernhardis *Sprachlehre* (zwei Teile, Berlin 1801–1803) wird »Sprache als reiner Ton und Näherung zur Musik betrachtet« (zweiter Teil, S. 243–445). Das Prinzip aller musikalisch-poetischen Sprachfiguren (zu denen der Reim gehört) ist die Darstellung der absoluten Identität.

Bei Tieck ist es die Liebe, die in der Hingabe an das Vergängliche sich zum Ewigen verhält. In der Ursprungsepoche der Reimdichtung war die Poesie »ein allgemeines Bedürfniß des Lebens, und von diesem ungetrennt« (Minnelieder, S. XIX; KS 1, S. 204). Diese Einheit konnte nicht dauern, kann auch nicht wieder zugänglich werden. Die Entfernung macht zwar »ein innigeres Verständniß möglich, als es die Zeitgenossen selbst fassen konnten« (ebd., S. III; KS 1, S. 188f.), doch setzt das, da es »ein wiederholtes und bedachtsames Lesen« erfordert (ebd., S. XIXf.; KS 1, S. 205), eben eine Absonderung vom ›Leben‹ voraus. Dies Bewußtsein ist in dem Buch Gestalt geworden. Die *Vorrede* ist in ihm nur eins von vier Bestandstücken. Das zweite ist die Bearbeitung der Gedichte selbst. Das dritte sind die Kupfer nach Vorlagen Philipp Otto Runges (siehe den Beitrag *Tieck in der bildenden Kunst* in Kap. 5), die sämtlich die Selbsttranszendierung in der zeitlichen Liebe auf das Ewige hin darstellen, somit »die hinter der Edition stehende Idee in einem andern Medium« ausdrücken (Hasenpflug 2002, S. 336). Das vierte schließlich ist ein eigenes Gedicht Ludwig Tiecks, mit dem er den Band beschließt. Es ist unter dem Titel *Der Minnesänger* in die *Gedichte* aufgenommen (DKV 7, S. 149–152) und der Form nach zusammen mit dem *Brief der Minne* (ebd., S. 288–290) Tiecks genaueste Nachahmung der altdeutschen Minnelieder. Hier, im Kontext des Buchs, hat es jedoch eine zusätzliche Bedeutung, da die Vergänglichkeit des Frühlings und seiner Blumen, von der es spricht, auch auf »die Blüthe der Romantischen Poesie in Europa« (Minnelieder, S. VI) und auf die im Buch präsentierte Blütenlese selbst zu beziehen ist. Es ist ein poetologisches Gedicht, das zugleich die Ausgabe, sie abschließend, deutet.

Wie prekär seine geistige Lage zu Beginn der altdeutschen Studien war, gibt Tieck im Brief vom 16. Dezember 1803 an Friedrich Schlegel zu erkennen, gleichsam das Ende seiner frühromantischen Phase besiegelnd. Andererseits darf man die *Minnelieder* und zumal ihre *Vorrede* – da sie, in der Anregungen Wackenroders, Novalis', der Brüder Schlegel wirksam geworden sind, ihrerseits Clemens Brentano, Jacob Grimm, Ludwig Uhland beeindruckt hat – als einen Hinweis auf die Einheit der deutschen Romantik verstehen.

Texte

1. Über das Erhabene. In: DKV 1, S. 637–651. Erstdruck in: Edwin H. Zeydel: Tieck's Essay *Über das Erhabene*. In: Publications of the Modern Language Association of America 50 (1935), S. 537–549.

2. Soll der Maler seine Gegenstände lieber aus dem erzählenden oder dramatischen Dichter nehmen? In: DKV 1, S. 1177–1181. Erstdruck in: Achim Hölter. Ein ungedruckter Aufsatz Ludwig Tiecks zur Beziehung von Literatur und bildender Kunst. In: Zeitschrift für deutsche Philologie 104 (1985), S. 506–520; hier S. 508–511.

3. Über die Kupferstiche nach der Shakspearschen Galerie in London. Briefe an einen Freund. In: DKV 1, S. 653–684. Erstdruck in: Neue Bibliothek der schönen Wissenschaften und der freyen Künste 55 (1795), 2. Stück, S. 187–226. – KS 1, S. 1–34, unter dem Titel *Die Kupferstiche nach der Shakspeare-Galerie in London* (1793).

4. Über Shakspeare's Behandlung des Wunderbaren. In: DKV 1, S. 685–722. Erstdruck in: Der Sturm. Ein Schauspiel, für das Theater bearbeitet von Ludwig Tieck, Berlin/Leipzig 1796, S. 1–44. – KS 1, S. 35–74, unter dem Titel *Shakspeare's Behandlung des Wunderbaren* (1793).

5. Das Buch über Shakespeare; im einzelnen: Erster Entwurf: Kommentar zu Shakespeare, S. 1–364. – Zweiter Entwurf, S. 365–394; vgl. NS 2, S. 126–135. – Dritter Entwurf: die Einleitung, S. 395–403; vgl. NS 2, S. 136–144.

6. Die neuesten Musenalmanache. In: Berlinisches Archiv der Zeit und ihres Geschmacks 1796, Bd. 1, S. 215–237. – Sigle: Musenalmanache 1796.

7. Die diesjährigen Musenalmanache und Taschenkalender. Ebd. 1798, Bd. 1, S. 301–336. – Sigle: Musenalmanache 1798. – 6. und 7. zusammengefaßt in: KS 1, S. 75–132, unter dem Titel *Die neuesten Musenalmanache und Taschenbücher* (1796–1798).

8. Bemerkungen über Parteilichkeit, Dummheit und Bosheit, bei Gelegenheit der Herren Falk, Merkel und des Lustspiels Camäleon. An Diejenigen, die sich unparteilich zu sein getrauen (1800). In: NS 2, S. 35–93.

9. Einleitung. In: Poetisches Journal, hg. von Ludwig Tieck, Jena 1800 (Reprint Nendeln 1971), S. 1–10. – Sigle: Einleitung Poetisches Journal. – Auch zugänglich in: Schweikert 3, S. 12–16.

10. Briefe über W. Shakspeare. Ebd., S. 18–80, 459–472. – Sigle: Briefe. – KS 1, S. 133–184, hier unter dem Titel *Briefe über Shakspeare* (1800).

11. Vorrede. In: Minnelieder aus dem Schwäbischen Zeitalter neu bearbeitet und herausgegeben von Ludewig Tieck. mit Kupfern, Berlin 1803 (Reprint Hildesheim 1966), S. I–XXX. – Sigle: Minnelieder. – KS 1, S. 185–214, unter dem Titel *Die altdeutschen Minnelieder* (1803).

Literatur

Barck 2005: Barck, Karlheinz: Wunderbar. In: Ästhetische Grundbegriffe. Historisches Wörterbuch in sieben Bänden, hg. von K. B., Martin Fontius, Dieter Schlenstedt, Burkhart Steinwachs und Friedrich Wolfzettel, Bd. 6, Stuttgart/Weimar 2005, S. 730–773.

Bibliotheka Tieckiana: (Cohen, Albert): Bibliotheka Tieckiana. Catalogue de la bibliothèque célèbre de M. Ludwig Tieck [...], Berlin 1849 (Reprint Niederwalluf bei Wiesbaden 1970).

Blinn 1988: Blinn, Hansjürgen: Einführung: Shakespeare in Deutschland. 1790–1830. In: Shakespeare-Rezeption. Die Diskussion um Shakespeare in Deutschland, Bd. 2: Ausgewählte Texte von 1793 bis 1827, hg. von H. B., Berlin 1988, S. 44–53.

Böckmann 1934/35: Böckmann, Paul: Die romantische Poesie Brentanos und ihre Grundlagen bei Schlegel und Tieck. Ein Beitrag zur Entwicklung der Formensprache der deutschen Romantik. In: Jahrbuch des Freien Deutschen Hochstifts 1934/35, S. 56–176.

Böckmann 1954: Böckmann, Paul: Klang und Bild in der Stimmungslyrik der Romantik. In: Gegenwart im Geiste. Festschrift für Richard Benz, hg. von Walther Bulst und Arthur von Schneider, Hamburg 1954, S. 103–125.

Bong 2000: Bong, Jörg: Texttaumel. Poetologische Inversionen von Spätaufklärung und Frühromantik bei Ludwig Tieck, Heidelberg 2000.
Brinker-Gabler 1980: Brinker-Gabler, Gisela: Poetisch-wissenschaftliche Mittelalter-Rezeption. Ludwig Tiecks Erneuerung altdeutscher Literatur, Göppingen 1980.
Brummack 1979: Brummack, Jürgen: Satirische Dichtung. Studien zu Friedrich Schlegel, Tieck, Jean Paul und Heine, München 1979.
Danton 1912: Danton, George Henry: Tieck's Essay on the Boydell Shakspere Gallery, Indianapolis 1912.
Ehrenfeld 1897: Ehrenfeld, Alexander: Studien zur Theorie des Reims I, phil. Diss. Zürich 1897.
Frank 1990: Frank, Manfred: Das Problem ›Zeit‹ in der deutschen Romantik. Zeitbewußtsein und Bewußtsein von Zeitlichkeit in der frühromantischen Philosophie und in Tiecks Dichtung, 2., überarbeitete Auflage, Paderborn 1990 (^{1}1972).
Hasenpflug 2002: Hasenpflug, Kristina: »Denn es giebt doch nur Eine Poesie ...«. Tiecks *Minnelieder*. Ein romantisches Literaturprogramm. In: Edition und Übersetzung. Zur wissenschaftlichen Dokumentation des interkulturellen Texttransfers. Beiträge der Internationalen Fachtagung der Arbeitsgemeinschaft für Germanistische Edition, 8. bis 11. März 2000, hg. von Bodo Plachta und Winfried Woesler, Tübingen 2002, S. 323–340.
Haym 1870: Haym, Rudolf: Die romantische Schule. Ein Beitrag zur Geschichte des deutschen Geistes, Berlin 1870 (Reprint 1961).
Hebbel 1903: Hebbel, Friedrich: Kritische Schriften von Ludwig Tieck. In: Sämtliche Werke, hg. von Richard Maria Werner, Bd. 11, Berlin 1903, S. 309–314.
Heininger 2001: Heininger, Jörg: Erhaben. In: Ästhetische Grundbegriffe, hg. von Karlheinz Barck, Martin Fontius, Dieter Schlenstedt, Burkhart Steinwachs und Friedrich Wolfzettel, Bd. 2, Stuttgart/Weimar 2001, S. 275–310.
Hettner 1959: Hettner, Hermann: Ludwig Tieck als Kritiker (1853). In: ders.: Schriften zur Literatur, Berlin 1959, S. 354–358.
Hölter 1989: Hölter, Achim: Ludwig Tieck. Literaturgeschichte als Poesie, Heidelberg 1989.
Hubert 1968: Hubert, Ulrich: Karl Philipp Moritz und die Anfänge der Romantik. Tieck, Wackenroder, Jean Paul, Friedrich und August Wilhelm Schlegel, Frankfurt a.M. 1971.
Kluge 1969: Kluge, Gerhard: Idealisieren – Poetisieren. Anmerkungen zu poetologischen Begriffen und zur Lyriktheorie des jungen Tieck. In: Jahrbuch der Deutschen Schillergesellschaft 13 (1969), S. 308–360.
Kremer 2001: Kremer, Detlef: Romantik, Stuttgart 2001.
Lohner 1972: Lohner, Edgar (Hg.): Ludwig Tieck und die Brüder Schlegel: Briefe, auf der Grundlage der von Henry Lüdeke besorgten Edition neu hg. und kommentiert, München 1972.
Lüdeke 1922: Lüdeke, Henry: Ludwig Tieck und das alte englische Theater. Ein Beitrag zur Geschichte der Romantik, Frankfurt a.M. 1922.
Martus 2007: Martus, Steffen: Werkpolitik. Zur Literaturgeschichte kritischer Kommunikation vom 17. bis ins 20. Jahrhundert mit Studien zu Klopstock, Tieck, Goethe und George, Berlin/New York 2007.
Minder 1936: Minder, Robert: Un poète romantique allemand. Ludwig Tieck (1773–1853), Paris 1936.
Paulin 1982: Paulin, Roger: Ludwig Tiecks Essayistik. In: Jahrbuch für internationale Germanistik 14 (1982), H. 1, S. 126–156.
Paulin 1987: Paulin, Roger: Ludwig Tieck, Stuttgart 1987.
Paulin 1988: Paulin, Robert: Ludwig Tieck. Eine literarische Biographie, München 1988.
Preisler 1992: Preisler, Horst L.: Gesellige Kritik. Ludwig Tiecks kritische, essayistische und literarhistorische Schriften, Stuttgart 1992.
Rath 1996: Rath, Wolfgang: Ludwig Tieck. Das vergessene Genie. Studien zu seinem Erzählwerk, Paderborn/u.a. 1996.
Regener 1903: Regener, Edgar Alfred: Tieck-Studien. Drei Kapitel zu dem Thema »Der junge Tieck«, Wilmersdorf-Berlin 1903.

Ribbat 1975: Ribbat, Ernst: Romantische Wirkungsästhetik. In: Ludwig Tieck. Ausgewählte kritische Schriften, hg. von E. R., Tübingen 1975, S. VII–XXI.
Ribbat 1978: Ribbat, Ernst: Ludwig Tieck. Studien zur Konzeption und Praxis romantischer Poesie, Kronberg i. Ts. 1978.
Ribbat 1979: Ribbat, Ernst: Poesie und Polemik. Zur Entstehungsgeschichte der romantischen Schule und zur Literatursatire Ludwig Tiecks. In: Romantik. Ein literaturwissenschaftliches Studienbuch, hg. von E. R., Königstein i. Ts. 1979, S. 58–79.
Scherer 2003: Scherer, Stefan: Witzige Spielgemälde. Tieck und das Drama der Romantik, Berlin/New York 2003.
Schulte-Sasse 1971: Schulte-Sasse, Jochen: Die Kritik an der Trivialliteratur seit der Aufklärung. Studien zur Geschichte des modernen Kitschbegriffs, München 1971.
Schulte-Sasse 1985: Schulte-Sasse, Jochen: Der Begriff der Literaturkritik in der Romantik. In: Geschichte der deutschen Literaturkritik (1730–1980), hg. von Peter Uwe Hohendal, Stuttgart 1985, S. 76–128.
Schulz 1983: Schulz, Gerhard: Die deutsche Literatur zwischen Französischer Revolution und Restauration, Bd. 1: Das Zeitalter der Französischen Revolution 1789–1806, München 1983.
Stahl 1975: Stahl, Karl-Heinz: Das Wunderbare als Problem und Gegenstand der deutschen Poetik des 17. und 18. Jahrhunderts, Frankfurt a. M. 1975.
Stamm 1973: Stamm, Ralf: Ludwig Tiecks späte Novellen. Grundlage und Technik des Wunderbaren, Stuttgart/u.a. 1973.
Viëtor 1952: Viëtor, Karl: Die Idee des Erhabenen in der deutschen Literatur. In: ders.: Geist und Form, Bern 1952, S. 234–266, 346–357.
Wesollek 1984: Wesollek, Peter: Ludwig Tieck oder Der Weltumsegler seines Innern. Anmerkungen zur Thematik des Wunderbaren in Tiecks Erzählwerk, Wiesbaden 1984.

Kunsttheorie, Kunstgeschichte, Kunstbeschreibung, Kunstgespräche und poetisierte Kunst

Helmut Pfotenhauer

Schon während der Berliner Schulzeit, die mit dem Weggang zum Studium nach Halle im April 1792 endete, hatte Tieck prägende intellektuelle Einflüsse erfahren. Dazu gehörte neben dem Umgang etwa mit Kapellmeister Reichardt oder mit dem Freund Wackenroder auch der Kontakt mit Karl Philipp Moritz (Köpke 1, S. 87ff.; Hubert 1971; siehe den Beitrag *Poetik der Berliner Spätaufklärung* in Kap. 1). Moritz war Mitglied der preußischen Akademie der Künste und der Wissenschaften und seit seiner Rückkehr aus Italien 1789 Professor für »Theorie der schönen Künste, Alterthümer und Mithologie«. Neben Kenntnissen der kanonischen Werke und Ansichten des Klassizismus (*Reisen eines Deutschen in Italien*, 1792/93) vermittelte er einen Klassizismus, der undogmatisch und hochreflektiert auf neue ästhetische Optionen verweist: Die Selbstreferenzialität und Autonomie der Kunst (*Über den Begriff des in sich selbst Vollendeten*, 1785) wird auf die in ihr tätige Bildungskraft untersucht, die das schöpferische Potential, die Romantik vorbereitend, mit dem Unendlichen der göttlichen Schöpfungskraft zusammendenkt (*Über die bildende Nachahmung des Schönen*, 1788). Die klassizistischen Gegenstandshierarchien werden relativiert: Nicht mehr nur die vergöttlichte Menschengestalt der Statue zählt, sondern auch das Unbedeutende, das Spielerische des Ornaments (*Vorbegriffe zu einer Theorie der Ornamente*, 1789). Friedrich Schlegels Lob der Arabeske und damit der frei spielenden Einbildungskraft ist hier vorgeprägt. Die mediologischen Reflexionen auf die Unterschiede der Künste und die Frage ihrer Übersetzbarkeit ineinander bzw. die Frage nach den Grenzen der diskursiven Sprache bei solchen Übertragungsvorgängen, die der späteren programmatischen Vermischung und Grenzüberschreitung vorausgeht, werden vorangetrieben (*In wie fern Kunstwerke beschrieben werden können?*, 1788). Der junge Tieck wurde in diesem Umfeld also an die avanciertesten ästhetischen Diskussionen seiner Zeit herangeführt – jenseits der Vereinseitigungen und Parteiungen, die in den folgenden Jahren die Interferenzen von Klassizismus und Romantik zugunsten von sich gegenüberstehenden Schulen wieder leugnen wollten. Vielleicht rührt die Tatsache, daß Tieck sich später ungern eindeutigen Positionen in dieser Auseinandersetzung zurechnen ließ, auch aus diesem frühen intellektuellen Milieu. Allerdings war die Beziehung durch Moritz' sprunghafte, exaltierte und hypochondrische Persönlichkeit offenbar bald stark belastet. Wackenroder nennt Tieck noch im Brief vom 11. Dezember 1792 Moritz' »Zwillingsbruder« (Wackenroder 2, S. 97); aber schon wenige Wochen später, im Brief zwischen dem 20. Dezember 1792 und 7. Januar 1793, sagt sich Tieck selbst entschieden von Moritz los (ebd., S. 115).

Auf Halle als Studienort folgt für ein Semester Göttingen, dann im Sommer 1793 Erlangen (zu den im Fränkischen gemachten Kunsterfahrungen – mit der ›altdeutschen‹ Kunst in Nürnberg und Bamberg sowie der italienischen Renaissance in Pommersfelden – siehe den Beitrag *Bildende Kunst* in Kap. 2). Im folgenden soll es v. a. um einige in Göttingen im Umkreis des Kunsthistorikers Johann Domenico Fiorillo entstandene Schriften gehen. Zunächst ist da eine erst kürzlich dem frühen Tieck zugeschriebene Mitschrift einer kunsthistorischen Vorlesung im Kontext von Fiorillos Monumentalwerk *Geschichte der zeichnenden Künste* zu nennen, deren erster Band 1798 im Druck erschien: Achim Hölter hat das umfangreiche Manuskript aus der Wiener Nationalbibliothek dem jungen Tieck zuordnen können (Hölter 1987, S. 125ff.). Sie zeigt, wie intensiv sich Tieck schon in der Göttinger Zeit mit kunstgeschichtlichen Fragen befaßte und dies nicht nur seinem Freund Wakkenroder überließ, wie lange Zeit angenommen wurde. Die Freunde erhielten bei Fiorillo Informationen über die italienische Malerei, insbesondere der Hochrenaissance. Raffael und Michelangelo standen im Mittelpunkt. Es gibt aber auch bereits Hinweise auf den für Tieck später so wichtigen Correggio, ebenso auf die altdeutsche Malerei, insbesondere Dürer (Schrapel 2004; Middeldorf Kosegarten 1997; Hölter 1994, S. 95ff.).

Unter Fiorillos Einfluß entstanden zudem zwei kunstkritische Schriften Tiecks, die sich mit Fragen der medialen Konvergenzen von bildender Kunst und Literatur und innerhalb dieser der erzählenden und der dramatischen Literatur befassen: die Fragment gebliebene kleine Schrift *Soll der Maler seine Gegenstände lieber aus dem erzählenden oder dramatischen Dichter nehmen?*, die erst 1985 von Achim Hölter publiziert wurde (Hölter 1985; DKV 1, Kommentar, S. 1177–1181), und der längere Aufsatz *Über die Kupferstiche nach der Shakspearschen Galerie in London*, den Tieck 1795 veröffentlicht hat (DKV 1, S. 653ff.). Der erste Beitrag beantwortet die von ihm gestellte Frage zunächst scheinbar – einer Argumentation des Kunstkritikers Basilius von Ramdohr folgend – zugunsten des dramatischen Schriftstellers. Denn dieser setze wie der Maler aufs Sichtbare, stelle alles unmittelbar vor Augen, ohne Dazwischenkunft eines Erzählers. Der Affektausdruck und die Mimik seien bei ihm wie beim Maler entscheidend. Gegen diese Argumentation sollte dann offenbar ein Einwand folgen, um sie allererst auf das Niveau medientheoretischer Debatten seit Lessing zu heben: Seit Lessings Kritik an Winckelmanns

Laokoon-These, die besagt, daß alle Kunst sich an dem einen Gesetz der Affektdämpfung zu orientieren habe, bildende Kunst und Literatur also unter demselben ästhetischen Imperativ stünden, wird nämlich die Frage diskutiert, ob nicht die Gesetze der bildenden Kunst als Raumkunst von denjenigen der Literatur als Zeitkunst ganz verschieden seien. Demnach kann auch der dramatische Dichter, wiewohl mehr fürs Auge arbeitend, ebenso wie der erzählende im Prinzip für den Maler nicht Vorbild sein – oder umgekehrt: Stoffe des Dichters, auch des dramatischen, werden im Prinzip vom Maler nicht angemessen erfaßt. Der erste Aufsatz bricht hier ab. Allerdings heißt es im Shakespeare-Aufsatz, der sich als eine Fortsetzung des ersten herausstellt, daß der dramatische Dichter »Momente in seinen Schauspielen« habe, »die kein Pinsel oder Griffel jemals darstellen kann« (ebd., S. 655). Gemeint sind Sprünge und überraschende Wendungen des Affekts, unerwartete Blitze des Genies des Dichters, die Unvorhersehbares, bildlich nicht konsistent Darstellbares der Phantasie plausibel machen. Tieck bespricht hier Bilder, die von namhaften Malern wie Angelika Kaufmann, Joshua Reynolds oder Heinrich Füßli nach Szenen aus Shakespeare-Stücken gemalt worden waren und die der Londoner Ratsherr und Kupferstecher John Boydell in einer eigenen Galerie ausstellte. Gestochene Reproduktionen, die auch Tieck vor Augen hatte (vgl. ebd., Kommentar, S. 1174; dazu auch Pape/Burwick 1996), sollten den finanziellen Aufwand decken. Tieck kommt zu kritischen Ergebnissen: Er sieht die Gefahr, daß das, was auf der Bühne und durch das Wort nur angedeutet wird, im Bild durch das Festhalten transitorischer Momente übertrieben wirke – zu frappierend, deklamatorisch und im Übermaß affizierend (DKV 1, S. 656ff.). Tieck denkt über die Eigenleistungen von Kunst und Literatur nach, noch bevor er selbst in nennenswerter Art zum Schriftsteller wird. Daraus ergibt sich eine sehr abgeleitete, unselbständige Form literarischer Übung, eine literarische, in fiktiven Briefen gehaltene Beschreibung von Bildern nach literarischen Vorlagen, welche Versuche, eine Kunst in die andere zu übersetzen, nicht so ohne weiteres akzeptiert. Zugleich deutet sich an, daß Tieck an dieser Stelle, an der er aus der Kritik der Bilder im Umgang mit Literatur zur Poesie selbst zu kommen versucht, nicht nur über die Defizite der bildenden Kunst gegenüber der Sprache nachdenken möchte. Vielmehr ist er wie viele seiner Zeitgenossen daran interessiert, die sinnliche Unmittelbarkeit und suggestive Kraft der Kunst durch Beschreibung (Ekphrasis) für die Literatur nutzbar zu machen. Medienreflexionen leisten immer zweierlei: die kritische Bestimmung ihrer jeweiligen Grenzen und die Spekulation über die Möglichkeit der Grenzüberschreitung. Tieck wird sich nicht wie etwa Friedrich Schlegel an den programmatischen Verkündungen einer progressiven Universalpoesie beteiligen, die gerade solche permanenten Grenzüberschreitungen fordert. Das methodische Rüstzeug dafür verschafft er sich aber, und die literarische Praxis wird folgen. Deshalb werden Kunstbeschreibungen, auch Kunstgespräche oder mit der Sprache gleichsam gemalte Bilder, vor allem Landschaften, also bildende Kunst als Literatur, in den kommenden Werken Tiecks eine große Rolle spielen. Das romantische Programm der Literatur als Vermischung der Gattungen und der Künste zur Steigerung ihrer Ausdruckskraft hat bei Tieck ihren Ausgangspunkt in solchen zunächst wenig spektakulären Überlegungen zur Logik der Künste, wie sie die Besprechung der Shakespeare-Kupferstiche darstellen.

Ab 1794 schreiben Wackenroder und Tieck an den *Herzensergießungen eines kunstliebenden Klosterbruders*, einer Sammlung von Künstleranekdoten, Essays, Kunstbeschreibungen und Künstlergeschichten, die im Herbst 1796 mit der Jahreszahl 1797 erscheint (vgl. Wackenroder 1, Kommentar, S. 290ff.). Tiecks Anteil daran ist der geringere. Von ihm stammen die Einleitung (*An den Leser dieser Blätter*), ein Abschnitt mit dem Titel *Sehnsucht nach Italien, Ein Brief des jungen Florentinischen Mahlers Antonio an seinen Freund Jacobo in Rom* und wahrscheinlich der *Brief eines jungen deutschen Mahlers in Rom an seinen Freund in Nürnberg* sowie *Die Bildnisse der Mahler* (ebd., S. 287ff.). Die einleitende Apostrophe des fiktiven Klosterbruders, der sich vor dem Treiben der Welt in die Einsamkeit des klösterlichen Lebens zurückgezogen hat, intoniert erstmals jene quasi-religiöse Begeisterung in und gegenüber der Kunst. Von »heiligen Schauer[n]« ist da die Rede beim Gedenken an die »gebenedeyten Kunstheiligen« Raffael und Michelangelo, von der »wehmüthigen Inbrunst« und den Tränen bei der Vorstellung ihrer Werke und ihres Lebens (ebd., S. 53). Diese Einstellung wird mit dem kalten, kritisierenden Blick eines Herrn von Ramdohr auf die Kunst kontrastiert, an den Tiecks erster Kunstaufsatz noch angeknüpft hatte. Tieck hat aber keine Wende von der Kunstkritik zum Gebet vollzogen. Kunstreligion hat man diese Begeisterung genannt. Gemeint ist damit aber weniger eine religiöse Haltung, der die Kunst nur dient, als vielmehr eine Kunst, die zur Religion erhoben wird (siehe den Beitrag *Religion* in Kap. 2). Die Heiligen dieser Religion sind Künstler, ihr Gebet ist, wie der folgende Abschnitt Wackenroders über Raffael zeigt (*Raphaels Erscheinung*), ästhetische Inspiration. Freilich wird derselbe Raffael, den Klassizisten wie Winckelmann vergötterten, weil er in seinen Gemälden die antike Statue wiederbelebt habe, nun zum frommen Enthusiasten und zum unheidnischen Madonnenmaler erklärt (vgl. auch Tiecks Gedicht *Die Bildnisse der Mahler*). Mehr als sein Glaube interessiert aber seine schöpferische Einbildungskraft. Deshalb tritt neben die an Vasaris *Vite* orientierte Anekdote über Raffaels Inspiration ein Bericht über Leonardo und dessen Traktat über die Malerei: Wackenroder und Tieck war dieser bekannt in der deutschen Version von Johann Georg Böhm (ebd., S. 324). Dort wird berichtet, wie der Künstler sich, ganz profan, inspirieren lassen könne durch die Betrachtung von altem Gemäuer oder vielfarbigen Steinen, Dingen also, die Gestaltungen nicht zeigen, sondern nur vage andeuten und damit die Phantasie anregen, sie sich auszumalen (ebd., S. 76f.). Auch dies ist schöpferisch, und um das Schöpferische geht es vorrangig, ob religiös oder nicht. Tiecks und Wackenroders Kunstreligion in der Sammlung *Herzensergießungen* ist zwar auch fromm gemeint, vornehmlich aber dennoch als eine Apotheose künstlerischer Einbildungskraft zu sehen, damit auch als eine Fortführung und Steigerung der Bemühungen um die Eigenleistungen der Kunst seit der Aufklärung und dem Klassizismus, nicht als eine Rückbettung der Kunst in voraufklärerische Heteronomien (siehe den Beitrag *Wackenroder* in Kap. 1).

Dem scheint der heute Tieck zugeschriebene *Brief eines jungen deutschen Mahlers in Rom an seinen Freund in Nürnberg* zu widersprechen. Er schildert in enthusiastischen Worten die Konversion eines Künstlers zum katholischen Glauben, welche mit einem Bekenntnis zu Raffael und der Abkehr von Dürer und dem protestantischen Nürnberg einhergeht. Aber sieht man genauer hin, so sind es wieder die Kunst und die von ihr gemeinsam mit der Liebe evozierte Ekstase, welche die Konversion bewirkten und auf diese Art geheiligt werden: die Musik, »ein Gemählde Christi am Kreuze« sowie die Architektur des zum Kirchenraum umfunktionierten Pantheon (ebd., S. 116; zur Zuschreibung vgl. Kommentar, S. 342ff.). Wie auch im *Brief des jungen florentinischen Mahlers Antonio an seinen Freund in Rom* interessieren Tieck besonders die inneren, halbbewußten, visionären Zustände, in die die Kunstbegeisterung versetzt und aus denen Kunst hervorgeht. Frömmelei ist das gewiß nicht. Und Tieck hat ja auch die späteren Konversionen seiner Zeitgenossen und Weggefährten, trotz hartnäckiger Gerüchte, nicht mitgemacht.

1799 gibt Tieck im Anschluß an die *Herzensergießungen* und bereits nach dem frühen Tod Wackenroders die *Phantasien über die Kunst für Freunde der Kunst* heraus. Viele Texte, vor allem die *musikalischen Aufsätze von Joseph Berglinger*, stammen aus Wackenroders Nachlaß, einige wichtige (vor allem des ersten Teils) aus Tiecks Feder (ebd., Kommentar, S. 371). Auch hier findet sich wieder der zum Religiösen gesteigerte Kunstenthusiasmus (*Rafael's Bildniß, Ein paar Worte über Billigkeit, Mäßigkeit und Toleranz, Die Ewigkeit der Kunst*). Allerdings finden sich darin auch interessante Bemerkungen zu Michelangelos *Jüngstem Gericht*, zum A-Mimetischen, alle natürlichen Proportionen Sprengenden und allegorisch ins Unermeßliche Verweisenden (*Das jüngste Gericht von Michel Angelo*). Neben der Einbildungskraft des Künstlers interessiert sich Tieck für deren spezifische, über die Nachahmung und Gegenstandsreferenz hinausgehende Mittel. So schreibt er über die Farben und das Musikalische in der Kunst (*Die Farben*) und ist auch durchaus bereit, den Kanon der Renaissance-Maler zu verlassen und etwa anhand von *Wateau's Gemählde* das bloß Sinnliche, Augenblickshafte, nicht auf ein Höheres Verweisende zu rühmen. Tiecks ästhetische Optionen sind offen für die verschiedenen formalen Möglichkeiten der Kunst; sie lassen sich nicht aufs Fromme der Inhalte reduzieren.

Zwischen den Sammlungen *Herzensergießungen* und *Phantasien über die Kunst* liegt entstehungsgeschichtlich der Künstler-Roman *Franz Sternbalds Wanderungen. Eine altdeutsche Geschichte*. Er ist, noch von Wackenroder beeinflußt, 1798 als Fragment in zwei Teilen erschienen (siehe den Beitrag *Frühe Romane* in Kap. 4). Dieser Roman wird hier erwähnt, weil er einige ästhetische Konzepte narrativ ausgestaltet: die Maler-Schulen, die gegeneinander gehalten werden, die Kunstgespräche, in denen die Figuren verschiedene Optionen vertreten, und schließlich die Kunstbeschreibungen bzw. die ihnen analogen literarischen Landschaftsbilder.

Als eine Keimzelle des *Sternbald*-Romans gilt der *Brief eines jungen deutschen Malers in Rom an seinen Freund in Nürnberg* (Sternbald, Kommentar, S. 560f.). Der junge Maler schreibt dort an einen im Nürnberg Albrecht Dürers zurückgebliebenen Freund namens Sebastian. Auf diese Weise hätte sich, wäre der Roman weitergeschrieben worden, gegebenenfalls auch Franz Sternbald an den Sebastian des Romananfangs wenden können. Der Roman beginnt ja mit dem Abschied aus Nürnberg, von Sebastian und von der altdeutschen Malerschule. Franz Sternbald bricht auf in die Niederlande, um dort den Meister der altniederländischen Schule, Lukas von Leyden, aufzusuchen und als dessen Gast den wesensverwandten Dürer wiederzusehen. Er wandert dann weiter über das Elsaß nach Italien. In Rom wird um die Größe Raffaels und besonders wieder um diejenige Michelangelos der Sistina gestritten. Beide erscheinen nicht vergöttlicht oder anbetungswürdig; sie veranlassen keine Konversion zum katholischen Glauben. Das Telos ist nicht Kunstreligion und religiöse Andacht. Verschiedene Repräsentanten verschiedener Schulen stehen nebeneinander und werden in der Figurenrede gegeneinander ausgespielt. Der Roman ist auch in den Gesprächen über Kunst narrativer, weniger programmatisch als die *Herzensergießungen*. So findet sich neben den kanonischen Renaissance-Künstlern auch ein Votum Sternbalds für die ›neue‹, stärker auf das Kolorit und den Sinnenreiz bauende Kunst: die des venezianischen Tizian oder des Correggio (II. Teil, 2. Buch, 3. Kapitel). Sternbalds Freund, Rudolf Florestan, macht sich sogar – Wilhelm Heinses Roman *Ardinghello* (1787) klingt an – für die Nacktschönheit der Griechen stark; alles, was die Sinne reizt und keine Sinnfindung erfordert, keine Historie, keinen konsistenten Figurenentwurf, käme dem entgegen: grelle Farben, goldene Luftbilder, wunderliche Musik (II. Teil, 1. Buch, 6. Kapitel). Kunstkonzepte, die in die *Herzensergießungen* noch nicht gepaßt hätten, werden nun konkurrenzfähig. Am Ende deutet sich zwar eine neue Hinwendung zum ›Altdeutsch‹-Schlichten an; Franz bedauert seinen Leichtsinn, der ihn zu anderen Optionen in der Kunst und im Leben führte (II. 2. 6). Aber ob dies in dem nicht geschriebenen dritten Teil des

Romans eine Rückkehr in den Dürer-Kreis und eine Abkehr von den Sinnenfreuden der italienischen Renaissance bedeutet hätte, bleibt zweifelhaft. Zu sehr ist Franz Sternbald von einer ständigen Sehnsucht getrieben, die ihm alles zu einer geheimnisvollen Erinnerung und einer ebenso unerfüllten Ahndung des Künftigen werden läßt. In einem der verschiedenen Kunstkonzepte könnte er deshalb keinesfalls zur Ruhe kommen. Auch die ungewisse eigene Herkunft und das Sehnen nach der Jugendgeliebten motivieren diese konstitutive Rastlosigkeit. *Franz Sternbalds Wanderungen* kennen kein Ziel; der Roman ist von jedem linearen oder zyklischen, jedenfalls ans Ende kommenden Erzählen weit entfernt.

Die Kunst sei nur Ahndung der Natur, die ihrerseits wieder nur Ahndung des Göttlichen sei, heißt es in einem der vielen Kunstgespräche im Roman (II. 1. 5). Dieses Unerfüllbare, ständig Verweisende teilt sich auch den Kunstbeschreibungen mit. Aber indem sie es in Worte kleiden, heben sie es auch auf. Die Anverwandlung der bildenden Kunst durch die Sprache will im Roman selbst eine höhere Kunst sein. Tiecks anfängliche Überlegungen über die Grenzen und Vorteile der Künste machen sich hier nun narrativ geltend. Der Roman hat nicht zuletzt deswegen hohe Wertschätzung erfahren.

Im siebten Kapitel des ersten Buches (1. Teil) malt Franz an einer Verkündigung der Geburt Christi, die er zunächst wegen innerer Unruhe nicht fertigstellen kann. Ein Brief Dürers gibt ihm schließlich die Kraft dazu. Der Erzähler beschreibt dann das – fiktive – Bild. Es handelt sich um ein Bild des Zwielichts, der Dämmerung, einer Landschaft mit fernherscheinenden Bergen, in welcher sich die Hirten aufhalten. Zwei Engel gehen durchs Korn. Sehnsucht nach dem Jenseitigen im Diesseits macht sich breit, und tiefsinnige Gedanken daran kommen auf. Dem Schimmer der untergehenden Sonne steht eine Ahnung vom Morgen gegenüber. Alles verschwimmt in einer wehmütigen Stimmung. Kaum mehr faßbar, kaum mehr anschaulich ist die Landschaft, sind die Figuren. Franz will das ins Bild bannen, was die Sprache des Bildes schon übersteigt und nur vom Dichter noch als innere Regung, als kaum mehr vergegenständlichte Stimmung gesagt werden kann. Deshalb ist er auch nach der Fertigstellung des Bildes unzufrieden, die Begeisterung ist geschwunden, eine innere Leere macht sich in ihm breit, die er mit neuen, wieder unbefriedigenden Bildern auszufüllen sucht. Aber dem Erzähler gelingt gerade durch die Beschreibung der Grenzen des Bildes und der dadurch konturierten entmaterialisierenden Kraft der Seele ein Sprachbild, das man als vorbildlich für romantische Ekphrasis bezeichnen könnte.

Schon kurz zuvor (II. 1. 6) findet sich ein Landschaftsbild, das nur noch in der Einbildungskraft existiert und überhaupt nicht mehr im Gemälde festgehalten werden kann. Die Natur spiegelt sich in einem Teich; mannigfaltige Farben und Schattierungen ergeben sich; Wolkenbilder zeichnen krause Figuren und verschwimmen mit dem zitternden Laub. Es gelingt Franz nicht, mit Strichen auf dem Papier das nachzubilden, was ihm als Seelenlandschaft vor dem inneren Auge steht. Aber gerade diese narrativen Konturen des Entkonturierten sind es, die die poetischen Landschaftsgemälde der Romantik präfigurieren. Eichendorff wird noch ein Marmorbild hineinstellen, um dem Verschwimmenden Prägnanz zu verleihen.

Im Jahr 1805 unternimmt Tieck zusammen mit dem Kunsthistoriker Carl Friedrich von Rumohr, einem Schüler Fiorillos, dem Bildhauer und Bruder Friedrich Tieck sowie den Kupferstechern und Malern Franz und Johannes von Riepenhausen, die von 1804 bis 1806 Tiecks Drama *Leben und Tod der heiligen Genoveva* illustrierten (Paulin 1978; siehe den Beitrag *Tieck in der bildenden Kunst* in Kap. 5), eine Reise nach Italien. Tieck traf im Sommer 1805 in Rom ein und blieb ein Jahr dort, um im Herbst 1806 nach Deutschland zurückzukehren. In Rom verkehrte Tieck unter anderem mit dem klassizistischen Bildhauer Bertel Thorvaldsen und dem Maler Gottlieb Schick; zu weiteren Begegnungen kam es etwa mit Wilhelm von Humboldt, Coleridge und Maler Müller. Parteiungen und Berührungsängste gab es nicht. Die explizit romantisch sich verstehende Fraktion der Nazarener, die sich auch auf die Schriften des frühen Tieck berief, traf erst Jahre später, ab 1810, in Rom ein.

Aus Tiecks Zeit in Italien und in Rom stammen die *Reisegedichte eines Kranken* (Tieck war an Gicht erkrankt) sowie die *Rückkehr des Genesenden*. In dieser Sammlung finden sich auch Gemälde-Gedichte – Bildbeschreibungen in Gedichtform. Dergleichen gab es schon, wenn auch in bezug auf fiktive Gemälde, in den *Herzensergießungen*. Dort hatte Wackenroder *Zwey Gemähldeschilderungen* eingerückt, eine zu einer heiligen Jungfrau mit dem Christuskinde und dem kleinen Johannes sowie eine zur Anbetung der drei Weisen aus dem Morgenlande. Karl Philipp Moritz stellte schon 1788 in seinem Essay *In wie fern Kunstwerke beschrieben werden können?* (Moritz 1997, S. 992ff.) die These auf, daß Worte das Schöne nur beschreiben könnten, wenn sie selbst schön seien. Kunst will also Poesie als Beschreibungskunst. Wackenroder zieht daraus die Konsequenz: Er schildert Gemälde in Form von Gedichten. Darin folgte ihm 1798/99 August Wilhelm Schlegel in seinem in der Zeitschrift *Athenaeum* abgedruckten Gespräch *Die Gemählde*. An beiden orientierte sich Tieck, der ja schon viel über die Erfordernisse und Grenzen der Übertragung von Kunst in Poesie und Poesie in Kunst nachgedacht hatte, indem auch er Gedichte über Bilder schrieb. Sie lassen sich allerdings einem Kanon, gar schon einem selbst aufgestellten, nicht eindeutig zuordnen. So findet sich ein Gedicht über *San Lorenzo und Bolsena*, wo angesichts des Sees und seines blauen Dunstes die Bilder Claude Lorrains, des Licht- und Farb-Zauberers »aus Lothring«, evoziert werden (DKV 7, S. 189f.). Aus der römischen Zeit stammen u. a. Gedichte zu Raffaels Logen im Vatikan und zu den Farnesina-

Fresken (vgl. ebd., Kommentar, S. 676), zum Palazzo Farnese und Annibale Carracci. Aber auch der »treffliche Schick« und sein Gemälde Apoll unter den Hirten wird bedichtet, des »edle[n] Rumohr« wird gedacht (ebd., S. 231). Aus den Gedichten der Zeit der Rückfahrt sticht eine Eloge auf Correggios Bilder in Parma hervor (ebd., S. 248), die an das Lob Correggios in *Sternbald* (II.1.3) anknüpft. Die Einheit von Tiefsinn und Sinnlichkeit wird gelobt, sie sei von hohem Geist und Farbigkeit (Nabbe 1977). Es folgt eine poetische Betrachtung zum Mailänder Abendmahl Leonardos und seinem bedauerlichen Erhaltungszustand.

Der *Phantasus*, eine Sammlung von Erzählungen und Dramen, die zwischen 1812 und 1816 in drei Bänden erschien, enthält in der Rahmenerzählung, welche aus den Unterhaltungen eines geselligen Kreises von Freunden gebildet wird, ebenfalls Kunstgespräche. Hervor tritt nun aber ein anderes Thema, das der Gartenkunst. Es wird der italienischen Gärten, insbesondere derer bei Rom, erinnert (vgl. DKV 6, S. 69ff.; zur Gartenkunst in der Sammlung *Phantasus* vgl. auch Meißner 2007, S. 23ff.). Die barocken französischen Gärten werden über den Umweg ihrer Fortsetzung in den übertrieben künstlichen holländischen Gärten kritisiert, aber doch auch gegenüber der Mode des englischen Gartens des 18. Jahrhunderts verteidigt. Selbst der englische Park ist, wie man hier sieht, nicht mehr unumstritten. Auch er kann als künstlich, Effekthascherei betreibend und bizarr gesehen werden mit seinen Felsmassen, Labyrinthen, hängenden Brücken, chinesischen Türmchen, gotischen Burgen, Ruinen aller Art (DKV 6, S. 75). Unversehens könne, um den empfindsamen Betrachter zu erregen, ein Bergmann aus einem Schacht hervortreten oder ein Eremit mit einem Kruzifix. Einzig ein Garten, in einem gemäßigten Stil gehalten, findet unwidersprochenes Lob: Es ist der Garten des Baron von Finkkenstein in Alt-Madlitz, wo Tieck jahrelang zu Gast war (ebd., S. 77; siehe den Beitrag *Wanderschaften und Freundeskreise* in Kap. 1). Aber dennoch: Auch hier wird dem historisch unterschiedlich Gewachsenen in seiner Verschiedenheit, soweit ästhetisch vertretbar, Respekt gezollt. Dogmatische Vereinseitigungen und Programme sind auch hier nicht die Sache des Autors. Deshalb ist es gerade das Gespräch, das unterschiedliche Standpunkte zuläßt, die diesem künstlerischen Liberalismus angemessene Form.

In den späteren Erzählungen der Dresdner Zeit kehrt bildende Kunst in vielfältiger Form und Perspektivierung literarisch wieder. In der Novelle *Eine Sommerreise* von 1833 wird mit autobiographischem Hintergrund an eine Reise dreier Freunde im Jahre 1803 erinnert, die diese unter anderem von Dresden und der dortigen Galerie nach Franken führt, an Dürers Grab, oder nach Pommersfelden zur angeblichen Raffael-Madonna.

Besonders interessiert hier eine frühere Novelle aus jener Dresdner Zeit, *Die Gemälde* von 1821, in der es um die kunstkritischen Optionen Tiecks und die poetischen Verarbeitungen der bildenden Kunst geht. Erzählt wird die Geschichte eines jungen Mannes, Eduard, der das Vermögen seines Vaters, das in wertvollen Bildern bestand, durchgebracht hat und nun mit Hilfe des Fälschers Eulenböck in betrügerischer Weise mit Bildern Geld zu machen beabsichtigt. Betroffen sind vor allem ein bürgerlicher und ein adliger Kunstsammler, teils naiv-gläubig, teils kritisch. Es geht nicht nur oder gar nicht einmal primär um den ästhetischen Wert der Bilder, sondern eher um ihren Marktwert. Selbst mögliche Heiraten werden vom Brautvater taxiert nach dem Beitrag der Bewerber zur Sammlung. Nur ein glücklicher Zufall rettet Eduard und seine Absichten auf die Braut: In einer wüsten Orgie wird das Vaterhaus zum Teil zerstört, und hinter der Wandverkleidung kommt ein bisher verborgener, verschollener und besonders wertvoller Teil der väterlichen Bildersammlung zum Vorschein. Interessant ist dies in diesem Zusammenhang deshalb, weil man sieht, was in den Jahrzehnten aus dem frühen Kunstenthusiasmus zumindest in der poetischen Fiktion werden kann. Er ist jetzt der Ernüchterung gewichen. Manches liest sich fast wie eine Selbstparodie der *Herzensergießungen* oder der *Phantasien über die Kunst* (Schmitz-Emans 2005). Der Fälscher läßt sich vom Genius der verstorbenen Maler die Hand führen und sieht sich dadurch geläutert und exkulpiert; seine Inspiration ist nicht zuletzt auch dem Weingeist geschuldet. Ein anderer ›Künstler‹ ist der Schwärmer Dietrich, der die Folgelasten jener früheren Kunstbegeisterung personifiziert. Er kommt wie die Nazarener im altdeutschen Rock und mit schulterlangen Haaren daher und kopiert in seiner Pose der Kunstandacht die nazarenische Kopie der Kunstschriften aus der Frühzeit von Tieck mit Wackenroder. Die Zeit, in welcher jene Kunstreligion authentisch erschien, scheint hier vorüber. Auch wenn sie später in Texten wie *Eine Sommerreise* noch einmal evoziert wird, ist sie doch historisch geworden.

LITERATUR

Hölter 1985: Hölter, Achim: Ein ungedruckter Aufsatz Ludwig Tiecks zur Beziehung von Literatur und bildender Kunst. In: Zeitschrift für deutsche Philologie 104 (1985), H. 4, S. 506–520.

Hölter 1987: Hölter, Achim: Der Romantiker als Student. Zur Identität von zwei Tieck-Handschriften. In: Deutsche Vierteljahrsschrift für Literaturwissenschaft und Geistesgeschichte 61 (1987), S. 125–150.

Hölter 1994: Hölter, Achim: Johann Dominik Fiorillos *Geschichte der zeichnenden Künste* und ihr Bild der Renaissance. In: Romantik und Renaissance. Die Rezeption der italienischen Renaissance in der deutschen Romantik, hg. von Silvio Vietta, Stuttgart/Weimar 1994, S. 95–115.

Hubert 1971: Hubert, Ulrich: Karl Philipp Moritz und die Anfänge der deutschen Romantik. Tieck – Wackenroder – Jean Paul – Friedrich und August Wilhelm Schlegel, Frankfurt a. M. 1971.

Meißner 2007: Meißner, Thomas: Erinnerte Romantik. Ludwig Tiecks *Phantasus*, Würzburg 2007.
Middeldorf Kosegarten 1997: Middeldorf Kosegarten, Antje (Hg.): Johann Dominicus Fiorillo. Kunstgeschichte und die romantische Bewegung um 1800. Akten des Kolloquiums »Johann Dominicus Fiorillo und die Anfänge der Kunstgeschichte in Göttingen« am Kunstgeschichtlichen Seminar und der Kunstsammlung der Universität Göttingen vom 11.–13. November 1994, Göttingen 1997.
Moritz 1997: Moritz, Karl Philipp: Werke in zwei Bänden, hg. von Heide Hollmer und Albert Meier, Bd. 2: Popularphilosophie. Reisen. Ästhetische Theorie, Frankfurt a. M. 1997.
Nabbe 1977: Nabbe, Hildegard: Ludwig Tiecks Verhältnis zu Correggio. In: Seminar 13 (1977), H. 3, S. 154–169.
Pape/Burwick 1996: Pape, Walter/Burwick, Frederick (Hg.): The Boydell Shakespeare Gallery. The exhibition *The Boydell Shakespeare Gallery* will be presented at the Museum Bochum (25 April–27 May, 1996), the Armand Hammer Museum and Cultural Center, University of California, Los Angeles (12 January–9 March, 1997), Bottrop/Essen 1996.
Paulin 1978: Paulin, Roger: Die Textillustration der Riepenhausens zu Tiecks *Genoveva*. Wirkungen der bildenden Kunst auf die Rezeption eines Werkes romantischer Literatur. In: Aurora 38 (1978), S. 32–53.
Schmitz-Emans 2005: Schmitz-Emans, Monika: Etüden über Plagiat und Fälschung. Ludwig Tiecks Novelle *Die Gemälde* und Jean Pauls Roman *Der Komet*. In: Die Prosa Ludwig Tiecks, hg. von Detlef Kremer, Bielefeld 2005, S. 115–135.
Schrapel 2004: Schrapel, Claudia: Johann Dominicus Fiorillo. Grundlagen zur wissenschaftsgeschichtlichen Beurteilung der Geschichte der zeichnenden Künste in Deutschland und den vereinigten Niederlanden, Hildesheim/u. a. 2004.

Novellenpoetik

Wolfgang Lukas / Madleen Podewski

Poetik und Anthropologie der romantischen Novelle

Mit dem Beginn der neuen Epoche der ›Goethezeit‹ (bzw., um mit Heine zu sprechen, der »Goetheschen Kunstperiode«; Heine 1971, S. 360) um ca. 1770 setzt zugleich ein Prozeß der Aufwertung der Erzählprosa in der deutschsprachigen Literatur ein, den Theodor Mundt um 1837 mit dem Stichwort der »Emancipation der Prosa« bilanzieren wird (Mundt 1837, S. 49). Die Konstitution des ›modernen Romans‹ und der ›modernen Novelle‹ vollzieht sich dabei im Zeichen jener ›Wende zur Anthropologie‹, deren Anfänge auf die 1740er Jahre zurückgehen und die in der Spätaufklärung eine qualitativ neue Etappe erreicht (Pfotenhauer 1987; Schings 1994; Zelle 2001; Košenina 2008). Die fiktionale Literatur und allen voran die Erzählprosa avancieren nun zu jenem Medium bzw. zu jener literarischen Gattung, in der, parallel und zum Teil komplementär zu den theoretischen Wissenschaftsdiskursen, privilegiert die ›Entdeckung des Menschen‹ betrieben wird. Ein zentrales Interesse gilt dem Problem der Individuation; das menschliche Subjekt stellt nicht mehr eine statische, sondern eine dynamische Größe dar, die einen Entwicklungsprozeß durchläuft, der bestimmten anthropologischen Gesetzmäßigkeiten in biologischer wie psychologischer Hinsicht folgt. Diese Konzeption schlägt sich in neuen narrativen Modellen wie insbesondere dem der ›Initiationsgeschichte‹ nieder, das gattungsübergreifend sowohl dem Bildungsroman wie einer Großzahl der romantischen Novellen zugrundeliegt und den Übergang des ›Jünglings‹ als neuer anthropologischer Leitfigur von der Jugend in das männliche Erwachsenenalter erzählt (Titzmann 2002, S. 7–22). Die Erzählliteratur widmet sich dergestalt den Bedingungen, unter denen die Zielposition – die Selbstfindung und Autonomie der ›Person‹, einhergehend mit der definitiven Partner- und Berufswahl sowie der Gründung einer eigenen Fortpflanzungsfamilie – erreicht oder verfehlt wird. Das Hauptinteresse zumindest der elaborierten Literatur gilt dabei freilich weniger den bürgerlich-normkonformen als vielmehr den abweichenden und scheiternden Lebensläufen: In Wielands Novellenzyklus *Das Hexameron von Rosenhain* (1805) etwa wird diese thematische Neubestimmung der Novellenpoetik auf der Rahmenebene explizit unter Rekurs auf ein anthropologisches Wissen und in Abkehr vom traditionellen Typ der aufklärerischen ›moralischen Erzählung‹ formuliert.

Insbesondere die romantische Initiationsnovelle, zumal in ihrer phantastischen Ausprägung als sogenannte ›Märchennovelle‹, hat sich auf die Thematisierung der erotischen Gefahren spezialisiert, die dem Jüngling in seinem Entwicklungsprozeß der optimalen Mannwerdung drohen können. Mit *Der blonde Eckbert, Der getreue Eckart und der Tannenhäuser, Der Runenberg* und *Liebeszauber* hat Tieck modellbildende berühmte Novellen vorgelegt. Die letztgenannten drei gehören zum Typ der sogenannten Venuskult-Novelle, die das Scheitern der Initiation aufgrund der Verführung durch ›Venusfrauen‹ bzw. durch magische Liebeszauberpraktiken erzählen. Das ›Wunderbare‹, welches zugleich die prosaische Realität transzendiert und das ›Poetische‹ konstituiert, wird in diesen phantastischen Texten anthropologisch und psychologisch verortet: Die gefährliche afamiliale Transitionsphase, in welcher der Jüngling Verführung und Manipulation ausgesetzt wird, ist jeweils privilegiert diejenige Phase, in der sich ein Wunderbares manifestiert. Dieses wird doppelt, sowohl topographisch als auch biographisch-lebensgeschichtlich codiert, wie exemplarisch *Der Runenberg* vorführt, wo etwa dem Vater des Protagonisten der intermediäre Gebirgsraum nicht (mehr) gefährlich werden kann. Die Texte entwerfen also komplex strukturierte alternative Ordnungen, zwischen denen der Protagonist seinen Weg finden muß – zwischen einer patriarchal strukturierten, aufgeklärt-rationalisierten, triebverdrängenden, an ökonomischer Effizienz und gezähmter Fortpflanzungserotik orientierten Welt einerseits und einer archaisch-weiblich geprägten Welt »frei strömende[r] Sinnlichkeit«, ungezähmter Erotik und einem nicht auf Verwertbarkeit, sondern auf Schönheit und Poesie ausgerichteten Verhältnis zur Natur andererseits (Böhme 1981, S. 137). Damit ist die Phase der Adoleszenz nicht einfach nur ein »Moratorium zwischen Kindheit und Erwachsenwerden« (ebd., S. 159), vielmehr stehen mit ihr fundamentale Norm- und Wertorientierungen der sich formierenden bürgerlichen Gesellschaft und die Positionen, die die Kunst dabei einnehmen soll, zur Debatte – und das ist *der* moderne Stoff, dessen Erschließung für die Novelle vor allem Tieck (und sehr viel weniger Goethes *Unterhaltungen deutscher Ausgewanderten*) zuzurechnen ist. Das Verfehlen der Zielposition kann hier nun das Scheitern der (bürgerlichen) Initiation in Wahnsinn und/oder Tod bedeuten; zugleich aber auch die potentielle und implizite (Anti-)Initiation in Kunst und Poesie. Die gegenbürgerliche Welt ist also einerseits gefährlich, weil sie vor allem mit ihrer entgrenzenden Erotik die Autonomie des Protagonisten massiv bis hin zum Selbstverlust bedroht, sie ist andererseits aber auch der exklusive Raum für die ungehinderte Entfaltung einer freien ästhetischen Kreativität, einer »künstlichen Produktivität«, die sich von der

Verpflichtung auf natürliche Fortpflanzung losgelöst hat (Hoffmann 1986, S. 160). Tiecks romantische Initiationsnovellen sind somit allesamt auch komplexe »kunstreflexive Symbolgeschichten« (ebd., S. 158), in denen Anthropologie und Poetik eine untrennbare Verbindung eingehen und in denen die neue, anthropologische Fundierung der Novellenpoetik reflektiert wird.

Die postromantische Novellenpoetik: Die Novelle als literarische Leitgattung der Biedermeierzeit

Der bereits von der Goethezeit in Theorie und literarischer Praxis eingeleitete epochale gattungsgeschichtliche Wandel erfährt ab ca. 1820 einen regelrechten Schub, der die Erzählprosa zur quantitativ wie qualitativ führenden Gattung macht. Zumal die Novelle avanciert zur Leitgattung jener als ›Biedermeier‹ bzw. ›Vormärz‹ benannten Epoche zwischen Goethezeit und Realismus (ca. 1820–1850; vgl. Schröder 1970, Lukas 1998). Tiecks zweite, nach 1820 einsetzende Produktionsphase, in der er sich ausschließlich der Prosa widmet, steht repräsentativ für diese epochale Umstrukturierung des Gattungssystems – was nicht ausschließt, daß sie zusätzlich auch individuell-biographisch motiviert sein mag. Tieck ist jedenfalls der unbestrittene Protagonist jener sogenannten ›biedermeierlichen Novellenwende‹, die er mit herbeischreibt und die eine doppelte ›Wende‹ bedeutet: zum einen die Abkehr von anderen literarischen Gattungen bzw. Schreibweisen (Lyrik, Dramatik) zugunsten der Prosa, und zum anderen innerhalb der Novellenproduktion die Abkehr vom romantischen und phantastischen Erzählen zugunsten von neuen, mimetischeren Schreibweisen, die, wenngleich sie noch nicht als ›realistisch‹ im engeren historischen Sinne des ›Bürgerlichen‹ bzw. Poetischen Realismus‹ bezeichnet werden können, einen neuen Typ des Erzählens begründen, indem sie jene Alltagsrealität darstellen, die der goethezeitlichen Ästhetik als nicht literaturwürdig galt (Schröder 1970, S. 152; Hagestedt 1997, S. 38f.):

> Endlich ein Mann, selbst einst der thätigste, der gefeiertste jener romantischen Lyriker, L. Tieck, dichtet Novellen, in denen das baare Leben unserer Häuser und Straßen vorkommt, wo unsere Handwerker und unsere Titulirten, unsere Gelehrten und unsere Künstler auf ebenem Boden gehen, reiten, Treppen steigen, – Novellen, in denen unsere täglichen Interessen, selbst die von Capitalien, eine Rolle spielen, und Witz und Verstand eben so viel Rechte haben, wie sonst in seinen Dichtungen die grüne Natur und die katholische Phantasie. (Alexis 1830, S. VIII)

Weniger die angebliche Vorliebe der Epoche zur ›kleinen Form‹ als vielmehr dieser emphatische Bezug zur Alltagswelt begründen die inflationäre Mode der Novellen bis hin zum gattungsterminologischen Phänomen, daß voluminöse

Romane, die unzweifelhaft dem Typ des (transformierten) Bildungsromans angehören, in den 1830er Jahren mit der Gattungsbezeichnung »Novelle« publiziert werden (Meyer 1987 und 1998). Auch Tieck kann sich dieser Mode, wiewohl er ihr kritisch gegenüber steht, nicht ganz entziehen (s. u.). Er gilt den Zeitgenossen als der »neue Urheber dieser Gattung« (Mundt 1970a, S. 64), die er zugleich zu ihrer Vollendung geführt hat, und er wird in eine paradigmatische Reihe mit den normativen Mustern Boccaccio und Cervantes gestellt. Die Programmatik des frühen Realismus nach 1850 wird Tieck dann – literarhistorisch korrekt – als Phänomen des Übergangs zwischen Romantik und Realismus einordnen:

> [Die Tieck'schen Novellen] sind nach langen Irrwegen wieder die trostreichen Anfänge und Vorläufer der kommenden historischen Poesie, insofern unter historischer Poesie überhaupt die Poesie der Wirklichkeit zu verstehen ist. (Hettner 1975, S. 364)

Die goethezeitliche Ästhetik wandte die konstitutiven Kategorien ›Poesie‹ vs. ›Prosa‹ auf einer doppelten Ebene – der *Sprachformen* und der *Lebensformen* – an und stellte zwischen beiden tendenziell eine notwendige Beziehung her (Titzmann 1978, S. 80–86). Die Literatur, typischerweise etwa der Bildungsroman, klammerte dementsprechend die ›prosaischen‹ Aspekte der menschlichen Existenz wie z.B. deren ökonomische Bedingungen (Gelderwerb) in der Regel als nicht poesie- und literaturwürdig aus. Mit der Aufwertung des ›Prosaischen‹ löst sich dieser traditionelle ästhetische Code allmählich auf. Das bekannte geschichtsphilosophische Theorem, das den Roman als »modern[e] *bürgerlich[e]* Epopöe« (Hegel 1986, 15, S. 392, Hervorh. i. O.), als Gattung des neuen ›prosaischen‹ bürgerlichen Zeitalters legitimiert, wird weiter radikalisiert und spezifiziert. Roman und zumal die Novelle als exemplarisch ›prosaische‹ Gattungen legitimieren sich nun durch die privilegierte Verbindung mit dem bislang als prosaisch klassifizierten Objektbereich: Nicht mehr die ›poetische‹ Lebensform, d. i. die zweckfreie, nicht den ökonomischen Sorgen des Alltags unterworfene Existenz, sondern das ›prosaische‹ und gemeine, häßliche Alltagsleben steht nun im Mittelpunkt der novellistischen Literatur und muß nicht mehr erst transzendiert bzw., um mit Novalis zu sprechen, »romantisirt« werden (Novalis 1977, S. 545).

Was speziell die Novelle zu ihrem ihr zugeordneten Stoffbereich, den »Bedingungen unsers Lebens und der Zustände desselben« (S 11, S. 88), prädisponiert, ist die Tatsache, daß sie als die am wenigsten normierte Gattung privilegiert neue Realitätsbereiche und Thematiken integrieren kann. Sie ist, in den Worten des Erzählers in Mundts Roman *Moderne Lebenswirren. Briefe und Abenteuer eines Salzschreibers* (1834), diejenige »poetische Kunstform«, die »am meisten in der Richtung der Zeit begründet liege«, denn sie ist »biegsamer, weil sie unbegränzter ist, und mit einer großen Keckheit der Darstellung in alle Gebiete des innern und äußern Lebens übergreifen kann« (Mundt 1970b, S. 70). Tiecks Übergangsposition zwischen goethezeitlich-romantischer und realistischer Poetik wird durch die Tatsache bezeichnet, daß er zwar eine Erweiterung des Poetischen durch partielle Umcodierung des Prosaischen zum Poetischen vornimmt, daß jedoch insgesamt die Dominanz einer ästhetischen Position als solcher gewahrt bleibt (Köster 1984, S. 66–68). Programmatisch läßt Tieck diese Position auch am Ende seines späten Bildungsromans *Der junge Tischlermeister* formulieren, der 1836 in zwei Bänden als »Novelle« erscheint:

> Recht hübsch, sagte Emmrich; viele Leute würden aber glauben, daß das, was Sie eben gesagt haben, aller Poesie geradezu entgegen strebe, und diese durchaus vernichten müsse. Poesie! rief Dorothea; ei, so müßten denn auch einmal Dichter kommen, die uns zeigten, daß auch alles dies unter gewissen Bedingungen poetisch seyn könnte. (S 28, S. 466)

Der »Wendepunkt« und das Problem des ›Wunderbaren‹

Während es in der Goethezeit, von einigen aphoristischen Äußerungen Schlegels abgesehen, so gut wie keine Versuche einer Theorie bzw. Poetik der Novelle gibt, wird die Konjunktur der Novelle zwischen 1820–1850 von einer umfangreichen und vielgestaltigen Theorieproduktion begleitet, die sich um eine Definition der Gattung und um die Formulierung kritischer und in der Regel normativer Kriterien bemüht – was zweifellos als Indiz für die Konstitutionsphase der Gattung zu werten ist. Allerdings kann – und will – keiner dieser meist verstreut in kurzen Vorwörtern, Rezensionen, Essays oder Gesprächsnotizen (vgl. Goethe-Eckermann) formulierten Ansätze Anspruch auf eine konsistente ›Theorie‹ der Novelle erheben. Dies gilt auch für Tiecks eigene theoretische Äußerungen, die sämtlich als Vorwörter zu (eigenen und fremden) Publikationen erschienen sind und deren wichtigste eine Passage aus dem umfangreichen »Vorbericht« zu Band 11 seiner *Schriften* (1829) ist. Der Band enthält Dramen und ein Singspiel; lediglich die letzten sechs der insgesamt neunzig Seiten des Vorberichts gehen auf die Novelle ein. Weitere knappe Äußerungen finden sich im »Vorwort« zu *Der junge Tischlermeister* (S 28, S. 5–7), in »Zur Geschichte der Novelle«, einem Vorwort zum *Novellenbuch* Karl Eduard von Bülows (KS 2, S. 375–388), und im »Vorwort« zu den von Tieck herausgegebenen *Gesammelten Novellen* von Franz Berthold [i. e. Adelheid Reinbold] (ebd., S. 397–400).

Die Öffnung der Novelle für die gegenwärtige »Prosa der Verhältnisse« (Hegel 1986, 15, S. 393) konzipiert Tieck hier nun nicht in jungdeutscher Manier als eine prinzipielle Modernisierung der Literatur. Vielmehr legitimiert er sie mit einem Blick auf die Gattungsgeschichte, in der die Novelle immer schon eine Textsorte mit hoher Affinität zu den jeweils zeitgenössischen Stoffen war – eine Tradition, in die sich die gegenwärtige Novelle bruchlos eingliedern kann:

> Aber alle Stände, alle Verhältnisse der neuen Zeit, ihre Bedingungen und Eigenthümlichkeiten sind dem klaren dichterischen Auge gewiß nicht minder zur Poesie und edlen Darstellung geeignet, als es dem Cervantes seine Zeit und Umgebung war, und es ist wohl nur Verwöhnung einiger vorzüglichen Critiker, in der Zeit selbst einen unbedingten Gegensatz vom Poetischen und Unpoetischen anzunehmen. Gewinnt jene Vorzeit für uns an romantischem Interesse, so können wir dagegen die Bedingungen unsers Lebens und der Zustände desselben um so klarer erfassen. (S 11, S. LXXXVII)

Daran schließen sich Beobachtungen zur Mode der Gattungsbezeichnung an, die auf den doppelten – italienischen (< *novella* = »Neuigkeit«) und englischen (< *novel* = »Roman«) – etymologischen Ursprung eingehen, der den Zeitgenossen präsent und Ursache für die terminologischen Unklarheiten ist. Tieck hält am Anspruch fest, die Novelle als eigenständige und spezifische Gattung zu definieren und von anderen Gattungen abzugrenzen:

> Boccaz, Cervantes und Göthe sind die Muster in dieser Gattung geblieben, und wir sollten billig nach den Vorbildern, die in dieser Art für vollendet gelten können, das Wort Novelle nicht mit Begebenheit, Geschichte, Erzählung, Vorfall, oder gar Anecdote als gleichbedeutend brauchen. [...] Eine Begebenheit sollte anders vorgetragen werden, als eine Erzählung; diese sich von Geschichte unterscheiden, und die Novelle nach jenen Mustern sich dadurch aus allen anderen Aufgaben hervorheben, daß sie einen großen oder kleinern Vorfall in's hellste Licht stelle, der, so leicht er sich ereignen kann, doch wunderbar, vielleicht einzig ist. Diese Wendung der Geschichte, dieser Punkt, von welchem aus sie sich unerwartet völlig umkehrt, und doch natürlich, dem Charakter und den Umständen angemessen, die Folge entwickelt, wird sich der Phantasie des Lesers um so fester einprägen, als die Sache, selbst im Wunderbaren, unter andern Umständen wieder alltäglich sein könnte. So erfahren wir es im Leben selbst, so sind die Begebenheiten, die uns von Bekannten aus ihrer Erfahrung mitgetheilt, den tiefsten und bleibendsten Eindruck machen. (Ebd., S. LXXXVf.)

Die »ächte Novelle« kennzeichnet also, daß sie »immer jenen sonderbaren auffallenden Wendepunkt haben [wird], der sie von allen andern Gattungen der Erzählung unterscheidet« (ebd., S. LXXXVII). Mit dem »Wendepunkt« ist dabei nicht ein beliebiges überraschendes Ereignis gemeint, sondern eines, in dem das Alltägliche mit dem Wunderbaren und somit analog das Prosaische mit dem Poetischen zusammenfällt; er ist somit auch nicht als Ausdruck moderner Kontingenzerfahrung mißzuverstehen (vgl. die spätere Uminterpretation bei Hettner [1850] 1975, S. 365). Anhand von Musterbeispielen aus Goethes *Unterhaltungen deutscher Ausgewanderten* definiert Tieck den »Wendepunkt« als »ein[en] solche[n] alltägliche[n] und doch wunderbare[n] Vorfall« und verortet ihn literarhistorisch – mit bezeichnendem Rekurs auf den klassischen Goethe – als Spezifikum einer postromantischen Gattung, in der das ›Wunderbare‹ nicht mehr im Gegensatz zum ›Alltäglichen‹ steht, sondern just durch dieses gestiftet wird. Damit berührt sich Tiecks »Wendepunkt« schließlich auch mit Goethes Begriff der ›unerhörten Begebenheit‹, den dieser zeitgleich in dem bekannten Gespräch mit Eckermann prägt.

In Anknüpfung an die grundlegende anthropologische Neubestimmung der (erzählenden) Literatur um 1800 soll auch die moderne, nunmehr postromantische Novelle abweichende menschliche Schicksale und Begebenheiten erzählen, allerdings in deutlicher Abgrenzung von Roman und Tragödie, was sowohl stofflich als auch wirkungsästhetisch begründet wird. Wo die Tragödie exzeptionelle Schicksale inszeniert und extreme Emotionen wie »Mitleid, Furcht, Leidenschaft und Begeisterung« auslöst, wo der Roman »als Tragödie des Familienlebens und der neuesten Zeit« und somit gleichsam als ihr moderner Nachfolger den Leser »in die Labyrinthe des Herzens« führt – Tieck führt als paradigmatisches Beispiel Goethes *Die Wahlverwandtschaften* an –, da soll die Novelle gewissermaßen auf einem mittleren Niveau operieren und das spezifisch »Menschliche« in Leidenschaften und Torheiten des alltäglichen Lebens aufdecken, »den Wahnsinn der Leidenschaft verspotten« wie eine Komödie und »im Verwerflichen eine höhere ausgleichende Wahrheit« erkennen lassen. Die Novelle führt den Leser nicht zur Identifikation mit der Figur, läßt vielmehr eine »unpartheiische« Distanz bestehen, die Beobachtung und zugleich Verstehen ermöglicht (S 11, S. LXXXIXf.).

Daraus leitet Tieck schließlich auch eine spezifische moralische Lizenz für die Novelle ab, der »Seltsamkeiten unpartheiisch und ohne Bitterkeit darzustellen [vergönnt ist], die nicht mit dem moralischen Sinn, mit Convenienz oder Sitte unmittelbar in Harmonie stehn« (ebd.). Tieck wird dieses Merkmal auch im Vorwort zu *Der junge Tischlermeister* explizit rechtfertigen, in dem immerhin der Ehebruch des Helden erzählt und legitimiert wird (S 28, S. 7). Dabei hat die inhaltliche und formale Öffnung der Novelle durchaus ihre Grenzen: Sie liegen einerseits im deutlich »Unsittlichen« der dann auch ästhetisch minderwertigen Nachahmer Boccaccios, zum anderen aber im Bereich des »Häßlichen«, wie sich in »Zur Geschichte der Novelle« mit Blick auf Frankreichs »neueste Romanciers« zeigt:

> Junge Männer von großem Talent haben recht eigentlich das Unschöne, Häßliche, Greuelvolle und Unmenschliche sich zur Aufgabe ihrer Dichtungen gemacht. [...] Diese Lust am Scheußlichen, den körperlichen Martern, einer mehr als feigen Todesangst inmitten der furchtbaren Grausamkeit, alles dies, indem es gefällt und hinreißt und immer wieder Nachahmer entzündet, erscheint als ein sehr bedenkliches Krankheitssymptom [...]. (KS 2, S. 384f.)

Festzuhalten ist der vortheoretische Status dieser poetologischen Ausführungen, die keineswegs eine konsistente Theorie der Novelle bieten. Auch wenn sich die Forschung darüber bereits seit längerem weitgehend einig ist (Pohlheim 1965), gilt Tieck als einer der Klassiker der Novellentheorie. Vor allem sein Konzept des ›Wendepunktes‹ wird nach wie vor – neben Goethes ›unerhörtem Ereignis‹ und Heyses ›Falken‹ – für die Charakteristik der Gattung ernst genommen, und immer wieder gibt es Applikationsversuche, die die Brauchbarkeit der Theorie an der poetischen Praxis überprüfen wollen (Rath 2008; Klussmann 1981). Übersehen wird dabei bis auf wenige Ausnahmen (Paulin 1985, S. 90–107; Aust 2006, Stockinger 2010, v. a. S. 113–122) in den meisten Fällen der argumentative Kontext, in dem die Äußerungen formuliert sind. Das gilt zunächst einmal für die *pragmatische Perspektive*, die den gesamten »Vorbericht« und noch deutlicher die Argumentation in *Zur Geschichte der Novelle* kennzeichnet und die sehr viel stärker am Begriffs*gebrauch* als an substantiellen Bestimmungen interessiert ist:

> Boccaz, Cervantes und Göthe sind die Muster in dieser Gattung geblieben, und wir *sollten billig* nach den Vorbildern, die in dieser Art für vollendet gelten können, das Wort Novelle nicht mit Begebenheit, Geschichte, Erzählung, Vorfall, oder gar Anecdote als gleichbedeutend *brauchen*. (S 11, S. LXXXV; Hervorh. W. L./M. P.)

Die Gattungsdefinition ist mithin zu einem guten Teil den Konventionen und Modeerscheinungen des Literaturbetriebs unterworfen. An ihnen orientiert sich Tieck, auch zu seiner eigenen Rechtfertigung, wenn er seine Ausführungen mit den Worten schließt, er »habe hiermit nur andeuten wollen, warum [er] im Gegensatz früherer Erzählungen verschiedene [s]einer neueren Arbeiten Novellen genannt habe« (ebd., S. LXXXV). Auffällig aber sind außerdem gehäuft auftretende, vorsichtig abwägende, konjunktivische oder einschränkende Formulierungen wie »gewiß nicht minder«, »sehr oft«, »wohl«, die den definitorischen Gestus immer wieder unterwandern. Als eine zuverlässige Urteilsinstanz, die dauerhafte, vom je historischen Gebrauch weitgehend unabhängige Gattungsnormen formulieren kann, zeigt sich Tieck hier also nicht – auch wenn sein Interesse an einer solchen grundlegenden Klassifikation erkennbar bleibt. Diese *Unentschiedenheit* zwischen *pragmatischer* und *normativer Perspektive* führt zum Teil zu Leerformeln und ›schiefer‹ Logik: Das gilt für die Binnengliederung der Prosaformen »Begebenheit, Geschichte, Erzählung, Vorfall, oder gar Anecdote« (ebd., S. LXXXV), die allesamt nur *ex negativo* dadurch bestimmt werden, daß sie *keine* Novelle sind; und das gilt für die Novelle selbst, die im Rahmen der oben skizzierten Standpunktmetaphorik zur Unterscheidung von Tragödie und Roman ›ortlos‹ bleiben muß. Labil sind diese Definitionen aber auch, weil Tieck selbst fast gänzlich auf eine – über die bloße Benennung seiner eigenen Werke hinausgehende – Applikation verzichtet und andernorts die Gattungsbezeichnung wieder zu einem leeren Begriff herabstuft, der, wie in *Zur Geschichte der Novelle*, seinen Inhalt erst durch eine Kette von Beispieltexten erhält:

> Ist also die Freude an Novellen so allgemein, wie man dessen geständig ist, so muß es den gebildeten Freunden der Novellenliteratur erwünscht sein, wenn ein Kenner und Freund dieser Gattung der Poesie ihnen das Charakteristische und Merkwürdige der Italiener, Spanier, Franzosen und hie und da der Engländer und unbeachteter Deutschen vorführt. (KS 2, S. 388)

Oder aber es wird bereits die Klassifikationsbemühung an sich, wie in *Das Zauberschloß*, auf witzige Weise ad absurdum geführt:

> Es ist nur eine kurze, nicht viel bedeutende Novelle, ein Titel, der jetzt für alles mögliche beliebt wird. [...] Es rührt, was ich mittheile, von jenem Verfasser her, von dem schon manche Erzählungen bekannt geworden sind. Er scheint sich bei dem Titel *Novelle* etwas Bestimmtes, Eigenthümliches zu denken, welches diese Dichtungen charakterisiren und von allen anderen erzählenden scharf absondern soll. Doch es ist nicht mein Beruf, ihn zu kommentiren, ich theile Ihnen die Geschichte selber mit, die überdies für eine wahre Anecdote ausgegeben wird. (S 21, S. 225f.; Hervorh. i. O.)

Schlußendlich erfahren die Bestimmungen der Novelle eine Überformung auch durch das romantische Erbe, das sie prägt. Denn dort liegt die Herkunft sowohl der Kategorien, die für die Definition in den Mittelpunkt gestellt werden (»Wunderbare[s]«, »Phantasie«, »Leben«; S 11, S. LXXXVI u. ö., »Schicksal«; S 11, S. LXXXVIII, »Unauflösbares«, »Dichtkunst«; S 11, S. LXXXIX), als auch der charakteristischen Darstellungsformen (»[b]izarr, eigensinnig, phantastisch, leicht witzig, geschwätzig«; S 11, S. LXXXVII). Die Prinzipien von Entgegensetzung (vor allem ›Wunderbares‹ vs. ›Alltägliches‹) und Vermittlung (»die Widersprüche des Lebens lösen«; ebd., S. XC) sind ebenfalls Basisprämissen der romantischen Ironie- und Fragmentästhetik. Auf sie greift Tieck in seinen Überlegungen zur Novelle wiederum zurück und entwirft so weitere Varianten poetischer Vermittlungsarbeit, die für die Romantik von Anfang an im Mittelpunkt gestanden hat: mit dem »Wendepunkt« im Modell des plötzlichen, »völlig unerwartet[en]« (ebd., S. LXXXVI) Umschlagens vom »Alltäglichen« ins »Wunderbare«, mit den Überlegungen zum Status der Novelle zwischen Tragödie und Roman, mit dem Entwurf eines »Standpunktes« mit »lichter gewordene[m] Blick« (ebd., S. XC), von dem aus Widersprüche, Zufälliges oder Extremes moderierend bearbeitet werden können.

Auch das genuin romantische Projekt der Gattungsmischung behält seine Gültigkeit: Die frühromantische Kombination von Gattungsbezeichnungen in Werktiteln (z. B. *Das Ungeheuer und der verzauberte Wald. Ein musikalisches Märchen in vier Aufzügen*) setzt sich nun in der Mischung von epischen, lyrischen und dramatischen Formen fort (etwa in der als »Novelle« deklarierten Dialogerzählung *Der Wassermensch* oder in der Versnovelle *Die Glocke von Aragon*) und wird gerade im Spätwerk noch einmal so weit vorangetrieben, daß, wie es im »Epilog« zu *Die Vogelscheuche* heißt, »[w]eder die Regel des Aristoteles, noch irgend eine bis jetzt bekannt gewordene Regel [...] auf eine Novellen-phantastische Komödie [paßt]« (S 27, S. 356). Damit wird deutlich, daß Tieck auch weiterhin auf ein Konzept von ›Poesie‹ und ›Literatur‹ baut, das die systematische Unterscheidung von Gattungen nicht braucht und für das solche Definitionen wie diejenige der Novelle höchstens von punktueller, vor allem aber von nur äußerst prekärer Relevanz sind.

Begleitend zu dieser konservativen, weil Basisprämissen romantischer Ästhetik beibehaltenden theoretischen Position inszeniert Tieck in seinen spätromantischen Novellen seinen »Abschied von der Romantik« (Lukas 2001; siehe den Beitrag *Späte Prosa* in Kap. 4). Das geschieht hauptsächlich in der Auseinandersetzung mit dem ›Wunderbaren‹, die fiktionsimmanent auf Figurenebene geführt wird und einen metapoetischen Diskurs konstituiert, der sich als eine Art roter Faden durch die Dresdner Novellen hindurchzieht, wie nicht wenige Titel bereits signalisieren (u. a. *Das Zauberschloß, Die Wundersüchtigen, Wunderlichkeiten, Der Mondsüchtige, Die Klausenburg. Eine Gespenstergeschichte*). Die Tieckschen Novellen der Dresdner Zeit sind somit allesamt auch ›Metatexte‹ (Wünsch 2002), die einen impliziten Dialog mit der Romantik führen und dergestalt stets ihre eigene literarhistorische Position als postromantische Literatur thematisieren (siehe den Beitrag *Tiecks Epochalität* in Kap. 1). Sie greifen dabei auf frühromantische Motivkomplexe und Erzählstrukturen zurück, um diese gleichzeitig entscheidend zu transformieren und sich dabei nachsichtig und heiter von ihnen zu distanzieren. *Das alte Buch und die Reise in's Blaue hinein* und *Waldeinsamkeit* nutzen noch einmal das Modell der frühromantischen Initiationsnovelle; die »Waldeinsamkeit« – in *Der blonde Eckbert* Signum des romantisch ›Wunderbaren‹ – ist hier zum notwendigen Ort der Korrektur eben dieser Romantik geworden und verwandelt den tatenarmen und verträumten ›Jüngling‹ am Ende in den gesellschaftlich integrierten bürgerlichen ›Mann‹. *Das alte Buch* rückt die Venuskult-Novelle in die historische Ferne des Mittelalters und bettet diese in eine Textüberlieferungsgeschichte ein, die zugleich den gattungsgeschichtlichen Prozeß der »Emancipation der Prosa« abbildet: Aus den Versen des Ursprungstextes wird ein moderner, von seinen Überarbeitern reichlich kommentierter Prosatext, der in selbstreflexiver Volte auch die Genese Tieckscher Texte thematisieren kann. In *Des Lebens Überfluß* distanziert sich die Erzählinstanz mit freundlicher Ironie von ihren romantischen Figuren, deren wunderbare Rettung erweist sich nunmehr als eine Kette rekonstruierbarer Zufälligkeiten. Auch in *Das Zauberschloß* geschieht eine solche Rettung der Tochter vor einer nicht gewollten Ehe durch die Interventionen eines ›witzigen‹ Vaters: Er übernimmt die ›romantische‹ Entführung der Braut, zu der sich sein Sohn nicht aufraffen kann, und reinszeniert damit auch die vorher ausführlich erzählten Spukgeschichten, die sich um das Zauberschloß ranken. Das wird am Ende zwar entzaubert – »Alles trug sich [...] so zu, wie in der übrigen Welt« (S 21, S. 286) –, zugleich aber kommt ein Paar glücklich zusammen und bleiben Liebe und mit ihr ›Poesie‹ relevante Werte.

Literatur

Alexis 1830: Alexis, Willibald: Gesammelte Novellen in vier Bänden, Bd. 1, Berlin 1830.
Aust 2006: Aust, Hugo: Novelle, 4., aktualisierte und erweiterte Auflage, Stuttgart 2006 (¹1990).
Böhme 1981: Böhme, Hartmut: Romantische Adoleszenzkrisen. Zur Psychodynamik der Venuskult-Novellen von Tieck, Eichendorff und E. T. A. Hoffmann. In: Literatur und Psychoanalyse, hg. von Klaus Bohnen, München 1981, S. 133–176.
Hagestedt 1997: Hagestedt, Lutz: Ähnlichkeit und Differenz. Aspekte der Realitätskonzeption in Ludwig Tiecks späten Romanen und Novellen, München 1997.
Hegel 1986: Hegel, Georg Friedrich Wilhelm: Vorlesungen über die Ästhetik. In: ders.: Werke in 20 Bänden. Auf der Grundlage der Werke von 1832–1845 neu edierte Ausgabe, Bd. 13–15, hg. von Eva Moldenhauer und Karl Markus Michel, Frankfurt a. M. 1986.
Heine 1971: Heine, Heinrich: Die Romantische Schule. In: ders.: Sämtliche Schriften, Bd. 3, hg. von Karl Pörnbacher, Frankfurt a. M. 1971, S. 357–504.
Hettner 1975: Hettner, Hermann: Die romantische Schule in ihrem inneren Zusammenhange mit Göthe und Schiller [1850]. In: Realismus und Gründerzeit. Manifeste und Dokumente zur deutschen Literatur 1848–1880, Bd. 2: Manifeste und Dokumente, hg. von Max Bucher, Werner Hahl, Georg Jäger und Reinhard Wittmann, Stuttgart 1975, S. 364–366.
Hoffmann 1986: Hoffmann, Volker: Künstliche Zeugung und Zeugung von Kunst im Erzählwerk Achim von Arnims. In: Aurora 46 (1986), S. 158–167.
Klussmann 1981: Klussmann, Paul Gerhard: Ludwig Tieck. In: Handbuch der deutschen Erzählung, hg. von Karl Konrad Pohlheim, Düsseldorf 1981, S. 130–144.
Köster 1984: Köster, Udo: Literatur und Gesellschaft in Deutschland 1830–1848. Die Dichtung am Ende der Kunstperiode, Stuttgart/u. a. 1984.
Košenina 2008: Košenina, Alexander: Literarische Anthropologie. Die Neuentdeckung des Menschen, Berlin 2008.
Lukas 1998: Lukas, Wolfgang: Novelle. In: Hansers Sozialgeschichte der deutschen Literatur, Bd. 5: Zwischen Revolution und Restauration. 1815–1848, hg. von Gert Sautermeister und Ulrich Schmid, München 1998, S. 251–280, 643–648.
Lukas 2001: Lukas, Wolfgang: ›Abschied von der Romantik‹. Inszenierungen des Epochenwandels bei Tieck, Eichendorff und Büchner. In: Recherches germaniques 31 (2001), S. 49–83.
Meyer 1987: Meyer, Reinhart: Novelle und Journal, Bd. 1: Titel und Normen. Untersuchungen zur Terminologie der Journalprosa, zu ihren Tendenzen, Verhältnissen und Bedingungen, Wiesbaden 1987.
Meyer 1998: Meyer, Reinhart: Novelle/Journal. In: Hansers Sozialgeschichte der deutschen Literatur, Bd. 5: Zwischen Revolution und Restauration. 1815–1848, hg. von Gert Sautermeister und Ulrich Schmid, München 1998, S. 234–250, 641–643.
Mundt 1837: Mundt, Theodor: Die Kunst der deutschen Prosa. Aesthetisch, literargeschichtlich, gesellschaftlich, Berlin 1837 (Reprint mit einem Nachwort von Hans Düvel, Göttingen 1969).

Mundt 1970a: Mundt, Theodor: Zur Geschichte und Kritik der Novellen-Poesie [1828]. In: Theorie und Kritik der deutschen Novelle von Wieland bis Musil, hg. von Karl Konrad Polheim, Tübingen 1970, S. 64–65.

Mundt 1970b: Mundt, Theodor: Moderne Lebenswirren. Briefe eines Salzschreibers [1834]. In: Theorie und Kritik der deutschen Novelle von Wieland bis Musil, hg. von Karl Konrad Polheim, Tübingen 1970, S. 69–71.

Novalis 1977: Novalis: Das philosophische Werk 1. In: ders.: Schriften. Die Werke Friedrich von Hardenbergs. Nach den Handschriften ergänzte, erweiterte und verbesserte Auflage, hg. von Paul Kluckhohn und Richard Samuel in Zusammenarbeit mit Hans-Joachim Mähl und Gerhard Schulz, Bd. 2, Stuttgart ³1977.

Paulin 1985: Paulin, Roger: The brief compass. The nineteenth-century German novella, Oxford 1985.

Pfotenhauer 1987: Pfotenhauer, Helmut: Literarische Anthropologie. Selbstbiographien und ihre Geschichte. Am Leitfaden des Leibes, Stuttgart 1987.

Pohlheim 1965: Pohlheim, Karl Konrad: Novellentheorie und Novellenforschung. Ein Forschungsbericht 1945–1964, Stuttgart 1965.

Rath 2008: Rath, Wolfgang: Die Novelle, Göttingen 2008.

Schings 1994: Schings, Hans-Jürgen (Hg.): Der ganze Mensch. Anthropologie und Literatur im 18. Jahrhundert, Stuttgart 1994.

Schröder 1970: Schröder, Rolf: Novelle und Novellentheorie in der frühen Biedermeierzeit, Tübingen 1970.

Stockinger 2010: Stockinger, Claudia: Das 19. Jahrhundert. Zeitalter des Realismus, Berlin 2010.

Titzmann 1978: Titzmann, Michael: Strukturwandel der philosophischen Ästhetik 1800–1880. Der Symbolbegriff als Paradigma, München 1978.

Titzmann 2002: Titzmann, Michael: Die »Bildungs«-/Initiationsgeschichte der Goethe-Zeit und das System der Altersklassen im anthropologischen Diskurs der Epoche. In: Wissen in Literatur im 19. Jahrhundert, hg. von Lutz Danneberg und Friedrich Vollhardt, Tübingen 2002, S. 7–64.

Wünsch 2002: Wünsch, Marianne: Struktur der ›dargestellten Welt‹ und narrativer Prozeß in erzählenden Metatexten des ›Biedermeier‹. In: Zwischen Goethezeit und Realismus. Wandel und Spezifik in der Phase des Biedermeier, hg. von Michael Titzmann, Tübingen 2002, S. 269–282.

Zelle 2001: Zelle, Carsten (Hg.): Vernünftige Ärzte. Hallesche Psychomediziner und die Anfänge der Anthropologie in der deutschsprachigen Frühaufklärung, Tübingen 2001.

Ironie bei Tieck und Solger

Markus Ophälders

Die Freundschaft Ludwig Tiecks zu dem sieben Jahre jüngeren und sehr viel früher verstorbenen Karl Wilhelm Ferdinand Solger ist nicht zuletzt darauf zurückzuführen, daß dieser ihn von seiner Abneigung gegenüber der philosophischen Reflexion abbrachte (siehe den Beitrag *Philosophie* in Kap. 2). Dies ist vor allem Solgers ästhetischer Theorie zuzuschreiben, welche in der Hauptsache auf den Begriffspaaren der Ironie und Begeisterung sowie der Allegorie und des Symbols aufgebaut ist und in der Tieck große Teile seines eigenen literarischen Schaffens hat wiedererkennen können (DKV 6, Kommentar, S. 1174f.; Köpke 2, S. 173f.). Vor allem dieser Umstand muß wohl Hegel dazu bewogen haben, in seiner langen Rezension der 1826 von Tieck besorgten *Nachgelassenen Schriften und Briefwechsel* Solgers eine klare Trennungslinie zu ziehen zwischen den ›Exzessen‹ des Herausgebers und den ernsthaften theoretischen Anstrengungen seines Kollegen und Rektors an der jungen Berliner Universität. Er weist jedoch bei beiden darauf hin, daß gerade die Ironie, im Gegensatz zu den Auffassungen des jungen Friedrich Schlegel, in ihren Schriften gar keine Rolle mehr spiele. Überall dort, wo man meint, sie antreffen zu müssen, schreibt Hegel, sei sie unauffindbar, weil sie nicht hieb- und stichfest auf den Begriff gebracht und systematisch verankert werden könne. So spricht er der Ironie denn auch implizit alle philosophische Berechtigung ab. Über Tieck etwa heißt es, nachdem vorher seine ›Anhänglichkeit‹ gegenüber der Ironie herausgestellt wurde:

> Er gibt ein paarmal (z. B. in der Novelle *Das Dichterleben*) eine mit wahrer Begeisterung geschriebene Schilderung von der Vortrefflichkeit des Dramas Shakespeares *Romeo und Julia*; hier, wo philosophische Erörterungen ohnehin nicht zu erwarten waren, konnte man hoffen, an einem Beispiel den Punkt bezeichnet zu finden, der die Ironie in dieser Liebe und ihrem herben Schicksale ausmache; aber man findet daselbst die Ironie nicht erwähnt, sowenig als sie sonst jemand dabei leicht einfallen wird. (Hegel 1986, 11, S. 260)

Auch Solger passiert es,

> in den spekulativen Expositionen der höchsten Idee [...] der Ironie *gar nicht zu erwähnen*, sie, welche mit der Begeisterung aufs innigste vereint, und in welchem

Tiefsten Kunst, Religion und Philosophie identisch seien. Gerade dort, hätte man geglaubt, müsse der Ort sein, wo man ins Klare gesetzt finden werde, was es denn mit dem vornehmen Geheimnisse, dem großen Unbekannten – der Ironie – für eine philosophische Bewandtnis habe. (Ebd., S. 259f.)

Dies mag nun freilich damit zusammenhängen, daß Hegel zweifelsohne das Organ dafür fehlte, um Ironie als objektives Strukturgesetz des Kunstwerks verstehen zu können (Bohrer 1989, S. 147); ihm fehlte das, was Heine das »Eidechsenohr« nannte (Heine 1972, S. 564), welches ebenso wach und aufmerksam demgegenüber ist, dem es lauscht und von dem es – ebenso schnell und scharfsinnig wie versunken in den Strudel der ironischen Umschläge – mitgerissen ist. Auch Kierkegaard urteilte, daß Hegel die Wahrheit der Ironie vollkommen übersehen habe (Kierkegaard 1976, S. 261f.), und schon Hotho hatte erkannt, daß ihm im Grunde die Instrumente fehlten, um sie zu verstehen (Hotho 2002, S. 394).

Diese negative Gemeinsamkeit Tiecks und Solgers in Hegels Wertung hat nun allerdings ihren tieferen Grund. Zwar ist es richtig, daß Solger mit seinen Ausführungen zum Begriff der Ironie zeitlebens unzufrieden blieb, doch darf nicht vergessen werden, daß gerade das, was Hegel nicht sah, für Tieck und Solger die Grundlage des künstlerischen Schaffens bildete: Ironie wird nicht nur als ein Ausdrucksmittel neben anderen verstanden, sondern als ein Strukturgesetz des Werkes selbst, und deshalb ist sie schon zugegen, wo immer künstlerische Tätigkeit beginnt. Mit der Romantik wird die künstlerische Sprache selbst – und das bedeutet die künstlerische Form – objektiv, und die kreative Tätigkeit, behauptet Solger, ist nicht nur die des Subjekts, sondern gleichzeitig die objektive Tätigkeit der Idee. Das Kunstwerk stellt eine objektive Totalität gerade deshalb dar, weil es in sich selbst reflektierte Form ist und nicht einfach nur Hülle für einen idealen Inhalt. Die reale Gegenständlichkeit des Idealen ist die Form des Werks, die »Einheit des Wesens und der Erscheinung in der Erscheinung, wenn sie zur Wahrnehmung kommt« (Solger 1971, S. 116), also nicht ein vorgeblicher Inhalt, der auf die philosophische Wahrheit zurückführbar und demnach im Hegelschen Sinne aufzuheben wäre. Die künstlerische Form, d.h. ihre Materialien, Sinnkonstellationen, allegorisch-symbolischen Verweisungsverhältnisse und ihre Ausdrucksmedien bilden den ironischen Gesamtzusammenhang. Hegel jedoch sucht die Ironie als Inhalt, um sie auf den philosophischen Begriff zu bringen, während Solger ihre ästhetisch wahrnehmbare Verfahrensweise bestimmen will und während Tieck versucht, ihre Abgründe, unendlichen Reflexionen und Spiegelungen, ihre Widersprüche und Umschläge auszudichten. Die von Hegel als »bewußtlose Ironie« (Hegel 1986, S. 259) bezeichnete Abwesenheit einer hinreichenden Klärung der Ironie schlägt um in ihre Allgegenwart, denn Ironie ist sowohl in den literarischen Schriften (den Dichtungen, Romanen und vor allem in den Dramen Tiecks) als auch in den ästhetischen, logischen und sogar in den metaphysischen und religionsphilosophischen Untersuchungen Solgers immer schon als grundlegende Reflexionsfigur vorausgesetzt. Der romantische Grundwiderspruch, Unendliches in der Kunst endlich darstellen zu wollen, verwandelt Ironie folglich in ein Verhalten und in ein Verhältnis zu sich und zur Welt, welches nicht einfach mehr Mittel oder Instrument der Darstellung bleibt, sondern selbst zu dieser Darstellung wird. Ironie zeigt Endliches so, »als sei es mehr denn endlich, ohne darum – in transzendenter Spekulation – zu der Erschleichung sich verführen zu lassen, das Absolute sei als solches positiv Ereignis geworden, wie es die Schlußverse des *Faust* und die Schlußkapitel der Hegelschen Hauptschriften feiern« (Frank 1989, S. 311). In der Welt muß man mit der Welt leben und nicht neben ihr oder gar über ihr; aus diesem Grund ist Ironie immer wieder und vielleicht gegen ihre eigene Tendenz dazu gezwungen, sich selbst zum Ausdruck zu bringen.

Auf welche Weise sind nun aber Ideales und Reales in der Ironie verschränkt? Einerseits stellt Solger fest: »Die Ironie hat die Welt vor sich, wie sie dem höchsten Bewußtsein erscheint, wenn dieses die Idee als wirklich auffaßt« (Solger 1829, S. 245). Andererseits aber »nehmen [wir] im Kunstwerke die Gegenwart der Idee zugleich als ein Nichtiges wahr« (ebd., S. 243f.).

> Dieser Augenblick des Überganges nun, in welchem die Idee selbst notwendig zunichte wird, muß der wahre Sitz der Kunst [...] sein. Hier also muß der Geist des Künstlers alle Richtungen in einen, alles überschauenden Blick zusammenfassen, und diesen über allem schwebenden, alles vernichtenden Blick nennen wir die Ironie. (Solger 1971, S. 387)

Wegen der Nichtigkeit dessen, was sie zerstört, müßte Ironie schweigen; doch ebendiese Nichtigkeit macht es notwendig, daß sie sich immer wieder von neuem zum Ausdruck bringt. In der Tat nämlich erlaubt es einzig die Nichtigkeit des Existierenden der Ironie, das Reich des Möglichen und Idealen auf die Art zu bedeuten, die Heraklit dem Herrn zuschreibt, der das Orakel in Delphi besitzt, der nämlich nichts sagt und nichts birgt, sondern lediglich andeutet (vgl. Heraklit 1903, Fragment 93, S. 79). Diese Konstellation erlaubt es denn auch, wie Peter Szondi dies tut, in Tiecks Komödien zwei grundlegende Faktoren der Ironie auszumachen, nämlich Vorläufigkeit und Selbstbewußtsein (Szondi 1978, S. 25). Vorläufigkeit ist eine der Grunderfahrungen der Romantik, und sie spiegelt sich nicht nur in Schlegels Konzept der progressiven Universalpoesie oder Schellings Reflexionen zum Problem der Zeit wider, wo Gegenwart definiert wird als »bloß relative[r] Indifferenzpunkt« (Schelling 1860b, S. 276). Weil Gegenwart im Grunde nie ist, enthüllt sie sich als eine Fuge zwischen Sein und Nichtsein (Frank 1989, S. 326). »Jedes Ding ist zeitlich, welches die vollkommene Möglichkeit seines Seins nicht in sich selbst, sondern in einem anderen hat« (Schelling 1860a, S. 45). »Zeitlich ist nämlich alles, dessen Wirklichkeit von dem Wesen übertroffen wird, oder in dessen Wesen mehr enthalten ist, als es der Wirklichkeit nach fassen kann« (Schelling 1857, S. 364). Diese wesentlich durch Zeit bestimmten Beziehungen zwischen Realem und Idealem, Endlichem und Unendlichem, Zeitlichem und Ewigem, Nichtsein und Sein beschreibt Solger dann in seinen *Philosophischen Gesprächen über Seyn, Nichtseyn und Erkennen* (Tieck-Solger 2, S. 200–262) als nie zu vereinende Spaltungen, deren jeweilige Verhältnisse sich durch eine nicht endende Unendlichkeit hindurch immer wieder von neuem konstituieren müssen. Die so entstehenden punktuellen, augenblickshaften Übergänge des Idealen ins Reale und des Realen ins Ideale bezeichnet er in *Erwin* und in den *Vorlesungen* als ironische Augenblicke, denen nicht nur die Vorläufigkeit anhaftet, sondern die in ihrem Wesen auch durch und durch hinfällig sind. Von Zeit durchdrungen und in diesem Sinne immer schon hinfällig ist nämlich alles, was »sobald es sich selbst gleich […], auch wieder sich selbst entgegengesetzt« ist (ebd., S. 236). Sobald sich etwas *realiter* als Sein oder Seiendes positiv setzt, setzt es sich nämlich gleichzeitig immer auch negativ als Nichtseiendes, als Nichtiges und hiervon kann auch und gerade das Ideale, weil es immer alles, was es ist, voll und ganz ist, nicht ausgenommen werden. Hinfälligkeit bezeichnet bei Solger keinen zeitlichen Ablauf, sondern die Substanz alles dessen, was wird; dadurch aber ist sie *ex negativo* auch wiederum Spur der Ewigkeit, denn Zeit und Hinfälligkeit sind die Wirklichkeit des Ewigen, das anders gar nicht gegeben sein könnte.

> Daher erscheint das Kunstwerk als etwas, um das es eigentlich nicht zu thun ist, als die Hülle eines inneren Geheimnisses, als die Erscheinung eines Wesens. Dies ist ein Kennzeichen der wahren Ironie; sobald wir hingegen merken, daß es dem Künstler nur um das Werk selbst zu thun war, befinden wir uns in der Sphäre des Interessanten. (Solger 1829, S. 243f.)

Vorläufig und hinfällig ist nämlich nicht nur die Realität, sondern auch das Ich und sein Werk; *ex negativo* ist aber gerade hieran auch wieder die Möglichkeit sowie die Notwendigkeit des Idealen abzulesen. »Damit hängt die Forderung zusammen, daß der Künstler immer über seinem Werke stehen muß, indem er das Bewußtsein hat, sein Kunstwerk sei etwas Göttliches, aber zugleich etwas Nichtiges. Wir müssen erkennen, es sei dem Künstler mit seinem Werke nicht *Ernst*« (ebd., S. 244).

Dem entspricht Tiecks kleines Lustspiel *Ein Prolog* aus dem Jahr 1796. Hier wird schon im Titel auf die Vorläufigkeit und die Nichtigkeit alles dessen, was vorgestellt wird, verwiesen: »Ein Stück wird *vor* dem Theater aufgeführt / Von uns, die wir als wahre Affen / Behaupten, alles sei nur geschaffen / Um zu einem künftigen Zwecke zu nutzen / Und darum verschleudern die Gegenwart« (S 13, S. 245). Ironie ist demnach klares Bewußtsein davon, daß das, was sie in ihrem Innersten begehrt, nicht existiert, aber gerade deshalb versucht sie immer wieder, Höchstes und Niedrigstes, wie nur Kunst es vermag, zusammenzubringen, denn »wer nicht den Mut hat, die Ideen selbst in ihrer ganzen Vergänglichkeit und Nichtigkeit aufzufassen, der ist wenigstens für die Kunst verloren« (Solger 1971, S. 388). Diese Negativität selbst der Idee dort, wo sie wirklich wird, ist nun aber gleichzeitig auch wieder *ex negativo* Garantie für die Möglichkeit einer idealen Dimension sowie ihrer Verwirklichung, und vor allem diese tragisch-dialektische Konstellation macht das innerste Wesen der Ironie aus. In ihrer größten Spannung stellt diese Konstellation sich folgendermaßen dar:

> Der Künstler muß die wirkliche Welt vernichten, nicht bloß in sofern sie Schein, sondern in sofern sie selbst Ausdruck der Idee ist. Diese Stimmung des Künstlers, wodurch er die wirkliche Welt als das Nichtige setzt, nennen wir die künstlerische *Ironie*. Kein Kunstwerk kann ohne diese Ironie entstehen, die mit der Begeisterung den Mittelpunkt der künstlerischen Thätigkeit ausmacht. Sie ist die Stimmung, wodurch wir bemerken, daß die Wirklichkeit Entfaltung der Idee, aber an und für sich nichtig ist und erst wieder Wahrheit wird, wenn sie sich in die Idee auflöst. (Solger 1829, S. 125)

Demgegenüber jedoch gilt ebensowohl: »Indem die Idee durch ihre zeitliche Gestalt vernichtet wird, [verklärt] auch das Zeitliche selbst sich zur Idee […]. Denn es ist ja für sie nur so da, wie es in der Phantasie ist, und eben daß diese es ewig und unvergänglich macht, das ist das Handeln und Wirken der Kunst« (Solger 1971, S. 367). Kunst wird hier in ganz eminenter Weise zu dem, was Adorno dann als die »Zufluchtsstätte der Metaphysik« (Adorno 1984, S. 510–513) bezeichnen wird – mit den hieraus erwachsenden Folgen nicht nur für die Kunst selbst und die Ästhetik, sondern auch für die philosophische und wissenschaftliche Reflexion. Das Kunstwerk ist demzufolge die Realität der Idee, es ist geradezu ihr Leib; ist aber der Leib der Idee »wirklich was ein Leib ist, so ist er auch sterblich, vielmehr sogar die Sterblichkeit selbst; denn die Idee ist alles ganz und vollständig« (Solger 1971, S. 366). Zwar ist demnach »der Untergang der Idee als Existenz […] ihre Offenbarung als Idee« (Solger 1829, S. 311), aber es handelt sich nicht um eine wie auch immer dauernde Gegenwart des Idealen. Das Ideale ist das an der zeitlichen Wirklichkeit, was immer wieder von neuem in jedem besonderen Punkt zur Selbstzerstörung der zeitlichen Wirklichkeit führt, weil sie sich in ihrer jeweiligen Existenz als nichtig erkennt. Diese Selbstaufhebung geschieht in der Ironie, welche alles Zeitliche und Endliche in eine solche Konstellation bringt, worin es sich als »positives Nichts« erkennt. Die Durchdringung des Realen und des Idealen im ironischen Moment kann nur augenblickshaft sein, sofort danach verschließt sich die Negativität alles dessen, was ist, wieder in sich; was bleibt, ist die Spur dieser Durchdringung. Solger bezeichnet das als die »Tragödie des Schönen«, denn »soll nun die Schönheit da statt finden, wo die Idee endlich und die Endlichkeit Idee geworden ist: so scheint uns freilich Beides in Eins zu fallen [...]. Dies kann aber nicht wirklich sein; folglich hebt sich die Kunst gerade da auf, wo sie entstehen soll« (ebd., S. 84).

Derartige Strukturen der Zeitlichkeit und ihre Tragik durchziehen schon den Roman *William Lovell* und sind ebenfalls in der ironisch-dialektischen Durchführung der Tieckschen Dramen wiederzuerkennen; aber in dieser Dramatik liegt zudem noch eine Leichtigkeit, die auf direktes Erleben und auf Reaktionsweisen zurückgeht, die sich gegenüber dem Erleben formen. Die Erfahrung des Vorläufigen und Hinfälligen, die Erkenntnis der Unmöglichkeit, Ewiges zeitlich dauerhaft darzustellen, hat sich in Tiecks Stil als höchstes Bewußtsein und als Ironie niedergeschlagen, die sich bis in die Materialität des poetischen Ausdrucksmediums, d.h. der Sprache, hinein erstrecken. Seine Lustspiele, wie die von Solger sehr hoch geschätzten *Fortunat* und *Der Blaubart*, aber auch *Der Gestiefelte Kater*, *Prinz Zerbino* oder *Die verkehrte Welt* sind nicht nur lustig; es durchzieht sie immer auch jener schwebende Hauch von Leichtigkeit und Tragik, der nicht einwandfrei in Strukturen erfaßbar, d.h. auch in der theoretischen Reflexion nicht fixierbar ist. Jene Leichtigkeit nun ist von der Tragik nicht nur nicht geschieden, sie geht vielmehr aus dieser Tragik selbst als einer Grunderfahrung hervor.

Um diese bei Tieck auszuloten, sei hier verwiesen auf sein wohl schwerwiegendstes ästhetisch-metaphysisches Erlebnis, das er Wackenroder in seinem Brief vom 12. Juni 1792 schildert. Er schreibt darin, daß er zehn Stunden lang zwei Freunden aus einem Buch vorgelesen habe, in welchem er alle seine Ideen und Ideale wiedergefunden hatte und das ihn am Ende um zwei Uhr nachts in einen Zustand der glücklichsten Begeisterung für alles Ideale und Schöne versetzt hatte. Nachdem er allein geblieben war und sich seiner Schwärmerei hingegeben hatte, passierte jedoch das Schreckliche. Wie bei einem Erdbeben versanken all diese schönen Empfindungen in ihm, schwarze Nacht und grause Totenstille machten sich breit, das Zimmer flog mit ihm »in eine fürchterliche schwarze Unendlichkeit hin, alle meine Ideen stießen gegeneinander, die große Schranke fiel donnernd ein«. Das Zimmer verwandelte sich in das Reich des Todes, »sobald ich die Augen zumachte, war mir als schwämme ich auf einem Strom, als löste sich mein Kopf ab und schwämme rückwärts, der Körper vorwärts. [...] Alle Schrecken des Todes und der Verwesung umgaben mich, alles Schöne war in mir erstorben«. Dann schließt er die Beschreibung mit den Worten: »[I]ch sollte mich doch schon daran gewöhnt haben alles zu verlieren, was mir in der Welt teuer ist, aber noch habe ich es nicht so weit bringen können, vielleicht kann ich es nie, und habe ich denn gewonnen, wenn ich es kann?« (Wackenroder 2, S. 47–50).

Dieses Erlebnis hat sowohl für seine Person als auch vor allem für sein Werk weitreichende Folgen gehabt. Zunächst einmal ist zu bemerken, daß sich der jähe Wechsel von der Selbstvergessenheit im Idealen zum realen Grauen der Todeserfahrung, die ihn um alles, sogar um sich selbst bringt, nicht nur in den schnellen Umschlägen seiner Dramatik, den ständig wechselnden Erfahrungsebenen seiner Prosa oder den schimmernden Übergängen seiner Lyrik widerspiegelt. Mehr noch läßt sich Tiecks Beschreibung seines Erlebnisses fast bruchlos parallel zu den tiefsten Definitionen der Ironie lesen, in denen Solger den höchsten Ausdruck des Lebens und die tiefste Todverfallenheit zusammendenkt. Die donnernd einfallende große Schranke zuletzt, welche das Ideale vom Realen gewaltsam trennt, ist denn auch der Punkt, an dem Ironie entsteht, jene Ironie, die Tieck zwar nicht immer theoretisch zu reflektieren im Stande war, die aber sein Werk in allen Teilen durchzieht – und sei es auch nur in der ganz allgemeinen Weise, daß dargestelltes Leiden schon die halbe Glückseligkeit ist. Bemerkenswert ist überdies, daß Tieck auf dieses Erlebnis mit Angst und Wut reagiert, also mit zwei gegenläufigen Reaktionsformen: Die Angst engt das Subjekt von einem nicht anzugebenden Punkt aus ein, die Wut bricht aus ihm aus. Deutlich wird hier – wie dann auch in seinen Dramen – das *principium individuationis* suspendiert. Das Hinfällige, Provisorische und das Zerrissene werden körperlich erfahren, und auch die mehr oder weniger resignierten Schlußworte verweisen auf eine ironische Distanzierung von sich selbst und von der Welt: Alles, selbst das eigene Leben, wird aus der Ferne betrachtet mit dem über allem schwebenden und alles vernichtenden Blick der Ironie. Zwar ist hier die Ironie noch Postulat, »die Form der Selbstbewältigung, die Tieck seinem Hang zu Stimmungen, seiner Art des Ausgeliefertseins an Erlebnismomente und der Neigung zum Expressiven wie ein Korrektiv entgegenstellt« (Strohschneider-Kohrs 1977, S. 140). Doch findet auch dieses tragisch-notwendige, ironisch distanzierte Verhältnis zu sich selbst als künstlerischem Bewußtsein bei Solger eine, wenn auch nur vereinzelt formulierte Entsprechung: Zugegeben ist »die Vorstellung eines instinctmäßigen Treibens [...] ganz unrichtig; der künstlerische Standpunkt ist ein Standpunkt der Einsicht, der verstandesmäßigen Erkenntnis« (Solger 1829, S. 190), doch der höchste Gipfel des Geistes ist der, »daß scheinbar trunkener Wahnsinn mit der klarsten Besonnenheit und dem mühsamsten Fleiße handelt« (Tieck-Solger 2, S. 427). Jedoch einzig durch die derart erlebte und erfahrene Tragik einer hinfälligen, provisorischen, immer schon gewesenen und nie realisierbaren Wirklichkeit hindurch kann ironisch Leichtigkeit entstehen. Noch 1815 schreibt Tieck an Solger, er habe *William Lovell*, der in vieler Hinsicht ein Erbe jener Erlebnisse aus dem Jahre 1792 ist, in einer Atmosphäre der Heiterkeit niedergeschrieben, und auch die Korrespondenz mit Ida von Lüttichau in seinen letzten Jahren trägt ähnliche Zeichen.

Diese Zerrissenheit und Zwiespältigkeit des romantischen Selbstbewußtseins darf jedoch nicht als rein nihilistisch mißverstanden werden, wie dies im Zuge der Hegelschen Kritik nur allzu häufig geschehen ist. Denn die Wurzeln dieser Grunderfahrung sind ebenso in der schwindenden Realität zu suchen, in deren Namen die Romantik bekämpft wurde, wie auch im jeweiligen Bewußtsein. Gerade Solger und Tieck ging es nicht einzig darum, die Endlichkeit, Hinfälligkeit, Inkonsequenz und Widersprüchlichkeit des Menschen in jener Epoche auszugestalten; die Dinge liegen vielmehr umgekehrt: Je mehr sie von der Existenz des Idealen überzeugt waren, desto tiefer versenkten sie ihre poetischen und philosophischen Reflexionen in die endliche Realität, weil sie es allein hier auffindbar glaubten. Dieser Grundwiderspruch und die Radikalität, mit der sie zusammen mit vielen ihrer Zeitgenossen die Frage nach einer Realisierbarkeit des Idealen stellten, schlugen sich in ihrer Konzeption der Ironie nieder, deren Grundstruktur nicht nur viele Gemeinsamkeiten mit Schlegels Auffassung aufzeigt, sondern auch stark dem entspricht, was Novalis als ›Romantisieren‹ und ›Potenzieren‹ im Versuch bezeichnete, ›poetisch‹ zu leben. Tieck nennt die Ironie »das Göttlich-Menschliche in der Poesie« (Köpke 2, S. 238), wodurch »sich das Sich-Offenbarende in die Endlichkeit des zerspaltenen menschlichen Selbstbewußtseins ausliefert und in demselben als Vernichtung des abstrakt Endlichen sich selbst (als das Offenbarende) zur Geltung bringt« (Frank 1990, S. 319).

An diesem Punkt nun stellt sich zuletzt noch die Frage nach der Tragik in Tiecks Komik bzw. nach der wahren und d.h. tragischen Ironie, wie sie Solger vor dem Hintergrund der Tragödie des Schönen gegenüber der »*falschen*, scheinbaren, gemeinen *Ironie*« (Solger 1829, S. 245; 1971, S. 388) fordert. Denn »unermeßliche Trauer muß uns ergreifen, wenn wir das Herrlichste, durch sein notwendiges irdisches Dasein in das Nichts zerstieben sehen. Und doch können wir die Schuld davon auf nichts anderes wälzen, als auf das Vollkommene selbst in seiner Offenbarung für das zeitliche Erkennen« (Solger 1971, S. 387). Dieser tragischen Verflechtung von Realem und Idealem ist auch durch die Kunst nicht zu entkommen; die Idee selbst bedingt ihre Hinfälligkeit, und Ironie ist alles andere als subjektives Spiel mit der Realität oder mit dem wie auch immer definierten Sein. Den Unterschied charakterisiert Solger vor dem Hintergrund des Verhältnisses von Endlichem und Unendlichem folgendermaßen:

> Aber ist denn nun diese Ironie ein schnödes Hinwegsetzen über alles, was den Menschen wesentlich und ernstlich interessirt, über den ganzen Zwiespalt in seiner Natur? Keineswegs; dieses wäre eine gemeine Spötterei, die nicht über Ernst und Scherz stände, sondern auf demselben Boden und mit ihren eigenen Kräften sie bestritte. Die wahre Ironie geht von dem Gesichtspuncte aus, daß der Mensch, solange er in dieser gegenwärtigen Welt lebt, seine Bestimmung, auch im höchsten

Sinne des Worts, nur in dieser Welt erfüllen kann. Jenes Streben nach dem Unendlichen führt ihn auch gar nicht wirklich [...] über dieses Leben hinaus, sondern nur in das Unbestimmte und Leere, indem es ja [...] blos durch das Gefühl der irdischen Schranken erregt wird, auf die wir doch ein- für allemal angewiesen sind. Alles, womit wir rein über endliche Zwecke hinauszugehen glauben, ist eitle und leere Einbildung. Auch das Höchste ist für unser Handeln *nur in begrenzter endlicher Gestaltung da.* Und eben deswegen ist es an uns so nichtig wie das Geringste, und geht nothwendig mit uns und unserem nichtigen Sinne unter, denn in Wahrheit ist es nur da in Gott, und in diesem Untergange verklärt es sich als ein Göttliches, an welchem wir weder als endliche Wesen, noch als solche, die mit ihren Gedanken über das Endliche scheinbar hinausschweifen können, Theil haben würden. (Tieck-Solger 2, S. 514f.)

In diesen und ähnlichen Worten hat sich Tieck ohne Schwierigkeiten wiedererkennen können, wie folgende, wahrscheinlich gegen Hegels Kritik gerichtete Sätze belegen:

Die Ironie, von der ich spreche, ist ja nicht Spott, Hohn, Persiflage, oder was man sonst der Art gewöhnlich darunter zu verstehen pflegt, es ist vielmehr der tiefste Ernst, der zugleich mit Scherz und Heiterkeit verbunden ist. Sie ist nicht blos negativ, sondern etwas durchaus Positives. Sie ist die Kraft, die dem Dichter die Herrschaft über den Stoff erhält; er soll sich nicht an denselben verlieren, sondern über ihm stehen. So bewahrt ihn die Ironie vor Einseitigkeiten und leerem Idealisieren. (Köpke 2, S. 238f.)

Das Positive dieser Ironie besteht darin, daß sie sich nicht nur darauf beschränkt, die Gegensätze immer wieder umschlagen zu lassen; es geht nicht einfach darum, etwas als etwas erscheinen zu lassen, was es nicht ist, worunter Tieck auch die scheinbare Unwissenheit des Sokrates rechnet. Vielmehr geht es um eine »höhere, geistigere Ironie«, um »jenen Aethergeist, der so sehr er das Werk bis in seine Tiefen mit Liebe durchdrang, doch befriedigt und unbefangen über dem Ganzen schwebt, und es von dieser Höhe nur, (so wie der Genießende) erschaffen und fassen kann« (S 6, S. XXVIII). Diese Ironie lebt ebensowohl in den einzelnen allegorisch-symbolischen Verhältnissen, Verweisungszusammenhängen und Widersprüchen, als sie über dem Ganzen schwebt, dieses umfaßt und immer wieder von neuem vernichtet. Dadurch aber, daß sie durch ihre ›ätherhafte‹ Leichtigkeit und Beweglichkeit immer wieder die »Stimmung oder die Stellung des Auges wechselt« (S 11, S. XXII), eröffnet sie dem Werk, dem Künstler und dem Rezipienten immer wieder neue Sinnhorizonte, woraus dem endlichen Werk seine Unendlichkeit erwächst. Die grundlegende zeitliche Struktur wird also durch ihr kontinuierliches Nacheinander, aber auch durch ihre mögliche Gleichzeitigkeit ironisch so gegen sich selbst gekehrt, daß im Endlichen Unendliches, im Zeitlichen Ewiges durchscheint. Kontinuierliche Reflexion bringt Reflexion selbst augenblickshaft zum Einstand; danach wechselt die Stellung des Auges und, was traumähnlich festgehalten wurde, verflüchtigt sich wieder (vgl. S 1, S. XXIXf.). In diesem kreativen Prozeß der durchgängigen und virtuell unendlichen Verwandlung des Materials, das der Künstler der Realität entnimmt, wird die Wirklichkeit selbst immer wieder umgestellt; dies aber bedeutet gleichzeitig auch, daß sie richtiggestellt wird. Hier kommt u. a. auch der wesentliche Unterschied zwischen den Begriffen der Realität und der Wirklichkeit zum Tragen: Wo Realität auf eine bestimmte Quantität von Dingen (*res*) verweist, da deutet Wirklichkeit auf eine bestimmte Qualität von Verhältnissen (Wirkungen) hin. In diesem Sinne ist auch Tiecks Frage zu verstehen: »Kann denn die Poesie, auch die beste, etwas anderes, als ein Widerhall, ein Echo der Wirklichkeit sein« (Thalmann 3, S. 331)? Wo nämlich, wie in Tiecks Dramen zumal, diese wirklichen Verhältnisse so vielfältig und in sich widersprüchlich werden, wo auf kleinstem Raum größte Mannigfaltigkeit vereinigt wird, da reicht das synthetische Potential der Einbildungskraft und das Begreifende und Ordnende des Verstandes nicht mehr aus. Durch exakte Phantasie und ausdifferenziertes sprachliches Feingefühl schafft Tieck Konstellationen des Wirklichen, hinter denen sich neue, ungeahnte Welten auftun. Wo alles in Bewegung ist, wo das Gesagte immer mindestens auch noch etwas anderes bedeuten kann, wo alles immer wieder auf anderes verweist, da löst sich der vordergründige Inhalt auf und legt dem Blick der Phantasie und des Gefühls Horizonte frei, die eben nicht eindeutig fixiert werden können; um so mehr lösen sie Erwartungen von Veränderungen aus. Hierin liegt nicht zuletzt die Verwandtschaft der Ironie mit der Allegorie und mit dem Erhabenen begründet.

Was nun allerdings als Wirklichkeit bezeichnet wird, kann nach Kants *Kritik der reinen Vernunft* und Fichtes *Wissenschaftslehre* nichts anderes sein als ein Verhältnis des Subjekts zu seinem Objekt, und dies zumal in der Kunst, wo aus diesem Verhältnis, d. h. aus der Erfahrung mit der Welt, das neue Objekt oder die neue Welt, d. h. das Kunstwerk eigentlich erst entsteht. Da dieses Verhältnis immer wieder neuen Wandlungen unterworfen ist, muß es auch immer wieder von neuem in sich reflektiert werden. Hierin gründet die der Frühromantik eigene Auffassung von Freiheit, die einzig in der Reflexion und in der durch sie gesicherten Möglichkeit der Überhöhung von Ich, Welt und Werk liegen kann. Nicht von ungefähr hat Fichte seine *Wissenschaftslehre* als »das erste System der Freiheit« (Fichte 1970, S. 298) bezeichnet, und Tieck erfährt Freiheit denn auch »als ein Überströmen des Potentiellen über die umrissene Gestalt« (Frank 1990, S. 325). Selbstbewußtsein entsteht aus der Reaktion des Ichs auf seine Beschränktheit, denn einzig die Einschränkungen der Realität können das subjektive Bewußtsein des eigenen Willens und der eigenen Freiheit aufkommen lassen. Alles *in actu* Existierende ist letzthin nichts als Vorläufigkeit, aber in seiner Freiheit reflektiert das künstlerische Selbstbewußtsein diese jetzt ironisch auf sich selbst, so daß Vorläufigkeit umschlägt in

Hoffnung. In bezug auf Tieck hat Hebbel dies in einer Tagebuchnotiz vom 10. Februar 1838 so formuliert:

> Die einzige Spannung, die Tieck [...] zu erregen sucht, wurzelt darin, daß man fühlt: die Menschen können so nicht bleiben, wie sie sind, deswegen betrachtet man auch alle Situationen, die anderswo die ganze Aufmerksamkeit in Anspruch nehmen, nur als Hebel und Schrauben, welche die innere Katastrophe [lies: den tragischen Umschlag] herbeiführen sollen. (Kasack 2, S. 300)

Die Wirklichkeit der einzelnen Gestalten in Tiecks Dramen ist nicht real; ihre Körperlichkeit ist auf ein Minimum reduziert. Durch eine schnelle Geste, eine unbedeutende Handlung können sie sich zutiefst wandeln, und zwar deshalb, weil sie Tieck nicht als Erscheinungen eines Absoluten, sondern in ihrer Einzelheit und damit Einsamkeit gestaltet. Dies reflektiert Solger theoretisch folgendermaßen: »Die Idee muß also Besonderheit, aber nothwendig absolute Besonderheit sein« (Solger 1829, S. 74). Die Leichtigkeit dieser Gestalten drückt sich denn auch in der vollkommen unpsychologischen dramatischen Motivation aus, in welcher Solger wiederum seinen Begriff der Ironie wiedererkannt hat. Wenn man in der theatralischen Praxis grob fünf Eigenschaften einer Rolle und ihrer Interpretation unterscheiden kann, nämlich Rhythmus, Ton, Tempo, Gefühlstiefe und Eindeutigkeit des Charakters, so fehlen den Tieckschen Gestalten die letzten beiden Merkmale. Rhythmus, Ton und Tempo jedoch durchziehen ihre unkörperliche Wirklichkeit, wie über hundert Jahre später dann bei Beckett und Pirandello, dessen Theater Tieck wesentlich mehr schuldet, als von der herrschenden Kritik anerkannt wird (siehe den Beitrag *Wirkung auf dem Theater* in Kap. 5). Pirandello hat in seiner Bonner Studienzeit Tiecks Schriften und Dramen nicht nur gelesen, wie er in seinen Briefen und Aufzeichnungen schreibt; er hat sie sich vielmehr in wesentlichen Teilen ganz manifest zugeeignet, was u. a. aus der Tatsache hervorgeht, daß er sie nach seiner Rückkehr nach Italien überhaupt nicht mehr erwähnt.

Dem ironischen Selbstbewußtsein und Weltbewußtsein ist die Welt verkehrt, der Welt jedoch ist das Subjekt abhanden gekommen, welches sich einzig durch Ironie hindurch eine Welt noch zu schaffen und zu verschaffen vermag. Der Tod ist das Nichts dessen, was einfach nur ist, er negiert einzig das einfach nur Existierende, das sich geriert, als wäre es schon wirkliches, volles Leben; für das ironische Bewußtsein allerdings ist das, was ist, nicht das Leben; was ist, ist nichts; ohne es wäre aber alles ebenso dunkel.

LITERATUR

Adorno 1984: Adorno, Theodor W.: Ästhetische Theorie. In: ders.: Gesammelte Schriften, Bd. 7, hg. von Rolf Tiedemann, Frankfurt a. M. ^{4}1984.
Bohrer 1989: Bohrer, Karl Heinz: Die Kritik der Romantik, Frankfurt a. M. 1989.
Fichte 1970: Fichte, Johann Gottlieb: Fichte an Baggesen, April 1795. In: ders.: Gesamtausgabe der Bayerischen Akademie der Wissenschaften, 3. Abt.: Briefe, Bd. 2: Briefwechsel 1793–1795, hg. von Reinhard Lauth und Hans Jacob, Stuttgart 1970, S. 297–299.
Frank 1989: Frank, Manfred: Einführung in die frühromantische Ästhetik. Vorlesungen, Frankfurt a. M. 1989.
Frank 1990: Frank, Manfred: Das Problem ›Zeit‹ in der deutschen Romantik. Zeitbewußtsein und Bewußtsein von Zeitlichkeit in der frühromantischen Philosophie und in Tiecks Dichtung, 2., überarbeitete Auflage, Paderborn/u. a. 1990.
Hegel 1986: Hegel, Georg Wilhelm Friedrich: Solgers nachgelassene Schriften und Briefwechsel. In: ders.: Werke in 20 Bänden, Bd. 11: Berliner Schriften, hg. von Eva Moldenhauer und Karl Markus Michel, Frankfurt a. M. 1986, S. 205–274.
Heine 1972: Heine, Heinrich: Musikalische Saison von 1844. Erster Bericht. In: ders.: Werke und Briefe, Bd. 6: Über die französische Bühne. Ludwig Börne. Lutetia, hg. von Gotthard Erler und Hans Kaufmann, Berlin u. a. ^{2}1972, S. 563–584.
Heraklit 1903: Die Fragmente der Vorsokratiker, griechisch und deutsch von Hermann Diels, Berlin 1903.
Hotho 2002: Hotho, Heinrich Gustav: Vorstudien für Leben und Kunst (1835), hg. von Bernadette Collenberg-Plotnikov, Stuttgart/Bad Cannstatt 2002.
Kierkegaard 1976: Kierkegaard, Sören: Über den Begriff der Ironie. Mit ständiger Rücksicht auf Sokrates, hg. von Rose und Emanuel Hirsch, Frankfurt a. M. 1976.
Schelling 1857: Schelling, Friedrich Wilhelm Joseph: Ueber das Verhältniß des Realen und Idealen in der Natur oder Entwickelung der ersten Grundsätze der Naturphilosophie an den Principien der Schwere und des Lichts. In: ders.: Sämmtliche Werke, Bd. 1.2, hg. von Carl Friedrich August Schelling, Stuttgart 1857, S. 359–610.
Schelling 1860a: Schelling, Friedrich Wilhelm Joseph: Philosophie und Religion. In: ders.: Sämmtliche Werke, Bd. 1.6, hg. von Carl Friedrich August Schelling, Stuttgart 1860, S. 11–70.
Schelling 1860b: Schelling, Friedrich Wilhelm Joseph: System der gesammten Philosophie und der Naturphilosophie insbesondere. In: ders.: Sämmtliche Werke, Bd. 1.6, hg. von Carl Friedrich August Schelling, Stuttgart 1860, S. 131–587.
Solger 1829: Solger, Karl Wilhelm Ferdinand: Vorlesungen über Ästhetik, hg. von Karl Wilhelm Ludwig Heyse, Leipzig 1829 (Reprint Darmstadt 1980).
Solger 1971: Solger, Karl Wilhelm Ferdinand: Erwin. Vier Gespräche über das Schöne und die Kunst, hg. von Wolfhart Henckmann, München 1971.
Strohschneider-Kohrs 1977: Strohschneider-Kohrs, Ingrid: Die romantische Ironie in Theorie und Gestaltung, zweite durchgesehene und erweiterte Auflage, Tübingen 1977.
Szondi 1978: Szondi, Peter: Friedrich Schlegel und die romantische Ironie. Mit einer Beilage über Tiecks Komödien. In: ders.: Schriften, Bd. 2, hg. von Jean Bollack u. a., Frankfurt a. M. 1978, S. 11–31.

Tieck als Übersetzer

Ruth Neubauer-Petzoldt

Übersetzen um 1800

> Nach der gründlichen Schule, die wir Deutschen in der Kunst des Übersetzens durchgemacht haben, nach all diesen Anstrengungen, Mustern, Übertreibungen und Kritiken wissen wir, so scheint es, weniger als je, wie man denn übersetzen müsse. Manche Arbeiten großer Autoritäten haben es mit tiefsinnigem Fleiß dahin gebracht, daß vor genauer Wörtlichkeit Original und Kopie sich nicht mehr ähnlich sehen. Vieles muß in jeder Übersetzung verloren gehn, denn der echte Schriftsteller lebt und dichtet ganz in seiner Sprache und wird eins mit ihr. [...] Es kann also nur Sache des feinsten Taktes und des gebildeten Geschmackes sein, was der echte Übersetzer mit Bewußtsein aufgibt, um das, was er als das Wahrste und Notwendigste anerkennt, zu retten. Ein solcher Übersetzer wird Künstler und selbst schaffender Autor. (Schweikert 3, S. 84)

So äußert sich Ludwig Tieck im Jahr 1833 im Nachwort der Schlegel-Tieckschen Shakespeare-Ausgabe. Tieck war sich der beiden Extreme des Übersetzens bewußt: einerseits der Verpflichtung, möglichst getreu dem Original zu folgen, andererseits dem Wunsch, ein Kunstwerk frei ›nachzudichten‹ und für ein zeitgenössisches Publikum eingängig zu gestalten. Er war hier wie auch sonst weniger theoretischen Auslassungen zugeneigt, sondern beschäftigte sich mit Plänen und der Ausführung von Übersetzungen. Er befaßte sich mit dem Original und nicht etwa mit bereits vorliegenden französischen Übersetzungen eines Textes.

Das pädagogische Interesse der Aufklärer spiegelte sich noch in einer möglichst wortgetreuen Wiedergabe des zu übersetzenden Textes, begleitet von einem kommentierenden Apparat, der die Meinung des Übersetzers auch im Sinne einer nationalen Aufbereitung fremder Literatur deutlich machte. Gottsched verlegte seinen Kommentar in das Vorwort, so wie sich auch Tieck in der Regel in den Vorreden zu den Prinzipien und Zielen seiner Übersetzungen äußert (KS 1). Worttreue und freie Bearbeitung schließen sich nicht notwendig aus, sondern können sich dem Ziel einer möglichst eingängigen Übersetzung unterordnen, die dem Publikum einen historisch entlegenen, schwer verständlichen Text zugänglich macht. Daher hatte Tieck auch keine Skrupel, Werke, die er für genuin ›romantisch‹ hielt, aus ihrer historischen Einbettung zu lösen und seinem Publikum als zeitlose Kunst nahezubringen. Seine Übersetzungen reichen demnach von der ›zeilengetreuen‹ Übersetzung mittelhochdeutscher Gedichte bis hin zu freien Adaptationen und Dramatisierungen der ›Volksbücher‹. Je nach Vorlage und Kontext, nach Rezeptionserwartung und eigenen Interessen wandelte sich auch Tiecks Prinzip der Übertragung bis hin zu der von Novalis 1798 formulierten Idee im 68. *Blüthenstaub*-Fragment, ein Übersetzer »muß der Dichter des Dichters seyn« (Novalis 1978, 2, S. 254). In der »produktiven Rezeptionsgemeinschaft« (Petzoldt 2000, S. 115) der fiktiven Erzähler, Dichter und Zuhörer des *Phantasus* (1812/16) läßt Tieck die Möglichkeiten und Grenzen dieser künstlerischen Anverwandlung zwischen Aktualisierung und Willkür diskutieren:

> Wenn es aber gar nicht erlaubt sein soll, wandte August ein, alte, bekannte Geschichten nach Gutdünken und Laune abzuändern, und sie unserm Geschmack zuzubereiten, so würden wir ohne Zweifel viel verlieren, denn manches ginge ganz unter, das uns so erhalten bleibt. Sind dergleichen Erfindungen schon ehemals umgeschrieben und neu erzählt worden, so begreife ich nicht, warum diese Freiheit nicht jedem neuern Dichter ebenfalls vergönnt sein soll. [...] Sie mögen nicht Unrecht haben, antwortete Friedrich; wenn aber eine alte Erzählung einen so herzlichen Mittelpunkt hat, der der Geschichte einen so großen und rührenden Charakter gibt, so ist es doch wohl nur die Verwöhnung einer neuern Zeit und ihrer Beschränktheit, diese Schönheit ganz zu verkennen, und sie mit einer willkürlichen Abänderung verbessern zu wollen, durch welche das ganze eben so wohl Mittelpunkt als Zweck verliert. (DKV 6, S. 301f.)

Übersetzung ist immer auch die Auseinandersetzung mit einer fremden Kultur, die Annäherung an einen fremden ›Geist‹, wie es Friedrich Schleiermacher in seiner Abhandlung *Über die verschiedenen Methoden des Übersetzens* (1813) darlegte. Schleiermacher hielt künstlerische Werke im Unterschied zum Dolmetschen geschäftlicher Texte grundsätzlich für unübersetzbar. Es kann nur eine Annäherung an diese ›unendliche Aufgabe‹ geben, die es unternehmen soll, so nah wie möglich an der Sprache und dem Geist des Originals zu bleiben. Dies reicht bis zu einer »fremden Ähnlichkeit« in der Übersetzung, der es gelingen soll, andere Kulturen und Sprachen zu vermitteln und damit die eigene Kultur zu erweitern, um im Sinne Schleiermachers »eine neue Welt den Deutschen aufzuschließen«, so Tieck im Mai 1829 über sein allerdings gescheitertes Projekt der *Nibelungen*-Edition (Schweikert 2, S. 285). Tieck nimmt in der künstlerischen Praxis seiner Übersetzungen vieles vorweg, was Schleiermacher als einer der ersten Theoretiker der Übersetzungswissenschaft formulierte.

Die erste große Übersetzung, der sich Tieck widmete, war Cervantes' *Don Quijote*. Doch soll hier Tiecks Beschäftigung mit einem anderen Autor der

Weltliteratur zuerst behandelt werden, der ihn von den Jugendjahren bis ins hohe Alter beschäftigte: William Shakespeare.

William Shakespeare als Lebensbegleiter und seine historische Kontrastfigur Ben Jonson

Von den Werken William Shakespeares war Ludwig Tieck ein Leben lang fasziniert. Voll Überschwang schrieb er 1800: »Das Centrum meiner Liebe und Erkenntniß ist Shakspeare's Geist« (KS 1, S. 141). Eine seiner ersten Übersetzungen als 21jähriger, wie er später entschuldigend betonte, war die Übersetzung des Dramas *Der Sturm. Ein Schauspiel von Shakspear, für das Theater bearbeitet. Nebst einer Abhandlung über Shakspeare's Behandlung des Wunderbaren v. L. Tieck* (1796). Die Rezension in der Jenaer *Allgemeinen Literatur-Zeitung* 1797, die auch die gleichzeitig erschienene Übersetzung von W. von Bube *Shakespear, für Deutsche bearbeitet* berücksichtigt, lobte das Werk, denn Tieck »scheint [...] seinen Dichter mit Liebe studiert zu haben, sollte er auch nicht überall in den Geist desselben eingedrungen seyn. Eigentliche Abänderungen kommen nur wenige und nicht sehr bedeutende vor, was Rec. keineswegs als tadelnswerth bemerkt« (ALZ 1797, S. 619).

Marek Zybura geht auf diesen Text sowie auf die Übersetzung von Ben Jonsons *Volpone*, 1793 unternommen und 1798 als *Ein Schurke über den andern, oder die Fuchsprelle. Ein Lustspiel in drey Aufzügen* erschienen (S 12, S. 1–154), nicht näher ein, »weil es sich hierbei nicht um Übersetzungen, sondern um sehr freie Bühnenbearbeitungen handelt, welche eindeutig die künstlerische Handschrift ihres nachdichtenden Bearbeiters, nicht aber die des Originalautors tragen« (Zybura 1994, S. 75). So faßte Tieck die fünf Akte der Vorlage Ben Jonsons in drei zusammen, strich eine Reihe von Nebenszenen und änderte die Zielrichtung von Jonsons zeitgenössischer politischer Satire in eine Literatursatire. Wenig später im Jahr 1794 unternahm Tieck einen zweiten Versuch der texttreueren Übersetzung von Shakespeares *The Tempest*, die jedoch Fragment blieb und nur bis zum Beginn der 2. Szene im 2. Akt vorliegt (Lüdeke 1921). Er wollte sich von den vorangehenden Übersetzungen, vor allem von jener Johann Joachim Eschenburgs (1775–1782) abgrenzen, sah sich aber durchaus »in der Tradition der poetischen Verdeutschung« (Zybura 1994, S. 77) von Christoph Martin Wieland (1762–1766). Er beginnt daher, dem Original folgend, in Versen zu übersetzen und macht sich so allmählich mit der metrischen Übersetzung vertraut.

Tiecks umfassende Studie *Das Buch über Shakespeare* blieb Fragment. Er unternahm hierfür vor allem kurze Teilübersetzungen, die einleuchtend damit erklärt werden, daß es sich um »zweckorientiertes Belegmaterial« handelte (Zybura 1994, S. 82). Bereits in seinen Vorreden stellte Tieck eine Reihe origineller Erkenntnisse über die Verbindung zum Mittelalter zusammen. Er sieht den Zusammenhang zwischen dem elisabethanischen und dem spanischen Theater und verweist auf die Herkunft der deutschen Wanderbühne aus dem elisabethanischen Theater. Vor allem interessierten ihn Shakespeare als Bühnendichter und die zeitgenössische Aufführungspraxis. In diesem Sinne erfüllt Tieck das von Friedrich Schleiermacher formulierte Ideal, daß der Übersetzer eine fremde Welt wiedergeben solle – allerdings ohne dies auch in die Praxis umsetzen zu können. Tieck wurde auch vorgeworfen, seine Englischkenntnisse seien zu schlecht gewesen, um die Singularität und Originalität der Elisabethanischen Dichter angemessen erfassen zu können. Ein Indiz dafür könnte Tiecks Ablehnung sein, selbst ins Englische zu übersetzen (Schweikert 1, S. 313). Des weiteren erwiesen sich alle Zuweisungen von Stücken, bei denen Shakespeares Autorschaft zweifelhaft ist, als wunschgetriebener »Ausbruch von Mittsommer-Wahnsinn« (Brooke 1908, S. 7), den die Wissenschaft im nachhinein wohlbegründet ablehnen konnte. In den Vorreden zum *Alt-Englischen Theater. Oder Supplemente zum Shakspear* (Berlin 1811) stellte er die historischen Gegebenheiten zu Shakespeares Zeit vor, übersetzte im folgenden sorgfältig und hielt »sich in seiner Wiedergabe des Inhalts und der Form treu an die Originale und folgt darin seinem Vorbild, das August W. Schlegel in seinen Shakespeare-Übersetzungen bot« (Zybura 1994, S. 99). Unvollendet blieb *Shakspeare's Vorschule. Herausgegeben und mit Vorreden begleitet von Ludwig Tieck* (1823–1829): So verfaßte er nie die angekündigten Vorreden für den dritten Band, der vierte Band blieb ganz aus. In den ersten beiden Vorreden folgt Tieck biographisch den Elisabethanischen Dichtern, »eine romantisch-intuitive literarhistorische Kritik par excellence« (Zybura 1994, S. 107). Tieck betont aber auch, »daß die Übersetzungen nicht von mir selbst herrühren, daß ich sie aber mit Bedacht durchgesehen und manches verbessert habe« (Schweikert 2, S. 333).

In den *Briefen über Shakespeare*, 1798 entstanden, lobte er die neue Übersetzung Shakespeares durch August Wilhelm Schlegel als »vortrefflich gelungene Nachbildung [...], denn ein solcher Übersetzer muß in jeder Stelle den ganzen Dichter ahnden [...] muß den Dichter gleichsam neu erschaffen« (KS 1, S. 146f.). Er beschäftigte sich außerdem mit dem zeitgeschichtlichen Kontext, suchte Analogien zu seiner Epoche und besprach lobend einige Volksstücke und den Zustand des Theaters, wie es Shakespeare wohl vorfand; dabei befaßte er sich auch mit Ben Jonson, der »ganz ein Produkt seiner Zeit und durchaus ein Engländer [ist], wie Shakspeare keins von beiden ist«, so daß er dessen Werk als »ein[en] indirekte[n] Commentar« (ebd., S. 183) zu Shakespeare las.

Tieck betrachtete Shakespeare als Nationaldichter, in dem »das Individuum als Verkörperung stellvertretend für die gesamte Geschichte einer Nation zu erfassen« sei (Paulin 1987, S. 98) und der damit auch ein Vorbild für deutsche Nationaldichtung sein sollte. In diesem Sinne skizziert die Vorrede zu *Alt-Englisches Theater. Oder Supplemente zum Shakspear* (Berlin 1811) die »Entwicklung des englischen und spanischen Nationaltheaters aus dem historisch-poetischen, bzw. romantisch-poetischen Geist« (Paulin 1987, S. 99). Sie legt eine analoge Entwicklung für die deutsche Literatur nahe, die Tieck in seinen Übersetzungen und in der intertextuellen Anlage seiner Werke inszenierte.

An Jonson interessiert ihn vor allem das ›Englische‹, während er Shakespeare als Weltliteraten wertete, so daß Tieck beide als kontrastierende, einander aus romantischer Sicht ergänzende Erscheinungen ihrer Epoche sah: Shakespeare als zeitlosen Genius und Jonson als Verkörperung des ›Altenglischen‹. Tieck hat dessen Werk *Epicoene oder das stumme Mädchen. Ein Lustspiel des Ben Jonson*, veröffentlicht 1800 im *Poetischen Journal* (S 12, S. 155–354), unter Zeitdruck und daher oberflächlich und mit vielen Fehlern übersetzt, da er August Wilhelm Schlegels Shakespeare-Ausgabe mit seiner Jonson-Edition vorausgehen wollte. Er bezeichnete diese Übersetzung als »fast wörtlich« (S 11, S. 27), was bedeutet, daß er sich nicht viel Arbeit machte, sondern Wort für Wort dem Original folgte, diesem damit jedoch in keiner Weise gerecht wurde (Zybura 1994, S. 86f.).

Weitere Übersetzungen Tiecks fanden sich in seinem Nachlaß bzw. erschienen posthum, so *Mucedorus, ein englisches Drama aus Shakspers Zeit übersetzt von Ludwig Tieck* (1893) und *Niemand und Jemand. Ein englisches Drama aus Shakespear's Zeit, übersetzt von Ludwig Tieck* (1894) sowie eine »freie Übersetzung« (Köpke 2, S. 136) von R. B. Sheridans *The Rivals*, die Tieck noch drei Jahre vor seinem Tod unternahm (Trainer 1960).

Tiecks Anteil an der berühmten Schlegel-Tieckschen Shakespeare-Übersetzung war, was die eigentliche Übersetzertätigkeit angeht, gering, für *Love's Labours's Lost* lieferte er Vorarbeiten, die Wolf von Baudissin vervollständigte. Erst ab dem zweiten Band, als sich August Wilhelm Schlegel zurückzog, engagierte sich Tieck vor allem in seiner späteren Dresdner Zeit. Die Vorreden bzw. das Nachwort im neunten Band zeigen, daß Tieck durch redaktionelle Eingriffe und seine Beratung bei Übersetzungsfragen seinen eigenen Stil einbrachte (Paulin 1987, S. 102). Kritisiert wurde, daß fast nur die Historien übersetzt wurden und viele wichtige Dramen unübersetzt blieben, z. B. *Hamlet, Ein Sommernachtstraum*.

Don Quijote als romantischer ›Urtext‹

Für die Romantiker war Ludwig Tiecks *Don Quijote*-Übersetzung ein paradigmatischer Text: August Wilhelm Schlegel erklärte Cervantes' Werk zum »vollendeten Meisterwerk der höheren romantischen Kunst« (ALZ 1799, S. 177), Friedrich Schlegel verortete ihn als repräsentativen Text im »Allerheiligsten der romantischen Kunst« (Schlegel 1960, S. 325; siehe den Beitrag *Romanische Literatur des Mittelalters und der Frühen Neuzeit* in Kap. 2), und Tieck zählte Cervantes zusammen mit Shakespeare und Dante in seinem Drama *Prinz Zerbino oder die Reise nach dem guten Geschmack* zu den romantischen Dichtern im »Garten der Poesie« (5. Akt, 5. Szene).

Im Vorfeld dieser ersten großen Übersetzungsarbeit Tiecks von 1789–1801 (4 Bde., Berlin 1799–1801) galt es einige organisatorische Querelen zu bewältigen, da für zwei konkurrierende Übersetzungen des *Don Quijote* der Markt zu klein war. Mithilfe der Polemik seitens der Brüder Schlegel, die darin einen Kampfplatz der romantischen gegen die aufklärerische Partei sahen, ›siegte‹ schließlich Tiecks Übersetzungsauftrag (Zybura 1994, S. 40ff.).

Wie bei Shakespeares Werken lagen ihm neben dem Original auch die vorangehenden Übersetzungen vor, vor allem jene vollständige Übersetzung aus dem Spanischen von Friedrich Justin Bertuch (1775–1777). Im Falle des Spanischen war es besonders schwierig, an gute Lexika zu gelangen, so daß auch hier eine Fehlerquelle liegen mag, zumal Tiecks Spanisch-Kenntnisse nicht überragend waren: 1792 begann er, die Sprache zu erlernen. Friedrich Schlegel schrieb an seinen Bruder 1799: »Das Uebel liegt eigentlich darin, daß Tieck so wenig Hülfsmittel hatte, denn an Fleiß hat er es nicht fehlen lassen. Nicht einmal das Lexikon der Akademie hat ihm Unger [der Verleger, R. N.-P.] verschafft« (Schweikert 2, S. 262). Am 1. April 1816 schrieb er an Karl Wilhelm F. Solger über seine passiven Spanisch-Kenntnisse, daß er »noch niemals eine Zeile Spanisch geschrieben habe, selbst, wie in allen fremden Sprachen, ohne Uebung im Sprechen« sei (Schweikert 1, S. 289). Vor diesem Hintergrund ist seine Leistung um so erstaunlicher. Dabei handelt es sich weniger um eine Nachschöpfung aus spanisch-romantischem Geist als vielmehr um eine Verbreitung des Urtextes durch eine ›Nachdichtung‹, in der sich Tieck »durchaus an die Formen der Spanischen Verse binden will, alles beibehalten, wie es im Original ist und etwas versuchen, was noch Niemand in unsrer Sprache bisher versucht hat«, so Tieck an seinen Verleger am 15. Mai 1802 (Schweikert 2, S. 346).

Während Bertuch immer wieder ganze Kapitel gekürzt und zusammengefaßt hatte, übersetzte Tieck vollständig, ohne Auslassungen, auch alle eingestreuten Gedichte. Zwar unterliefen ihm Fehler, so ließ er Teilsätze weg, und es gab »punktuelle Missverständnisse« (Zybura 1994, S. 51). Im Laufe der

Arbeit wurde Tieck aber zunehmend versierter und gewann an Wissen über den historischen Kontext. Tiecks Stil tendierte dabei dahin, Cervantes' konkrete und realistische Schreibweise abzuschwächen; er folgte aber »den grammatikalischen und stilistischen Wendungen und Schwingungen der Sprache Cervantes' und erreichte darin fast Unmögliches, [...] sogar die Reihenfolge der einzelnen Wörter des Originals beizubehalten« (Zybura 1994, S. 54). Vor allem gelang es ihm, die Musikalität der Sprache wiederzugeben, Cervantes' Sonettform zu übernehmen, die indirekte Rede des Originals zu belassen und nicht in eine starre Wort-für-Wort-Übersetzung zu verfallen. Auch die Eigennamen mit häufig sprechender, komischer Bedeutung übersetzte er; nur die bekanntesten der Hauptfiguren beließ er und suchte bei Sprichwörtern das deutsche Äquivalent.

August Wilhelm Schlegel geht 1799 in seiner Rezension in der Jenaer *Allgemeinen Literatur-Zeitung* detailliert auf Tiecks Vorgehen und die Vorzüge seiner Übersetzung ein: Er habe

> den Grundsatz festzusetzen, dass ein Werk *ganz wie es ist*, übersetzt werden müsse. Das ist die Absicht der gegenwärtigen Verdeutschung. Nur wer mit dem spanischen Original vertraut ist, und aus eigener Erfahrung weiß, was es überhaupt mit poetischen Nachbildungen auf sich hat, kann den ganzen Umfang der diesem Unternehmen anhängenden Schwierigkeiten übersehen. Es ist fast unmöglich, dabey alles auf einmal zu leisten, [...] um ihre Übertragung der Vollkommenheit näher zu bringen, die eigentlich eine unendliche Aufgabe ist. (ALZ 1799, S. 180)

Er wertet Tiecks Übersetzung als »in den meisten Punkten sehr befriedigend«, denn sie lege Vollständigkeit zugrunde, und »die eingestreuten Sonette und Gedichte sind im Ton und Geist der Originale [...] auch in den ursprünglichen Sylbenmaaßen übertragen« (ebd., S. 181). So konnte sich der Leser in der deutschen Übersetzung ein Bild von den Charakteristika des spanischen Originals machen. Daß es Tieck schwerer fiel, nahe am Original zu bleiben, als frei nachzudichten, belegt seine Äußerung in einem Brief an August Wilhelm Schlegel vom 22. Dezember 1798: »[S]eit ich den Don Quixote wirklich übersetze, möchte ich oft ganze Seiten so schreiben, lieber und leichter, als ich so übersetzte« (Schweikert 2, S. 261).

Tiecks Interesse für die spanische Literatur aus dem frühen 17. Jahrhundert und für die altenglische ergänzt sich zu einem Panorama europäischer Weltliteratur mit seiner Leidenschaft für die ›altdeutsche‹ Literatur, also für alt- und mittelhochdeutsche Literatur, wie auch für Werke des 15. und 16. Jahrhunderts.

Tieck als (Wieder-)Entdecker der altdeutschen Literatur: Minnesang und Ulrichs von Lichtenstein *Frauendienst*

In der Dresdner Zeit, etwa ab 1801, begannen Tiecks intensive Studien der altdeutschen Literatur (siehe den Beitrag ›*Altdeutsche*‹ *Literatur* in Kap. 2). Sie gehen auf den Einfluß seines früh verstorbenen Freundes Wilhelm Heinrich Wackenroder zurück und schlugen sich bereits in *Franz Sternbalds Wanderungen. Eine altdeutsche Geschichte* (1798) nieder: Er studierte Handschriften im Umfeld seiner *Nibelungen*-Forschung, deren Übertragung nur bis zur 109. Strophe gelang. Tieck kollationierte verschiedene Fassungen (Zybura 1994, S. 131–133), machte Abschriften von mittelhochdeutschen Texten, etwa *Heldenbuch*, *König Rother*, *Dietrichs Flucht*, die er zum Teil auch publizierte oder an Wissenschaftler weitergab; so etwa erschien *König Rother zieht einer Jungfrau die Schuhe an. Fragment aus einer alten Handschrift bearbeitet von Ludwig Tieck* in der *Zeitung für Einsiedler* (1808, 3–5, S. 22–36; S 13, S. 171–192). Die Beschäftigung mit altdeutschen ›Volksbüchern‹ wurde für Tieck zur außerordentlich fruchtbaren Inspirationsquelle: für die *Denkwürdige Geschichtschronik der Schildbürger*, *Die Geschichte von den Heymons Kindern*, *Die Liebesgeschichte der schönen Magelone und des Grafen Peter von Provence* und für seine Dramatisierungen *Fortunat* und *Leben und Tod der heiligen Genoveva*. So vertraut heute diese ›Volksbücher‹ und – zur romantischen Schule gehörend – ihre originelle, freie Adaptation wirken, so avanciert waren um 1800 Tiecks Interesse und seine Bearbeitungen ›einfacher‹, volkstümlicher Literatur. Von Übersetzungen kann in diesen Fällen also nicht die Rede sein und schon gar nicht von »Neuausgaben«, wie Gisela Brinker-Gabler (1980, S. 73) dies mißverständlich formuliert. Diese Beschäftigung stand im Dienst einer Rekonstruktion nationaler Literatur, die auch die Unterscheidung von ›hoher‹ und ›niedriger‹ Kunst im Sinne einer allumfassenden romantischen Poesie aufheben wollte und in der altdeutschen Literatur gewissermaßen die ideale, naive Kindheit der deutschen Poesie verkörpert sah (KS 1, S. 188). Wie für den *Don Quijote* und Shakespeares *Sturm* findet auch hier eine Rückprojektion romantischer Ideale statt: So sah Tieck im Mittelalter »die eigentliche Blütezeit der romantischen Poesie« (ebd., S. 193) und verfolgte das Ziel, untergegangenes Kulturgut »bekannter und gelesener zu machen« (ebd., S. 195), das Bild vom dunklen Mittelalter zu emanzipieren.

1803 publizierte er die *Minnelieder aus dem Schwäbischen Zeitalter*. Hier war seine Bearbeitung und zurückhaltende Übersetzung der originalen Texte davon geleitet, »nichts an dem eigentlichen Charakter der Gedichte und ihrer Sprache zu verändern« (ebd., S. 211), so Tieck in seiner Vorrede; er wollte »jeden Geist auf seine ihm eigene Art zu verstehen und zu fassen« suchen und so seinen Zeitgenossen ermöglichen, trotz der zeitlichen Entfernung »ein innigeres Verständnis« (ebd., S. 188f.) zu erhalten. Selbstverständlich kannte er die bereits vorliegenden Ausgaben, so etwa jene von Johann Jakob Bodmer und Johann Jakob Breitinger (1758), die überwiegend einem in dieser Zeit beginnenden philologisch-gelehrten Interesse folgen. Doch Tieck wollte ein Bildungsbürgertum ansprechen, das zwar über gewisse Vorkenntnisse verfügte, dem aber der Zugang zu dieser Literatur erleichtert werden sollte. Aus dieser pädagogischen und rezeptionsorientierten Intention heraus stellte Tieck an den Anfang die ›gefälligeren‹, leichter zugänglichen Texte und gruppierte Werke mit verwandter Thematik: »Worte, die unserer Sprache ganz unverständlich sind, sind daher weggeblieben, nicht aber solche, die wir noch, nur in einem etwas veränderten Sinne gebrauchen, oder deren Bedeutung sich leicht aus der Analogie errathen läßt« (ebd., S. 211f.; zum Anspruch auf Popularität vgl. Scherer 2012). Daß er damit seine Leser teilweise überschätzte, geht aus der wohlwollenden Rezension in der Jenaer *Allgemeinen Literatur-Zeitung* hervor: Tieck stelle hier eine »Blumenlese« vor, habe »die besten Stücke« ausgewählt, »und zwar in ihrer eigenthümlichen Form [...], wobey er sich nur leichte Veränderungen, so ferne sie zu besserer Verständlichkeit dienten, erlauben wollte« (ALZ 1806, S. 249). Mit Hinweis auf Tiecks Vorrede wird betont,

> er ließ alles weg, was nur den Gelehrten interessieren kann, alles was sich auf die Geschichte der Zeit bezieht, und unterdrückte sogar einige Male die Namen von Städten und Ländern, um den Gedichten einen allgemeineren Charakter zu geben; er brachte die Strophen in Ordnung, ließ zuweilen unbedeutende hinweg, oder veränderte auch, wo es ihm nötig schien, ihre Stellung. (Ebd., S. 250)

Der Rezensent monierte jedoch, Tieck hätte alte Formen noch öfter gegen neue austauschen können, denn er bewahrte Strophenbau, Metrum und Reim des Originals. Fehler im Metrum hätte Tieck konsequenter »durch kleine Nachhülfe, Zusätze oder Weglassungen von Buchstaben« (ebd., S. 251) korrigieren sollen, auch häufigere Worterklärungen (etwa »übergulde«) wurden gewünscht. So blieb die zeitgenössische Würdigung dieser ›Übersetzungen‹ Tiecks ambivalent, ja oft sogar polemisch, und der erhoffte Erfolg stellte sich nicht ein.

Zum Entdecker eines mittelhochdeutschen Dichters wurde Tieck, als er 1812 eine »modernisierte Fassung« (Paulin 1987, S. 72) des Hauptwerkes Ulrichs von Lichtenstein veröffentlichte, das er 1808/09 bei seinem Aufenthalt in München entdeckt hatte: *Frauendienst, oder: Geschichte und Liebe des Ritters und Sängers Ulrich von Lichtenstein, von ihm selbst beschrieben. Nach einer alten Handschrift bearbeitet und herausgegeben von Ludwig Tieck* (Stuttgart/Tübingen 1812). Gedichte Ulrichs von Lichtenstein hatte er bereits in seine *Minnelieder*-Sammlung aufgenommen, doch nun wollte er auch dieses Werk populär machen. Als Erst-Edition war die Ausgabe auch für Gelehrte interessant, doch hatte Tieck hier vor allem den interessierten Laien, den Liebhaber und Entdecker nationaler Literatur vor Augen, dem er einen Wegbegleiter ins Mittelalter an die Hand geben wollte. So schrieb er in einem Brief an seinen Verleger Johann Friedrich Cotta am 16. Dezember 1811:

> Ich verspreche mir für dieses Buch viele teilnehmende Leser, da unter allen vorhandenen Gedichten und Schriften des Mittelalters nichts Aehnliches sich findet, das Ganze auch für sich selbst durch seine Naivität, durch die Schilderung seltsamer Sitten und Verhältnisse anziehend und reizend ist, und uns vielleicht kein anderes Buch solchen unmittelbaren Blick in das Leben des reicheren Ritterstande vergönnt. (Schweikert 2, S. 307)

Das Werk wird in sechs zeitgenössischen Rezensionen weniger ästhetisch als vor allem kulturhistorisch gewürdigt; auch hier wird moniert, Tieck hätte häufiger Erklärungen oder Übersetzungen angeben sollen (Brinker-Gabler 1980, S. 185-198). Da die Ausgabe in direkter Konkurrenz zur Edition des *Nibelungenliedes* stand, die Johann Gustav Büsching in demselben Jahr herausgab, wird diesem eindeutig der Vorzug gegeben, um als ›Nationalepos‹ der Deutschen zu dienen.

Tieck als Vermittler von Weltliteratur

Philologische Kommentare und dem Original verpflichtete Treue waren nicht Tiecks primäres Anliegen. Ihm ging es vor allem um die inspirierte ›Nachdichtung‹, die den Charakter, Form und Ton in der deutschen Sprache so gut, wie er es als Dichter selbst vermochte, widerspiegeln sollte. Eigenes und Fremdes sollten zu einem ›romantischen‹ Kunstwerk verschmelzen, das ganz im Sinne der von Friedrich Schlegel formulierten »Universalpoesie« (Schlegel 1967, S. 182f.) zeitlos, gattungs- und nationenübergreifend wirkte. Im Extremfall zeigte sich dies auch als poetischer Synkretismus: etwa wenn die Übersetzung zur freien Bearbeitung eines Originals wurde, in dem Kürzungen, ›Verbesserungen‹, Veränderungen der Zeit- und Ortsangaben vorgenommen wurden und der Wechsel von Prosa ins Drama ein an intertextuellen Bezügen reiches, aber selbständiges Werk hervorbrachte. Die deutsche Literatur sollte sich durch diese Einspeisung fremder Nationalliteratur und in der Auseinandersetzung mit ihrer eigenen, altdeutschen Poesie ihrer Qualität als National- und Weltliteratur bewußt werden, ja diese verbessern. Tiecks Technik der amalgamierenden Vereinnahmung fremder Literatur für eine deutsche Weltliteratur ist somit ein genuin romantisches Verfahren.

Die Brüder Schlegel wurden wie andere führende Intellektuelle der Romantik, etwa die Brüder Grimm, zu Begründern wissenschaftlicher Disziplinen, übernahmen Lehrstühle, widmeten sich Forschungsprojekten (siehe den Beitrag *Tieck und die Formierung der neueren Philologien* in Kap. 5) – Ludwig Tieck hingegen blieb der Literatur treu: Er sah sich nicht als Wissenschaftler, auch wenn er sich über Jahre hinweg etwa mit der Aufführungspraxis des Elisabethanischen Theaters beschäftigte oder wichtige Editionen vorlegte. Tieck war vor allem ein Vermittler von Literatur, von altenglischer, altdeutscher, spanischer und auch zeitgenössischer (Welt-) Literatur – ob als von den Zeitgenossen vielgerühmter Vorleser (siehe den Beitrag *Der Vorleser* in Kap. 1), als Berufsschriftsteller oder als engagierter und begeisterter Übersetzer. Tieck schuf damit einen europäischen Kanon romantischer Poesie:

> Es geht mir wie dem Don Quixote, welcher überhaupt nicht so unrecht hatte, ich denke von diesen Rittern und Zeiten und träume von ihnen, und suchte alles aus dem Zirkel dieser Gedichte und der sogenannten wahren Geschichte zu ergänzen. (Schweikert 2, S. 277)

LITERATUR

ALZ 1797: Schöne Künste. 1) Der Sturm. Ein Schauspiel von Shakspear(e) für das Theater bearbeitet von Ludwig Tieck. Nebst einer Abhandlung über Shakspeare's Behandlung des Wunderbaren. 2) Shakespear (Shakspeare) für Deutsche bearbeitet. Erste Abtheilung [Rezension]. In: Allgemeine Literatur-Zeitung 13 (1797), H. 78, S. 619–624.

ALZ 1799: Schlegel, August Wilhelm: Schöne Künste. Leben und Thaten des scharfsinnigen Edlen Don Quixote von al Mancha, von Miguel de Cervantes Saavedra, übersetzt von Ludwig Tieck. Erster Band [Rezension]. In: Allgemeine Literatur-Zeitung 15 (1799), H. 230, S. 177–184.

ALZ 1806: Schöne Künste. Minnelieder aus dem Schwäbischen Zeitalter, neu bearbeitet und herausgegeben von Ludewig Tieck [Rezension]. In: Allgemeine Literatur-Zeitung 22 (1806), H. 109, S. 249–253.

Brinker-Gabler 1980: Brinker-Gabler, Gisela: Poetisch-wissenschaftliche Mittelalter-Rezeption. Ludwig Tiecks Erneuerung altdeutscher Literatur, Göppingen 1980.

Brooke 1908: Brooke, C. F. Tucker: The Shakespeare Apocrypha. Being a collection of 14 plays, which have been ascribed to Shakespeare, with introduction, notes and bibliography, Oxford 1908.

Lüdeke 1921: Lüdeke, Henry: Ludwig Tieck's erste Shakespeare-Übersetzung (1794). In: Jahrbuch der deutschen Shakespearegesellschaft 57 (1921), S. 54–64.

Novalis 1978: Novalis: Werke, Tagebücher und Briefe Friedrich Heinrich von Hardenbergs/ Novalis, 3 Bde., hg. von Hans-Joachim Mähl und Richard Samuel, München/Wien 1978.

Paulin 1987: Paulin, Roger: Ludwig Tieck, Stuttgart 1987.

Petzoldt 2000: Petzoldt, Ruth: Albernheit mit Hintersinn. Intertextuelle Spiele in Ludwig Tiecks romantischen Komödien, Würzburg 2000.

Scherer 2012: Scherer, Stefan: Populäre Künstlichkeit. Tiecks *Minnelieder*-Anthologie im Kontext der Popularisierungsdebatte um 1800. In: Neue Perspektiven der Mittelalterrezeption, hg. von Mathias Herweg und Stefan Keppler-Tasaki, Berlin/Boston 2012, S. 89–111.

Schlegel 1960: Schlegel, Friedrich: Notizen [zu Tiecks *Don Quijote*-Übersetzung]. In: Athenäum. Eine Zeitschrift von August Wilhelm Schlegel und Friedrich Schlegel, Bd. 2, 2. Stück, Berlin 1799 (Reprint Darmstadt 1960), S. 324–327.
Schlegel 1967: Schlegel, Friedrich: Kritische Ausgabe, Bd. 2: Charakteristiken und Kritiken I (1796–1801), hg. und eingeleitet von Hans Eichner, Paderborn/u. a. 1967.
Trainer 1960: Trainer, James: Tieck's Translation of *The Rivals*. In: Modern Language Quarterly 21 (1960), S. 246–252.
Zybura 1994: Zybura, Marek: Ludwig Tieck als Übersetzer und Herausgeber. Zur frühromantischen Idee einer »deutschen Weltliteratur«, Heidelberg 1994.

Der Literaturkritiker

Steffen Martus

Ludwig Tiecks literaturkritisches Werk im engeren Sinn ist verhältnismäßig schmal. Neben den Theaterkritiken (siehe den Beitrag *Der Theaterkritiker* in Kap. 3) liegen nur wenige Rezensionen von Gegenwartsliteratur vor. Es handelt sich dabei zum einen um die beiden umfangreichen Besprechungen der *Neuesten Musenalmanache und Taschenbücher* von 1796 und 1798 aus dem *Archiv der Zeit und ihres Geschmacks* (KS 1, S. 75ff.), zum anderen um die Artikel aus der Zeit von Tiecks Tätigkeit für die *Dresdner Morgenzeitung* (1827; Bücherschau in KS 2, S. 93ff.; vgl. weiterhin Rüter 1976). ›Kritisch‹ in einem weiteren Sinn der Wertung und der Etablierung von Wertungsmustern sind jedoch auch viele von Tiecks Vorworten und seiner Stellungnahmen zu älteren Literaturzeugnissen (im Überblick Ribbat 1975, S. IXf.). Die Kritik der Vergangenheit verbindet sich darin immer wieder mit der »Kritik unsers Zeitalters« (z. B. KS 1, S. IX). Es gehört zum ebenso zeittypischen wie spezifischen Profil des Rezensenten Tieck, daß er seine literarischen Urteile historisch und philologisch vermittelt (Hettner 1959; Gries 1967; Ribbat 1975; Paulin 1982; Preisler 1992; Martus 2004; Martus 2007b, S. 371ff.).

Zwar publizierte Tieck seine Rezensionen in keiner der bedeutenden Zeitschriften seiner Zeit (vgl. dazu Paulin 1982, S. 128, 131, 133; Schweikert 2, S. 117). Dennoch hielt er selbst seine Rezensionen für so »bedeutend« (Schweikert 2, S. 202), daß er sie unter dem Titel *Kritische Schriften* in vier Bänden zwischen 1848 und 1852 im Brockhaus-Verlag erneut veröffentlichte (KS 1–4). Bereits 1833 schlug er Josef Max die Sammlung »einige[r] kritische[r] Aufsätze« vor, um »ein Buch daraus zu machen« (Schweikert 2, S. 202). 1845/46 korrespondierte er darüber mit Georg Ernst Reimer und lotete das Interesse Johann Friedrich Cottas an einer etwaigen Edition aus (ebd., S. 203f.). Im Januar 1846 schloß er den Verlagsvertrag mit Friedrich Arnold Brockhaus ab (Schweikert 3, S. 308; Paulin 1988, S. 296f.).

Die Bedeutung von Tiecks Rezensionen für die Geschichte der Literaturkritik liegt erstens in der kreativen Anverwandlung der Wertungsmuster seiner Zeit, die eine tolerante Haltung auch gegenüber dem Mittelmäßigen entwickelt, zweitens in der produktiven Reaktion auf Strukturprobleme, die

›um 1800‹ ästhetische Wertung angesichts divergierender Maßstäbe und Zuordnungsverfahren in Frage stellen, sowie drittens in der kulturhistorischen Ausweitung der Aufmerksamkeitshaltung des Literaturkritikers. In bezug auf Tieck selbst sind die Rezensionen aufschlußreich, weil er darin Aspekte einer Autortheorie sowie eines Konzepts von literarischer Kommunikation entwickelt, die auch für sein eigenes Werk Geltung beanspruchen.

Tiecks Rezensionen im Kontext der romantischen Literaturkritik

Tiecks Rezensionen reagieren auf eine ästhetikgeschichtliche Situation, die zeitgenössische Beobachter vielfach als unübersichtlich beschreiben. Die Auseinandersetzungen um Goethes und Schillers *Xenien* sowie die Streitigkeiten zwischen Teilen der Berliner Spätaufklärung und den Frühromantikern führen nur exemplarisch vor Augen, daß literarische Wertung keine allgemein gültigen Urteile fällt. Literaturkritik erscheint den Akteuren vielfach als Durchsetzungsinstrument von Gruppeninteressen auf dem Buchmarkt. Im Hintergrund stehen dabei die sich verschärfende Konkurrenz im Literaturbetrieb sowie die aus Teilnehmerperspektive undurchsichtigen Strukturen der Parteibildung (Koopmann 1984; Dahnke 1986; Dahnke/Leistner 1989; Schmitz 1992; Martus 2001; Urban 2004; Mix 2004; Martus 2007a; Martus 2007b, S. 52ff.). Bereits Friedrich Just Riedel zieht daraus in seinen *Briefen über das Publikum* (1768) eine bemerkenswerte Konsequenz: »Das Gute, was aus allen diesen Kriegen entstehen wird, ist vielleicht das, was man am wenigsten vermuthet – eine völlige Anarchie« (Riedel 1973, S. 93f.). Dieser (ironischen) Wertschätzung des Chaos folgt auch Tieck.

Tieck verarbeitet offensiv die strukturellen Probleme der literarischen Kommunikation, die gerade die frühromantische Kritik reflektiert. Diese wertet Momente wie Eigensinnigkeit, Willkür oder Freiheit auf und erkennt sie als Produktivitätsfaktoren an (Martus 2007b, S. 352ff.). Das Faible für ein fluktuierendes, zwischen Selbstsetzung und Selbstaufhebung sich bewegendes schriftstellerisches Subjekt entspricht insofern den Anforderungen im Literaturbetrieb. Gerade mit den Mitteln der Ironie werden daher die Probleme der Urteilsfindung einer mehr oder weniger ›direkten‹ Thematisierung zugänglich gemacht, denn romantische Ironie ›hat‹ eine Rede dann, wenn sie »sich durchsichtig macht für ein anderes Sagen, das ebensogut an [ihre] Stelle hätte treten können« (Frank 1989, S. 362). Anders formuliert: Der faktische Kritikbetrieb zeigt, daß ein Urteil stets durch ein anderes Urteil konterkariert werden kann. Eine ironische Haltung positioniert den Kritiker dementsprechend im Zustand der Vorläufigkeit.

Zudem neigt die romantische Aufmerksamkeit zur »Digression«, weil ein »Buch« als »Wirkung und wiederum wirkend in mannichfaltigen Beziehungen« steht. Über das Einzelwerk hinaus gewinnt »das Verhältnis des Schriftstellers zu seinen Vorgängern und Nebenbuhlern, die Laufbahn, die er schon durchmessen hat oder zu betreten anfängt, die Aufnahme, die er bey seinen Zeitgenossen findet«, als »aufklärende Gesichtspunkte« an Bedeutung (Schlegel 1798, S. 149). Aus Anlaß des Wiederabdrucks seiner frühen Rezensionen bestimmte A. W. Schlegel daher 1827 rückblickend drei zentrale Tätigkeitsfelder romantischer Rezensionen: »die immer erneute Betrachtung vollendeter Geisteswerke«, die Entdeckung der »verkannten und in Vergessenheit gerathenen Urkunden des Genius« sowie die Anregung durch den »offen ausgesprochene[n] Widerstreit der Meinungen« (Schlegel 1847, S. 144f.) - alle drei Momente entfalten Tiecks *Kritische Schriften* (Preisler 1992, S. 11ff.).

Im Vorwort zur *Sturm*-Übertragung über *Shakspeare's Behandlung des Wunderbaren* finden sich die genannten Elemente *in nuce*. Zwar verbuchte Tieck später gegenüber A. W. Schlegel, der die *Sturm*-Übersetzung und die umfangreiche Einleitung 1797 in der Jenaer *Allgemeinen Literatur-Zeitung* besprochen hatte, den Essay als Ergebnis »falschen Scharfsinn[s]« – Schlegels Rezension, so der Kritisierte, »hätte eigentlich viel härter ausfallen müssen« (Tieck an A. W. Schlegel, 23. Dezember 1797; DKV 1, Kommentar, S. 1224). Aber genau damit demonstriert er jene Bereitschaft zur Selbstaufhebung, die literaturkritische Kompetenz ›um 1800‹ auszeichnet. Entsprechend endet die Abhandlung über das »Wunderbare« mit der Bitte um das »Urteil der Freunde dieses großen Dichters« sowie mit der Ankündigung einer Reihe von (nie publizierten) Aufsätzen zum Gesamtwerk Shakespeares (ebd., S. 721): Der aufstrebende Literaturkritiker markiert auf diese Weise seine fehlbare Position und zeigt zugleich, daß er es mit einem überaus komplexen Gegenstand zu tun hat, der eigentlich nur über einen langen Zeitraum hinweg adäquat beurteilt werden kann. Diese notwendige Zeitintensität ergibt sich zudem aus der Rolle Shakespeares als »Dichter seiner Nation« (ebd., S. 686).

Tieck verwandelt also das Einzelwerk in eine komplexe hermeneutische Herausforderung für den Kritiker, indem er das Gesamtwerk als privilegierten Kontext des Einzelwerks setzt und beides im Rahmen einer Nationalliteratur situiert. Sowohl die werkgenealogische als auch die literaturhistorische Kontextualisierung erlauben historisch spezifische und relative literarische Wertungen, auch wenn Tiecks eigentliche Achtung der zeitenthobenen Geltung des großen Kunstwerks gehört. In den *Briefen über Shakespeare* aus dem *Poetischen Journal* wird Tieck dies nachdrücklich betonen (KS 1, S. 150, 180). Tieck markiert so einerseits die Einzigartigkeit eines offensichtlich normüberschreitenden Werks und legt gleichwohl autorspezifische ›Regeln‹ im Hinblick auf ein bestimmtes Publikum an. Shakespeares *Sturm* gilt ihm folglich als eine »schönere und vollendetere Wiederholung des Sommernachtstraums« (DKV 1, S. 688), weil es mit größerer Konsequenz die erschlossenen Intentionen des Autors realisiere bzw. den vom Autor selbst gesetzten ›Regeln‹ folge.

Anders formuliert: In einem sich wechselseitig stützenden Argumentationszirkel sind für Tieck werkästhetisch die Ganzheitlichkeit, rezeptionsästhetisch die Wirkungssicherheit und produktionsästhetisch die Planmäßigkeit und Konsequenz des literarischen Werks jene Momente, auf die sich das literaturkritische Urteil stützt – das eine kann jeweils mit dem anderen ›begründet‹ werden. Gerade die avancierte Poetik des »Schwindels« und der dauerhaften »Verwirrung« (ebd., S. 702, 704; Bong 2000, S. 32ff.) arbeitet diesen literaturkritischen Taktiken zu: Denn die von Tieck am konkreten Kunstwerk entfaltete Theorie der Zerstreuung fordert einen bis ins Kleinste kalkulierenden Autor, ein stimmungsvolles Werk voller interner Bezüge und einen Leser, der sich dem Kunstwerk hingibt, der nichts Schlimmeres als Langeweile kennt und der die kunstvolle Totalillusion ohne Wenn und Aber genießt. Auf diese Weise steigern sich mit der Bereitschaft, ein Publikum aus Konsumenten anzuerkennen, die Anforderungen an den Literaturkritiker, weil sich bei dieser Art des kontextspezifischen Urteilens die Bezüge vervielfältigen.

Entscheidend ist, daß Tieck aus der Verbindung von Produktions-, Werk- und Rezeptionsästhetik ein flexibles Instrumentarium gewinnt. In der Besprechung der *Neuesten Musenalmanache und Taschenbücher* erklärt er daher gleich anfangs programmatisch: »Es wäre ohne Zweifel sehr unbillig, wenn wir von allen kleinen Gedichten, welche uns jedes neue Jahr bringt, verlangen wollten, daß sie Meisterstücke und tadellos sein sollten«. Und diese Toleranz auch fürs Mittelmäßige ergänzt Tieck durch das Bewußtsein diverser Interessenlagen:

> Aber noch unbilliger wäre es, zu verlangen, daß Alles in Einer Manier dargestellt werden sollte; manche Blumen zu verwerfen, weil wir gerade eine ausschließende Vorliebe für diese und jene hätten. (KS 1, S. 77)

Dies hält Tieck natürlich nicht davon ab, mit mediokren literarischen Produkten hart ins Gericht zu gehen, um im literarischen Feld nicht als Anwalt poetischer Fabrikware zu erscheinen (Mix 2004, insbes. S. 243ff.; Schweikert 2, S. 148). Die Gedankenfiguren aus *Shakespeare's Behandlung des Wunderbaren* finden sich auch in dieser Rezension: Der Verfasser muß sich »getreu« bleiben, also den selbst gesetzten Vorgaben folgen (KS 1, S. 85), die »Vollkommenheit des Ganzen« muß als Stimmungswert gewahrt bleiben (ebd., S. 79), und die ununterbrochene Wirkung des Kunstwerks darf nicht gestört werden (ebd., S. 84).

Aber bei aller frühromantischen Hoffnung auf die »Morgendämmerung des Kunstsinns«, die sich mit Goethe ankündigt (ebd., S. 107), und bei allem hochliterarischen Faible für inhaltliche ›Idealisierung‹ und formale Vollendung tritt Tieck eben auch für eine konsumentenfreundliche, alltagstaugliche Lyrik ein: »[...] ein großer Theil des Publikums wünscht zur eigentlichen Erholung Gedichte und Aufsätze zu finden, die unterhalten, ohne anzustrengen [...].« Dagegen »zu eifern und zu schelten« sei solange »unnütz« und »lächerlich«, wie das Unterhaltungsangebot »das Große und Schöne« nicht vom Buchmarkt verdränge und die Gedichte in ihrer »Leichtigkeit« nicht »zu weit« gingen (ebd., S. 104f.; Gries 1967, S. 82ff.). Zudem ist sich Tieck darüber im klaren, daß Angemessenheit und Richtigkeit des Urteils wünschenswerte Eigenschaften einer Rezension sind, daß aber das primäre Anliegen einer Literaturkritik darin liegt, gelesen zu werden und mithin selbst nicht zu ›langweilen‹, also zu ›unterhalten‹ (ebd., S. 97, 99). Die »Anklage der Unbilligkeit« nimmt er dafür in kauf (ebd., S. 99).

Tiecks Reaktion auf Strukturprobleme der Literaturkritik

Auf diese Weise buchstabiert Tieck die haltlose Position des Literaturkritikers weiter aus. Generell rückt er bei allen Vorbehalten die anarchische Situation des Literatursystems in ein positives Licht, etwa in den nachgelassenen *Bemerkungen über Parteilichkeit, Dummheit und Bosheit* (1800) (Schmitz 1992, S. 264ff.): Cliquenwirtschaft und ›Anarchie‹ bestimmen aus Sicht der Akteure den Literaturbetrieb. Dies beklagt Tieck jedoch nicht, sondern er akzeptiert es als Normalzustand. Zwar hält er einige Kritiker schlicht für nicht satisfaktionsfähig. Von »Männern von Wissenschaft oder Talent« aber will er sich gern, selbst ungerechtfertigterweise, kritisieren lassen – »so werde ich«, schreibt er, »auch stolz genug sein, zu sagen, ich habe Feinde« (NS 2, S. 62). Tieck geht als Kritiker davon aus, daß er »mit ziemlicher Gewißheit auf Widersacher und Beurteiler rechnen« kann (Tieck 1800, S. 9). Er will den »literarischen Terrorismus« in der Absicht befördern, den »Krieg [...] auch einmal zur Sprache« zu bringen und die »feindlichen Meinungen [...] noch greller gegeneinander« zu stellen (KS 1, S. 158), wie er in den *Briefen über Shakspeare* (1800) programmatisch erklärt.

Tieck vertraut dem Streit in auffälliger Weise, weil er die Konfrontation an sich schätzt. »Ringen und Widerstreit«, so schreibt er am 16. Dezember 1803 an Friedrich Schlegel, »ist nur Erzeugen und Schaffen« (Tieck-Schlegel, S. 142). Für diese ungehemmte Produktivität auch des Schlechten hat Tieck eine bemerkenswerte Vorliebe:

> Jetzt ist aber auch die Zeit, in welcher sich nothwendig die Widersprüche der verschiedenen Partheien und Meinungen am heftigsten und schneidensten zeigen müssen, die neuere Welt wird unter Schmerzen und Beängstigung ihrer Mutter, der alten Zeit, an das Licht geboren. [...] In dieser Krisis ist es schwer, auf ein

Publikum und allgemeine Theilnahme zu rechnen, aber dennoch ist es löblich, wenn jeder, der sich dazu berufen fühlt, seine Bemühungen nicht aufgiebt, denn eben in dieser Periode des Kampfes, ist es gut, wenn von allen Seiten Stimmen gehört werden [...]. (Tieck 1800, S. 7)

Mit dieser Wertschätzung des Widerstreits steht Tieck unter den Romantikern nicht allein. Dies zeigt bereits die Bestimmung der »sokratische[n] Ironie« als »Gefühl von dem unauflöslichen Widerstreit des Unbedingten und des Bedingten« durch Friedrich Schlegel (Schlegel 1967, S. 368f.). ›Um 1800‹ haben Gedankenfiguren Konjunktur, die vom Prinzip eines reibungslosen Funktionierens im Wechselspiel der Kräfte und einer sich selbst anregenden Krisenhaftigkeit ausgehen (Vogl 2002, S. 254f.). So plädieren zumal die bereits zitierten *Briefe über Shakspeare* als Theorie der Kritik (KS 1, 160) für Uneinigkeit und Streit. Der Briefschreiber verkündet dem Briefadressaten gleich eingangs, er werde »niemals [s]einer Meinung werden« (ebd., S. 136, auch 176), hält die ständige Infragestellung der gerade bezogenen Position für unproblematisch (ebd., S. 145) und wendet sich vehement gegen den Eindruck scheinbarer Meinungskonvergenz (ebd., S. 157).

Kritik in potenzierter Form ist für den Rezensenten Tieck mithin normal: In seinen Besprechungen der *Neuesten Musenalmanache und Taschenbücher*, die im zweiten Teil von 1798 den Konflikt mit der Spätaufklärung suchen (Paulin 1982, S. 132; Preisler 1992, S. 57ff.), setzt er sich beispielsweise mit Gedichten auseinander, die in einer Art Präventivschlag imaginierte Kritik abwehren wollen (KS 1, S. 98, 103f.), er zitiert andere (Anti-)Rezensionen (ebd., S. 120, 122, 125), und er vermutet, wie bei den *Briefen über Shakspeare*, daß der Herausgeber des *Archivs der Zeit*, an den die kritischen Briefe adressiert sind, eine andere Meinung als er vertreten werde – »wenn ich also durch meinen Aufsatz vielleicht einen andern von Ihrer Hand veranlasse, so sind mir die Leser in jedem Falle Dank schuldig [...]« (ebd., S. 99).

Wie schon die aufklärerischen Kritiker der Literaturkritik stellt Tieck fest, daß sogar unter »Gleichgesinntesten« die »Uneinigkeit« herrscht (NS 2, S. 95) und daß »Anarchie und Pöbelherrschaft« den Literaturbetrieb bestimmen (Schweikert 2, S. 185). Die Tugenden der »Gründlichkeit« und »Überzeugung« werden durch den effektvollen Auftritt, durch »Aufsehn«, »Anregen«, »Erschrecken« und »Ärgern« ersetzt (Tieck 1838, S. VI). Kurz: »[...] dasjenige, was man mit Recht Kritik nennen kann, ist völlig untergegangen [...]« (Matenko 1933, S. 94). Und so wenig sich an dieser schon früh gestellten Diagnose ändert, so wenig ändert sich an Tiecks fortgesetzten Versuchen, gerade dieser ›Anarchie‹ der Meinungen etwas Positives abzugewinnen: »Es giebt tausend Ansichten der Kunst und Poesie«, erklärt Tieck in einem Brief an Solger vom 1. Februar 1812 und fügt dann als Rezensionsprogramm hinzu: Alle haben Wahrheit, selbst die einseitigsten. [...] Je älter ich werde, je mehr löst sich bei mir alles in historischer Ansicht auf. Das Gute bleibt darum doch gut, so wie das Schlechte schlecht. Das Individuelle, das Eigne, Originale ist mir am Freunde, an jedem Menschen das interessanteste [...], das, wodurch er gerade *dieser* Geist und kein anderer ist. (Ebd., S. 95)

Die Erweiterung der Literaturkritik zur Kulturgeschichte der Literatur

Die genannten Strukturprobleme des Literatur- und Kritikbetriebs und das skizzierte Lösungsmodell, das Kritik durch historische Analyse ersetzt, reflektiert Tieck 1828 ausführlich in der Vorrede zur Bearbeitung von Schnabels *Wunderlicher Fata einiger Seefahrer [...]* (in der Kurzfassung: *Insel Felsenburg*). Gerade denjenigen, »denen es darum zu thun ist, meine Denkungsart kennen zu lernen«, empfiehlt er diesen Beitrag zu einer kulturhistorisch profilierten Form der Literaturkritik (KS 1, S. XIV; Preisler 1992, S. 118ff.; Gries 1967). Er schließt damit nicht zuletzt an seine frühen Theatersatiren an: Im Modus der dramatischen Darstellung zeigt Tieck beispielsweise in *Der gestiefelte Kater*, wie widersprüchlich die Erwartungen des Publikums sind, wie sehr der Autor vom Theater- bzw. Literaturbetrieb abhängt und wie problematisch es ist, ohne Rücksicht auf den zeitgenössischen Geschmack Neuerungen durchsetzen zu wollen. Entsprechend weist Tieck im Vorbericht zu *Der gestiefelte Kater* in seinen *Schriften* (1828) darauf hin, daß sich »Vorliebe[n]« in einem allmählichen Prozeß der unwillkürlichen Einprägung bestimmter Geschmacksmuster »nach und nach« durchsetzen und das Publikum so mitunter »die Übertreibung, die Unnatur und das Häßliche« übersieht (Schweikert 1, S. 141). Zwar sind auch diese negativen Qualifikationen historisch eingespielte Urteilsformen: »Mir war es gegönnt worden, von frühester Kindheit ein gutes Theater zu sehn und mich an treffliche Darstellung, Natur und Wahrheit so zu gewöhnen« (ebd., S. 138). Aber dieses problematische Verhältnis von Genese und Geltung des ästhetischen Urteilsvermögens wird insofern entschärft, als Tieck vom Kritiker vor allem eines fordert: Offenheit für das Neue und die Bereitschaft, sich zeitintensiv darauf einzulassen.

> Des Künstlers Begeisterung sieht und entdeckt neue Welten. Neue Beziehungen, andre Bedingungen, ein Verkehr des Geistes, der uns bis dahin fremd war, treten ein, und eben so erzeugen sich im Werke selbst neue Kunstgesetze, oder die schon bekannten erleiden eine überraschend neue Anwendung. Diese Dinge einfach, wahr und unverkünstelt zu fühlen, sich anzueignen, und in jedem Werke das Werk zu erkennen, ist eine nicht gemeine Gabe; denn man kann, wenn man die Kunstgeschichte und seine Zeitgenossen kennt, dreist behaupten, daß ein wahrer Kunstsinn nur sehr selten angetroffen wird. Talent, selbst glänzendes, ist häufiger, und oft sogar ist Talent der Einsicht und dem Kunstsinne hinderlich. Nichts aber

stört diesen so sehr, als die Gewohnheit, aus zu früh erschaffenen philosophischen Prinzipien die Schöpfungen der Kunst erkennen zu wollen. (Ebd., S. 139)

Eben der Frage, wie »aus Erfahrung, dem lebendigen Erkennen und der ›künstlerischen Begeisterung‹« die »echte Kritik hervorgehen« kann, »die dann [...] auch die Grundsätze finden und aufstellen, so wie die Aussprüche eines Aristoteles verstehen und mit den neueren Erfahrungen ausgleichen wird« (ebd., S. 140), widmet Tieck sich in der *Insel Felsenburg*-Vorrede, der er später den Titel *Gespräch über Kritik und deutsches Bücherwesen* (1828) gegeben hat. Hier ist zunächst wichtig, daß die dialogische Form der Auseinandersetzung bereits formal auf die Struktur des literarkritischen Betriebs hindeutet: Das *Gespräch* findet zwischen zwei Freunden statt, die sich streiten können, gerade weil sie in den wesentlichen Punkten miteinander übereinstimmen:

> Ein Freund, mit dem ich in den wichtigsten Sachen einig bin, und eben deshalb oft von seiner Meinung dennoch abweiche, trat herein und rief, indem er die Ueberschrift sah: Wie? auch dieses alte Buch »die Insel Felsenburg« soll neu gedruckt werden? (KS 2, S. 135)

Anders formuliert: Der kritische Diskurs ist hochriskant; stets drohen Eskalationen in Sachen Polemik und Unverständnis. Der kritische Diskurs erlaubt unterschiedliche Meinungen, die zu prinzipiell divergenten, gewissermaßen ›unfreundlichen‹ und daher kommunikativ nicht mehr vermittelbaren Positionen führen können. »Das ist eben die Lust der Freundschaft«, schreibt Tieck in der Einleitung der *Kritischen Schriften*, »daß auch im vollsten Einverständniß immer etwas nicht ganz in dem Sinne des Redenden aufgeht« (KS 1, S. XV).

Diese Verunsicherung kritischer Kommunikation resultiert u. a. aus der historischen Lesekultur, die im *Gespräch* zunächst abwertend beschrieben wird, und zwar in den Parametern der Lesesuchtkritik einerseits sowie der Diskussion um die Trennung von Hoch- und Trivialliteratur andererseits. Ein Diskutant klagt über die Zeitvergeudung und sittliche Gefährdung durch unterhaltsame Literatur, die sich auf dem Buchmarkt gegen anspruchsvolle Texte durchsetzt:

> Und doch, fuhr jener fort, sind wir Beide längst darüber einig und haben es oft gemeinsam beklagt, daß diese Flut unnützer Bücher immer mehr anschwillt, daß auch die geringere Menschenklasse, Dienstboten und Bauern in so vielen Gegenden, Kinder und Unmündige, Mädchen und Weiber, immer mehr und mehr in diesen verschlingenden Wirbel hineingezogen werden: daß das Bedürfnis, die Zeit auf diese Weise zu verderben, immer mächtiger wird, und daß auf diesem Wege Charakter, Gesinnung, Empfindung und Verstand, die besten Kräfte des Menschen, vorzüglich aber jene Frische der Unschuld, ohne welche der Begabte selbst nur ohnmächtig erscheint, nothwendig zu Grund gehen müssen. (KS 2, S. 135f.)

Aufschlußreich ist die kontroverse Reinterpretation der Lesekultur im Gespräch, weil sie die kulturhistorischen Bedingungen des Literaturbetriebs durchleuchtet und damit von einer präskriptiven zu einer eher deskriptiven Haltung wechselt. Tieck beschreibt hier die Privatisierung des Lebens und den Rückzug des Individuums aus einer (idealisierten) gemeinschaftlichen Öffentlichkeit: »[D]as Leben nahm damals die Zeit, auch des Geringsten, ganz anders in Anspruch« (ebd., S. 141). Mit dem Rückzug des Einzelnen, so Tieck weiter, entstehe eine Freizeitkultur, die Kulturkonsum als Entspannungsform privilegiert, die auf Innovation angewiesen ist und daher zum Modischen tendiert.

Daß sich der Diskussionsteilnehmer, der diese Position formuliert, gleich anfangs als Agent des Verlegers zu erkennen gibt, in dessen Auftrag er das Vorwort zur *Insel Felsenburg* verfaßt (ebd., S. 135; Schweikert 2, S. 191), paßt ins Bild: Literaturkritik findet demzufolge im Kontext eines Literaturbetriebs statt, in dem sich das Publikum in unterschiedliche Gruppen mit je eigenen Interessen und Bedürfnissen aufgliedert. In dieser Situation gelten – kulturhistorisch bedingt und vom Einzelnen daher nicht zu verantworten – faktisch unterschiedliche Normen und Werte, »mag eine spätere Kritik auch dagegen einzuwenden haben, was sie will [...]« (KS 2, S. 143).

Man darf hinzufügen: Der zeitgenössischen Kritik geht es nicht anders, weil »es unnütz ist, immer den höchsten Maßstab anzulegen« (ebd., S. 136). Gleichwohl hält Tieck bei aller Achtung »menschlicher Bedürfnisse und Bedürfnisbefriedigungen« an der letztlich transhistorischen Geltung großer Kunstwerke fest (Ribbat 1975, S. XVIII). Allerdings besteht die Gefahr einer Verwechslung des zeitenthobenen und des zeitbedingten Kunstwerks. In der Einleitung zum *Novellenbuch* von Eduard von Bülow (1834) erklärt Tieck daher:

> Der wahre Autor, der ächte Dichter, der große Künstler ist ein Sohn seiner Zeit [...]. Ein Autor, der nur dem Zufälligen nachgeht [...], wird nie etwas hervorbringen, das ihn überlebt. Die Zeit selbst vertritt die Stelle der Kritik und bewahrt das auf, was würdig, macht vergessen, was unbedeutend ist. Oft trifft sie es recht und ergänzt oder ersetzt die wahre Kritik; oft aber ist sie nur vergeßlich wie das Alter, und es hat sich wohl getroffen, daß ächte Kunstwerke auf eine Zeit lang in die Polterkammer gelegt oder manierirte Dichtungen als Muster in spätere Jahre herübergeschleppt wurden. (KS 2, S. 378; *Zur Geschichte der Novelle*)

Bereits in *Bücherschau* in der *Dresdner Morgenzeitung* (1827) hatte Tieck sich vorgenommen, nicht allein Neuerscheinungen, sondern auch ältere Werke zu rezensieren. So weist er gleich zu Beginn auf Ulrich Hegners »Büchelchen« *Saly's Revolutionstage* aus dem Jahr 1814 hin, das nur deswegen kein Erfolg geworden sei, weil die »Interessen« des Publikums sich zeitbedingt nicht dafür öffnen konnten (ebd., S. 97). Aus dieser Perspektive stellt sich der Literaturkritik, die sich selbst historisch wird, ein prinzipielles Problem: Wenn die Interessenlagen, Präferenzen und Bedürfnisstrukturen des Publikums wechseln, dann verändert auch die Kritik ihre Urteile in einem permanenten Revisionsprozeß. Davor sind selbst kanonisierte Werke nicht sicher: »Zuweilen hat sich auch in entschiedenen Prozessen ein Irrthum versteckt, der den Forschenden wol schon sonst veranlaßt hat, die längst ausgemachte Sache vor ein neues Urtheil und eine neue Untersuchung zu citiren« (ebd., S. 137). Worin kann aber dann die Aufgabe der Literaturkritik bestehen? Entsprechend irritiert behauptet der »Freund« im *Gespräch über Kritik und deutsches Bücherwesen*: »Wenn man die Sachen so geschichtlich betrachtet, so geht freilich die eigentliche Kritik unter« (ebd., S. 146).

Für dieses Problem findet Tieck keine plausible Lösung, aber er formuliert vor diesem Hintergrund die Prinzipien seiner Literaturkritik: Der Kritiker akzeptiert die Fehlbarkeit seines Urteils und nimmt eine flexible, stets revidierbare Position ein – daß das *Gespräch* mit der Irritation über einen Positionswechsel beginnt, ist daher programmatisch zu verstehen. Davon ausgehend entfaltet der Kritiker sein Urteil im wechselseitigen Bezug von produktions-, werk- und rezeptionsästhetischen Momenten. Schließlich entwickelt er seinen ›Gegenstand‹ als historisch gewordenes Phänomen, das in vielfältige Abhängigkeiten eingebunden ist. Pointiert formuliert: »Ein wahres Buch bezieht sich auch doppelt, zunächst auf sich selbst, dann aber auch auf seine Zeit, und beides muß sich innigst durchdringen« (ebd., S. 147). Wenn also die frühromantische Literaturkritik die Kritisierbarkeit eines Buchs vor allem von seinem internen Beziehungsreichtum aus begründet und die Literaturkritik als Fortsetzung der Poesie mit anderen Mitteln entwirft (Benjamin 1973, insbes. S. 57ff.; Menninghaus 1987, insbes. S. 172ff., 186ff.), dann überträgt Tieck diesen werkästhetischen Beziehungssinn auf weitere (kultur-)historische Konstellationen und Kontexte.

Aus dieser Perspektive schlägt Tieck eine Zweiteilung des literaturkritischen Verfahrens vor, das bei der Rekonstruktion beginnt und dann erst zur Wertung gelangt: Anstelle umstandsloser Kritik empfiehlt er eine deskriptive und symptomatologische Herangehensweise, die auf einer entsagungsvollen Aufmerksamkeitshaltung des Literaturkritikers gründet.

> Lehrreich [...] möchte es sein, jenen Wechsel von Stimmungen und sich verändernden geistigen Bedürfnissen von einem höhern Standpunkte aus zu betrachten; geschichtlich diesen Wandel und seine innere Nothwendigkeit zu erforschen, um zu erfahren, was der Geist gemeint oder gesucht habe, um auf diesem Wege die ächte Geschichte des Menschen und der Staaten, so gut wie die der Poesie zu vergegenwärtigen: statt daß wir seit langer Zeit Alles haben liegen lassen, was uns nicht unmittelbar interessirt oder beim ersten Anblick verständlich ist, und so selbst wieder in der Geschichtsansicht einem kleinlichen Zeitgeist, einer vorübergehenden Stimmung, einem wechselnden Bedürfniß, ja einer nichtigen Mode

dienstbar sind, ohne diese traurige Knechtschaft in unserem Hochmuth auch nur im mindesten zu ahnen. (KS 2, S. 144)

Nur diese Haltung kann im übrigen auch plausibilisieren, warum Tieck seine *Kritischen Schriften* überhaupt wieder auflegt: Denn die programmatischen und kritischen Beiträge sind nicht ihrer Urteile wegen an sich »interessant«, sondern als Quellen für Symptomstudien, die die Entwicklung Tiecks analysieren wollen (KS 1, S. VI). So verbinden sich im *Gespräch über Kritik und deutsches Bücherwesen* die Beobachtung von Marktgesetzlichkeiten, die Anpassung der Literaturkritik an diese Gegebenheiten und die Vermarktung des eigenen Werks. Tieck fragt eben auch deswegen »konkreter als die philosophierenden Freunde« nach den »realen Wirkungen und den historischen Kontexten«, weil seine Orientierung am Literaturbetrieb sein Bewußtsein fürs Verhältnis von Autor und Publikum geschärft hat (Ribbat 1975, S. XII). »Vorläufigkeit, Offenheit und Ergänzungsbedürftigkeit« sind die grundlegenden Merkmale »des kritischen Urteils« (Preisler 1992, S. 307), das sich auf die normative Kraft des Faktischen einläßt – der ›Konsens‹ will sich unter diesen Bedingungen weniger selbstläuferisch einstellen, als es einer normativen Literaturkritik recht sein mag.

Literatur

Benjamin 1973: Benjamin, Walter: Der Begriff der Kunstkritik in der deutschen Romantik [1919], hg. von Hermann Schweppenhäuser, Frankfurt a. M. 1973.
Bong 2000: Bong, Jörg: Texttaumel. Poetologische Inversionen von ›Spätaufklärung‹ und ›Frühromantik‹ bei Ludwig Tieck, Heidelberg 2000.
Dahnke 1986: Dahnke, Hans-Dietrich: Wandlungen in Wesen und Funktion öffentlicher literarischer Debatten und Kontroversen zwischen 1780 und 1810. In: Kontroversen, alte und neue. Akten des VII. Internationalen Germanisten Kongresses Göttingen 1985, Bd. 2: Formen und Formgeschichte des Streitens. Der Literaturstreit, hg. von Franz Josef Worstbrock und Helmut Koopmann, Tübingen 1986, S. 172–179.
Dahnke/Leistner 1989: Dahnke, Hans-Dietrich/Leistner, Bernd: Von der »Gelehrtenrepublik« zur »Guerre ouverte«. Aspekte eines Dissoziationsprozesses. In: Debatten und Kontroversen. Literarische Auseinandersetzungen in Deutschland am Ende des 18. Jahrhunderts, hg. von Hans-Dietrich Dahnke und Bernd Leistner, Bd. 1, Berlin/Weimar 1989, S. 13–38.
Frank 1989: Frank, Manfred: Einführung in die frühromantische Ästhetik. Vorlesungen, Frankfurt a. M. 1989.
Gries 1967: Gries, Frauke: Ludwig Tieck as Critic. Sociological Tendencies in his Criticism, phil. Diss. Stanford 1967.
Hettner 1959: Hettner, Hermann: Ludwig Tieck als Kritiker. 1853. In: ders.: Schriften zur Literatur, Berlin 1959, S. 354–358.
Koopmann 1984: Koopmann, Helmut: Dichter, Kritiker, Publikum. Schillers und Goethes Rezensionen als Indikatoren einer sich wandelnden Literaturkritik. In: Unser Commercium. Goethes und Schillers Literaturpolitik, hg. von Wilfried Barner, Eberhard Lämmert und Norbert Oellers, Stuttgart 1984, S. 79–106.

Martus 2001: Martus, Steffen: »Man setzet sich eben derselben Gefahr aus, welcher man andre aussetzet«. Autoritative Performanz in der literarischen Kommunikation am Beispiel von Bayle, Bodmer und Schiller. In: Zeitschrift für deutsche Philologie 120 (2001), S. 481–501.

Martus 2004: Martus, Steffen: Romantische Aufmerksamkeit. Sinn und Unsinn der Philologie bei Ludwig Tieck. In: »lasst uns, da es uns vergönnt ist, vernünftig seyn! –«. Ludwig Tieck (1773–1853), hg. vom Institut für Deutsche Literatur der Humboldt-Universität zu Berlin, unter Mitarbeit von Heidrun Markert, Bern/u. a. 2004, S. 199–224.

Martus 2007a: Martus, Steffen: Die Aufklärung im Spiegelstadium ihrer Kritik. In: Aufklärung, hg. von Roland Galle und Helmut Pfeiffer, München 2007, S. 55–81.

Martus 2007b: Martus, Steffen: Werkpolitik. Zur Literaturgeschichte kritischer Kommunikation vom 17. bis ins 20. Jahrhundert. Mit Studien zu Klopstock, Tieck, Goethe und George, Berlin/New York 2007.

Matenko 1933: Matenko, Percy: Tieck and Solger. The complete correspondence, New York/Berlin 1933.

Menninghaus 1987: Menninghaus, Winfried: Unendliche Verdopplung. Die frühromantische Grundlegung der Kunsttheorie im Begriff absoluter Selbstreflexion, Frankfurt a. M. 1987.

Mix 2004: Mix, York-Gothart: Kunstreligion und Geld. Ludwig Tieck, die Brüder Schlegel und die Konkurrenz auf dem literarischen Markt um 1800. In: »lasst uns, da es uns vergönnt ist, vernünftig seyn! –«. Ludwig Tieck (1773–1853), hg. vom Institut für Deutsche Literatur der Humboldt-Universität zu Berlin, unter Mitarbeit von Heidrun Markert, Bern/u. a. 2004, S. 241–258.

Paulin 1982: Paulin, Roger: Ludwig Tiecks Essayistik. In: Jahrbuch für Internationale Germanistik 14 (1982), H. 1, S. 126–156.

Paulin 1988: Paulin, Roger: Ludwig Tieck. Eine literarische Biographie, München 1988.

Preisler 1992: Preisler, Horst L.: Gesellige Kritik. Ludwig Tiecks kritische, essayistische und literarhistorische Schriften, Stuttgart 1992.

Ribbat 1975: Ribbat, Ernst: Einleitung. Romantische Wirkungsästhetik. In: Ludwig Tieck: Ausgewählte kritische Schriften, mit einer Einleitung hg. von E. R., Tübingen 1975, S. VII–XXI.

Riedel 1973: Riedel, Friedrich Just: Briefe über das Publikum (1768), hg. von Eckart Feldmeier, Wien 1973.

Rüter 1976: Rüter, Hubert: Eine Horen-Rezension Ludwig Tiecks. In: Zeitschrift für deutsche Philologie 95 (1976), S. 204–211.

Schlegel 1798: Schlegel, August Wilhelm: Beyträge zur Kritik der neuesten Litteratur. In: Athenaeum. Eine Zeitschrift, hg. von A. W. S. und Friedrich Schlegel, Bd. 1, 1. St., Berlin 1798, S. 141–177 (Reprint Darmstadt 1992).

Schlegel 1847: Schlegel, August Wilhelm: Sämmtliche Werke, 16. Bde., hg. von Eduard Böcking, Bd. 11: Vermischte und Kritische Schriften, Leipzig 1847 (Reprint Hildesheim 1971).

Schlegel 1967: Schlegel, Friedrich: Kritische Ausgabe, Bd. 2: Charakteristiken und Kritiken I (1796–1801), hg. und eingeleitet von Hans Eichner, Paderborn/u. a. 1967.

Schmitz 1992: Schmitz, Rainer: »Poetenblut düng' unsern Platten Grund«. Der deutsche Dichterkrieg 1799–1804. In: Die ästhetische Prügeley. Streitschriften der antiromantischen Bewegung, hg. von R. S., Göttingen 1992, S. 247–313.

Tieck 1800: Tieck, Ludwig (Hg.): Poetisches Journal 1 (1800), 1. St.

Tieck 1838: Tieck, Ludwig: Gesammelte Novellen, 8 Bde., 2., vermehrte und verbesserte Auflage, Breslau 1838.

Urban 2004: Urban, Astrid: Kunst der Kritik. Die Gattungsgeschichte der Rezension von der Spätaufklärung bis zur Romantik, Heidelberg 2004.

Vogl 2002: Vogl, Joseph: Kalkül und Leidenschaft. Poetik des ökonomischen Menschen, München 2002.

Der Theaterkritiker

Jochen Strobel

Romantische Theaterkritik

Tiecks theaterkritische Praxis kann nur vor dem Hintergrund des frühromantischen Kritikverständnisses betrachtet werden, das Kritik als Fortsetzung der Poesie mit anderen Mitteln begreift und den Kritiker (und Leser) zum Poeten macht. Insofern romantische Transzendentalpoesie stets auf sich selbst und ihre Entstehungs- und Möglichkeitsbedingungen reflektiert, ist dieser Prozeß möglichst bruchlos durch den Rezipienten fortzusetzen (siehe den Beitrag *Der Literaturkritiker* in Kap. 3). Daraus folgt, daß zwischen literarischem und kritischem Genre kein grundlegender Unterschied mehr besteht. Die zahllosen Leseabende, an denen Tieck meist einen vollständigen Dramentext vortrug, boten ihm die für ihn spezifischen Gelegenheiten zu einer produktiven Theaterkritik im weitesten Sinn: *in puncto* Repertoire und Vortragsstil nämlich (siehe den Beitrag *Der Vorleser* in Kap. 1).

Tiecks Domäne ist auch weniger die unmittelbare Aufführungskritik als vielmehr die zu theater- und literaturgeschichtlichem Umblick neigende Dramenkritik aus der Sicht des Theaterenthusiasten und Dramenautors. Ein erster kritischer Aufsatz *Über Shakspeare's Behandlung des Wunderbaren* ist ein bereits produktionsästhetischem Interesse verpflichteter Beitrag. Etwa zeitgleich wird im Briefwechsel des Studenten Tieck mit dem Jugendfreund Wackenroder über Theaterbesuche berichtet, werden aktuelle Stücke von Modedramatikern verrissen, die sich, wie Johann Friedrich Jünger, durch eine vermeintliche Überbetonung der Phantasie anstelle der ›Natur‹ auszeichneten (vgl. Wackenroder 2, S. 56).

›Produktive Kritik‹ meint vor 1800, noch im Vorfeld der Konstituierung der Frühromantik in Jena, Tiecks dramatische Theatersatiren. Dann, um 1825, bezieht sie sich auf den Theaterkritiker Tieck im engeren Sinn, also im Kontext seiner dramaturgischen Tätigkeit in Dresden, aber auch seiner editorischen Bemühungen; schließlich meldet sich 1851 noch einmal der Praktiker und Selbst-Kritiker Tieck der letzten Lebensjahre zu Wort, der als Schlußpassage in den *Kritischen Schriften* seine *Bemerkungen über einige Schauspiele und deren Darstellung auf der berliner Hofbühne* formuliert. Gemeint sind die eigenen Komödien genauso wie Shakespeares *Sommernachtstraum* und nun für die Bühne wiederentdeckte antike Dramen (vgl. Strobel 2007; Boetius 2005; KS 4 S. 369ff.).

Kritik im Drama: *Der gestiefelte Kater*

Einem produktiven Kritikbegriff angemessen ist Tiecks Satire auf den zeitgenössischen Theaterbetrieb in Form von gern gelesenen, aber lange Zeit ungespielten Dramentexten. Am Anfang steht das im Verlag von Friedrich Nicolais Sohn 1797 erscheinende Märchendrama *Der gestiefelte Kater*. Aus dem Blickwinkel von Tiecks späterem Theaterreform-Projekt artikuliert sich bereits dort und in anderen Texten aus den Jahren um 1800 die Ausgangsdiagnose vom Niedergang der deutschen Bühne.

Tieck kommt es hier auf die Apotheose wahrer Poesie gegenüber dem ephemer Kritischen und damit auch die Polemik gegen die notorischen Exponenten des Literaturbetriebs an – ein Interesse, das sich auch auf die Gestalt der *Dramaturgischen Blätter* als Bestandteil einer künftigen Werkausgabe auswirken sollte. Seine Komödie kehrt sich gegen die »kleinlichen Gemälde des häuslichen Familienlebens« (KS 3, S. XIV) in der Tradition des empfindsamen Rührstücks, die durch die damaligen dramatischen Aufsteiger August Wilhelm Iffland, seit 1796 Theaterintendant in Berlin, und August von Kotzebue zum Bühnenerfolg geführt wurden. Es geht ihm also nicht um Aufführungskritik, Tieck wendet sich vielmehr gegen die gerade modisch werdende Theaterpraxis schlechthin.

Die ironisch gebrochene Einbindung von Kritik in den Dramenablauf selbst scheint den traditionellen, wertenden Kritiker geradezu auszuschließen: Der Kritiker Bötticher, als Dramenfigur dem Romantiker-Antipoden Karl August Böttiger nachgebildet, ist in Tiecks Komödie ein Fremdkörper, denn in einem echten Kunstwerk müßte ihm das Wort entzogen werden.

Bald darauf stellt Tieck dem deutschen Theater in einer allerdings zu Lebzeiten nicht publizierten Schmähschrift gegen die Polemik von Romantikgegnern wie Johann Daniel Falk eine apokalyptische Prognose und bettet so die auszufechtende Kontroverse in eine Geschichte des deutschen Theaters ein. Dessen Blütezeit, die Zeit Lessings und des jungen Goethe, war demnach kurz. Auf dem Theater bedeute der Wechsel der Generationen nicht etwa Innovation, sondern Untergang – diese pessimistische Deutung gehört in den Kontext der postrevolutionären Dysphorie der Jahrhundertwende. Die wahre »Verkehrtheit und Unkünstlichkeit« verkörpert nun der namentlich nicht genannte Iffland, also der einflußreichste Protagonist des deutschen Theater-

betriebs, zusammen mit den in ihrer Kunst gesunkenen Schauspielern und
»in den allertiefsten Naturalismus hinabgestiegen[en]« Dichtern (NS 1, S. 92).
Von dieser Generaldiagnose weicht Tieck nicht mehr ab; künftig wird sein
Bemühen die Sisyphos-Arbeit einer kosmetischen Reparatur des deutschen
Nationaltheaters sein.

Tiecks *Dramaturgische Blätter*

1825 wird Tieck Dramaturg am Dresdner Hoftheater. Möglicherweise sind
die Theaterkritiken, die er schon vier Jahre zuvor für die Dresdner *Abend-
Zeitung* zu schreiben begonnen hatte, eine Vorbereitung auf diese Tätigkeit,
ein Ausweis seiner Qualifikation in Theaterfragen. Es entsteht eine Reihe
von Aufführungskritiken, deren Gros, zusammen mit weiteren Aufsätzen zu
Dramentexten oder zum deutschen und englischen Theater der Zeit, erstmals
1825/26 unter dem Titel *Dramaturgische Blätter* in Buchform publiziert wird.

Die Buchpublikation ist beinahe eine halbamtliche Verlautbarung des
Dresdner Dramaturgen, ein Entwurf des Selbstverständnisses seiner Arbeit in
Fragmenten und aus der Praxis heraus. Es ist, wie von Tieck nicht anders zu
erwarten, eine Dresdner Dramaturgie des Okkasionellen. Sie besteht vor allem
aus Einzelkritiken von ein bis 20 Seiten Umfang mit Inhaltsangaben, Bewertungen aus einer produktionsästhetischen Perspektive und geradezu mit Anlei-
tungen an den betreffenden Autor oder überhaupt an Dramenautoren. Daneben erfolgen Bewertungen der Leistung einzelner Schauspieler, ist doch – und
hier bleibt ein Stück frühromantischer Ästhetik erhalten – der Schauspieler in
der Ausgestaltung seiner Rolle ebenso Genie wie der Autor. Der individuellen
Aufführung, der Inszenierung und der Bearbeitung gelten kaum ausführliche
Bemerkungen. Vielmehr geht Tieck oft vom einzelnen Stück über zu Autor
und Genre, zu Vorbildern und Vorläufern. Aus der Theaterkritik werden so
Bruchstücke einer Dramen- und Theatergeschichte; es finden sich auch Reminiszenzen an Vorreden Tiecks zu seinen Drameneditionen, die teils früheren,
teils späteren Datums sind. Tieck behandelt Stücke von Modedramatikern wie
Eduard Gehe, Ernst von Houwald, Theodor Körner, Heinrich Clauren oder
dem Dresdner Vielschreiber Theodor Winkler-Hell, doch geht es auch um
Goethe, Schiller, Shakespeare und Kleist, um Holberg, Goldoni, Lessing oder
den dänischen Freund Adam Oehlenschläger.

Die 100 Druckseiten umfassenden *Bemerkungen über einige Schauspiele
und deren Darstellung auf der dresdener Hofbühne* sind bereits in der Auswahl
des Repertoires und der Bewertungen der Schauspielerleistung eine in die Öffentlichkeit verlegte Manöverkritik. Tiecks Sammlung ist von vornherein ein
Exempel der Formauflösung; dafür läßt sich der romantische Fragmentbegriff

reklamieren: spontane Thesenbildung *in nuce*, abgeschlossenes Detail und zugleich Entwurf des idealen Theaters.

Der drohende Untergang des deutschen Theaters wird vor allem dem unguten Zusammenspiel von Seichtigkeit des Angebots und Anspruchslosigkeit der Nachfrage angelastet. Den Deutschen spricht Tieck eine Neigung zu Sentimentalität zu, welche den jahrzehntelangen Erfolg rührender Familienstücke erklärt. Es mangele hingegen an »Kritik, Witz und Philosophie« (KS 3, S. 39).

Immer wieder nennt Tieck Schillers *Jungfrau von Orleans* (in der Schiller zu Tiecks Entsetzen neue Mirakel hinzuerfunden hat) und dessen *Braut von Messina* als unrühmliche Vorbilder für die neuere Dramenproduktion, nämlich ein lyrisches, die ursprüngliche Form auflösendes Drama mit langen lyrischen oder epischen Passagen, die den Schauspieler zum unnatürlichen Deklamieren veranlaßten. Die Nachfolger Schillers hätten also den typisch deutschen Geschmack bedient, denn zu diesen Nachfolgern zählt Tieck die Modeautoren der 1820er Jahre: Verfasser von Schicksalstragödien, »ganz verwirrten Gespenstbildungen« (KS 4, S. 144) und historischen Ritterstücken wie Zacharias Werner, Adolph Müllner, Franz Grillparzer (dessen *Ahnfrau* Tieck sehr kritisch beurteilt), Ernst von Houwald oder Ernst Raupach. Tiecks Bewertung von Schillers antikisierendem Trauerspiel liegt dabei ganz auf der Linie der Zeit. Nicht nur die Instanz des Chors, sondern generell die irrtümlich angenommene Leugnung der moralischen Verantwortung der Figuren zugunsten eines Familienfatums werden durch die zeitgenössische Kritik verurteilt (vgl. Alt 2000, S. 538).

Zwischen poetischem und kritischem Text ist jetzt wieder strikt zu trennen: Kritik ist, wie schon im 18. Jahrhundert, Geschmacksbildung; sie wendet sich an alle am Theaterbetrieb Beteiligten. Nicht der auf Unterhaltung schielende Zuschauer soll aufgestört werden, sondern der Gebildete soll dazu gebracht werden, sich vom Abgeschmackten zu distanzieren (vgl. KS 3, S. 217). Der darüber hinaus intendierte Dialog zwischen Kritiker und Autor ist nicht mit jedem Dramenschreiber möglich. Tiecks Kritiken sind auch der Form nach mitunter dialogisch angelegt, so wie viele seiner Novellen dieser Zeit Gesprächsnovellen sind. Aus der Situation des fiktiven geselligen Dialogs heraus (mitunter auch des brieflichen Dialogs mit einem Freund) entwickelt sich die Erzählung von einem zunächst kontrovers beurteilten Theaterbesuch; einem der Gesprächspartner ist dann genügend Urteils- und Überzeugungskraft zu eigen, so daß schließlich Einklang erzielt wird.

Die Inszenierungskritik liegt zumindest am Rand von Tiecks Interessenhorizont: Er lehnt unorganische Streichungen ab, ebenso zu sehr auf das Populäre schielende Bearbeitungen; er tadelt ein unnatürliches »Costüm«, ein Zuviel an Dekoration und Maschinen, kurz an »Augenschauspiel«, das den Dichter und die Schauspieler zu verdrängen droht, aber auch ein Überangebot an Musik und ›Lärm‹ (KS 4, S. 73). Wünschenswert erscheint es Tieck, eine

Theaterdirektion handle nach »Plan und Kunstabsicht« (KS 4, S. 131); seine Beobachtungen jedoch sind andere.

Immer wieder enthalten Tiecks Kritiken versteckte oder offene Anweisungen für Schauspieler, durchaus auch für die Dresdner Schauspieler, seine Untergebenen also, welche die Monita ihres Dramaturgen in der Zeitung nachlesen können. Der Schauspieler müsse neben dem Dramatiker als zweiter Schöpfer des Stückes agieren, er müsse natürlich spielen, jedoch seine Rolle zu poetischer Darstellung überhöhen. Die Idee auch einer schwächeren dramatischen Vorlage könne sich im Spiel entwickeln und dabei die Mängel des Dichters vergessen machen. Die Mannigfaltigkeit des dramatischen Vortrags korreliere allerdings mit der Vielfalt der dramatischen Produktionen selbst. Tieck beharrt auch hier auf der individuellen Behandlung jedes Stücks. Die Dresdner Schauspieler charakterisiert er nach dem Talent für das einzelne Bühnenfach, nach dem Gedächtnis, nach der Stimme und nach der Sprechweise, nach Einsicht, Verstand, Darstellungsgabe und Fleiß (vgl. KS 4, S. 110ff.). Es fällt auf, daß Tieck gerade nicht die ekstatische, aus der Einbildungskraft heraus entstandene Spielweise des angeblich typisch romantischen Schauspielers Ludwig Devrient besonders schätzt (vgl. Brauneck 1999, S. 86ff.). Hierzu fügt sich Tiecks Ablehnung gewisser Tendenzen der exzessiven Gewaltdarstellung auf der Bühne. Es scheint also, Tiecks Forderung nach Natürlichkeit wende sich gegen alle allzu naturalistischen Härten. Im Sprechstil richtet sie sich allerdings auch gegen das unnatürliche Deklamieren, dem Goethe am Weimarer Nationaltheater Vorschub geleistet hatte.

Theaterkritik und Kanon

Tiecks Präferenzen sind vor dem Hintergrund einer eigentümlichen Konzeption von Nationalliteratur zu sehen. So wie zwischen englischem und deutschem Wesen Verwandtschaft bestehe, so seien die Dramen Shakespeares wie überhaupt das englische Theater, das Tieck mit Leidenschaft, Wahrheit, Tiefe und Natur konnotiert, auch den Deutschen angemessen – im Gegensatz zu dem traditionsgemäß mit ›Rhetorik‹ und damit Unnatur verbundenen französischen Drama. Lessings Wunsch nach einer stärkeren Bühnenrezeption auch englischer Dramen sieht Tieck nunmehr erfüllt.

Kanonbildend sollen die *Dramaturgischen Blätter* durchaus sein. Dabei räumt Tieck ein, daß dem Unterhaltungsbedürfnis der Zuschauer nachgegeben werden müsse und nicht nur Meisterwerke geboten werden könnten. Er rät sogar zu einer Rückkehr zu den Ritterdramen vergangener Jahrzehnte, da diese immer noch nicht so flach wie die neueren Originalwerke seien, namentlich die beliebten Schicksalstragödien (vgl. KS 3, S. 75; KS 4, S. 144).

Schiller und Kleist nehmen in Tiecks Kritiken breiten Raum ein. Das Zentralgestirn Shakespeare tritt sogar in den meisten theaterbezogenen Texten auf. Das liegt nicht nur an der Vorbildlichkeit dieses Dramatikers gerade für die dem englischen Charakter benachbarten Deutschen und an der Einzigartigkeit seiner Leistung, sondern auch an deren Offenheit: Shakespeare könne, und das ist wieder romantisch gedacht, nie beendet werden; keines seiner Werke sei als das höchste erkennbar, alle würden stets fortgeschrieben werden (vgl. KS 1, S. 359). Tiecks Historisierung und Kommentierung Shakespeares und die Art des Umgangs mit seinen Texten mögen es bereits andeuten: Das lebenslang geplante und so manchem Verleger angebotene *Buch über Shakespeare* wurde nie fertig. Mit der Kanonisierung und Datierung von Shakespeares Dramen, einem ihm jederzeit wichtigen Unterfangen, praktiziert Tieck ein Baukastensystem. An Shakespeare, dem in den *Dramaturgischen Blättern* mehr Raum zugebilligt wird als jedem anderen Dramatiker, müssen sich die Autoren der Gegenwart messen lassen (und können natürlich nicht neben ihm bestehen). Die historischen Dramen eines Raupach finden keine Gnade vor Tieck angesichts von Shakespeares Fähigkeit, in je dem Thema angemessener individueller Behandlung »mythisch die Historie verwandeln« zu können (KS 3, S. 33). Auch die Shakespeare-Bühne, wie Tieck sie versteht, wird ihm zum Vorbild: Sie ist mehrfach gegliedert, so daß bei geringem dekorativem Aufwand Verwandlungen möglichst zu vermeiden sind; statt dessen sollten symbolische Andeutungen genügen. Als 1843 in Berlin unter Tiecks Leitung *Der Sommernachtstraum* aufgeführt wurde, entwarf er eine solche dreifach gegliederte Bühne (vgl. Brauneck 1999, S. 83ff.; siehe den Beitrag *Der Dramaturg* in Kap. 3).

Werturteil, Öffentlichkeitsbezug und Detailfreudigkeit schließen an eine vorromantische kritische Praxis an. Dennoch zielen die *Dramaturgischen Blätter* insgesamt auf den Entwurf einer (teils philologisch, teils auch hermeneutisch untermauerten) Theatergeschichte und einer Kanonbildung für den Spielplan des deutschen Theaters ab.

Die Bilanz ist ernüchternd: Weder die ›Klassik‹ noch die ›Romantik‹ vermochten die herrschenden Bühnenmoden ernsthaft zu verunsichern. Tieck blieben die Kritiker- und die ›Praktiker‹-Rolle als Alternativen zur Praxis des Dramenautors. Die vermutlich auch zu ihrer Zeit kaum einflußreichen *Dramaturgischen Blätter* erschienen nach der ersten Buchausgabe noch einmal 1852 als dritter und vierter Band der *Kritischen Schriften*, besorgt von Tiecks Schüler Eduard Devrient (vgl. KS 3, S. Vff.). Tiecks gleichwohl fragmenthaftes Wirken als Theaterkritiker blieb im Schatten von August Wilhelm Schlegels auch international erfolgreichem Projekt einer Dramengeschichte, das die Vorzüge der Gelehrsamkeit und der Systematizität in sich vereinigte.

LITERATUR

Alt 2000: Alt, Peter André: Schiller. Leben – Werk – Zeit, Bd. 2, München 2000.
Boetius 2005: Boetius, Susanne: Die Wiedergeburt der griechischen Tragödie auf der Bühne des 19. Jahrhunderts. Bühnenfassungen mit Schauspielmusik, Tübingen 2005.
Brauneck 1999: Brauneck, Manfred: Die Welt als Bühne. Geschichte des europäischen Theaters, Bd. 3, Stuttgart/Weimar 1999.
Strobel 2007: Strobel, Jochen: Romantische Theaterkritik. Ludwig Tieck, der Dramatiker, Dramaturg, Publizist und Editor. In: Beiträge zur Geschichte der Theaterkritik, hg. von Gunther Nickel, Tübingen 2007, S. 89–116.

Der Dramaturg

Peter Reinkemeier

Das *Theater* hat einen großen Einfluß auf mein Leben gehabt. Ich verdanke ihm die genußreichsten Stunden, und bin früher namentlich durch dasselbe sehr gefördert worden, aber später hat es mir auch vielen Verdruß gemacht. (Köpke 2, S. 177)

Diese von Köpke festgehaltene Aussage bringt die Stellung Tiecks zum Theater, das in seiner Werkbiographie eine zentrale Rolle spielt, auf den Punkt. Denn Tieck beschäftigte sich sowohl theoretisch als auch praktisch mit dieser Kunstform, indem er einerseits Studien zur Geschichte des Theaters und v. a. zu den unterschiedlichen Bühnenformen vorlegte und sich Gedanken zur idealen Bühne bzw. der Schauspielkunst sowie zu allen damit zusammenhängenden Aspekten (z. B. Deklamation) machte. Andererseits verfaßte er als Kritiker Rezensionen zu aktuellen Aufführungen und füllte sogar selbst zweimal die Stellung eines Dramaturgen aus, wobei er auch die alltäglichen Schwierigkeiten des Theaterbetriebs miterlebte. Diese durchaus fruchtbare Betätigung im Umfeld des Theaters hatte eine umfassende schriftstellerische Produktion zur Folge, die sich entweder in literarischer Form oder in kritischen Texten niederschlug und die einen beachtlichen Teil seines Œuvres ausmacht.

Beginn und zugleich Schlüsselerlebnis für seine Theaterbegeisterung, die sogar zeitweilig den Wunsch bei ihm hervorrief, selbst Schauspieler zu werden, was ihm Wackenroder nur mühsam ausreden konnte (Groß 1910, S. 11), war das Erleben des genialisch-eruptiven Spiels von Johann Friedrich Ferdinand Fleck in Berlin, der auf der Bühne des dortigen Königlichen Schauspielhauses wirkte (ebd., S. 7–10; Kindermann 1964, S. 14ff.; Brauneck 1999, S. 81f.). Tieck erzählte Rudolf Köpke von der schauspielerischen Magie Flecks, indem er dessen Darbietung des Shylock charakterisierte:

Es war das Bild der Habgier, des Neides, des Geizes selbst [...]. Aus den stechenden Augen blitzte der verbissene Ingrimm, die Rachgier unheimlich hervor. Hier gab es kein Mitleid! Wer diesen Shylock einmal gesehen hatte, vergaß ihn in seinem Leben nicht wieder. (Köpke 2, S. 230)

Dieser genialische Fleck wurde Tieck nicht nur zum »Prototyp des *romantischen Schauspielers*« (Kindermann 1964, S. 16), sondern auch Inspiration für sein Verständnis Shakespeares (ebd.; Brauneck 1999, S. 81f.). Ausgehend von diesen Erfahrungen entwickelte er in Dresden und Berlin seine Vorstellungen zum Theater, wo er jeweils die Gelegenheit erhielt, diese nicht nur in theoretischer Form zu präsentieren, sondern auch zumindest ansatzweise in die Bühnenwirklichkeit umzusetzen.

Tiecks theatrale ›Sisyphusarbeit‹ in Dresden

Tieck zog im Juli 1819 mit seinem Haushalt (also neben seiner Familie auch mit der Gräfin Finckenstein) von Ziebingen nach Dresden, um dort zunächst in der Rampischen Gasse und dann am Altmarkt, Kreuzgasse Nr. 521, Wohnung zu nehmen (Günzel 1997a, S. 168). Auch wenn die Gründe für diesen Umzug unklar sind, liegt es nahe, daß er mit dem neuen Wohnsitz in Dresden die Hoffnung verband, am dortigen Hoftheater die Stelle des Theaterdirektors zu erhalten (Paulin 1987, S. 83; Zybura 1994, S. 220). Obgleich diese möglicherweise gehegte Hoffnung sich nicht erfüllte, begann Tieck sich sofort mit dem Theater in Dresden zu befassen. Obwohl er erst 1825 offiziell in die Organisation des Hoftheaters eingebunden wurde, hatte er schon zuvor diesbezügliche Verbindungen geknüpft. Er verfolgte dabei mit systematischer Strategie die Absicht, den Posten des Dramaturgen einzunehmen (auch für das folgende Zybura 1994, S. 220f.), was ihm dann auch gelang: Bereits zur Zeit des Generalintendanten Traugott von Könneritz erlangte er Einfluß auf den Spielplan des Hoftheaters; so setzte er z.B. die Inszenierung von Kleists *Prinz Friedrich von Homburg* durch. Zugleich versuchte er sich im Dresdner Theaterleben eine zentrale Position zu sichern, um diesem seinen Stempel aufdrücken zu können, indem er durch den Einsatz seiner Beziehungen zum Hoftheater und speziell zu Könneritz eine Beschäftigung bei der *Dresdener Abend-Zeitung* erwarb, für die er dann seit 1821 die Theateraufführungen rezensierte.

Parallel zu diesem Engagement im Umfeld des Dresdner Theaters zelebrierte Tieck in seinem Haus am Altmarkt Vorleseabende (siehe den Beitrag *Der Vorleser* in Kap. 1). Hier führte er seine Vorstellungen zur Schauspielkunst, insbesondere seine Ansichten zur Sprechweise auf der Bühne, vor. Brentano veranlaßte dies zu dem Bonmot, Tieck sei das »größte mimische Talent, das jemals die Bühne *nicht* betreten« habe (zit. nach Günzel 1997b, S. 161). Beispielhaft für die wechselseitige Verbindung Tiecks sowohl zur Theaterdirektion als auch zur *Abend-Zeitung* ist sein Brief vom 30. April 1821 an Theodor Winkler-Hell, den Herausgeber des Blattes. Er bittet diesen darin, Tiecks Vorrede zur Aufführung von Kleists *Prinz Friedrich von Homburg* zu veröffentlichen, die

Könneritz gewünscht hatte (Schweikert 2, S. 152). So ganz unproblematisch, wie dieser Brief suggeriert, war seine Beziehung zu Winkler-Hell allerdings nicht, wie sich an der restlichen Korrespondenz über Tiecks Rezensionen ablesen läßt. Schon allein, daß Tieck als Rezensent der *Abend-Zeitung* aufgenötigt worden war, muß dem Herausgeber mißfallen haben. Aber die tiefgehenden Differenzen in ihren Ansichten zum Theater, die v. a. dadurch begründet waren, daß Winkler-Hell zusammen mit Karl August Böttiger – dem Opfer von Tiecks bissigem Spott in *Der gestiefelte Kater* – dem ›Liederkreis‹ angehörte, hat das beiderseitige Verhältnis wohl von Anfang an grundlegend gestört (über diese Gegnerschaft Tiecks zum ›Liederkreis‹ in künstlerischer Hinsicht v. a. Zybura 1994; Doering-Manteuffel 1935; Kummer 1938; Müller-Merten 2004). Die Briefe an Winkler-Hell offenbaren ein dauerhaft schwieriges Verhältnis, das Tieck ständig zu verbessern suchte (vgl. z. B. Schweikert 2, S. 154, 157f.).

Daß Tieck sich mit seinen Rezensionen und sonstigen kritischen Gedanken zu kanonischen Theaterstücken in der *Dresdener Abend-Zeitung* mit dem ›Liederkreis‹ und dessen Anhängern Feinde geschaffen hatte, war eine ungünstige Voraussetzung für seine angestrebte Anstellung als Dramaturg am Hoftheater. Er bekam sie schließlich Ende 1824 unter Könneritz' Nachfolger Adolf Wolf von Lüttichau zugesagt, erhielt sie dann 1825 unter Lüttichau und wurde dafür mit 600 Tlr. entlohnt. In der Folge und sogar schon direkt bei der Anstellung Tiecks versuchten nämlich Winkler-Hell und Böttiger sowie deren Verbündete Tiecks Arbeitsbedingungen zu erschweren. Beispielhaft dafür ist zum einen die »Instruction« im Arbeitsvertrag Tiecks, die auf Veranlassung seiner Gegner so unmögliche Bedingungen enthielt, daß es sein sofortiges Scheitern als Dramaturg bedeutet hätte, wenn er sich in allen Punkten danach gerichtet hätte (Zybura 1994, S. 222–225, Abdruck der »Instruction« S. 242ff.). Zum anderen ist die Inszenierung von Calderóns Stück *Dame Kobold* zu nennen, die gar nicht erst stattfand, da das Publikum das Stück schon ausbuhte bzw. ›auspochte‹, bevor der Vorhang überhaupt aufging (Schilderung des Vorgangs bei Kummer 1938, S. 96). Dies mag wohl auf gezielte publizistische Beeinflussung des Publikums durch Winkler-Hell, Böttiger und Verbündete im Vorfeld zurückzuführen sein (Zybura 1994, S. 233).

Neben diesem auch institutionellen Widerstand – Theodor Winkler-Hell war Theatersekretär und hatte zusammen mit Böttiger Verbindungen zum sächsischen Hof – mußte Tieck zusätzlich noch mit anderen Schwierigkeiten kämpfen, die er teilweise selbst verschuldet hatte. So war die Fortsetzung seiner Rezensententätigkeit während seines dramaturgischen Engagements, bei der er naturgemäß auch ›seine‹ Schauspieler kritisierte, dem Arbeitsklima im Theateralltag kaum zuträglich (Groß 1910, S. 28; Kummer 1938, S. 95; Kindermann 1964, S. 19), und sein mitunter selbstherrliches Auftreten muß die Schauspieler ebenfalls verstimmt haben (Zybura 1994, S. 227f.). Auch seine recht unorthodoxen Ansichten (v. a. zur Sprechweise) und Methoden (wie die zu seiner Zeit ungewöhnlich vielen Leseproben) sind auf Mißtrauen oder sogar Unverständnis sowohl bei den Schauspielern als auch bei den Regisseuren gestoßen (Groß 1910, S. 28; Kindermann 1964, S. 19).

Trotz all dieser Probleme und Widerstände war Tieck zumindest offiziell von 1825 bis 1842 Dramaturg am Dresdner Hoftheater und konnte für diese Zeit wenigstens ansatzweise einen neuen Stil im dortigen Theater einführen. Die von ihm abgelehnten Rührstücke und Lustspiele von Kotzebue und Iffland – in seinen theaterkritischen Schriften v. a. der Dresdner Zeit benutzt er beide Namen häufig als Negativfolie (KS 3/4) – versuchte er auf dem Spielplan durch seiner Ansicht nach gehaltvolleres Theater zu ersetzen oder zumindest zu konterkarieren. Eine seiner ersten Amtshandlungen war folgerichtig der Antritt einer theaterbezogenen Rundreise durch Süddeutschland und Österreich gemeinsam mit dem Generalintendanten von Lüttichau – im übrigen durchaus im Einklang mit der ihm auferlegten »Instruction« (Zybura 1994, S. 225). Sie diente der Bestandsaufnahme des bestehenden Theaters und führte zur Niederschrift der *Bemerkungen, Einfälle und Grillen über das deutsche Theater* (KS 4, S. 1–105). Tieck notiert hier nicht nur seine Eindrücke der besuchten Aufführungen, sondern entwickelt auch Gedanken zu Elementen der theatralen Darstellung oder baut die schon in seinen Rezensionen geäußerten Vorstellungen weiter aus (*Costüm, Ueber das Tempo, in welchem auf der Bühne gesprochen werden soll, Tanz. Ballet, Dekorationen, Soll der Schauspieler während der Darstellung empfinden? soll er kalt bleiben?, Bühneneinrichtung*).

Entscheidend war in der Folge Tiecks Einfluß auf den Spielplan des Hoftheaters. Wurden von 1778 bis 1820 nur sieben Stücke Shakespeares mit wenigen Aufführungen gegeben (Kummer 1938, S. 97), erhöhte Tieck ihre Anzahl und Aufführungshäufigkeit (auch schon in der Zeit vor seiner Anstellung als Dramaturg, in der er bereits Einfluß gewonnen hatte): *Hamlet* 1820, *Romeo und Julia* 1823 (über dieses Stück bzw. dessen dramaturgisch programmatische Rezension durch Tieck kam es wohl zum endgültigen Zerwürfnis mit dem ›Liederkreis‹; Schweikert 2, S. 168, v. a. Anmerkung 52), *König Lear* 1824, *Julius Cäsar* 1826, *Othello* 1827, *König Heinrich IV* Teil 1 u. 2 1829, *Viel Lärm um Nichts* 1830 und *Macbeth* 1836 (Zybura 1994, S. 231). Auf diese Weise etablierte Tieck die Dramatik Shakespeares in Dresden nicht nur durch seine Vorleseabende, in denen er ebenfalls dessen Stücke vortrug – so den *Kaufmann von Venedig*, von dessen Vortrag Grillparzer schrieb: »Der kleine Kerl mit seiner Vorlesung hat mich ganz wirblich gemacht« (zit. nach Günzel 1997a, S. 173).

Darüber hinaus widmete er sich auch der Bekanntmachung des bis dahin unterschätzten Heinrich von Kleist. So inszenierte er 1821 mit Hilfe des damaligen Intendanten von Könneritz das Stück *Prinz Friedrich von Homburg*, nachdem er bereits die Schriften Kleists herausgegeben hatte. Daß Tieck, wie bereits erwähnt, zuvor eine entsprechende Ankündigung verfaßte und in der *Abend-Zeitung* abdrucken ließ (KS 3, S. 1–4), läßt auf die strategische Einführung von Kleists Werken auf der Bühne schließen (Zybura 1994, S. 232). Zugleich vernachlässigte er aber auch nicht die sonstigen von ihm geschätzten Dramatiker: Neben dem schon erwähnten Stück *Dame Kobold* inszenierte er weitere Stücke von Calderón und brachte auch andere Spanier auf die Bühne, so Lope de Vega und Moreto (ebd., S. 232f.; Doering-Manteuffel 1935, S. 34). Daß der Vorwurf des Theatersekretärs und Hofraths Winkler-Hell, Tieck ignoriere die deutschen Dramatiker zugunsten der Spanier und des großen Briten (Spottvers in der *Abend-Zeitung* abgedruckt in Zybura 1994, S. 233), falsch war, zeigt das Bemühen des Dramaturgen, Lessing, Goethe und Schiller aufzuführen. Von allen inszenierte er mehrere Stücke, v. a. von Goethe (vgl. Doering-Manteuffel 1935, S. 34). Es gelang Tieck allerdings nie, die von ihm eigentlich abgelehnten Lustspiele und bürgerlichen Rührstücke sowie die aus dem Französischen von Winkler-Hell u. a. übersetzten Dramen vom Spielplan zu verdrängen, da er es sich wohl sonst gänzlich mit dem Dresdner Publikum, das diese Art der Unterhaltung sehr schätzte, verscherzt hätte. Allerdings mag hier auch seine in der *Einleitung* zu seinen dramaturgischen Beiträgen in der *Abend-Zeitung* geäußerte Überzeugung eine Rolle gespielt haben, daß ein Theater auch der mittelmäßigen Stücke bedürfe, um mit einem breiteren Angebot die Nachfrage des Publikums zu befriedigen (KS 3, S. 2).

Durch Tiecks Reformbemühungen der Dresdner Bühne und möglicherweise durch seine manchmal recht harschen Kritiken in der *Abend-Zeitung* wurde das Verhältnis zwischen ihm und Winkler-Hell immer schlechter. Der eine verriß die Stücke von Freunden des anderen: Tieck stellte Eduard Gehe, einen Freund Winkler-Hells, in seiner Besprechung von dessen Stück *Anna Boleyn* als ›grünen Jungen‹ hin, der haarsträubende Anfängerfehler mache (ebd., S. 19–33). Zwar führte er darüber einen entschuldigenden Briefwechsel mit Winkler-Hell, rückte aber von seiner Position keineswegs ab, sondern verstärkte diese vielmehr noch (Schweikert 2, S. 157–160). Winkler-Hell wiederum dachte sich allerlei Intrigen gegen Tieck aus (eine Darstellung der Ränke Winkler-Hells gegen Tieck bei Zybura 1994). Infolgedessen schwächte sich der Einfluß Tiecks am Hoftheater immer weiter ab. Neben den oben beschriebenen Problemen mit dem Theaterpersonal mußte er auch mit dem wachsenden Widerstand Winkler-Hells, Böttigers und des ›Liederkreises‹ rechnen, die nicht nur eine bedeutende Stellung im Dresdner Kulturleben einnahmen, sondern auch am Hof Verbündete hatten (z. B. den Graf von Einsiedel). Zusätzlich zu den persönlichen Schicksalsschlägen, die ihn trafen (1837 der Tod seiner Frau Amalie und 1841 der seiner Tochter Dorothea sowie die immer weiter fortschreitende Verschlechterung seines eigenen Gesundheitszustandes;

Paulin 1987, S. 94f.), war das wohl der Hauptgrund für seinen allmählichen Rückzug von der Theatergestaltung in Dresden in den 1830er Jahren, obwohl er nominell noch bis 1842 Dramaturg blieb. Winkler-Hell hatte schon vor seiner Ernennung zum Vizedirektor des Hoftheaters diese Stellung *de facto* ausgeübt, doch als er dann 1841 offiziell die Bestallung erhielt, war Tieck der Zwistigkeiten überdrüssig und folgte der Einladung nach Berlin (Zybura 1994, S. 235).

Tiecks in Dresden entwickeltes dramaturgisches Konzept

Seine dramaturgischen Ansichten hat Tieck nie zusammenhängend veröffentlicht, sondern immer im Kontext mit anderen Werken oder in seinen kritischen Texten dargelegt (siehe den Beitrag *Der Theaterkritiker* in Kap. 3). Zugleich konnte er die theoretischen Ansätze eingeschränkt in der Praxis des Dresdner Betriebs ausprobieren.

Entscheidend für Tiecks dramaturgische Überlegungen sind seine Ideen zur Reform der aus der italienischen Oper stammenden ›Guckkastenbühne‹ im Sinne der altenglischen Bühne zur Zeit Shakespeares (einen Überblick über den ganzen Komplex bieten Drach 1909 und Kemme 1971). Schon vor der Zeit in Dresden äußerte er sich zur Gestalt der Shakespeareschen Bühne: in den *Briefen über Shakspeare* sowie in den Vorreden zum *Alt-Englischen Theater* (1811) und in *Die Anfänge des deutschen Theaters* (1817) (für das folgende Kemme 1971, S. 12–18). Auch in der literarischen Ausgestaltung der *Briefe über Shakespeare* charakterisierte er diese Bühne als prinzipiell dekorationsarm. Zudem sei sie durch Teppichvorhänge in bespielbare Räume unterteilbar, von denen Tieck grundsätzlich drei annimmt: zum einen ein Proszenium – weniger im heutigen Sinne als schmale Vorbühne, sondern vielmehr als eigentliche Spielbühne gedacht –, zum anderen einen auf zwei Säulen ruhenden Balkon und zum dritten eine hintere Bühne, die er möglicherweise unter dem Balkon und zwischen den Säulen ansiedelte. Das Bemühen um eine Konturierung der Bühnengestalt ist begleitet von einer Historisierung dieses Komplexes, mittels derer Tieck versucht, sowohl die Herkunft und Entwicklung der Shakespearebühne als auch deren Vermittlung nach Deutschland zu erklären.

In der Dresdner Periode setzt er diese Bemühungen sowohl in seinen literarischen als auch kritischen Schriften fort, aber nun mehr im Sinne einer Adaptation der Prinzipien und der Wirkungsweise der elisabethanischen Bühne nach seinen Vorstellungen. Im Artikel *›Romeo und Julia‹, von Shakespeare nach Schlegel's Uebersetzung. Brief an Fr. von Raumer in Berlin* für die *Dresdener Abend-Zeitung*, also noch vor seiner Tätigkeit als Dramaturg, fordert er die Rückkehr zur Shakespearebühne. Die zeitgenössische Bühne sollte wieder zu dem gemacht werden, was sie zu Shakespeares Zeit war, zu einer »mitspielende[n] Person« (KS 3, S. 172). Wenn man Shakespeares Stücke so aufführen wolle, daß sie ihm gerecht werden, »so muß man [seine Bühne] in unser Theater hineinbauen, um das wieder herzustellen, was uns völlig mangelt« (ebd.). Tieck plädiert hier insofern für eine Annäherung der Bühne seiner Zeit an die elisabethanische, als er die Bühne und damit das Schauspiel in die Breite ziehen will, womit die Tiefe der ›Guckkastenbühne‹ und die *en face*-Ansicht des Schauspiels zugunsten einer Darstellung im Profil aufgegeben werden (ebd., S. 173). Im Abschnitt *Bühneneinrichtung* aus *Bemerkungen, Einfälle und Grillen über das deutsche Theater* wiederholt er diese Ansicht (KS 4, S. 85). Auch was die Dekoration angeht, fordert er eine Abkehr von den mittlerweile als selbständiges Kunstwerk wahrgenommenen dekorativen Elementen auf der Bühne. Da das Publikum sich nun an eine Dekoration gewöhnt habe, müsse wenigstens deren Wandel zu einer »zweckmäßige[n] und mehr bühnengerecht[en] [bewerkstelligt werden], so daß sie die Wirkung des Schauspiels erhöht […], statt sie, wie jetzt so oft geschieht, zu schwächen oder zu vernichten« (KS 3, S. 173). Diese Ansicht wiederholt er ebenfalls in *Bemerkungen, Einfälle und Grillen über das deutsche Theater* im Abschnitt *Dekorationen*, in dem Tieck nochmals betont, daß es ihm nicht um die gänzliche Abschaffung, sondern um eine Unterordnung der Dekoration unter das Schauspiel gehe (KS 4, S. 72–74).

In *Der junge Tischlermeister* (1836) entwirft er dann im fiktionalen Raum die Shakespearebühne, wie er sie sich dachte. Mit einigen Abänderungen, die entweder als Weiterentwicklung seiner bisherigen Vorstellung der historischen Form oder als eigene dramaturgische Ideen (gewissermaßen als Weiterentwicklung der alten Bühne selbst) zu sehen sind, entspricht sie dem Bild der elisabethanischen Bühne in Tiecks Entwürfen von 1811 und 1817 (Zusammenfassung der fraglichen Textstelle in Kemme 1971, S. 17f.). Die Neuerungen bestehen hier im Einbau von drei Stufen, die vom Proszenium zur hinteren Bühne unter den zwei Säulen des Balkons hinaufführen, zudem in einer Treppenkonstruktion, vermittels derer der von den Säulen getragene Altan oder Balkon erreichbar ist.

Zeitgleich betrieb Tieck in logischer Folgerichtigkeit neben diesen Anstrengungen zur Reform der zeitgenössischen Bühne im Sinne der elisabethanischen zugleich die historische Rekonstruktion des Shakespearetheaters weiter. Dabei schöpfte er wohl aus den Erkenntnissen seiner Shakespeareforschungen für sein Bühnenreformprogramm. So ähnelt die Rekonstruktionszeichnung des alten Londoner Fortune Theaters um 1600 von Gottfried Semper, die wohl auch auf Tiecks Mitarbeit zurückzuführen ist (Hille 1929), in Wolf von Baudissins *Ben Jonson und seine Schule* (1836) dem Bühnenentwurf in *Der junge Tischlermeister*. Kemme merkt hier an, daß die von Tieck rekonstruierte

Shakespearebühne – seine Idealbühne für das erträumte Theater – ästhetisch anders funktioniere als die von ihm real verwirklichte bzw. in seinen literarischen und kritischen Schriften entwickelte Reformbühne, die als Kompromiß zu den im zeitgenössischen Theater gegebenen baulichen Bedingungen zu sehen sei. Damit sei Tiecks Shakespeare-Forschung nie alleinige Grundlage seiner praktischen und theoretischen Theaterarbeit gewesen (Kemme 1971, S. 8, 35–41).

Dem ist hinzuzufügen, daß es Tieck auch keinesfalls um eine Kopie der originalen Shakespearebühne in seiner Zeit ging, sondern um die Erzeugung einer Wirkung, die er den Shakespearestücken in Verbindung mit der zu ihnen gehörenden Bühnenform zuschrieb. Daher war es nur konsequent, die bauliche Gestalt der elisabethanischen Bühne zu rekonstruieren. Anhand solcher Überlegungen war es ihm dann möglich, eine an die zeitgenössischen Theaterbauten angepaßte Bühnenform zu entwickeln, die dieselbe Wirkung erzeugen sollte. Ergänzend zu dem Bühnenkomplex macht er sich Gedanken über die zu verwendenden Kostüme auf der Bühne (Abschnitt *Costüm* der *Bemerkungen, Einfälle und Grillen über das deutsche Theater*; KS 4, S. 4–22): Das historisierende Kostüm bezeichnete er als eine Verirrung, die zu viel Eigendynamik und Aufmerksamkeit erlange, und er forderte ein »poetisches allgemeines Theatercostüm« (ebd., S. 19), das nicht vom Schauspiel ablenke und in seiner zeitlichen Neutralität einen phantastischen Raum für die großen Dramen erzeuge.

Ein weiterer wichtiger Punkt in Tiecks dramaturgischem Konzept der Dresdner Zeit ist die Reform der damals im Theater üblichen, manierierten Deklamation des Weimarer Stils, dessen Pathos er kritisierte. In vielen seiner kritischen Artikel in der *Abend-Zeitung* argumentiert er gegen diesen Deklamationsstil und lobt dagegen die ›natürliche‹ Sprechweise auf der Bühne. Wie diese auszusehen habe, erläutert er im Abschnitt *Ueber das Tempo, in welchem auf der Bühne gesprochen werden soll* aus den *Bemerkungen, Einfälle und Grillen über das deutsche Theater* (ebd., S. 37–51): Er fordert den »Rhythmus der Conversationssprache« als »Basis auch des Trauerspiels«, auf dessen Grundlage dann der gängige monotone Deklamationsstil durch den Wechsel von Tempi und Variation von Lautstärke und Betonung ersetzt werden könne (ebd., S. 43f.). Neben den Sprechproben im Theater nutzte Tieck auch seine Vorleseabende, zu denen man als Schauspieler am Hoftheater eigentlich obligatorisch zu erscheinen hatte, um dieses Konzept zu erproben (Zybura 1994, S. 227).

Ungeklärt bleibt allerdings die Frage, ob Tieck die bis dato erarbeiteten Ansätze zu seiner Reformbühne verwirklichen konnte; in der Angelegenheit der Dekoration mußte er sich jedenfalls zu Kompromissen durchringen (Kemme 1971, S. 42–45). In der *Macbeth*-Inszenierung von 1836 (detailliert dazu Schumacher 1938) konnte er seine Vorstellungen von einer Reformbühne hingegen realisieren, wenn man den Einträgen im Regiebuch folgt. Ob Tiecks dramaturgische Vorschläge aber auch tatsächlich umgesetzt wurden, ist nicht nachweisbar (Kemme 1971, S. 45–51). In seiner Inszenierung des *Faust I* von 1829 scheiterte er mit der Umsetzung seiner Ansichten (Brandt 1920).

Erneuter Versuch in Berlin

Aufgrund vielfältiger Widerstände ist es Tieck in Dresden letztlich nicht gelungen, seine Reform durchzusetzen. Schon 1841, als er offiziell noch Dramaturg in Dresden war, aber schon längst keinen Einfluß mehr hatte, begann er sich nach Berlin hin zu orientieren. Der preußische König Friedrich Wilhelm IV., der ›Romantiker auf dem Throne‹, holte Tieck endgültig 1842 nach Berlin, nachdem der Dichter schon seit 1840 Verbindungen dorthin geknüpft hatte (auch für das folgende Petersen 1930, S. 165–167). Die Pension von 1000 Tlr. im Jahr 1841 vergalt Tieck dem König mit einer theatergeschichtlich bedeutsamen Inszenierung der *Antigone* des Sophokles, zunächst eine Privatveranstaltung für den König mit einem handverlesenen Publikum am 28. Oktober 1841 im Neuen Palais in Potsdam. Neben Tieck wirkten an dieser hochexperimentellen Inszenierung auch Felix Mendelssohn Bartholdy und der Altphilologe August Boeckh mit, die zusammen mit ihm den Orden *pour le mérite* erhielten; zudem ließ Friedrich Wilhelm eine Gedenkmünze aus Anlaß der Inszenierung prägen (Nottelmann-Feil 1996, S. 226).

Die öffentliche Kritik der Aufführung war allerdings lange nicht so überschwenglich (ebd., S. 226ff.). Nachdem er vom König erneut zum Bleiben aufgefordert und seine Pension auf 3200 Tlr. erhöht worden war, reichte Tieck 1842 auch offiziell seinen Abschied in Dresden ein. In Berlin gab ihm der König, der sich über die *Antigone*-Inszenierung hoch zufrieden zeigte, per Kabinettsordre vom 22. Juni 1842 alle Möglichkeiten und Entscheidungsbefugnisse an die Hand, griechische Tragödien und Shakespearestücke nach seinem Kunstverständnis zu inszenieren. Allerdings mußte er sich mit dem ebenfalls gerade neu berufenen Generalintendanten Karl Theodor von Küstner in der Frage der einzusetzenden Schauspieler absprechen (Petersen 1930, S. 166f.). Daß eine solche Doppelregierung im Berliner Theater zu Kompetenzgerangel und Streitigkeiten v. a. bei der Rollenbesetzung führte, scheint unausweichlich gewesen zu sein (vgl. dazu Fischer 1891). Aber auch Tiecks ausgefallene Wünsche haben das Arbeitsklima zwischen ihm, den Regisseuren und dem Generalintendanten wohl belastet, insofern es darum ging, Tiecks Ideen mit den Anforderungen der Theaterwirklichkeit in Einklang zu bringen (Nottelmann-Feil 1996, S. 228).

Neben *Antigone* wurden noch weitere antike Stücke unter Tiecks dramaturgischer Leitung inszeniert, bei denen er sich aber immer stärker zurücknahm: So *Medea* von Euripides 1843 und *Ödipus auf Kolonos* von Sophokles 1845, bei dem Mendelssohn wie bei *Antigone* die musikalische Leitung inne hatte, sowie Racines *Athalie*; zuletzt *Hippolytus* von Euripides 1851. Die größte Wirkung erzielte Tieck jedoch mit der Aufführung des *Sommernachtstraums* am 14. Oktober 1843 im Neuen Palais für den König und am 18. Oktober im Berliner Schauspielhaus für die Öffentlichkeit. Diese Inszenierung war so erfolgreich, daß sie 40mal wiederholt wurde und bis 1885 169mal im Berliner Schauspielhaus gegeben wurde (Petersen 1930, S. 189f.). Man orientierte sich sogar in Stockholm bei der dortigen *Sommernachtstraum*-Inszenierung 1860 an Tiecks Vorlage (Grünbaum 1964), und noch bis zum Ende des 19. Jahrhunderts blieb die Tiecksche Darbietung des Stücks »das maßgebliche Paradigma für viele deutsche Bühnen« (Kindermann 1964, S. 29). Darüber hinaus war eine weitere Shakespeare-Inszenierung mit der dem *Sommernachtstraum* zugrunde liegenden Bühnenform geplant (*Heinrich V.*), die möglicherweise schon in Tiecks *Macbeth* von 1836 Verwendung fand; aber diese kam nicht mehr zustande (Petersen 1930, S. 195f.). Der *Sommernachtstraum*-Erfolg markierte zugleich den Höhepunkt von Tiecks Wirksamkeit in der deutschen Theaterlandschaft. In Berlin hatte er durch einen zugesicherten beispiellosen Freiraum die Möglichkeit erhalten, seine Theatervorstellungen in der Praxis als Ganzes und nicht nur in Teilen umzusetzen. Waren aber seine vorherigen Dresdner Reformbemühungen kaum auf breite Resonanz gestoßen, so wurden jetzt seine Inszenierungen antiker Dramen gelegentlich als gelehrte Experimente immer wieder mißverstanden und als solche auch z. B. von den Jungdeutschen kritisiert (Nottelmann-Feil 1996).

Tiecks dramaturgisches Schaffen in Berlin

Das Vorurteil, Tieck habe sich nie ernsthaft mit dem antiken Theater oder der Antike überhaupt befaßt (Groß 1910, S. 55), kann Nottelmann-Feil widerlegen. Anhand ihrer Darlegungen zur *Antigone*-Inszenierung zeigt sie, daß sich Tieck über den Forschungsstand der Altertumswissenschaften seiner Zeit informierte, indem er sich durch Gelehrte wie Karl Ottfried Müller, Genelli und August Boeckh beraten ließ (Nottelmann-Feil 1996, S. 204–214). Dabei wird Tiecks Bestreben deutlich, seine anhand der Überlegungen zur Shakespearebühne gewonnenen Ideen zur Reformbühne auf die antiken Dramen zu übertragen. Nottelmann-Feil geht davon aus, daß die fiktive Bühne in *Der junge Tischlermeister* auf Pläne Tiecks für eine Sophokles-Inszenierung schon in Dresden hinweist (ebd., S. 205), schienen ihm doch die ästhetischen Prinzipien der antiken und der elisabethanischen Bühne v. a. in ihrer sparsamen Dekoration ähnlich zu sein (Drach 1909, S. 11f.; Petersen 1930, S. 172f.; dies belegende Aussage Tiecks in KS 3, S. 174).

Die Bühnengestaltung der *Antigone*-Inszenierung bestätigt diesen Zusammenhang: Wie in Dresden propagiert, aber nur selten umgesetzt, verzichtete Tieck wohl gänzlich auf Dekoration (Kulissen und Bühnenmalerei), wenn er versuchte, die Konstruktions- und Spielprinzipien aus der Shakespearebühne und seiner Reformbühne auf die antiken architektonischen Vorgaben zu übertragen. Er verlegte das Schauspiel auf die der Bühne vorgelagerte Orchestra, in die man von der Bühne aus mit einer Treppe hinabsteigen konnte (zur erschlossenen Bühnenkonstruktion Petersen 1930, S. 169ff.; Nottelmann-Feil 1996, S. 222ff.). Damit hielt er sich zwar nicht präzise an die antiken Vorgaben, denn »nirgends ist überliefert, daß je die Orchestra, der kreisförmige Tanzplatz des Chores [...], in der die Thymele, der Opferaltar für Dionysos stand, auch für szenische Auftritte verwendet wurde« (ebd., S. 223). Um so genauer orientierte er sich aber an seinen Ideen zur Reformbühne: Das Schauspiel fand vorne am Zuschauerraum statt (wie beim Proszenium als eigentlich zu bespielender Bühne). Und die normalerweise als Hauptbühne fungierende Bühnenfläche wurde zu einer Hinterbühne umfunktioniert, die mit der vorderen Spielfläche durch eine Treppenkonstruktion verbunden war. Auch seine in Dresden entwickelten Probenmethoden und Ansichten zur Sprechweise auf der Bühne brachte er in diese Inszenierung ein (ebd., S. 18).

Ganz im Sinne seiner in Dresden geäußerten Ansicht, das Sprechen auf der Bühne an den »Rhythmus der Conversationssprache« (KS 4, S. 43) anzupassen und damit ›natürlich‹ zu halten, lobt er zwei Jahre nach *Antigone* den Übersetzer Franz Fritze für dessen ungezwungene und dennoch am Original orientierte Übertragung der Tragödien von Sophokles. Deren Sprache könne »den natürlichen wahren Dialog des Theaters deutlich machen« (DKV 12, S. 999). Über die von Mendelssohn komponierte Begleitmusik zu den Chorpartien sagte Tieck selbst, sie sei zwar auch von den sachkundigen Zuschauern gelobt worden, ihn habe es aber eher gestört, daß durch die Musik Mendelssohns der Chorgesang zum eigenständigen Teil geworden sei und sich so von der Tragödie abgesondert habe. Zudem habe die »reiche Instrumentierung den Gesang unverständlich« gemacht (KS 4, S. 372). Hier wird das in Dresden entwickelte Axiom von Tiecks Dramaturgie sichtbar, alles wegzulassen oder zu minimieren, was vom eigentlichen Schauspiel ablenkt. Die anderen von ihm aufgeführten antiken Dramen setzt Tieck nach dem Muster der *Antigone*-Inszenierung in Szene.

Die Aufführung des *Sommernachtstraums* war ebenfalls von Tiecks Bemühen geprägt, seine Reformbühne zu verwirklichen. Dabei hatte er schon lange Zeit vorher auf diese Inszenierung hin gearbeitet, wie die sog. ›Goethe-

Zeichnungen‹ (sicher vor 1832 zu datieren) belegen, die Tieck vermutlich anläßlich eines Besuchs 1828 bei Goethe anfertigte, um diesem seine Bühnenideen zu einer *Sommernachtstraum*-Aufführung schon in Dresden zu demonstrieren (Petersen 1930, S. 175, 180; Hille 1929, S. 91–94). J. C. J. Gerst entwarf die dekorative Bühneneinrichtung nach Tiecks Vorstellungen (also als dem Schauspiel untergeordnet) und fertigte dazu eigens Entwurfszeichnungen an (Beschreibung bei Petersen 1930, S. 182–186). Neben den historisch neutralen Kostümen entsprach auch der Bühnenaufbau den Dresdner Forderungen Tiecks. Es wurde eine dreistöckige Bühnenkonstruktion in die ›Guckkastenbühne‹ hinein gesetzt – ganz den Anforderungen des Dramaturgen nach einem ›Hineinbauen‹ der Shakespearebühne in die bestehende Bühnenkonstruktion (KS 3, S. 172) entsprechend. Diese wies auch die charakteristischen Merkmale von Tiecks Reformbühne auf, angelehnt an die fiktive Bühne in *Der junge Tischlermeister*, an die Rekonstruktion des Fortune-Theaters und an die ›Goethe-Zeichnungen‹: vorne ein unerwartet schmales Proszenium (Mendelsohn hatte in Unkenntnis der Intentionen Tiecks für seine Begleitmusik ein Orchester mit ca. fünfzig Musikern vorgesehen, so daß der Orchestergraben nicht abgedeckt werden konnte, um eine große vordere Spielfläche zu gewinnen), eine Hinterbühne, die unter einen Balkon gesetzt war und zu der zwei Stufen hinaufführten, schließlich der Balkon, der über beidseitige Treppenkonstruktionen, die die Hinterbühne flankierten, erreichbar war. Das Gerüst, das die ganze Höhe des Bühnenrahmens ausfüllte, war auf der Ebene des Balkons mit einer Galerie versehen, die ebenfalls bespielt wurde (Kemme 1971, S. 59–64). Seiner Auffassung nach hatte Tieck mit dieser Inszenierung die für ihn ideale Reformbühne für Shakespearestücke gefunden:

> Es bewährte sich, daß diese neue Einrichtung des Theaters für die Werke Shakspeare's sehr geeignet sei, und der Berichterstatter [Tieck] nahm sich fest vor, im Allerhöchsten Auftrag [d.h. im Auftrag des preuß. Königs] mehrere Schauspiele des großen Dichters so einzurichten, obgleich man seine Absicht nicht ganz verstanden hatte […]. (KS 4, S. 375)

Tiecks Dramaturgie und seine Theatertheorie im Kontext

Was bezweckte Tieck mit diesem dramaturgischen Konzept? Anders gefragt: Wie korrespondiert sein dramaturgisches Schaffen mit seiner Vorstellung von der Funktionsweise des Theaters? Dabei ist zu beachten, daß Tieck mit Ausnahme vielleicht von *Shakspeare's Behandlung des Wunderbaren* (1793) nie eine kompakte Abhandlung zu seiner Theatertheorie schrieb, sondern immer verstreut einzelne Anmerkungen machte.

Tieck ging es zu keinem Zeitpunkt um eine historisch korrekte Kopie der elisabethanischen und auch antiken Theaterform. Vielmehr wollte er durch eine an seine eigene Zeit angepaßte Adaptation dieser historischen Formen das zeitgenössische Theater verbessern, und zwar in dem Sinne, daß er den seiner Ansicht nach im alten (d. h. antiken und elisabethanischen) Theater verwirklichten Effekt auch im Schauspiel seiner Zeit erzielte. Gemeint ist die Erzeugung einer poetischen Täuschung beim Zuschauer; dieser Begriff ist bei Tieck nur in der Vorrede zu *Das altenglische Theater* (KS 1, S. 249) explizit genannt, aber aus seinen Äußerungen in den *Dramaturgischen Blättern* ebenfalls erschließbar (v. a. KS 3, S. 179, und KS 4, S. 86). Die Art und Funktionsweise dieser ›Illusion‹ arbeitete er in *Shakspeare's Behandlung des Wunderbaren* exemplarisch aus; dort nennt er sie einen »traumähnlichen Rausch« oder auch einen »Schwindel der Seele« (KS 1, S. 48, 57). Diese poetische Täuschung wurde so zur Grundlage einer nie formulierten, aber immer wieder in einzelnen Textstellen erarbeiteten Theatertheorie. Da dieser Begriff von Tieck in seinen dramaturgischen Schriften zwar nie direkt genannt wird, er aber öfter darauf rekurriert, besteht über diesen Zusammenhang ein Forschungskonsens (so Groß 1910 und Kemme 1971). Allerdings beruht diese poetische Täuschung Tieck zufolge nicht auf einem sinnlich »gaukelnde[n] Hintergehen« (KS 1, S. 249), sondern auf der Entfaltung des Kunstwerks. In der Rezension *Romeo und Julia* schreibt Tieck:

> Der Zuschauer soll nicht eben so, wie Romeo, in Julien verliebt werden; er soll die Kunst sehen und fühlen, das Gedicht empfinden und verstehen, nicht aber verlangen [...], daß die zufällige Persönlichkeit des weiblichen Wesens seiner eigenen Persönlichkeit zusage, daß er selbst gereizt werde, und er, statt des Zaubers der Poesie, in einen Taumel gerathe, der eben nicht poetisch zu nennen ist. (KS 1, S. 179)

Für die Erzeugung, aber auch den Erhalt dieser poetischen Täuschung ist zudem eine bestimmte Grundhaltung des Publikums erforderlich: zunächst natürlich überhaupt die Bereitschaft, sich auf diese imaginative Illusion einzulassen, sodann aber auch die innere Distanz zum Dargestellten, die gleichzeitig mit der poetischen Illusion eingenommen wird (dazu auch Groß 1910, S. 44–47; Kindermann 1964, S. 29f.; Kemme 1971, S. 33). Das meint eine reflektierte und nicht identifikatorische Haltung des Zuschauers zum Schauspiel, die zum einen als Grundvoraussetzung für die Erzeugung der poetischen Täuschung und damit auch des eigentlichen Kunstgenusses gelten kann und die zum anderen einen Schutzmechanismus gegen ein Abgleiten in die selbstvergessene Identifikation des Zuschauers mit dem Schauspiel darstellt. Allerdings beschränkt Tieck diese Forderung nach innerer Distanz nicht nur auf das Publikum, sondern er bezieht sie auch auf den Schauspieler, der die in seiner Rolle empfundene Leidenschaft mit einer reflektierenden Distanz dazu vereinen müsse (KS 4, S. 81). Nur so unterscheidet er sich als Schauspieler, der sich dem Darzustellenden poetisch hingibt, vom Mimen, der zum Dargestellten selbst wird (KS 3, S. 169–171). Tieck setzt diese Haltung des Sich-Einlassens auf die poetische Täuschung und der gleichzeitigen inneren Distanz mit ›Ironie‹ gleich (Köpke 2, S. 179). Auch der Dichter habe sich diesem Gesetz der ironischen Haltung zu unterwerfen, will er nicht wie Ernst von Houwald in *Der Leuchtturm* vom eigenen Stück davongetragen werden (vgl. KS 3, S. 124f.).

Der Zusammenhang zu Tiecks dramaturgischer Konzeption besteht nun darin, daß eine poetische Täuschung nur durch das Schauspiel selbst, d. h. nur durch die von den Schauspielern präsentierte Handlung und Charakterdarstellung, erzeugt werden kann, da alle anderen Aspekte eines Theaterstücks wie Requisiten und Dekoration eine sinnliche Illusion von Realität produzieren und eben nicht die Imagination in Bewegung setzen. Sämtliche dramaturgischen Ideen Tiecks lassen sich insofern als Konzentration der theatralen Darstellung auf das eigentliche Schauspiel lesen: Die Verlagerung des Spiels auf das Proszenium, also in die Nähe des Publikums, soll die Trennung der Schauspieler vom Publikum verringern und letzteres selbst zum beobachtenden Teilnehmer der Handlung werden lassen. Dadurch wird Tieck zufolge die poetische Täuschung erleichtert. Die auf das wesentliche konzentrierte Bühne (insofern sie auf die nur verzierende Dekoration verzichtet) zwingt den Zuschauer zur Imagination. Indem sie die dekorativen Elemente minimiert, verhindert sie, daß die Zuschauer in sinnliche Illusion abgleiten. Die Bühne selbst kann dadurch symbolisch aufgeladen und zu einem eigenen Bedeutungsträger werden. Dasselbe gilt für das geforderte enthistorisierte Kostüm, das in seiner poetischen Allgemeinheit keine Aufmerksamkeit auf sich ziehen soll und so ebenfalls den Wechsel in die sinnliche Illusion verhindert. Kemme spricht in diesem Zusammenhang von »Illusionszerstörung« (Kemme 1971, S. 33). Auch die natürliche Sprechweise dient dann letztendlich dazu, die Schranke zwischen Zuschauer und Text aufzuheben, die im manierierten Weimarer Deklamationsstil aufgebaut wird. Erst diese ermöglicht das imaginative Sich-Einlassen des Publikums auf die phantastische Welt im Drama.

Im übrigen spiegelt sich dieses Bemühen Tiecks, ein reflektiertes, auf einer ironischen Haltung basierendes Theater zu erschließen, auch in seinem eigenen dramatischen Schaffen wider. Dies belegen *Der gestiefelte Kater* und andere satirische Schriften, in denen er das Gegenteil dieser Haltung ironisch demontiert (zum genannten Stück Müller 1995). Dabei wird es dem alten Tieck eine späte Genugtuung und wohl auch ein diebisches Vergnügen bereitet haben, daß das reale Publikum sich bei der Aufführung von *Der gestiefelte Kater* 1844 am Ende des Stücks genauso ignorant verhalten haben soll wie das fiktive (KS 4, S. 377).

Tiecks Dramaturgie erscheint als ›Herkulesaufgabe‹, aus dem sinnlich unterhaltenden ein intellektuell amüsierendes Theater zu machen. Letztlich konnte Tieck damit keine langfristige Wirkung erzielen. Immerhin reiht er sich aber in die Kette derer ein, die als Anti-Mimetiker ein Theater der Reflexion produzieren wollten und wollen (François 2000).

LITERATUR

Brandt 1920: Brandt, Heinrich: Goethes Faust auf der Kgl. Sächsischen Hofbühne zu Dresden. Ein Beitrag zur Theaterwissenschaft, Berlin 1920.
Brauneck 1999: Brauneck, Manfred: Die Welt als Bühne. Geschichte des europäischen Theaters, 6 Bde., Bd. 3, Stuttgart/Weimar 1999.
Doering-Manteuffel 1935: Doering-Manteuffel, Hanns Robert: Dresden und sein Geistesleben im Vormärz. Ein Beitrag zur Geschichte des kulturellen Lebens in der sächsischen Hauptstadt, phil. Diss. Leipzig 1935.
Drach 1909: Drach, Erich: Ludwig Tiecks Bühnenreformen, Berlin 1909.
Fischer 1891: Fischer, Leopold Hermann: Ludwig Tieck und die Berliner Hofbühne. In: ders.: Aus Berlins Vergangenheit. Gesammelte Aufsätze zur Kultur- und Literaturgeschichte Berlins, Berlin 1891, S. 141–161.
François 2000: François, Jean Claude: Réception et filitation du théâtre de Tieck. In: Lectures d'une œuvre. Ludwig Tieck, hg. von Jean-Louis Bandet, Paris 2000, S. 67–79.
Groß 1910: Groß, Edgar: Die ältere Romantik und das Theater, Hamburg/Leipzig 1910.
Grünbaum 1964: Grünbaum, Anita: Von Tiecks *Sommernachtstraum*-Inszenierung zur ersten Aufführung in Stockholm. In: Kleine Schriften der Gesellschaft für Theatergeschichte 20 (1964), S. 36–58.
Günzel 1997a: Günzel, Klaus: Welttheater am Altmarkt – Der späte Ludwig Tieck. In: ders: Romantik in Dresden. Gestalten und Begegnungen, Frankfurt a. M./Leipzig 1997, S. 168–178.
Günzel 1997b: Günzel, Klaus: *Das beste Theater in Deutschland*. Literarische Leseabende bei Ludwig Tieck am Dresdner Altmarkt. In: Ludwig Tieck. Literaturprogramm und Lebensinszenierung im Kontext seiner Zeit, hg. von Walter Schmitz, Tübingen 1997, S. 161–167.
Hille 1929: Hille, Gertrud: Die Tieck-Sempersche Rekonstruktion des Fortuna-Theaters. Ein Beitrag zur Geschichte der Bühnereformen im 19. Jahrhundert. In: Neues Archiv für Theatergeschichte 1 (1929), S. 72–109.
Kemme 1971: Kemme, Hans-Martin: Ludwig Tiecks Bühnenreformpläne und -versuche und ihre Wirkung auf die Entwicklung des deutschen Theaters im 19. und 20. Jahrhundert. Ein Beitrag zur Form- und Ideengeschichte der Bühnengestaltung, phil. Diss. Berlin 1971.
Kindermann 1964: Kindermann, Heinz: Theatergeschichte Europas, 10 Bde., Bd. 6: Romantik, Salzburg 1964.
Kummer 1938: Kummer, Friedrich: Dresden und seine Theaterwelt, Dresden 1938.
Müller 1995: Müller, Marika: Ludwig Tieck. Inszenierte Ironie. In: dies.: Die Ironie. Kulturgeschichte und Textgestaltung, Würzburg 1995, S. 66–73.
Müller-Merten 2004: Müller-Merten, Heike: Von Tieck bis Wolff – Die Entwicklung von Theaterprogrammatik und Dramaturgie im Dresdner Schauspiel. In: Theater in Dresden, hg. vom Dresdner Geschichtsverein e. V., Dresden 2004, S. 68–76.
Nottelmann-Feil 1996: Nottelmann-Feil, Mara: Ludwig Tiecks Rezeption der Antike. Literarische Kritik und Reflexion griechischer und römischer Dichtung im theoretischen und poetischen Werk Tiecks, Frankfurt a. M./u. a. 1996.

Paulin 1987: Paulin, Roger: Ludwig Tieck, Stuttgart 1987.
Petersen 1930: Petersen, Julius: Ludwig Tiecks Sommernachtstraum-Inszenierung. In: Neues Archiv für Theatergeschichte 2 (1930), S. 163–198.
Schumacher 1938: Schumacher, Erich: Der Text Schlegel-Tiecks und die Bühneneinrichtung L. Tiecks. In: ders.: Shakespeares Macbeth auf der deutschen Bühne, Emsdetten 1938, S. 162–171.
Zybura 1994: Zybura, Marek: Ludwig Tieck als Dramaturg am Dresdner Hoftheater. Mit einem Anhang bisher ungedruckter Dokumente zur Anstellung und Entlassung Ludwig Tiecks als Dramaturg am Dresdner Hoftheater. In: Wirkendes Wort 44 (1994), H. 2, S. 220–246.

Der Philologe
(Sammeltätigkeit, Werkkonzepte, Herausgeberschaften)

Antonie Magen

Zwischen Ipsefakt und diplomatischer Treue: Tiecks Selbstverständnis als Philologe

Über vier Jahrzehnte hinweg (1801–1847) betätigte sich Ludwig Tieck als Philologe. Während dieser Zeit legte er unterschiedliche Textsammlungen an und präsentierte sich sowohl als Herausgeber von literarischen Anthologien als auch als Editor von (Werk-)Ausgaben. Er wählte vor allem Texte aus, deren Kenntnis er im populären Bewußtsein erhalten wollte (S 11, S. LXXVIII) und die entweder schon in Vergessenheit geraten waren (KS 1, S. 333f., 366; KS 2, S. 95) oder denen dieses Schicksal drohte (S 11, S. LXXVIII; Zybura 1994, S. 183). Sein Ziel war dabei nicht »leere, müßige Liebhaberei, oder nur allein Huldigung der Schönheit« (KS 2, S. 422). Vielmehr sah er in der »poetischen Literatur eines Volkes« einen Stabilisator »seiner politischen Kraft und Eigenthümlichkeit« (ebd., S. 122). Seine diesbezüglichen Schwerpunkte lagen zum einen auf der älteren deutschen Literatur, wo er anfangs (1795–1799) (Zybura 1994, S. 124) hauptsächlich »eine Vorliebe für diese verkannten und verschmähten Volksbücher« hegte (S 11, S. XLI; vgl. KS 1, S. 362), die als populäre Gattung nachzuahmen seien (Riederer 1915, S. 46; Brinker-Gabler 1973, S. 72f., 110). In dieser Zeit dachte er vor allem an eine Neuauflage des *Simplizissimus* (S 6, S. LII; Brinker-Gabler 1973, S. 73), ohne daß er diesen Plan je in die Tat umgesetzt hätte (Riederer 1915, S. 50). Zum anderen lag sein editorisches Hauptinteresse im Bereich der zeitgenössischen Dichtung, wo er sich, in Abgrenzung zu der in dieser Zeit hauptsächlich betriebenen Goethe-Philologie (Nutz 1994, S. 613), vor allem für die nicht-klassizistischen Texte seiner Zeit (Novalis, Maler Müller, Kleist, Lenz) einsetzte.

Tiecks Selbstverständnis als Philologe ist durch vielfältige Widersprüche geprägt. Diese erklären sich daraus, daß er in diesem Metier als ein Grenzgänger zwischen romantischem Dichter und gelehrtem Forscher (Hunger 1994, S. 256), zwischen Innovation und Historisierung (Martus 2007, S. 376) oszillierte, indem er versuchte, einen Mittelweg zwischen bloßer Handschriftenwiedergabe einerseits und freier Nachdichtung andererseits zu beschreiten (Krohn 1994, S. 277). Dabei markiert er den Übergang von einer kritischen Kommunikation, die ihre Wurzeln in der Aufklärung hat, zu einer modernen philologischen Kommunikation (Martus 2004, S. 211). Obwohl er sich als Editor wissenschaftlich-philologischer Methoden bediente, insbesondere als erster aus dem romantischen Kreis (Brinker-Gabler 1973, S. 85; Zybura 1994, S. 131) mit den Handschriften und Nachlaßmaterialien selbst arbeitete, diese transkribierte und kollationierte (Brinker-Gabler 1973, S. 100; Zybura 1994, S. 131) und bei seinem Tod schließlich eine umfangreiche Autographensammlung von zeitgenössischen Schriftstellern hinterließ (Stobel 2005, S. 177, 180), war sein Anspruch nicht in erster Linie philologisch. Im Gegenteil: Im Sinne des romantischen Gedankens der Sympoesie und progressiven Universalpoesie (KS 1, S. 187f.; Brinker-Gabler 1973, S. 101; vgl. auch Hunger 1994, S. 256; Scherer 2012, S. 92; siehe den Beitrag *Der Jenaer Kreis und die frühromantische Theorie* in Kap. 1) schreckte er nicht vor ästhetischen Korrekturen im fremden Text zurück, wenn er sich bemühte, »das Unbedeutende, Verkehrte und Nichtige mit Aufmerksamkeit zu betrachten, darüber hin und her zu denken, wie es anders gestellt, geändert, verkürzt und vermehrt etwas Besseres werden könne« (S 11, S. XXXIIf.).

Mit dieser provokativen Vorgehensweise beabsichtigte Tieck nicht zuletzt, eine kritische Kommunikation zu entfachen (Martus 2007, S. 385), mit deren Hilfe ein philologisches Bewußtsein etabliert werden sollte, aus dem sich schließlich die wissenschaftsgeschichtlichen Anfänge der Germanistik herauskristallisierten (ebd., S. 395). Daß diese Absicht gelang, zeigen die zeitgenössischen Reaktionen: In Kritikerkreisen wurde bald die Forderung nach einem »unvertieckten Original[ ]« laut (Morgenblatt 1808, S. 422; Brinker-Gabler 1973, S. 181). Tieck hatte sich damit für einen Editionstyp entschieden, der nicht für »Gelehrte, sondern für ächte Liebhaber« gedacht war (Tieck-Schlegel, S. 134; vgl. auch KS 1, S. 190f.; Zybura 1994, S. 128; Scherer 2012, S. 92) und der mehr auf eine breite Öffentlichkeit als auf gelehrte Nutzung abzielte (Krohn 1994, S. 277).

Tiecks editorisches Vorgehen ist somit vor allem wirkungsästhetisch (Ribbat 1975; Zybura 1994, S. 201) und kommunikationstheoretisch orientiert (Martus 2007), indem er die Tätigkeit des Herausgebers als die eines literarischen Kommunikators und Fürsprechers interpretiert (Zybura 1994, S. 200; siehe die Beiträge *Tieck als Übersetzer* in Kap. 3 und *Tieck und die Formierung der neueren Philologien* in Kap. 5). Diese Vorstellung liegt, mit unterschiedlicher Gewichtung (ebd., S. 144), allen literarischen Sammlungen zugrunde, die Tieck im Laufe seines Lebens zusammengetragen hat: der frühen Sammlung *Minnelieder aus dem schwäbischen Zeitalter* (1803), einer Bearbeitung des *Co-*

dex Manesse, ebenso wie den Werkausgaben von Novalis, Maler Müller, Kleist und Lenz.

Am deutlichsten zeigen sich die Folgen dieses Konzepts jedoch in den *Minneliedern aus dem schwäbischen Zeitalter* (siehe den Beitrag ›Altdeutsche‹ Literatur in Kap. 2). Diese Sammlung aus dem 14. Jahrhundert präsentiert Texte, deren Lektüre durch die historische und sprachliche Distanz, die sie vom zeitgenössischen Leser trennt, »mit Mühe verbunden und das völlige Verständniß dem Ungelehrten fast unmöglich ist« (KS 1, S. 191). Damit fordert sie in besonderer Weise die Vermittlerfähigkeiten des Herausgebers (vgl. Hunger 1994, S. 256f.). Nicht zuletzt aus diesem Grund stellte Tieck dieser Anthologie ein ausführliches Vorwort voran, in dem er seine philologischen Grundsätze formuliert. Aufgrund dieser wegweisenden Einführung sind die *Minnelieder* zu einem Initialwerk für eine Reihe von romantischen Editionen geworden (vgl. Krohn 1994, S. 277). Tieck formuliert hier Intentionen, nach denen später beispielsweise Achim von Arnim und Clemens Brentano ihre Sammlung *Des Knaben Wunderhorn* eingerichtet haben (Scherer 2012, S. 89f., 110f.). Sie sind typisch für das romantische Philologieverständnis, das sich, um einen Ausdruck von Arnim und Brentano zu verwenden, im Spannungsfeld von Ipsefakt (Brentano 1991, S. 515) und diplomatischer Treue (S 1, S. XXXVI) bewegt. Der Herausgeber ist demnach berechtigt, in die Vorlage einzugreifen, um sie »in Ordnung zu bringen, […] wenn es […] nöthig schien« (KS 1, S. 210), und in der er »die Lücken […], die […] an einigen Stellen störten, aus[…]füllen« darf (S 11, S. LXXVIIIf.). Zugleich ist es für Tieck »[d]as Wichtigste […], nichts an dem eigentlichen Charakter der Gedichte und ihrer Sprache zu verändern« (KS 1, S. 211).

Diese Grundsätze liegen nicht nur den *Minneliedern* zugrunde, sondern auch einer Reihe anderer mittelalterlicher Editionsprojekte (*Nibelungenlied*, *Heldenbuch*, *Frauendienst*), die Tieck während eines Zeitraums von ungefähr fünfzehn Jahren (Brinker-Gabler 1973, S. 98) bearbeitete, aber nur teilweise für den Druck fertigstellte: So erschienen nur die *Minnelieder*-Sammlung und *Frauendienst* vollständig. Von den Episoden des *Heldenbuchs* wurde lediglich *König Rother* teilweise veröffentlicht (Brinker-Gabler 1973, S. 90; Zybura 1994, S. 134).

Die ältere deutsche Literatur

Die Beschäftigung mit der älteren deutschen Literatur läßt sich bis ins Jahr 1801 zurückverfolgen (S 11, S. LXXVIII). Als erster machte Wackenroder Tieck auf die Literatur des Mittelalters aufmerksam, zunächst allerdings, ohne daß er seinen Freund dafür begeistern konnte (Brinker-Gabler 1973, S. 69f.).

Erst nachdem Tieck während seines Aufenthalts in Jena (1799/1800) durch die Brüder Schlegel und Novalis weitere Anregungen zur Beschäftigung mit der mittelalterlichen Dichtung erhalten hatte (ebd., S. 73f.; Zybura 1994, S. 124f.), verfestigten sich diese nach der Jahrhundertwende zu konkreten Vorhaben: Seit April 1801 wohnte Tieck in Dresden, wo er eine Bibliothek benutzen konnte, die über einen reichen Bestand an mittelalterlichen Handschriften und frühneuzeitlichen Drucken verfügte. Bereits im Dezember 1801 entlieh er eine Ausgabe des *Heldenbuchs* (vgl. hierzu auch KS 1, S. 192–194, 203) von 1560 sowie die von Christoph Heinrich Myller 1784/85 herausgegebene *Sammlung deutscher Gedichte aus dem 12., 13. und 14. Jahrhundert* (ebd., S. 190), die neben dem *Nibelungenlied* (ebd., S. 192–194, 203) auch Gottfrieds *Tristan*, Conrads von Würzburg *Der trojanische Krieg* von sowie zahlreiche kleinere Gedichte und Fragmente enthält. Außerdem benutzte er eine Ausgabe des *Parzifal* von 1477 (Brinker-Gabler 1973, S. 77). Mit dieser Auswahl legte Tieck, der ursprünglich auch die Herausgabe des *Parzifal* und *Tristan* geplant hatte (vgl. KS 1, S. 193; Brinker-Gabler 1973, S. 77), den Grundstein für zwei Editionsprojekte, mit denen er sich in den kommenden Jahren nachhaltig beschäftigte: für die Bearbeitung des *Nibelungenlieds* und des *Heldenbuchs*.

Bereits im Frühjahr 1802 berichtete Tieck dem Jenaer Verleger Frommann von seinen Plänen, das *Nibelungenlied* umzudichten. Zu diesem Zeitpunkt beabsichtigte er auch noch, dieses Epos durch weitere nordische Überlieferungen zu ergänzen (Schweikert 2, S. 276f.; Brinker-Gabler 1973, S. 77). Die Arbeit an diesem Text wurde dann aber bald durch die Beschäftigung mit den *Minneliedern* unterbrochen und erst, nachdem diese 1803 bei Reimer in Berlin erschienen waren, wieder aufgenommen. Der Herstellung des Textes förderlich war ein Aufenthalt in München 1804/05, den Tieck dazu nutzte, die Handschrift D einzusehen, die in der dortigen Hofbibliothek aufbewahrt wurde (S 11, S. LXXIX; Brinker-Gabler 1973, S. 84). Er verglich sie mit der Version der Myllerschen Sammlung (S 11, S. LXXIX), notierte die Varianten und ergänzte die dort fehlenden Verse in seinem Exemplar (Brinker-Gabler 1973, S. 85; Zybura 1994, S. 131). Bereits Anfang 1805 nahm Tieck bezüglich der Drucklegung Verhandlungen mit dem Göttinger Verleger Dietrich auf (Schweikert 2, S. 280f.; Brinker-Gabler 1973, S. 84f.). Die zugesagte Abgabe seines Manuskripts blieb aber aus. Vielmehr verzögerte sich die weitere Arbeit am *Nibelungenlied* durch den Aufenthalt in Rom von 1805/06. Wieder aufgenommen wurde sie erst 1806, als Tieck auf der Rückreise von Rom in St. Gallen Station machte, um dort den Codex B des *Nibelungenlieds* einzusehen (S 11, S. LXXIXf.; Brinker-Gabler 1973, S. 87; Zybura 1994, S. 132). Allerdings konnte er seine Arbeitsresultate der Öffentlichkeit nicht zugänglich machen. Noch bevor er die Ergebnisse, die er durch die Transkription und

Kollation der beiden wichtigsten Textzeugen in München und St. Gallen gewonnen hatte, veröffentlichen konnte, kam ihm der Philologe Friedrich Heinrich von der Hagen zuvor, dessen Bearbeitung des *Nibelungenliedes* 1807 auf der Grundlage von Tiecks Materialien (Brinker-Gabler 1973, S. 91f.; Scherer 2012, S. 96; vgl. auch KS 2, S. 123) in Berlin publiziert worden war (S 11, S. LXXX; Brinker-Gabler 1973, S. 84; Zybura 1994, S. 132).

Ein ähnliches Schicksal erlitt das *Heldenbuch*-Projekt, das ebenfalls nicht über das Stadium von druckfertigen, dann aber nicht zum Druck beförderten Vorarbeiten hinausgekommen ist. Tieck hatte 1805/06 während seines Aufenthalts in Rom in der Vatikanischen Bibliothek gearbeitet und dort die deutschen Handschriften der Bibliotheca Palatina gesichtet (S 11, S. XLIII, LXXX). Ausführlich beschäftigt hatte er sich vor allem mit zwei Überlieferungsträgern des *Heldenbuchs* (heute UB Heidelberg Cod. Pal. Germ 314 und Cod. Pal. Germ. 390; Brinker-Gabler 1973, S. 85f.; Zybura 1994, S. 131), von denen er Abschriften des *König Rother* (einem Text, der bis dahin nicht einmal mehr dem Namen nach bekannt war; Brinker-Gabler 1973, S. 90), von *Dietrichs Flucht* und der *Rabenschlacht* anfertigte. Diese Arbeit war ursprünglich als Grundlage für eine systematische Anzeige aller deutschen Handschriften des Vatikans gedacht, deren Vollendung Tieck für Ostern 1808 terminiert hatte (Tieck-Schlegel, S. 160) und die er durch die Transkription weiterer deutscher Handschriften, die an anderen Orten lagen, ergänzen wollte. So bat er Friedrich Schlegel am 4. September 1806, ihm aus »Cöln oder anderen alten Städten, vorzüglich aber in Paris [...] Nachrichten [...] über teutsche Manuscripte« zu verschaffen, »es recht bald zu thun, weil [er] in Anzeige der Manuscripte gern ganz vollständig sein wollte« (ebd., S. 160; Brinker-Gabler 1973, S. 86).

In der Zwischenzeit hatte Brentano den Heidelberger Verleger Zimmer für den Druck des *Heldenbuchs* gewinnen können (Brinker-Gabler 1973, S. 87), der aber dann nicht zustande kam. Lediglich eine von Tieck transkribierte Episode des *König Rother* veröffentlichte Achim von Arnim im April 1808 in seiner *Zeitung für Einsiedler* (Rother-Fragment; ebd., S. 90; Zybura 1994, S. 134). Den vollständigen Text von *König Rother* ließ Friedrich Heinrich von der Hagen im selben Jahr innerhalb seiner Sammlung *Deutsche Gedichte des Mittelalters* drucken, was eine zweite Veröffentlichung durch Tieck, dem es vor allem um die erstmalige Bekanntmachung ging (Brinker-Gabler 1973, S. 92), obsolet machte. Auch die Wiederaufnahme der Arbeit am *Heldenbuch*, die Tieck 1810/11 in Kooperation mit von der Hagen begann (ebd., S. 94; Zybura 1994, S. 134), führte zu keinem editorischen Ergebnis. Erst fünf Jahre später griff Tieck dieses Projekt wieder auf. Der Grund hierfür war die 1815/16 erfolgte Rückgabe der deutschen Handschriften der Bibliotheca Palatina nach Heidelberg. Sie ließ Tieck fürchten, daß der leichtere Zugang nun einen anderen Herausgeber zur Bearbeitung der Manuskripte anregen könnte (ebd., S. 94f.). Da die Beiträge von der Hagens ausblieben, übernahm Tieck die Bearbeitung wieder allein (ebd., S. 95f.). Er stellte druckfertige Fassungen von *König Rother* und der *Rabenschlacht* her, die er im Herbst 1816 bei Mohr und Zimmer einreichte. Wahrscheinlich ebenfalls schon zu diesem Zeitpunkt vollendet war die Bearbeitung von *Dietrich und seine Gesellen*. Darüber hinaus war *Zwerg Laurin* wohl zu zwei Dritteln fertiggestellt (ebd., S. 97; vgl. auch Zybura 1994, S. 134f.). Trotz dieses relativ fortgeschrittenen Stadiums vollendete Tieck das *Heldenbuch*-Projekt nicht und gab es 1818 endgültig auf (Brinker-Gabler 1973, S. 98).

Daß Tieck weder seine Bearbeitung des *Nibelungenliedes* noch des *Heldenbuches* zu einem editorisch erfolgreichen Ende führte, lag nicht zuletzt darin begründet, daß er während der Arbeit an diesen beiden Texten noch drei weitere Editions- bzw. Sammlungspläne verfolgte, die er zu einem Abschluß brachte. Dabei handelt es sich neben der Anthologie *Minnelieder aus dem Schwäbischen Zeitalter* und Ulrichs von Lichtenstein *Frauendienst* um die Sammlung *Das altdeutsche Theater*. Tieck konnte die beiden Editionsprojekte soweit vollenden, daß er sie ohne Bedenken in Druck geben konnte, weil die von ihm als Quellen benutzten Überlieferungsträger vergleichsweise übersichtlich waren.

Entgegen seinen sonstigen Gewohnheiten verwandte Tieck für die *Minnelieder aus dem Schwäbischen Zeitalter* nicht die *Manessische Liederhandschrift* selbst. Vielmehr stützte er sich auf die von Bodmer und Breitinger 1758/59 veröffentlichte *Sammlung von Minnesingern aus dem schwaebischen Zeitpuncte* (KS 1, S. 190, 219; Scherer 2012, S. 90), die diese »[a]us der Handschrift der koeniglich-franzoesischen Bibliotheck herausgegeben« hatten – so der Vermerk auf dem Titelblatt. In Auseinandersetzung mit dieser Vorarbeit konnte Tieck seinen eigenen Text dann vergleichsweise schnell herstellen. Er kritisierte die Gepflogenheiten der früheren Edition, durch die es nicht gelungen sei

> etwas mehr Theilnahme für diese Gedichte zu erregen [...]. Die bisherigen Proben, die man mittheilte, waren meist zu sehr modernisirt und verändert, auch waren es vielleicht zu wenige, um Aufmerksamkeit zu erregen; der Manessische Codex selbst ist an den meisten Stellen nur mit Schwierigkeiten zu lesen, auch ist die Abtheilung der Strophen oft verworren oder unrichtig, der ausgelassenen Verse, der gestörten Reime sind so viele [...]. (KS 1, S. 210)

Dem setzte er mit seiner Auswahl aus dem *Codex Manesse* ein Gegenprogramm entgegen. Im Vergleich mit der Edition von Bodmer umfaßt diese zwar tatsächlich weniger Gedichte, konzentriert sich aber, im Sinne einer ästhetischen Einheit, auf die Minnelyrik und klammert die von Bodmer noch berücksichtigte Spruchdichtung wegen ihrer historischen Bezüge aus (siehe den Beitrag ›Altdeutsche‹ *Literatur* in Kap. 2). Tieck verfolgte damit zum einen die Absicht,

»nichts an dem eigentlichen Charakter der Gedichte und ihrer Sprache zu verändern«, weshalb »keine Form des Verses verletzt werden« durfte (KS 1, S. 211). Andererseits aber versuchte er, »die Strophen in Ordnung zu bringen«; er ließ »zuweilen [...] unbedeutende aus [...], oder [veränderte] sie auch in der Stellung, wenn es [...] nöthig schien« (ebd., S. 210). Wie ausführlich Tieck dieser Notwendigkeit nachgekommen ist, läßt sich aus einem Brief vom 30. Mai 1803 an August Wilhelm Schlegel ersehen, in dem er berichtet, daß er »viele Gedichte 6 bis 7 mal abgeändert und abgeschrieben habe« (Tieck-Schlegel, S. 133; Brinker-Gabler 1973, S. 81). Dementsprechend fortschrittlich wirkt vor allem die äußere, formale Gestaltung seiner Ausgabe. Tieck bewies hier eine bemerkenswerte Intuition, mit der er die Bedeutung der Form für das Verständnis des Minnesangs erkannte, die von der Philologie erst im 20. Jahrhundert bestätigt wurde. Als modern erwies sich vor allem die visuelle Gestaltung der Texte. Tieck wählte eine einheitliche Interpunktion, eine moderne Vers- und Stropheneinteilung sowie die Großschreibung von Substantiven. Hinzu kommt, daß er für diese Ausgabe die zeitgenössisch gebräuchliche und vertraute Fraktur verwandte und nicht die bisher für mittelhochdeutsche Editionen übliche Antiqua (Zybura 1994, S. 129). 1803 erschien die erste Auflage der *Minnelieder* bei Reimer. Sie war bereits 1809 vergriffen und damit zu einem buchhändlerischen Erfolg geworden. Tiecks Konzept war aufgegangen. Es war ihm gelungen, der älteren deutschen Literatur auch in nichtprofessionellen Kreisen zum Durchbruch zu verhelfen (ebd., S. 128).

Als vergleichsweise leicht erwies sich auch die Publikation von Ulrichs von Lichtenstein *Frauendienst*. Die einzige Handschrift, die diesen Text überliefert, entdeckte Tieck – wohl durch einen Hinweis von Bernhardt Joseph Docen – in der Münchner Hofbibliothek (Brinker-Gabler 1973, S. 92f.; vgl. auch Zybura 1994, S. 135), wo er während eines weiteren Aufenthalts zwischen 1808 und 1810 die Handschrift transkribierte. Die Edition, mit der Tieck die Absicht verfolgte, sie »so einzurichten, daß es nicht bloß der Gelehrte, sondern jedweder Leser lesen und verstehen kann« (Fehling 1925, S. 251; vgl. auch Scherer 2012, S. 99), erschien schließlich zur Michaelimesse 1812 (Brinker-Gabler 1973, S. 92–94).

Der *Frauendienst* war Tiecks letzte Edition eines mittelalterlichen Textes. Angesichts des Ausmaßes, in dem er sich mit der mittelalterlichen Literatur beschäftigt hat, ist das editorische Resultat gering. Eine Ursache hierfür ist die ständige Erweiterung der Projekte (S 11, S. LXXXI). Seine vielfältigen Studien eröffneten Tieck immer neue Perspektiven und ließen die Zahl der Projekte ins Endlose anwachsen (Brinker-Gabler 1973, S. 98f., 143).

Außerdem widmete Tieck seit 1816 große Teile seiner Zeit den Vorarbeiten zur Sammlung *Deutsches Theater*. Bei dieser »Sammlung von Beispielen« (KS 1, S. 326) handelt es sich um eine Auswahl von Schauspielen vom 15. bis zum 17. Jahrhundert (Riederer 1915, S. 21f.; Brinker-Gabler 1973, S. 98). Sie erschien 1817 in zwei Bänden bei Reimer in Berlin und enthält Stücke von Rosenplüt, Hans Sachs, Ayer, Opitz, Gryphius und Lohenstein (Zybura 1994, S. 143). Auch die Herausgabe des *Deutschen Theaters* ging verhältnismäßig zügig vonstatten und nahm ungefähr zwei Jahre (1816/17) konzentrierter Arbeit in Anspruch. Im Vergleich zu den *Minneliedern* veränderte Tieck hier sein Editionsprinzip. Er bearbeitete die Texte des *Deutschen Theaters* nicht, sondern edierte jeweils den Originaltext (ebd., S. 144).

Mit der Vollendung dieses Unternehmens war Tiecks Beschäftigung mit mittelalterlichen und frühneuzeitlichen Texten, die sich seit 1801 stetig entwickelt hatte, beendet. Seine ebenfalls kurz nach der Jahrhundertwende aufgenommenen Herausgebertätigkeiten, die er in den Dienst moderner Texte stellte und die Zeugnis von seinem besonderen Interesse an der Entwicklung der neueren deutschen Literatur ablegen, hat er dagegen bis ans Ende seines Lebens verfolgt.

Auch die Werkeditionen von Autoren der vergangenen Jahrzehnte, in denen Tieck – entgegen seinen theoretischen Aussagen – immer selektiv vorging (Martus 2007, S. 408f.), stellte er, wo möglich, genau wie diejenigen der älteren Autoren ebenfalls auf die Basis der Bearbeitung der handschriftlichen Überlieferungsträger, so daß sich in den von ihm besorgten Ausgaben der eine oder andere Erstdruck findet. Mit Ausnahme der Werkausgabe Maler Müllers enthalten diese Ausgaben in der Regel – ähnlich wie die *Minnelieder* – ein einleitendes Vorwort, das meist biographisch ausgerichtet ist. Hierzu verwendet Tieck z. T. unmittelbare Quellen wie Briefe, die er auszugsweise an Ort und Stelle zitiert (KS 2, S. 40). Außerdem drücken sie die ästhetische Einschätzung Tiecks der von ihm herausgegebenen Autoren aus.

Novalis

An erster Stelle sind hier die von Tieck besorgten Werkausgaben von Novalis zu nennen. Tiecks editorische Bemühungen um den Freund aus Jenaer Tagen erstrecken sich über eine Zeitspanne von über vierzig Jahren. Bereits im Jahr von Novalis Tod (1801) hatte dessen jüngerer Bruder und Nachlaßverwalter, Carl von Hardenberg, Tieck zum Hauptherausgeber einer Werkausgabe bestimmt (Zybura 1994, S. 148). Unterstützt werden sollte er dabei von Friedrich Schlegel. Geplant war zunächst, den ersten Teil des Romans *Heinrich von Ofterdingen* dem Publikum zugänglich zu machen. Nach diversen Streitigkeiten zwischen den Herausgebern einerseits sowie August Wilhelm Schlegel und Schleiermacher andererseits über die Frage, inwieweit es Tieck gestattet sei, den fragmentarisch hinterlassenen Roman zu vollenden (ebd., S. 149), bereitete Tieck nach einem Verlegerwechsel (von Unger zu Reimer) das Manuskript Ende 1801 zum Druck vor. Hierbei verstand er sich als diplomatischer Herausgeber, der nur »sehr weniges und Unbedeutendes geändert« habe (Tieck-Schlegel, S. 102). Diese Korrekturen lassen sich heute nicht mehr nachvollziehen, da sich die Handschrift von Novalis' einzigem Romanfragment nicht erhalten hat (Zybura 1994, S. 150). Obwohl das Titelblatt das Jahr 1802 als Druckdatum angibt, erschien der Band erst im Juni 1803 in Berlin bei Reimer. Die Vorrede, die Friedrich Schlegel geschrieben hatte, ist nicht enthalten (ebd., S. 151).

Tatsächlich erschien schon 1802 die erste Auflage der *Schriften* von Novalis in zwei Bänden ebenfalls bei Reimer in Berlin (ebd., S. 151 f.). Der erste Band enthält neben einem Vorwort von Tieck den ersten Teil des *Heinrich von Ofterdingen*. Der zweite Band beinhaltet den zweiten Teil des Romans samt einigen Notizen Tiecks, die über die von Novalis geplanten weiteren Arbeiten Auskunft geben. Ferner enthält er *Hymnen an die Nacht*, *Vermischte Gedichte*, *Geistliche Lieder*, *Die Lehrlinge zu Sais* und *Fragmente vermischten Inhaltes* (ebd., S. 152). Diese erste Auflage von Novalis' *Schriften* wurde in 500 Exemplaren gedruckt und war so erfolgreich, daß sie bereits nach zwei Jahren vergriffen war (ebd., S. 153). Schon im Frühjahr 1806 erschien die zweite Auflage, deren Titelblatt als Erscheinungsdatum das Jahr 1805 angibt (ebd., S. 155) und die 1814 nicht mehr im Buchhandel erhältlich war. Diesen Umstand nutzte der Verleger Reimer, um die *Schriften* abermals neu aufzulegen (ebd., S. 156). Die dritte Auflage ist mit der zweiten identisch. Tieck steuerte für sie lediglich eine weitere Vorrede bei. Dabei handelt es sich im Wesentlichen um einen biographischen Abriß, dem die Novalis-Biographie des Bruders Carl von Hardenberg zugrunde liegt (ebd., S. 157).

Die vierte Auflage der *Schriften* von Novalis wurde erst zwölf Jahre später, 1826, publiziert (ebd., S. 157). Auch sie nennt Ludwig Tieck und Friedrich Schlegel als Herausgeber. Allerdings waren weder Tieck noch Schlegel an ihr beteiligt. Vielmehr wurde diese Ausgabe von Reimer selbst bzw. von in seinem Auftrag handelnden Mitarbeitern veranstaltet. Gegenüber den früheren Ausgaben handelt es sich um eine »vermehrte Auflage«, in der erstmals der Aufsatz *Die Christenheit oder Europa* veröffentlicht wird, von dem Tieck bis dahin nur Auszüge in den *Fragmenten* publiziert hatte (ebd., S. 158). Außerdem werden in einem Anhang das bisher unveröffentlichte Gedicht *Der Fremdling*, das Novalis Frau von Charpentier, der Mutter seiner Braut Julie, gewidmet hatte, sowie eine Reihe von Briefen und die bereits 1798 gedruckte Sammlung *Blumen* mitgeteilt (ebd., S. 158 f.). Bemerkenswerterweise zeitigte gerade diese Ausgabe, für die Tieck zwar die Grundlage gelegt hatte, an der er aber nicht beteiligt war, die größte internationale rezeptionsgeschichtliche Wirkung: Sie war die Basis für den berühmten Novalis-Essay von Thomas Carlyle, der im

Jahr 1829 in der Zeitschrift *Foreign Review* erschien und für den Ruhm von Novalis im England des 19. Jahrhunderts sorgte. Außerdem wurde die vierte Auflage 1837 in Paris nachgedruckt und legte somit den Grundstein für die Bekanntheit von Novalis in Frankreich (ebd., S. 163).

Die nächste Auflage der *Schriften*, für die Tieck als alleiniger Herausgeber verantwortlich zeichnete (da Friedrich Schlegel 1829 gestorben war), erschien erst 1837. Aus dieser Ausgabe entfernte Tieck wieder den Aufsatz *Die Christenheit oder Europa*, die eigenmächtige Zutat des Verlegers Reimer, und stellte die Abteilung *Fragmente* so wieder her, wie er sie ursprünglich vorgesehen hatte. Den Anhang mit dem Gedicht und den Briefen behielt er hingegen bei (ebd., S. 160).

1846/47 gab Tieck schließlich, unterstützt durch Eduard von Bülow, einen Supplementband heraus (ebd., S. 161), der Teile des nachgelassenen Materials umfaßt, das sich noch im Besitz der Familie Hardenberg gefunden hatte. Es handelt sich hierbei vor allem um Auszüge aus dem Tagebuch der letzten Jahre, aber auch um Briefe sowie weitere »zerstreute Blätter« und Fragmente (ebd., S. 162). Damit war nach 45 Jahren Tiecks Engagement als Herausgeber der Werke von Novalis beendet. Diese Zeit muß als die erste wichtige und wegweisende Etappe in der Novalis-Rezeption bezeichnet werden, in der es Tieck gelungen war, erstmals große Teile des Gesamtwerks des Freundes vorzulegen (ebd., S. 163).

Maler Müller

Mit keinem anderen Dichter hatte Tieck sich als Herausgeber so lange beschäftigt wie mit Novalis (ebd., S. 162f.). Parallel zur Edition von dessen *Schriften* widmete er sich auch der Herausgabe der Werke anderer Autoren. Noch bevor die zweite Auflage der Werke von Novalis erschienen war, hatte sich Tieck bereits mit Friedrich Müller, genannt Maler Müller, auseinandergesetzt. Dessen Werke hielt er für »poetisch[ ] merkwürdige[ ] Produkte«, die »wenig gekannt, oder wieder vergessen worden« seien (S 1, S. XXXIII) und die er deshalb der Öffentlichkeit in einer neuen Ausgabe zugänglich machen wollte.

Die erste literarische Begegnung mit Maler Müller fiel ins Jahr 1797. Tieck hatte zu diesem Zeitpunkt das Manuskript von *Golo und Genoveva* gelesen (ebd., S. XXVIf.; Zybura 1994, S. 163), von dem er so begeistert war, daß er es zum Druck befördern wollte (ebd., S. 165). Die Planung für eine umfangreichere Maler-Müller-Edition folgte in den Jahren 1805/06. Tieck hatte Maler Müller während seines Aufenthalts in Rom persönlich kennengelernt und sein Vertrauen gewonnen, so daß dieser ihn zum Herausgeber einer neuen Werkausgabe ermächtigte (S 1, S. XXXIVf.; Zybura 1994, S. 165). Die erforderlichen Papiere und Manuskripte ließ sich Tieck auf der Rückreise von Rom in Mannheim aushändigen (S 1, S. XXXV), wo Müller sie im Lager der Schwanschen Buchhandlung zurückgelassen hatte. Hier erfuhr er auch, daß Müller bereits Friedrich Batt für die Mitherausgabe der geplanten Ausgabe gewonnen hatte (Zybura 1994, S. 165), der Tieck fortan, zusammen mit Johann Philipp Le Pique, bei den Arbeiten an der Werkausgabe unterstützte (S 1, S. XXXIVf.). Im Oktober 1806 teilte Brentano Arnim mit, daß die Ausgabe Ostern 1807 bei Schwan und Götz in Mannheim erscheinen solle (Schweikert 3, S. 47; Zybura 1994, S. 165f.). Schon bald aber geriet das Unternehmen in Schwierigkeiten, die einen Verlegerwechsel von Schwan und Götz zu Mohr und Zimmer zur Folge hatten (Zybura 1994, S. 166). Außerdem zog sich Tieck als Herausgeber zurück. Die Ursache für den wohl 1808 erfolgten persönlichen Bruch zwischen Tieck und Müller geht aus einem Brief vom 12. Mai des Jahres hervor: Müller hatte seinem Ärger über Tieck öffentlich Luft gemacht, der sich während seines römischen Aufenthalts Geld von ihm geliehen und noch nicht zurückgezahlt hatte (Zybura 1994, S. 167). 1811 erschienen Müllers Werke bei Mohr und Zimmer in Heidelberg, ohne daß Tiecks Name auf dem Titelblatt erschien, was gerade in diesem Fall auffallend ist, weil er ausgerechnet in dieser Edition fehlenden Originaltext in größerem Stil umstandslos durch eigenen ersetzt hatte (Martus 2007, S. 395). Der erste Band der Ausgabe enthält mehrere Idyllen, davon zwei Erstdrucke (*Ulrich von Coßheim* und *Das Nußkernen*), der zweite Band umfaßt Dramen und Gedichte, der dritte und letzte Band ist *Golo und Genoveva* gewidmet (ebd., S. 168). 1825, im Todesjahr Müllers, folgte die zweite, unveränderte Auflage seiner Werke.

Kleist

Unter einem glücklicheren Stern als die Publikation Maler Müllers, stand die Herausgabe von Kleists Werken. Im Gegensatz zu Novalis und Maler Müller war Tieck Kleist nie selbst begegnet (ebd., S. 170). Er ehrte aber dessen »hohes Talent« und war durch dessen »tragisches Schicksal tief [...] erschüttert« (Köpke 2, S. 202; Zybura 1994, S. 170). Ähnlich wie bei Novalis und Maler Müller war es auch im Falle von Kleist eine Handschrift, die Tieck zur Herausgebertätigkeit inspirierte. Vermutlich 1814 war er in den Besitz des Manuskripts von *Prinz Friedrich von Homburg* gelangt, das er von einer Hofdame der Prinzessin Wilhelmine von Preußen erhalten hatte (Kanzog 1968, S. 161; Zybura 1994, S. 172). Zwei Jahre später, 1816, nahmen die Pläne, die er diesbezüglich entwickelt hatte, konkretere Formen an. Erste Hinweise finden sich in einem Brief an Solger vom 5. Juli 1816, in dem er einen Lebenslauf von

Kleist sowie eine Einschätzung von dessen Dichtung forderte (Schweikert 3, S. 64; Zybura 1994, S. 171). Im selben Jahr setzte sich Tieck mit Reimer in Verbindung und teilte ihm mit, daß er *Prinz Friedrich von Homburg* zusammen mit der *Hermannsschlacht* veröffentlichen wolle (Zybura 1994, S. 173). In den folgenden beiden Jahren erarbeitete sich Tieck die Grundlage seiner Kleist-Ausgaben, deren erste er 10 Jahre nach Kleists Tod 1821 vorlegte (ebd., S. 170). Quellenangaben und Hinweise zur Biographie von Kleist sowie ein ästhetisches Urteil zu dessen Werk erhielt er dabei vorwiegend von Solger, mit dem er bis zu dessen Tod 1819 in engem Kontakt stand (KS 2, S. 55). Obwohl er auf diesem Weg bestens mit den einschlägigen Informationen versorgt worden war, findet sich in der Vorrede der Werkausgabe, die ähnlich wie bei Novalis zu großen Teilen einen biographischen Abriß darstellt, der Hinweis darauf, daß er mangels persönlicher Bekanntschaft keine genauen Nachrichten aus Kleists Leben bieten könne (Tieck 1821, S. III; Zybura 1994, S. 171). Neben Solger war der Weimarer Maler Ferdinand August Hartmann die zweite Person, die Tieck wesentlich bei der Arbeit an der Kleist-Ausgabe half: Dieser beschaffte ihm einen Teil des Kleist-Nachlasses (Zybura 1994, S. 172).

Obwohl Tiecks erste Kleist-Edition den Titel *Hinterlassene Schriften* trägt, besteht sie nicht ausschließlich aus postum veröffentlichten Werken. Der ursprünglichen Absicht gemäß gehören *Prinz Friedrich von Homburg* sowie *Die Hermannsschlacht*, bei denen es sich tatsächlich um Erstdrucke handelt, zum Kern dieser Ausgabe. Ferner sind die *Robert Guiskard*-Fragmente, Epigramme, Gedichte und Fabeln enthalten, die Tieck auf der Grundlage der Erstdrucke im *Phöbus* publizierte (KS 2, S. 41; Zybura 1994, S. 177).

1826 folgte die Edition der *Gesammelten Schriften* von Kleist (Zybura 1994, S. 178), die außer den Texten, die schon in die *Hinterlassenen Schriften* aufgenommen waren, noch *Die Familie Schroffenstein, Amphytrion, Penthesilea, Der zerbrochne Krug, Das Käthchen von Heilbronn* sowie die Erzählungen enthalten. Erst Mitte der vierziger Jahre wurde eine neue Auflage dieser Ausgabe notwendig: 1846/47 gab Tieck mit den *Ausgewählten Schriften* seine letzte Kleist-Ausgabe heraus, die gegenüber der Ausgabe von 1826 weniger Texte umfaßt (ebd., S. 179f.). Sie enthält nur *Das Käthchen von Heilbronn, Der Zerbrochne Krug, Prinz Friedrich von Homburg* sowie die Erzählungen. Diese Auswahl entschuldigte Tieck mit dem Hinweis, daß »[m]an zweifelte, ob eine neue vollständige Sammlung aller Schriften, welche 1826 erschien, sich des allgemeinen Beifalls erfreuen würde« (Tieck 1846, S. 1; Zybura 1994, S. 180). Obwohl Tieck noch im Besitz vieler unausgewerteter Materialien zu Kleist war, folgten keine weiteren Werkausgaben dieses Autors. Vielmehr gab Tieck den noch nicht erschlossenen Nachlaßteil an Eduard von Bülow ab (Zybura 1994, S. 181f.).

Lenz

Ganz ähnlich wie das Verhältnis von Tieck und Kleist ist die Beziehung von Tieck und Lenz zu sehen, einem weiteren Autor, in dessen Dienst als Herausgeber sich Tieck stellte. Auch mit ihm war er, im Gegensatz zu Novalis und Maler Müller, nicht persönlich bekannt. Mit seinen Schriften war er aber von Jugend auf vertraut (Genton 1963, S. 170), denn sie befanden sich in der Bibliothek seines Vaters (ebd., S. 175; Zybura 1994, S. 184).

Erste Überlegungen, eine Lenz-Ausgabe herauszubringen, lassen sich nach Abschluß der Arbeiten am *Deutschen Theater* ausmachen, das Tieck ursprünglich »bis zu den neuesten Tagen herab« (KS 1, S. XII) fortsetzen wollte (Riederer 1915, S. 21; Zybura 1994, S. 183) und in dem der Sturm und Drang besonders viel Raum einnehmen sollte (Köpke 2, S. 198; Zybura 1994, S. 184). Sie finden sich in einem Brief an den Bruder Friedrich vom 22. November 1819 (Schweikert 3, S. 93; Zybura 1994, S. 184). Etwa um dieselbe Zeit versuchte Tieck, Kontakt mit der Familie von Lenz aufzunehmen, was ihm schließlich die Bekanntschaft mit Georg Friedrich Dumpf, dem Nachlaßverwalter von Lenz, eintrug (Genton 1963, S. 177; Zybura 1994, S. 184). Dieser sicherte ihm im Mai 1820 seine Unterstützung zu und erklärte sich bereit, unveröffentlichte Manuskripte von Lenz zur Verfügung zu stellen. Ein Jahr später, im Frühjahr 1821, bat Tieck um die Übersendung der Dramen *Der Engländer* und *Die Freunde machen den Philosophen*, die bereits zu Lenz' Lebzeiten im Druck erschienen waren. Darüber hinaus forderte er Dumpf auf, ihm alle Briefe und ungedruckten Manuskripte von Lenz zur Verfügung zu stellen (Zybura 1994, S. 185). Auf diese Bitte reagierte Dumpf unmittelbar, indem er Tieck zusicherte, sowohl alle Dokumente aus dem Nachlaß von Lenz bis zum Jahr 1773 als auch eine Übersicht über die gedruckten Schriften und den handschriftlichen Nachlaß zur Verfügung zu stellen (ebd., S. 186). Die entsprechende Sendung erreichte Tieck 1821 (ebd., S. 187). Erst fünf Jahre später erkundigte er sich aber bei Dumpf nach weiterem Material und bat um biographische Auskünfte (ebd., S. 188). Von einem Brief vom 8. Januar 1825 an Johann Friedrich Heinrich Schlosser (Genton 1963, S. 169f., 178; Zybura 1994, S. 188) abgesehen, gibt es keinen weiteren Hinweis darauf, daß sich Tieck zwischen 1821 und 1826 mit der Lenz-Ausgabe beschäftigt hat. Die Einleitung schrieb er in den letzten Monaten des Jahres 1827 (Schweikert 3, S. 97f.; Zybura 1994, S. 188). Am 12. Juni 1828 sandte er schließlich die aus dem Nachlaßmaterial hergestellte Druckvorlage an den Verleger Reimer. Wenige Tage später folgten der Schluß der Einleitung (Zybura 1994, S. 188f.), eine Reihe von Nachträgen, die Reimer noch in die Ausgabe aufnehmen sollte, sowie die Bitte an den Verleger, eine Erklärung abzudrucken, in der Tieck klarstellte, daß er irrtümlich einige Texte in die Ausgabe aufgenommen hatte, die nicht auf Lenz zurückgehen (ebd.). Umgekehrt hatte Tieck auch Texte, die eindeutig von Lenz stammten, nicht aufgenommen. Diesen Wunsch konnte Reimer dann allerdings nicht mehr berücksichtigen (Freye 1913, S. 247; Zybura 1994, S. 189). Diese Irrtümer, die Tieck in der späteren Forschung den Ruf eines unkritischen Herausgebers eingebracht haben (Genton 1963, S. 179), sind vermutlich zumindest teilweise als Rücksichtnahme gegenüber Goethe zu verstehen, den Tieck nicht durch die Aufnahme von Texten, die in besonders enger Beziehung zu seiner Biographie standen, an sein Zerwürfnis mit Lenz erinnern wollte (ebd., S. 180).

Mit den herausgegebenen Werken von Novalis, Kleist und Lenz hatte Tieck Editionen vorgelegt, welche Texte der literarischen Avantgarde des ausgehenden 18. und beginnenden 19. Jahrhunderts einer breiteren Öffentlichkeit zugänglich machten und ihre Verankerung im kulturellen Gedächtnis sicherten. Ihnen kommt das Verdienst zu, das Fortleben der Texte, die Tieck in der Regel anhand der Handschriften herstellte und die bis dahin teilweise noch nicht im Druck erschienen waren, zu erhalten. Bei Novalis, Lenz, Maler Müller und Kleist hatte Tieck mit dieser Absicht auch Erfolg. Daneben bemühte er sich um Editionen zeitgenössischer Autoren, deren Werke schon bald in Vergessenheit gerieten, denen also, obwohl sich Tieck ihrer mit den gleichen Grundsätzen und der gleichen editorischen Sorgfalt annahm, kein literarisches Nachleben beschieden war (ebd., S. 193).

Karl Wilhelm Ferdinand Solger, Sophie von Knorring, Franz Berthold und Karl Förster

Die Editionen, die in diese Kategorie fallen, sind ausschließlich Herausgebertätigkeiten, zu denen sich Tieck aus persönlicher Bekanntschaft veranlaßt sah. Im Gegensatz zu den Ausgaben von Novalis, Maler Müller, Kleist und Lenz handelt es sich hierbei auch nicht um Werkausgaben, sondern lediglich um die Edition einzelner ausgesuchter Werke oder Sammlungen. An erster Stelle sind dabei die Verdienste zu nennen, die sich Tieck im philosophischen Bereich erworben hat. Karl Wilhelm Ferdinand Solger, Tieck in einer langjährigen Freundschaft verbunden, war am 20. Oktober 1819 überraschend gestorben. Seinen Tod nahm Tieck zum Anlaß, die Suche nach einem Verleger für Solgers späte Schriften, um die ihn der Verfasser noch selbst gebeten hatte, weiter fortzusetzen (Schweikert 3, S. 89). Schließlich konnte er für die Edition der nachgelassenen Schriften und Briefe, die er gemeinsam mit Friedrich von Raumer in Angriff genommen hatte, Brockhaus in Leipzig gewinnen. Bis 1823 allerdings hinderten Krankheiten Tieck daran, seinen Beitrag für diese Ausgabe zu liefern (ebd.). Dies erfüllte er erst im August des folgenden Jahres.

Danach gingen die Vorbereitungen für den Druck zügig voran: 1825 erhielt Tieck die Aushängebögen. Geplant waren noch ein Epilog zu Solgers letzten Tagen und ein ausführliches biographisches Vorwort (ebd., S. 90). 1826 erschienen *Solger's nachgelaßene Schriften und Briefwechsel* bei Brockhaus, herausgegeben von Ludwig Tieck und Friedrich von Raumer.

An erster Stelle der literarischen Einzeleditionen steht die Unterstützung, die Tieck seiner Schwester, Sophie von Knorring, als Herausgeber angedeihen ließ und die sich 1836 in der von ihm besorgten Edition ihres Romans *Evremont* manifestierte (Zybura 1994, S. 194). Sie wurde 1845 neu aufgelegt (ebd., S. 195). Ferner sind die Dienste als Herausgeber zu nennen, die Tieck dem Werk von Franz Berthold widmete. Franz Berthold war das Pseudonym der Schriftstellerin Adelheid Reinbold, die sich im Umkreis von Tiecks Dresdner literarischem Kreis befand. Tieck unternahm mehrere Versuche, ihr literarisches Werk an einen Verleger zu vermitteln. Im Dezember 1838 schließlich erklärte sich der Dresdner Verleger Christoph Arnold bereit, den Roman *Sebastian, König von Portugal* zu drucken. Bevor dies geschehen konnte, starb am 14. Februar 1839 die Autorin. Daraufhin entschloß sich Tieck, den Druck selbst zu übernehmen und den Roman herauszugeben (ebd., S. 196). 1839 erschien der Roman mit einem Vorwort von Tieck, das in erster Linie ein Nachruf auf Adelheid Reinbold darstellt. 1842 folgten, verlegt bei Brockhaus in Leipzig und ebenfalls von Tieck herausgegeben, vier Bände mit Novellen von Franz Berthold (ebd., S. 197).

Mit Karl Förster förderte Tieck noch einen weiteren Autor, den er trotz editorischen Beistands nicht nachhaltig und dauerhaft bekannt machen konnte. Tieck hatte Förster 1819 kennengelernt und zwei Jahre nach dessen Tod 1841 bei Brockhaus dessen Gedichte herausgegeben (ebd., S. 198). Diese Gedichtausgabe zählt damit zu Tiecks letzten Editionen.

In den Vorworten der Kleist- und der Novalis-Ausgabe von 1846 bzw. 1847 finden sich verschiedene Hinweise, die auf die zunehmende Editionsmüdigkeit des mittlerweile über siebzigjährigen Tiecks hinweisen (ebd., S. 181). Damit blickte er am Ende seines Lebens auf eine Reihe von Werken zurück, die er herausgegeben und mit denen er in mehrerlei Hinsicht Maßstäbe gesetzt hatte. In der Sammlung seiner eigenen *Kritischen Schriften*, die Tieck ebenso wie die Ausgaben anderer Autoren mit einem ausführlichen biographischen Vorwort versehen hatte, formulierte er 1848 sein editorisches Selbstbewußtsein rückblickend als Verdienst um die mittelalterliche Literatur: »Seitdem ist viel für diese Studien geschehen, doch war, einige frühere Aufforderungen abgerechnet, meine Ermunterung und mein Aufruf zur Kenntniß dieser Literatur der erste« (KS 1, S. IX). Mit Bezug auf die Kleist-Ausgabe heißt es in demselben Vorwort:

> Ich schmeichele mir, daß meine Bemühungen dazu beigetragen haben, ihn bekannter zu machen und seinen Ruhm mehr auszubreiten. Am meisten ist dies da-

Der Philologe 439

durch geschehen, daß es mir gelang, den ›Prinzen von Homburg‹ herauszugeben, der sonst vielleicht [...] verloren gegangen wäre. (Ebd., S. XIII)

Aus ähnlichen Motiven hat Tieck, so darf man ergänzen, die Herausgabe seiner eigenen Werke zu Lebzeiten vorangetrieben. Auch hier verfolgte er das Konzept einer möglichst selektionslosen Textsammlung (Martus 2007, S. 408f.), die mit ausführlichen reflektierend-biographischen Vorworten versehen wurde.

LITERATUR

Brentano 1991: Brentano, Clemens: Sämtliche Werke und Briefe. Historisch-Kritische Ausgabe veranstaltet vom Freien Deutschen Hochstift, hg. von Jürgen Behrens, Konrad Feilchenfeldt, Wolfgang Frühwald, Christoph Perels und Hartwig Schultz, Bd. 31: Briefe. Dritter Bd. 1803–1807, hg. von Lieselotte Kinskofer, Stuttgart/u. a. 1991.
Brinker-Gabler 1973: Brinker-Gabler, Gisela: Tiecks Bearbeitung altdeutscher Literatur. Produktion, Konzeption, Wirkung. Ein Beitrag zur Rezeptionsgeschichte älterer deutscher Literatur, phil. Diss. Köln 1973.
Fehling 1925: Fehling, Maria (Hg.): Briefe an Cotta, Bd. 1: Das Zeitalter Goethes und Napoleons 1794–1815, Stuttgart/Berlin 1925.
Freye 1913: Freye, Karl: Die Lenz-Ausgabe Ludwig Tiecks. In: Zeitschrift für Bücherfreunde 4 (1913), H. 8, S. 247–249.
Genton 1963: Genton, Elisabeth: Ein Brief Ludwig Tiecks über die nachgelassenen Schriften von Lenz. In: Jahrbuch der Sammlung Kippenberg N. F. 1 (1963), S. 169–184.
Hunger 1994: Hunger, Ulrich: Die altdeutsche Literatur und das Verlangen nach Wissenschaft. Schöpfungsakt und Fortschrittsglaube in der Frühgermanistik. In: Wissenschaftsgeschichte der Germanistik im 19. Jahrhundert, hg. von Jürgen Fohrmann und Wilhelm Voßkamp, Stuttgart/Weimar 1994, S. 236–263.
Kanzog 1968: Kanzog, Klaus: Rudolf Köpkes handschriftliche Aufzeichnungen der Kleist-Bemerkungen Tiecks. Zugleich ein Schlußwort zur Manuskript-Lage des *Prinzen von Homburg*. In: Euphorion 62 (1968), S. 160–168.
Krohn 1994: Krohn, Rüdiger: »... daß Alles Allen verständlich sey ...«. Die Altgermanistik des 19. Jahrhunderts und ihre Wege in die Öffentlichkeit. In: Wissenschaftsgeschichte der Germanistik im 19. Jahrhundert, hg. von Jürgen Fohrmann und Wilhelm Voßkamp, Stuttgart/Weimar 1994, S. 264–333.
Martus 2004: Martus, Steffen: Romantische Aufmerksamkeit. Sinn und Unsinn der Philologie bei Ludwig Tieck. In: »lasst uns, da es uns vergönnt ist, vernünftig seyn! –«. Ludwig Tieck (1773–1853), hg. vom Institut für Deutsche Literatur der Humboldt-Universität zu Berlin, unter Mitarbeit von Heidrun Markert, Bern/u. a. 2004, S. 199–224.
Martus 2007: Martus, Steffen: Werkpolitik. Zur Literaturgeschichte kritischer Kommunikation vom 17. bis ins 20. Jahrhundert mit Studien zu Klopstock, Tieck, Goethe und George, Berlin/New York 2007.
Morgenblatt 1808: Morgenblatt für gebildete Stände 2 (1808), Nr. 106, 3. Mai 1808.
Nutz 1994: Nutz, Maximilian: Das Beispiel Goethe. Zur Konstituierung eines nationalen Klassikers. In: Wissenschaftsgeschichte der Germanistik im 19. Jahrhundert, hg. von Jürgen Fohrmann und Wilhelm Voßkamp, Stuttgart/Weimar 1994, S. 605–637.
Ribbat 1975: Ribbat, Ernst: Romantische Wirkungsästhetik. In: Ludwig Tieck. Ausgewählte kritische Schriften, hg. von E. R., Tübingen 1975, S. VII–XXI.
Riederer 1915: Riederer, Frank: Ludwig Tiecks Beziehungen zur deutschen Literatur des 17. Jahrhunderts, phil. Diss. Greifswald 1915.

Scherer 2012: Scherer, Stefan: Populäre Künstlichkeit. Tiecks *Minnelieder*-Anthologie im Kontext der Popularisierungsdebatte um 1800. In: Rezeptionskulturen. Fünf Jahrhunderte literarischer Mittelalterrezeption zwischen Kanon und Populärkultur, hg. von Mathias Herweg und Stefan Keppler-Tasaki, Berlin/Boston 2012, S. 89–111.

Strobel 2005: Strobel, Jochen: Briefedition als Sammler-Philologie. Karl von Holtei und die *Briefe an Ludwig Tieck* (1864). In: Die Prosa Ludwig Tiecks, hg. von Detlef Kremer, Bielefeld 2005, S. 171–193.

Tieck 1821: Tieck, Ludwig: Vorrede. In: Heinrich von Kleists hinterlassene Schriften, hg. von L. T., Berlin 1821, S. III–LXXXVIII.

Tieck 1846: Tieck, Ludwig (Hg.): Heinrich von Kleist's ausgewählte Schriften, Bd. 1, Berlin 1846.

Zybura 1994: Zybura, Marek: Ludwig Tieck als Übersetzer und Herausgeber. Zur frühromantischen Idee einer »deutschen Weltliteratur«, Heidelberg 1994.

4.
DAS POETISCHE WERK

Schülerarbeiten

Claudia Stockinger

Der schreibende Gymnasiast

Von Jugend an hat sich Ludwig Tieck dichterisch betätigt. Sein Biograph Köpke berichtet von Gelegenheitsversen zur Hochzeit Friedrich Gedikes (1784), des Direktors des Friedrichswerderschen Gymnasiums, das Tieck seit Ende Juni 1782 besuchte und im April 1792 mit dem Abitur abschloß (zur Bedeutung Gedikes für Tieck vgl. Hölter 1989, S. 15–18). Ende April 1792 übersiedelte Tieck zum Studium nach Halle (Hölter 1991, S. 801); die seitdem entstehenden (ebenfalls noch ›frühen‹) Texte fallen streng genommen nicht mehr unter die Rubrik ›Schülerarbeiten‹, wenngleich Tieck einige Arbeiten – wie das »Schauspiel« *Alla-Moddin* (1790–1793) oder die »Erzählung« *Abdallah* (1791–1793) – während der letzten Gymnasialjahre begonnen und in den Studienjahren in Halle, Göttingen oder Erlangen wieder aufgenommen hatte. Andere Texte – wie die »Rittergeschichte« *Adalbert und Emma* (schon in Halle im August 1792; DKV 1, S. 911) und das »Trauerspiel« *Der Abschied* (im Herbst 1792; DKV 1, S. 951) – entstehen im unmittelbaren zeitlichen Umfeld von Tiecks Wechsel zur Universität.

In seiner Schulzeit soll Tieck ›Klassiker‹ wie Homers *Odyssee* aus dem Griechischen übersetzt haben oder (ohne das Original zu kennen) Ewald Christian von Kleists *Der Frühling* aus dem Französischen ins Deutsche (Köpke 1, S. 37–39). Einen seiner Lehrer, G. K. F. Seidel, unterstützte er bei dessen Übersetzung von Conyers Middletons *Life of Cicero*, die unter dem Titel *Römische Geschichte Ciceros Zeitalter umfassend, verbunden mit dessen Lebensgeschichte* (Danzig 1791–1793) erschienen ist. Insbesondere Band 4 dieses Werks von 1793 soll Anteile Tiecks enthalten (Paulin 1988, S. 311/Anm. 31); darüber hinaus sollen die darin veröffentlichten Gedichte von Tieck stammen. Bezeichnend ist, auf welche Weise Tieck den schulischen Anforderungen im Fach Deutsch gerecht wurde: Die Aufgabe ›deutscher Aufsatz‹ bewältigte er nur dann ohne Probleme, wenn er sie in erzählender Darbietung lösen konnte (Köpke 1, S. 49).

Tieck werden eine Theaterleidenschaft von Kind auf und regelmäßige Theaterbesuche nachgesagt sowie in den letzten Gymnasialjahren die Mitwirkung an den Laientheateraufführungen im Hause des königlichen Kapellmeisters Johann Friedrich Reichardt (Thalmann 1963, S. 993), in das er von seinem Schulfreund Wilhelm Hensler eingeführt worden war. Es verwundert also nicht, daß sich auch der beginnende Autor Tieck szenischen und dramatischen Formen mit besonderem Interesse widmete (Köpke 1, S. 111): So etwa finden sich Hinweise auf die Bearbeitung von Stoffen der Französischen Revolution (*Der Gefangene*, 1790, nach Simon Linguets *Denkwürdigkeiten der Bastille*, 1783) und Nachbearbeitungen von gewichtigen Vorbildern (wie *Die Räuber. Zweiter Theil*, 1789). Die Rede ist außerdem von einem Schäferspiel, betitelt *Das Lamm* (1790), von lyrisch-dramatischen Szenen, betitelt *Niobe* (1790; NS 1, S. XVI; veröffentlicht von Hölter 1987), oder von Plänen zu einer Tragödie *Anna Boleyn* (zwischen 1790 und 1792; Schweikert 1, S. 34; veröffentlicht von Preuninger 1941). Fünf unveröffentlichte Jugenddramen machte Albert B. Halley Ende der 1950er Jahre zugänglich (Halley 1959): das Ritterdrama *Gotthold* (1789), das Trauerspiel in Shakespeare-Tradition *Siward* (1789), das bürgerliche Trauerspiel *Meiners, ein Kaufmann* (1789/90), die melodramatische Szenenfolge *Jason und Medea* (1789) sowie das an die *fiabe teatrali* Gozzis angelehnte Prosastück *König Braddock* (1790).

Die wichtigsten Inspirationen hierfür lieferten dem jungen Dichter zum einen die antiken Autoren oder Shakespeare, Holberg und Cervantes, die Dichtungen der deutschen Empfindsamkeit oder des Sturm und Drang, zum anderen Tiecks beständige Theaterbesuche:

> Allen Jugenddramen ist [...] gemeinsam, daß sie als direkte oder variierende Nachahmung das Repertoire der Berliner Bühne in den späten 1780er Jahren widerspiegeln. [...] So enthält der Nachlaß Beispiele für Historie, Tragödie, bürgerliches Trauerspiel, Komödie, antikisierendes Melodram, Märchenspiel, Exotenstück, Ritter- und frühes Schicksaldrama. (Hölter 1987, S. 262)

Demnach zog auch das Exotische und Phantastische den begeisterten Vielleser an. Tieck rezipierte aber nicht nur dramatische Literatur; er interessierte sich zudem für den ›trivialen‹ Ritter-, Räuber- oder Schauerroman, der um 1790 Konjunktur hatte (vgl. dazu Krause 1982). In der Rahmenerzählung von Tiecks Erzählsammlung *Phantasus* (1812/16; siehe den Beitrag *Literarische Geselligkeit* in Kap. 4) verteidigt ein Gesprächsteilnehmer namens Anton ausdrücklich die »wundervollen, bizarren und tollen Romane« von Christian Heinrich Spieß (u. a. *Das Petermännchen*, 1793), von Carl Gottlob Cramer und anderen Bestsellerautoren auf dem zeitgenössischen Büchermarkt. Auch an diesen Vorbildern lernte der angehende Autor die »Konventionen unterschiedlicher Stilarten« kennen (Ribbat 1978, S. 22). Die Texte mögen nicht ›gut gemacht‹ sein, ihre Inhalte tendieren gegebenenfalls ins Lächerliche; faszinierend aber sind sie wegen der lehrreichen Wirkungen, die sich bei der Ausbildung eines eigenen ›Tons‹ für Anton (Tieck) daraus ergeben:

Trefflich kamen meinem Bedürfniß alle die wundervollen, bizarren und tollen Romane unsers Spieß entgegen, von denen ich selbst die wieder las, die ich schon in früheren Zeiten kannte. [...] So ward mein Leben zum Traum und die angenehme Wiederkehr derselben Gegenstände und Gedanken fiel mir nicht beschwerlich, auch war ich nun schon so stark, daß ich einer guten Schreibart entbehren konnte, und die herzliche Abgeschmacktheit der Luftregenten, Petermännchen, Kettenträger, Löwenritter, gab mir durch die vielfache und mannichfaltige Erfindung einen stärkern Ton [...]. (S 4, S. 27f.)

Auch Tiecks Lehrer Friedrich Eberhard Rambach beteiligte sich mit einigem Erfolg an der Produktion derartiger Romane und Erzählungen, die er meist unter Pseudonym veröffentlichte; darüber hinaus verfaßte er Lustspiele und historische Schauspiele. Den nur wenige Jahre jüngeren Tieck (Rambach ist 1767 geboren) beteiligte er an zwei Projekten, ohne diesen allerdings namentlich zu erwähnen: Zum einen beendete Tieck Rambachs Roman *Die eiserne Maske. Eine schottische Geschichte*, der 1792 unter Rambachs Pseudonym Ottokar Sturm erschien (von Tieck stammt das achte Kapitel des zweiten Buchs, S. 536–558, außerdem Teile des siebten Kapitels; vgl. Tieck an Wakkenroder, 29. Mai 1792; Schweikert 1, S. 39). Zum anderen bearbeitete Tieck den zweiten Teil von Rambachs *Thaten und Feinheiten renomirter Kraft- und Kniffgenies* über den Wilderer und Räuberhauptmann Matthias Klostermayr (*Mathias Klostermayer oder der Bayersche Hiesel*; in der Ausgabe Berlin 1791, S. 141–334), der, 1771 gefangen genommen und hingerichtet, etwa auch für Schillers Figur des Karl Moor in *Die Räuber* (1781) Pate gestanden haben soll.

Forschungslage

Die frühen Arbeiten Tiecks haben kaum Aufmerksamkeit erfahren. Das liegt erstens an ihrer ungünstigen Überlieferungslage, zweitens an ihrer (der Forschung zufolge) eher fragwürdigen Qualität. Zum ersten Punkt: Vieles ist verloren gegangen, etwa eine Komödie mit dem Titel *Der schlechte Ratgeber*, ein Drama *Agamemnon* oder ein Schauspiel *Rudolf von Felseck* (Zeydel 1935, S. 15). Die wenigsten Texte sind in relativer zeitlicher Nähe zu ihrer Entstehung publiziert worden (*Alla-Moddin*, 1798; *Almansur*, 1798) oder kurz vor (*Die Sommernacht*, 1851) bzw. kurz nach Tiecks Tod (in NS veröffentlichte Jugenddramen und Gedichte). Weitere Texte machte die Tieck-Philologie des 20. Jahrhunderts zugänglich (Preuninger 1941; Halley 1959; Hölter 1987). Die meisten Texte aber sind nach wie vor nicht veröffentlicht (zu Tiecks Nachlaß vgl. Busch 1999; für die Bibliographie des Jugendwerks grundlegend ist die Auflistung bei Paulin 1987, S. 16f.). Das liegt nicht zuletzt daran, daß sich Tieck – im Unterschied zu Zeitgenossen wie Goethe (mit dem er dennoch immer wieder verglichen wird; NS 1, S. VI u.a.) – nur in Ansätzen selbst historisch geworden ist. Mit seinem Nachlaß hat er sich kaum systematisch beschäftigt; ausführliche Bearbeitungen von Texten für die Drucklegung oder etwa für eine Ausgabe letzter Hand fehlen: »Er änderte selten und wenig, ihm war der erste Wurf der glücklichste«, so Rudolf Köpke dazu 1855 (NS 1, S. VIII). Dennoch achtete Tieck seine frühen Texte, die einer »längst abgeschlossene[n]« Epoche angehörten, nicht gering; sie galten ihm als »Merksteine[ ], die er als Zeichen seiner Wanderung durch ein langes Leben errichtete« (ebd.). Daß man die Unzulänglichkeiten der Jugendschriften nicht ausblenden darf, will man sich ein umfassendes Bild über die Entwicklung eines Autors machen, gehört seit Wieland (und damit seit Anfang der 1760er Jahre) zu den Grundannahmen der neueren Werkpolitik (Martus 2007, S. 195f.). Tiecks später Umgang mit seinen Anfängen, wie ihn Köpke in den NS dokumentiert, läßt sich in diesen Kontext einordnen.

Zum zweiten Punkt: Die Forschung erkennt Tiecks frühen Arbeiten in erster Linie den Status von »Fingerübungen« zu (Hölter 1991, S. 797). Köpke nennt einige der Texte, die er in NS veröffentlichte (z. B. *Die Sommernacht, Das Reh*, frühe Gedichte, Paramythien oder das Schlußkapitel von Rambachs *Die eiserne Maske*, hier betitelt *Ryno*), wenngleich nicht »künstlerisch«, so doch »historisch« »bedeutend« (NS 1, S. X). Dennoch wird den Anfängen Tiecks stets ein hohes Maß an thematischer Breite, an metrisch-stilistischer Versatilität und an generischer Experimentierfreude attestiert, die das Spektrum des im zeitgenössischen Literaturbetrieb Erfolgreichen abdeckt: das Melodram, das bürgerliche Trauerspiel, das Schauermärchen, die Ritterromantik u. a. Dabei hat die durchaus bemerkenswerte anfängliche »Vielfalt in Stil und Gattung« auch den späten Tieck nicht dazu verleitet, in den frühen Texten mehr als »Anfängerarbeiten« zu sehen. »[E]twa fünfundzwanzig Werke bis zum Ende der Schulzeit« zählt Paulin (1988, S. 21), und zwar ohne die Zuarbeiten Tiecks für seine Lehrer (Paulin 1987, S. 15).

Daß er sich mit diesen Werken – insbesondere unter Anleitung Rambachs und als dessen ›Ghostwriter‹ – darauf vorbereitete, die »Nachfrage der lesebedürftigen Masse durch das Angebot möglichst modemäßiger Fabrikarbeit« zu bedienen (Haym 1870, S. 28f.), wurde in der Literaturgeschichtsschreibung des 19. Jahrhunderts mit wenig Wohlwollen aufgenommen. V. a. für Rudolf Haym machte Rambach Tieck dadurch »zum Mitschuldigen seiner litterarischen Sünden« und brachte den Gymnasiasten so in »wahrhaft frevelhafter Weise« »um seine litterarische Unschuld« (ebd., S. 29). Hayms Diagnose folgte 1929 Friedrich Gundolf mit der Behauptung, der »heißhungrige[] Viel- und Wirrleser« Tieck sei durch den »Erwerbs-sudler« [!] und »Verderber« Rambach »zum Vielschreiber erzogen« worden (Gundolf 1976, S. 194, 199). Auch Emil Staiger ging 1960 davon aus, Tieck habe durch die Mitarbeit an Rambachs Werken »die literarische Unschuld« verloren, »bevor ihm ein gewichtiges eigenes Werk gelungen war«; der frühe Tieck habe nichts als »Kitsch« hervorgebracht (Staiger 1976, S. 325f.).

Gegen Hayms Einschätzung positioniert sich Hemmer, der in produktivem Anschluß an Regeners »allgemeine Charakteristik« (Regener 1903) eine »literarhistorische Analyse« von Tiecks Jugendwerk vorlegte (Hemmer 1910, S. 224), genauer eine vergleichende Motiv- und Stiluntersuchung. »Wenn ein Schriftsteller«, so Hemmer in bezug auf Tiecks *Matthias Klostermayer*, »seinen Stoff in so souveräner Weise beherrscht, ja sich mit Ironie über ihn erhebt, wie Tieck es tut, kann man von ihm schlechterdings nicht sagen, daß er durch die Beschäftigung mit diesem Stoff Schaden erleidet« (ebd., S. 363). In ähnlicher Weise verteidigte auch Arno Schmidt in einem Rundfunkbeitrag von 1959 die Auftragsarbeiten des Schülers Tieck. Gegen den Einwand eines fingierten Sprechers B. (»welch ein Missbrauch, welche Vergeudung eines großen Talentes!«) erklärt Sprecher A. diese Arbeiten Tiecks zu einem wichtigen Bestandteil von dessen dichterischer Ausbildung:

Ach was ›Vergeudung‹. Und was ist bei einem 17=18jährigen schon von ›großem Talent‹ die Rede? Neinnein. Und Tieck greift auch, sehr richtig, zu: er erlernt, billig und gründlich, ein gut Teil des handwerklich Mitteilbaren. Korrekturenlesen. Umarbeiten von ausländischen Vorlagen. Rasche Erledigung von Gelegenheitsaufträgen. – Alles Dinge, die auch der große Dichter können muß... (Schmidt 1988, S. 148).

Insgesamt jedenfalls ist auffällig, daß die Arbeiten der 1790er Jahre – der Studienzeit, der Berliner und der Jenaer Zeit Tiecks – als Dokumente des poetischen Ursprungs der literarischen Romantik in der Forschung von Beginn an durchaus besprochen werden (*William Lovell, Franz Sternbalds Wanderungen, Volksmährchen herausgegeben von Peter Leberecht, Der gestiefelte Kater, Romantische Dichtungen* u.a.; zur Rezeption vgl. den Überblick bei Klett 1989), wohingegen die Schülerarbeiten Tiecks kaum Beachtung finden. Ein sehr frühes Zeugnis, Franz Horns *Umrisse zur Geschichte und Kritik der schönen Literatur Deutschlands, während der Jahre 1790 bis 1818* von 1819, geht zwar auf ›melancholisch‹ tingierte frühe Texte Tiecks ein (u. a. auf *Abdallah*), die er als »Absagen an ›das rein Positive, das Gute, Schöne, Wahre und die Liebe«« versteht (zit. nach Klett 1989, S. 23) – das Hauptaugenmerk aber liegt auf den ›polemischen‹ (also literaturbetriebskritischen) Texten wie *Der gestiefelte Kater*. Über das Frühwerk 1789–1792 insgesamt informieren die bereits erwähnten positivistisch angelegten Studien von Regener 1903 und Hemmer 1910, über die frühe Dramatik (die ja an den ersten Arbeiten den weitaus größten Anteil hat) Zeydel 1935 und v. a. Scherer 2003 (S. 206–208, 212–253).

Der Schnellschreiber

Sowohl die Vielfalt als auch die Vielzahl der frühen Arbeiten weisen darauf hin, daß Tieck das poetische Schreiben nicht schwer gefallen ist. Mit wissenschaftlichen oder theoretischen Genres tat er sich weniger leicht. Das läßt sich nicht nur für die Jenaer Zeit Tiecks belegen, in der die Brüder Schlegel sich vergeblich darum bemühten, Tieck als kritischen Beiträger für ihre Zeitschrift *Athenäum* zu gewinnen (siehe den Beitrag *Der Jenaer Kreis und die frühromantische Theorie* in Kap. 1); auch während seiner Gymnasialjahre scheute Tieck vor einem (eher) akademischen Genre zurück, das Köpke »die sogenannten deutschen Aufsätze« nennt (Köpke 1, S. 47) und das heute am ehesten mit der Textsorte der ›Erörterung‹ gleichzusetzen ist. Zumeist erledigte der Vater – so überliefert es Köpke – die ungeliebten Arbeiten, die Tieck selbst überforderten (ebd., S. 48). Erst als er darauf verfiel, die Abhandlungen in Form von Erzählungen zu gestalten, soll sich der Knoten gelöst haben, und Tieck verfertigte die Aufgaben von da an sowohl für sich selbst als auch für Mitschüler, die ihn um Unterstützung baten (ebd., S. 49f.).

In diesem Sinn kann etwa *Das Reh* von 1790 als eine »Schulübung« gelten (NS 1, S. XII), die auf die Rezeption von Gozzis *Das blaue Ungeheuer* zurückgeht (Scherer 2003, S. 233/Anm. 104). Der Text ist in der Handschrift von Tiecks Schulfreund J. G. Schmohl überliefert. Ob Tieck ihn mit Schmohls Hilfe, ob er ihn allein oder gar nicht verantwortet, ist nach Hölter (1991, S. 806) nicht mehr nachweisbar. Allerdings stellt die dramatische Skizze die Vorstufe zu Tiecks *Das Ungeheuer und der verzauberte Wald* von 1800 dar, und auch andere Indizien (wie die mangelnde Begabung Schmohls oder dessen sonstige Hilfskrafttätigkeiten für Tieck) sprechen für die Verfasserschaft Tiecks.

Gelegentlich weist Tieck selbst auf seine Gefälligkeitsarbeiten hin. Das im Herbst 1792 entstandene Schicksals- und Psychodrama *Der Abschied* etwa, das in der Tieck-Forschung aufgrund der Geschlossenheit seiner Dramaturgie und der »Virtuosität in der sprachlichen Gestaltung komplexer Innenlagen« (Scherer 2003, S. 253) vergleichsweise hohes Ansehen genießt, hat Tieck für seinen späteren Schwager August Ferdinand Bernhardi geschrieben. Er habe seinem Freund Wackenroder deshalb nichts von diesem Stück erzählt, weil Bernhardi es »für das seinige ausgeben wollte und in einer Familie aufführen«, so Tieck Ende Januar/Anfang Februar 1793 (Schweikert 1, S. 49). Auch die im Sommer 1792 entstehende Erzählung *Adalbert und Emma oder das grüne Band* verfaßt Tieck in Stellvertretung: »[I]ch schreibe jezt für Rambach eine kleine Erzählung«, heißt es in einem Brief Tiecks am 7. August 1792 an seine Schwester Sophie (ebd., S. 50).

Darüber hinaus dokumentieren die beiden letztgenannten Texte jene Eigenart der ›Schreibe‹ Tiecks, von der bereits die Rede war: Tieck hatte, solange sich diese im poetischen Rahmen hielt, keinerlei Mühe damit. Wackenroders Hochschätzung von *Der Abschied* überraschte ihn schon deshalb, weil er selbst nicht besonders viel davon hielt. Es sei zu schnell entstanden, heißt es im bereits zitierten Brief an Wackenroder Ende Januar/Anfang Februar 1793: »[I]ch habe noch nichts so schnell geschrieben als das Stück, den ersten Akt schrieb ich in einem Abend und den zweiten am folgenden«. Tieck fügt hinzu: »[D]aß ich nicht langsam schreiben kann, weißt du ja schon seit lange« (ebd., S. 49). Noch härter fällt sein Urteil im Fall von *Adalbert und Emma* aus: »[D]ie Existenz des ganzen Dinges [ist] ein Fehler«, befindet er am 30. November 1792 an Wackenroder und liefert am 23. Dezember 1792 an Sophie die bekannte Begründung nach: »[I]ch habe es ein wenig zu schnell geschrieben« (ebd., S. 51). Daß Tieck dennoch auf eine korrekte Drucklegung seines Werks großen Wert legte, ist davon unbenommen. Mit der publizierten Fassung des Textes (der 1793 in *Ritter, Pfaffen, Geister in Erzählungen gesammelt von Hugo Lenz* [i. e. F. E. Rambach] erschien) war Tieck nicht zufrieden. Umstellungen und Kürzungen hätten dazu geführt, daß die Motivation der Handlung undurchsichtig werde und »nothwendig jedem Leser unbegreiflich bleiben« müsse (an Bernhardi im Juli 1793; ebd., S. 52). In Schule und Universität philologisch ausgebildet (zum Philologen Tieck siehe den Beitrag *Der Philologe* in Kap. 3; außerdem Martus 2004 sowie Martus 2007, S. 371–444), interessierte sich schon der junge Tieck gerade für die Umsetzung von »Kleinigkeiten«, die er hier »besonders in den letzten Bögen« vermißte; etwa wurde das bewußt gewählte, wenngleich antiquierte Wort »*ahnden*« eigenmächtig durch das neuere »*ahnen*« ersetzt (Schweikert 1, S. 52).

Beispiele

Tiecks frühe dramatische Szenen sind größtenteils auf musikalische Effekte hin angelegt. Die Erprobung formaler Instrumentarien zur Erzeugung poetischer Klänge und einer von der Prosa des Alltags unterschiedenen ›wunderbaren‹ Atmosphäre steht hier im Mittelpunkt; dramaturgische Konzepte (die sich etwa auf das der dramatischen Handlung inhärente Spannungspotential konzentrieren) treten dahinter zurück. Viele der ersten Gedichte Tiecks sind deshalb auch als Teil dieser eher lyrischen als dramatischen Szenen entstanden (u. a. von *Das Lamm*, *Niobe* oder *Der Gefangene*), in NS dann aber separat veröffentlicht worden (NS 1, S. 171–211). Sie lassen sich als onomatopoetisch angelegte Klinggedichte in der Tradition von deutscher Empfindsamkeit und der Lyrik des Sturm und Drang bezeichnen. Tieck verzichtet weitgehend auf komplizierte Vers- und Strophenformen. Einige der erkennbar, wenngleich unregelmäßig metrifizierten Verse sind, soweit gereimt, im Madrigalvers gehalten (*An Lila*), andere imitieren die Volksliedstrophe (*Des Schäfers Glück*), wieder andere erproben reimlose Formen mit regelmäßiger Senkungsfüllung (*Jagdlied*). Allen gemeinsam ist eine Neigung zu Nominalstil und Zweiwortsätzen, die es erlauben, die lyrische Rede über Variation, Minimalaustausch oder Wiederholung zu organisieren (»Frühlingslüste, / Blumendüfte / [...] Flüstre, Linde! / Leise Winde / [...] Säuselt, Winde, / Blühe, Linde!«, ebd., S. 173); außerdem die parallelistische Anlage der Texte, die etwa über Assonanzen und Alliterationen (»ferne Felsen«, ebd., S. 174) oder syntaktische Parallelismen (»Es bellen die muthigen Hunde, / Es tönen die silbernen Hörner, / Es stampfen die Rosse und wiehern!«, ebd., S. 184) eine spezifische Atmosphäre der poetischen Abweichung evozieren.

Die Texte »stehen ganz im Dienste musikalisch-liedhafter Wirkungen« und nehmen dadurch sowohl das Programm als auch die Verfahren der späteren Lyrik Tiecks vorweg (Kluge 1976, S. 388; siehe den Beitrag *Lyrik* in Kap. 4). Denn auch dem Romantiker Tieck geht es in erster Linie um den Effekt einer mit poetischen Mitteln ›geregelten‹ (also hergestellten) musikalischen Leichtigkeit, die nur deshalb so tut, als habe sich »das Ganze« gleichsam »von selbst erschaffen«, damit der Leser oder Hörer die Kunstfertigkeit des Dichters als solche, »das Ausgearbeitete, die errungene Vollendung« nicht »bemerkt« (KS 1, S. 108). Das Mittel dafür aber, so erklärt Tieck 1803, ist der Parallelismus, die parallele Ordnung im Gedicht auf Wort-, Syntax- und Endreimebene. Ihr allein gelinge es, »die Poesie in Musik, in etwas Bestimmt-Unbestimmtes zu verwandeln« (Minnelieder, S. XIII). Sein Schwager August Ferdinand Bernhardi erhebt 1801 folgerichtig das Prinzip des Parallelismus zum »höchsten Standpunkte« der Wissenschaft (Bernhardi 1801, S. 397).

Neben diesen lyrisch-protoromantischen Bestandteilen der frühen dramatischen Produktion subsumiert der Nachlaßherausgeber Köpke auch Tiecks sog. Paramythien sowie dessen an Bardengesänge in der Ossian-Tradition angelehnte lyrische Versuche unter das Rubrum »Lyrisches« (NS 1, S. 171). Die beiden letzteren, *Ullin's Gesang* sowie *Ullin's und Linuf's Gesang* (ebd., S. 195–204), sind, wie später für die Romantik typisch, ebenfalls nicht für sich geschrieben und publiziert worden, sondern im Kontext: Sie gehören zu Rambach/Tiecks Roman *Die eiserne Maske* (ebd., S. XVII). Bei den 1790 entstandenen Paramythien dagegen handelt es sich um kurze Texte in Prosa, genauer um eine von Johann Gottfried Herder geprägte didaktische Textsorte, die eine antik-mythische Vorlage auf einen moralischen Gehalt hin auslegt (DKV 1, S. 833). Tiecks Bearbeitungen stehen dabei ganz in der Tradition der Spätaufklärung (entgegen Fritz Strich 1910; übernommen in DKV 1, Kommentar, S. 838f.).

Die Paramythie *Der Verstand und die Phantasie* etwa (die als »die beste der Paramythien« Tiecks gilt; ebd., S. 839) wertet die Phantasie zu einer dem

Verstand gleichberechtigten epistemologischen Größe auf: »Da legte der Vater der Götter und Menschen die Hand des Mädchens in die Hand des finstern Weisen und vermählte sie. An der Hand der Phantasie lächelte der Verstand zuerst« (NS 1, S. 192). Ohne die Phantasie ist der Verstand zu einer ›öden‹, ›freudlosen‹ Existenz verurteilt, ohne den Verstand bleibt das Unterfangen der Phantasie reines Spiel, ›langweilig‹ und leer (ebd., S. 190–192). Tiecks Paramythie faßt damit das spätaufklärerische Plädoyer für einen Ausgleich aller Seelenkräfte ins mythopoetische Bild, das Karl Philipp Moritz in seinen *Grundlinien zu einem ohngefähren Entwurf in Rücksicht auf die Seelenkrankheitskunde* 1783 wirkmächtig formuliert hatte. Bei einem einseitig von Phantasie oder Verstand beherrschten Leben befindet sich die Psyche notwendig in einem Ungleichgewicht, so Moritz an dieser Stelle. »Seelenkrankheit« bezeichnet den

> Mangel der *verhältnismäßigen Übereinstimmung* aller Seelenfähigkeiten [...]. Eine sehr starke Einbildungskraft kann daher bei einem solchen, wo Gedächtniß, Beurtheilungskraft u.s.w. ihr die Wage halten, in einem völlig gesunden Zustande der Seele statt finden; bei einem andern, wo dieses der Fall nicht ist, kann sie Krankheit seyn. (Moritz 1986, S. 28f.)

Ebenfalls von den Themen und Debatten der Zeit geprägt ist das Schauspiel *Alla-Moddin*, das Tieck selbst einen seiner »frühesten Versuche« nennt. »Es wurde meiner Jugend leicht, viel dem Aehnliches, in Erzählung, Gedicht, oder Schauspiel hervor zu bringen« (S 11, S. XVIf.). Der Erstdruck jener Szenen 1798, die Paulin an ein »in die Südsee versetztes Kotzebue-Stück« erinnern (Paulin 1988, S. 21), geht auf Wackenroders Initiative zurück; später hat Tieck den Text in seine *Schriften* aufgenommen. Inhaltlich verarbeitet er darin einen in die *Deutsche Monatsschrift* 1790 eingerückten Beitrag von Gottlob Nathanael Fischer, *Der König der Suluh-Inseln* (zur Quelle vgl. DKV 1, Kommentar, S. 874). Das Drama handelt von der Gefangenschaft einer Figur namens Alla-Moddin, seines Zeichens König einer Inselgruppe im Südpazifik, der von der spanischen Kolonialmacht auf Betreiben eines Jesuiten namens Sebastiano in Manila mitsamt seiner Familie festgesetzt worden war. Sebastiano möchte den König damit einerseits dazu bewegen, zum Christentum überzutreten, und andererseits, die spanische Vorherrschaft anzuerkennen. Die Anlage erinnert an Heinrich Wilhelm von Gerstenbergs Tragödie *Ugolino* (1768), die literarhistorisch als eine Art Initiationstext für die Dramatik des Sturm und Drang gilt (Tieck kannte *Ugolino*, vgl. Köpke 1, S. 78). Im Unterschied zu Gerstenbergs Vorlage verhungern Tiecks Protagonisten aber nicht in Gefangenschaft, sondern sie werden befreit. In bemerkenswerter Vehemenz schließt das frühe Drama an Jesuiten-Polemiken an, die in der zeitgenössischen Publizistik (in der *Berlinischen Monatsschrift*, im *Deutschen* und im *Neuen deutschen Museum* u.a.) gegen den 1773 durch Papst Clemens XIV. aufgehobenen Orden geführt wurden. Die dritte Szene des ersten Akts, in der Alla-Moddin und Sebastiano ein regelrechtes Streitgespräch über das Christianisierungsvorhaben des Jesuiten austragen (DKV 1, S. 71–76), versammelt die in den Debatten der Zeit verhandelten, bis heute gängigen antijesuitischen Stereotype (›stolz‹, ›boshaft‹, ›tückisch‹, ›arglistig‹, machtpolitisch ›klug‹, ›glatt‹ etc.).

Zugleich gehört *Alla-Moddin* zu jenen Texten, die Tiecks frühes Interesse an Exotismus und Orientalismus belegen. Tiecks »orientalisierende Texte«, allen voran das Prosa-»Idyll« *Almansur,* funktionalisieren »den Orient« dabei für eigene Zwecke (Bosse 1997, S. 44; siehe den Beitrag *Orientalismus* in Kap. 2). Orientalisches Flair erhalten diese Texte (vgl. auch die Erzählung *Abdallah*), indem sie Figurennamen oder Topographie ›orientalisieren‹ und mit Gegenständen bzw. Elementen des Zaubermärchens anreichern. Auf Ebene der Topographie von *Almansur* etwa führt die Kombination »orientalischer und okzidentaler Landschaftselemente zu einer märchenhaft-überirdische[n] Phantasielandschaft« (Bosse 1997, S. 47). Die Erzählung über einen melancholischen jungen Mann, der vor den Enttäuschungen des weltlichen Lebens in die Einsamkeit eines einsiedlerischen Daseins flieht, weist strukturelle Analogien zu Ludwig Gisekes *Die beiden Ufer* auf (ebd., S. 56). Tieck selbst findet später eine ähnliche Anlage in den Einsiedler-Passagen aus dem zweiten Teil von Carl Grosses *Der Genius*. Hier sind »alle meine Lieblingsideen so schön ausgeführt, daß ich dem Verfasser ordentlich gut geworden bin«, schreibt er am 12. Juni 1792 an Wackenroder (Schweikert 1, S. 30).

Das Dramolett *Die Sommernacht* gehört zu den meistbeachteten Stücken des jungen Tieck. Von Beginn der (wissenschaftlichen) Beschäftigung mit Tieck an werden dem Text dabei bevorzugt zum einen protoromantische, zum anderen prototypische Qualitäten für Tiecks romantisches Gesamtwerk zugeschrieben. Zum einen sieht der Nachlaß-Herausgeber Köpke die Leitbilder sowohl des romantischen Programms als auch der Poesie Tiecks darin bereits vorweggenommen: »Hier haben sich schon die tiefen Quellen der Poesie geöffnet; schon flüstern die Bäume geheimnißvoll in der Waldeinsamkeit, die mondbeglänzte Zaubernacht sinkt herab, und die Elfen umspielen ihren Liebling« (NS 1, S. XI). Auch der ansonsten eher kritische Haym erkennt in *Die Sommernacht* »die anmuthigste Vorankündigung des nachmaligen romantischen Dichters« (Haym 1870, S. 25f.). In dieselbe Richtung, allerdings ablehnend, geht Gundolf, wenn er feststellt, Tieck habe darin »den Stimmungs- und Märchenzauber Shakespeares nachgeäfft« (Gundolf 1976, S. 197).

Zum anderen steht der Text für das Frühwerk und »vertritt diese Gattung erster Versuche in abgeschlossener Gestalt«. Daher sei er, so Köpke, »zur Charakteristik derselben am geeignetsten« (NS 1, S. XI). Tieck selbst schätzte den Text, der teilweise wörtliche Anleihen bei Wielands Shakespeare-Übersetzung *Ein St. Johannis Nachts-Traum* nahm (vgl. DKV 1, Kommentar, S. 821f.), noch im Alter. Er gab *Die Sommernacht* gelegentlich in Lesungen zum Besten, in denen der Text auch bei seinen Zuhörern freundliche Aufnahme fand – nicht zuletzt seiner musikalischen Anlage wegen, die sich aus dem metrischen Wechsel von fünf- und sechshebigen Jamben zu zweihebigen, erkennbar jambisch, trochäisch oder daktylisch metrifizierten Kurzversen ergibt. Eduard von Bülow hörte Tiecks Vortrag von *Die Sommernacht* in Berlin während der Wintermonate 1847 und war so sehr davon angetan, daß er mit Duldung Tiecks eine erste Ausgabe davon vorbereitete und im *Rheinischen Taschenbuch auf das Jahr 1851* auch veröffentlichte (vgl. dazu Schweikert 1, S. 29). 1854 erschien *Die Sommernacht* zudem in englischer Übersetzung (DKV 1, Kommentar, S. 824). Schon 1806 ließen sich August Ferdinand Bernhardi und Friedrich de la Motte Fouqué von Tiecks zu diesem Zeitpunkt noch ungedrucktem Text zu einem poetischen Nachruf auf Schiller anregen (*Schillers Todtenfeier*; zu einem Strukturvergleich beider Texte vgl. Stockinger 2000, S. 259–269).

Tiecks *Die Sommernacht* steht nicht nur in der Nachfolge Shakespeares – Hölter nennt ihn eine »Kontrafaktur des *Midsummernight's Dream*« (DKV 1, Kommentar, S. 825) –; mit dem Motiv der Begabung eines Dichters im Traum macht er darüber hinaus Shakespeares Dichterwerdung selbst zum Thema der Darstellung. Im Unterschied zur literarischen Urszene der dichterischen Initiation – dem schlafenden Quintus Ennius erscheint auf dem Parnaß der verstorbene Homer; er erklärt sich zu dessen Reinkarnation (Ennius 1985, S. 70) – erfolgt Shakespeares Einsetzung als Dichter bei Tieck nicht im Traum. Zwar schläft der junge Shakespeare erschöpft ein, nachdem er sich in einem Wald verirrt hatte. Von der Welt des Traums aber, in die sich der Schlafende dabei begibt, ist in Tiecks Text die Welt der Elfen, die als realer Bestandteil des Waldes behauptet wird, klar getrennt. Der Knabe hatte sich, als ein Sterblicher, zu weit in deren Sphäre vorgewagt und wird nur darum nicht mit dem Tode bestraft, weil sich – laut Tiecks *Die Sommernacht* – die Königin und der König der Elfen, Titania und Oberon, unlängst wieder miteinander versöhnt haben. Als Dank und Zeichen für diese Versöhnung statten beide den jungen Shakespeare mit den Insignien erfolgreicher dichterischer Produktion aus (»Phantasie«, »Begeist'rung«, »heit're Laune«; DKV 1, S. 21, 24) und machen ihn auf diese Weise zu einem ›romantischen‹ Dichter (zur Übernahme und Überwindung der Genieästhetik in Tiecks frühem Dramolett vgl. Lüdeke 1922). Erwachend steht Shakespeare unter dem Eindruck des Geschehens, an Einzelheiten erinnert er sich allerdings nicht:

> Wo bin ich? – ha! Wo war ich? – Welcher Rausch? / [...] Ach, es war nur ein schöner Traum! / [...] Wie leicht ist mir, / Wie licht, was mir sonst stets so dunkel war! / Welch wonniges Gefühl? Ich atme freier! Ha! / Woher, woher dies sonderbare Streben? / Woher dies Pochen meines Busens, und / Die Wehmut, die mich fast zum Weinen zwingt? / [...] Ha, woher dies fremde, / Dies übermenschliche, dies

göttliche / Gefühl? [...] / Woher? – Woher? – Ich kann mich selbst nicht fassen! –. (DKV 1, S. 24f.)

Tieck inszeniert in *Die Sommernacht* die Elfen- und Feenwelt als eine heitere, schwerelose Sphäre, die sich – die Abhandlung *Über Shakspeare's Behandlung des Wunderbaren* vorwegnehmend (siehe den Beitrag *Poetologische und kritische Schriften von 1792 bis 1803* in Kap. 3) – mit der Wirklichkeit des schlafenden Shakespeare ebenso zwanglos verknüpfen soll wie mit der des Zuschauers resp. Lesers. Shakespeares Irrwege durch den Wald stehen für seine Orientierungslosigkeit im Leben. Der Text bietet dafür eine Lösung an, indem er die Berufung des Knaben zum Dichter schildert und damit zugleich eine »mythopoietische Begründung romantischen Künstlertums« (Scherer 2003, S. 228) schlechthin liefert (vgl. auch Japp 2004). Das Elfenreich als Bestandteil des Waldes übernimmt dabei die Funktion eines Sinnbilds für die wunderbare Welt der Dichtung. Wird diese auch von ›Normalsterblichen‹ nicht wahrgenommen, ist sie doch im Alltäglichen (›Wald‹) stets präsent. Fiktionale und reale Welt gehen so ineinander über, und eben diese Übergänglichkeit ermöglicht allererst die Begegnung von wirklicher und wunderbarer Sphäre in Tiecks Stück. Die frühromantische Forderung nach der »Ambivalenz des Wirklichen« (Klussmann 1976, S. 356) prägte Tiecks Werk mithin schon von Beginn an aus.

Tiecks frühe Prosaarbeiten für Rambach – das letzte Kapitel des Romans *Die eiserne Maske* sowie der ›Räuberroman‹ *Mathias Klostermayer oder der Bayersche Hiesel* – stehen gleichermaßen unter dem Eindruck seiner Lektüre Schillers. Sowohl das Drama *Die Räuber* (1781) als auch die Erzählung *Verbrecher aus Infamie* (1786; seit 1792 meist unter dem Titel *Der Verbrecher aus verlorener Ehre*) spielen hierfür eine Rolle; ersteres für beide Texte, letzteres für *Mathias Klostermayer*. Neben motivischen und thematischen Übernahmen machte sich Tieck auch das effektdramaturgische Konzept der Vorlagen zueigen. Insbesondere die psychophysisch orientierte Anthropologie der Spätaufklärung und die in der zeitgenössischen Erfahrungsseelenkunde begründete Ursachenanalyse gehören dabei zu den maßgeblichen Kontexten dieser beiden Arbeiten Tiecks (vgl. dazu Stockinger 2005, S. 21–24; siehe den Beitrag *Poetik der Berliner Spätaufklärung* in Kap. 1). Das Finale von *Die eiserne Maske* verhandelt den Untergang des Bösewichts Ryno, der – wie Franz Moor in Schillers Drama – einen grundlegenden Konflikt zwischen ›gut‹ (im Sinne von Reue über die begangenen Untaten) und ›böse‹ (im Sinne des starrsinnigen Festhaltens an der eigenen Rechtsauffassung) austrägt und letztendlich in Wahnsinn und Tod endet. In Anlehnung an die Anthropologie der Sympathie und des *moral sense*, die von einer parallelen Bewegung von Körper und Geist ausgeht (Riedel 1985, S. 61–151), führt Rynos geistige Zerrüttung sein physisches Ende herbei. Ryno stirbt nicht durch äußere Gewalteinwirkung, sondern an der »Verzweiflung« über sich selbst, am »Schrecken« vor der Realität des

Todes, an »Quaal und Seelenangst« (Sturm 1792, S. 539, 542, 558), an »dunkeln Gefühlen«, in die er bezeichnenderweise wie in einem »Moor« versinkt (ebd., S. 539).

Wie in Karl Philipp Moritz' Sammlung von Fallbeispielen in seinem *Magazin zur Erfahrungs-Seelenkunde* nicht die Verbrechen oder die psychischen Krankheiten selbst Gegenstand der Beobachtung sind, sondern die Geschichte ihrer Entstehung (Stockinger 2005, S. 16–20), so betreibt auch Tiecks poetische Bearbeitung des Lebens von *Mathias Klostermayer* Ursachenforschung (zu Tiecks weitreichenden Anteilen vgl. Köpke 1, S. 120f.). Explizit wird deshalb gleich zu Beginn eine »vollständige Hiseliade« angekündigt, die lückenlose Aufklärung verspricht. Dies beruht auf der Annahme, daß bereits Geburt und erste Lebensjahre eines Menschen die Weichen seines künftigen Weges stellen, ohne daß dieser dafür persönlich zur Verantwortung gezogen werden könnte ([Tieck] 1791, S. 143f.). Weil die Überlieferung den Räuber zu einem Volkshelden (zu einer Art bayerischem Robin Hood) verklärt, verleiht Tiecks pathognomische Beschreibung der Figur des Klostermayer ein angenehmes Äußeres (zu Lichtenbergs Pathognomik, derzufolge die charakterliche Disposition eines Menschen nicht aus seiner Physiognomie abzuleiten ist, sondern aus dem äußeren Gesamteindruck, vgl. Stockinger 2005, S. 15f.). Er habe sich stark, beredsam, klug und gerecht verhalten; die standesgemäß niedrige Erziehung aber sei nicht in der Lage gewesen, seinem angeborenen Adel angemessen zu begegnen. Entsprechend wurde er »nur durch die Einrichtung des Staats« zu einem Verbrecher, genauer zu einem »Wilddieb aus Grundsätzen« ([Tieck] 1791, S. 147). Wie Schillers Figur des Christian Wolf aus dem *Verbrecher aus Infamie* ist auch Klostermayer deshalb »von der Nützlichkeit seines Gewerbes überzeugt«, weil es »das unnütze Wild verminderte, die Felder der Landleute vor den Verheerungen desselben sichre« und auf diese Weise eine Form der Flurpflege betreibe (ebd., S. 158, 147). Tieck hält diesen Deutungsvorschlag, der die Untaten des Verbrechers aus dessen innerer Überzeugung erklärt und legitimiert, beinahe bis zum Schluß des Textes durch. Im Finale aber erfolgt eine überraschende Wendung, mit der sich Tieck gegen die positive Deutungsgeschichte der Taten Klostermayers positioniert. Zwar werde jeder »den Mann bedauern, den äußere Umstände in eine so traurige Lage versetzten«, heißt es hier. Dem Verfasser aber sei es »sehr sauer geworden, diesen Kerl als einen Helden in seinem Fache darzustellen, wie es die Pflicht jedes Biographen ist. Warum? Weil er nichts mehr und nichts weniger war, als ein Spitzbube« (ebd., S. 333f.). Schon Köpke rechnete Tieck diese Bemerkung hoch an. Sie bezeichnet für ihn nichts weniger als Tiecks Emanzipation von den Vorgaben seines Lehrers Rambach (Köpke 1, S. 121). Mit dem Beginn der Studienjahre tritt Tiecks Frühwerk in eine neue Phase ein.

Literatur

Bernhardi 1801: Bernhardi, A.[ugust] F.[erdinand]: Sprachlehre, Berlin 1801.
Bosse 1997: Bosse, Anke: Orientalismus im Frühwerk Tiecks. In: Ludwig Tieck. Literaturprogramm und Lebensinszenierung im Kontext seiner Zeit, hg. von Walter Schmitz, Tübingen 1997, S. 43–62.
Busch 1999: Busch, Lothar: Der handschriftliche Nachlaß Ludwig Tiecks und die Tieck-Bestände der Staatsbibliothek zu Berlin Preußischer Kulturbesitz. Katalog, Wiesbaden 1999.
Ennius 1985: The Annals of Q. Ennius, ed. with introduction and commentary by Otto Skutsch, Oxford 1985.
Gundolf 1976: Gundolf, Friedrich: Ludwig Tieck [1929]. In: Ludwig Tieck, hg. von Wulf Segebrecht, Darmstadt 1976, S. 191–265.
Halley 1959: Halley, Albert Browning (Hg.): Five Dramas of Ludwig Tieck. Hitherto unpublished. A critical edition [2. Teil], phil. Diss. Cincinnati 1959.
Haym 1870: Haym, R.[udolf]: Die romantische Schule. Ein Beitrag zur Geschichte des deutschen Geistes, Berlin 1870.
Hemmer 1910: Hemmer, Heinrich: Die Anfänge L. Tiecks und seiner dämonisch-schauerlichen Dichtung, Berlin 1910.
Hölter 1987: Hölter, Achim: Ludwig Tieck und der Niobe-Stoff. Ein ungedrucktes Drama aus dem Nachlaß. In: Euphorion 81 (1987), H. 3, S. 262–285.
Hölter 1989: Hölter, Achim: Ludwig Tieck. Literaturgeschichte als Poesie, Heidelberg 1989.
Hölter 1991: Hölter, Achim: Der junge Tieck. In: Ludwig Tieck: Schriften in zwölf Bänden, Bd. 1: Schriften 1789–1794, hg. von A. H., Frankfurt a.M. 1991, S. 795–812.
Japp 2004: Japp, Uwe: Die Verleihung des Genies. Tieck: Die Sommernacht. In: ders.: Das deutsche Künstlerdrama. Von der Aufklärung bis zur Gegenwart, Berlin/New York 2004, S. 40–50.
Klett 1989: Klett, Dwight A.[rthur]: Tieck-Rezeption. Das Bild Ludwig Tiecks in den deutschen Literaturgeschichten des 19. Jahrhunderts, Heidelberg 1989.
Kluge 1976: Kluge, Gerhard: Idealisieren – Poetisieren. Anmerkungen zu poetologischen Begriffen und zur Lyriktheorie des jungen Tieck [1969]. In: Ludwig Tieck, hg. von Wulf Segebrecht, Darmstadt 1976, S. 386–443.
Klussmann 1976: Klussmann, Paul Gerhard: Die Zweideutigkeit des Wirklichen in Ludwig Tiecks Märchennovellen [1964]. In: Ludwig Tieck, hg. von Wulf Segebrecht, Darmstadt 1976, S. 352–385.
Krause 1982: Krause, Markus: Das Trivialdrama der Goethezeit 1780–1805. Produktion und Rezeption, Bonn 1982.
Lüdeke 1922: Lüdeke, Henry: Ludwig Tieck und das alte englische Theater. Ein Beitrag zur Geschichte der Romantik, Frankfurt a.M. 1922 (Repr. Hildesheim 1975).
Martus 2004: Martus, Steffen: Romantische Aufmerksamkeit. Sinn und Unsinn der Philologie bei Ludwig Tieck. In: »lasst uns, da es uns vergönnt ist, vernünftig seyn! –«. Ludwig Tieck (1773–1853), hg. vom Institut für Deutsche Literatur der Humboldt-Universität zu Berlin, unter Mitarbeit von Heidrun Markert, Bern/u.a. 2004, S. 199–224.
Martus 2007: Martus, Steffen: Werkpolitik. Zur Literaturgeschichte kritischer Kommunikation vom 17. bis ins 20. Jahrhundert. Mit Studien zu Klopstock, Tieck, Goethe und George, Berlin/New York 2007.
Moritz 1986: Moritz, Karl Philipp Moritz: Die Schriften in dreissig Bänden, hg. von Petra und Uwe Nettelbeck, Bd. 1: GNOTHI SAUTON oder Magazin zur Erfahrungs-Seelenkunde als ein Lesebuch für Gelehrte und Ungelehrte. Erster Band, erstes bis drittes Stück. 1783, Nördlingen 1986.
Paulin 1987: Paulin, Roger: Ludwig Tieck, Stuttgart 1987.
Paulin 1988: Paulin, Roger: Ludwig Tieck. Eine literarische Biographie, München 1988.
Preuninger 1941: Preuninger, Frank A. (Hg.): Ludwig Tieck's unpublished dramatic fragment Anna Boleyn. A critical edition, M. A. Cincinnati 1941.

Regener 1903: Regener, Edgar Alfred: Tieck-Studien. Drei Kapitel zum Thema »Der junge Tieck«, Wilmersdorf-Berlin 1903.

Ribbat 1978: Ribbat, Ernst: Ludwig Tieck. Studien zur Komposition und Praxis romantischer Poesie, Kronberg i. Ts. 1978.

Riedel 1985: Riedel, Wolfgang: Die Anthropologie des jungen Schiller. Zur Ideengeschichte der medizinischen Schriften und der »Philosophischen Briefe«, Würzburg 1985.

Scherer 2003: Scherer, Stefan: Witzige Spielgemälde. Tieck und das Drama der Romantik, Berlin/New York 2003.

Schmidt 1988: Schmidt, Arno: ›Funfzehn‹. Vom Wunderkind der Sinnlosigkeit [1959]. In: ders.: Zur deutschen Literatur 2, Zürich 1988, S. 139–186.

Staiger 1976: Staiger, Emil: Ludwig Tieck und der Ursprung der deutschen Romantik [1960]. In: Ludwig Tieck, hg. von Wulf Segebrecht, Darmstadt 1976, S. 322–351.

Stockinger 2000: Stockinger, Claudia: Das dramatische Werk Friedrich de la Motte Fouqués. Ein Beitrag zur Geschichte des romantischen Dramas, Tübingen 2000.

Stockinger 2005: Stockinger, Claudia: Pathognomisches Erzählen im Kontext der Erfahrungsseelenkunde. Tiecks Beiträge zu Nicolais *Straußfedern*. In: Die Prosa Ludwig Tiecks, hg. von Detlef Kremer, Bielefeld 2005, S. 11–34.

Sturm 1792: Sturm, Ottokar [i. e. Friedrich Eberhard Rambach]: Die eiserne Maske. Eine schottische Geschichte, Leipzig 1792.

Thalmann 1963: Thalmann, Marianne: Nachwort. In: Ludwig Tieck: Werke in vier Bänden, Bd. 1: Frühe Erzählungen und Romane. Mit Nachworten und Anmerkungen von M. T., München 1963, S. 989–1010.

[Tieck] 1791: Mathias Klostermayer oder der Bayersche Hiesel. In: Thaten und Feinheiten renomirter Kraft- und Kniffgenies. 1. Carl Prices. 2. Der Bayersche Hiesel, Berlin 1791, S. 141–334.

Zeydel 1935: Zeydel, Edwin H.: Ludwig Tieck, the German romanticist. A critical study. With a Preface to the 2nd Edition by the Author, Princeton 1935 (Reprint Hildesheim/New York 1971).

Dramen und dramatische Bearbeitungen

Stefan Scherer

An den dramatischen Texten Tiecks läßt sich die Begründung und Etablierung der romantischen Poetologie ablesen. Sie entstehen im Prozeß einer literarischen Praxis zwischen Rekurs auf überlieferte Dramenmodelle und Ausdifferenzierung dramatischer Verfahren. Geht es nach einer Inkubationszeit seit 1789 in erster Linie um die experimentelle und teils polemische Anverwandlung von Dramenmustern, die um 1795/96 zu den ersten romantischen Dramen führen, ist um 1799/1800 die Tendenz zur Verschränkung mit der frühromantischen Poetologie Friedrich und A. W. Schlegels festzustellen. Nach der Gruppenbildung der Jenaer Romantik zeichnet sich um 1800 erneut eine Verschiebung ab, indem literaturexterne Zwecke reaktiviert und die eigenen Dramen literaturpolitischen Intentionen unterstellt werden.

Gattungsmischungen

Tiecks Dramenwerk seit 1789 umfaßt neben einer Vielzahl unausgeführter Pläne an die 50 Dramen bzw. dramatische Fragmente von unterschiedlichem Umfang, wechselnder Originalität und Komplexität. Das letzte Drama ist der zweite Teil des Universalschauspiels *Fortunat* (1816), wie der erste Teil mit dem Paratext »Märchen in fünf Aufzügen« eingeführt. Damit schließt sich der Rahmen zum frühromantischen »Ammenmärchen« *Ritter Blaubart* (1797), mit dem die literarische Romantik einsetzt. Nach der Sammlung *Phantasus* (1816) wandte sich Tieck ausschließlich der Prosa zu.

Eine exakte Quantifizierung des dramatischen Œuvres ist nur bedingt möglich, insofern die Abgrenzungen in verschiedener Hinsicht schwierig sind. Sowohl im Früh- als auch im Spätwerk liegen zahlreiche Texte vor, denen trotz ihrer epischen Exposition dramatische Züge eignen: *Die Vogelscheuche* (1834), eine »Märchen-Novelle in fünf Aufzügen«, weist durch ihr Gliederungsprinzip (1. Aufzug, 1. Szene usw.) »einen latent dramatischen Charakter« auf (DKV 11, Kommentar, S. 1218), zumal der Mischcharakter bereits im »Prolog« der Novelle als variierende Bestimmung von Gattungszugehörigkeiten verhandelt wird: »Da diese Novelle zugleich ein Drama ist«, nennt Tieck den Prosatext eine »dramatische Novelle« (ebd., S. 421). Die im Anschluß daran entstandene Novelle *Der Wassermensch* (1835) präsentiert fast durchgängig eine dialogisierte Prosa, deren Gespräche das Verhältnis von ›Tradition und Erneuerung‹ in der Konfrontation mit literarischen Positionen des Jungen Deutschland erörtern (siehe den Beitrag *Das Junge Deutschland* in Kap. 1). Ein grundlegendes Merkmal fast aller Texte Tiecks, ihre dialogische Anlage, tritt demnach bis ins Spätwerk zutage (siehe den Beitrag *Novellenpoetik* in Kap. 3).

Angebahnt wird die wechselseitige Annäherung der Gattungen, die dieser Verfaßtheit entspricht, bereits im Frühwerk: so in der ›Rittergeschichte‹ *Adalbert und Emma* (entstanden 1792), in der orientalisierenden Großerzählung *Abdallah* (siehe den Beitrag *Orientalismus* in Kap. 2) oder im *Lebrecht*-Roman, indem die Narration umstandslos in szenische Passagen übergeht (vgl. DKV 1, Kommentar, S. 920), und in der *Straußfedern*-Geschichte *Die Rechtsgelehrten* (1795) sogar mit hinzugefügten Nebentexten, bis die Darstellung nach seitenlangen Dialogen erst ganz zum Schluß wieder zur epischen Vermittlung zurückkehrt (vgl. S 14, S. 96–106). Eine anderes Muster der generischen Entgrenzung zeigt sich im ›Gesang eines Minnesängers‹ *Das Märchen vom Roßtrapp* (entstanden 1792), in dem sich die Prosa-Form ins kleine Versepos mit lyrisierenden Tendenzen verwandelt. Vorbereitet über strophische Darbietungsformen, präsentiert sich die Erzählung dabei zeitweise als Singspiel bzw. als Oper mit chorischen Passagen (vgl. DKV 1, S. 189, 203–205). Tieck schreibt demnach früh eine Prosa, die die Grenzen zwischen lyrischer und szenischer Rede auflöst und die sich im Fall der frühen Erzählung *Abdallah* (entstanden 1791–1793) sogar der Tektonik der Tragödie annähert (DKV 1, Kommentar, S. 1001f.). Mit Blick auf klassizistische Gattungsreinheit hat man es daher von Beginn an mit unscharfen Rändern zu tun. Dennoch werden die hier genannten Texte dem dramatischen Werk nicht zugerechnet, weil die epische Anlage überwiegt.

Umgekehrt sind auch seitens der Dramen Gattungsgrenzen zuweilen derart weitreichend aufgelöst, daß diese ins Epische und Lyrische übergehen, so u. a. im Lustspiel *Prinz Zerbino* (1799). Teils ist die Figurenrede so stark lyrisiert und musikalisiert, daß sich der Charakter der Liedeinlage verliert und sich das Drama wie in *Kaiser Octavianus* (1804) in ein Großgedicht bzw. in eine »Wortoper« verwandelt (Kluge 1980, S. 192). Dem widerstreiten wiederum die ins Spiel kommenden epischen Elemente: sei es als explizit namhaft gemachte Erzählinstanzen wie in den Universaldramen, die zudem auch in quantitativer Hinsicht episch ausgreifen; sei es durch die implizit epischen Voraussetzungen, die das literarisierte Bewußtsein der Figuren in den Theaterkomödien begründen.

Wie in fast allen Werken Tiecks werden damit auch in den Dramen klassizistische Konventionen aufgelöst. Die experimentelle Literarisierung ihrer

Elemente und das spielerische Ausagieren von Varianten der szenischen Rede führen zur permanenten Transformation der Formensprache. Dem generellen Befund der Sprachlichkeit, den die jüngere Tieck-Forschung akzentuiert hat, unterliegen auch diejenigen Werke Tiecks, die aller Gattungsmischung zum Trotz noch deutlich genug als Dramen einzustufen sind. Auch in der szenischen Rede reflektiert Tieck Möglichkeiten und Grenzen der dramatischen Darstellung, die sich in der Erschließung neuer Formoptionen von »poetologischen Limitationen« emanzipiert (Brecht 1993, S. 245). Neben der von Manfred Frank analysierten Zeitlichkeit (Frank 1972; siehe den Beitrag *Lyrik* in Kap. 4) begründet die teils extreme intertextuelle Aufladung die polykontexturale Variabilität der Dramen Tiecks. Vollständig aufgehoben wird der dramatische Modus im Prozeß solcher Literarisierungen indes nicht. Mit Ausnahme solcher Passagen, die, wie das ›Symphonie‹-Vorspiel und die ›Interludien‹ in *Die verkehrte Welt*, als versprachlichte Musik in Prosa dargeboten werden, bleiben dramatische Konventionen (Figurenrede, Nebentext) durchaus gewahrt.

Am Drama zuerst übt Tieck seine Fähigkeit »zu proteischer Identifikation«, d.h. zur höchst variablen Anverwandlung seiner Lektüren ein (Günzel, S. 13). Von Beginn an, also bereits in den gern als unselbständiges Anempfinden des Gelesenen abgeurteilten Schülerarbeiten, sind seine Stücke Reflexionen auf Möglichkeiten der literarischen Rede im Drama (siehe den Beitrag *Schülerarbeiten* in Kap. 4), zumal die Handlung als dramenästhetische Kategorie bei Tieck meist keine besondere Rolle spielt. Bis auf vereinzelte Stücke des Frühwerks um 1792–1795 wie das bürgerliche Trauerspiel *Der Abschied* (entstanden 1792), das von der an Haym orientierten Forschung entsprechend als ausnahmsweise gelungene dramatische Durchführung gewürdigt wird (Haym 1920, S. 40), gibt es bei Tieck kaum ein Stück, das sich kausal-final aus der zwischenmenschlichen Aktualität heraus entfaltet.

Ohne besondere Rücksicht auf gattungsspezifische Vorgaben (vgl. Scherer 2003, S. 199/Anm. 217) organisieren sich auch die Dramen nach Maßgabe einer augenblicksbezogenen Spontaneität, die das gesamte Werk Tiecks kennzeichnet. In der schnellen Niederschrift kann sich der Wechsel von Verfahrensweisen bedenkenlos vollziehen, weil die Literarisierung eben auch auf dem Bewußtsein der Vorläufigkeit einer literarischen Gestaltung basiert. Weil Tieck regelpoetische Normen nicht anerkennt, werden Gattungsvorgaben selbst dort zerstreut, wo er sich auf bestimmte Muster zurückbezieht. Allein dadurch öffnet sich der Text auf die Reflexion seiner experimentellen Anverwandlung.

Typologische Unterscheidungen – etwa zwischen der parabatischen und der universalisierenden Form (Japp 1999, S. 14) – ergeben sich in erster Linie aus dem Stoffbezug bei *eher* polemischem oder *eher* poetischem Impuls. Während *Der gestiefelte Kater* (als Beispiel für die parabatische Form) die Märchenvorlage Perraults in positiver Absicht poetisiert, um diese gegen ihre fehlende

Bühnentauglichkeit in didaktisch-moralischer Hinsicht zu kontrastieren, setzen die eher ungebrochen poetischen Stücke wie *Kaiser Octavianus* (als Beispiel für die universalisierende Form) ihre Stoffe ohne ausgeprägte Gegeninstanzen satirischer oder kritischer Natur in Szene. Tatsächlich weist aber selbst das letztgenannte Stück parabatische Elemente auf, wenn auch nur noch in rudimentärer Form. In den Varianten zwischen ›Poesie‹ und ›Polemik‹ (Ribbat 1979) wie *Prinz Zerbino* oder *Leben und Tod des kleinen Rothkäppchens* wird der Märchenstoff gewissermaßen als Rahmung eingesetzt, um die interne Travestie bzw. Parodie zu ermöglichen: die Travestie der Tragödie mit parodistischen Zügen im Präsenthalten der Fünfaktigkeit auf der einen, die Travestie auf die Bildungsreise zur Ausbildung des guten Geschmacks in einer Art ›verkehrtem‹ ›Bildungsdrama‹ auf der anderen Seite. Mit Ausnahme einiger Schülerarbeiten bestätigt sich selbst bei den präromantischen, vorrangig noch theatralisch orientierten frühen Dramen Tiecks der zentrale Befund Manfred Franks, daß alle Dichtungen Tiecks »artifiziell gebrochen« sind »durch eine ihrer Textur eingewobene Reflexivität« (Frank 1989, S. 373).

Die Romantik-Forschung hat die Bedeutung der romantischen Dramatik für die Epoche und die initiale Rolle der Dramen Tiecks für die mittlere und spätere Romantik von Brentano über Arnim, Fouqué bis Eichendorff lange Zeit kaum gesehen. Mittlerweile ist diese Gattung monographisch erforscht worden (Stockinger C. 2000; Petzoldt 2000; Meißner 2007; Überblicke bei Stockinger 2004 und Kremer 2007, S. 209–267). Genauere Interpretationen zu den im folgenden aufgeführten Dramen Tiecks erfolgen bei Scherer (2003, S. 147–470).

Schülerdramen (1789–1792)

Den vollständigsten kommentierten Überblick zu den Schülerdramen Tiecks zwischen 1789 und 1792 einschließlich der unveröffentlichten Nachlaßtexte mit knappen Inhaltsangaben und Hinweisen zu thematisch-motivischen wie strukturell-intertextuellen Hintergründen bietet Zeydel (1935, S. 15–36). Mit der Nachahmung dramatischer Vorbilder erprobt Tieck – Konsequenz der vielbeschriebenen ›Lesewut‹ des Schülers (vgl. Hölter 1989, S. 15–18) – szenische Techniken in nahezu allen zeitgenössisch relevanten Varianten (vgl. DKV 1, Kommentar, S. 806–808). Die experimentelle Selbstvergewisserung szenischer Versiertheit reicht von Nachbildungen des Sturm und Drang und des antikisierenden Mono- bzw. Melodramas um 1780 über die Erprobung von Mustern der Schauerliteratur, der Komödie, des bürgerlichen Trauer- und Rührspiels und des Ritterstücks bis hin zur Anverwandlung von Dramen Shakespeares und der *fiabe* Gozzis. In ersten Ansätzen werden diese Nachahmungen bereits ineinander ›kopiert‹ (Hemmer 1910, S. 259–281, hier S. 278). Mit Ausnahme des szenisch imaginierten Exotismus in *Alla-Moddin* und des ersten Versuchs einer differenzierten Großstruktur im hohen Stil, die Tieck mit der Schillers *Don Carlos* verpflichteten Tragödie *Anna Boleyn* avisiert, herrschen kleinere Formate vor. In erster Linie geht es um Selbstbestätigungen, indem sich Tieck der formalen Beherrschung dramatischer Techniken zwischen Komödie, Märchen- und Schauspiel, Melodrama und Tragödie samt dem funktional zugeordneten Spektrum lyrischer Verfahren vergewissert. Leitend bei diesem Anspruch, sich die gängigen Dramenmodelle der Zeit verfügbar zu machen, ist noch die konventionell theatralische Wirkung, wobei in den ersten kombinatorischen Experimenten die Bruchlinien erkennbar bleiben. Indem die imitierten Modelle zunehmend ineinander geblendet werden, entstehen aber auch bereits Mischformen. Die Synthetisierung wird dabei auf eine Weise vorangetrieben, die als prototypisch für die spätere romantische Gattungsmischung gelten kann: ›Präromantisch‹ erscheint die Lyrisierung und Musikalisierung der Figurenrede in metrischer Versatilität und schwebender Übergänglichkeit in Tiecks frühen Szenen *Die Sommernacht. Ein dramatisches Fragment* (1789), die auf Shakespeares *Sommernachtstraum* rekurrieren (siehe die Beiträge *Schülerarbeiten* und *Lyrik* in Kap. 4); daneben das Experimentieren mit metadramatischen Techniken im ›Feenmärchen‹ *Das Reh* (1790), das mit seinem Paratext nicht zuletzt die romantischen Märchendramen ankündigt (siehe den Beitrag *Italienisches und dänisches Theater des 18. Jahrhunderts* in Kap. 2).

Der Text *Die Räuber. Trauerspiel in fünf Aufzügen von F. L. Tieck. Zweiter Theil* (Fragment 1789) orientiert sich am Sturm und Drang und neben Schiller v. a. an Gerstenbergs *Ugolino*. Das Ritterstück *Gotthold. Trauerspiel in fünf Aufzügen* (1789) versetzt Tieck mit Shakespeare-Reminiszenzen, *Siward. Trauerspiel in fünf Aufzügen* (1789) testet in diesem Rahmen tragikomische Verfahren in einem Königsmörderdrama mit Bezügen zu *Macbeth*, *Othello* und *Hamlet* aus. *Der doppelte Vater. Lustspiel in vier Aufzügen* (1789) ist bislang ebenso unveröffentlicht wie *Die Entführung. Lustspiel in fünf Aufzügen* (1789), *Ich war doch am Ende betrogen. Lustspiel in vier Aufzügen* (1789) und *Roxane. Trauerspiel in drei Akten* (1789). *Meiners, ein Kaufmann* (1789/90) (auch *Der alte Meiners*) übt sich im bürgerlichen Rührstück, *König Braddock. Zauberspiel* (1790) (zum Titel vgl. Busch 1999, S. 33) kombiniert Shakespeare mit den *fiabe teatrali* von Gozzi (siehe den Beitrag *Italienisches und dänisches Theater des 18. Jahrhunderts* in Kap. 2), *Jason und Medea* (1789) (Titel von Regener 1903, S. 55) schließlich wiederholt das Melodram als antikisierende Tragödie in Kurzform mit Musikbegleitung. *Niobe. Versuch eines kleinen Dramas in einem Aufzuge* (1790) erkundet Varianten des Melodrams durch metrische Experimente. *Das Reh. Feenmärchen in vier Aufzügen* (1790) kombiniert Gozzi mit Shakespeare. Weitere Stücke wie *Das Lamm. Schäferspiel* (1790–1792) und *Der Gefangene. Eine dramatische Schilderung in zwei Aufzügen* (1790) sind unveröffentlicht. *Alla-Moddin. Ein Schauspiel in drei Aufzügen* (entstanden 1790–1793) betreibt im Rückgriff auf die Dramatik des Sturm und Drang eine Aufklärungskritik mit Bezügen zu Gerstenbergs *Ugolino* (pathetisches Leid im Gefängnis), die über das rousseauistische Motiv des edlen Wilden vor dem Hintergrund der zeittypischen Südseebegeisterung erfolgt (siehe den Beitrag *Orientalismus* in Kap. 2). Nicht datierte unveröffentlichte Dramen aus den Jahren 1789/90 sind *Die Heyrath. Posse in einem Aufzuge* und *Die Friedensfeyer. Schauspiel mit Gesang in zwei Aufzügen*; von weiteren Lustspielfragmenten ohne Titel sind bekannt *Der Vorredner, Phillipine, ein reiches Fräulein, Du magst sie nicht?* (vgl. Menke 1993), *Der letzte Betrug ist ärger als der erste oder der betrogene Bräutigam, Hans und Ludwig. Lustspiel* (geschrieben z. T. im Berliner Dialekt, vgl. Zeydel 1935, S. 17), *Der Schwärmer. Schauspiel* (Fragment). Darüber hinaus sind folgende verschollene Stücke um 1789 überliefert: *Agamemnon* (Fragment, vgl. Nottelmann-Feil 1996, S. 23–25), ein titelloses ›Ritterstück‹, ein sechsaktiges ›Schauspiel‹ *Rudolf von Felseck*, eine fünfaktige Komödie *Der schlechte Ratgeber*, eine einaktige Farce *Der Querschnitt*. Hinweise gibt es darüber hinaus auf Dramen zu Orest und Pylades, Kaiser Ludwig, *Der Tod des Königs von Schweden, Geschichte von Katt und Friedrich II.* sowie *Justin*, eine Komödie nach Plautus (Zeydel 1925, S. 15), schließlich eine ›Phantasie‹ *Der 30. August* und ein Klagegesang *Anton* (ebd., S. 20).

Präromantische Stücke (1792–1796)

Verstärkt nach 1792 zeigt sich neben den als Nachahmungen und kombinatorische Kopien charakterisierbaren Stücken eine unterschiedlich entfaltete Selbständigkeit mit klassizistischer Neigung hin zu einer geschlossenen und psychologisch differenzierten Handlungsdramatik. Dem fortgesetzten Austesten selbstreferentieller und satirischer Techniken durch Bearbeitungen Ben Jonsons (seit 1793) korrespondiert im Gefolge der intensivierten Beschäftigung mit Shakespeare seit 1792 (vor dem Hintergrund der Übersetzung und dramaturgischen Bearbeitung seines späten Märchenstücks *The Tempest*) die Herausbildung eines zentralen Topos für das frühromantische Werk Tiecks: Das Wunderbare soll szenisch wahrscheinlich gemacht werden, indem es als Thema und als Verfahren im konfundierenden Wechsel mit dem Gewöhnlichen gehalten wird (siehe den Beitrag *Poetologische und kritische Schriften von 1792 bis 1803* in Kap. 3). Noch Mitte der 1790er Jahre aber schreibt Tieck auch konventionelle dramatische Satiren im Geist der Aufklärung. Einige dieser zeittypischen Dramen aus dem ersten Drittel dieser Jahre sind später auch jenseits der Verfahrensweisen romantischer Dramaturgie musterbildend geworden: so das bürgerliche Trauerspiel *Der Abschied* (entstanden 1792) und das Ritterstück *Karl von Berneck* (entstanden 1793–1795), in denen Vorläufer für die Mode der Schicksalsdramatik um 1810 gesehen wurden (DKV 1, Kommentar S. 961f., 1077f.).

Anna Boleyn. Ein Trauerspiel in fünf Aufzügen (Fragment, wohl um 1792) ist ein Königsdrama und ›Familiengemälde‹ nach dem Vorbild von Schillers *Don Carlos*; es handelt sich damit um die einzige regelmäßig klassizistische Tragödie, die Tieck aber bezeichnenderweise nicht abschließen kann. *Der Abschied. Ein Trauerspiel in zwei Aufzügen* wird von der Tieck-Forschung ausnahmsweise positiv beurteilt (siehe den Beitrag *Schülerarbeiten* in Kap. 4) und weist als bürgerliches Trauerspiel mit psychodramatischen Zügen Gemeinsamkeiten mit *Blunt* von Karl Philipp Moritz auf. *Philopömen. Schauspiel* (1792/93) ist unveröffentlicht. *Karl von Berneck. Trauerspiel in fünf Aufzügen* arbeitet als weitgehend geschlossenes Ritterdrama ›gotische‹ Schauerelemente (Gespenster-Erscheinungen) und andere Shakespeare-Bezüge ein. *Ein Schurke über den andern, oder die Fuchsprelle. Ein Lustspiel in drei Aufzügen* (entstanden 1792) wird als Bearbeitung nach Ben Jonson von Tieck mit eigenen Szenen versehen, die als Typensatire die Aufklärung attackieren: Tieck rezipiert damit einen dramatischen Satiriker, der als zeitgenössischer Antipode Shakespeares gilt, so daß durch diesen doppelten Traditionsbezug die für Tiecks Dramatik leitende Opposition Satire vs. Poesie initiiert wird (siehe die Beiträge *Englische Dramatik* in Kap. 2 und *Tieck als Übersetzer* in Kap. 3). *Der Sturm. Ein Schauspiel von Shakspear, für das Theater bearbeitet von Ludwig Tieck. Nebst einer Abhandlung über Shakspeare's Behandlung des Wunderbaren* (beendet 1794) erscheint 1796 als erste unter eigenem Namen publizierte Arbeit Tiecks (vgl. DKV 1, Kommentar, S. 1216). Sie macht aus Shakespeares spätem Stück durch metrische Experimente im Zeichen sprachlicher Musikalisierung eine Oper. *Die Theegesellschaft. Lustspiel in einem Aufzuge* (1796) ist dagegen noch einmal eine konventionell aufklärerische Typensatire auf den Wunderglauben und das Scheingelehrtentum (Stockinger 2004, S. 5).

Frühromantische Dramatik (1795/96–1804)

Mitte der 1790er Jahre entsteht plötzlich, vermittelt allenfalls durch die Abkehr von der rein negativen Krisensymptomatik im Briefroman *William Lovell* (siehe den Beitrag *Frühe Romane* in Kap. 4), eine Emergenzstufe der szenischen Darstellung, die sich durch das unverfroren ironisierende und völlig indifferente Ineinander des ›Entgegengesetztesten‹ auszeichnet (so Tiecks Formel für das Romantische gegenüber Köpke 1, S. 265): in Form einer literarischen Ambivalenz, die nicht mehr zweckgebunden auf bestimmte Intentionen zurückgeführt werden kann, weil sich die Bruchlinien in einer unbestimmt schwebenden Synthese auflösen. Tieck wird diese neuartige Form szenischer Poesie in zwei Richtungen entwickeln: einerseits im selbstbezüglichen Spiel mit dem Drama, indem die Aktualisierbarkeit älterer Dramenmodelle (z. B. Märchendramen) für ein bürgerliches Publikum, das im Märchen *Der gestiefelte Kater* gegenwärtiges Illusions- als Rührtheater erwartet, szenisch reflektiert wird; andererseits im szenischen Amalgamieren des Komischen mit dem Tragischen bzw. des Humoristischen mit dem Grausamen oder Bizarren seit der Perrault-Dramatisierung *Ritter Blaubart*. Ein gemeinsames Merkmal der beiden Linien – der Dramaturgie der Unterbrechung auf der einen, der Dramaturgie der Dispersion auf der anderen Seite – besteht über deren Zugehörigkeit zu den Märchendramen hinaus im schnellen Themen- und Formenwechsel vom Erhabenen bis zum Unsinn. Zum Vorbild für die szenischen Varianten der Fiktionsironie in den Theatersatiren wird die Parabase von Aristophanes erklärt, obwohl es in den 1790er Jahren entsprechende Rezeptionsspuren bei Tieck nicht gibt (siehe den Beitrag *Antike-Rezeption* in Kap. 2). Die beobachtbaren Aristophanes-Bezüge (siehe den Beitrag *Der Jenaer Kreis und die frühromantische Theorie* in Kap. 1) kommen deshalb eher vermittelt über die Auseinandersetzung mit Ben Jonson ins Spiel. Vorbereitet werden einzelne Einfälle dieser fiktionsironischen und metadramatischen Spiele über erste Versuche in *Das Reh* und in *Die Fuchsprelle* hinaus in den digressiven Prosaexperimenten der *Straußfedern*-Erzählungen (siehe den Beitrag *Frühe Prosa* in Kap. 4).

In *Hanswurst als Emigrant. Puppenspiel in drei Acten* (1795) (Titel nach Köpke: NS 1, S. XII) läßt Tieck den von Gottsched vertriebenen Hanswurst auf die Bühne zurückkehren. Das Stück experimentiert mit der Parabase durch Reden *ad spectatores*. Im kurzen Drama *Ein Prolog* (1797) verselbständigt sich das szenische Element ›Prolog‹ zu einem eigenen Stück: Zuschauergespräche im Parterre spielen verschiedene Positionen zeitgenössischer Dramatik vor dem Hintergrund entsprechender Zuschauererwartungen durch. Das angekündigte Stück findet aber nicht statt, so daß sich der *Prolog* als Gesellschaftsstück über die neuartige ›Vorläufigkeit‹ des Lebens – bestimmt durch absolute Zukunftsoffenheit – darstellt. Die ›höhere Ironie‹ des Schwebens zwischen allen Gegensätzen macht *Ritter Blaubart. Ein Ammenmährchen von Peter Leberecht* (1797) zum ersten genuin romantischen Drama (Scherer 2012a). *Der gestiefelte Kater. Kindermährchen in drei Acten, mit Zwischenspielen, einem Prologe und Epiloge* (1797) betreibt erstmals exzessiv die fiktionsironischen Spiele auf der Bühne, die die parabatische Literaturkomödie kennzeichnen (Japp 1999, S. 28–31). Tieck experimentiert dabei mit verschiedenen Varianten der europäischen Spiel-im-Spiel-Dramatik: u. a. aus Shakespeares *Sommernachtstraum, Wie es euch gefällt* und *Hamlet* (vgl. Landfester 1997, S. 108–111), Beaumont/

Fletchers *Knight of the Burning Pestle,* Ben Jonsons *Bartholomew Fair* und Holbergs *Ulysses von Ithacia*. Das Stück persifliert die aufklärerische Forderung nach poetischer Wahrscheinlichkeit, indem der Publikumskommentar, der die Aufführung permanent unterbricht, das auf der Bühne gezeigte ›Kindermärchen‹ vom ›gestiefelten Kater‹ auf seinen Realitätsgehalt hin überprüft und wegen märchenhafter Unwahrscheinlichkeit verwirft. *Die verkehrte Welt. Ein historisches Schauspiel in fünf Aufzügen* (1799, entstanden 1798) potenziert das hier praktizierte Spiel im Spiel durch mehrfache Verschachtelungen von Bühnen auf der Bühne hin zum ›limited poem unlimited‹ (Weimar 1993).

Neben den Innovationen der romantischen Literaturkomödie bahnt sich ebenfalls Mitte der 1790er Jahre eine Tendenz an, die ab 1796 in die Geschmacks- und Bildungsreisen-Persiflage *Prinz Zerbino oder die Reise nach dem guten Geschmack. Gewissermaßen eine Fortsetzung des gestiefelten Katers. Ein deutsches Lustspiel in sechs Aufzügen* (veröffentlicht 1799) mündet: die Episierung der dramatischen Rede. Allerdings schließt die ausgreifende Großkomödie als ›Fortsetzung‹ von *Der gestiefelte Kater* thematisch zunächst noch an die Theater- und Märchenkomödien an. Teile von *Zerbino* sind nämlich bereits 1796, also vor *Der gestiefelte Kater* entstanden, so daß sich die genealogische Abfolge, wie an der Hof- und Literatursatire ersichtlich, zum Teil sogar umkehren läßt. Den neuartigen Typus des ausgreifenden Universallustspiels zwischen Literatursatire und allegorischer Komödie der Poesie variiert Tieck mit dem Trauerspiel *Leben und Tod der heiligen Genoveva* (1800) zunächst im ›ernsten‹ Genre, bevor die Möglichkeiten im ›Lustspiel‹ *Kaiser Octavianus* (1804) quantitativ und qualitativ bis an den Grenzwert generischer Unbestimmtheit ausgereizt, synthetisiert und allegorisch ausgedeutet werden. Im Rahmen dieser ›Wortopern‹ experimentiert Tieck in dieser Zeit mit der Literarisierung des Librettos, indem er poetisches Sprechen in der (komischen) Oper anstrebt. Insgesamt ist die fortgesetzte Transformation des ›Lustspiel‹-Begriffs über die ›poetische Satire‹ hinweg zu beobachten (Stockinger 2004, S. 6), insofern sich die Idee vom integralen Universalschauspiel durch die wachsende Bedeutung des ›ganzen‹ Shakespeare im Rahmen der Pläne zum *Buch über Shakespeare* entfaltet (siehe den Beitrag *Englische Dramatik* in Kap. 2). Mit der öffentlichen Geltung der romantischen Gruppenbildung im Jenaer Kreis verstärkt sich der satirische Impuls ihrer Gegner, der auch Tieck um 1800 dazu nötigt, die Literatursatire in Stücken oder Bearbeitungen wie *Epicoene, Der Autor* oder *Anti-Faust* zu verschärfen. Diese Dramen dienen demnach weniger poetischen als primär demonstrativen bzw. literaturpolitischen Zwecken.

Das Ungeheuer und der verzauberte Wald. Ein musikalisches Märchen in vier Aufzügen (1797/1798, ED 1800) ist eine Märchenkomödie als poetische Oper, die durch die Literarisierung des Librettos entstehen soll (siehe den Beitrag *Gedichte, Novellen und Märchen Tiecks in Musik gesetzt* in Kap. 5). *Leben und Tod der heiligen Genoveva. Ein Trauerspiel* präsentiert eine katholisierende Legendendramatik und indiziert als Trauerspiel in ›altdeutschen‹ Modellen zugleich den Beginn der literarischen ›Volksbuch‹- und Mittelalterrezeption in Form einer szenischen Poesie des Christentums (siehe den Beitrag *Religion* in Kap. 2; Stockinger L. 2000). Dabei handelt es sich weniger um eine Tragödie, weil die religiös erlöste Genoveva ihren Tod ohne pathetisches Leiden erwartet. Im Rückgriff auf Calderón (dazu Scherer 2003, S. 351–363; siehe den Beitrag *Romanische Literatur des Mittelalters und der Frühen Neuzeit* in Kap. 2) exponiert Tieck damit ein Gegenmodell zum ›pathetisch-erhabenen‹ und darin theatralischen Leiden in den klassischen Tragödien Schillers. *Leben und Tod des kleinen Rothkäppchens. Eine Tragödie* (1800) ist als Dramatisierung Perraults, wie bereits der Titel ankündigt, eine verulkende Kontrafaktur auf das eigene christliche Trauerspiel im Zeichen von »Albernheit mit Hintersinn« (Petzoldt 2000): thematisch, indem die Verschränkung von privater Lebensgeschichte und politischer Ereignisgeschichte zum ›albernen‹ Kindermärchen herabgestuft wird; formal, indem die Verfahrenskomplexität der poetisierten Legendendramatik systemreferentiell verspottet wird. Die Szenenfolge *Rothkäppchen* ist nämlich tatsächlich auch eine Tragödie in Knittelversen, die eine altklug gewordene Märchenfigur zudem in Sonetten sprechen läßt. Erstmals resultiert aus der Unangemessenheit von Form und Gehalt eine neue Kontrast-Dramaturgie, die so auch höchst ironisch auf die fehlende Tragik des christlichen Erlösungsspiels reagiert.

Deutlicher noch als in *Rothkäppchen* äußert sich die Selbstdemontage romantischer Poesie (und die damit einsetzende Selbsthistorisierung im Blick auf ein anachronistisch werdendes Literaturkonzept) in zwei gleichzeitig um 1800 entstandenen Literatursatiren: im ambitionierten Lustspiel-Projekt *Anti-Faust oder Geschichte eines dummen Teufels* (1800) und in einer szenischen Reflexion auf den Literaturbetrieb unter dem späteren Titel *Der Autor* (1800). Beide Literaturkomödien, tatsächlich nun eher ›direkte‹ Satiren im Sinne der »ganz einfache[n] Ironie« als »Umkehrung« der üblichen Verhältnisse (vgl. DKV 6, Kommentar, S. 1187f.), entstehen in engem Kontakt mit der polemischen Standortbestimmung in der Streitschrift *Bemerkungen über Parteilichkeit, Dummheit und Bosheit bei Gelegenheit der Herren Falk, Merkel und des Lustspiels ›Camäleon‹* (1800). Vom Lustspiel-Fragment *Anti-Faust* liegt neben dem ›Prolog‹ – ein in sich abgeschlossenes Totengespräch in dramatischer Form – nur der erste Akt vor: Es ist insofern ambitioniert, als es die von *Rothkäppchen* initiierte Parodie auf die Integration von Sonetten im Drama ausdifferenziert. Die Komödie schließt auf diese Weise die ›direkte‹ Satire mit der Poetisierung durch die vorangetriebene *formale* Veralberung romantischer und antiromantischer Verfahren ineins zusammen. Insgesamt verschränkt sich in *Anti-Faust* die Literatursatire, die Angriffe der Gegner Tiecks als Anstiftungen zu Dummheit und Plattheit vorführt, mit der Parodie eigener romantischer Verfahren als Modus ihrer Bewahrung. Um 1800 äußert sich damit ein doppelter Impuls der romantischen Satire Tiecks, die sich nun gegen die Klassik *und* die eigenen Forminnovationen zugleich wendet. In diesem Sinne funktioniert dann v. a. auch *Der Autor. Ein Fastnachts-Schwank* (1800) (früherer Titel *Der neue Hercules am Scheidewege, eine Parodie*) als programmatische Positionierung Tiecks im Literaturbetrieb ›nach 1800‹ (vgl. Scherer 2004). *Epicoene oder Das stille Frauenzimmer. Ein Lustspiel des Ben Jonson* (1800) demonstriert in diesem Rahmen die Leistungsfähigkeit der ›direkten‹ Literatursatire nach Ben Jonson.

Der *Prolog zur Magelone* (1803) (siehe den Beitrag *Lyrik* in Kap. 4) steht noch in der Nähe zu *Kaiser Octavianus. Ein Lustspiel in zwei Theilen* (1804), dem Höhepunkt der literarischen Frühromantik. Programmatisch an den Eingang der *Schriften* (1828) gestellt, sollte das ausgreifende Universalpoem all das vereinigen, was Tieck sich unter romantischer Poesie vorstellte: Die poetische Summe verwandelt die frühneuzeitliche ›Volksbuch‹-Vorlage in den universalen Parallelismus als Inbegriff dessen, was er unter der höheren Ganzheit der ›Einen Poesie‹ in der Vielfalt ihrer Erscheinungsformen verstand (Minnelieder, S. I; Scherer 2012b; siehe den Beitrag *Poetologische und kritische Schriften von 1792 bis 1803* in Kap. 3). Das »Lustspiel in zwei Theilen« und einem Prolog (mit dem »Aufzug der Romanze«) ist die allegorische wie szenische Erfüllung romantischer Poetologie, weil es sämtliche Gegensätze auf der Basis aller verfügbaren Verfahrensweisen der Poesie zur schönen Artifizialität eines sprachlich ertönenden Gesamtkunstwerks zusammenschließt: die eigene, deutschsprachige Literatur-Tradition seit dem Mittelalter und der frühen Neuzeit mit poetischen Formen der Romania (Redondilla, spanische Silva usw.), Shakespeare mit Calderón, den Tanz und die Musik mit ikonographischen Figuren-Anordnungen nach Maßgabe der Bildenden Kunst (Ästhetik des Holzschnitts, goldener Hintergrund der Malerei des Mittelalters), den hohen Stil mit derb-komischen Grotesken niederer Personen in der Stadt Paris (Schlächter, Bettler), schließlich das Abendland mit dem Orient, so daß das dramatisierte »Weltpanorama« (Storz 1972, S. 224) »den ganzen Umkreis des Lebens und die mannichfaltigsten Gesinnungen« abbildet (S 1, S. XXXIX). Wirkungsgeschichtlich von großer Bedeutung für die Dramen von Arnim, Brentano, Chamisso, Zacharias Werner, Oehlenschläger, Fouqué (Stockinger C. 2000, S. 59–77) über Eichendorff bis hin zu Grabbe erschöpft *Kaiser Octavianus* das experimentelle Erkunden szenischer Arabesken in einem auf ›Weltliteratur‹ hin totalisierten Dramenmodell.

Übergänge – Selbsthistorisierung und szenische Literaturkritik (1804–1811)

Tiecks Lebenskrise nach *Kaiser Octavianus*, die ein längeres Stocken der literarischen Produktivität bis in die *Phantasus*-Zeit zur Folge hatte, leitet eine weitere Akzentverlagerung ein. Seit 1800, nach der Gruppenbildung der Jenaer Frühromantik und nach Tiecks Sammlung *Romantische Dichtungen* (1799/1800), die den Satiren-Krieg *Die ästhetische Prügeley* zur Folge hatten (Schmitz 1992; siehe den Beitrag *Der Jenaer Kreis und die frühromantische Theorie* in Kap. 1), verschiebt sich Tiecks Werkpolitik weg von der arabesken szenischen Poesie hin zur ›direkten‹ Satire auf der einen und zu einer stärker gesellschafts- und kulturpolitisch lesbaren Dramatik auf der anderen Seite. Zunehmend schlägt sich jetzt eine ›frührealistische‹ Darstellung mit teils grobianisch-skatologischen Elementen und mit einer vorangetriebenen Psychologie nieder, die zusehends den Glauben an die Produktivität romantischer Poesie desillusioniert.

Das Puppenspiel *Der neue Don Carlos. Eine Posse in drei Akten* (1807/08) ist eine groteske Schillerparodie in einem Puppenspiel im Puppenspiel für einen Kindergeburtstag (Puhan 1935). Die Idee zum Dramenprojekt *Das Donauweib*, das Ähnlichkeiten mit *Der Runenberg* in der Darstellung des Wahnsinns aufweist (siehe den Beitrag *Frühe Prosa* in Kap. 4), kommt um 1801 auf. In den ›Krisenjahren‹ der Romantik bleibt das ›Schauspiel‹ 1808 im Fragment-Stadium stecken. Bemerkbar ist zunächst noch die Nähe der Ausgangskonzeption zu *Kaiser Octavianus*. Eine Differenz besteht dann aber darin, daß sich die Darstellung um 1807 einer Dramatik des Unbewußten öffnet, des ebenso faszinierenden wie abschreckenden Dämons im Ich und in seiner Lebens- und Familiengeschichte: Als Allegorie des Dichters verfällt Albrecht der weiblichen Erotik in der amorphen Tiefe der Elemente. Durch das unheimliche Kind, das er mit der Wasserfrau zeugt, durchbricht er die dynastische Kontinuität, schon bevor er in den Krieg zieht. Wie in *Der Runenberg* wird Tiecks Zentralmotiv vom ›gefangenen Sinn‹ (S 1, S. 26; siehe den Beitrag *Lyrik* in Kap. 4) als männliches Phantasma psychologisiert, dem die sozial sanktionierte Sphäre in der geplanten Konvenienz-Ehe mit Hedwig widerstreitet. Im Unterschied zur frühen Märchendramatik in der Manier Gozzis deutet das ernst gelagerte Stück, ähnlich wie dann auch die spätere *Phantasus*-Erzählung *Die Elfen* (1812), den nun insular abgesonderten und traumförmig erlebten Bereich des Phantastischen sozial-anthropologisch aus. Die Schuld des Menschen im doppelten Verrat – an der so anheimelnd schönen wie bedrohlichen und dabei nun selbst bedrohten Natur einerseits, an der gesellschaftlichen Ordnung andererseits – gefährdet nun nicht nur die physische Existenz, sondern eben auch die Imaginationsfähigkeit. Allegorisiert wird gerade das Scheitern des

Dichters gegenüber der Gewalt der Natur: seine asoziale Position außerhalb der Gesellschaft als Gefährdung der Ordnung auch durch die Dissoziation des Subjekts, die sich im »Grauen« der »gebrochne[n] Töne« in seinen Liedern spiegelt (S 13, S. 207).

Erinnerte Romantik (1812–1816)

Die Produktionskrise nach 1804 wird erst mit der Sammlung *Phantasus* überwunden, in deren Rahmen noch einmal zwei publizierte Dramen entstehen: die Literatursatire *Leben und Thaten des kleinen Thomas, genannt Däumchen* (1812) und das Universalschauspiel *Fortunat* in zwei Teilen (1816). Beide Varianten sind nicht weniger intertextuell konstituiert als die bekannten frühromantischen Literaturkomödien, unterstellen sich jetzt aber einem sozialkritischen Realismus, der die »neue[] Manier« in den Novellen der Dresdner Zeit vorbereitet (Brief an den Bruder Friedrich vom 9. April 1818; zit. nach Schweikert 1, S. 268; siehe den Beitrag *Literarische Geselligkeit* in Kap. 4). Im Unterschied zu den frühromantischen Lesedramen nun sehr wohl theatralisch konzipiert, wollen sie die Erinnerung an die Romantik wachhalten. Sie verschreiben sich wie die ganze Sammlung *Phantasus* der Archivierung einer Poetologie, die aufgrund der sozialgeschichtlichen Umbrüche seit Beginn des 19. Jahrhunderts obsolet erscheint. Die Bewahrung des Poetisch-Wunderbaren als einer ebenso punktuellen wie letztlich haltlosen Valenz im Alltäglichen ist aber weniger eine ›Abkehr von der Romantik‹ (Lieske 1933). Sie versteht sich vielmehr als gleichsam insulare Einlagerung realitätsinkompatibler Elemente in eine sozialkritische Darstellung. Als ›erinnerte‹ bzw. zitierte Romantik (Meißner 2007) wiederholen die beiden letzten *Phantasus*-Stücke unter den veränderten sozialen und politischen Bedingungen nach 1803/06 die Doppelung von Literaturkomödie und dramatisierter Volksbuchbearbeitung: Zum einen geht die letzte Dramatisierung eines ›Volksbuchs‹ noch einmal auf die produktive Phase um 1800 mit ihrer Vielzahl an Dramenprojekten zurück. (Geplant hatte Tieck hier u.a. eine »*Folge von Schauspielen* aus *der deutschen Geschichte*, der 30-jährige Krieg, die Reformation, die beiden Hussitenkriege«; Brief an Cotta vom Mai 1801, zit. nach Schweikert 2, S. 80.) Zum anderen entsteht mit *Leben und Thaten des kleinen Thomas, genannt Däumchen. Ein Märchen in drei Akten* (1812) eine extrem zersplitterte Literatursatire, die ihre dramatische Selbstbezüglichkeit zu einer aberwitzigen Reminiszenzdramaturgie auf den ästhetischen Diskurs um 1800 vorantreibt: auf die ›Gräkomanie‹ des 18. Jahrhunderts wie auf die von Tieck selbst begründete Mittelalterbegeisterung, auf die Episierung des Dramas, auf Schillers dramatische Antikerezeption, auf die Unsterblichkeitsmetaphysik und die Idee des hohen

Menschen bei Jean Paul neben zahlreichen anderen Anspielungen auf die kulturelle Blüte um 1800.

Mit dem letzten für die Sammlung *Phantasus* verfaßten Drama *Fortunat. Erster Teil. Ein Märchen in fünf Aufzügen*; *Fortunat. Zweiter Teil. Ein Märchen in fünf Aufzügen* (1816) legt Tieck nach *Kaiser Octavianus* ein zweites, weltumspannendes Universalschauspiel vor: das »gewagteste« Werk, wie er gegenüber Solger betont (DKV 6, Kommentar, S. 1483), weil hier Solgers Theorie der Ironie auf die Ironie des Geldes bezogen wird. Vor Goethes *Faust II* nimmt *Fortunat* den aufkommenden Kapitalismus der Frühen Neuzeit als Transformationskern der postrevolutionären Gesellschaft nach 1800 ins Visier. Der Text präsentiert so eine Art frührealistisches Dementi des universalpoetischen Dramas *Kaiser Octavianus* – unverkennbar jetzt als Reminiszenz im Sinne der ›erinnerten Romantik‹, die Tieck danach nur noch in der novellistischen wie szenisch-dialogischen Prosa ins Spätwerk hinein fortsetzen wird.

Die mit Ausnahme der burlesken Diener- und satirischen Arzt-Szenen ereignisgetreue szenische Nachschrift des ersten deutschsprachigen Prosaromans von 1509 führt jetzt erkennbar weg von den selbstironischen und intertextuellen Verfahrensexperimenten, wenn sich die Darstellung mit residual wunderbaren Elementen auf den schlichten Wechsel von Prosa und Blankvers zurückzieht. Statt an einer szenischen Aktualisierung der ›ganzen Poesie‹ ist das frührealistische Universalschauspiel an der dramatischen Bearbeitung gegenwärtiger gesellschaftlicher Verhältnisse im Spiegel der Frühen Neuzeit interessiert. Es geht ihm nicht mehr um eine Synthesis der ›Einen Poesie‹, sondern um die szenische Plausibilisierung gesellschaftlicher Veränderungen, die sich an den beiden Umbruchzeiten abzeichnen: an der Übergangsstelle von überkommenen Wertbegriffen einer spätmittelalterlichen Ritter- und Adelskultur zum frühneuzeitlichen Handelskapitalismus im 16. Jahrhundert; von der Geltung überlieferter Sinnstiftungsinstanzen einer ›poetischen Kultur‹ um 1800 (Mythos, Religion, Märchen, Geschichte) zur Funktionalität geldvermittelter Wertabstraktion und den daraus hervorgehenden Verhaltenskalkülen einer instrumentell gewordenen Vernunft (genauer Scherer 2004).

Jenseits der ausschweifenden Darstellung, die noch den frühen Universaldramen vergleichbar ist, äußert sich die Episierung nicht mehr in narrativen Instanzen zur auktorialen Steuerung und Ausdeutung der szenischen Poesie, sondern in der eben auch strukturellen Annäherung an den frühneuzeitlichen Roman als gleichsam frühbürgerliche Epopöe. An die Stelle der Romanze tritt Fortuna in Tateinheit mit ihrem Diener ›Zufall‹: die unbeherrschbar eigensinnige und nur noch rasch zu ergreifende Situation also, nach der nun Erfahrungen ohne höhere Lenkung gemacht werden. Im Unterschied zu den christlichen Legenden- oder Sagenstoffen der frühromantischen Großdramen greift Tieck das in seiner Zeit moderne und entsprechend äußerst erfolgreiche

›Volksbuch‹ an der Übergangsstelle vom höfisch-mittelalterlichen Epos zum frühneuzeitlichen Prosaroman auf. Bürgerliche Leistungs- als Erwerbskalküle, nunmehr Voraussetzung für den gesellschaftlichen Aufstieg, greifen als Gier auch in die Sphäre überlieferter Privilegien des Adels ein: nicht nur beim stets von der Verarmung bedrohten und entsprechend zynisch, ja direkt gewalttätig gewordenen Landadel (Graf Nimian und sein Sohn Limosin), sondern eben sogar auf seiten des Königs.

Die Erfahrung einer vom Bann der Tausch- und Begriffsabstraktion bemächtigten Welt läßt die dramatische Form selbst problematisch werden: Nach *Fortunat* kommt die Gattung für Tieck offenbar nicht mehr in Frage. Das Abstraktwerden der Verhältnisse zerstört die zwischenmenschliche Aktualität. Übrig bleibt ein Plädoyer für Selbstsorge und Eigenverantwortlichkeit. Diese Konsequenz reflektiert ein *Prolog*, der die beiden Teile von *Fortunat* verbindet: ein kurzer szenischer Scherz, durchweg in Prosa und sinnigerweise der letzte dramatische Text, den Tieck verfaßt hat. Tiecks dramatisches Schlußwort stellt die Entfernung romantischer Dramatik zwischen bewahrender Reminiszenz und Verabschiedung durch einen novellistischen Realismus zur Disposition. Der Enthusiasmus der frühromantischen Poetik, der alle Hoffnung darauf setzte, daß die Bücher bald lebendig werden, ist einer gründlichen Desillusionierung gewichen. Die »Spiegel« im »Innern« des Ich, die einmal »das Verhältnis der Welt und sich selbst betrachten« ließen, sind »zerschlagen« (DKV 6, S. 950) und lassen sich nicht wieder zum kaleidoskopisch bewegten Mosaik wie noch in *Kaiser Octavianus* zusammenfügen. Als utopischer Rest humaner Bewahrung kündigt sich mit dem letzten dramatischen Wort Tiecks die Poetik der Eigenverantwortlichkeit an: Angesichts der Dialektik von Glück und Zufall, so der Gerichtspräsident, dessen schöne Dienstreise durch die Begegnung mit Fortuna in einem Unfall endete, könne man »nicht behutsam genug verfahren« (DKV 6, S. 957). Das allerletzte dramatische Wort Tiecks leitet damit hinüber zur neuen Novellen-Poetik der ›Schonung‹ (vgl. DKV 12, S. 228).

Phantasus als romantisches Drama

Aus der ›spielenden‹ Versammlung bereits publizierter und eigens für die Sammlung *Phantasus* verfaßter Werke entsteht eine neuartige Textformation, deren generische Affinität zum romantischen Drama bemerkenswert erscheint. Bereits im Brief an Georg Joachim Göschen vom 16. Juni 1800 kennzeichnet Tieck die »Gartenwochen« (so der ursprünglich geplante Titel der Sammlung nach Cervantes) als einen »dramatisirten Roman«, der eine »Sammlung verschiedener eigener Mährchen und Novellen enthalten« und »zusammen wieder ein Ganzes bilden« solle (zit. nach Schweikert 1, S. 260;

siehe den Beitrag *Literarische Geselligkeit* in Kap. 4). *Phantasus* versammelt vielgestaltige Werke – Märchendramen, Theaterkomödien, Gedichte, (Märchen-)Erzählungen und ›Volksbuch‹-Adaptionen etc. –, die miteinander ins Gespräch kommen: eingeführt und kommentierend begleitet von wiederum episch-dialogisch gemischten Rahmentexten. Die Sammlung wird so zur Allegorie des romantischen Universalbuchs zwischen dramatisiertem Roman und romantisiertem Drama, das von epischen, dialogischen und lyrischen Passagen als gleichsam kommentierenden Nebentexten zusammengehalten wird (zu den Gedichten siehe den Beitrag *Lyrik* in Kap. 4). Der dialogische Grundzug der Werke Tiecks wird hier insofern potenziert, als die von der *Phantasus*-Gesellschaft vorgetragenen Einzeltexte die Figurenrede eines Dramas repräsentieren: Rollen der Literatur, die von »redende[n] Personen« (S 1, S. XLI) für eine ›imaginäre Bühne‹ verlebendigt werden (dazu Stockinger 2004, S. 3; Sommersberg 2009). Dichterfiguren stellen ihre eigenen Werke vor das imaginäre Auge und setzen diese in der zwischenmenschlichen Aktualität sogleich der Kritik aus – besonders durch die anwesenden Frauen als »Rezensenten«, die vor Beginn der Lesungen ankündigen, sich »über alles lustig [zu] machen, was wir nicht verstanden, oder was uns nicht gefallen hat« (DKV 6, S. 90). Die dramatisch organisierte Perspektivierung von Ansichten und Taten inszeniert eine prismatische Brechung der Werke Tiecks. Aufgespalten in Dichterfiguren und deren Kritiker wird diese auf höherer Ebene wiederum in einer Textkonfiguration integriert, die sich auch durch *gender*-bezügliche Vertauschung von Urteilsinstanzen der Poesie selbst bespricht und im Zeichen der Vorläufigkeit relativiert (DKV 6, Kommentar, S. 1164; siehe den Beitrag *Der Literaturkritiker* in Kap. 3).

Aufs Ganze gesehen handelt es sich bei den Dramen Tiecks mit wenigen Ausnahmen um eine stoffbezogene Dramatik, insofern in der Regel bereits literarisch bearbeitete Stoffe dramenförmig literarisiert werden. Das mosaikartige Zitat- und Anspielungsverfahren zersplittert und synthetisiert die strukturellen Transformationen dabei stets in etwas generisch Neues. Exemplarisch seien die den Stoff organisierenden Hypotexte der *Phantasus*-Stücke aufgeführt: In *Der gestiefelte Kater* und in *Blaubart* stammen sie von Perrault, in *Die Verkehrte Welt* verkomplizieren sich die Verhältnisse durch Bezüge auf Christian Weise, Cervantes, Gozzi, Fletcher und die *commedia dell'arte* (vgl. DKV 6, Kommentar, S. 1418f.); in *Däumchen* schließlich vervielfältigen sich die Anspielungen neben den noch bemerkbaren Perrault-Reminiszenzen im Spiel mit dem Artusstoff in eine im einzelnen kaum mehr kontrollierbare intertextuelle Komplexität. Zu den wenigen Ausnahmen ohne handlungsbegründende Stoffvorlage (auf der *histoire*-Ebene) gehören neben *Prinz Zerbino* vor allem Stücke Mitte der 1790er Jahre: *Der Abschied*, die Aufklärungssatire *Die Theegesellschaft* oder ein parabatisches Experiment wie *Ein Prolog*, das ein Strukturelement des

Dramas isoliert und als solches selbstbezüglich verabsolutiert. Die generelle Bezogenheit auf Stoffe bzw. dramatische Vorlagen läßt es angebracht erscheinen, weite Teile auch der dramatischen Werke Tiecks dem von Hölter (1989) rekonstruierten Projekt einer universalen Literaturgeschichte als Poesie zuzurechnen.

LITERATUR

Brecht 1993: Brecht, Christoph: Die gefährliche Rede. Sprachreflexion und Erzählstruktur in der Prosa Ludwig Tiecks, Tübingen 1993.
Busch 1999: Busch, Lothar: Der handschriftliche Nachlaß Ludwig Tiecks und die Tieck-Bestände der Staatsbibliothek zu Berlin Preußischer Kulturbesitz. Katalog, Wiesbaden 1999.
Frank 1972: Frank, Manfred: Das Problem ›Zeit‹ in der deutschen Romantik. Zeitbewußtsein und Bewußtsein von Zeitlichkeit in der frühromantischen Philosophie und in Tiecks Dichtung, München 1972.
Frank 1989: Frank, Manfred: Einführung in die frühromantische Ästhetik. Vorlesungen, Frankfurt a.M. 1989.
Haym 1920: Haym, Rudolf: Die Romantische Schule. Ein Beitrag zur Geschichte des deutschen Geistes, Berlin ⁴1920 (¹1870).
Hemmer 1910: Hemmer, Heinrich: Die Anfänge L. Tiecks und seiner dämonisch-schauerlichen Dichtung, Berlin 1910.
Hölter 1989: Hölter, Achim: Ludwig Tieck. Literaturgeschichte als Poesie, Heidelberg 1989.
Japp 1999: Japp, Uwe: Die Komödie der Romantik. Typologie und Überblick, Tübingen 1999.
Kluge 1980: Kluge, Gerhard: Das romantische Drama. In: Handbuch des deutschen Dramas, hg. von Walter Hinck, Düsseldorf 1980, S. 186–199.
Kremer 2007: Kremer, Detlef: Romantik. Lehrbuch Germanistik, 3., aktualisierte Auflage Stuttgart/Weimar 2007 (¹2001).
Landfester 1997: Landfester, Ulrike: »... die Zeit selbst ist thöricht geworden...«. Ludwig Tiecks Komödie *Der gestiefelte Kater* (1797) in der Tradition des »Spiel im Spiel«-Dramas. In: Ludwig Tieck. Literaturprogramm und Lebensinszenierung im Kontext seiner Zeit, hg. von Walter Schmitz, Tübingen 1997, S. 101–133.
Lieske 1933: Lieske, Rudolf: Tiecks Abwendung von der Romantik, Berlin 1933.
Meißner 2007: Meißner, Thomas: Erinnerte Romantik. Ludwig Tiecks *Phantasus*, Würzburg 2007.
Menke 1993: Menke, Gabriele Christa: Edition eines Lustspiel-Fragments des jungen Tieck [ohne Titel], Magisterarbeit Münster 1993.
Nottelmann-Feil 1996: Nottelmann-Feil, Mara: Ludwig Tiecks Rezeption der Antike. Literarische Kritik und Reflexion griechischer und römischer Dichtung im theoretischen und poetischen Werk Tiecks, Frankfurt a.M./u.a. 1996.
Petzoldt 2000: Petzoldt, Ruth: Albernheit mit Hintersinn. Intertextuelle Spiele in Ludwig Tiecks romantischen Komödien, Würzburg 2000.
Puhan 1935: Puhan, Alfred (Hrsg.): *Der neue Don Carlos. Eine Posse in drei Akten* von Ludwig Tieck, M.A. Cincinnati 1935 [Edition, S. 88–144].
Regener 1903: Regener, Edgar Alfred: Tieck-Studien. Drei Kapitel zu dem Thema »Der junge Tieck«, Wilmersdorf-Berlin 1903.
Ribbat 1979: Ribbat, Ernst: Poesie und Polemik. Zur Entstehungsgeschichte der romantischen Schule und zur Literatursatire Ludwig Tiecks. In: Romantik. Ein literaturwissenschaftliches Studienbuch, hg. von E. R., Königstein i. Ts. 1979, S. 58–79.

Scherer 2003: Scherer, Stefan: Witzige Spielgemälde. Tieck und das Drama der Romantik, Berlin/New York 2003.
Scherer 2004: Scherer, Stefan: Nach 1800. Von der Literaturkomödie zum frührealistischen Universalschauspiel. In: »lasst uns, da es uns vergönnt ist, vernünftig seyn! –«. Ludwig Tieck (1773–1853), hg. vom Institut für Deutsche Literatur der Humboldt-Universität zu Berlin, unter Mitarbeit von Heidrun Markert, Bern/u. a. 2004, S. 129–147.
Scherer 2012a: Scherer, Stefan: Ursprung der Romantik. *Blaubart*-Konstellationen bei Tieck. In: Fabula. Zeitschrift für Erzählforschung/Journal of Folktale Studies/Revue d'Etudes sur le Conte Populaire 53 (2012), H. 3/4, S. 205–222.
Scherer 2012b: Scherer, Stefan: Populäre Künstlichkeit. Tiecks *Minnelieder*-Anthologie im Kontext der Popularisierungsdebatte um 1800. In: Neue Perspektiven der Mittelalterrezeption, hg. von Mathias Herweg und Stefan Keppler-Tasaki, Berlin/Boston 2012, S. 89–111.
Schmitz 1992: Schmitz, Rainer (Hg.): Die ästhetische Prügeley. Streitschriften der antiromantischen Bewegung, Göttingen 1992.
Sommersberg 2009: Sommersberg, Beate: Lesebühne. Zeitgenössische Rezeption der Lustspiele Ludwig Tiecks, phil. Diss. TU Berlin 2009.
Stockinger C. 2000: Stockinger, Claudia: Das dramatische Werk Friedrich de la Motte Fouqués. Ein Beitrag zur Geschichte des romantischen Dramas, Tübingen 2000.
Stockinger 2004: Stockinger, Claudia: Das Drama der deutschen Romantik – ein Überblick (Tieck, Brentano, Arnim, Fouqué und Eichendorff). In: Goethezeitportal. URL: http://www.goethezeitportal.de/fileadmin/PDF/db/wiss/romantik/stockinger_drama.pdf (eingestellt am 16. September 2005).
Stockinger L. 2000: Stockinger, Ludwig: Ludwig Tiecks *Leben und Tod der heiligen Genoveva*. Konzept und Struktur im Kontext des frühromantischen Diskurses. In: Das romantische Drama. Produktive Synthese zwischen Tradition und Innovation. Tagung vom 13. bis 15. September 1999 an der Universität Karlsruhe, hg. von Uwe Japp, Stefan Scherer und Claudia Stockinger, Tübingen 2000, S. 89–118.
Storz 1972: Storz, Gerhard: Klassik und Romantik. Eine stilgeschichtliche Darstellung, Mannheim/Wien/Zürich 1972.
Weimar 1995: Weimar, Klaus: Limited poem unlimited – Tiecks verkehrtes Welttheater. In: Germanistik und Komparatistik, DFG-Symposion 1993, hg. von Hendrik Birus, Stuttgart/Weimar 1995, S. 144–159.
Zeydel 1935: Zeydel, Edwin H.: Ludwig Tieck, the German Romanticist. A critical Study, Princeton 1935.

Lyrik

Stefan Scherer

Ursprung romantischer Lyrik

Tieck begründet die romantische Stimmungslyrik. Dennoch ist er als Lyriker eher unbekannt geblieben, vergleicht man ihn mit Brentano, Eichendorff oder Heine, deren Gedichte in das kollektive Gedächtnis eingegangen sind. Diese Wirkungslosigkeit ist schon deshalb bemerkenswert, weil das »Metapherninventar« romantischer Poesie von diesem »radikalste[n] unter den jungen Lyrikern um 1800« stammt (Schulz 1983, S. 619f.) – zu denken ist an Gedichttitel wie *Waldeinsamkeit, Sehnsucht, Posthornschall, Waldhornsmelodie* oder *Im Walde*. Neuartige »Töne der zeitlosen Weltverlorenheit und Sehnsucht« bewirken den »entschiedenste[n] Bruch mit klassischen Formen und der klassischen Mythologie« (ebd., S. 624). Tiecks Stimmungslyrik will wirken wie Musik und ihren Lesern bzw. Zuhörern ein Denken in »süßen Tönen« nahebringen, herbeigeführt durch die »bewegliche Imagination« in synästhetischen Versen, die sich in der Glosse mit dem bezeichnenden Titel *Glosse* zudem als »Lyrik über Lyrik« selbst darstellen (Klussmann 1984, S. 348; Kremer 2007, S. 275). Erstmals in den *Phantasien über die Kunst* 1799 aufgebracht (Wackenroder 1, S. 238), beschließt Tieck damit folgerichtig auch seine Sammlung *Phantasus*: »Liebe denkt in süßen Tönen, / Denn Gedanken stehn zu fern, / Nur in Tönen mag sie gern / Alles, was sie will verschönen« (DKV 6, S. 1141; DKV 7, S. 152).

Vorbehalte bestehen gegen die Form- und Substanzlosigkeit dieser Lyrik und gegen ihre desorientierende Flüchtigkeit, geschuldet einer augenblicksbezogenen Spontaneität, die sich in einer teils a-metrischen oder gar regelwidrigen Behandlung der Verse spiegelt. Manfred Frank (1972/1989) hat diese Abweichungen als Leichtigkeit, Wunderlichkeit und Musikalität positiv gewendet (vgl. Wimmer 1995, S. 555–559, hier S. 559). Dennoch hat die »Sprachmagie« dieser Lyrik (Schulz 1983, S. 620) insgesamt weniger gewirkt als der nachfolgende Wunderhorn-Ton bei Brentano und Arnim, auch was Vertonungen der Gedichte Tiecks im Vergleich mit anderen Lyrikern der Romantik betrifft (siehe den Beitrag *Gedichte, Novellen und Märchen Tiecks in Musik gesetzt* in

Kap. 5). Das »Labyrinth von Klängen und Worten, in dem Bild und Gedanke einander auflösen« (Schulz 1983, S. 621), sorgt doch mehr für Verwirrung als für die angestrebte Verzauberung, die den »Sinn gefangen hält« – so ein zweiter einschlägiger Topos aus dem Prolog zum Universallustspiel *Kaiser Octavianus* (1804), der hier von einer Figur namens Romanze ebenfalls in Form einer Glosse artikuliert wird: »Mondbeglänzte Zaubernacht, / Die den Sinn gefangen hält, / Wundervolle Märchenwelt, / Steig' auf in der alten Pracht!« (S 1, S. 33, 35f.). Die Allegorien ›Liebe‹, ›Tapferkeit‹, ›Scherz‹ und ›Glauben‹ greifen je eine Zeile dieser Strophe als Motto im Schlußvers ihrer Dezimen wieder auf, bevor die finale Wiederholung der ganzen Strophe durch den ›Allgemeinen Chor‹ deren Verschmelzung anzeigt. (Die Dezime ist ein spanisches Strophenmaß, das aus zehn vierhebigen ›spanischen‹ Trochäen mit festgelegter Reimfolge besteht.) In spätere Ausgaben hat Tieck dieses Gedicht unter dem Titel *Wunder der Liebe* aufgenommen (vgl. DKV 7, S. 154f.). Neben dem Gedicht *Glosse* gibt es die wohl prägnanteste Auskunft über Darstellungsabsichten seiner Lyrik, indem es die synästhetische Evokation als halluzinatorische Gefangennahme des/r Sinns/e durch eine ›prächtige‹ Sprache ausführt.

Involviert wird der Leser bzw. Zuhörer durch die Stimmung des Gedichts. Bereits A. W. Schlegel erkannte im *Athenäum* 1798 an den *Magelone*-Liedern die »unmittelbarste und unauflöslichste Verschmelzung von Laut und Seele«: »Die Sprache hat sich gleichsam alles Körperlichen begeben und löst sich in einen geistigen Hauch auf« (DKV 6, Kommentar, S. 1315). Diese Wirkung resultiert aus höchst flexiblen Strophenformen und Versmaßen, deren Variabilität in den *Magelone*-Liedern bereits an ihrer typographischen Gestalt zu ersehen ist und sich in Gedichten wie *Zweifel* oder *Treue* auch liedintern durch wechselnde Zeilenlängen anzeigt (vgl. DKV 7, S. 60f., 74f.; Frank 1989, S. 387–398). Aus dieser ›unordentlichen‹ Organisation vieler Gedichte Tiecks, gesteigert etwa im berühmten *Mondscheinlied* in *Franz Sternbalds Wanderungen* (1798) (ebd., S. 422–428), gehen Effekte der Entsemantisierung und flüchtigen Unbestimmtheit hervor, die auf eine primär klangliche (d. h. weniger inhaltliche) Verknüpfung der sprachlichen Elemente durch sämtliche Varianten des Parallelismus (Reim, Anapher, Alliteration, Assonanz) bauen (zur Assonanz vgl. Erbes 1970).

Das Schweben der sprachlichen Gestaltung – geschuldet auch der Auflösung einer konventionellen Syntax, wodurch kausallogische Verhältnisse unklar werden – führt dazu, daß viele Gedichte schwer greifbar sind. In dieser Hinsicht kommt Tieck *die* wegbereitende Funktion für die »Entwicklung romantischer Lyrik als tendenziell asemantischer, am Modell der Musik orientierter Erzeugung von Stimmung« zu (Kremer 2007, 288; zur Stimmung als Modus einer indifferenten Verschmelzung von Denken, Fühlen und Phantasieren, die den »Glauben an die Einheit des Lebens weckt«, vgl. präzise bereits

Böckmann 1934/35, hier S. 85; zur »Wortmusik« vgl. Bormann 1987; Gnüg 1983, S. 94–111; Naumann 1990, S. 89–122). Mit Tieck wird Stimmung zu einer literaturgeschichtlichen Kategorie, denn sie eröffnet um 1800 ein »philologisches Programm erweiterter Wahrnehmbarkeit und erhöhter Aufmerksamkeit« (Martus 2007, S. 410–422, hier S. 415).

Forschung

Tiecks Lyrik füllt mit einer Gesamtanzahl von ca. 750 Gedichten einen eigenen Band der DKV-Ausgabe (Bd. 7), bleibt aber in der Forschung zur Lyrik der Romantik nach wie vor unterrepräsentiert (Meißner 2006, S. 271). Neben den älteren Beiträgen von Miessner (1902), Greiner (1930), Kienzerle (1946) und Erny (1957) und vereinzelten Aufsätzen zur Rolle Tiecks im Genre des Wanderlieds (Bosse/Neumeyer 1995) sind für die jüngere Diskussion die Untersuchungen von Kluge und Frank maßgebend geworden (vgl. Wimmer 1995, S. 560–565): Kluge diskutiert Tiecks Abkehr vom »Idealisieren« Schillers hin zum »Poetisieren« im Zeichen der ›musikalisierten‹ »Stimmung« (Kluge 1976, S. 398, 408f.). Frank akzentuiert vor dem Hintergrund der idealistischen Ich-Philosophie das Zeitlichkeitsbewußtsein eines »Aethergeist[s]« (S 6, S. XXVIII), der im assoziativen Spiel seiner Gedichte eine ›punktuelle Lucidität‹ erwartet (Frank 1972, S. 332, 395, 396 u. a.).

Aller Verzauberung zum Trotz dominiert in Tiecks Lyrik das Bewußtsein der Vergeblichkeit, weil Liebe und Leid im Tod vergehen. Stereotyp greift Tieck immer wieder Leitvokabeln wie ›Liebe‹, ›Lust‹, ›Qual‹, ›Tal‹, ›Tränen‹, ›Sehnen‹, ›Freud‹, ›Leid‹, ›Not‹, ›Grab‹, ›Trauer‹, ›Felsen‹ oder ›Wüste‹ auf, so daß sich in einer begrenzten Zahl von Begriffen und Metaphern zwischen Liebe und Leid zuletzt auch ›rot‹ auf ›Tod‹ reimt (*Erinnerung*; DKV 7, S. 65, V. 17f.). Der redundante Einsatz derartiger Formeln bedingt die Unanschaulichkeit vieler Gedichte Tiecks, verstärkt durch die Tendenz, die genannten Begriffe auch als Gedicht-Titel allegorisch zu nehmen (z. B. *Leben, Trauer, Sicherheit* aus *William Lovell* und *Ritter Blaubart*; DKV 7, S. 19–22). Allerdings erhält der Allegorie-Begriff bei Tieck »eine neue dynamische Bedeutung«, denn er »meint nicht mehr das eindeutige Fassen eines Geistigen im Sinnlichen, sondern das Aufzeigen eines geistigen Zusammenhangs, eines bewegten Wirkens und Zusammenwirkens der Dinge« (Wimmer 1995, S. 563), das sich in der poetischen Darstellung als Sprache der Natur vernimmt (zur Bildlichkeit Tiecks vgl. Hillmann 1971, S. 53–130). Tiecks Stimmungslyrik ist nicht mehr mimetisch, d.h. als Nachahmung einer menschlichen Naturwahrnehmung organisiert. Sie liefert vielmehr »allegorische Chiffren« mit vagem, in der Schwebe bleibendem Bedeutungswert (Kremer 2007, S. 292), der sich erst im Akt der poetischen Imagination einstellt: als literarischer Effekt, in dem poetische Schrift und Laut der Natur im flüchtigen Augenblick konvergieren (vgl. insgesamt Frank 1972, S. 363–409; Frank 1989, S. 341–462).

Aufs Ganze gesehen, ist Tiecks Lyrik allerdings nicht so homogen, wie es eine Forschung insinuiert, die sich am Paradigma der musikartigen Stimmungslyrik ausrichtet (vgl. Wimmer 1995, S. 566–570). So fallen die nichtkontextgebundenen Gedichte, die um 1800 hervortreten, formal sehr streng, ja klassizistisch geschlossen aus (Sonette, Terzinen, Stanzen). Die späten Widmungsgedichte schließlich artikulieren »Ansichten und Huldigungen ihres Autors« (ebd., S. 570) und greifen in ihrer rhetorischen Anlage auf vorromantische Darstellungsmuster zurück.

Erstdrucke und Ausgaben – kontext- und nichtkontextgebundene Lyrik

Der DKV-Band legt die von Tieck besorgte Ausgabe von 1841 zugrunde, ergänzt um die von ihm ausgesonderten Gedichte aus seiner ersten Ausgabe von 1821–1823, der Reitmeyer (1935) den Vorzug gibt (vgl. DKV 7, Kommentar, S. 573); darüber hinaus um Gedichte aus dem Nachlaß, weitere Gedichte aus Prosawerken und schließlich um verstreute Gelegenheitsgedichte. Auch diese Ausgabe ist in ihrem Anspruch nicht vollständig, insbesondere was die lyrischen Dramenpassagen betrifft (vgl. DKV 7, Kommentar, S. 574). Selbst in frühen Prosakontexten sind lyrische Texte unentdeckt geblieben, etwa das Gedicht »Wo seid ihr hin, ihr schönen Ideale« in *Peter Lebrecht* von 1795/96 (Thalmann 1, S. 176) oder die in der Prosavariante *Die sieben Weiber des Blaubart* (1797) eingelagerten Gedichte: Im Feenreich erklingt hier bereits die romantische Stimmungspoesie (vgl. Tieck 2007, S. 19–22, 51f., insbes. 115f.; Scherer 2012a), die Tieck wenig später in seinem Roman *Franz Sternbalds Wanderungen* (1798) entfalten wird. Eine Gedicht-Ausgabe kann im Falle Tiecks jedoch auch kaum vollständig sein, weil bereits im Frühwerk die Gattungsgrenzen porös werden (siehe den Beitrag *Dramen und dramatische Bearbeitungen* in Kap. 4). Noch in der Sammlung *Phantasus* gibt es lyrische Einlagen in den Dramen (*Rothkäppchen, Die verkehrte Welt, Fortunat*), die in spätere Gedichtausgaben nicht eingingen (so etwa die Sonette Rotkäppchens DKV 6, S. 371, 372; vgl. zudem z. B. S. 368f., 574f., 584f., 587, 818f., 851, 903f., 959).

Tiecks Gedichte sind demnach meist kontextgebunden, d. h. eingefügt in einen übergeordneten Werkzusammenhang: sei es im Kunstmärchen oder in größeren Prosatexten wie *Franz Sternbalds Wanderungen*, sei es im Drama wie in den Lustspielen *Prinz Zerbino* (1796–98, veröffentlicht 1799) oder *Kai-*

ser Octavianus (1804), die sich teilweise zu einer Abfolge von Gedichten mit wechselnden Versmaßen und zum Teil sehr komplexen Strophenformen verselbständigen. Bereits die Lieder in der ›Volksbuch‹-Poetisierung *Wundersame Liebesgeschichte der schönen Magelone und des Grafen Peter von Provence* (1797) sind in »ihrer bewußten Verflechtung in den Kontext« durch den »Wechsel der Ausdrucksmittel von Prosa zu Lyrik unter Fortbestand des Handlungsflusses« mehr als bloße Liedeinlagen (DKV 6, Kommentar, S. 1316). Sie spiegeln Themen und Texturen der Werke in ihrer Darstellung.

Verstärkt um 1800 publiziert Tieck allerdings auch Gedichte ohne derartige Kontexte: so zuerst in Schillers *Musen-Almanach* 1799 *Der neue Frühling, Auf der Reise, Herbstlied* und *Kunst und Liebe,* dann mit stärker programmatischem Akzent im *Poetischen Journal* etwa die Terzinen *Die neue Zeit 1800* (DKV 7, S. 408–414) oder die Stanze *Der Traum. Eine Allegorie* (ebd., S. 455–462; dazu Wimmer 1995, S. 557f.; Mittner 1953). Auch der Zyklus *Blätter der Erinnerung* u. a. mit Sonetten an Wackenroder (DKV 7, S. 122–124), an den Bruder Friedrich Tieck (ebd., S. 124f.), an A. W. Schlegel (ebd., S. 125f.), Friedrich Schlegel (ebd., S. 126) und Novalis (ebd., S. 127f.), schließlich selbstbezügliche Sonette wie *Poesie* (ebd., S. 131) erscheinen im *Poetischen Journal* (1800). Nicht zuletzt ist der gemeinsam mit A. W. Schlegel herausgegebene *Musen-Almanach für das Jahr 1802* ein Ort für nicht kontextgebundene (und dabei oft allegorisch angelegte) Gedichte wie *Morgen, Mittag, Abend,* daneben für bedeutende Stanzen wie *Einsamkeit* und für einen ›reinen‹ Zyklus wie die von der Mystik Jakob Böhmes inspirierte Sammlung *Lebens-Elemente* mit den Gedichten *Die Erde, Das Unterirdische, Das Wasser, Die Luft, Das Feuer, Das Licht, Arbeit, Sabbat* (ebd., S. 114–121). Deren Themen kehren in dieser Zeit auch in poetischen Werken, etwa im Gedicht *Begeisterung* aus *Kaiser Octavianus,* wieder (ebd., S. 367f., vgl. Schulz 1983, S. 622f.). Die *Gedichte über Musik,* die um 1802 meist als Sonette entstehen (DKV 7, S. 138ff.) oder sich wie *Stabat mater* formal auf die katholische Liturgie beziehen (ebd., Kommentar, S. 639), publizierte Tieck erst in *Phantasus.* Auch in dieser »Verbindung von romantischem Gestus und konsequenter Formgebung« (Wimmer 1995, S. 567) vor dem Hintergrund der zeitgenössischen Vorliebe für Sonette und Stanzen bleibt die musikalische Stimmung gewahrt (siehe den Beitrag *Musik* in Kap. 2).

Lyrik in den Schülerarbeiten – *Die Sommernacht*

Die lyrischen Anfänge stehen im Zeichen der Imitation zeitgenössischer Vorbilder (Ribbat 1978, S. 114), angesiedelt zwischen »Bardengesänge[n]« in der Ossian-Tradition und der Gedankenlyrik Schillers (Kluge 1976, S. 389ff.). Tieck löst sich davon spätestens nach den Gedichten in *William Lovell*

(1795/96), die für ihn selbst »zu sehr nur Verzweiflung und Melancholie aussprechen« (Tieck 1823, Vorwort, o. S.). Die ersten Gedichte entstehen um 1789/90 im Rahmen früher Dramen (*Niobe, Sommernacht*) oder lyrischer Schäferspiele (*Das Lamm*) und wurden erst von Köpke in den *Nachgelassenen Schriften* publiziert (DKV 7, S. 497–517). Zwar verzichtet Tieck auf komplizierte Vers- und Strophenformen, er experimentiert aber hier bereits mit der Klanglichkeit des sprachlichen Materials, so daß diese frühesten Versuche die Musikalisierung der romantischen Stimmungslyrik ankündigen (Beispiele und Diskussion im Beitrag *Schülerarbeiten* in Kap. 4).

Prototypisch ist das frühe Dramolett *Die Sommernacht* (1789). Die kurze Szenenfolge, die den im Wald einschlafenden Knaben Shakespeare für den wunderbaren Bereich der Feenwelt empfänglich macht, organisiert den übergänglichen Wechsel der Versmaße. Den Blankvers als Basismetrum in den nicht gesungenen Partien (mit partieller Ausweitung auf sechshebige Jamben) lösen im chorischen Gesang und Tanz der Feen vorherrschend zweihebig schnelle, jambisch, trochäisch und daktylisch wechselnde Kurzverse mit ebenso unregelmäßigen Kadenzen ab. Der Musikalisierung durch Anaphern, Alliterationen und Dreier-Reime korrespondieren die beherrschenden i- und e-Assonanzen, variierend angereichert durch die angrenzenden ä-, ö- und ü-Umlaute. Im »hüpfenden Tanze« der Elfen, »im zitternden Glanze« und »im flatternden Kranze« »beim goldenen Schein« »weben« und »leben« die »flüchtige[n] Reih'n« (DKV 1, S. 16, V. 22–32). Prototypisch für die romantische Lyrik sind diese Verse, weil die Literarisierung der Musik und Musikalisierung der Lyrik das produktive Potential der Poesie erkennen läßt, einen grenzüberschreitenden, rational nicht mehr einholbaren anderen Zustand herbeiführen zu können. Damit bahnt sich die Entpragmatisierung der literarischen Rede an. Diese wird zur Voraussetzung für die einer produktiven Phantasie notwendige Empfänglichkeit, in den Empfindungen und Tönen der Natur die Ganzheit der Welt als Vielfalt ihrer Stimmen zu vernehmen.

Gedichte in *William Lovell*

Bis in die *Lovell*-Zeit um 1795/96 hinein schreibt Tieck neben ersten romantischen Liedern auch in der Bearbeitung von Shakespeares *Sturm* (vgl. DKV 7, S. 449–454) Gedichte in der Tradition der Spätaufklärung: Das Gedicht *Melankolie*, im ersten Buch des Briefromans *William Lovell* in den zweiten Brief Lovells an seinen Freund Eduard Burton eingestellt, setzt Tieck in diesem werkgeschichtlichen Zusammenhang an den Anfang seiner Gedichtausgabe von 1841 (DKV 7, S. 11f.). Es reflektiert den negativen Lebensentwurf Lovells unter dem ›schwarzen Stern‹ der Melancholie (Lovell, S. 17f.; zum Kontext vgl. Loquai 1984). Schon der Brief als Medium deutet darauf hin, daß es um subjektive Befindlichkeiten geht. Die Prophezeiung eines unglücklichen Lebens orientiert sich deshalb noch an der von Goethe begründeten Erlebnislyrik. Angezeigt wird diese Nähe bereits durch das narrative Präteritum, mit dem das lyrische Ich ein Erlebnis beschreibt, das sich wie in Goethes *Willkommen und Abschied* in der geschilderten Natur bespiegelt – wie auch immer bereits die Natur selbst hier ihre Lieder singt: »Die Eule sang mir grause Wiegenlieder« (DKV 7, S. 11, V. 6). Das ganze Gedicht bleibt erzählend angelegt, wenn es dem lyrischen Ich durch die Allegorie des ›Grams‹ ein Leben prophezeit, dem die Liebe »auf ewig« »versagt« sei: »Ja erst im ausgelöschten Todesblick / Begrüßt voll Mitleid dich das erste Glück. –« (ebd., S. 12). Die Nähe zur Gedankenlyrik Schillers wird daran bemerkbar, daß die Melancholie im Feld der Begriffe »Liebe«, »Qualen«, »Schicksal«, »Jammer«, »Leiden«, »Verzweiflung«, »Freude« und »Schmerz« abgehandelt wird. Auch in den Landschaftsbildern – »Schwarz war die Nacht und dunkle Sterne brannten / Durch Wolkenschleier matt und bleich, / Die Flur durchstrich das Geisterreich« (ebd., S. 11, V. 1–3) – wird noch weniger eine Stimmung evoziert, weil die Bespiegelung subjektiver Befindlichkeiten weitgehend deskriptiv und räsonierend ausfällt.

Tieck handhabt allerdings seine Fünfzeiler aus fünf- und vierhebigen Jamben in der Reimform abbaa (ohne Paradigma in der Tradition, folgt man Franks *Handbuch der deutschen Strophenformen*) bereits derart virtuos, daß sich die romantische Musikalisierung ankündigt (vgl. Loquai 1983, S. 108f.). In der zweiteiligen Struktur fällt nur Strophe 5 präromantisch aus, insofern die prädikatlosen Setzungen die syntaktische Ordnung auflösen: Im parataktischen Nebeneinander wird hier »Die Liebe, die der Schöpfung All durchklingt« (DKV 7, S. 11, V. 21), angesprochen, so daß bis zum Reimpaar »schwingt« und »trinkt« die für Tieck typische Topik erklingt. Diese Desorientierung kontrastiert der erzählenden Schilderung von Landschaft, Natur und »Flur« (ebd., S. 11, V. 3) in den ersten vier Strophen. Mit seiner Prophezeiung lebenslanger Melancholie in Strophe 6 kehrt das Gedicht zum Schluß wieder zur vorherigen syntaktischen Ordnung zurück.

Weitere Gedichte aus dem *Lovell*-Roman, die diesen Übergang von einer allegorisch ausdeutbaren Behandlung subjektiver Problemlagen hin zur schwebenden Stimmung nur punktuell anklingen lassen, sind *Der Egoist*, *Schrecken des Zweifels*, *Tod*, *Blumen*, *Rausch und Wahn*, *Spruch* und *Leben* (DKV 7, S. 12–21). Auch hier werden Verfaßtheiten des Ich, das sich in der Natur bespiegelt, eher noch diskursiv besprochen: »Blumen sind uns nah befreundet, / Pflanzen unserm Blut verwandt« (*Blumen*, ebd., S. 16). Im Unterschied zum romantischen Stimmungsgedicht verhandeln diese Gedichte menschliche Dispositionen in anthropologischer Perspektive und können damit tatsächlich noch paraphrasiert werden.

Poetik romantischer Stimmungslyrik

Tieck hat seine Gedichte später aus dem Kontext isoliert und als Sammlung in zwei Ausgaben (1821–1823/1841) publiziert. Im Unterschied zur Ausgabe von 1841, die mit *Melankolie* beginnt und so den Übergang zur romantischen Stimmungslyrik nachvollziehbar macht, eröffnet er die Sammlung von 1821 mit dem Gedicht *Sehnsucht* aus seiner Literaturkomödie *Prinz Zerbino* (1799). Diese Eröffnung ist programmatisch zu nehmen, weil dieses Gedicht demonstriert, wie Verse nicht mehr primär durch ihre Bilder wirken, sondern durch das »Zusammenwirken von Metaphern, Tönen und Rhythmen« eine Stimmung beschwören (Schulz 1983, S. 621): »Warum Schmachten? / Warum Sehnen? Alle Tränen / Ach! Sie trachten / Weit nach ferne, / Wo sie wähnen / Schönre Sterne [...]« (DKV 7, S. 34; dazu auch Behler 1992, S. 204f.; Frank 1989, S. 309f.). Im Unterschied zu den Gedichten in *William Lovell* (1795/96) dienen diese Verse nicht mehr dem Ausdruck einer Empfindung, eines bestimmten Gedankengangs oder einer anthropologischen Disposition. Sie wollen vielmehr die »kreative Phantasie zur Herstellung eines erhofften und erwünschen Seelenzustandes« bewegen (Schulz 1983, S. 621), ohne dabei die negativen Momente im Zeichen von Einsamkeit, Isolation, Verzweiflung und Vergänglichkeit der Liebe auszusparen: »Durch lichte Liebe wird das Lied zum Leide«, lautet die erste Zeile eines Sonetts aus dem ungedruckten Roman *Alma, ein Buch der Liebe* von 1803 (DKV 7, S. 273, V. 1), die Schulz wohl aus Versehen positiv verkehrt zitiert: »Durch lichte Liebe wird das Leid zum Liede« (Schulz 1983, S. 624).

Bemerkbar wird an solchen Phänomenen, wie man sich Tiecks Verse projektiv anverwandelt, weil die einlullende Klanglichkeit das übliche Verstehen irritiert. Ziel aller romantischen Poesie ist eine schöne Artifizialität, die ihre Leser bzw. Hörer verwandeln und so in einen Zustand jenseits des gewöhnlichen Verstehens versetzen soll. Dieser Zustand schließt traurige und düstere, ja verzweifelte Aspekte bis zum Irrsinn nicht aus, denn gerade Wahnsinn und Traum bilden geschlossene Wahrnehmungsräume: »Wie ist's, daß mir im Traum / Alle Gedanken / Auf und nieder schwanken! / Ich kenne mich noch kaum« (*Zweifel* aus dem *Magelone*-Zyklus 1796; DKV 7, S. 61). Der andere Zustand bleibt so ersehnt wie gefährlich, weil hier die üblichen Oppositionen (Innenwelt vs. Außenwelt, Subjekt vs. Objekt) kollabieren. Er stellt damit nicht nur die festgefügte Ordnung der Welt, sondern das Prinzip der Identität des Ich selbst in Frage.

Tiecks romantische Lyrik will auch in dieser Hinsicht keine Erlebnishaftigkeit mit ästhetischen Mitteln simulieren, sondern vielmehr ein poetisches Erfahrungsmedium der ›Ahnung‹ und Sehnsucht als den Kernelementen der romantischen Anthropologie bereitstellen (zur »Ahndung des Künftigen« vgl.

Sternbald, S. 198). In der *Vorrede* zu *Die Minnelieder aus dem Schwäbischen Zeitalter* (1803) ist vom »Ideal einer rein musikalischen Zusammensetzung« die Rede. Dadurch verwandelt sich die »Poesie in Musik« und so in »etwas Bestimmt-Unbestimmtes« (Minnelieder, S. XIII), um sich auf das Unbenennbare des ›Ahnens‹ hin zu öffnen, das in der Liebe der Töne vernehmbar wird (siehe den Beitrag *Poetologische und kritische Schriften von 1792 bis 1803* in Kap. 3). In den Liedern im *Sternbald*-Roman gerät auf diese Weise die Sprache in ein derart einlullend-bezauberndes wie verstörendes Schweben, daß man als Leser bzw. Hörer nicht mehr recht zu sagen weiß, was sie überhaupt mitteilen. Zugleich wird diese Verfaßtheit im Roman selbst besprochen: »[W]arum soll eben Inhalt den Inhalt eines Gedichts ausmachen?« (Sternbald, S. 316; vgl. u. a. auch S. 83, 142, 164, v. a. 221f.; zur unklaren Intention eines Lieds S. 229f.).

In der *Vorrede* seiner *Minnelieder*-Anthologie führt Tieck genauer aus, was er unter romantischer Lyrik im Gewand der ›altdeutschen‹ Poesie versteht (vgl. Scherer 2012b; Rutherford 1955): »Im 12ten und 13ten Jahrhundert war die Blüthe der Romantischen [!] Poesie in Europa« (Minnelieder, S. VI). Deren »wunderbare Farben und Töne führen das Gemüth in ein so zauberisches Gebiet von Klarheit und träumerischen Erscheinungen, daß es sich gefesselt fühlt, und bald in dieser Welt einheimisch wird« (ebd., S. VIII). »Kein Gedanke, kein Ausdruck ist gesucht, jedes Wort steht nur um sein selbst willen da, aus eigener Lust, und die höchste Künstlichkeit und Zier zeigt sich am lieblichsten als Unbefangenheit oder kindlicher Scherz mit den Tönen und Reimen« (ebd., S. XI). Tieck zitiert Schillers Formel von der »Freiheit des Gemüthes«, die sich in den ›altdeutschen‹ Liedern als »schöne Willkührlichkeit [...] nicht ausschließlich und mit ängstlichem Vorurteil an einen Gegenstand heftet und sich dadurch unfähig macht, andre zu genießen und zu verstehen« (ebd., S. XIf.). »Keine Auktorität, keine Regel« habe diese Formen zugerichtet, »jeder Sinn folgte seinem Antriebe, nachdem er sich zur Künstlichkeit oder Simplizität neigte« – in beiden Fällen »prächtig und auffallend für das Ohr«, so »daß man das Nothwendige und Zufällige daran nicht mehr unterscheiden kann« (ebd., S. XIIf.). Einfachheit und Künstlichkeit sind dieser Logik zufolge identisch. Der Reim ist daher nicht als »Trieb zu Künstlichkeit« aufzufassen, sondern als »Liebe zum Ton und Klang« aus dem »Gefühl« heraus zu vernehmen, »daß die ähnlichlautenden Worte in deutliche [!] oder geheimnißvollere [!] Verwandschaft stehn müssen« (ebd., S. XIII).

Waldeinsamkeit und andere Beispiele

Eine ähnliche Wirkung, die sich aus der Verschiebung weg von der Semantik hin zur Form und zum Klang ergibt, lösen Neologismen wie das Wort ›Waldeinsamkeit‹ in den drei Strophen in Tiecks Kunstmärchen *Der blonde Eckbert* (1797) aus (siehe den Beitrag *Frühe Prosa* in Kap. 4). Weil das Wort so ungewöhnlich war, sorgte es bei den Zeitgenossen für Irritationen. Neben der grammatischen Abweichung (statt ›Waldeseinsamkeit‹) wirkt es durch die einlullende Wiederholung, von der die Prosa selbst spricht. Als Einzelwort, das eine Gedichtzeile bildet, wird es insgesamt sechsmal wiederholt, genauer gesagt rahmenbildend jeweils für eine Strophe gesetzt. Gerade eine Verszeile, die aus einem einzigen Wort besteht, bleibt jedoch metrisch unbestimmt. Erst durch die zweite Zeile stabilisiert sich das daktylische Versmaß. Nicht einmal der Typus der Komposition ist eindeutig zu klären: Handelt es sich um die Einsamkeit des Waldes oder die Einsamkeit (des Subjekts) im Wald? Allein wegen solcher Schwierigkeiten, grammatische, semantische und teils auch metrische Fragen beantworten zu können, wird die Darstellung unklar.

Mit dem Gedicht *Waldeinsamkeit* hat Tieck jedoch nicht nur einen Topos romantischer Poesie geschaffen. Die Strophenfolge – weniger ein dreistrophiges Gedicht als drei Varianten einer Strophe, die von der umgebenden Prosa nicht zu trennen sind (vgl. DKV 7, Kommentar, S. 774; zur Einbindung in das Kunstmärchen vgl. Scherer 2005b, S. 47–49) – prägt vielmehr selbst fast sämtliche Aspekte romantischer Lyrik aus. In den Strophen bildet die Leitformel den Rahmen für die variierende Thematisierung der anthropologischen Befindlichkeit ›Freude‹, gespiegelt im je unterschiedlichen Verhältnis zur Zeit: ewige Freude – vergangene Freude – wiedergewonnene Freude ohne »Leid« und »Neid« (DKV 7, S. 533, V. 15f.). Das triadische Denken der Romantik begegnet entsprechend auch bei Novalis und Brentano. Bemerkenswert im Zeichen der ›erinnerten Romantik‹ (Meißner 2007) ist es, daß in der späten Novelle *Waldeinsamkeit* (1840) neben der zweimal zitierten ersten Strophe aus *Der blonde Eckbert* (DKV 12, S. 865, 935) der Text *Gläserne Gedichte* eingeblendet ist, den der Gefangene von Linden im Glas einer Fensterscheibe eingeritzt vorfindet (DKV 12, S. 906f., nicht in DKV 7 aufgenommen; siehe den Beitrag *Späte Prosa* in Kap. 4).

Die einschlägigsten Stimmungsgedichte Tiecks stammen aus *Franz Sternbalds Wanderungen*, *Wundersame Liebesgeschichte der schönen Magelone* und aus den Dramen *Prinz Zerbino* und *Kaiser Octavianus*. Dazu gehören das berühmte *Mondscheinlied* (siehe den Beitrag *Musik* in Kap. 2), die Gedichte *Frühlingsreise* und *Umgänglichkeit*. Weitere kanonische Beispiele versammelt Frühwald in seiner Anthologie *Gedichte der Romantik* (1984): *Der Arme und die Liebe*, *Arion*, *Antwort*, *Der Trostlose* (Golos Lied aus dem Trauerspiel *Leben und Tod der heiligen Genoveva* von 1800). Die Romanze *Die Zeichen im Walde* (entstanden zwischen 1796 und 1800), die über Seiten hinweg die u/e-Assonanz durchhält (DKV 7, S. 349–364; siehe den Beitrag *Romanische Literatur des Mittelalters und der Frühen Neuzeit* in Kap. 2), wird im Jenaer Kreis vorgelesen (siehe den Beitrag *Der Jenaer Kreis und die frühromantische Theorie* in Kap. 1). Schließlich sind die Eingangsstrophen weiterer Gedichte aus *Franz Sternbalds Wanderungen* – *Schalmeiklang*, *Posthornsschall*, *Waldhornsmelodie* – als Beispiele für Tiecks Stimmungspoesie diskutiert worden: Im »synästhetischen Abgleich von subjektiver und objektiver Sphäre« verzichten sie »konsequent auf jede narrative Konkretisierung und jede zielgerichtete Gedankenführung. Jede Strophe holt in jeweils einem Satz zu einer Entgrenzung aus, die als ›Ruhe‹, im Weiteren als ›Glück‹ variiert und immer mit ›Liebe‹ assoziiert wird« (Kremer 2007, S. 289).

Formbewußte Lyrik um 1800

Um 1800 zeichnen sich in Tiecks Lyrik zwei Tendenzen ab: Zum einen verspottet er – so im allegorischen Dramolett *Der Autor* (1800) – zunehmend die eigene Klangpoesie, die nach der Gruppenbildung der Jenaer Romantik sich selbst historisch wird (vgl. S 13, S. 274, 310, 312; siehe den Beitrag *Dramen und dramatische Bearbeitungen* in Kap. 4). Zum anderen gibt sich um 1800 die neue Tendenz hin zu strengen Formen (Sonette, Terzinen, Stanzen) in den nicht-kontextgebundenen Gedichten zu erkennen. Aus dem Zyklus *Gedichte über die Musik* sind Sonette wie *Die heilige Cäcilie* bemerkenswert, weil sie Komponisten alter (Kirchen-)Musik gewidmet sind: *Marcello* (DKV 7, S. 141f.), *Pergolese* (ebd., S. 143), *Palestrina Marcello Pergolese* (ebd., S. 147) (siehe den Beitrag *Musik* in Kap. 2). Die gravitätische Stanze *Einsamkeit* transzendiert eine negative Erfahrung auf der Basis des triadischen Schemas von der ursprünglichen, kindlichen Einheit über die gegenwärtige Zerrissenheit hin zu ihrer Aufhebung: Die finale Erlösung wird hier im abschließenden Dreierreim (der letzten Stanze wird eine neunte Zeile hinzufügt) in nunmehr daktylischen Versen reflektiert, durch die sich die »Ewigkeit« als »verklärende« »belebt« (DKV 7, S. 135, V. 73).

Ähnlich den für Tieck nicht untypischen Dichter- und Rollenkatalogen (in *Prinz Zerbino* oder *Der Autor*) setzt im *Prolog zur Magelone* (1803) die Dramatisierung des bereits in Prosa verarbeiteten ›Volksbuch‹-Stoffs in einer Form ein, die an das Universaldrama *Kaiser Octavianus* anschließt: Der Reigen allegorischer Rollen erfolgt hier allerdings nicht mehr in satirischen Figuren der Anfechtung, sondern in positiven Personifikationen der lyrisierten Natur: ›Die Nacht‹, ›Die Träume‹, ›Die Wolken‹, ›Die Sonne‹, ›Die Wasser‹, ›Die

Blumen‹ und ›Der Wald‹ erwecken den ›Jüngling‹ mit Reminiszenzen an *Die Sommernacht* aus der Gefangenschaft von Furcht und Trübsal. Im Werkzusammenhang sollte das Stück »als Allegorie zwischen Octavian und Genoveva eintreten« (S 11, S. LXXVIII) und »wie in dem Octavian die romantische Poesie, in ihr die Liebe allegorisch und poetisch ausmalen« (S 1, S. XL). Der ganze Prolog besteht aus Strophen- und Gedichtformen, die Tieck zuerst im Trauerspiel *Leben und Tod der heiligen Genoveva* (1800) eingeführt hatte (zur Verteilung der Stanzen und Sonette vgl. DKV 7, Kommentar, S. 644). Mit ihnen experimentiert er nun auch dergestalt, daß sich ein Sonett aus Strophen der Natur zusammenfügt, die auf ›Die Sonne‹, ›Die Wasser‹, ›Die Blumen‹ und den ›Wald‹ verteilt werden (vgl. DKV 7, S. 161; zum Sonett ›Der Jüngling‹: »O Wald, was sagst du?«, ebd., S. 160, V. 99, vgl. Naumann 1966). Publiziert wurde der durchgängig lyrisierte allegorische Reigen bemerkenswerterweise zuerst in der Sammlung der Gedichte von 1821 (DKV 7, S. 157–163).

In zwei Gedichten aus dieser Zeit ahmt Tieck nicht zuletzt den Minnesang mit den Mitteln romantischer Stimmungslyrik nach: Neben dem Gedicht *Brief der Minne* von 1806 (DKV 7, S. 288–290) unternimmt er im eigenen Abschlußgedicht zur *Minnelieder*-Anthologie (unter dem Titel *Der Minnesänger* in die *Gedichte* aufgenommen; DKV 7, S. 149–152) den Versuch, Darstellungsformen des Minnelieds durch wechselnde Verslängen und eine Langzeile am Strophenschluß nachzubilden (vgl. Kremer 2007, S. 278). Tieck schreibt die mittelalterliche Minne in die Liebe der Töne um, indem er das Minnethema mit seiner Variation romantischer Liebe verknüpft (vgl. Scherer 2012b). In der Anthologie dient das Schlußgedicht dazu, die Vergänglichkeit des Frühlings und seiner Blumen, von der es spricht, auf »die Blüthe der Romantischen Poesie in Europa« (Minnelieder, S. VI) und damit auf die Blütenlese der Sammlung selbst zu beziehen: »Alle Blüthen sind verstreuet, / Grünen / Möchte Laub und Gras so treulich, / Blumen möchten sein erfreulich [...]« (Minnelieder, S. 281f.; DKV 7, S. 150). *Der Minnesänger* ist daher ein poetologisches Gedicht, das die Ausgabe der *Minnelieder* in ihrem literaturhistorischen Anspruch poetisch deutet; in diesem Sinn ist es als Poesie der Poesie, genauer als romantische Poesie der ›altdeutschen‹ Poesie zu verstehen.

Gedichte in *Phantasus*

Auch in der Sammlung *Phantasus* integriert Tieck Gedichte im Zeichen der ›erinnerten Romantik‹ – in der Unterbrechung der Rahmenerzählung allerdings auf andere Weise als in den romantischen Romanen und Dramen. Von der Forschung ist diese Funktion – auch in der Bewegung vom offenen Stimmungsgedicht über erzählende Gedichte hin zu strengen Formen in der Dramen-Abteilung – noch wenig untersucht worden. Das eigens für die Sammlung verfaßte Großgedicht *Phantasus* leitet die Vorlesung der Prosawerke ein (DKV 7, S. 114–125), geschrieben in Knittelversen in Erinnerung an Hans Sachs, dem nach 1800 in den Dramen und Gedichten Tiecks als Vertreter der ›altdeutschen‹ Poesie eine besondere Bedeutung zukommt (vgl. Scherer 2003, S. 412f., 417; zudem das Gedicht *Die Neue Zeit 1800*, DKV 7, S. 410, V. 54; ebd., Kommentar, S. 732). Vorher wurde die schöne Geselligkeit in der »Einleitung« des *Phantasus* (DKV 6, S. 11–101) mit dem Gedicht *Improvisiertes Lied* (1806) beschlossen, in dem noch einmal die zentralen Topoi von Tiecks frühromantischer Lyrik in potenzierter Klanglichkeit versammelt und damit fast schon ausgestellt werden: »Wenn in Schmerzen Herzen sich verzehren, / [...] Lacht und wacht um mich des Frühlings Pracht, / [...] / Und Leid und Lust nun muß vereinigt ziehen / Und schweben nach der Liebe süße Harmonien« (DKV 6, S. 100f.).

In der Dramen-Abteilung wird nach der Literatursatire *Leben und Tod des kleinen Rothkäppchens* (1800) das lange Gedicht *Die Heimat* in vierzeiligen Volkslied-Strophen mit ebenfalls programmatischem Schluß vorgetragen (DKV 6, S. 385–389). Vor der Literatursatire *Leben und Thaten des kleinen Thomas, genannt Däumchen* (1812) werden die ersten *Gedichte über die Musik* eingeblendet: zwei Sonette unter dem Titel *Pergolese*, dann *Stabat mater* und das abschließende Sonett *Die Musik spricht* (ebd. S. 697–702; dazu Ueding 2000); weitere Sonette aus diesem Komplex kommen vor dem frührealistischen Universalschauspiel *Fortunat* (1816) zum Vortrag (ebd., S. 778f.), gefolgt von den Sonetten *Die heilige Cäcilia* und einem letzten Sonett (aus dem ungedruckten Roman *Alma, ein Buch der Liebe*) vor dem kurzen Stück *Prolog* zwischen den beiden Teilen von *Fortunat* (ebd., S. 932f., 941f.).

Neben diesen Gedichteinlagen im Rahmen der poetischen Geselligkeit wären die Gedichte in den vorgelesenen Werken genauer zu untersuchen. Bemerkenswert sind etwa die von Tieck inszenierten Differenzen zwischen den späten Märchen-Novellen im Blick auf die romantische Praxis, Gedichte zu integrieren. Den Bruch mit dieser Praxis demonstriert Tieck an der Novelle *Liebeszauber*, in die noch zwei eigens um 1811 verfaßte Gedichte eingestellt sind, während dies in den Novellen *Die Elfen* und *Der Pokal* nicht mehr vorkommt. Diese beiden Gedichte – *Heimliche Liebe* (ebd., S. 212) und *Ballmusik* (ebd., S. 224–226) – stehen darüber hinaus im ersten Teil; der zweite, realistische Teil der Novelle enthält keine Gedichte mehr (siehe den Beitrag *Literarische Geselligkeit* in Kap. 4). Tieck spiegelt in den genannten Gedichten die psychischen Verfaßtheiten des Liebenden Emil: im ersten Gedicht noch als romantisches Volkslied im Zeichen der verliebten Verzauberung mit Anspielungen auf Goethes *Mailied* (»Wie herrlich glänzt die Rosenpracht«; ebd., S. 212), im zweiten Gedicht in metrischer Variabilität als Zeichen seines ›Wahnsinns‹

(ebd., S. 224, Z. 18), der an vergleichbare Gestaltungen in *Der Runenberg* und im Dramenfragment *Das Donauweib* erinnert (siehe den Beitrag *Dramen und dramatische Bearbeitungen* in Kap. 4). Aller Nähe zur frühromantischen Stimmungslyrik zum Trotz – »Kein Lieben, kein Leben, / Kein Sein uns gegeben, / Nur Träumen und Grab« (ebd., S. 226, Z. 15–17) – bleibt freilich auch dieses zweite Gedicht durchaus paraphrasierbar, weil es Emils Psyche mit lyrischen Mitteln präzisiert.

Anders gelagert ist die Differenz zwischen den Liedeinlagen in der Literatursatire *Leben und Thaten des kleinen Thomas, genannt Däumchen* und dem frührealistischen Universalschauspiel *Fortunat*. In *Däumchen* werden vom »Dichter« Persiwein Lieder wie die ›Blutwurst‹-Romanze auf den Protagonisten vorgetragen, die als »Spottgedichte« auf die überkommene Romantik funktionieren (ebd., S. 769–772, hier S. 772; dazu Scherer 2003, S. 433f.). An anderer Stelle rühmt Persiwein eine »schöne romantische Natur« von einer Anhöhe aus; was er tatsächlich festhält, ist der »Rauch von den Schornsteinen«, die »Not«, das »Leiden« und die desillusionierte »Armut« »unten« in »der Städte Zahl« (ebd., S. 710f.). Romantische Poesie ist damit erkennbar zur fixen Idee abgesunken, zum anachronistischen Konzept einer sozial völlig ungesicherten Poesie (vgl. Scherer 2003, S. 436). Im frührealistischen *Fortunat* schließlich kommen praktisch kaum mehr Gedichteinlagen vor (DKV 6, S. 818f., 851, 903f., im zweiten Teil nur noch ein einziges Lied S. 959). Die kurzen Strophen werden zudem als »alte Liebeslieder« oder »Galgenlieder« und einmal sogar als »dummes Lied« denunziert (ebd., S. 903f.).

Lyrischer Realismus: *Reisegedichte eines Kranken* (1805/06)

Einen Neuansatz hin zum lyrischen Realismus in freien Versen markiert der Gedicht-Zyklus *Reisegedichte eines Kranken*, bestehend aus dem ersten Teil *Reisegedichte eines Kranken* und dem zweiten Teil *Rückkehr des Genesenden* (DVK 7, S. 164–262). Tieck schrieb die größtenteils ungereimten Gedichte während seiner Italienreise 1805/06 direkt nieder, dachte dabei zunächst an eine spätere Metrifizierung, die wegen erneuter Krankheit in der Editionsphase im Juni 1823 und zuletzt auch aus dem veränderten Gesichtspunkt heraus unterblieb, den Charakter der spontanen Niederschrift zu wahren (vgl. Tieck 1823, Vorwort, o. S.; Schweikert 1, S. 298f.). Das »dichterische Tagebuch« (Köpke 1, S. 327) wird dadurch zum frühen Zeugnis des prosanahen freien Verses (Elster 1924).

Mit den *Reisegedichten* setzt eine nicht mehr idealistisch begründete Lyrik ein, die in prosanaher Zeilenrede auch unscheinbare, »kleine Begebenheiten« erfassen will (Tieck 1823, Vorwort, o. S.). Bemerkenswert ist Tiecks Neuerung vor dem Hintergrund seiner frühromantischen Gedichte kaum. Nur inszenieren die *Reisegedichte* ihre ›impressionistische‹ Augenblickshaftigkeit zwischen alltäglichen Sinnesreizen und Kunstenthusiasmus an den Stätten der Reise nach Rom meist ohne poetisches Verweissystem. Noch besteht ein durchaus hoher Ton, der die Gedichte an die Frühromantik zurückbindet, wenn sie die erregte Rührung des Reisenden simulieren. Konterkariert wird diese Stillage durch die prosaische Darstellung von »Alltäglichkeit« (*Carneval*; DKV 7, S. 212, V. 26): vom städtischen Leben in Rom, von den körperlichen Strapazen und wechselnden Gefühlszuständen während der Reise zwischen Begeisterung und Ermüdung. Die Abfolge der Sinnesdaten unterliegt einer Dramaturgie der Blicklenkung: Im Gedicht *Erster Anblick von Rom* kommt die Stadt selbst auf den bewegten Reisenden zu, bis die Rührung durch die direkte Präsenz ihrer grell beleuchteten Gebäude sogleich wieder »unerfreulich« ernüchtert wird (DKV 7, S. 191, V. 33; dazu auch Adam 2000, S. 127–130).

Zwar stehen die *Reisegedichte* in der Tradition der Kasuallyrik (ebd., S. 119ff., 125ff.), Tiecks Modernisierung macht diese aber aufnahmefähig für neue Inhalte. Der ideale Rezipient dieser protokollierenden Gedichte ist ein ›unaffektierter‹ Leser, der ihre Ehrlichkeit und Aufrichtigkeit erkennt, weil sie »rein wahr« seien, wie Rahel Varnhagen an Tieck am 13. August 1823 bemerkt (Kemp 1968; vgl. auch Adam 2000, S. 127/Anm. 30). Im Unterschied zur frühromantischen Lyrik sind die *Reisegedichte* nicht mehr in einen übergeordneten Textzusammenhang integriert, sondern als ›freie‹ Lyrik in zyklischer Anordnung, als offene Sequenz ohne übergreifendes generisches Einheitsprinzip entstanden. Darin besteht ihre spezifische ›Modernität‹ (Jürgens 1998, S. 14f.). Begrenzt wird die Gedicht-Reihe allein durch die *Abreise* (Eingangsgedicht) und die Rückkehr des Genesenden nach *Dresden* (Schlußgedicht). Die Bilder verweisen nicht mehr vorab symbolisch auf ein Allgemeines, sondern erfassen konkrete Erfahrungen: während der Reise oder während der Arbeit des Lesers Tieck in den Bibliotheken und Archiven (dazu Päsler 1996).

›Impressionistisch‹ sind die Gedichte, weil sie das Vergehen der Sinnesreize im erregten Innen verhandeln. Insofern sind auch die *Reisegedichte* von jenem Zeitlichkeitsbewußtsein durchdrungen, das Tiecks Lyrik überhaupt kennzeichnet. Im Gegensatz zur Feier von Geist und Phantasie handelt es sich jetzt aber um Wahrnehmungs- und Erfahrungsgedichte, die auch den »ekle[n] Krüppel« und das »Elend-Dürftige[]« in der Stadt ins Auge fassen (*Der Bettler*, DKV 7, S. 204, V. 30, 8; vgl. auch *Der Überlästige*, DKV 7, S. 200f.; dazu Hagestedt 2000). Neben der Aufzählung von Bauwerken und Lokalitäten präsentiert Tieck Alltagsszenen mit komisch-burlesken und sozialen Akzenten, die falsches Pathos vermeiden. Die genaue Beobachtung von Menschen aller Volksschichten, auch von »verschämter Armut« und »Mangel und Not« in den Gassen (*Dankbarkeit*, DKV 7, S. 196, V. 12, 11), entspricht seiner zentralen

Idee, das »Leben in seinen mannigfaltigen Verhältnissen« darzustellen (S 6, S. XXXV).

Bis auf die gereimten Gedichte *Abreise* zu Beginn und *Koboldchen* am Ende des Zyklus, die damit einen poetischen Rahmen bilden, unterbleibt die metrische Gestaltung. Nach Maßgabe romantischer Klinggedichte reflektiert *Koboldchen* die erkenntnistheoretische Frage nach dem Realitätsgehalt von Wahrnehmungen, wenn sich das lyrische Ich gegenüber der sprachlichen Fixierung der flüchtigen Bewegungsbilder befragt, ob diese Reize bloßer »Spuk« oder »Echo-Trug« sind (DKV 7, S. 258f., V. 40, 43; eine politische Lektüre des Gedichts bei Breuer 2005, S. 115–117). Neben der durchaus dramaturgischen Organisation der Blick- und Informationslenkung in der Erschließung der Lokalitäten, die das Aneinander von Bildeindrücken als subjektive Wahrnehmungsform beinahe wie ein ›Film in Worten‹ (R. D. Brinkmann) nachbildet, neben diesen Momenten literarischer Konstruktion verbleiben die Gedichte auch insofern nicht bei der reinen Impression, als sie die Wahrnehmungen noch im Begriff und im interpretierenden Attribut bannen. Die optischen Eindrücke verschränken sich nicht zuletzt mit dem Abgleich an Gelesenes (vgl. *Koboldchen*, DKV 7, S. 260, V. 54; zudem *Bücher*, ebd., S. 202f.), um so auch die mit einer Stätte verbundenen Künstler ins Spiel zu bringen: Im katalogischen Denken Tiecks und im Dreischritt von ›Impression‹, ›Gefühl‹ und ›Reflexion‹ (Manacorda 1907, S. 170) verschmilzt etwa die Wahrnehmung der Landschaft im Gedicht *San Lorenzo und Bolsena* mit Stimmungsbildern einer Shakespeare-Komödie und der blauen Farbe des Sees zur synästhetischen Dichtung:

> Und deiner dacht' ich,
> Brittischer Freund,
> Der mich nie verläßt,
> Durch dessen Augen
> Ich Welt und Menschen sehe,
> Und dein blaues helles Gedicht
> *Twelfth-Night* stieg vor mir auf,
> In dem sich lustberauscht
> Alle Gestalten
> Im hellen Azur
> Scherzend bewegen. (DKV 7, S. 190)

Neben dieser Überformung durch Poesie (vgl. auch *Verona* mit Verweis auf das Grab Julias; ebd., Kommentar, S. 650f.) wird in *San Lorenzo und Bolsena* mit derartigen Sinnesreizen auch die Landschaftsmalerei Lorrains evoziert (zu dieser lyrischen Ekphrasis siehe den Beitrag *Kunsttheorie* in Kap. 3).

Die Wirkung dieser neuartigen ›Lyrik des Nebeneinander‹ ist an Heines *Nordsee*-Zyklus und über den Salon von Rahel Varnhagen in Ludwig Roberts

Gedichtzyklus *Promenaden eines Berliners in seiner Vaterstadt. An L. Tieck* (erschienen im *Morgenblatt für gebildete Stände* von 1824) zu verfolgen (vgl. Scherer 2005a, S. 221–224). Breuer (2005, S. 95) erkennt in den *Reisegedichten* eine Konzeption, die »das medizinische Handlungsformular der Reisetherapie literarisch und politisch« transformiert: Im Schlußgedicht *Dresden* imaginiere der Dichter im Rahmen seiner ›Genesung‹ von der Melancholie die Überwindung der Krankheit Europas durch die Kriege Napoleons (»Wenn mein Vaterland zum Tode erkrankt?«; DKV 7, S. 262, V. 51) mit einem patriotischen Appell kurz vor der Schlacht bei Jena und Auerstedt (Breuer 2005, S. 118–120; weitere Akzente zum Stellenwert der *Reisegedichte* setzen die Beiträge *Antike-Rezeption* in Kap. 2 und *Tiecks Epochalität* in Kap. 1).

Späte Widmungs- und Gelegenheitsgedichte

Die ›neue Manier‹ der Dresdner Novellen sieht Gedichteinlagen nicht mehr vor. Nach der *Phantasus*-Zeit beschränkt sich die lyrische Produktion Tiecks meist auf Widmungs- und sonstige Gelegenheitsgedichte. Auch hier wäre trotz aller rhetorisch-klassizistischen Anlage die musikalische Gestimmtheit in Erinnerung an frühromantische Verfahren genauer zu untersuchen (Wimmer 1995, S. 570), denkt man z. B. an Gedichte wie *An – –* im *Musenalamanach für das Jahr 1831* (DKV 7, S. 323) oder *An – –* von 1821 (ebd., S. 315). Dieses Gedicht (nach der Anlage ein Sonett mit drei hinzugefügten Versen) ist Wilhelm von Schütz gewidmet, und zwar als Nachtrag zum Zyklus *Blätter der Erinnerung* im *Poetischen Journal* von 1800, in dem Tieck diesen Autor bereits mit dem Sonett *An einen jungen Künstler* (ebd., S. 128f.) direkt im Anschluß an Novalis rühmte (zur Stellung von Schütz in der Romantik vgl. Scherer 2003, S. 518f.; siehe den Beitrag *Autoren der mittleren Romantik* in Kap. 1).

Die späten Gelegenheitsgedichte sind bislang weitgehend unerschlossen. Interpretiert wurde die *Rede zur Feier des allerhöchsten Geburts- und Huldigungsfestes Sr. Majestät des Königs* von 1840 (DKV 7, S. 442–444) im Rahmen einer Untersuchung über »Huldigungsrituale und Gelegenheitslyrik im 19. Jahrhundert« (Andres 2005, S. 231–237). Wie die Dresdner Novellen wären schließlich die Gelegenheitsgedichte etwa für das Dresdner Theater, die z. T. als Prologe zu einzelnen Aufführungen verfaßt wurden, auf romantische Spuren und die eigene romantische Poetologie hin zu untersuchen: so z. B. die Prologe zu Shakespeares *Viel Lärmen um Nichts* in der eigenen Bearbeitung (DKV 7, S. 424f.), zur ›Eröffnung des Theaters in Dresden 1827‹ (ebd., S. 426f.), zum ›Geburtstage Lessings 1829‹ (ebd. S. 427) oder zur »Aufführung von Goethes *Faust* an seinem Geburtstage« (ebd., S. 432–434).

LITERATUR

Adam 2000: Adam, Wolfgang: *Kleine Begebenheiten* aus Italien. Ludwig Tiecks *Reisegedichte*. In: Texte, Bilder, Kontexte. Interdisziplinäre Beiträge zu Literatur, Kunst und Ästhetik der Neuzeit, hg. von Ernst Rohmer, Werner Wilhelm Schnabel und Gunther Witting, Heidelberg 2000, S. 119–147.

Andres 2005: Andres, Jan: »Auf Poesie ist die Sicherheit der Throne gegründet«. Huldigungsrituale und Gelegenheitslyrik im 19. Jahrhundert, Frankfurt a.M./u.a. 2005.

Behler 1992: Behler, Ernst: Frühromantik, Berlin/New York 1992.

Böckmann 1934/35: Böckmann, Paul: Die romantische Poesie und ihre Grundlagen bei Friedrich Schlegel und Tieck. Ein Beitrag zur Entwicklung der Formensprache der deutschen Romantik. In: Jahrbuch des Freien Deutschen Hochstifts 1934/35, S. 56–176.

Bormann 1987: Bormann, Alexander von: Der Töne Licht. Zum frühromantischen Programm der Wortmusik. In: Die Aktualität der Frühromantik, hg. von Ernst Behler und Jochen Hörisch, Paderborn/u.a. 1987, S. 191–207.

Bosse/Neumeyer 1995: Bosse, Heinrich/Neumeyer, Harald: Tieck. In: dies.: »Da blüht der Winter schön«. Musensohn und Wanderlied um 1800, Freiburg i. Br. 1995, S. 47–67.

Breuer 2005: Breuer, Ulrich: Schwarze Schleier. Zur Transformation der Melancholietherapie in Ludwig Tiecks *Reisegedichten*. In: Internationales Jahrbuch der Bettina-von-Arnim-Gesellschaft 17 (2005), S. 93–121.

Elster 1924: Elster, Ernst: Das Vorbild der freien Rhythmen Heinrich Heines. In: Euphorion 25 (1924), S. 63–86.

Erbes 1970: Erbes, Gustave: Die Assonanz in der deutschen Dichtung der Romantik: F. Schlegel, L. Tieck, C. Brentano, L. Uhland, phil. Diss. Montreal 1970.

Erny 1957: Erny, Richard: Entstehung und Bedeutung der romantischen Sprachmusikalität im Hinblick auf Tiecks Verhältnis zur Lyrik. Ein Beitrag zur Entstehungs- und Formgeschichte der romantischen Stimmungslyrik, phil. Diss. Heidelberg 1957.

Frank 1972: Frank, Manfred: Das Problem ›Zeit‹ in der deutschen Romantik. Zeitbewußtsein und Bewußtsein von Zeitlichkeit in der frühromantischen Philosophie und in Tiecks Dichtung, München 1972.

Frank 1989: Frank, Manfred: Einführung in die frühromantische Ästhetik. Vorlesungen, Frankfurt a.M. 1989.

Frühwald 1984: Frühwald, Wolfgang (Hg.): Gedichte der Romantik, Stuttgart 1984.

Gnüg 1983: Gnüg, Hiltrud: Entstehung und Krise lyrischer Subjektivität. Vom klassischen lyrischen Ich zur modernen Erfahrungswirklichkeit, Stuttgart 1983.

Greiner 1930: Greiner, Martin: Das frühromantische Naturgefühl in der Lyrik von Tieck und Novalis, Leipzig 1930.

Hagestedt 2000: Hagestedt, Lutz: Besprechungszauber. In: Frankfurter Anthologie. Gedichte und Interpretationen 23 (2000), S. 59–61.

Jürgens 1998: Jürgens, Dirk: »Im unbefriedeten Ganzen«. Zyklen und Sequenzen in der Restaurationszeit. In: Naturlyrik. Über Zyklen und Sequenzen im Werk von Annette von Droste-Hülshoff, Uhland, Lenau und Heine, hg. von Gert Vonhoff, Frankfurt a.M./u.a. 1998, S. 9–17.

Kemp 1968: Kemp, Friedhelm (Hg.): Rahel Varnhagen und ihre Zeit (Briefe 1800–1833), München 1968.

Kienzerle 1946: Kienzerle, Renate: Aufbauformen romantischer Lyrik. Aufgezeigt an Tieck, Brentano und Eichendorff, Ulm 1946.

Kluge 1976: Kluge, Gerhard: Idealisieren – Poetisieren. Anmerkungen zu poetologischen Begriffen und zur Lyriktheorie des jungen Ludwig Tieck [1969]. In: Ludwig Tieck, hg. von Wulf Segebrecht, Darmstadt 1976, S. 386–443.

Klussmann 1984: Klussmann, Paul Gerhard: Bewegliche Imagination oder Die Kunst der Töne. Zu Ludwig Tiecks *Glosse*. In: Gedichte und Interpretationen, Bd. 3: Klassik und Romantik, hg. von Wulf Segebrecht, Stuttgart 1984, S. 343–357.

Kremer 2007: Kremer, Detlef: Romantik. Lehrbuch Germanistik, 3., aktualisierte Auflage Stuttgart/Weimar 2007 (^{1}2001).
Loquai 1984: Loquai, Franz: Lovells Leiden und die Poesie der Melancholie. Zu Ludwig Tiecks Gedicht *Melankolie*. In: Gedichte und Interpretationen, Bd. 3: Klassik und Romantik, hg. von Wulf Segebrecht, Stuttgart 1984, S. 100–113.
Manacorda 1907: Manacorda, Guido: I *Reisegedichte* e l'arte di Ludovico Tieck. In: Rivista di letteratura tedesca 1 (1907), S. 162–177.
Martus 2007: Martus, Steffen: Werkpolitik. Zur Literaturgeschichte kritischer Kommunikation vom 17. bis ins 20. Jahrhundert mit Studien zu Klopstock, Tieck, Goethe und George, Berlin/New York 2007.
Meißner 2006: Meißner, Thomas: Detlef Kremer (Hg.): Die Prosa Ludwig Tiecks [Rezension]. In: Athenäum 16 (2006), S. 245–249.
Meißner 2007: Meißner, Thomas: Erinnerte Romantik. Ludwig Tiecks *Phantasus*, Würzburg 2007.
Miessner 1902: Miessner, Wilhelm: Ludwig Tiecks Lyrik. Eine Untersuchung, Berlin 1902 (Reprint Nendeln 1976).
Mittner 1953: Mittner, Ladislao: Galatea. Die Romantisierung der italienischen Renaissancekunst und -dichtung in der deutschen Frühromantik. In: Deutsche Vierteljahrsschrift für Literaturwissenschaft und Geistesgeschichte 27 (1953), H. 4, S. 555–581.
Naumann 1966: Naumann, Walter: Ludwig Tieck. »O Wald, was sagst du?...«. In: ders.: Traum und Tradition in der deutschen Lyrik, Stuttgart/u.a. 1966, S. 136–141.
Naumann 1990: Naumann, Barbara: Musikalisches Ideen-Instrument. Das Musikalische in Poetik und Sprachtheorie der Frühromantik, Stuttgart 1990.
Päsler 1996: Päsler, Ralf G.: »Nachrichten von altdeutschen Gedichten«. Anmerkungen zu Ludwig Tiecks Handschriftenstudien in der Bibliotheca Vaticana. In: E. T. A.-Hoffmann-Jahrbuch 4 (1996), S. 69–90.
Reitmeyer 1935: Reitmeyer, Elisabeth: Studien zum Problem der Gedichtsammlung. Mit eingehender Untersuchung der Gedichtsammlungen Goethes und Tiecks, Bern/Leipzig 1935.
Ribbat 1978: Ribbat, Ernst: Ludwig Tieck. Studien zur Konzeption und Praxis romantischer Poesie, Kronberg i. Ts. 1978.
Rutherford 1955: Rutherford, Kathlyn: Ludwig Tieck's Contribution to the Knowledge of the »Minnesang«, and the Effect of these Studies on his Lyric Poetry, phil. Diss. London 1955.
Scherer 2003: Scherer, Stefan: Witzige Spielgemälde. Tieck und das Drama der Romantik, Berlin/New York 2003.
Scherer 2005a: Scherer, Stefan: Anti-Romantik (Tieck, Storm, Liliencron). In: Lyrik im 19. Jahrhundert. Gattungspoetik als Reflexionsmedium der Kultur, hg. von Steffen Martus, S. S. und Claudia Stockinger, Bern/u.a. 2005, S. 205–236.
Scherer 2005b: Scherer, Stefan: Künstliche Naivität. Lyrik der Romantik. In: Der Deutschunterricht 57 (2005), H. 3, S. 44–55.
Scherer 2012a: Scherer, Stefan: Ursprung der Romantik. *Blaubart*-Konstellationen bei Tieck. In: Fabula. Zeitschrift für Erzählforschung/Journal of Folktale Studies/Revue d'Etudes sur le Conte Populaire 53 (2012), H. 3/4, S. 205–222.
Scherer 2012b: Scherer, Stefan: Populäre Künstlichkeit. Tiecks *Minnelieder*-Anthologie im Kontext der Popularisierungsdebatte um 1800. In: Rezeptionskulturen. Fünf Jahrhunderte literarischer Mittelalterrezeption zwischen Kanon und Populärkultur, hg. von Mathias Herweg und Stefan Keppler-Tasaki, Berlin/Boston 2012, S. 89–111.
Schulz 1983: Schulz, Gerhard: Die Deutsche Literatur zwischen Französischer Revolution und Restauration. Erster Teil: Das Zeitalter der Französischen Revolution 1789–1806, München 1983.
Tieck 1823: Tieck, Ludwig: Gedichte. Dritter Theil, Dresden 1823.
Tieck 2007: Tieck, Ludwig: Die sieben Weiber des Blaubart. Mit einem Nachwort von Frank Witzel und Messerschnitten von Marco P. Schaefer, Hamburg 2007.

Ueding 2000: Ueding, Gert: Vertrauen in die Kraft der Kunst. In: Frankfurter Anthologie 23 (2000), S. 64–66.
Wimmer 1995: Wimmer, Ruprecht: Tiecks Lyrik. In: Ludwig Tieck. Schriften in zwölf Bänden, hg. von Manfred Frank/u.a., Bd. 7: Gedichte, hg. von R. W., Frankfurt a.M. 1995, S. 555–572.

Frühes Erzählen (Auftragsarbeiten, Kunstmärchen)

Detlef Kremer

Frühes Erzählen im Zeichen der Spätaufklärung

Der Zeitraum dessen, was hier als Tiecks ›Frühes Erzählen‹ begriffen wird, umfaßt das letzte Jahrzehnt des 18. und das erste des 19. Jahrhunderts. Den frühesten Punkt, sieht man von den Schülerarbeiten einmal ab, markiert die umfangreiche Erzählung *Abdallah*, die noch während der Gymnasialzeit 1791 begonnen und 1795 publiziert wurde. Den äußersten zeitlichen Rand dieser frühen Phase bezeichnen die Märchen, die Tieck 1811 für die erste Abteilung des *Phantasus* geschrieben hat: *Liebeszauber, Die Elfen* und *Der Pokal*. Dazwischen liegen u. a. *Peter Lebrecht. Eine Geschichte ohne Abentheuerlichkeiten* von 1795/96, *Die sieben Weiber des Blaubart. Eine wahre Familiengeschichte herausgegeben von Gottlieb Färber* (1797), die rund eineinhalb Dutzend zwischen 1795 und 1798 anonym publizierten Beiträge zu Friedrich Nicolais *Straußfedern*, die Adaptionen von Volksbüchern sowie die bedeutenden Märchen *Der blonde Eckbert*, 1797 in den *Volksmährchen* veröffentlicht, und *Der Runenberg*, erst 1802 verfaßt und 1804 publiziert.

Bei einem Autor, der als einer der bedeutendsten Romantiker in die Literaturgeschichte eingegangen ist und dessen Werk wie kein zweites den gesamten Zeitraum der Romantik umfaßt, liegt es nahe, die Arbeiten der 1790er Jahre auf ihre Vorläuferfunktion für die Romantik zu befragen. Selbst dort, wo eine präzise Bestandsaufnahme des zeittypischen Profils der frühen Prosa konturiert wurde, erscheint sie letztlich als Vorbereitung der Romantik (vgl. Ribbat 1978, S. 46). So naheliegend eine romantische Funktionalisierung auch sein mag: Verkannt wird, daß der Großteil der Prosaarbeiten Tiecks bis etwa 1796/97 formal wie thematisch der Spätaufklärung zuzuordnen und im Kern keineswegs als prä- oder protoromantisch zu verstehen ist (vgl. Heilmann 1992; siehe den Beitrag *Poetik der Berliner Spätaufklärung* in Kap. 1). Erst mit *Der blonde Eckbert* vollzieht Tieck im Bereich der Erzählprosa den entscheidenden Bruch mit der Spätaufklärung.

In Tiecks früher Prosa führt eine für die Spätaufklärung charakteristische Aufmerksamkeit für Kontingenz und Diskontinuität zu skeptischen bis nihilistischen Konsequenzen, wie sie vor allem von Klinger und Wezel her geläufig sind (vgl. Kremer 1985). In *Die sieben Weiber des Blaubart*, 1797 im Verlag von Nicolais Sohn publiziert, kommt Peter Berner, der titelgebende Blaubart, in einem für die Dialogromane Klingers typischen philosophischen Gespräch zu folgender Einsicht in die Fragmentarität und Zusammenhanglosigkeit individueller Existenz:

> Warum ward ich nur je geboren? Was wollen sie mit mir, daß ich so in die Welt hineinkam, und daß ich mich nun ablebe, und es denn doch irgend einmal aus und ganz vorbei ist? Seht, darin liegt eben kein Menschenverstand, und das macht mich so betrübt. Wenn Ihr es überlegt, daß im ganzen Menschenleben kein Zweck und Zusammenhang zu finden ist, so werdet Ihr es auch gern aufgeben, diese Dinge in meinen Lebenslauf hineinzubringen. (S 9, S. 193)

Ganz im Gestus der spätaufklärerischen »Fragen ohne Antwort« (Schönert 1970), von Fragen also, die »zu nichts« führen, pflichtet ihm sein Gesprächspartner bei: »So wäre also, sagte Bernard tiefsinnig, das ganze große Menschendaseyn nichts in sich Festes und Begründetes? Es führte vielleicht zu nichts, und hätte nichts zu bedeuten, Thorheit wäre es, hier historischen Zusammenhang und eine große poetische Composition zu suchen« (S 9, S. 193).

Zu ähnlich skeptischen Positionen verdichtet sich auch die umfangreiche, mit Klingers orientalischen Prosatexten der 1790er Jahre korrespondierende Erzählung *Abdallah* (vgl. Ribbat 1978, S. 26). Aus den zahlreichen Texten des späteren 18. Jahrhunderts, die einen exotischen Orient nicht zuletzt im Hinblick auf eine gesteigerte Publikumswirksamkeit zelebrieren (siehe den Beitrag *Orientalismus* in Kap. 2), muß insbesondere William Beckfords *Vathek* (1786) hervorgehoben werden, weil er den orientalisierenden Exotismus mit den Merkmalen des Schauerromans verbindet, einer Gattung, deren Bedeutung für den frühen Tieck kaum überschätzt werden kann (vgl. DKV 1, Kommentar, S. 992ff.). Ähnlich wie im etwas später entstandenen Roman *William Lovell* oder in der parodistisch-märchenhaften Prosafassung *Die sieben Weiber des Blaubart* geht es in *Abdallah*, den Haym als »trostlosen Abklatsch gemeiner Unterhaltungsliteratur« (Haym 1914, S. 33) abkanzelt, um »die psychotische Dissoziation eines Ichs«, die von Tieck so weit getrieben wird, »daß zugleich die Nichtigkeit einer jeden in der Epoche vorgeschlagenen Antwort und Lösung evident wird« (Ribbat 1978, S. 28). Wenn Ernst Ribbat diese Romanumfang erreichende Erzählung als »Modell für die Erkenntnis extremer psychischer Prozesse« (Ribbat 1978, S. 30) wertet, dann ließe sich dies unter Umständen noch mit einem Hinweis auf die Traditionsbildung des Sturm und Drang bzw. – genrespezifisch gesprochen – des Schauerromans einholen, in denen extreme Seelenzustände und Exaltationen des Gefühls im Mittelpunkt stehen. Bekannt ist Tiecks Faszination durch Grosses *Genius* (1791–1794) und

Schillers *Geisterseher*-Fragment (1788). Unvollständig blieben jedoch die intertextuellen Beziehungen, in denen Tiecks frühes Erzählen zu situieren ist, wenn nicht eine dominante psychologische und anthropologische Orientierung benannt würde, die empiristische und sensualistische Traditionen zu einem vielfältigen Geflecht vereint und in Karl Philipp Moritz' ›Erfahrungsseelenkunde‹ ihren für Tieck maßgeblichen Ausdruck gefunden hat. Mit den nihilistischen Strömungen der Spätaufklärung teilt sie eine antiidealistische und pragmatische Intention, die weniger an Universalisierungen als am Einzelfall und am Zufall ausgerichtet ist. Die nihilistischen Konsequenzen der radikalen Skepsis teilt sie jedoch nicht, sondern sie hält vielmehr grundsätzlich an Humanität und anthropologischer Perfektibilität fest. Sowohl *Abdallah* und *Peter Lebrecht* als auch *Die sieben Weiber des Blaubart* und vor allem die Auftragsarbeiten für Nicolais *Straußfedern* dokumentieren Tiecks Interesse für komplexe psychologische Konstellationen, in denen einerseits eine differenzierte literarische Phänomenologie bürgerlicher Alltagswelt erstellt, andererseits eine wachsende Aufmerksamkeit für abweichende Verhaltensweisen und deren Psychogenese in individuellen Lebensgeschichten artikuliert wird. Zwar geraten dabei, in Moritz' *Magazin zur Erfahrungsseelenkunde* (1783–1793) wie in Tiecks spätaufklärerischem Erzählen, die Grenzen zwischen Normalität und Pathologischem gelegentlich in Fluß, grundsätzlich aber regelt ein pragmatisch-kritischer Blick die Option der Aufklärung, die zumeist in der Kindheit ausgemachten Traumata auf einen lebbaren Ausgleich hin zu überwinden.

Eine vergleichbare empirische, für pragmatische Differenzen offene Haltung findet innerhalb des komplexen Gattungsgefüges der Spätaufklärung ihren generischen Ausdruck in der sogenannten ›pragmatisch-kritischen Geschichte‹. Der pragmatische Roman, der u. a. in Friedrich von Blanckenburgs *Versuch über den Roman* (1774) am Beispiel Wielands theoretisch konturiert wurde, nimmt die allgemeine Tendenz der Aufklärung auf, Alltagszusammenhänge des bürgerlichen Lebens, also Lebenswelt in einem realistischen Sinn, zu thematisieren. In dieser Hinwendung zum ›gemeinen Leben‹ (vgl. Ammermann 1978) lädt er sich mit Fragen der praktischen Lebensführung auf, deren erzähltechnische Einheit durch Kausalität der Handlung und Finalität der individuellen, immer aber exemplarisch verstandenen Charakterentwicklung garantiert werden soll. Innerhalb einer relativ geradlinigen, sukzessiv fortschreitenden Erzählweise, die sich nach dem Vorbild von Sternes *Tristram Shandy* (1759) allenfalls die Verzweigung in eingeschobene Nebenhandlungen oder einen digressiven Erzählerkommentar erlaubt, werden moralische Problemfälle sowie anthropologische und psychologische Konstellationen literarisch reflektiert. Sehr nah lehnt sich der frühe Tieck an Sterne in *Peter Lebrecht* an (vgl. etwa S 14, S. 216). In einem durchgeführten ironischen Dialog mit dem Leser probiert Tieck die unterschiedlichsten Erzählmuster und Gattungsformulare aus, breitet dabei ein ganzes Potpourri des zeitgenössischen Publikumsgeschmacks aus – die Schauer- oder Geheimbundromane Karl Grosses werden ebenso anzitiert wie die abenteuerlichen und exzentrischen Lebensläufe von Spieß und die sentimentalen Variationen etwa in Millers *Siegwart* (1776). Tieck nimmt seine eigenen literarischen Versuche keineswegs aus dem ironisch-satirischen Spiel aus. Denn auf dem Feld, das zu betreten er sich hier ausdrücklich versagt, erweist er sich – bzw. sein abschweifender Ich-Erzähler Lebrecht – in seinen Anfängen ja bereits als Autor von einigem Talent:

> Um kurz zu sein, lieber Leser, will ich Dir nur mit dürren Worten sagen: daß in der unbedeutenden Geschichte meines bisherigen Lebens, die ich Dir jetzt erzählen will, kein Geist oder Unhold auftritt; ich habe auch keine Burg zerstört, und keinen Riesen erlegt; sei versichert, ich sage dieß nicht aus Zurückhaltung, denn wäre es der Fall gewesen, ich würde Dir alles, der Wahrheit nach, erzählen. (S 14, S. 164)

Es folgt dann ein Lebenslauf in konventionalisierten Mustern und Stationen, in dem nebenbei mit den eigenen literarischen Projekten des Autors geworben, die Widersprüchlichkeit eines solchen Erzählens (vgl. S 15, S. 22) eingeräumt, immer wieder eine »Episode über diese Episode« (S 15, S. 61) angekündigt, letztlich aber klargestellt wird, daß nichts passiert und nichts passieren wird (vgl. S 15, S. 19). Das bewußt mutwillige Spiel, das Tieck in seinen parabatischen Komödien zur Perfektion bringt (vgl. Japp 1999), tendiert bereits hier zum Abgesang auf die »moralische Tendenz« der Aufklärung (S 14, S. 251). Auch dokumentiert die experimentelle Reihung verschiedener fragmentarischer Kleinformen in *Peter Lebrecht* die Suche nach einer probaten literarischen Form, die die konventionalisierten Formen der Spätaufklärung überwinden könnte. In Tiecks frühen Erzählungen kulminiert dieser Widerspruch in der Konfrontation von ironisch-skeptischer Haltung und einer Option auf den pragmatisch-kritischen Gestus der »Erfahrungsseelenkunde« (S 15, S. 73), der letztlich auf einen aufklärerischen Ernst verpflichtet und zum ansonsten gepflegten ironischen Mutwillen in einer kaum auflösbaren Spannung steht. Dieser Widerspruch ist jedoch keiner, der allein auf den frühen Tieck zutrifft: Er kann als ein zentrales epochales Merkmal gelesen werden, der weite Bereiche der Spätaufklärung betrifft (vgl. Kremer 2007).

Die Bedeutung von Karl Philipp Moritz für Tiecks spätaufklärerisches Erzählen ist sinnfällig und in der Forschung immer wieder betont worden (vgl. Ribbat 1978, S. 32–46; Paulin 1987; DKV 1, Kommentar, S. 911; Brecht 1993, S. 252; Bong 2000, S. 19ff.; Stockinger 2005, S. 28f.). In einem Brief vom 11. Dezember 1792 an Tieck bezeichnet Wackenroder diesen als »Zwillingsbruder« von Moritz, was zwar gewiß reichlich übertrieben ist, immerhin aber eine starke Affinität Tiecks zur Erfahrungsseelenkunde betont, wie sie in den Einzelfallanalysen des Magazins gepflegt wurde, sowie zur psychologisch motivierten Prosa von Moritz. Gemeinsam mit Wackenroder besuchte Tieck zudem die Berliner Vorlesungen von Moritz zur Kunstgeschichte (vgl. Köpke 1, S. 90f.; siehe den Beitrag *Kunsttheorie* in Kap. 3). So ist es nicht verwunderlich, daß Tieck seine Erzählung *Die beiden merkwürdigsten Tage aus Siegmunds Leben* ursprünglich für das *Magazin zur Erfahrungsseelenkunde* verfaßt hat (vgl. Schweikert 1, S. 82). Er publizierte sie dann 1796 im fünften Band der *Straußfedern*, weil Moritz 1793 starb und das *Magazin* nicht fortgesetzt wurde. Die Aufmerksamkeit für »alle Erscheinungen der Seele« (ebd.), die Tieck im selben Zusammenhang betont, gilt jedoch nicht nur für diese Erzählung, sondern neben etlichen weiteren *Straußfedern*-Erzählungen sowohl für *Peter Lebrecht* als auch für etliche Passagen des Romans *William Lovell*.

Gestützt werden Tiecks Geschichten für die *Straußfedern* häufig durch ein Netz erfahrungsseelenkundlicher Beobachtungen, die mit eingestreuten Reflexionen über »Menschenkenntniß und Kenntniß meiner selbst« (S 14, S. 173) oder »geringscheinende Gegenstände« (S 15, S. 19) der »Erfahrungsseelenkunde« (S 15, 73) versetzt werden. Als erklärtes Ziel der Literarisierung von Lebensgeschichten kommt eine Entfaltung und Modularisierung von Subjektivität in den Blick, die als Aufklärung über die *conditio humana* unter das Leitmotiv der Sicherung von Identität gestellt wird. Daß damit aber auch ein Akt von Selbstentfremdung verbunden ist, meint Moritz als kalkulierbare Größe vernachlässigen zu können: Ich – so heißt es in *Aussichten zu einer Experimentalseelenlehre* – »betrachte mich als einen Gegenstand meiner eignen Beobachtung, als ob ich ein Fremder wäre, dessen Glücks- und Unglücksfälle ich mit kaltblütiger Aufmerksamkeit erzählen hörte« (Moritz 1981, S. 94). Ein Teil der *Straußfedern*-Erzählungen Tiecks sowie – mit grundsätzlich anderer poetologischer, nämlich romantischer Ausrichtung – seine frühen Märchen dokumentieren mit unterschiedlicher Intensität des Schreckens, daß die Fremdheit, die Moritz meint, künstlich, d. h. experimentell und nur vorübergehend herstellen zu müssen, ein permanenter individualpsychologischer Faktor der Subjektkonstitution seit 1800 wurde. Sehr genau hat Ernst Ribbat gesehen, daß in den dichtesten der *Straußfedern*-Texte, etwa in *Fermer der Geniale*, in *Ulrich der Empfindsame* und in *Die beiden merkwürdigsten Tage aus Siegmunds Leben*, »Symptome eines potentiell psychotisch werdenden Wirklichkeitsverlustes aufgespürt« werden (Ribbat 1978, S. 42).

Tieck übernahm die Bearbeitung der *Straußfedern* ab 1795 mit dem vierten Band, nachdem zunächst Johann Karl August Musäus, von dem auch der Titel der Sammlung stammt, und dann Johann Gottwerth Müller die Herausgeberschaft innehatten. Der Titel macht bereits klar, daß es sich hier durchweg um Bearbeitungen von fremdsprachigen, zumeist französischen Textvorlagen – also um ›fremde Federn‹ – handelt. Erst Tieck ändert dieses Verfahren, indem er neben Bearbeitungen auch eigenständige Texte für die Sammlung schreibt. In fünf Bänden der *Straußfedern* zwischen 1795 und 1798 hat Tieck, z. T. unter Mitarbeit seiner Schwester Sophie und seines späteren Schwagers August Ferdinand Bernhardi, in einer Art »manufakturierte[r] Gemeinschaftsproduktion« (Rath 1996, S. 160) zahlreiche Texte bearbeitet bzw. verfaßt, die allesamt anonym publiziert wurden. Insgesamt 16 dieser Texte hat Tieck, obwohl er sie als »Kleinigkeiten« (S 11, S. XLVII) und »Jugendsünden« (Brief an Mathäus von Collin, 22. Oktober 1818; Letters, S. 173) abgetan hat, sehr viel später in seine gesammelten Schriften übernommen und mit Titeln versehen, so daß nur für diese Tiecks Autorschaft mit einiger Sicherheit feststeht; sein letzter Beitrag nämlich, die satirische und märchenhafte *Merkwürdige Lebensgeschichte Sr. Majestät Abraham Tonelli* ist eine freie Adaptation eines längst vergessenen Textes aus der Mitte des 18. Jahrhunderts: *Curieuse und sehr merckwürdige Lebens- und Reise-Beschreibung eines auf der Wanderschaft sich befindenden Schneiders-Gesellen, namentlich Abraham Tunelli* (vgl. Littlejohns 1986). In den *Straußfedern* waren die Beiträge ohne Überschrift erschienen, lediglich mit fortlaufenden Nummern versehen. Eine Ausnahme bildet ein kleines Lustspiel im siebten Band, *Die Theegesellschaft*.

Von ihren verlegerischen Voraussetzungen her waren die *Straußfedern* auf unterhaltsame, durchaus auch spannende Geschichten angelegt, die in einem eingängigen Konversationsstil dem wachsenden bürgerlichen Lesepublikum Szenen und Probleme seiner eigenen Lebenswelt vorstellen und ethische und psychologische Verhaltens- und Lösungsangebote machen sollten. Ausdrücklich verband Nicolai mit seinem populäraufklärerischen Verlagsprojekt die Auflage, in Fragen der Politik und Religion zurückhaltend zu bleiben und nichts Kritisches gegen Staat und Aufklärung zu äußern (vgl. Antoine 2001, S. 238). In etlichen Texten hielt Tieck sich an die Vorgaben der Reihe. Als angehender freier Schriftsteller stand er unter dem ständigen Druck, seinen Lebensunterhalt verdienen zu müssen. Wenn man allerdings die frühromantischen Komödien Tiecks mit ihren satirischen Ausfällen gegen Absolutismus und eine dogmatisch verhärtete Aufklärung vor Augen hat, die ja gleichzeitig mit den späteren *Straußfedern*-Beiträgen entstehen, dann wird sinnfällig, in welch widersprüchlicher Situation Tieck sich während seiner Arbeit für Nicolai befand. Nicht zufällig ist es das Lustspiel *Die verkehrte Welt*, das zum Bruch mit Nicolai und zum Ende der *Straußfedern*-Reihe führte (siehe den Beitrag *Tieck und seine Verleger* in Kap. 1). Nicolai lehnte das Stück wegen seiner Phantastik und mutwilligen Aufklärungssatire ab, merkwürdigerweise aber akzeptierte er noch *Abraham Tonelli* für den letzten Band, obwohl dieser dem Lustspiel an satirischem Impetus kaum nachstand und, wie Annette Antoine urteilt, »sich von allen *Straußfedern*-Beiträgen am weitesten von aufklärerischen Vorstellungen losgelöst hat« (Antoine 2001, S. 202).

Ernst Ribbat hat für Tiecks *Straußfedern*-Texte eine Zweiteilung vorgeschlagen: Einer »psychologische[n] Erfassung des ›Wunderbaren‹« in einer Gruppe von Texten steht eine andere gegenüber, »in der zeitgenössische Verhaltensweisen in Gesellschaft und Literatur einer kritischen Revision unterzogen werden« (Ribbat 1978, S. 43). Er räumt allerdings selbst ein, daß die beiden Stücke des achten und letzten Bandes, *Abraham Tonelli* und ein merkwürdiger Text, dem Tieck später den Titel *Ein Tagebuch* gegeben hat, sich wegen ihrer märchenhaften Phantastik bzw. ihres parodistischen Überschwangs und ihrer intertextuellen Binnendifferenzierung nicht recht in dieses Schema einfügen wollen. In *Ein Tagebuch* spielt Tieck mit den Erwartungen an intime Bekenntnisse und »Selbsterkenntnis« (S 15, S. 293), die jedoch nicht erfüllt werden, und entlarvt das öffentliche Tagebuch-Schreiben als Komödie und Maskenspiel, das ein Autor mit sich selbst und dem Publikum spielt. Gleichzeitig unterbricht er seine »Selbsterkenntnis« mit längeren Passagen aus Moscheroschs *Gesichte Philanders von Sittewalt* (1640–1650) und Grimmelshausens *Simplicissimus Teutsch* (1668–1669), die mit den Ausführungen des Tagebuchs in diegetische Korrespondenzen treten.

Mit unterschiedlicher Gewichtung ist für den Großteil der Tieckschen *Straußfedern*-Texte wie auch der übrigen frühen Prosastücke eine psychologische Disposition kennzeichnend, die eng mit der spätaufklärerischen Erfahrungspsychologie zusammenhängt. In Anlehnung an Lavaters Physiognomik hat Claudia Stockinger Tiecks spätaufklärerischen Texten deshalb eine »pathognomische« (Stockinger 2005) Intention bescheinigt. Mit einer differenzierten erfahrungspsychologischen Optik geht es in Texten wie *Schicksal, Der Fremde, Der Psycholog, Fermer der Geniale, Ulrich der Empfindsame, Die beiden merkwürdigsten Tage aus Siegmunds Leben* u. a. mehrheitlich um eine psychologisch-literarische Analyse von Charakteren und Verhaltensweisen, die eng mit einer spätaufklärerischen Semantik verknüpft sind. In *Fermer* entlarvt Tieck das empfindsame Verhalten des Titelhelden als buchgestütztes, aus Sturm und Drang und Empfindsamkeit zusammenzitiertes Masken- und Rollenspiel, das sich nahtlos in seiner eigenen, von Tieck grotesk versetzten dichterischen Produktion fortsetzt. Zu den Manuskripten, die Fermer abschließend den Buchhändlern anbietet, gehören u. a. *Löwenhelm der Bärenstarke* und *Rudolph vom Kellersporn, gemeinhin genannt der Abgrundspringer* (S 15, S. 203f.).

Genauer auf eine psychodynamische Entwicklung schwärmerischen Verhaltens und der daraus resultierenden, zeittypischen Theatromanie geht Tieck in *Ulrich der Empfindsame* ein. Tiecks Ätiologie der »Schwärmerei« (S 15, S. 162) führt in die Kindheit und Jugend des Helden zurück und findet die Ursachen in einer Erziehungsmethode der Mutter, die, bei mehr oder minder abwesendem Vater, aus ihrem Sohn Ulrich »das kräftigste Urgenie zu bilden [sucht], das nur jemals in Deutschland auf Stelzen gegangen ist« (S 15,

S. 129). Sie stützt sich dabei auf einen ganzen Schrank »voll empfindsamer Erziehungsschriften [...], deren Theorie jetzt bei dem Knaben angewendet wurde« (S 15, S. 124), mit dem Ergebnis, daß auch hier alles Verhalten durch literarische Modelle vorgeprägt ist und Handeln insgesamt als Maskerade und Rollenspiel transparent wird.

Etwas anders noch liegen die Verhältnisse in der bereits mehrfach erwähnten Erzählung aus Siegmunds Leben, die wohl als erster frei komponierter Text für die *Straußfedern* angesehen werden kann (vgl. Ribbat 1978, S. 37). Auch hier spielen literarische Genres und Motive eine entscheidende Rolle bei der Strukturierung des Empfindens und Verhaltens, stärker aber als bei den anderen Erzählungen spitzt Tieck die Wahrnehmungstrübung seines Helden Siegmund auf soziale Konsequenzen hin zu und erweitert dabei das geschilderte Spektrum bürgerlichen Alltags- und Erwerbslebens erheblich. Siegmund aktualisiert Vorformen des Flaneurs, der die Straßen der Stadt träumerisch »durchkreuzt« (vgl. S 15, S. 90), seine Phantasie über den wechselnden Eindrücken und Beobachtungen stimuliert und darüber in einen »poetischen Taumel« (S 15, S. 91) gerät. Neben arbeitenden Handwerkern und Bürgersleuten, heimkehrenden Arbeitern und Prostituierten auf Kundensuche konzentriert sich sein Interesse vor allem und von Anfang an auf eine »Schöne« im »Fenster« gegenüber (S 15, S. 90). Von diesem Fensterblick nehmen die Erzählung und die widrigen Ereignisse dieser »beiden merkwürdigsten Tage«, die Siegmund vorübergehend aus seinen Träumereien reißen, ihren Ausgang. Denn das fehlschlagende Liebeswerben eines älteren Herrn bei dem besagten »allerliebste[n] Mädchengesicht« (S 15, S. 93) hält Siegmund für »eine lustige Scene aus einem komischen Stücke« (S 15, S. 93) und lacht entsprechend über die unfreiwillige »Kapitulation« des Herrn, der sich allerdings als jener einflußreiche Mann entpuppt, von dem Siegmunds bereits sicher gewähnte Ratsstelle abhängt. Phantastische Anlage zur Schwärmerei und »poetischer Taumel« erweisen sich nicht eben als probate Ratgeber, wenn innerhalb gesellschaftlicher Verhältnisse die Machtfrage gestellt wird. Der Machthaber belehrt den Helden denn auch zu passender Gelegenheit und in machiavellistischer Manier über eines der zentralen Themen der Spätaufklärung, den Zusammenhang von Zufall und Schicksal: »Ihr Unglück besteht ja eben darin, daß Sie mit diesem Zufall zusammengetroffen sind. Ist dies nicht vielleicht ein Wink des Verhängnisses, daß sie unglücklich sein sollen?« (S 15, S. 103). Und ganz im Stile der spätaufklärerischen Skepsis muß sich der Schwärmer von seiner begehrten Hetäre, der Schönen aus dem »gegenüberliegenden Fenster« (S 15, S. 97), über die Grundzüge einer Psychologie und Menschenkenntnis belehren lassen, die sich nichts mehr vormacht und Menschen als interessegeleitete und triebbestimmte »Maschinen« sieht (vgl. S 15, S. 114). Und daß es eben diese Liebesdienerin ist, deren geschicktes Verhalten Siegmund doch noch zu seiner Ratsstelle und zu einem konfliktfreieren Umgang mit Machthabern bringt, fügt dem versöhnlichen Abschluß der Erzählung einen ironischen und wohl auch skeptischen Zug ein (vgl. Ribbat 1978, S. 41). Bis in die späten *Straußfedern*-Erzählungen bleibt Tieck in einem »kritischen Dialog [...] mit der späten Aufklärung« (Brecht 1993, S. 252), namentlich der Erfahrungsseelenkunde. Allerdings, und darauf hat bereits Bong verwiesen, endet Tiecks Übernahme des »Seelendiskurses« in einer »gründlichen Ironisierung« (Bong 2000, S. 33) sowohl des »Selbstzergliederungs-Diskurses« (ebd.) als auch einer überkommenen Poesie der Innerlichkeit.

Phantasus-Märchen

Einen markanten Bruch mit seiner spätaufklärerischen Prosa stellen die frühen Märchen Tiecks dar, die er ab 1811 in seine *Phantasus*-Sammlung übernommen hat. Vor allem das 1796 entstandene Märchen *Der blonde Eckbert* läßt sich als zentrales Archiv der späteren romantischen Literatur bezeichnen. Der Text wurde wie die Volksbuch-Bearbeitung *Liebesgeschichte der schönen Magelone und des Grafen Peter von Provence* zunächst in den *Volksmährchen* von 1797 unter dem Pseudonym Peter Leberecht publiziert. Zu den in der Sammlung *Phantasus* veröffentlichten Prosa-Texten gehören noch die Adaption des mittelalterlichen, mythisch-märchenhaften Tannhäuser-Stoffes *Der getreue Eckart und der Tannenhäuser*, der erstmals in *Die Romantische Dichtungen* (1799) erschienen war, das Märchen *Der Runenberg* sowie die eigens für den ersten Band des *Phantasus* geschriebenen Kunstmärchen *Der Pokal, Die Elfen* und *Liebeszauber*.

Der blonde Eckbert spielt die generischen Möglichkeiten des romantischen Kunstmärchens beinahe vollständig aus. In der Forschung ist die herausragende Bedeutung dieses Textes immer wieder betont worden (vgl. Klussmann 1964; Schlaffer 1976; Ribbat 1978, S. 140ff.; Kreuzer 1983; DKV 6, Kommentar, S. 1254 ff.; Neumann 1991, S. 224ff.; Rath 1996, S. 262ff.; Bong 2000, S. 286ff.; Mathäs 2001; Hölter 2005; Kremer 2005). Der epochale Bruch mit der Literatur der Spätaufklärung läuft über die Behauptung und Begründung ästhetischer Autonomie, deren Rückseite eine Abgrenzung von der rationalen Zweckbestimmung der Wissenschaft und der moralischen Funktionalität der Literatur der Aufklärung bezeichnet. Die beanspruchte Autonomie des romantischen Textes besteht u. a. in einer weitgehenden Selbstreflexion, in atmosphärischer Ambiguität und allegorischer Verdichtung, aber auch in einer auffälligen psychologischen Differenzierung. Wenn man diese Veränderung als eine radikale Abkehr von der Psychologie verstehen will, wie Jörg Bong dies tut, dann bedarf das einer einschränkenden Erläuterung:

> Aus dem Studium der Psychologie und psychologischen Literatur generiert sich – und das nicht beliebig, sondern ganz konsequent – eine aggressiv anti-psychologische Literatur – womit das Thema Psychologie und Literatur [...] schon Ende des 18. Jahrhunderts eine gründliche Erledigung findet. (Bong 2000, S. 74)

Bong trifft den Umstand, daß *Der blonde Eckbert* gewiß nicht mehr als ein pragmatischer Beispielfall für psychologische Exzentrik im Sinne der Erfahrungsseelenkunde dient. Er übersieht aber, daß die Wahlverwandtschaft von Literatur und Psychologie im Zuge der beginnenden Romantik nicht aufgekündigt, sondern unter anderen Vorzeichen fortgeführt wird, jetzt aber so, daß der literarische ›Fall‹ nicht auf einen psychologischen zurückgeführt werden kann, sondern daß die psychologische Reflexion der ästhetischen Differenz untersteht. Denn gerade in ihrer Kombination von Phantastischem und psychologisch sehr genau motiviertem Schrecken erweisen sich Tiecks frühe Märchen – *Der blonde Eckbert, Der Runenberg* sowie *Liebeszauber*, die ich hier hervorheben möchte – als ausgesprochen stilbildend für einen großen Teil der späteren romantischen Literatur.

Die Option auf das Phantastische stützt zwei Unbestimmtheiten des romantischen Textes: die Ununterscheidbarkeit von Traum und Wirklichkeit und die Auflösung fester Figurenidentitäten. Beide unterstehen einer paradoxen Logik, die es erlaubt, daß eine Szene zugleich Traum und fiktive Realität und eine Figur gleichzeitig sie selbst und eine andere sein kann. Tiecks psychosemiotische Dramatisierung des Unbewußten in den *Phantasus*-Märchen ist – mit jeweils verschiedenen Akzentuierungen – wesentlich durch folgende Elemente bestimmt: die Sicht der Kindheit als traumatischem Ort, inzestuöse Verwicklungen in der kulturgeschichtlich neuen Form der Kleinfamilie, Wahnzustände als perspektivisch verdrehte Wahrnehmung und gespaltene Persönlichkeit. Anders als bei Novalis kommt Kindheit beim frühen Tieck mehrheitlich nicht als unentfremdete Existenz in den Blick, sondern als Ort einer fundamentalen Verletzung, die sich als unbewußte Wunde durch das gesamte Leben zieht. In *Der blonde Eckbert* bindet Tieck die Verwirrung von Traum und Realität an einen Schrecken, der seine Wurzeln in einer inzestuösen Familienkonstellation hat. Wegen ihres Hangs zu »Müßiggang« und »Phantasien« wird die weibliche Hauptfigur Bertha »auf die grausamste Art« (DKV 6, S. 128) gezüchtigt. Verzweiflung und Angst sind die mehrfach im Text genannten, zumeist unbewußten Motive für ihre Flucht aus dem Elternhaus. Unbewußt wird Eckbert später zum Mörder, und »fast ohne daß [Bertha] es wußte« (DKV 6, S. 129), flieht sie vor der väterlichen Gewalt. Zwar gelingt Berthas Flucht, die Spur der Gewalt zieht sich von hier ausgehend jedoch durch den gesamten Text. Die Übergriffe des Vaters setzen sich in der brutalen Tötung eines Vogels, der, im Besitz einer alten Frau mit magischen Fähigkeiten, Perlen anstatt Eier legt, dann in der nicht minder grausamen Ermordung Walthers und schließlich im Tod der beiden Hauptfiguren fort.

Es ist von entscheidender Bedeutung für Tiecks Kunstmärchen, daß sie auf der Vorgängigkeit und weltstrukturierenden Kraft der Phantasie und der Sprache bestehen. Initial für Berthas Flucht aus der Hütte der Alten, die sie das Lesen allererst lehrt, ist ihre exzessive Lektüre. »Wunderbare Geschichten« aus »alten geschriebenen Büchern« (DKV 6, S. 134) öffnen die enge Alltagswelt in verlockende Phantasiewelten, in denen es mehrheitlich um Liebe geht: »Ich hatte auch von Liebe etwas gelesen, und spielte nun in meiner Phantasie seltsame Geschichten mit mir selber« (DKV 6, S. 135). Neben einem selbstreflexiven Porträt des einsamen romantischen Autors, der sich selbst in Phantasien über die Liebe entwirft, hat Tieck damit auch einen melancholischen und narzißtischen Ton angeschlagen, der das Märchen durchzieht und auf die abschließende Katastrophe einschwört. Die Schatten der gegen Ende des 18. Jahrhunderts entstehenden bürgerlichen Kleinfamilie spiegeln sich in Tiecks Text bereits in der Signifikanz der Namen. In ihr geben sich die Figuren als leicht variierte Verschiebungen und Verdopplungen zu erkennen. Die Unausweichlichkeit von Schrecken und Gewalt zeigt sich in einer zirkulären Anordnung von Raum und Zeit, nach der die Figuren – wie im Traum – immer wieder bei sich selbst ankommen (vgl. DKV 6, S. 60). Es ist von daher nicht verwunderlich, daß Bertha ihre Lebensgeschichte einer männlichen Inkarnation der Alten erzählt, eben Walther, für den sie entsprechend keine Unbekannte ist und der den Namen des Hundes Strohmian kennt, den Bertha selbst vergessen hat (vgl. DKV 6, S. 141). ›Eckbert‹ unterhält eine ähnliche Korrespondenz zu ›Bertha‹ wie die ›Alte‹ zu ›Walther‹. Tieck unterstreicht sein Spiel mit dem literarischen Signifikanten durch ein in beiden Fällen in die Namen eingefügtes ›h‹, das in phonetischer Hinsicht differenzlos ist und ein phantasmatisches Eigenleben beginnt. Es markiert auch die zweite männliche Figuration der Alten, den – nach Walthers Ermordung – zweiten Freund Eckberts bereits im Namen: Er heißt Hugo. Auch der magische Märchenhund Strohmian führt das flüchtige ›h‹ genau in der Mitte seines Namens, der überdies – als Stromer, Herumtreiber – auf die Flüchtigkeit von Identität und Signifikanz anspielt.

Tieck verkompliziert die Verhältnisse zusätzlich, indem er die Mutter-Kind-Relation zwischen Eckbert und der Alten noch mit einer Vaterfigur überlagert, die nur kurz als »alter Ritter« oder der »Alte« eingeführt wird. Diese Figur ist so angelegt, daß man sie leicht als leiblichen Vater Eckberts vermuten kann. Tieck formuliert diese Beziehung nicht aus, unterstreicht sie aber nochmals, als er Bertha am Ende als Stiefschwester Eckberts zu erkennen gibt und die inzestuöse Bindung in folgende Worte der Alten faßt: »Sie war die Tochter eines Ritters, die er bei einem Hirten erziehen ließ, die Tochter deines Vaters«

(DKV 6, S. 146). Die familiäre Verschlingung der Figuren bedeutet auch, daß Eckbert diesen »schrecklichen Gedanken« immer ›geahnt‹ hat: »Warum hab' ich diesen schrecklichen Gedanken immer geahndet? rief Eckbert aus« (ebd.). Und die allwissende Alte antwortet: »Weil du in früher Jugend deinen Vater einst davon erzählen hörtest; er durfte seiner Frau wegen diese Tochter nicht bei sich erziehn lassen, denn sie war von einem andern Weibe« (ebd.). Von hier aus wird verständlich, warum der »alte Ritter« gleich als »Gegner« (DKV 6, S. 144) Eckberts eingeführt wird und sich besonders für Eckberts Frau Bertha interessiert, wäre sie nach dieser Lesart doch seine illegitime Tochter, die ihm der Sohn in einem Akt unbewußten Inzests abspenstig gemacht hat.

In Gesellschaft des Alten nimmt Eckberts Freund Hugo die Züge des ermordeten Walther an: »Indem er noch immer hinstarrte, sah er plötzlich Walthers Gesicht, alle seine Mienen, die ganze ihm so wohlbekannte Gestalt, er sah noch immer hin und ward überzeugt, daß niemand als *Walther* mit dem Alten spreche« (ebd.). Die plötzliche Veränderung der Gesichtszüge baut erneut eine Beziehung zur Figur der Alten auf, deren »Gesichtsverzerrungen« (DKV 6, S. 133) sie als Proteus ausweisen:

> Indem ich sie so betrachtete, überlief mich mancher Schauer, denn ihr Gesicht war in einer ewigen Bewegung, indem sie dazu wie vor Alter mit dem Kopfe schüttelte, so daß ich durchaus nicht wissen konnte, wie ihr eigentliches Aussehn beschaffen war. (Ebd.)

Die proteushafte Verwandlungsfähigkeit der Figuren wird im Text selbst mit einem Hauch von Ironie reflektiert. Kurz vor dem Ziel des Märchenspiels, das zugleich sein Ausgangspunkt war, der Hütte der Alten, verirrt Eckbert sich in einem Felslabyrinth. Ein Bauer, der den Weg aus dem Labyrinth weiß, erscheint ihm in Gestalt Walthers: »Was gilts, sagte Eckbert zu sich selber, ich könnte mir wieder einbilden, daß dies Niemand anders als Walther sei?« Und genau so geschieht es: »Und indem sah er sich noch einmal um, und es war Niemand anders als Walther« (DKV 6, S. 145).

Das subjektive Gesetz der Phantasie, das in diesem Märchen mit dem Akt des Lesens grundiert ist, besteht in einem Vorgang der Projektion oder genauer noch in einer Indifferenz von Wahrnehmung und Halluzination, die letztlich die genannte Ununterscheidbarkeit von Realität und Traum und die Unfestigkeit der Figur fortschreibt. Als der Vogel sein Lied über die »Waldeinsamkeit« ein letztes Mal singt, kommt es zur abschließenden Katastrophe:

> Jetzt war es um das Bewußtsein, um die Sinne Eckberts geschehn; er konnte sich nicht aus dem Rätsel heraus finden, ob er jetzt träume, oder ehemals von einem Weibe Bertha geträumt habe; das Wunderbarste vermischte sich mit dem Gewöhnlichsten, die Welt um ihn war verzaubert, und er keines Gedankens, keiner Erinnerung mächtig. (Ebd.)

Die gesamte fiktive Erlebnisrealität des Märchens erweist sich als traumhafte Projektion des männlichen Helden in Richtung auf die Mutterfigur der Alten. Seine projektive Halluzination fällt in einer narzißtischen Kehre auf ihn selbst zurück und entlarvt seine Beziehung zu den nächsten Mitmenschen als illusionär verstellten Autismus. Die entsetzliche Einsicht in eine ausweglose Einsamkeit des Ich markiert entsprechend den Schlußpunkt: »Gott im Himmel! sagte Eckbert still vor sich hin, – in welcher entsetzlichen Einsamkeit hab' ich dann mein Leben hingebracht« (ebd.).

Auch Emil, der Held des Märchens *Liebeszauber* (siehe den Beitrag *Literarische Geselligkeit* in Kap. 4), vermag die Grenzen seiner voyeuristisch gerahmten Einsamkeit nicht zu überschreiten. Den Zusammenhang von perspektivischer Verwirrung der Wahrnehmung und erotisch-narzißtischer Projektion variiert Tieck hier in einem noch blutrünstigeren Schreckensszenario, dem zunächst ein kleines Kind, dann das Liebespaar selbst zum Opfer fällt. Abend für Abend pflegt der melancholische, menschenscheue Emil ein erotisches Blickarrangement, das seine Liebe in eine autoerotische Praxis und ihr Objekt in ein virtuelles Bild überführt: »Eine Spalte blieb hell, groß genug, um von Emils Standpunkt einen Teil des kleinen Zimmers zu überschauen, und dort stand oft der Glückliche bis nach Mitternacht wie bezaubert, und beobachtete jede Bewegung der Hand, jede Miene seiner Geliebten« (DKV 6, S. 217). Tieck kehrt den narzißtischen Kern dieses Blickarrangements drastisch hervor, wenn er seinen Helden eines Abends Zeuge der monströsen rituellen Schlachtung eines Kleinkindes werden läßt und darin, nur leicht allegorisch verstellt, Zeuge seiner eigenen Kastration. In dem Augenblick, als ihn sein abgetrenntes ›Glied‹ in Gestalt eines »scheußliche[n] Drachenhals[es]« als ein Fremdes anblickt, als sich also sein Blickarrangement gegen ihn selbst kehrt, wird er ohnmächtig:

> Ein scheußlicher Drachenhals wälzte sich schuppig länger und länger aus der Dunkelheit, neigte sich über das Kind hin, das mit aufgelösten Gliedern der Alten in den Armen hing, die schwarze Zunge leckte vom sprudelnden roten Blut, und ein grün funkelndes Auge traf durch die Spalte hinüber in Emils Blick und Gehirn und Herz, daß er im selben Augenblick zu Boden stürzte. (DKV 6, S. 227)

Zwar gibt es ein Begehren, aber es ist narzißtisch durchsetzt, und deshalb kann es zu keiner Vereinigung mit der Geliebten kommen. Emil hat hier ganz buchstäblich ›rot‹ gesehen und ist so traumatisiert, daß er kurz vor der Hochzeit mit der Geliebten von Gegenüber wieder ›rot‹ sieht und die rot gekleidete Braut ersticht. Ähnlich wie in *Der blonde Eckbert* arbeitet Tieck mit signifikanten Namen, die die erzählte Katastrophe präfigurieren. Hier handelt es sich um die Verschiebung einer roten Alten und eines Freundes namens Roderich, die das breit gefächerte semantische Feld des Roten hin zum tödlichen Ende eröffnen, das, ausgelöst durch das rote Kleid der Braut, vom »blutigen Abendrot« (DKV 6, S. 239) besiegelt wird.

Es ist von nicht geringer Bedeutung, um auf das *Eckbert*-Märchen zurückzukommen, daß die Katastrophe Eckberts durch das Lied *Waldeinsamkeit* ausgelöst wird (siehe den Beitrag *Lyrik* in Kap. 4). In mehrfacher Hinsicht erhält diese lyrische Einlage innerhalb des Prosatextes großes Gewicht. So stellt der Titel in einem neologistischen Kompositum nicht nur das zentrale Thema des Textes aus, sondern er tut es in einer Steigerungsformel der Einsamkeit: Waldeinsamkeit als Superlativ der Einsamkeit. Zudem bildet das Lied die zyklische Struktur und, indem es in drei Textvariationen vorgestellt wird, die Prinzipien der Metamorphose und der Wiederholung *en miniature* nach. Es markiert jeweils zentrale Punkte des Textes: Es flankiert die Ankunft Berthas in der Hütte der Alten (DKV 6, S. 132), es steht unmittelbar vor der Tötung des Vogels (DKV 6, S. 139), und es besiegelt, wie gesagt, Eckberts Katastrophe (DKV 6, S. 145). Man würde das kleine Gedicht gründlich mißverstehen, wenn man es als idyllische Natur- oder Erlebnislyrik auffaßte. Das Gedicht baut nämlich keineswegs Referenzen auf eine Naturszenerie auf, sondern »Waldeinsamkeit« stellt das signifikante Material bereit, aus dem sich die Sprache selbst hervorbringt. Es bezeichnet das grundlegende Sprachspiel der Romantik, demzufolge Sprache sich selbst und die Welt generiert. »Waldeinsamkeit« kann als einer der Quellcodes des romantischen Diskurses verstanden werden.

Dieser hängt zudem eng mit dem Thema der Melancholie zusammen, deren Bedeutung für die *Phantasus*-Märchen offensichtlich ist. So bescheinigt Tieck seinem Helden Eckbert doch gleich zu Beginn des Textes »eine stille zurückhaltende Melancholie« (DKV 6, S. 126), ebenso übrigens wie Emil, dem Helden von *Liebeszauber*, und Christian, der Hauptfigur des *Runenberg*-Märchens. Vorsichtig hat Tieck weitere Anspielungen auf die Melancholie-Tradition eingestreut. Ich nenne nur das Alter des Helden, das ausdrücklich auf vierzig festgelegt wird und damit, laut Robert Burton, den für die Melancholie prädestinierten Lebensabschnitt bezeichnet (vgl. Burton 1991, S. 149). Des weiteren wird Eckbert als Sammler von Steinen eingeführt, wobei in der gesamten Literatur und Ikonographie der Melancholie die Affinität des Melancholikers zum Sammeln und seine Nähe zur schweren Materie des Steins und der Erde ausgemacht sind. In *Der Runenberg* hat Tieck diesen Aspekt deutlicher ausgeführt.

Das Melancholie-Thema hängt eng mit dem Motiv der Selbstgenerativität der romantischen Poesie zusammen. In den einschlägigen Stellen zur Melancholie in der *Occulta Philosophia* Agrippas von Nettesheim (1530–1533) taucht die Zahl vier als antimelancholisches Palliativ auf (vgl. Agrippa 1982, S. 193). Und die Zahl vier sowie Vielfache und Kombinationen davon sind in

Der blonde Eckbert übercodiert: Mit acht Jahren flieht Bertha vor der Grausamkeit des Vaters; nach vier Tagen trifft sie auf die Alte; vier Jahre lebt sie bei der Alten, als sie – mit zwölf Jahren – in das Geheimnis des Vogels eingeweiht wird; mit vierzehn Jahren verläßt sie die Alte, und Eckbert ist – wie gesagt – vierzig Jahre alt. Auch die zentralen Figuren des Textes ergeben ein Viererschema. Zwar erscheint das Gedicht *Waldeinsamkeit* dreimal wörtlich im Text, es wird aber viermal gesungen, und zwar das vierte Mal im Schlußsatz: »Eckbert lag wahnsinnig und verscheidend auf dem Boden; dumpf und verworren hörte er die Alte sprechen, den Hund bellen, und den Vogel sein Lied wiederholen« (DKV 6, S. 146).

Man würde diese Überlegung gewiß nicht weitertreiben, man würde nicht auf die vier Buchstaben der Alten oder Hugos, die Viersilbigkeit des Wortes »Waldeinsamkeit« und die darin eingeschlossenen vier Verse und Reime des Liedes hinweisen, wenn dies nicht ins Zentrum einer romantischen Vorstellung von der Emergenz der poetischen Sprache führte. Es ist hinlänglich bekannt, daß diese auf säkularisierten kabbalistischen Traditionen aufruht. Die eben angesprochene Stelle bei Agrippa betrifft die Vier als Zahl des Tetragrammaton, JHWH, des Namens Jahwes, des Namens schlechthin: »Deshalb enthält auch der hocherhabene Name Gottes und der heiligen Dreieinigkeit vier Buchstaben (Tetragrammaton), nämlich Jod, He und Vau, He, wobei der Hauchlaut He das Ausgehen des heiligen Geistes [...] bedeutet. Das doppelte He schließt beide Silben, sowie den ganzen Namen. Einige behaupten, daß man diesen Namen Jova ausspreche, woher jener heidnische Jovis [...]« (Agrippa 1982, S. 193). Jakob Böhme stützt die Bedeutung des Konsonanten ›H‹ als Medium der Offenbarung des Namens. Er ist gewissermaßen der Aushauch des »Namens Gottes«: »Aber das H deutet an die Göttliche Lust oder Weisheit, wie sich die Göttliche Lust aus sich selbst aushauche« (Böhme 1958, S. 331).

Von hier aus wird noch einmal überaus deutlich, daß Tieck das metamorphotische Spiel mit den Namen und dem ›H‹ darin keineswegs als bloße Spielerei versteht. Es geht ihm vielmehr um eine allegorische Darstellung der Selbstschöpfungskraft romantischer Poesie. Ähnlich wie die jüdisch-christlichen Vorstellungen der sogenannten Namensprache zielt die Poesie der Romantik auf eine ganz und gar schöpferische und das heißt weltschöpferische Sprache (vgl. Kremer 1993, S. 129–142). Gemeinsam mit den magischen Praktiken der Tradition, aber säkularisiert und gleichsam ästhetisiert, träumt die Romantik von einem ästhetischen »Zauberstab der Analogie« (Novalis 1978, S. 743), der die Dinge allererst zum Sprechen bringt. Tieck entwirft seine Poesie als selbstgeneratives Medium der Weltschöpfung und Konstruktion imaginärer Welten. Die kleinste praktische Einheit dieses poetologischen Konzepts ist wahlweise das ›H‹ oder eben »Waldeinsamkeit«. Idealiter ließe sich aus ihr die ganze Welt restituieren. Und genau in diesem Punkt wird der unversöhnliche Abstand von *Der blonde Eckbert* und der übrigen *Phantasus*-Märchen zu den im Kontext der Spätaufklärung stehenden Erzählungen Tiecks greifbar.

Im sechs Jahre später verfaßten Märchen *Der Runenberg* hat Tieck den Aspekt ästhetischer Selbstreflexion in einer erotisch-skripturalen Konstellation (vgl. Ribbat 1978, S. 149ff.; DKV 6, Kommentar, S. 1281ff.; Rath 1996, S. 271ff.) stärker ins Zentrum gerückt und dabei einen weiteren, für die *Phantasus*-Märchen wichtigen Aspekt erschlossen: die Entfaltung der Topographie als Kunstraum. In diesem Märchen gibt der Held Christian, von »alten Büchern« (DKV 6, S. 185) verlockt, schrittweise seine Alltagsbindung auf und läßt sich auf eine phantastische Existenz ein. Je stärker er sich an die erotische und ästhetische Erscheinung der Runenberg-Frau anschließt, desto weiter entfernt er sich vom Alltag und seiner Ehefrau, bis hin zum Schlußbild des Märchens, das von wechselseitigem Unverständnis gekennzeichnet ist.

Die Topographie des Märchens ist durchweg allegorisch pointiert und als Effekt einer künstlerischen Imagination einsichtig. Im Wesentlichen reduziert sie sich auf einen dichotomischen Kontrast von Ebene und Gebirge, auf den Konflikt eines erhabenen Liebes- und Kunstgenusses auf den Höhen des Runenbergs mit dem ruhigen, aber langweiligen Familien- und Ehealltag in der Ebene. Der Vater warnt seinen von den exotischen Lüsten des Runenbergs infizierten Sohn Christian:

> [L]aß uns gehen, daß wir die Schatten des Gebirges bald aus den Augen verlieren, mir ist immer noch weh ums Herz von den steilen wilden Gestalten, von dem gräßlichen Geklüft, von den schluchzenden Wasserbächen; laß uns das gute, fromme, ebene Land besuchen. (DKV 6, S. 198)

In seiner Stereotypie und Künstlichkeit bedeutet die Topographie des Runenbergs nicht Abbildung oder Nachahmung von Wirklichkeit, sondern die allegorische Zurichtung eines Spielfeldes. Marianne Thalmann konnte Tiecks Märchen deshalb mit Recht »Musterbeispiele eines Zeichenprozesses« (Thalmann 1967, S. 24) nennen. In ihnen haben alle Orte einen Zeichenwert, der sich aus dem Zusammenspiel mit anderen Räumen ergibt. Auf und zwischen ihnen vollzieht sich die Erzählbewegung in der für die Romantik und für das Märchen typischen Kreisform.

Etwas komplexer fällt das ›Spielfeld‹ im 1811 für die *Phantasus*-Ausgabe verfaßten Märchen *Die Elfen* aus, das am ehesten noch einem Kindermärchen nahekommt (vgl. Klussmann 1964). Die Grenzen markieren »Strom« und »Hügel mit Birnbaum«. Im Zentrum liegt, von einem Bach eingeschlossen und von einem Hund bewacht, das Elfenreich. Ein Tannenwald und ein mit Wächtern besetzter Wall schirmen es kreisförmig von der Außenwelt ab. Als Reich der Phantasie grenzt es sich zwar nach außen scharf ab, nach innen entfaltet es aber eine unendliche Tiefe, in der auch die Chronologie der Alltagszeit aufgehoben ist. Sieben Jahre verkürzen sich hier auf etwas mehr als eine Nacht, in der allerdings nicht geschlafen, sondern, wie es ausdrücklich heißt, bis zum Morgen »gelustwandelt« (DKV 6, S. 314) wird. Die allegorische »Routine-Chiffrierung« (Thalmann 1967, S. 49) des Handlungsraums hinterläßt eine Handvoll bedeutsamer Kunst-Orte in einer »Traumlandschaft« (vgl. Garmann 1989), die keine mimetische Referenz zur Welt unterhält.

In *Der Runenberg* finden sich in gedrängter Form die zentralen Motive der romantischen Engführung von Skripturalem und Erotischem: eine enge metonymische Verknüpfung von Frau und Schrift sowie die Substitution von begehrter Frau und Schrift (vgl. Kremer 1989; Althaus 2005). Christian erhält nach einer wahren Epiphanie der beinahe nackten, überirdisch schönen Frau, das Haar schon lustvoll geöffnet, eine Schrift-Tafel von ihr, deren Schriftzüge ihm zwar unverständlich sind, die aber im Grunde nichts anderes als eine fetischisierte Synekdoche der Frau darstellt. Der Text auf der »magischen steinernen Tafel« wiederholt im Kleinen die kristalline, in »vielfältigen Schimmern« funkelnde, von einem »wandelnden Lichte« getragene »weibliche Gestalt« (DKV 6, S. 191). In Anspielung auf die christliche Eucharistie, die Transsubstantiation des Körpers, benennt die Runen-Frau ihre Metamorphose in Schrift, als sie Christian die Tafel überreicht: »Nimm dieses zu meinem Angedenken!« (DKV 6, S. 192). In der Forschung ist Christians Passion für das Bergwerk, das kalte Metall und die anorganischen Steine häufig auch als frühe Abrechnung mit und als Warnung vor der beginnenden kapitalistischen Geldwirtschaft gelesen worden (vgl. Frank 1978, S. 253–386; Mecklenburg 1982). Gewiß ist diese Anspielung im Märchen angelegt, wird aber weniger konsequent durchgeführt als die erotisch-skripturale Motivkette. In einem Text, dessen Titel bereits einen Berg aus Schriftzeichen verspricht, liegt es nahe, daß der phantasiebegabte Jüngling sich gegen die väterliche Warnung für die poetische ›Runen‹-Existenz entscheidet. Am Ende des Märchens läßt Tieck ihn als »wunderbare Gestalt« im dionysischen Habitus erscheinen (vgl. DKV 6, S. 207). Barfüßig, in zerrissenem Rock, bärtig, mit den Insignien des Haarkranzes aus grünem Laub und des grünen Fichtenstabs versehen, zitiert der Wanderer Christian den antiken Dionysos. Die Entscheidung für die Muse vom Runenberg spielt auf die Schriftstellerexistenz an, die erhabene Erfahrungen im Berg der Runen verspricht, als Preis aber den Verzicht auf bürgerliches Alltagsglück und drohenden Wahnsinn verlangt. Tiecks Märchenjüngling ist am Ende einsam und für seine Familie »so gut wie gestorben« (DKV 6, S. 208). Die Ehefrau kann entsprechend mit den »Edelsteinen«, die er in einem Sack aus dem Runenberg mitgebracht hat, nichts anfangen. Für sie sind das lediglich »Kieselsteine« (ebd.).

LITERATUR

Agrippa 1982: Agrippa von Nettesheim, Heinrich Cornelius: Die magischen Werke [1533], Wiesbaden 1982.
Althaus 2005: Althaus, Thomas: Doppelte Erscheinung. Zwei Konzepte der Erzählprosa des frühen Tieck, zwei notwendige Denkweisen um 1800 und zwei Lektüren von Tiecks Märchennovelle *Der Runenberg*. In: Die Prosa Ludwig Tiecks, hg. von Detlef Kremer, Bielefeld 2005, S. 95–114.
Ammermann 1978: Ammermann, Monika: Gemeines Leben. Gewandelter Naturbegriff und literarische Spätaufklärung. Lichtenberg, Wezel, Garve, Bonn 1978.
Antoine 2001: Antoine, Annette: Literarische Unternehmungen der Spätaufklärung, Bd. 1: Der Verleger Friedrich Nicolai, die *Straußfedern* und ihre Autoren, Würzburg 2001.
Böhme 1958: Böhme, Jakob: Sämtliche Schriften, Bd. VII: Mysterium Magnum, oder Erklärung über das erste Buch Mosis (1623). Anfang bis Capitel 43, hg. von Will-Erich Peuckert, Stuttgart 1958.
Bong 2000: Bong, Jörg: Texttaumel. Poetologische Inversionen von ›Spätaufklärung‹ und ›Frühromantik‹ bei Ludwig Tieck, Heidelberg 2000.
Brecht 1993: Brecht, Christoph: Die gefährliche Rede. Sprachreflexion und Erzählstruktur in der Prosa Ludwig Tiecks, Tübingen 1993.
Burton 1991: Burton, Robert: Anatomie der Melancholie. Über die Allgegenwart der Schwermut, ihre Ursachen und Symptome sowie die Kunst, es mit ihr auszuhalten [1621], übersetzt und hg. von Ulrich Horstmann, München 1991.
Frank 1978: Frank, Manfred: Steinherz und Geldseele. Ein Motiv im Kontext. In: Das kalte Herz. Texte der Romantik, hg. von Manfred Frank, Frankfurt a. M. 1978, S. 253–387.
Garmann 1989: Garmann, Gerburg: Die Traumlandschaften Ludwig Tiecks. Traumreise und Individuationsprozeß aus romantischer Perspektive, Opladen 1989.
Haym 1914: Haym, Rudolf: Die romantische Schule. Ein Beitrag zur Geschichte des deutschen Geistes [1870], Berlin ³1914.
Heilmann 1992: Heilmann, Markus: Die Krise der Aufklärung als Krise des Erzählens. Tiecks *William Lovell* und der europäische Briefroman, Stuttgart 1992.
Hölter 2005: Hölter, Achim: Über Weichen geschickt und im Kreis gejagt. Wie Tiecks *Blonder Eckbert* den modernen Leser kreiert. In: Die Prosa Ludwig Tiecks, hg. von Detlef Kremer, Bielefeld 2005, S. 69–94.
Japp 1999: Japp, Uwe: Die Komödie der Romantik. Typologie und Überblick, Tübingen 1999.
Klussmann 1964: Klussmann, Paul Gerhard: Die Zweideutigkeit des Wirklichen in Ludwig Tiecks Märchennovellen. In: Zeitschrift für deutsche Philologie 83 (1964), S. 426–452.
Kremer 1985: Kremer, Detlef: Wezel. Über die Nachtseite der Aufklärung. Skeptische Lebensphilosophie zwischen Spätaufklärung und Frühromantik, München 1985.
Kremer 1989: Kremer, Detlef: Die Schrift des *Runenbergs*. Literarische Selbstreflexion in Tiecks Märchen. In: Jahrbuch der Jean Paul-Gesellschaft 24 (1989), S. 117–144.
Kremer 1993: Kremer, Detlef: Romantische Metamorphosen. E. T. A. Hoffmanns Erzählungen, Stuttgart/Weimar 1993.
Kremer 2005: Kremer, Detlef: Einsamkeit und Schrecken. Psychosemiotische Aspekte von Tiecks *Phantasus*-Märchen. In: Die Prosa Ludwig Tiecks, hg. von D. K., Bielefeld 2005, S. 53–68.
Kremer 2007: Kremer, Detlef: Skeptische Fragmente. Über den Zusammenhang von Skepsis und Fragment in der Spätaufklärung. In: Kleine Prosa. Theorie und Geschichte eines Textfeldes im Literatursystem der Moderne, hg. von Thomas Althaus, Wolfgang Bunzel und Dirk Göttsche, Tübingen 2007, S. 45–54.
Kreuzer 1983: Kreuzer, Ingrid: Märchenform und individuelle Geschichte. Zu Text- und Handlungsstrukturen in Werken Ludwig Tiecks zwischen 1790 und 1811, Göttingen 1983.

Littlejohns 1986: Littlejohns, Richard: Tonelli und Tunelli. Zu Ludwig Tiecks Märchenparodie. In: Euphorion 80 (1986), S. 201–210.
Mathäs 2001: Mathäs, Alexander: Self-perfection – narcissism – paranoia: Ludwig Tieck's *Der blonde Eckbert*. In: Colloquia Germanica 34 (2001), S. 237–255.
Mecklenburg 1982: Mecklenburg, Norbert: »Die Gesellschaft der verwilderten Steine«. Interpretationsprobleme von Ludwig Tiecks Erzählung *Der Runenberg*. In: Deutschunterricht 34 (1982), H. 6, S. 62–76.
Moritz 1981: Moritz, Karl Philipp: Aussichten zu einer Experimentalseelenlehre. In: ders.: Werke in drei Bänden, Bd. 3: Erfahrung, Sprache, Denken, hg. von Horst Günther, Frankfurt a. M. 1981, S. 85–100.
Neumann 1991: Neumann, Michael: Unterwegs zu den Inseln des Scheins. Kunstbegriff und literarische Form in der Romantik von Novalis bis Nietzsche, Frankfurt a. M. 1991.
Novalis 1978: Novalis: Werke, Tagebücher und Briefe Friedrich von Hardenbergs in 3 Bänden, Bd. 2: Das philosophisch-theoretische Werk, hg. von Hans-Joachim Mähl, München 1978.
Paulin 1987: Paulin, Roger: Ludwig Tieck, Stuttgart 1987.
Rath 1996: Rath, Wolfgang: Ludwig Tieck: Das vergessene Genie. Studien zu seinem Erzählwerk, Paderborn/u. a. 1996.
Ribbat 1978: Ribbat, Ernst: Ludwig Tieck. Studien zur Konzeption und Praxis romantischer Poesie, Kronberg i. Ts. 1978.
Schlaffer 1976: Schlaffer, Heinz: Roman und Märchen. Ein formtheoretischer Versuch über Tiecks *Blonden Eckbert*. In: Ludwig Tieck. Wege der Forschung, hg. von Wulf Segebrecht, Darmstadt 1976, S. 444–464.
Schönert 1970: Schönert, Jörg: Fragen ohne Antwort. Zur Krise der literarischen Aufklärung im Roman des späten 18. Jahrhunderts. Wezels *Belphegor*, Klingers *Faust* und die *Nachtwachen von Bonaventura*. In: Jahrbuch der deutschen Schillergesellschaft 14 (1970), S. 183–229.
Stockinger 2005: Stockinger, Claudia: Pathognomisches Erzählen im Kontext der Erfahrungsseelenkunde. Tiecks Beiträge zu Nicolais *Straußfedern*. In: Die Prosa Ludwig Tiecks, hg. von Detlef Kremer, Bielefeld 2005, S. 11–34.
Thalmann 1967: Thalmann, Marianne: Zeichensprache der Romantik. Mit 12 Strukturzeichnungen, Heidelberg 1967.

Frühe Romane:
William Lovell und *Franz Sternbalds Wanderungen*
Manfred Engel

Anders als die Jenaer ist die Berliner Frühromantik noch immer wenig erforscht. Zwar bleibt sie jener in der Intensität philosophischer Reflexion und in der Kühnheit poetologischer Innovation zweifellos unterlegen, ist aber dennoch – oder vielmehr gerade deswegen – von besonderer literatur- und bewußtseinsgeschichtlicher Bedeutung. Gerade weil ihre Protagonisten Wakkenroder und Tieck noch nicht über das radikal neue Denksystem des deutschen Idealismus verfügen, liegen hier Kontinuitäten und Diskontinuitäten zu Mentalität und Denksystem der Spätaufklärung offen zutage. Dies demonstrieren besonders Tiecks frühe Romane, an denen sich Verlauf wie Ursachen des Epochenwandels *in nuce* studieren lassen. Die Literaturwissenschaft war über die literaturgeschichtliche Einordnung der Texte bisher wenig einig: Häufig wurde *William Lovell* bereits als frühromantischer Text verbucht. Nun sind in Grenzbereichen der Literaturgeschichte unterschiedliche Zuordnungen natürlich immer möglich; wer aber *William Lovell* als romantischen Text liest, beraubt sich selbst der Chance, am Vergleich mit *Franz Sternbalds Wanderungen* exemplarisch die ›Emergenz‹ einer neuen Epoche zu studieren.

Allerdings muß man sich vor dem Irrtum hüten, die im folgenden an den beiden Texten aufgezeigte Überschreitung einer Epochenschwelle als den *einen*, entscheidenden Schritt in der Entwicklung ihres Autors zum Romantiker anzusehen. Diese vollzog sich in den Jahren 1792–1798 weit komplexer und nuancenreicher – in vielfältiger ›Gleichzeitigkeit des Ungleichzeitigen‹ und in einem genrebewußten Experimentieren mit unterschiedlichen Formen, Motiven, Themen und weltanschaulichen Explikationsmustern.

William Lovell:
Entstehung und Textgeschichte

Über die Umstände der Abfassung wissen wir nur wenig. Vertraut man Tiecks eigenen Angaben, so reichten die Pläne zu *Lovell* bis 1792 zurück (Vorbericht zur zweiten Lieferung der *Schriften*, November 1828; Lovell, S. 703); der erste Teil des Romans wurde dann im Winter 1793/94 geschrieben (Vorrede zur 2. Auflage, 1813; Lovell, S. 699), der Rest 1794–1796. *Lovell* erschien 1795/96 in drei Bänden ohne Verfasserangabe im Verlag Carl August Nicolai. Eine deutlich überarbeitete zweite Fassung – mit starken Kürzungen und der Tilgung einiger ›anstößiger‹ Stellen – veröffentlichte Tieck 1813/14 im Verlag der Realschulbuchhandlung Berlin. Eine dritte Fassung, die die Kürzungen der zweiten teilweise rückgängig machte, nahm er als Band 6 und 7 in die Ausgabe seiner *Schriften* auf (1828; zum Vergleich mit dem Erstdruck vgl. Gössl 1987, S. 181–186). Diese dritte Fassung blieb für die Werk- wie Forschungsgeschichte bestimmend, bis Walter Münz 1986 eine orthographisch leicht modernisierte und mit Materialien und Kommentaren versehene Ausgabe des Erstdrucks vorlegte.

Wie so oft beim jungen Tieck hat die Germanistik auch für *Lovell* die Orientierung des Autors an zahlreichen literarischen Vorbildern nachzuweisen versucht, besonders an Restif de la Bretonnes Briefroman *Le Paysan perverti ou les dangers de la ville* (1776), an Clara Reeves Schauerroman *The Old English Baron* (1777) und an Carl Grosses Geheimbundroman *Der Genius. Aus den Papieren des Marquis C* von G** (1791–1794). In der Tat zeugt der Text auf vielfältige Weise von der Vertrautheit seines Autors mit der zeitgenössischen Literatur. Dennoch hat Tieck in *Lovell* aus Versatzstücken inhaltlicher wie formaler Art ein unverkennbar eigenständiges Werk geformt.

Handlungsaufbau und Textstruktur

Die Handlung des Romans ist so komplex und vielteilig, daß sie hier nur in ihren Grundzügen referiert werden kann: Der junge William, einziger Sohn des wohlhabenden Landadeligen Lord Walter Lovell, hat sich in Amalie Wilmont verliebt, die seine Gefühle erwidert. Doch der Vater will den »jugendlichen Enthusiasmus« seines allzu schwärmerischen Sohnes durch Welt- und Menschenkontakt »mildern« (Lovell, S. 138) und verordnet eine Bildungsreise, die (ganz nach dem üblichen Muster der ›Grand Tour‹) über Frankreich nach Italien führen soll. Zu Begleitern werden der kühl-intellektuelle Mortimer und der treue Familiendiener Willy bestimmt.

Das läßt einen Entwicklungsroman erwarten, die ›innre Geschichte‹ eines Individuums (so Friedrich von Blanckenburg in seinem *Versuch über den Roman* von 1774), das durch die Erfahrungen einer ausgedehnten Reise heranreift. Doch schon in Paris, der ersten Station, beginnt der Leser zu ahnen, daß der Text einem anderen Genremuster folgen wird. Dort erweitert sich die Reisegesellschaft nämlich nicht nur um den seit dem Tod seiner Geliebten in tiefe

Melancholie verfallenen Deutschen Balder, sondern auch um einen Italiener namens Rosa, der in Briefkontakt mit dem mysteriösen Geheimbundführer Andrea Cosimo steht. Sehr viel später wird sich herausstellen, daß dieser in Wirklichkeit Waterloo heißt und ein Jugendfeind von Lord Lovell ist. Teils um sich an diesem zu rächen, teils aber auch aus der Lust, Menschen wie Spielfiguren zu manipulieren, wird Cosimo von nun an durch Rosa und andere Agenten Williams Lebensweg beeinflussen und gezielt auf dessen Untergang hinarbeiten. Der vermeintliche Entwicklungsroman wandelt sich also zum Geheimbundroman, einem in der Spätaufklärung überaus populären Genre, das seinerseits wiederum Elemente des Schauerromans (Gothic Novel) aufgriff. Bekannte Geheimbundromane waren etwa der bereits erwähnte *Genius* Grosses (den Tieck mit größter Faszination las; vgl. Lovell, S. 690–693) oder Schillers *Geisterseher* (1787–1789); noch das Motiv der Turmgesellschaft in Goethes *Wilhelm Meisters Lehrjahre* (1795/96) wird diesen Romantyp zitieren.

Von Rosa angestiftet, verführt die Gräfin Blainville Lovell in Paris – ein erster Kontakt mit seiner bisher abgespaltenen Sinnlichkeit, der sich der weltlose Idealist von nun an immer stärker zuwendet. Daß er immer mehr unter den Einfluß Rosas gerät, liegt auch daran, daß der Vater ihm die Heirat mit der (ärmeren) Amalie verweigert, worauf sich Lovell von ihr lossagt. Außerdem verliert er nach und nach den Kontakt zu allen alten Freunden: Mortimer wird wegen des Todes seines Onkels nach England zurückgerufen; der immer schon psychisch gefährdete Balder verfällt, wiederum durch Machenschaften Cosimos, dem Wahnsinn und verschwindet spurlos. Auch der Diener Willy kehrt schließlich, entsetzt über den Wandel seines Herrn, in die Heimat zurück, und der Briefkontakt zum empfindsamen Jugendfreund Eduard Burton bricht ab. Einen ersten moralischen Tiefpunkt erreicht Lovell, als er in Rom das einfache Landmädchen Rosaline verführt und dabei auch vor einem Mord nicht zurückschreckt: Er tötet ihren Bräutigam Pietro. Die erfüllte sinnliche Sehnsucht ist jedoch ohne Reiz; schnell erkaltet, verweigert Lovell die versprochene Heirat, worauf Rosaline sich im Tiber ertränkt.

Lovells Interesse konzentriert sich nun ganz auf Andrea Cosimo und die mystischen Lehren seines Geheimbundes. Verbunden fühlt er sich Cosimo nicht zuletzt, weil der einem Bild gleicht, das William schon als Kind in der Gemäldesammlung seines Vaters fasziniert und erschreckt hat (Lovell, S. 146f.). Daß es sich um ein Porträt Waterloos handelt, hatte ihm sein Vater verschwiegen.

Während sich so Lovells Charakter in Italien zunehmend zerrüttet, scheint sich die Gemeinschaft der in England Lebenden zu konsolidieren. Zunächst allerdings muß die Vätergeneration sterben: Lord Burton, der einst mit Waterloo gegen Walter Lovell intrigierte, bringt diesen in einem Prozeß um allen Besitz, indem er seinen Advokaten besticht. Lord Lovell stirbt bald darauf auf dem letzten ihm verbliebenen Gut, und auch sein Gegenspieler überlebt ihn nicht lange. In der Generation der Söhne aber bahnen sich neue Beziehungen an: Wilmont verliebt sich in Emilie Burton, Eduards Schwester, und nimmt eine Stelle in einem Ministerium an, der durch das Erbe seines Onkels wohlhabend gewordene Mortimer heiratet die verlassene Amalie.

In dieses scheinbare Idyll bricht nun Lovell ein, der, von Cosimo ausgesandt, nach England zurückkehrt. Zwar scheitert sein Mordanschlag auf den Jugendfreund Eduard – Willy trinkt den vergifteten Wein und stirbt daran. Aber die verführte Emilie folgt dem Mörder, dem Eduard zur Flucht verholfen hat. Wie vorher Rosaline wird auch sie von William bald verlassen und stirbt aus Kummer und Scham. Williams Versuch, Amalie noch einmal zu sprechen, scheitert: Als ein Brand, der sie aus dem Haus locken sollte, plötzlich das ganze Gebäude erfaßt, rettet er die Ohnmächtige aus den Flammen und flieht zurück nach Italien. Nach seiner Abreise heilt sich die englische Gegenwelt wie von selbst: Burton heiratet, wird Vater und läßt sich auf einem Landsitz nieder; Mortimer und Amalie, inzwischen ebenfalls Eltern, ziehen auf ein benachbartes Gut.

In Italien erfüllt sich inzwischen das Schicksal des restlichen Romanpersonals: Balder, von seinem Wahnsinn genesen, hat sich erneut verliebt, verliert aber die Geliebte wieder – und stirbt an Raserei. Auch der steinalte Cosimo stirbt, während sein Geheimbund zerfällt. Er hinterläßt William als »Testament« und »Erbschaft« (Lovell, S. 608) einen Abriß seines Lebens und seiner Weltanschauung, der den Geheimbund als bloßes Machtinstrument entlarvt und Lovell über seine Marionettenexistenz aufklärt. Damit ist die Grundlage seines neuen Lebens zusammengebrochen. Bevor er sich in die Einsamkeit zurückziehen kann, wird er von Wilmont im Duell erschossen.

All dies und viel mehr geschieht im Roman – und doch ist nichts davon wirklich wichtig. Sehr zu Recht warnt Tieck den Leser in der Vorrede, daß sein Buch nur für die Leser »einiges Interesse [habe], die in einer Erzählung die Charaktere und ihre bestimmte Zeichnung für die Hauptsache halten« (Lovell, S. 8). In der Tat stehen in *Lovell* die Charaktere im Mittelpunkt, die fast alle über ein außergewöhnliches Talent zu Selbstbeobachtung und bildmächtiger Selbstexplikation verfügen. Nicht um die Darstellung individueller Vielfalt geht es Tieck allerdings, sondern um die Reflexion von Grundsatzfragen, wie sie jene die deutsche Spätaufklärung prägende Anthropologie aufgeworfen hatte, deren populärstes Werk Ernst Platners *Anthropologie für Ärzte und Weltweise* (1772; Neufassung 1790) war. Skeptisch gegenüber allen weltanschaulichen Großerzählungen fragen diese ›philosophischen Ärzte‹ nach dem Zusammenhang von Geist und Körper, von Sinnlichkeit und Seele. Als empirisches Material dienen ihnen dabei reale wie auch literarische ›Fallgeschichten‹, die auf Fremd- oder Selbstbeobachtung beruhen. Von den vielfältigen Genrebezügen in *Lovell* ist damit derjenige zum anthropologischen Roman (vgl. Schings 1980; Engel 1993, S. 98ff.) der sicherlich prägendste.

Dem entspricht die gewählte Erzählweise: *William Lovell* ist ein polyperspektivischer Briefroman mit gut 30 verschiedenen Korrespondenten – eine schwierige Erzählform, deren souveräne Handhabung einmal mehr Anlaß gibt, die handwerkliche Virtuosität des jungen Autors zu bewundern. In ihren ständigen Selbstexplikationen produzieren die Romanfiguren pseudo-empirisches Material für anthropologische Fallgeschichten – und reflektieren dieses zugleich. In einigen Fällen sind den Briefen autobiographische Abrisse eingefügt oder als Materialienkonvolute beigegeben, die ganze Lebensgeschichten *in nuce* enthalten (Lovell, S. 129–138, 395–411, 574–579, 608–639).

Dieser Dokumentcharakter der Briefe und ihre polyperspektivische Gruppierung weisen dem Leser eine ebenso distanzierte wie aktive Rolle zu: Bei aller Teilnahme am Schicksal der Figuren muß er sich von ihren (Selbst-)Deutungen distanzieren, darf keine Aussage ungeprüft übernehmen. Dabei ist er ganz auf sich gestellt, da Tieck auch noch die Schwundstufe der Erzählerinstanz, also die Herausgeberfigur getilgt hat, die etwa in Samuel Richardsons gattungsprägendem Briefroman *Clarissa* (1747/48) immer wieder mit ihren Anmerkungen die Leserreaktionen und -wertungen zu steuern suchte. Um seine richtende und wertende (also durchaus aufklärerisch-›kritische‹) Rolle ausfüllen zu können, wird der Leser wie in einem Kriminalroman zur rechten Zeit mit allen nötigen ›Indizien‹ versehen: Er muß sie nur zu deuten wissen. Außerdem erhält er im Regelfall zwei oder gar drei Darstellungen der Ereignisse aus unterschiedlichen Perspektiven. Im ersten Teil des Romans werden etwa die Briefwechsel zwischen Lovell und Burton, Mortimer und Wilmont, Willy und seinem Bruder Thomas weitgehend parallel geführt, später steht der Korrespondenz zwischen William und Rosa die zwischen Rosa und Andrea zur Seite. Außerdem wird Williams absteigender Lebensweg parallel zur kontrastierenden Konsolidierung der englischen Gegenwelt entfaltet.

Figuren- und Problemkonstellation

Das komplizierte Figurengeflecht des Romans basiert auf einer einfachen Grundopposition, die vielfach abgewandelt und nuanciert wird. In der Aufklärung sprach man vom Gegensatz zwischen ›Kopf‹ und ›Herz‹, den die Empfindsamkeit zu versöhnen versprochen hatte. In Wirklichkeit aber hatte sie die Problemlage nur verschärft, indem sie ein Bedürfnis nach Authentizität, intimer Nähe und Intensität des emotionalen Erlebens induzierte, dem keine Lebenswelt hätte genügen können. Die Bewegung der Stürmer und Dränger hatte dann einseitig auf das ›Herz‹ gesetzt, dabei aber auch keine überzeugenden Lebensmodelle hervorbringen können. Nun, in der Spätzeit der Aufklärung, erscheint die Vermittlung der Pole dringender, aber auch aussichtsloser denn je.

»Kalten Menschen« mit »viel Erfahrungen und einem sehr ausgebildeten Verstand«, die Scherz und Sinnlichkeit durchaus aufgeschlossen sind, stehen in *William Lovell* solche »mit glühenden Gefühlen«, »Enthusiasmus« und hochfliegenden Idealen gegenüber (Lovell, S. 105). Während die ersteren zu materialistischem Egoismus neigen, berechnend sein können und schnell von »Langeweile« geplagt werden, da sie sich weder auf Erlebnisse noch auf Menschen wirklich einlassen, sind die letzteren wenig wirklichkeitstüchtig, leicht zu täuschen, schwankend in ihren Gefühlen und durch enttäuschende Weltbegegnungen leicht in Melancholie zu versetzen. Bereits die zwei Briefe am Anfang des Romans entfalten diesen Gegensatz und ordnen Mortimer und Wilmont der ersten, William und (mit leichter Abstufung) Eduard Burton der zweiten Gruppe zu. Das restliche Romanpersonal wird die Skala dieser Polarität weiter ausschreiten: Balder ist sozusagen der gesteigerte Lovell, ein Melancholiker reinsten Wassers, Lord Burton, Rosa und Cosimo sind als eiskalte Machtmenschen und Menschenmanipulatoren Extremfälle des verstandesorientierten Typus.

Freilich ist keine der Romanfiguren (mit Ausnahme der unintellektuellen und daher völlig unangefochtenen Diener Willy und Thomas) ohne Schwankungen in ihrer Position, und keine ist ganz mit sich einig oder gar zufrieden. Liebe kann die Gefühlsseite intensivieren, wie sich an Mortimer, Wilmont und Emilie Burton zeigt (vgl. z. B. Lovell, S. 148, 219, 316, 432f.). Umgekehrt durchlebte sogar ein kühler Kalkulator wie Cosimo/Waterloo in seiner Jugend eine Phase des Enthusiasmus (Lovell, S. 609–614) und sterben durchaus erfolgreiche Menschenmanipulatoren wie Lord Burton und Cosimo rat- und glücklos (Lovell, S. 411f., 638f.). Das Ideal einer gut aufklärerisch-diätetischen Vermittlung von ›Kopf‹ und ›Herz‹ bleibt zwar, als einzig verfügbare Antwort, in Kraft, schützt aber nicht vor verhängnisvollen Fehlern (so muß sich etwa Walter Lovell vorwerfen, die Heirat seines Sohnes mit Amalie verhindert zu haben, und Eduard Burton versagt an Lovell wie an seiner Schwester). Zwar ist der Roman alles andere als nihilistisch (entgegen der Deutung von Arendt 1972) – die aufklärerischen Werte behalten durchaus ihre Geltung –, aber zutiefst pessimistisch, was die Realisierung dieser Werte in einem geglückten Leben anbelangt. Das aufklärerische Streben nach »der allmählichen höchstmöglichen Vollendung« des Selbst (Lovell, S. 239) wird so zur bloßen Chimäre. Ein genauerer Blick auf die Hauptfigur soll dazu verhelfen, die diesem Pessimismus zugrundeliegende weltanschauliche Krise besser zu verstehen.

Williams ›Entwicklung‹

Der Begriff ›Entwicklung‹ ist hier in Anführungszeichen zu setzen, da es nicht um einen kontinuierlichen Charakterbildungsprozeß geht, sondern um die Abfolge dreier, stark schematisierter weltanschaulicher Positionen. Lovell beginnt als *idealistischer Schwärmer* – und damit als eine prototypische Figur der Spätaufklärung. 1776 hatte Christoph Martin Wieland in seiner Zeitschrift *Der Teutsche Merkur* die folgende Frage zur Debatte gestellt: »Wird durch die Bemühungen kaltblütiger Philosophen [...] gegen das was sie Enthusiasmus und Schwärmerey nennen, mehr Böses oder Gutes gestiftet?« Der Schwärmer ist der Antityp aller Aufklärer der alten Schule, da er sein individuelles Gefühl und seine Einbildungskraft höher bewertet als die allgemeine Vernunft und den ›Prüfstein‹ der Erfahrung. Aber auch die Anthropologen stehen ihm kritisch gegenüber, da er seine Sinnlichkeit abzuspalten sucht und zur Welterfahrung unfähig ist, also das Ideal des ›ganzen Menschen‹ verfehlt. Doch belegt Wielands Frage unübersehbar, daß sich mit dem Schwärmer so leichthin nicht mehr abrechnen läßt (zum weiteren Kontext der ›Schwärmerdebatte‹ vgl. Engel 1994).

Warum das so ist, zeigt Williams zweite Entwicklungsstufe. Hier wechselt er sozusagen zum anderen Extrem *radikaler Sinnlichkeit*, was für Schwärmer, der Held von Wielands *Agathon* (1766/67) demonstriert es, keineswegs untypisch ist. Unter Anleitung Rosas bekennt er sich zu einer »egoistischen sinnlichen Philosophie« (Lovell, S. 176), einer »epikurischen Freigeisterei« (Lovell, S. 218), in der er »das Aufsuchen meines eigenen Glücks« (Lovell, S. 273) zum Maßstab aller Dinge macht – mit den aus der Inhaltsangabe bekannten Folgen. Der Schwärmer ist so, trotz aller Fehler und Gefährdungen, der entschiedenste Verfechter eines wertorientierten Lebens; sobald Lovell von seinem Schwärmertum kuriert ist, wird er zum radikalen Egoisten.

Auf Dauer kann ihn der Sensualismus aber nicht befriedigen: Der radikal sinnliche Mensch ist auch radikal todverfallen (z. B. Lovell, S. 354); er ist Spielball seiner ständig wechselnden Wünsche und Triebe (Lovell, S. 264), keine sinnliche Erfüllung bringt dieses Getriebenwerden zum Stillstand (»Warum bleibt ein Wunsch nur so lange Wunsch, bis er erfüllt ist?« Lovell, S. 272). So wird Lovell, nun unter dem direkten Einfluß Cosimos, zum *metaphysischen Schwärmer*, glaubt an eine hinter den Erscheinungen existierende und wirkende »wunderbare Welt«, »eine fremde Geisterwelt« (Lovell, S. 378, 417). Daß dies ein recht verzweifelter Selbstrettungsversuch ist, wird ihm in klaren Momenten durchaus bewußt: »Überzeugungen muß der Mensch haben, um sein Dasein ertragen zu können, um nicht vor sich selbst und dem Abgrunde den er in seinem Innern entdeckt zurückzuschaudern« (Lovell, S. 378). Doch dieser Glaube steht auf den tönernen Füßen einer bloßen Intrige.

Ein Krisenpanorama der Spätaufklärung

Williams Entwicklung ist im Roman sowohl aus der Psyche des Helden als auch über die Manipulationen Rosas und Andreas präzise motiviert. Die weltanschaulichen Reflexionen der Figuren machen aber deutlich, daß hier recht eigentlich eine weltanschauliche Krise thematisiert wird. Diese ist das Ergebnis der bekannten ›Dialektik der Aufklärung‹, in der rationalistische Gewißheiten und frühaufklärerischer Optimismus durch konsequenten Empirismus und Materialismus zunehmend untergraben wurden (siehe den Beitrag *Philosophie* in Kap. 2).

Der Roman verhandelt all dies im Detail. Da ist, erstens, die epistemologische Verunsicherung, für die in der Philosophie etwa David Hume einsteht: Unsere Erkenntnis der sinnlichen Welt ist ein bloßes Konstrukt unseres Perzeptionsapparats und unseres Verstandes. In Lovells Worten:

> Freilich kann alles, was ich außer mir wahrzunehmen glaube, nur in mir selber existieren. Meine äußern Sinne modifizieren die Erscheinungen, und mein innerer Sinn ordnet sie und gibt ihnen Zusammenhang. (Lovell, S. 167)

Da ist, zweitens, das radikal deterministische Weltbild, in das empiristische und materialistische Philosophie münden – und das auch die Anthropologie nur bestätigen kann. In der »Maschinerie« der Wirklichkeit – eine Leitmetapher von Roman wie zeitgenössischer Aufklärungskritik – ist »das Bedürfnis die erste bewegende Kraft« (Lovell, S. 390). Der Mensch wird angetrieben von »Eitelkeit«, »Selbstsucht« und »Eigennutz« (Lovell, S. 512, 547); er ist bestimmt durch Anlagen und durch die zufälligen Umwelteinflüsse, denen er ausgesetzt ist. Freier Wille und moralische Verantwortlichkeit werden damit zu haltlosen Fiktionen. Die Geheimbundintrige des Romans ist so, in ihrem weltanschaulichen Kern, nur eine Metapher für das Gefühl ohnmächtiger Determiniertheit: »alles [ist] eine blinde, von Notwendigkeit umgetriebene Mühle« (Lovell, S. 226). Da die Umwelteinflüsse ständig wechseln, ist das einzig gewisse eigene Ich zudem ständigen Veränderungen unterworfen: »wir wechseln mit den Federn, mit denen wir schreiben, die Seele mit ihrem Spielzeuge, den Gedanken, die von ihr selbst ganz unabhängig und nur ein feineres Spiel der Sinne sind« (Lovell, S. 363).

Der Verlust erkenntnistheoretischer Gewißheit wie praktischer Handlungsfreiheit führt, drittens, zum Bankrott aller verbindlichen und verbindliche Werte vorgebenden Weltbilder: »jeder Mensch hat seine eigene Philosophie, und die langsamere oder schnellere Zirkulation des Blutes macht im Grunde die Verschiedenheit in den Gesinnungen der Menschen aus« (Lovell, S. 256). Dies mündet, viertens, in eine radikalisierte Dualismuserfahrung, wie sie, wenig früher und mit ganz ähnlicher Argumentation, Schiller in seinen

Philosophischen Briefen (1786) entworfen hatte. Gebunden an die egoistisch-genußsüchtige, zeit- und todverfallene, blind notwendige Körperlichkeit erscheint die nach Idealen und Sinn strebende »Seele« des Menschen »wie ein eingekerkerter Engel« (Lovell, S. 364), ein Gefangener in der ihr fremden sinnlichen Welt.

All diese Krisenphänomene sind genuin spätaufklärerisch. Die in der Forschung noch immer gängige Rede vom »romantischen Nihilismus« (Arendt 1972) – die nur als *Außen*perspektive auf die Romantik, gesehen vom Standpunkt Jacobis und Jean Pauls aus gerechtfertigt werden könnte – verkennt völlig, daß die Philosophie Kants und der darauf aufbauende Idealismus Versuche sind, Auswege zu finden, also Therapie, nicht Symptom oder gar Ursache der Krise.

Eine wesentliche Leistung des *William Lovell* liegt so in seiner Zeitdiagnose, die die weltanschauliche Grundlagenkrise der Spätaufklärung plausibel zurückbindet an die Denk- und Gefühlswelt der vorromantischen Intellektuellengeneration der 1790er Jahre. Eine genuin romantische Antwort ist noch nicht vorhanden: Alles ›Wunderbare‹ bleibt bloßer Trug, die Welt aufklärerisch entzaubert. Die alten Antworten sind aber nicht mehr tragfähig, funktionieren allenfalls noch im gegen die moderne Lebens- und Erwerbswelt abgeschotteten Raum einer ländlichen Idylle nach dem (schon seinerseits prekären) Modell von Clarens in Rousseaus *Nouvelle Héloïse* (1761). Der Weltkontakt ist verunsichert, das Subjekt ein Abgrund. Zu den eindrucksvollsten Passagen des Textes gehört eine Kindheitserinnerung Lovells, nach der ihn einst, ebenso plötzlich wie ohne erkennbaren Anlaß, eine »unbegreifliche Lust ergriff«, seinen Jugendfreund Eduard von einem Felsen herabzustoßen (Lovell, S. 314). Er folgert: »Wer sich selbst etwas näher kennt, wird die Menschen für Ungeheuer halten« (Lovell, S. 315) – und der Roman gibt ihm recht. Der einzige Gewinn, der sich aus einer solchen Einsicht in die Gebrechlichkeit von Mensch und Welt ziehen läßt, ist eine Zurückhaltung bei moralischen Urteilen – mit Eduard Burtons Worten: »[I]ch bin [...] gegen die Unglücklichen toleranter geworden, die wir oft zu schnell und zu strenge Bösewichter nennen« (Lovell, S. 601).

Franz Sternbalds Wanderungen
Entstehung und Textgeschichte

Wiederum ist über die Entstehungsumstände wenig bekannt. Erste Anregungen hatte sicher schon der Aufenthalt in Franken zusammen mit Wackenroder im Jahre 1793 gebracht, ebenso natürlich die gemeinsame Arbeit an den *Herzensergießungen eines kunstliebenden Klosterbruders* und an den *Phantasien über die Kunst* seit Sommer 1796. Der wohl ganz (oder doch mindestens teilweise) von Tieck stammende, in den *Herzensergießungen* veröffentlichte *Brief eines jungen deutschen Malers in Rom an seinen Freund* (namens Sebastian) *in Nürnberg* darf als Keimzelle von *Sternbald* gelten. Terminus post quem für den Arbeitsbeginn am Roman ist also wahrscheinlich der Herbst 1796. Im Frühjahr 1797 hat Tieck das Projekt mit Wackenroder besprochen, zunächst war wieder eine Gemeinschaftsarbeit geplant. Wackenroders früher Tod (13. Februar 1798) nach längerer Krankheit verhinderte dies jedoch. Es gibt so keinen plausiblen Grund, an Tiecks Klarstellung in den *Schriften* zu zweifeln, daß das Buch »ganz, wie es da ist«, von ihm allein verfaßt wurde, »obgleich der Klosterbruder [also das gemeinsame Verfasserpseudonym der *Herzensergießungen*] hie und da anklingt« (S XVI, S. 416; Sternbald, S. 501).

Tieck hat Wackenroders geistige Mitwirkung in einem Nachwort zum ersten Teil des Romans gebührend gewürdigt (Sternbald, S. 191f.). Und aus dem gleichen Grund ist er wohl auf dem Titelblatt dieses ersten Teils, wie bei der Sammlung *Phantasien*, nur als Herausgeber genannt (vgl. das Faksimile: Sternbald, S. 5).

Franz Sternbalds Wanderungen erschien, mit dem Untertitel *Eine altdeutsche Geschichte*, im März 1798 bei Johann Friedrich Unger – allerdings nur zwei der geplanten drei Teile. Der ausstehende dritte wurde, trotz mehrerer Arbeitsansätze Tiecks (vgl. etwa das zuerst von Alewyn 1962 veröffentlichte Fortsetzungsfragment: Sternbald, S. 495–501), nie geschrieben. Auch die überarbeitete und geringfügig erweiterte zweite Fassung des Romans, die 1843 als Band 16 der *Schriften* gedruckt wurde, endet mit dem zweiten Teil (zum Vergleich mit dem Erstdruck vgl. das Variantenverzeichnis: Sternbald, S. 403–484). Wiederum blieb die späte Fassung rezeptionsprägend, bis Alfred Anger 1966 eine mit Materialien versehene Studienausgabe vorlegte, die dem Erstdruck folgt.

Die Abfassung von *Sternbald* geht sowohl Tiecks persönlichen Kontakten mit den Vertretern der Jenaer Romantik als auch dem Erscheinen von deren epischen Hauptwerken (*Lucinde* 1799; *Heinrich von Ofterdingen* 1802) wie wichtigsten theoretischen Schriften (*Blüthenstaub*-Fragmente und *Glauben und Liebe* 1798; *Gespräch über die Poesie* 1800) deutlich voraus. Tieck hat mit dem Buch so den ersten romantischen Roman geschrieben – eine äußerst wirkungsmächtige Pionierleistung. Wie für seine Nachfolger waren auch für ihn Goethes *Wilhelm Meisters Lehrjahre* (1795/96) – als Vor- wie Gegenbild – von größter Bedeutung; für das Italien der Renaissance dürfte Wilhelm Heinses *Ardinghello und die glückseeligen Inseln. Eine Italiänische Geschichte aus dem sechszehnten Jahrhundert* (1787) wichtige Anregungen beigesteuert haben.

Handlungsaufbau und Textstruktur

Die Handlung von *Lovell* erwies sich als vielteilig und komplex, ihre strukturelle Einheit erhielt sie durch die Intrige Andreas‹. Eine Inhaltsangabe zu *Sternbald* fällt sogar noch schwerer – man könnte, mit einigem Recht, behaupten, daß der Roman gar keine Handlung habe. Berichtbare Ereignisse gibt es nur wenige: Im Spätsommer 1521 bricht der 22-jährige Maler Franz Sternbald von Nürnberg, wo er Schüler Albrecht Dürers war, zu einer großen Reise auf, »um in der Fremde seine Kenntnis zu erweitern und nach einer mühseligen Wanderschaft dann als ein vollendeter Meister zurückzukehren« (Sternbald, S. 12f.). Sein Freund Sebastian bleibt zurück, aber während der ganzen Reise werden er und Franz in Briefen ihre Erfahrungen austauschen.

Erste Reisestationen sind eine ungenannte Stadt (Franz begegnet dort dem wenig kunstfreundlichen Fabrikanten Zeuner), das Heimatdorf von Franz und dann Leyden (wo auch Dürer zu einem Besuch bei Maler Lukas van Leyden eintrifft). Danach geht es mit dem Schiff weiter nach Antwerpen (an Bord lernt Franz den Dichter Rudolf Florestan kennen, der von nun an sein Reisebegleiter ist, ebenso den Kaufmann und Kunstsammler Vansen, der in Antwerpen sein Gastgeber sein wird), zu Fuß und mit Florestan dann weiter nach Straßburg.

Von hier ab verliert die Reise an geographischer Konkretheit, überhaupt an Realitätshaltigkeit: Zwischen Straßburg und Florenz wird keine der Stationen konkret benannt. Man kehrt ein auf dem Schloß der Gräfin Adelheid (von wo aus Franz den malenden Eremiten Anselm besucht) und dem ihrer Freundin; die Reisegesellschaft vermehrt sich u.a. um die miteinander befreundeten Abenteurer Ludoviko und Roderigo sowie den Bildhauer Bolz, von deren Lebensgeschichten wir erfahren. Alleine reist Franz schließlich weiter nach Florenz, lernt dort eine Reihe italienischer Künstler kennen (u.a. Franz Rustici und Andrea del Sarto), freundet sich mit dem Maler Castellani an und besucht mit dessen Geliebter Lenore ein großes Künstlerfest. Die Reise und der Roman finden ihr (vorläufiges) Ende in Rom, wo Franz Michelangelos *Jüngstes Gericht* bewundert: »eine Handlung, die keine ist, [...] tausend Begebenheiten, die sich durchaus nicht zu einer einzigen verbinden lassen« (Sternbald, S. 395).

Es gibt viele Kunstgespräche, einige den Haupttext spiegelnde Binnenerzählungen (bes. Sternbald, S. 145–159) und mehrere Träume; zahllose Gedichte werden von den Reisenden vorgetragen oder gesungen, meist auch selbst verfaßt; viele Bilder (darunter auch solche, die Franz auf der Reise malt) und Landschaften werden beschrieben. Lebensgeschichten der Romanfiguren werden erzählt, und es kommt zu kurzzeitigen Liebesbegegnungen. So wird einmal von Ludoviko (mit Hilfe Roderigos und Florestans) eine junge Novizin aus einem Kloster nahe Florenz befreit.

Ein Roman im konventionellen Sinne ist *Sternbald* also sicher nicht. Die Auflösung des traditionell die epische Integration gewährleistenden Handlungszusammenhangs (›pragmatischer Nexus‹) scheint sogar die Erzählebene zu affizieren: Im ersten Teil gibt es einen mitunter sehr prominenten, sich deutlich konturierenden auktorialen Erzähler, der das Geschehen kommentiert, deutet und bewertet. Nach seinem letzten markanten Auftritt zu Beginn des zweiten Teils (Sternbald, S. 195–199) verschwindet dieser aber fast völlig aus dem Text. – Was also integriert die lockere Folge von Einzelteilen, die oft nicht einmal den Namen ›Episoden‹ verdienen? Drei Nexus-Konstruktionen, die in der bisherigen ›Inhaltsangabe‹ ausgespart blieben, sind zu unterscheiden:

(1) das Herkunftsrätsel: Während seines Besuchs im Heimatdorf erfährt Franz, daß er nicht das Kind seiner vermeintlichen Eltern ist: Die Mutter erzählt ihm, daß der Vater ihn mit in die Ehe brachte, und dieser stirbt, bevor er Franz über seine wahre Herkunft aufklären kann. Im ausgearbeiteten Teil des Romans finden sich nur einige Andeutungen zur Auflösung (z. B. Sternbald, S. 215, 306f., 320f.). Aus Berichten Tiecks wissen wir aber, daß Franz nahe Florenz seinen Vater treffen sollte und daß Ludoviko, inzwischen mit der entführten Novizin verheiratet, sein Bruder ist (S XVI, S. 425f.; Sternbald, S. 501).

(2) Die Suche nach der Geliebten: Ebenfalls in seinem Heimatdorf erinnert sich Franz plötzlich daran, wie er als 6-jähriger Knabe im Wald einem blonden Mädchen begegnet war, das aus einer Kutsche stieg: Er schenkte ihm seine eben gepflückten Blumen, und das Mädchen fuhr wieder ab. Diese Begegnung war die Urszene einer romantisch-absoluten Liebe, wie sie den Helden romantischer Texte, jenseits aller psychologischen Plausibilität, häufig zuteil wird: Marie wurde dem Knaben zum Inbegriff »alles Lieben und Holden« und »alles Schönen« (Sternbald, S. 45). Kurz nach dieser Erinnerung durchreist Marie erneut das Dorf. Es gibt kein direktes Wiedererkennen, aber Marie verliert ihre Brieftasche, in der Franz den getrockneten Blumenstrauß findet. Damit ist für ihn die schicksalhafte Beziehung endgültig gestiftet und beglaubigt (Sternbald, S. 72–75). Die Gedanken an Marie werden seine ganze Reise begleiten: Er wird von ihr träumen (Sternbald, S. 90f., 92f.), ihr Gesicht den Figuren seiner Bilder verleihen (Sternbald, S. 201, 355), ihr Porträt beim Einsiedler Anselm finden und mitnehmen (Sternbald, S. 265), von der Gräfin Adelheid erfahren, daß Marie ihre Schwester und vor neun Monaten verstorben sei (Sternbald, S. 266). Das erweist sich jedoch als falsch: Am Ende des zweiten Teils findet Franz Marie in Rom – und sie gestehen einander ihre Liebe (Sternbald, S. 398f.).

(3) Die Entwicklung Sternbalds als eines Künstlers: Diese war ja der eigentliche Zweck der Reise; wie sie im Roman gestaltet ist, soll im nächsten Kapitel erörtert werden.

Figuren und Problemkonstellation

Schon im ersten Buch des Romans wird deutlich, daß Franz Sternbald in vieler Hinsicht an den gleichen Problemen laboriert wie William Lovell: Auch er hat Züge des weltflüchtigen Schwärmers, auch ihm erscheint die Außenwelt mitunter ontologisch unsicher (»vielleicht eine Schöpfung seiner Einbildung«, Sternbald, S. 88), die menschliche Lebenswelt als »Labyrinth« und »allerarmseligster Mechanismus« (Sternbald, S. 76), das Ich als »unergründlicher Strudel« und »Rätsel«, ständig bewegt von der »endlosen Wut des erzürnten, stürzenden Elements« (Sternbald, S. 357f.). Auch er steht in der dualistischen Spannung zwischen Geist/Seele und Sinnlichkeit (wiederum topographisch-topisch im Gegensatz zwischen ›Norden‹ und ›Süden‹ – diesmal zwischen Deutschland und Italien – gestaltet). Auch in Sternbalds spätmittelalterlicher Welt sind mindestens die Handelsstädte von ebenso egoistischem wie seelenlosem Gewinnstreben gekennzeichnet (vgl. bes. Sternbald, S. 171). Und auch er sieht sich mit einer Vielfalt nur relativ gültiger Weltanschauungen konfrontiert: »Haben nicht alle Zungen recht und alle unrecht?« (Sternbald, S. 180; vgl. auch S. 102).

Doch haben all diese Probleme ihr destruktives Potential weitgehend eingebüßt. Sternbald ist – wie Wilhelm Meister – letztlich ungefährdet. Verwirrungen sind, auch für ihn, allenfalls ›Umwege‹ (so Goethes Metapher) und als solche notwendige und letztlich sinnvolle Bestandteile seines *ganzen* Lebensweges, wie Albrecht Dürer es ihm einst prophezeit hat: »Wenn Franz auch eine Zeitlang in Verwirrung lebt und durch sein Lernen in der eigentlichen Arbeit gestört wird [...]; so wird er doch gewiß dergleichen überleben und nachher aus diesem Zeitpunkte einen desto größern Nutzen ziehn« (Sternbald, S. 122). In *Sternbald* ist das Überleben des Helden also ebenso gewiß wie in *Lovell* dessen Untergang. Vom Kernpersonal des Romans kann (vielleicht mit Ausnahme von Bolz) niemand einfach als ›schlecht‹ oder ›böse‹ gelten; alle verschiedenartigen Positionen – Weltanschauungen wie Kunstauffassungen – lassen sich, gut frühromantisch, symphilosophisch miteinander vermitteln. Das zeigt sich schon an der Figurenkonstellation des Romans.

Die Reihe der männlichen Romanfiguren

Noch ummittelbarer als in *Lovell* – und nun ganz ohne den Gestus anthropologischer Fallstudien und ihrer individualpsychologischen Vertiefung – sind vor allem die Männerfiguren des Romans auf den Helden bezogen. Sebastian ist Sternbalds *Alter Ego*, sozusagen die Person, die er geblieben wäre, wenn er Nürnberg nicht verlassen hätte. Im Briefwechsel mit Sebastian kommuniziert Franz also quasi mit seinem ehemaligen Ich – was Kontinuität im Wandel garantiert. Auch Florestan kann als *Alter Ego* Sternbalds angesehen werden, diesmal als das Ich seiner Reise: offen für die Mannigfaltigkeit der sinnlichen Welt, immer in Bewegung und mit unerschütterlicher Heiterkeit im Hier und Jetzt zu Hause. Florestan ist Dichter – und Dichtung, besonders natürlich Lyrik, gilt in der immanenten Kunstlehre des Romans als die beweglichste der Kunstformen. Wie sonst nur die Musik (Sternbald, S. 281f.) ist sie imstande, die vielfältigen Bewegungen der Seele wiederzugeben. Von Florestan angeregt, wird auch Franz Gedichte schreiben, ohne deswegen die Malerei aufzugeben.

Ludoviko und Roderigo schließlich sind Radikalisierungen der Position Florestans. Da beide keine Künstler sind, fehlt ihnen die Möglichkeit zur künstlerischen Formung ihres beweglichen Lebens: Subtrahiert man von Florestan den Dichter, so erhält man die reinen Abenteurerfiguren Ludoviko und Roderigo. Was sie mit Florestan (wie letztlich auch mit Sternbald) verbindet, ist die unbestimmte, durch nichts zu befriedigende, über jede punktuelle Erfüllung hinaustreibende Sehnsucht. Ludoviko und Roderigo sind sozusagen Krypto-Idealisten, was eine mindestens problematische Lebenspraxis ergibt (etwa wenn Roderigo die geliebte Gräfin Adelheid nur deswegen verläßt, weil er es nicht ertragen kann, sein Glück bereits »gefunden« zu haben, es daher nicht mehr »suchen« zu können; Sternbald, S. 298). Florestan, und stärker noch Sternbald in seiner ›werkhafteren‹ Kunst, ›finden‹ ihr Glück als Künstler immer wieder punktuell im geglückten Kunstwerk, ohne daß ihre Sehnsucht deswegen enden muß. (Unabhängig davon ist zu vermuten, daß Tieck am Ende des Romans alle seine männlichen Helden, wie glaubhaft auch immer, in den sicheren Hafen einer Ehe führen wollte.)

Sternbalds ›Entwicklung‹

Daß Sternbald, anders als Sebastian, Nürnberg verläßt, ist kein Zufall. Denn seine Verortung dort war von Anfang an labil; Unruhe, unbestimmte Sehnsucht und Zweifel an seiner künstlerischen Berufung trieben ihn zur Reise. Damit werden diese dissonanten Faktoren allerdings zunächst noch verstärkt: Franz muß sein Künstlertum nun auch nach außen rechtfertigen. Er bekommt dadurch freilich auch Gelegenheit, über die Kunst und ihre Funktion nachzudenken und ist, als überaus impressionabler Mensch, dabei einer verwirrenden Fülle von Eindrücken und Meinungen ausgesetzt. Mit Marie hat er jedoch ein Leitbild gefunden, das ihm Halt und Ziel gibt: Sie ist das konkret gewordene Ideal, Zielpunkt und Leitstern für sein unruhiges Sehnen in Leben wie Kunst. An Marie und ihre Erreichbarkeit glauben, heißt sich selbst und der Welt zu vertrauen. So kann der spätaufklärerische Weltriß geheilt werden, kann der Schwärmer *in* der Welt agieren, ohne seine Ideale aufgeben zu müssen. Nicht umsonst fällt Sternbalds stärkste Verstrickung in Sinnlichkeit – für die im Roman viele ›bebende‹ (und mitunter reizvoll entblößte) ›Busen‹ stehen – in die Phase, in der er Marie tot glauben muß. Aber er verliert sich nie ganz, kann seinen ›Irrweg‹ daher leichthin korrigieren (Sternbald, S. 397).

Sternbalds Entwicklung als Mensch wie Künstler entwirft der Roman nicht individualpsychologisch, sondern nach der Denkfigur, die die ganze Goethezeit am nachhaltigsten geprägt hat: als Triade von ursprünglicher Einheit – schmerzhafter, aber notwendiger Trennung und Dissonanz – Wiedererlangung der Einheit auf höherer Ebene. Topographisch entspricht das der Trias von Nürnberg – Italien – Rückkehr nach Nürnberg *mit* dem in Italien erworbenen Wissen. Als Metapher für Generationen gedacht, entspricht es dem Wechsel von Kindheit – Wirren der Jugend – Erwachsenenleben, in dem aber das Einheitsgefühl der Kindheit und ihre Bindung an das Wunderbare nicht vergessen werden. So hat Tieck das Wiederfinden Maries am Ende des Romans als genaue Wiederholung der Kindheitsbegegnung inszeniert – und damit die Worte des Erzählers an den Leser poetisch beglaubigt: »Gibt es [...] nicht eine ewige Jugend? Indem du dich der Vergangenheit erinnerst, ist sie nicht vergangen: deine Ahndung des Künftigen macht die Zukunft zur Gegenwart« (Sternbald, S. 198).

Diese triadische Entwicklungsfigur ist durch eindeutig gesetzte poetische Zeichen klar markiert, dennoch kann von einer ausführlich gestalteten, gar psychologisch vertieften Entwicklung des Helden kaum die Rede sein. Was sich tatsächlich entwickelt, sind die im Roman vertretenen Kunstauffassungen – und die Romanform selbst.

Sternbald als Transzendentalroman

Zweifellos ist *Franz Sternbalds Wanderungen* kein Bildungsroman im Sinne einer anachronistischen, erst im 20. Jahrhundert entwickelten Konzeption dieses Genres. Das ist auch alles andere als verwunderlich, denn solche Bildungsromane mag es im Realismus gegeben haben, nicht aber in der Romantik. Deren Texte sind an individualpsychologischer Entwicklung desinteressiert; sie zielen vielmehr auf das symbolische Bild einer Weltsicht, in der die aufklärerische Entzauberung der Wirklichkeit aufgehoben ist, Ich und Welt miteinander versöhnt sind. Für diese Romanform, die den pragmatischen Nexus des Aufklärungsromans auf ein Minimum reduziert und durch den poetischen Nexus figuraler, symbolischer und mythologischer Fügungen sowie durch eine selbst symbolische, die Einheit einer offenen Mannigfaltigkeit suggerierende Form den ›Zusammenhang der Dinge‹ spiegelt, hat man den Terminus ›Transzendentalroman‹ vorgeschlagen (Engel 1993 u. 2008; Begriff abgeleitet vom

»transzendentalen Idealismus« in der Prägung Schellings, der die Einheit und Gleichursprünglichkeit von Subjekt und Objekt zu erweisen sucht).

Als ein solcher läßt sich auch *Sternbald* am plausibelsten beschreiben und verstehen: seine präzise konstruierte Figurenkonstellation, seine triadische Entwicklungs- und Sinnfigur, das Herkunftsrätsel (das, wie die vielfältigen schicksalhaften Zufälle, die Nichtigkeit empirisch-kausaler Determination und den sinnfälligen Zusammenhang aller Dinge beweist) und die Funktion Maries als eines poetischen Zeichens für das ›absolute‹ Ziel. Transzendentalroman ist *Sternbald* auch in der Offenheit seiner Form, der Verselbständigung seiner Teile – sowohl in deren Befreiung aus einem pragmatischen Nexus als auch in der Mischung unterschiedlicher Genres (Briefe, Kunstgespräche, Bildbeschreibungen, Gedichte) und Kunstformen sowie in der Pluralität von Kunstauffassungen und Lebensformen –, die dennoch poetisch vielfältig miteinander verknüpft sind: »unzusammenhängend [...] wie das menschliche Leben, und doch eins um des andern notwendig« (Sternbald, S. 283). Schließlich vermeidet *Sternbald* auch, wie alle Transzendentalromane, in seinem offen herausgestellten Kunstcharakter wie in seinen werkimmanenten Kunstdiskussionen den Rückfall in positive Metaphysik: Sein Weltbild, das die Modernisierungsschäden der Aufklärung reparieren soll, ist ein poetisch beglaubigtes – nicht mehr und nicht weniger.

Man hat darauf verwiesen, daß die im Roman vertretenen Kunstpositionen unterschiedlich und widersprüchlich seien (Japp 2005, S. 45–50). Das ist richtig und falsch zugleich. Sie sind deutlich unterschieden von der Position ihrer Vertreter her – aber vermittel- und assimilierbar von der des Helden, der daher allen zustimmt, sie zugleich aber immer in seinem eigenen Sinne auslegt. Hier kann nur auf die zwei wichtigsten Aspekte der werkimmanenten, hochgradig autoreflexiven Poetik und Ästhetik des Romans eingegangen werden:

(1) Wahre Kunst wird als dezidiert *antimimetisch* bestimmt – als Absage an eine primär auf Außenweltdarstellung verpflichtete Malerei (an die Sternbald am Anfang des Romans noch glaubt; Sternbald, S. 22) und an eine auf den pragmatisch-kausalen und psychologischen Nexus verpflichtete Erzähltradition. Mehr und mehr verwandelt sich so auch der Roman »in freie, unwillkürliche Bewegung« (Sternbald, S. 299); Friedrich Schlegel wird im *Brief über den Roman* dafür den Begriff der ›Arabeske‹ verwenden (vgl. dazu, ohne daß der Terminus genannt wird, Sternbald, S. 315).

(2) Wahre Kunst ist *allegorisch* (bes. Sternbald, S. 250, 257f., 282f.), wobei man den Begriff natürlich in seinem (früh-)romantischen, nicht in seinem rhetorischen Sinne verstehen muß: Das ›Absolute‹ (wie die Idealisten es nennen) als Grund und Zusammenhang aller Dinge kann weder rational verstanden noch sinnlich erfaßt werden. Kunst suggeriert diesen Zusammenhang mit

ästhetischen Mitteln, nur ›zeichenhaft‹ also, und in eben diesem Sinne ›allegorisch‹ (ein romantisches Synonym dafür ist die »Hieroglyphe«; vgl. Sternbald, S. 250). Sowohl in seinem dichten Zeichensystem als auch als Textganzes verweist *Sternbald* ›allegorisch‹ auf den Zusammenhang der Dinge.

Ein notwendiges Fragment?

Germanisten haben eine seltsame Neigung, unvollendete Texte zu Werken zu erklären, die aus innerer Notwendigkeit unvollendbar seien. Bei *Sternbald* hat man, erstens, darauf hingewiesen, daß nach den italienischen Erfahrungen eine Rückkehr des Helden in die Nürnberger Enge nicht mehr zu gestalten war. Das ist wenig schlüssig, da es ja nicht um eine einfache Rückkehr ging, sondern um eine triadische Figur: sozusagen um die Geburt der romantischen Kunst aus dem Geist von deutschem Mittelalter und italienischer Renaissance. Schon berechtigter ist, zweitens, daß eine Heirat mit der Geliebten Marie deren Funktion als fernes ideales Leitbild aufheben und damit auch Sternbalds Künstlertum gefährden würde (er selbst reflektiert über dieses Problem; Sternbald, S. 202). Aus genau diesem Grund müssen in Novalis' *Heinrich von Ofterdingen* Mathilde und in Hölderlins *Hyperion* Diotima sterben, Nathalie in Goethes *Wilhelm Meisters Wanderjahre* fast völlig aus Wilhelms Blickwinkel verschwinden. Freilich lag die Darstellung von Sternbalds Leben nach der Heirat und Heimkehr außerhalb des Romanplans, konnte also auch offen bleiben. Und der Roman deutet ja an, daß die ›erinnerte‹ Jugend ewig und damit unverlierbar sei (Sternbald, S. 198). Am wahrscheinlichsten scheint mir daher eine dritte Antwort: Es gab für die Vollendung von *Sternbald* nur ein enges Zeitfenster, das Tieck nicht genutzt hat. Begrenzt wurde es zum einen durch die kurze Dauer der Frühromantik, an deren Optimismus *Sternbald* – sehr untypisch für seinen Autor – durchaus partizipiert, zum anderen durch die nun in schneller Folge erscheinenden Transzendentalromane. Tiecks *Sternbald* war ein Pionierwerk, ein kühner Wurf (dem etwa Novalis' *Heinrich von Ofterdingen* mehr verdankt, als die Forschung bisher erkannt hat). Nun wurden seine Vorgaben durch die Jenaer Frühromantiker aufgegriffen, deren philosophischer und reflexiver Potenz, mitunter auch Präpotenz, Tieck wenig entgegenzusetzen hatte – außer Florestans kecker Frage: »Und warum muß denn alles eben einen Schluß haben? [...] Fangt Ihr nur an zu spielen, um aufzuhören?« (Sternbald, S. 230; siehe den Beitrag *Der Jenaer Kreis und die frühromantische Theorie* in Kap. 1).

LITERATUR

Alewyn 1962: Alewyn, Richard: Ein Fragment der Fortsetzung von Tiecks *Sternbald*. In: Jahrbuch des Freien Deutschen Hochstifts (1962), S. 58–68.

Arendt 1972: Arendt, Dieter: Der poetische Nihilismus in der Romantik. Studien zum Verhältnis von Dichtung und Wirklichkeit in der Frühromantik, 2 Bde., Tübingen 1972 (zu *William Lovell*: S. 317–384).

Engel 1993: Engel, Manfred: Der Roman der Goethezeit, Bd. 1: Anfänge in Klassik und Frühromantik: Transzendentale Geschichten, Stuttgart 1993 (zu *William Lovell*: S. 155–166).

Engel 1994: Engel, Manfred: Die Rehabilitation des Schwärmers. Theorie und Darstellung des Schwärmens in Spätaufklärung und früher Goethezeit. In: Der ganze Mensch. Anthropologie und Literatur im 18. Jahrhundert, hg. von Hans-Jürgen Schings, Stuttgart 1994, S. 469–498.

Engel 2008: Engel, Manfred: Variants of the Romantic Bildungsroman' (With a Short Note on the ›Artist Novel‹). In: Romantic Prose Fiction, hg. von Gerald Gillespie, Manfred Engel und Bernard Dieterle, Amsterdam 2008, S. 263–295.

Gössl 1987: Gössl, Sybille: Materialismus und Nihilismus. Studien zum deutschen Roman der Spätaufklärung, Würzburg 1987 (zu *William Lovell*: S. 153–227).

Japp 2005: Japp, Uwe: Der Weg des Künstlers und die Vielfalt der Kunst in *Franz Sternbalds Wanderungen*. In: Die Prosa Ludwig Tiecks, hg. von Detlef Kremer, Bielefeld 2005, S. 35–52.

Schings 1980: Schings, Hans-Jürgen: Der anthropologische Roman. Seine Entstehung und Krise im Zeitalter der Spätaufklärung. In: Studien zum 18. Jahrhundert 3 (1980), S. 247–276.

Literarische Geselligkeit: *Phantasus*

Thomas Meißner

Die Sammlung *Phantasus* (1812/16) ist das literarische Hauptwerk der Ziebinger Jahre Tiecks (1802–1819; siehe den Beitrag *Wanderschaften und Freundeskreise* in Kap. 1). Tieck wendet sich hier, fast zehn Jahre nach Erscheinen der letzten poetischen Arbeit (*Kaiser Octavianus*, 1804), einigen seiner wichtigsten romantischen Werke zu, die er in überarbeiteter Form ediert, ihnen neue Texte an die Seite stellt und dies alles in einen breiten Konversationsrahmen einbettet. »Eine Sammlung von Märchen, Schauspielen, Erzählungen und Novellen« verspricht der Untertitel des auf sieben Abteilungen angelegten Großwerks, das unvollendet geblieben ist. Zu dessen Tektonik bemerkte Tieck im Rückblick: »Sieben poetische Vorleser sollten siebenmal ein Drama oder eine Geschichte vortragen. Mit dem einleitenden Gedicht Phantasus war dann die runde Zahl funfzig geschlossen« (S 1, S. XLI). Erschienen sind jedoch lediglich drei Bände mit insgesamt 15 Einzeltexten, so daß auch das Gattungsversprechen uneingelöst blieb – als Novellenautor trat Tieck erst zehn Jahre später in Dresden in Erscheinung.

Von der Forschung wurde Tiecks *Phantasus*-Projekt lange Zeit vernachlässigt (Forschungsabriß bei Meißner 2007, S. 10–13). So ubiquitär die Rede von den (berühmten) *Phantasus*-Märchen war, so unbeachtet blieb das sich dahinter verbergende Werk. Erst seit der sorgfältigen Neuedition Manfred Franks (DKV 6) wird das Gesamtwerk wie insbesondere die Kommentarebene des Rahmens zunehmend interpretatorisch ernstgenommen (vgl. etwa Neumann 1991; Unger 1991; Chang 1993; Rath 1996; Hasenpflug 1997; Petzoldt 2000; Beck 2008), wenngleich dessen prekäre Gesamtkonstellation, die Verknüpfung von z. T. sehr viel älteren Texten mit einer nachträglichen Kommentierung, oftmals nicht bedacht wird.

Entstehungsgeschichte

Das *Phantasus*-Projekt hat seine Wurzeln noch in Tiecks Jenaer Zeit (zur Entstehungsgeschichte vgl. DKV 6, Kommentar S. 1147–1155; Schweikert 1, S. 260–274; sowie Meißner 2007, S. 16–30; siehe den Beitrag *Der Jenaer Kreis und die frühromantische Theorie* in Kap. 1). Tieck bietet dem Verleger Göschen am 16. Juni 1800 ein Werk namens »Gartenwochen« an, »einen dramatisirten Roman«, der »in einer besondern Geschichte noch eine Sammlung verschiedener eigener Mährchen und Novellen enthalten« soll (zit. nach Schweikert 1, S. 260), und knapp ein Jahr später tauchen in einer Cotta offerierten umfänglichen Werkliste erneut »Die Gartenwochen« auf (vgl. Letters, S. 43). Scheint einiges an diesem Plan, so die Einbettung eigener Texte in einen größeren Rahmen, bereits auf den *Phantasus* vorauszuweisen, so geht dieser doch mindestens ebensosehr auf die Idee einer Neuedition der dreibändigen *Volksmährchen* (1797) zurück. Ein Brief an August Wilhelm Schlegel vom April 1802 zeigt, daß Tieck an keiner bloßen Neuauflage dieser Sammlung, die einst sein literarisches Ansehen begründet hatte, gelegen war, sondern daß er eine kritische Auswahl, Umarbeitungen, Neuarrangements und Ergänzungen durch neue Texte ins Auge faßte (vgl. Tieck-Schlegel, S. 110) – so, wie er es im *Phantasus* zehn Jahre später in modifizierter Form in die Tat umgesetzt hat. Sollte der ältere Schlegel Tieck Verbesserungsvorschläge bezüglich der frühen Werke unterbreiten, so rät ihm dessen jüngerer Bruder im September 1802 zu einem stärkeren »[V]erschlingen« seiner Arbeiten: »Die alten Geschichten und romantischen Dichtungen [...] würden sich gegenseitig heben, wenn sie in einem Dekameron, Gartenwochen oder dergleichen zu einem Kranz geordnet wären« (Tieck-Schlegel, S. 115). Weitere Spuren dieser Werkidee finden sich in Briefen an die Verleger Reimer und Zimmer aus den Jahren 1804 und 1807 (Goethe Schiller Archiv Weimar, 96/2977; vgl. Meißner 2007, S. 20, bzw. Schweikert 1, S. 162, und Schweikert 2, S. 83), doch scheinen dem Projektieren erst nach der Rückkehr aus München 1810 konkrete Arbeitsschritte gefolgt zu sein. Ein bislang unpubliziertes Studienblatt aus dem Nachlaß Tiecks zeigt, daß er intensive Überlegungen zu Auswahl und Anordnung der Texte für den *Phantasus* anstellte, bis er die endgültige Form gefunden hatte (Staatsbibliothek zu Berlin – Preußischer Kulturbesitz, Nachlaß Tieck 24, Mappe 1, Blatt 5; zur Auswertung vgl. Meißner 2007, S. 20f.).

Den noch 1812 erschienenen ersten beiden Bänden des *Phantasus* folgte 1816 ein dritter mit dem neu geschriebenen *Fortunat*-Drama, weitere Bände indes blieben trotz zahlreicher Ankündigungen und Bezugnahmen Tiecks Fehlanzeige. 1828 erschien innerhalb der *Schriften* eine überarbeitete, um *Rothkäppchen* und *Fortunat* beschnittene Version des *Phantasus* (S 4 und 5), während die dritte separate Ausgabe von 1844/45 ersteres wieder integrierte und erneut Umstellungen innerhalb der Rahmengespräche vornahm (vgl. Meißner 2007, S. 30 und 207f.; irrig in diesem Punkt die Darstellung von Frank in DKV 6, Kommentar, S. 1202).

Literarische Traditionen

Tiecks Grundidee, eine gemischtgeschlechtliche Gesellschaft auf einem Landgut zusammenzuführen und sie die Zeit durch das Vortragen von Texten überbrücken zu lassen, war in den Jahren um 1800 im deutschen Sprachraum alles andere als originell. Giovanni Boccaccios *Decameron* (1348) steht als Folie hinter all den Werken – angefangen bei Goethes *Unterhaltungen deutscher Ausgewanderten* (1795) über Wielands *Hexameron von Rosenhain* (1805) und Achim von Arnims *Wintergarten* (1809) bis zu den bereits wieder explizit auf Tiecks *Phantasus* reagierenden *Serapionsbrüdern* (1814/16) E. T. A. Hoffmanns –, die dieses Modell aufgreifen (vgl. Neumann 1991, S. 323–502; Meißner 2007, S. 69–107; Beck 2008).

Die Abhängigkeit von Boccaccio ist den deutschen Rezipienten um 1800 wohl bewußt und wird zum Gegenstand mehr oder minder deutlicher Reverenzerweisungen. Kein Werk indes setzt dies so offensiv wie Tiecks *Phantasus* in Szene. Hier wird die Idee zum Vortrag literarischer Werke im geselligen Kreis folgendermaßen konkretisiert:

> Sei jeder von uns nach der Reihe Anführer und Herrscher, und bestimme und gebiete, welcherlei Poesien vorgetragen werden sollen [...]. Diese Einrichtung, wandte Manfred ein, ist vielleicht zu gefährlich, weil sie an den Boccaccio erinnern dürfte. Sie erinnert, sagte Ernst, fast an alle Italienischen Novellisten, die mit minder oder mehr Glück von dieser Erfindung Gebrauch gemacht haben. (DKV 6, S. 91)

Tiecks Rahmengesellschaft arbeitet sich im folgenden an der erotischen Freizügigkeit Boccaccios ab und tritt dabei nicht nur in einen Dialog mit dem *Decameron* ein, wo es bereits ähnliche Debatten gab, geführt als Verteidigungsrede des Autors gegenüber seinen Kritikern (vgl. Boccaccio 1972, S. 341–349 und 941–946), sondern auch mit Goethes *Unterhaltungen deutscher Ausgewanderten*, wo sich der als Haupterzähler auftretende Geistliche gegen den Vorwurf verteidigen muß, sein Archiv von Geschichten enthalte nur »lüsterne[] Späße« (Goethe 1988, S. 143).

Die dramatische Ausgangslage des *Decameron* ist in den meisten deutschen Adaptationen zurückgenommen. Stehen bei Goethe immerhin die Revolutionskriege und bei Arnim die französische Besetzung Berlins in den Jahren nach 1806 im Hintergrund, so gibt es in Tiecks *Phantasus* nichts dergleichen:

Bloßer Zufall führt die Freundesrunde zusammen. Das damit eigentlich obsolete leitmotivische Verbot, das »Interesse des Tages«, also im *Decameron* etwa die Pestleiden, zu berühren, das bei Boccaccio, Goethe und Arnim an zentraler Stelle ausgesprochen wird (vgl. Boccaccio 1972, S. 29; Goethe 1988, S. 139; Arnim 2002, S. 132), gibt es genau besehen – zumindest in Anspielung – indes doch:

> In dieser Nacht, sagte Emilie, habe ich noch oft an die gestrige Tragödie [*Leben und Tod des kleinen Rothkäppchens*, T. M.], und zwar mit einer gewissen Rührung denken müssen, aber heut am Tage [...] als die Herren zugegen waren, und so viel über Politik und die neusten Weltbegebenheiten sprachen, erschien sie mir etwas zu kindisch. (DKV 6, S. 392)

Eingriffe der Außenwelt erträgt Tiecks geschlossener, sich bewußt abschottender Zirkel also kaum. Volles Gewicht erhält das Zitat freilich erst vor der Folie des dramatischen zeitgenössischen Hintergrundes von 1812 (Napoleons scheiterndem Rußlandfeldzug und der sich ankündigenden Erhebung Preußens), den Tieck, ästhetische Autonomie gegen politisches Engagement ausspielend, bewußt und nicht ohne Bedenken ausklammerte, artikulierte er doch auch gegenüber Solger die Furcht, seine Freunde könnten tadeln, »daß ich in so wichtigen bedrängten Zeiten die Spiele meiner Jugend wieder vorsuche, und nirgend in jenem ahndungsvollen Ton einstimme, den wir jetzt von so vielen edlen Geistern hören« (Matenko 1933, S. 94).

In der Reihe der deutschen *Decameron*-Adaptationen um 1800 orientiert sich Tieck am deutlichsten am italienischen Vorbild. Nur er strebt eine ähnliche Großgliederung an – sieben Texte à sieben Abteilungen treten an die Stelle von Boccaccios Zehnerprinzip, dem Erzählen von jeweils zehn Geschichten an zehn Tagen –, und nur er erweckt den dortigen Tagesherrscher zu neuem Leben. Allerdings treten bei einem genauen Vergleich auch entscheidende Unterschiede zu Tage: Statt einen festen Plot legt Tieck seinen Abteilungen eine Gattungs- bzw. Genrevorgabe zugrunde, und statt mündlich zu erzählen, werden nun sorgfältig komponierte Texte vorgelesen – eine Verschiebung hin zur Schrift, die signifikant ist für die Epoche um 1800 (vgl. Scherer 2003, S. 31–35). Die Frauen schließlich werden degradiert und aufgewertet zugleich. Zwar sind sie nun anders als bei Boccaccio keine gleichberechtigten Dichter mehr, sondern bilden nurmehr das Publikum, doch kommt ihnen als kritische Instanz eine zentrale, wenngleich leise ironisierte Rolle zu: »[D]ann wollen wir Mädchen und Frauen nach der Lektür die Rezensenten spielen, und uns über alles lustig machen, was wir nicht verstanden, oder was uns nicht gefallen hat« (DKV 6, S. 90).

Geselligkeit

Geselligkeit ist allein aufgrund des stets gleichen Arrangements ein Zentralthema all dieser Erzählzyklen. Neben der literarischen Tradition gibt es aber auch biographische Erfahrungen – die Berliner Salongeselligkeit der 1790er Jahre, der Jenaer frühromantische Kreis oder die adlige Gastlichkeit in Ziebingen bzw. Madlitz –, die die Vorführung idealer Geselligkeit und geselliger Literaturrezeption in der Sammlung *Phantasus* beeinflußt haben dürften. An direkte Abbildhaftigkeit ist deshalb aber nicht zu denken, ist das Gesamtkonstrukt doch unübersehbar papieren (einzelne Versuche, das Rahmenpersonal des *Phantasus* historischen Vorbildern zuzuordnen, sind wenig überzeugend; vgl. zuletzt etwa Rath 1996, S. 254). Manfred Franks Charakterisierung des *Phantasus* als »imaginäre Kontrafaktur und Korrektur an der Jenenser Wirklichkeit« (DKV 6, Kommentar S. 1163) könnte man in ähnlicher Weise auch auf Tiecks Berliner und Ziebinger Erfahrungen übertragen – die Idealität des Zirkels hat Tieck in der Realität so nirgends erlebt.

Tieck greift mit dem *Phantasus* aber auch die intensiven frühromantischen Reflexionen zum Thema Geselligkeit (vgl. Hoffmann-Axthelm 1973) auf bzw. schreibt sie gleichsam fort (vgl. auch Ziegner 1987; Meißner 2007, S. 107–124). Friedrich Schleiermacher und Friedrich Schlegel sind die Hauptexponenten entsprechender Theorien. Geht es in Schleiermachers *Versuch einer Theorie des geselligen Betragens* (1799) mit gleichsam autonomieästhetischen Implikationen um das Ideal frei schwebender Geselligkeit, die sich im ungezwungenen Parlieren von allen Alltagsgebundenheiten löst, so verbindet Friedrich Schlegel mit ihr nicht minder ehrgeizige Bildungsideen, denn er sieht Geselligkeit als Prinzip geschlechterverbindender Bemühungen ebenso wie als Grundaxiom jedweden Philosophierens und Reflektierens an.

Tiecks *Phantasus* antwortet in mehrfacher Weise auf diese emphatischen Konzepte, wenngleich er sie eher plaudernd in die Tat umsetzt als sich theoretisch an ihnen abzuarbeiten. »Geselligkeit« ist ein zentrales Leitwort des (programmatisch zwecklosen) Zirkels, der mit der Verbannung jeglicher Tagesaktualitäten, mit der Beschränkung auf schöngeistige Themen, mit dem leichten Umspielen der verschiedensten Gegenstände und den raschen Gesprächsumschwüngen wesentliche Forderungen Schleiermachers erfüllt (zur Gesprächsführung vgl. auch Schläfer 1969, S. 55–93; Hasenpflug 1997). Die eigenen Gespräche werden als »Kunstwerk« (DKV 6, S. 64, 66) verstanden, und dem Festmahl im geselligen Kreis werden Züge eines regelrechten Gesamtkunstwerks zugeschrieben, die ihrerseits wieder recht deutlich für das (literarische) Gesamtwerk *Phantasus* einstehen sollen:

> [...] eben so ausgemacht ist es [...], daß eine gewisse allgemeine Empfindung ausgesprochen werden soll, der in der ganzen Komposition der Tafel nichts widersprechen darf, sei es von Seiten der Speisen, der Weine, oder der Gespräche, denn aus allem soll sich eine romantische Komposition entwickeln, die mich unterhält, befriedigt und ergötzt [...]. (Ebd., S. 57)

Einem Verdikt verfallen demgegenüber zeitgenössische Geselligkeitsformen, seien es Teegesellschaften oder große, wahllos zusammengewürfelte Gesellschaften, die nur der »Zerstreutheit« Rechnung trügen und zum »Tode aller Geselligkeit und Gastfreiheit« führten (ebd., S. 64f.).

Führt Ludwig Tiecks *Phantasus*, anknüpfend etwa an Friedrich Schlegels *Gespräch über die Poesie*, gesellige Literaturrezeption und ideale (frühromantische) Geselligkeit vor, bei der den Frauen, bei allen Abstrichen, eine große, tendenziell gleichberechtigte Rolle zukommt, so ist auch dies vor dem Hintergrund des Erscheinungsdatums 1812 bemerkenswert. Wo in der Realität längst andere Geselligkeitsformen die frühromantischen Utopien abgelöst hatten, wo Arnims *Deutsche Tischgesellschaft* mit ihrem Ausschluß von Frauen und Juden *en vogue* war und sich Henriette Herz bitter über das Ende der egalitären Salongeselligkeit, den nachlassenden Einfluß der Frauen und die Dominanz des Politischen beklagte (vgl. Schmitz 1984, S. 153), da setzt Tiecks *Phantasus*, scheinbar zeitvergessen, aber in Wirklichkeit zeitkritisch konnotiert und ästhetischen Widerspruch einlegend, noch einmal jene Ideale literarisch in Szene, die sich in der Realität längst verflüchtigt hatten.

Erinnerung

Mit dem *Phantasus* beginnt Tieck jenes Projekt der »erinnerten Romantik«, das sein weiteres Werk wie speziell den Umgang mit der eigenen Vergangenheit prägen sollte (vgl. Ribbat 1978, S. 207–236; Brecht 1993, S. 186, 252; Scherer 2003, S. 431–470; Meißner 2007). So emphatisch Tieck hier noch einmal Romantik zu inszenieren scheint, sie geradezu ins Monumentale wendet und dabei nicht nur unter formalen Aspekten die unerfüllt gebliebenen frühromantischen Postulate eines gattungsmischenden Universalromans in die Tat umzusetzen scheint, so vielfach gebrochen, herabgestimmt ist doch diese Realisation von Romantik bei näherem Hinsehen. Von einer ungebrochenen Fortführung des frühromantischen Werks kann Jahre nach dem Zerfall des Jenaer Kreises und nach einem Dezennium des dichterischen Verstummens nicht die Rede sein.

Wehmütige Erinnerung und kritische Reflexion bestimmen den Umgang Tiecks mit der eigenen Vergangenheit und rücken das romantische Werk in ferne Distanz. Schon in der Widmung an August Wilhelm Schlegel hält er unmißverständlich fest, daß die hier erneut präsentierten »Märchen, Schauspiele und Erzählungen [...] alle eine frühere Periode meines Lebens charakterisieren« (DKV 6, S. 9). Wenn er an gleicher Stelle meint, daß es ihm nicht nur um eine Sammlung seiner »jugendlichen Versuche« und ungedruckten Arbeiten geht, sondern auch um Vollendung und Ausarbeitung derjenigen, die schon vor Jahren angefangen oder entworfen wurden, so steht dies dazu in gewissem Widerspruch, würde ihn das doch auf eine laut eigener Aussage überholte Periode seines Schaffens zurückwerfen. Gleichzeitig kündigt sich hier implizit aber auch eine neue, schwerlich ungebrochen frühromantische Schaffensphase des Schriftstellers Tieck an, die im *Phantasus*-Rahmen wie in den neu geschriebenen Texten auszumachen sein müßte.

Voraussetzung des literarischen Neubeginns ist eine umfassende Erinnerungsarbeit, eine Historisierung nicht zuletzt der Jenaer Romantik, an die Tieck zu Beginn des *Phantasus* erinnert (siehe den Beitrag *Der Jenaer Kreis und die frühromantische Theorie* in Kap. 1):

> Es war eine schöne Zeit meines Lebens, als ich Dich und Deinen Bruder Friedrich zuerst kennen lernte; eine noch schönere, als wir und Novalis für Kunst und Wissenschaft vereinigt lebten, und uns in mannigfaltigen Bestrebungen begegneten. Jetzt hat uns das Schicksal schon seit vielen Jahren getrennt. (Ebd., S. 9)

Sind diese Worte explizit an August Wilhelm Schlegel gerichtet, so hält Tieck auch innerhalb der fiktionalen Welt die Erinnerung an Jena präsent. Die fiktive Dichterrunde des *Phantasus*, die nach langer Trennung erneut zusammentrifft, steht in ihrer Unterschiedlichkeit nämlich nicht nur für die proteische Variabilität des frühromantischen Dichters Tieck, sondern hat auch an dessen Verbindung zum Jenaer Kreis teil. Und so wird immer wieder an prominenter Stelle an August Wilhelm und Friedrich Schlegel, an Novalis, ja auch an Goethe und Jean Paul erinnert. Die persönlichsten Passagen gelten dabei dem frühverstorbenen Novalis, dem sich Tieck in besonderer Weise verbunden fühlte. Feiert Friedrich in ihm den »Verkündiger der Religion, der Liebe und Unschuld« (ebd., S. 79), so wird Ernst eine der letzten Begegnungen Tiecks mit dem Freund zugeschrieben:

> Diese heilige ernste Ruhe erweckt im Herzen alle entschlafenen Schmerzen, die zu stillen Freuden werden, und so schaut mich jetzt groß und milde mit seinem menschlichen Blick der edle Novalis an, und erinnert mich jener Nacht, als ich nach einem fröhlichen Feste in schöner Gegend mit ihm durch Berge schweifte, und wir, keine so nahe Trennung ahndend, von der Natur und ihrer Schönheit und dem Göttlichen der Freundschaft sprachen. (Ebd., S. 99f.)

Wenn er dem Frühverstorbenen im Traum begegnen möchte (vgl. ebd., S. 100), wird Novalis vollends zur legendarischen Figur, wie die Erinnerung an ihn schon zuvor wahre Tränenfluten auslöste (vgl. ebd., S. 79). Der *Phantasus* hat somit Teil an jener Mythisierung des Novalis durch Tieck – zu erinnern ist insbesondere an Tiecks Sonette im *Musenalmanach auf das Jahr 1802* und seine in der dritten Auflage von Novalis' *Schriften* (1815) erstmals abgedruckte biographische Skizze –, die kurz nach dessen Tod einsetzte und Tieck so häufig vorgeworfen wurde (vgl. O'Brien 1992; Uerlings 1997). Legendarisierung ist in diesem Falle indes die Kehrseite der Historisierung, wobei Tieck ähnlich wie bei Wackenroder auch spezifisch defizitäre Züge des Freundes hervorhebt, während er selbst die Rolle eines bilanzierenden Historikers einnimmt, der diese Einseitigkeiten überwunden hat (vgl. auch Meißner 2007, S. 161–165).

Geschönt ist die Erinnerung an Jena durchgehend. Von Zwistigkeiten der Freunde, die sich im Briefmaterial der Zeit so zahlreich finden, schweigt die Sammlung ebenso wie von den bald nach 1800 einsetzenden Auflösungserscheinungen des frühromantischen Kreises, die mit einer divergierenden Entwicklung der ästhetischen Positionen einhergehen. Suggeriert der *Phantasus* dem zeitgenössischen Publikum eine ungebrochene Solidarität der einstigen Freunde, so hatte diese in der Realität längst Risse bekommen. Tiecks zunehmend sporadischer Briefwechsel mit Friedrich Schlegel zeigt symptomatisch eine rasch vor sich gehende Entfremdung an, an der sich bis zu dessen Tod, trotz aller Freundschaftsbeteuerungen und diverser Zusammentreffen, nichts mehr ändern sollte; und mit August Wilhelm Schlegel unterhielt Tieck zur Zeit des Erscheinens des *Phantasus* nicht einmal brieflichen Kontakt. Deutlicher könnte dessen zwiespältige Reaktion auf Tiecks Widmungsadresse nicht ausfallen, die er ausgerechnet Tiecks Bruder Friedrich anvertraut. Schreibt er 1815, »Sein Fantasus ist dir doch zu Handen gekommen? Ein äußerst angenehmes Buch. [...] Ich will ihm doch nach so undenklich langer Entfernung einmal wieder schreiben« (Körner 1930, 1, S. 303), so zwei Jahre später, ohne den Vorsatz scheinbar in die Tat umgesetzt zu haben: »Er soll durch die Folgen der Gicht und rheumatischen Plagen ganz schief geworden seyn, in England und hier alles getadelt haben. Er mag in der langen Einsamkeit, von Menschen umgeben, die auf seine Worte schwören, ein wunderlicher Kauz geworden sein« (zit. nach Tieck-Schlegel, S. 259). Tieck hatte sich für den älteren Schlegel zum bloßen Gerücht verflüchtigt, und vorerst sah dieser keinen Anlaß, an diesem Zustand etwas zu ändern.

Die Erinnerungsarbeit gilt indes nicht nur der Jenaer Romantik und dem eigenen Werk, sondern der gesamten Epoche, in der es entstanden ist. Zur Erinnerung treten deshalb spezifische Zeitreflexionen – oder anders gesagt: Die Wahrnehmung beschleunigten Wandels führt zur umfassenden Historisierung der Jugendzeit. Deutlich wird dies etwa zu Beginn des *Phantasus* in einem Gespräch zwischen Ernst und Theodor über ihre gemeinsamen Jugenderlebnisse, dem reale Erfahrungen Tiecks und Wackenroders zugrundeliegen. Preist

Ernst fast im Klosterbruder-Ton ihre damalige Nürnberg-Reise, »wo künstliche Brunnen, Gebilde aller Art, mich an eine schöne Periode Deutschlands erinnerten, ja! damals noch die Häuser von außen mit Gemälden von Riesen und alt deutschen Helden geschmückt waren«, so moniert Theodor, daß es mit diesen Erfahrungen nun vorbei sei: »Doch [...] wird das jetzt alles dort, so wie in andern Städten, von Geschmackvollen angestrichen« (DKV 6, S. 17). Das Erleben von Ganzheit und Fülle, das Eintauchen in die Vergangenheit, das die fränkische Landschaft den Berlinern Wackenroder und Tieck 1793 bot, um wenig später von ihnen literarisch fruchtbar gemacht zu werden (an den Klosterbruder wird im *Phantasus* in diesem Kontext explizit erinnert; vgl. ebd., S. 18; siehe den Beitrag *Wackenroder* in Kap. 1), wäre nun, knapp zwanzig Jahre später, so nicht mehr möglich:

> In jenen früheren Tagen aber hatten wir noch mehr Überreste der alten Zeit selbst vor uns, man fand noch Klöster, geistliche Fürstentümer, freie Reichsstädte, viele alte Gebäude waren noch nicht abgetragen oder zerstört, altdeutsche Kunstwerke noch nicht verschleppt, manche Sitte noch aus dem Mittelalter herüber gebracht, die Volksfeste hatten noch mehr Charakter und Fröhlichkeit, und man brauchte nur wenige Meilen zu reisen, um andre Gewohnheiten, Gebäude und Verfassungen anzutreffen. (Ebd., S. 19)

Gemeint ist damit die Zeit vor dem Reichsdeputationshauptschluß von 1803, vor der gleichsam von außen aufgezwungenen ruckartigen Modernisierung, die unter kulturellem Aspekt als verlustreich erscheint. Die ebenfalls hervorgehobene Erweckung historischen Sinns, die Wertschätzung des Vaterländischen, die nicht zuletzt als Folge der romantischen Bemühungen erscheint (vgl. ebd., S. 18 und 21), kann diesen Verlust nur teilweise aufwiegen. Eine verstärkte Erinnerungsarbeit ist es, die dem beschleunigten Wandel, der vor sich gehenden Modernisierung entgegengehalten wird, und so sind die zahlreichen Bekundungen der *Phantasus*-Runde, sich mit Ruinen oder alten Handschriften zu beschäftigen, keinesfalls kauzige Einlassungen, sondern haben programmatische Funktion.

Daß Tieck bei der Konstatierung historischen Wandels konkrete Eindrücke seiner Frankenreise mit Burgsdorff im Jahre 1803 verarbeitet, die ihrerseits bereits im Zeichen der Erinnerung an das Sommersemester in Erlangen 1793 stand, zeigt ein Vergleich mit dem Tagebuch Tiecks zu dieser Reise und der sehr viel späteren Erzählung *Eine Sommerreise* (1834), die sie literarisch aufgreift. Geraten hier zahlreiche Veränderungen in den Blick, die nicht zuletzt, etwa in Bamberg, dem Umbruchsjahr 1803 geschuldet sind, so wird doch auch deutlich, daß sich noch aus anderen, inneren Gründen die enthusiastischen Gefühle nicht wieder einstellen wollen, die Jugendzeit nicht wiederholbar, sondern unwiederbringlich vorbei ist. So heißt es beispielsweise über Pommersfelden, jenes Schloß mit der berühmten Gemäldegalerie, die einst die Raffaelbegeisterung der Frühromantik mitauslöste (vgl. Littlejohns 1987): »[w]urde[...] ehemals schöner gefunden«. Und über die auch von Tieck hymnisch besungene (vgl. Markert 2004, S. 354), vermeintlich Raffaelsche Madonna: »Bilder-Gallerie, Jungfrau angebl. v. Rafael« (Matenko 1937, S. 96f.; siehe die Beiträge *Bildende Kunst* in Kap. 2 und *Kunsttheorie* in Kap. 3). Auch hier zeigt sich der historisierend-bilanzierende, stets kritische Blick, der für die Ziebinger Jahre Tiecks so typisch ist und den enthusiastischen Frühromantiker in weite Ferne rückt, zum Erinnerungsbild verflüchtigt.

Persönlicher sind die Erinnerungen innerhalb des *Phantasus*, die dem Berliner Theaterbetrieb, der deutschen Schauspielkunst gelten (vgl. DKV 6, S. 675–694 und 1125–1140; dazu Meißner 2007, S. 196–209). Auch hier eröffnet Tieck eine Verlustrechnung, feiert künstlerische Leistungen seiner Jugendzeit, die es nun nicht mehr gibt. Gerühmt wird der Hamburger Theatermagnat Friedrich Ludwig Schröder, gerühmt wird aber vor allem die Berliner Bühne der 1780er und frühen 1790er Jahre, als deren strahlendste Inkarnation der Schauspieler Ferdinand Fleck gilt. Mit dem von den Zeitgenossen gepriesenen Iffland hingegen, dessen Verhältnis zu den Frühromantikern vielfach belastet war, läßt Tieck den Niedergang der Schauspielkunst beginnen.

Eine goldene Epoche der Schauspielkunst wie der deutschen Literatur, ein blühendes Zeitalter, an dem Tieck selbst prägenden Anteil hatte, wird in der Sammlung *Phantasus* recht eigentlich gefeiert und verabschiedet. Bereits zwanzig Jahre, bevor Heine das Ende der Kunstperiode verkündet und sich Tieck im Briefwechsel mit dem älteren Schlegel über die Flut an Memorialliteratur echauffiert, die ein seiner Meinung nach verzerrtes Bild der vergangenen Epoche liefert (vgl. Tieck-Schlegel, S. 207f., 218f.), wird für Tieck die Zeit um 1800, die Jenaer Frühromantik und mithin die eigene Jugendzeit und das in ihr entstandene Werk, historisch. Er zieht kritisch Bilanz, was die Voraussetzung für sein Werk der 1820er und 1830er Jahre bildet. Fast sein gesamtes früheres Werk unterzieht der Ziebinger Dichter einem Musterungsprozeß, ediert überarbeitete Versionen des Romans *William Lovell* (1813/14) und des *Genoveva*-Dramas (1820), nimmt sich eine Revision seines *Sternbald* wie des *Zerbino*-Dramas vor und widmet den frühverstorbenen Freunden Novalis und Wackenroder persönlich kommentierte Werkausgaben (1814/15), wie er es fünfzehn Jahre später mit seinem eigenen Werk unternehmen wird (siehe den Beitrag *Der Philologe* in Kap. 3). Eine Tendenz zum ›Sich-selbst-historisch-Werden‹ kündigt sich an, die ihre bekannteste Parallele im Schaffen Goethes hat (vgl. auch Ribbat 1980), aber im Fall des sehr viel jüngeren, noch nicht einmal vierzigjährigen Dichters durchaus seltsam anmutet. Daß mit diesem Drang zur Erinnerung und Musterung der vergangenen Zeit auch autobiographische Schübe einhergehen, zeigen einige Episoden des *Phantasus*, die in Tiecks Kindheit, Studentenjahre und Münchner Zeit zurückführen (vgl.

DKV 6, S. 663–675; dazu Meißner 2007, S. 210–218) – Bruchstücke seiner im Alter vielfach angekündigten, aber nie erschienenen Memoiren.

Romantikreflexion

Das Sich-selbst-historisch-werden geht indes nicht nur mit Wehmut und sehnsüchtiger Erinnerung, sondern auch mit Kritik einher. In den Gesprächen des *Phantasus*-Zirkels tauchen vielfach ästhetische Wertungen auf, die frühromantische Prämissen korrigieren bzw. modifizieren, sie der geänderten Zeit anpassen. Dies führt zwar auch zur selbstkritischen Relativierung bzw. Aufhebung früherer Positionen, richtet sich aber mehr noch gegen die Fortführung romantischer Bestrebungen durch eine jüngere Generation.

Schon die Ausgangssituation der Rahmenerzählung sorgt dafür, daß romantische Konzepte auf den Prüfstand geraten. Wenn sich der lange getrennte Freundeszirkel nun wieder trifft, wenn aus den enthusiastischen Jünglingen reifere Männer geworden sind, so stellt sich zwangsläufig die Frage nach Kontinuität bzw. Diskontinuität, die epochale Dimensionen enthält. Anders gesagt: Wie geht eine »literarische Jugendbewegung« (Oesterle 1997, S. 16) wie die Frühromantik mit dem banalen Faktum des Älterwerdens um? Bei aller Affirmation enthusiastischer Konzepte, bei aller Wertschätzung der eigenen »Jugendversuche« (DKV 6, S. 91) und der programmatischen Absage an nachträgliche Distanzierungen – »[w]as wirklich wir selbst sind, kann uns niemals fremd werden« (DKV 6, S. 928) – sind doch auch spezifische Vermittlungsbemühungen nötig. Das »Phantastische« gilt es »mit dem wirklichen Leben aufs innigste zu verbinden« (ebd., S. 24), poetischen Schwung beim häuslichen Seßhaftwerden nicht zu verlieren, wie vor allem an Manfred, dem Gastgeber der Freundesrunde, demonstriert wird. Die »Jugend beizubehalten« (ebd.), ist als Aufgabe gestellt, wobei »eine ewige Jugend, eine Sehnsucht, die ewig währt, weil sie ewig nicht erfüllt wird« (ebd., S. 33), postuliert, mithin die »Fixierung auf die Altersstufe« »durch eine Option für die ›Jugendlichkeit des Menschen‹« ersetzt wird (Oesterle 1997, S. 18).

Enthusiasmus, poetische Emphase wird aber auch immer wieder am Leben gebrochen, herabgestimmt und damit nicht entwertet, aber lebensweltlich eingebunden, kommensurabel gemacht. Das »Höchste« muß »sein Gegengewicht im Irdischen« suchen, »um nicht in leeren Schein hinauf zu schwindeln« (DKV 6, S. 944), das »Edle, Begeisterte« wird an »Lust und Lachen« gebrochen (ebd., S. 928), und wer dies nicht wahrhaben will wie der verliebte Friedrich, dem droht schon im *Phantasus* eine ähnliche ›Schwärmerkur‹, wie sie in Tiecks Dresdner Novellen noch öfter vorkommen wird. Dementsprechend werden die rauschhaften Aufschwünge Friedrichs nicht nur wiederholt durch prosaisch-sarkastische Einlassungen der anderen gekontert. Vielmehr hält auch die Handlung manch unliebsame Überraschung für ihn bereit. Am deutlichsten geschieht dies, als er seine Geliebte Adelheid, die ihrem Oheim entflohen ist, endlich in Armen halten darf. Denn die geradezu an den Roman *Franz Sternbalds Wanderungen* gemahnende poetische Szenerie – eine Begegnung mit der in einer Kutsche herbeieilenden Geliebten im abendlichen Wald – hält nicht, was sie verspricht, ist doch Adelheids Wagen verunglückt und ist der prosaische Walther ihr Begleiter, weshalb der Erzähler nicht ohne leise Ironie ausführt:

> Friedrich konnte sich immer noch nicht ganz in die Wirklichkeit seines Glückes finden, das ihm so plötzlich, so unerwartet, nur unter etwas störenden Umständen, wie vom Himmel in die Arme gefallen war, denn so oft er sich auch diesen Augenblick dargestellt, hatte er ihn sich doch nie mit diesen Umgebungen ausmalen können. (Ebd., S. 936)

Deutlicher ist indes die Kritik, die an anderen Positionen und Haltungen geübt wird. Das Vermeiden jedweder Extreme könnte man als Grundkonsens der *Phantasus*-Runde bezeichnen, eine Einstellung, die auch Tiecks Novellenwerk prägen wird. Pluralität – »es lebe die Verschiedenheit der Gesinnungen!« (ebd., S. 28) – und Toleranz – »am Tisch muß unbedingte Gedanken- und Eßfreiheit herrschen« (ebd., S. 57) – werden zu Leitprinzipien der Gesellschaft, der es stets um das rechte Maß geht. Außerhalb des Freundeszirkels scheinen diese Ideale aber nicht verbreitet zu sein, und so werden die Rahmenfiguren zu Gesellschafts- und Zeitkritikern, die ihrer Mitwelt kein gutes Zeugnis ausstellen. Interessant sind dabei vor allem diejenigen Passagen, die eine zum Teil versteckte, zum Teil aber auch offensichtliche Romantikkritik enthalten und die sich mit den ›Folgen‹ von Romantik auseinandersetzen. So gewinnt Ernsts übertriebene Mittelalterbegeisterung zu seiner Jugendzeit im Rückblick lächerliche Züge, wird sein antiaufklärerischer Furor, seine Verfolgung von »manchem Guten und Nützlichen« (ebd., S. 16) getadelt – und dies in einer Passage, die unverkennbar von realen Erlebnissen Tiecks und Wackenroders gesättigt ist, wobei pikanterweise der frühverstorbene Freund und nicht Tieck selbst als Urbild des »Schwärmers« durchscheint, wie ein Vergleich mit dem Briefmaterial nahelegt (vgl. Wackenroder 2, S. 226). Mehr noch wird aber vor den unabsehbaren Folgen einer Imitation dieser Position gewarnt: »Behüte uns überhaupt nur der Himmel, (wie es schon hie und da angeklungen hat) daß dieselbe Liebe und Begeisterung, die ich zwar in dir als etwas Echtes anerkenne, nicht die Torheit einer jüngeren Zeit werde, die dich dann mit leeren Übertreibungen weit überflügeln möchte« (DKV 6, S. 17f.). Der Grundgedanke, daß Nachahmung und Imitation zu Übersteigerung und Verflachung führt, eiferndes Streben bzw. inhaltsentleerte Epigonalität an die

Stelle von hehrem Bemühen tritt, durchzieht die Sammlung und läßt sich wiederholt als Kritik an der Rezeption romantischer Positionen, als Absage an die Fortführung der Romantik durch eine jüngere Generation lesen. Freilich wird dieser Befund im *Phantasus* stets nur angedeutet, nicht mit Namen gefüllt, so daß man Tiecks Briefe aus dieser Zeit, seine scharfe Ablehnung fast jeglicher literarischer und ästhetischer Positionierung seiner Zeitgenossen, seine vernichtenden Urteile über die jüngeren Romantiker mit hinzuziehen muß (vgl. zusammenfassend Meißner 2007, S. 265–271), um den *Phantasus* zum Sprechen zu bringen.

Besondere Überlegungen gelten dem dialektischen Umschlag der Gesinnungen, dem Fallen von einem Extrem in das andere, wobei dieses Thema deutlich religiös akzentuiert wird. Kein Mensch sei seiner Überzeugung oder seines Glaubens versichert, so Ernst, wenn er nicht die gegenüberliegende Reihe von Gedanken und Empfindungen schon in sich erlebt habe, weshalb sowohl ein Freigeist leicht zu bekehren sei als auch ein Frommer abtrünnig werden könne, »der nicht [...] schon die Regionen des Zweifels durchwandert hat« (vgl. DKV 6, S. 59) – eine Passage, die sich wie ein Exposé zur »Novelle« *Der Aufruhr in den Cevennen* (1826) liest, aber wie dieses Erzählfragment zweifellos auch autobiographische Erfahrungen verarbeitet. Stärker ästhetisch gewendet wird diese Konstellation, wenn von einem Umschlag des einseitigen Schwärmens für das klassische Altertum und von der Verachtung des »Schönste[n] der Modernen« zu einem Vergaffen »in das Abgeschmackte und Verzerrte der neuern Welt« die Rede ist, so daß der neue Zustand »sehr nahe an Verrücktheit grenzt« (ebd.). Auch diese sehr konkrete Passage nennt keine Namen und ist als Anspielung auf die seltsamen Wendungen Friedrich Schlegels immerhin denkbar (vgl. DKV 6, Kommentar S. 1233). Allerdings hat Tieck noch mehr markante Umorientierungen in seinem Freundes- und Bekanntenkreis erlebt: von der Goethes Unbill weckenden Absage seiner Italienbegleiter, der Malerbrüder Riepenhausen, an die antike Kunst und der Hinwendung zur mittelalterlichen, religiös getönten Malerei bis hin zur Konversion seiner eigenen Frau mitsamt der beiden Töchter zur katholischen Kirche. Tiecks eigene schwankende religiöse Haltung in der Zeit nach 1800 (siehe den Beitrag *Religion* in Kap. 2), die mit einer dichterischen Krise einhergeht, ist, so schwer sie quellenmäßig wirklich zu erhellen ist, wohl ein wesentlicher Grund für die Beharrlichkeit und Schärfe, mit der er dieses Thema bis ins hohe Alter aufgreift, wobei er sich im nachhinein eine Konstanz und Konsequenz zuschreibt, die dem realen Befund klar widerspricht (vgl. Paulin 1988, S. 123–126; Meißner 2007, S. 277–280).

Daß das Plädoyer für Ausgewogenheit und Maß auch Züge regelrechter Selbstkritik enthält und mit der Zurücknahme früherer ästhetischer Positionen verbunden ist, wird an anderer Stelle noch deutlicher. Exemplifiziert sei dies kurz an den musikästhetischen Passagen des *Phantasus* (vgl. ausführlicher Meißner 2007, S. 256–265). Tieck preist hier, geprägt von den Erfahrungen im hochmusikalischen Kreis der Familie Finckenstein in Madlitz, aber auch von den Erfahrungen seiner Italienreise, die ältere geistliche Vokalmusik, die – geschichtsphilosophisch untermauert – als künstlerische Gipfelleistung gilt, während die Instrumental- wie Vokalmusik der Moderne in eher zwiespältigem Licht erscheint (vgl. DKV 6, S. 351–356 und 930–932; siehe den Beitrag *Musik* in Kap. 2). Zwar wird Mozart großes Lob zuteil, aber die neuesten Opern von Spontini wie die Kompositionen Beethovens verfallen einem deutlichen Verdikt. Gilt letzterer als »Rasende[r]«, der keinen musikalischen Gedanken zu Ende verfolgt und der Phantasie gleichsam selbst im rastlosen Kampf zu entfliehen sucht (ebd., S. 355), so wird dies wieder mit einer geradezu anthropologischen Warnung vor Entgrenzung und Selbstauflösung, mit der Furcht vor extremer Übersteigerung verknüpft:

> Und wie es dem Menschen allenthalben geschieht, wenn er alle Schranken überfliegen und das Letzte und Höchste erringen will, daß die Leidenschaft in sich selbst zerbricht und zersplittert, das Gegenteil ihrer ursprünglichen Größe, so geschieht es auch wohl in dieser Kunst großen Talenten. (Ebd., S. 355)

Demgegenüber heißt es recht apodiktisch über die Musik: »[S]ie ist ganz Andacht, Sehnsucht, Demut, Liebe; sie kann nicht pathetisch sein, und auf ihre Stärke und Kraft pochen, oder sich in Verzweiflung austoben wollen« (ebd., S. 353), während an anderer Stelle konstatiert wird: »Alle Instrumental-Musik […] führt vielleicht von selbst zum Weltlichen, und so allgemach zum Verwirrten« (ebd., S. 932). Freilich sind dies Figurenreden, aber ein Vergleich mit den musikästhetischen Beiträgen Tiecks für die *Herzensergießungen* und die *Phantasien über die Kunst* zeigt doch eine deutliche Zurücknahme damaliger Positionen an. Feierte Tieck seinerzeit mehr noch als Wackenroder die reine Instrumentalmusik, wurde sie als autonome, an kein Signifikat gebundene Kunstform gerühmt und berauschte sich Tieck an den orgiastischen Qualitäten von Reichardts *Macbeth*-Musik (*Symphonien*; vgl. Wackenroder 1, S. 240–246), so favorisiert er in *Phantasus* eine Rückbindung der Musik ans Wort und eine spezifische Dämpfung und Mäßigung, die der musikgeschichtlichen Entwicklung zur ›absoluten Musik‹ (Carl Dahlhaus) zuwiderläuft, aber signifikant ist für die Wandlung von Tiecks ästhetischen Idealen.

Die Binnentexte: Überarbeitungen und »neue Manier«

Die Sammlung enthält je sieben Prosamärchen und Märchendramen, die verschiedenen Vorlesern und mithin Dichtern zugeordnet werden. Vier von ihnen sind lediglich Neueditionen bereits früher publizierter Werke, während die übrigen Texte eigens für den *Phantasus* geschrieben wurden. Ihre Zusammenstellung erhält durch die Einlassungen der Rahmengesellschaft eine logische Ordnung. So werden für die erste Abteilung »Märchen der einfachsten Komposition« (DKV 6, S. 98) versprochen, für die zweite Märchendramen, die auf bekannte Stoffe zurückgehen, diesen aber »durch ihre Darstellung ein neues Interesse« geben (ebd., S. 346). Die Anordnung der Prosamärchen beschreibt nach den Worten Claras einen Bogen, der in aufsteigender Bewegung, in einem »crescendo« des »Graven[s]« die Märchen *Der blonde Eckbert, Der getreue Eckart, Der Runenberg* und *Liebeszauber* aneinanderreiht, um alsdann mit *Die schöne Magelone, Die Elfen* und *Der Pokal* wieder »decrescendo« zum ersten Ton zurückzuführen (ebd., S. 246) bzw. nahe beim »Alltägliche[n]« (ebd., S. 347) zu landen. Für die Anordnung der Märchendramen fehlt ein ähnlicher Deutungsversuch. Hier folgen die älteren Texte *Leben und Tod des kleinen Rothkäppchens, Der Blaubart, Der gestiefelte Kater* und *Die verkehrte Welt* aufeinander, um dann Raum für die neuen Dichtungen zu lassen: das »Märchen in drei Akten« *Leben und Thaten des kleinen Thomas, genannt Däumchen* und das zweiteilige *Fortunat*-Drama.

Die älteren Texte hat Tieck für den *Phantasus* durchgesehen und unterschiedlich stark überarbeitet, aber kaum so, daß sich daraus eine generelle Tendenz ablesen ließe (vgl. dazu auch Franks Kommentar in DKV 6; Hewett-Thayer 1937; Chang 1993, S. 111ff. und 194ff.; kurze Einzelhinweise auch bei Meißner 2007, S. 299ff.). Insgesamt hat er in die Märchendramen weit stärker eingegriffen als in die Prosamärchen, deren Änderungen zumeist nur kleinere Details betreffen, am berühmtesten zweifellos die Tilgung der Abendglocken, die in der Erstfassung von *Der blonde Eckbert* inmitten der »Waldeinsamkeit« zu hören gewesen sein sollen (vgl. DKV 6, Kommentar S. 1262). Am stärksten überarbeitet hat Tieck sein *Blaubart*-Drama, wobei die Änderungen von der paratextuellen Ebene (aus *Ritter Blaubart* wird *Der Blaubart*) über eine neue Akt- und Szenengliederung (aus dem vier- wird nun ein fünfaktiges Drama) bis zur Einführung einer sich an Shakespearscher Lustspieltradition orientierenden Figur namens Junker Winfred reichen. Manfred Frank geht davon aus, daß die *Phantasus*-Bearbeitungen »im Sinne Solgers« erfolgt seien (DKV 6, Kommentar S. 1187) und dessen vom späteren Tieck wiederholt affirmativ zitierten Ironiebegriff umzusetzen versuchten. Dies ist jedoch weder aus chronologischen Gründen noch vom philologischen Befund her sonderlich überzeugend.

Die Gespräche der Rahmengesellschaft nutzt Tieck, um kontroverse Reaktionsmöglichkeiten auf seine Texte zu demonstrieren, Hintergrundinformationen zum entstehungsgeschichtlichen Kontext zu liefern, auf literaturgeschichtliche Traditionslinien hinzuweisen oder Einzelerklärungen zu geben – eine, wenngleich fiktional eingebundene Kommentierung des eigenen Werks, die die ausführlichen Vorreden der späteren *Schriften* (1828/29; vgl. S 1, 6 und 11) in Teilen vorwegnimmt. Eine Deutung der Texte indes liefert der *Phantasus*-Zirkel an keiner Stelle, sondern dies bleibt die Aufgabe des Lesers bzw. Interpreten.

Tieck selbst hat den innovativen Charakter der für den *Phantasus* neu geschriebenen Texte entschieden betont: »*Liebeszauber*, *Pokal* und *Elfen* sind in meiner neuen Manier, ich bin selbst damit zufrieden« (an Friedrich Tieck, 9. April 1818; Letters, S. 165). Worin besteht nun das spezifisch Neue dieser Texte, das über Tiecks frühromantisches Werk hinausweist? Man könnte, bei aller Zurückhaltung gegenüber allzu geradlinigen Entwicklungsmodellen (vgl. etwa Lieske 1933, S. 23ff. und 100ff.; oder Thalmann 1955, S. 74ff.), eine stärkere Nähe zu realistischem Ambiente, eine Zurücknahme des Magisch-Wunderbaren bzw. Parabatisch-Clownesken hervorheben, wenngleich die märchenhaften *Elfen* und das burleske *Däumchen*-Drama diesem Befund zu widersprechen scheinen. Differenzierte Betrachtungen erfordert zweifellos jeder der neuen Texte, die bei aller signifikanten Entwicklungstendenz, deren Konstatierung vom Wissen um das spätere Dresdner Werk geprägt ist, doch auch zeigen, daß hier ein Dichter sehr bewußt mit neuen Formen und Tönen operiert bzw. experimentiert, ohne bereits das seiner gewandelten Stimmungslage entsprechende Erfolgsmodell wie später in Dresden gefunden zu haben.

Daß Tieck schließlich auch innerhalb der neuen Texte Romantik verabschiedet, sie noch einmal inszeniert, aber unwiederbringlich der Vergangenheit zuordnet, sei noch kurz an der Erzählung *Der Pokal* demonstriert (vgl. ausführlicher Meißner 2007, S. 356-368). Sie ist in zwei ganz unterschiedliche Teile gegliedert: Begegnet im ersten Teil der junge Ferdinand zweimal der von ihm geliebten Franziska und läßt ihr Bild von einem ihm befreundeten Magier beschwören, um Näheres über seine Zukunft mit ihr zu erfahren, so trifft er sie im zweiten Teil über dreißig Jahre später bei der Hochzeit ihres Sohnes wieder. Die Anlage dieser beiden Erzählteile hätte Tieck kaum stärker voneinander abheben können: Der erste Teil atmet noch einmal ganz romantische Glut und Sinnlichkeit, ist in drei bildhafte Szenen gegliedert und versammelt fast aufdringlich viele romantische Epitheta – von der in der Tradition des *Briefes eines jungen deutschen Malers in Rom an seinen Freund in Nürnberg* aus den *Herzensergießungen* stehenden bzw. diesen überbietenden Überlagerung von weltlicher Liebe und religiöser Inbrunst über die Beschwörung und Imagination eines geliebten Bildes bis hin zu der an eine Episode des *Sternbald*-Romans gemahnenden Vorbeifahrt der Geliebten in einer Kutsche. Der zweite Teil hingegen ist episch breit gehalten, wird von Gesprächen dominiert, zeichnet sich durch ein fast schon biedermeierliches Ambiente aus. Wie Requisiten tauchen hier romantische Elemente auf, deren Sinn längst keiner mehr versteht. Der anläßlich der Beschwörungszeremonie ausführlich beschriebene magische Pokal (vgl. DKV 6, S. 332) ist zum leutseligen »Festpokal« degradiert worden, dessen Aufbewahrungsort kaum jemandem erinnerlich ist (vgl. ebd., S. 342), und jener magische Raum der Bildnisbeschwörung mit seinen roten Samtteppichen, seinen unverständlichen Büchern und der spanischen Laute ist zur »Polterkammer« (ebd., S. 337) verkommen – zur Polterkammer der Romantik, wenn man so will. Nur Ferdinand und Franziska, die sich so unvermutet wiedersehen und deren Wiedererkennen Tieck sorgfältig inszeniert, wissen um die Bedeutung dieser Zeichen, kommen aus einer anderen Epoche, hüten sich aber, ihre Geschichte ihren Kindern anzuvertrauen, die wenig feinfühlig veranlagt zu sein scheinen. Deutlicher als mit dieser Erzählung hätte Tieck kaum herausstellen können, wie sehr die Zeit über jedwede Romantik hinweggegangen ist, wie lächerlich es wäre, deren ungebrochene Geltung in der Gegenwart zu behaupten. Nur noch mit solchen Vermittlungen, in solch inszenierter Weise ist Romantik denkbar, ein Befund, der sich auch auf Tiecks Spätwerk übertragen läßt.

LITERATUR

Arnim 2002: Arnim, Achim von: Der Wintergarten. In: ders.: Sämtliche Romane und Erzählungen, 3 Bde., hg. von Walther Migge, Bd. 2, Darmstadt 2002, S. 123–435.
Beck 2008: Beck, Andreas: Geselliges Erzählen in Rahmenzyklen. Goethe – Tieck – E. T. A. Hoffmann, Heidelberg 2008.
Boccaccio 1972: Boccaccio Giovanni: Das Dekameron. Mit 110 Holzschnitten der italienischen Ausgabe von 1492, übersetzt von Albert Wesselski, 2 Bde., Frankfurt a.M. 1972.
Brecht 1993: Brecht, Christoph: Die gefährliche Rede. Sprachreflexion und Erzählstruktur in der Prosa Ludwig Tiecks, Tübingen 1993.
Chang 1993: Chang, Young Eun: »...zwischen heiteren und gewittrigen Tagen«. Tiecks romantische Lustspielkonzeption, Frankfurt a.M./u.a. 1993.
Goethe 1988: Goethe, Johann Wolfgang: Unterhaltungen deutscher Ausgewanderten. In: ders.: Werke. Hamburger Ausgabe in 14 Bänden, hg. von Erich Trunz, Bd. 6: Romane und Novellen 1, durchgesehene Ausgabe, München 1988, S. 125–241.
Hasenpflug 1997: Hasenpflug, Kristina: Ludwig Tiecks Darstellung der Salongespräche im *Phantasus*. In: Salons der Romantik. Beiträge eines Wiepersdorfer Kolloquiums zu Theorie und Geschichte des Salons, hg. von Hartwig Schultz, Berlin/New York 1997, S. 63–82.
Hewett-Thayer 1937: Hewett-Thayer, Harvey W.: Tieck's Revision of his satirical Comedies. In: Germanic Review 12 (1937), S. 147–164.
Hoffmann-Axthelm 1973: Hoffmann-Axthelm, Inge: »Geisterfamilie«. Studien zur Geselligkeit der Frühromantik, Frankfurt a.M. 1973.

Körner 1930: Körner, Josef (Hg.): Briefe von und an August Wilhelm Schlegel, 2 Bde., Zürich/u. a. 1930.
Lieske 1933: Lieske, Rudolf: Tiecks Abwendung von der Romantik, Berlin 1933.
Littlejohns 1987: Littlejohns, Richard: Anfänge der Kunstbegeisterung. Pommersfelden und die Folgen. In: ders.: Wackenroder-Studien. Gesammelte Aufsätze zur Biographie und Rezeption des Romantikers, Frankfurt a. M./u. a. 1987, S. 40–72.
Markert 2004: Markert, Heidrun: »Schakspear, W[ackenroder] u[nd] die Natur umher machen mich sehr glücklich«. Zwei ungedruckte Briefe Ludwig Tiecks aus der Entstehungszeit der Romantik. In: »lasst uns, da es uns vergönnt ist, vernünftig seyn! –«. Ludwig Tieck (1773–1853), hg. vom Institut für Deutsche Literatur der Humboldt-Universität zu Berlin, unter Mitarbeit von H. M., Bern/u. a. 2004, S. 331–356.
Matenko 1933: Matenko, Percy (Hg.): Tieck and Solger. The Complete Correspondence, New York/Berlin 1933.
Matenko 1937: Matenko, Percy: Tieck's Diary Fragment of 1803 and his Novelle *Eine Sommerreise*. In: Journal of English and Germanic Philology 36 (1937), No. 1, S. 83–102.
Meißner 2007: Meißner, Thomas: Erinnerte Romantik. Ludwig Tiecks *Phantasus*, Würzburg 2007.
Neumann 1991: Neumann, Michael: Unterwegs zu den Inseln des Scheins. Kunstbegriff und literarische Form in der Romantik von Novalis bis Nietzsche, Frankfurt a. M. 1991.
O'Brien 1992: O'Brien, William Arctander: Herstellung eines Mythos. Novalis' *Schriften* in der redaktionellen Bearbeitung von Tieck und Schlegel. In: Zeitschrift für deutsche Philologie 111 (1992), H. 2, S. 161–180.
Oesterle 1997: Oesterle, Günter: Einleitung. In: Jugend – ein romantisches Konzept?, hg. von G. O., Würzburg 1997, S. 9–29.
Paulin 1988: Paulin, Roger: Ludwig Tieck. Eine literarische Biographie, München 1988.
Petzoldt 2000: Petzoldt, Ruth: Albernheit mit Hintersinn. Intertextuelle Spiele in Ludwig Tiecks romantischen Komödien, Würzburg 2000.
Rath 1996: Rath, Wolfgang: Ludwig Tieck. Das vergessene Genie. Studien zu seinem Erzählwerk, Paderborn/u. a. 1996.
Ribbat 1978: Ribbat, Ernst: Ludwig Tieck. Studien zur Konzeption und Praxis romantischer Poesie, Kronberg i. Ts. 1978.
Ribbat 1980: Ribbat, Ernst: Ungleichzeitig – Gleichzeitig. Goethe und Tieck. In: Akten des VI. Internationalen Germanisten-Kongresses: Basel 1980, Teil 3, hg. von Heinz Rupp und Hans-Gert Roloff, Bern/u. a. 1980, S. 339–343.
Scherer 2003: Scherer, Stefan: Witzige Spielgemälde. Tieck und das Drama der Romantik, Berlin/New York 2003.
Schläfer 1969: Schläfer, Ute: Das Gespräch in der Erzählkunst Ludwig Tiecks, phil. Diss. München 1969.
Schmitz 1984: Schmitz, Rainer (Hg.): Henriette Herz in Erinnerungen, Briefen und Zeugnissen, Leipzig/Weimar 1984.
Thalmann 1955: Thalmann, Marianne: Ludwig Tieck. Der romantische Weltmann aus Berlin, München/Bern 1955.
Uerlings 1997: Uerlings, Herbert: Tiecks Novalis-Edition. In: Ludwig Tieck. Literaturprogramm und Lebensinszenierung im Kontext seiner Zeit, hg. von Walter Schmitz, Tübingen 1997, S. 135–159.
Unger 1991: Unger, Thorsten: »Romantisierte Welt« als ästhetische Überwindung des Gartens. Überlegungen zum Gartenmotiv in den Rahmengesprächen von Ludwig Tiecks *Phantasus*. In: Journal of English and Germanic Philology 90 (1991), No. 4, S. 467–490.
Ziegner 1987: Ziegner, Thomas Günther: Ludwig Tieck – Studien zur Gesellikeitsproblematik. Die soziologisch-pädagogische Kategorie der »Geselligkeit« als einheitsstiftender Faktor in Leben und Werk des Dichters, Frankfurt a. M./u. a. 1987.

Dresdner Novellen

Michael Neumann

Gut zwei Jahre, nachdem sich Tieck im Sommer 1819 in Dresden niedergelassen hatte, erschien im *Taschenbuch zum geselligen Vergnügen auf das Jahr 1822* seine erste Novelle *Die Gemälde*. Sie eröffnete eine neue, hochproduktive Phase im Leben des Erzählers Ludwig Tieck. Den Anstoß gab wohl seine nachgerade sprichwörtliche Geldnot. »Ich hatte mich niemals bewogen gefunden, für Almanache oder Taschenbücher Beiträge zu liefern«, berichtet er im Rückblick 1846 (DKV 12, S. 1004), »der erste Versuch in dieser Gattung der Novellen […] entstand zufällig«: auf Drängen des Verlegers Amadeus Wendt. Almanache, Taschenkalender, Taschenbücher – das war die erfolgsträchtigste Antwort marktbewußter Verleger auf die Wandlung des Buches zu einer Massenware. Anfang der 1820er Jahre hatte sich der Buchmarkt vom Niedergang während der Napoleonischen Kriege erholt. Nun brachte jedes Jahr ca. 700 Neuerscheinungen mehr als das vorherige: Von 4505 Titeln 1821 erhöhte sich die Produktion kontinuierlich auf 14039 im Jahr 1843. Zwischen 1820 und 1830 wurden etwa eine Million Almanache verkauft. Innerhalb der Almanach-Beiträge stieg der Anteil der Novellen stetig. Neue Setz- und Drucktechniken sowie die Erfindung des billigen Taschenbuchs senkten die Produktionskosten. Das wiederum, nebst einer sozialen Aufwertung des Lesens und neuartigen Werbestrategien der Verleger, beförderte die Neigung, Bücher nicht mehr nur aus den Leihbibliotheken zu beziehen, sondern auch selbst zu erwerben. So wurden billigere Großauflagen möglich, diese befeuerten weiter die Kauflust. Derart positiv rückgekoppelt, vervielfachte sich der Ausstoß an unterhaltsamen Druckerzeugnissen (Schröder 1970, S. 53–73; Fallbacher 1992).

Tieck verstand rasch, daß sich hier etwas verdienen ließ (Schröder 1970, S. 32–37): »Ich habe vor, eine ziemliche Anzahl solcher Erzählungen zu schreiben, zu denen die Plane fast schon ganz ausgearbeitet sind« (Letters, S. 189; ähnlich in Förster 1846, S. 285). Beim Plänemachen hatte er auch sonst gern ins Große gedacht; der einige Jahre zuvor abgebrochene *Phantasus* zeugte freilich davon, wie unselig das Vollbringen meist dem Entwerfen hinterherhinkte. Im Fall der Dresdner Novellen aber entstand binnen zweier Jahrzehnte tatsächlich ein nach Umfang wie Geschlossenheit beeindruckendes Korpus von

Erzählungen; in seinen *Schriften* füllte es schließlich zwölf der achtundzwanzig Bände.

Dies war nicht nur auf pekuniäre Reize zurückzuführen; Tieck entdeckte in dieser Form auch neue erzählerische Möglichkeiten: »Ich bilde mir ein, eigentlich unter uns diese Dichtart erst aufzubringen« (Letters, S. 189). Die ungeheure Vermehrung der verkäuflichen Seiten verhalf damals naturgemäß einem Wust mediokrer und miserabler Opera zum Druck. Tieck, der schon seit Schülertagen seine Feder in den vielfältigsten narrativen Künsten geübt hatte, verlockte es offenkundig, dieser unbegabten Menge an Autoren den Meister zu zeigen.

Mit dem neuen Publikationsmedium setzte sich im deutschen Sprachraum auch ein neuer Begriff durch (Hirsch 1928, S. 21): »Wir brauchen jetzt«, so Tieck 1829 (S 11, S. LXXXIV), »das Wort Novelle für alle, besonders kleineren Erzählungen«. Tieck wollte dem einen präziseren Sprachgebrauch entgegensetzen (S 21, S. 225f.). Zu den großen Mustern der Gattung erklärte er Boccaccio, Cervantes und Goethe (S 11, S. LXXXV). Ihnen zufolge müsse sich die Novelle

> dadurch aus allen andern Aufgaben hervorheben, daß sie einen großen oder kleinern Vorfall in's hellste Licht stelle, der, so leicht er sich ereignen kann, doch wunderbar, vielleicht einzig ist. Diese Wendung der Geschichte, dieser Punkt, von welchem aus sie sich unerwartet völlig umkehrt, und doch natürlich, dem Charakter und den Umständen angemessen, die Folge entwickelt, wird sich der Phantasie des Lesers um so fester einprägen, als die Sache, selbst im Wunderbaren, unter andern Umständen wieder alltäglich sein könnte. (Ebd., S. LXXXVI)

Die Forderung nach dem Wunderbaren, Zentralpunkt seiner frühromantischen Poetik, wird also beibehalten. Tieck greift zur Erläuterung auf die antike Tragödie zurück: Wenn »Orest vom Gott der Weissagung begeistert« zum Muttermörder »und als solcher vom ältesten und einfachsten Naturgefühl in der Gestalt der Erynnien verfolgt [wird], bis Gott und Mensch ihn frei sprechen«, dann will der griechische Dichter »das Geheimnißvolle zwar klar, menschlich und göttlich zugleich, aber doch wieder durch ein Geheimniß ausgleichen«. Dieses Geheimnisvolle – das »Unauflösbare«, das sich »in allen Richtungen des Lebens und Gefühls« findet – habe der Dichtung schon immer ihren belebenden Kern gegeben. Seine eigenen Märchennovellen hatten diesem Geheimnis in der Ferne eines phantastischen Mittelalters die Gestalt von antiken Göttern und von Naturgottheiten, von Märchenzauber und Elementargeistern verliehen (ebd., S. LXXXIV–XC).

Jetzt will Tieck, wie einst Cervantes (DKV 11, S. 11, 1084f.), auch »seine Zeit und Umgebung« zum Gegenstand der Novelle machen: »alle Stände, alle Verhältnisse der neuen Zeit, ihre Bedingungen und Eigenthümlichkeiten sind dem klaren dichterischen Auge [...] zur Poesie und edlen Darstellung geeignet« (S 11, S. LXXXVII). Die Worte formulieren recht genau das Programm der ›Sittengemälde‹, welche in den 1820er und 1830er Jahren die beliebten französischen ›romans du moeurs‹ bzw. ›tableaux de société‹ ins Deutsche einbürgerten (Schröder 1970, S. 45). Das erfordert einen neuen Begriff des Wunderbaren (vgl. Letters, S. 189), und damit trennt sich Tieck entschieden von einer bestimmten Art phantastischer Literatur, die er selbst mitbegründet hat und für die ihm jetzt vor allem E. T. A. Hoffmann und die französische Romantik stehen. Die Novelle der zeitgenössischen Realität zeigt das Wunderbare nicht in Bildern einer zweiten, göttlichen oder dämonischen Wirklichkeit, sondern im überraschenden Umschlag, der mitten in Beschränkung und Zwiespalt des alltäglichen Lebens eine zuvor unausdenkbare Lösung bewirkt (siehe den Beitrag *Novellenpoetik* in Kap. 3).

Das Wunderbare konzentriert sich damit in dem Strukturmoment des »Wendepunkts«, ohne freilich den Bezug auf das aus dem Inneren des Menschen aufsteigende göttliche oder dämonische Transzendente aufzugeben (DKV 11, Kommentar, S. 1186–1189). Den Begriff des Wendepunktes hatte A. W. Schlegel schon früher eingeführt (Schlegel 1965, S. 216); Willibald Alexis hatte ihn auf Tiecks Novellen angewendet:

> Die Fabel seiner Novellen ist sehr einfach, es ist kein Zug, der mit Gewalt herbeigezogen wäre oder sich aus dem Ideengange nicht rechtfertigen ließe, aber in jeder Novelle findet sich eine überraschende Wendung (das novi quid), welche mit der geistigen Bedeutung des Themas in der innigsten Verbindung steht. (Alexis 1825, S. 213)

Es ist nicht ganz auszuschließen, daß Tieck diese Rezension vor Augen oder im Gedächtnis hatte, als er sich 1829 daran machte, seinen Gebrauch der Novelle zu rechtfertigen.

Novellen hatte Wieland Erzählungen genannt, »welche sich von den großen Romanen durch die Simplicität des Plans und den kleinen Umfang der Fabel unterscheiden, oder sich zu denselben verhalten wie die kleinen Schauspiele zu der großen Tragödie und Komödie« (Wieland 1795, S. 18). Tiecks Gattungsbestimmung durch Wendepunkt, Wunderbares und zeitgenössische Realität interessierte sich für den Umfang nicht. Daß Tieck Texte wie *Der junge Tischlermeister* oder *Vittoria Accorombona* als Novellen bezeichnete, hat die zeitgenössische Kritik fast durchweg vehement getadelt, obwohl er damit durchaus nicht allein stand (Schröder 1970, S. 212). Auch sonst eröffnete er der Gattung ein denkbar breites Spektrum der Gegenstände und Stile:

> Bizarr, eigensinnig, phantastisch, leicht witzig, geschwätzig und sich ganz in Darstellung auch von Nebensachen verlierend, tragisch wie komisch, tiefsinnig und neckisch, alle diese Farben und Charaktere läßt die ächte Novelle zu, nur wird

sie immer jenen sonderbaren auffallenden Wendepunkt haben, der sie von allen anderen Gattungen der Erzählung unterscheidet. (S 11, S. LXXXVII)

Dieser Bestimmungsversuch reagiert auch auf die Rezensionen der ersten Novellen. Vor dem Hintergrund der großen Muster dieser Gattung wie im Kontext einer uferlosen zeitgenössischen Produktion suchte Tieck das Eigene zu bezeichnen. Gleichwohl blieb er, der die Möglichkeit einer systematischen Ästhetik bestritt (Förster 1846, S. 442), vom prekären Charakter solch grundsätzlicher Festlegungen überzeugt: »Es ist sehr schwer, hier einen allgemeinen Begriff zu finden, auf den sich alle Erscheinungen dieser Art zurückbringen ließen« (Köpke 2, S. 234). Tatsächlich führt den heutigen Leser die Diskussion um die Novelle eher in die Irre. Im späteren 19. Jahrhundert haben Autoren wie Theodor Storm und Paul Heyse unter diesem Begriff eine neue Gattung kürzerer Prosaerzählungen gefordert, deren Form nach Aufbau wie strenger Durchgestaltung den Vergleich mit der klassischen Tragödie aushalten sollte. Im 20. Jahrhundert hat die germanistische Fachwissenschaft das aufgenommen und sich bei dem Versuch, den späten normativen Begriff mit der empirischen Fülle erzählerischer Formen des 19. Jahrhunderts in Beziehung zu bringen, ziemlich hoffnungslos verfahren. Die Debatte wird schon seit längerem nicht mehr geführt, doch der Begriff Novelle trägt im Deutschen immer noch jenen Beigeschmack von Formstrenge mit sich, den ihm Storm und Heyse verschafft haben. Blickt man von hier auf Tiecks Dresdner ›Novellen‹ zurück, so kann man nur schiere Defizienz konstatieren – doch das ist eine ahistorische Perspektive (vgl. Meyer 1987). Die charakteristische Eigenart von Tiecks Dresdner Erzählungen läßt sich nicht aus den Novellen-Reflexionen des späten 19. Jahrhunderts ableiten, sondern gründet zum einen in den neuen Möglichkeiten, welche die zahlreichen Journale eröffneten, zum anderen in einer durchaus individuellen Aneignung bestimmter Gattungstraditionen des 18. Jahrhunderts: der Verknüpfung des gesprächsweisen Erzählens mit der »Lustspielgeschichte« (Sengle 1971–1980, 2, S. 929f.).

Der neue Begriff des Wunderbaren drängt die äußere Handlung zurück: Die Zwiespältigkeit des Lebens verwirklicht sich im Kontrast.oder Kampf von »Gesinnung, Beruf und Meinung« (S 11, S. LXXXVIII). Diese aber werden im Gespräch exponiert und durchgeführt. In diesem Sinn erlaubt Tieck der Novelle ausdrücklich die Geschwätzigkeit: Sie dürfe »sich ganz in Darstellung auch von Nebensachen« verlieren (ebd., S. LXXXVII). Seine Werke hatten schon immer in hohem Maße aus dem Widerspruch gelebt; man denke nur an Satire und Parodie in den frühen Komödien. Dazu wuchsen Skepsis und Distanz gegenüber der eigenen Zeit beständig. Die Gesprächsnovelle bot Tieck eine Gestaltungsmöglichkeit, die seiner geistigen Natur – wie übrigens auch seinem persönlichen Temperament (Tieck-Solger 1, S. 435) – entsprach. Entgegen der zeitgenössischen, später als ›biedermeierlich‹ apostrophierten Tendenz zu geschlossenen Formen hielt er an einem offeneren Erzählen fest (Sengle 1971–1980, 1, S. 247f.): an der Polyperspektivität als poetischer Form. Das Verfahren war bereits im *Phantasus*-Rahmen erprobt. Solgers Ironie-Begriff hat Tieck für die Totalisierung polyperspektivischer Brechungen die Rückendeckung der Theorie verschafft (Köpke 2, S. 238–40; Mörtl 1976, S. 128–71; Frank 1985, S. 1174–99; siehe die Beiträge *Philosophie* in Kap. 2 und *Ironie bei Tieck und Solger* in Kap. 3), doch sollte darüber hinaus der Einfluß von Solgers Theorie des Absoluten auf Tiecks erzählerisches Werk nicht überschätzt werden (vgl. Stamm 1973, S. 29–33).

Wichtiger waren die literarischen Vorbilder aufgeklärten Erzählens, in deren Schule schon der junge Tieck gegangen war. Der kritisch prüfende und reflektierende Grundcharakter der Aufklärung hatte nicht nur diskursive Gattungen wie Dialog, Unterhaltung, Essay, Betrachtung, Rede und Brief zu besonderem Ansehen gebracht, sondern auch die erzählenden Formen mit dem Geist von Gespräch und Disput durchtränkt (Neumann 1991, S. 370–401). Diderots Erzählungen etwa radikalisieren die Differenz verschiedener Perspektiven ins Unaufhebbare. Diderots *Neveu de Rameau* besteht aus einem einzigen Dialog mit eingeschobenen Erzählungen und inneren Monologen, *Jacques le fataliste et son maître* aus Unterhaltungen zwischen Diener und Herr. Laurence Sterne inszeniert *Tristram Shandy* als ein Gespräch des Erzählers mit dem Leser.

Wie diese narrativen Möglichkeiten den jungen Tieck gereizt haben, zeigen manche seiner *Straußfedern*-Geschichten ebenso wie seine Märchen-Novellen. Der späte Tieck experimentiert nicht mehr so demonstrativ, aber er hält am Gesprächshaften, am relativierenden Perspektivieren, am versuchsweisen Kontrastieren und am reflektierenden Spiel mit dem Vorgang des Erzählens fest. Schon im frühen Märchen *Der blonde Eckbert* löste er die tragische Enthüllung dadurch aus, daß Bertha einem vermeintlichen Freund vor dem nächtlichen Kaminfeuer ihr Leben erzählt. Innerhalb dieser Erzählung werden die entscheidenden Handlungsmomente wiederum von Berthas Lektüren angestoßen (Beitrag Kremer frühes Erzählen). Ähnliches findet sich in den Dresdner Novellen zuhauf. *Das alte Buch und die Reise in's Blaue hinein* potenziert die Fiktion des Manuskriptfundes: Zunächst tritt Tieck selbst – wie weiland Jean Paul in der *Unsichtbaren Loge* – als Erzähler auf; ihm sei ein Manuskript zugesandt worden, und über dessen Lektüre gerät er sogleich ins Um- und Ausarbeiten. Aber schon das Manuskript wird als die Bearbeitung einer Vorlage ausgegeben, die ihrerseits, über eine nicht rekonstruierbare Reihe von Überarbeitungen, auf ein mittelalterliches Original zurückführen soll. Das bezweifelt Tieck als Figur der Novelle – mit offenkundigen Folgen für seine eigene Glaubwürdigkeit als Erzähler. Solche (Selbst-)Kritik der Narration wird quer durch die Dresdner Novellen variiert und repetiert. Zahllose Erzählungen werden in die

Novellen eingelegt und von den Figuren gelobt und verspottet, kritisiert und diskutiert. Nicht selten spiegeln oder verkehren die Binnenerzählungen, wie etwa in *Das Zauberschloß* (Lämmert 1955, S. 53f.), die Handlung oder die Figurenkonstellation des Erzählrahmens.

Dazu üben zahllose Prätexte ihre Wirkung auf die Figuren aus. Heinrich und Clara führen sich in *Des Lebens Überfluß* gleich zu Anfang durch den Vergleich mit Jean Pauls *Siebenkäs* und der Paradiesgeschichte des alttestamentarischen Buches *Genesis* ein. Der Protagonist in *Der funfzehnte November* spielt Noahs Rolle in einer ins Bürgerlich-Idyllische verkleinerten Sintflut-Geschichte nach, begegnet dabei aber auch einem jungen Mann, der Goethes Werther imitiert. Typisch romantische Momente des Frühwerks kehren geradezu als Zitate wieder (Brecht 1993, S. 144, 186). So nimmt Tieck sich das Thema der »Waldeinsamkeit« 1841 in seiner letzten Novelle aufs Neue vor und stellt dafür sogar seine eigene alte, längst zum romantischen Formelwort aufgestiegene Neologie als Titel voran (Ribbat 1978, S. 216; Haupt 2002, S. 431–446; siehe den Beitrag *Späte Prosa* in Kap. 4). Doch das eigene Werk bildet nur einen kleinen Ausschnitt aus jenem riesigen Anspielungsraum der europäischen Literatur, in den der hochbelesene Autor seine Erzählungen durch Anspielung, Zitat, Montage, Variation und Verkehrung hineinknüpft (Hölter 1989, S. 392). Besonders liebt Tieck die verschiedenartigsten ironischen Verkehrungen und spielerischen Kontrafakturen. *Die wilde Engländerin* – eine ungewohnt formstrenge Novelle, ihrerseits eingelegt in die Erzählung *Das Zauberschloß* – verkehrt den Mythos von Diana und Aktaion. *Des Lebens Überfluß* läßt sich als eine Kontrafaktur der Gattung der Idylle lesen (Oesterle 1983). Der Erzähler Mansfeld in *Das Zauberschloß* parodiert mit seinen Geschichten die Schauerromane der Zeit. Und *Musikalische Leiden und Freuden* gibt eine komödiantische Umkehrung zu Hoffmanns tragischem *Rat Krespel*.

Neben Diderot, Sterne und Jean Paul (der nicht nur ein neuer Virtuoso im Perspektiven-Jonglieren und Rahmen-Staffeln war, sondern auch der bedeutendste jener Opponenten zur Weimarer Klassik und Romantik, welche die Kontinuität des gesprächsweisen aufgeklärten Erzählens an die nachromantischen Generationen vermittelten) drängen sich beim späten Tieck als Muster vor allem die *Contes moraux* Marmontels auf. Tieck nennt den Namen zwar nicht in seinem großen Abriß der europäischen Erzähltradition von 1835 (DKV 11, S. 1081–1091). Die *Contes moraux* samt ihren verschiedenen Übersetzungen und zahlreichen Nachahmungen erfreuten sich im späten 18. und frühen 19. Jahrhundert aber einer außerordentlichen Popularität; auch spricht die Form des Erzählens für sich. Marmontel baut seine Geschichten, deren Figuren im Verlauf der Handlung von markanten Verkehrt- oder Narrheiten kuriert werden, weitgehend aus Dialogen auf. Im Hintergrund steht eine lächelnde Weisheit, deren aufgeklärter Optimismus die Leser in der Kunst des Lebens unterrichten will. Bei Gelegenheit verweist Tieck auch darauf, daß Walter Scott, der berühmteste Romancier der Zeit, »die wichtigsten Begebenheiten, oft die Entwicklung im Dialog fortschreiten« läßt (KS 4, S. 263). Ähnlich motiviert Tieck seine Dresdner Novellen durch Figuren-Gespräche. Die äußere Handlung tritt zurück. Das Erzählen lebt aus der dialogischen Auseinandersetzung verschiedener Haltungen und Meinungen. Dabei wird das eigentliche Gespräch immer wieder durch mehr oder weniger ausführliche Reden unterbrochen. Sie tragen, unter einer meist witzigen, manchmal auch launig oder skurril gearbeiteten Oberfläche, prononcierte Meinungen leidlich systematisch vor. Auch zeitgenössische Moden und Streitfragen erhalten breiten Raum. So eröffnet die Gesprächsnovelle

> für Räsonnement, Urtheil und verschiedenartige Ansicht eine Bahn, auf welcher durch poetische Bedingungen das klar und heiter in beschränktem Rahmen anregen und überzeugen kann, was so oft unbeschränkt und unbedingt im Leben als Leidenschaft und Einseitigkeit verletzt. (S 11, S. LXXXVIII)

Die Polyperspektivität balanciert das Einseitige durch Gegenpositionen aus, zwingt noch das Fanatische zu sprachlicher Artikulation und Auseinandersetzung und schafft so für den Leser jene poetische Distanz, die ihn aus den Verstrickungen und Beschränktheiten des eigenen Lebensalltags löst und zu abwägender Erkenntnis befreit.

Obwohl Tieck der Novelle das Recht vorbehält, »über das gesetzliche Maaß hinweg zu schreiten, und Seltsamkeiten unpartheiisch und ohne Bitterkeit darzustellen, die nicht mit dem moralischen Sinn, mit Convenienz oder Sitte unmittelbar in Harmonie stehn« (ebd., S. XC; vgl. DKV 11, S. 12, 1093 und Kommentar, S. 1118), so ist sein Anspruch gleichwohl im Kern ein moralischer: Auch er versteht das Leben als eine Kunst, welche über die Betrachtung geeigneter Beispiele erlernt werden kann. Er bewegt sich da durchaus im Rahmen der *communis opinio* seiner Zeit (Sengle 1971–1980, 2, S. 83–196), auch wenn diese Fortdauer eines im weiten Sinne didaktischen Erzählens dem heutigen Rückblick meist durch die Konzentration auf die Autonomie-Ästhetik von Klassik und Romantik verdeckt wird.

Der zweite Grundzug der Dresdner Novellen liegt darin, daß sie nach Aufbau, Typenreservoir und Intrigenmechanik der europäischen Komödientradition sehr nahe stehen (Neumann 2005). Auch dies ist keine Tiecksche Erfindung. »Lustspielgeschichten« waren höchst beliebt (Sengle 1971–1980, 2, S. 929f.). Seine Theaterleidenschaft hatte Tieck von Kindesbeinen an in vertrauten Umgang mit den Mustern gebracht, und seine dramaturgische Arbeit für das Dresdner Theater mag noch ein Übriges dazu getan haben, sich diese Fülle wieder zu vergegenwärtigen. Eine Grundlinie solcher Komödienhandlungen bilden Liebesabenteuer: Zwei Liebende werden durch die Macht ihrer Eltern, Familien oder sonstiger Umstände voneinander getrennt, finden aber nach mancherlei Abenteuern durch Glück oder List am Ende doch noch zusammen. Tieck setzt diese Linie ohne die geringste Angst vor Stereotypen immer wieder ein: Daß ein Vater oder eine Mutter ihren Sprößling nicht nach Liebe, sondern nach Geld verheiraten will, bewegt die Handlung in *Die Gemälde, Die Reisenden, Das Zauberschloß, Die Gesellschaft auf dem Lande* und manchen anderen Novellen. Und auch die Waffen, zu denen die Liebenden im Gegenzug greifen, findet der Leser ohne Mühe im Standardrepertoire der Komödie wieder. Die List der Tochter siegt in *Die Gesellschaft auf dem Lande* über die Borniertheit des Vaters. Am Ende der *Verlobung* enthüllt sich eine Figur als reicher Verwandter aus Amerika und löst kraft des Geldes alle Knoten – eine Metamorphose des antiken *deus ex machina*, die aus den rührenden Familienstücken der vorangegangenen Jahrzehnte mehr als geläufig war und auch *Des Lebens Überfluß* zu einem guten Ende führt. Mitten im Happy End von *Die Reisenden* bringt eine Figur das Verfahren auf den Punkt: »Es geht fast zu, wie im Lustspiel« (S 17, S. 262).

Die Liebeshandlung sorgt in der Komödientradition für den großen Zusammenhalt der ansonsten oft recht locker gebauten Stücke. An diesen lockeren Faden werden dann komische Szenen und typische Charaktere aus dem reichen, aber nicht unübersehbaren Fundus gereiht. Auch hier hat sich Tieck bedient. Die Prügelei zwischen dem italienischen und dem deutschen Musiker in *Musikalische Leiden und Freuden* führt Marianne Thalmann auf die typische Prügelszene, Eulenböcks Barbier-Erzählung in *Die Gemälde* auf die typische Rasierszene der *commedia dell'arte* zurück (Thalmann 1965, S. 1071 u. 1067). In *Die Verlobung* hört Graf Brandenstein als unfreiwilliger Lauscher im Nebenzimmer das Liebesgeständnis seiner Dorothea mit. Die komische Entwicklung eines fehlschlagenden Selbstmordversuchs in *Musikalische Leiden und Freuden* erinnert den Leser an Papagenos höchst untragische Selbstmordszene in der *Zauberflöte*. In *Das Zauberschloß* wird einem jungen Grafen durch die Wegnahme einer Leiter der Rückweg über den Balkon abgeschnitten wie vormals Figaro und Almaviva im *Barbier von Sevilla*. In *Die Gesellschaft auf dem Lande* erfolgt die Liebeswerbung über Stellvertreter wie mehrfach bei Shakespeare. Dazu wimmelt es in den Dresdner Novellen nur so von den obligatorischen Verwechslungen, Verkleidungen und Erkennungen, von zufälligen Begegnungen und spektakulären Umschwüngen.

Innerhalb der einzelnen Erzählung bleibt derlei szenische Komik allerdings lose gestreut. Der Grundcharakter der Gesprächsnovelle drängt das Szenische doch sehr zurück. Tieck benutzt es, um seine Geschichten mit einem dramaturgischen Skelett auszustatten, widmet der Handlung aber ansonsten nicht allzuviel Aufmerksamkeit. Fleisch kommt auf dieses Skelett erst durch die Gespräche und Reden. Auch hierfür konnte Tieck von der europäischen

Komödie profitieren. Gelegentlich tritt neben die szenischen auch ein oratorisches Repertoirestück: so etwa in *Das Zauberschloß* eine zungenfertige Parodie von Spukgeschichten, die jederzeit mit Ännchens Spuk-Arie aus Webers *Freischütz* konkurrieren könnte. Vor allem aber exponieren sich in den Gesprächen nicht nur die Meinungen, sondern auch die Charaktere der redenden Figuren. Und hier erkennt man manche alte Bekannte aus der Typenkomödie wieder. Der zopftragende Verwalter in *Die Gesellschaft auf dem Lande* stammt ersichtlich vom *miles gloriosus* ab, der seit antiken Zeiten mit zahllosen Heldentaten prahlt, die er nie begangen hat (vgl. Thalmann 1965, S. 1075) – auch wenn Tieck diesem Muster doch eine recht differenzierte und gegen Ende geradezu tragische Figur abgewinnt. Der geldgierige Vater und die eifersüchtige Mutter sind vielbeschäftigte Mitspieler in der oben genannten Liebesintrige. Baron Wallen in *Die Verlobung* gibt einen gemäßigten Tartuffe, und Maler Eulenböck in *Die Gemälde* kann man vielleicht als einen transponierten Falstaff identifizieren (Neumann 2005, S. 142f.).

Deutlicher als die Typenkomödie klingt in Tiecks Erzählungen allerdings die aufklärerische Verlachkomödie durch: Ein Mensch, der durch einen Charakterfehler oder eine Narrheit seinen Mitmenschen zur Last fällt, wird im Verlauf der Handlung zur Einsicht in seinen Fehler und letztlich zur Besserung geführt. In dieser Absicht kommen die Besserungskomödien im Gefolge der Aufklärung und die Sittengemälde in der Nachfolge des Marmontel überein, und auch Tieck pflegt dieses Muster. Die Besserungskomödien der Zeit setzten bei ihrer Publikumswirkung freilich vor allem auf Rührung. So war es schon bei den Familienstücken der Iffland und Schröder gewesen, so war es nun auch bei den Erfolgsstücken eines Kotzebue, von der Rührseligkeit der Clauren und Konsorten gar nicht zu reden. Hiervon grenzte Tieck sich ab. Übertriebene Empfindsamkeit und die Lust an der Rührung gehörten für ihn selbst in den Kreis jener Charakterfehler, die dringend nach Heilung verlangten. *Die Verlobung* etwa enthält auch eine scharfe Satire auf die religiöse Empfindsamkeit, wie überhaupt die satirische Bloßstellung zum therapeutischen Handwerkszeug der Besserungsgeschichten gehört. Weniger gelungen erscheinen Erzählungen wie *Die Vogelscheuche*, in denen die Satire das Kommando übernimmt; hier wird der Witz ins Groteske getrieben, bis er sich verflüchtigt.

Wenn man die Dresdner Novellen allerdings der didaktischen Literatur zuweist, stellt sich die Frage nach der Position, von der aus Tieck seine narrative Didaxe inszeniert. Der aufgeklärte Optimismus eines Marmontel war nach den politischen Stürmen und Katastrophen der Jahrhundertwende nicht weiterzuführen und mußte dem ehemaligen Romantiker wohl auch als zu platt erscheinen. Gegen den engagierten Liberalismus des Jungen Deutschland hat er mit Erzählungen wie *Eigensinn und Laune* oder *Der Wassermensch* deutlich Stellung bezogen. Mit dem Christentum, das seit der Romantik wieder an

Raum gewann, verband ihn am Ende wenig mehr als Respekt. Man könnte Tiecks Position wohl am ehesten als eine Art traditionsgestützter Anthropologie bezeichnen, welche die erstaunliche Vielfalt menschlicher Charaktere aus dem Widerspiel zweier antithetischer Pole ableitet. Durch die Konstellation unterschiedlicher Figuren samt ihrer Meinungen und Schicksale will die Didaxe den Leser anregen, über die Kunst des rechten Lebens nachzudenken:

> Ich glaube, daß alle, oder doch die meisten Menschen aus Widersprüchen zusammengesetzt sind; diese nun auf gelinde, gewissermaßen kunstreiche Art zu lösen, ist die Aufgabe des Lebens. Gewaltsame Leidenschaften, erschreckendes Unglück, tolle Ausschweifung, sind wohl sehr oft Mangel an Geschick und Kunstsinn zu nennen. Ist es nicht wieder in anderer Gestalt die gebildete Vereinigung der geraden und krummen Linie, der notwendige Zierrat, der dem nackten Leben zur schmückenden Umkleidung gegeben wird? Was sich zu widersprechen scheint, vereinigt sich gelinde und schön, gerade das, was überflüssig und unvernünftig aussieht, ist es, was dem Wahren, Festen, und Richtigen Gehalt und Schönheit gibt. Vielleicht sind wir gegen unsere Vorfahren gehalten hierin eben so zurück, wie im Hausrat, wenn gleich mancher unter uns mit jenen Buchdruckerstöcken oder Schnörkelfiguren zu vergleichen ist, welche die geschweifte Linie gleichsam toll gemacht hat. Die Ausschweifung an sich selbst soll nicht da sein dürfen. (DKV 11, S. 61f.)

Dieses Bekenntnis hat Tieck der Titelfigur in *Der junge Tischlermeister* in den Mund gelegt. Dieser Handwerker ist ein Kunsthandwerker und vereinigt so in sich einen der grundlegenden Widersprüche des Menschen: die Sorge um das »nackte[] Leben« und um die »schmückende[] Umkleidung«, die alles andere als »überflüssig« ist. Die Romantik hatte aus diesem Grundwiderspruch ein dualistisches Weltmodell gezogen: Der Romantiker verkörpert das Andere des auf Nutzen, Vernunft und Sicherheit eingeschworenen ›Philisters‹. Tieck sucht den Dualismus durch ein Menschenbild abzulösen, das ihn als anthropologischen Grundwiderspruch in sich aufnimmt. Vernunft und Poesie gehören essentiell zum Menschen; also muß, trotz ihres Widerspruchs, beiden ihr Recht werden. Philister und Schwärmer erscheinen dann gleichermaßen als verdorbene Abweichungen von der rechten, wenn auch polar gespannten Mitte.

Mit der Suche nach dem rechten Maß, nach welchem die auseinanderstrebenden Wesensmöglichkeiten des Menschen zusammenzufügen sind, greift Tieck nicht nur über die Romantik zurück auf die Aufklärung; er findet hier Anschluß an eine viel ältere, antike und christliche Argumente verknüpfende Tradition, die Ethik und Lebenskunst auf diese Tugend verpflichtet (vgl. Pieper 1964), und folgt mit diesem Rückgriff abermals einer Tendenz seiner Zeit (Sengle 1971–1980, 1, S. 119). Das rechte Maß bedeutet für Tieck das Balancieren von Gegensätzen: von Nüchternheit und Leidenschaft, Vernunft und Poesie, Konsequenz und Exzentrik, Sozialität und Individualität. Dieses Maß wird von Tieck kaum je formuliert. Seine Beschaffenheit ergibt sich vor allem *ex negativo*: aus der Beobachtung jener zahlreichen Fälle, in denen die rechte Balance unübersehbar gestört ist. Positive Beispiele gibt es auch, so etwa der Parlamentsrat Beauvais und der Weltpriester Watelet in *Der Aufruhr in den Cevennen*, doch selbst diese sind nie endgültig gesichert gegen Irrtum und Einseitigkeit. Es zeichnet diese Geschichten – im Unterschied zu den meisten ihrer Vorbilder – aus, daß es in ihnen kaum eine Figur gibt, die gar keiner Korrektur bedürfte.

Tiecks Didaxe arbeitet indirekt. Weder spricht sie ihre Botschaft klar aus noch verkörpert sie sich über eindeutige Vorbildfiguren. Vielmehr zwingt sie den Leser, durch die Diskussionen und Kontrastierungen der Geschichten seinen eigenen Weg zu finden. Vielen Zeitgenossen erschien das als feige, ja unanständig. Theodor Mundt etwa ärgerte sich 1836 über den »zweideutig lächelnden Aristophanes an der Elbe« (zit. nach Paulin 1987, S. 93). Bei einem genaueren Blick auf die Dresdner Novellen tritt die Kontur dieses Ethos jedoch deutlich genug hervor. An ihm werden die Figuren der Lustspiel-Geschichten gemessen und zurechtgebogen. Nach ihm strebt der junge Tischlermeister, den Shakespeare und die Liebe aus seiner etabliert-vernünftigen Bahn geworfen haben. Seinen Wert demonstrieren die historischen Novellen *Der Aufruhr in den Cevennen, Hexen-Sabbath* und letztlich auch *Vittoria Accorombona*, indem sie vor Augen stellen, was geschieht, wenn das vernünftige Maß zwischen Borniertheit und Leidenschaft verloren geht.

Die vielfältigen Aberrationen von der rechten Balance ordnen sich, entsprechend der zweipoligen Anthropologie, in zwei große Gruppen. Auf der einen Seite stehen die Figuren, welche um einer verengten Vernünftigkeit willen den Pol der Poesie und Leidenschaft verdrängen oder abtöten. Das beginnt mit dem, was die Romantiker die ›Philister‹ nannten: Väter, die bei der Verheiratung ihrer Töchter nur auf ihre eigene Vernunft hören wollen; Materialisten, welche die Hochzeit als ein Geschäft betreiben; Traditionalisten, die alles Neue um der guten alten Zeiten willen verfluchen; Rationalisten, die Kunst und Religion verachten; Konformisten, die sich jedem Zug der Zeit anschmiegen. Fließend ist hier der Übergang zum Sonderling und Narren. In *Der junge Tischlermeister* etwa tritt ein Erzieher auf, der keine Einschränkung an dem Axiom duldet, daß der Wille des Menschen durchaus »frei sei und alles vermöge« (DKV 11, S. 18f.). Der Mann wird in der Folge von einer verzweifelten Leidenschaft zur Mutter seiner Zöglinge erfaßt. Er beweist sich die Unbedingtheit seines freien Willens dadurch, daß er dennoch in ihrem Haus wohnen bleibt und sich jede Äußerung seiner Liebe verbietet. Zwar gelingt ihm diese ethisch-asketische Übung, doch verliert er darüber seinen Verstand. Auch sonst ist der Schritt vom Sonderling zum Wahnsinnigen bei Tieck nicht allzu weit – das rechte Maß seiner Lebenskunst hat nichts Behäbiges oder Gemütliches an sich; es ist der einzige Schutz vor den verschiedensten Dämonen, die allzeit und ringsum den Menschen belagern. Solche aus einseitiger Vernunft destillierten Dämonen beherrschen in den historischen Novellen die Egoisten, denen um ihres Vorteils, und die Machiavellisten, denen um ihrer Sache willen jedes Mittel recht ist.

Die andere Gruppe der Aberrationen bilden die Schwärmer, Phantasten und Betrüger. Waren Philister das bevorzugte Feindbild der Romantiker, so kehrt im ›Schwärmer‹ ein kritischer Zentralbegriff der Aufklärung wieder (Schings 1977). Die beiden Pole von Tiecks Anthropologie tragen Züge einer historischen Antithese. In dem Bemühen, sie zur Harmonie zu bringen, arbeitet Tieck auch daran, die verschiedenen Phasen seines eigenen langen Lebens zur Einheit zu fügen. Die Schwärmer und Phantasten sind Opfer ihrer eigenen Unvernunft; diese zieht die Betrüger an, die daraus ihren Nutzen ziehen wollen. So steht in *Die Verlobung* neben den religiösen Schwärmern der Tartüffe von Wallen, in *Die Gemälde* neben dem jungen Mann, dessen Freiheitsdurst zur Liederlichkeit verkommt, der Kunstfälscher Eulenböck. Eine bizarre Verknüpfung von Schwärmerei und Ökonomie präsentiert der Schafzüchter Binder in *Die Gesellschaft auf dem Lande*. Er versetzt sich immer wieder ganz in seine Schafe hinein: »[I]n diesem wachen Schlummerzustande kommen mir denn die allerbesten Erfindungen und Verbesserungen, und in diesen Stunden der Weihe empfange ich durch Instinkt oder Inspiration alles, was ich abändern, was ich anwenden muß« (S 24, S. 472f.). Auch hier ist der Weg zum Wahnwitz nicht weit. In *Der junge Tischlermeister* bekämpft ein Hausknecht seine sündige Neigung zu Trunk und Verschwendung durch mystische Übungen; er verfällt in Wahnsinn und Raserei. *Aufruhr in den Cevennen* und *Hexen-Sabbat* schließlich führen geradezu systematisch vor Augen, wie die religiöse Schwärmerei ein ganzes Tollhaus des mörderischen Fanatismus aus sich entlassen kann.

Eine Schlüsselstellung nimmt für die verschiedensten Formen menschlicher Narrheit das Rollenspiel ein. Der Baron von Wallen in *Die Verlobung* spielt den frommen Empfindsamen. Der Verwalter in *Die Gesellschaft auf dem Lande* gibt sich als Heros aus den Freiheitskriegen aus, an denen er gar nicht teilgenommen hat. *Der Geheimnißvolle* handelt von der Heilung eines Hochstaplers, dessen Hochstapelei überdies in den verschiedensten Figuren und Begebenheiten variiert und gespiegelt wird. Die Dichterin in *Das Zauberschloß* schreibt Kitsch nach der Mode. Eulenböck in *Die Gemälde* malt nicht nur im Stil von Salvator Rosa oder Breughel, er weiß darüber hinaus mit verschmitzter Dialektik den Unterschied zwischen Kunst und Fälschung überhaupt in Frage zu stellen. In *Die Reisenden* löst ein wahrer Karneval von Rollenspiel und Verwechslung den Unterschied zwischen Vernunft und Verrücktheit vorübergehend auf: Ein ›Gesunder‹ wird versehentlich ins Narrenspital gesteckt, ein Wahnsinniger bricht von dort aus, und beide fügen sich am neuen Ort aufs beste in ihre Umgebung ein.

Diese Handlungsmomente passen gut zum Charakter der Lustspiel-Geschichten (vgl. Thalmann 1960, S. 44–52). Vor allem aber weisen sie ins Zentrum der Vermittlung, die Tieck anthropologisch zwischen der Vernunft und ihrem Anderen, lebensgeschichtlich zwischen Aufklärung und Romantik anstrebt. Grundwert seiner Lebenskunst ist, wie in den alten Tugendlehren, das rechte Maß: eine kluge, offene, tolerante Vernünftigkeit. Diese Vernunft aber kann ihre bewegliche Lebendigkeit nur behalten, wenn sie sich immer wieder selbst aufs Spiel setzt. Mit den Worten des jungen Tischlermeisters, dem Tieck – entgegen seinem sonstigen Usus – gelegentlich eigene Überzeugungen in den Mund legt:

> Denn nicht will der Mensch bloß Mensch sein (so oft dies auch vor einigen Jahren von Aufklärern ist geprediget worden), er will auch nicht bloß nützlich und erwerbend und Bürger sein, sondern zu Zeiten etwas anders außer sich vorstellen. Dieser Trieb, uns außer uns zu versetzen, ist einer der gewaltigsten und unbezwinglichsten, weil er wohl gerade die tiefste Eigentümlichkeit in uns entbindet. (DKV 11, S. 79f.)

In Kunst und Theater kann der Mensch Erfahrungen machen, die nicht seine eigenen sind und die ihm doch gerade als Entäußerung ins Andere die Chance eröffnen, seine tiefste individuelle »Eigentümlichkeit« zu entdecken. Diese dem Menschen notwendigen Erfahrungen werden durch den bürgerlich-vernünftigen Alltagsgang des gegenwärtigen Lebens immer mehr verstellt und begraben:

> Ich glaube in der Tat, daß die Masse der übertriebenen und krankhaften Eitelkeit unserer Tage, die Sucht, eine lügenhafte Rolle vor der Welt und vor sich zu spielen, dieses Heucheln von süßlicher Bildung, unechter Frömmigkeit, affektierter Liebe zur Natur und dergleichen mehr, nur möglich geworden ist, seitdem es dem Menschen untersagt ist, eine Rolle von Staatswegen zu spielen, seitdem er so ganz auf die Haushaltung in seinen vier Pfählen, und auf sein Herz in seinem sogenannten Innern angewiesen ist, denn ich fühle es, daß der Trieb, sich zu entfliehen, sich selbst fremd zu werden, und als ein anderes Wesen wieder anzutreffen, mächtig in uns ist. (Ebd., S. 81)

Im Kern der Authentizitäts-Ansprüche, welche die Empfindsamkeit in die Welt gebracht hat, entdeckt Tieck den Ursprung einer neuen Entfremdung: Wo die ›Echtheit‹ einer subjektiven Innerlichkeit zum alleinigen Maßstab aufsteigt, verfallen Spiel und Schein dem Vorwurf der Lüge. Das trifft die theatralischen Momente in Gesellschaft und Religion (ebd., S. 80), und es trifft die Kunst. Nicht zufällig befreit das Theaterspiel den jungen Tischlermeister aus der Sackgasse, in der sich sein Leben verfangen hat. Nicht zufällig kulminiert für Tieck alle Kunst in der überdimensionalen Gestalt des Dramatikers Shakespeare, die seine *Dichterleben*-Trilogie in scheuer Distanz umkreist. Nimmt man dem Menschen die Erfahrung der Andersheit, wird er in seiner eigenen Innerlichkeit verschlossen, bis er sich in seiner gegenwärtigen Rolle absolut setzt. Die Entwicklung erstarrt, das Leben verblaßt; Kunst, Liebe und Religion verderben zu Kitsch, Mode und Fanatismus.

Anthropologische Neugier und ethisches Maß, eine locker aus Komödien-Stereotypen geknüpfte Handlung und der narrative Grundmodus von Gesprächen und Reden bilden zusammen jenen charakteristischen Erzähltyp, der die Dresdner Novellen zu einem einheitlichen Korpus zusammenschließt. Versuche, innerhalb dieses Korpus verschiedene, meist an Themen orientierte Gruppen abzugrenzen (vor allem Minor 1976, S. 45–127), haben nicht überzeugt. Ergiebiger ist es wohl, die einzelnen Novellen als Variationen eines einzigen Erzähltyps aufzufassen, dessen formale Eigenart beträchtliche Wandlungsmöglichkeiten birgt. In *Der Hexen-Sabbath* wird er zur historischen Großnovelle, in *Der Aufruhr in den Cevennen* zum – wenngleich fragmentarischen – historischen Roman ausgeweitet. Der düstere Hintergrund der Geschichtspanoramen läßt den Wert der Toleranz strahlend hervortreten. Die Handlungsmechanik von Zufall, Täuschung und Intrige tut zwar weiter ihren Dienst, läßt ihre komödiantische Herkunft aber gründlich vergessen – der Erzähler des *Hexen-Sabbath* bezeichnet das historische Geschehen als »fratzenhaftes Possenspiel der unmenschlichsten Tragödie, die Unvernunft gedichtet und blödsinnige Grausamkeit hatte aufführen lassen« (S 20, S. 431).

Tieck hat Kluges über die historische Alterität und über die Kunst der Geschichtsschreibung geäußert. An den Freund und Historiker Friedrich von Raumer schreibt er nach der Lektüre von dessen *Geschichte der Hohenstaufen*:

> so viel ich hierüber sehen kann, [...] [weiß man] noch gar nicht, daß es eine historische Kunst gibt. Daß Voltaire dergleichen ahndete, und es nun mit seiner Aufklärung verband und auf diese anwandte, hat wol großentheils sein Glück gemacht, sowie es seine Begeisterung war. Je älter ich werde, je mehr kann ich Hume würdigen, d.h. die Stuarts und auch die Elisabeth. Gibbon muß von ihnen ganz verschieden schreiben, auch wenn er nicht Gibbon wäre. So ist es denn ein großes Glück, wenn das Individuum mit der Kunstaufgabe, wie in der Poesie, eins und dasselbe wird. Immer wird Herodot genannt. Schon funfzig Jahre später konnte er nicht mehr so schreiben: und auch damals nicht, wenn er nicht Er war. Wie herrlich steht Tacitus in seiner Zeit. Er paßte nur damals, und vielleicht nur unter Karl IX. von Frankreich wieder: wollte einer in dieser Manier von Edward III. und dem Schwarzen Prinzen schreiben, es wäre läppisch. (Raumer 1861, 2, S. 149f.)

Entsprechend hat Tieck für seine historischen Erzählungen – wie auch für die Shakespeare-Trilogie und den Camões-Roman *Tod des Dichters* – breite Quellenstudien betrieben; zahllose Details zeugen von seiner archivalischen Gelehrsamkeit. Dennoch war sein Ziel nicht die Beschwörung historischer Differenz, sondern die exemplarische Beleuchtung der letztlich zeitenthobenen Möglichkeiten und Gefährdungen des Menschen (vgl. Sengle 1971–1980, 2, S. 845f.). Nicht zufällig verweisen Metaphern wie ›Posse‹ oder ›Tragödie‹ für das historische Geschehen auf die älteren, vorhistoristischen Vorstellungen vom Geschichtstheater. Historische Novellen wie Zeitnovellen kreisen um dieselben Themen: um Fanatismus und Vernunft, um das Wunderbare zwischen dem Philiströsen und dem Wahnsinnigen, um Religion und Heuchelei, innere Wahrhaftigkeit und allgegenwärtige Täuschung, blinde Mode und blinden Traditionalismus. Dennoch ist die geschichtliche Entfernung alles andere als gleichgültig. Im Gegensatz zur komödiennahen Handlung der Zeitnovellen zeigen die historischen Novellen durchwegs fallende Handlungskurven (Hölter 2001, S. 144): Die zeitliche Ferne erlaubt es, die Macht des Unheimlichen und des Bösen, des Gewaltsamen und des Zerstörerischen in einem Ausmaß zuzulassen, das Tieck ohne Distanzierung offenkundig nicht ertragen hat.

Nicht religiöser Fanatismus, sondern die exzessive Steigerung des Individuums ins Übermenschliche steht im Zentrum der ebenfalls tragischen Geschichte von *Vittoria Accorombona*. An der Dichterin und ihrer Gegenfigur, dem Herzog Bracciano, entfaltet Tieck die Ambivalenz des Übermenschen zwischen ästhetischer Faszination und abgründiger Amoralität. John Webster hat in *White Devil* die Dimension dieser Figur vorgezeichnet, doch erzeugt die Sturm und Drang-Begeisterung für das Geniale und Übergroße eine zeitliche Nähe, ja Aktualität, vor der die detailreich beschriebene Renaissance wieder Distanz und Schutz bieten muß.

Anders steht es mit der historischen Konkretion in *Dichterleben*. Das große historisch-philologische Buch über Shakespeare war ein Lebenstraum, den Tieck sich nie zu erfüllen vermochte. Gewaltiges Material hatte er gesammelt, über Jahrzehnte das Umfeld studiert. All das lag bereit, als er sich zu einem Shakespeare-Roman entschloß, der vielleicht sogar für das sich entziehende Shakespeare-Buch eintreten sollte. Doch Shakespeare versagte sich auch dem Erzähler. In den frühen Künstlerbiographien der Freundschaft mit Wackenroder hatte die Unaussprechlichkeit der ›heiligen‹ Kunst die Erzähler dazu gezwungen, vom Werk auszuweichen auf sein Umfeld: auf die Beschwörung seiner Entstehung und die Vorzeichnung seiner rechten Rezeption. Diese Unsagbarkeit überträgt sich nun auf Shakespeare. Nur indirekt, in Kunstgesprächen und sonstigen Erörterungen, wird sein Genius zum Thema. Neben den Hauptfiguren Marlow und Greene bleibt die Figur des größten aller Dichter bis zu ihrer abschließenden Epiphanie im Schatten. Das mag bewußter ästhetischer Kalkulation entspringen; dem Künstlerroman tut es doch Abtrag.

Tieck hat die Mittel seiner Dresdner Gesprächsnovellen, mit unterschiedlichem Erfolg, noch an anderen Gattungen ausprobiert. Originell und eigenständig fiel etwa *Der junge Tischlermeister* als Replik auf den Bildungsroman Goethes aus. *Der 15. November* gibt eine narrative Kontrafaktur des Schicksalsdramas. Blaß blieben dagegen *Pietro von Abano* und *Die Klausenburg* als Versuche mit der sonst so angefeindeten Schauerliteratur. Verdeckt spielt die phantastische Romantik auch in *Der junge Tischlermeister* hinein: Man kann den Roman als eine Kontrafaktur von Tiecks frühem Märchen *Der Runenberg* lesen. Ob *Die Vogelscheuche* als Satire gelungen ist, bleibt im günstigsten Fall umstritten. Unter die Gipfel erzählerischer Prosa des 19. Jahrhunderts wird man keine der Dresdner Novellen rechnen wollen. Aber von den jüngeren Autoren haben doch nicht wenige in ihnen Anregung und Muster gefunden (Sengle 1971–1980, 2, S. 807), bevor mit dem Aufkommen des Realismus dann die Erinnerung an den späten Tieck rasch zu verblassen begann.

Literatur

Alexis 1825: Alexis, Willibald: Ueber Tieck's Novellen bei Gelegenheit seiner neuesten: »Die Gesellschaft auf d. Lande«. In: Literarisches Conversations-Blatt Nr. 53 (1825), S. 209–211, und Nr. 54 (1825), S. 213–225.
Brecht 1993: Brecht, Christoph: Die gefährliche Rede. Sprachreflexion und Erzählstruktur in der Prosa Ludwig Tiecks, Tübingen 1993.
Fallbacher 1992: Fallbacher, Karl-Heinz (Bearb.): Taschenbücher im 19. Jahrhundert, Marbach a. N. 1992.
Förster 1846: Förster, Luise (Hg.): Biographische und literarische Skizzen aus dem Leben und der Zeit Karl Förster's, Dresden 1846.
Frank 1985: Frank, Manfred: Tiecks Phantasus. In: Ludwig Tieck: Schriften in zwölf Bänden, Bd. 6: Phantasus, hg. von M. F., Frankfurt a. M. 1985, S. 1147–1199.
Haupt 2002: Haupt, Sabine: »Es kehret alles wieder«. Zur Poetik literarischer Wiederholungen in der deutschen Romantik und Restaurationszeit, Würzburg 2002.
Hirsch 1928: Hirsch, Arnold: Der Gattungsbegriff ›Novelle‹, Berlin 1928.
Hölter 1989: Hölter, Achim: Ludwig Tieck. Literaturgeschichte als Poesie, Heidelberg 1989.
Hölter 2001: Hölter, Achim: Ludwig Tiecks *Hexen-Sabbat*. In: ders.: Frühe Romantik – frühe Komparatistik. Gesammelte Aufsätze zu Ludwig Tieck, Frankfurt a. M./u. a. 2001, S. 143–158.
Lämmert 1955: Lämmert, Eberhard: Bauformen des Erzählens, Stuttgart 1955.
Meyer 1987: Meyer, Reinhart: Novelle und Journal, Bd. 1: Titel und Normen, Stuttgart 1987.
Minor 1976: Minor, Jakob: Tieck als Novellendichter [1884]. In: Ludwig Tieck, hg. von Wulf Segebrecht, Darmstadt 1976, S. 45–127.
Mörtl 1976: Mörtl, Hans: Ironie und Resignation in den Alterswerken Ludwig Tiecks [1925]. In: Ludwig Tieck, hg. von Wulf Segebrecht, Darmstadt 1976, S. 128–171.
Neumann 1991: Neumann, Michael: Unterwegs zu den Inseln des Scheins. Kunstbegriff und literarische Form in der Romantik von Novalis bis Nietzsche, Frankfurt a. M. 1991.
Neumann 2005: Neumann, Michael: Eine märkische Comédie humaine. Zu Tiecks Dresdener Novellen. In: Die Prosa Ludwig Tiecks, hg. von Detlef Kremer, Bielefeld 2005, S. 137–150.
Oesterle 1983: Oesterle, Ingrid: Ludwig Tieck. *Des Lebens Überfluß* (1838). In: Romane und Erzählungen zwischen Romantik und Realismus. Neue Interpretationen, hg. von Paul Michael Lützeler, Stuttgart 1983, S. 231–267.
Paulin 1987: Paulin, Roger: Ludwig Tieck, Stuttgart 1987.

Pieper 1964: Pieper, Josef: Das Viergespann. Klugheit, Gerechtigkeit, Tapferkeit, Maß, München 1964.
Raumer 1861: Raumer, Friedrich von: Lebenserinnerungen und Briefwechsel, 2 Bde., Leipzig 1861.
Ribbat 1978: Ribbat, Ernst: Ludwig Tieck. Studien zur Konzeption und Praxis romantischer Poesie, Kronberg i. Ts. 1978.
Schings 1977: Schings: Hans-Jürgen: Melancholie und Aufklärung. Melancholiker und ihre Kritiker in Erfahrungsseelenkunde und Literatur des 18. Jahrhunderts, Stuttgart 1977.
Schlegel 1965: Schlegel, August Wilhelm: Kritische Schriften und Briefe, hg. von Edgar Lohner, Bd. 4, Stuttgart 1965.
Schröder 1970: Schröder, Rolf: Novelle und Novellentheorie in der frühen Biedermeierzeit, Tübingen 1970.
Sengle 1971–1980: Sengle, Friedrich: Biedermeierzeit. Deutsche Literatur im Spannungsfeld zwischen Restauration und Revolution 1815–1848, 3 Bde., Stuttgart 1971–1980.
Stamm 1973: Stamm, Ralf: Ludwig Tiecks späte Novellen. Grundlage und Technik des Wunderbaren, Stuttgart/u.a. 1973.
Thalmann 1960: Thalmann, Marianne: Ludwig Tieck, »Der Heilige von Dresden«. Aus der Frühzeit der deutschen Novelle, Berlin 1960.
Thalmann 1965: Thalmann, Marianne: Anmerkungen. In: Ludwig Tieck: Werke in vier Bänden, Bd. 3: Novellen, hg. von Marianne Thalmann, München 1965, S. 1063–1102.
Wieland 1795: Wieland, Christoph Martin: Sämmtliche Werke, Bd. 11, Leipzig 1795 (Reprint Hamburg 1984).

Späte Prosa

Detlef Kremer

Die späte Prosa zwischen Romantik und Realismus

Tiecks späte Prosa umfaßt die Arbeiten, die zwischen 1834 und 1841 in Dresden entstanden sind bzw. veröffentlicht wurden (siehe den Beitrag *Dresdner Novellen* in Kap. 4). Es handelt sich um insgesamt 16 Texte und das *Hütten-Meister*-Fragment, das vermutlich in der zweiten Hälfte der 1830er Jahre geschrieben, aber erst 1855 in den *Nachgelassenen Schriften* von Rudolf Köpke publiziert wurde. Motivisch und thematisch hängt es mit den sogenannten ›Märchen-Novellen‹ des Jahres 1834 zusammen: *Die Vogelscheuche* sowie *Das alte Buch und die Reise in's Blaue hinein*. Die an Umfang und an generischem Profil höchst unterschiedlichen Texte erhalten durch Tiecks paratextuelle Signale immerhin eine deutliche Ausrichtung auf die Gattung der Novelle. Nur zwei der in Frage stehenden Prosaerzählungen flaggt Tieck nicht als Novellen aus: *Die Klausenburg* von 1837 trägt den Untertitel »Eine Gespenster-Geschichte«; und *Vittoria Accorombona* aus dem Jahr 1840 hat Tieck, obwohl er zunächst in seiner Korrespondenz von einer »Ital.[ienischen] Novelle« sprach (Schweikert 2, S. 50), als »Roman in fünf Büchern« etikettiert. Eine weitere Erzählung, *Abendgespräche* (1839), ist in ähnlicher Weise wie *Die Klausenburg* als Gespenstergeschichte angelegt, wird von Tieck aber, u. U. wegen des stärkeren Akzents auf einer satirischen Entlarvung des Gespensterglaubens, als Novelle markiert. In *Der Schutzgeist* von 1839 dagegen gibt Tieck der Geisterwelt eine Wendung ins Religiöse. Anhand von naturmagischen Aspekten und mystischer Initiierung deutet sich eine auffällige Tendenz des späten Tieck an, auf seine literarischen Anfänge zurückzukommen und frühromantische Themen in einen neuen Kontext zu stellen (siehe den Beitrag *Tiecks Epochalität* in Kap. 1).

Trotz der homogenen Genrezuordnung ergeben die Texte des späten Tieck doch ein uneinheitliches Bild. Den genannten relativ umfangreichen ›Märchen-Novellen‹ und der auf Romanlänge angewachsenen »Novelle in sieben Abschnitten«, *Der junge Tischlermeister* (1836), stehen kürzere Erzählungen gegenüber, die, wie im Fall von *Weihnacht-Abend* (1835), einen an das frühe *Genoveva*-Drama erinnernden Legendenton variieren, oder, so in *Uebereilung* (1835), eher anekdotischen Charakter haben. Besonders die ebenfalls als Novelle bezeichnete *Glocke von Aragon* (1839) kann im Umfeld der späten Prosa eine Sonderstellung beanspruchen, weil sie, eingespannt in einen kurzen Prosarahmen, eigentlich eine romanzenhafte Verserzählung ist. Was für die genannten Texte charakteristisch ist, gilt auch für die übrigen Novellen des späten Tieck: In einer offenkundigen Dominanz von Dialogstrukturen wird ein gesellschaftskritisches Panorama der Restaurationszeit und des sich abzeichnenden Vormärz mit literatursatirischen und poetologischen Aspekten versetzt.

In *Der Wassermensch* (1835) verbindet Tieck über einem Thema, das von Schillers Gedicht *Der Taucher* her bekannt ist, seine polemische Kritik der Jungdeutschen, deren erklärter Feind er war, mit einer Reflexion über die Bedingungen der Gesprächsnovelle. Kurze Zeit später, in *Eigensinn und Laune*, führt Tieck seine Auseinandersetzung mit den politischen und poetologischen Intentionen der Jungdeutschen weiter (siehe den Beitrag *Das Junge Deutschland* in Kap. 1), indem er am Beispiel einer Dame namens Emmeline vor Augen stellt, daß die Emanzipation der Frau zu unmoralischem Lebenswandel und Prostitution führt oder doch immerhin führen kann. Ähnlich angelegt ist die Novelle *Liebeswerben* (1838).

In *Wunderlichkeiten* von 1836 tritt ein Merkmal in den Vordergrund, das für eine große Zahl der späten Erzählungen kennzeichnend ist: eine Aufmerksamkeit für Alltagszusammenhänge der sogenannten Biedermeierzeit, die in der Forschung vielfach, nicht ganz zu Unrecht, mit dem Etikett eines ›Mittelstandsrealismus‹ (vgl. Schröder 1970) belegt wurde.

Die am Beispiel der Novelle *Der Schutzgeist* oben angedeutete Neigung Tiecks, in der späten Prosa zu seinen literarischen Anfängen zurückzukehren, verdichtet sich in den – auch deshalb berühmten – Erzählungen *Des Lebens Überfluß* (1838) und *Waldeinsamkeit* (1840) in einer Weise, daß sich von einer ironischen Re-Lektüre der Romantik sprechen läßt. Dies hängt nicht mit dem Umstand zusammen, daß etliche Texte der 1830er Jahre, wie etwa *Der junge Tischlermeister* oder *Vittoria Accorombona*, aus älteren, z. T. vor 1800 entworfenen Plänen hervorgegangen sind. Es hat eher mit dem Interesse des alten Tieck zu tun, bei aller selbstironischen Distanz zur Romantik, den Zusammenhang seines Schreibens herzustellen. Es geht ihm folglich nicht darum, das romantische Projekt zugunsten einer biedermeierlichen Annäherung an die »Trivialität« (Neumaier 1974, S. 401) des Alltags und einer Einrichtung im spießbürgerlichen Mittelstand zu verabschieden. Gewiß handeln Texte wie *Der junge Tischlermeister* davon. Aber biedermeierliche »Salon-Novelle[n]« (Sengle 1972, S. 814) sind die späten Novellen Tiecks nur an der Oberfläche. Darunter schreiben sie das romantische Projekt fort, zwar nicht in bruchloser Kontinuität des Phantastischen (vgl. Ribbat 1978, S. 207), wohl aber als selbstironische Archivierung, als selbstreflexive Aufmerksamkeit für die medialen und poetologischen Strukturen der Literatur und vor allem im Festhalten an der autonomen und souveränen Stellung der ›hohen‹ Poesie.

Dabei bilden die Bedingungen des novellistischen Schreibens, dessen Abgrenzung vom Tagesjournalismus und der politischen Heteronomie der Jungdeutschen sowie dessen Zusammenhang mit dem Format periodischer Magazine und der andauernden Konjunktur des Historismus einen Hintergrund, vor dem sich Konturen eines realistischen Schreibens abzeichnen. Der an den späten Erzählungen zu beobachtende ›Realismus‹ stellt sich dann einerseits als Differenzierung einer historischen Optik dar, andererseits als literarische Verarbeitung einer durch den Tagesjournalismus hervorgebrachten Perspektive auf die Komplexität bürgerlichen Alltagslebens, immer verstanden aber in einem selbstreflexiven medialen Zusammenhang: als »Zeitungseigenschaft« (Meyer 1987, S. 69) oder – wie Christoph Brecht die Überlegungen Reinhart Meyers ergänzt – als »Code neuer und verfeinerter Techniken, den Schein des Authentischen und Lebensnahen beim Leser zu erzeugen« (Brecht 1993, S. 176). Das, was Tieck selbst als »Vieldeutigkeit des Lebens« (Thalmann 3, S. 545) bezeichnet, ist Gegenstand seiner Konzeption novellistischen Erzählens, das nicht in einem problematischen Epochenbegriff des Biedermeier aufgeht, sondern das Archiv der Romantik unter geänderten Bedingungen fortschreibt.

Die ›Märchen-Novellen‹: *Die Vogelscheuche* und *Das alte Buch*

Die als ›Märchen-Novellen‹ bezeichneten Erzählungen *Die Vogelscheuche* und *Das alte Buch und die Reise in's Blaue hinein* hat Tieck im Winter 1833/34 und im Frühjahr 1834 offenbar parallel geschrieben. *Die Vogelscheuche* erschien 1834 in *Novellenkranz. Ein Almanach auf das Jahr 1835*, *Das alte Buch* ebenfalls 1834 in *Urania. Taschenbuch auf das Jahr 1835*. In beiden Texten greift Tieck, was Motive, Themen und satirische Intention angeht, deutlich auf seine frühen parabatischen Komödien zurück. Die Verschränkung von Alltäglichem und Phantastik verweist ebenfalls zurück auf die frühen Märchen (siehe den Beitrag *Frühes Erzählen* in Kap. 4), so daß in der Forschung der Eindruck entstand, die Texte würden »streckenweise den Charakter eines Handbuchs romantischer Topoi« gewinnen, allerdings mit der für das gesamte Spätwerk charakteristischen Einschränkung einer »skeptischen Begrenzung des poetischen Enthusiasmus« (Ribbat 1978, S. 219). Die Gliederung der *Vogelscheuche* in fünf Aufzüge unterstreicht den dramatischen Duktus des Textes, der von anderer Seite durch die starke Dialoglastigkeit gestützt wird. Die satirische Spitze gilt hier den zeitgenössischen Schriftstellern in Dresden, die Tieck feindlich gesinnt waren: an erster Stelle Karl August Böttiger, der sich hinter der Figur des Magister Ubique verbirgt, weil Goethe ihm wegen seiner geschäftigen Vielschreiberei den satirischen Namen »Ubique« verliehen hat (vgl. DKV 11, Kommentar, S. 1228). Daneben versteckt sich hinter der titelgebenden Vogelscheuche (und damit hinter dem Legationsrat von Ledebrinna) der Dresdner Schriftsteller Karl Gottfried Theodor Winkler. Gegen Ende des zweiten Aufzugs gründet dieser merkwürdige Ledebrinna eine literarische Geheimgesellschaft mit dem satirischen Namen »die Ledernen« (DKV 11, S. 563), worin jeder Gesellschafter mit einem ›ledernen‹ Geheimnamen geziert ist. Der Vorsitzende selbst nennt sich den »*Undurchdringlichen*« (ebd., S. 565). Tieck führt die Gesellschaft der ›Ledernen‹ in ihrer Borniertheit satirisch vor, indem er ihre Version der Literaturgeschichte im Sinne einer ›verkehrten Welt‹ auf die Füße gestellt haben möchte: Alle diejenigen, die das ausdrückliche Lob der Gesellschaft erhalten – ob Gottsched, der »alte Nikolai«, dieser »echte Unsterbliche« (ebd., S. 571), oder Victor Hugo (ebd., S. 482) –, sind dadurch diskreditiert, während umgekehrt diejenigen Autoren, die, wie Goethe oder Shakespeare (ebd., S. 568f.), angefeindet werden, dadurch gerade ausgezeichnet sind.

Tieck hat sein Verwirrspiel um die multiple Identität einer Vogelscheuche, der neben dem nobilitierten Legationsrat Ledebrinna gegen Ende des Textes auch noch die Rolle eines verlorenen Sohnes des Barons von Milzwurm zukommt, in ein umfangreiches Netz romantischer Motive und Topoi eingebunden (vgl. Stamm 1973, S. 98–101). Den Ausgangspunkt bildet in diesem Spiel die Konstruktion eines künstlichen Menschen und – nach dem Modell von Hoffmanns *Der Sandmann* (1816) oder Shelleys *Frankenstein* (1818) – dessen Animation zum lebendigen Wesen. Tieck leuchtet das Motiv jedoch nicht auf seine unheimlichen, sondern nur auf seine komischen und lächerlichen Aspekte hin aus. Im parodierenden Gestus läßt er den Herrn Ambrosius sein »vollendetes Kunstwerk« (DKV 11, S. 437) zwischen »Garten-Unhold« (ebd., S. 438) und Robin Hood (ebd., S. 439) auf seinem »Gartengrundstück« (ebd., S. 437) aufstellen, auf daß es bereits zu Beginn des zweiten Aufzugs flüchtig geworden ist und als ›Herr Ledebrinna‹ andernorts wieder auftaucht. In der Suche nach der Ursache für die überraschende Lebendigkeit der Vogelscheuche geht Tieck den Katalog hermetischer und naturwissenschaftlicher Diskurse durch: Nacheinander werden Galvanismus, tierischer Magnetismus, Mesmerismus, Elektrizität, zudem Astrologie, Alchemie und Kabbala in einer parodistischen Revue durchbuchstabiert. Tatsächlich aber, und hier kommt das Feen- und Elfenmärchen ins Spiel, ist es eine Elfe namens Heimchen, die versehentlich in den ›Körper‹ der Vogelscheuche eindringt und diesen zum Leben erweckt. Mit Hilfe eines anderen Elfenwesens, Alfieri resp. Kuckuck, gelingt ihr schließlich auch die Flucht (vgl. ebd., S. 708) aus der ungeliebten »abscheulichen künstlichen Vogelscheuche, die ein närrischer Künstler aus gebranntem Leder angefertigt hatte« (ebd., S. 634). Die Märchen-Novelle endet mit einem perfekten Komödienschluß: Alle heiraten, sogar Ledebrinna ehelicht Ophelia, die Tochter des Konstrukteurs Ambrosius. Tieck beendet seinen Text jedoch nicht, ohne in einem kurzen Epilog zu versichern, daß auf seine »Novellenphantastische Komödie« keine »bis jetzt bekannt gewordene Regel paßt« (ebd., S. 731).

Stärker auf die naturmagischen Züge seiner frühen *Phantasus*-Märchen greift Tieck in *Das alte Buch* zurück (vgl. Stamm 1973, S. 95–98, 103–106). Integriert in eine Rahmenerzählung um den ›Philologen‹ Beeskow, nimmt hier die Feengeschichte, die »Reise in's Blaue« des Ritters Athelstan zu seiner Fee Gloriana, einen breiteren Raum ein als in *Die Vogelscheuche* (vgl. Ribbat 1978, S. 218–220; DKV 11, Kommentar, S. 1281–1284). Zudem ist die satirische Tendenz des Textes, hier gegen die Jungdeutschen und erneut gegen Victor Hugo und dessen Ästhetik des Häßlichen gerichtet, mehr in das Feenmärchen selbst verlagert: Der Gegenspieler der Oberon-Figur Athelstan, ein Gnom namens Hannes, dient als satirischer Fokus gegen Börne, Heine und anderen, die weniger Poesie als – so will es die Beschäftigung der Gnome in diesem Feenmärchen – vielmehr Butter fabrizieren. Ähnlich wie in *Die Vogelscheuche* drängt Tieck die unheimlichen Züge der frühen Märchen zurück und treibt sowohl die Binnenerzählung als auch den Rahmen auf einen versöhnlichen Schluß zu.

Wichtiger als die integrierte Feengeschichte über die »Reise in's Blaue« ist die Art und Weise, in der Tieck diese Reise in bester romantischer Tradition selbstreflexiv bricht, in fragmentarische Einzelteile zerlegt und ihre materiale Überlieferungsgestalt zum Anlaß einer Kritik der Philologie nimmt. Der genannte Beeskow findet nämlich das im Titel aufgeführte alte Buch nirgendwo sonst als im Gebirge (vgl. DKV 11, S. 733), an einem Ort, der im Werk Tiecks spätestens seit *Der Runenberg* als Allegorie der Schrift eingeführt ist. Tieck behandelt das von Wasserschäden, Mäusefraß und anderen Eingriffen beschädigte Buch in seiner materialen Erscheinung einerseits als eine Art Allegorie literaturgeschichtlicher Intertextualität (vgl. Hölter 1988, S. 356); andererseits nimmt er es zum Anlaß einer Kritik der disziplinären germanistischen Editionsphilologie, gegen die er seine eigenen texteditorischen Aktivitäten im Sinne einer legitimen Aktualisierung ins Feld führt (vgl. Kremer 2004, S. 242–246). Beinahe in der Manier Hoffmanns in *Kater Murr* bringt Tieck nicht nur sich selbst als Herausgeber des zu emendierenden Textes »Die Reise in's Blaue« ins Spiel: Er begründet damit auch eine ganze Reihe von Herausgebern, in der die Grenzen und die Identität des Textes zunehmend in Fluß geraten.

Der junge Tischlermeister

Der junge Tischlermeister ist der umfangreichste Text aus Tiecks Spätphase. Mit den 700 Seiten der ersten Ausgabe von 1836 übersteigt er das geläufige Maß einer Novelle erheblich. Die Entstehung des Textes ist kompliziert und zieht sich über einige Jahrzehnte hin. Im Vorwort datiert Tieck »den Plan zu dieser Erzählung« (DKV 11, S. 11) auf das Frühjahr 1795. Wegen fehlender Quellen läßt sich das nicht überprüfen. Im Kommentar seiner Edition bezweifelt Uwe Schweikert, meiner Ansicht nach berechtigt, diese Datierung und gibt als Grund für Tiecks »Mystifikation« (DKV 11, Kommentar, S. 1113) sein Interesse an, jeden Verdacht einer epigonalen Beziehung zu Goethes 1795/96 veröffentlichtem *Wilhelm Meisters Lehrjahre* zu entkräften, mit dem die Erzählung etliche thematische und motivische Überschneidungen hat (vgl. ebd., S. 1113–1121). Wie immer es um die Authentizität dieses Hinweises bestellt sein mag, die Ausführung des Textes hat keinerlei frühromantisches Profil. Vielmehr verweist dieser deutlicher noch als andere Texte des späten Tieck in jene literarhistorische Grauzone der Spätromantik, die man mangels besserer Etikette immer noch als Biedermeier bezeichnet. Ebenfalls nicht belegt ist die Aussage Tiecks, er habe im Jahre 1811 »mit der Ausarbeitung« (DKV 11, S. 11) begonnen. Erst ab 1815 lassen sich Hinweise finden, die auf eine Arbeit an dieser Erzählung hindeuten. Anfang der 1830er Jahre ist dann vermutlich der erste Teil im Satz fertig. Die Fertigstellung und Publikation des gesamten Textes dauert allerdings noch bis 1836.

Der Titel der Erzählung spielt mit der Vorstellung eines Handwerker-Romans. *Der Junge Tischlermeister* ist aber weder das noch eine Entwicklungs- oder gar Bildungsgeschichte in der Nachfolge von Goethes *Wilhelm Meister*. Einige thematische Aspekte führen in diese Richtung: die Reise des Helden, die von einigen amourösen Verlockungen begleitet ist und private Theaterinszenierungen zum Hauptgegenstand hat; die Thematisierung des Konflikts zwischen Bürgerlichkeit und Adel sowie ausführliche Kunstdebatten. Aber dies sind kaum mehr als oberflächliche Analogien. Die zyklische Anordnung der Erzählung ergibt weniger die Struktur einer Entwicklung als vielmehr eine Restitution des Ausgangszustands: Der Handwerker Wilhelm Leonhard lebt zu Beginn des Textes, von einigen für ›Künstler‹ nicht eben untypischen melancholischen Schwankungen abgesehen, recht zufrieden in seiner Ehe und einem patriarchalen Meisterbetrieb (vgl. Schwarz 2002, S. 169–218), als er sich von einem befreundeten Adligen, dem Baron von Elsheim, zu einer Reise ins Fränkische überreden läßt, mit dem erklärten Ziel, an einer Inszenierung von Goethes *Götz von Berlichingen* mitzuwirken. Am Ende kehrt er zufrieden wieder zurück in den ruhigen Alltag seiner Ehe und seines Handwerks. Verlockungen und Anfechtungen, soweit sie denn anfangs bestanden haben, sind überwunden. Anders folglich als die Künstler in Tiecks frühromantischen Texten, anders auch als die Künstlerfiguren E. T. A. Hoffmanns, die als zur Kunst berufene soziale Außenseiter angelegt sind und ihr Künstlertum nur im schroffen Gegensatz zu Alltag und Geselligkeit leben können, ist Leonhard, in dessen Handwerkertum Tieck eine Reflexion der Kunst integriert, auf einen versöhnlichen Ausgleich von Künstler und Gesellschaft angelegt. Diese Versöhnung begreift Tieck ausdrücklich als Abkehr von den ›Taugenichtsen‹ der Romantik: »Ich muß nach Haus, und um kein Taugenichts zu werden, in meine alte Ordnung zurückkehren« (DKV 11, S. 313). Dieser Vorsatz des Tischlermeisters taugt offenkundig weder als Selbstbeschreibung des typischen romantischen Künstlers noch trifft er das Bild des exzentrischen Künstlers, das die Romantik, vermittelt über Symbolismus und Ästhetizismus, den Avantgarden der Moderne überliefert hat (vgl. Kremer 1997, S. 1–7).

Es darf freilich nicht übersehen werden, daß Tieck bei aller Warnung vor Ästhetizismus und Bohème, die auf eine ethische Rückversicherung gänzlich verzichten, »Vertretern von Randgruppen viel Raum in seinem Panorama der zeitgenössischen Gesellschaft« zugebilligt hat (Ribbat 1978, S. 223). In einer arabesken Fügung werden Porträts von Exzentrikern, Enthusiasten und Wahnsinnigen entfaltet, ohne daß diese vorschnell diskreditiert würden. Überhaupt verdichtet sich Tiecks Ablehnung des Ästhetizismus in *Der junge Tischlermeister* nicht zu einer eindeutigen moralischen oder ideologischen Position. Ganz im Gegenteil ist der polyphone Dialogstil des späten Tieck auf die Inszenierung einer liberalen Meinungspluralität angelegt. Was sich als eine Art ethischer Kasuistik durchaus im Vorgriff auf den Gesprächsrealismus Fontanes begreifen läßt, bleibt immer rückgebunden an eine skeptische Balance der Meinungen. Und selbst wenn Tieck der ›hohen‹ Kunst in diesem Zusammenhang nach wie vor einen zentralen Stellenwert beimißt und die Kunstreflexionen einen entsprechend großen Raum in den Gesprächen dieser Novelle einnehmen, so erscheint die Kunst im Spätwerk doch nicht mehr in einem ungebrochen enthusiastischen Licht. Auch sie bleibt nicht verschont von einer skeptischen Relativierung und historisch bedingten Desillusionierung. In diese Richtung weist auch der Umstand, daß beide Helden, der Tischlermeister Leonhard wie der Baron von Elsheim, in ihrer Standeszugehörigkeit im Grunde anachronistische Figuren sind (vgl. Ribbat 1978, S. 226). Der in Fragen der Literatur versierte Baron sieht sich seines Standes entfremdet, weil der gesamte porträtierte Adel, vor allem der höher gestellte Adel, einem rückwärtsgewandten flachen Klassizismus frönt. Einen Gleichgesinnten findet er lediglich im Bürgertum. Der bürgerliche Handwerksmeister sieht sich durch den beginnenden Industriekapitalismus in seiner ökonomischen Existenz bedroht. Darüber hinaus gefährden kapitalistische Arbeitsteilung, Rationalisierung und Funktionalisierung nicht nur den traditionellen Handwerkerstand, sondern jede ganzheitlich verstandene soziale Lebensform. Allenfalls die Kunst, so vielleicht eine Quintessenz von Tiecks Novelle, vermag ein utopisches Residuum dieser humanen Existenz zu versprechen (vgl. Ribbat 1978, S. 229; DKV 11, Kommentar, S. 1135), ein Residuum allerdings, das sich seiner wahrscheinlichen Desillusionierung und jedenfalls Randständigkeit skeptisch bis resignativ bewußt bleibt.

Romantik als Re-Lektüre:
Des Lebens Überfluß und *Waldeinsamkeit*

Tieck hat *Des Lebens Überfluß* zwischen Sommer 1837 und Frühjahr 1838 geschrieben. Publiziert wurde die Novelle 1838 in *Urania. Taschenbuch auf das Jahr 1839*. Der letzte fertiggestellte Prosatext Tiecks, *Waldeinsamkeit*, wurde in der *Urania*-Reihe auf das Jahr 1841 im Herbst 1840 publiziert. Geschrieben hat Tieck den Text wohl zwischen Frühjahr und Ende August 1840 (vgl. DKV 12, Kommentar, S. 1358–1361). Beide Erzählungen schlagen über den Neologismus »Waldeinsamkeit« und über beinahe ein halbes Jahrhundert hinweg eine Brücke zurück zu demjenigen Text, der sich als Beginn der Frühromantik bezeichnen läßt: zu *Der blonde Eckbert* von 1797. Beide Erzählungen können als mustergültige, aus zeitlicher Distanz verfaßte Archive und gewissermaßen als ironisierte Testamente der Romantik verstanden werden. Nicht nur deshalb gehören sie zu den bekanntesten der späten Novellen Tiecks (vgl. Wiese 1956; Klussmann 1981; Oesterle 1983).

Tieck läßt sein spätromantisches Liebes- und Ehepaar Clara und Heinrich Brand eine sprichwörtliche poetische Dachkammer beziehen und Schritt für Schritt die ›Treppe‹ zur Außenwelt abreißen, um in der reinen Luft der Imagination, losgelöst von dem, was unter dem Blickwinkel der Poesie als ›Überfluß‹ erscheint, ein »Märchen« (DKV 12, S. 235) zu leben. Schritt für Schritt entwickelt sich das phantastische Exil zu einer Allegorie auf das poetische Schreiben, das auch davon lebt, daß die »Zugbrücke« (ebd., S. 242) zur Außenwelt hochgezogen wird. Bis ins Detail hat Tieck darauf geachtet, alle möglichen Kontakte zur Außenwelt zu eliminieren. Ein Ziegeldach verhindert jeden Blick auf die Straße, vom gegenüberliegenden Haus sind lediglich das schwarzgeräucherte Dach und zwei »trübselige« Brandmauern zu sehen. Selbst die Jahreszeit unterstreicht das Exil im Oberstübchen: In einem der »härtesten Winter« (ebd., S. 193) sind die Fenster nicht nur fest verschlossen, sondern überdies vollständig vereist. Sie ermöglichen keinen Blick nach außen, sondern sind lediglich verspiegelter Untergrund der Natur- bzw. Hieroglyphenschrift von »Eisblumen« (ebd., S. 199), deren ›Lektüre‹ ganz im Gegenteil in das Innere der imaginativen Dachkammer zurückweist. Nicht nur, daß das Fenster, entgegen seiner sonstigen Funktion, keinen Blick nach außen ermöglicht: Es wird zur weißen Fläche, in die sich die Schrift einschreibt. In einem präzisen Wortsinn erscheint in Tiecks Reversion der Frühromantik der literarische Text als diejenige Grenze, die kein Außen hat (vgl. Gould 1990).

Tieck berücksichtigt vor allem auch die erotisch-skripturale Konstellation der Frühromantik, derzufolge die weibliche Stimme zum ›lebendigen‹ Anlaß und Ursprung der ›toten‹ männlichen Schrift stilisiert wurde. Lebendiger Hauch und Mortifikation werden als Grenzwerte der romantischen Literatur in Erinnerung gerufen. Angesichts der winterlichen, arabesk-floralen Naturschrift spekuliert Heinrich:

> Ob diese Blumen und Blätter nach gewissen Regeln wiederkehren oder sich phantastisch immer neu verwandeln? Dein Hauch, dein süßer Atem hat diese Blumengeister oder Revenants einer verloschenen Vorzeit hervorgerufen, und so wie du süß und lieblich denkst und phantasierst, so zeichnet ein humoristischer Genius deine Einfälle und Fühlungen hier in Blumenphantomen und Gespenstern wie mit Leichenschrift in einem vergänglichen Stammbuche auf. (DKV 12, S. 199)

Die selbstreflexive Vergegenwärtigung der Medialität und Materialität des romantischen Buchs zieht sich durch den gesamten Text und führt schließlich zur metonymischen Substitution der zentralen Requisiten Treppe und Buch. Vorher aber ist der entscheidende Schritt zur Vollendung des Exils zu tun: Die Treppe als letztes Bindeglied zur Umwelt wird Stück für Stück abmontiert, zersägt und einerseits, so die realistische Perspektive, gegen die große Kälte, andererseits, so die phantastische Sicht, für die »Flammen der Begeisterung« verbrannt (ebd., S. 214).

Abgeschieden von der Welt und getrennt von seiner Bibliothek, liest Heinrich Brand der Gattin aus seinem Tagebuch vor. Sein Entschluß, es »rückwärts« (ebd., S. 196) zu lesen, verweist auf den Umstand, daß Tiecks Erzählung insgesamt als eine parodistische Re-Lektüre der Romantik angelegt ist. Sie verbindet Stilparodien mit Motiv- und Autorenzitaten. Die romantische Ehe und passionierte Liebe (vgl. ebd., S. 200) werden ebenso kursorisch erwähnt wie die »geheimnisvolle Offenbarung« (ebd., S. 199) des mystischen Staatsorganismus und das Konzept der Naturschrift, des Traums und des Märchens in der Frühromantik. Der aphoristische, in rhetorischen Fragen und Iterationen sich inszenierende Stil des jungen Friedrich Schlegel (vgl. ebd., S. 200f.) und die Schwere der Transzendentalphilosophie (vgl. ebd., S. 236f.) werden parodiert. Jean Paul taucht mehrfach auf. Hoffmanns Kater Murr erhält seinen Auftritt (vgl. ebd., S. 217) neben einem gewissen »Taugenichts« (ebd., S. 222f.). Auch die für Tieck wichtigen literarischen Bezugspunkte in der Frühen Neuzeit bleiben nicht unerwähnt: Shakespeares »Zauberer« (ebd., S. 210f., 214) Prospero aus *Der Sturm*, dessen Insel-Exil im spätromantischen Dachstübchen nachgebildet ist, und Cervantes' *Don Quijote*.

Es liegt in der ironischen Natur der Sache, daß eine Treppe *materialiter* nur einmal verbrannt und entsprechend metaphorisch nur vorübergehend eingezogen werden kann. Die selbstreflexive Ausrichtung von Tiecks Novelle verlangt es, daß am Ende ein Buch die Treppe zur Außenwelt wieder aufbaut. Die antiquarische Prachtausgabe von Chaucers *Canterbury Tales*, die bereits zu Anfang der Novelle eingeführt wurde, findet ihren Weg rechtzeitig in die Erzählung zurück, um die Geldprobleme des romantischen Ehepaars aus der Welt zu schaffen. Der totgeglaubte Freund von einst, Andreas Vandelmeer, hatte es bei einem Londoner Antiquar zufällig erstanden und kann es, da ein beigefügter Zettel die Anschrift Heinrichs enthält, nun dem Freund ein zweites Mal schenken: »So empfange es denn zurück zum zweiten Male und halte es in Ehren, denn dies Buch ist wunderbarer Weise die Treppe, die uns wieder zueinander geführt hat« (ebd., S. 247). Tieck hat dem Requisit des Buchs noch eine weitere Wendung gegeben. Seine Hauptfigur mit dem bezeichnenden Namen Brand ist nicht nur Tagebuchschreiber und Bücherliebhaber, er ist zudem Autor eines literarischen Manuskripts, das ihm über die Treppe abhanden gekommen ist, über die schon Chaucers Prachtausgabe zu einem ›Spottpreis‹ verschwunden war. Am Ende der Wintersaison in der poetischen Dachkammer finden beide, die *Canterbury Tales* und das verlorene Manuskript, zurück zu ihrem Besitzer. Nach drei Jahren kehrt das Paar noch einmal an den Ort seiner Liebesklausur zurück, der nun von einem »armen Buchbinder« bewohnt wird: »Der Buchbinder war eben beschäftigt, die zweite Auflage jenes Werkes, was dem Verarmten gewissenlos war geraubt worden, für eine Lesebibliothek einzubinden« (ebd., S. 249). Tieck hat seinem Text einen subtilen literatur- und kulturgeschichtlichen Kommentar eingefügt. Am Ort der romantischen Poesie hat sich ein Buchbinder niedergelassen, der den romantischen Text für eine der neu entstandenen biedermeierlichen ›Lesebibliotheken‹ einrichtet. Die Erzählung über den Überfluß des Lebens endet mit einem selbstironischen Augenzwinkern auf die Autonomie der Kunst, die so als eine äußerst zerbrechliche und angesichts der Verwandlung des Buchs zu einer kapitalistischen Ware höchst gefährdete erkennbar wird. Die Gesetze der Welt kann sie nur vorübergehend in der ›treppenlosen‹ Existenz der poetischen Imagination außer Kraft setzen, bevor diese mit Macht ihr Recht zurückfordert.

Zur Re-Lektüre der Romantik anno 1838 paßt es, daß das Leben in der Poesie durch politischen »Tumult« (ebd., S. 193), ein Polizeiaufgebot und den Hinweis auf eine unmittelbar bevorstehende, ganz Europa erfassende Revolution beendet wird. Vor der Erstürmung des ›konspirativen‹ Oberstübchens warnt der vermeintlich saint-simonistisch gesonnene spätromantische Aufrührer, indem er einen Ausspruch Metternichs variiert:

[H]aben Sie nebenher vergessen, was seit vielen Jahren in den Zeitungen steht? Der erste Kanonenschuß, er falle, wo er wolle, wird ganz Europa in Aufruhr setzen. Wollen Sie nun, Herr Polizeimann, die ungeheure Verantwortung auf sich nehmen, daß aus dieser Hütte, der engsten und finstersten Gasse der kleinen Vorstadt, die ungeheure europäische Revolution sich herauswickeln soll? (Ebd., S. 244)

Die ökonomischen Gründe dafür hatte Tieck vorher bereits in der Verdinglichung der Menschen zu Waren auf dem frühkapitalistischen Markt gesehen. In einem langen Traumbericht erzählt Heinrich seiner Frau von der Versteigerung seiner eigenen Person. Charakteristischerweise hängt seine Verdinglichung zur taxierten Ware, der Zwang, sich »so teuer wie möglich [zu] verkaufen« (ebd., S. 227), eng mit dem Motiv des Buchs zusammen, denn der Autor Heinrich träumt sich selbst als zur Auktion ausgerufenes Buch.

Auch der titelgebende Signifikant der letzten Erzählung Tiecks, »Waldeinsamkeit«, steht im Zusammenhang einer Re-Lektüre der frühen Romantik und legt Zeugnis von ihrer Vermarktung ab. Was einst einen minimalen Quellcode des frühromantischen Diskurses und ein zentrales Wiedererkennungselement eines romantischen Bilds von der Natur bedeutete (vgl. Kremer 2005), ist um 1840 längst zur Marketingstrategie einer Immobilienfirma verkommen, die mit dem Hinweis darauf, daß »hinter dem Gemüsegarten eine sehr vortreffliche *Waldeinsamkeit*« (DKV 12, S. 858) zu finden sei, ein Haus besser zu verkaufen gedenkt. Ähnlich wie in *Der blonde Eckbert* von 1797, aber deutlich ironisch distanziert, nimmt Tiecks Abschied aus der Poesie ihren Ausgang von seinem eigenen Neologismus »Waldeinsamkeit«. Zur Form des literarischen Testaments gehört unverzichtbar, daß der Name des Autors bedacht wird: »Tieck, der letzte Mohikaner der frühromantischen Generation, registriert sich selbst als ein Fossil aus vergangener Zeit« (Brecht 1993, S. 158). Der »ältliche Baron von Wangen« (DKV 12, S. 857) ist als *alter ego* Tiecks angelegt, der seinerzeit »im Hause jenes Autors oft ein stummer Zuhörer« (ebd., S. 859) war und der entsprechend über den Ursprung von »Waldeinsamkeit« Zeugnis ablegen kann. Die Dialogeinführung der Novelle dient aber nur der Vorbereitung der eigentlich zu erzählenden Dreiecksgeschichte um den schwärmerischen Neffen Ferdinand von Linden, die alltagsfeste und etwas geschwätzige Sidonie sowie den vermeintlichen Freund, tatsächlich aber intriganten Helmfried. Oberflächlich betrachtet ließe sich Tiecks Erzählung auf das »konventionelle Schema der geselligen Schulung des Ungeselligen« (Brecht 1993, S. 158) – im Sinne einer Schwärmerkur, die Tieck bereits in seinen frühen *Straußfedern*-Erzählungen zugrunde gelegt hatte – beziehen. Der melancholische Ferdinand wäre, dieser Lesart folgend, am Schluß der Geschichte von seiner schwärmerischen Vorliebe für ein Traumbild namens »Waldeinsamkeit« gerade durch einen unfreiwilligen Aufenthalt inmitten tatsächlicher Waldeinsamkeit kuriert und mithin und ganz nebenbei die Tradition der Romantik anno 1840 endgültig verabschiedet. Zugegeben: Der etwas dick aufgetragene versöhnliche Komödienschluß, die Heirat Ferdinands und Sidonies mit »von Wonne schwimmenden Augen« (DKV 12, S. 935), zeigt in diese Richtung. Aber ganz so schlicht kommt Tiecks literarisches Testament selbstverständlich nicht daher. Einen zu breiten Raum nimmt die Gefangenschaft des Helden im ›Waldeinsamkeits-Haus‹ ein, zu zentral steht diese Episode und zu sehr dominieren hier ganz andere Töne.

Die Dreiecks- und Intrigengeschichte leitet über zum Kernstück der Novelle: Nach einem etwas übermäßigen Alkoholkonsum im Haus des Barons Anders, wo man »es darauf abgesehen« hat, »sich den Verstand völlig wegzusaufen« (ebd., S. 873), wird Ferdinand entführt und in einem geheimen Haus inmitten tiefer »Waldeinsamkeit« gefangen gehalten. In diesem Haus sind die Fenster entsprechend vergittert, aber ein vormaliger Gefangener, der offenbar wahnsinnig war oder geworden war, hat in die Fensterscheiben Schriftzüge eingraviert. Ferdinand von Linden ist literaturgeschichtlich versiert genug, um sofort an Johann Karl Wezel und dessen letzte zwei Jahrzehnte zu denken, die dieser bis 1819 in seiner Heimatstadt Sondershausen, offensichtlich wahnsinnig geworden, verbracht hat (vgl. ebd., S. 898). Ähnlich wie dieser eine Schrift mit dem Titel *Gott Wezels Zuchtruthe des Menschengeschlechts. Werke des Wahnsinns von Wezel dem Gottmenschen* hinterlassen hat, so hat der wahnsinnige Vorgänger von Lindens ein Buch mit dem Titel »Leben und Reisen eines großen Geistes, welcher verdient, eines europäischen Rufes zu genießen« verfaßt und in seinem Gefängnis zurückgelassen (ebd., S. 897).

Mit wenigen Zügen stellt Tieck klar, daß das Gefängnis seines Helden nichts anderes als die Klause des Schriftstellers ist. Neben dem genannten Wahnsinns-Buch findet er noch die berühmte Reisebeschreibung des Adam Olearius, die *Orientalische Reise* von 1647. Der Raum zur selbstreflexiven Thematisierung der Lektüre ist damit eröffnet. Die Wände zieren einige Heiligenbilder, namentlich auch die »betende Genoveva« (ebd., S. 887), in denen Ferdinand sich selbst bzw. in denen Tieck seine Jugendwerke wie in einem »Spiegel« (ebd.) erkennt. Die erwähnte »Keilschrift« und die »durchsichtigen Hieroglyphen« (ebd., S. 907) auf den Fensterscheiben sowie ein Tintenglas und eine halbwegs brauchbare Feder runden die skripturale Konstellation ab, die von Tiecks frühen Kunstmärchen an einen Großteil der romantischen Texte in zahllosen Variationen grundiert hatte:

> Als er sich niedersetzte, fiel ihm eine Scheibe der Fenster ins Auge, die sonderbare Striche im Widerschein der Sonne zeigte. Er hatte dies noch nicht beachtet, und als er untersuchend näher trat, fand sich, daß mit einem Diamant Worte eingeschnitten waren. So hatte der Unkluge also auch dazu seine Zelle benutzt, um in einer Art Lapidarstil seine Gedanken auf dem Glase zu verewigen. Als Ferdinand

sich näher umsah, entdeckte er, daß alle Scheiben in dieser Weise beschrieben waren. Er vermutete, daß man dem Armen vielleicht auch mit zu großer Strenge Feder und Tinte genommen und daß sein tätiger Geist nun diese dürftige Aushilfe gefunden hat. (Ebd., S. 906)

Linden kann sich hier glücklicher schätzen. Er findet in einer Schublade eine Feder, die zwar stumpf, aber schnell zurechtgeschnitten ist (vgl. ebd.), und ein »Tintenglas« (ebd., S. 905), in dem die Tinte zwar eingetrocknet ist, aber mit etwas Wasser wieder gefügig gemacht werden kann. Ganz der Schreiber des romantischen Archivs nutzt er beides, um die Gravuren des Schriftfensters, »Inschriften der Vorzeit« (ebd., S. 906), in sein Schreibebuch zu transkribieren.

Zwar hat Tieck in *Waldeinsamkeit* keine Treppe zur Außenwelt eingezogen, daß es sich aber auch beim Aufenthaltsort Ferdinands um einen nach Innen abgespiegelten, gleichsam narzißtisch und autistisch begrenzten Raum handelt, der keine Außenperspektive ermöglicht, stellt er nachdrücklich klar. Das Fenster zur Außenwelt ist vergittert und auch der Rahmen ist »so verkrammt, daß die Flügel sich nicht aufmachen« lassen (ebd., S. 883). Zudem ist es, wie gesagt, beschriftet. Nur eine winzige Glasscheibe läßt sich öffnen, und diese ermöglicht ihm einen kleinen Blick in die vormals geschätzte »Waldeinsamkeit«, hinter der sich aber kaum ein Naturerlebnis verbirgt, sondern erneut nur ein Blick, der auf den Helden und seine Buchwelt zurückfällt. Mit einer hintergründigen Ironie hat Tieck den Ausblick in die »Waldeinsamkeit« von zwei Naturobjekten dominieren lassen, von Bäumen, die jedoch unmittelbar wieder in die Klause des Schreibers und Lesers zurückweisen. Ferdinand von Linden sieht nämlich zunächst »Zweige der Linden« (ebd., S. 883), also sich selbst, und dann solche der »Buchen«. Es geht ihm nicht anders als einer Fliege, die sich in sein Gefängnis verirrt hat:

> Die Arme! sagte er zu sich selbst, das Licht, das durch die Scheibe einfällt, täuscht sie immerdar. Sie hält das Glas für unkörperliche Luft und sucht durch dieses ihre Freiheit, schießt auf die feste, hemmende Täuschung mit aller Gewalt und wird prellend in die Stube und ihr Gefängnis zurückgeworfen. (Ebd., S. 895f.)

Was Tieck seinen Helden in einer längeren Reflexion, allerdings durchaus ironisch gebrochen, als Lebens- und Erkenntnisphilosophie gewinnen läßt, markierte bereits das katastrophische Ende des blonden Eckbert, der über der Einsicht, daß sein ganzes Leben nur Projektion gewesen ist, tot zusammenbricht. Der alte Tieck erspart seinem Helden, wie gesagt, ein düsteres Ende. Daß seine Beobachtung aber nicht nur episodisch, sondern allegorisch gemeint ist, und zwar in einer reflexiven und psychologischen Hinsicht, daran besteht kein Zweifel: »Geht es uns denn im Denken anders? Die Schranken um uns her lassen sich nicht durchbrechen« (ebd., S. 896). Und das gilt ausdrücklich und ausgerechnet für jene »durchsichtigen Schranken« (ebd.), die als Fenster die transparente Kommunikation mit der Außenwelt simulieren. Der Held muß wohl die Meinung seiner Geliebten erst am eigenen Leibe nachvollziehen, bevor er sie glauben kann: »Glauben Sie mir nur, mein Werther, aus den Fenstern des Marktes hier sieht man klarer und richtiger, als in jener Waldeinsamkeit, in welcher Sie immer ihr Observatorium aufstellen wollen« (ebd., S. 864). Was im abgeklärten Gestus des späten Tieck und im ironischen Blick auf den Komödienschluß der Novelle seine Berechtigung haben mag, stimmt mit der Erfahrung des Helden in seiner Gefangenschaft nicht überein. Noch seine Flucht aus dem waldeinsamen Haus gelingt nur durch den Schornstein, so daß er, was genau kommentiert wird, die Farbe seiner Tinte annimmt. Aber die Meinung der geliebten Sidonie stimmt vor allem nicht mit den Erfahrungen der romantischen Literatur überein. Texte wie Tiecks *Liebeszauber* (siehe den Beitrag *Literarische Geselligkeit* in Kap. 4) oder Hoffmanns *Des Vetters Eckfenster* zeigen eindrücklich, daß auch die städtischen Fenster projektiv verspiegelt sind und mehr über die Innen- als die Außenwelt preisgeben (vgl. Kremer 2000).

Vittoria Accorombona oder Geschichte als skeptischer Blick auf die Gegenwart

Im Vorwort seines letzten Romans weist Tieck darauf hin, daß die Beschäftigung mit diesem historischen Stoff aus der zweiten Hälfte des 16. Jahrhunderts bis in das Jahr 1792 zurückreicht, als er John Websters Drama *The white Devil, or Vittoria Corombona* (1612) las. Aber erst über vier Jahrzehnte später faßt er den Plan zu *Vittoria Accorombona*, und aus einem Brief an den Verleger Josef Max in Breslau ist bekannt, daß Tieck im Spätsommer 1839 mit der Niederschrift seines zunächst als ›italienische Novelle‹ geplanten Romans begonnen hat. Bereits im Frühjahr 1840 meldet er seinem Verleger die Fertigstellung seines Textes (vgl. DKV 12, Kommentar, S. 1246f.), der im Sommer 1840 erscheint und bereits im Frühjahr 1841 in zweiter Auflage vorliegt. Den großen Erfolg des Romans beim Publikum unterstreicht die Tatsache, daß er 1843 ins Italienische und 1845 ins Englische übersetzt wird (vgl. ebd., S. 1296).

Für die Arbeit an diesem Roman hat Tieck, ähnlich wie für die historischen Novellen der 1820er und 1830er Jahre, anders aber als etwa für den frühromantischen, ebenfalls in einem historischen Milieu angesiedelten Roman *Franz Sternbalds Wanderungen*, umfangreiches historisches Quellenmaterial studiert (vgl. ebd., S. 1259–1285), an das er sich in der Konstruktion seines Romans auch weitgehend hält. Man darf vermuten, daß Tieck auch Leopold von Rankes *Römische Päpste* (1834–1837) gelesen hat (vgl. ebd., S. 1323), belegt ist dies gleichwohl nicht. Zu den Freiheiten der Fiktion, die Tieck sich nimmt, gehört vor allem der Umstand, daß er seine Titelheldin, die

Webster in seinem Drama, gegen die historischen Fakten, effektvoll als Kurtisane auftreten läßt, zu einer – ebenfalls gegen die Fakten – bedeutenden Dichterin umgestaltet. Literarische Inspirationen gingen – neben Websters *White Devil* – von Alessandro Manzonis *I promessi sposi* (1827), wohl auch von Victor Hugos Drama *Lucrèce Borgia* (1833) und, was eines der Kernthemen des Romans, die Frage nach der Geschlechterdifferenz bzw. Frauenemanzipation, betrifft, von Theodor Mundts *Madonna* (1835) und Karl Gutzkows *Wally, die Zweiflerin* (1835) aus (vgl. Rehm 1924, S. 164–169). In beiden Texten aus dem jungdeutschen Umfeld geht es um den weiblichen Anspruch auf Emanzipation und die sozialen und politischen Strukturen, die diese verhindern. Insofern den historischen Hintergrund für das scheiternde Lebensprojekt der Vittoria Accorombona eine weitreichende Auflösung staatlicher Gewalt und Gesetzeskraft im territorial und politisch zersplitterten Italien des 16. Jahrhunderts bildet, ist ein Einfluß der Schriften Machiavellis mehr als wahrscheinlich.

Wie in den meisten historischen Erzählungen der Romantik stehen auch in Tiecks letztem Roman die krisenhaften Umbrüche der Frühen Neuzeit im 16. Jahrhundert als eine Art »Labor der Moderne« (Battafarano 1994, S. 214) im Mittelpunkt. Vor dem historischen Panorama der Spätrenaissance, in dem die staatliche Autorität weitestgehend aufgelöst und die Verbindlichkeit des Gesetzes einer gefährlichen Willkür gewichen ist, entwickelt Tieck ein Intrigenszenario, in dem die individuelle Selbstbehauptung seiner weiblichen Hauptfigur an den anarchischen Machtstrukturen und patriarchalen Geschlechtsverhältnissen scheitert (vgl. Wagner-Egelhaaf 2005). Ihre Einsicht in die benachteiligte Stellung der Frau und ihr dennoch aufrechterhaltener Anspruch auf weibliche Emanzipation und Selbstverwirklichung, in den noch Züge von Wilhelm Heinses spätaufklärerischem Roman *Ardinghello* (1787) eingehen und der in der Forschung bisweilen mit dem Etikett »Renaissancefrau« (Weibel 1925, S. 62) assoziiert wurde, rücken Vittoria Accorombona von Anfang an in eine Kontraststellung zu einer von Männern dominierten Welt. Gegen diese Bezeichnung muß allerdings zu bedenken gegeben werden, daß Tieck auf diejenigen Stilisierungen und Heroisierungen verzichtet, die eigentlich mit einer »Renaissancefrau« verbunden sind, und daß keines der vorgestellten Individuen, am wenigsten die Hauptfiguren, sich ›heroisch‹ über die Mächte der Zeit hinwegsetzen kann (vgl. Ribbat 1978, S. 230).

Nahezu alle entscheidenden Ereignisse des Romans gehen auf männliche Gewaltakte zurück. Zwar öffnet Tieck eine Revue männlicher Figuren, die für Vittoria zumeist über den Status von »Männchen« nicht hinauskommen – selbst der, in den Augen Vittorias, einzige männliche Mann, der Herzog von Bracciano, den sie entsprechend, obwohl er sich durch die Ermordung seiner ersten Ehefrau sowie Perettis, Vittorias Ehemann, eigentlich diskreditiert hat, auch freiwillig zu ehelichen bereit ist, wird von ihr gegen

Ende als »mein liebes Männchen« (DKV 12, S. 742) bezeichnet. Dennoch erscheinen die Männer des Romans, vom Strauchdieb bis zum Papst, stark und entschlossen genug, ihre privaten Interessen mit Gewalt durchzusetzen. Geschichte wird von Tieck im skeptischen und desillusionierenden Gestus als ein System der Gewalt und Intrige sichtbar gemacht, das kaum Lichtblicke erlaubt. Allenfalls die ›hohe‹ Kunst ist in der Lage, gelegentliche Ablenkungen in diesem machiavellistisch zugespitzten Gewalttreiben zu ermöglichen. Tieck wirft anno 1840 – die großen sozialen und politischen Umwälzungen des 19. Jahrhunderts haben bereits begonnen – einen düsteren Blick zurück auf die späte Renaissance, hinter der allerdings durchweg die zeitgenössische Gegenwart durchschimmert. Gewiß wird hier auch das im 19. Jahrhundert virulente Thema des Epigonentums verhandelt (vgl. Brecht 1993, S. 228f.; Haupt 2002), zentral ist es gleichwohl nicht. Geschichte steht unter den Zeichen von Scheitern und Katastrophe. Der geschichtliche Boden ist durchweg unsicher, die Zeitstruktur der Plötzlichkeit läßt alle Beziehungen sofort in ihr Gegenteil umschlagen, selten jedoch in ein positives. W. J. Lillyman hat deshalb für den gesamten Roman das Strukturprinzip des Umschlags (vgl. Lillyman 1973) geltend gemacht.

In den zehn Jahren Handlungszeit zwischen 1575 und 1585 gehen die Angehörigen der Familie Accorombona allesamt zugrunde: Die Mutter Julia wird wahnsinnig und stirbt im Exil; der älteste Sohn Octavio scheitert in seiner kirchlichen Karriere und stirbt über dem Grab der Mutter; der aufrührerische Sohn Marcello wird enthauptet; der mädchenhafte Sohn Flaminio wird gemeinsam mit Vittoria ermordet (vgl. Schwarz 2002, S. 220–242); und der heldenhafte, als äußerst durchsetzungsfähig und stolz vorgestellte Herzog von Bracciano stirbt durch giftige Dünste, die er selbst bei alchemistischen Experimenten hervorgerufen hat. Die eigentliche Katastrophe des Romans hat allerdings Vittoria zu erleiden. Vom ersten Abschnitt an wird sie, gemäß der Vorausdeutungsfunktion des romantischen Romans, durch einen Sturz in gefährliches Wasser unter das Vorzeichen der späteren Katastrophe gestellt. Entgegen seiner ansonsten zu beobachtenden Zurückhaltung in der Schilderung direkter körperlicher Gewalt, zeichnet Tieck die Ermordung Vittorias als drastische Abschlachtung, die gleichzeitig als sexueller Exzeß einsichtig wird, indem die zur Entkleidung gezwungene Vittoria von mehreren maskierten Männern ›penetriert‹ wird:

> Da stieß er den scharfen Dolch zielend neben der Brust in den Leib [...] und stieß das Eisen wieder in die Wunde, indem er es wie prüfend, zwei, dreimal drin bewegte – Wie ist Dir? fragte er. – Kühl ist die Scheide, sprach sie lallend, – o laß jetzt, – ich fühle, das Herz ist getroffen. – Noch nicht, sprach der Schreckliche mit entsetzlicher Kälte, – noch einmal: und wieder an einer andern Stelle stach er in den edlen, marmorweißen Körper. Da sank sie ganz zu Boden, das Haar löste sich

und schwamm in dem Blutstrom, der sich auf dem steinernen Fußboden hingoß. (DKV 12, S. 845f.; vgl. Morrien 2000)

Einige Motive legen es nahe, *Vittoria Accorombona* in die Nähe der frühen Romane Tiecks zu rücken. Hier sind die schonungslose Kritik einer verlogenen Zwangsmoral und ein libertinäres Lob auf individuelle Selbstbestimmung sowie die Motive des Wahnsinns, der – allerdings sparsam eingesetzten – Angstträume, Ahnungen und der schicksalhaften Determination des Lebens zu nennen. Auf die frühe romantische Poetik weisen auch die breit angelegten Reflexionen über Kunst und Künstlertum hin, namentlich auf die Relation von Bild und Text. Tieck entwickelt seine Titelfigur zu einer weiblichen Parallelfigur Torquato Tassos. Beide stehen allerdings nicht für die luzide Genialität des typischen Renaissance-Künstlers, sondern an ihnen erprobt Tieck die »Atonalität des Manierismus« (Thalmann 1966, S. 827; vgl. Ribbat 1978, S. 234). Die Konfiguration romantischer Motive hat Marianne Thalmann dazu geführt, Tiecks letzten Roman als »romantische Dichtung« (Thalmann 1966, S. 826) einzuschätzen. Ähnlich spricht auch Uwe Schweikert von einer »werkgeschichtlichen Einheit« (DKV 12, Kommentar, S. 1327) des Romantikers Tieck. Über den Aspekt der poetischen Selbstreflexivität ordnet Christoph Brecht den Roman ebenfalls der Tradition der Romantik zu:

> Dieser selbstreflexive Zug unterscheidet Tiecks Roman grundsätzlich von der Konjunktur historischer Romane in der Nachfolge von Walter Scott. Bei aller Sorgfalt im historischen Detail ist *Vittoria Accorombona* nicht um der Geschichte willen, sondern *gegen* die Geschichte erzählt. (Brecht 1993, S. 228)

Allerdings kann man einen im historischen Feld angesiedelten Roman auch gegen eine historistische Fortschrittsgeschichte und gegen den »mittleren Helden« (Ribbat 1978, S. 230) Scotts schreiben; und man kann der Reflexion poetologischer Aspekte einen breiteren Raum öffnen: Es bleibt dennoch ein *historischer* Roman. Hierin ist Friedrich Gundolf, der ansonsten Tieck nicht sonderlich gewogen war, völlig zuzustimmen, wenn er den Text als »erste[n] deutsche[n] historischen Roman« bezeichnet, dessen »Geschichtsmasse nicht [seinen] Dichtungssinn zerdrückt« (Gundolf 1931, S. 113). Die skizzierten Oberflächen-Motive reichen bei weitem nicht aus, Tiecks letzten Roman nahtlos in eine romantische Poetologie einzubinden. Dazu fehlt es an der Funktion des Phantastischen, die für eine romantische Poetik unverzichtbar ist. Auch der Sachverhalt, daß Tieck die als große Lyrik ausgeflaggten Gedichte der Vittoria Accorombona nur als Prosaauflösung wiedergibt, läßt sich gegen die romantische Tradition lesen (Wagner-Egelhaaf 2005, S. 168), die sich die Präsenz der weiblichen Stimme im Text gewiß nicht hätte entgehen lassen. Anders als *Des Lebens Überfluß* oder *Waldeinsamkeit* ist der Text auch nur sehr bedingt als wie auch immer ironisierte oder distanzierte Re-Lektüre der Romantik anzusehen.

Tieck arrangiert die genannten romantischen Motive in einer literarischen Form, die stärker noch als Arnims *Die Kronenwächter* (1817) auf jenen Typ des historischen Romans vorausweist, den man als den ›anderen‹ historischen Roman bezeichnet hat (vgl. Geppert 1979). Mit ihm hat er jedenfalls mehr gemein als mit *Franz Sternbalds Wanderungen*.

LITERATUR

Battafarano 1994: Battafarano, Italo Michele: Ludwig Tiecks Spätroman *Vittoria Accorombona*. In: Romantik und Renaissance. Die Rezeption der italienischen Renaissance in der deutschen Romantik, hg. von Silvio Vietta, Stuttgart/Weimar 1994, S. 196–215.

Brecht 1993: Brecht, Christoph: Die gefährliche Rede. Sprachreflexion und Erzählstruktur in der Prosa Ludwig Tiecks, Tübingen 1993.

Geppert 1979: Geppert, Hans Vilmar: Achim von Arnims Romanfragment *Die Kronenwächter*, Tübingen 1979.

Gould 1990: Gould, Robert: Tieck's *Des Lebens Überfluß* as a self-conscious Text. In: Seminar 26 (1990), S. 237–255.

Gundolf 1931: Gundolf, Friedrich: Ludwig Tieck. In: Romantiker. Neue Folge, Berlin 1931, S. 5–139.

Haupt 2002: Haupt, Sabine: »Es kehret alles wieder«. Zur Poetik literarischer Wiederholung in der deutschen Romantik und Restaurationszeit: Tieck, Hoffmann, Eichendorff, Würzburg 2002.

Hölter 1988: Hölter, Achim: Ludwig Tieck als Literaturhistoriker. Strukturen einer poetischen Literaturgeschichte, phil. Diss. Wuppertal 1988.

Klussmann 1981: Klussmann, Paul Gerhard: Ludwig Tieck. In: Handbuch der deutschen Erzählung, hg. von Karl Konrad Polheim, Düsseldorf 1981, S. 130–144.

Kremer 1997: Kremer, Detlef: Prosa der Romantik, Stuttgart/Weimar 1997.

Kremer 2000: Kremer, Detlef: Fenster. In: Das Denken der Sprache und die Performanz des Literarischen um 1800, hg. von Stephan Jaeger und Stefan Willer, Würzburg 2000, S. 213–228.

Kremer 2004: Kremer, Detlef: Ingenium und Intertext. Die Quelle als psychosemiotischer Motor in der Literatur der Romantik. In: »Quelle«. Zwischen Ursprung und Konstrukt. Ein Leitbegriff in der Diskussion, hg. von Thomas Rathmann und Nikolaus Wegmann, Berlin 2004, S. 241–256.

Kremer 2005: Kremer, Detlef: Einsamkeit und Schrecken. Psychosemiotische Aspekte von Tiecks *Phantasus*-Märchen. In: Die Prosa Ludwig Tiecks, hg. von D. K., Bielefeld 2005, S. 53–68.

Lillyman 1973: Lillyman, W. J.: Nachwort. In: Ludwig Tieck: Vittoria Accorombona, Stuttgart 1973, S. 389–415.

Meyer 1987: Meyer, Reinhart: Novelle und Journal, Bd. 1: Titel und Normen. Untersuchungen zur Terminologie der Journalprosa, zu ihren Tendenzen, Verhältnissen und Bedingungen, Wiesbaden 1987.

Morrien 2000: Morrien, Rita: »O du ewige, unbegreifliche Schönheit […], wie roh gehn auch mit dir die Menschen um«. Die Poesie der Gewalt in Ludwig Tiecks *Vittoria Accorombona* (1840). In: Aurora 60 (2000), S. 147–162.

Neumaier 1974: Neumaier, Herbert: Der Konversationston in der frühen Biedermeierzeit 1815–1830, phil. Diss. München 1974.

Oesterle 1983: Oesterle, Ingrid: *Des Lebens Überfluß* (1838). In: Romane und Erzählungen zwischen Romantik und Realismus. Neue Interpretationen, hg. von Paul Michael Lützeler, Stuttgart 1983, S. 231–267.

Rehm 1924: Rehm, Walther: Das Werden des Renaissancebildes in der deutschen Dichtung vom Rationalismus bis zum Realismus, München 1924.

Ribbat 1978: Ribbat, Ernst: Ludwig Tieck. Studien zur Konzeption und Praxis romantischer Poesie, Kronberg i. Ts. 1978.

Schröder 1970: Schröder, Rolf: Novelle und Novellentheorie in der frühen Biedermeierzeit, Tübingen 1970.

Schwarz 2002: Schwarz, Martina: Die bürgerliche Familie im Spätwerk Ludwig Tiecks. »Familie« als Medium der Zeitkritik, Würzburg 2002.

Sengle 1972: Sengle, Friedrich: Biedermeierzeit. Deutsche Literatur im Spannungsfeld zwischen Restauration und Revolution 1815–1848, Bd. 2, Stuttgart 1972.

Stamm 1973: Stamm, Ralf: Ludwig Tiecks späte Novellen. Grundlage und Technik des Wunderbaren, Stuttgart/u. a. 1973.

Thalmann 1966: Thalmann, Marianne: Nachwort. In: Ludwig Tieck. Werke in vier Bänden, hg. von Marianne Thalmann, Bd. 4: Romane, München 1966, S. 817–829.

Wagner-Egelhaaf 2005: Wagner-Egelhaaf, Martina: Verque(e)r und ungereimt. Zum Verhältnis von Gesetz, Geschlecht und Gedicht in Tiecks *Vittoria Accorombona* (1840). In: Die Prosa Ludwig Tiecks, hg. von Detlef Kremer, Bielefeld 2005, S. 151–170.

Weibel 1925: Weibel, Oskar: Tiecks Renaissancedichtung in ihrem Verhältnis zu Heinse und C. F. Meyer, Bern 1925.

Wiese 1956: Wiese, Benno von: Ludwig Tieck. *Des Lebens Überfluß*. In: ders.: Die deutsche Novelle von Goethe bis Kafka. Interpretationen, Düsseldorf 1956, S. 117–133.

5.
WIRKUNG

Tieck im Urteil seiner Zeitgenossen

Andreas Hirsch-Weber

Reichardt – Nicolai

Tiecks kulturelle Sozialisation verläuft über Berlin, dessen literarische Szene im Wandel ist und im letzten Jahrzehnt des 18. Jahrhunderts nicht mehr allein durch die Spätaufklärer bestimmt wird. Der Handwerkersohn Tieck findet früh Eingang in das städtische Bildungsmilieu; er verkehrt in den literarischen Salons von Henriette Herz und Dorothea Veit, in denen eine »Offenheit allem Neuen gegenüber« (Hubert 1971, S. 31) praktiziert und zugleich Tiecks Goethe-Verehrung unterstützt wird. Dennoch sind Tiecks frühe Förderer v. a. der Spätaufklärung zuzuordnen wie Karl Philipp Moritz, von dessen Ästhetik-Vorlesungen er profitiert (Hubert 1971; siehe den Beitrag *Poetik der Berliner Spätaufklärung* in Kap. 1), oder Johann Friedrich Reichardt, in dessen Haus er privat verkehrt (Hölter 2003, S. 407). Neben dieser privaten Annäherung, die zur Ehe mit Reichardts Tochter Amalie Alberti führt, bildet Reichardt ihn in verschiedenen Künsten aus; besonders der musikalische Einfluß ist hoch einzuschätzen (Schweikert 2004, S. 56). Nicht zuletzt profitiert Tieck von Reichardts Kontakten zum Literaturbetrieb. Auf Reichardts Gut Giebichenstein entsteht schließlich eine Art ›Keimzelle‹ der Frühromantik. Zu einer Entfremdung zwischen Tieck und Reichardt kommt es, als sich Tiecks Verhältnis zur Spätaufklärung verändert (Hölter 2003, S. 420; siehe den Beitrag *Tieck in Berlin* in Kap. 1). Die Differenzen liegen in den unterschiedlichen Zugangsweisen zu den Künsten: Während Tieck den ›verehrenden Enthusiasmus‹ befürwortet, praktiziert Reichardt als Schriftsteller und Rationalist die ›zergliedernde Kritik‹ (Salmen 2004, S. 309).

Das Zerwürfnis zwischen Friedrich Nicolai und Tieck erfolgt aus ähnlichen Gründen, nimmt aber aggressivere Formen an. Als Vertreter der Berliner Aufklärung ist Nicolais Literaturkonzept Nützlichkeitskriterien unterworfen (Albrecht 1989, S. 11). Zunächst zeigt sich Tiecks erster Verleger zufrieden und tolerant; er überträgt Tieck mit dem vierten Band die Herausgabe der Sammlung *Straußfedern* und läßt dabei seinem jungen Autor freie Hand. Dieser entfernt sich zunehmend von den Vorgaben seines Mentors. In einer

Reaktion vom Dezember 1797 auf die Theaterkomödie *Die Verkehrte Welt* unterstellt Nicolai eine Entfremdung zwischen Tieck und seiner Leserschaft; er fordert ihn auf, von seinem »exzentrischen Wege etwas ab[zu]lassen« (Kasack 1, S. 231), und beendet seinen Brief mit dem Hinweis, »daß Anlagen ohne Ausbildung des Talents bald verloren gehen« (Kasack 1, S. 232). Weil Tieck seine Kritik an der Spätaufklärung verschärft, beendet Nicolai Anfang 1798 die Zusammenarbeit. Zum endgültigen Bruch kommt es, als Nicolais Sohn Carl August Nicolai einige Texte Tiecks zusammenfaßt und ironisch als Werkausgabe (*L. Tieck's sämmtliche Schriften*) deklariert. Öffentlich sichtbar wird der Bruch im Rahmen der Streitschriften der antiromantischen Bewegung (vgl. Schmitz 1992), die von Nicolai unterstützt werden.

Brüder Schlegel

Maßgeblich für die neue literarische Bewegung sind die theoretischen Schriften der Brüder Schlegel. Weit mehr als sein Bruder Friedrich zeigt sich August Wilhelm Schlegel an Tieck interessiert, weil er dessen Texte als gelungene Umsetzung der eigenen literarhistorischen Auffassungen erachtet. Friedrich Schlegel zieht Wackenroder vor. In bezug auf Tiecks und Wackenroders Gemeinschaftsprojekt *Herzensergießungen eines kunstliebenden Klosterbruders* (siehe den Beitrag *Wackenroder* in Kap. 1) bemerkt er:

> So einfach und musikalisch, kann Tieck gar nicht machen. Er ist nur so ein unbestimmter träumerischer Mensch, der denn doch viel Einbildung hat, und man kann am Ende nicht klug daraus werden, wieweit er Anteil hat oder nicht. (Schlegel 1985, S. 125)

Friedrich Schlegel revidiert seine Vorbehalte erst, als er *Franz Sternbalds Wanderungen* kennenlernt (Pikulik 1992, S. 72). Der Vergleich mit Tiecks engem und früh verstorbenem Freund Wackenroder findet sich auch in späteren Kritiken wieder, beispielsweise bei Goethe und Schiller. August Wilhelm Schlegel setzt sich privat und öffentlich für Tieck ein und hebt ihn auf eine Stufe mit Goethe (Tieck-Schlegel, S. 23). Ähnlichkeiten in der Erzählweise sieht er u. a. zwischen dem Kunstmärchen *Der blonde Eckbert* und Goethes *Märchen* aus der zyklischen Erzählkonstruktion *Unterhaltungen deutscher Ausgewanderten* (Tieck-Schlegel, S. 22). Zudem setzt er Tieck in eine Traditionslinie mit Shakespeare und Aristophanes. Er kritisiert Tieck detailliert, aber konstruktiv und nimmt in Briefen die Rolle des souveränen Literaturkenners ein (Kolk 1997, S. 71), wenn er sich ablehnend zu Tiecks philologischen Arbeiten über Shakespeare äußert. Im Zuge des Lagerbildungsprozesses der Jenaer Romantik ergreift August Wilhelm Schlegel in der Zeitschrift *Athenäum* zunehmend für

Tieck Partei und positioniert diesen gegen die Front der Berliner Spätaufklärung (siehe den Beitrag *Der Jenaer Kreis und die frühromantische Theorie* in Kap. 1).

Runge – Steffens – Novalis – Jean Paul

Franz Sternbalds Wanderungen und *Leben und Tod der heiligen Genoveva* brachten Tieck eine große Anhängerschaft unter jungen Künstlern ein. Dazu gehört neben Novalis und Eichendorff der Maler Philipp Otto Runge, der sich in seiner Kunstauffassung an Tiecks Roman anlehnt. Runges Schwärmereien für Tiecks Darstellung von Landschaft als ästhetischem Andachtsraum (Brüggemann 2005, S. 92–104) sind exemplarisch für das Empfinden einer Generation von jungen kunstschaffenden Zeitgenossen. Tieck, der das Ausmaß dieser Wirkung kritisch wahrnimmt (Paulin 1987, S. 55), sieht sich durch die stark katholisierende Auslegung seiner Texte mißverstanden (Paulin 2001, S. 172; siehe den Beitrag *Religion* in Kap. 2). Die Rezeption des *Sternbald*-Romans durch Henrich Steffens zeigt, wie emotional die jungen Künstler auf dessen neuartige Darstellung reagieren (Sternbald, Kommentar, S. 521). Sie identifizieren sich mit der Künstlerfigur Sternbald, die an mangelndem Selbstvertrauen gegenüber ihrem Werk und dessen Anerkennung beim Publikum leidet. Von den Anhängern und Freunden Tiecks ist Novalis hervorzuheben, der in einem Brief vom 6. August 1799 schreibt:

> Jedes Wort von Dir versteh ich ganz. Nirgend stoß ich auch nur von weitem an. Nichts Menschliches ist Dir fremd – Du nimmst an allem teil – und breitest Dich, leicht wie Duft, gleich über alle Gegenstände und hängst am liebsten Dich an Blumen. (Novalis 1978, S. 703f.)

Novalis erkennt bei Tieck auch Schwächen (Paulin 1987, S. 52) und artikuliert Kritik an dessen Stil: »Soviel Schönes darin ist, so könnte doch weniger darin sein. Der Sinn ist oft auf Unkosten der Worte menagiert« (Novalis 1975, S. 275). Weitaus gegensätzlicher als Novalis steht Jean Paul zu Tiecks Werk. Im Grunde ein Gegner der romantischen Schule (Klein 1965, S. 17) pflegt Jean Paul ein relativ gutes Verhältnis zu Tieck. Während er Tiecks Dramen ablehnt, zeigt er Sympathie für dessen Prosa (Kasack 1, S. 53), die sich für ihn vor allem durch ihre Musikalität (rhythmisierende Sprache und klangliche Gestaltung) auszeichnet. Im Zuge der Auseinandersetzung mit der antiromantischen Bewegung verbessert sich der Kontakt zu Tieck zusehends (Paulin 1987, S. 81).

Kritik durch die antiromantische Bewegung

Die Parteinahme durch die Schlegel-Brüder und Tiecks Teilhabe am Lagerbildungsprozeß um die Jenaer Romantik führen dazu, daß Tieck zunehmend vom Literaturbetrieb beachtet wird. In den Jahren 1797 und 1798 werden in der Jenaer *Allgemeinen Literatur Zeitung* und in der *Neuen Allgemeinen Deutschen Bibliothek* frühe Werke Tiecks wie *Abdallah* besprochen und Vorbehalte dagegen artikuliert (NADB 1798, S. 340). Weitgehende Einigkeit besteht über Tiecks Schreibtalent. Abgelehnt werden die Wahl des Stoffes und die Thematik: Die Dichtung sei »schrecklich« und »gräßlich« und auf »Grauen und Schauererweckung angelegt« (DKV 1, Kommentar, S. 985). Im Jahr 1799 gerät Tieck verstärkt ins Zentrum der Auseinandersetzungen zwischen den jungen Romantikern und der sich formierenden antiromantischen Bewegung. Kritische Rezensionen werden von Attacken und Schmähschriften abgelöst (ebd., Kommentar, S. 959). Tieck polarisiert durch sein Eintreten für Goethe und gerät dadurch in den Mittelpunkt eines Streits um diesen Autor, der zu einer generationsspezifischen Aufspaltung der literarischen Öffentlichkeit in die Goethe-Partei der Jungen und in die goethefeindliche Interessenkoalition der etablierten Spätaufklärer führt (Preisler 1992, S. 228).

Schiller – Goethe

Den Kontakt zu Weimar (siehe den Beitrag *Die Weimarer Klassik* in Kap. 1) stellt August Wilhelm Schlegel her. Friedrich Schiller zeigt zunächst Interesse an Tieck; am 23. Juli 1799 schreibt er an Goethe: »Mir hat er gar nicht übel gefallen. Sein Ausdruck ob er gleich keine große Kraft zeigt, ist fein, verständig und bedeutend, auch hat er nichts kokettes noch unbescheidenes« (Schiller 2002, S. 468). Das Einverständnis Schillers mit Tieck geht so weit, daß dieser im *Musen-Almanach für das Jahr 1799* Gedichte publizieren kann (siehe den Beitrag *Lyrik* in Kap. 4). Selbst als die ersten Spannungen zwischen Schiller und den Brüdern Schlegel auftreten, bleibt das Interesse Schillers an Tieck bestehen. In einem Brief vom 26. September 1799 an Christian Gottfried Körner meint Schiller aber bereits, daß Tieck »seine Relation zu Schlegels viel geschadet« habe (ebd., S. 487). Der Hauptvorwurf besteht darin, daß Tiecks Werke zu oberflächlich seien und keine Kraft hätten. In einem weiteren Brief an Körner vom 27. April 1801 verstärken sich Schillers Zweifel an Tiecks literarischer Reife und Selbsteinschätzung: »Es ist schade um dieses Talent, das noch so viel an sich zu thun hätte und doch schon so viel gethan glaubt« (Schiller 1985, S. 30). Schiller wendet sich von Tieck ab. Er zeigt sich insgesamt enttäuscht über die Vertreter der sich emanzipierenden Kunstrichtung und kritisiert die »hervorschimmernde Individualität« (Borcherdt 1948, S. 91) ihrer Vertreter.

Tieck und Goethe lernen sich 1799 kennen; die Korrespondenz beginnt bereits im Juni 1798. Beide führen ihren Briefwechsel bis 1801 fort und nehmen ihn dann erst 1819 wieder auf. Der Briefverkehr zeigt, wie sehr der junge Tieck Goethes herausragende Stellung anerkennt und diesen verehrt. In der frühen Phase erhofft sich Tieck durch Goethe neben Anerkennung auch anleitende Kritik, ein Anliegen, das Goethe gern bedient. Öffentlich äußert sich Goethe zu Tieck zurückhaltend, aber nicht ohne Wohlwollen (Pikulik 1992, S. 69). An Schiller schreibt er aber bereits im September 1798 zu *Franz Sternbalds Wanderungen*: »Den vortrefflichen Sternbald lege ich bei, es ist unglaublich, wie leer das artige Gefäß ist« (Goethe 1990, S. 619). Ein Schema mit Bemerkungen zu Tiecks *Sternbald* bemängelt u. a. folgende Aspekte: »Falsches Preisen der Natur im Gegensatz mit dem Idealen«, »Sentimentalität« und »falsche Tendenz« (Goethe 1988, S. 619). Die Kritik am Roman erreicht schließlich auch Tieck, den die ablehnende Haltung sehr trifft, wie ein Brief vom 14./15. Oktober 1789 belegt (Sternbald, Kommentar, S. 506). Darüber hinaus ist er über Goethes zögerliches Agieren enttäuscht, als er seinen Wunsch nach Protektion für eine Stelle am Theater in Frankfurt am Main geäußert hatte. Das Verhältnis zwischen Goethe und den Romantikern kühlt sich in den ersten Jahren des neuen Jahrhunderts ab (Paulin 1987, S. 75). Novalis, Friedrich Schlegel, später auch Brentano, Arnim und Schleiermacher artikulieren Vorbehalte gegenüber Goethe. Tieck kann diese verbergen und nimmt nie öffentlich eine kämpferische Stellung ein (Paulin 1987, S. 51), während Goethe in der Jenaer *Allgemeinen Literatur-Zeitung* im Juli 1805 Tiecks Kunstauffassung und die konfessionelle Ausrichtung seiner Texte kritisiert:

> Wem ist in diesen Phrasen die neukatholische Sentimentalität nicht bemerklich, das klosterbrudrisirende, sternbaldisirende Unwesen, von welchem der bildenden Kunst mehr Gefahr bevorsteht als von allen Wirklichkeit fodernden Calibanen? (Sternbald, Kommentar, S. 524)

Goethe machte Tieck zum Vorwurf, seine von Jakob Böhme (1575–1624) inspirierten mystisch-religiösen Vorstellungen zu sehr forciert und so eine ganze Richtung von Künstlern dahingehend beeinflußt zu haben. Schließlich stört ihn, daß Tieck vermehrt mit ihm selbst auf eine Stufe gestellt wird, auch wenn er Tiecks Leistungen und »Verdienste« (Eckermann 1968, S. 473) anerkennt. Bis ins hohe Alter bleibt das ambivalente Verhältnis Goethes zu Tieck bestehen. Erst nach Tiecks Abhandlung *Goethe und seine Zeit* (1828), die trotz der Kritik an Goethes Haltung zum Literaturbetrieb (Preisler 1992, S. 269) und der Bevorzugung des Frühwerk (Sammons 2000, S. 346) die herausragende

Stellung Goethes anerkennt, scheint sich Goethe mit Tieck ausgesöhnt zu haben:

> Wenn ich nun zeither mich alles desjenigen zu erfreuen hatte, was Ihnen zum Aufbau und zur Ausbildung unsrer Literatur fortschreitend beizutragen gelungen ist und ich manche Winke sehr gut zu verstehen glaubte, um zu so löblichen Ansichten mitzuwirken, so bleibt mir, einen reinen Dank zu entrichten, kaum mehr übrig als der Wunsch: es möge fernerhin ein so schönes und eignes Verhältnis, so früh gestattet und so viele Jahre erhalten und bewährt, mich auch noch meine übrigen Lebenstage begleiten. (Goethe 1908, S. 81)

Brentano – Arnim – E. T. A. Hoffmann

Tieck beginnt ab 1805 ein mehrjähriges Wanderdasein (siehe den Beitrag *Wanderschaften und Freundeskreise* in Kap. 1), währenddessen er guten Kontakt zur romantischen Bewegung hält, ohne jedoch allzu sehr an die literarischen und gesellschaftlichen Kreise in Weimar und Jena angebunden zu sein (Hölter 1989, S. 59; siehe den Beitrag *Autoren der mittleren Romantik* in Kap. 1). Seine frühromantischen Texte bringen ihm eine außerordentliche Popularität ein, und dennoch ist diese Zeit mit einer langen Schaffens- und Produktionskrise verbunden. Freunde wie Clemens Brentano und Achim von Arnim versuchen, Tieck zu unterstützen. Beide lernen ihn bereits 1799 kennen und sind von ihm fasziniert (Hölter 1989, S. 155). Besonders Brentano ist in der Zeit nach Jena ein wichtiger Kontakt für Tieck, da er sowohl in die Universitäten, insbesondere nach Heidelberg, als auch in die Verlage gut vernetzt ist. Brentano hat bei einigen Texten Tiecks wie dem Drama *Kaiser Octavianus* Bedenken. Das zeigt ein Brief vom 23. August 1803, in dem Brentano »die moralische Problematik vor dem Hintergrund der literaturpolitischen Vertretung von ›Romantik‹ in der Öffentlichkeit beklagt« (Scherer 2003, S. 368/Anm. 470; Arnim/Brentano 1998, S. 244). Zwischen den Jahren 1809/10 verschlechtert sich das Verhältnis von Tieck zu Brentano. Grund sind insbesondere Streitigkeiten in bezug auf eine Affäre zur Savigny-Bürgschaft an Tieck (Hölter 1989, S. 156). Für Arnim wiederum bleibt Tieck lange Zeit eine wichtige literarische Bezugsperson (Paulin 2001, S. 172). Erst in den Briefen an die Brüder Grimm, für die Tiecks Werk ebenfalls zu den bedeutenden Inspirationen gehört (Hölter 1989, S. 156), beginnt sich Arnim von Tieck zu lösen. An der Sammlung *Phantasus* kritisiert er Tiecks Festhalten an Grundpositionen von Jena (Steig/Grimm 1904, S. 242; Paulin 2001, S. 178). Ähnlich wie Arnim muß auch Friedrich de la Motte Fouqué damit umgehen, daß sich sein dichterisches Vorbild von ihm distanziert. E. T. A Hoffmann, der fast über Nacht Berühmtheit erlangt, lehnt sich in vielen Texten an Tieck an: Hoffmanns *Bergwerke zu Falun* etwa wäre ohne die Rezeption von Tiecks *Runenberg* nicht vorstellbar. Zu einem intensiven kritischen Austausch kommt es nicht. Zu groß scheint der Respekt E. T. A. Hoffmanns vor Tiecks Werk zu sein.

Solger

In der Zeit um 1817 vollzieht Tieck eine Abkehr von eigenen Positionen, der ein langwieriger und schwieriger Prozeß vorangegangen war. Tieck wehrt sich damit auch gegen die aufkommende Religiosität im Zuge der Restauration. Karl Wilhelm Solger wird dabei zur wichtigsten Bezugsperson. Der umfangreiche Briefverkehr zwischen Tieck und Solger zeigt Solgers Euphorie für Tiecks Werk und seinen Willen, ihn wieder »in den Fluß des Schreibens [zu] bringen« (Tieck-Solger 1, S. 428). In einem Brief an Tieck vom 23. November 1816 (ebd., S. 469) benennt Solger seine Präferenzen im dramatischen Werk Tiecks. Mit den Dramen *Der Blaubart* und *Der gestiefelte Kater* erwähnt er jene Stücke, die in besonderer Weise das romantische Schauspiel repräsentieren. Wenn Solger sie als »vollkommenste Dramen« (ebd.) bezeichnet, drückt er sein Bekenntnis für die romantische Dramenkonzeption aus. Solger sieht Tieck in den 1810er Jahren auf dem Höhepunkt seiner Originalität. In einem Brief von Solger an Tieck vom 2. Februar 1817 schreibt er zu *Fortunat*: »Dieses Werk gehört zu denen, wo ich Sie ganz zu verstehn glaube, und vollständig mit Ihnen einverstanden bin« (Matenko 1933, S. 338).

1820er Jahre

In den 1820er Jahren beginnt Tieck eine neue Schaffensperiode, die durch eine hohe Produktivität geprägt ist. Er präsentiert sich hier als Autor mit einem in gründlicher Reflexion gewandelten Literaturprogramm (Richter 1997, S. 191). Tiecks literarische Produktionen jener Jahre finden zwar mutmaßlich ein breites Publikum, aber eher selten interessierte Rezensenten (Richter/Strobel 2001, S. 134). Die wenigen überlieferten Zeugnisse belegen, daß Tiecks gewandelte Position vom Literaturbetrieb schnell erkannt wird (vgl. Hewett-Thayer 1928, S. 328–360). Tieck wird aber die Abkehr von der »mystisch exzentrischen Schule« zu einem Dichter, der mit »der Klarheit des Historikers [...] Bilder des wahren Lebens« treu wiedergeben kann, nicht abgenommen (ebd., S. 334). Der Befund, »daß von jener Schule nicht mehr die Rede sein« könne, gehört zum Tenor vieler vorwiegend anonymer Rezensionen zu Tiecks Spätwerk, welche die romantische Schule für beendet erklären, den Wandel ihrer Protagonisten für wenig plausibel oder für unehrlich halten und die

Umgestaltung des Programms nicht als solches, sondern als Festhalten an überholten Idealen interpretieren. So soll verhindert werden, daß sich die romantische Literatur reorganisiert (ebd., S. 335). Tiecks Werk wird als zu ausufernd, didaktisch und moralisch empfunden (ebd., S. 340). Für Vertreter der jüngeren Dichtergenerationen bietet er nun erheblich weniger Identifikationspotential. Für sie ist Tieck kein geeigneter Mediator für soziale Bedingungen und historische Prozesse. Und doch findet er bei großen Teilen der etablierten Literaturszene weiter Anerkennung (ebd., S. 342). Beispielsweise kann Karl Philipp Conz Tiecks neuem Stil einiges abgewinnen: So sei Tieck die Zusammenführung von »schöpferisch-blühender Einbildungskraft« und »dem wirklichen Leben« geglückt; es sei also durchaus möglich, mit romantischen Mitteln das Zeitgepräge abzubilden und zu chiffrieren (ebd., S. 335).

Tieck und das Junge Deutschland

Tieck erlangt ab 1830 einen Status, der seine neugefestigte Autorität als Dichter widerspiegelt. Durch wichtige Vertreter der Literaturkritik, etwa Menzel und Koberstein, wird er zum größten deutschen Dichter neben Goethe stilisiert (Paulin 1987, S. 89). Eine neue Generation von jungen Dichtern lehnt sich gegen diese Autorität auf, so daß die Auseinandersetzung mit dem Jungen Deutschland die Tieck-Rezeption ab 1834 prägt (siehe den Beitrag *Das Junge Deutschland* in Kap. 1). Die verfeindeten Lager führen einen erbitterten polemischen Kampf, in welchem »unterschiedliche psychische, soziale, religiöse und geistig-kulturelle« (Rosenberg 2003, S. 55) Faktoren eine Rolle spielen. Tiecks Werke *Das alte Buch und die Reise in's Blaue hinein* und *Der Wassermensch* gehören zu den Auslösern der Debatte (Sammons 2000, S. 344). Neu für Tieck sind die Bezüge seiner Novellen zur Gegenwart und zu politischen Strömungen, die eine starke Positionsbestimmung erst möglich machen. Polemisch attackiert Tieck darin die »literarische Geschmacksnivellierung« (Paulin 1987, S. 88). Vor allem *Der Wassermensch* erweist sich dabei als »komplexe Auseinandersetzung mit dem Spannungsfeld von Tradition und Erneuerung« (Bunzel 1997, S. 205). Die Jungdeutschen empfinden dies und Tiecks neu formulierte Parteinahme für Goethe (Sammons 2000, S. 346) als zielgerichteten Affront gegenüber ihren Positionen. Tieck wird für sie zunehmend »zum Repräsentanten der Romantik schlechthin, an dem man alle moralischen Schwächen zu geißeln sucht, die man in der Romantik zu entdecken glaubt« (Gneuss 1971, S. 61), auch wenn der Stil der Jungdeutschen durchaus bruchlos an die Schreibweisen anknüpft, die von den Romantikern entwickelt worden waren (Rosenberg 2003, S. 51). So äußern sich einige Protagonisten des Jungen Deutschland zunächst positiv zu Tieck, obwohl ihnen dessen reservierte Einstellung zur liberalen Publizistik bereits bekannt war (Sammons 2000, S. 344). Theodor Mundt würdigt Tiecks Leistungen hinsichtlich seiner Shakespeare-Studien und sieht ihn als Ideengeber der Jungdeutschen (Hewett-Thayer 1928, S. 346). Er zeigt hier durchaus Sympathie für das romantische Künstler-Bild und ist ferner bereit, Tiecks »Weisheit« (ebd.) gegenüber der jüngeren Generation anzuerkennen.

Die Meinung über Tieck ändert sich aufgrund seiner öffentlich geäußerten Kritik am Jungen Deutschland. Bei Ferdinand Gustav Kühne wird die Tendenz vieler Jungdeutschen sichtbar, Tieck vorzuwerfen, er vernachlässige seine apolitischen romantischen Wurzeln, um ihn gleichzeitig zu kritisieren, er wäre nicht mehr zeitgemäß (DKV 11, Kommentar, S. 1194f.). Der Streit nimmt ab 1835 allerdings eine Wendung, der die Fronten weiter verhärtet und eine mögliche Aussöhnung (Sammons 2000, S. 346) unmöglich macht. Die Rezeption von Tiecks Novelle *Das alte Buch und die Reise in's Blaue hinein* durch Mundt, Ludwig Börne und Heinrich Heine (DKV 11, Kommentar, S. 1276) markiert einen neuen Höhepunkt der Auseinandersetzung. Vor allem Börne erweist sich als erbarmungsloser Kritiker (Koopmann 1987, S. 1275f.). In seiner *Käsenovelle* rechnet er mit Tieck ab: »In meiner Jugend, […] gefielen mir Tiecks romantische Dichtungen ungemein, ja sie entzückten mich oft; und vorgestern, da ich von Tiecks frischer ungesalzener Novellenbutter kostete, konnte ich sie nicht mehr vertragen« (DKV 11, Kommentar, S. 1280). Nicht alle Äußerungen aus dem Lager der Jungdeutschen waren so polemisch. Nach der Verhängung des lebenslangen Schreibverbots am 10. Dezember 1835 in der 31. Sitzung des Bundestags für fünf Jungdeutsche Autoren (Gutzkow, Heine, Laube, Mundt, Wienbarg) aber wird Tieck von Karl Gutzkow zum Gegner erklärt, dem man mit »Ruhe ins Auge« schauen könne, da es ihm an »Mut und Kenntnis der Sache« fehle (DKV 11, Kommentar, S. 1362). Auch Theodor Mundt kehrt sich von seiner abwägenden Haltung gegenüber Tieck ab. In *Zodiacus* erscheint 1836 Mundts Rezension zu *Eigensinn und Laune*, die Tieck Unsittlichkeit vorwirft (ebd., Kommentar, S. 1363f.). Die Kritik an Tieck wird zudem weiter politisiert: Die Tiecksche Perspektive auf das bürgerliche Leben sei zynisch, da er sich nur »in auserlesene[r] Gesellschaft« bewege (ebd., Kommentar, S. 1123–1127). Tiecks Novellen zeigten daher kein wahres Abbild der realen Verhältnisse.

Heinrich Heine

Bei Heines Haltung zur Romantik muß von einer gespannten, differenzierten bis ambivalenten Einstellung ausgegangen werden (Höhn 2003, S. 259). Es geht ihm um die soziale und politische Bedeutung der romantischen Schule, um die Wirkungsgeschichte von Religion und Philosophie in Deutschland (Habermas 1987, S. 15–38). Heines Vorwurf besteht darin, daß die Romantische Schule durch ihre Transzendentalpoesie die wahren Bedürfnisse verschleiere und zudem die Religion als Kompensation anbiete (Höhn 2003, S. 262). Die Romantiker, so der Vorwurf, agierten volksfern (Wülfing 2003, S. 300). Am Tieck-Bild stört Heine vor allem dessen Stilisierung zum Dichterfürsten. Doch Heine registrierte auch Positives an der Romantik und stellt Tiecks dichterische Qualitäten nicht in Frage. So würdigt er Tiecks Leistungen im Hinblick auf dessen Übersetzungen und die Volksbuchdichtungen. Dieser Umgang mit Tieck ist »symptomatisch für Heines differenziert angelegte Romantik-Kritik« (Höhn 2003, S. 265). Sie gilt bis zur ersten Hälfte der 1830er Jahre, dann aber wandelt sich das Verhältnis in eine »Gegnerschaft«, die sich »bis zur gegenseitigen persönlichen Beleidigung steigert« (Gneuss 1971, S. 61). Für Heine ist das wesentliche Motiv seiner Kritik an Tieck und A. W. Schlegel, daß er gerade von diesen beiden Dichtern mehr Anregungen erhalten hatte, als er zugeben will (Paulin 1987, S. 93). Heines *Romantische Schule* (1836) gehört, neben den Literaturgeschichtsschreibungen von Menzel und Koberstein (siehe den Beitrag *Tieck in der Literaturgeschichtsschreibung des 19. Jahrhunderts* in Kap. 5), zu den ersten Veröffentlichungen, welche die Romantik als Ganzes zu begreifen versucht. Er vermittelt die Einheitlichkeit der Bewegung und versucht damit, die Zusammengehörigkeit der einzelnen Mitglieder dieser ›Schule‹ allgemein bekannt zu machen (Höhn 2003, S. 258).

In Heines Abhandlung zeigt sich zunächst eine außerordentliche Affinität zu Tieck (Clasen 1979, S. 111), wenn er ihn als den »beste[n] Novellist[en] in Deutschland« bezeichnet (Heine 1979, S. 180). Heines Ausführungen über Tieck vermitteln insgesamt ein zutreffendes Gesamtbild des Dichters. Nach *Die Romantische Schule* kommt es im Tieck-Bild Heines zu einer Kehrtwende (DKV 11, Kommentar, S. 1366). Auslöser ist, wie bei Gutzkow, *Eigensinn und Laune* (Heine 1976, S. 186f.). Zwischen Heine und Tieck entsteht im Verlauf des Streits um das Junge Deutschland eine starke Rivalität, die nicht mehr beigelegt wird. In der Neuausgabe zum *Buch der Lieder* von 1837 beschreibt Heine Tieck als »ehemaligen Strohmian« (Heine 1968, S. 12) in Anlehnung an den Namen des Hundes in der frühen Märchennovelle *Der blonde Eckbert*. Im Tannhäuser-Lied der Sammlung *Elementargeister* (1835–1837) bemüht er erneut diesen Vergleich: »Tieck wird in Heines Spott geradezu identisch mit dem zahnlosen, altersschwachen Hündchen Muntsche« aus der Novelle *Eigensinn und Laune* (DKV 11, Kommentar, S. 1366).

Die letzten Jahre

In den 1830er Jahren füllt Tieck seine Rolle als Dichterfürst aus. Dazu gehört auch, daß er einen größeren Kreis von jüngeren Dichtern um sich schart. Tieck begibt sich dabei »in die Rolle eines Mentors [...] und lässt sich auch unwidersprochen in diese Position heben« (Känner 2009, S. 75). In diesem Kreis nimmt Karl Leberecht Immermann eine führende Rolle ein. Er bekennt sich zu Tieck als dessen Schüler (Kasack 1, S. 218), wenn er selbst danach bestrebt ist, die »Tieck'schen Vorstellungen vom Theater in die Realität umzusetzen« (Känner 2009, S. 75). Auch andere Dichter, mit denen Tieck nicht so eng verbunden ist wie mit Immermann, beschreiben Tieck gegenüber ihre Erfahrungen in positiven Wendungen: »Denke ich aber, mit welcher unbedingten Hingebung und immer neuen Bewunderung ich mich seit so vielen Jahren an Ihren Werken erfreut, an Ihrem Genius mich aufgerichtet habe, wie ich mich überall zuerst an die Reisenden drängte, welche zu Dresden und bei Tieck gewesen waren«, schreibt etwa Mörike 1833 in einem Brief an Tieck (Mörike 1986, S. 21). Die meisten Stellungnahmen zu Tieck in den 1840er Jahren sind ähnlich versöhnlich, dennoch wird erkennbar, daß Tieck noch zu Lebzeiten immer mehr in Vergessenheit gerät. Eine Ausnahme bildet Joseph von Eichendorff, der sich mit Tieck auch nach dessen Tod befaßt. Eichendorff sieht Tiecks Werk, nach einer Phase der Verehrung, mit Vorbehalten (Paulin 1987, S. 17). Im Jahr 1866 wiederum hebt Eichendorff in seiner *Geschichte der poetischen Literatur Deutschlands* die Leistungen Tiecks für das Drama hervor:

> Darum ist Tieck so unübertroffen in seiner Spottkomödie, weil eben hier Ironie selbst die poetische Seele des Ganzen wird, wo alles Ordinäre der Welt unbewußt sich selbst vernichtet, ohne gemeine Satire oder Reflexion, sondern einzig durch die unauslöschliche Lächerlichkeit seines eigenen Pathos. (DKV 6, Kommentar, S. 1384)

Späte Novellen wie *Waldeinsamkeit* werden von der zeitgenössischen Kritik kaum mehr beachtet (DKV 11, Kommentar, S. 1362).

Zusammenfassung

Das Tieck-Bild der zeitgenössischen Kritiker ist von der jeweils eigenen Epochalität geprägt (siehe den Beitrag *Tiecks Epochalität* in Kap. 1). Grob lassen sich diese in Vertreter der Aufklärung, der Weimarer Klassik, der Romantik und des Jungen Deutschland aufteilen. Gleichzeitig spiegeln sich auch kurzfristige Tendenzen innerhalb der literarischen Strömungen in den Urteilen der Zeitgenossen über Tieck wider. Daraus folgt, daß programmatische Interessen oft über dem Urteil selbst stehen. Dies gilt für Tiecks Anhänger genauso wie für seine Gegner. Die Interessenlage der Kritiker spielt zudem eine Rolle für Prioritäten, die innerhalb von Tiecks Werk gesetzt werden. So gibt es Präferenzen für einzelne Werke oder Gattungen. Heine bevorzugt beispielsweise Tiecks Volksbuchadaptionen, weil diese seinem eigenen Literaturkonzept nahekommen. Runge ist ein Verehrer von *Franz Sternbalds Wanderungen* und drückt damit den Kunstenthusiasmus seiner Generation aus.

Die Tieck-Rezeption ist zudem Spiegel zahlreicher Gruppenbildungsprozesse. Tieck wirkt stark polarisierend. Dies hatte zur Folge, daß sich Rezensenten und Autoren durch eine Stellungnahme für oder gegen Tieck selbst im literarischen Raum positionieren. Das gilt für Tiecks Anhängerschaft in Dresden und unter gewissen Einschränkungen auch für Heine. Dieser entwickelt durch die Abgrenzung zur Romantischen Schule seine eigenen programmatischen Positionen. Eine Ausnahme stellt die Stellung der Weimarer Klassik zu Tieck dar. Mehr als Schiller kommt Goethe nie zu einer einheitlichen Linie in der Beurteilung Tiecks. Die Urteile zu Tieck werden zudem auf unterschiedliche Weise von ökonomischen, politischen und religiösen Interessen geleitet. So spielt der wirtschaftliche Konkurrenzkampf auf dem literarischen Markt in die polarisierende Meinungsbildung der Rezensionen hinein. Tieck nutzt seine Texte häufig als Medium zur Kommunikation mit seinen Kritikern (siehe den Beitrag *Der Literaturkritiker* in Kap. 3). Auf diese Weise versucht er, die öffentliche Wahrnehmung von Werk und Person mitzugestalten. Aus der Perspektive der Zeitgenossen gehörte Tieck zu den Hauptfiguren des Literaturbetriebs. Talent wird ihm nur sehr selten abgesprochen. Im zeitgenössischen Literaturbetrieb wird Tieck vor allem mit seinem Frühwerk in Verbindung gebracht. Die *Dresdner Novellen* werden zwar ebenfalls rezipiert, erlangen aber nicht mehr die Popularität, die seine früheren Arbeiten hatten.

LITERATUR

Albrecht 1989: Albrecht, Wolfgang: Friedrich Nicolais Kontroverse mit den Klassikern und Frühromantikern (1796–1802). In: Debatten und Kontroversen. Literarische Auseinandersetzungen in Deutschland am Ende des 18. Jahrhunderts, Bd. 2, hg. von Hans-Dietrich Danke und Bernd Leistner, Berlin/Weimar 1989, S. 9–71.

Arnim/Brentano 1998: Arnim, Achim von und Brentano, Clemens: Freundschaftsbriefe. 2 Bde., Bd. 1: 1801–1806, vollständige kritische Edition, hg. von Hartwig Schulz, Frankfurt a. M. 1998.

Borcherdt 1948: Borcherdt, Hans Heinrich: Schiller und die Romantiker. Briefe und Dokumente, Stuttgart 1948.

Brüggemann 2005: Brüggemann, Heinz: Religiöse Bild-Strategien der Romantik. Die ästhetische Lanschaft als Andachtsraum und Denkraum. In: Romantische Religiosität, hg. von Alexander von Bormann, Würzburg 2005, S. 89–131.

Bunzel 1997: Bunzel, Wolfgang: Tradition und Erneuerung. Tiecks Versuch einer literarischen Positionsbestimmung zwischen Weimarer Klassik und Jungem Deutschland am Beispiel seiner »Tendenznovelle« *Der Wassermensch*. In: Ludwig Tieck. Literaturprogramm und Lebensinszenierung im Kontext seiner Zeit, hg. von Walter Schmitz, Tübingen 1997, S. 193–216.

Clasen 1979: Clasen, Herbert: Heinrich Heines Romantikkritik. Tradition – Produktion – Rezeption, Düsseldorf 1979.

Eckermann 1968: Eckermann, Johann P.: Gespräche mit Goethe in den letzten Jahren seines Lebens, 3 Bde., Bd. 1, hg. von Fritz Bergemann, Leipzig 1968.

Gneuss 1971: Gneuss, Christian: Der späte Tieck als Zeitkritiker, Düsseldorf 1971.

Goethe 1908: Goethe, Johann Wolfgang von: Goethes Werke, Bd. 46: Juli 1829-März 1830, hg. im Auftrage der Großherzogin von Sachsen, Weimar 1908.

Goethe 1988: Goethe, Johann Wolfgang von: Sämtliche Werke nach Epochen seines Schaffens, Münchner Ausgabe, Bd. 6.2: Weimarer Klassik 1798–1806, hg. von Karl Richter/u. a., München/u. a. 1988.

Goethe 1990: Goethe, Johann Wolfgang von: Sämtliche Werke nach Epochen seines Schaffens. Münchner Ausgabe, Bd. 8.1: Briefwechsel zwischen Schiller und Goethe in den Jahren 1794 bis 1805, hg. von Manfred Beetz, München/u. a. 1990.

Habermas 1987: Jürgen Habermas: Geist und Macht – ein deutsches Thema. Heinrich Heine und die Rolle des Intellektuellen in Deutschland. In: Das Junge Deutschland. Kolloquium zum 150. Jahrestag des Verbots vom 10. Dezember 1835. Düsseldorf 17.–19. Februar 1986, hg. von Joseph A. Kruse u. a., Düsseldorf 1987, S. 15–38.

Heine 1968: Heine, Heinrich: Sämtliche Schriften in zwölf Bänden, Bd. 1, hg. von Klaus Briegleb, München 1968.

Heine 1976: Heine, Heinrich: Sämtliche Schriften in zwölf Bänden, Bd. 4, hg. von Klaus Briegleb, München 1976.

Heine 1979: Heine, Heinrich: Historisch-kritische Gesamtausgabe der Werke, Bd. 8.1: Romantische Schule. Text, hg. von Manfred Windfuhr, Hamburg 1979.

Hewett-Thayer 1928: Hewett-Thayer, Harvey W.: Tieck's Novellen and Contemporary Journalistic Criticism. In: The Germanic Review 3 (1928), H. 1, S. 328–360.

Höhn 2003: Höhn, Gerhardt: Weder »Passionsblumen« noch »nutzloser Enthusiasmusdunst«. Heine – Romantik – Vormärz. In: Romantik und Vormärz. Zur Archäologie literarischer Kommunikation in der ersten Hälfte des 19. Jahrhunderts, hg. von Wolfgang Bunzel/u. a., Bielefeld 2003, S. 257–274.

Hölter 1989: Hölter, Achim: Ludwig Tieck. Literaturgeschichte als Poesie, Heidelberg 1989.

Hölter 2003: Hölter, Achim: Die kreative Beziehung Reichardts zu Ludwig Tieck. In: Johann Friedrich Reichardt und die Literatur. Komponieren – Korrespondieren – Publizieren, hg. von Walter Salmen, Hildesheim/u. a. 2003, S. 405–430.

Hubert 1971: Hubert, Ulrich: Karl Philipp Moritz und die Anfänge der Romantik, Frankfurt a. M. 1971.

Känner 2009: Känner, Andreas: »Jeder Ort hat seinen Heiligen...«. Gruppenbildung um Ludwig Tieck in Dresden, Dresden 2009.
Kolk 1997: Kolk, Rainer: »Ächte Revoluzionsmänner«. Zu einigen Rahmenbedingungen für das Frühwerk Ludwig Tiecks. In: Ludwig Tieck. Literaturprogramm und Lebensinszenierung im Kontext seiner Zeit, hg. von Walter Schmitz, Tübingen 1997, S. 63–85.
Koopmann 1987: Koopmann, Helmut: »Wer nicht schreiben kann, rezensiert«? In: Das Junge Deutschland. Kolloquium zum 150. Jahrestag des Verbots vom 10. Dezember 1835. Düsseldorf 17.–19. Februar 1986, hg. von Joseph A. Kruse/u. a., Düsseldorf 1987, S. 173–192.
Matenko 1933: Matenko, Percy (Hg.): Tieck and Solger. The Complete Correspondence, New York/u. a. 1933.
Mörike 1986: Mörike, Eduard: Werke und Briefe. Historisch-Kritische Gesamtausgabe, Bd. 12: Briefe 1833–1838, hg. von Hans-Ulrich Simon, Stuttgart 1986.
NADB 1798: Neue Allgemeine deutsche Bibliothek (1789), H. 1–4.
Novalis 1975: Schriften. Die Werke Friedrich von Hardenbergs, Bd. 4: Tagebücher, Briefwechsel, Zeitgenössische Zeugnisse, hg. von Richard Samuel/u. a., Stuttgart 1975.
Novalis 1978 Novalis: Werke, Tagebücher und Briefe Friedrich von Hardenbergs, Bd. 1: Jugendarbeiten, hg. von Hans-Jürgen Balmes/u. a., München/u. a. 1978.
Paulin 1987: Paulin, Roger: Ludwig Tieck, Stuttgart 1987.
Paulin 1988: Paulin, Roger: Ludwig Tieck. Eine literarische Biographie, München 1988.
Paulin 2001: Paulin, Roger: Arnim und Tieck. In: Arnim und die Berliner Romantik: Kunst, Literatur und Politik, hg. von Walter Pape, Tübingen 2001, S. 71–182.
Pikulik 1992: Pikulik, Lothar: Frühromantik. Epoche – Werke – Wirkung, München 1992.
Preisler 1992: Preisler, Horst: Gesellige Kritik. Ludwig Tiecks kritische, essayistische und literarhistorische Schriften, Stuttgart 1992.
Richter 1997: Richter, Eckhard: »Verehrter Herr Hofrath«. Tieck und Böttiger. In: Ludwig Tieck. Literaturprogramm und Lebensinszenierung im Kontext seiner Zeit, hg. von Walter Schmitz, Tübingen 1997, S. 169–192.
Richter/Strobel 2001: Richter, Eckhard; Strobel, Jochen: Der »König der Romantik« und der Adel. Ludwig Tieck in Dresden. In: Der Schritt in die Moderne. Sächsischer Adel zwischen 1763 und 1918, hg. von Silke Marburg/u. a., Köln/u. a. 2001, S. 115–168.
Rosenberg 2003: Rosenberg, Rainer: Das Junge Deutschland – die dritte ›romantische‹ Generation? In: Romantik und Vormärz. Zur Archäologie literarischer Kommunikation in der ersten Hälfte des 19. Jahrhunderts, hg. von Wolfgang Bunzel/u. a., Bielefeld 2003, S. 49–66.
Salmen 2004: Salmen, Walter: Tieck und die Familie Reichardt. In: »lasst uns, da es uns vergönnt ist, vernünftig seyn! –«. Ludwig Tieck (1773–1853), hg. vom Institut für Deutsche Literatur der Humboldt-Universität zu Berlin, unter Mitarbeit von Heidrun Markert, Bern/u. a. 2004, S. 295–309.
Sammons 2000: Sammons, Jeffrey L.: Der Streit zwischen Tieck und dem Jungen Deutschland. Verpaßte Möglichkeiten in einem Dialog der Tauben. In: Resonanzen. Festschrift für Hans Joachim Kreutzer zum 65. Geburtstag, hg. von Sabine Doering, Waltraud Maierhofer und Peter Philipp Riedl, Würzburg 2000, S. 343–352.
Scherer 2003: Scherer, Stefan: Witzige Spielgemälde. Tieck und das Drama der Romantik, Berlin/New York 2003.
Schiller 1985: Schiller, Friedrich: Werke. Nationalausgabe, Bd. 31: Schillers Briefe 1.1.1801–31.12.1802, hg. von Stefan Ormanns, Weimar/u. a. 1985.
Schiller 2002: Schiller, Friedrich: Werke und Briefe in zwölf Bänden, Bd. 12: Briefe 2, 1795–1805, hg. von Norbert Oellers, Frankfurt a. M. 2002.
Schlegel 1985: Schlegel, Friedrich: Kritische Friedrich-Schlegel-Ausgabe, Bd. 24: Briefe von und an Friedrich und Dorothea Schlegel. Die Periode des Athenäums: 25. Juli 1797–Ende August 1799, hg. von Raymond Immerwahr, Paderborn/u. a. 1985.
Schmitz 1992: Schmitz, Rainer (Hg.): Die ästhetische Prügeley. Streitschriften der antiromantischen Bewegung, Göttingen 1992.

Schweikert 2004: Schweikert, Uwe: »Musik ist Dichtkunst«. Poetik des Musikalischen bei Wackenroder und Tieck. In: Romantik und Exil. Festschrift für Konrad Feilchenfeldt, hg. von Claudia Christophersen, Würzburg 2004, S. 55–67.

Steig/Grimm 1904: Steig, Reinhold/Grimm, Hermann (Hg.): Achim von Arnim und die ihm nahe standen, Bd. 3: Achim von Arnim und Jacob Wilhelm Grimm, Stuttgart/u. a. 1904.

Wülfing 2003: Wülfing, Wolf: Einige Bemerkungen zur Romantik-Kritik im Vormärz. In: Romantik und Vormärz. Zur Archäologie literarischer Kommunikation in der ersten Hälfte des 19. Jahrhunderts, hg. von Wolfgang Bunzel/u. a., Bielefeld 2003, S. 293–312.

Tieck und die Formierung der neueren Philologien

Ralf Klausnitzer

An den Prozessen zur Formierung der neueren Philologien, die in den ersten Jahrzehnten des 19. Jahrhunderts länger andauernde Vorgänge verdichten und institutionell wie epistemisch eine neue Qualität der Beschäftigung mit literarischen Texten ausbilden, hat Ludwig Tieck als Autor und Herausgeber, als Instanz kritischer Reflexion und Materiallieferant für ›zünftige‹ Forscher wesentlichen Anteil – und dafür entsprechende Würdigung erfahren. Auch wenn er nie einen universitären Lehrstuhl besetzte, gilt er aufgrund seiner Verbindung von Nation, Sprache, Geschichte als »Vater der deutschen Germanistik« (Paulin 1988, S. 142). Mit Blick auf seine Studien über Shakespeare und das altenglische Theater bezeichnet ihn Henry Lüdeke als »Vater der Anglistik« (zit. nach Paulin 1987, S. 95; siehe den Beitrag *Englische Dramatik* in Kap. 2). Andere Untersuchungen bestimmen ihn als »Grenzgänger zwischen Poesie und gelehrter Forschung« (so Hunger 1994, S. 256) und markieren seine Scharnierfunktion beim Übergang von der gelehrten zur disziplinären Gemeinschaft um 1800 (Krohn 1994, S. 277).

Zweifellos ist Vaterschaftsbestimmungen gegenüber Vorsicht angebracht; nicht zuletzt, weil hagiographische Kopplungen wissenschaftsgeschichtlicher Entwicklungen an das Wirken von Gründerheroen stets anders ausfallen können und diskutabel bleiben. Schon Rudolf Hayms Übersichtswerk *Die Romantische Schule* deklariert nicht die editorischen und popularisierenden Leistungen Tiecks, sondern die »unmittelbar aus dem Schooße der Poesie losgewunden[en]« philologisch-historischen Forschungen der Brüder Grimm als das »glänzendste und ein wahrhaft großartiges Schauspiel« der durch die »romantische Litteraturrevolution auf ganz neue Wege gelenkten, mit ganz neuen Organen ausgerüsteten deutschen Wissenschaft« (Haym 1870, S. 862). Durch Wilhelm Scherer beglaubigt (Scherer 1921; zu Tiecks Wirkungen hier S. 50), hat sich die Wertschätzung der Grimms als »Gründerväter« einer aus romantischer Poesie- und Sprachbegeisterung hervorgegangenen deutschen Philologie bis in literatur- und fachgeschichtliche Darstellungen des 20. Jahrhunderts gehalten (Dünninger 1957, Sp. 148; Papp 1989; Wyss 1988a; Wyss 1988b). Dagegen haben jüngere wissenschaftshistorische Untersuchungen nachdrücklich auf die komplexen und widerspruchsreichen Vorgänge bei der Herausbildung der neueren Philologien am Beginn des 19. Jahrhunderts aufmerksam gemacht und mit Verabschiedung der Vorstellungen von einer personal begründeten, kontinuierlich-linearen Entwicklung der Disziplin zugleich auch Tiecks Bedeutung neu justiert. Diese Forschungen zeigen, daß die Germanistik sich »nicht nach einer vorgegebenen Theorie mit einem klaren Methodenbewußtsein als Wissenschaft ausgeformt« hat, sondern daß dieser Ausdifferenzierungsprozeß im wesentlichen »ungesteuert und anarchisch« verlief (Hunger 1991, S. 98; auch Hunger 1995). Die in diesem Zusammenhang entwickelten Modelle lösen sich von überkommenen Grenzziehungen, indem sie vormals getrennte Rollen von ›Dilettanten‹ und ›professionellen‹ Philologen zusammenführen und das Beobachtungsvermögen Tiecks und die selektionslose Aufmerksamkeit des Editionsphilologen Karl Lachmann als wechselseitig bedingte Unternehmen einer neuartigen Wissenskultur nachweisen (so schon Wyss 1991, S. 76ff.; detailliert Martus 2004). Und sie gestatten eine präzisere Bestimmung von Tiecks Leistungen in Feldern, in denen aus einer neuartigen Beschäftigung mit kulturellen Zeugnissen der Vergangenheit veränderte Textumgangsformen entstehen: Gehört er doch fraglos zu den aktiven Trägern jener romantischen Mittelalter- und Vorzeitbegeisterung, deren Varianten von den (durch Erduin Julius Koch inspirierten) Interessen des Jugendfreundes Wilhelm Heinrich Wackenroder und den literarisch-editorischen Projekten des Freundespaares Achim von Arnim und Clemens Brentano über etymologisch-mythologische Spekulationen eines Friedrich Creuzer, Joseph Görres, Johann Arnold Kanne bis zu den historisch-philologischen Forschungen der Grimms und Ludwig Uhlands reichen und für die Genese der neueren Philologien von nicht zu unterschätzender Bedeutung sind (materialreich dazu Brinker-Gabler 1980; Hölter 1989, S. 1ff. und 154ff.).

Diese mehrfach dimensionierte Bewegung eines literarisch-kulturellen bzw. gelehrt-wissenschaftlichen Vergangenheitsbezugs entwickelt unterschiedliche, sich in den ersten Jahrzehnten des 19. Jahrhunderts ausweitende sowie auffächernde Optionen, die gewichtige Konsequenzen für die Entfaltung und Institutionalisierung philologischen Wissens haben. An den Prozessen einer – auch öffentlichkeitswirksam inszenierten – ›Wiederentdeckung‹ der altdeutschen wie der altenglischen Literatur und der Romania ist Tieck nicht nur als Sammler und Editor mit einem oftmals »jahrzehntelange[n] Engagement für unterdrückte Traditionen [...], für unbekannte oder mißverstandene Weltliteratur [...] oder für frühverstorbene Zeitgenossen« (Ribbat 1975, S. VIIf.) beteiligt. Von Bedeutung für eine weitere Professionalisierung der kritischen wie der literaturgeschichtlichen Behandlung von Texten sind zugleich seine Herausgeberleistungen in bezug auf Novalis, Lenz, Kleist und andere Autoren sowie die im Umgang mit dem eigenen Werk entwickelten Prinzipien (siehe den Beitrag *Der Philologe* in Kap. 3). Diese bringen in der Kultivierung einer gleichsam selektionslosen Aufmerksamkeit jene philologischen Maßgaben hervor, die zuerst pejorativ und später salvierend als »Andacht zum Unbedeutenden« bezeichnet werden (vgl. Weimar 1989, S. 404). Und auch wenn Tieck aufgrund von Vorbehalten gegen eine akademische Tätigkeit keine unmittelbare universitäre Wirksamkeit entfalten sollte, bleiben seine Wirkungen auf die reorganisierten deutschen Hochschulen und die sich hier institutionell etablierenden neueren Philologien keinesfalls gering. Mit namhaften frühen Germanisten wie Johann Gustav Gottlieb Büsching, Bernhard Joseph Docen, den Brüdern Jacob und Wilhelm Grimm steht er in Kontakt. Den 1810 auf die Stelle eines außerordentlichen Professors für Deutsche Sprache und Literatur an der neugegründeten Berliner Universität berufenen Juristen und Privatgelehrten Friedrich Heinrich von der Hagen – der 1807 eine auf Tiecks Materialsammlung basierende aktualisierende Ausgabe des Nibelungenliedes vorgelegt hatte – versorgt er mit Archivschätzen und bezeichnet ihn im *Vorbericht zur dritten Lieferung* der *Schriften* als »Freund« (S 11, S. LXXX); 1816 wird er auf dessen Vorschlag zum Ehrendoktor der Universität Breslau ernannt. Als Friedrich Karl von Savigny in seiner Denkschrift zur Reorganisation der Heidelberger Universität 1804 Tieck als Professor der Theorie und Geschichte der schönen Künste vorschlägt, erwähnt er ausdrücklich »deßen gelehrte Kenntnisse in diesem Fach«, welche »durch seine vortreffliche Einleitung zu den Minnesängern hinlänglich bewährt sind« (Schneider 1913, S. 106). Der Altphilologe Friedrich Creuzer, der Tieck 1806 kennenlernt, ist »fest überzeugt, daß er ein trefflicher akademischer Docent werden würde« (Creuzer 1972, S. 188). Nicht zuletzt diese Verbindungen führen dazu, daß Tieck zu den romantischen Gelehrten gehört, an die der Ruf auf einen Lehrstuhl an der Universität Heidelberg ergeht, den der Autor aber ebenso ablehnt wie eine Professur für Schöne Literatur in München, die ihm 1826 durch Ludwig I. von Bayern angeboten wird.

Um die Spannweite der philologisch-literarhistorischen Interessen Tiecks und seine Funktionen für die Formierung der neueren Philologien bestimmen zu können, sind in einem ersten Schritt die unterschiedlichen Modelle eines sich an der Wende vom 18. zum 19. Jahrhundert professionalisierenden Umgangs mit Texten zu skizzieren. In einem zweiten Schritt sollen dann die Einsätze des Autors und Editors, Kritikers und Publizisten innerhalb dieses Feldes markiert werden, um abschließend Tiecks Bedeutung für die Entfaltung der philologischen Wissenskulturen konturieren zu können.

Textumgangsformen um 1800. Varianten und Modelle

Für den Umgang mit literarischen Texten stehen in der Zeit um 1800 unterschiedliche Modelle bereit. Generiert und kommuniziert, diskutiert und modifiziert werden sie zum einen in den Foren des literarisch-kulturellen Austauschs, zum anderen in jenen Stätten der spezialisierten Wissensproduktion, an denen die im 17. und 18. Jahrhundert intensivierten philologischen und literaturkritischen Textumgangsformen nun eine neue Qualität gewinnen. Tieck kennt beide Sphären. Der am Friedrichswerderschen Gymnasium in Berlin u.a. bei Friedrich Gedike geschulte und die Universitäten Halle, Göttingen und Erlangen besuchende Poet lernt durch den klassischen Philologen Friedrich August Wolf (1759–1824), bei dem er im Sommersemester 1792 studiert, nicht nur moderne Autorschaftskonzepte und Autopsiegebote kennen. Durch ihn erfährt er auch das im Rahmen der *interpretatio grammatico-historica* ausgebildete Konzept des *sensus auctoris et primorum lectorum* (*auditorum*), das die einem Text zuschreibbare(n) Bedeutung(en) auf jene Sinnhorizonte beschränkt, die seinen historischen Adressaten prinzipiell mitteilbar und verständlich gewesen sind: »Was erforderlich ist, dass man bei der Erklärung eines jeden Schriftstellers, sich in das ganze Zeitalter und in eine Reihe von Dingen versetzt und auch im Stande ist, sich in den Kreis zu versetzen, worin die Verfasser schrieben«, betont Wolf, der mit den 1795 veröffentlichten *Prolegomena ad Homerum* die moderne Homer-Kritik einleitet (Wolf 1839, S. 283). Ähnlich formuliert es August Boeckh, der etwas später als Tieck in Halle bei Wolf studiert und 1810 einem Ruf an die neugegründete Berliner Universität folgt. Der »Sinn einer Mittheilung« ist nicht zuletzt bedingt durch die »realen Verhältnisse«, unter denen sie erfolgt und »deren Kenntnisse bei denjenigen vorausgesetzt wird, an welche sie gerichtet sind. Um eine Mittheilung zu verstehen, muss man sich in diese Verhältnisse hineinversetzen«, heißt es vor der Formulierung eines Imperativs, der als »wichtiger Kanon der Auslegung« hervorgehoben ist: »man erkläre nichts so, wie es kein Zeitgenosse könnte verstanden haben« (Boeckh 1877, S. 82, 106). Für Tieck werden diese Forderungen sowie die in Göttingen durch den Kunsthistoriker Johann Dominicus Fiorillo (1748–1821) gelehrten induktiv-quantitativen Verfahren und der historisierende Blick auf die Quellen von Geschichtsschreibung wichtig. Vermittelt durch Wackenroder wirkt der Berliner Pädagoge Erduin Julius Koch (1764–1834), der diesen für die Literatur des Mittelalters begeistert und als Mitarbeiter an seinem *Grundriss einer Geschichte der Sprache und Literatur der Deutschen* gewonnen hatte, auf Tieck ein.

Nicht erst die durch Wilhelm von Humboldt eingeleiteten Reformen zur Neuorganisation der Hochschulen führen dazu, daß sich diese und andere Bemühungen um Sicherung und kritische Behandlung der deutschsprachigen literarischen Überlieferung institutionell etablieren. In Tiecks Studienort Göttingen, an dem Christian Gottlob Heyne seit 1763 das berühmte altphilologische Seminar leitet, erhält der Bibliotheksangestellte Georg Friedrich Benecke 1805 ein Extraordinariat ohne Fachbezeichnung und widmet sich auf dieser Stelle der editionsphilologischen und lexikographischen Erschließung altdeutscher Texte (siehe den Beitrag ›Altdeutsche‹ Literatur in Kap. 2). Tiecks Name findet sich – neben Steffens, Schelling, Schleiermacher und anderen romantischen oder der Romantik nahe stehenden Gelehrten – auf der Berufungsliste der Heidelberger Universität von 1806, nachdem ihn Savignys Denkschrift als Professor der Theorie und Geschichte der schönen Künste vorgeschlagen hatte (Schneider 1913, S. 69, 76f., 130, 198, 231, 276). Noch sind die Grenzen der Wissenschaft fließend; spekulativ-poetische Elemente zulässig und akademische Unerfahrenheit kein Hinderungsgrund. 1810 erfolgt die Berufung von Friedrich Heinrich von der Hagen auf die Stelle eines außerordentlichen Professors für Deutsche Sprache und Literatur an die neugegründete Berliner Universität. Doch sind die Leistungen dieses Inhabers der ersten germanistischen Fachprofessur keineswegs unumstritten. Schon Wilhelm Grimm kritisiert die auf »Erneuung« der mittelhochdeutschen Überlieferung zielenden Anstrengungen Friedrich Heinrich von der Hagens als »Modernisierung, die schlechter ist als das Original, und doch nicht modern« (Grimm W. 1881, S. 73). Jacob Grimm betont in seiner *Rede auf Lachmann* 1851, daß Georg Friedrich Benecke »überhaupt der erste« gewesen sei, »der auf unsern Universitäten eine grammatische kenntnis altdeutscher sprache weckte« (Grimm J. 1991, S. 149).

Die hier anklingenden und insbesondere von Jacob und Wilhelm Grimm, deren Mentor Georg Friedrich Benecke und dem später noch wichtig werdenden Philologen Karl Lachmann geleisteten Widerstände gegen Tiecks Freund Friedrich Heinrich von der Hagen, der 1818 eine ordentliche Professur für deutsche Sprache und Literatur an der Universität Breslau und 1824 ein Ordinariat in Berlin erhält, verweisen auf divergierende Varianten im Umgang mit Literatur schon in der Frühzeit der sich disziplinierenden Wissenskultur, an denen Tieck auf verschiedene Weise teilhat. War es im 18. Jahrhundert vor allem darum gegangen, Texte des Mittelalters breiteren Leserschichten nahe zu bringen (was etwa Johann Jakob Bodmer und Johann Jakob Breitinger bewog, in ihrer 1759 erschienenen *Sammlung von Minnesingern aus dem schwaebischen Zeitpuncte CXL Dichter enthaltend* einen popularisierenden und mangelhaften Abdruck der handschriftlichen Fassungen zu liefern), bilden sich unter dem Einfluß der romantischen Bewegung divergierende Varianten der Beschäftigung mit der literarisch-kulturellen Überlieferung aus. Zu »Urkunden des menschlichen Geistes« erklärt, sollen literarische Texte in das »innerste Teil der Geschichte« führen und einen privilegierten Zugang zur ideellen Konstitution der Nation eröffnen. In seinen Pariser *Vorlesungen über die Geschichte der europäischen Literatur* 1803/04 postuliert Friedrich Schlegel:

> Durch Bekanntschaft mit der Literatur eines Volkes lernen wir seinen Geist, seine Gesinnung, seine Denkungsart, die Stufe seiner Bildung, mit einem Wort sein eigentümliches Sein und Wesen kennen, wir erhalten eine Charakteristik, die wir anderswo vergebens suchen würden. (Schlegel 1958, S. 11f.).

Im Anschluß an einen bereits durch Johann Gottfried Herder entwickelten Gedanken lassen sich poetische Denkmäler so in übergreifende historische Perspektiven einbinden bzw. als integrale Bestandteile einer sinnvollen Entwicklungsgeschichte darstellen. Verwirklicht wird dieses Programm in den *Vorlesungen über schöne Literatur und Kunst*, die August Wilhelm Schlegel 1801–1804 in Berlin hält, in den Pariser Lektionen seines Bruders Friedrich Schlegel sowie in dessen Wiener Vorträgen *Geschichte der alten und neuen Litteratur* von 1812–1815, denen noch Heinrich Heine das Kompliment macht, er kenne »kein besseres Buch dieses Fachs« (Heine 1961, S. 65). Ludwig Tieck teilt Friedrich Schlegels Auffassungen von ›Einer Poesie‹, gestattet sie doch die Ausbildung einer sinn- und gegenwartsbezogenen Aufmerksamkeit, die sich auf die ältere literarische Kultur Deutschlands ebenso richten kann wie auf das Zeitalter Dantes, Petrarcas, Boccaccios oder die Werke Shakespeares.

Verbunden mit dieser ›präsentistischen‹ Sicht auf Literatur- und Kulturgeschichte ist ein Wandel im Umgang mit der schriftlichen Überlieferung. Ältere Texte können als aufschlußreiche Zeugnisse vergangenen Lebens verstanden und dem Kenntnisstand zeitgenössischer Leser angepaßt aufbereitet und verbreitet werden. So demonstriert es Tieck mit seiner 1803 veröffentlichten Sammlung *Minnelieder aus dem Schwäbischen Zeitalter*; so demonstrieren es Achim von Arnim und Clemens Brentano mit der Lieder- und Gedichtsammlung *Des Knaben Wunderhorn*, die in drei Bänden zwischen 1806 und 1808 in Heidelberg erscheint. Akkomodationen der mittelhochdeutschen Überlieferung an den Verständnishorizont gegenwärtiger Rezipienten prägen auch die (erfolgreichen) Nibelungenlied-Ausgaben von der Hagens, dessen erste Version sprachliche Bearbeitungen einschloß, um »nicht zuletzt einer adaptionswilligen Literatur den Zugang zu den altdeutschen Erzählungen zu erleichtern« (Bluhm 1999, S. 74). Neben zahlreichen Anthologien und Ausgaben (unter denen die vierbändige Edition der Minnesänger von 1838 und die in drei Bänden vorliegenden *Gesammtabenteuer* von 1850 bleibende Bedeutung haben) gibt der Inhaber der ersten germanistischen Fachprofessur gemeinsam mit Johann Gustav Gottlieb Büsching auch die *Deutschen Gedichte des Mittelalters* heraus, zu denen Tieck das Manuskript des *König Rother* beisteuert und zu deren Subskribenten neben Fichte, Johannes von Müller, Jean Paul u. a. auch Tieck selbst zählt. Sein von 1808 bis 1844 währender freundschaftlicher

Briefwechsel mit dem bald als Dilettanten disqualifizierten von der Hagen zeugt sowohl von Tiecks andauernden Interessen an der altdeutschen Literatur als auch von seiner Positionierung innerhalb eines Feldes, das sich in den Jahrzehnten nach 1800 rasch polarisiert.

Denn gegen die von Tieck und seinen Freunden gepflegte Praxis der Akkomodation und poetischen Vergegenwärtigung der literarischen Überlieferung formiert sich in den Jahrzehnten nach 1810 eine Gegenposition. Sie begreift Texte als Sprachdenkmale, die mit den Verfahren der philologischen Kritik zu bearbeiten sind, um einen authentischen Wortlaut für die nachfolgende Interpretation herstellen zu können. Eine so motivierte Textkritik wird zum grundlegenden Verfahren im professionalisierten Umgang mit der schriftsprachlichen Überlieferung. Als spezialisierte Behandlung von nicht mehr gesprochenen Varianten der germanischen Sprachen und deren Literatur folgt sie dem Vorbild der Klassischen Philologie, die als eine bis in die Antike zurückreichende Wissenschaft nicht nur »ältere Schwester und Lehrerin« (Zarnkke 1864, S. 63) der neueren Philologien ist, sondern auch deren – bis zum Ende des 19. Jahrhunderts nahezu übermächtige – Konkurrentin: Sie verfügt über Begriffe und Methoden zur kritischen Behandlung von Texten, besitzt in der von Heyne und Wolf begründeten Lehrform des Seminars eine effektive Form zur Vermittlung ihrer Verfahren und erbringt mit der Ausbildung von Lehrern für das humanistische Gymnasium eine Leistung, die gesellschaftliche Anerkennung findet. Die Orientierung an den methodischen Prinzipien der Klassischen Philologie läßt eigene methodologische Überlegungen als nicht notwendig erscheinen, ist man doch davon überzeugt,

> daß für das gründliche Studium unserer alten vaterländischen Litteratur nichts erspriesslicher seyn kann, als wenn wir uns die genaue critische Sorgfalt zum Muster nehmen, die man mit so vielem Scharfsinn und unermüdet fortgesetztem Fleisse auf die Schriften der Griechen und Römer verwandt hat. (Benecke 1810, S. X)

Zu den Ergebnissen einer so fundierten Textbehandlung gehören die von den Brüdern Grimm besorgten Editionen, u. a. des *Hildebrandslieds* sowie des *Wessobrunner Gebets* (1812) und von Hartmanns von Aue *Der arme Heinrich* (1815). Vorbildhaft wirkten auch die von Georg Friedrich Benecke erstellten Ausgaben, die mit beigegebenen Wörterbüchern oder Worterklärungen versehen waren; das 1833 veröffentlichte Wörterbuch zum *Iwein* gilt noch heute als »lexikographische Glanzleistung« (Wägenbaur 2000, S. 8).

Der seit 1825 an der Berliner Friedrich-Wilhelms-Universität lehrende Karl Lachmann appliziert das altphilologische Editionsverfahren auf verschiedene Textkorpora und erstellt (trotz nicht unproblematischer stemmatischer Voraussetzungen seiner Methode, die eine nicht-kontaminierte Überlieferung mittelalterlicher Texte annimmt) wissenschaftlich verwendbare Ausgaben antiker Autoren, des Neuen Testaments und schließlich auch von Texten der deutschen Literatur: 1826 erscheint seine Ausgabe *Der Nibelunge Noth mit der Klage in der ältesten Gestalt*, die in der zweiten Auflage den charakteristischen Nebentitel »Nach der ältesten überlieferung mit bezeichnung des unechten und mit den abweichungen der gemeinen lesart« erhält und bis zu Karl Bartschs auf der Handschrift A beruhenden Ausgabe von 1870 ohne Konkurrenz bleibt. Die immer wieder beschworene »genaue critische Sorgfalt« dient dieser anfänglich kleinen Gruppe von Gelehrten – ihr Kern besteht zunächst nur aus Georg Friedrich Benecke (1762–1844), dessen Schüler Karl Lachmann (1793–1851) und den mit beiden befreundeten Brüdern Jacob (1785–1863) und Wilhelm Grimm (1786–1859) – zur Abgrenzung, aber auch zur Verbindung mit anderen, in der Zeit nach 1800 ebenso möglichen Textumgangsformen. Zu diesen gehören die Einsätze von Ludwig Tieck.

Tiecks Einsätze:
Akkomodation, Modernisierung, Vergegenwärtigung

Wie angedeutet, besetzt Ludwig Tieck im Prozeß der Entfaltung und Institutionalisierung philologischer Textumgangsformen eine vermittelnde Position: Er gehört zu den Vertretern einer popularisierenden Vergegenwärtigung der literarischen Überlieferung und damit sowohl in Zielstellung wie in Methode zu einer Gruppe, deren Vertreter von der Wissenschaftsgeschichtsschreibung als ›Dilettanten‹ rubriziert und zwischen ›Spezialisten‹ und ›Liebhabern‹ eingeordnet werden (Hunger 1987, S. 44ff.; umfassender Kolk 1994). Während die Grimms, Benecke und Lachmann als professionelle und spezialisierte Philologen Ausgaben erstellen, bei denen die Rekonstruktion des jeweiligen historischen Sprachstandes und dessen Erläuterung im Zentrum stehen, zielen Tiecks Einsätze bei der Edition altdeutscher Texte auf ihre Aktualisierung: Um die fremden und stellenweise nur schwer verständlichen Texte einem breiten Lesepublikum zugänglich zu machen, werden diese – wie schon von Bodmer und Breitinger in der Herausgabe der *Sammlung von Minnesingern aus dem schwaebischen Zeitpuncte CXL Dichter enthaltend* (1759) – grammatisch und orthographisch modernisiert, auch wenn dabei ein mangelhafter Abdruck der handschriftlichen Fassungen in Kauf zu nehmen ist. Vertreter dieser Gruppe sind neben den Sammler-Editoren Achim von Arnim, Clemens Brentano und Friedrich Heinrich von der Hagen auch Friedrich David Gräter, der seit 1791 die Zeitschrift *Bragur* als *Litterarisches Magazin der Deutschen und Nordischen Vorzeit* herausgibt und hier altdeutsche und nordische Quellen und Texte in zumeist literarisierter Form mit dem Anspruch präsentiert, »Anknüpfungspunkte für eine neue identitätssichernde Dichtkunst zu entdecken« (Bluhm

1999, S. 72). Der Konflikt zwischen ›Spezialisten‹ und ›Dilettanten‹ kulminiert im sog. ›Edda-Krieg‹, als die Grimms und Friedrich Heinrich von der Hagen wegen der Erstherausgabe der nordischen Texte konkurrieren und es von der Hagen 1812 gelingt, *Lieder der älteren oder Sämundischen Edda* zu veröffentlichen. Die Grimms können erst drei Jahre später die *Lieder der alten Edda* vorlegen. Mitbeteiligt an editorischen Unternehmungen von ›Spezialisten‹ wie ›Dilettanten‹ sind schließlich ›Liebhaber‹ und Autodidakten wie Joseph von Laßberg oder Karl Hartwig Gregor von Meusebach, die über große Fachbibliotheken und reiche Handschriftensammlungen verfügen und diese beiden Gruppen zugänglich machen.

Tiecks frühzeitig einsetzendes Engagement für eine popularisierende Vergegenwärtigung der literarischen Überlieferung beschränkt sich nicht auf die Literatur des Mittelalters. Sie hat zudem komplexere Voraussetzungen und Konsequenzen, als die geläufige Rede von romantischer Mittelalterbegeisterung im Zusammenhang mit den antinapoleonischen Befreiungskriegen vermuten läßt. Schon eine kursorische Übersicht zeigt die erstaunliche Vielfalt seiner Interessen. Nach der frühromantischen Erneuerung einiger Volksbücher veröffentlicht Tieck 1803 die Textsammlung *Minnelieder aus dem Schwäbischen Zeitalter*, 1812 erscheint seine Ausgabe Ulrichs von Liechtenstein *Frauendienst* und 1817 eine zweibändige Anthologie der deutschen Renaissance- und Barockdramatik unter dem Titel *Deutsches Theater* (Meves 1979; Brinker-Gabler 1980, S. 101ff.; zum Streben nach Werktreue bei gleichzeitiger Neigung zur Zurichtung von Werken Zybura 1994). Übertragungen des *Nibelungenliedes* und des *Heldenbuchs* werden aufgrund des Engagements anderer Gelehrter aufgegeben und bleiben Fragment – ebenso das ›Buch über Shakespeare‹, das Tieck sein Leben lang verfolgt und dessen handschriftliche Aufzeichnungen und Notizen Henry Lüdeke 1920 aus dem Nachlaß herausgibt. Dennoch ist diese Beschäftigung mit dem englischen Dramatiker nicht ergebnislos: In jeweils zwei Bänden erscheinen die Anthologien *Alt-Englisches Theater* (1811) und *Shakspeare's Vorschule* (1823 und 1829) sowie die ergänzte, von Tieck bearbeitete und kommentierte Ausgabe von August Wilhelm Schlegels Übersetzung *Shakspeare's dramatische Werke* (9 Bde., 1825–1833). Neben zahlreichen Aufsätzen und Rezensionen zu vergangenen und zeitgenössischen Autoren und zur Literaturgeschichte – zu denen der Essay *Göthe und seine Zeit* von 1829 ebenso gehört wie eine (kurze) Abhandlung über die *Geschichte der Novelle* von 1834 – tritt Tieck auch als Nachlaßverwalter von Generationsgenossen und Freunden in Erscheinung: Er ediert als erster die Werke von Novalis (zusammen mit Friedrich Schlegel, 2 Bde., 1802, ⁵1837, Bd. 3, 1846), von Maler Müller (3 Bde., 1811), von Kleist (Berlin 1821; 4 Bde., 1846/47) und von Lenz (3 Bde., Berlin 1828) sowie Solgers nachgelassene Schriften und Briefwechsel (zusammen mit Friedrich von Raumer, 2 Bde., 1826). Auch wenn die nicht unproblematischen Qualitäten dieser Ausgaben von der Forschung inzwischen markiert wurden (Zybura 1994, S. 147ff.; Uerlings 1997; Markert 2000), bleiben sie eindrucksvolles Zeugnis für die Reflexionsleistungen eines literarisch-kulturellen Programms, das in der Bereitstellung von Texten mehr als nur materiale Zuliefererfunktionen sieht.

In besonderer Weise wirkt Tieck schließlich als Philologe seiner selbst. Wie jüngst eindrücklich gezeigt, vollzieht der Autor mit der Edition seiner *Kritischen Schriften*, die in vier Bänden zwischen 1848 und 1852 bei Brockhaus in Leipzig erscheinen, »den Schritt von der kritischen zur philologischen Kommunikation« (Martus 2004, S. 211) und exemplifiziert mit einer solchen »Werkpolitik« im Umgang mit den eigenen, zum Teil mehr als ein halbes Jahrhundert alten Publikationen jene Zeit und Aufmerksamkeit investierenden Verfahren, welche die Beschäftigung mit Texten zum Projekt einer dauerhaften Kommunikation machen (Martus 2007, S. 371–444). Die Maximierung dieser detailgenauen und zeitinvestiven philologischen Aufmerksamkeit – die sich auf vergangene und vermeintlich vergessene Überlieferung genauso konzentrieren kann wie auf ein in Texten der Gegenwart zu entdeckendes »inneres Gesetz«, das eine »aufscheinende Willkürlichkeit« zur Regelkonformität macht (KS 1, S. 110) – basiert auf Umstellungsleistungen, die weitreichende Konsequenzen nach sich ziehen. Eine Voraussetzung dafür ist das Bewußtsein von der Vorläufigkeit und Veränderlichkeit des Umgangs mit Texten, deren Beobachtungen stets auch anders ausfallen können – was ein Modell des multiperspektivischen, ›besseren‹, ›innigeren‹ oder ›tieferen‹ Verstehens ermöglicht. Deutlich wird das etwa im Credo der *Shakespeare-Briefe*, »daß es noch andere Ansichten als die meinige [...] geben müsse, denn ich sehe zu gut, wie viel ich neues bei jeder wiederholten Lecture lerne [...]« (ebd., S. 160). In der Vorrede zum *Altenglischen Theater* konzediert Tieck die generellen Fehlermöglichkeiten von Textanalysen, die deutlich werden, sobald man »tiefer« eindringe, so daß vorherige Meinungen durch neue Einsichten zu revidieren seien (ebd., S. 256). Weitere Elemente sind die im 18. Jahrhundert gewonnenen Einsichten in die produktiven Momente von Negativität, die seit der Etablierung einer aktuell reagierenden Literaturkritik neue Imperative der wechselseitigen Observation hervortreiben: Tadel und Kritik werden als (eigenständige) Werte anerkannt; Unsicherheit, Irrtum und Modifizierbarkeit erscheinen als Faktoren eines produktiven Umgangs im und mit dem sich ausbildenden Literatursystem. Die um 1800 entstehenden und bei Tieck geradezu exemplarisch zu studierenden philologischen Maximen beruhen auf einer Kreuzung dieser Entwicklungen mit einer folgenreichen Pointe: Zielt das Aufmerksamkeitsverhalten einer zumeist rasch reagierenden, auch strategisch verfahrenden und bereits im Zeitalter der Aufklärung potenzierten Literaturkritik in der Regel auf qualitative Urteile und Empfehlungen, entwickelt die Philologie eine tendenziell selektionslose Sensitivität, die noch kleinste Details eines Textes und abgelegene Kontextelemente wahrnimmt und wertungsresistent auswertet. Eine auf lang anhaltenden Kontakt mit dem Beobachtungsgegenstand angelegte Perspektive vermag Eigenschaften zu entdecken, die anderen Textumgangsformen verschlossen bleiben; sie kann historische (Vor-) Urteile überwinden und Grenzen des Horizonts erweitern. Die mehrfachen Gewinne eines das ›Ganze‹ und das ›Einzelne‹ beobachtenden philologischen Studiums unterstreicht Tieck in seinen *Bemerkungen über einige Charaktere im Hamlet*:

> [...] früh schon hat sich mein Geist gewöhnt, das Ganze in seinem nothwendigen Zusammenhange zu verstehen, und beim Shakespeare namentlich, der seit Jahren mein ununterbrochenes Studium war, fand ich mich so vom Strome seiner Werke mitgenommen, daß ich mich oft nur verwundern konnte, wenn man diese und jene Verse so vorzüglich heraushob, die mir als nothwendig und trefflich, aber nicht mehr als die übrigen, aufgefallen waren. Dafür aber fand ich auch da meistentheils große Schönheiten, wo man den Dichter kritisch tadeln, wo man ihn verbessern wollte, weil man eben, sich immer am Einzelnen haltend, die Bedeutung, den wahren Sinn dieser angefochtenen Stellen übersehen hatte. (KS 3, S. 275)

Diesen Imperativen zur Rekonstruktion eines »nothwendigen Zusammenhangs« folgen nicht nur die sich konzeptionell etablierenden und universitär institutionalisierenden Wissenskulturen der Philologie, sondern auch die Veröffentlichungsstrategien des Autors Ludwig Tieck: Weil vom historisch-philologischen Standpunkt innere Entwicklungszusammenhänge (etwa eines Autors) wichtiger sind als literaturkritische Feststellungen, ordnet er die beiden ersten Bände seiner *Kritischen Schriften* chronologisch und nicht nach Sachgesichtspunkten, umreißt in der Vorrede ein intellektuelles Feld von Förderern, gibt Informationen zu den Entstehungsbedingungen einzelner Schriften, markiert umgekehrt seinen Einfluß auf Zeitgenossen und entwirft Perspektiven für zukünftige Unternehmungen. Eine weitere, für philologische Textumgangsformen gleichfalls wichtige Konsequenz ist der Anschluß an hermeneutische Prinzipien, die das Verhältnis von Teil und Ganzem, Frühwerk und Spätwerk, Unvollkommenem und Vollkommenem konzeptualisieren. Wenn sich Tieck in der Vorrede zur zweiten Auflage des Romans *William Lovell* von 1813 an »wohlwollende Leser« wendet, die seine Schriften »in ihrem Zusammenhange zu kennen« wünschen und deshalb auch den »frühesten Bemühungen des Schriftstellers [...] ein historisches Interesse« entgegenbringen (S 6, S. 3); wenn er in der Einleitung zur Ausgabe der *Kritischen Schriften* bemerkt, »daß es den Freunden meiner Bemühungen interessant sein werde, auch im Fache der Kritik meine früheren Arbeiten kennen zu lernen, um sie vielleicht mit meinen spätern zu vergleichen und sich zu überzeugen, wie ich von Jugend auf einem und demselben Ziele zugestrebt habe« (KS 1, S. VI), dann entwirft er nicht nur einen gleichsam modellhaften Leser, der das Werkganze eines Autors ebenso übersieht wie alle seine Teile und für den noch kleine und unscheinbare Details von Bedeutung sind. Er modelliert vielmehr auch das Bild eines Autors, der in allen seinen Äußerungen – auch wenn sie noch so inkohärent und gegensätzlich erscheinen – eine ganzheitliche Persönlichkeit ausbildet. Eben deshalb nimmt er sich in den Entwürfen zum *Buch über Shakespeare* vor, »jene Ansicht anschaulich zu machen, aus der sich bei diesem großen Dichter alles, selbst das widersprechendste zu einem Ganzen vereinigt« (BüS, S. 395). Verbunden und miteinander in Beziehung gesetzt werden Modell-Autor und Modell-Leser durch eine historische Perspektive, deren umfassende Applikation als genuine Errungenschaft der Romantik gelten kann. Dem »Kenner«, so Tieck in der Vorrede zum *Altenglischen Theater* von 1823, können selbst mangelhafte Werke »darum wichtig erscheinen, weil sie gerade von irgend einem bestimmten großen Künstler herrühren, welcher wol, selbst in nicht ganz gelungenen Versuchen, die nähere Erklärung seiner spätern Meisterwerke unbewußt niederlegt«. Unter historischer Perspektive werden

> selbst Schwächen und Fehler wichtig und belehrend, denn kein Künstler tritt als ein vollendeter auf, kein Zeitalter hat plötzlich ohne Vorbereitung klassische Werke hervorgebracht. Den innerlichen geschichtlichen Zusammenhang, der allein alle Widersprüche erklärt, zu fassen, sich alle Werke eines großen Geistes als Ein Werk, und alle Geister, scheinen sie noch so widerstrebend, als den nothwendigen Zusammenhang Eines Gemüthes klar vorzustellen, ist die Aufgabe aller Kunstgeschichte. (KS 1, S. 232f.)

Dieses Credo erhellt noch einmal Tiecks Bedeutung für die Formierung eines neuen Wissens von und über Literatur: Indem der Autor und Übersetzer, Editor und Publizist eine Ethik des genauen Lesens mit den Prinzipien einer inneren Geschichtsschreibung verknüpft, bahnt er einer historisch interessierten Philologie den Weg, und zwar sowohl durch kritische Reflexion der eigenen Beobachtungsverfahren als auch durch die Bereitstellung von materialen Grundlagen für die weitere Beschäftigung mit literarischen Texten. Die verschiedenartig ausgeprägten Formen der Konzentration auf das Ganze eines Autors bzw. seines Werks und dessen Zusammenhänge fokussieren nicht nur die Aufmerksamkeit neu (und gestatten so die Bearbeitung scheinbar defizienter oder wenig beachteter Äußerungen). Sie gewinnen auch das Prinzip einer universell konzipierten Philologie zurück. Eben darum kann Tieck am 4. Februar 1812 an seinen Lieblingsneffen Gustav Friedrich Waagen, den später bedeutsamen Kunsthistoriker, schreiben:

> Die Philologie ist überhaupt eine Wissenschaft, in der sich alles in einem herrlichen Zirkel vereinigt, und selbst das Unbedeutende wichtig wird, weil es erklärt, etwas Wichtiges erhellt, und so durch das ganze Studium Ein Leben geht. (Holtei 4, S. 161f.)

Leistungsbilanz

Die Leistungen Tiecks für die sich nach 1810 institutionell etablierenden neueren Philologien sind differenziert zu bewerten. Einerseits verdankt die universitäre Germanistik, die in der Person von Tiecks Freund Friedrich Heinrich von der Hagen ihre erste Fachprofessur erhält, Tieck wie seinen romantischen Mitstreitern jenes sich in popularisierenden Ausgaben und poetischen Bearbeitungen niederschlagende Interesse an der altdeutschen Poesie, das eine wesentliche Voraussetzung für die Professionalisierung des Umgangs mit deutschsprachiger Literatur wird. Andererseits ist der Einsatz für Texte des Mittelalters und der Frühen Neuzeit keineswegs jene innovative Leistung, als die sie durch die romantischen ›Entdecker‹ dargestellt wird. Mittelalterliche und frühneuzeitliche Dichtung – von den sog. Volksbüchern bis zur Barockliteratur – sind im Jahrzehnt von Tiecks Eintritt ins literarisch-kulturelle Feld weder unbekannt noch unbeachtet (Brinker-Gabler 1980, S. 5ff.; Paulin 1982, S. 569f.; Hölter 1989, S. 50ff.; Martin 2000). Aber um und nach 1800 gelingt es den Angehörigen der romantischen Generation, den eigenen Umgang mit diesem Material provokativ zu wenden und sich mit performativen und deshalb eindrucksvoll wirkenden Lektüren von vorangegangenen wie zeitgenössischen Lesern zu unterscheiden. Markantes Beispiel für diese Form inszenierter Philologie ist Tiecks 1803 veröffentlichte Anthologie *Minnelieder aus dem Schwäbischen Zeitalter*, deren »hinreizende vorrede« (Grimm J. 1991, S. 6) etwa Jacob Grimms Interesse für den deutschen Minnesang weckt. Wenn Jacob Grimm in seiner 1850 niedergeschriebenen Eloge auf den verehrten Begründer der historischen Schule der Rechtswissenschaft dann jedoch nicht Tiecks Anthologie, sondern die auf einen »Sommertag des Jahres 1803« datierte Entdeckung der Bodmerschen Sammlung von *Minnesingern aus dem schwäbischen Zeitpuncte* in der Bibliothek seines Marburger Lehrers Friedrich Karl von Savigny zu seinem »germanistischen Urerlebnis« (ebd., S. 115f.) stilisiert, das die Aufgabe des bisherigen Studiums der Jurisprudenz zugunsten der Beschäftigung mit altdeutscher Literatur motivieren sollte, hat er damit ein Muster ausgesprochen, das auch die Wirkungen Tiecks auf die anderen Philologien kennzeichnet. Für die Anglistik wie für die Romanistik ist Ludwig Tieck – der mit der *Don Quixote*-Übersetzung seine wohl bedeutendste Vermittlungsleistung liefert und zu altspanischer Literatur ebenso forscht wie zu Dante – eher anregender Inspirator als konzeptionell prägender Initiator oder methodisch reflektierter Sachwalter wissenschaftlicher Disziplinen geblieben, deren Entfaltung durch zunehmend spezialisierte Fachvertreter geleistet wurde. So gilt heute Jacob Grimms Edition spanischer Romanzen, 1815 unter dem Titel *Silva de romances veijos* veröffentlicht, »ohne Einschränkung als Fundament der romanischen Philologie neuer Prägung« (Baum 1999, S. 229).

Als ebenso bedeutsam und folgenreich wird das Wirken von Friedrich Diez eingeschätzt, der ähnlich wie die Grimms und Karl Lachmann auf dem Feld der Deutschen Philologie zu den professionellen Spezialisten der sich entwikkelnden universitären Romanistik gehört und deren Arbeitsfelder im Studium der altromanischen Literaturen, in der Erarbeitung von Grammatiken bzw. Wörterbüchern und in der Edition verortet (Storost 1992, S. 85). Auch wenn Tieck mit diesen Formen disziplinierter Wissensproduktion nicht mithalten kann und seine groß angelegten wissenschaftlich-gelehrten Projekte wie das *Buch über Shakespeare* oder eine Geschichte der deutschen Poesie nicht vollendet werden (Kayser 1923, S. 74; Creuzer 1972, S. 188), bleiben seine hier skizzierten Entdeckungen und Reflexionen nicht ohne inspirierende Wirkung auf die philologischen Wissenskulturen.

Literatur

Baum 1999: Baum, Richard: Die Wende in der Philologie. Die Geburt der Sprachwissenschaft aus dem Geiste der Romantik – Jacob Grimm und Friedrich Diez. In: Zur Geschichte und Problematik der Nationalphilologien in Europa. 150 Jahre Erste Germanistenversammlung in Frankfurt am Main (1846–1996), hg. von Frank Fürbeth, Pierre Krügel, Ernst E. Metzner und Olaf Müller, Tübingen 1999, S. 221–240.

Benecke 1810: Benecke, Georg Friedrich: Beyträge zur Kenntniss der Altdeutschen Sprache und Litteratur, 2 Bde., Bd. 1, Tl. 1: Minnelieder. Ergänzung der Sammlung von Minnesingern aus der Bremischen Handschrift, Göttingen 1810 (Reprint Wiesbaden 1966).

Bluhm 1999: Bluhm, Lothar: »die Wissenschaft für deutsche und nordische Alterthümer ist bei uns im Entstehen, sie bildet sich so eben«. Jacob und Wilhelm Grimm und die frühe Deutsche Philologie. In: Zur Geschichte und Problematik der Nationalphilologien in Europa. 150 Jahre Erste Germanistenversammlung in Frankfurt am Main (1846–1996), hg. von Frank Fürbeth, Pierre Krügel, Ernst E. Metzner und Olaf Müller, Tübingen 1999, S. 67–76.

Boeckh 1877: Boeckh, August: Encyklopädie und Methodologie der philologischen Wissenschaften, Leipzig 1877.

Brinker-Gabler 1980: Brinker-Gabler, Gisela: Poetisch-wissenschaftliche Mittelalter-Rezeption. Ludwig Tiecks Erneuerung altdeutscher Literatur, Stuttgart 1980.

Creuzer 1972: Creuzer, Friedrich: Briefe Friedrich Creuzers an Savigny (1799–1850), hg. von Ingeborg Schnack und Hellfried Dahlmann, Berlin 1972.

Dünninger 1957: Dünninger, Josef: Geschichte der deutschen Philologie. In: Deutsche Philologie im Aufriß, hg. von Wolfgang Stammler, 2., überarbeitete Auflage, Berlin/u.a. 1957, Bd. 1, Sp. 83–222.

Grimm J. 1991: Grimm, Jacob: Jacob und Wilhelm Grimm. Werke, hg. von Ludwig Erich Schmitt, Abt. 1, Bd. 1: Kleinere Schriften 1, hg. von Otfrid Ehrismann, Berlin ^{2}1879 (Reprint Hildesheim/u.a.).

Grimm W. 1881: Grimm, Wilhelm: [Rezension] Der Nibelungen Lied, herausgegeben durch Friedrich Heinrich von der Hagen [1809]. In: ders.: Kleinere Schriften, hg. von Gustav Hinrichs, Bd. 1, Berlin 1881, S. 61–91.

Haym 1870: Haym, Rudolf: Die Romantische Schule. Ein Beitrag zur Geschichte des deutschen Geistes, Berlin 1870 (Reprint Darmstadt 1977).

Heine 1961: Heine, Heinrich: Werke und Briefe, hg. von Hans Kaufmann, Bd. 5: Die romantische Schule, Berlin (Ost) 1961.
Hölter 1989: Hölter, Achim: Ludwig Tieck. Literaturgeschichte als Poesie, Heidelberg 1989.
Hunger 1987: Hunger, Ulrich: Romantische Germanistik und Textphilologie. Konzepte zur Erforschung mittelalterlicher Literatur zu Beginn des 19. Jahrhunderts. In: Deutsche Vierteljahrsschrift für Literaturwissenschaft und Geistesgeschichte 61 (1987), Sonderheft, S. 42–68.
Hunger 1991: Hunger, Ulrich: Altdeutsche Studien als Sammeltätigkeit. In: Wissenschaft und Nation. Studien zur Entstehungsgeschichte der deutschen Literaturwissenschaft, hg. von Jürgen Fohrmann und Wilhelm Voßkamp, München 1991, S. 89–98.
Hunger 1994: Hunger, Ulrich: Die altdeutsche Literatur und das Verlangen nach Wissenschaft. Schöpfungsakt und Fortschrittsglaube in der Frühgermanistik. In: Wissenschaftsgeschichte der Germanistik im 19. Jahrhundert, hg. von Jürgen Fohrmann und Wilhelm Voßkamp, Stuttgart/Weimar 1994, S. 236–263.
Hunger 1995: Hunger, Ulrich: Gründung oder Prozeß. Die Entwicklung der wissenschaftlichen Germanistik, ein Werk Jacob Grimms? In: Jahrbuch der Brüder Grimm-Gesellschaft 5 (1995), S. 153–176.
Kayser 1923: Kayser, Karl Philipp: Aus gärender Zeit. Tagebuchblätter des Heidelberger Professors Karl Philipp Kayser aus den Jahren 1793 bis 1827, hg. von F. Schneider, Karlsruhe 1923.
Kolk 1994: Kolk, Rainer: Liebhaber, Gelehrte, Experten. Das Sozialsystem der Germanistik bis zum Beginn des 20. Jahrhunderts. In: Wissenschaftsgeschichte der Germanistik im 19. Jahrhundert, hg. von Jürgen Fohrmann und Wilhelm Voßkamp, Stuttgart/Weimar 1994, S. 48–114.
Krohn 1994: Krohn, Rüdiger: »... daß Alles Allen verständlich sey ...«. Die Altgermanistik des 19. Jahrhunderts und ihre Wege in die Öffentlichkeit. In: Wissenschaftsgeschichte der Germanistik im 19. Jahrhundert, hg. von Jürgen Fohrmann und Wilhelm Voßkamp, Stuttgart/Weimar 1994, S. 264–333.
Markert 2000: Markert, Heidrun: »Wenn zwei sich streiten ...«. Ein Brief zum Problem um den Lenz-Nachlaß. Lenz an Kraukling zur Mitteilung an Tieck. In: Zeitschrift für Germanistik N. F. 10 (2000), S. 369–378.
Martin 2000: Martin, Dieter: Barock um 1800. Bearbeitung und Aneignung deutscher Literatur des 17. Jahrhunderts von 1770 bis 1830, Frankfurt a. M. 2000.
Martus 2004: Martus, Steffen: Romantische Aufmerksamkeit. Sinn und Unsinn der Philologie bei Ludwig Tieck. In: »lasst uns, da es uns vergönnt ist, vernünftig seyn! –« Ludwig Tieck (1773–1853), hg. vom Institut für deutsche Literatur der Humboldt-Universität zu Berlin, unter Mitarbeit von Heidrun Markert, Berlin/u. a. 2004, S. 199–224.
Martus 2007: Martus, Steffen: Werkpolitik. Zur Literaturgeschichte kritischer Kommunikation vom 17. bis ins 20. Jahrhundert. Mit Studien zu Klopstock, Tieck, Goethe und George, Berlin/New York 2007.
Meves 1979: Meves, Uwe: Zu Ludwig Tiecks poetologischem Konzept bei der Erneuerung mittelhochdeutscher Dichtung. In: Mittelalter-Rezeption I. Gesammelte Vorträge des Salzburger Symposions ›Die Rezeption mittelalterlicher Dichter und ihrer Werke in Literatur, Bildender Kunst und Musik des 19. und 20. Jahrhunderts‹, hg. von Jürgen Kühnel, Hans-Dieter Mück und Ulrich Müller, Göppingen 1979, S. 107–126.
Papp 1989: Papp, Edgar: Jacob und Wilhelm Grimm und die Erforschung der mittelalterlichen Literatur. In: Jacob und Wilhelm Grimm. Fachwissenschaftliche und fachdidaktische Beiträge zur Werk- und Wirkungsgeschichte, hg. von Wilfried Kürschner und Edgar Papp, Cloppenburg 1989, S. 161–182.
Paulin 1982: Paulin, Roger: Tieck's *Deutsches Theater* (1817) and its Significance. In: From Wolfram and Petrarch to Goethe and Grass. Studies in Literature in Honour of Leonard Forster, hg. von D. H. Green, L. P. Johnson und D. Wuttke, Baden-Baden 1982, S. 569–577.
Paulin 1987: Paulin, Roger: Ludwig Tieck, Stuttgart 1987.

Paulin 1988: Paulin, Roger: Ludwig Tieck. Eine literarische Biographie, München 1988.
Ribbat 1975: Ribbat, Ernst: Einleitung. Romantische Wirkungsästhetik. In: Ludwig Tieck. Ausgewählte kritische Schriften, hg. von E. R., Tübingen 1975, S. VII–XXI.
Scherer 1921: Scherer, Wilhelm: Jacob Grimm. Neudruck der 2. Aufl. mit Beigaben aus der ersten Auflage und Scherers Rede auf Jacob Grimm, besorgt von Sigrid von der Schulenburg, Berlin 1921.
Schlegel 1958: Schlegel, Friedrich: Vorlesungen über die Geschichte der europäischen Literatur. In: Kritische Friedrich-Schlegel-Ausgabe, 2. Abt., Bd. 11: Wissenschaft der europäischen Literatur. Vorlesungen, Aufsätze und Fragmente aus der Zeit von 1795 bis 1804, hg. von Ernst Behler, München/u. a. 1958.
Schneider 1913: Schneider, Franz: Geschichte der Universität Heidelberg im ersten Jahrzehnt nach der Reorganisation durch Karl Friedrich (1803–1813), Heidelberg 1913.
Storost 1992: Storost, Jürgen: Zu den Anfängen der Institutionalisierung von Germanistik und Neuphilologie (Romanistik) im Verein deutscher Philologen und Schulmänner. In Zeitschrift für Germanistik N. F. 2 (1992), S. 75–89.
Uerlings 1997: Uerlings, Herbert: Tiecks Novalis-Edition. In: Ludwig Tieck. Literaturprogramm und Lebensinszenierung im Kontext seiner Zeit, hg. von Walter Schmitz, Tübingen 1997, S. 135–159.
Wägenbaur 2000: Wägenbaur, Birgit: Georg Friedrich Benecke (1762–1844). In: Wissenschaftsgeschichte der Germanistik in Porträts, hg. von Christoph König, Hans Harald Müller und Werner Röcke, Berlin/New York 2000, S. 1–10.
Weimar 1989: Weimar, Klaus: Geschichte der deutschen Literaturwissenschaft bis zum Ende des 19. Jahrhunderts, München 1989.
Wolf 1839: Wolf, Friedrich August: Vorlesungen über die Alterthumswissenschaft, hg. von J. D. Gürtler und S. F. W. Hoffmann, Bd. 1: Vorlesung über die Encyclopädie der Alterthumswissenschaft [1798], hg. von J. D. Gürtler, Leipzig 1839.
Wyss 1988a: Wyss, Ulrich: Johann Andreas Schmellers und Jacob Grimms Literaturauffassung. In: Johann Andreas Schmeller und der Beginn der Germanistik, hg. von Ludwig M. Eichinger und Bernd Naumann, München 1988, S. 11–33.
Wyss 1988b: Wyss, Ulrich: Der Schlaf der Geschichte. Über Jacob Grimms Hermeneutik. In: Die Grimms, die Germanistik und die Gegenwart, hg. von Volker Mertens, Wien 1988, S. 49–63.
Wyss 1991: Wyss, Ulrich: Der doppelte Ursprung der Literaturwissenschaft nach 1800. In: Wissenschaft und Nation. Studien zur Entstehungsgeschichte der deutschen Literaturwissenschaft, hg. von Jürgen Fohrmann und Wilhelm Voßkamp, München 1991, S. 73–88.
Zarncke 1864: Zarncke, Friedrich: Rede zum Gedächtnis von Jacob Grimm und zur Eröffnung der germanistischen Section. In: Verhandlungen der zweiundzwanzigsten Versammlung deutscher Philologen und Schulmänner in Meißen vom 30. September bis 2. October 1863, Leipzig 1864, S. 62–66.
Zybura 1994: Zybura, Marek: Ludwig Tieck als Übersetzer und Herausgeber. Zur frühromantischen Idee einer »deutschen Weltliteratur«, Heidelberg 1994.

Tieck in der Literaturgeschichtsschreibung des 19. Jahrhunderts

Gerhard Kaiser

»Die Literaturgeschichte ist die große Morgue, wo jeder seine Toten aufsucht, die er liebt oder womit er verwandt ist« (Heine 1996, S. 372f.). So lakonisch wie sentenziös bringt Heinrich Heine in seiner häretischen Literaturgeschichtserzählung über *Die Romantische Schule* die Aspekte der ästhetischen Sympathie und des subjektiven Interesses auf den Punkt, die die rückwärtsgewandte Optik einer jeden Literaturgeschichtsschreibung immer schon leiten. Und doch gibt er hier gewissermaßen nur die halbe Wahrheit preis. Wie ein Blick auf die Spuren zeigt, die der 1853 verstorbene Ludwig Tieck in der Literaturgeschichtsschreibung des 19. Jahrhunderts hinterlassen hat (gerade in derjenigen von Heine selbst zu verantwortenden), ist es nicht nur die sympathetische Suche nach den Geliebten unter den Toten, sondern auch der selbstvergewissernde Blick auf die (noch) Lebenden und vor allem auf die (bisweilen) Ungeliebten unter den Toten wie unter den Lebenden, der dem im 19. Jahrhundert sich etablierenden Genre der nationalen Literaturgeschichtsschreibung ihre spezifisch ›doppelte Optik‹ verleiht.

Die ›doppelte Optik‹ der Literaturgeschichtsschreibung

Insofern literaturhistoriographische Diskurse immer auch auf Auswahlentscheidungen beruhen, die ihrerseits wiederum an Bezeichnungs- und Bedeutungsentscheidungen gekoppelt sind, ist die Literaturgeschichtsschreibung prinzipiell eine zweigeteilte und zweiteilende Form des Erzählens. Schon ihr Einsatzpunkt ist notwendigerweise dichotomisch angelegt. Denn wie letztlich jede Geschichtsschreibung übt auch die Literaturgeschichte bei der Überführung der *res gestae* in die *historiae rerum gestarum* Selektionsmacht aus: Da sie weder *alles* erzählen kann noch will, selektiert sie diejenigen ›Sachverhalte‹, die sie – aus welchen Gründen auch immer – für erzählenswert erachtet. Eben durch diese Auswahlprozesse wird Literaturgeschichte erst konstruiert und konstituiert. Die Selektion übt insofern eine dichotome Wirkung aus: Durch sie wird bestimmt, was im Dunkel des Ungeschriebenen – oder, insofern die Literaturgeschichtsschreibung betroffen ist: im Dunkel des Nicht-Mehr-Weiter-Beschriebenen, des Vergessens – bleibt oder zumindest bleiben soll. Dieser Grundzug des Unterteilens in etwas, das des Erzählens wert ist, und in etwas, das nicht erzählt wird, reproduziert sich dann auf der Ebene des tatsächlich Erzählten, indem auch das Erzählte noch einmal durch Wertungsentscheidungen strukturiert und gewichtet wird. Bereits in der ersten Hälfte des 19. Jahrhunderts ist die Literaturgeschichtsschreibung in diesem Sinne ein Genre mit ›doppelter Optik‹ (vgl. Fohrmann 1989, S. 110f.; Fohrmann 1994, S. 588). Zentriert um die entelechieförmige Leit- und Zielvorstellung des Zu-Sich-Selbst-Kommens der deutschen Nation operiert es in Freund-Feind-Kategorien, indem es zwischen einer ›guten‹ deutschen und einer ›schlechten‹ deutschen Literaturgeschichte (die dann nicht mehr als eigentlich deutsch angesehen werden sollte) unterscheidet. Daß solche Alienisierungs- und Nostrifizierungsstrategien *per se* immer äußerst durchlässig sind für die jeweiligen narrativen Strukturen der Inklusion und der Exklusion des allgemeinen Diskurses, liegt auf der Hand und gilt auch für den literaturhistoriographischen Umgang mit Tieck.

Tieck als literaturhistoriographischer Akteur

Auch wenn er, anders etwa als Heine oder Eichendorff, keine eigene Literaturgeschichte im strengeren Sinne vorgelegt hat, war Tieck nicht nur ein literarisch, sondern auch ein literar*historiographisch* äußerst reger Akteur: Für die Kontur von Tiecks Werkpolitik ist die in die eigenen poetischen Texte eingeschriebene Beobachtung konkurrierender literarischer Akteure (etwa spätaufklärerischer Haltungen in *Der gestiefelte Kater*) ebenso konstitutiv wie eine Literatur(geschichte) vermittelnde Inszenierung älterer und zeitgenössischer Autoren, die wiederum dem eigenen Werk einen spezifischen Traditionsrahmen verleiht (Martus 2007, S. 371–444; Kaiser 2010, S. 36–42). Damit sind hier sowohl Tiecks Verdienste für die Übersetzung und Präsentation älterer englischer, spanischer und altdeutscher Texte (u. a. Cervantes, Shakespeare, *Minnelieder aus dem schwäbischen Zeitalter*, siehe den Beitrag *Tieck als Übersetzer* in Kap. 3) gemeint als auch seine Funktion als Herausgeber, Vermittler und biographischer Kommentator der Schriften etwa von Novalis, Maler Müller, Heinrich von Kleist oder J. M. R. Lenz (Zybura 1994, S. 147–193; siehe den Beitrag *Der Philologe* in Kap. 3). »Keiner von allen neueren Autoren verdiente so wie dieser eine vollständige neue Ausgabe aller seiner Schriften«, schreibt Tieck über Kleist in einem Brief an G. A. Reimer 1817 (zit. nach

Matenko 1967, S. 69), obwohl er bei »Kleist den Menschen und sein Leben ablehn[t]« (Paulin 2000, S. 340). Schlaglichtartig zeigt sich hier jene werkpolitische und zugleich literaturhistoriographisch vermittelnde Zuwendung Tiecks zu ›zeitgenössischen‹ Autoren, die – wie prekär von heutigen wissenschaftlichen Standards aus gesehen auch das dabei zugrundegelegte philologisch-editorische Ethos jeweils gewesen sein mag – die herausgegebenen und dergestalt herausgehobenen Autoren im literaturhistoriographischen Gespräch hält, indem sie der Literaturgeschichtsschreibung über das späte 18. und das frühe 19. Jahrhundert wichtige Materialgrundlagen bereitstellt.

Häretische Literaturhistoriographien am lebenden ›Objekt‹: Literaturgeschichtliche Darstellungen über Tieck bis in die 1840er Jahre und ihre Folgen

Daß der noch Ende des 20. Jahrhunderts als ›vergessenes Genie‹ (Rath 1996) apostrophierte Tieck die erste literaturhistoriographische Schwelle (jene eines kontinuierlichen literaturgeschichtlichen Beschrieben-Werdens, die vor dem Vergessen bewahrt) zu seinen Lebzeiten wie auch in der zweiten Hälfte des 19. Jahrhunderts ungeachtet der mißlichen Editionslage seiner Schriften erfolgreich passiert hat, steht außer Zweifel. Bereits zwei Jahre nach seinem Tod erscheint eine erste Biographie, die – wenn auch mit eingeschränktem Erfolg (Paulin 2004, S. 16) – das Ziel verfolgt, Tieck »in der deutschen Geisterwelt auf seiner hervorragenden Stelle anzuerkennen« (Köpke 1, S. 25). Darüber hinaus scheint zumindest in einem der zentralen literaturhistoriographischen Erinnerungs- und Proliferationsmedien dieses Jahrhunderts wie der Literaturgeschichte die Erwähnung Tiecks unumgänglich gewesen zu sein. In mehr als hundert zwischen 1800 und 1900 erschienenen deutschsprachigen Literaturgeschichten wird Tieck zumindest angeführt, und weit mehr als die Hälfte der Historiographen widmet dem Schaffen Tiecks ausführlichere Passagen (Klett 1989, S. 15). Der Schriftsteller gilt angesichts der Vielgestaltigkeit, des Formenreichtums und seiner bis zum Beginn der 1840er Jahre anhaltenden literarischen Produktivität im Positiven wie im Negativen als »Kollektiv-Repräsentant sämmtlicher romantischer Produktionsformen« (Hillebrand 1846, S. 292). Jenseits dieser durch die ›Sachlage‹ gleichsam gegebenen Unvermeidlichkeit des literaturhistoriographischen Konsenses greifen dann die literaturpolitisch, religions-, wissenschafts- und politikgeschichtlich unterfütterten narrativen Variationen jener ›doppelten Optik‹, die eingangs umrissen wurde. Die Argumentationsstrukturen dieser Variationen sollen im folgenden exemplarisch aufgezeigt werden.

Zu Lebzeiten und im Zuge der für die Literaturgeschichtsschreibung des 19. Jahrhunderts strukturprägenden Aufspaltung der deutschen Literaturgeschichte in eine ›richtige‹ und eine ›falsche‹ Tradition wird Tieck (bzw. sein literarisches Schaffen als literaturhistoriographisch zugerichtetes Betrachtungsobjekt) zweimal zu einem beispielgebenden Bestandteil einer Literaturgeschichtsschreibung im Zeichen der Häresie.

Erstens: Im Rahmen der häretischen Selbstgenealogisierungen einer romantischen Literaturgeschichtsschreibung, die mit dem zu brechen beansprucht, was sie für die anthropologischen wie ästhetischen Verfehlungen einer aufgeklärten Ideen- und Geschmacks-Orthodoxie hält, fällt Tieck in den ersten beiden Dekaden des Jahrhunderts die Rolle des poetischen Mitinitiators einer für die nationale Entelechie bedeutsamen, kulturellen ›Neu‹besinnung zu. Grundlage der romantischen Selbstverortung als Distinktion ist das geschichtsphilosophische wie kunsthistorische Narrativ von den in der Moderne, d. h. hier seit dem christlich-lateinischen Mittelalter verloren gegangenen anthropologischen und ästhetischen Einheitsvorstellungen der Antike. Dieser allen modernen Nationen gemeinsamen Verlustgeschichte zufolge kann die Antike (bzw. das, was man ihr zuschreibt) auch nicht mehr als Vorbild und Maßstab einer den modernen Verhältnissen angemessenen Kunst dienen. In seiner *Geschichte der europäischen Literatur* (1803/04) skizziert Friedrich Schlegel die Entwicklungsgeschichten der neueren Literaturen, die dann, so wird in Aussicht gestellt, schließlich in der romantischen Literatur Deutschlands kulminieren und ihren synthetisierenden Höhepunkt erreichen sollen:

> Die neuere Literatur beginnt [...] mit der christlich-lateinischen; dann folgt die altfranzösische, die Quelle der italienischen und spanisch-portugiesischen, die nordische als Mittelquelle aller dieser Literaturen, die englische und endlich die deutsche, die alle diese Literaturen umfaßt, sie alle verschlungen hat; die einzige, die noch in freiester lebendiger Kraft fortblüht und von der allein eine bedeutende fruchtbare Epoche zu erwarten ist. (Schlegel 1958, S. 201)

Auch in A. W. Schlegels *Geschichte der romantischen Literatur* (1803/04) erscheint »Deutschland als der Orient Europa's«, als jene Region, »von welcher die Regenerationen des Menschengeschlechts ausgehen« (Schlegel 1884, S. 204). Bezugspunkt dieser literarischen *renovatio* kann eben nicht mehr die Antike sein (wer solcherlei behaupte, stehe – wie die aufklärerische Poetik im Gefolge Gottscheds – in der ›falschen‹ Tradition der Literaturgeschichte), sondern die nationale »Naturpoesie der Ritterzeiten«, die sogenannte Volkspoesie, in der sich der »Riesengeist eines fernen Heldenzeitalters noch rege[]« (Schlegel 1913, S. 208). Für A. W. Schlegel ist Tieck nun jener hellsichtige Poet und Literaturhistoriker, der diesen ›neuen‹, ›richtigen‹, aus dem Mittelalter in die Gegenwart hinüberreichenden Traditionsstrang als einer der ersten erkannt und aufgenommen habe, indem er mit seiner »Auswahl aus den Minnesingern [gemeint sind die *Minnelieder aus dem schwäbischen Zeitalter*; G. K.] einen geistreichen Überblick des Ganzen der Romantischen Poesie« und »fruchtbare[] Winke« (Schlegel 1884, S. II) gegeben habe. Als poetischen Meister der Regeneration, der an die Stelle der überkommenen Nachahmung antiker Standards die neuen Energien in die Phantasie setzt, sieht auch Friedrich Schlegel Tieck, wenn er versichert, daß er unter den zeitgenössischen Dichtern keinen zu nennen wisse, »der um die Wiederentdeckung der Fantasie in Deutschland ein so großes und allgemeines Verdienst hätte, als Tieck; der all ihre Tiefen und auch ihre Verirrungen so vollkommen kennt, und ihrer wundervollen Erscheinungen und Geheimnisse so ganz Meister ist« (Schlegel 1815, S. 331). An das bei den Brüdern Schlegel bereits angelegte Argumentationsmuster, demzufolge Tieck als poetischer und literaturhistorischer Seismograph wie auch als Vorbereiter einer aufklärungskritischen, nationalen Rückbesinnung erscheint, knüpfen die patriotisch bewegten Literaturgeschichten der beiden folgenden Jahrzehnte an, die im Zeichen der politischen und militärischen Auseinandersetzungen mit Frankreich stehen. Allerdings kupieren sie das nationalkulturelle Rückbesinnungs- und Hegemoniemodell der Schlegels um dessen universalistisches Eingemeindungsangebot und ersetzen es durch eine nationalistisch und zum Teil religiös verengte Semantik, mit der ausländische (in Sonderheit französische) Einflüsse ausgegrenzt werden. Bei A. W. Schlegel heißt es noch:

> [Das Deutsche] ist auf nichts geringeres angelegt, als die Vorzüge der verschiedenen Nationalitäten zu vereinigen, sich in alle hinein zu denken und hinein zu fühlen, und so einen kosmopolitischen Mittelpunkt für den menschlichen Geist zu stiften. Universalität, Kosmopolitismus ist die wahre Deutsche Eigenthümlichkeit. (Schlegel 1884, S. 203)

Von einem solchen Kosmopolitismus ist in den Literaturgeschichten eines Ludwig Wachler oder eines Wolfgang Menzel dann die Rede nicht mehr. Neben den Werken Tiecks, »des vielumfassenden Kenners der teutschen Romantik, mit allen ihren Wundern und Geheimnissen«, so Wachler in seinen 1819 erstmals veröffentlichten *Vorlesungen über die Geschichte der teutschen Nationallitteratur*, vermag »der wüßte Kram fader Ausländerey und glatter Süßeley in allerley Liebe und Albernheit, kaum noch zu bestehen« (Wachler 1834, S. 305). Menzel, der Tieck – »diesem nationellsten unsrer Dichter« (Menzel 1836, S. 139) – immerhin mit fast zwanzig Seiten seiner *Deutschen Literatur* mehr Aufmerksamkeit als jedem anderen romantischen Schriftsteller einräumt, kommt zu dem emphatischen Schluß:

> Unsere Poesie hat durch Tieck eine neue Basis gewonnen. Früher basirend auf die antiken Muster und auslaufend in Idealismus und Universalismus, hat sie seit

Tieck wieder in der ureigenen deutschen Eigenthümlichkeit Wurzel geschlagen, um früher oder später eine Blüthenkrone echt nationaler Schöpfungen zu tragen. (Ebd., S. 139f.)

›Unterhalb‹ dieses relativ stabilen *emplotments*, das die grundlegende literaturhistoriographische Erzählstruktur prägt, etablieren sich in den ersten drei Jahrzehnten weitere Erzählbausteine, die in der Literaturgeschichtsschreibung des 19. Jahrhunderts (und darüber hinaus) immer wieder auftauchen, wenn es um Tieck geht: einerseits das Lob des »ausgezeichnete[n] Humoriste[n]« (Heinsius 1835, S. V) und phantasievollen Satirikers der frühen Lustspiele (*Der gestiefelte Kater*, 1797; *Prinz Zerbino*, 1798); darüber hinaus der Vergleich mit den eher theorielastigen und unpoetischen Brüdern Schlegel, in dem Tieck vor allem angesichts seiner Großdramen *Leben und Tod der heiligen Genoveva* (1800), *Kaiser Octavianus* (1804) und *Fortunat* (1816) als der »geborene Dichter« (Koberstein 1866, S. 2430) erscheint; sowie der Vergleich mit den Dioskuren der Weimarer Klassik, in dem Tieck – jedenfalls in diesem Zeitraum – als ebenbürtiger, bisweilen gar als überlegener, weil die antikisierende Klassik Goethes und Schillers überwindender Autor rangiert (Menzel 1836, S. 139). Andererseits etabliert sich die Kritik an der Epigonalität und (in der Tradition Goethes) an der Manieriertheit des Romans *Franz Sternbalds Wanderungen* (1798) – »auch die schönsten papiernen Blumen duften nicht« (Horn 1819, S. 116) – sowie die Kritik an der Unaufführbarkeit von Tiecks Lesedramen; schließlich an einer hochtourigen Arbeitsweise, der es oftmals an »Besonnenheit und Gründlichkeit im Entwerfen« und an »ausdauernder Gewissenhaftigkeit und Sorgfalt im Ausführen seiner Werke« fehle (Koberstein 1866, S. 2426). Vor allem dieser letztgenannte Aspekt, bei Koberstein eher eine Marginalie, wird zu einem zählebigen Topos, der innerhalb der literaturgeschichtlichen Tieck-Wertung bis weit ins 20. Jahrhundert hinein eine gewichtige Rolle spielen wird.

Als literaturhistoriographische ›Schaltstelle‹ zwischen den Jahrhunderten fungiert in diesem Zusammenhang die 1870 erschienene Literaturgeschichte *Die romantische Schule* von Rudolf Haym, in der Tieck als charakterloser, undisziplinierter und zur echten Formgebung unfähiger Vielschreiber gezeichnet wird. Tiecks literarische Bildung, so Hayms mit dem positivistischen Besteck der biographischen Ursachenforschung operierende Argumentation, sei das Resultat zweier fataler Fehlentwicklungen: Zum einen habe er als Heranwachsender zu viel und wahllos gelesen, zum anderen habe ihn seine Tätigkeit in der »Literaturfabrik« seines Lehrers Friedrich Eberhard Rambach für das Amt des echten Dichters unbrauchbar gemacht:

> Eine größere Versündigung an dem Talente, eine schmählichere Corruption des jugendlichen Geistes läßt sich wohl nicht denken. [...] In wahrhaft frevelhafter Weise wurde der achtzehnjährige Primaner um seine literarische Unschuld gebracht, wur-

de er um das Gefühl der Würde des schriftstellerischen Berufes und der Heiligkeit der ersten Regungen des poetischen Genius betrogen. (Haym 1870, S. 29)

In Hayms resonanzträchtiger Erzählung ist jenes bildungsbürgerlich imprägnierte, asymmetrische Gegenbegriffspaar ›Dichtung‹ vs. ›Literatur‹ bereits angelegt, das die literaturwissenschaftlichen (Ab-)Wertungen Tiecks dann bis in die 1960er Jahre hinein prägen sollte (Kaiser 2006, S. 235ff.). Es überrascht deshalb auch kaum, daß Hayms Verdikt über Tieck als trivialem Vielschreiber über Friedrich Gundolf bis hin zu Emil Staiger bruchlos ins 20. Jahrhundert weitergereicht werden kann (siehe den Beitrag *Die Tieck-Forschung des 20. und beginnenden 21. Jahrhunderts* in Kap. 5). Die Geschichte dieses stabilen negativen Topos leitet über zum zweiten Strang innerhalb des literaturhistoriographischen Umgangs mit Tieck.

Zweitens: Jener Strang innerhalb der Literaturgeschichtsschreibung, in dem Tieck – zumindest im Grundsätzlichen – als ein Vertreter der ›richtigen‹ deutschen Literaturtradition firmiert, setzt sich zwar in der romantisch-patriotischen Literaturgeschichtsschreibung, die sein Werk vorrangig nach innerliterarischen oder religiösen Gesichtspunkten oder nach dem Kriterium der Nationalrepräsentativität bewertet, in den folgenden Jahrzehnten und über seinen Tod hinaus bis hin zu Eichendorffs 1857 erschienener *Geschichte der poetischen Literatur Deutschlands* fort. Noch Eichendorff attestiert ihm »bewundernswerte[] Gewandtheit«, die »Pracht eines glänzenden Talents« und goutiert die »durchaus katholische Weltanschauung« (Eichendorff 1906, S. 370, 372), die er in Tiecks *Genoveva* verwirklicht sieht. Doch auch im Blick auf die Schriftstellergeneration der einstigen (frühromantischen) Häretiker scheint sich jene ›Regel‹ des literarischen Feldes zu bestätigen, derzufolge alle Häresien ihr Verfallsdatum haben. Schon in seiner 1827 erschienenen, Tieck durchaus noch gewogenen Darstellung *Das vergangene Jahrzehend der deutschen Literatur: Eine Betrachtung* etikettiert Hans Ferdinand Massmann die Repräsentanten der Romantik als eine »lebendig-gestorbene Classe« von Dichtern (Massmann 1827, S. 111). Tieck hingegen schreibt: So »werde ich alsdann auch stolz genug sein, zu sagen, ich habe Feinde« (NS 2, S. 62).

Daß dieser Stolz berechtigt ist, zeigt sich, wenn der mittlerweile etablierte und an seinen späten Novellen arbeitende Autor Mitte der 1830er Jahre zum zweiten Mal im Laufe seiner Rezeptionsgeschichte zum ›Gegenstand‹ einer häretischen Literaturhistoriographie wird. Erneut als Repräsentant der Romantik wird Tieck nun zum ›Objekt‹ und zum Akteur in einer literaturpolitischen Auseinandersetzung um die kulturelle Definitionshegemonie mit den Akteuren des ›Jungen Deutschland‹, die den Dresdner Hofrat und Novellendichter einer überkommenen Orthodoxie zuordnen und ihn zum Repräsentanten einer ›falschen‹ Literaturtradition stempeln (Sammons 2000, S. 343f.; siehe die Beiträge *Tiecks Epochalität* in Kap. 1 und *Religion* in Kap. 2). Ausgehend von anti-›jungdeutsch‹ lesbaren (und wohl auch so gemeinten) Passagen in Tiecks Novellen *Das alte Buch und die Reise in's Blaue hinein* und *Der Wassermensch* – beide 1834, ein Jahr später folgt dann *Eigensinn und Laune* (DKV 11, Kommentar, S. 1273–1336, 1342–1378) –, findet diese Auseinandersetzung zwischen den literarischen Generationen einen ebenso regen wie nachhaltigen literaturhistoriographischen Niederschlag: rege, weil die literaturgeschichtsschreibende Selbstbeobachtungs- und Selbstdarstellungsemsigkeit der Heines, Gutzkows, Wienbargs, Mundts und Laubes derjenigen der Romantiker durchaus ebenbürtig ist; nachhaltig, weil einige der Erzählbausteine aus dem Repertoire der an Hegels Romantikschelte geschulten jungdeutschen Tieck-Kritik, in der ästhetische, politische, ethische und stilistische Aspekte amalgamieren, auch jenseits dieser Auseinandersetzung zu relativ stabilen und konstanten literaturhistoriographischen Elementen in der Beschreibung und Wertung Tiecks werden (siehe den Beitrag *Das Junge Deutschland* in Kap. 1). Vor allem die folgenden drei Aspekte sind literaturhistoriographisch relevant und sollen hier deshalb exemplarisch skizziert werden:

a) der Vorwurf der ästhetisch-politischen Orthodoxie und Überlebtheit – »Tieck hat keinen Begriff von der Gährung in der modernen Literatur«, so Karl Gutzkow (zit. nach Demetz 1974, S. 176). Er kritisiert damit Tiecks angeblich unzeitgemäße, weil unpolitische und weltabgewandte Poetologie, die am Gedanken der Kunstautonomie festhält. Allegorischer und seine Erzählung mit den Gegenbegriffen ›alt/jung‹ und ›Nacht/Morgen‹ strukturierend, gestaltet Ludolf Wienbarg diesen Vorwurf in seiner Schrift *Zur neuesten Literatur*:

> Tieck ist einer der letzten Gäste auf dem Maskenball der Poesie. Die schimmernde Mitternacht ist vorüber, die Gäste haben sich davon geschlichen, die Kerzen sind herabgebrannt und fangen an zu stinken – der graue Tag sieht in die Fenster – Tieck fröstelt, er ist alt und flitterhaft leicht bekleidet, und die Morgenluft zieht ihm kalt, scharf, schnöde an die Gebeine, und er murmelt Verwünschungen gegen den jungen Tag, die von Lippe zu Lippe gehen, bis herab zu den Lampenputzern im Tieckschen Salon, die alle brodlos werden, wenn die Nachwächter von der Gasse abziehen. (Wienbarg 1838, S. 138f.)

Vor dem Hintergrund des eigenen, ›neuen‹ operativen Literaturverständnisses stilisiert Gutzkow Tiecks Festhalten an einer selbstzweckhaften Kunstautonomie zu einer »Romantik der Faulheit: Tieck hat in seinem ganzen Leben nichts Ernstliches gewollt oder gethan; seine Poesie war zweckloses Treiben, Literaturgeschichtskrämerei« (Gutzkow 1836, S. 326). Dieser Vorwurf einer ästhetizistischen Selbstgenügsamkeit wird auch jenseits des ›jungdeutschen‹ Lagers zu einem perennierenden Element der literaturhistoriographischen Tieck-Kritik. Auch Gervinus etwa, in dessen Literaturgeschichte die Romantik vor allem als ein Hindernis auf dem geforderten Weg von der Kunst zur Politik erscheint, moniert, daß es in Tiecks Texten »kein[en] Verkehr mit Menschen unseres

Fleisches und Blutes« gebe und zeigt sich enerviert ob der »poetische[n] Ascetik und Möncherei« (Gervinus 1844, S. 657f.) in *Franz Sternbalds Wanderungen*. Wilhelm Scherer spricht abschätzig vom »Reimgeklingel« (Scherer 1885, S. 647) Tiecks. Und noch der Naturalist Julius Hart reibt sich 1896 am »wirklichkeitsflüchtigen Ästheticismus und [...] Formalismus« des Autors (Hart 1896, S. 820).

b) der Vorwurf der (ästhetischen und religiösen) Inauthentizität – Heinrich Heine, der Tieck immerhin mehr als zehn Seiten seiner *Romantischen Schule* einräumt, schätzt zwar scheinbar die poetische Polemik in Tiecks satirischen Dramen und attestiert ihm darüber hinaus, »der beste Novellist in Deutschland« (Heine 1996, S. 425) zu sein, gleichwohl bleibt sein Lob vergiftet. Er unterteilt das Werk Tiecks in drei Schaffensphasen, die er bezeichnender Weise als »Manieren« etikettiert, und kommt zu dem Schluß:

> Wenigstens in allem was er schrieb, offenbart sich keine Selbständigkeit. Seine erste Manier [die Phase vor der Begegnung mit den Brüdern Schlegel; G. K.] zeigt ihn als gar nichts; seine zweite Manier zeigt ihn als einen getreuen Schildknappen der Schlegel; seine dritte Manier [die Altersnovellen; G. K.] zeigt ihn als einen Nachahmer Goethes. (Ebd., S. 428)

Zunächst kleidet Heine den Vorwurf der Inauthentizität mit Blick auf Tiecks »zweite Manier« noch in das Gewand einer lediglich persönlichen Vorliebe: »Aber, ehrlich gestanden, ich liebe sie [die »den gleichnamigen Volksbüchern« nachgebildeten Dramen »Der Kaiser Oktavian«, »Die heilige Genofeva«, »Fortunat«; G. K.] mehr in der alten naiven treuherzigen Form« (ebd., S. 426). Die hier bereits insinuierte, sentimentalische Volatilität und Unstetigkeit von Tiecks ästhetischen Ausrichtungen bringt Heine schließlich ohne jede Bemäntelung (und ohne Rücksichten auf sachliche Gegründetheit) zum Ausdruck, wenn er Tiecks Übergang von der »zweiten« zur »dritten Manier« skizziert:

> Eine merkwürdige Veränderung begibt sich aber jetzt mit Herren Tieck [...] Der ehemalige Enthusiast, welcher einst, aus schwärmerischem Eifer, sich in den Schoß der katholischen Kirche begeben, welcher Aufklärung und Protestantismus so gewaltig bekämpft, [...] dieser trat jetzt auf als Gegner der Schwärmerei, als Darsteller des modernsten Bürgerlebens, als Künstler, der in der Kunst das klarste Selbstbewußtsein verlangte, kurz als ein vernünftiger Mann. (Ebd., S. 427)

Abschließend schaltet Heine Tiecks Wende mit dem, was für ihn die philisterhafte Geisteshaltung der Metternich'schen Restauration ausmacht, semantisch parallel: »[D]er Tiecksche Verstand ist ein honetter, nüchterner Spießbürger, der dem Nützlichkeitssystem huldigt und nichts von Schwärmerei wissen will« (ebd., S. 428). Orientierungslose Velleität vor allem im Religiösen diagnostiziert auch Theodor Mundt bei Tieck, wenn er die »Art von Kunstpietismus«, der *Franz Sternbalds Wanderungen* präge, als »sehnsüchtige Andächtelei« disqualifiziert und zugleich in *Leben und Tod der heiligen Genoveva* einen übertriebenen Hang zum Katholischen ausmacht, der sogar die singenden Vögel im Wald wie »abgerichtete Kastraten bei einer Messe« (Mundt 1853, S. 50, 53) klingen lasse. Die Anschlußfähigkeit dieses kritischen Versatzstückes überschreitet offensichtlich die Grenzen der literaturpolitischen Interessenfraktionen, taucht es doch etwa bei Eichendorff wieder auf, der sich wundert, daß Tieck sowohl ›katholische‹ Werke wie *Genoveva* als auch ›protestantische‹ wie *Der Aufruhr in den Cevennen* habe verfassen können (siehe den Beitrag *Religion* in Kap. 2). Eichendorff vermutet als Ursache dieser Velleität Tiecks »feine Ironie [...], die uns überall absichtlich herausfühlen läßt, daß der Autor alles das, womit er so geistreich spielt, eigentlich doch selber nicht glaube« (Eichendorff 1906, S. 375).

c) der Vorwurf handwerklicher Schwächen – Dieser stilkritische Vorwurf richtet sich insbesondere gegen Tiecks späte Novellen, an denen Heinrich Laube vor allem eine »Hinneigung zum Verspinnen des Unbedeutenden«, »trödelnde Gesprächsform« sowie »die forcirte Komik bornirter Schwatzhaftigkeit« (Laube 1840, S. 174f.) entdeckt. Dieser Vorwurf zieht sich gleichsam leitmotivisch durch die Literaturgeschichtsschreibung des 19. Jahrhunderts. Selbst dann, wenn die Novellenkunst Tiecks – wie z. B. in Karl Barthels Literaturgeschichte von 1850 – gegen die ›jungdeutschen‹ Vorwürfe verteidigt wird, kann der Literaturhistoriograph nicht umhin, zumindest einem Teil der Novellen eine gewisse »Geschwätzigkeit« und eine »Breite des Raisonnements, unter der die eigentliche Handlung verkümmert« (Barthel 1866, S. 21f.), zu bescheinigen.

Versachlichung und schwindendes Interesse: Literaturhistoriographische Erzählungen in den letzten Lebensjahren und nach Tiecks Tod

Nach diesen Auseinandersetzungen, vor allem aber nach Tiecks Tod, scheint sich der literaturhistoriographische Umgang mit dem romantischen Autor – sieht man einmal von Hayms Darstellung ab (s. o.) – zunächst versachlicht zu haben. Die grundlegenden, bereits aufgezeigten Wertungsmuster bleiben, vor allem was die Kritik betrifft, zwar relativ stabil. Die Emphase auf der einen, die Polemik auf der anderen Seite weichen aber dem erkennbaren Bemühen um eine sachlichere Würdigung der Leistungen und Defizite des Autors. Das Verdienst von Tiecks philologischen Arbeiten wird anerkannt (Roquette 1863, S. 471–474), Julian Schmidt verweist – gleichsam proto-psychoanalytisch – auf die strukturkonstitutive Bedeutung des Unterbewußtseins in Tiecks Märchennovellen und Romanen (Schmidt 1850, S. 375f.). Auch wagt er den Versuch, sich über die ›jungdeutsche‹ Kritik an den späten Novellen hinwegzusetzen, indem er deren sozialpsychologische und gesellschaftskritische Dimensionen hervorhebt und somit den Weg ebnet für die Anerkennung ihrer Vorbildfunktion für die realistische Novelle (Schmidt 1855, S. 387ff.). Auch diese Versachlichungstendenzen können allerdings nicht darüber hinwegtäuschen, daß in der zweiten Hälfte des 19. Jahrhunderts das offen bekundete Interesse an Tieck sowohl in der akademischen Literaturbetrachtung als auch im literarischen Feld kontinuierlich abnimmt (wenngleich dort seine Dramen und Novellen durchaus ihre »Nachwirkungen« auf realistische Autoren wie etwa Gottfried Keller haben; Nölle 2000, S. 247ff.). Dieses zunehmende Desinteresse steht im Zusammenhang mit jener umfassenderen Tendenz zu einer (bereits bei Goethe und Hegel vorgezeichneten) Abwertung der romantischen Epoche, die sich vor allem mit dem nach den Schiller-Feierlichkeiten von 1859 verstärkt einsetzenden Klassikerkult Bahn bricht. Vor allem Schiller wird nunmehr (und fast bis zum Ende des Jahrhunderts) zur symbol- und resonanzträchtigen Projektionsfläche eines nationalliberalen Bildungsbürgertums, das über ihn als Klassiker seinen Anspruch auf kulturelle Definitionshegemonie und – bis 1870/71 – seine Vision einer kulturell bereits vorweggenommenen nationalen Einheit inszeniert.

»Im Bewußtsein der Gegenwart erfreut sich das, was man ›romantisch‹ nennt, keinerlei Gunst«, stellte Rudolf Haym 1870 apodiktisch fest (Haym 1870, S. 3). Was hier für die Romantik im Allgemeinen gilt, trifft gewiß auch für Tieck im Besonderen zu. Auch der Import quasi-naturwissenschaftlicher Herangehensweisen, der seit den 1870er Jahren für zwei Dekaden den literaturgeschichtlichen Denkstil positivistisch prägen sollte, führt dem Umgang mit der Romantik und mit Tieck kaum neue Energien zu. Während Wilhelm Scherers einflußreiche, tendenziell romantikkritische *Geschichte der deutschen Literatur* (1883) für die Romantikforschung im Allgemeinen »nur ein relativ unbedeutendes Zwischenspiel« (Hoffmeister 1994, S. 184) darstellt, bemüht man sich in den Ebenen der positivistischen Beschäftigung mit Tieck, ohnehin bereits zirkulierende Erzählbausteine – wie die vermeintliche Unstetigkeit seines Charakters oder die angebliche Formlosigkeit seiner Texte – biographisch-kausalgenetisch zu legitimieren. Vom Vater, einem vielnahen Seilermeister, habe Tieck seine Neigung zur flüchtigen und unausgefeilten Literaturproduktion ererbt, heißt es etwa in Edmund Hoefers *Deutscher Literaturgeschichte für Frauen und Jungfrauen* (Hoefer 1876, S. 193f.). Erst seit den 1890er Jahren gehen dann vom literarischen Feld Impulse zu einer Rehabilitierung der Romantik aus, etwa in Hermann Bahrs Forderung nach einer »Überwindung des Naturalismus« im Zeichen einer »nervöse[n] Romantik« (Bahr 1968, S. 88) als Synthese aus Realismus und Romantik oder durch die Konjunktur des Kunstmärchens innerhalb der neoromantischen Strömungen der Jahrhundertwende (Fähnders 1998, S. 91). Impulse, die schließlich, nicht zuletzt vermittelt über Ricarda Huchs wirkungsvollen, populärwissenschaftlichen Versuch, der eigenen Epoche ein romantisches Erneuerungspotential zuzuschreiben, in einer geistesgeschichtlich gewendeten Literaturwissenschaft Widerhall finden, die in den ersten beiden Jahrzehnten des 20. Jahrhunderts die Romantik zu einem ihrer zentralen Steckenpferde machen wird (Klausnitzer 1999, S. 31). Huchs Darstellung *Die Romantik: Ausbreitung, Blütezeit und Verfall* (1899/1902) steht am Ende des 19. Jahrhunderts; sie markiert zugleich – nicht nur, was ihren Erscheinungszeitraum betrifft – den Übergang eines gewandelten Umgangs mit der Romantik im 20. Jahrhundert. Bezeichnend ist auch deren Umgang mit Tieck. Huch widmet sich nicht nur dem Schriftsteller Tieck, den sie als den bedeutendsten Dichter unter den Romantikern hervorhebt, sondern auch dem Vorleser, der wegen der »staunenerregenden Beweglichkeit und schauspielerischen Kunst« seiner Vorträge zum »größte[n] Schauspieler seiner Zeit« (Huch 1979, S. 127) hätte werden können (siehe den Beitrag *Der Vorleser* in Kap. 1).

Literatur

Bahr 1968: Bahr, Hermann: Zur Überwindung des Naturalismus. Theoretische Schriften 1887–1904, hg. von Gotthart Wunberg, Stuttgart/u.a. 1968.
Barthel 1866: Barthel, Karl: Die deutsche Nationalliteratur der Neuzeit in einer Reihe von Vorlesungen dargestellt [1850], Braunschweig [7]1866.
Demetz 1974: Demetz, Peter (Hg.): Gutzkow. Liberale Energie. Eine Sammlung seiner kritischen Schriften, Frankfurt a. M. 1974.
Eichendorff 1906: Eichendorff, Joseph von: Geschichte der poetischen Literatur Deutschlands [1857], hg. von Wilhelm Kosch, Kempten/München 1906.
Fähnders 1998: Fähnders, Walter: Avantgarde und Moderne 1890–1933, Stuttgart/Weimar 1998.
Fohrmann 1989: Fohrmann, Jürgen: Das Projekt der deutschen Literaturgeschichte. Entstehung und Scheitern einer nationalen Poesiegeschichtsschreibung zwischen Humanismus und Deutschem Kaiserreich, Stuttgart 1989.
Fohrmann 1994: Fohrmann, Jürgen: Geschichte der deutschen Literaturgeschichtsschreibung zwischen Aufklärung und Kaiserreich. In: Wissenschaftsgeschichte der Germanistik im 19. Jahrhundert, hg. von J.F. und Wilhelm Voßkamp, Stuttgart/Weimar 1994, S. 576–604.
Gervinus 1844: Gervinus, Georg Gottfried: Geschichte der poetischen National-Literatur der Deutschen [1835–1842], Bd. 5, Leipzig [2]1844.
Gutzkow 1836: Gutzkow, Karl: Beiträge zur Geschichte der neuesten Literatur, Bd. 1, Stuttgart 1836.
Hart 1896: Hart, Julius: Geschichte der Weltlitteratur und des Theaters aller Zeiten und Völker, Bd. 2, Neudamm 1896.
Haym 1870: Haym, Rudolf: Die romantische Schule: Ein Beitrag zur Geschichte des deutschen Geistes, Berlin 1870.

Heine 1996: Heine, Heinrich: Die Romantische Schule. In: ders.: Sämtliche Schriften, Bd. 3, hg. von Karl Pörnbacher, 3., durchgesehene Auflage, München 1996, S. 359–504.
Heinsius 1835: Heinsius, Theodor: Geschichte der deutschen Literatur, oder der Sprach-, Dicht-, und Redekunst der Deutschen, bis auf unsere Zeit [1811], Berlin ^{5}1835.
Hillebrand 1846: Hillebrand, Joseph: Die deutsche Nationalliteratur seit dem Anfange des achtzehnten Jahrhunderts, besonders seit Lessing, bis auf die Gegenwart, historisch und ästhetisch-kritisch dargestellt, Hamburg/Gotha 1846.
Hoefer 1876: Hoefer, Edmund: Deutsche Literaturgeschichte für Frauen und Jungfrauen, Stuttgart 1876.
Hoffmeister 1994: Hoffmeister, Gerhart: Forschungsgeschichte. In: Romantik-Handbuch, hg. von Helmut Schanze, Stuttgart 1994, S. 177–206.
Horn 1819: Horn, Franz: Umrisse zur Geschichte und Kritik der schönen Literatur Deutschlands, während der Jahre 1790 bis 1818, Berlin 1819.
Huch 1979: Huch, Ricarda: Die Romantik: Ausbreitung, Blütezeit und Verfall [1899/1902], Tübingen ^{5}1979.
Kaiser 2006: Kaiser, Gerhard: Literatur/Literarisch. In: Metzler Lexikon Ästhetik, hg. von Achim Trebeß, Stuttgart/Weimar 2006, S. 235–238.
Kaiser 2010: Kaiser, Gerhard: Literarische Romantik, Göttingen 2010.
Klausnitzer 1999: Klausnitzer, Ralf: Blaue Blume unterm Hakenkreuz. Die Rezeption der deutschen literarischen Romantik im Dritten Reich, Paderborn/u. a. 1999.
Klett 1989: Klett, Dwight A.: Tieck-Rezeption. Das Bild Ludwig Tiecks in den deutschen Literaturgeschichten des 19. Jahrhunderts, Heidelberg 1989.
Koberstein 1866: Koberstein, August: Grundriß der Geschichte der deutschen National-Literatur [1827], Bd. 3, Leipzig ^{4}1866.
Laube 1840: Laube, Heinrich: Geschichte der deutschen Literatur, Bd. 3, Stuttgart 1840.
Martus 2007: Martus, Steffen: Werkpolitik. Zur Literaturgeschichte kritischer Kommunikation vom 17. bis ins 20. Jahrhundert mit Studien zu Klopstock, Tieck, Goethe und George, Berlin/New York 2007.
Massmann 1827: Massmann, Hans Ferdinand: Das vergangene Jahrzehend der deutschen Literatur. Eine Betrachtung, München 1827.
Matenko 1967: Matenko, Percy/u. a. (Hg.): Letters to and from Ludwig Tieck and his circle, Chapel Hill 1967.
Menzel 1836: Menzel, Wolfgang: Die deutsche Literatur [1828], Bd. 4, Stuttgart ^{2}1836.
Mundt 1853: Mundt, Theodor: Geschichte der Literatur der Gegenwart [1842], Leipzig ^{2}1853.
Nölle 2000: Nölle, Volker: Der schizoide Mund. Nachwirkungen von Tiecks *Verkehrter Welt* auf die Produktionsgrammatik späterer Autoren. In: Das romantische Drama. Produktive Synthese zwischen Tradition und Innovation, hg. von Uwe Japp, Stefan Scherer und Claudia Stockinger, Tübingen 2000, S. 241–257.
Paulin 2000: Paulin, Roger: Künstlerbiographie, Hagiographie und persönliches Schicksal. In: Resonanzen. Festschrift für Hans Joachim Kreutzer zum 65. Geburtstag, hg. von Sabine Doering, Waltraud Maierhofer und Peter Philipp Riedl, Würzburg 2000, S. 329–341.
Paulin 2004: Paulin, Roger: Ludwig Tieck: Leben und Werk. In: »lasst uns, da es uns vergönnt ist, vernünftig seyn! –« Ludwig Tieck (1773–1853), hg. vom Institut für deutsche Literatur der Humboldt-Universität zu Berlin, unter Mitarbeit von Heidrun Markert, Berlin/u. a. 2004, S. 13–24.
Rath 1996: Rath, Wolfgang: Ludwig Tieck. Das vergessene Genie. Studien zu seinem Erzählwerk, Paderborn/u. a. 1996.
Roquette 1863: Roquette, Otto: Geschichte der deutschen Literatur von den ältesten Denkmälern bis auf die neueste Zeit, Bd. 2, Stuttgart 1863.
Sammons 2000: Sammons, Jeffrey L.: Der Streit zwischen Ludwig Tieck und dem Jungen Deutschland. Verpaßte Möglichkeiten in einem Dialog der Tauben. In: Resonanzen. Festschrift für Hans Joachim Kreutzer zum 65. Geburtstag, hg. von Sabine Doering, Waltraud Maierhofer und Peter Philipp Riedl, Würzburg 2000, S. 343–352.
Scherer 1885: Scherer, Wilhelm: Geschichte der deutschen Literatur [1883], Berlin ^{3}1885.

Schlegel 1884: Schlegel, August Wilhelm: Geschichte der romantischen Literatur. In: ders.: Vorlesungen über schöne Literatur und Kunst (1801–1804), hg. von Jacob Minor, Bd. 2, Teil 3, Heilbronn 1884.

Schlegel 1913: Schlegel, August Wilhelm: Geschichte der Deutschen Sprache und Poesie. Vorlesungen, gehalten an der Universität Bonn seit dem Wintersemester 1818/19, hg. von Josef Körner, Berlin 1913.

Schlegel 1815: Schlegel, Friedrich: Geschichte der alten und neuen Litteratur: Vorlesungen gehalten zu Wien im Jahre 1812, Bd. 2, Wien 1815.

Schlegel 1958: Schlegel, Friedrich: Kritische Ausgabe, Bd. 11: Wissenschaft der europäischen Literatur. Vorlesungen, Aufsätze und Fragmente aus der Zeit von 1795–1804, hg. von Ernst Behler, München/u.a. 1958.

Schmidt 1850: Schmidt, Julian: Geschichte der Romantik im Zeitalter der Reformation und der Revolution: Studien zur Philosophie der Geschichte, Bd. 2, Leipzig ^{2}1850.

Schmidt 1855: Schmidt, Julian: Geschichte der deutschen Literatur im neunzehnten Jahrhundert, Bd. 2, Leipzig ^{2}1855.

Wachler 1834: Wachler, Ludwig: Vorlesungen über die Geschichte der teutschen Nationallitteratur [1819], Bd. 2, Frankfurt a.M. ^{2}1834.

Wienbarg 1838: Wienbarg, Ludolf: Zur neuesten Literatur [1835], Hamburg ^{2}1838.

Zybura 1994: Zybura, Marek: Ludwig Tieck als Übersetzer und Herausgeber. Zur frühromantischen Idee einer »deutschen Weltliteratur«, Heidelberg 1994.

Gedichte, Novellen und Märchen Tiecks in Musik gesetzt

Walter Salmen

> Liebe denkt in süssen Tönen,
> Denn Gedanken stehn zu fern;
> Nur in Tönen mag sie gern
> Alles, was sie will, verschönen. (Tieck 1821, S. 33)

Diese erste Strophe aus Ludwig Tiecks *Glosse* trug Robert Schumann 1841 in das 11. Heft seines Exzerptkompendiums, der sog. Mottosammlung, ein (Hotaki 1998, S. 601). Er mochte in den Versen leitbildhaft ausgedrückt gefunden haben, was ihn in seinem *Liederfrühling* (1840) bewegt hatte: Daß Liebesempfindungen nur in Tönen zu denken sind, mithin die Liebeslyrik zur vollen Verinnerlichung der Musikalisierung bedarf.

Sehnsuchtsvoll romantisiert hatte Tieck mit seinen Zeilen eingefangen, was ihm erst durch die produktiven Kontakte zu Musikern erschlossen worden war, die sich vor allem im Berliner Haus des Hofkapellmeisters Johann Friedrich Reichardt ergaben, aber auch in Gesellschaften z. B. mit Carl Friedrich Zelter, dem Musikdirektor am Nationaltheater Heinrich Carl Bernhard Wessely sowie mit dem 1789 bis 1791 an der Spree lebenden Friedrich Ludwig Aemilius Kunzen. Sie waren die ersten Komponisten, die Tiecks Gedichte in Musik setzten: Wessely komponierte das 1798 gedruckte Gedicht *Zuversicht* (*Wohlauf! es ruft der Sonnenschein*), Kunzen das 1796 verfaßte *Geliebter, wo zaudert dein irrender Fuß?*, Zelter nahm in seine Sammlung *Zwölf Lieder am Clavier zu singen* (Berlin 1801, Nr. 1 und Nr. 5) zwei Gesänge auf (Zelter 1995, S. 18, 21; vgl. auch Friedlaender 1902, S. 462–466), und 1803 veröffentlichte der Merseburger Musikdirektor Wilhelm Schneider in seinen *Liedern zum musikalischen Taschenbuche 1803 der Brüder Werden* (o. O. u. J.) seine Gedichtvertonungen Tiecks und Schlegels.

Für Tiecks Musikanschauung und Wirkung im Musikleben wegweisend war seit 1788 der enge Kontakt mit der in großbürgerlichem Ambiente an der Friedrichstraße, später in Giebichenstein bei Halle wohnenden Familie Reichardt. Seit 1788 gehörte der Handwerkersohn zu ihren regelmäßigen Gästen, dort »atmete« man täglich »Musik«, hier nahm er Reichardts Musikschriftstellerei wahr, der Reichardtsche Garten mochte besonders im Jahr 1799 zur Inspirationsquelle geworden sein (Hölter 2003; Salmen 2004). Dabei zweifelte Reichardt, der zwischen 1798 und 1812 mit Tieck auch in einem regen musikästhetische wie praktische Fragen berührenden Briefwechsel stand, bisweilen an der Musikalität seines Freundes und späteren Schwippschwagers. 1812 erklärte er gar während der gemeinsamen engagierten Arbeit an Tiecks Libretto zu einer deutschen romantischen Oper *Sacontala*, er wolle ihm seine in Musik gesetzten Passagen nicht vorstellen, weil er ihn für »so wenig musikal[isch]« halte (Schönewolf 1925, S. 57f.; dazu auch Pröpper 1965, S. 172). Wiewohl diese dissonanten Töne schon 1798 den Plan zu einem musikalischen Märchen in vier Aufzügen *Das Ungeheuer und der verzauberte Wald* nicht gelingen ließen und später auch das ehrgeizige Opernvorhaben zum Scheitern brachten, so daß sich die Freunde schließlich entzweiten (dazu Hölter 2003, S. 425), so trafen sie sich dennoch, vor allem im Lied.

Reichardt hat zehn Gedichte Tiecks in Musik gesetzt, die ab 1799 im Druck erschienen. Für ihn, der von der Anakreontik, Herder und Klopstock kommend literarisch zu Goethe gefunden hatte, waren diese von Wehmutsschimmer, Vergänglichkeitstrauer, huschenden Klangimpressionen und verströmender ›Hingabe‹ an Stimmungsmomente der Natur geprägten Strophen vom Gehalt her neu. Für das Stimmungslied mit zerfließenden Klangflächen gab es in dieser frühromantischen Phase noch keine sonderlich inspirierenden Muster. Motive wie die ›gründämmernde Nacht‹ oder der sacht schleichende und seufzende ›Wandersmann‹ forderten zu einem neuen Ton heraus und setzten eine sich still versenkende Rezeptionsbereitschaft der Hörer voraus. Da Tieck Reichardts Goethe-Vertonungen als für immer gültig rühmte, er auch mit der programmatischen Einfachheit der Strophenlieder einverstanden war, gab es zwischen beiden Künstlern in dieser Frage keine Divergenz. Reichardt mühte sich darum, wie Achim von Arnim an Tieck schrieb, »dem seelenvollen Liede die Bahn zu brechen« und damit eine Annäherung zum »wahren Romantischen« zu erreichen (zit. nach Salmen 2004, S. 304). Dies gelang ihm in einigen Stücken, die im 19. Jahrhundert bevorzugt Anklang fanden, wenn beispielsweise Carl Loewe in seiner Selbstbiographie mitteilt, er habe als Konzertsänger »noch später mit Reichardt's schönem Liede von Tieck: ›Im Wind'sgeräusch‹ viel Freunde erworben, weil ich es gut und gern sang« (Loewe 1870, S. 53). Auch hebt er das Lied *Die Nacht* aus *Carl von Berneck* hervor, welches Reichardt 1802 als Musikbeilage Nr. 9 vom 18. September in der den Romantikern nahestehenden *Zeitung für die elegante Welt* publizierte (Abb. 2).

Die Vortragsanweisung lautet, wie man sieht: »Mäßig und schauerlich leise«. Das Ziellose, leise Rührende des Vortrags entsprach der Intention Tiecks. Mit dem Klavierlied *Ruhe, Süßliebchen, im Schatten* aus der *Wundersamen Lie-*

besgeschichte der schönen Magelone und des Grafen Peter aus der Provence erregte Reichardt eine ähnliche Aufmerksamkeit, denn »mit Begleitung der Guitarre Arrangirt von A[ugust] Harder« wurde dieses bald weit verbreitet und vielmals kopiert. In seine 1806 in Berlin in 36 Heften erschienene Sammlung *Le Troubadour italien, français et allemand* nahm Reichardt drei Gesänge auf, zwei aus dem Drama *Prinz Zerbino* (Heft 1: *Liebe Bald hier, bald dort*; Heft 33: Lied aus *Zerbino*: *Oftmals durch den grünen Wald*; Heft 35: Lied der Blumen aus *Zerbino*: *Der Abend sinkt hernieder*; Göres/Kähmer 1987, Nr. 974), in das Liederspiel *Juchhei* von 1800 aus der Feder seiner 1779 in Berlin geborenen Tochter Louise das Herbstlied *Feldeinwärts flog ein Vögelein*, dem er damit eine Favoritenrolle einräumte.

Als Komponistin wandte sich Louise entschiedener den jüngeren Poeten wie Novalis, Arnim und Tieck zu, die sie im Hause des Vaters kennengelernt hatte, während Reichardt vor allem auf die Dichtungen Klopstocks, Goethes und Schillers konzentriert blieb. Ihr Hang zur Mystik und Verklärung der Wirklichkeit schlug sich in den nach 1800 publizierten Liedern deutlich nieder, für deren Vortrag zur Gitarre sie bewundert wurde. Ihr Schwager Karl von Raumer erinnert sich daran, ihre Tieck- und Novalis-Vertonungen in Giebichenstein gehört zu haben, wo er, durch Henrich Steffens vermittelt, als Student von Herbst 1804 bis Herbst 1805 verkehrte:

> Der stille Schutzgeist der Geliebten [Friederike] selbst war ihre älteste Schwester Louise, der sie mit ganzer Seele anhing. [...] Sie lebte ganz in den Dichtungen von Tieck und Novalis, das bezeugen ihre tiefsinnigen Compositionen jener Lieder. Unter den vielen nur diese zu nennen: Feldeinwärts flog ein Vögelein – Wie schnell verschwindet – Bricht das matte Herz – Der ist der Herr der Erde – Ich kenne wo ein festes Schloß – Wenn ich ihn nur habe – und das geheimnisvoll ergreifende: Lobt doch uns're stillen Feste. – War ich auch längst von Tiecks Volksmärchen, von Novalis Dichtungen begeistert, so steigerte sich diese Begeisterung, als ich Louisens Lieder von ihr oder von den Schwestern singen hörte. [...] Nie werde ich das wunderschöne Gartenleben in Giebichenstein vergessen, noch die liebenswürdigen Menschen, die sich hier zusammenfanden. Besonders in den Jahren 1804 und 1805. (Raumer 1866, S. 47–49; die ersten beiden zitierten Lieder stammen von Tieck, die anderen von Novalis; zu Louise Reichardts Vertonungen Moering 2006)

Louise blieb ihrem Verwandten Tieck auch in jenen Jahren nach 1809 in Freundschaft verbunden, als sie sich in Hamburg als Musikpädagogin zu etablieren suchte und dort getrennt von der Familie zunehmend vereinsamte. Aus den ihrem Empfinden entsprechenden Gedichten wie dem Herbstlied *Feldeinwärts flog ein Vögelein* oder *Ruhe, Süßliebchen, im Schatten* gestaltete sie ›Gesangs-Miniaturen‹ einfachen Zuschnitts, von denen ihr Schwager Henrich Steffens schrieb, sie seien ihrer »eigenthümlichen Tiefe« wegen »populärer geworden als die Reichardtschen; wahre Volksgesänge, so daß man sie wohl, ihrer großen Zartheit ungeachtet, auf den Straßen von Dienst- und Bauernmädchen singen hörte« (Steffens 1842, S. 88–91). Daß sie die harmonisch wie auch melodisch nicht sonderlich auffallenden Strophenlieder als spezifisch ›romantische‹ verstand, suchte sie in den Titeln ihrer Sammlung auszudrücken. 1806 erschienen in Berlin *XII Deutsche u[nd]italiänische romantische Gesaenge mit Begleitung des Piano-Forte componirt und Ihrer Durchlaucht der Herzogin Mutter ANNA AMALIA von Sachsen Weimar und Eisenach aus reiner Verehrung zugeeignet*, und 1822 gab sie in Hamburg »bey Joh. Aug. Böhme« ihre *Sieben Romantischen Gesänge von Tieck für eine Singstimme mit Pianoforte* op. 5 heraus (vgl. dazu Moering 2006, S. 17). Sucht man dieser Qualität nachzuspüren, genügt es nicht, nur den Notentext zu analysieren, denn für die Zeitgenossen war das ›Wie‹ des Vortrags und das Ambiente, der »lebhafte«, »unruhig und klagende«, »fröhliche«, »mäßige« oder »sehr sanfte« Vortragston, den sie für ihre Lieder forderte, das unvergeßlich Prägende (dazu ebd., S. 12; vgl. die in der Ausgabe mitgeteilten Vortragsanweisungen). Von der eindrücklichen Wirkung von Louises Vortrag berichtet ihr Schwager Steffens als ein Kronzeuge, wobei er sich des Tieckschen Wortes »Waldeinsamkeit« bewußt bedient:

> Ich vergesse nie den gewaltigen Eindruck, den Luise auf mich machte, wenn sie uns in einer waldigen Gegend folgte und, von einfachen Akkorden der Harfe begleitet [...] sang. Die Waldeinsamkeit mit ihrem wunderbaren Zauber ergriff mich, wenn ich sie hörte, und wie eine Waldfee saß sie da, welche die Macht hatte, alle Geheimnisse des Waldes laut werden zu lassen. (Steffens 1842, S. 84)

Der dank Reichardts Einsatz initiierte Trend zur Popularisierung von Gedichten Tiecks wurde zu dessen Lebzeiten von August Bergt, Josef Gersbach oder Friedrich Silcher aufgegriffen und fortgesetzt mit einfachen Klavierliedern sowie populären Männerchorsätzen (Hoffmann von Fallersleben 1900, Nr. 244, 445, 485, 716b, 1095, 1106, 1162, 1316). Indikator für ihre weite Verbreitung sind die häufigen Nachdrucke in den Sammlungen von Ludwig Erk und in G. W. Finks *Musikalischem Hausschatz der Deutschen* (Leipzig 1843). Diese Vertonungen beförderten – ähnlich wie bei der Lyrik Goethes oder Schillers – die Kenntnis und Akzeptanz in breiten Schichten. Besonderen Zuspruch fanden Gedichte wie *Herbstlied* (*Feldeinwärts flog ein Vögelein*) sowie *Nacht* (*Im Windsgeräusch, in stiller Nacht*).

Zwar haben weder Beethoven, Schubert noch Hugo Wolf Texte von Tieck aufgegriffen, hingegen schätzten ›Romantiker‹ wie Johannes Brahms oder Carl Maria von Weber die Sprachmelodik, die Phantasiewelten und Stimmungskunst. Weber, vertraut mit Tiecks Schriften, schrieb am 29. Januar 1813 *Sind es Schmerzen, sind es Freuden* (op. 30, Nr. 6), E. T. A. Hoffmann setzte 1821 das Jagdlied *Froh und lustig zwischen Steinen* aus dem *Runenberg* für Männerchor. Carl Loewe komponierte als Duett für zwei Soprane und Klavier *Treue*

Liebe und 1823 für eine Stimme *Vogelgesang* (op. 9, H. 6, Nr. 3), Louis Spohr 1826 das *Schifferlied der Wasserfee* (op. 72, Nr. 2) sowie *Ruhe, süß Liebchen* (op. 72, Nr. 6).

Intensiv waren die Beziehungen zum Hause der Familie Mendelssohn in Berlin, Leipziger Straße 3. Hier wurden Tiecks Shakespeare-Übersetzungen gelesen, die Tochter Fanny Hensel komponierte 1824 das Lied *Leben*, ihr Bruder Felix 1827 das Maienlied *Man soll hören süßes Singen* und 1830 das Frühlingslied *In dem Walde süße Töne*, 1838 *Wie der Quell so lieblich klinget*.

Romanzen

Einen Höhepunkt in der Geschichte des romantischen Liedes bilden die Julius Stockhausen gewidmeten *Fünfzehn Romanzen, Magelone Lieder für eine Singstimme und Klavier* (op. 33) von Johannes Brahms (Brahms 1926, S. 107–189; vgl. auch Fox Strangways 1940, S. 211ff.). Der Komponist entnahm die Romanzen der märchenhaften Ritternovelle *Liebesgeschichte der schönen Magelone* von 1796, die später in die Sammlung *Phantasus* aufgenommen wurde. Die Gedichte zu Kapitel 1, 16 und 17 blieben unberücksichtigt. Da sie der Dichter selbst ohne den verbindenden Text unter dem Titel *Des Jünglings Liebe* in seine Sammlungen aufnahm, bezog sie auch Brahms als Verseinlagen abgelöst vom Kontext ein. Am 10. November 1875 schrieb er an den Verleger Rieter-Biedermann, seine Musik habe »nun einmal durchaus nichts mit dem *Phantasus* und der Liebesgeschichte vom Peter zu tun«, er habe »wirklich bloß die Worte in Musik gesetzt, und es geht niemand dabei die Landschaft oder das Hospital oder sonst was an« (Brahms 1920, S. 158). An den befreundeten Juristen und Musikschriftsteller Adolf Schubring schrieb er im März 1870: »Bei den Magelonen-Romanzen braucht man wohl nicht viel an einen Zusammenhang, und gar mit der Erzählung zu denken. Es ist wohl nur etwas deutsche Gründlichkeit, daß ich bis zur letzten Nummer komponierte« (Brahms 1915, S. 219ff.). Demnach hatte er nicht die Absicht, einen Zyklus zu gestalten, dennoch entstand in den Jahren 1861 bis 1868 ein bündiger, auch durch die Identität der handelnden Personen geprägter, vom Komponisten hergestellter rein musikalischer Sinnzusammenhang.

Aus der Fülle späterer, nach 1900 quantitativ abnehmender Lieder mit Texten von Tieck sei das Lied *Nur Mut* aus den *Serenaden. Kleine Kantate auf romantische Texte* (op. 35, Nr. 1, 30. Juli 1924) von Paul Hindemith herausgegriffen (Hindemith 1994, S. 79–81). Widmungsträgerin dieses ironisch-unromantischen Ständchens für Sopran, Oboe und Bratsche war seine Frau Gertrud.

Bühnenwerke

Tieck schrieb nach dem Tode Reichardts im Jahre 1814 keine Libretti mehr für das Musiktheater. Seine Orchestermusik verlangende Literaturkomödie *Der gestiefelte Kater* erhielt eine Bühnenmusik erst 1844 vom Berliner Hofkapellmeister Wilhelm Taubert, der eine solche 1845 auch zu *Ritter Blaubart* schrieb. Etliche seiner epischen und dramatischen Werke dienten allerdings als stoffliche Grundlage für Opernlibretti anderer Autoren. Auch war er einigen Komponisten als Ratgeber behilflich, so z. B. 1813 Carl Maria von Weber bei der Gestaltung des 3. Akts seiner Oper *Euryanthe*, die er hoch schätzte, oder Felix Mendelssohn, der 1841 in Berlin im Auftrag des preußischen Königs Friedrich Wilhelm IV. die *Antigone* von Sophokles und 1843 Shakespeares *A Midsummer Night's Dream* produzierte (Boetius 2005).

Libretti ›nach Tieck‹ schrieben der Kasseler Jurist Karl Pfeiffer, dessen Vorlage Louis Spohr in die romantische Oper *Pietro von Abano* (Wo 0 56, Uraufführung in Kassel am 13. Oktober 1827) nach Tiecks Novelle *Pietro von Abano* (Breslau 1825) umsetzte (Tieck richtete später eine Bühnenfassung der Faust-Oper von Spohr ein, beide trafen sich 1845 in Berlin), sowie 1856 in Venedig A. Bocci für Gioseffo Appolloni über denselben Stoff. Robert Schumann verfaßte 1847 sein op. 81 *Genoveva. Oper in vier Acten nach Tieck und F. Hebbel* (Leipzig 1880, C. F. Peters) (Ewert 2003). Der in München tätige Günter Bialas komponierte 1973/74 (Neufassung 1987) die Komische Oper *Der gestiefelte Kater oder Wie man das Spiel spielt*, wozu Tankred Dorst nach dem *Kindermärchen in drei Akten* das Libretto lieferte (siehe den Beitrag *Wirkung auf dem Theater* in Kap. 5). 1980 faßte Bialas dann einige Szenen und die Ballettmusik aus dieser Oper als Orchesterwerk zusammen.

Die jüngste theatralische Umarbeitung von *Der blonde Eckbert* brachte die 1954 geborene Engländerin Judith Weir am 20. April 1994 im London Coliseum mit einem eigenen Libretto zur Uraufführung (Weir 1993; Weir 1994; Wiegandt 2000). Die Komponistin formte die Märchennovelle mit ihrer scheinbaren »simplicity« in eine Oper aus zwei Akten um, angezogen davon, daß »the action in Blond Eckbert is beautifully constructed from a musical point of view. It is a very linear piece [...]« (Weir 1994, S. 7). In einem Prozeß der Auseinandersetzung reduziert sie Tiecks Erzählung auf ein Fünftel und zeichnet konzentriert Berthas Lebensweg nach. Die Erfahrung der ›Waldeinsamkeit‹ wird mit orchestralen Mitteln spannungserfüllt mit dem Lied eines Vogels als semiotisch zentralem Ereignis (1. Akt, Takt 574–593) ausgelotet. Die Oper endet in einem Terzett, einem Aneinander-Vorbeisingen, mit Identitätsverlust der Alten, Eckberts sowie des Vogels, womit die Auflösung der »Relationen zwischen Erzählwelt und erzählter Welt endgültig« besiegelt wird (Wiegandt 2000, S. 337).

LITERATUR

Boetius 2005: Boetius, Susanne: Die Wiedergeburt der griechischen Tragödie auf der Bühne des 19. Jahrhunderts, Tübingen 2005.
Brahms 1915: Brahms, Johannes: Briefwechsel, 16 Bde., Bd. 8: Briefe an Joseph Viktor Widmann, Ellen und Ferdinand Vetter, Adolf Schubring, hg. von Max Kalbeck, Berlin 1915.
Brahms 1920: Brahms, Johannes: Briefwechsel, 16 Bde., Bd. 14: Johannes Brahms im Briefwechsel mit Breitkopf & Härtel, Bartolf Senff, J. Rieter-Biedermann, C. F. Peters, E. W. Fritzsch und Robert Lienau, hg. von Wilhelm Altmann, Berlin 1920.
Brahms 1926: Brahms, Johannes: Johannes Brahms. Sämtliche Werke, 26 Bde., Bd. 23: Lieder und Gesänge für eine Singstimme mit Klavierbegleitung, Leipzig 1926.
Ewert 2003: Ewert, Hansjörg: Anspruch und Wirkung. Studien zur Entstehung der Oper Genoveva von Robert Schumann, Tutzing 2003.
Fox Strangways 1940: Fox Strangways, A. H.: Brahms and Tiecks's *Magelone*. In: Music and Letters 21 (1940), H. 3, S. 211–229.
Friedlaender 1902: Friedlaender, Max: Das deutsche Lied im 18. Jahrhundert, 2 Bde., Bd. 2: Dichtung, Stuttgart/Berlin 1902.
Göres/Kähmer 1987: Göres, Jörn: Katalog der Musikalien. Goethe-Museum Düsseldorf, Anton-und-Katharina-Kippenberg-Stiftung, bearbeitet von Inge Kähmer, Bonn 1987.
Hindemith 1994: Hindemith, Paul: Sämtliche Werke, hg. von Kurt von Fischer und Ludwig Finscher, Ser. 6: Lieder, Bd. 4: Sologesänge mit Instrumenten, hg. von Reinhard Gerlach, Mainz 1994.
Hoffmann von Fallersleben 1900: Hoffmann von Fallersleben, August Heinrich: Unsere volkstümlichen Lieder, hg. und neu bearbeitet von Karl Herrmann Prahl, Leipzig ⁴1900 (Reprint Hildesheim 1966).
Hölter 2003: Hölter, Achim: Die kreative Beziehung Reichardts zu Ludwig Tieck. In: Johann Friedrich Reichardt und die Literatur. Komponieren, Korrespondieren, Publizieren, hg. von Walter Salmen, Hildesheim/u. a. 2003, S. 405–430.
Hotaki 1998: Hotaki, Leander: Robert Schumanns Mottosammlung. Übertragung, Kommentar, Einführung, Freiburg 1998.
Loewe 1870: Loewe, Carl: Selbstbiographie, bearbeitet von Carl Hermann Bitter, Berlin 1870 (Reprint Halle a. d. S. 1994).
Moering 2006: Moering, Renate: Louise Reichardt. Ihr Leben und ihre Freundschaft mit romantischen Dichtern. In: Reichardt, Louise: Lieder romantischer Dichter. Für Singstimme und Klavier, 2 Bde., Bd. 1, Kassel 2006, S. 3–23.
Pröpper 1965: Pröpper, Rolf: Die Bühnenwerke Johann Friedrich Reichardts (1752–1814). Ein Beitrag zur Geschichte der Oper in der Zeit des Stilwandels zwischen Klassik und Romantik, in Verbindung mit dem Verzeichnis der literarischen Werke und einem Katalog der Bühnenwerke Johann Friedrich Reichardts, 2 Bde., Bd. 1: Textteil, Bonn 1965.
Raumer 1866: Raumer, Karl von: Karl von Raumer's Leben von ihm selbst erzählt, Stuttgart 1866.
Salmen 2004: Salmen, Walter: Tieck und die Familie Reichardt. Zur Wirkung »romantischer Dichtung« auf deren Musik und Musizieren. In: »lasst uns, da es uns vergönnt ist, vernünftig seyn! –«. Ludwig Tieck (1773–1853), hg. vom Institut für Deutsche Literatur der Humboldt-Universität zu Berlin, unter Mitarbeit von Heidrun Markert, Bern/u. a. 2004, S. 297–309.
Schönewolf 1925: Schönewolf, Karl: Ludwig Tieck und die Musik. Ein Beitrag zur Geschichte der deutschen Romantik, phil. Diss. Marburg 1925.
Steffens 1842: Steffens, Henrich: Was ich erlebte. Aus der Erinnerung niedergeschrieben, 10 Bde., Bd. 6, Breslau 1842, S. 88–91.
Tieck 1821: Tieck, Ludwig: Gedichte, Bd. 2, Dresden 1821.
Weir 1993: Weir, Judith: *Blond Eckbert*, Klavierauszug, London 1993.

Weir 1994: Weir, Judith: Thoughts on Blond Eckbert. In: Booklet zur CD Collins Classics 14612, 1994.

Wiegandt 2000: Wiegandt, Matthias: »Waldeinsamkeit – I feel all right«. Judith Weirs Oper *Blond Eckbert*. In: Frauenstimmen, Frauenrollen in der Oper und Frauen-Selbstzeugnisse, hg. von Gabriele Busch-Salmen und Eva Rieger, Tagung der Fachgruppe »Frauen- und Geschlechterforschung« innerhalb der Gesellschaft für Musikforschung 9.–11. Oktober 1998 Freiburg i. Br./Herbolzheim 2000, S. 318–346.

Zelter 1995: Zelter, Carl Friedrich: Lieder, hg. von Reinhold Kubik und Andreas Meier, Faksimile der wichtigsten gedruckten Sammlungen, nebst kritischem Bericht, München 1995.

Tieck im Bildnis

Bernhard Maaz

Nur wenige deutsche Dichter des 19. Jahrhunderts standen in einem so stetigen Austausch mit bildenden Künstlern wie Ludwig Tieck, der zwar keine eigene Kunstsammlung anlegte, sich aber immer wieder porträtieren ließ. Dennoch sind nur wenige Bildnisse von Tieck populär geworden. Sein literarisches Schaffen, seine Übersetzertätigkeit, seine freundschaftlichen Kontakte und seine Person prägten das Bild seines Wirkens weitaus stärker.

In der Walhalla, der von König Ludwig I. von Bayern oberhalb von Donaustauf bei Regensburg angelegten ›Ruhmeshalle der Deutschen‹, fehlt Ludwig Tiecks Bildnis, obgleich der Auftraggeber und Tieck Zeitgenossen waren und obwohl dieser bayerische Kronprinz bzw. König durchaus romantische Ambitionen hegte, so daß der Dichter programmatischer romantischer Texte für ihn von Bedeutung gewesen sein mochte. Auch läßt sich kein Denkmal Ludwig Tiecks nachweisen, während Schiller, Goethe, Herder und Wieland über ihre Geburts- und Wirkungsorte hinaus durch überlebensgroße Statuen geehrt wurden. Ludwig Tiecks schlichtes Grabmal auf dem Friedhof der Dreifaltigkeitsgemeinde in Berlin ist kein Ort spektakulärer Rückschau, kein Pilgerziel.

Die Absenz einer systematischen Ikonographie der Bildnisse Ludwig Tiecks – für Goethe wurde derartiges bereits im 19. Jahrhundert von Zarncke vorgelegt – hat ihre signifikanten Parallelen im Fehlen einer Kritischen Werkausgabe sowie einer hinreichenden Gesamtausgabe der Briefe von und an Tieck. Die Ursachen hierfür mögen in der komplizierten Lebens- und Wirkungsgeschichte des Dichters liegen, aber auch in einer weitreichenden wirkungsästhetischen Dominanz der deutschen Klassik gegenüber der Romantik (siehe den Beitrag *Tieck-Rezeption im öffentlichen Leben* in Kap. 5). Gleichwohl wies Hans Singer (1934/38) insgesamt vierzig Stiche, Zeichnungen, Photographien, Gemälde, Bildnisreliefs und -büsten nach, die die Züge Ludwig Tiecks dokumentieren. Das aber sind noch nicht alle heute bekannten Porträts. Nachfolgend werden die wichtigsten Werke und Sichtweisen auf Tieck behandelt.

Bildnisse von Christian Friedrich Tieck: Der familiäre Blick

In der ambitionierten Atmosphäre, mit der sich die Geschwister Ludwig, Sophie und Friedrich Tieck in den Jugendjahren umgaben, entstand das Bildnismedaillon der beiden dichtenden Geschwister, das der Bruder Friedrich 1796 schuf (Maaz 1995, Abb. 40). Es zeigt Sophie und Ludwig einvernehmlich nebeneinander im Profil nach links; sie sind zeitgenössisch gewandet, und Ludwig befindet sich programmatisch im Vordergrund mit raffaelisch lang herabfallendem Haar (Abb. 3). Noch bevor sich die gut 20jährigen Autorengeschwister literarischen Ruhm zuschreiben konnten, wurden sie bereits in dieser Form porträtiert, was bedeutete, daß der Bruder ihnen eine gewisse Unsterblichkeit und Bedeutung zusprach. Dieses Relief, das sich ehemals mit dem Exemplar aus dem Nachlaß des Bildhauers in der Nationalgalerie befand (Kriegsverlust) und das derzeit nur in Abbildungen nachweisbar zu sein scheint, gehört – ähnlich wie das später entstandene *Wir drei* von Philipp Otto Runge – dem Kreis der romantischen Freundschaftsbildnisse an, einer Gattung also, mit der enge familiäre wie künstlerische Bande künstlerisch bekräftigt wurden. Noch zwanzig Jahre später erwog Tieck, das Gipsmedaillon in Marmor zu übertragen; es gibt jedoch keine Anhaltspunkte dafür, daß dies je geschehen ist. Der Künstler hielt dieses Medaillon für eines seiner besten Werke. Es ist bekannt, daß er auch viel später noch Abgüsse davon fertigte, so etwa für Bettine von Arnim. Die letzte quellenkundlich belegte Ausformung entstand für einen unbekannten Empfänger noch 1846 (Maaz 1995, S. 258).

Nachdem Friedrich Tieck, der mittlerweile in Berlin, Weimar und München erfolgreich war, die Romantiker Clemens Brentano, August Wilhelm Schlegel und Friedrich Schelling in Büsten porträtiert hatte, schloß sich auch eine erste lebensgroße Bildnisbüste des Bruders Ludwig an (Maaz 1995, Abb. 101). Sie entstand 1809/10 in München und fand mehr als zwei Jahrzehnte lang Verbreitung durch Gipsabgüsse sowie durch kleinformatige Reproduktionen in Biskuitporzellan. Die Büste zeigt den Dichter mit unbekleidetem Bruststück, den Kopf seitlich gewandt, den Mund geschlossen, die Augen ohne Binnenzeichnung, mithin in der Tradition zeitloser antiker Porträts und ganz im Kanon klassizistischer Skulptur.

Lange hatte Friedrich Tieck ergebnislos erwogen, den nun 50jährigen Bruder erneut zu porträtieren. Schließlich forderte Christian Daniel Rauch seinen in Dresden wirkenden Schüler Ernst Rietschel auf, dies zu übernehmen. Erst 1836 modellierte Tieck das Altersbildnis, das den Dichterbruder bedrückt zeigt, zugleich aber an Rauchs apotheotische, gefeierte Goethebüste von 1820 erinnern will (Abb. 4; vgl. Maaz 1995, Abb. 79). Von dieser Büste gelangte eine von Hermann Wittig 1856 gemeißelte Marmorversion – Friedrich Tieck hatte ausschließlich Gipsabgüsse hiervon vertrieben – als Geschenk des preußischen Königs Friedrich Wilhelm IV. in die Königliche Bibliothek in Berlin, die heutige Staatsbibliothek (Maaz 1995, Abb. 80). Dies blieb die einzige öffentliche Ehrung für Tieck in Deutschland, der Denkmalcharakter zugesprochen werden kann.

David d'Angers: Ludwig Tieck als Europäer

»Tieck est la grande figure de la littérature allemande. Il a une tête digne de son génie« (zit. nach Jouin 1890, S. 84). So urteilte der französische Bildhauer Pierre Jean David d'Angers, der Tieck 1834 in Dresden aufsuchte, ihm bei Vorleseabenden bewundernd zuhörte und sich alsbald entschied, dessen Züge in der inschriftlich »À Ludwig Tieck« dedizierten Kolossalbüste zu verewigen, gerade so, wie er kurz zuvor Goethe in Weimar dargestellt hatte. Tieck galt damals im Ausland neben Goethe als bedeutendster Repräsentant der deutschen Literatur. Der Dresdner Maler Christian Vogel von Vogelstein stellte sein Atelier David zur Verfügung, der den Dichter porträtierte. Die weit überlebensgroße Dimension verleiht dem Bildnis einen pathetischen Zug, die unruhige Oberflächenmodellierung führt zu einem nervösen Vibrieren, der Blick hat etwas Prometheisches: David stilisiert Tieck über die Individualität hinaus zu einem Bild deutscher Geistesmacht, ja zu einem imposanten Europäer. Die Marmorfassung, die 1836 vollendet war und sich heute in der Sächsischen Landesbibliothek Dresden befindet (vgl. Stephan/u.a. 2001, S. 109), beeindruckt durch das Pathos, das die Gesichtszüge prägt und das durch den immensen Hinterkopf noch überhöht wird (Abb. 5).

Neben diesem Kolossalbildnis, einem Unikat, schuf David 1834 ein handliches, realistisches Medaillon mit Tiecks Alterszügen, das der seriellen Vervielfältigung diente und durch Bronzen überliefert ist (Staatliche Museen zu Berlin, Münzkabinett; Maaz 2004, Abb. 15). Daneben entstand im gleichen Jahr noch eine Sitzstatuette. Sie zeigt den Vorleser in den Hausmantel gehüllt, mit Halstuch und zeittypischer Hose, mit lässig vorgesetztem rechten Bein, konzentriert rhetorischem Gestus und schiefgelegtem Kopf, als lausche er den eigenen Worten nach (Skulpturensammlung Dresden, Maaz 2004, Abb. 16): Tieck ist hier als der legendäre Vorleser erfaßt (siehe den Beitrag *Der Vorleser* in Kap. 1), nicht als der einst so prägende frühromantische Dichter, und er wird keinesfalls in jene abstrakte Zeitlosigkeit erhoben, wie es beim Kolossalbildnis der Fall war. Von der Statuette gab es etliche Bronzen, darunter eine, die David dem Dargestellten schenkte, zudem eine, die an Ludwig Schorn, den Herausgeber des Kunstblattes, gelangte. Ebendort, im Kunstblatt, las man 1836: »[D]ie sitzende Figur Ludwig Tieck's hat David sehr geistreich und ähnlich im kleinen modellirt« (Kunstblatt 17 [1836], H. 67, S. 280).

Diese drei Porträts sind deshalb interessant, weil mit den auf je eigene Weise aufwendigen Werken ungleiche Zielgruppen erreicht wurden, indem sie drei grundverschiedene Facetten von Tieck zeigen: zunächst den Heros kolossal in Marmor erhöht als einen Repräsentanten der Epoche, dann den Menschen miniaturhaft im Bronzemedaillon als schlichten Zeitgenossen abgebildet, schließlich den Vorleser statuettengroß in Gips und Bronze vergegenwärtigt als Theaterintendanten, beliebten Vorleser und Gesellschafter.

Christian Vogel von Vogelstein: Tieck im Dresdner Umfeld

Der bedeutendste Dresdner Porträtist seiner Zeit, Christian Vogel von Vogelstein, war seit langem mit David d'Angers befreundet und hatte diesen 1830 in Paris porträtiert. Daß er ihm sein Atelier zur Verfügung stellte, beruhte also auf älteren Kontakten. Den Moment der Vollendung von Davids Schöpfung hielt er in einem Bild fest, das als bedeutungsvolles Zeugnis der europäischen Romantik in drei Varianten sowie durch Stahlstiche verbreitet wurde.

Die erste Version (Leipzig, Museum der bildenden Künste; Maaz 2004, Abb. 13) zeigt David modellierend, während er am Mund der nahezu vollendeten Büste retuschiert, also bezeichnenderweise eben an jenem Organ, durch das der Vorleser Tieck ganz direkt auf seine Bewunderer wirkte. Rechts sitzt der etwas gichtig-bucklige Tieck im hochgeschlossenen Mantel, die linke Hand auf der Armlehne, wie man es auch von Davids Statuette kennt, die rechte einem Kind reichend, bei dem es sich der Tradition zufolge um den Sohn Vogels handelt. Ein weiterer persönlicher Bezug wird durch Tiecks Tochter hergestellt, die hinter dem Vater steht, eine Hand im Buch, als habe sie gerade eine die Zeit vertreibende Vorlesung unterbrochen. Während Tieck so in menschlich-familiäre Kontakte eingebunden erscheint, steht hinter ihm der Karton zu Vogels Deckengemälde *Mariä Himmelfahrt*, das er für die Pillnitzer Schloßkapelle ausführte: Man kann dies als mehrfachen Verweis deuten, erstens auf Vogels Œuvre, zweitens auf Dresden und den Hof als Kunstförderer, drittens als Hinweis auf die Rezeption christlicher Sujets in den frühromantischen Texten Tiecks. Auch die übrige Ausstattung ist gezielt eingesetzt: Rechts oben das Selbstbildnis Raffaels als ewiggültiges Vorbild, links die Statuette Peter Vischers: hier die altdeutsche Tradition und da die italienische Renaissance, hier die Plastik und dort die Malerei. Diese Anklänge des alten Paragone-Streits werden explizit vertieft, indem nicht nur David als Bildhauer das Porträt Tiecks ausführt, sondern links am Rande auch Vogel von Vogelstein hinter seiner hochformatig aufgestellten Leinwand hervortritt und Tieck porträtierend mustert: Wenn Malerei und Skulptur solchermaßen im Wettstreit stehen, wird der Dargestellte zu einer Berühmtheit und werden Ort und Zeit – Dresden 1834 – nobilitiert zu einem auratischen, einem welthistorischen Moment (Abb. 6).

Die erste Fassung weist im Hintergrund drei Gäste auf, nämlich Otto Magnus von Stackelberg, Carl Gustav Carus und Graf Baudissin. Die zweite Version mit den Assistenzfiguren Karl August Böttiger, Karl Förster und Baron von Ungern-Sternberg wurde für den Russen Studienko aus Kiew ausgeführt (und durch Stahlstiche von H. Payne verbreitet). Für die dritte, in den Besitz des Prinzen Johann Georg von Sachsen gelangte Ausführung wurde das Personal der ersten wiederholt, doch war Carus durch den Kupferstecher Moritz Steinla ersetzt worden. Offenbar sollten immer wieder andere Personen zum Zeugen des so bedeutenden Moments der deutsch-französischen Kulturbegegnung und des Paragone-Streits erhoben werden.

Das Bildnis Tiecks, an dem Vogel malt, läßt sich mit großer Sicherheit identifizieren: Aus dem Nachlaß Raumers, der zum Freundeskreis Tiecks gehörte, gelangte 1873 das lebensgroße Porträt Tiecks von Vogel von Vogelstein als Sitzfigur in die Nationalgalerie (1835), wo man den Stuhl wiedererkennt, auf dem er für Davids Büste Modell saß und auf dem man einen ähnlichen Teppich findet, jedoch einen anderen Hintergrund (Nationalgalerie 1977, Abb. S. 435). Vogel translozierte den Dichter hier imaginär in dessen eigene Wohnung und ließ ihn vor der kostbaren Bibliothek posieren, die Tieck später aus finanziellen Gründen verkaufte (siehe den Beitrag *Tiecks Bibliothek* in Kap. 2). Dieses Gemälde wurde 1974 einer Briefmarke der deutschen Post (mit 40 Pfennigen Nominalwert) zugrundegelegt und prägt Tiecks Image damit bis heute.

Der reife, der alternde Dichter

Tieck rückte gegen Ende seines Lebens zu einer Persönlichkeit des öffentlichen Lebens auf, die auf Gesellschaftsszenen wie jener von Franz Krüger nicht fehlen durfte: *Die Huldigung an Friedrich Wilhelm IV. vor dem Schloß zu Berlin (1840)* (Stiftung Preußische Schlösser und Gärten Berlin-Brandenburg, 1844). Hier ist der ordensgeschmückte Tieck gemeinsam mit Alexander von Humboldt, Christian Daniel Rauch, Peter von Cornelius, den Brüdern Grimm, Friedrich Wilhelm Schelling, Giacomo Meyerbeer in einer Reihe zu sehen (Weidemann 1927, Abb. S. 142), obgleich er erst 1842 von Dresden nach Preußen übersiedelte. Die Vorzeichnung hierfür befindet sich im Berliner Kupferstichkabinett (Inv. Nr. 362). Auch in Porträtalben war seine Präsenz obligatorisch, so etwa bei Wilhelm Hensel, der ihn am Lesepult zeigt (Hensel 1981, Abb. S. 48).

Neben Robert Schneiders Bildnis Tiecks (Günzel, Abb. zu S. 433) gibt es aufschlußreiche Porträts wie das von Josef Stieler von 1838 (Stiftung Preußische Schlösser und Gärten Berlin-Brandenburg): Der im Lehnstuhl sitzende, aufmerksam blickende Tieck legt hier die rechte Hand an den Kehlkopf, was wieder als Verweis auf seine Stimme und damit auf seine Vorlesertätigkeit zu deuten ist; in der Linken hält er ein aufgeschlagenes Buch. Dieses Gemälde (Abb. 7) erwarb Friedrich Wilhelm IV. von Preußen für die Bildnisserie der Träger des Ordens *Pour le mérite* (Hase 1971, Kat.-Nr. 181 mit Abb.).

In den literarischen Fehden der Zeit lag es nahe, daß Tieck auch zum Gegenstand von Karikaturen wurde: Alexander von Ungern-Sternberg charakterisierte ihn als überlebten Zeitgenossen mit verstimmter Leier, indem er ihm mit Cornelius und Schelling zwei weitere Unzeitgemäße zur Seite stellt. Als unfreiwillig Gebeugter tritt er in einer anderen Karikatur vor den mäzenatischen König seiner späten Jahre, vor Friedrich Wilhelm IV. (Günzel, zwei Abb. zu S. 432). Eine etwas ältere Medaille von Karl Reinhard Krüger, die auf Friedrich Tiecks erster Büste des Bruders beruht und rückseitig einen emblematischen Adler mit Lyra zeigt, dürfte eine zu dieser Zeit schon veraltete Sichtweise gespiegelt haben (ein Silberexemplar im Münzkabinett Berlin).

Das vielleicht letzte Altersbildnis von Tieck entstand in Gestalt einer – damals modernen – Daguerreotypie. Es wurde durch J. Lindner in einer Radierung vervielfältigt und ziert eine spätere Werkausgabe (Witkowski o. J., Frontispiz). Hier zeigt sich der Dichter von Alter und Krankheit geplagt, verkrümmt in einem Stuhl sitzend, den Kopf schräger gelegt denn je zuvor und aufs Brustbein gesenkt, das Haar strähnig in die Stirn fallend: Der Glanz der Blütejahre war gebrochen.

Die ehemals im Dresdner Stadtmuseum aufbewahrte Totenmaske – 1853 von einem Unbekannten abgenommen und vermutlich die erste Ausformung – ist verschollen; erhalten ist nur das eindrückliche Exemplar des Hohenzollernmuseums in Sanssouci (ehemals Berlin, Nationalgalerie). Die Berliner Gipsformerei bietet modifizierte Abgüsse dieser Maske an, die durch das halboffene linke Auge und die vorkragende Unterlippe etwas skurril wirkt. Sie sind auf einem runden Büstenfuß montiert und können als bescheidenste Form einer denkmalgleichen Verewigung und Aufsockelung verstanden werden (Abb. 8).

LITERATUR

Hase 1971: Hase, Ulrike von: Joseph Stieler 1781–1858. Sein Leben und sein Werk. Kritisches Verzeichnis der Werke, München 1971.
Hensel 1981: Preußische Bildnisse des 19. Jahrhunderts. Zeichnungen von Wilhelm Hensel, Berlin 1981.
Jouin 1890: Jouin, Henri: David d'Angers et ses relations littéraires. Correspondance, Paris 1890.
Gipsformerei 2003: Katalog der Gipsabgüsse vom 18. bis zum frühen 20. Jahrhundert. Gipsformerei der Staatlichen Museen zu Berlin, Berlin 2003.
Maaz 1995: Maaz, Bernhard: Christian Friedrich Tieck, 1776–1851. Leben und Werk unter besonderer Berücksichtigung seines Bildnisschaffens, mit einem Werkverzeichnis, Berlin 1995.
Maaz 2004: Maaz, Bernhard: Vom Kult des Genies. David d'Angers' Bildnisse von Goethe bis Caspar David Friedrich, München/Berlin 2004.
Nationalgalerie 1977: Nationalgalerie Berlin, Staatliche Museen Preußischer Kulturbesitz. Verzeichnis der Gemälde und Skulpturen des 19. Jahrhunderts, Berlin 1977.
Singer 1934: Singer, Hans W.: Allgemeiner Bildniskatalog, Bd. 12, Leipzig 1934.
Singer 1938: Singer, Hans W.: Neuer Bildniskatalog, Bd. 4, Leipzig 1938.
Stephan/u. a. 2001: Stephan, Bärbel/Scherner, Antje/Nielsen, Astrid (Hg.): Hauptsache Köpfe. Plastische Porträts von der Renaissance bis zur Gegenwart aus der Skulpturensammlung, Dresden 2001.
Weidemann 1927: Weidmann, Walter: Franz Krüger. Der Mann und das Werk, Berlin 1927.
Witkowski o. J.: Witkowski, Georg (Hg.): Ludwig Tiecks ausgewählte Werke in vier Bänden, Leipzig o. J. [um 1900].

Tieck in der bildenden Kunst
(Runge, Friedrich, Nazarener)

Martin Dönike

Die Annahme, daß die frühromantische Literatur einen entscheidenden Einfluß auf die zeitgenössische bildende Kunst ausgeübt habe, wurde zuerst im Kreis der Weimarer Kunstfreunde formuliert: Bereits 1805 hatte Goethe in einer Rezension des Polygnot-Werkes der beiden im Jahr zuvor zum katholischen Glauben übergetretenen Malerbrüder Franz (Friedrich) und Johannes (Christian) Riepenhausen von dem »klosterbrudrisierende[n], sternbaldisierende[n] Unwesen« gesprochen, »von welchem der Kunst mehr Gefahr« drohe, »als von allen Wirklichkeit fodernden Calibanen« (Goethe 1985–1998, 6.2, S. 537; dazu Kemper 1993). Im selben Jahr schrieb Carl Ludwig Fernow aus Weimar an den in Rom lebenden Maler Johann Christian Reinhart über eine

> Art von Hernhutersecte, die sich seit einiger Zeit in Deutschland unter den Künstlern und Liebhabern und Aesthetikern gebildet hat, von der Tieck und die Schlegels als die Stifter und Großmeister zu betrachten sind; die da wollen, die Künstler sollen nichts als Madonnenbilder, Cruzifixe, Martyrergeschichten und Legendenwunder malen; [...]«. (Zit. nach Benz 1940, S. 115)

1817 schließlich erschien in der Zeitschrift *Über Kunst und Altertum* der berühmt-berüchtigte, von Johann Heinrich Meyer in enger Zusammenarbeit mit Goethe verfaßte Aufsatz *Neudeutsche religios-patriotische Kunst*, der die ausführlichste und zugleich schärfste Kritik an der romantischen Bildkunst darstellt. Bei seinem Versuch, die Genese des »altertümelnden« Kunstgeschmacks zu rekonstruieren, kommt Meyer u. a. auch auf die romantischen »Gelehrte[n]« und »Dichter« zu sprechen, die sich mit den Künstlern in einer für die »echte Geschmacksbildung« »schädliche[n]« Weise verbunden hätten (Goethe 1985–1998, 11.2, S. 327f.). Neben einigen Gedichten August Wilhelm Schlegels (v. a. *Bund der Kirche mit den Künsten*, 1800) sowie den Aufsätzen in Friedrich Schlegels Zeitschrift *Europa* (1803–1805) seien es vor allem drei mit dem Namen Tieck aufs engste verbundene Werke gewesen, die den sich unter den Künstlern bereits andeutenden »Hang, die Vorliebe für alte Meister und ihre Werke« (ebd., S. 325), befördert hätten: die von Tieck im Jahre 1796 herausgegebenen *Herzensergießungen eines kunstliebenden Klosterbruders* Wilhelm Heinrich Wackenroders, Tiecks eigener Roman *Franz Sternbalds Wanderungen* von 1798 sowie nicht zuletzt die von ihm nach Wackenroders Tod herausgegebenen *Phantasien über die Kunst* von 1799 (ebd., S. 326f.; vgl. auch die zustimmende Bemerkung des zeitgenössischen Kunsthistorikers J. D. Fiorillo, in: Fiorillo 1820, S. 83f.).

Gegen Meyers Einschätzung der prägenden Bedeutung der romantischen Literatur für die Entwicklung der bildenden Kunst wurde bereits von seinen Zeitgenossen Einspruch erhoben: So hat der Bibliothekar und Germanist Bernhard Joseph Docen in seiner 1819 erschienenen Rezension des Meyerschen Aufsatzes zu Recht darauf hingewiesen, daß »der echte Keim und Trieb zu solchen Gesinnungen«, wie sie sich in den romantischen Werken formuliert finden, »weit früher schon (1773ff.) durch Göthe selbst, in einzelnen Ergießungen in Prose und Versen, dann, auf verwandtem Wege, durch Herder, Hamann, Math. Claudius, selbst Lavater, gelegt worden war« (Docen 1819, S. 279). Dies mag zugleich erklären, warum ausgerechnet Goethe von den in Rom lebenden deutschen Künstlern für den Verfasser der *Herzensergießungen* gehalten werden konnte (Bury 2007, S. 95). Noch grundsätzlicher hat der mit Tieck wie auch mit den Brüdern Riepenhausen befreundete Kunsthistoriker Carl Friedrich von Rumohr die »Meinung, daß alle die mannigfaltigen Kunstbestrebungen, in welchen neuere Deutsche sich hervorgethan, in der gleichzeitigen Litteratur ihren Ursprung genommen haben«, bestritten. Er plädiert dagegen für eine von literarischen Vorgaben unabhängige Entstehung der romantischen Kunst, deren »verschiedene Richtungen« sich »überall früher bei Künstlern, als bei denjenigen Schriftstellern, welche sie in Worten angedeutet oder scharf ausgeprägt haben«, gezeigt habe (Rumohr 1841, S. 371f.; vgl. Rumohr 1832, S. 64f.). Gleichwohl, und dies räumt auch Rumohr ein, dürfte nicht zu bestreiten sein, daß die romantischen Künstler die Schriften der zeitgenössischen Autoren zur Kenntnis genommen und sich mit ihnen auseinandergesetzt haben. Statt einen direkten und das heißt einseitigen Einfluß der romantischen Literatur auf die bildende Kunst zu unterstellen (so etwa Lippuner 1965), empfiehlt es sich deshalb, von einem beiderseitigen Verhältnis auszugehen, in dessen Rahmen Künstler und Schriftsteller sich gegenseitig anregen, eigene Gedanken bei der jeweils anderen Seite wiederfinden (oder wiederzufinden glauben) und so gemeinsam an der Entwicklung einer romantischen Ästhetik beteiligt sind, wobei produktive Mißverständnisse eher die Regel als die Ausnahme zu sein scheinen. Dies gilt insbesondere im Falle Ludwig Tiecks, der sich schon relativ bald von den gemeinsam mit Wackenroder formulierten Positionen zu distanzieren begann (vgl. Décultot 1996, S. 152f.; siehe den Beitrag *Wackenroder* in Kap. 1), dessen häufig selektiv gelesenes Frühwerk den jungen Künstlern gleichwohl immer wieder als Inspiration dienen sollte.

Philipp Otto Runge

Über die gut dokumentierte Beziehung Tiecks zu dem vier Jahre jüngeren Maler Philipp Otto Runge ist seit Krebs' Monographie (Krebs 1909) viel und durchaus kontrovers geschrieben worden (Überblick bei Traeger 1975, S. 18). Grundsätzlich dürfte jedoch der Einschätzung Jörg Traegers zu folgen sein, der davor warnt, Tiecks Bedeutung für Runge zu über-, aber auch zu unterschätzen. Er plädiert dafür, Tiecks »zunächst nur literarische, dann auch persönliche Wirkung hauptsächlich im Sinne eines Katalysators« zu begreifen (ebd.). Noch vor ihrer ersten Begegnung im Jahre 1801 hatte Runge in Hamburg Tiecks *Franz Sternbalds Wanderungen* gelesen und dem befreundeten Johann Heinrich Besser gestanden, daß ihn »nie etwas so im Innersten [s]einer Seele ergriffen« habe »wie dies Buch« (Runge 1840–1841, 2, S. 9). Allem Anschein nach verschaffte der Roman dem damals noch »unsicher Suchenden in einer Phase innerer Unruhe und in der Vorahnung neuer Entwicklungen Klarheit über den einzuschlagenden Weg«, und tatsächlich stimmen manche Motive Runges bis in die Spätzeit mit solchen von *Sternbald* überein (Franke 1974, S. 82ff.; Traeger 1975, S. 18). Auch scheinen Runges späterhin in Dresden entwickelte allegorische Landschaftstheorie sowie insbesondere das Konzept der »musikalischen Landschaft« von entsprechenden Schilderungen in *Sternbald* zumindest angeregt zu sein (Lankheit 1951, S. 61–64, 66–71; Décultot 1995; Décultot 1996, S. 159–213). Daß Runge mit den *Herzensergießungen eines kunstliebenden Klosterbruders* sowie mit den *Phantasien über die Kunst* zu diesem frühen Zeitpunkt bereits ebenfalls in Berührung kam, ist anzunehmen.

Im November 1801 lernte Runge den Dichter in Dresden persönlich kennen, wobei es ihm gelang, seine Aufmerksamkeit auf sich zu ziehen. Während der »mannichfaltigen Gespräche«, die sie »über so manche Seiten der Kunst und des Gemüthes« führten (Tieck an Runge, 24. Februar 1804; Runge 1840–1841, 2, S. 264), brachte Tieck dem Maler außer den eigenen auch die Kunstansichten Wackenroders und Novalis' nahe und vermittelte ihm darüber hinaus neben Einblicken in die ältere deutsche Literatur (wie etwa in das Nibelungenlied; siehe den Beitrag ›Altdeutsche‹ Literatur in Kap. 2) vor allem die Kenntnis Jakob Böhmes, dessen mystisches Polaritäts- und Trinitätsdenken Runges Schaffen tief beeinflußt hat (Möseneder 1981; siehe den Beitrag *Religion* in Kap. 2).

Die gleichwohl »selbständige Ausgangsposition« (Traeger 1975, S. 19) Runges zeigt sich u. a. an dem tiefen Eindruck, den sein bereits vor ihrem ersten Zusammentreffen konzipiertes Gemälde *Triumph des Amor* (Hamburg, Kunsthalle; vgl. Abb. 9) bei dem Dichter hinterließ: Tieck sah in dem Bild »einen Leitfaden zu schönen Träumen« und erklärte, daß dies »am Ende die Kunst« sei, »die jetzt entstände und entstehen müsse« (Runge 1840–1841, 2,

S. 100, 102, 116). Im Hinblick auf diese gerade erst im Entstehen begriffene ›Kunst der Zukunft‹ hatte der Austausch mit Tieck nicht nur für Runge, sondern allem Anschein nach auch für den Dichter selbst anregende wie klärende Bedeutung. In ihrem gegenseitigen Verhältnis verstand Runge sich dabei als »gleichsam die executive Gewalt«: »Ohne Tieck würde ich mich vielleicht in die Practik und die Virtuosität vertiefen und darin verlieren [...]; und ohne mein Aussprechen könnte Tieck sich in seinem Gemüth verlieren: darin sind wir einig« (an Daniel Runge, 23. März 1803; ebd., 1, S. 38). Anlaß dieser Einschätzung Runges war Tiecks ebenso überraschte wie fassungslose Reaktion auf die vier Zeichnungen der *Tageszeiten* (Hamburg, Kunsthalle; Abb. 10–13), die der Maler ihm Ende Februar 1803 präsentiert hatte:

> Wie ich in Ziebingen Tieck meine Zeichnungen zeigte, war er ganz bestürzt; er schwieg stille, wohl eine Stunde, dann meynte er, es könne nie anders, nie deutlicher ausgesprochen werden, was er immer mit der neuen Kunst gemeynt habe; es hatte ihn aus der Fassung gesetzt, daß das, was er sich doch nie als Gestalt gedacht, wovon er nur den Zusammenhang geahnet, jetzt als Gestalt ihn immer von dem ersten zum lezten herumriß [...]. (Ebd., 1, S. 36)

Das gemeinsam geplante Projekt, die *Tageszeiten* mit einem poetischen Kommentar bzw. einem interpretierenden Dialog zu ergänzen, wurde von Tieck allerdings trotz seines Eingeständnisses, daß Runges »Bestreben durchaus neu« und »ein neuer Fortschritt in der Kunst« sei, aufgegeben (ebd., 2, S. 263). Dieser Sinneswandel dürfte seinen Grund zum einen in Tiecks in diese Zeit fallende Hinwendung zu historischen Studien bei gleichzeitiger Abwendung von Fragestellungen der Jenaer Zeit haben. Zugleich scheint sich aber bereits hier anzudeuten, daß Tieck offenbar nicht bereit war, der ›neuen‹, von ihm zwar mitangeregten, ihm mittlerweile jedoch allzu hermetisch erscheinenden Kunst Runges bis in ihre letzten Konsequenzen zu folgen. Ganz in diesem Sinne läßt Tieck in seiner auf der Grundlage von Tagebuchaufzeichnungen aus dem Jahre 1803 entstandenen Novelle *Eine Sommerreise* (1834) die Figur des Walther von Reineck über die *Tageszeiten* Runges bemerken, daß »in diesen Bildern manches« sei, »was Runge wohl nur allein versteht«, und es »zu fürchten« sei, »daß bei seiner verbindenden reichen Phantasie er noch tiefer in das Gebiet der Willkür geräth und er die Erscheinung selbst als solche zu sehr vernachlässigen möchte« (S 23, S. 18f.). Auch wenn Tieck der künstlerisch radikalisierten Verwirklichung seiner eigenen Vorstellungen durch Runge somit letztlich mehr oder weniger verständnislos gegenüberstand (vgl. Nabbe 1989, S. 34), ist es keineswegs zu einem Bruch zwischen Dichter und Maler gekommen. Ihre mittlerweile unterschiedlichen, einerseits zum Historischen-Philologischen, andererseits zum Zeitlos-Universellen neigenden Interessen sind in Tiecks *Minnelieder aus dem Schwäbischen Zeitalter* (1803) eingegangen, zu denen Runge fünf Vignetten beisteuerte, die der Bildwelt seiner *Tageszeiten* entstammen (vgl. Abb. 14): Diese illustrieren den Text nicht, sondern zielen vielmehr darauf ab, in von Jakob Böhme inspirierten hieroglyphischen Andeutungen den poetischen Geist der von Tieck bearbeiteten Minnelieder sinnlich zu evozieren (vgl. Stubbe 1973, S. 533f.; siehe den Beitrag *Poetologische und kritische Schriften von 1792 bis 1803* in Kap. 3).

Caspar David Friedrich

Anders als im Fall Runges ist über die Beziehungen Tiecks zu Caspar David Friedrich, der seit 1798 ebenfalls in Dresden lebte, so gut wie nichts bekannt. Hinweise auf eine Begegnung finden sich weder bei Tieck noch bei Friedrich. In seiner Tieck-Biographie aus dem Jahre 1855 berichtet Köpke zwar, daß der Dichter bereits während seines ersten Dresdner Aufenthalts neben Ferdinand Hartmann und Runge auch Friedrich kennengelernt habe (Köpke 1, S. 294). Aller Wahrscheinlichkeit nach dürfte diese Information jedoch aus Tiecks zwar auf Tagebuchaufzeichnungen aus dem Jahre 1803 basierender, gleichwohl aber fiktionaler Novelle *Eine Sommerreise* stammen, in der die Figur Walther von Reinecks über seine Bekanntschaft mit den drei genannten Malern berichtet und Friedrich als einen »sehr poetischen eigenthümlichen Landschaftsmaler« charakterisiert: Auch wenn ihn dessen »wahrhaft wunderbare Natur [...] heftig ergriffen« habe, sei ihm doch »[v]ieles in seinem Wesen dunkel geblieben « (S 23, S. 17f., dazu Paulin 1983). Wie schon bei Runge wird in der *Sommerreise* auch mit Blick auf die Kunst Friedrichs von der Gefahr eines Abgleitens in das »Gebiet der Willkür« gesprochen. Noch 1815, in seiner biographischen Vorrede zu Novalis' *Schriften*, hatte Tieck Friedrich hingegen als »vortreffliche[n] Landschaftsmaler« bezeichnet, der »aus eignem reichen poetischen Gemüth« Novalis' undeutliche Ansichten nach dessen Tod »großentheils wirklich gemacht« habe (vgl. Novalis 1960–1975, 4, S. 559; dazu Koerner 1998, S. 29f.).

Auch wenn Tieck eine offenbar zwiespältige bis skeptische Meinung über die Kunst Friedrichs hatte und dieser selbst den Namen des Dichters in seinen Aufzeichnungen und Briefen kein einziges Mal erwähnt, ist immer wieder der durchaus naheliegende Versuch unternommen worden, Einflüsse des Dichters auf den Maler nachzuweisen. Dies betrifft zunächst einmal motivische Übernahmen und reicht von in der Tat ins Auge fallenden Ähnlichkeiten wie etwa dem in *Sternbald* beschriebenen, ein Kreuz im Gebirge darstellenden Landschaftsbild (Thalmann 1, S. 893), das Friedrich zu seinem *Tetschener Altar* von 1807/08 inspiriert haben könnte (Abb. 15; vgl. Eberlein 1920, S. 58; Décultot 1996, S. 127f.; Koerner 1998, S. 152f.; Busch 2003, S. 38), bis hin zu der in ihrer Allgemeinheit wenig überzeugenden Behauptung, daß Tieck »Friedrichs Schöpfungen seit 1803 den Stempel« aufgedrückt habe bzw. die »Sternbaldlandschaften in vielem die Thematik der romantischen Landschaftsmalerei« vorweggenommen hätten (Sigismund 1920, S. 208f.; Matzner 1971, S. 148–156 mit einem langen Katalog von Gebirgslandschaften, Waldlandschaften, Flußlandschaften etc., die Friedrich als Anregung gedient hätten; zurückhaltender dagegen Vaughan 2004, S. 55f.). Die Vermutung, daß das idealisierende Gewand in Friedrichs Selbstbildnis aus dem Jahre 1810 (Berlin, Nationalgalerie) vielleicht als »eine Art Mönchsgewand« gemeint sein könnte (so schon Börsch-Supan/Jähnig 1973, S. 305), ist von Koerner wiederum mit Wackenroder/Tiecks *Herzensergießungen eines kunstliebenden Klosterbruders* in Verbindung gebracht und dahingehend gedeutet worden, daß der Maler, indem er ein »Selbstbildnis als Mönch« geschaffen habe, »sich sowohl der seiner Kunst entsprechenden romantischen Empfindung anschließen [...] als auch seine persönliche Abkehr von der Welt durch das Vorbild der christlichen *askesis* legitimieren« konnte (Koerner 1998, S. 83).

Jenseits solch motivischer Beobachtungen hat man zudem auf den Einfluß von Tiecks »christlicher Naturmythologie« (Schrade 1931, S. 71–89), auf seine u.a. in den *Phantasien über die Kunst* formulierte synästhetische Kunstauffassung (Verwiebe 2006, S. 342f. mit Blick auf Friedrichs Wunsch, die Wirkung von vier Transparentbildern durch Musikbegleitung zu erhöhen) sowie nicht zuletzt auf die Bedeutung seines in *Sternbald* entwickelten allegorischen Kunstverständnisses für Friedrichs Landschaftsauffassung hingewiesen (Décultot 1996, S. 125–129; Koerner 1998, S. 155–158). Daß bereits die Zeitgenossen eine Beziehung zwischen Friedrichs Landschaftskunst und dem vermeintlichen ›Mystizismus‹ Tiecks gesehen haben, zeigt u.a. die berühmte, 1809 erschienene Kritik Friedrich Wilhelm Basilius von Ramdohrs an Friedrichs *Kreuz im Gebirge*, die ganz offensichtlich »die Naturauffassung eines Tieck im Visier« hat (Busch 2003, S. 39f.; vgl. Koerner 1998, S. 64). Im Hinblick auf Friedrichs v.a. von Schleiermachers *Reden über die Religion* geprägte protestantische Bildtheologie darf schließlich die mögliche Rolle Tiecks als Vermittler nicht unterschätzt werden (Busch 2003, S. 39f.).

Die Brüder Riepenhausen, Lukasbund und Nazarener

Mit den 1806 erschienenen vierzehn Illustrationen der beiden Brüder Franz und Johannes Riepenhausen (1786–1831 bzw. 1789–1860) zu Tiecks *Leben und Tod der heiligen Genoveva* läßt sich zum ersten Mal eine spezifisch katholische Rezeption Tiecks greifen, auf die Goethes eingangs zitierte Kritik am »klosterbrudrisierenden und sternbaldisierenden Unwesen« abzielte und die einige Jahre später in der Kunst der Lukasbrüder bzw. Nazarener kulminieren sollte (Paulin 1978, S. 44f. mit Hinweis auf die Genoveva-Darstellungen bei den Nazarenern Joseph Führich und Philipp Veit; Brunsieck 1994, S. 160–166). Auffallend ist, daß Tieck den Illustrationen der Riepenhausen (vgl. Abb. 16) von Anfang an zurückhaltend begegnet ist: Äußerungen Tiecks zu dem Zyklus, der mit der Intention seines eigenen Textes nur noch wenig zu tun hat und in dessen von Christian Schlosser verfaßtem Begleittext sein Name konsequenterweise verschwiegen wird, sind nicht überliefert. Und obwohl Tieck und die Riepenhausen 1805/06 als Begleiter Carl Friedrich von Rumohrs mehrere Monate gemeinsam in Rom verbrachten, scheint es zu einer wirklichen Annäherung zwischen Dichter und Künstlern, die er wohl bereits 1804 kennengelernt hatte, nicht gekommen zu sein.

Ähnlich zurückhaltend, ja ablehnend stand Tieck dem religiös motivierten Streben der Maler des 1809 in Wien gegründeten Lukasbundes (Friedrich Overbeck, Franz Pforr u.a.) gegenüber, die bildende Kunst aus dem Geist des Christentums sowie im Rückgriff auf die Werke altdeutscher und früher italienischer Meister zu erneuern (Gallwitz 1981; Frank 2001; Hollein/Steinle 2005). Als Inspiration und literarische Muster dienten ihnen dabei v. a. Tiecks *Sternbald*-Roman sowie die *Herzensergießungen eines kunstliebenden Klosterbruders*, deren Kunstfrömmigkeit sie nach ihrer Übersiedlung nach Rom als Bewohner des leerstehenden Franziskanerklosters Sant'Isidoro geradezu demonstrativ nacheiferten (Heise 1999, S. 27–38, 102–106; Fastert 2000, S. 31–41, 238f.). Zu der in Rom bald auch unter dem auf ihre lange Haartracht anspielenden Spottnamen Nazarener bekannt gewordenen Gruppe stießen von 1811 an zahlreiche weitere junge Maler aus Deutschland, unter ihnen Philipp Veit, Peter von Cornelius, Julius Schnorr von Carolsfeld, Wilhelm Schadow und Carl Philipp Fohr. Der eigenwillige Zugriff nazarenischer Künstler auf das mittlerweile historische Frühwerk Tiecks wird u.a. an Gemälden wie Overbecks *Italia und Germania* (1811–1828, München, Neue Pinakothek) oder Pforrs nur in einer Radierung überlieferter Darstellung *Dürer und Raffael vor dem Thron der Kunst* (um 1810, Abb. 17) deutlich, die sowohl die Vereinigung der Kunstprinzipien von Nord und Süd als auch die moralischen Prinzipien der Bescheidenheit, Demut und Innerlichkeit in programmatischer Absicht vor Augen führen (Grewe 2006, S. 400, 404f.).

Tieck selbst hat die Versuche, das literarische Klosterbruder- und Sternbaldideal in die künstlerische und lebensweltliche Praxis umzusetzen, als Mißverständnis gewertet und sich von den Nazarenern ausdrücklich distanziert (vgl. Décultot 1996, S. 150–154): Als er 1814 die *Phantasien über die Kunst* neu herausgab, schrieb er den nach früherer Aussage von ihm selbst stammenden, ihm nun aber offenbar allzu nazarenisch anmutenden *Brief eines jungen deutschen Malers in Rom* Wackenroder zu (zur Autorschaft vgl. Wackenroder 1,

Kommentar, S. 285f.); in seinen *Kritischen Schriften* warnte Tieck gleichzeitig davor, die aus der Zeit vor der höchsten Vollendung der Kunst stammenden alten Gemälde zu überschätzen, die »mechanische Ungeschicklichkeit« ihrer Ausführung für »Ausdruck des Gemüthes« zu halten und »ein Mittelalter, wie es nie war«, wiederholen zu wollen (KS 1, S. 239f. und 254; KS 2, S. 157). In seiner Novelle *Die Gemälde* von 1821 schließlich ironisierte er in der Figur des im »altdeutschen Rocke« gekleideten jungen Malers Dietrich den seiner Meinung nach allzu naiven Kunstenthusiasmus der Nazarener (Thalmann 3, S. 19, 22–25). Nicht zuletzt gehört in diesen Kontext auch die von Tieck im Jahre 1816 beabsichtigte Überarbeitung des Romans *Franz Sternbalds Wanderungen*, der offenbar eine mehr historische und damit weniger leicht auf die Gegenwart zu übertragende Perspektive erhalten sollte. Die junge Malergeneration indes ließ sich von diesen Vorbehalten Tiecks gegenüber ihren Bestrebungen nicht beirren. Auf von ihm selbst unvorhergesehene und zudem ungewollte Weise sollte Tiecks Frühwerk somit zum Referenzpunkt einer bis in die 1840er Jahre erfolgreichen Kunstrichtung werden, deren Einfluß nicht nur in Deutschland, sondern auch in Italien (etwa bei Tommaso Minardi und den Künstlern des Purismo), in Frankreich (bei Jean-Auguste-Dominique Ingres) und in England (bei William Dyce und den Präraffaeliten um Dante Gabriel Rossetti, Holman Hunt und Everett Millais) zu spüren war (Andrews 1964, S. 71–85; Fastert 2006, S. 396–400).

LITERATUR

Andrews 1964: Andrews, Keith: The Nazarenes. A Brotherhood of German Painters in Rome, Oxford 1964.
Benz 1940: Benz, Richard: Goethe und die romantische Kunst, München 1940.
Börsch-Supan/Jähnig 1973: Börsch-Supan, Helmut/Jähnig, Karl Wilhelm: Caspar David Friedrich. Gemälde, Druckgraphik und bildmäßige Zeichnungen, München 1973.
Brunsiek 1994: Brunsiek, Sigrun: Auf dem Weg der alten Kunst. Der »altdeutsche Stil« in der Buchillustration des 19. Jahrhunderts, Marburg 1994.
Bury 2007: Bury, Friedrich: Briefe aus Italien an Goethe und Anna Amalia, hg. von Martin Dönike, Göttingen 2007.
Busch 2003: Busch, Werner: Caspar David Friedrich. Ästhetik und Religion, München 2003.
Décultot 1995: Décultot, Élisabeth: Das frühromantische Thema der musikalischen Landschaft bei Philipp Otto Runge und Ludwig Tieck. In: Athenäum 5 (1995), S. 213–234.
Décultot 1996: Décultot, Élisabeth: Peindre le paysage. Discours théorique et renouveau pictural dans le romantisme allemand, Tusson 1996.
Docen 1819: Docen, Bernhard Joseph: Neudeutsche, religiös-patriotische Kunst. Gegen die Weimarischen Kunstfreunde. In: Jahrbücher der Literatur 8 (1819), S. 277–299.
Eberlein 1920: Eberlein, Kurt Karl: Deutsche Maler der Romantik, Jena 1920.
Fastert 2000: Fastert, Sabine: Die Entdeckung des Mittelalters. Geschichtsrezeption in der nazarenischen Malerei des frühen 19. Jahrhunderts, München/Berlin 2000.

Fastert 2006: Fastert, Sabine: »Wenn man nur nicht so beständig von Besuchern belästigt wäre!« Die Nazarener in Rom. In: Rom – Europa: Treffpunkt der Kulturen 1780–1820, hg. von Paolo Chiarini und Walter Hinderer, Würzburg 2006, S. 381–400.

Fiorillo 1820: Fiorillo, Johann Dominicus: Geschichte der zeichnenden Künste in Deutschland und den vereinigten Niederlanden, Bd. 4, Hannover 1820.

Frank 2001: Frank, Mitchell Benjamin: German Romantic Painting Redefined. Nazarene Tradition and the Narratives of Romanticism, Aldershot 2001.

Franke 1974: Franke, Christa: Philipp Otto Runge und die Kunstansichten Wackenroders und Tiecks, Marburg 1974.

Gallwitz 1981: Gallwitz, Klaus (Hg.): Die Nazarener in Rom. Ein deutscher Künstlerbund der Romantik, Ausstellung in der Galleria Nazionale d'Arte Moderna, Rom 22. Januar–22. März 1981, München 1981.

Goethe 1985–1998: Goethe, Johann Wolfgang: Sämtliche Werke nach Epochen seines Schaffens, 21 Bde., hg. von Karl Richter in Zusammenarbeit mit Herbert Göpfert u.a., München 1985–1998.

Grewe 2006: Grewe, Cordula: Italia und Germania. Zur Konstruktion religiöser Seherfahrung in der Kunst der Nazarener. In: Rom – Europa: Treffpunkt der Kulturen 1780–1820, hg. von Paolo Chiarini und Walter Hinderer, Würzburg 2006, S. 401–425.

Heise 1999: Heise, Brigitte: Johann Friedrich Overbeck. Das künstlerische Werk und seine literarischen und autobiographischen Quellen, Köln/u.a. 1999.

Hollein/Steinle 2005: Hollein, Max/Steinle, Christa (Hg.): Religion, Macht, Kunst. Die Nazarener, Ausstellung Religion, Macht, Kunst. Die Nazarener, Schirn-Kunsthalle, Frankfurt 15. April–24. Juli 2005, Köln 2005.

Kemper 1993: Kemper, Dirk: Goethe, Wackenroder und das »klosterbrudrisirende, sternbaldisirende Unwesen«. In: Jahrbuch des Freien Deutschen Hochstifts (1993), S. 148–168.

Koerner 1998: Koerner, Joseph Leo: Caspar David Friedrich. Landschaft und Subjekt, München 1998.

Krebs 1909: Krebs, Siegfried: Philipp Otto Runges Entwicklung unter dem Einflusse Ludwig Tiecks. Mit 5 ungedruckten Briefen Tiecks, Heidelberg 1909.

Lankheit 1951: Lankheit, Klaus: Die Frühromantik und die Grundlagen der ›gegenstandslosen‹ Malerei. In: Neue Heidelberger Jahrbücher N. F. 20 (1951), S. 55–90.

Lippuner 1965: Lippuner, Heinz: Wackenroder/Tieck und die bildende Kunst. Grundlegung der romantischen Aesthetik, Zürich 1965.

Matzner 1971: Matzner, Johanna: Die Landschaft in Ludwig Tiecks Roman Franz Sternbalds Wanderungen. Ein Beitrag zu den Kunstanschauungen der Berliner Frühromantik und der Dresdner Maler Ph. O. Runge und C. D. Friedrich, phil. Diss. Heidelberg 1971.

Möseneder 1981: Möseneder, Karl: Philipp Otto Runge und Jakob Böhme. Über Runges Quelle und Dichter und den Kleinen Morgen. Mit einem Exkurs über ein Palmenemblem, Marburg 1981.

Nabbe 1989: Nabbe, Hildegard: Die geheime Schrift der Natur. Ludwig Tiecks und Philipp Otto Runges Auffassung der Hieroglyphe. In: Seminar 25 (1989), H. 1, S. 12–36.

Novalis 1960–1975: Novalis: Schriften. Die Werke Friedrich von Hardenbergs, 4 Bde., hg. von Paul Kluckhohn und Richard Samuel, 2., erweiterte und verbesserte Auflage, Stuttgart 1960–1975.

Paulin 1978: Paulin, Roger: Die Textillustrationen der Riepenhausens zu Tiecks Genoveva. Wirkungen der bildenden Kunst auf die Rezeption eines Werkes romantischer Literatur. In: Aurora 38 (1978), S. 32–53.

Paulin 1983: Paulin, Roger: Tiecks Empfindungen vor Caspar David Friedrichs Landschaft. In: Aurora 43 (1983), S. 151–159.

Rumohr 1832: Rumohr, Carl Friedrich von: Drey Reisen nach Italien. Erinnerungen, Leipzig 1832.

Rumohr 1841: Rumohr, Carl Friedrich von: Über den Einfluss der Litteratur auf die neueren Kunstbestrebungen der Deutschen. In: Athanasius Graf Raczynski: Geschichte der neueren

deutschen Kunst, übersetzt von Friedrich Heinrich von der Hagen, 3 Bde., Bd. 3, Berlin 1841, S. 371–382.
Runge 1840–1841: Runge, Philipp Otto: Hinterlassene Schriften, hg. von dessen ältestem Bruder, 2 Bde., Hamburg 1840–1841 (Reprint Göttingen 1965).
Schrade 1931: Schrade, Hubert: Die romantische Idee von der Landschaft als höchstem Gegenstande christlicher Kunst. In: Neue Heidelberger Jahrbücher N. F. 8 (1931), S. 1–94.
Sigismund 1920: Sigismund, Ernst: Caspar David Friedrich und seine Zeit. In: Dresdner Kalender 1920, hg. von Erich Gottschalch, Dresden 1920, S. 207–215.
Stubbe 1973: Stubbe, Wolf: Sinnpflanze und Paradiesgarten. Philipp Otto Runges ›Vignetten‹ zu Ludwig Tiecks Sammlung *Minnelieder aus dem Schwäbischen Zeitalter*. 1803. In: Intuition und Kunstwissenschaft. Festschrift für Hanns Swarzenski zum 70. Geburtstag am 30. August 1973, hg. von Peter Bloch, Tilmann Buddensieg, Alfred Hentzen und Theodor Müller, Berlin 1973, S. 523–540.
Traeger 1975: Traeger, Jörg: Philipp Otto Runge und sein Werk. Monographie und kritischer Katalog, München 1975.
Vaughan 2004: Vaughan, William: Friedrich, London 2004.
Verwiebe 2006: Verwiebe, Birgit: Erweiterte Wahrnehmung. Lichterscheinungen – Transparentbilder – Synästhesie. In: Caspar David Friedrich. Die Erfindung der Romantik, hg. von Hubertus Gaßner und Kyllikki Zacharias, Ausstellung Museum Folkwang, Essen 5. Mai–20. August 2006, Hamburger Kunsthalle 7. Oktober 2006–28. Januar 2007, München 2006, S. 337–344.

Wirkung auf dem Theater

Nina Birkner

Die unmittelbare Wirkung von Ludwig Tiecks Dramen auf dem Theater ist gering. Von seinen Stücken sind nur *Der gestiefelte Kater*, *Ritter Blaubart* und *Die verkehrte Welt* auf die Bühne gebracht worden. *Der gestiefelte Kater* wurde zuerst am 20. April 1844 auf Wunsch Friedrich Wilhelms IV. in Berlin aufgeführt, »ohne Publikum und Dichter zu befriedigen« (DKV 6, Kommentar, S. 1385). Es folgte eine weitere Vorstellung der Inszenierung am 22. April 1844 (Japp 1999, S. 102). Erst 1921 wurde die Komödie in der Regie von Jürgen Fehling an der Berliner Volksbühne wieder in Szene gesetzt. Tiecks *Verkehrte Welt* gelangte erstmals 1963 durch die Spielgruppe eines Berliner Gymnasiums auf die Bühne (Pestalozzi 1964, S. 141), 1975 inszenierte Günter Ballhausen das Drama am Schillertheater in Berlin (Greiner 1992, S. 267). Tiecks *Ritter Blaubart* wurde unter Karl Leberecht Immermann am 3. Mai 1835 in Düsseldorf uraufgeführt und am 1. Februar 1846 in Berlin, auf Betreiben des preußischen Königs, im Potsdamer Schloßtheater gezeigt (DKV 6, Kommentar, S. 1352f.). Am 1. Juni 1951 hatte das Stück in der Inszenierung von Jürgen Fehling im Münchner Residenztheater Premiere.

Tieck-Bearbeitungen

Neben den Bemühungen einzelner Regisseure, Tiecks Dramen aufzuführen, haben Robert Schumann und Tankred Dorst mit ihren Tieck-Bearbeitungen versucht, seine Stücke auf der Bühne zu etablieren.

Robert Schumann: *Genoveva* (UA 1850)

Robert Schumann unternimmt als erster den Versuch, Tiecks Dramen für die Bühne zu beleben. Seine Oper *Genoveva* konzipiert er *in vier Acten nach Hebbel und Tieck*. Aus einem Brief an Heinrich Dorn geht allerdings hervor, daß er sich weniger an Tiecks Trauerspiel *Leben und Tod der heiligen Genoveva* (1799) als an Hebbels *Genoveva*-Tragödie von 1843 orientiert hat, wenn er schreibt:

Genovevа! Dabei denken Sie aber nicht an die sentimentale. Ich glaube, es ist eben ein Stück Lebensgeschichte, wie es jede dramatische Dichtung sein soll; wie denn dem Text mehr die Hebbelsche Tragödie zum Grunde gelegt ist. – Doch das werden Sie alles am besten aus dem Buch und der Musik selbst herauslesen. (Ewert 2003, S. 137)

Daß der Einfluß von Tiecks Trauerspiel auf Schumanns Oper kaum zu spüren ist, haben schon kritische Zuhörer der Uraufführung moniert (Hellersberg 2004, S. 127). Allerdings ist dessen Vorlage z. B. für Schumanns Konzeption der Genoveva-Figur evident gewesen. Wie Tieck habe auch Schumann die Heiligenfigur »vermenschlicht«, während »Hebbel sie umgekehrt ins archetypisch Heilige radikalisiert« (Ewert 2003, S. 158).

Robert Schumanns einzige Oper gehört bis heute nicht zum kanonischen Opernrepertoire. Schon die Uraufführung im Leipziger Stadttheater konnte nur einen Achtungserfolg verzeichnen; nach insgesamt drei Vorstellungen wurde das Werk wieder abgesetzt.

Tankred Dorst: *Der Kater oder Wie man das Spiel spielt* (UA 1964)

Tankred Dorsts erstes, Ende der 1950er Jahre entstandenes Bühnenstück *Der Kater oder Wie man das Spiel spielt* ist eine modernisierte Bearbeitung von Tiecks *Der gestiefelte Kater*. Die Grundstruktur beider Komödien ist identisch. »Vorgeführt wird der Versuch eines Theaters, dies ›Kindermärchen‹ vor einem aufgeklärt-bürgerlichen Publikum aufzuführen. Die Aufführung kommt, wenn auch mit vielen Unterbrechungen, tatsächlich zustande, das Stück aber fällt durch« (Greiner 1992, S. 270). Im Gegensatz zu Tieck, der sich in seiner Literatursatire gegen den vorherrschenden Publikumsgeschmack seiner Zeit, insbesondere gegen die Stücke August Wilhelm Ifflands und August von Kotzebues wendet, kritisiert Dorst den ›bürgerlichen‹ Theaterzuschauer und die sozialkritische Dramatik der 1960er Jahre. Er richtet sich gegen ein Publikum, das weniger an der Kunst als vielmehr an der Selbstpräsentation interessiert ist, das sich gegen ästhetische Innovationen sperrt und statt dessen kritische, realistische und besinnliche Bühnenstücke fordert, die einer klassischen Dramaturgie verpflichtet sind (Dorst 1986, S. 12f.). Dorst zeigt die fiktiven Zuschauer als entindividualisierte Träger sozialer Rollen und tritt für ein antinaturalistisches Theater ein, das »den Schein, die Vorspiegelung, die Täuschung sozusagen, absolut setzt und das seine komödiantische Lust gerade daran entzündet, daß die Personen als Automaten, gleichsam als leere Hüllen reagieren« (Dorst 1986, S. 54).

Dorsts Drama wurde 1964 unter der Regie von Hans Lietzau am Hamburger Schauspielhaus uraufgeführt und wird seither vorwiegend von Laiengruppen nachgespielt. Die Opernfassung des Stücks (Musik: Günter Bialas) wurde 1975 erstmals von Günther Rennert inszeniert. 1978 fand die DDR-Erstaufführung der Oper in Berlin unter der Regie von Jaroslav Chundela statt.

Tiecks Dramen als Prototypen romantischer Theatertexte

Trotz der unerheblichen Anzahl von Tieck-Aufführungen und der wenig erfolgreichen Tieck-Bearbeitungen ist die Wirkung des Autors für das Theater nicht gering zu schätzen. Seine Theatertexte haben maßgeblich die Genese des Schicksalsdramas beeinflußt und gelten als Prototypen der ›parabatischen‹ Komödie und des romantischen Universaldramas.

Vorläufer des romantischen Schicksalsdramas

Für das romantische Schicksalsdrama kommt Tiecks Schauspielen *Der Abschied* (1792) und *Karl von Berneck* (1795) genrebildende Qualität zu. Beide Stücke gelten als Vorläufer dieses Dramentyps, der sich auf deutschen Bühnen insbesondere zwischen 1810 und 1825 großer Beliebtheit erfreut hat.

Unter dem Begriff Schicksalsdrama oder Schicksalstragödie sind all die Bühnenstücke zu fassen, in denen »eine übermächtige Größe (Gewalt, Kraft, Schicksal) in das menschliche Handeln eingreift und es in ihrem Sinne gegen die Intention der Protagonisten fügt« (Brauneck 1992, S. 834). Im Gegensatz zur antiken Tragödie und zum klassischen Drama besitzen die *dramatis personae* keine eingeschränkte Handlungsfähigkeit, sondern sind vollständig determiniert. Die meist einaktigen Tragödien folgen einem festen Handlungsschema. Das in vierfüßigen Trochäen gestaltete dramatische Geschehen, eine Familienkatastrophe, nimmt an einem verhängnisvollen Tag, dem *dies fatalis*, seinen Lauf. Oft »rührt es von einer bösen Tat [...] aus der Vergangenheit her, die sich periodisch wiederholt und sich durch mehrere Familiengenerationen hindurchzieht« (Fetzer 1994, S. 295). Als stereotype Motive sind der Verwandtenmord, die Rückkehr eines Totgeglaubten, ein inzestuöses Verhältnis oder die Schicksalsgläubigkeit der Figuren zu nennen (Minor 1883, S. III). »Unverzichtbar ist auch das sogenannte fatale Requisit, meist ein Schwert, Messer oder Dolch, mit dem im Verlauf des Dramas ein Familienangehöriger getötet wird« (Balhar 2004, S. 48f.).

Ludwig Tiecks *Der Abschied* weist, so Herbert Kraft, bereits typische Merkmale der romantischen Schicksalstragödie auf, etwa »die Beschränkung der dramatischen Handlung auf den Kreis der Familie« oder »das Vorkommen ›fataler‹ Requisiten«. Im Gegensatz zur späteren Schicksalstragödie sei der dramatische Ausgang aber noch nicht auf ein undurchschaubares Fatum, sondern auf die »unzureichend motivierten, unglücklichen« Umstände zurückzuführen (Kraft 1974, S. 52). Im Gegensatz zu *Der Abschied* ist die Katastrophe in *Karl von Berneck* nicht mehr Folge verhängnisvoller Zufälle, sondern die Figuren sind Opfer eines Familienfluchs.

Tiecks Dramen haben etwa die Schicksalsdramen von Zacharias Werner geprägt. In dessen Tragödie *Der vierundzwanzigste Februar oder Die Wirkung des Fluches* (1809) sind »vor allem die psychischen Hindernisse, die vor dem Verbrechen am eigenen Sohn schützen könnten«, analog zu Tiecks Drama *Der Abschied* gestaltet (DKV 1, Kommentar, S. 959). Auch Ernst von Houwalds Tragödie *Die Heimkehr* (1818) und Theodor Körners Einakter *Die Sühne* (1812) weisen große Parallelen zu *Der Abschied* auf (DKV 1, Kommentar, S. 960).

Die Literatursatiren als Prototypen der ›parabatischen‹ Komödie

Zwischen 1795 und 1798 entstehen Tiecks ›parabatische‹ Komödien (vgl. Japp 1999, S. 21), zu denen *Der gestiefelte Kater*, *Prinz Zerbino* und *Die verkehrte Welt* zählen. Als Prototypen der romantischen Komödie wirken sie »über die variierende Anverwandlung in Brentanos *Gustav Wasa*, Eichendorffs *Krieg den Philistern* bis zu Grabbes *Scherz, Satire, Ironie und tiefere Bedeutung* auf die Strukturen romantischer, postromantischer oder romantiksatirischer Komödien« ein (Scherer 2003, S. 293), etwa auf Ernst August Klingemanns Literatursatire *Freimüthigkeiten* (Kiermeier-Debre 1989, S. 164f.), auf Jens Baggesens Romantikparodie *Der vollendete Faust oder Romanien in Jauer* von 1808 (Scherer 2003, S. 293) oder auf Grabbes *Aschenbrödel* von 1829 (Ribbat 1990, S. 111).

Während die Dramatik des 19. Jahrhunderts weitgehend der klassischen Dramaturgie verpflichtet bleibt, finden sich Anfang des 20. Jahrhunderts viele Bühnenstücke, die, wie Tiecks Komödien, dramaturgisch als ›Spiel-im-Spiel‹ konzipiert sind, so Arthur Schnitzlers Schauspiele *Der grüne Kakadu* (1898) und *Zum großen Wurstl* (1905), Hugo von Hofmannsthals *Ariadne auf Naxos* (1912) oder Luigi Pirandellos Dramen-Trilogie *Sei personaggi in cerca d'autore* (1921), *Ciascuno a suo modo* (1924) und *Questa ser si recita a soggetto* (1930).

Daß diese Bühnenstücke nicht in unmittelbarer Tieck-Nachfolge stehen, wie mitunter propagiert, verdeutlichen Joseph Kiermeier-Debre und Manfred Schmeling. Während Tieck die »autothematischen Mittel des Theaters« als »poetologischen Selbstzweck« begriffen habe (Kiermeier-Debre 1989, S. 164), stelle »die Welt des Spiels und des Theaters« für Schnitzler und Pirandello »den Ort für die existentielle Auseinandersetzung des Individuums mit dem Leben, mit der Gesellschaft, mit dem eigenen Ich« dar (Schmeling 1977, S. 175).

Auch für Volker Nölle zeugt die ›Spiel-im-Spiel‹-Dramaturgie nicht notwendig von einer Orientierung an Tieck. Eine genotypische Verwandtschaft sieht er zwischen *Die verkehrte Welt* und Heinrich von Kleists *Der zerbrochne Krug* (1811). Beiden Stücken sei eine für Tieck spezifische Produktionsgrammatik eigen, durch die »die Grenzen zwischen Rolle und Darsteller, zwischen Realität und Fiktion [...] nicht mehr trennbar und ununterscheidbar« werden (Nölle 2000, S. 245f.). Im Gegensatz zu Schmeling zieht Nölle auch eine enge Verbindung von Tiecks Komödien zu Schnitzlers *Der grüne Kakadu* sowie zu Pirandellos *Enrico IV* von 1922 (Nölle 2000, S. 254f.).

Prototypen des romantischen Universaldramas

Zu Tiecks panoramatischen Universaldramen zählen *Leben und Tod der heiligen Genoveva*, *Kaiser Octavianus* oder *Fortunat*. Die als Lesedramen konzipierten Texte haben eminente Bedeutung für die Gestaltung nachfolgender romantischer Großdramen, so für Achim von Arnims *Halle und Jerusalem* (1811) und *Die Gleichen* (1819) oder Clemens Brentanos *Die Gründung Prags* (1815).

Insbesondere Tiecks *Kaiser Octavianus* besitzt »Vorbildfunktion für die szenischen Weltpanoramen Arnims, Fouqués oder Chamissos *Fortunatus*-Fragment (1806)«; außerdem wirkt das Drama maßgeblich auf die »Opern-Dramatik Zacharias Werners, auf das Prosa- und Dramenwerk Eichendorffs, auf Oehlenschlägers dramatisches Märchen *Aladdin oder die Wunderlampe* (1809) oder auf die Romanzendichtungen Brentanos« (Scherer 2003, S. 367f.). Die Nähe von Tiecks *Kaiser Octavianus* zu Goethes *Faust II* heben Jacob Minor und Roger Paulin hervor (Minor 1901, S. 40f.; Paulin 1987, S. 62).

Tiecks universaldramatische Großprojekte sind auch für Grabbes Dramatik bestimmend, so für seinen Erstling *Herzog Theodor von Gothland* (1822) oder *Don Juan und Faust* (1829). Auch der Hohenstaufen-Zyklus von 1829 kann, »nicht ganz losgelöst gesehen werden [...] von der breiten, vielfältigen Mittelalter-Rezeption, in deren erster Phase der wohl wirkungsmächtigste Text Tiecks *Leben und Tod der heiligen Genoveva* gewesen ist« (Ribbat 1990, S. 12).

LITERATUR

Balhar 2004: Balhar, Susanne: Das Schicksalsdrama im 19. Jahrhundert. Variationen eines romantischen Modells, München 2004.
Brauneck 1992: Brauneck, Manfred/Schneilin, Gérard (Hg.): Theaterlexikon. Begriffe und Epochen, Bühnen und Ensembles. 3., vollständig überarbeitete und erweiterte Neuausgabe, Reinbek b. Hamburg 1992 ([1]1986).
Dorst 1986: Dorst, Tankred: Der Kater oder Wie man das Spiel spielt. In: ders.: Frühe Stücke, Bd. 3, Frankfurt a.M. 1986, S. 7–71.
Ewert 2003: Ewert, Hansjörg: Anspruch und Wirkung. Studien zur Entstehung der Oper Genoveva von Robert Schumann, Tutzing 2003.

Fetzer 1994: Fetzer, John: Das Drama der Romantik. In: Romantik-Handbuch, hg. von Helmut Schanze, Stuttgart 1994, S. 289–310.

Greiner 1992: Greiner, Bernhard: Die Komödie. Eine theatralische Sendung. Grundlagen und Interpretationen, Tübingen 1992.

Hellersberg 2004: Hellersberg, Hendrik: Friedrich Hebbels *Genoveva* und Robert Schumann. Zum problematischen Verhältnis zwischen Tragödie und Oper. In: Zu neuer Aufklärung und Humanität, hg. von Ida Koller-Andorf und Carsten Kretschmann, Berlin 2004, S. 101–129.

Japp 1999: Japp, Uwe: Die Komödie der Romantik. Typologie und Überblick, Tübingen 1999.

Kiermeier-Debre 1989: Kiermeier-Debre, Joseph: Eine Komödie und auch keine. Theater als Stoff und Thema des Theaters von Harsdörffer bis Handke, Stuttgart 1989.

Kraft 1974: Kraft, Herbert: Das Schicksalsdrama. Interpretation und Kritik einer literarischen Reihe, Tübingen 1974.

Minor 1883: Minor, Jacob: Das Schicksalsdrama, Berlin/Stuttgart 1883.

Minor 1901: Minor, Jacob: Goethes Faust. Entstehungsgeschichte und Erklärung, Bd. 2: Der Erste Teil, Stuttgart 1901.

Nölle 2000: Nölle, Volker: Der schizoide Mund. Nachwirkungen von Tiecks *Verkehrter Welt* auf die Produktionsgrammatik späterer Autoren. In: Das romantische Drama. Produktive Synthese zwischen Tradition und Innovation, hg. von Uwe Japp, Stefan Scherer und Claudia Stockinger, Tübingen 2000, S. 241–257.

Paulin 1987: Paulin, Roger: Ludwig Tieck, Stuttgart 1987.

Paulin 1988: Paulin, Roger: Ludwig Tieck. Eine literarische Biographie, München 1988.

Pestalozzi 1964: Pestalozzi, Karl: Materialien. In: Ludwig Tieck: Die verkehrte Welt. Ein historisches Schauspiel in fünf Aufzügen, hg. von K. P., Berlin 1964.

Ribbat 1990: Ribbat, Ernst: Grabbe und Tieck. Notizen zu einem Mißverhältnis. In: Grabbe und die Dramatiker seiner Zeit. Beiträge zum II. Internationalen Symposium 1989, hg. von Detlev Kopp und Michael Vogt, Tübingen 1990, S. 103–117.

Schanze 1994: Schanze, Helmut (Hg.): Romantik-Handbuch, Stuttgart 1994.

Scherer 2003: Scherer, Stefan: Witzige Spielgemälde. Tieck und das Drama der Romantik, Berlin/New York 2003.

Schmeling 1977: Schmeling, Manfred: Das Spiel im Spiel. Ein Beitrag zur vergleichenden Literaturkritik, Rheinfelden 1977.

Tieck-Rezeption im öffentlichen Leben

Marja Rauch

Von seinen Zeitgenossen als »König der Romantik« (Hebbel 1913, S. 340f.) und nach Goethes Tod als »der erste Dichter Deutschlands« (Kerner 1943, S. 216) gefeiert, aber auch als epigonaler Vielschreiber verschrien, dessen Werk der Einheitlichkeit ermangle und eine Tendenz zur Trivialität aufweise (vgl. u. a. Gundolf 1976, S. 191) – diese unterschiedlichen Aussagen zeugen von der Ambivalenz, die die Tieck-Rezeption schon im 19. Jahrhundert kennzeichnet. Vor dem Hintergrund dieser widersprüchlichen Bewertungen soll im folgenden Ludwig Tiecks Stellung in verschiedenen Bereichen des öffentlichen Lebens beleuchtet werden, zu denen der Deutschunterricht, Kanonisierungsprozesse sowie unterschiedliche Formen des Gedenkens zählen.

Deutschunterricht und Kanonbildung vom 19. Jahrhundert bis zur Gegenwart

Um Tiecks Bedeutung für den Deutschunterricht einordnen zu können, muß zunächst seine Stellung im Kanon und im kulturgeschichtlichen Kontext geklärt werden. Der Deutschunterricht der höheren Schulen etablierte sich erst im 19. Jahrhundert gegen eine Vielzahl von Widerständen als eigenständiges Fach (vgl. Kopp/Wegmann 1987, S. 143ff.; Kopp 1994, S. 675ff.). War er anfänglich dem Rhetorik- und Poetikunterricht verpflichtet, so löste er sich zunehmend aus dieser Tradition, um nach einem komplexen Prozeß der Selbstdefinition die Lektüre zu seiner Hauptaufgabe zu erklären. »Es ist [...] der deutsche Unterricht, um es mit einem Male herauszusagen, durch und durch auf gehaltvolle und eindringende Lektüre zu gründen« (Hiecke 1842, S. 61f.). Damit gewann zugleich die Frage der Lektüreauswahl an Bedeutung, die zur Herausbildung eines schulischen Lektürekanons führte. Anhand von Lesebüchern, Schulprogrammen und Literaturgeschichten des 19. Jahrhunderts läßt sich ein Kanonisierungsprozeß nachzeichnen, der schon früh bestimmte Autoren privilegiert und andere an den Rand gedrängt hat. So hat Hermann Korte gezeigt, daß der Literatur der Weimarer Klassik eine herausragende Bedeutung im Schulkanon des 19. Jahrhunderts zukam, während die Literatur der Romantik und dabei insbesondere die Frühromantik nur in eingeschränktem Maße Eingang in die Schule fanden.

> Der schulische Lektürekanon des 19. Jahrhunderts unterlag einer strikten Auswahl, die sich von Beginn an um die Weimarer Klassiker Goethe und Schiller zentrierte und schon früh unter den mittelalterlichen Texten das Nibelungenlied als deutsches Nationalepos hochschätzte. Hinzu kamen unumstrittene literarische Kanongrößen wie Lessing, in deutlicherem Abstand dazu standen schon Klopstock, Herder und (kaum kanonisiert) Wieland, während die deutsche Romantik zwar im Lesebuch-Kanon der Lieder und Romanzen häufig vertreten war, aber kaum mit umfangreicheren literarischen Werken. Die Popularität Ludwig Uhlands, des ›schwäbischen‹ Romantikers, spielte im Schulkanon eine ungleich wichtigere Rolle als die kaum gelesenen Romantiker Friedrich und August Wilhelm Schlegel, Novalis, Ludwig Tieck und Clemens Brentano. (Korte 2005, S. 102f.)

Die Zurückhaltung gegenüber Romantikern wie Ludwig Tieck, aber auch Jean Paul und E. T. A. Hoffmann hing auch mit der in der Romantik zentralen Gattung des Romans zusammen, die im 19. Jahrhundert noch mit Skepsis betrachtet wurde und im Lektürekanon der höheren Schulen nicht vertreten war. In den von den höheren Schulen jährlich erstellten Schulprogrammen, die Auskunft über die tatsächlich erfolgten Lektüren geben, sowie in den einschlägigen Lesebüchern des 19. Jahrhunderts findet Ludwig Tieck kaum Erwähnung (vgl. Zimmer 2005; Korte/Zimmer 2006). Auch in August Arnolds literarischem Handbuchprojekt von 1842, das auf den Aufbau eines Kanons abzielte, fehlen die Romantiker, während die Autoren des 18. Jahrhunderts von Klopstock bis Goethe und Schiller namentlich auch mit Hinweis auf die Anzahl der zu lesenden Schriften aufgeführt werden (vgl. Korte 2005, S. 47ff.). So gehörten in der zweiten Hälfte des 19. Jahrhunderts Goethe und Schiller »zum Kernstück der gesamten Kanonkonstruktion, zu der noch ein paar weitere Namen zählten: Klopstock, Lessing, Herder, Uhland« (ebd., S. 52; vgl. auch Jäger 1981, S. 122ff.).

Daß Tieck im Schulkanon des 19. Jahrhunderts keine Erwähnung fand, steht in Kontrast zur oben angedeuteten Aufmerksamkeit, die er in positiver wie negativer Hinsicht bündelte, aber auch zur Stellung, die ihm die Literaturgeschichten des 19. Jahrhunderts einräumten (siehe den Beitrag *Tieck in der Literaturgeschichtsschreibung des 19. Jahrhunderts* in Kap. 5). So zeugt Dwight A. Kletts Untersuchung von der Aktualität Tiecks, der in keiner der 110 ausgewerteten Literaturgeschichten fehlt, sondern im Gegenteil eine ausführliche Würdigung erfährt (vgl. Klett 1989, S. 12ff.). Zwar ist das Tieck-Bild, das Klett über einen Zeitraum von fast hundert Jahren extrahiert, nicht frei von jeder Kritik. So wird Tiecks unpolitische Haltung von der Literaturgeschichtsschreibung des Vormärz moniert (vgl. ebd., S. 37ff.). Insgesamt wird Tieck jedoch als der produktivste und vielseitigste Dichter der Romantik erkennbar, der ähnlich wie Goethe – wenngleich nicht mit ebensolchem Erfolg – in allen Gattungen und über einen Zeitraum von 50 Jahren tätig war.

Als besonderes Verdienst wird in den frühen Literaturgeschichten hervorgehoben, daß Tieck die Phantasie als zentrales dichterisches Vermögen rehabilitert habe: »Unter den Dichtern [...] wüßte ich keinen zu nennen, der um die Wiedererweckung der Fantasie in Deutschland ein so großes und allgemeines Verdienst hätte, als Tieck« (Schlegel 1815, S. 331). Zugleich betont Friedrich Schlegel, daß es noch anderer Dichter bedürfe, die sich für die Phantasie einsetzen, um einen dauerhaften Sieg über die moralisch-zweckmäßige Verstandesdichtung zu erzielen. Schlegel verweist damit auf den zentralen Aspekt, der für Tiecks Ausschluß aus dem Schulkanon verantwortlich sein dürfte. So finden sich in den 1830er und 1840er Jahren zwar durchaus einige Anthologien und Lesebücher, welche die Literatur der Romantik und speziell Tiecks Werke mit Verweis auf die Funktion der Phantasie privilegieren, z. B. bei Karl Eduard Philipp Wackernagel (1843), Gustav Schwab (1842) und August Adolf Ludwig Follen, in dessen *Bildersaal deutscher Dichtung* (1828/29) Tieck mit 34 Texten vertreten ist. Jäger konstatiert entsprechend um 1830 einen Wandel von einem formalen zu einem historischen Bildungskonzept, bei dem nationalliterarische Lesebücher an die Stelle der rhetorischen Chrestomathien traten und nun neben der Weimarer Klassik auch Autoren der Romantik und der Befreiungskriege eine bildende Bedeutung zugesprochen wurde (vgl. Jäger 1981, S. 94). Allerdings vermochte sich das in romantischen Texten implizierte Bildungsverständnis nicht durchzusetzen. Die Privilegierung der Phantasie ist im Kontext der literaturpädagogischen Debatten seit dem 18. Jahrhundert zu sehen, welche die Phantasie bzw. Einbildungskraft als suspekte, subversive Kraft betrachten, die es zu zügeln oder pädagogisch nutzbar zu machen galt (vgl. Steinlein 1987). Gegen eine solche Instrumentalisierung der Phantasie begehrten jedoch Autoren wie Tieck auf, dessen frühe Texte für eine Poetik der Imagination und des Wunderbaren einstehen. Dies sorgte für Verunsicherung und schien – zumindest vordergründig – nicht mit den Zielsetzungen des Deutschunterrichts kompatibel gewesen zu sein. Tiecks Märchennovellen erzählen von der Fremdheit und Unheimlichkeit einer doppelbödigen Welt, die anders als beispielsweise in den Grimmschen Märchen keine Auflösung erfährt, sondern vielfach in Wahnsinn und Zerstörung mündet. Entsprechend werden diese Texte in den pädagogischen und didaktischen Diskussionen ambivalent beurteilt. Dies manifestiert sich in der Einschätzung von Robert Heinrich Hiecke, einem der bekanntesten Literaturdidaktiker des 19. Jahrhunderts: Er wirft den Romantikern »Einseitigkeit« vor und sieht deren Arbeiten als »willkürlich« an, aber dennoch als »zu nothwendige und zu gehaltvolle Erscheinungen«, als daß sie keine Beachtung finden sollten. So legt er die Lektüre von Tiecks *Phantasus* nahe und schreibt dieser eine erholsame Funktion zu: »[...] der neckische Geselle mag immerhin sein wunderliches Spiel vor ihnen treiben; unserer abgearbeiteten Jugend ist das Behagen, das Ergötzen und das Grauen, das sie da erwartet, wohl zu gönnen« (Hiecke 1842, S. 107f.). Für ein »eigentliches Studium« scheint Tieck ihm jedoch ungeeignet. Stattdessen setzt Hiecke auf thematisch unverfängliche, vor allem nach didaktischen und nicht nach ästhetischen Kriterien ausgewählte Literatur (vgl. Paefgen 2005, S. 30).

So ist Ludwig Tieck trotz der herausragenden Stellung, die ihm in den Literaturgeschichten attestiert wurde, nicht zum Repräsentanten der Romantik im Schulkanon geworden. Vielmehr zählen neben den Grimmschen Märchen Wielands Sagen und patriotische Geschichten sowie einige Gedichte und die Novelle *Aus dem Leben eines Taugenichts* von Joseph von Eichendorff zu den wenigen, auch in der Schule erfolgreichen Texten (vgl. Korte 1999, S. 17ff.). Insbesondere im Hinblick auf *Taugenichts* stellt sich allerdings die Frage, wie eine Novelle, dessen Held für eine »Glückseligkeit ohne Arbeit« einsteht, wie es in einer zeitgenössischen Besprechung hieß (zit. nach ebd., S. 19), im 19. Jahrhundert so erfolgreich werden konnte. Gerade der romantische Held des *Taugenichts*, der sich der Instrumentalisierung und Einbindung in die bürgerliche Lebenswelt verweigert, verkörpert aber eine Tendenz, die auch auf die Geschichte des Deutschunterrichts übertragbar ist: den Versuch, sich von den Fesseln der höheren Schule und von deren Unterrichtsmethoden zu lösen. Hermann Korte verdeutlicht, daß der Erfolg des *Taugenichts* lesegeschichtlich damit zusammenhängt, daß die Novelle einer neuen Form des Lesens entspricht, die auf »Gemüt«, »Stimmung« und einer »mitproduzierenden Imaginationsleistung« (ebd., S. 28) beruht. Gemüt, Stimmung und Imagination sind Kategorien, die für den Unterricht der höheren Schulen bis Mitte des 19. Jahrhunderts nicht von Relevanz waren, doch inzwischen an Bedeutung gewonnen haben. Sie führten zu Veränderungen in der Literaturrezeption, die sich wiederum auf die Literaturvermittlung auswirkten. An dieser Stelle wird jedoch eine gewisse Ambivalenz erkennbar: Einerseits sind Begriffe wie Gemüt, Empfindung und Einbildungskraft Grundbegriffe romantischer Literaturauffassung (vgl. Kremer 2001, S. 101ff.) und werden von Tieck nicht zuletzt in der Sammlung *Phantasus* reflektiert (DKV 6, S. 105). Andererseits ist es gerade Tiecks komplexe Auseinandersetzung mit dieser Begrifflichkeit, deren düstere, zerstörerische Seiten er bedenkt, die ihn als Schulautor diskreditiert und zu einer Privilegierung von Autoren wie Eichendorff beiträgt, der die dunklen Aspekte ausspart.

Daß Ludwig Tieck im 19. Jahrhundert nicht zum Schulautor avancierte und sich dies auch im 20. Jahrhundert nicht änderte, läßt sich somit weniger auf die eingangs angeführten Vorwürfe der Epigonalität oder Trivialität zurückführen. Dieser Sachverhalt dürfte vielmehr mit der Komplexität der Werke Tiecks zusammenhängen, die sich nicht unter einfache Kategorien subsumieren lassen. Zum einen ist innerhalb des Werks, das von den frühromantischen Märchennovellen, den Romanen und Komödien bis zu den späten realistischen Novellen reicht, ein Wandel zu erkennen, der den die Forschung lange beherrschenden Topos der Werkeinheit fragwürdig erscheinen läßt. Zum anderen stellt Tieck mit seiner Poetik der Imagination neue Kategorien zur Verfügung, die zunächst auf Widerstand stießen, dann aber Veränderungen in Gang setzten, die jedoch nicht zu einer Hinwendung zu Tiecks Schriften führten. Die Bedeutung von Ludwig Tieck für den Deutschunterricht beruht somit nicht auf der Präsenz seiner Texte in der Unterrichtspraxis, sondern liegt in der Bereitstellung von neuen literaturdidaktischen Konzepten, die einen Paradigmenwechsel im Literaturunterricht initiiert haben, der zwar Widerstände hervorrief, aber doch bis in die Gegenwart fortwirkt (vgl. Rauch 2004, S. 41ff.).

Dies läßt sich am Beispiel des für die Poetik der Romantik zentralen Begriffs der Einbildungskraft belegen, der von der Pädagogik und Literaturdidaktik zunächst abgelehnt, dann jedoch aufgenommen und zugleich verändert wurde. Steht die Einbildungskraft in der Romantik für ein Vermögen ein, das sich der rationalen Kontrolle entzieht und damit tendenziell unheimlich ist, so wird sie in der Pädagogik im Rahmen einer »Cultur der Einbildungskraft« (Niemeyer 1970, S. 114) in geregelte Bahnen umgelenkt, die zu einer Aufwertung des Gemütsbegriffs und zu einer neuen Leselehre führte. Korte hält fest:

> »Der schon in den 1840er Jahren begonnene Streit darüber, ob die literarische Lektüre im Deutschunterricht wesentlich der Erklärung, Analyse und Interpretation oder aber primär einer auf Gemüt und Phantasie zielenden Dramaturgie des Umgangs mit dem Text bedürfe, war und ist so alt wie der deutsche Unterricht auf Gymnasien«. (Korte 2005, S. 94)

So stellen Wackernagel, von Raumer und später Meuser der neuen Leselehre entsprechend die phantasie- und gemütsbildende Wirkung von Literatur in den Mittelpunkt ihrer Überlegungen, doch zugleich verstärken sich ab 1870 gegenläufige Tendenzen, welche die Gemütsbildung mit einer radikalen Kontrolle der Lektüre zu verbinden suchen.

Abschließend läßt sich festhalten, daß Tieck sich nicht ohne weiteres in die Kanonkonstruktion und Unterrichtspraxis des 19. Jahrhunderts einfügen ließ. Die Skepsis, mit der ihm Literaturdidaktiker wie Hiecke begegneten, wurde in der Folge nicht revidiert, sondern verfestigte sich. Auch bei einem Blick in aktuelle Lesebücher zeigt sich, daß Tieck nur eine Randexistenz fristet und in einigen Lesebüchern und Schulliteraturgeschichten nicht einmal namentlich erwähnt wird. Etwa fehlt er in Peters 2009 ebenso wie in Schurf/Wagener 2010, und zwar selbst unter der Rubrik »Wichtige Autoren der Romantik«, in der Vertreter der Romantik mit ihren wichtigsten Werken aufgeführt werden. Von der Attribuierung als ›König der Romantik‹ hat sich Tiecks Stellung im Deutschunterricht, aber auch in anderen Bereichen der öffentlichen Gedenkkultur somit weit entfernt.

Öffentliche Gedenkkultur: Dichterdenkmäler und Dichtergesellschaften

Eines der wenigen bleibenden künstlerischen Zeugnisse für Tiecks zeitweilig angedachte, jedoch nicht realisierte Stellung im Kanon ist das Gemälde von Friedrich Wilhelm von Schadow mit dem Titel *Der Genius der Poesie* von 1826, das Tieck auf der Tafel zusammen mit Homer, Shakespeare, Dante und Goethe nennt (vgl. Abb. 18). Es bezeugt, daß in den 1830er Jahren ein Vergleich Tiecks mit den Großen der Literatur nicht abwegig schien, sich aber in der Folge nicht durchsetzen konnte. Von diesem sich in Berlin befindenden Gemälde abgesehen, ist Tieck im öffentlichen Raum kaum präsent. So gibt es im Unterschied zu den meisten anderen romantischen Dichtern – beispielsweise Eichendorff, Brentano, Hoffmann, Novalis oder Arnim – keine Ludwig-Tieck-Gesellschaft. Auch öffentliche Denkmäler zu Ehren von Ludwig Tieck sind Mangelware. Lediglich das Grabmal Tiecks auf dem Dreifaltigkeits-Friedhof II in Berlin ist erhalten und wird von der Stadt Berlin gepflegt, die auch zum 150. Todestag Tiecks einen Kranz niederlegte (vgl. Abbildung 1 in Markert 2004, S. 376). Finanziert wurde es 1853 aus einer von Freunden und Gönnern Tiecks organisierten Sammlung. Gedacht war zunächst an eine Marmorbüste von Christian Daniel Rauch, doch entschied man sich nicht zuletzt aus finanziellen Gründen für einen giebelbekrönten Zippus aus rötlichem, witterungsbeständigem Granit, dessen vergoldete Inschrift sich auf den Namen sowie das Geburts- und Todesdatum des Dichters beschränkt (vgl. Paulin 1988, S. 302). Auch die steinerne Umfriedung und Bepflanzung zeugt von Schlichtheit. Andere mögliche Gedenkorte wie das Geburtshaus in der Roßstraße 1 oder die Wohnung in der Friedrichstraße 208, in der Tieck bis zu seinem Tod am 28. April 1853 lebte, sind im Zweiten Weltkrieg zerstört und nicht wieder errichtet worden (vgl. de Bruyn 2004, S. 377).

Auch in Dresden, wo Tiecks Soireen in der Biedermeierzeit zu den Attraktionen der Stadt zählten, er selbst zum königlich sächsischen Hofrat avancierte und der französische Bildhauer David d'Angers eine Kolossalbüste Tiecks modellierte (vgl. Abb. 5 und 6), sind heute keine öffentlichen Zeugnisse Tiecks mehr zu finden (vgl. Günzel 2003). Viele Städte, so Berlin und Dresden, haben eine Tieckstraße. Diese befindet sich in der Regel in einem sogenannten ›Romantikerviertel‹, ohne daß eine historische Begebenheit für diese Benennung ausschlaggebend und dies als lebendige Denkmalkultur zu begreifen wäre.

Man mag daraus keine Rückschlüsse auf die Bedeutung Tiecks in der Literatur ziehen. So verweist Paulin zu Recht darauf, daß Dichterdenkmäler keine aussagekräftige Auskunft über den Wert eines Dichters geben: »Dichterdenkmäler, wo sie auch existieren, sind oft unzuverlässige Garanten wahrer Dichtergröße« (Paulin 2004, S. 13). Zu unterscheiden ist somit zwischen der Frage nach der Stellung eines Autors im öffentlichen Leben und der Frage nach der literarischen Wertung (vgl. Winko 1996, S. 585ff.). Zwar hat die Literaturwissenschaft Tieck kanonisiert, wie einige herausragende Arbeiten belegen (vgl. Menninghaus 1995; Brecht 1993 u. a.), praktisch läßt sich jedoch auch hier seine Außenseiterposition nicht leugnen, wie nicht zuletzt das Fehlen einer historisch-kritischen Tieck-Edition zeigt. Gerade die Vielfalt Tiecks, der in allen Gattungen zu Hause war und sich dabei zugleich als innovativ und unterhaltsam erwies, sich als Übersetzer (Shakespeare, Cervantes) und Philologe (Märchen, Volksbücher) betätigte sowie als Herausgeber für Autoren einsetzte, denen die Anerkennung zunächst verwehrt wurde (Novalis, Kleist), läßt es unverständlich erscheinen, daß es bis heute keine wissenschaftlichen Ansprüchen genügende Ausgabe von Tiecks Werken gibt. So bleibt ihm gewissermaßen auch hier eine Art Denkmal verwehrt.

LITERATUR

Brecht 1993: Brecht, Christoph: Gefährliche Rede. Sprachreflexion und Erzählstruktur in der Prosa Ludwig Tiecks, Tübingen 1993.
Bruyn 2004: Bruyn, Günter de: Worte an Tiecks Grab. In: »lasst uns, da es uns vergönnt ist, vernünftig seyn! –«. Ludwig Tieck (1773–1853), hg. vom Institut für Deutsche Literatur der Humboldt-Universität zu Berlin, unter Mitarbeit von Heidrun Markert, Bern/u. a. 2004, S. 375–379.
Follen 1828/29: Follen, August Adolf Ludwig: Bildersaal deutscher Dichtung. Geordnete Stoffsammlung zum Behuf einer allgemeinen, poetischen und ästhetischen Schulbildung, 2 Teile, Winterthur 1828–1829.
Gundolf 1976: Gundolf, Friedrich: Ludwig Tieck. In: Ludwig Tieck, hg. von Wulf Segebrecht, Darmstadt 1976, S. 191–265.
Günzel 2003: Günzel, Klaus: König der Romantik. In: Die Zeit Nr. 17 (2003), S. 80.
Hebbel 1913: Hebbel, Friedrich: Tagebücher, Bd. 2, hg. von Friedrich Brandes, Leipzig 1913.
Hiecke 1842: Hiecke, Robert H.: Der deutsche Unterricht auf Gymnasien. Ein pädagogischer Versuch, Leipzig 1842.
Jäger 1981: Jäger, Georg: Sozialgeschichte des deutschen Unterrichts an höheren Schulen von der Spätaufklärung bis zum Vormärz, Stuttgart 1981.
Kerner 1943: Kerner, Justinus: Bilderbuch aus meiner Knabenzeit. Aus Justinus Kerners Jugenderinnerungen, Stuttgart 1943.
Klett 1989: Klett, Dwight A.: Tieck-Rezeption. Das Bild Ludwig Tiecks in den deutschen Literaturgeschichten des 19. Jahrhunderts, Heidelberg 1989.

Kopp 1994: Kopp, Detlev: (Deutsche) Philologie und Erziehungssystem. In: Wissenschaftsgeschichte der Germanistik im 19. Jahrhundert, hg. von Jürgen Fohrmann und Wilhelm Voßkamp, Stuttgart/Weimar 1994, S. 669–741.
Kopp/Wegmann 1987: Kopp, Detlev/Wegmann, Nikolaus: ›Die Deutsche Philologie, die Schule, und die Klassische Philologie‹. Zur Karriere einer Wissenschaft um 1800. In: Von der gelehrten zur disziplinären Gemeinschaft, hg. von Jürgen Fohrmann und Wilhelm Voßkamp, Stuttgart 1987, S. 123–151.
Korte 1999: Korte, Hermann: *Taugenichts*-Lektüren. Eichendorff im literarischen Kanon. In: Internationales Archiv für Sozialgeschichte der deutschen Literatur 24 (1999), H. 2, S. 17–70.
Korte 2005: Korte, Hermann: Innenansichten der Kanoninstanz Schule. Die Konstruktion des deutschen Lektürekanons in Programmschriften des 19. Jahrhunderts. In: Die Wahl der Schriftsteller ist richtig zu leiten. Kanoninstanz Schule. Eine Quellenauswahl zum deutschen Lektürekanon in Schulprogrammen des 19. Jahrhunderts, hg. von Hermann Korte, Ilonka Zimmer und Hans-Joachim Jakob, Frankfurt a. M. 2005, S. 17–112.
Korte/Zimmer 2001: Korte, Hermann/Zimmer, Ilonka (Hg.): Das Lesebuch 1800–1945. Ein Medium zwischen literarischer Kultur und pädagogischem Diskurs, Frankfurt a. M. 2006.
Kremer 2001: Kremer, Detlef: Romantik. Lehrbuch Germanistik, Stuttgart/Weimar 2001.
Markert 2004: Institut für deutsche Literatur der Humboldt-Universität zu Berlin, unter Mitarbeit von Heidrun Markert (Hg.): Ludwig Tieck (1773–1853). »lasst uns, da es uns vergönnt ist, vernünftig seyn! –«, Bern/u. a. 2004.
Menninghaus 1995: Menninghaus, Winfried: Lob des Unsinns. Über Kant, Tieck und Blaubart, Frankfurt a. M. 1995.
Niemeyer 1970: Niemeyer, August Hermann: Grundsätze der Erziehung und des Unterrichts. Für Eltern, Hauslehrer und Erzieher, hg. von Hans-Hermann Groothoff und Ulrich Hermann, Paderborn 1970.
Paefgen 2005: Paefgen, Elisabeth: (Zu) viel und (zu) früh. Kanondidaktische Überlegungen zwischen 1842 und 1925. In: Literaturvermittlung im 19. und frühen 20. Jahrhundert, hg. von Hermann Korte und Marja Rauch, Frankfurt a. M. 2005, S. 23–40.
Paulin 1988: Paulin, Roger: Ludwig Tieck. Eine literarische Biographie, München 1988.
Paulin 2004: Paulin, Roger: Ludwig Tieck. Leben und Werk. In: »lasst uns, da es uns vergönnt ist, vernünftig seyn! –«. Ludwig Tieck (1773–1853), hg. vom Institut für Deutsche Literatur der Humboldt-Universität zu Berlin, unter Mitarbeit von Heidrun Markert, Bern/u. a. 2004, S. 13–24.
Peters (2009): Peters, Jelho: Kompetent in Literaturgeschichte, Braunschweig 2009.
Rauch 2005: Rauch, Marja: ›Ausbildung der Reflexion‹. Zur Genese des Literaturunterrichts im Zeichen der Romantik. In: Literaturvermittlung im 19. und frühen 20. Jahrhundert, hg. von Hermann Korte und M. R., Frankfurt a. M. 2005, S. 41–52.
Schlegel 1815: Schlegel, Friedrich: Geschichte der alten und neuen Litteratur. Vorlesungen gehalten zu Wien im Jahre 1812, Bd. 2, Wien 1815.
Schurf/Wagener (2010): Schurf, Bernd/Wagener, Andrea (Hg.): Deutschbuch Literaturgeschichte, Berlin 2010.
Schwab 1842: Schwab, Gustav: Die deutsche Prosa von Mosheim bis auf unsere Tage. Eine Mustersammlung mit Rücksicht auf höhere Lehr-Anstalten, Stuttgart 1842.
Steinlein 1987: Steinlein, Rüdiger: Die domestizierte Phantasie. Studien zur Kinderliteratur, Kinderlektüre und Literaturpädagogik des 18. und 19. Jahrhunderts, Heidelberg 1987.
Wackernagel 1843: Wackernagel, Karl Eduard Philipp: Deutsches Lesebuch, 3 Theile, Stuttgart 1843.
Winko 1996: Winko, Simone: Literarische Wertung und Kanonbildung. In: Grundzüge der Literaturwissenschaft, hg. von Heinz Ludwig Arnold und Heinrich Detering, München 1996, S. 585–600.
Zimmer 2005: Zimmer, Ilonka: Kanon und Lesebuch. Eine Allianz. In: Die Wahl der Schriftsteller ist richtig zu leiten. Kanoninstanz Schule. Eine Quellenauswahl zum deutschen Lektürekanon in Schulprogrammen des 19. Jahrhunderts, hg. von Hermann Korte, I. Z. und Hans-Joachim Jakob, Frankfurt a. M. 2005, S. 113–134.

Die Tieck-Forschung
des 20. und beginnenden 21. Jahrhunderts

Heidrun Markert

Von der Haym-Nachfolge zur Aufwertung Tiecks in den 1930er Jahren

Rudolf Hayms kritische Sicht des Dichters findet in etlichen um die Jahrhundertwende entstandenen Dissertationen (Garnier 1899; Miessner 1902; Koldewey 1904) ihre Vertiefung. Damit werden Authentizität und Kohärenz des Tieckschen Werks zu bestimmenden Themen der Forschung. Anfangs dominieren Einfluß- und Vergleichsstudien (Böhme, Wackenroder, Solger, Eichendorff, Immermann, Hebbel). Von einzelnen Versuchen, in Tiecks Werk Grundzüge wie Ironie (Budde 1906/07; Brüggemann 1909; Mörtl 1925) und Dämonie (Hemmer 1909; Busch 1911; Thalmann 1919) zu erkennen, gehen Signale zur Aufwertung des Dichters aus, die aber in der Forschung zunächst nicht zum Tragen kommen.

Zwei 1929 erschienene, auf eine Gesamtwertung Tiecks hin angelegte Studien repräsentieren die widersprüchlichen Forschungsmeinungen. Hermann Gumbel akzentuiert das schon vorher behandelte Subjektivismus-Thema (Wüstling 1912; Mörtl 1925), indem er Tiecks geistes- und epochengeschichtliche Bedeutung in dessen »Kampf [...] gegen den Subjektivismus« (Gumbel 1976, S. 175) sieht. Dagegen untermauert Friedrich Gundolf die Urteile Hayms, wenn er Tiecks Dichtung »eigengesetzliche Ursprünge« abspricht, seine »Romantik« nur als »sekundär« (Gundolf 1976, S. 193f.) bezeichnet und das übrige Werk davor und danach auf Unterhaltungsliteratur reduziert. Dennoch vermittelte Gundolfs Artikel der Tieck-Forschung Impulse, indem er Forschungsdefizite bewußt machte. Fragen nach einschneidenden Zäsuren in Tiecks Gesamtwerk und die nach der Beschaffenheit seiner nachromantischen Dichtung stellten sich nun mit neuer Dringlichkeit. 1933 versteht Rudolf Lieske die Zäsur zwischen Früh- und Spätwerk als »Abwendung von der Romantik« und zugleich als »Annäherung an den Realismus« (Lieske 1933, S. 144), wobei er Einflüsse Solgers und Raumers behauptet. Er registriert den

Schwund romantischer Stilmerkmale im Zeitraum von 1803 bis 1819 und erklärt diesen Stilwandel als Folge des Versagens vor der frühromantischen Poetik. Als Novellendichter sei er »kein reiner Dichter mehr« (ebd., S. 142).

Bereichert wird die deutsche Tieck-Forschung durch zwei im Ausland fast gleichzeitig entstandene Monographien. Der historische Wert von Edwin H. Zeydels Arbeit von 1935 *Ludwig Tieck, the German Romanticist* besteht vor allem in der Erstveröffentlichung von Briefzeugnissen sowie in Inhaltsangaben zu unveröffentlichten Nachlaßteilen. Robert Minders Buch von 1936 *Un poète romantique allemand* realisiert in exemplarischer Weise das damals allgemein gültige Prinzip, Leben und Werk des Dichters im kausalen Zusammenhang zu betrachten. Eine systematische Darstellung von Tiecks politischen, sozialen, philosophischen, religiösen und ästhetischen Ansichten sowie eine Skizzierung der Lebensverhältnisse des Dichters grundieren Minders Darstellung der Werkentwicklung. Für seine Interpretation nutzt er Verfahren der Psychoanalyse: Motive und Strukturen, die er als für das Gesamtwerk charakteristisch ansieht, werden auf wenige konkrete Kindheitserfahrungen zurückgeführt. Seine Werkdeutung erfolgt weitgehend unabhängig vom allgemeinen Romantikbegriff, den er, vor allem in seiner Anwendung auf Tieck, in Frage stellt. Minders ein Jahr später publiziertes Tieck-»Porträt« nimmt Ergebnisse seiner großen Monographie auf, wenn er Bedeutung und Besonderheit Tiecks v. a. darin sieht, daß dieser »Aspekte der modernen Zerrissenheit« vorweggenommen habe und – um »Gleichgewicht« (Minder 1976, S. 266) bemüht und von »religiöse[n] und sittliche[n] Fragen tief« bewegt – »mehr als nur ein Formkünstler«, »Nachahmer und Mitläufer« (ebd., S. 272) gewesen sei.

Alte Streitpunkte und neue Blickwinkel in der Jahrhundertmitte

In der Nachkriegszeit setzt sich die Tendenz zu Teilstudien durch, die ihren Gegenstand auf eine bestimmte Gattung und/oder Schaffensphase eingrenzen, wobei das Spätwerk in den Vordergrund rückt. Man knüpft an Vorkriegsthemen (Hillebrand 1944) an, wendet sich aber, unter dem Einfluß der textimmanenten Methode, Tiecks Dichtung unter formalästhetischen, gattungstheoretischen und -historischen Fragestellungen zu und/oder beleuchtet Tieck im Rahmen der Biedermeier-Forschung.

Christian Gneuss sieht in seiner Würzburger Dissertation von 1948 im zeitkritischen Gehalt die Bedeutung von Tiecks Novellistik und betrachtet diese als »unentbehrliche Erkenntnisquelle für die geistige Struktur der Epoche« (Gneuss 1971, S. 139). Er analysiert Tiecks Kritik an der vom Dichter selbst repräsentierten Romantik und am Jungen Deutschland unter sozialen, politischen, religiösen und literarischen Gesichtspunkten und findet auf diese Weise eine Erklärung für Tiecks »Abwendung von der Romantik« (ebd., S. 113), die dessen »Wiederaufnahme von Gedanken der Aufklärung« (ebd., S. 118) und den »Weg zurück zu Goethe« bedeutet (ebd., S. 122). Das Anliegen des alten Tieck sei ein »lehrhaftes« gewesen, realisiert sowohl durch »didaktische Gespräche« als auch durch die Novellen-»Handlung« (ebd., S. 14). 1955 problematisiert Jörg Hienger Lieskes Thesen einer »Annäherung« Tiecks »an den Realismus« und einer »Abwendung von der Romantik«. Im Unterschied zu Lieske und Gneuss sieht Hienger keinen Bruch mit der Romantik, sondern »beide Tendenzen bleiben in allen ›Entwicklungsstadien‹ des Dichters aneinander gebunden« (Hienger 1955, S. 4).

In ihrem engagierten Forschungsreferat anläßlich des 100. Todestages des Dichters ruft Marianne Thalmann 1953 zur Revision des herrschenden Tieck-Bildes auf. Sie verweist auf das »Zeitlos-Gültige« und die »geistige Einheit« des Werkes, das zugleich »Spiegel« des »Ungebrochenen seiner Lebenskurve« sei (Thalmann 1953, S. 122). Scharf polemisiert Thalmann gegen einen normativen Romantikbegriff, dessen Anwendung sie verantwortlich macht für »die Inzucht der Meinungen« (ebd., S. 116). In ihren beiden Tieck-Büchern versucht sie, Authentizität und Kontinuität des Tieckschen Werkes mittels einer neuen, essayistisch geprägten Darstellung nachzuweisen. 1955 analysiert Thalmann die *Phantasus*-Rahmengespräche und nimmt diese zum Ausgangspunkt für Rück- und Ausblicke auf die Gesamtentwicklung (Thalmann 1955). In ihrem ebenfalls mit einem biographischen Rahmen versehenen zweiten Buch von 1960 behandelt sie das späte Novellenwerk unter thematischen, aus dem Werk selbst gewonnenen Aspekten (Sein und Schein, Kunst, Religion, bürgerlicher Alltag) (Thalmann 1960). Mit dem Tiecks Erzähltechnik gewidmeten sechsten Kapitel leistet sie einen unabhängigen Beitrag zur damaligen gattungstheoretischen Debatte um das Novellenwerk des Dichters.

Ein primär gattungstheoretisches Interesse zeigt sich im 1957 erschienenen Buch von Helmut Endrulat (Endrulat 1957). Es befaßt sich mit Tiecks Novellen und dessen theoretischen Reflexionen über die Novelle vor allem im Hinblick auf die Wendepunkt-Konzeption und wertet deren Differenz zur dichterischen Praxis als ästhetischen Mangel. Im Unterschied zu Endrulat sieht Jürgen Heinichen in dem umstrittenen Wendepunkt kein »tektonisches Merkmal«, sondern »ein inhaltliches Überraschungsmoment« (Heinichen 1963, S. 42). In seiner Analyse der Erzähltechnik kommt er dem Verfahren und den Ergebnissen Thalmanns nahe. Seine Einschätzung Tiecks als eines »gesellschaftsnahe[n] und zugleich didaktische[n] Dichter[s]« (ebd., S. 124) und »Biedermeier-Schriftsteller[s]« (ebd., S. 46) verbindet ihn mit der Auffassung von Gneuss.

In Monographien zum Frühwerk Tiecks spielen weltanschaulich-psychologische Fragestellungen und bei deren Behandlung Einflüsse der phänomenologisch-existentialistischen Philosophie (Husserl, Sartre, Heidegger) eine besondere Rolle. André Gottrau deutet in seiner Dissertation von 1947 das in Tiecks Frühwerk artikulierte Zeitgefühl als Reaktion auf den Rationalismus, analysiert die psychischen Phänomene, in denen es zum Ausdruck komme (Langeweile, Nihilismus, Stimmungen), und betrachtet dieses Zeitgefühl als Voraussetzung für Tiecks Übergang zur romantischen Phantastik in den 1790er Jahren (Gottrau 1947). Hans-Geert Falkenberg sieht im Nihilismus die zentrale weltanschauliche Thematik in Tiecks Frühwerk, in dem sich »eine Gegenbewegung« abzeichnet, die »alle Keime einer dem klassischen Ideal entgegengesetzten Entwicklung in sich trägt« (Falkenberg 1956, S. 143) und die den Ausgangspunkt »einer Krise des deutschen Geistes« (ebd., S. 145) markiere. Tieck erscheint in Falkenbergs Darstellung als selbst Betroffener und als Diagnostiker einer »Gefährdung« (ebd., S. 335) des Menschen und der Gesellschaft, für die weltanschauliche Irritation, existentieller Sinnverlust und gestörte Kommunikation symptomatisch sind. In dieser Hellsichtigkeit und in der Vorwegnahme von Gedanken Sigmund Freuds und Friedrich Nietzsches wird Tiecks Bedeutung gesehen.

Emil Staigers Beitrag zur Tieck-Forschung wirkte der von Thalmann geforderten Revision des Tieck-Bildes entgegen, indem er dem Dichter zwar bescheinigt, »der Erfinder [der] romantischen Stimmungskunst« (Staiger 1976, S. 337) und »dichterischer Mittelpunkt des frühromantischen Kreises« gewesen zu sein, ihm jedoch unterstellt, sich nie »ernst mit tieferen Fragen des Lebens« (ebd., S. 346) befaßt zu haben. Übereinstimmend mit Haym und Gundolf bezeichnet er ihn als einen »hochbegabte[n], doch oberflächliche[n] Literat[en]« (ebd.). »Seine Strophen« seien »Zeugnis eines gewichtlosen Daseins, [...] eines wendigen, ungebundenen Geistes, der [...] des Ziels entbehrt« (ebd., S. 341). Dagegen vermittelt Gerhard Kluge differenziertere, poetikgeschichtlich begründete Aufschlüsse über Eigenart und programmatischen Wandel der Tieckschen Lyrik (Kluge 1969). Wie Kluge wendet sich auch Paul Gerhard Klussmann mit seinen beiden Tieck-Arbeiten kritisch gegen Haym, Gundolf und Staiger. Werkimmanent verfahrend, weist er in Tiecks ›Märchennovellen‹ eine ambivalente Wirklichkeitsdarstellung als poetisches Prinzip nach, das er bereits im frühen Aufsatz *Über Shakspeare's Behandlung des Wunderbaren* (1793) formuliert findet (Klussmann 1964). In seiner zweiten Arbeit zeigt Klussmann im Kontext des Nihilismus-Themas Modifikationen Tieckscher Darstellungsverfahren unter dem Einfluß Solgers (Klussmann 1969).

Hans Schlaffer geht in seinem »Versuch« aus dem gleichen Jahr bei der Analyse von *Der blonde Eckbert* einen anderen Weg (Schlaffer 1969): Er deckt die Analogien des Märchens zum Roman des 18. Jahrhunderts auf und sieht aus Tiecks Synthese von Märchen und Roman einen Typ von Märchenerzählungen hervorgehen, der am Anfang der modernen Novelle in Deutschland steht. Diesen Vorgang der Synthese beider Formen stellt Schlaffer in sozialgeschichtliche Begründungszusammenhänge.

Methodische Erweiterung der Tieck-Forschung in den 1970er und 1980er Jahren

In den 1970er und 1980er Jahren steht auch die Tieck-Forschung im Zeichen der Bewältigung einer »Legitimationskrise« (Rosenberg 2000, S. 88) in der germanistischen Literaturwissenschaft: Es erscheinen neben Arbeiten, die Kategorien der Phänomenologie und des Existentialismus oder Verfahren der Psychoanalyse aufgreifen, auch solche Studien, die – beeinflußt von den politischen Bewegungen am Ende der 1960er Jahre und fundiert durch die ›Frankfurter Schule‹ – in Wendung gegen geistesgeschichtliche und textimmanente Interpretationen sozialgeschichtlich, ideologiekritisch oder literatursoziologisch ausgerichtet sind.

Umfangreichere Arbeiten widmen sich dem Frühwerk und führen die Thematisierung weltanschaulich-philosophischer und psychologischer Aspekte betont im Hinblick auf Tiecks Darstellungsverfahren fort. Manfred Franks Dissertation *Das Problem ›Zeit‹ in der deutschen Romantik. Zeitbewußtsein und Bewußtsein von Zeitlichkeit in der frühromantischen Philosophie und in Tiecks Dichtung* geht der Verwirklichung entsprechender frühromantischer Denkansätze Friedrich Schlegels, Solgers und Novalis' im Schaffen des Dichters nach (Frank 1972). In der spezifischen Gestaltung von Zeitbewußtsein erkennt Frank das Innovative der analysierten Texte und argumentiert auf dieser Grundlage gegen den tradierten Vorwurf der Substanzlosigkeit von Tiecks Poesie. Im Lichte von Husserls *Phänomenologie des inneren Zeitbewußtseins* erscheint Tiecks Dichtung bei ihm bereits als moderne Literatur. In zwei weiteren Arbeiten zum Frühwerk werden Subjektivismus und Nihilismus zentral am Roman *William Lovell* (vgl. dazu auch Guretzky-Cornitz 1977) diskutiert. Walter Münz arbeitet daran Symptome subjektivistischer Weltbeziehung wie Melancholie, Nihilismus und Magie heraus, beleuchtet sie historisch in ihrer epochenspezifischen Bedeutung sowie in ihrer Verwendung bei Tieck (Münz 1975). Die psychologische Grundstruktur des Romans wird hier in einem Geflecht ödipaler Figurenbeziehungen gesehen. Karlheinz Weigand geht es in seiner Dissertation aus demselben Jahr dagegen darum, die Festlegung der Lovell-Figur auf den Nihilismus zu dementieren (Weigand 1975).

Den ideologiekritischen und literatursoziologischen Ansätzen der 1970er Jahre entspricht Heinz Hillmanns Tieck-Artikel von 1971. Er stellt einen ursächlichen Zusammenhang zwischen Gesellschafts- und Kulturentwicklung und der schriftstellerischen Strategie Tiecks her und sieht dessen Dichtungen als Produkte »rationaler Kalkulation« (Hillmann 1971, S. 121). Das in den Novellen vorherrschende Thema Geld führt er auf »Tiecks persönliche Geldprobleme und seine Stellung in bürgerlichen und adligen Kreisen« zurück (ebd., S. 131) – eine »Zwischenstellung«, die den Dichter zum »Freibeuter der Gesellschaft« werden lasse (ebd., S. 133). Dem Ansatz Hillmanns ähnlich sind die Arbeiten von Christa Bürger und Hans-Wolf Jäger (Bürger 1974; Jäger 1974), die betont soziale (romantischer Antikapitalismus) und politische (politische Metaphorik) Aspekte verfolgen.

Ralf Stamm, der 1973 nach Tiecks literaturgeschichtlicher Stellung in der Biedermeier-Zeit fragt, erkennt um 1820 einen generellen Neuansatz in der deutschen Literatur, der sich auch bei Tieck durch die Schaffung eines neuen, im frühromantischen Roman wurzelnden Novellentyps vollziehe. Charakteristisch für diesen sei die Darstellung des »Wunderbare[n] im Alltäglichen« (Stamm 1973, S. 125). Er sieht Tieck als Autor der Biedermeierzeit, der romantische Traditionen fortsetze. Das von Stamm behandelte Wunderbare wird bei Peter Wesollek zum einheitsstiftenden Moment des Tieckschen Gesamtwerkes erklärt (Wesollek 1984). Thomas Günther Ziegner, der an Ute Schläfers Untersuchung zum »Gespräch« bei Tieck (Schläfer 1969) anschließt, findet dieses Moment hingegen im Thema der Geselligkeit (Ziegner 1987). Wie Stamm behandelt Beate Mühl – entgegen Tendenzen einer aktualisierenden, von politischen Interessen geleiteten Sicht – den mit Immermann verglichenen späten Tieck unter dem Gesichtspunkt seiner Zugehörigkeit zur »Restaurationsepoche« und kommt dabei zu der Einschätzung, daß sich das Werk beider Autoren »einer Einordnung in eines der gängigen Epochenkonzepte entzieht« (Mühl 1983, S. 308).

Ernst Ribbat vertritt die These der »Permanenz des ›romantischen‹ Ansatzes im gesamten Werk« (Ribbat 1978, S. 7) und behauptet in seiner »interpretierenden Monographie« (ebd., Vorwort) dessen Authentizität und Einheit. Als erstrangige Forschungsaufgaben fordert er, die allgemein historischen und lebensgeschichtlichen Bedingungen des Werks wie auch Tiecks Verständnis der gesellschaftlichen Funktion von Literatur zu erschließen. Als Herausgeber einer Auswahl kritischer Schriften hatte Ribbat schon vorher die Aufmerksamkeit auf Tieck als Kunstkritiker und Literaturhistoriker gelenkt (Ribbat 1975) und damit, wie bereits Gisela Brinkler-Gabler mit ihrer Dissertation (Brinker-Gabler 1973), die Forschung in eine Richtung gewiesen, die später – so von Paulin (1982), Hölter (1989), Vogel (1989), Preisler (1990) und Zybura (1994) – weiter verfolgt werden sollte. Achim Hölter geht es in seiner 1989 gedruckten Dissertation um eine »Gesamtschau des umfangreichen Œuvres als Werk eines planvoll arbeitenden Literarhistorikers« (Hölter 1989, S. 2), wobei er »das literarhistorische Moment als einheitsstiftende Struktur (dem oft gesuchten und gefundenen Wunderbaren zur Seite)« stellt (ebd., S. 6).

Auf Klaus Günzels neuartige Lebensdarstellung Tiecks in »Briefen, Selbstzeugnissen und Berichten« (Günzel) folgt Roger Paulins »literarische« Tieck-Biographie, die 1985 zuerst in englischer Sprache erschien (Paulin 1988) – begleitet von einer instruktiven Überblicksdarstellung zu Leben und Werk des Dichters sowie zur entsprechenden Forschungsliteratur (Paulin 1987). Zwei weitere, dem Zusammenhang von Leben und Werk nachgehende biographische Darstellungen haben Thomas Ziegner (Ziegner 1990) und Klaus Rek (Rek 1991) vorgelegt.

Auf der Grundlage einer marxistischen Literaturauffassung wird das Werk Tiecks auch in der Literaturgeschichtsschreibung der DDR unter sozialgeschichtlichen Aspekten betrachtet. Repräsentativ für das Tieck-Bild in der DDR ist die Darstellung im 1978 veröffentlichten siebten Band der zwölfbändigen *Geschichte der deutschen Literatur*. In den betreffenden Passagen wird Tieck als »der fruchtbarste und vielseitigste Autor unter den Frühromantikern« (Dahnke 1978, S. 412) gewertet, dessen Dichtung »in grell ausgestellten Empfindungen von Entfremdung und Isolierung, Kontaktlosigkeit und Fatalismus [...] Existenzprobleme aufrichtig« zum Ausdruck bringe (ebd., S. 379f.). Tiecks Spätwerk sei als »Anpassung an die Bürgerwelt« (Werner 1978, S. 837) zu verstehen und seine Wirklichkeitsdarstellung in den späten Novellen nur in »sehr eingeschränkte[m] Maße realistisch zu nennen« (ebd., S. 839).

Entwicklungen seit den 1990er Jahren

Seit Beginn der 1990er Jahre wächst auffällig die Zahl solcher Arbeiten, die Tieck in die teils sozialgeschichtliche, teils kulturwissenschaftliche oder komparatistische Behandlung übergreifender Themen (satirische Dichtung, Künstlerfiguren, Idylle, literarische Phantastik, Müßiggang, europäischer Briefroman, Fremdheitserfahrung, Traumdiskurs, Genoveva-Literatur, Dichtung und Markt) einbeziehen (Brummack 1979; Hausdörfer 1987; Diekkämper 1990; Freund 1990; Stumpp 1992; Heilmann 1992; Gröf 1996; Hinderer 2005; Staritz 2005; Mix 2005).

Ein Schwerpunkt der Tieck-Monographien der 1990er Jahre ist das Thema Kommunikation, das als soziale Problematik bzw. als Erzählprinzip bereits bei Schläfer 1969, Bürger 1974 und Ziegner 1987 angedeutet, nun aber durch verstärkte Aufnahme moderner Text- und Kommunikationstheorien neu akzentuiert wird. In Anlehnung insbesondere an Gedanken Jakobsons zeigt Dagmar Ottmann an ausgewählten Novellen Tiecks eine »Metonymisierung« der Sprache, die sich von der Metaphorik der Romantik entferne und die Ambivalenz und Doppelbödigkeit der Novellen begründe. Die in Tiecks Sprache wahrgenommene »Dichotomie« wird als »Werkspezifikum« (Ottmann

1990, S. 18) ästhetisch aufgewertet. Christoph Brecht erkennt die ästhetische Eigenart und Qualität der Tieckschen Dichtungen in deren »Selbstreflexivität« (Brecht 1993, S. 247), die im Sinne poststrukturalistischer Literaturtheorien (Paul de Man, Jacques Derrida) als Ausdruck von Tiecks Bewußtsein der Unmöglichkeit eindeutiger und gültiger Aussagen sowie eines adäquaten Sinn-Verstehens aufgefaßt wird. Im Mißtrauen gegen ein solches Literaturverständnis sieht Brecht die literaturgeschichtliche Randstellung Tiecks begründet. In der Selbstreflexivität und deren allegorischer Manifestation registriert er ein Kontinuum in Tiecks Prosa, die hier nicht im literarhistorischen Kontext, sondern im Hinblick auf ihre Modernität betrachtet wird. Zwei weitere Arbeiten widmen sich Tiecks poetischer Reflexion der Sprach- und Kommunikationsproblematik. Winfried Menninghaus' *Lob des Unsinns* gilt einer Poesie, die herkömmliche dichterische Strategien und Erwartungshaltungen konterkariert (Menninghaus 1995). Als Beispiel für eine so verstandene »Unsinns«-Poesie wird Tiecks Prosa-Variante des Blaubart-Stoffs *Die sieben Weiber des Blaubart* untersucht. William Crisman analysiert 1996 Texte aus allen Schaffensphasen unter kommunikationstheoretischen Gesichtspunkten im Rückgriff auf Austins Sprechakt-Theorie und Cassirers *Philosophie der symbolischen Formen* (Crisman 1996).

Ausgehend von einer Verständigung über die historisch gewachsenen Begriffe von gesellschaftlicher und ästhetischer Moderne untersucht Burkhard Pöschel in exemplarischen Tieck-Novellen die Verarbeitung von Moderne-Erfahrungen und erkennt in der Allegorie ein zentrales Darstellungsverfahren. Er sieht im »Interesse an den gesellschaftlichen Verhältnissen« (Pöschel 1994, S. 28) eine Konstante in Tiecks Schaffen und zugleich die Voraussetzung für die Modifikation seines Verständnisses von Literatur. An der »geänderten Ansicht dessen, was Poesie zu leisten vermag«, erklärt Pöschel den »Unterschied zwischen der frühen und der späten schriftstellerischen Tätigkeit Tiecks« (ebd., S. 29). Den »charakteristischen Eigensinn« (ebd., S. 46) der Dichtung des alten Tieck sieht Pöschel aus dem »Zusammenwirken« von »Selbstreferenz als literarische[r] Technik« und »Gesellschaftskritik« hervorgehen (ebd., S. 45f.).

Im Bestreben, die »Funktion« von Novellen und Romanen des späten Tieck »im Denk- und Literatursystem der späten Goethezeit und der Übergangsphase der Biedermeierzeit« zu beschreiben, analysiert Lutz Hagestedt (Hagestedt 1997, S. 11) unter Anwendung von Begriffen und Verfahren der systemtheoretisch orientierten Literaturwissenschaft die Spezifik Tieckscher Realitätskonstruktionen. Er erschließt diese auf den Ebenen des Formalen, Politischen, Religiösen, Privaten und Künstlerisch-Literarischen und bezieht seine Befunde auf eine für die Goethezeit spezifische, in Anlehnung an Titzmann beschriebene Realitätskonzeption. Obwohl Hagestedt auf diese Weise Tiecks Epochenzugehörigkeit weitgehend bestätigt findet, konstatiert er am Schluß für die Zeit um 1830 den Beginn einer »neue[n] Phase« des »Schaffens« (ebd., S. 318), in der sich Tiecks Realitätskonstruktionen in Auseinandersetzung mit gesellschaftlichen und politischen Veränderungen vom goethezeitlichen Realitätskonzept entfernen. Die auch von Hagestedt thematisierte bürgerliche Familie wird von Martina Schwarz als »Medium der Zeitkritik« des Dichters betrachtet (Schwarz 2002).

Wolfgang Raths Buch von 1996 widerlegt sowohl Staigers Behauptung, Tieck habe »keine Ahnung von Philosophie« gehabt (Staiger 1976, S. 338), als auch Hayms These von Tieck als »Nachahmer« (Haym 1870, S. 127f.). Rath zeigt in seinen Interpretationen, wie in Tiecks Prosa biographisch verbürgtes Erleben in Synthese mit einem psychologischen Interesse, das ihn mit Karl Philipp Moritz' Konzept der Erfahrungsseelenkunde verbindet, poetisch fruchtbar wird. Zudem deckt er Tiecks schöpferische Verarbeitung philosophischer Lektüre (Böhme, Kant u. a.) sowie dessen Antizipationen modernen Denkens auf (Rath 1996). Jörg Bong entdeckt beim jungen Tieck eine »Poetik und Poesie des Schwindels« (Bong 2000, S. 12). Am Beispiel von *Der blonde Eckbert* demonstriert er, wie das Bemühen, den Sinn des Textes zu verstehen, unterlaufen wird und wie der Leser in einen »hermeneutischen Schwindel« (ebd., S. 15) gerät. Dieses Verfahren wird im Kontext von Moritz' Erfahrungsseelenkunde beleuchtet und als Gegenentwurf sowohl zur frühromantischen Ästhetik als auch zu ästhetischen Konzeptionen der Aufklärung vorgeführt, womit sich eine Verbindung zu Menninghaus' These einer *Poesie des Unsinns* herstellt.

In vier Arbeiten der letzten Jahre geht es um Tiecks Dramen. Wie Young Eun Chang 1993 wendet sich auch Ruth Petzoldt 2000 dem Lustspiel und der Lustspielkonzeption Tiecks zu. Sie analysiert zwischen 1797 und 1800 entstandene Komödien im Hinblick auf die diesen gemeinsame »Albernheit und Hintersinn« erzeugende Verfahren wie Selbstreferentialität, »Spiel im Spiel«-Techniken und Intertextualität. Einen anderen Fokus richtet Beate Sommersberg 2009 auf Tiecks Lustspiele. Sie führt die Anlage und Poetologie der Lustspiele mit Tiecks Vorlesekunst eng und geht davon aus, daß Tiecks Dramatik nicht als Aufführungs- oder Lese-, sondern als Vorlesedramatik konzipiert gewesen ist.

Stefan Scherer nimmt Tiecks gesamtes dramatisches Werk in den Blick und untersucht es im Kontext der romantischen Ästhetik sowie der zeitgenössischen Dramatik, wobei auf das Weiterwirken Tieckscher Techniken bis in die Gegenwart hingewiesen wird (Scherer 2003). Zentrale Ergebnisse dieser Habilitationsschrift flossen in Scherers Beitrag zu einer 2003 in Berlin anläßlich des 150. Todestages des Dichters veranstalteten Tagung ein und wurden in dem daraus hervorgehenden Tagungsband publiziert (Scherer 2004). Diese Publikation (Markert 2004) sowie drei weitere Sammelbände (Schmitz 1997;

Hölter 2001; Kremer 2005) verweisen auf das gegenwärtige Bestreben, Tieck-Studien zu bündeln, die Komplexität des Werks, auch über die Dichtung hinaus, zu erfassen und auf dieser Basis ein Bild von Tieck zu gewinnen, das seiner kulturhistorischen Bedeutung gerecht wird.

Jüngste monographische Studien beschäftigen sich u. a. mit Tieck im Rahmen des Architekturdiskurses um 1800, wie er sich in *Straußfedern*-Erzählungen, in *William Lovell* und in den Rahmengesprächen der Sammlung *Phantasus* niederschlägt (Tausch 2006, S. 228–268). Michael Weitz verortet 2008 Tiecks *William Lovell* im »Diskurs der Lebenskunst« (S. 7) seiner Zeit und damit in einer Traditionslinie der Anthropologie von der Frühen Neuzeit bis zur Romantik, die Denkfiguren der Melancholie oder des Wahnsinns akzentuiert. Eingehende Untersuchungen zur Sammlung *Phantasus* stammen von Thomas Meißner und Andreas Beck. Ausgehend von Ribbats These von der ›erinnerten Romantik‹ (1978, S. 207–236) beleuchtet Meißner 2007 die werkgeschichtliche Position der Sammlung zwischen dem früh- und spätromantischen (bzw. frührealistischen) Œuvre; er wertet dabei zugleich Tiecks Ziebinger Zeit auf und stellt diese als eigenständige Epoche im Leben und Arbeiten Tiecks heraus. Zum einen kommen dabei die Traditionszusammenhänge der Rahmen- und Binnenerzählungen in den Blick, zum anderen wird das Wechselspiel von erinnerndem Rückbezug und programmatischer Neuausrichtung zu einer Leitfrage der Untersuchung. Beck 2008 untersucht die »innere Stringenz« (S. 5) der zyklischen Erzählstrukturen am Beispiel von Goethes *Unterhaltungen deutscher Ausgewanderten*, Tiecks *Phantasus* und E. T. A. Hoffmanns *Die Serapionsbrüder*.

Wie Tieck vor dem Hintergrund der strukturellen Veränderungen im Literatursystem ›um 1800‹ literarische Kommunikation entwirft, zeigt Steffen Martus 2007: zum einen (z. B. in seinen literaturkritischen Schriften) mit einem positiven Begriff von Streit und Uneinigkeit, zum anderen (z. B. in der Herausbildung eines ›Lebenswerks‹) mit der Entwicklung (proto-)philologischer Perspektiven. In beiden Fällen betont Tiecks »Werkpolitik« die Irrtumsanfälligkeit des Lesers und vermittelt Haltungen, die diese Unzulänglichkeiten produktiv integrieren. Exemplarisch wird dies an Tiecks Konzeption der ›Stimmung‹ gezeigt, die gleichermaßen ästhetische wie philologische, anthropologische, psychologische, mediologische und politische Implikationen hat.

LITERATUR

Beck 2008: Beck, Andreas: Geselliges Erzählen in Rahmenzyklen. Goethe – Tieck – E. T. A. Hoffmann, Heidelberg 2008.
Bong 2000: Bong, Jörg: Texttaumel. Poetologische Inversionen von *Spätaufklärung* und *Frühromantik* bei Ludwig Tieck, Heidelberg 2000.
Brecht 1993: Brecht, Christoph: Die gefährliche Rede. Sprachreflexion und Erzählstruktur in der Prosa Ludwig Tiecks, Tübingen 1993.
Brinker-Gabler 1973: Brinker-Gabler, Gisela: Tiecks Bearbeitung altdeutscher Literatur. Produktion, Konzeption, Wirkung. Ein Beitrag zur Rezeptionsgeschichte älterer deutscher Literatur, phil. Diss. Köln 1973.
Brüggemann 1909: Brüggemann, Fritz: Die Ironie als entwicklungsgeschichtliches Moment. Ein Beitrag zur Vorgeschichte der deutschen Romantik, Jena 1909.
Brummack 1979: Brummack, Jürgen: Satirische Dichtung. Studien zu Friedrich Schlegel, Tieck, Jean Paul und Heine, München 1979.
Budde 1907: Budde, Josef: Zur romantische Ironie bei Ludwig Tieck, phil. Diss. Bonn 1907.
Bürger 1974: Bürger, Christa: *Der blonde Eckbert*. Tiecks romantischer Antikapitalismus. In: Literatursoziologie, Bd. 2: Beiträge zur Praxis, hg. von Joachim Bark, Stuttgart/u. a. 1974, S. 139–158.
Busch 1911: Busch, Willi: Das Element des Dämonischen in Ludwig Tiecks Dichtungen, Delitzsch 1911.
Chang 1993: Chang, Young Eun: »... zwischen heiteren und gewittrigen Tagen«. Tiecks romantische Lustspielkonzeption, phil. Diss. Frankfurt a. M./u. a. 1993.
Crisman 1996: Crisman, William: The Crisis of *Language and dead Signs* in Ludwig Tieck's Prose Fiction, Columbia 1996.
Dahnke 1978: Dahnke, Hans-Dietrich: Literatur von 1794 bis 1806. In: Geschichte der deutschen Literatur von den Anfängen bis zur Gegenwart, 12 Bde., Bd. 7: Geschichte der deutschen Literatur 1789 bis 1830, hg. von Hans-Günther Thalheim/u. a., Berlin 1978, S. 134–458.
Diekkämper 1990: Diekkämper, Birgit: Formtraditionen und Motive der Idylle in der deutschen Literatur des neunzehnten Jahrhunderts. Bemerkungen zu Erzähltexten von Joseph Freiherr von Eichendorff, Heinrich Heine, Friedrich de la Motte Fouqué, Ludwig Tieck und Adalbert Stifter, Frankfurt a. M./u. a. 1990.
Endrulat 1957: Endrulat, Helmut: Ludwig Tiecks Altersnovellistik und das Problem der ästhetischen Subjektivität, phil. Diss. Münster 1957.
Falkenberg 1956: Falkenberg, Hans-Geert: Strukturen des Nihilismus im Frühwerk Ludwig Tiecks, phil. Diss. Göttingen 1956.
Frank 1972: Frank, Manfred: Das Problem *Zeit* in der deutschen Romantik. Zeitbewußtsein und Bewußtsein von Zeitlichkeit in der frühromantischen Philosophie und in Tiecks Dichtung, München 1972.
Freund 1990: Freund, Winfried: Literarische Phantastik. Die phantastische Novelle von Tieck bis Storm, Stuttgart/u. a. 1990.
Garnier 1899: Garnier, T. D.: Zur Entwicklungsgeschichte der Novellendichtung Ludwig Tieck's, Gießen 1899.
Gneuss 1971: Gneuss, Christian: Der späte Tieck als Zeitkritiker, Düsseldorf 1971.
Gottrau 1947: Gottrau, André: Die Zeit im Werk des jungen Tieck, phil. Diss. Zürich 1947.
Gröf 1996: Gröf, Siegfried: »Fremd bin ich eingezogen...«. Fremdheitserfahrungen in der erzählenden Literatur der Frühromantik. Unter besonderer Berücksichtigung von Ludwig Tiecks *William Lovell* und *Franz Sternbalds Wanderungen*, Gießen 1996.
Gumbel 1976: Gumbel, Hermann: Ludwig Tiecks dichterischer Weg [1929]. In: Ludwig Tieck, hg. von Wulf Segebrecht, Darmstadt 1976, S. 172–190.
Gundolf 1976: Gundolf, Friedrich: Ludwig Tieck [1929]. In: Ludwig Tieck, hg. von Wulf Segebrecht, Darmstadt 1976, S. 191–265.

Guretzky-Cornitz 1977: Guretzky-Cornitz, Ulrike von: Versuch einer sozialpsychologischen Interpretation des psychologischen Romans von Ludwig Tieck. *William Lovell*, phil. Diss. Berlin 1977.
Hagestedt 1997: Hagestedt, Lutz: Ähnlichkeit und Differenz. Aspekte der Realitätskonzeption in Ludwig Tiecks späten Romanen und Novellen, München 1997.
Hausdörfer 1987: Hausdörfer, Sabrina: Rebellion im Kunstschein. Die Funktion des fiktiven Künstlers in Roman und Kunsttheorie der deutschen Romantik, Heidelberg 1987.
Haym 1870: Die Romantische Schule. Ein Beitrag zur Geschichte des deutschen Geistes, Berlin 1870.
Heilmann 1992: Heilmann, Markus: Die Krise der Aufklärung als Krise des Erzählens. Tiecks *William Lovell* und der europäische Briefroman, Stuttgart 1992.
Heinichen 1963: Heinichen, Jürgen: Das späte Novellenwerk Ludwig Tiecks. Eine Untersuchung seiner Erzählweise, phil. Diss. Heidelberg 1963.
Hemmer 1909: Hemmer, Heinrich: Die Anfänge L. Tiecks. Mit besonderer Berücksichtigung des Dämonisch-Schauerlichen, Berlin 1909.
Hienger 1955: Hienger, Jörg: Romantik und Realismus im Spätwerk Ludwig Tiecks, phil. Diss. Köln 1955.
Hillebrand 1944: Hillebrand, Friedrich: Die Entwicklung der märchenhaften Novellistik Ludwig Tiecks, phil. Diss. Frankfurt a. M. 1944.
Hillmann 1971: Hillmann, Heinz: Ludwig Tieck. In: Deutsche Dichter der Romantik. Ihr Leben und Werk, hg. von Benno von Wiese, Berlin 1971, S. 111–134.
Hinderer 2005: Hinderer, Walter: »Die Träume sind vielleicht unsere höchste Philosophie«. Bemerkungen zum Traumdiskurs Ludwig Tiecks. In: Traum-Diskurse der Romantik, hg. von Peter-André Alt und Christiane Leiteritz, Berlin/New York 2005, S. 283–312.
Hölter 1989: Hölter, Achim: Ludwig Tieck. Literaturgeschichte als Poesie, Heidelberg 1989.
Hölter 2001: Hölter, Achim: Frühe Romantik – frühe Komparatistik. Gesammelte Aufsätze zu Ludwig Tieck, Frankfurt a. M./u. a. 2001.
Jäger 1974: Jäger, Hans-Wolf: Trägt Rotkäppchen eine Jakobiner-Mütze? Über mutmaßliche Konnotate bei Tieck und Grimm. In: Literatursoziologie, Bd. 2: Beiträge zur Praxis, hg. von Joachim Bark, Stuttgart/u. a. 1974, S. 159–180.
Kluge 1969: Kluge, Gerhard: Idealisieren, poetisieren. Anmerkungen zu poetologischen Begriffen und zur Lyriktheorie des jungen Tieck. In: Jahrbuch der Deutschen Schillergesellschaft 13 (1969), S. 308–360.
Klussmann 1964: Klussmann, Paul Gerhard: Die Zweideutigkeit des Wirklichen in Ludwig Tiecks Märchennovellen. In: Zeitschrift für deutsche Philologie 83 (1964), S. 426–452.
Klussmann 1969: Klussmann, Paul Gerhard: Ludwig Tieck. In: Deutsche Dichter des 19. Jahrhunderts. Ihr Leben und Werk, hg. von Benno von Wiese, Berlin 1969, S. 15–52.
Koldewey 1904: Koldewey, Paul: Wackenroder und sein Einfluß auf Tieck, Altona 1904.
Kremer 2005: Kremer, Detlef (Hg.): Die Prosa Ludwig Tiecks, Bielefeld 2005.
Lieske 1933: Lieske, Rudolf: Tiecks Abwendung von der Romantik, Berlin 1933 (Reprint Nendeln/Liechtenstein 1967).
Markert 2004: Institut für deutsche Literatur der Humboldt-Universität zu Berlin unter Mitarbeit von Heidrun Markert (Hg.): »lasst uns, da es uns vergönnt ist, vernünftig seyn! –«. Ludwig Tieck (1773–1853), Bern/u. a. 2004.
Martus 2007: Martus, Steffen: Werkpolitik. Zur Literaturgeschichte kritischer Kommunikation vom 17. bis ins 20. Jahrhundert. Mit Studien zu Klopstock, Tieck, Goethe und George, Berlin/u. a. 2007.
Meißner 2007: Meißner, Thomas: Erinnerte Romantik. Ludwig Tiecks *Phantasus*, Würzburg 2007.
Menninghaus 1995: Menninghaus, Winfried: Lob des Unsinns. Über Kant, Tieck und Blaubart, Frankfurt a. M. 1995.
Miessner 1902: Miessner, Wilhelm: Ludwig Tiecks Lyrik. Eine Untersuchung, Berlin 1902.
Minder 1936: Minder, Robert: Un poète romantique allemand. Ludwig Tieck (1773–1853), Paris 1936.

Minder 1976: Minder, Robert: Ludwig Tieck, ein Porträt [1937]. In: Ludwig Tieck, hg. von Wulf Segebrecht, Darmstadt 1976, S. 266–278.
Mix 2004: Mix, York-Gothart: Kunstreligion und Geld. Ludwig Tieck, die Brüder Schlegel und die Konkurrenz auf dem literarischen Mark um 1800. In: »lasst uns, da es uns vergönnt ist, vernünftig seyn! –«. Ludwig Tieck (1773–1853), hg. vom Institut für deutsche Literatur der Humboldt- Universität zu Berlin, unter Mitarbeit von Heidrun Markert, Bern/u. a. 2004, S. 241–258.
Mörtl 1925: Mörtl, Hans: Ironie und Resignation in den Alterswerken Ludwig Tiecks. In: Zeitschrift für die österreichischen Mittelschulen 2 (1925), S. 61–94.
Mühl 1983: Mühl, Beate: Romantiktradition und früher Realismus. Zum Verhältnis von Gattungspoetik und literarischer Praxis in der Restaurationsepoche (Tieck-Immermann), Frankfurt a. M./Bern 1983.
Münz 1975: Münz, Walter: Individuum und Symbol in Tiecks *William Lovell*. Materialien zum frühromantischen Subjektivismus, Bern/Frankfurt a. M. 1975.
Ottmann 1990: Ottmann, Dagmar: Angrenzende Rede. Ambivalenzbildung und Metonymisierung in Ludwig Tiecks späten Novellen, Tübingen 1990.
Paulin 1982: Paulin, Roger: Ludwig Tiecks Essayistik. In: Jahrbuch für Internationale Germanistik 14 (1982), H. 1, S. 126–156.
Paulin 1987: Paulin, Roger: Ludwig Tieck, Stuttgart 1987.
Paulin 1988: Paulin, Roger: Ludwig Tieck. Eine literarische Biographie, München 1988.
Petzoldt 2000: Petzoldt, Ruth: Albernheit mit Hintersinn. Intertextuelle Spiele in Ludwig Tiecks romantischen Komödien, Würzburg 2000.
Pöschel 1994: Pöschel, Burkhard: »Im Mittelpunkt der wunderbarsten Ereignisse«. Versuche über die literarische Auseinandersetzung mit der gesellschaftlichen Moderne im erzählerischen Spätwerk Ludwig Tiecks, Bielefeld 1994.
Preisler 1992: Preisler, Horst L.: Gesellige Kritik. Ludwig Tiecks kritische, essayistische und literarhistorische Schriften, Stuttgart 1992.
Rath 1996: Rath, Wolfgang: Ludwig Tieck. Das vergessene Genie. Studien zu seinem Erzählwerk, Paderborn/u. a. 1996.
Rek 1991: Rek, Klaus: Das Dichterleben des Ludwig Tieck. Biographie, Berlin 1991.
Ribbat 1975: Ribbat, Ernst (Hg.): Tieck, Ludwig: Ausgewählte kritische Schriften, mit einer Einleitung hg. von E. R., Tübingen 1975.
Ribbat 1978: Ribbat, Ernst: Ludwig Tieck. Studien zu Konzeption und Praxis romantischer Poesie, Kronberg i. Ts. 1978.
Rosenberg 2000: Rosenberg, Rainer: Die deutsche Literaturwissenschaft in den siebziger Jahren. Ansätze zu einem theoriegeschichtlichen Ost-West-Vergleich/Aus der Diskussion. In: Germanistik der siebziger Jahre. Zwischen Innovation und Ideologie, hg. von Silvio Vietta und Dirk Kemper, München 2000, S. 83–100.
Scherer 2003: Scherer, Stefan: Witzige Spielgemälde. Tieck und das Drama der Romantik, Berlin/New York 2003.
Scherer 2004: Scherer, Stefan: Nach 1800. Von der Literaturkomödie zum frührealistischen Universalschauspiel. In: »lasst uns, da es uns vergönnt ist, vernünftig seyn! –«. Ludwig Tieck (1773–1853), hg. vom Institut für deutsche Literatur der Humboldt-Universität zu Berlin, unter Mitarbeit von Heidrun Markert, Bern/u. a. 2004, S. 129–147.
Schläfer 1969: Schläfer, Ute: Das Gespräch in der Erzählkunst Ludwig Tiecks, phil. Diss. München 1969.
Schlaffer 1969: Schlaffer, Heinz: Roman und Märchen. Ein formtheoretischer Versuch über Tiecks *Blonden Eckbert*. In: Gestaltungsgeschichte und Gesellschaftsgeschichte. Literatur-, kunst- und musikwissenschaftliche Studien, hg. von Helmut Kreuzer in Zusammenarbeit mit Käte Hamburger, Stuttgart 1969, S. 224–241.
Schmitz 1997: Schmitz, Walter (Hg.): Ludwig Tieck. Literaturprogramm und Lebensinszenierung im Kontext seiner Zeit, Tübingen 1997.
Schwarz 2002: Schwarz, Martina: Die bürgerliche Familie im Spätwerk Ludwig Tiecks. »Familie« als Medium der Zeitkritik, Würzburg 2002.

Sommersberg 2009: Sommersberg, Beate: Lesebühne. Zeitgenössische Rezeption der Lustspiele Ludwig Tiecks, phil. Diss. TU Berlin 2009.

Staiger 1976: Staiger, Emil: Ludwig Tieck und der Ursprung der deutschen Romantik [1960]. In: Ludwig Tieck, hg. von Wulf Segebrecht, Darmstadt 1976, S. 322–351.

Stamm 1973: Stamm, Ralf: Ludwig Tiecks späte Novellen. Grundlage und Technik des Wunderbaren, Stuttgart/u. a. 1973.

Staritz 2005: Staritz, Simone: Geschlecht, Religion und Nation. Genoveva-Literaturen 1775–1866, St. Ingbert 2005.

Stumpp 1992: Stumpp, Gabriele: Müßige Helden. Studien zum Müßiggang in Tiecks *William Lovell*, Goethes *Wilhelm Meisters Lehrjahre*, Kellers *Grünem Heinrich* und Stifters *Nachsommer*, Stuttgart 1992.

Tausch 2006: Tausch, Harald: »Die Architektur ist die Nachtseite der Kunst«. Erdichtete Architekturen und Gärten in der deutschsprachigen Literatur zwischen Frühaufklärung und Romantik, Würzburg 2006.

Thalmann 1919: Thalmann, Marianne: Probleme der Dämonie in Ludwig Tiecks Schriften, Weimar 1919.

Thalmann 1953: Thalmann, Marianne: Hundert Jahre Tieckforschung. In: Monatshefte für deutschen Unterricht, deutsche Sprache und Literatur 45 (1953), Nr. 3, S. 113–123.

Thalmann 1955: Thalmann, Marianne: Ludwig Tieck. Der romantische Weltmann aus Berlin, München 1955.

Thalmann 1960: Thalmann, Marianne: Ludwig Tieck. »Der Heilige von Dresden«. Aus der Frühzeit der deutschen Novelle, Berlin 1960.

Vogel 1989: Vogel, Lutz: Poetische Wirkungsabsicht und ihre Realisierung. Zu Ludwig Tiecks Kunst- und Zeitkritik in Essayistik und Novellenschaffen der zwanziger und dreißiger Jahre des 19. Jahrhunderts, phil. Diss. Halle 1989.

Weigand 1975: Weigand, Karlheinz: Tiecks *William Lovell*. Studien zur frühromantischen Antithese, Heidelberg 1975.

Weitz 2008: Weitz, Michael: Allegorien des Lebens. Literarisierte Anthropologie bei F. Schlegel, Novalis, Tieck und E. T. A. Hoffmann, Paderborn/u. a. 2008.

Werner 1978: Werner, Hans-Georg: Literatur von 1815 bis 1830. In: Geschichte der deutschen Literatur von den Anfängen bis zur Gegenwart, 12 Bde., Bd. 7: Geschichte der deutschen Literatur 1789 bis 1830, hg. von Hans-Günther Thalheim u. a., Berlin 1978, S. 661–870.

Wesollek 1984: Wesollek, Peter: Ludwig Tieck oder Der Weltumsegler seines Innern. Anmerkungen zur Thematik des Wunderbaren in Tiecks Erzählwerk, Wiesbaden 1984.

Wüstling 1912: Wüstling, Fritz: Tiecks *William Lovell*. Ein Beitrag zur Geistesgeschichte des 18. Jahrhunderts, Halle 1912.

Zeydel 1935: Zeydel, Edwin H.: Ludwig Tieck, the German Romanticist. A critical study, Princeton 1935.

Ziegner 1987: Ziegner, Thomas Günther: Ludwig Tieck – Studien zur Geselligkeitsproblematik. Die soziologisch-pädagogische Kategorie der »Geselligkeit« als einheitsstiftender Faktor in Werk und Leben des Dichters, Frankfurt a. M./u. a. 1987.

Ziegner 1990: Ziegner, Thomas Günther: Ludwig Tieck. Proteus, Pumpgenie und Erzpoet. Leben und Werk, Frankfurt a. M. 1990.

Zybura 1994: Zybura, Marek: Ludwig Tieck als Übersetzer und Herausgeber. Zur frühromantischen Idee einer »deutschen Weltliteratur«, Heidelberg 1994.

6.
ZEITTAFEL: JOHANN LUDWIG TIECK

Claudia Stockinger

1773	31. Mai, geb. zu Berlin (Stadtteil Neukölln, Roßstr. 1). – Vater: Johann Ludwig Tieck, Seilermeister, gest. 1801 oder 1802; Mutter: Anna Sophie, geb. Berukin (gest. 1801 oder 1802); zu den »Verwirrungen« bezüglich der Todesjahre vgl. Roger Paulin: Ludwig Tieck. Eine literarische Biographie, München 1988, S. 324/ Anm. 86. – Geschwister: Anne Sophie (1775–1833) und Christian Friedrich (1776–1851).
1782–1792	Seit Ende Juni 1782: Besuch des Friedrichswerderschen Gymnasiums unter der Leitung des Spätaufklärers Friedrich Gedike (Abitur: Ostern 1792); Freundschaft mit Wilhelm Heinrich Wackenroder, Wilhelm von Burgsdorff sowie Wilhelm Hensler, dem Stiefsohn des Kgl. Kapellmeisters Johann Friedrich Reichardt; erste Begegnungen mit Amalie Alberti (1769–1837); Besuch der Ästhetik-Vorlesungen von Karl Philipp Moritz; Arbeiten für die Lehrer Friedrich Eberhard Rambach (für den Roman *Die eiserne Maske. Eine schottische Geschichte*, erschienen 1792, und für den zweiten Teil der *Thaten und Feinheiten renomirter Kraft- und Kniffgenies: Mathias Klostermayer oder der Bayersche Hiesel*, erschienen 1791) und G. K. F. Seidel (für dessen Übersetzung von Conyers Middletons *Life of Cicero*). Anregungen durch den Lehrer August Ferdinand Bernhardi, Tiecks späteren Schwager.
1789	*Die Sommernacht*, dramatisches Fragment (erstmals veröffentlicht 1851 durch Eduard von Bülow); *Gotthold*, Ritterdrama; *Die Räuber*, Trauerspiel; *Siward*, Trauerspiel; *Jason und Medea*, Melodrama; *Der doppelte Vater*, Lustspiel; *Die Entführung*, Lustspiel; *Ich war doch am Ende betrogen*, Lustspiel; *Roxane*, Trauerspiel; *Meiners, ein Kaufmann*, bürgerliches Trauerspiel (1789/90).
1790	*Das Reh*, Feenmärchen (veröffentlicht 1855); *Das Lamm*, Schäferspiel; *Niobe*, Drama; *König Braddock*, Zauberspiel; *Der Gefangene*, szenischer Text; *Alla-Moddin*, Schauspiel (entstanden 1790–1793, veröffentlicht 1798); *Almansur*, Erzählung (veröffentlicht 1798); *Paramythien*.
1792	Seit Ende April: Studium an der Universität Halle (eingeschrieben für Theologie; Besuch von Vorlesungen u. a. des Philologen Friedrich August Wolf); Kontakt zu Reichardt in Giebichenstein (bei Halle). – Juli: Harzreise. – August: *Adalbert und Emma*, Rittergeschichte (veröffentlicht 1793; in S 8 unter dem Titel *Das grüne Band*). – Wintersemester 1792/93: Universität Göttingen, gemeinsam mit Burgsdorff, heimliche Verlobung mit Amalie Alberti. – Studium Shakespeares u. a., 1792/93 Übersetzung und Bearbeitung von Ben Jonsons *Volpone* unter dem Titel *Ein Schurke*

	über den andern oder die Fuchsprelle (veröffentlicht 1798). – *Der Abschied*, Trauerspiel (veröffentlicht 1798); *Anna Boleyn*, Trauerspiel (Fragment). – Essay-Fragmente *Über das Erhabene* und *Soll der Mahler seine Gegenstände lieber aus dem erzählenden oder dramatischen Dichter nehmen? – Das Mährchen vom Roßtrapp.*
1793	Aufsätze: *Über die Kupferstiche nach der Shakspearschen Galerie in London* (veröffentlicht 1795) und *Über Shakspeare's Behandlung des Wunderbaren* (1796 als Vorrede der Übersetzung von *Der Sturm* beigefügt, beendet 1794). – Seit dem Sommersemester: Universität Erlangen (mit Wilhelm Heinrich Wackenroder); Reisen nach Nürnberg, Bamberg, Bayreuth, in die fränkische Schweiz, ins Fichtelgebirge und nach Pommersfelden (in die Galerie von Schloß Weißenstein).
1793/94	Herbst 1793: Universität Göttingen (mit Wackenroder), bis Ende Sommersemester 1794; Vorlesungen bei J. D. Fiorillo, Kunsthistoriker.
1794	Herbst: Rückkehr nach Berlin, freier Schriftsteller. – Gast in den Salons von Rahel Levin (verh. Varnhagen), Henriette Herz und Dorothea Veit.
1795	*Die Sühne*, Erzählung (in S 14 unter dem Titel *Die Versöhnung*). – *Hanswurst als Emigrant*, Puppenspiel (in NS 1 veröffentlicht). – *Abdallah*, Erzählung (entstanden 1791–1793).
1795/96	*William Lovell* (Roman, 3 Bde., entstanden 1793–1796). – *Peter Lebrecht, eine Geschichte ohne Abenteuerlichkeiten* (der zweite Teil erschien 1796).
1795–1798	Arbeit für Friedrich Nicolais Reihe *Straußfedern* (gemeinsam mit Schwester Sophie und August Ferdinand Bernhardi), darin: die Erzählungen *Schicksal, Die männliche Mutter, Die Rechtsgelehrten* (nach französischen Vorlagen) sowie *Die Brüder, Der Fremde, Die beiden merkwürdigsten Tage aus Siegmund's Leben, Ulrich der Empfindsame, Fermer der Geniale, Der Naturfreund, Die gelehrte Gesellschaft, Der Psycholog, Die Theegesellschaft, Die Freunde, Der Roman in Briefen, Ein Tagebuch* und *Merkwürdige Lebensgeschichte Sr. Majestät Abraham Tonelli* (eigene Dichtungen).
1796	Offizielle Verlobung mit Amalie Alberti. – Sommer: Reise nach Dresden (Gemäldegalerie, gemeinsam mit Wackenroder). – Rez. *Die neuesten Musenalmanache* (in *Berlinisches Archiv der Zeit und ihres Geschmacks*).
1797	*Volksmährchen, herausgegeben von Peter Leberecht* in 3 Bänden (Bd. 1: *Ritter Blaubart*, ein »Ammenmährchen« in vier Akten; *Die Geschichte von den Heymons Kindern, in zwanzig altfränkischen*

Bildern; Der blonde Eckbert; Bd. 2: *Wundersame Liebesgeschichte der schönen Magelone und des Grafen Peter aus der Provence; Ein Prolog; Der gestiefelte Kater*; Bd. 3: *Karl von Berneck*, Trauerspiel, entstanden 1793–1795; *Denkwürdige Geschichtschronik der Schildbürger in zwanzig lesenswürdigen Kapiteln*). – *Die sieben Weiber des Blaubart. Eine wahre Familiengeschichte herausgegeben von Gottlieb Färber.* – *Herzensergießungen eines kunstliebenden Klosterbruders* (eigentlich Ende 1796), darin von Tieck: *An den Leser dieser Blätter, Sehnsucht nach Italien, Ein Brief des jungen Florentinischen Malers Antonio an seinen Freund Jacobo in Rom, Brief eines jungen deutschen Malers in Rom an seinen Freund in Nürnberg.* – *Briefe über Shakspeare* (Fragment).

1798   13. Februar: Wackenroder stirbt. – *Franz Sternbalds Wanderungen. Eine altdeutsche Geschichte* (Roman). – Heirat mit Amalie Alberti, die vermutlich um 1802 in Dresden zum Katholizismus konvertierte.

1799   *Prinz Zerbino oder die Reise nach dem guten Geschmack gewissermaßen eine Fortsetzung des gestiefelten Katers*, Literaturkomödie (entstanden seit 1796). – *Die verkehrte Welt*, Literaturkomödie (entstanden 1798). – *Ludwig Tieck's sämmtliche Werke* (die Ausgabe enthält *William Lovell, Peter Lebrecht, Abdallah, Volksmährchen, Die sieben Weiber des Blaubart* und einige Tieck zugeschriebene Übersetzungen). – *Phantasien über die Kunst, für Freunde der Kunst*, hg. von Tieck. – 26. März: Geburt der Tochter Dorothea (gest. 1841). – Juli: zweiwöchiger Aufenthalt bei den Schlegels in Jena; 17. Oktober 1799: Übersiedlung nach Jena mit Frau und Kind (Wohnung in der Fischergasse). Begegnungen mit Fichte, Schelling, Brentano, Goethe, Schiller und Herder, Freundschaft mit Novalis (gest. 1801), Studium der Schriften Jakob Böhmes. Erste rheumatische Anfälle. Prozeß gegen Nicolai wegen der unberechtigten Herausgabe der *Sämmtlichen Werke*.

1799/1800   *Romantische Dichtungen.* Bd. 1 (1799): *Prinz Zerbino; Der getreue Eckart und der Tannenhäuser.* Bd. 2 (1800): *Leben und Tod der heiligen Genoveva*, Trauerspiel; *Sehr wunderbare Historia von der Melusina, Leben und Tod des kleinen Rothkäppchens*, Tragikomödie. – 1799–1801: *Leben und Thaten des scharfsinnigen Edlen Don Quixote von la Mancha* (Übs., begonnen 1798).

1800   *Das Ungeheuer und der verzauberte Wald*, Opernlibretto. – *Poetisches Journal*, enthält: *Briefe über W. Shakspeare Der neue Hercules am Scheidewege* (in S 13 unter dem Titel *Der Autor*), *Das jüngste Gericht, Epicoene oder das stumme Mädchen. Ein Lustspiel*

	des Ben Jonson, Anti-Faust oder Geschichte eines dummen Teufels (Fragment), Bemerkungen über Parteilichkeit, Dummheit und Bosheit, bei Gelegenheit der Herren Falk, Merkel und des Lustspiels ›Camäleon‹ (Essay). – 20. Juni: Wegzug aus Jena über Weissenfels (Novalis), Giebichenstein (Reichardt), Hamburg (Studium des Volksbuchs über Kaiser Oktavian) nach Berlin.
1801	25. März: Novalis stirbt. – April: Umzug nach Dresden (erste Begegnung mit Philipp Otto Runge).
1802	Geburt der Tochter Agnes (gest. 1880). – *Musen-Almanach für das Jahr 1802* (hg. mit A. W. Schlegel). – Novalis: *Schriften* (hg. mit Friedrich Schlegel); 3. Auflage 1815 mit Tiecks Novalis-Biographie; 4. Auflage 1826 mit *Die Christenheit oder Europa*, aus der Nachfolgeauflage wieder herausgenommen; 5. Auflage 1837 mit drittem Vorwort Tiecks (Stellungnahme zu Johannes Falks *Goethe aus näherm persönlichen Umgange dargestellt*). – Oktober: Umzug nach Ziebingen (auf Einladung von Burgsdorffs).
1802–1819	Die Familie Tieck in Ziebingen, enger Kontakt zur Familie von Finckenstein auf Gut Madlitz, Freundschaft Tiecks v. a. mit deren Tochter Henriette. – Dauerwohnort der Familie Tieck bis 1819, unterbrochen von langjährigen Reisen Tiecks ohne die Familie sowie von wiederholten kürzeren Aufenthalten in Dresden (Kontakte zu Adam Müller und Heinrich von Kleist) und Berlin (Kontakt zu Friedrich Heinrich von der Hagen); im zweiten Jahrzehnt des Ziebinger Aufenthalts enger Kontakt Tiecks zu Karl Wilhelm Solger (Berlin) und Friedrich von Raumer (Breslau, ab 1819 ebenfalls Berlin).
1803	Reise Tiecks und von Burgsdorffs nach Süddeutschland. – *Minnelieder aus dem Schwäbischen Zeitalter* (Hg.).
1804	*Der Runenberg*, Märchen. – *Kaiser Octavianus*, Lustspiel.
1804–1806	Reise Tiecks mit seinen Geschwistern über München nach Rom (Unterstützung der Schwester Sophie in den Scheidungsauseinandersetzungen mit Bernhardi; schwere Erkrankung Tiecks), umfangreiche Handschriftenstudien in der vatikanischen Bibliothek; Entstehung der *Reisegedichte eines Kranken* und *Rückkehr des Genesenden* (veröffentlicht 1823 im dritten Teil der *Gedichte von L. Tieck*).
1808	*König Rother zieht einer Jungfrau die Schuhe an. Fragment aus einer alten Handschrift, bearbeitet von Ludwig Tieck* (in: Zeitung für Einsiedler, hg. von Achim von Arnim).
1808–1810	Aufenthalt Tiecks in Wien (erneute Kontakte zu F. Schlegel) und München (Kontakte zu Carl Friedrich von Rumohr, Schelling,

Brentano, Savigny, Friedrich Heinrich Jacobi und zum Kreis um Kronprinz Ludwig; Fortsetzung der Mittelalter-Studien); 1809 schwere Erkrankung; nach einem Kuraufenthalt in Baden-Baden im Herbst 1810 Rückkehr zur Familie nach Ziebingen.

1811 *Alt-Englisches Theater. Oder Supplemente zum Shakspear* (Übs. und Hg.). – *Mahler Müllers Werke*. 3 Bde.

1812 *Frauendienst, oder: Geschichte und Liebe des Ritters und Sängers Ulrich von Lichtenstein, von ihm selbst beschrieben. Nach einer alten Handschrift bearbeitet und herausgegeben von Ludwig Tieck.*

1812–1816 *Phantasus. Eine Sammlung von Mährchen, Erzählungen, Schauspielen und Novellen*, 3 Bde. (darin neu veröffentlicht: *Liebeszauber, Die Elfen, Der Pokal, Fortunat, Leben und Thaten des kleinen Thomas, genannt Däumchen*).

1813 2. Juni – 3. Oktober: Flucht mit von Burgsdorff und Henriette von Finckenstein (ohne die Familie) vor den Kriegswirren nach Prag (Begegnungen mit Brentano und Rahel Varnhagen).

1814 27. September: Tieck lernt E. T. A. Hoffmann kennen.

1816 Ernennung zum Ehrendoktor der Universität Breslau.

1817 Mai bis September: Reise mit von Burgsdorff nach England; Studium von Manuskripten elisabethanischer Dichter im British Museum. Theaterbesuche, Ausflüge nach Kenilworth, Cambridge, Oxford, Stratford. – *Über das englische Theater, zum Teil aus Briefen vom Jahre 1817* (erschienen 1826). – Kontakte zu Coleridge und Henry Crabb Robinson. Auf der Rückreise zweiwöchiger Aufenthalt in Paris. – *Deutsches Theater* (Hg.).

1817–1824 *Ludwig Tieck's sämmtliche Werke* (30 Bde.).

1819–1842 Die Familie Tieck in Dresden (gemeinsam mit Henriette von Finckenstein); ab 1821: Theaterkritiken für die *Dresdner Abendzeitung*; ab 1825: Tieck als Dramaturg am Dresdner Hoftheater tätig, Ernennung zum »Hofrath IV. Classe«; teilweise Rückzug aus der Theaterarbeit ab 1836; Mitglied der 1832 gegründeten *Academia Dantesca* des Kronprinzen Johann (Philalethes); Vorlese-Abende als Institution des Dresdner Kulturlebens (auch zahlreiche auswärtige Gäste); engere Freundschaft zu Carl Gustav Carus und Ida von Lüttichau, zu Wolf Graf von Baudissin und Eduard von Bülow; Kontakte zu den Repräsentanten des Dresdner Kulturlebens wie Johann Christian Clausen Dahl, Ernst Ferdinand Oehme, Johann Gottlob von Quandt, Karl Gottfried Theodor Winkler, Helmina von Chézy, Karl August Böttiger, Carl Maria von Weber, Friedrich Kind oder Otto Heinrich Graf von Loeben.

1821	*Heinrich von Kleists hinterlassene Schriften* (Hg.). – *Die Gemälde*, Novelle (in: Taschenbuch zum geselligen Vergnügen auf das Jahr 1822).
1821–1823	*Gedichte von L. Tieck* (3 Teile).
1822	*Der Geheimnißvolle*, Novelle (in: Dresdner Merkur 1822); *Die Reisenden*, Novelle (in: Taschenbuch zum geselligen Vergnügen auf das Jahr 1823); *Die Verlobung*, Novelle (in: Berlinischer Taschen-Kalender auf das Gemein-Jahr 1823).
1823	*Shakspeare's Vorschule*, Bd. 1 (Übs., gemeinsam mit Dorothea Tieck). – *Musikalische Leiden und Freuden*, Novelle (in: Rheinblüthen. Taschenbuch auf das Jahr 1824).
1824	*Die Gesellschaft auf dem Lande*, Novelle (in: Berlinischer Taschen-Kalender auf das Gemein-Jahr 1825).
1825	*Pietro von Abano oder Petrus Apone*, Zaubergeschichte. – *Dichterleben. Erster Theil*, Novelle (in: Urania. Taschenbuch auf das Jahr 1826).
1825/26	*Dramaturgische Blätter. Nebst einem Anhange noch ungedruckter Aufsätze über das deutsche Theater und Berichten über die englische Bühne, geschrieben auf einer Reise im Jahre 1817.*
1825–1833	*Shakspeare's dramatische Werke. Uebersetzt von August Wilhelm von Schlegel, ergänzt und erläutert von Ludwig Tieck* (9 Bde.; Fortführung der Shakespeare-Übersetzung Schlegels mit Dorothea Tieck und Wolf von Baudissin; 2. Auflage 1839–1840, 12 Bde.).
1826	*Der Aufruhr in den Cevennen*, Novelle. – *Heinrich von Kleists gesammelte Schriften* (Hg., 3 Bde.). – *Solger's nachgelassene Schriften und Briefwechsel* (Hg. mit Friedrich von Raumer, 2 Bde.). *Glück giebt Verstand*, Novelle (in: Berlinischer Taschen-Kalender auf das Gemein-Jahr 1827).
1827	*Der funfzehnte November*, Novelle (in: Dresdner Morgenzeitung); *Der Gelehrte*, Novelle (in: *Orphea. Taschenbuch für das Jahr 1828*). – *Alexander und Darius. Trauerspiel von Fr. von Üchtritz. Mit einer Vorrede von L. Tieck.* – *Leben und Begebenheiten des Escudero Marcos Obregon. Oder Autobiographie des spanischen Dichters Vicente Espinel* (Übs., Vorrede, Anmerkungen; 2 Bde.). – *Braga. Vollständige Sammlung klassischer und volksthümlicher deutscher Gedichte aus dem 18. und 19. Jahrhundert* (Hg. von Anton Dietrich, Einleitung von Tieck; 10 Bde.). – Ab 1827: Theaterkritiken für die *Dresdener Morgenzeitung*.
1828	*Die Insel Felsenburg oder wunderliche Fata einiger Seefahrer. Eine Geschichte aus dem Anfange des 18. Jahrhunderts* (eingeleitet von Tieck). – *Das Fest zu Kenilworth*, Novelle; *Der Alte vom Berge*.

	Novelle. – *Gesammelte Schriften, von J. M. R. Lenz* (Hg., 3 Bde.; Einleitung später als *Göthe und seine Zeit* in KS 2).
1828–1846	*Ludwig Tieck's Schriften* (= S, 20 Bde.)
1829	12. Januar: F. Schlegel stirbt während eines Aufenthalts in Dresden. – Beginn der Freundschaft mit Adelheid Reinbold (Pseudonym Franz Berthold; 1800–1839). – *Shakspeare's Vorschule*, Bd. 2 (Hg.; Übs. von Wolf von Baudissin). – *Das Zauberschloß*, Novelle (in: Urania. Taschenbuch auf das Jahr 1830). – *Prolog zur Aufführung von Göthe's Faust an Göthe's Geburtstage* (veröffentlicht in Amadeus Wendts Musenalmanach für das Jahr 1832).
1830	*Dichterleben. Zweiter Theil* sowie *Die Wundersüchtigen*, Novellen (beide in: Novellenkranz. Ein Almanach auf das Jahr 1831); *Der griechische Kaiser*, Novelle (in: Urania. Taschenbuch auf das Jahr 1831).
1831	*Friedrich Ludwig Schröders dramatische Werke* (Hg. von Eduard von Bülow, Einleitung von Tieck; 4 Bde.). – *Der Jahrmarkt* sowie *Der Hexen-Sabbath*, Novellen (beide in: Novellenkranz. Ein Almanach auf das Jahr 1832); *Der Mondsüchtige*, Novelle (in: Urania. Taschenbuch auf das Jahr 1832).
1832	*Die Ahnenprobe*, Novelle (in: Urania. Taschenbuch auf das Jahr 1833). – *Epilog zum Andenken Göthes. Gesprochen in Dresden, nach Darstellung der Iphigenie von Göthe, den 29. März 1832*.
1833	1. Oktober: Tod der Schwester Sophie. – *Eine Sommerreise*, Novelle (in: Urania. Taschenbuch auf das Jahr 1834); *Tod des Dichters*, Novelle (in: Novellenkranz. Ein Almanach auf das Jahr 1834).
1834	*Die Vogelscheuche*, »Märchen-Novelle in fünf Aufzügen« (in: Novellenkranz. Ein Almanach auf das Jahr 1835); *Das alte Buch und die Reise in's Blaue hinein*, Novelle (in: Urania. Taschenbuch auf das Jahr 1835). – *Das Novellenbuch; oder Hundert Novellen, nach alten italienischen, spanischen, französischen, lateinischen, englischen und deutschen bearbeitet von Eduard von Bülow* (Vorwort von Tieck im ersten Bd.; 4 Bde. 1834–1836).
1835	*Eigensinn und Laune*, Novelle (in: Urania. Taschenbuch auf das Jahr 1836).
1835–1842	*Ludwig Tieck's gesammelte Novellen. Vermehrt und verbessert* (Erstausgabe von: *Der Wassermensch*, 1835; *Weihnacht-Abend*, 1835; *Uebereilung*, 1835; *Der Schutzgeist*, 1839; *Abendgespräche*, 1839; *Die Glocke von Aragon*, 1839).
1836	*Der junge Tischlermeister*, Roman; *Wunderlichkeiten*, Novelle (in: Urania. Taschenbuch auf das Jahr 1837). – *Vier Schauspiele von Shakspeare* (stammen nicht von Shakespeare; Übs. von Baudis-

	sin). – *St. Evremont. Ein Roman* (Hg., 2. Auflage 1845). – Anfang August: Halswirbelschädigung bei einem Postkutschenunfall.
1837	11. Februar: Amalie Tieck stirbt. – *Die Klausenburg*, Novelle (in: Helena. Taschenbuch auf 1837). – *Die Leiden des Persiles und der Sigismunda, von Miguel de Cervantes Saavedra. Aus dem Spanischen übersetzt* (Einleitung von Tieck).
1838	*Des Lebens Ueberfluß*, Novelle (in: Urania. Taschenbuch auf das Jahr 1839); *Liebeswerben*, Novelle (in: Helena. Taschenbuch auf 1839).
1839	14. Februar: Adelheid Reinbold stirbt. – Franz Berthold: *König Sebastian, oder wunderbare Rettung und Untergang* (Hg. und Einleitung).
1840	*Vittoria Accorombona*, Roman. – *Waldeinsamkeit*, Novelle (in: Urania. Taschenbuch auf das Jahr 1841). – Verpfändung von Tiecks Bibliothek an Brockhaus.
1841	21. Februar: Dorothea Tieck stirbt. – 6. August: Festbankett zu Ehren Tiecks in Berlin (im Beisein u. a. von Henrich Steffens, Jacob Grimm und August Wilhelm Schlegel). – 28. Oktober: Inszenierung von Sophokles' *Antigone*.
1842	Franz Berthold: *Gesammelte Novellen* (Hg. und Einleitung). – *Volkssagen und Volkslieder aus Schwedens älterer und neuerer Zeit. Von Arv. Aug. Afzelius* (Übs. von F. H. Ungewitter, Vorwort von Tieck). – Endgültiger Umzug nach Berlin; Pension durch Friedrich Wilhelm IV., Titel eines Geheimen Hofrats, Mitglied im Orden *Pour le mérite*; zwischen 1842 und 1850: Sommermonate in Potsdam, Wintermonate in Berlin (Friedrichstr. 208), danach bis zu seinem Tod Berlin.
1843	7. August: Inszenierung von Euripides' *Medea*; 14. Oktober: Inszenierung des *Sommernachtstraums*. – *Friedrich Launs gesammelte Schriften. Neu durchgesehen, verbessert und mit Prolog von Ludwig Tieck* (Bd. 1). – *Gedichte von Karl Förster* (Hg.).
1844	20. April: Inszenierung von *Der gestiefelte Kater*. – *Goethe's ältestes Liederbuch* (Hg.).
1845	1. Februar: Inszenierung des *Blaubarts*. – 1. November: Inszenierung von Sophokles' *Ödipus*. – Tieck erleidet schweren Schlaganfall. – *Sämmtliche Tragödien des Sophokles. Metrisch übertragen von Franz Fritze* (Vorwort von Tieck).
1846/47	*Heinrich von Kleist's ausgewählte Schriften* (Hg., 4 Bde.).
1847	23. November: Henriette von Finckenstein stirbt. – *Norwegische Volksmährchen, gesammelt von P. Asbjörnsen und Jörgen Moe. Deutsch von Friedrich Bresemann* (Vorwort von Tieck).

1848	*Lieder von Dilia Helena* (Vorwort von Tieck). – *John Ford's Dramatische Werke* (Übs. von M. Wiener, Vorwort von Tieck; Bd. 1).
1848–1852	*Kritische Schriften.* Bd. 1 und 2 (1848), Bd. 3 und 4 (1852).
1849/50	Teilweise Veräußerung seiner Bibliothek durch Adolf Asher. – Beginn des engen Kontakts zu Rudolf Köpke.
1851	12. Mai: Tod des Bruders Friedrich. – *Ferdinand Lehmann: Streit und Friede. Gedichte* (Vorrede von Tieck).
1852	*Mährchen von Ludwig Wahl* (Vorrede von Tieck). – Tieck wird bettlägrig.
1852–1854	*Gesammelte Novellen. Vollständige auf's Neue durchgesehene Ausgabe* (= S 21–28).
1853	28. April: gest. in Berlin; 1. Mai: bestattet auf dem Friedhof der Dreifaltigkeitskirche.
1855	*Nachgelassene Schriften. Auswahl und Nachlese.* 2 Bde., hg. von Rudolf Köpke.
1920	*Das Buch über Shakespeare. Handschriftliche Aufzeichnungen von Ludwig Tieck.* Aus seinem Nachlaß hg. von Henry Lüdeke.

7.
Abbildungen

Abb. 1:
Alexander von Sternberg, *Tieck als Vorleser*; aus: A. v. S.: Tieck's Vorlese-Abende in Dresden. In: Die Gartenlaube 9 (1861), S. 116f.

Abb. 2:
Johann Friedrich Reichardt, *Die Nacht*, 1802; aus: Walter Salmen: Tieck und die Familie Reichardt. Zur Wirkung »romantischer Dichtung« auf deren Musik und Musizieren. In: »lasst uns, da es uns vergönnt ist, vernünftig seyn! —«. Ludwig Tieck (1773–1853), hg. vom Institut für Deutsche Literatur der Humboldt-Universität zu Berlin, unter Mitarbeit von Heidrun Markert, Bern/u. a. 2004, S. 297–309, hier S. 305.

Abb. 3:
Christian Friedrich Tieck: *Sophie und Ludwig Tieck*, 1796 (Gips),
ehemals Staatliche Museen zu Berlin, Nationalgalerie, Kriegsverlust.

Abb. 4:
Christian Friedrich Tieck: *Ludwig Tieck*, 1836 (Gips), H. 58 cm,
Staatliche Museen zu Berlin, Nationalgalerie.

Abb. 5:
Pierre Jean David d'Angers: *Ludwig Tieck*, 1836 (Marmor), H. 79 cm,
Staats- und Universitätsbibliothek Dresden,
(©) Skulpturensammlung Staatliche Kunstsammlungen Dresden.

Abb. 6:
Carl Christian Vogel von Vogelstein: *Ludwig Tieck, von David d'Angers porträtiert*, 1834, 88 x 95 cm, Leipzig, Museum der bildenden Künste.

Abb. 7:
Josef Karl Stieler: *Ludwig Tieck*, 1838, 89 x 76 cm, Stiftung Preußische Schlösser und Gärten Berlin-Brandenburg (Eigentum des Hauses Hohenzollern, SKH Georg Friedrich Prinz von Preußen, SPSG, Foto: W. Pfauder).

Abb. 8:
Ludwig Tiecks Totenmaske, Stiftung Preußische Schlösser und Gärten Berlin-Brandenburg.

Abb. 9:
Philipp Otto Runge: *Triumph des Amor*, 1801–1802, 66,7 x 172,5 cm, Hamburg Kunsthalle;
aus: Jörg Traeger: Philipp Otto Runge und sein Werk, München 1975, S. 329, Kat.-Nr. 233.

Abb. 10:
Philipp Otto Runge: *Die Zeiten (Der Morgen)* (Feder in Schwarz über Spuren von Blei), 1802/03, Hamburg, Kunsthalle; aus: Jörg Traeger: Philipp Otto Runge und sein Werk, München 1975, S. 347f., Kat.-Nr. 271.

Abb. 11:
Philipp Otto Runge: *Die Zeiten (Der Tag)* (Feder in Schwarz über Spuren von Blei), 1802/03, Hamburg, Kunsthalle; aus: Jörg Traeger: Philipp Otto Runge und sein Werk, München 1975, S. 347f., Kat.-Nr. 272.

Abb. 12:
Philipp Otto Runge: *Die Zeiten (Der Abend)* (Feder in Schwarz über Spuren von Blei), 1802/03, Hamburg, Kunsthalle; aus: Jörg Traeger: Philipp Otto Runge und sein Werk, München 1975, S. 347f., Kat.-Nr. 273.

Abb. 13:
Philipp Otto Runge: *Die Zeiten (Die Nacht)* (Feder in Schwarz über Spuren von Blei), 1802/03, Hamburg, Kunsthalle; aus: Jörg Traeger: Philipp Otto Runge und sein Werk, München 1975, S. 347f., Kat.-Nr. 275.

Abb. 14:
Philipp Otto Runge: *Sich küssendes Paar in einem Kranz von Rosen* (Titelvignette zu Tiecks *Minneliedern*), 1803, Durchmesser ca. 8 cm; aus: Jörg Traeger: Philipp Otto Runge und sein Werk, München 1975, S. 341, Kat.-Nr. 259A.

Abb. 15:
Caspar David Friedrich: *Das Kreuz im Gebirge* (Tetschener Altar) (Öl auf Leinwand), 115 x 110,5 cm, 1807/08, Dresden, Gemäldegalerie Neue Meister; aus: Werner Hofmann: Caspar David Friedrich. Naturwirklichkeit und Kunstwahrheit, München 2000, S. 49.

Abb. 16:
Franz und Johannes Riepenhausen: *Leben und Tod der heiligen Genoveva* (Frontispiz), 1806; aus: Roger Paulin: Die Textillustrationen der Riepenhausens zu Tiecks Genoveva. Wirkungen der bildenden Kunst auf die Rezeption eines Werkes romantischer Literatur. In: Aurora 38 (1978), Abb. 2.

Abb. 17:
Carl Hoff (nach Franz Pforr): *Dürer und Raffael vor dem Throne der Kunst* (Radierung nach einer verschollenen Originalzeichnung, um 1810), 15,7 x 23,2 cm, erschienen 1832; aus: Johann Friedrich Overbeck: Italia und Germania, Ausstellungskatalog hg. von der Staatlichen Graphischen Sammlung München, Berlin 2002, S. 77, Kat.-Nr. 9.

Abb. 18:
Friedrich Wilhelm Schadow: *Der Genius der Poesie*, 1825/26; aus: Cordula A. Grewe: Historie ohne Handlung. Zur Transzendierung von Zeitlichkeit und Geschichte. In: Kunst/ Geschichte. Zwischen historischer Reflexion und ästhetischer Distanz, hg. von Götz Pochat und Brigitte Wagner, Graz 2000, S. 61–78.

8.
REGISTER

8.1 Werke, Herausgaben und Übersetzungen Tiecks

Abdallah 14, 19, 28, 42, 69, 220, 261, 262, 263, 264, 265, 266, 328, 443, 447, 452, 459, 496, 497, 498, 592, 689
Adalbert und Emma oder das grüne Band 39, 443, 448, 449, 459, 688
Agamemnon 445, 463
Alla-Moddin 220, 267f., 270, 294, 443, 445, 451, 452, 462, 463, 688
Alma, ein Buch der Liebe 103, 483, 488
Almansur 19, 261, 262–264, 445, 452, 688
Alt-Englisches Theater. Oder Supplemente zum Shakspear 105, 221, 227, 380, 381, 612, 692
Anna Boleyn. Ein Trauerspiel in fünf Aufzügen 412, 444, 456, 462, 464, 689
Anti-Faust oder Geschichte eines dummen Teufels 203, 225, 466, 467, 691

Bemerkungen, Einfälle und Grillen über das deutsche Theater 411, 414, 415
Bemerkungen über einige Charaktere im Hamlet 75, 614
Bemerkungen über einige Schauspiele und deren Darstellung auf der berliner Hofbühne 401, 402
Bemerkungen über einige Schauspiele und deren Darstellung auf der dresdener Hofbühne 403
Bemerkungen über Parteilichkeit, Dummheit und Bosheit bei Gelegenheit der Herren Falk, Merkel und des Lustspiels ‚Camäleon' 325, 339, 393, 467, 691
Brief eines jungen deutschen Malers in Rom an seinen Freund in Nürnberg 40, 72, 296, 345, 346, 347, 524, 548, 655, 690
Briefe über Shakspeare 221, 231, 325, 334, 335, 339, 394, 413, 690

Buch über Shakespeare 16, 73, 104, 220, 227, 339, 379, 406, 466, 565, 612, 615, 617, 696
Das alte Buch und die Reise in's Blaue hinein 90, 122, 123, 124, 130, 135, 139, 223, 362, 555, 568, 570–572, 596, 597, 627, 694
Das deutsche Drama 75, 250
Das Donauweib 91, 103, 469, 489
Das Fest zu Kenelworth 222, 693
Das jüngste Gericht von Michel Angelo 30, 31, 346, 690
Das Lamm 444, 449, 463, 481, 688
Das Märchen vom Roßtrapp 39, 459, 689
Das Reh 252, 253, 254, 255, 256, 271, 446, 448, 462, 465, 688
Das Ungeheuer und der verzauberte Wald 17, 250, 254, 255, 256, 257, 361, 448, 466, 635, 690
Das Zauberschloß 140, 141, 235, 361, 362, 363, 556, 558, 559, 562, 694
Denkwürdige Geschichtschronik der Schildbürger 22, 28, 34, 145, 207, 384, 690
Der Abschied 19, 39, 443, 448, 449, 460, 464, 473, 661, 662, 689
Der Alte vom Berge 141, 693
Der Aufruhr in den Cevennen 141, 196, 202, 298, 299, 545, 561, 562, 564, 629, 693
Der Autor (siehe *Der neue Hercules am Scheidewege*) 30, 84, 335, 466, 467, 468, 486, 690
Der Blaubart (siehe *Ritter Blaubart*) 11, 67, 179, 250, 253, 254, 256, 257, 258, 260, 313, 370, 458, 465, 473, 475, 478, 494, 547, 595, 639, 659, 672, 684, 689, 695
Der blonde Eckbert 57, 77, 90, 123, 129, 186,

354, 362, 485, 496, 504, 505, 506, 507, 508, 509, 510, 511, 513, 514, 547, 555, 575, 578, 580, 590, 598, 639, 640, 641, 676, 681, 683, 685, 690
Der doppelte Vater 462, 688
Der Fremde 300, 502, 689
Der funfzehnte November 556, 565, 693
Der Gefangene 16, 444, 449, 463, 688
Der Geheimnißvolle 562, 693
Der Gelehrte 196, 315, 693
Der gestiefelte Kater 53, 58, 66, 76, 89, 123, 137, 179, 180, 181, 193, 200, 206, 221, 223, 225, 230, 231, 233, 248, 257, 258, 259, 260, 370, 395, 402f., 410, 421, 447, 460, 465, 466, 473, 474, 547, 595, 621, 625, 639, 659, 660, 662, 690, 695
Der getreue Eckart und der Tannenhäuser 31, 62, 123, 294, 354, 504, 547, 690
Der Hexen-Sabbath 121, 122, 141, 198, 299, 561, 564, 694
Der Jahrmarkt 141, 694
Der junge Tischlermeister 127, 133, 139, 141, 145, 198, 221, 222, 223, 225, 240, 357, 359, 414, 417, 419, 553, 560, 561, 562, 563, 565, 566, 568, 569, 573–575, 694
Der letzte Betrug ist ärger als der erste oder der betrogene Bräutigam 463
Der Mondsüchtige 362, 694
Der neue Don Carlos 103, 469, 474
Der neue Hercules am Scheidewege (siehe *Der Autor*) 30, 84, 335, 466, 467, 468, 486, 690
Der Pokal 88, 488, 496, 504, 547, 548, 549, 692
Der Psycholog 300, 502, 689
Der Roman in Briefen 143, 146, 689
Der Runenberg 89, 90, 144, 197, 300, 301, 307, 309, 313, 354, 469, 489, 496, 504, 505, 509, 511, 512, 513, 514, 547, 566, 572, 595, 637, 691
Der schlechte Ratgeber 445, 463
Der Schutzgeist 300, 301, 568, 569, 694
Der Schwärmer 463
Der spanische Dichter Vicente Espinel 234, 237, 693
Der Sturm 14, 15, 16, 21, 53, 69, 220, 224, 226, 256, 329, 338, 379, 384, 387, 391, 464, 481, 576, 689
Der Tod des Königs von Schweden 463
Der Traum 273, 480
Der Verstand und die Phantasie 200, 450
Der Wassermensch 75, 82, 125, 126, 127, 128, 129, 134, 139, 144, 199, 362, 459, 559, 569, 596, 601, 627, 694
Des Lebens Überfluß 141, 163, 223, 315, 362, 556, 558, 566, 569, 575–581, 584, 585, 586, 695
Deutsches Theater 81, 105, 215f., 267, 430, 612, 618, 692
Dichterleben 74, 222, 223, 365, 563, 565, 693, 694
Die altdeutschen Minnelieder (siehe *Minnelieder*) 6, 10, 66, 85, 86, 96, 105, 138, 155, 162, 163, 164, 208–210, 212, 213, 214, 216, 217, 218, 287, 325, 332, 333, 335, 336, 337, 338, 339, 340, 384, 385, 387, 425, 426, 427, 429, 430, 431, 440, 450, 468, 475, 484, 487, 494, 609, 612, 616, 621, 624, 652, 653, 658, 691
Die Anfänge des deutschen Theaters 230, 413
Die beiden merkwürdigsten Tage aus Siegmund's Leben 31, 500, 502, 503, 689
Die Bildnisse der Mahler 345
Die Brüder 261, 262–264, 689
Die eiserne Maske (siehe *Ryno*) 445, 446, 450, 454, 457, 688
Die Elfen 88, 469, 488, 496, 504, 511, 547, 548, 692
Die Entführung 462, 688
Die Farben 346
Die Freunde 27, 689
Die Friedensfeyer 463
Die Gemälde 90, 140, 143, 350, 352, 551, 558, 559, 562, 656, 693
Die gelehrte Gesellschaft 21, 143, 146, 689
Die Geschichte von den Heymons Kindern 207, 384, 689
Die geschichtliche Entwickelung der neueren Bühne 115, 230
Die Gesellschaft auf dem Lande 558, 559, 562, 566, 693
Die Glocke von Aragon 128, 362, 569, 694
Die Heyrath 463
Die Klausenburg 362, 566, 568, 695
Die Kupferstiche nach der Shakspeare-Galerie in London (siehe *Über die Kupferstiche nach der Shakspearschen Galerie in London. Briefe an einen Freund*) 220, 325, 328, 338, 343, 345, 689
Die Liebesgeschichte der schönen Magelone und des Grafen Peter von Provence (siehe *Wundersame Liebesgeschichte der schönen Magelone und des Grafen Peter aus der Provence*) 103, 207, 268, 384, 477, 480, 483, 485, 504, 547, 636, 638, 640, 690
Die Räuber 444, 462, 688
Die Rechtsgelehrten 459, 689

Die Reisenden 558, 562, 693
Die sieben Weiber des Blaubart 258, 479, 494, 496, 497, 498, 680, 690
Die Sommernacht 220, 224, 445, 446, 452, 453, 454, 456, 462, 480f., 487, 688
Die Sühne (siehe *Die Versöhnung*) 19, 689
Die Theegesellschaft 21, 30, 225, 464, 473, 501, 689
Die Töne 273, 274, 336
Die verkehrte Welt 14, 19, 30, 89, 123, 152, 154, 198, 200, 202, 203, 206, 254, 256, 260, 280, 281–283, 298, 370, 460, 466, 473, 479, 501, 547, 590, 659, 662, 663, 664, 690
Die Verlobung 72, 299, 558, 559, 562, 693
Die Versöhnung (siehe *Die Sühne*) 19, 689
Die Vogelscheuche 76, 130, 362, 458, 559, 566, 568, 570–572, 694
Die Wundersüchtigen 121, 362, 694
Don Quijote / Don Quixote 63, 234, 235, 236, 237, 238, 239, 240, 241, 245, 258, 320, 329, 378, 382f., 384, 388, 577, 616, 690
Dramaturgische Blätter 74, 75, 76, 83, 118, 160, 165, 222, 250, 402, 403, 406, 420, 693
Du magst sie nicht? 463

Eigensinn und Laune 126, 127, 128, 134, 559, 569, 597, 598, 599, 627, 694
Ein Brief des jungen Florentinischen Malers Antonio an seinen Freund Jacobo in Rom 345, 346, 690
Ein paar Worte über Billigkeit, Mäßigkeit und Toleranz 332, 346
Ein Prolog 368, 465, 472, 473, 488, 690
Ein Schurke über den andern, oder die Fuchsprelle 29, 220, 379, 464, 465, 688, 689
Ein Tagebuch 208, 502, 689
Eine Sommerreise 96, 100, 106, 197, 244, 287, 288, 289, 350, 351, 541, 550, 652, 653, 694
Einige Worte über die Allgemeinheit, Toleranz und Menschenliebe in der Kunst 45
Epicoene oder das stumme Mädchen (auch *Epicoene oder Das stille Frauenzimmer*) 202, 221, 225, 381, 466, 468, 690
Epilog zum Andenken Göthes 77, 694

Fermer der Geniale 27, 500, 502, 689
Fortunat 179, 207, 370, 384, 458, 470, 471, 472, 479, 488, 489, 534, 547, 595, 625, 628, 663, 692
Franz Sternbalds Wanderungen 3, 6, 10, 14, 16, 37, 43, 44, 47, 48, 57, 58, 66, 70, 71, 72, 73, 86, 89, 90, 114, 133, 136, 143, 240, 241, 242, 278, 279f., 286, 287, 296f., 298, 301, 302, 308, 311, 313, 347, 348, 350, 384, 447, 477, 479, 484, 485, 486, 515–532, 542, 544, 548, 581, 585, 590, 591, 593, 600, 625, 628, 649, 650, 651, 653, 654, 655, 656, 657, 683, 690
Frauendienst 10, 88, 105, 155, 213f., 216, 384–386, 426, 429, 430, 612, 692

Geschichte von Katt und Friedrich II. 463
Gespräch über Kritik und deutsches Bücherwesen 396, 398, 399
Goethe und seine Zeit 74, 76, 81, 593, 612, 694
Gotthold 444, 462, 688

Hans und Ludwig 463
Hanswurst als Emigrant 254, 331, 465, 689
Herzensergießungen eines kunstliebenden Klosterbruders 6, 14, 37, 39, 40, 42–48, 49, 56, 71, 73, 90, 108, 272, 273, 283, 284, 285, 295f., 297, 298, 306, 308, 325, 328, 345, 346, 347, 349, 351, 523, 524, 546, 548, 590, 650, 651, 654, 655, 690
Hütten-Meister-Fragment 568

Ich war doch am Ende betrogen 462, 688

Jason und Medea 199, 444, 462, 688
John Ford's Dramatische Werke 223, 696
Justin 463

Kaiser Octavianus 66, 85, 86, 87, 93, 109, 162, 163, 179, 197, 207, 240, 242, 243, 244, 268, 269, 292, 298, 459, 461, 466, 468, 469, 471, 472, 477, 479, 480, 485, 486, 533, 594, 625, 628, 663, 691
Karl von Berneck 199, 220, 464, 635, 661, 662, 690
König Braddock 252, 444, 462, 688
König Rother 88, 93, 212f., 214, 216, 218, 384, 426, 428, 429, 609, 691

Leben und Thaten des kleinen Thomas, genannt Däumchen 91, 470, 473, 488, 489, 547, 548, 692
Leben und Tod der heiligen Genoveva 3, 16, 20, 57, 62, 64, 72, 80, 83, 84, 85, 86, 87, 105, 179, 185, 186, 187, 188, 207, 240, 242, 243, 288, 290, 296, 297f., 301, 302, 349, 352, 384, 466, 467, 475,

485, 486, 487, 542, 569, 591, 625, 626, 629, 639, 640, 654, 657, 659f., 663, 664, 679, 686, 690
Leben und Tod des kleinen Rothkäppchens 257, 461, 467, 479, 488, 534, 536, 547, 690
Liebeswerben 569, 695
Liebeszauber 88, 89, 90, 354, 488, 496, 504, 505, 508, 509, 547, 548, 581, 692
Life of Cicero 194, 443, 688

Mahler Müllers Werke 80, 85, 101, 426, 431, 433, 434, 437, 612, 621, 692
Mathias Klostermayer oder der Bayersche Hiesel 69, 137, 142, 146, 445, 447, 454, 455, 457, 688
Meiners, ein Kaufmann 444, 462, 688
Melusine 103
Merkwürdige Lebensgeschichte Sr. Majestät Abraham Tonelli 501, 502, 514, 689
Minnelieder aus dem Schwäbischen Zeitalter 6, 10, 66, 85, 86, 96, 105, 138, 155, 162, 163, 164, 208–210, 212, 213, 214, 216, 217, 218, 287, 325, 332, 333, 335, 336, 337, 338, 339, 340, 384, 385, 387, 425, 426, 427, 429, 430, 431, 440, 450, 468, 475, 484, 487, 494, 609, 612, 616, 621, 624, 652, 653, 658, 691
Mucedorus 381
Musen-Almanach für das Jahr 1802 19, 20, 21, 67, 82, 91, 154, 164, 243, 480, 540, 691
Musikalische Leiden und Freuden 280, 556, 558, 693

Nibelungenlied 10, 85, 87, 103, 151, 208, 210f., 426, 427, 428, 429, 606, 612
Niobe 91, 197, 205, 444, 449, 456, 462, 481, 688
Novellenkranz 158, 570, 694

Odyssee 194, 443

Paramythien 200, 446, 450, 688

Peter Lebrecht 27, 30, 31, 151, 459, 479, 496, 498, 499, 500, 689, 690
Phantasien über die Kunst 14, 16, 37, 40, 42–48, 71, 72, 90, 105, 272, 273–276, 283, 294, 298, 306, 325, 332, 336, 346, 347, 351, 476, 523, 524, 546, 650, 651, 654, 655, 690
Phantasus 6, 51, 58, 80, 84, 88, 89, 90, 96, 97, 98, 105, 106, 107, 133, 139, 155, 162, 185, 200, 244, 249, 250, 257, 258, 272, 273–276, 281, 292, 301, 350, 352, 378, 444, 458, 469, 470, 471, 472–474, 476, 479, 480, 487–489, 492, 494, 496, 504–512, 513, 533–550, 551, 555, 566, 572, 585, 594, 638, 668, 675, 682, 684, 692
Phillipine, ein reiches Fräulein 463
Philopömen 464
Pietro von Abano oder Petrus Apone 566, 639, 693
Poetisches Journal 31, 63, 70, 83, 84, 87, 91, 94, 149, 221, 233, 269, 271, 325, 331, 332, 334, 335, 339, 381, 391, 400, 480, 492, 690
Prinz Zerbino oder die Reise nach dem guten Geschmack 14, 29, 30, 56, 62, 89, 123, 195, 221, 240, 249, 254, 257, 260, 298, 370, 382, 459, 461, 466, 473, 479, 483, 485, 486, 542, 625, 636, 662, 690
Prolog am Geburtstage Lessings 1829 492
Prolog zur Aufführung von Göthe's ‚Faust' an Göthe's Geburtstage 77, 492, 694
Prolog zur Eröffnung des Theaters in Dresden 1827 492
Prolog zur Magelone 468, 486
Prolog zu Shakspeare's ‚Viel Lärmen um Nichts' 492

Rabenschlacht 212, 215, 428, 429
Raffaels Bildnis 46
Ritter Blaubart (siehe *Der Blaubart*) 11, 67, 179, 250, 253, 254, 256, 257, 258, 260, 313, 370, 458, 465, 473, 475, 478, 494, 547, 595, 639, 659, 672, 684, 689, 695
Rede zur Feier des allerhöchsten Geburts- und Huldigungsfestes Sr. Majestät des Königs 492
Romantische Dichtungen 5, 6, 13, 19, 20, 21, 61, 63, 332, 447, 469, 504, 690
Roxane 261, 262, 267, 462, 688
Rudolf von Felseck 445, 463
Ryno (siehe *Die eiserne Maske*) 446

Schicksal 502, 689
Schutzgeist 300, 301, 568, 569, 694
Shakspeare's dramatische Werke 12, 228–232, 233, 612, 693
Shakspeare's Vorschule 222, 223, 228, 380, 612, 693, 694
Siward 444, 462, 688
Soll der Maler seine Gegenstände lieber aus dem erzählenden oder dramatischen Dichter nehmen? 194, 198, 220, 226, 325, 328, 338, 343, 689

Soll der Schauspieler während der Darstellung empfinden? soll er kalt bleiben? 411
St. Evremont 438, 695
Straußfedern 6, 8, 14, 21, 27, 31, 32, 34, 35, 43, 136, 143, 150, 151, 152, 153, 154, 158, 163, 263, 296, 300, 302, 457, 459, 465, 496, 498, 500, 501, 502, 503, 504, 513, 514, 555, 578, 589, 682, 689
Symphonien 16, 273, 274, 275, 295, 546

Tod des Dichters 196, 245, 564, 694

Ueber Consequenz in Urtheilen von Geschmackssachen 331
Über das englische Theater 104, 222, 692
Über das Erhabene 18, 196, 198, 199, 220, 226, 325, 326, 338, 689
Über Shakspeare's Behandlung des Wunderbaren 16, 73, 74, 220, 226, 232, 248, 249, 252, 325, 329, 338, 379, 387, 391, 392, 401, 419, 420, 454, 464, 676, 689
Ueber das Tempo, in welchem auf der Bühne gesprochen werden soll 75, 411, 415
Über die Kupferstiche nach der Shakspearschen Galerie in London. Briefe an einen Freund (siehe Die Kupferstiche nach der Shakspeare-Galerie in London) 220, 325, 328, 338, 343, 345, 689
Ueber Manier 73

Uebereilung 569, 694
Ulrich der Empfindsame 27, 195, 500, 502, 689

Vier Schauspiele von Shakspeare 221, 223, 694
Vittoria Accorombona 121, 128, 132, 133, 136, 139, 141, 160, 225, 244, 553, 561, 565, 568, 569, 581–585, 586, 695
Volksmährchen 6, 14, 57, 61, 152, 447, 496, 504, 534, 636, 689, 690

Waldeinsamkeit 129, 131, 135, 138, 145, 300, 362, 476, 485, 507, 509, 510, 556, 569, 575–581, 584, 599, 695
Weihnacht-Abend 141, 568, 694
William Lovell 6, 14, 18, 23, 42, 54, 55, 66, 90, 105, 133, 136, 144, 145, 221, 240, 304–306, 313, 328, 370, 371, 447, 464, 478, 480, 481f., 483, 494, 497, 500, 513, 515–523, 525, 527, 532, 542, 614, 677, 682, 683, 684, 685, 686, 689, 690
Wunderlichkeiten 362, 569, 694
Wundersame Liebesgeschichte der schönen Magelone und des Grafen Peter aus der Provence (siehe Die Liebesgeschichte der schönen Magelone und des Grafen Peter von Provence) 103, 207, 268, 384, 477, 480, 483, 485, 504, 547, 636, 638, 640, 690

8.2 Personen

Adorno, Theodor W. 369, 376
Agrippa von Nettesheim, Heinrich Cornelius 509, 510, 513
Aischylos 194, 197, 203
Albert, Claudia 272, 278, 279, 283
Alberti, Maria 8, 12
Alewyn, Richard 43, 44, 48, 524, 532
Alexis, Willibald 10, 116, 140, 143, 144, 167, 330, 355, 363, 553, 566
Ampère, Jean-Jacques 113
Andersen, Hans Christian 113, 167
Anger, Alfred 524
Antoine, Annette 27, 30, 32, 34, 150, 151, 152, 153, 163, 501, 513
Apel, Johann August 110
Appolloni, Gioseffo 639
Ariost, Ludovico 234, 237, 238, 240, 241, 244, 246, 249

Aristophanes 58, 178, 197, 199, 200, 203, 206, 230, 232, 259, 334, 465, 561, 590
Aristoteles 197, 362, 396
Arnim, Achim von 5, 6, 10, 84, 85, 86, 87, 88, 89, 93, 94, 98, 105, 167, 212, 363, 426, 428, 434, 461, 468, 475, 476, 535, 536, 538, 549, 585, 593, 594, 601, 602, 603, 605, 609, 611, 635, 636, 663, 670, 691
Arnim, Bettine von 93, 105, 107, 119, 126, 129, 130, 146, 439, 643
Arnold, August 666
Arnold, Christoph 438
Asher, Adolf 168, 205, 316, 317, 318, 319, 696
Ast, Georg Anton Friedrich 72, 82
Austin, John Langshaw 680
Avellaneda, Fernández de 320

Ayer, Jakob 431

Bach, Johann Sebastian 275
Baggesen, Jens 376, 662
Bahr, Hermann 630, 631
Ballhausen, Günter 659
Balzac, Honoré de 123
Barante, Prosper-Claude de 113
Barck, Karlheinz 330, 339, 340
Barthel, Karl 629, 631
Bartsch, Karl 611
Basedow, Johann Bernhard 25
Basilius, Friedrich Wilhelm 343, 654
Batt, Friedrich 80, 434
Baudissin, Wolf Heinrich Graf von 7, 11, 111, 112, 114, 167, 222, 223, 228, 229, 233, 381, 414, 646, 692, 693, 694
Baumgarten, Alexander Gottlieb 327
Beckford, William 266, 497
Beethoven, Ludwig van 546, 637
Bellotto, Bernardo, genannt Canaletto 108
Benecke, Georg Friedrich 608, 610, 611, 617, 619
Bergt, August 637
Bernhardi, August Ferdinand 7, 8, 18, 19, 20, 21, 22, 41, 89, 91, 92, 101, 102, 150, 154, 166, 173, 262, 334, 335, 337, 448, 449, 450, 453, 456, 501, 688, 689, 691
Bernhardi, Felix Theodor von 9, 12
Bernhardi, Wilhelm 9, 12
Berthold, Franz (i.e. Adelheid Reinbold) 11, 357, 437, 438, 694, 695
Bertuch, Friedrich Justin 234, 382
Beskow, Bernhard von 167, 168
Besser, Johann Heinrich 651
Bettkober, Sigismund 8
Beaumont, Francis 219, 221, 225, 227, 231, 258, 465
Bialas, Günter 639, 660
Biester, Johann Erich 13, 26, 31
Bing, Abraham Herz 21
Blanckenburg, Friedrich von 498, 516
Blinn, Hansjürgen 331, 339
Boccaccio, Giovanni 76, 122, 316, 356, 359, 535, 536, 549, 552, 609
Bodmer, Johann Jakob 208, 217, 226, 326, 385, 400, 429, 608, 611, 616
Boeckh, August 416, 417, 607, 617
Böhm, Johann Georg 345
Böhme, Jakob 10, 61, 63, 65, 87, 88, 103, 109, 208, 300, 301, 303, 307, 308, 312, 313, 335, 480, 510, 513, 593, 651, 653, 657, 673, 681, 690
Börne, Ludwig 123, 124, 376, 572, 597

Böttiger, Karl August 76, 77, 113, 167, 203, 223, 402, 410, 412, 571, 602, 646, 692
Bohrer, Karl Heinz 172, 176, 366, 376
Boileau, Nicolas 326, 327
Boisserée, Melchior 289
Boisserée, Sulpiz 167, 289
Bong, Jörg 98, 105, 137, 144, 310, 312, 328, 340, 392, 399, 499, 504, 505, 513, 681, 683
Bormann, Alexander von 187, 272, 277, 278, 282, 283, 478, 493, 601
Bouterwek, Friedrich August 235
Boydell, John 340, 344, 352
Brahms, Johannes 637, 638, 640
Brecht, Christoph 51, 52, 66, 132, 133, 140, 141, 144, 310, 312, 460, 474, 499, 504, 513, 538, 549, 556, 566, 570, 578, 583, 584, 585, 671, 680, 683
Breitinger, Johann Jakob 208, 217, 226, 329, 385, 429, 608, 611
Brentano, Bettina 6, 85, 102
Brentano, Clemens 4, 6, 8, 10, 62, 84, 85, 86, 87, 88, 89, 93, 94, 98, 102, 104, 167, 209, 212, 246, 257, 288, 314, 338, 339, 409, 426, 428, 434, 439, 461, 468, 475, 476, 485, 493, 593, 594, 601, 605, 609, 611, 643, 662, 663, 666, 670, 690, 692
Breuer, Ulrich 491, 492, 493
Brinker-Gabler, Gisela 7, 12, 207, 210, 211, 212, 214, 215, 217, 340, 384, 386, 387, 424, 425, 426, 427, 428, 429, 430, 431, 439, 605, 612, 616, 617, 678, 683
Brinkman, Karl Gustav von 20, 105
Brockhaus, Friedrich Arnold 148, 155, 156, 157, 159, 160, 168, 175, 389, 437
Brockhaus, Heinrich 110, 118, 127, 143, 148, 156, 158, 159, 160, 161, 316, 318, 438, 613, 695
Brooke, C. F. Tucker 227, 232, 380, 387
Brummack, Jürgen 259, 260, 325–341, 679, 683
Bube, Wilhelm von 379
Bülow, Karl Eduard von 11, 79, 112, 114, 167, 357, 397, 433, 435, 453, 688, 692, 694
Bürger, Christa 678, 679, 683
Büsching, Johann Gustav Gottlieb 88, 212, 386, 606, 609
Burgsdorff, Wilhelm von 5, 6, 9, 20, 39, 86, 95, 96, 97, 99, 100, 104, 105, 289, 541, 688, 691, 692
Burke, Edmund 326, 328
Burton, Robert 509, 513

Calderón, Pedro 11, 63, 88, 111, 112, 178, 234, 235, 236, 237, 238, 239, 240, 241, 242, 243, 244, 245, 248, 250, 298, 301, 410, 412, 467, 468
Camões, Luis Vaz de 234, 235, 238, 240, 244, 245, 246, 564
Campe, Joachim Heinrich 25
Canaletto, siehe Bellotto 108
Carlsohn, Erich 317
Carlyle, Thomas 432
Carus, Carl Gustav 7, 111, 112, 114, 119, 167, 177, 179, 181, 186, 187, 646, 692
Cassirer, Paul 680
Cervantes, Miguel de 4, 9, 13, 27, 55, 57, 76, 79, 196, 234, 235, 236, 237, 238, 239, 240, 241, 244, 245, 246, 249, 254, 258, 316, 334, 356, 358, 360, 378, 382, 383, 387, 444, 472, 473, 552, 577, 621, 671, 695
Chamisso, Adelbert von 19, 89, 468, 663
Chang, Young Eun 533, 547, 549, 681, 683
Charpentier, Julie von 432
Chaucer, Geoffrey 577
Chézy, Helmina von 113, 167, 692
Chundela, Jaroslav 661
Claudius, Matthias 650
Clauren, Heinrich 143, 160, 403, 559
Cohn, Albert 193, 205, 317
Coleridge, Samuel Taylor 104, 106, 168, 349, 692
Collin, Heinrich von 102
Collin, Matthäus von 102, 501
Contessa, Karl Wilhelm 89
Conz, Karl Philipp 596
Cooper, James Fenimore 113
Cornelius, Peter von 116, 646, 647, 655
Correggio, Antonio da 108, 286, 287, 288, 289, 290, 343, 347, 350, 352
Cotta, Johann Friedrich 21, 78, 81, 82, 148, 155, 157, 159, 162, 168, 213, 214, 386, 389, 439, 470, 534
Cram, Kurt-Georg 156, 157, 163
Cramer, Carl Gottlob 444
Creuzer, Friedrich 85, 605, 606, 617
Crisman, William 680, 683

Dahl, Johann Christian Clausen 113, 692
Dahlhaus, Carl 272, 273, 274, 275, 283, 546
Dammas, Karl Hellmuth 118, 119, 169
Dante, Alighieri 11, 111, 234, 237, 238, 239, 240, 241, 242, 243, 244, 245, 246, 249, 316, 333, 382, 609, 616, 656, 670, 692
David, Jaques-Louis 8, 288

David d'Angers, Pierre Jean 82, 114, 644, 645, 646, 648, 670
Dekker, Thomas 219
Denisel, Catharina 122, 299
Derrida, Jacques 680
Detharding, Georg August 247
Devrient, Eduard 167, 406
Devrient, Emil 167
Devrient, Karl 167
Devrient, Ludwig 405
Diderot, Denis 335, 555, 556
Dieterich, Johann Christian 148, 151, 168, 211
Diez, Friedrich 617
Dieze, Johann Andreas 234, 235, 245
Dingelstedt, Franz von 167
Dionysios Longinos 198
Docen, Bernhard Joseph 430, 606, 650, 656
Dodsley, Robert 225
Donner, Johann Jakob Christian 117
Dorst, Tankred 639, 659, 660, 663
Dryden, John 219
Dürer, Albrecht 40, 42, 45, 284, 285, 289, 290, 296, 306, 343, 346, 347, 348, 350, 525, 527, 655
Dumpf, Georg Friedrich 436
Dyce, William 656

Eberhard, Johann August 31
Echtermeyer, Theodor 129, 130
Eckermann, Johann Peter 78, 82, 118, 357, 359, 593, 601
Eichendorff, Joseph von 113, 138, 143, 144, 145, 146, 147, 291, 301, 349, 363, 461, 468, 475, 476, 493, 585, 591, 599, 621, 626, 629, 631, 662, 663, 668, 670, 672, 673, 683
Endrulat, Helmut 675, 683
Engel, Johann Jacob 13
Epikur 197, 521
Erk, Ludwig 637
Erny, Richard 478, 493
Eschenburg, Johann Joachim 13, 15, 16, 219, 224, 379
Espinel, Vincente 9, 234, 237, 693
Euripides 178, 196, 197, 199, 201, 203, 417, 695

Falk, Johannes Daniel 112, 203, 333, 334, 339, 402, 467, 691
Falkenberg, Hans-Geert 305, 312, 676, 683
Falkenstein, Karl von 168
Fasch, Karl 36

Fehling, Jürgen 659
Fernow, Carl Ludwig 649
Feuerbach, Paul Johann Anselm Ritter von 50
Fichte, Johann Gottlieb 27, 50, 52, 59, 63, 77, 136, 155, 305, 306, 307, 308, 309, 310, 374, 376, 609, 690
Finck von Finckenstein, Graf Friedrich Ludwig Karl 6, 95, 96, 97, 105, 106, 110, 546, 691
Finckenstein, Alexander Graf von 6, 20, 95, 96, 97, 105, 106, 107, 110, 119, 546, 691
Finckenstein, Barnime von 91, 95, 96, 97, 105, 106, 546, 691
Finckenstein, Henriette von 6, 9, 91, 95, 96, 97, 98, 104, 105, 106, 110, 114, 158, 168, 180, 315, 409, 546, 691, 692, 695
Finckenstein, Karoline von 95, 96, 97, 105, 106, 691
Fink, Gottfried Wilhelm 637
Fiorillo, Johann Dominicus 37, 42, 285, 286, 288, 317, 343, 349, 351, 352, 607, 650, 657, 689
Fischer, Gottlob Nathanael 180, 267, 451
Fischer, Walter 225, 232, 320
Fleck, Johann Friedrich Ferdinand 20, 21, 408, 409, 542
Fletcher, John 219, 221, 225, 227, 254, 258, 466, 473
Förster, Karl 113, 188, 437, 438, 551, 554, 566, 646, 695
Fohr, Carl Philipp 655
Fohrmann, Jürgen 439, 618, 619, 621, 631, 672
Follen, August Adolf Ludwig 667, 671
Fontane, Theodor 5, 12, 332, 574
Ford, John 219, 221, 223, 696
Forkel, Johann Nikolaus 273
Fouqué, Friedrich de la Motte 5, 68, 84, 89, 91, 92, 93, 94, 116, 122, 123, 269, 453, 457, 461, 468, 475, 594, 663, 683
Frank, Manfred 40, 48, 52, 66, 98, 103, 106, 226, 232, 278, 282, 283, 305, 310, 312, 313, 329, 340, 367, 372, 374, 376, 390, 399, 460, 461, 474, 476, 477, 478, 479, 482, 483, 493, 495, 512, 513, 533, 535, 537, 547, 555, 566, 677, 683
Franklin, Benjamin 125
Frauenholz, Johann Friedrich 284, 290
Freiligrath, Ferdinand 261
Freud, Siegmund 676
Freytag, Gustav 167, 229, 232
Friedrich, Caspar David 108, 110, 288, 290, 648, 653, 656, 657, 658
Friedrich Wilhelm II., König von Preußen 26
Friedrich Wilhelm III., König von Preußen 167
Friedrich Wilhelm IV., König von Preußen 7, 116, 117, 119, 168, 169, 198, 318, 416, 639, 644, 646, 647, 659, 695
Fritze, Franz 418, 695
Frommann, Friedrich 21, 59, 63, 148, 152, 155, 162, 163, 168, 208, 427
Füßli, Heinrich 344

Galland, Antoine 263
Gedike, Friedrich 13, 22, 23, 26, 31, 33, 35, 91, 194, 206, 443, 607, 688
Gehe, Eduard 403, 412
Gellert, Christian Fürchtegott 38, 173, 189
Genelli, Hans Christian 96, 105, 417
Gherardi, Tommaso del Testa 258
Gersbach, Josef 637
Gerstenberg, Heinrich Wilhelm von 225, 451, 462, 463
Gervinus, Georg Gottfried 627, 628, 631
Gibbon, Edward 564
Gilly, Friedrich 26
Giseke, Ludwig 452
Glaßbrenner, Adolf 117
Görres, Joseph 89, 104, 233, 245, 269, 301, 605
Göschen, Georg Joachim 55, 148, 168, 472, 534
Goethe, Johann Caspar 314, 321
Goethe, Johann Wolfgang von 3, 12, 13, 15, 16, 20, 22, 24, 26, 28, 29, 37, 38, 39, 42, 47, 48, 50, 52, 56, 57, 59, 62, 69, 70, 71, 72, 73, 74, 75, 76, 77, 78, 79, 80, 81, 82, 83, 85, 90, 100, 110, 111, 112, 114, 115, 116, 118, 119, 122, 125, 126, 129, 131, 133, 134, 135, 136, 139, 141, 142, 144, 145, 146, 147, 155, 157, 164, 166, 167, 168, 171, 172, 175, 178, 189, 196, 202, 203, 234, 245, 261, 269, 278, 284, 285, 286, 287, 289, 290, 318, 332, 334, 335, 340, 353, 354, 355, 356, 357, 358, 359, 360, 364, 390, 392, 399, 400, 402, 403, 405, 412, 418, 419, 422, 424, 437, 439, 445, 456, 471, 475, 482, 488, 492, 494, 517, 524, 527, 529, 531, 532, 534, 535, 536, 539, 542, 545, 549, 550, 552, 556, 565, 571, 573, 586, 589, 590, 592, 593, 594, 596, 600, 601, 618, 625, 628, 630, 632, 635, 636, 637, 640, 642, 643, 644, 648, 649, 650, 654,

656, 657, 663, 664, 665, 666, 667, 670, 675, 680, 681, 682, 683, 684, 686, 690, 691, 695
Gneuss, Christian 122, 129, 132, 144, 596, 598, 601, 674, 675, 683
Goldoni, Carlo 247, 248, 249, 250, 251, 259, 403
Gotter, Friedrich Wilhelm 16
Gotthelf, Jeremias (i. e. Albert Bitzius) 139
Gottrau, André 676, 683
Gottsched, Johann Christoph 247, 248, 335, 377, 465, 571, 623
Gozzi, Carlo 17, 247, 248, 249, 250, 251, 252, 253, 254, 255, 256, 257, 258, 260, 330, 444, 448, 461, 462, 469, 473
Grabbe, Christian Dietrich 11, 113, 167, 260, 468, 662, 663, 664
Gräter, Friedrich David 88, 611
Graff, Anton 108
Greene, Robert 219, 565
Greiner, Martin 478, 493
Gries, Johann Diederich 65, 108
Griesbach, Johann Jakob 50
Grillparzer, Franz 113, 182, 188, 404, 411
Grimm, Jacob 85, 88, 116, 117, 209, 338, 386, 594, 603, 604, 605, 606, 608, 610, 611, 612, 616, 617, 618, 619, 646, 667, 668, 684, 695
Grimm, Wilhelm 85, 88, 116, 386, 594, 603, 604, 605, 606, 608, 610, 611, 612, 617, 618, 619, 646, 667, 668, 684
Grimmelshausen, Hans Jakob Christoffel von 502
Grosse, Carl 38, 89, 173, 326, 452, 497, 499, 516, 517
Gryphius, Andreas 87, 215, 266, 431
Günderrode, Caroline von 261
Günzel, Klaus 5, 99, 102, 153, 409, 411, 422, 460, 646, 647, 670, 671, 679
Gumbel, Hermann 673, 683
Gundolf, Friedrich 262, 270, 446, 452, 456, 584, 585, 626, 665, 671, 673, 676, 683
Gutzkow, Karl 124, 126, 127, 129, 139, 140, 143, 144, 582, 597, 598, 627, 631

Hackländer, Friedrich Wilhelm, Ritter von 142
Händel, Georg Friedrich 265, 272
Häßlein, Johann Heinrich 207
Hagestedt, Lutz 132, 144, 355, 363, 490, 493, 680, 681, 684
Halley, Albert Browning 199, 205, 252, 260, 444, 445, 456
Hallwachs, Wilhelm Konrad 315

Halm, Friedrich (i. e. Eligius Franz Joseph Frh. von Münch-Bellinghausen) 318
Hamann, Johann Georg 15, 17, 23, 42, 297, 650
Hardenberg, Carl von 431, 432
Harder, August 636
Hart, Julius 628, 631
Hartmann, Ferdinand August 109, 435, 653
Hartmann von Aue 208, 610
Haydn, Franz Joseph 272
Haym, Rudolf 3, 12, 50, 51, 66, 297, 301, 334, 340, 446, 447, 452, 456, 460, 474, 497, 513, 604, 617, 625, 626, 629, 630, 631, 673, 676, 681, 684
Hebbel, Friedrich 3, 12, 113, 131, 167, 330, 340, 375, 639, 659, 660, 664, 665, 671, 673
Hegel, Georg Wilhelm Friedrich 50, 129, 304, 313, 356, 357, 363, 365, 366, 367, 372, 373, 376, 627, 630
Hegner, Ulrich 397
Heidegger, Martin 676
Heine, Heinrich 11, 42, 48, 119, 123, 124, 130, 132, 134, 139, 140, 143, 193, 205, 236, 245, 246, 260, 261, 291, 301, 340, 353, 363, 366, 376, 476, 491, 493, 542, 572, 597, 598, 600, 601, 609, 618, 620, 621, 628, 632, 683
Heineke, Carl Heinrich 326
Heinichen, Jürgen 675, 684
Heininger, Jörg 327, 328, 340
Heinrich von Veldeke 208
Heinse, Wilhelm 290, 347, 524, 582, 586
Hell, Theodor (i. e. Karl Gottfried Theodor Winkler) 92, 111, 113, 167, 172, 403, 409, 410, 412, 413, 571, 692
Hemmer, Heinrich 252, 260, 447, 456, 462, 474, 673, 684
Hiecke, Robert Heinrich 665, 667, 668, 669, 671
Hindemith, Paul 638, 640
Hensel, Fanny 638
Hensel, Wilhelm 646, 648
Hensler, Wilhelm 5, 15, 39, 219, 444, 688
Heraklit 198, 367, 376
Herder, Johann Gottfried 15, 25, 34, 159, 185, 188, 200, 242, 265, 269, 294, 327, 329, 450, 609, 635, 642, 650, 666, 690
Herodot 197, 564
Herz, Henriette 20, 21, 69, 538, 550, 589, 689
Hettner, Hermann 330, 340, 356, 358, 363, 389, 399
Hewett-Thayer, Harwey W. 211, 217, 316,

320, 321, 547, 549, 595, 597, 601
Heyne, Christian Gottlob 194, 195, 205, 608, 610
Heyse, Paul 142, 360, 554
Heywood, Thomas 219, 228
Hienger, Jörg 122, 130, 675, 684
Hillmann, Heinz 478, 677, 678, 684
Hilscher, Paul Gottlob 148, 157, 162
Hippel, Theodor Gottlieb von 89
Hitzig, Julius Eduard 89, 91
Hoefer, Edmund 630, 632
Hölter, Achim 14, 15, 21, 22, 24, 31, 34, 98, 103, 106, 130, 166, 176, 193, 194, 195, 196, 197, 198, 203, 204, 205, 226, 242, 243, 244, 245, 247, 249, 258, 259, 260, 266, 285, 290, 303, 313, 314–321, 325, 326, 328, 338, 340, 343, 351, 443, 444, 445, 446, 448, 453, 456, 461, 474, 504, 513, 556, 565, 566, 572, 585, 589, 594, 601, 605, 616, 618, 635, 640, 678, 682, 684
Hoffmann, Ernst Theodor Amadeus 3, 47, 84, 88, 89–91, 93, 94, 106, 122, 123, 144, 160, 164, 187, 217, 257, 260, 363, 494, 513, 535, 549, 553, 556, 571, 572, 574, 576, 581, 585, 594, 595, 637, 666, 670, 682, 683, 686, 692
Hofmannsthal, Hugo von 48, 662
Holberg, Ludvig 110, 179, 247, 248, 258–260, 403, 444, 466
Holtei, Karl von 30, 62, 112, 116, 153, 167, 170, 174, 175, 176, 177, 196, 440, 615
Home, Henry 326
Homer 22, 194, 195, 196, 197, 201, 443, 453, 607, 670
Horaz 194, 196, 197
Horn, Franz 89, 447, 625, 632
Houwald, Ernst von 403, 404, 421, 662
Hubert, Ulrich 17, 18, 22, 31, 34, 328, 340, 342, 351, 589, 601
Huch, Ricarda 631, 632
Hufeland, Christoph Wilhelm 50, 59
Hugo, Victor 122, 123, 571, 572, 582
Humboldt, Alexander von 20, 95, 116, 117, 167, 646
Humboldt, Wilhelm von 6, 20, 21, 95, 101, 105, 349, 607
Hume, David 522, 564
Hunt, Holman 656
Husserl, Edmund 676, 677

Iffland, August Wilhelm 19, 21, 39, 76, 179, 254, 402, 411, 542, 559, 660
Immermann, Karl Leberecht 11, 113, 140, 144, 145, 147, 167, 177, 178, 184, 188, 193, 205, 599, 659, 673, 678, 685
Ingres, Jean-Auguste-Dominique 656
Irving, Washington 10, 113

Jacobi, Friedrich Heinrich 102, 306, 523, 692
Jäger, Georg 142, 144, 363, 666, 667, 671
Jäger, Hans-Wolf 678, 684
Jakob, Ludwig Heinrich 32
Jakobson, Roman 679
Jean Paul 22, 34, 90, 113, 135, 157, 167, 260, 340, 351, 352, 471, 513, 523, 539, 555, 556, 576, 591, 609, 666, 683
Johann Georg, Prinz von Sachsen (siehe auch Philalethes) 7, 11, 111, 244, 646, 692
Jonson, Ben 29, 200, 202, 219, 220, 221, 224, 225, 226, 227, 231, 232, 233, 258, 259, 320, 379, 380, 381, 414, 463, 464, 465, 466, 468, 688, 691
Jünger, Johann Friedrich 401
Juvenal 197

Kanne, Johann Arnold 605
Kant, Immanuel 14, 15, 17, 25, 27, 31, 67, 136, 266, 305, 308, 313, 326, 328, 331, 374, 523, 672, 681, 684
Kaufmann, Angelika 344
Kayser, Karl Philipp 100, 106, 617, 618
Keats, John 4
Keller, Gottfried 145, 630, 686
Kemme, Hans-Martin 413, 414, 415, 416, 419, 420, 421, 422
Kemper, Dirk 15, 17, 22, 37, 42, 43, 47, 48, 134, 146, 147, 649, 657, 685
Kerner, Justinus 301, 665, 671
Kienzerle, Renate 478, 493
Kierkegaard, Sören 366, 376
Kiermeier-Debre, Joseph 662, 664
Kind, Friedrich 83, 113, 692
Klausnitzer, Ralf 52, 66, 604–619, 631, 632
Kleist, Ewald Christian von 443
Kleist, Heinrich von 3, 5, 10, 74, 79, 80, 81, 82, 83, 92, 94, 102, 107, 109, 111, 113, 135, 260, 288, 403, 406, 409, 411, 412, 424, 426, 434f, 436, 437, 438, 439, 440, 605, 612, 621, 622, 663, 671, 691, 693, 695
Kleist, Marie von 92
Klengel, Johann Christian 108
Klett, Dwight A. 447, 456, 622, 632, 666, 671
Klingemann, Ernst August 662
Klinger, Friedrich Maximilian 497, 514

Klopstock, Friedrich Gottlieb 15, 106, 164, 292, 340, 400, 439, 456, 494, 618, 632, 635, 636, 666, 684
Kluge, Gerhard 333, 340, 450, 456, 459, 474, 478, 480, 493, 676, 684
Klussmann, Paul Gerhard 164, 360, 363, 454, 456, 476, 493, 504, 511, 513, 575, 585, 676, 684
Knorring, Karl Gregor von 8
Kober, Margarete 247, 248, 260
Koberstein, August 596, 598, 625, 632
Koch, Erduin Julius 26, 39, 207, 605, 607
Koch, Joseph Anton 288
Könneritz, Traugott von 409, 410, 411
Köpke, Rudolf 7, 9, 11, 13, 15, 17, 19, 21, 37, 39, 61, 62, 63, 69, 70, 71, 74, 81, 82, 92, 98, 109, 110, 111, 112, 115, 117, 118, 119, 128, 150, 177, 184, 186, 194, 195, 201, 202, 219, 225, 234, 244, 258, 266, 293, 299, 303, 305, 307, 308, 311, 312, 314, 315, 325, 342, 365, 372, 373, 381, 408, 421, 434, 436, 439, 443, 444, 446, 448, 450, 451, 452, 455, 464, 465, 481, 489, 500, 554, 555, 568, 622, 653, 696
Körner, Christian Gottfried 167, 592
Körner, Josef 56, 65, 66, 99, 106, 228, 229, 233, 540, 550, 633
Körner, Theodor 403, 662
Kohlschmidt, Werner 43, 48, 270
Korte, Hermann 665, 666, 668, 669, 672
Kosciusko, Tadeusz 125
Kotzebue, August von 19, 39, 64, 84, 91, 254, 259, 402, 411, 451, 559, 660
Kraft, Herbert 661, 662, 664
Krebs, Siegfried 651, 657
Kremer, Detlef 35, 136, 144, 145, 176, 260, 301, 302, 308, 313, 337, 340, 352, 440, 457, 461, 474, 476, 477, 478, 486, 487, 494, 496–514, 532, 555, 566, 568–586, 668, 672, 682, 684
Krüger, Franz 116, 646, 648
Krüger, Karl Reinhard 647
Küchelbecker, Wilhelm 113
Kühne, Ferdinand Gustav 597
Küstner, Karl Theodor von 167, 416
Kunzen, Friedrich Ludwig Aemilius 634

Lachmann, Karl 214, 605, 608, 610, 611, 617
Laßberg, Joseph von 612
Laube, Heinrich 124, 167, 184, 597, 627, 629, 632
Laun, Friedrich (i. e. Friedrich August Schulze) 77, 110, 695

Lavater, Johann Caspar 15, 502, 650
Le Pique, Johann Philipp 80, 100, 101, 434
Leibniz, Gottfried Wilhelm 327
Leibrock, Eduard 118
Lenau, Nikolaus 261, 493
Lenz, Jakob Michael Reinhold 15, 79, 81, 132, 424, 426, 436f, 439, 605, 612, 618, 621, 694
Leo, Friedrich August 148, 168
Lessing, Gotthold Ephraim 14, 23, 26, 38, 57, 78, 178, 225, 226, 247, 254, 326, 335, 343, 402, 403, 405, 412, 492, 632, 666
Liebeskind, August Jakob 262
Lieske, Rudolf 470, 474, 548, 550, 673, 675, 684
Lietzau, Hans 660
Lillyman, William J. 583, 585
Linguet, Simon 444
Littlejohns, Richard 38, 41, 42, 43, 48, 172, 174, 176, 501, 514, 542, 550
Loeben, Otto Heinrich Graf von 91, 92, 113, 114, 692
Loewe, Carl 635, 637, 640
Lohenstein, Daniel Caspar 215, 266, 267, 431
Lohner, Edgar 54, 77, 83, 260, 330, 340, 567
Lope de Vega 111, 112, 178, 235, 268, 412
Lorrain, Claude 349, 491
Louis Ferdinand, Prinz von Preußen 20
Ludwig I., König von Bayern 116, 168, 606, 643
Lüdeke/Lüdecke, Henry 54, 66, 73, 221, 224, 225, 226, 227, 229, 233, 236, 240, 245, 325, 329, 340, 379, 387, 453, 456, 604, 612, 696
Lüttichau, Adolf Wolf von 112, 167, 410, 411
Lüttichau, Ida von 112, 114, 174, 176, 293, 301, 371, 692
Lukian 197
Luther, Martin 294

Machiavelli, Niccolò 503, 562, 582, 583
Majer, Friedrich 269
Maler Müller (i. e. Friedrich Müller) 79, 80, 85, 101, 107, 349, 424, 426, 431, 433f., 436, 437, 612, 621, 692
Malsburg, Ernst von der 112, 114, 167
Man, Paul de 680
Mann, Heinrich 48
Mann, Thomas 48
Manzoni, Alessandro 582

Marelli, Adriana 248, 252, 253, 257, 260
Marlowe, Christopher 219
Marmontel, Jean-François 556, 559
Marston, John 219
Martus, Steffen 146, 162, 164, 302, 326, 340, 389–400, 424, 425, 431, 434, 439, 446, 449, 456, 478, 494, 605, 613, 618, 621, 632, 682, 684
Massinger, Philipp 219, 228
Massmann, Hans Ferdinand 626, 632
Max, Josef 148, 151, 155, 156, 157, 158, 159, 160, 168, 389, 581
Maximilian II., König von Bayern 116
Memling, Hans 289
Mendelssohn, Moses 26, 31, 50, 326, 327, 328
Mendelssohn Bartholdy, Felix 116, 117, 167, 223, 416, 417, 418, 419, 638, 639
Mengs, Anton Raphael 108, 286, 290
Menninghaus, Winfried 52, 67, 310, 313, 398, 400, 671, 672, 680, 681, 684
Menzel, Wolfgang 77, 83, 127, 134, 596, 598, 624, 625, 632
Merkel, Garlieb 19, 63, 64, 91, 112, 339, 467, 691
Metternich, Klemens Wenzel Lothar von 126, 577, 628
Meusebach, Karl Hartwig Gregor von 612
Meyer, Johann Heinrich 72, 110, 286, 287, 289, 649, 650
Meyer, Reinhart 356, 363, 554, 566, 570, 585
Meyerbeer, Giacomo 116, 646
Michelangelo 343, 345, 346, 347, 525
Middleton, Conyer 194, 443, 688
Miessner, Wilhelm 478, 494, 673, 684
Millais, Everett 656
Miller, Johann Martin 499
Minardi, Tommaso 656
Minder, Robert 4, 12, 328, 330, 340, 674, 684, 685
Mirabeau, Honoré Gabriel Riqueti, Graf von 125
Molière, Jean-Baptiste 247, 259
Moreto, Agustín 412
Moritz, Karl Philipp 17f, 20, 22, 24, 26, 31, 32, 33, 34, 35, 36, 42, 48, 56, 69, 164, 194, 261, 262, 270, 273, 328, 340, 342, 343, 349, 351, 352, 451, 455, 456, 464, 498, 499, 500, 514, 589, 601, 681, 688
Moscherosch, Johann Michael 208, 502
Mozart, Wolfgang Amadeus 15, 255, 257, 272, 546
Mühl, Beate 132, 145, 678, 685

Müller, Adam 102, 109, 691
Müller, Johann Gottwerth (genannt: von Itzehoe) 14, 151, 153, 500
Müller, Johannes von 164, 609
Müller, Karl Ottfried 201, 205, 417
Müller, Wilhelm 10, 11, 167
Müllner, Adolph 404
Münz, Walter 130, 299, 301, 516, 677, 685
Mundt, Theodor 124, 353, 356, 357, 363, 364, 561, 582, 597, 627, 628, 629, 632
Murr, Christoph Gottlieb von 235, 284
Musäus, Johann Karl August 14, 151, 153, 265, 268, 270, 500
Myller, Christoph Heinrich 208, 211, 427

Napoleon I., Kaiser von Frankreich 3, 82, 135, 158, 439, 492, 536, 551, 612
Naumann, Barbara 273, 274, 275, 279, 283, 478, 494
Nicolai, Carl August 14, 19, 21, 33, 150–155, 402, 497, 516, 590, 690
Nicolai, Friedrich 6, 13f., 15, 22, 24, 25, 26, 27, 28, 29, 30, 31, 33, 34, 35, 55, 112, 136, 146, 148, 150–155, 163, 168, 172, 237, 296, 302, 402, 457, 496, 498, 501, 513, 514, 589f., 601, 689, 690
Niebuhr, Barthold Hinrich 167
Nietzsche, Friedrich 145, 514, 550, 566, 676
Nodier, Charles 123
Nölle, Volker 630, 632, 662, 663, 664
Nottelmann-Feil, Mara 193, 197, 198, 199, 206, 416, 417, 418, 422, 463, 474
Novalis (i. e. Friedrich von Hardenberg) 4, 6, 9, 10, 12, 33, 44, 50, 51, 52, 61, 63, 65, 67, 68, 70, 72, 79, 83, 103, 105, 108, 109, 113, 155, 167, 238, 246, 295, 298, 303, 306, 307, 310, 312, 331, 333, 335, 338, 356, 364, 372, 378, 387, 424, 426, 427, 431–433, 434, 435, 436, 437, 438, 480, 485, 492, 493, 505, 510, 514, 531, 539, 540, 542, 550, 566, 591, 593, 602, 605, 612, 619, 621, 636, 651, 653, 657, 666, 670, 671, 677, 686, 690, 691

Oehlenschläger, Adam Gottlob 10, 167, 247, 287, 403, 468, 663
Oehme, Ernst Ferdinand 113, 692
Opitz, Martin 215, 431
Ottmann, Dagmar 679, 685
Overbeck, Friedrich 655, 657
Ovid 196, 197

Palestrina, Giovanni Pierluigi da 272, 276, 486

Panizzi, Antonio 318, 321
Panzer, Georg Wolfgang 207
Paulin, Roger 3–12, 13–22, 26, 28, 35, 51, 53, 54, 58, 61, 66, 67, 72, 79, 83, 84–94, 101, 103, 104, 106, 119, 153, 158, 163, 164, 166, 176, 200, 206, 209, 218, 219, 226, 227, 230, 232, 233, 255, 260, 272, 283, 286, 287, 288, 289, 290, 296, 297, 301, 326, 328, 330, 340, 349, 352, 360, 364, 381, 385, 387, 389, 394, 400, 409, 413, 423, 443, 445, 446, 451, 456, 499, 514, 545, 550, 561, 566, 591, 593, 594, 596, 598, 599, 602, 604, 616, 618, 619, 622, 632, 653, 655, 657, 663, 664, 670, 671, 672, 678, 679, 685, 688
Pergolesi, Giovanni Battista 272
Petrarca, Francesco 113, 249, 609
Petzoldt, Ruth 200, 206, 377–388, 461, 467, 474, 533, 550, 681, 685
Perrault, Charles 247, 253, 257, 258, 460, 465, 467, 473
Perthes, Friedrich 168
Pfeiffer, Karl 639
Pfeil, Johann Gottlob Benjamin 262, 263, 270
Pforr, Franz 655
Pfuel, Ernst von 92
Philalethes 7, 11, 111, 244, 646, 692
Pindar 196, 197
Pikulik, Lothar 43, 46, 48, 305, 313, 590, 593, 602
Pirandello, Luigi 375, 662, 663
Platner, Ernst 518
Platon 56, 166, 197, 274
Plutarch 194, 195, 196
Pockels, Karl Friedrich 32, 329
Pöschel, Burkhard 132, 146, 680, 685
Preisler, Horst L. 209, 216, 218, 326, 328, 333, 340, 389, 391, 394, 395, 399, 400, 592, 593, 602, 678, 685

Quandt, Johann Gottlob von 113, 114, 692

Racine, Jean Baptiste 417
Raffael/Raphael 42, 44, 45, 46, 108, 239, 284, 285, 286, 288, 289, 290, 306, 343, 345, 346, 347, 349, 350, 542, 643, 645, 655, 656
Rambach, Friedrich Eberhard 14, 19, 69, 137, 146, 150, 154, 166, 445, 446, 448, 449, 450, 454, 455, 457, 625, 688
Ramdohr, Basilius von 288, 328, 343, 345, 654
Ramler, Karl Wilhelm 20
Ranke, Leopold von 581
Rath, Wolfgang 4, 12, 23, 24, 33, 35, 90, 93, 132, 140, 146, 151, 164, 293, 300, 301, 305, 306, 313, 328, 340, 360, 364, 501, 504, 511, 514, 533, 537, 550, 622, 632, 681, 685
Rauch, Christian Daniel 8, 77, 116, 643, 646, 670
Raumer, Friedrich von 56, 77, 81, 83, 90, 93, 97, 98, 116, 117, 167, 173, 176, 195, 206, 222, 316, 413, 437, 438, 564, 567, 612, 646, 669, 673, 691, 693
Raumer, Karl von 636, 640
Raupach, Ernst 404, 406
Reeve, Clara 516
Regener, Edgar Alfred 328, 340, 447, 457, 462, 474
Reichardt, Friederike 22, 283, 602, 636, 640
Reichardt, Johann Friedrich 8, 14–17, 20, 22, 24, 34, 36, 37, 69, 86, 272, 283, 342, 444, 546, 589, 601, 602, 634, 635, 636, 637, 639, 640, 688, 691
Reichardt, Johanna, geb. Alberti 15
Reichardt, Louise 22, 283, 602, 636, 637, 640
Reimer, Georg Andreas 97, 106, 132, 148, 150, 151–159, 160, 164, 168, 209, 211, 222, 427, 430, 431, 432, 433, 435, 436, 437, 534, 621
Reimer, Georg Ernst 118, 155–159, 161, 163, 168, 389
Reinhart, Johann Christian 649
Reitmeyer, Elisabeth 479, 494
Rek, Klaus 679, 685
Rennert, Günther 661
Restif de la Bretonne, Nicolas Edme 516
Retzsch, Moritz 223
Reuter, Christian 208
Reynolds, Joshua 344
Ribbat, Ernst 23, 24, 27, 35, 51, 52, 67, 150, 164, 208, 218, 226, 233, 251, 260, 294, 301, 326, 330, 332, 341, 389, 397, 399, 400, 425, 439, 444, 457, 461, 474, 480, 494, 496, 497, 499, 500, 502, 503, 504, 511, 514, 538, 542, 550, 556, 567, 570, 572, 574, 575, 582, 584, 586, 605, 619, 662, 663, 664, 678, 682, 685
Richardson, Samuel 519
Riedel, Friedrich Just 390, 400
Riepenhausen, Franz Friedrich 6, 83, 101, 288, 290, 297, 301, 349, 352, 545, 649, 650, 654, 655, 657
Riepenhausen, Johannes Christian 6, 83,

101, 288, 290, 297, 301, 349, 352, 545, 649, 650, 654, 655, 657
Rietschel, Ernst 643
Ringelnatz, Joachim 319, 321
Robert, Ludwig 140, 491
Robinson, Henry Crabb 104, 106, 167, 692
Rosenplüt, Hans 215, 431
Rossetti, Dante Gabriel 656
Rousseau, Jean-Jacques 261, 267, 268, 274, 463, 523
Rowley, William 219, 228
Rückert, Friedrich 113, 269
Ruge, Arnold 129, 130
Rumohr, Carl Friedrich von 6, 101, 102, 106, 167, 349, 350, 650, 655, 657, 691
Runge, Philipp Otto 4, 6, 10, 72, 83, 102, 109, 167, 287, 290, 337, 591, 600, 643, 649, 651–653, 656, 657, 658, 691

Sachs, Hans 57, 207, 208, 215, 216, 243, 249, 431, 488
Sandrart, Joachim von 42
Sartre, Jean-Paul 676
Sauder, Gerhard 38, 48
Savigny, Friedrich Carl von 85, 102, 594, 606, 608, 616, 617, 692
Schack, Adolf Friedrich Graf von 317
Schadow, Friedrich Wilhelm von 655, 670
Schadow, Johann Christian 8
Schadow, Johann Gottfried 21
Schelling, Caroline 8, 9, 50, 58, 63, 64, 65, 66, 68, 102, 108, 149, 177, 185, 229, 690
Schelling, Friedrich Wilhelm 50, 51, 59, 64, 102, 108, 116, 236, 246, 306, 307, 308, 309, 367, 368, 376, 530, 608, 643, 646, 647, 690, 691
Scherer, Stefan 52, 67, 133, 139, 140, 146, 186, 188, 189, 197, 206, 209, 218, 242, 246, 247–260, 296, 298, 302, 306, 313, 331, 341, 385, 387, 425, 426, 428, 429, 430, 440, 447, 448, 454, 457, 458–475, 476–495, 536, 538, 550, 594, 602, 632, 662, 663, 664, 681, 685
Schick, Gottlieb 288, 349, 350
Schiller, Friedrich 13, 15, 16, 25, 28, 29, 33, 35, 39, 50, 57, 69, 70, 71, 74, 75, 76, 78, 81, 82, 94, 118, 122, 125, 130, 136, 139, 154, 155, 157, 159, 167, 171, 178, 252, 288, 290, 332, 333, 340, 363, 390, 399, 400, 403, 404, 406, 407, 412, 445, 453, 454, 455, 457, 462, 464, 467, 469, 470, 478, 480, 482, 484, 498, 514, 517, 522, 534, 569, 590, 592, 593, 600, 601, 602, 625, 630, 636, 637, 642, 659, 666, 684, 690
Schinkel, Karl Friedrich 26
Schläfer, Ute 537, 550, 678, 679, 685
Schlaffer, Heinz 504, 514, 676, 677, 685
Schleiermacher, Friedrich 61, 63, 65, 67, 93, 167, 294, 295, 298, 335, 378, 380, 431, 537, 593, 608, 654
Schlegel, August Wilhelm 6, 8, 9, 11, 12, 13, 14, 16, 19, 20, 21, 22, 24, 34, 35, 36, 47, 50, 51, 52, 53, 54, 55, 56, 57, 58, 59, 60, 61, 62, 63, 64, 65, 66, 67, 68, 69, 70, 77, 78, 79, 82, 83, 84, 87, 88, 91, 92, 95, 97, 98, 100, 108, 111, 112, 117, 119, 148, 153, 154, 164, 166, 168, 173, 175, 193, 198, 199, 201, 206, 208, 209, 211, 217, 221, 222, 226, 227, 228, 229, 233, 235, 236, 239, 242, 243, 245, 249, 250, 253, 260, 269, 330, 331, 332, 333, 334, 337, 338, 340, 349, 351, 357, 377, 380, 381, 382, 383, 386, 387, 388, 391, 400, 406, 413, 423, 425, 427, 430, 431, 448, 458, 477, 480, 534, 538, 539, 540, 542, 550, 553, 567, 590f., 592, 598, 609, 612, 623, 624, 625, 628, 633, 634, 643, 649, 666, 685, 690, 691, 693, 695
Schlegel-Schelling, Caroline 8, 9, 50, 58, 63, 64, 65, 66, 68, 102, 108, 149, 177, 185, 229, 690
Schelling, Friedrich Wilhelm 50, 51, 59, 64, 102, 108, 116, 236, 246, 306, 307, 308, 309, 367, 368, 376, 530, 608, 643, 646, 647, 690, 691
Schlegel, Dorothea 8, 20, 21, 28, 50, 61, 63, 64, 65, 67, 69, 84, 93, 102, 109, 589, 602, 689
Schlegel, Friedrich 6, 13, 14, 19, 20, 21, 22, 27, 28, 29, 30, 33, 34, 35, 36, 42, 47, 50, 51, 52, 53, 54, 55, 56, 57, 58, 59, 60, 61, 63, 64, 65, 66, 67, 68, 69, 70, 78, 79, 83, 84, 87, 88, 91, 92, 95, 97, 98, 100, 102, 103, 108, 109, 123, 126, 145, 149, 152, 154, 155, 164, 166, 173, 175, 197, 198, 199, 201, 204, 209, 210, 211, 217, 235, 236, 239, 240, 245, 246, 249, 260, 269, 270, 286, 289, 292, 295, 302, 303, 307, 310, 311, 312, 313, 331, 334, 338, 339, 340, 342, 344, 351, 357, 365, 367, 372, 376, 382, 386, 388, 393, 394, 400, 425, 427, 428, 431, 432, 433, 448, 458, 480, 493, 530, 534, 537, 538, 539, 540, 545, 546, 576, 590f., 592, 593, 602, 609, 612, 619, 623, 624, 625,

628, 633, 634, 649, 666, 667, 672, 677, 683, 685, 686, 690, 691, 694
Schlesier, Gustav 124
Schlosser, Christian 655
Schlosser, Johann Friedrich Heinrich 436
Schlosser, Johann Georg 326, 327
Schmeling, Manfred 662, 663, 664
Schmidt, Arno 149, 164, 447, 457
Schmidt, Julian 629, 630, 633
Schmidt, Wilhelm August (genannt: von Werneuchen) 332, 333
Schmitz, Walter 82, 93, 108, 113, 119, 129, 130, 144, 164, 173, 175, 176, 205, 233, 270, 283, 302, 422, 456, 474, 550, 601, 602, 619, 681, 685
Schnabel, Johann Gottfried 78, 83, 395
Schneider, Robert 646
Schneider, Wilhelm 634
Schnitzler, Arthur 662, 663
Schnorr von Carolsfeld, Julius 655
Schopenhauer, Arthur 47
Schubert, Franz 637
Schröder, Friedrich Ludwig 11, 74, 542, 559, 694
Schubring, Adolf 638, 640
Schütz, Wilhelm von 84, 91f., 94, 96, 97, 107, 492
Schulte-Sasse, Jochen 332, 341
Schumann, Robert 634, 639, 640, 659, 660, 663, 664
Schwab, Gustav 667, 672
Schwan, Christian Friedrich 434
Schwarz, Martina 573, 583, 586, 681, 685
Schweikert, Uwe 17, 19, 22, 27, 97, 102, 105, 107, 127, 148, 149, 150, 151, 152, 153, 154, 155, 157, 158, 159, 161, 162, 201, 204, 208, 211, 212, 214, 215, 226, 228, 247, 258, 259, 298, 301, 315, 339, 377, 378, 380, 382, 383, 386, 387, 389, 392, 394, 395, 397, 410, 411, 412, 427, 434, 435, 436, 437, 444, 445, 448, 449, 452, 453, 470, 472, 489, 500, 534, 568, 573, 584, 589, 603
Scott, Walter 557, 584
Semper, Gottfried 414, 422
Sengle, Friedrich 134, 146, 554, 555, 557, 560, 565, 566, 567, 569, 586
Shakespeare, William 3, 4, 5, 9, 11, 12, 13, 15, 16, 17, 23, 29, 39, 53, 54, 55, 56, 65, 69, 73–75, 78, 79, 81, 82, 90, 104, 111, 112, 118, 124, 157, 159, 166, 178, 181, 193, 194, 195, 196, 198, 200, 201, 204, 216, 219, 220, 221, 222, 223, 224, 225, 226, 227, 228, 229, 230, 231, 232, 233, 237, 247, 248, 249, 250, 252, 253, 255, 256, 258, 273, 316, 319, 320, 325, 328, 329, 330, 331, 335, 336, 339, 344, 345, 352, 365, 377, 379–381, 382, 384, 387, 391, 392, 402, 403, 405, 406, 409, 411, 413, 414, 415, 416, 417, 418, 419, 423, 444, 452, 453, 454, 461, 462, 463, 464, 465, 466, 468, 481, 491, 492, 558, 561, 563, 564, 565, 571, 576, 590, 597, 604, 609, 612, 613, 614, 615, 617, 621, 638, 639, 670, 671, 688, 693, 694, 696
Shelley, Mary 571
Sheridan, Richard B. 219, 220, 224, 381
Shirley, James 219
Shukowski, Wassili Andrejewitsch 113
Silcher, Friedrich 637
Singer, Hans 642, 648
Sokrates 373, 376
Solger, Karl Wilhelm Ferdinand 7, 73, 75, 78, 79, 83, 86, 89, 91, 92, 97, 98, 99, 103, 104, 106, 116, 166, 167, 171, 173, 174, 176, 297, 298, 300, 303, 304, 305, 309, 310, 311, 312, 313, 320, 365–376, 382, 394, 400, 434, 435, 437, 438, 471, 536, 547, 550, 554, 555, 595, 602, 612, 673, 676, 677, 691, 693
Sophokles 117, 178, 194, 196, 197, 199, 202, 204, 249, 416, 417, 418, 639, 695
Spalding, Johann Joachim 13
Spieß, Christian Heinrich 444, 445, 499
Spohr, Louis 638, 639
Spontini, Gaspare Luigi Pacifico 275, 546
Stackelberg, Otto Magnus von 646
Stahl, Karl-Heinz 330, 341
Staiger, Emil 262, 271, 446, 447, 457, 626, 676, 681, 686
Stamm, Ralf 329, 341, 555, 567, 571, 572, 586, 678, 686
Steffens, Henrich 8, 50, 53, 54, 58, 59, 62, 64, 65, 68, 117, 309, 313, 591, 608, 636, 637, 640, 695
Steinla, Moritz 646
Sternberg, Alexander von 177, 180, 183, 186, 188, 646, 647
Sterne, Laurence 27, 498, 555, 556
Stieler, Josef 646, 648
Stockhausen, Julius 638
Stockinger, Claudia 32, 35, 50–68, 93, 94, 146, 189, 296, 302, 360, 364, 443–457, 461, 464, 466, 468, 473, 475, 494, 499, 502, 514, 632, 664, 687–696, 697–807
Stockinger, Ludwig 185, 188, 296, 298, 302, 467, 475
Storm, Theodor 146, 494, 554, 683

Strauß, David Friedrich 113
Strobel, Jochen 96, 97, 106, 107, 108–119, 165–176, 401–407, 440, 595, 602
Stuart, Elisabeth 564
Sulzer, Johann George 326
Swift, Jonathan 334
Szondi, Peter 367, 376

Tacitus 564
Tasso, Torquato 234, 237, 238, 249, 584
Taubert, Wilhelm 639
Tauler, Johannes 300
Taylor, John 320
Teller, Wilhelm Abraham 13, 35
Ticknor, George 167, 317
Tieck, Anna Sophie (später auch Bernhardi oder von Knorring) 6, 7, 8, 10, 12, 14, 16, 19, 20, 21, 41, 63, 64, 83, 85, 95, 97, 100, 101, 102, 103, 106, 166, 173, 284, 285, 293, 437, 438, 448, 449, 501, 643, 688, 689, 691, 694
Tieck, Anna Sophie (geb. Berukin; Mutter) 7, 688
Tieck, Agnes 6, 8, 9, 98, 99, 168, 174, 691
Tieck, Amalie, geb. Alberti 6, 8, 50, 63, 99, 109, 315, 412, 589, 688, 689, 690, 695
Tieck, Dorothea 6, 7, 8, 9, 11, 12, 50, 99, 109, 112, 222, 229, 244, 315, 375, 412, 690, 693, 695
Tieck, Christian Friedrich 7, 12, 22, 643, 648, 688
Tieck, Johann Ludwig (Vater) 7, 688
Tischbein, Caroline 64
Tischbein, Johann Friedrich August 64
Titzmann, Michael 134, 144, 145, 146, 147, 353, 356, 364, 680
Tizian 347
Thalmann, Marianne 99, 107, 185, 186, 187, 374, 444, 457, 479, 511, 512, 514, 548, 550, 558, 559, 563, 567, 570, 584, 586, 653, 656, 673, 675, 676, 686
Thorvaldsen, Bertel 288, 349
Traeger, Jörg 651, 658
Thukydides 197
Tychsen, Thomas Christian 235

Uechtritz, Friedrich von 11, 99, 107
Uhland, Ludwig 338, 493, 605, 666
Ulrich von Lichtenstein 10, 87, 105, 213, 214, 216, 384, 385, 429, 430, 434, 612, 692
Unger, Johann Friedrich 148, 152, 162, 168, 236, 382, 432, 524

Van Cleve, Joos 285
Van Eyck, Jan 289
Van Leyden, Lukas 289, 347, 525
Varnhagen von Ense, Karl August 19, 167
Varnhagen von Ense, Rahel, geb. Levin 8, 20, 22, 28, 56, 69, 96, 104, 105, 140, 490, 491, 493, 689, 692
Vasari, Giorgio 42, 286, 345
Vattemare, Alexandre 168
Veit, Dorothea, geb. Brendel Mendelsohn 8, 20, 21, 28, 50, 61, 63, 64, 65, 67, 69, 84, 93, 102, 109, 589, 602, 689
Veit, Philipp 655
Veit, Simon 21, 50, 53, 64, 69
Vergil 194, 195, 196, 197
Viëtor, Karl 328, 341
Vieweg, Friedrich 148, 152, 168
Vischer, Peter 645
Vogel, Lutz 678, 686
Vogel von Vogelstein, Christian 114, 644, 645f.
Voltaire 25, 26, 263, 564
von der Hagen, Friedrich Heinrich 88, 97, 102, 167, 211, 212, 215, 216, 217, 428, 429, 606, 608, 609, 610, 611, 612, 616, 617, 658, 691
von der Leyen, Friedrich 166, 233
Voß, Georg 149, 152, 168

Waagen, Gustav Friedrich 9, 196, 615
Wachler, Ludwig 624, 633
Wackenroder, Wilhelm Heinrich 4, 5, 6, 7, 8, 10, 13, 14, 16, 17, 18, 19, 21, 22, 26, 33, 34, 36–49, 52, 56, 69, 72, 82, 89, 90, 100, 105, 108, 152, 166, 173, 174, 175, 176, 194, 207, 224, 233, 264, 272, 273, 274, 276, 277, 283, 284, 285, 286, 290, 293, 294, 295, 296, 302, 306, 307, 308, 326, 327, 331, 337, 338, 340, 342, 343, 345, 346, 347, 349, 351, 370, 384, 401, 408, 426, 448, 449, 451, 452, 476, 480, 499, 500, 523, 524, 540, 541, 542, 544, 546, 550, 565, 590, 603, 605, 607, 650, 651, 654, 655, 657, 673, 684, 688, 689, 690
Wackernagel, Karl Eduard Philipp 667, 669, 672
Wagner, Adolf 159
Wagner, Richard 48, 257
Washington, George 125
Weber, Carl Maria von 113, 559, 637, 639, 692
Webster, John 128, 219, 224, 225, 565, 581, 582

Weigand, Karlheinz 677, 686
Weir, Judith 639, 640, 641
Weise, Christian 152, 208, 254, 473
Wendt, Amadeus 159, 551, 694
Werner, Zacharias 4, 86, 89, 404, 468, 662, 663
Wesollek, Peter 330, 331, 341, 678, 686
Wessely, Heinrich Carl Bernhard 21, 634
Wezel, Johann Karl 497, 513, 514, 579
Wieland, Christian Martin 153, 159, 203, 226, 262, 266, 353, 364, 379, 446, 452, 498, 521, 535, 553, 567, 642, 666, 668
Wienbarg, Ludolf 124, 597, 627, 633
Wilhelmine, Prinzessin von Preußen 434
Wilmanns, Friedrich 168
Winckelmann, Johann Joachim 42, 196, 204, 285, 286, 290, 343, 345
Witkowski, Georg 12, 647, 648
Wittig, Hermann 643
Wöllner, Johann Christoph von 26
Wolf, Ferdinand Joseph 318
Wolf, Friedrich August 18, 194, 205, 607, 610, 619, 688
Wolf, Hugo 637
Wolfram von Eschenbach 208, 618

Yorck von Wartenburg, Johann David Ludwig Graf 319
Yorck von Wartenburg, Paul Graf 319

Zachariä, Friedrich Wilhelm 267
Zarncke, Friedrich 619, 642
Zelter, Karl Friedrich 21, 116, 118, 171, 634, 641
Zeydel, Edwin Hermann 53, 54, 66, 68, 77, 82, 83, 104, 107, 170, 172, 175, 225, 233, 267, 271, 319, 321, 325, 326, 338, 445, 447, 457, 461, 463, 475, 674, 686
Ziegner, Thomas Günther 266, 271, 537, 550, 678, 679, 686
Zimmer, Johann Georg 85, 148, 151, 168, 212, 215, 428, 429, 434, 534
Zingg, Adrian 108
Ziolkowski, Theodore 50, 53, 61, 62, 64, 68
Zybura, Marek 80, 81, 83, 103, 107, 198, 206, 208, 218, 234, 244, 246, 379, 380, 381, 382, 383, 384, 388, 409, 410, 411, 412, 413, 415, 423, 424, 425, 426, 427, 428, 429, 430, 431, 432, 433, 434, 435, 436, 437, 438, 440, 612, 613, 619, 621, 633, 678, 686